개정판

산업재산권법

INDUSTRIAL PROPERTY LAW

김원준 지음

MARONIE PRESS

개정판 머리말

최근 특허법과 실용신안법이 일부 개정되었고, 디자인보호법과 상표법은 전부 개정되었다. 이러한 법개정으로 산업재산권법의 내용이 일부 변경되었다.

이 책에 2017년 3월 1일 시행될 예정인 특허법과 실용신안법, 2016년 9월 1일 시행된 상표법, 2014년 7월 1일 시행된 디자인보호법과 그에 따른 법규 및 심사기준의 새로운 동향과 최근 대법원 판례를 충실하게 반영하였다. 또한 필자의 판례교재 및 전남대학교 법과대학과 법학전문대학원에서 강의한 산업재산권법 교재를 참고하였다.

산업재산권법은 특허법, 실용신안법, 디자인보호법과 상표법을 모두 포함한 것으로 거시적으로 파악될 때까지 이것의 완전한 이해란 쉬운 일이 아니다. 따라서 필자는 산업재산권법이 지닌 여러 가지 난해한 점을 고려하여 독자들이 알기 쉽게 이해할 수 있도록 실무적인 관점에서 또는 판례의 해설에 역점을 두면서 집필하였다.

이 책을 다시 고침에 있어서는 위에 언급한 개정법의 여러 제도를 분석 평가하여 소개하였고, 아울러 이해하기 어렵거나 불명확한 부분을 바로잡았으며, 그 동안 생산된 국내외의 판례와 이론을 모두 정리하여 반영하였다.

교수가 교과서를 집필하는 일은 경제적으로 도움이 안되는 고행(苦行)의 길이지만, 시중에 최근 산업재산권법의 교과서가 별로 없으므로 강의교재로 상재(上梓)한다.

필자는 이 책이 독자들이 산업재산권법의 법리를 이해하고 활용할 수 있는 길잡이가 되기를 희망하며, 이 책을 고쳐 펴내는 데에 교정을 도와준 모혜수 연구원에게 감사의 뜻을 표한다. 끝으로 어려운 여건임에도 불구하고 개정판이 나오도록 배려해주신 MARONIE PRESS 여러분에게 감사드린다.

2017. 1. 10.

전남대학교 법학전문대학원 연구실에서

김 원 준 드림

머리말

특허법원론(박영사, 2009)을 출간한 지 어언 6년이 지났다. 그동안 이 책에 보내준 애독자 제현의 성원과 깊은 애정에 감사드린다. 2010년 이후 특허법, 상표법, 디자인보호법, 실용신안법이 수차례 개정되면서 산업재산권법의 내용이 많이 변화되었으므로 새로운 교과서를 발간하기로 결심하였다. 이 책은 저자가 전남대학교 로스쿨에서 특허법과 상표법을, 법과대학에서 산업재산권법을 강의한 경험을 바탕으로 하였다. 책의 내용과 형식면에서 다음과 같은 방향에 역점을 두면서 집필하였다.

첫째, 기본에 충실한 교과서를 집필하려는 데에 목표를 두었다. 특허법, 상표법, 디자인보호법, 실용신안법의 법리를 이해할 수 있도록 그 동안 산업재산권법의 법 개정으로 나타난 변화를 충실히 반영하려고 노력하였다. 특허법과 실용신안법은 2015년 개정법까지, 디자인보호법은 2014년 7월 1일에 시행된 전부 개정법으로, 상표법은 2015년 전부개정 법률안을 충실하게 해설하였다. 이 책은 이러한 법 개정들을 모두 반영하여 산업재산권법의 이론에 대한 기초를 쌓는데 도움이 될 수 있도록 가능하면 이해하기 쉽게 표현하였다.

둘째, 이 책이 산업재산권법을 공부하는 학생들을 위한 교과서에 그치지 않고, 실무가들에게도 실제 도움이 될 수 있도록 하였다. 산업재산권법의 핵심이 되는 청구범위, 특허요건, 특허침해론, 디자인등록의 요건, 관련디자인, 디자인의 유사판단, 상표등록의 요건, 상표의 유사판단, 상표등록의 취소심판 등 쟁점이 되고 있는 사항은 좀 더 심도 있게 설명하였다.

셋째, 대법원 판례는 최근에 새로 나온 판례들을 반영하였다. 판례에 대한 정확한 이해는 산업재산권법을 이해하는 데 많은 도움을 줄 수 있을 것으로 생각한다. 산업재산권법을 처음 공부하는 학생에게는 좋은 길잡이가 될 것이며, 산업재산권법을 공부한 독자들에게도 최근 판례의 소개와 외국 입법례의 비교 분석은 인식의 지평을 넓히는 지침서가 될 것으로 기대한다.

저자의 재주가 무디어 세상에 더디기는 하지만 한눈팔지 않고 묵묵히 걸어왔다. 이 책에는 필자의 생애에서 그 어떤 때보다 치열했던 지난 7년의 로스쿨 강의가 고

스란히 담겨 있다. 24살에 특허청 심사관으로 들어가 35년이 지나서 비로소 이 책을 세상에 내놓게 된 것은 하느님이 내려주신 귀한 선물이라 받아들이고 기쁘게 생각한다. 한 권의 책에 4개의 법률을 묶은 것이라서 정통의 교과서라고 감히 말할 수는 없지만, 나름대로 최선을 다해서 집필하였다. 이러한 조그미한 노력이 우리나라 산업재산권법학계에 조금이라도 기여할 수 있기를 희망한다.

산업재산권법을 공부하는 애독자들이 특허법, 상표법, 디자인보호법, 실용신안법의 법리와 실무를 이해하고 기초를 튼튼하게 할 수 있다면 저자는 더할 나위 없이 기쁘게 생각할 것이다. 아무래도 이 책에 미흡한 점이 많으리라 보며, 국내외 문헌을 공부하여 꾸준히 본서를 다듬어나갈 생각이다. 애독자 제현의 아낌없는 질정(叱正)과 대화를 기대한다.

저자의 간절한 바람은 이 책이 애독자 여러분에게 좋은 길잡이가 되었으면 하는 것이다. 큰 목표만 세워 놓고 미루며 살기 보다는 작은 것부터 차근차근 꾸준히 노력하면 결국 이루고 사는 사람이 되는 것이라고 굳게 믿는다.

이 책은 출간함에 있어서도 많은 분들의 도움을 받았다. 더운 여름에 교정 작업을 해 준 전남대학교 법학전문대학원 모혜수 연구원, 송지민 연구원과 민경재 박사의 노고에 고마움의 뜻을 표한다. 바쁜 일정에도 불구하고 귀중한 의견을 주고, 교정을 도와 준 전남대학교 공과대학 조제신 교수에게도 감사를 드린다.

마지막으로 이 책을 출간할 수 있도록 배려해 주 전남대학교에게 깊이 감사를 드린다. 본서의 편집에 온 심혈을 기울여 주신 송미숙 과장에게 고마움을 표하며, 전남대학교출판부 전 직원에게도 그 노고에 감사를 드린다.

2015년 7월

저자 김원준

목 차

제3편 실용신안법

제4편 디자인보호법

제5편 상 표 법

【 참고문헌 약어표 】

1. 국내문헌

가. 단행본

강동세, 지적재산권의 형사적 이해, 세창출판사, 2003.
강영우, 우리가 오르지 못할 산은 없다, 생명말씀사, 2013.
계승균 외 4인, 로스쿨 지적재산권법, 법문사, 2010.
권택수, 요건사실 특허법, 진원사, 2010.
吉藤辛朔, 유미특허사무소 譯, 특허법개설(제13판), 대광서림, 2000.
김구, 내가 원하는 나라, 현북스, 2015.
김기영·김병국, 특허와 침해, 육법사, 2012.
김동준, 특허균등침해론, 법문사, 2012.
김민희, 실무와 사례로 살펴본 특허심판, 피앤씨미디어, 2016.
김원준, 특허법원론, 박영사, 2009.
김정운, 에디톨로지, 21세기북스, 2015.
김준호, 민법강의(신정6판), 법문사, 2006.
김태봉, 로스쿨 민법총칙, 전남대학교출판부, 2015.
김철수, 헌법학신론, 박영사, 2008.
노태정·김병진, 디자인보호법(3정판), 세창출판사, 2009.
박상기 외 12인, 법학개론(제5판), 박영사, 2007.
박윤흔 ·정형근, 최신 행정법강의(상) 개정3판, 박영사, 2009.
박준국, 미국특허실무, 한빛지적소유권쎈터, 1995.
신혜은, 특허법의 이론과 실무, 진원사, 2010.
송덕수, 신민법입문, 박영사, 2013.
송상현, 민사소송법(신정 4판), 박영사, 2004.
송영식 외 2인, 지적소유권법(제9판), 육법사, 2005.
송영식 외 6인, 송영식지적소유권법[제2판](상), 육법사, 2013.
안동준, 형법총론, 학현사, 1998.
양형우, 민법의 세계(제8판), 피앤씨미디어, 2016.
월터 아이작슨(이덕환 역), 아인슈타인의 삶과 우주, 까치출판사, 2007.
이시윤, 신민사소송법(제9판), 박영사, 2015.
이철환, 민사소액재판실무, 전남대학교출판부, 2007.
전세정, 민사집행법, 박영사, 2008.
정상조·박성수 공편, 특허법 주해 Ⅱ, 박영사, 2010.
조영선, 특허법(제4판), 박영사, 2013
특허법원 지적재산소송실무연구회, 지적재산소송실무, 박영사, 2014.
최승재, 미국 특허법, 법문사, 2011.
현암사, 2015년 법률용어사전, 2015.

나. 정부 간행물

사법연수원, 2015 특허법, 사업연수원출판부, 2015.
사법연수원, 2015 상표법, 사업연수원출판부, 2015.
특허청, 컴퓨터관련 발명 심사기준, 2014. 7.
특허심판원, 심판편람(제11판), 2015. 8.
특허청 국제특허연수원, 특허법 이론과 실제, 2012. 12.
특허청 국제특허연수원, 상표법 이론과 실제, 2012. 12.

특허청 국제특허연수원, 디자인보호법 이론과 실제, 2012. 12.
특허청·무역위원회, 2013년도 지식재산활동 실태조사, 2014. 3.
특허청, 주요국 특허판례 100선, 2015.
특허심판원, 2011-2013년 대법원 특허판례 분석집, 2014. 12.
특허청. 특허법·실용신안법 일부개정법률 설명자료, 2016. 2.
특허청, 특허·실용신안 심사기준, 2016. 2.
특허청, 상표심사기준, 2016. 9.
특허청, 디자인심사기준, 2015. 10.

2. 외국문헌

Donald S. Chisum & F. Scott Kieff, Principles of Patent Law, Foundation Press. 2001.
Justine Pila, The Requirement for an Invention in Patent Law, OXFORD, 2009.
Martin J. Adelman 외 2인, Cases and Matrails on Patent Law, WEST, 2003.
Laurence H. Pretty, Patent Litigation, PRACTISING LAW INSTITUTE, 2003.
Lionel Bently·Brad Sherman, Intellectual Property Law(3rd edtion), OXFORD, 2009.
Richard T. Holzmann, Infringement of the United States Patent Right, Quorum Books, 1995.
Robert C. Faber, Landis on Mechanics of Patent Claim Drafting(5 th edition), Practising Law Institute, 2006.
Ronald B. Hildreth, Patent Law, 1998.
미국특허청, 미국 특허법, 2013.
미국특허청, 심사편람(MPEP), 2014.
EPO, European Patent Convention(14th edition), 2010. 8.
橋本良郎, 特許法(제3판), 사단법인 發明協會, 2006.
木梨貞男, 要點解說 歐洲特許入門 第2版, 社團法人 發明協會, 2008.
中山信弘·小泉直樹, 新·註解 特許法(上巻), 青林書院, 2011.
中山信弘 외 43인, 知的財産法の新しい流れ, 片山英二先生記念論文集, 青林書院, 2010.
小野昌延, 知的財産權法 最高裁判例 評釋大系 [Ⅰ]」青林書院, 2009.

3. 판결의 인용

(1) 국내 판결의 표시는 선고법원, 선고연월일 및 사건번호 순으로 표시하고, 대법원 전원합의체 판결인 경우에는 판결번호 뒤에 '전원합의체'를 표기하였다.
(예) 대법원 2014. 3. 20. 선고 2012후4162 전원합의체 판결.

(2) 판결요지는 대법원판례집 또는 법원공보에 수록된 판결요지를 그대로 인용함을 원칙으로 하되, 필요에 따라 중요한 부분만 발췌하여 편집하였다.

(3) 리딩판결 또는 가장 최근의 중요한 판결은 본문에 박스로 처리하였다.

4. 법령의 인용 및 약어

(1) 산업재산권법은 특허법, 실용신안법, 디자인보호법, 상표법으로 구분되기 때문에 각장에서 법률명은 표시하지 않고 해당 법률의 법조문 숫자만 표기하였다. (예) 제128조

(2) 디자인보호법은 편의상 "디자인법" 으로 표기하였다.

(3) 특허청, 「특허·실용신안 심사기준」(2016년 2월 11일 시행)은 "특허심사기준"으로, 특허청, 「상표심사기준」(2016년 9월 1일 시행)은 "상표심사기준"으로 표기하였다. 특허청, 「디자인심사기준」(2015년 10월 1일 시행)은 "디자인심사기준"으로 표기하였다.

(4) 다른 법률은 원래의 명칭을 사용하되 다음의 법률은 약칭을 사용하였다.
독점규제및공정거래에관한법률은 "공정거래법"으로, 부정경쟁방지및영업비밀에관한법률은 "부정경쟁방지법"으로 표기하였다.

제1편

산업재산권법

제1장 산업재산권법 개관

Ⅰ. 산업재산권의 정의

사람이 소유하는 재산권에는 눈으로 볼 수 있는 유형의 유체재산(有體財産)과 그 실체를 눈으로 볼 수 없는 무형의 무체재산(無體財産)이 있다. 지식재산권(Intellectual Property Rights: IPR)은 법령 또는 조약 등에 따라 인정되거나 보호되는 지식재산에 관한 권리를 말하는 것으로서, 산업재산권, 저작권, 신지식재산권을 포괄하는 무형적 권리(intangible right)를 의미한다.

지식재산권은 혁신(innovation)을 법으로 보호하는 권리이기 때문에 경제의 핵심으로 자리 잡고 있다. 지식기반 경제(knowledge based economy) 사회에서 명확하고 과학적인 지식재산권법의 역할이 점점 커지고 있다.

지식재산권법은 산업재산권법과 저작권법으로 대별된다. 산업재산권은 산업에 기여하는 것(gewerbliche Leistung)을 보호의 본질로 한다. 이에 대하여 저작권은 문화의 영역에서 정신적 기여(geistige Leistung)를 보호의 본질로 하는 점에서 구별된다.[1]

최근에는 정보 및 지식산업의 놀라운 발전에 따라 반도체칩, 세포융합에 의한 동물·식물의 신품종 보호, 인터넷 관련 발명, 디지털 콘텐츠 보호 등 신지식재산권의 보호가 대두되고 있다.[2] 산업재산권법은 특허법·실용신안법·상표법·디자인보호법으로 구성된다. 지식재산권은 산업계에서 발명한 기술적 창작물과 문화·예술계에서 새로 만든 문화적 저작물[3]을 보호하는 권리이다. 산업재산권은 역사적으로 특허제도와 상표제도가 각각 발전하여 왔다.

인간은 생각하는 동물이고, 인간의 정신문화는 무한하게 확대되어 가고 늘 새로운 세상을 추구하기 때문에 지식재산은 계속해서 창작되는 특성을 가지고 있다. 산업재산권은 인간의 지식활동의 창작물이며, 경제적으로는 인간에게 유용한 재화, 용역의 산출을 위한 원동력이라 할 수 있다. 기업 활동에서 특허권, 실용신안권, 상표권 및 디자인권은 경영의 중추적인 역할을 하고 있다.

---

1) Intellectual property(IP) refers to creations of the mind, such as inventions, literary and artistic works, designs and symbols, names and images used in commerce.

2) 송영식 외 6인, 40면.

3) 세계 최고의 콘텐츠를 자랑하는 엔터테인먼트 회사 월트 디즈니의 성공신화는 1928년 미키마우스(Miki Mouse)라는 캐릭터에서 시작되었다. 세계 어린이들에게 인기 있는 디즈니 콘텐츠들은 대표적인 저작물이다.

Ⅱ. 산업재산권법의 법원(法源)

모든 국민은 학문과 예술의 자유를 가진다. 저작자·발명가·과학기술자와 예술가의 권리는 법률로써 보호한다(헌법 제22조). 헌법에 근거하여 특허법·실용신안법·디자인보호법·상표법·저작권법이 제정되었다. 헌법은 저작자·발명가·과학기술자와 예술가는 국가의 간섭을 받지 않고 학문과 예술의 자유를 누릴 수 있다는 적극적인 의미의 기본권뿐만 아니라, 저작자와 발명가의 권리는 법률로 보호해야 한다는 적극적인 내용을 기본권과 함께 규정하고 있다. 파리협약[4] 제1조 제2항에 의하면, 산업재산권(industrial property)의 보호대상은 특허·실용신안·디자인·상표·서비스표·상호·원산지표시 또는 원산지 명칭 및 부정경쟁의 방지로 정의하고 있다.

산업재산권이란 용어는 파리협약(Paris Convention for the Protection of Industrial Property)의 명칭 중 Industrial Property를 번역한 말이다. 1960년대에는 공업소유권이라는 법률용어로 사용한 적이 있으나 1990년대 말부터 이 용어를 폐기하고 산업재산권으로 통일하였다. 산업재산권은 특허권, 실용신안권, 상표권 및 디자인권을 총칭하며, 특허청에 출원하여 등록받음으로써 배타적 독점권이 부여된 권리를 말한다.

Ⅲ. 산업재산권의 종류

1. 특허(patent)

특허권은 자연법칙을 이용한 기술적 사상의 창작으로서 기술수준이 고도한 발명에 부여되는 독점배타적 권리이다. 특허제도는 발명의 보호를 통해서 기술진보와 국가산업발전을 도모함을 목적으로 한다. 특허란 종래기술의 문제점을 해결한 독창적인 아이디어라 할 수 있다. 미국 16대 대통령이면서 발명가인 에이브러햄 링컨은 "특허제도는 천재의 불꽃에 기름을 붓는 것이다(The patent system added the fuel of interest to the fire of genius)."라고 하였다. 예를 들면, 1968년 미국 더글러스 엔젤바트(Douglas Engelbart)가 특허를 받은 마우스(mouse)는 인간과 컴퓨터의 실시간 소통을 가능하게 한 혁명적인 발명품이다. 오늘날 컴퓨터를 사용할 수 있게 되면서 컴퓨터의 마우스를 다루는 사람들은 매우 편리하게 컴퓨터를 다룰 수 있게 되었다.

이와 같이 마우스와 같은 새로운 물건을 발명한 경우 또는 종래기술의 문제점을 해결한 아이디어에 특허가 부여된다. 특허권의 권리는 특허권의 설정등록이 있는 날

---

4) 산업재산권 보호에 관한 파리협약(Paris Convention)은 1883년 3월 20일 프랑스 파리에서 체결된 세계 최초의 산업재산권의 국제적 보호를 위한 국제조약이다.

로부터 발생하며, 권리존속기간은 특허출원일 후 20년까지이다. 특허권은 발명에 대하여 부여하고, 실용신안권은 고안에 대하여 부여한다.

2. 실용신안(utility model)

실용신안권은 종래 제품을 개량하거나 새로운 기능을 추가하여 편리하게 한 발명품에 주어지는 재산권으로 물품의 형상·구조·조합에 관한 고안을 보호하기 위하여 부여되는 독점배타적 권리이다. 실용신안권은 설정등록일로부터 발생하며 실용신안등록출원일 후 10년이 되는 날까지 존속한다. 실용신안권은 특허권과 마찬가지로 기술에 관한 아이디어를 보호하는 권리이고, 특허권과 법적효력이 동일하다.

실용신안의 보호대상은 물품성을 요구하고 있으므로 방법 및 물질 발명은 실용신안의 대상이 될 수 없다. 실용신안은 기술력이 고도하지 못한 작은 발명을 보호, 장려하여 중소기업 등의 기술개발을 촉진시키기 위한 목적으로 도입된 제도이다.[5)]

3. 디자인(design)

디자인은 물품의 형상·모양·색채 또는 이들을 결합한 것으로서 시각을 통하여 미감을 일으키는 것을 말한다. 예를 들면, 핸드백이나 스마트폰을 새롭게 디자인하였다면, 심사 및 등록절차를 거쳐서 디자인권을 획득할 수 있다. 디자인권은 설정등록한 날부터 발생하여 디자인등록출원일 후 20년이 되는 날까지 존속한다. 디자인보호법상 디자인은 산업디자인을 말하며, 보호대상은 물품의 미적 외관이고, 대량생산이 가능한 상품을 말한다. 디자인은 물품과 불가분의 관계에 있다.

디자인은 타인의 모방이 용이하고 유행에 민감하며 라이프 사이클이 짧기 때문에 디자인권자의 보호를 강화하기 위하여 관련디자인제도를 두고 있다.

4. 상표(trademarks)

상표란 자기의 상품과 타인의 상품을 식별하기 위하여 사용되는 표장(標章)을 말한다. 상표는 출처표시 기능, 품질보증 기능 및 광고선전 기능 등을 가지고 있다. 상표는 식별력(distinctiveness)이 있어야 등록을 받을 수 있다. 식별력은 상표 사용자의 상품 또는 서비스를 다른 사람의 상품이나 서비스와 구별하는 능력을 말한다. 기업들은 상품을 개발하고, 소비자들에게 좋은 이미지를 심어줄 수 있는 이름(브랜드)을 짓

5) 오늘날 실용신안제도는 한국, 독일, 일본, 이탈리아, 중국 등 20여 개 국가에서 채택하고 있고, 미국, 영국 등은 이를 채택하고 있지 않다.

고 상표권 등록을 한다. 예를 들면, Google(인터넷 서비스업), Nike(스포츠 의류)와 같은 서비스표나 상표는 서비스와 상품의 얼굴이라 할 수 있다.

상표권은 설정등록이 있는 날부터 10년 동안 존속하고, 존속기간은 존속기간갱신등록신청에 의하여 10년마다 갱신할 수 있다.

Ⅳ. 신지식재산권

신지식재산권(New Intellectual Property Rights)이란 전통적인 산업재산권, 저작권의 범주에 속하지 않으면서 경제의 발전 및 변화와 함께 그 보호의 필요성이 대두된 새로운 지식재산권을 말한다. 21세기 지식기반사회로 진입하면서 디지털기술과 유전공학 등의 발전으로 컴퓨터프로그램·반도체칩 배치설계·도메인네임·데이터베이스·식물신품종 등 새로운 지식재산권이 나타나고 있다.

신지식재산권은 산업저작권·첨단산업재산권 및 정보산업재산권 등으로 분류할 수 있다. 산업저작권은 산업재산권과 같이 산업적 활용이 주기능인 저작권을 의미한다. 컴퓨터프로그램이 여기에 속한다. 첨단산업재산권은 반도체집적회로 설계, 생명공학기술 등 첨단기술의 보호와 관련된 산업재산권이다.

최근 하이테크 산업의 발달로 인해 IT분야로의 지식재산권의 영역이 점차 확대되어가는 추세이다. 정보산업재산권은 상품의 제조·판매·영업·기획 분야에서 상품화될 수 있는 정보와 이의 정보전달수단에 대한 산업재산권으로 영업비밀, 뉴미디어 및 데이터베이스이다.

이외에 도메인 이름(domain name)[6], 캐릭터, 퍼블리시티권(right of publicity)[7], 트레이드 드레스(trade dress)[8] 등이 새로운 지식재산권으로 등장하였다.

---

6) 도메인 이름은 인터넷상 호스트 컴퓨터의 주소(IP address)에 해당하는 알파벳과 숫자의 일련의 결합을 의미한다. 전자상거래가 활성화되면서 도메인 이름 그 자체가 상품이나 서비스업의 출처표시로서의 기능을 한다.

7) 퍼블리시티권은 영화배우, 스포츠 선수 등 유명인의 이름이나 초상 등 그 사람의 동일성(identity)을 광고 또는 상품 등에 상업적으로 사용하여 경제적 이익을 얻을 수 있고 또한 타인의 이용을 배제할 수 있는 권리다.

8) 트레이드 드레스는 보통 상품이나 포장의 외관을 나타낸다. 트레이드 드레스에 관한 권리가 인정되는 대상은 상품의 모양이나 상품의 포장 또는 용기뿐만 아니라 부동산(예: 골프장, 커피숍 등)과 같은 대형물도 포함한다.

제2장 산업재산권의 국제적 보호

Ⅰ. 서설

지구촌의 인류가 지향하고 있는 공통된 목표는 문명의 발달과 문화의 창달이라 할 수 있다. 혁신(革新)과 창의력이 요구되는 새로운 지식기반사회에서 특허, 상표, 디자인, 저작물이 지식재산의 핵심 자원이다. 오늘날 인터넷과 IT기술의 급속한 발전으로 지식재산권의 국제화 내지 국제적 보호의 필요성이 중요하게 인식되고, 국제무역에서 국가들에게 상품이 이동하면 특허, 상표, 디자인이 상품에 붙어서 함께 이동하므로 지식재산권은 국제성이 강한 재산권이라 할 수 있다.

Ⅱ. 국제기구

1. WIPO

1883년 파리협약, 1886년 베른협약 및 1967년 스톡홀름 의정서에 의해 1974년 12월 17일자로 세계지식재산기구(World Intellectual Property Organization: WIPO)가 설립되었고, 동일자로 UN전문기구가 되었다. WIPO의 주요 업무는 국제조약을 관장하고 체결하며, 국제규범 제정, 개발도상국의 지원을 위한 개발협력사업 및 PCT 등 국제등록을 담당한다. 또한 WIPO는 국제특허출원의 PCT 등록시스템, 상표등록에 관한 마드리드 시스템(Madrid system) 및 디자인등록에 관한 헤이그시스템(Hague system)을 운용하고 있다. WIPO는 21세기 경제기반 사회의 변화에 부응할 수 있는 지식재산권의 보호를 강화하기 위하여 노력하고 있다. 새로운 조약의 체결 또는 요구사항을 결정하기 위해서 4개의 상설위원회(Standing Committees)를 설치하고, 각 위원회에는 실무그룹(Working groups)을 두고 있다. WIPO에서는 특허법 상설위원회(SCP), 상표법·산업디자인법 및 지리적 표시법에 관한 상설위원회(SCT), 저작권과 저작인접권 상설위원회(SCCR) 및 WIPO 표준위원회(CWS)가 활동하고 있다.

2. WTO

우루과이라운드협상 결과, 1995년 1월 1일 세계무역기구(World Trade Organization: WTO)가 출범하였다. WTO 조약이 발효되면서 무역관련 지식재산권에 관한 협정(Agreement on Trade Related Aspects of Intellectual Property Rights: TRIPs)도 함께 발효되었다. WTO는 회원국 간의 무역협상을 위한 토론의 장을 제공하며, 체결된 조약을 감독한다. WTO는 국제통화기금(IMF)과 함께 국제무역을 지원하는 세계에서 가장 구심력 있는 국제기구이다. 특히 WTO는 국제통상의 규범을 제정하였고, 이 WTO 규범이 회원국에 의해 준수될 수 있도록 하는 분쟁해결절차를 가지고 있다. WTO는 2년마다 1회 개최되는 WTO 각료회의가 최고의사결정기구이다. 각료회의가 개최되지 않는 기간에는 수시로 개최되는 일반이사회가 그 임무를 수행한다.

일반이사회에는 분쟁해결기구(Dispute Settlement Body: DSB)와 회원국들의 무역정책을 심사하는 무역정책검토기구가 설치되어 있고, 상품무역에 관한 이사회(Council for Trade in Goods), 서비스무역에 관한 이사회(Council for Trade in Services), 무역관련 이사회(Council for TRIPs)가 있다. 각료회의와 일반이사회는 전체 회원국으로 구성된다. TRIPs 이사회는 TRIPs의 운영 및 회원국의 의무 준수를 감시한다. 그리고 지식재산권의 무역관련 문제에 대하여 회원국에게 협의의 기회를 제공하고, TRIPs 이사회는 기능을 수행하기 위하여 필요하다고 판단되는 기관과 협의하거나 정보를 요청할 수 있다.

3. 특허 3극 및 IP5

1983년부터 미국특허청(USPTO), 유럽특허청(EPO) 및 일본특허청(JPO)의 특허 3극은 3극 협력(Trilateral Cooperation)을 추진하여 왔다. 특허 3극은 정보의 상호이용 등 심사협력과 특허출원 양식의 통일화, 제도의 조화를 위한 정책을 마련하였다. 2007년에 3극 특허청은 최근 지식재산 강국으로 부상하고 있는 한국과 중국을 포함시켜서 지식재산 선진 5개국(한국, 미국, 유럽, 일본, 중국)의 특허청을 의미하는 'IP5'를 출범시켰다. IP5는 유럽특허청, 미국특허청, 일본특허청, 한국특허청(KIPO), 중국특허청(SIPO)을 말한다. IP5는 매년 특허청장의 회의를 개최하고 있으며, 심사처리의 질적·양적 문제, 복수국가 중복 출원의 절차 간소화, 심사실무 비교 연구 등에 대한 정보를 공유하고 국제협력을 공동으로 하고 있다.

3극 협력 통계[1]에 의하면, 2013년 말에 전 세계에서 발효된 특허는 총 940만 건이다. 전체 특허 중 미국이 25%, 유럽(38개국)이 25%, 일본이 19%, 한국이 9%, 중국이 11%, 기타 국가들이 11%를 차지하고 있다. 전체 특허의 89%는 IP5가 소유하고, 나머지 11%는 러시아, 인도, 브라질, 이스라엘 등 기타 국가들이 갖고 있다.

2015년 8월에 발표된 IP5 통계에 의하면, 2015년도 전 세계 특허출원 건수는 2014년보다 8.6% 증가하여 총 240만 건이다. IP5에 접수된 특허출원의 현황을 분석

1) http://www.trilateral.net. IP5 Statistics Report 2014: At the end of 2013, 89 percent of the 9.4 million patents were in-force in one of the IP5 Offices jurisdictions. This demonstrates the prominent role that is played by the IP5 Offices(IP5 Statistics Report 2014 Edition).

해보면, 중국(SIPO)에 1,101,864건이 출원되어 전체의 45%를 차지한다. 이어서 USPTO에 589,410건, JPO에 318,721건, KIPO에 213,694건, EPO에 160,022건의 특허출원이 접수되었다. 2014년 WIPO 통계에 의하면, 특허출원은 2012년에 비해 9% 증가하였고, 실용신안출원은 중국의 출원이 증가하면서 18%나 증가하였다.

상표출원은 전년도에 비하여 6% 증가하였고, 디자인출원은 2.5% 증가하였다.[2)]

4. 지식재산강국으로 등장한 중국

중국은 국내 특허출원 및 상표 출원량으로도 명실 공히 세계 1위에 올라섰으며, PCT 국제출원 건수에서도 미국, 일본에 이어 이미 3위를 차지하고 있다. 특히 실용신안 출원량은 세계 출원의 80% 이상을 차지하면서 전 세계를 주도하고 있다.

중국이 지식재산권제도를 도입한 이후 2008년 6월 국무원은 「국가지식재산전략강요」[3)]를 발표하였다. 중국정부는 지식재산을 국가경제발전의 중요한 요소로 인식하고 전략강요에 근거하여 지식재산권정책을 추진하고 있다.

2009년 원자바오 총리는 「3대 국가발전 전략」을 공표하였다. 2014년 특허법 제4차 개정법을 발표하고, 징벌적 손해배상제도, 특허권자 입증책임 경감제도 등을 도입하였다. 2014년 베이징, 상하이 및 광저우에 지식재산권전문법원을 설립하였다. 2015년 12월 특허법 제5차 개정안을 발표하였다.

중국은 「국가지식재산권전략강요」에 따라 2020년까지 지식재산권의 창조·운용·보호·관리를 고도로 정비할 계획이다. 이러한 일련의 개혁은 중국이 지식재산강국을 지향하고 있음을 알 수 있다.

Ⅲ. 국제조약

1. 지식재산권 관련 조약

2016년 12월 현재 WIPO가 관장하고 있는 지식재산권 관련 국제조약은 총 25개이다. 이를 분류하면, (ⅰ) 지식재산권보호와 관련된 조약으로 국제적 보호에 관한

---

2) http://www.wipo.int/edocs/pubdos/wipo_pub_943_2014 pdf: Global filing activity for patents and trademarks grew in 2013, representing the fourth consecutive year that applications have increased for these two IP rights. For utility models and industrial designs, growth in filing activity has been uninterrupted for over a decade(WIPO IP Facts and Figures).

3) 国务院, 国务院关于印发 国家知识产权战略纲要的通知国发[2008] 18号: 各省、自治区、直辖市人民政府, 国务院各部委、各直属机构 : 现将 《国家知识产权战略纲要》 印发给你们, 请认真贯彻实施: 국무원, "国家知识产权战略纲要(국가지식재산전략개요)", 2008. 6. 5.

규범을 정하는 지식재산권 보호의 실체 규정을 담고 있다. 여기에는 파리협약, 베른협약, 브뤼셀(Brussels)협약, 마드리드협약, 특허법조약, 음반협약, 로마협약, 싱가포르조약(상표법), 상표법조약, 워싱턴조약, WIPO저작권조약(WCT), WIPO실연·음반조약(WPPT), 마라케시(Marrakesh)조약[4]이 있다. (ii) 국제적 보호를 촉진하는 글로벌보호제도에 관한 조약으로 해외출원제도나 등록제도 또는 국제기탁제도를 운영하기 위한 부다페스트조약, 헤이그협정, 리스본협정, 마드리드협정(상표), 마드리드의정서, 특허협력조약(PCT)과 국제식물신품종보호조약(UPOV)이 있다. (iii) 분류체계에 관한 조약으로서 니스협정, 스트라스부르그협정, 로카르노협정, 비엔나협정이 있다.

이 외에 WIPO가 관장하지 않는 지식재산권 관련 조약은 WTO/TRIPs협정, 세계저작권협약(UCC)이 있다.

2. 파리협약(Paris Convention)

(1) 의의 산업재산권 관련 조약 가운데 대표적인 조약이 1883년 파리에서 체결된 파리협약(Paris Convention)이다. 1880년 파리에서 개최된 국제회의에서 프랑스의 제안에 대하여 토론을 거쳐 조약안이 마련되었으며, 이 조약안은 1883년 3월 20일 파리 외교회의에서 정식으로 채택되었다. 파리협약은 1884년 7월 7일 효력이 발생되었고, 1967년 스톡홀름 개정회의 등에서 의정서를 통해 여러 차례 개정되었다. 우리나라는 1980년 5월 4일 파리협약에 가입하였고, 2016년 12월 현재 회원국은 176개국이다. 파리협약은 특허, 실용신안, 상표 및 디자인에 동일하게 적용된다.

(2) 기본원칙 파리협약은 자국 산업 보호를 목적으로 하는 속지주의에 근간을 두고 있는 각국의 독자적인 제도를 전제로 하면서 가능한 범위 내에서 산업재산권을 국제적으로 통일·보호하고자 하는 것이므로 실체적인 면에 있어서 외국인에게 자국민과 동등하게 산업재산권의 보호에 관한 이익을 향수시키기 위한 내국민대우의 원칙을 두고, 절차적인 면에 있어서 우선권제도를 그 기본원칙의 하나로 도입하였다. 따라서 파리협약은 속지주의에 입각하여 각국의 산업재산권제도상의 차이를 그대로 인정하고, 그 바탕 위에서 내국민대우의 원칙, 우선권주장의 인정 및 특허독립의 원

4) WIPO 외교회의는 2013년 6월 28일 모로코 마라케시(Marrakesh)에서 「Marrakesh Treaty to Facilitate Access to Published Works for Persons who are Blind, Visually Impaired or Otherwise Print Disabled」라는 명칭으로 마라케시조약을 역사적으로 채택하였다. 마라케시조약은 맹인과 시각장애인이 출판된 책들을 간단하고, 가능한 효과적인 방법으로 접근할 수 있는 장치(시설)에 대한 국제적인 규범을 규율하고 있다(Marrakesh Treaty to Facilitate Access to Published Works for Persons who are Blind, Visually Impaired, or otherwise Print Disabled).

칙을 바탕으로 산업재산권을 국제적으로 보호한다.

1) 내국민대우의 원칙 내국민대우(national treatment)의 원칙은 내외국인평등의 원칙으로 파리협약 회원국 국민의 권리능력을 보호한다. 파리협약 회원국의 국민은 산업재산권의 보호에 관하여 이 조약에서 특별히 규정하는 권리가 저해됨이 없이 다른 모든 회원국에서 현재 또는 장래에 부여되는 내국민의 이익과 동등한 이익을 향수한다(파리협약 제2조 제1항).

2) 우선권주장의 인정 우선권(right of priority)이란 특정 출원인이 어느 한 당사국(제1국)에서 행한 특허 등의 정식 출원에 기초하여 다른 당사국(제2국)에 출원할 경우 일정 기간 내에 보호를 요청할 수 있는 권리를 말한다. 우선기간은 특허 및 실용신안에 대하여는 12개월, 디자인 및 상표에 대하여는 6개월이다(파리협약 제4조C). 우선권주장을 주장하는 출원에 대하여 제2국 특허청에서 산업재산권의 출원순위, 신규성, 진보성, 선원을 심사할 때에 제1국의 출원일을 기준일로 하여 심사하고 똑같은 이익을 부여한다.

3) 특허독립의 원칙 특허독립(independence of patents)의 원칙이란 회원국의 국민이 각 회원국에서 취득한 특허는 각각 독립이며, 타국에서의 특허운명과 관계없이 특허권이 발생·존속·소멸한다는 원칙이다(파리협약 제4조의2). 따라서 회원국의 국민에 의하여 여러 회원국에서 받은 특허발명은 회원국이든 비회원국이든 관계 없이 타국가에서 받은 특허와 독립된 지위를 갖는다(파리협약 제4조의2 제1항).

3. 특허협력조약(PCT)

특허법 제10장에서 PCT[5]에 의한 국제특허출원에 관하여 규정하고 있다. 특허법 제10장 제1절은 해외출원의 국제단계의 절차에 관한 것으로 PCT를 이용하여 외국에서 권리를 취득할 경우 적용되는 절차를 규정하고 있다. 제10장 제2절은 해외출원의 국내단계에서 우리나라를 지정한 해외출원에 대하여 국내법의 적용에 대해서 규정하고 있다.[6] PCT는 특허 또는 실용신안을 해외에 출원할 경우 절차를 간소화하

---

5) The Patent Cooperation Treaty(PCT) assists applicants in seeking patent protection internationally for their inventions, helps patent Offices with their patent granting decisions, and facilitates public access to a wealth of technical information relating to those inventions. By filing one international patent application under the PCT, applicants can simultaneously seek protection for an invention in 151 countries throughout the world.

6) 해외출원은 번역문 제출시기를 중심으로 번역문 제출 이전단계를 국제단계(international phase)라 하고, 이 이후의 절차를 국내단계(national phase)라 한다. 해외출원은 국내단계에 진입한 후에는 각국의 국내법에 따라서 각국 특허청에서 일정한 절차를 밟아야 등록을 받을 수 있다.

고 비용을 절약하며 기술교류협력을 위하여 체결된 다자간 조약으로, 1970년 6월 19일 워싱턴외교회의에서 조약이 체결되었다. 우리나라는 1984년 8월 10일에 가입하였고, 2016년 12월 현재 PCT 회원국은 151개국이다.

4. 특허법조약(PLT)

1980년대부터 세계 각국은 특허제도의 국제적 조화가 중요한 과제라는 인식을 하고 특허법 통일화를 위하여 노력하였다. 1995년 9월 WIPO 정기총회에서 특허법조약(Patent Law Treaty: PLT)의 검토를 결정하였다. 그 후 수차례의 전문가회의를 개최한 결과 2000년 6월 1일에 조약이 채택되었고[7], 2005년 4월 28일부터 조약이 발효되었다. 2016년 12월 현재 PLT 회원국은 38개국이다. PLT는 27개 조문, 21개 규칙 및 6개 합의 선언문으로 구성되어 있다. PLT의 목표는 국내 및 지역 출원절차 및 방식요건의 통일화, 출원인의 편의도모를 위한 출원방식 요건의 완화, 특허방식 요건에 대한 상이한 국제표준 도입을 배제, 국내 및 지역특허청에서 정하는 요건의 통일화 및 간소화이다. PLT의 주요내용은 출원일 결정, 출원서류의 서식 및 작성방법, 제출서류의 서식·언어 및 표기사항, 기간의 연장 및 권리의 복원, 우선권주장의 정정 및 추가, 강제대리권, 전자출원, 권리손실 방지 및 구비요건의 완화 등이다.

5. 상표법조약(TLT)

1989년부터 WIPO 전문가회의에서 상표제도의 국제적인 조화와 통일화를 위해 회의를 진행하였으나 각국의 의견이 상이하여 먼저 절차적 측면에서의 국제적인 조화를 실현하는 데에 인식을 같이 하고, 상표제도의 절차를 간소화하는 데에 목표를 두고 조약을 추진하였다. 1994년 10월 27일 스위스 제네바 WIPO 외교회의에서 상표법조약(Trademark Law Treaty: TLT)이 채택되었다. TLT는 1996년 8월 1일 발효되었다. 우리나라는 2003년 2월 25일 가입하였고, 2016년 12월 현재 TLT에 가입한 회원국은 54개국이다. TLT에서 적용하는 상표는 시각으로 인식할 수 있는 상표에 적용하고, 입체상표의 등록을 허용하는 체약국은 입체상표에도 적용한다(TLT 제2조 제1항 (a)). 홀로그램·소리상표나 냄새상표와 같이 시각적으로 인식할 수 없는 상표는 이 조약을 적용하지 아니한다. 서비스표 또는 상품 및 서비스업에 관한 표장은 이 조약을 적용

---

7) 스위스 제네바 소재 WIPO에서 2000년 5월 11일부터 6월 2일까지 WIPO 148개 회원국이 참석하여 특허법조약 채택을 위한 외교회의(The Diplomatic Conference for the Adoption of the Patent Law Treaty)가 개최되었고, 이 외교회의에서 PLT가 정식으로 채택되었다.

하나, 단체표장·증명표장 및 보증표장은 적용하지 아니한다(TLT 제2조 제2항 (b)).

다만, 연합상표·방호상표 또는 파생상표에는 이 조약을 적용하지 않는다는 취지의 선언을 할 수 있다(TLT 제21조 제1항). 상표출원 및 등록에 있어서 상품 및 서비스업을 표시한 공고는 상표의 국제분류인 니스분류[8]상의 유별로 분류하여 사용하여야 한다(TLT 제9조). 우리나라의 상표실무에서도 니스분류를 사용하고 있다.

6. 마드리드 국제상표출원

마드리드 의정서(Madrid Protocol)는 마드리드 협정이 지니고 있는 문제점을 극복하고 탄력적으로 국제등록제도(Global protection system)를 창설할 목적으로 「표장의 국제등록에 관한 마드리드협정에 대한 의정서(Protocol Relating to the Madrid Agreement Concerning the International Registration of Marks: Madrid Protocol)」라는 명칭으로 1995년 12월 1일 발효되었고, 1996년 4월 1일부터 시행된 조약이다. 우리나라는 2003년 4월 10일에 가입하였고, 2016년 12월 현재 마드리드 의정서 회원국은 98개국이다.

상표법에 입법된 마드리드 의정서[9]에 근거하여 체약국에 대해서는 국내 특허청을 통해 하나의 국제출원서를 영어로 작성하여 출원하면 출원인이 국제출원서에 지정한 국가에 동일한 날짜에 출원한 것으로 간주되기 때문에 국내기업의 해외상표등록절차가 매우 간소화되는 한편 비용도 매우 저렴하다.[10]

다만, 이러한 국제출원을 하기 위한 전제 조건으로 국내에 기초가 되는 상표등록 또는 상표등록출원이 있어야 한다. 따라서 국내에 등록상표나 출원상표가 있어야 하며, 국내에 아무런 등록상표나 출원상표가 없는 경우에는 마드리드 의정서를 통한 해외출원을 할 수 없다.

---

8) 표장의 등록을 위한 상품 및 서비스업의 국제분류에 관한 니스(NICE)협정은 1957년 니스외교회의에서 채택되었다. 니스분류란 상표나 서비스표의 등록을 위한 상품 및 서비스업을 국제적으로 통일된 기준에 의해 분류하기 위한 니스협정에 따른 국제분류를 의미한다. 니스분류는 34개 상품류와 11개 서비스류로 구성되고 총 11,600개의 상품(items)을 분류한다. 2012년 1월 1일부터 니스분류 제10판을 사용하고 있다. 니스협정에 가입한 회원국은 2016년 12월 현재 82개국이다. 우리나라는 1999년 1월 8일 가입하였다.

9) The Madrid System is a one stop solution for registering and managing marks worldwide. File one application, in one language, and pay one set of fees to protect your mark in the territories of up to 98 members. Manage your portfolio of marks through one centralized system.

10) 마드리드 의정서 제2조(국제등록을 통한 보호)의 규정에 따라 특허에 관한 국제등록제도인 PCT처럼 WIPO의 국제사무국 등록원부에 상표를 등록함으로써 체약국의 영역 내에서 자신의 상표를 보호받을 수 있다.

7. 헤이그 국제디자인출원

2014년 개정법에서 디자인산업의 새로운 환경변화에 적극적으로 대응하기 위해 디자인권의 보호대상을 확대하고, 해외출원방식에 대한 출원인의 선택의 폭을 확대하여 국내 우수 디자인이 해외에서 쉽고 간편하게 보호받을 수 있도록 「산업디자인의 국제등록에 관한 헤이그협정 제네바법」을 반영한 디자인의 국제디자인출원제도[11]를 도입하였다. 이는 특허청을 거쳐 국제출원을 하려는 자로부터 국제출원서 및 그 출원에 필요한 서류를 제출받아 WIPO에 보내줌으로써 국제출원의 편의를 제공하기 위한 것이다. 하나의 출원서를 WIPO에 제출하면 복수의 지정국에 출원한 효과를 부여하는 국제디자인출원제도가 2014년 7월 1일부터 시행되었다. 2016년 12월 현재 헤이그 협정의 회원국은 65개국이다.

8. 무역관련 지식재산협정(TRIPs)

1995년 1월 1일 WTO의 출범으로 세계 각국은 시장개방·경제의 구조조정·산업경쟁력을 가속화시키는 계기가 되었다. TRIPs는 저작권과 산업재산권을 통합한 최초의 다자간 조약이다. 지식재산권은 속지주의와 특허독립의 원칙 등을 기본적인 성격으로 가지고 있어서 권리자는 원칙적으로 국내법에서 부여한 권리만을 행사한다. 다른 나라에서 지식재산권을 행사하려면 그 국가에서 정한 권리 행사의 방법과 절차 등에 따라야 한다. 반면에 창작물은 국경의 장애를 받지 않는다. 이러한 창작물을 어느 한 국가에서만 보호해서는 창작물의 원활한 재생산이 어렵기 때문에 TRIPs는 이를 극복하기 위하여 각국 간의 법률과 관행을 조화하고 통일하는 국제적인 규범이다. TRIPs에 의해 지식재산권은 무역적 측면에서 보호된다. TRIPs 이사회는 협정의 실시, 특히 회원국의 의무 준수를 감시하고 가맹국에 대해 지식재산권의 무역 관련 측면에 관한 사항에 대해 의무 기회를 부여한다.

(1) 목표 TRIPs는 전통적으로 보호해 온 특허, 디자인, 상표 등 산업재산권과 저작권 분야의 국제보호를 강화하고 영업비밀·반도체집적회로 배치설계권·컴퓨터프로그램·데이터베이스 등 새로운 지식재산권의 보호수준을 확대하였다.[12] 또한

11) The Hague System for the International Registration of Industrial Designs provides a practical business solution for registering up to 100 designs in over 65 territories through filing one single international application.

12) TRIPs는 지식재산권의 국제적인 보호를 강화하고 침해에 대한 구제수단을 명문화했다. TRIPs에서는 지식재산권의 종류로 저작권 및 저작인접권, 상표권, 지리적 표시권, 산업디자인권, 특허권, 반도체 설계배치권, 영업비밀권을 예로 들고 있다. TRIPs는 WTO 회원국 모두에게 적용되고, 종

TRIPs는 기술혁신의 촉진, 기술이전과 전파 및 기술·지식의 생산자와 이용자 간의 상호이익의 증진을 기본이념으로 한다. TRIPs는 국제무역의 왜곡과 장애를 줄이고, 지식재산권의 유효하고 적절한 보호를 촉진하며, 지식재산권 보호가 자유무역의 장벽이 되지 않도록 지식재산권법의 시행을 위한 수단과 절차를 확보하는 것을 목표로 한다.

(2) 기본원칙 회원국은 자신들의 국내법으로 이 협정을 위배하지 않는 범위 내에서 TRIPs에서 요구하는 보호수준보다 더욱 강화된 보호를 할 수는 있으나 반드시 그렇게 할 의무는 없다(최소한의 보호 원칙). 회원국은 회원국의 법과 제도의 관행에서 이 협정의 모든 규정을 이행하는 적절한 방법을 자유롭게 결정할 수 있다. TRIPs의 기본원칙으로 내국민대우의 원칙, 최혜국(最惠國)대우의 원칙 및 권리소진(權利消盡)의 원칙이 있다.

1) 내국민대우의 원칙 각 회원국은 지식재산권 보호에 관하여 자국민에 대하여 부여하는 것과 똑같은 대우를 다른 회원국의 국민에게 보장하여야 한다(TRIPs 제3조). TRIPs의 내국민대우(national treatment) 원칙의 내용은 파리협약과 베른협약에서 규정하는 원칙과 동일하다.

2) 최혜국대우의 원칙 TRIPs에서 최혜국대우(Most-Favored-Nation Treatment: MFN)를 최초로 도입하였다. MFN에 의하여 WTO 회원국은 다른 회원국의 국민에 대해 제공하는 모든 이익, 혜택, 특전 또는 면제는 즉시 조건 없이 다른 모든 회원국의 국민에게 제공되어야 한다(TRIPs 제4조). 이는 대부분의 지식재산권 관련 조약이나 협정은 속지주의 원칙을 준수하여 내국민대우보다 상위수준으로 보호해 줄 수 있다는 것을 의미한다.

3) 권리소진의 원칙 권리소진의 원칙(exhaustion doctrine)은 최초판매의 원칙(first-sale doctrine)이라고도 한다. 적법하게 만들어진 특허품을 일단 판매하면 그 특허품의 권리자는 원권리자의 독점권에도 불구하고 이를 재판매하거나 다른 방법으로 처분할 수 있다는 원칙이다(TRIPs 제6조). 즉 최초의 판매로써 특허권, 저작권 등의 권리자의 권리는 소진된다는 원칙이다.

(3) TRIPs 협정문 TRIPs는 전문(前文)과 본문 총 7장, 73개 조문으로 구성되어 있다. TRIPs 제2장에는 지식재산권의 획득 가능성, 범위와 이용에 관한 기준을 포괄적으로 규정하고 있다. TRIPs는 무역과 지식재산권을 규율하는 규범이지만, 사

전의 개별적인 협약과 달리 '최혜국대우의 원칙'을 포함하고 있는 것이 특징이다.

실상 지식재산권에 대한 국제적 보호의무를 포괄적으로 규정한 협정이라 할 수 있다. 일반규정 및 기본원칙·보호기준·시행절차·권리획득 및 유지절차·분쟁예방 및 해결절차·경과조치·제도관련 규정 및 최종 조문으로 구분되어 있다. TRIPs 제3장에는 일반의무, 민사·행정절차의 구제, 잠정조치, 국경조치에 관한 특별요건 및 형사절차 등이 규정되어 있다.

9. 자유무역협정(FTA)

(1) 의의 자유무역협정(Free Trade Agreement: FTA)은 경제통합(Economic integration)의 한 형태로 당사국 간의 상품 및 서비스교역에 있어서 관세와 기타 무역장벽들을 제거하는 것을 목적으로 체결하는 협정이다. FTA는 특정국가 간의 상호 무역증진을 위하여 상품 또는 서비스 교역을 자유화시키는 협정으로 회원국가 간의 무역장벽을 완화하거나 무역자유화를 실현하기 위하여 양국 간 또는 지역 간에 체결하는 무역에 관한 특혜협정이다. 일반적으로 상품과 서비스가 국제적으로 이동하게 되면, 지식재산권도 함께 이동되기 때문에 이러한 FTA 협정문에 지식재산권은 당연히 포함될 수밖에 없다. 특히 선진국과 FTA를 체결할 때 지식재산권에 대한 협상이 주요 쟁점이 된다. 전통적인 FTA와 개도국 간의 FTA는 상품분야의 무역자유화 또는 관세인하에 중점을 두고 있는 경우가 많았다. 그러나 최근 WTO 체제의 출범을 전후하여 FTA의 적용범위도 크게 확대되어 대상범위가 점차 넓어지고 있다.

상품의 관세 철폐 이외에도 서비스 및 투자 자유화까지 포괄하고 있다. 그 외에 지식재산권, 정부조달, 경쟁정책, 무역구제제도 등 정책의 조화부문까지 협정의 대상범위가 점차 확대되고 있다. 다자간 무역협상 등을 통하여 전반적인 관세수준이 낮아지면서 다른 분야로 협력영역을 늘려가게 된 것도 이 같은 포괄범위를 확대한 요인이라고 할 수 있다.

(2) 지식재산권법의 개정 대한민국과 미합중국 간의 자유무역협정(이하 "한미 FTA"라 한다) 및 한미 FTA에 관한 서한 교환의 합의사항에 따라 지식재산권 집행을 국내법에 반영하기 위하여 특허법을 일부 개정하였다. 또한 일반국민이 특허법을 알기 쉽게 이해할 수 있도록 일부 조문의 문구를 명확하게 하였다. 한EU FTA[13] 지식재산권분야의 협정내용은 한미 FTA 내용과 거의 동일하다.

한미 FTA 협정을 이행하기 위하여 특허법, 실용신안법, 디자인보호법, 상표법, 저작권법, 부정경쟁방지법 등 지식재산 관련 법률이 일부 개정되어, 개정된 법률이

---

13) 한EU FTA는 2011년 7월 1일부터 협정이 발효되었다.

2012년 3월 15일부터 시행되었다. 특허법 관련 개정내용은 공지예외 적용시기 연장, 등록지연에 따른 특허권 존속기간 연장제도 도입, 비밀유지명령제도 도입, 특허권 취소제도 폐지, 특허법 제26조(조약의 효력)의 삭제, 특허·의약 연계제도의 도입 등이 있다. 개정된 저작권법은 저작권보호기간 연장, 일시적 저장복제권 도입, 저작권 기술적 보호조치 강화, 저작권 침해에 비친고죄 도입, 법정손해배상제도 도입, 저작권 침해물품의 수출입금지 조항 명문화, 저작권 세관신고제도의 도입 등이다.

기타 상표 보호대상 확대, 지식재산권 비위반제소 유예, 증명표장제도의 도입, 상표침해에 대한 법정손해배상제도 도입, 소리·냄새상표의 인정 등이 있다.

(3) 법률시장·회계시장의 개방 2012년 3월 15일 한미 FTA가 발효되면서 3단계에 걸쳐 법률시장이 개방되고 마지막 단계인 2017년부터는 미국을 비롯한 외국 로펌(Law Firm)이 한국 로펌과 동업을 하면서 한국 변호사를 고용할 수 있게 된다. 또한 외국 로펌은 국내에서 소송 수행 업무를 제외하고, 자국법의 법률 자문만을 할 수 있다. 세계적으로 규모가 큰 외국 로펌이 관심을 갖고 있는 사업은 기업 관련 비즈니스, 재무·회계, 국제계약 및 지식재산권법 등에 대한 외국법의 자문이라 할 수 있다. 법률서비스는 한미 FTA에서 합의된 3단계로 개방되고, 회계·세무 서비스는 2단계로 개방된다.

1) 제1단계(협정 발효시) 제1단계에서는 미국 변호사의 원자격국 법령, 원자격국이 당사국인 조약 및 일반적으로 승인된 국제관습법에 관한 자문 등 제한된 범위에서 국내 영업 및 미국 로펌의 국내 대표사무소(외국법자문법률사무소) 개설이 허용된다.[14] 제1단계에서는 미국변호사 또는 미국 로펌의 국내 업계와의 업무 제휴 또는 국내 변호사 고용은 허용되지 않는다.

2) 제2단계(협정 발효 후 2년 내) 제2단계에서는 미국 로펌의 국내 대표사무소인 외국법자문법률사무소가 국내 로펌과 특별협력약정을 체결하여 국내법과 미국법이 혼재된 사건을 공동으로 수임하여 처리할 수 있고, 이와 같은 사건 처리에 따른 수익을 분배할 수 있다. 제2단계 개방에서는 외국 로펌과 국내 로펌 간의 사안별 공동 사건 처리와 수익분배를 허용하여 외국 로펌이 국내법에 대한 접근이 가능해지는 등 국내 법조계에 상당한 영향을 미칠 수 있는 중요한 개방 단계라 할 수 있다.

3) 제3단계(협정 발효 후 5년 후) 제3단계에서는 미국 로펌이 국내 로펌과 함께 합작 사업체를 설립한 후 일정한 요건 하에서 국내 변호사를 고용할 수 있게 된

---

14) 미국 변호사 자격증 소지자가 국내에서 일부 국제공법 및 미국법에 대한 자문 서비스를 제공하는 것을 허용한다.

다. 제3단계 개방은 사실상 법률시장의 완전한 개방이라 할 수 있다. 제3단계 수준의 개방에서는 미국 로펌이 합작 회사를 통하여 국내법 사무까지 다룰 수 있게 된다.

(4) 변호사업계의 대응 2015년 대한변호사회가 발표한 통계에 의하면, 2014년 말 기준 등록 변호사수는 18,708명이고, 개업 변호사 수는 15,954명이다. 등록 법무법인은 848개이다. 법률시장은 한EU FTA에 따라 2016년 7월부터, 한미 FTA에 따라 2017년 3월부터 국내 법률시장이 사실상 완전 개방된다. 2017년 3월 부터 국내에 진출한 외국 로펌은 우리나라 변호사를 자유로이 고용할 수 있다. 우리나라는 법률시장 개방의 파고를 극복하려면 각 분야의 전문지식을 갖추고 국제무대에서 활약할 수 있는 변호사 양성이 필요하다.

로스쿨 출신 변호사에게 법률시장 완전 개방은 또 다른 기회가 될 수 있다. 어학적 소통능력이 뛰어난 로스쿨 출신 변호사에 대한 수요가 증가될 것으로 보인다.

대학교 학부에서 다양한 전공 분야를 습득하고, 로스쿨에서 특성화, 전문화된 법률교육을 충실히 받은 학생은 본인의 노력 여하에 따라 졸업 후 국내뿐만 아니라 해외에서 다양한 블루오션(blue ocean)분야로 진출할 수 있을 것으로 전망된다.

제3장 산업재산권제도의 연혁

Ⅰ. 특허제도의 탄생

1. Patent의 어원(語源)

14세기 영국에서 국왕이 특허권을 부여할 때, 다른 사람이 볼 수 있도록 개봉된 상태로 수여하였으므로 특허증서를 개봉된 문서, 즉 'Letters Patent'라 하였다. 그 후 'Open'이라는 뜻을 가진 Patent가 특허권이라는 뜻으로 사용되었다.

14세기 중반에 유럽 대륙에 비해 공업이 뒤떨어져 있던 영국의 Edward 3세(1327~1377)는 공업을 진흥시킬 목적으로 대륙기술자가 국내에서 안정하게 영업할 수 있도록 하는 특권의 표시로서 특허증(letters patent)을 부여하였다.

2. 최초의 특허법

특허제도는 14세기 초, 중세 유럽에서 시작되었다. 세계 최초의 특허는 '다색무늬의 직물'에 관한 특허라는 기록이 있다. 처음으로 체계적인 특허제도를 채택한 국가는 이탈리아 베니스 공화국이다. 베니스 공화국에서는 상공인 단체인 길드(guild)에 불만을 품은 영주들이 새로운 발명·발견을 공개한 대가로 일정기간 독점권을 보장하는 제도를 시행하였다. 베니스 공화국은 1474년에 최초로 특허권에 관한 법령인 베니스 공화국 법령(Parte Veneziana)을 제정하였다. 이 베니스 공화국 법령[1)]을 특허제도의 효시로 보는 학자도 있다. 르네상스 이후 베니스 공화국에서는 모직물공업 발전을 위해 법령을 제정하여 제도적으로 발명을 보호하였다. 예를 들면, 명주실을 만들어 내는 기계나, 개량 기술을 고안한 사람에게는 10년간 그 발명에 대해 독점권을 부여하였다.[2)]

Ⅱ. 특허제도의 발전

특허제도는 인류의 문명과 더불어 발전되어 왔으며, 특허는 과학과 기술의 원동력이 되고 있다. 특허제도는 역사적인 관점에서 크게 특권시대, 산업혁명시대 및 국

1) 베니스 공화국은 이 법령으로 10년간 독점권을 부여하고, 이 법령에 신규성·진보성 등 특허요건을 규정하고 있다. 이 법령에 의해 부여된 특허는 약 100건이라고 한다.

2) 갈릴레이 갈릴레오(1564~1642)가 발명한 '양수·관개용 기계'에 대하여 특허(1594년)가 있다.

제화시대로 구분할 수 있다. 18세기에 들어와서 유럽에서는 과학기술이 발달하고 영국의 산업혁명이 성공함에 따라 특허법이 국가산업발전의 기반이 되는 법률로 인식되면서 특허법이 제정되거나 통일되었다.

1. 특권시대

일반적으로 14세기부터 18세기까지를 특권시대라 한다. 영국에서의 초기 특허는 국가가 부여하는 기술혁신에 대한 제한적인 독점권이었다. 그러나 영국은 외국으로부터 기술의 도입이 필요하였기 때문에 외국으로부터 기술도입을 위하여 필요한 경우에는 특허를 부여하는 독점적 권한을 왕의 비호 하에 행사할 수 있도록 하였다. 특히 엘리자베스 1세 여왕은 특허제도를 활용하여 외국의 우수한 기술자를 유치하는 목적으로 활용하는 것에 적극적이었다. 1561년부터 1590년 사이에 영국에서는 50건 이상의 특허가 허여되었다. 16세기 중엽 영국 왕실이 부여한 특허는 개별적인 특정 발명에 대한 것이 아니라 산업전체에 대한 독점적인 지위를 부여하는 형식으로 행해졌다.

특허는 왕실이 직접적으로 돈을 주는 대신 독점적 지위를 부여함으로써 경제적인 이익을 얻는 수단으로 사용되었다. 1601년까지 엘리자베스 1세는 독점권의 부여에 대하여 의회로부터 큰 저항을 받지는 않았다. 그러나 유명한 Darcy v. Allen 사건[3] 이후 독점권 부여의 폐해에 대한 논의가 진행되었다. 영국의 국왕 제임스 1세(1603~1625)는 1610년에 엘리자베스 여왕의 선언을 확인하는 「은혜의 서(Book of Bounty)」를 공포하였다. 그리고 영국 의회는 국왕에 대한 특허권의 부여가 남용되는 것을 막기 위하여 1624년에 「독점법(Statute of Monopolies)」[4]을 제정하였다. 영국에서 제정된 독점법이 세계 최초의 성문 특허법이라고 할 수 있다.

이 법에 의하여 진정한 최초의 발명자에게 특허가 부여되었다. 특허권자는 국내에서 독점적으로 그 발명에 관계되는 물건이나 방법을 생산·사용할 수 있고, 특허기간은 14년 이내로 하였다. 이 법은 예외적으로 새로운 발명을 한 사람에게 독점권을 부여하는 국왕의 권한을 인정하였다.

2. 산업혁명시대

1790년부터 1882년까지를 산업혁명시대라고 한다. 이 기간에는 발명자에게 특

3) 74 Eng. Rep. 1131(K. b. 1603).

4) 이를 전매조례(專賣條例)라고도 하며, 9개 조문으로 구성되었다. 이 법은 특허요건·특허권의 효력 및 특허의 공익성을 규정하고 있으며, 1624년부터 1852년까지 발효되었다.

허출원의 권리가 부여되었으나 국내발명을 외국에 출원하여 다른 나라에서 보호받는 방법은 마련되지 못하였다. 미국은 1790년에, 프랑스는 1791년에 특정하고 객관적인 요건이 충족된다면 모든 발명자에게 특허권을 부여하는 특허법을 제정하였다. 1624년 영국의 독점법은 18세기 산업혁명의 기폭제가 되었고, 산업혁명의 여파로 특허 건수가 양적으로 증가하였다.

발명의 보호가 법적으로 강화되면서 방적기·증기기관 등과 같은 수많은 발명품들이 창작되었다. 발명가들과 선진국의 실업가들이 발명의 국제적 보호개념의 필요성을 제기하면서 1873년 비엔나에서 개최된 세계박람회의 특허의회(patent congress)는 발명의 국제보호에 대한 다양한 아이디어를 제안하였다. 1883년 프랑스 파리에서 개최된 세계박람회 기간 중에 산업재산권의 국제적 보호를 위한 활발한 논의가 시작되었고, 마침내 1883년 3월 20일 개최된 외교회의에서 「산업재산권 보호를 위한 파리협약(Paris Convention)」이 체결되었다.

3. 국제화시대

역사적으로 파리협약이 채택되면서 다른 나라에 특허출원이 가능해져 1883년 이후부터 특허제도의 국제화시대가 시작되었다. 1967년 스톡홀름 회의에서 산업재산권과 저작권 동맹에 상설조직을 두는 WIPO를 창설하기로 합의하였다. WIPO 창설 이후 파리협약 동맹국들 사이에 특별협정을 체결하려는 노력으로 1970년 워싱턴 회의에서 특허협력조약(Patent Cooperation Treaty: PCT)이 체결되었다.

PCT는 특허제도의 국제화에 큰 기여를 하였으며, 나아가 국제무역에도 영향을 주어 WTO·OECD·아시아태평양지역경제협력기구(APEC)·북미자유무역기구(NAFTA) 등에서 국제무역과 지식재산권을 연계시켰다. 1980년 이후 WIPO, EPO, 미국특허청 및 일본특허청이 주축이 되어 지식재산권에 대한 국제협력을 도모하면서 국가 간의 협력과 개도국의 발전을 추진하였다. 경제의 지역화와 세계화가 동시에 진행되면서 새로운 형태의 법체계로서 유럽특허조약(1973년)과 유라시안특허조약[5)]이 탄생되었다. 1970년대에 PCT 및 EPC가 체결되면서 각 체약국의 국내법 정비가 진행되었고, 1980년대 후반부터 1990년대 말까지 세계 각국이 특허제도를 재정비함에 따라 특허법의 국제적 통일화(harmonization)가 시작되었다.

1995년 1월 1일 지식재산권의 국제적 조화와 원활한 국제무역을 도모하기 위해

---

5) 유라시안특허조약(Eurasian Patent Convention: EAPC)은 1993년 3월 12일 모스크바에서 체결되었다. 체약국은 CIS국가들로 Russia, Belarus, Moldova 등 9개국이다.

서 무역관련 지식재산권협정(TRIPs)이 발효되었다. 1990년대 중반 인터넷의 등장, 정보화 시대의 심화와 지식기반 경제사회로의 발전에 따라서 선진 특허청들은 특허법을 개정하거나 특허제도를 개선하고 있다. 2010년부터 선진 5개국 특허청(IP5)이 전 세계의 특허제도의 발전을 주도하면서 10대 기반 과제의 추진을 위한 자원과 계획을 합의하고 세계 특허제도의 조화와 업무 공조를 추진하고 있다. 미국은 1790년 선발명주의를 채용한 특허법을 제정한 이후 2011년 9월 16일 오바마 대통령이 미국 발명법안(American Invents Act)을 서명하였고, 특허법을 개혁하였다.

4. 우리나라 특허제도의 연혁

일본은 1908년 5월 19일 미국 워싱턴에서 미·일간 체결된 「한국에서의 발명·의장·상표 및 저작권의 보호에 관한 미일조약」에 따라 일본인의 기득권을 보호하기 위하여 우리나라 순종의 칙령으로 1908년 8월 「대한민국특허령」(칙령 제196호), 「의장령」(칙령 제197호), 「상표령」(칙령 제198호)이 공포되어 1908년 8월 16일부터 시행됨으로써 일본의 특허법·의장법·상표법이 그대로 원용되었다.

1946년 미군정법령 제44호에 따라 특허원을 창립하고, 발명특허·실용신안·의장을 포함하여 단일법으로서의 「특허법」을 제정하여 1946년 10월 15일 시행하였다. 이 법은 미국 특허법을 계수한 것으로 최초의 특허법이라 할 수 있다.

1961년에 종전의 특허법을 각 개별보호대상에 따라 특허법, 실용신안법, 의장법으로 분리하여 제정·공포하였다. 특허법은 국제적 환경의 변화와 국가산업발전에 발맞추어 28차례 개정을 거쳐 일부 개정된 법률 제14112호(시행일: 2016. 6. 30.)가 적용되고 있다. 이 책은 2017년 3월 1일부터 시행되는 법률 제14035호(2016. 2. 29. 일부개정)를 포함하여 2016년 11월 21일 시행된 특허·실용신안 심사기준을 참고하였다.

Ⅲ. 상표제도의 연혁

1 상표의 기원

상표(brand)의 이원은 소나 말 등의 목축물에 화인(火印)하는 노르웨이의 고어 「brandr」로부터 유래되었다고 한다. 상표제도는 산업혁명 이후 대량생산체제하에서 자유로운 상거래활동과 국가 간 교역이 활성화되기 시작한 근세 이후 급속히 발전하게 되었다. 세계 최초의 상표법은 프랑스에서 1857년 6월 상표의 기탁제도를 내용으로 하는 「제조표 및 상품표에 관한 법률」이라고 한다. 그 후 영국·미국·독일 등에서 각각 상표와 관련된 법률을 제정하기 시작하였다.

영국은 1875년에 「상표등록법(Trade Marks Registration Act)」을 제정하여 상표등록제도를 운영하였다. 미국은 1870년 최초로 연방법으로 「상표등록에 관한 통일법」을 제정하였으며, 독일은 1874년 최초로 무심사제도를 채택한 「상표법」을 제정하여 운영하다가 1936년 현재의 「상표법(Warenzeichengesetz)」으로 개정하였다. 선진국들은 이렇게 상표에 관한 보호법제를 갖추고 점차 현대화된 법률로 발전시키면서 상표제도를 운영하고 있다.

2. 상표제도의 발전

우리나라는 순종의 칙령 형식으로 공표된 「상표령」이 1908년 8월 16일 처음 시행되었다. 1946년 특허원이 설치되었고, 1949년 11월 28일 법률 제71호로 「상표법」이 제정·공포되었다. 1963년 3월 5일 일본 상표법을 계수하여 「상표법」을 개정하여 단일법으로 법체계를 갖추게 되었다. 이후 30차례 개정을 거쳐 2016년 상표법 전부개정 법률(제14033호)이 2016년 9월 1일부터 시행되었다. 이 책은 2016년 9월 1일부터 시행된 전부개정 상표법과 2016년 9월 1일 시행된 상표심사기준을 참고하였다.

Ⅳ. 디자인제도의 연혁

1. 디자인제도의 기원

디자인(design)[6]에 관한 보호제도는 1711년 프랑스 리용(Lyon)시의 집정관이 직물의 도안을 모방하는 등의 행위를 금지하기 위하여 발한 명령이 기원이라고 한다. 1787년 영국은 산업상의 디자인에 대한 보호법을 만들었다. 영국 최초의 저작권법(Copyright Act, 1709)은 1734년 그 보호대상이 판화에까지 확대되었고, 1787년에 린넨 등의 디자인과 프린트에 관한 조례(Designing and Printing of Linens etc. Act 1787)가 제정됨으로써 산업상의 디자인 보호는 저작권으로 보호받게 되어 독립된 법을 갖게 되었다.

2. 디자인제도의 발전

우리나라는 순종의 칙령 형식으로 공표된 「의장령」이 1908년 8월 16일 처음 시행되었다. 1946년 특허원이 창설되었고, 단일법으로 「특허법(디자인은 미장특허로 함)」

---

6) 디자인이란 말은 라틴어 'designare'라는 말에서 유래한다. 이 단어는 지시하다, 표현하다, 성취하다의 뜻을 가지고 있다. 프랑스어로 dessin이고, 이탈리아어로 disegno라 한다.

이 시행되었다. 1961년 12월 31일 독립된 의장법이 제정되었다. 2004년 개정법에서 '의장'이란 용어를 '디자인'으로 변경하고, 법률의 명칭을 「디자인보호법」으로 하였다. 디자인보호법은 제정된 이후 35차례 부분적으로 법개정이 있었다.

2012년 한EU FTA 및 한미 FTA 이행과 국내외 디자인산업 환경변화에 부응하기 위하여 디자인해외출원제도의 도입이 요구되었으므로, 국제디자인출원제도를 도입하고 2014년 7월 1일부터 시행하였다. 2014년 디자인보호법 전부개정 법률(제11848호)이 2014년 7월 1일부터 시행되었고, 이후 일부개정되어 현재 법률 제14032호로 디자인보호법이 2016년 2월 28일 시행되었다. 이 책은 2016년 2월 28일부터 시행된 디자인보호법과 2015년 10월 1일 시행된 디자인심사기준을 참고하였다.

제4장 과학기술과 지식재산

Ⅰ. 지식재산과 경제

지식기반산업은 지식기반제조업과 지식기반서비스업을 합한 개념이다. 2012년 5월 23일 지식재산센터(Global Intellectual Property Center: GIPC)는 지식재산이 미국 경제에 미치는 효과를 지역별로 분석한 통계보고서인 「지식재산이 미국 일자리를 창출한다(IP creates Jobs for America)」를 발표하였다. 이 보고서는 분석단위를 주(州)로 하여 미국의 모든 50개 주 및 콜롬비아 특별구에 대해 조사를 실시하고, 고용·생산·수출·임금 등 지역별 경제제표를 지식재산과 연관시켜서 분석하였다.

이 보고서에 따르면, 지식재산 집약기업이 다른 기업에 비해 지역경제에 더욱 기여를 하고 있고 그 경제효과는 미국 경제성장 및 고용에서 40% 이상을 차지한다. 지역별 주요 조사결과를 살펴보면, 캘리포니아주는 지식재산을 통해 창출되는 고용이 약 783만 건 이상이고 연구개발 비용이 675억 달러로 혁신부문에서 1위를 차지하였다.[1] 또한 2012년 4월 11일 미국 상무부는 「지식재산과 미국 경제·산업을 중심으로」라는 종합보고서를 발간하였다. 동 보고서는 미국 상무부의 경제통계청(ESA)과 미국 특허상표청(USPTO)의 합동보고서로, 지식재산 집약산업이 국내경제와 일자리 창출에 미치는 직접적인 영향을 분석하였다.

이 보고서는 지식재산 집약산업이 직·간접적으로 4천만 개의 일자리를 창출하며, 이는 미국 내 전체 일자리의 1/4 이상에 해당한다고 분석하고, 지식재산보호는 미국 중산층의 경제안보를 확보하는 데 크게 기여하는 분야라고 평가하였다.[2]

지식재산은 인간의 지식활동의 창작물이며 동시에 인간에게 유용한 재화, 용역의 산출을 위한 원동력이라 할 수 있다. 선진국은 우수한 지식재산을 확보하고 방어하기 위한 기업 간의 경쟁을 지원하는 정책이 더욱 강화될 것으로 전망된다.

Ⅱ. 지식재산권 무역수지

미래창조기획부가 공개한 2013년 기술무역통계에 의하면, 우리나라의 기술수출은 68억 달러이고, 기술수입은 120억 달러로 기술무역 적자가 약 52억 달러였다. 기

---

1) www.theglobalipcenter.com: 지식재산센터(Global Intellectual Property Center: GIPC) 홈페이지.

2) 미국 상무부 홈페이지(www.commerce.gov).

술무역은 기술수준이 반영되는 무역거래로, 주로 특허 판매, 기술사용계약, 연구, 설계 자문, 연구개발 서비스 등이다. 우리나라는 오랫동안 기술무역에서 만성적자를 벗어나지 못하고 있는 실정이다. 우리나라의 기술적자의 원인은 기초기술과 원천특허가 부족하기 때문이다. 적자의 대부분은 기술선진국으로부터의 특허 등 기술도입에 따른 로열티(royalty)라 할 수 있다.

특허청·한국은행이 2015년 5월 처음으로 '지식재산권 무역수지'를 발표하였다.[3] 발표된 자료에 따르면, 2014년 국내 지식재산권 거래 규모는 235억 4,000만 달러이고, 무역수지는 61억 7,000만 달러 적자를 기록했다. 우리나라는 2010년 103억 4,000만 달러 적자를 비롯해 최근 5년 동안 만성적자를 벗어나지 못하고 있는 것으로 나타났다. 기업 규모별로는 대기업이 42억 6,000만 달러 적자를 기록하여 9억 9,000만 달러 흑자를 기록한 중소·중견 기업과 대조를 이뤘다

지식재산권 무역에서 적자를 보고 있는 기술분야는 전기·전자제품 제조업부문에서 대기업의 대미 특허·실용신안권 거래가 전체 무역수지 적자이 상당 부분을 차지하였다. 유형별로 특허·실용신안이 34억 달러 적자를 냈고, 음악·영상 저작권은 21억 7,000만 달러, 상표권도 8억 6,000만 달러 적자를 냈다. 반면에 컴퓨터 프로그램 저작권은 7억 1,000만 달러 흑자를 기록했다.

Ⅲ. 발명왕 토마스 에디슨

역사상 최초로 바퀴가 등장한 이래로 인간의 발명품은 인류문명의 발전의 촉진제의 역할을 하였다. 오늘날 경제발전의 원동력은 창의적인 기술혁신이라 할 수 있다. 인류의 삶을 편안하게 하고 생산성을 높여주는 대부분의 발명품은 종래기술의 문제점을 해결하기 위해서 연구결과인 혁신(innovation)의 산물이다.

백열전구를 발명해서 우리가 밝은 세상에서 생활하게 해 준 사람은 미국 발명가, 토마스 에디슨(Thomas Alva Edison, 1847~1931)이다. 에디슨의 발명은 언제나 불편함을 개선하여 보다 편리하게 만드는 것을 목표로 하였고, 그의 발명품은 인류의 생활과 문화를 향상시켰다

1. 세상을 밝힌 발명품 필라멘트

에디슨은 정규 교육을 거의 받지 못한 채 열차 점원, 전신 기사를 거쳐 평생 동안 1,093건의 미국 특허를 등록받았다. 그는 1877년에 축음기를 발명했고, 1879년

3) 특허청, "지식재산권 무역수지", 2015. 5. 12.자 보도자료.

에는 가장 큰 업적으로 평가되는 백열전구를 발명했다. 에디슨은 전구, 축음기, 영사기, 발전기, 전화기 등을 발명하여 수많은 분야의 기술을 발전시키는 데 큰 공헌을 하였다. 에디슨의 상상력과 호기심은 실험 정신으로 이어졌고, 이것은 훌륭한 발명품을 낳은 원동력이 되었다. 에디슨은 백열전구를 상업적으로 성공시키기 위해 무서운 집념으로 다양한 부품들을 발명하고, 유리 구체 내부에 있는 백열 필라멘트에 전기를 공급해서 빛을 발생시키는 전구를 발명했다.

1880년 1월 20일 에디슨은 전구(Electric Lamp) 특허(특허등록 제223898호)를 받았다. 에디슨은 필라멘트의 재료가 될 물질을 찾기 위하여 9,000번의 실험을 반복했고, 1879년 10월 21일 에디슨은 마침내 탄소 필라멘트를 사용한 전구 실험을 성공시켰다. 1880년 무려 1,500시간이나 불을 밝힐 수 있는 16와트(Watt) 백열전구를 완성했다. 1882년에 에디슨 전기회사가 창립되었고, 세계 최초로 발전소를 세워 뉴욕 맨해튼 남부지역에 있는 주민들에게 빛과 전기를 공급하기 시작했다.

에디슨은 백열전구를 보급하기 위해 소켓, 스위치, 안전퓨즈, 적산전력계 등을 고안하고 효율이 높은 발전기와 배전반 등 전등의 부대설비와 배전·충전·발전 시스템을 만들었다. 어느 날 기자가 에디슨에게 "전구를 발명하기 위해 수천 번의 실험이 실패하였다는데 그 소감을 말해주십시오."라고 질문하였다. 에디슨은 "나는 한 번도 실패한 적이 없소. 단지 성공을 위해서 수천 번의 계단을 밟아 올라갔을 뿐이다."고 말했다. 에디슨은 백열전구를 완성한 후 세상에 특허기술을 공개했다.

그 후 열에 의해 빛을 발생시키는 백열전구의 기술이 기초가 되어 네온(Neon), 형광등, LED(발광소자)전구가 발명되었고, 오늘날에도 새로운 조명기구가 속속 개발되고 있다. 에디슨은 '제너럴 일렉트릭(GE: General Electric)'을 설립하고, 가정과 회사에서 전기를 이용하고 전구를 켤 수 있도록 함으로써 인류 역사를 발전시키는 데 큰 공헌을 하였다. 에디슨은 수많은 실패와 좌절을 이겨내고 뉴욕 멘로파크시의 어둠을 몰아냈고, 그 빛은 미국뿐만 아니라 전 세계를 밝혔다.

2. 가장 좋은 발명품 축음기

에디슨은 귀가 들리지 않았지만 소리에 큰 매력을 느꼈다. 1877년 에디슨은 웨스트 오렌지 연구소를 세우고 가장 좋은 발명품인 평판 축음기를 발명했다. 이 축음기는 에디슨의 최고 발명품이자 그가 좋아하는 발명품이었다. 1877년 12월 에디슨은 직원들이 지켜보는 가운데 축음기로 녹음한 자신의 노랫소리를 들려주었다.

축음기의 발명으로 인하여 사람들은 언제든지 원할 때마다 음악을 즐길 수 있게 되었고, 그의 축음기 발명은 오늘날 음악 산업의 기초가 되었다.

에디슨이 12세 때 신문을 팔면서 화물차의 한 귀퉁이 창고에서 실험을 하던 중 화학약품을 잘못 섞어 폭발하는 사고가 발생했다. 이 사건 이후 에디슨은 한쪽 귀의 청각을 완전히 잃게 되었다. 에디슨은 "나는 열두 살 이후로 새소리를 한 번도 듣지 못했다."고 말했다. 어느 날 기자가 에디슨에게 "그동안 수많은 발명을 하였는데, 이 중에서 무엇이 가장 좋은 발명입니까?"하고 물었다. 에디슨은 "축음기이다. 그 이유는 나는 청각을 잃어 비록 듣지 못하지만, 많은 사람들이 내가 발명한 축음기를 통해서 음악을 듣고 즐거워하기 때문이다."라고 말했다.

3. 세상을 밝힌 전구발명의 역사

영국 과학자 험프리 데이비가 1801년 처음 전기로 불을 밝혔다. 그는 백금조각에 전기를 흘러 보내어 빛을 내게 하였다. 그러나 곧 금속이 녹아 버리는 데다가 백금은 너무 고가여서 실용적인 발명이 아니었다. 1809년 데이비는 이그등을 발명했으나 너무 크고 뜨겁고 냄새가 심해서 사용이 불편했다. 최초로 전구를 발명한 사람은 독일 발명가 하인리히 괴벨이다. 괴벨은 1854년에 전구의 필수 구성을 모두 갖춘 현대적인 전구를 발명하여 400시간이나 작동되었지만 실용적인 제품으로 제작되지 못했다. 유럽과 미국의 발명가들은 각자 전구를 설계했고 서로 경쟁을 하였다.

1850년 영국 과학자 스완은 진공 용기 속에 실로 만든 필라멘트를 넣어 전구를 만들었다. 그러나 전구 속을 완벽하게 진공하는 기술을 개발하는 데에 많은 세월을 보냈다. 결국 에디슨은 스완과 비슷한 전구를 설계한 발명으로 특허를 받았다. 1879년 10월 21일 에디슨은 탄소 필라멘트를 사용한 전구 실험에 성공하여, 1880년 무려 1,500시간이나 불을 밝힐 수 있는 16와트 백열전구를 발명한 것이다. 독일의 역사학자 에밀 루트비히는 "프로메테우스가 불을 발견한 이후 인류는 두 번째 불을 발견한 것이다. 인류는 이제 어둠에서 벗어났다."고 역사책에 기록하였다.

4. 19세기 위대한 인물, 토마스 에디슨

미국의 주요 시사주간지, 「타임」(Time)지는 '19세기의 가장 위대한 인물'로 토마스 에디슨을 선정하였다. 에디슨은 학교에 입학한지 3개월도 못 되서 '바보 (addled)'로 낙인찍혀 학교를 그만둔 학습장애자였다. 형식적 교육이라고는 겨우 3개월도 못 받고 어머니 낸시에게서 가정교육을 받은 에디슨은 전등, 전축, 영사기 등 많은 것들을 발명하여 1,093개의 특허를 받아 발명왕이 되었다. 정상적으로 공부하여 과학 기술분야 박사학위를 소유한 학습장애가 없는, 보통 천재로 알려진 과학자들도 수십 개, 수백 개의 특허를 받는 것은 어렵다.[4] 보통 사람들은 한두 번 실험에 실패하면 포기해 버리기 쉬운데, 에디슨은 9,000번의 실험을 실패하고도 포기하지 않고, "천재는 1퍼센트 영감과 99퍼센트의 땀이다(Genius is one percent inspirations and ninety-nine percent perspiration)."라는 명언을 우리에게 남겼다.

Ⅳ. 21세기 발명왕 로웰 우드

가장 많은 발명을 한 사람은 누구일까. 거의 예외 없이 에디슨을 꼽을 것이다. 그러나 2015년 7월, 에디슨이 82년간 지켜온 특허기록이 깨졌다. 미국 인텔렉추얼 벤처스의 수석 발명가 로웰 우드(75)가 아성을 무너뜨렸다. 1933년 에디슨이 마지막으로 기록한 1,084건보다 하나 더 많은 1,085번째 특허를 따냈다. 현재 특허청 심사를 기다리는 것만 3,000건이 넘어 향후 오랜 기간 세계 최고 발명가로 남을 전망이다. 그의 발명품은 뇌진탕 방지 헬멧부터 자동차 충돌 방지 자동화 시스템에 이르기까지 다양하다. 특히 배설물을 무해 물질로 바꾸는 화장실[5], 전염병 예방 백신 저장 용기 등 아프리카의 지구상 가장 불운한 사람들을 돕는 발명품이 많다.

우드는 천체물리학자이자 고생물학자, 컴퓨터 과학자, 화학자, 수학자이다. UCLA에서 화학과 수학 학사 학위를 받은 뒤 천체물리학으로 박사 학위를 취득했다. 1980년대엔 소련의 대륙간탄도미사일을 감지·공중 요격한다는 전략방어구상, 소위 '스타워즈'의 우주 레이저 개발에 참여함으로써 소련 몰락에 힘을 보태기도 했다.

그는 천재가 아니다. 걸핏하면 F 학점을 받는 학생이었다. 어느 과목이든 첫 시험에선 F 또는 가장 낮은 점수를 받았다. 그러나 각고의 노력으로 반복 학습을 거듭하면서 차츰차츰 성적을 높여나갔다. 그 결과, 16세 나이로 UCLA에 진학했고, 이후 다양한 분야의 서적을 두루 섭렵해 박학다식의 전형(the paragon of a polymath)이 됐다.

그는 그 비결로 끊임없는 다독(多讀)을 든다. 지금도 학술지 30여종을 구독한다. 에디슨이 "천재는 1%의 영감(inspiration) 99%의 노력(perspiration)으로 이뤄진다,"고 했다면, 우드는 '천재는 노력하는 사람의 별명'임을 보여주는 단적인 사례다.[6]

---

4) 강영우, 35면.

5) 빌 앤드 멀린다 게이츠 재단은 개발도상국에서 사용될 혁신적인 배설물 처리기술을 개발하는 공모전을 후원하고 있다. 재단이 다음과 같은 요구 조건을 정했기 때문에 이러한 새로운 기계를 발명하는 것은 어려운 도전이다. 화장실은 수돗물이나 전기, 정화 장치 없이 작동해야 한다. 오염물질을 배출해서는 안 된다. 마지막으로 화장실을 작동하는 데 드는 비용은 하루에 단 5센트여야 하며, 가능하면 에너지나 다른 자원을 이끌어내야 한다.

Ⅴ. 과학부문의 노벨상

1. 노벨상의 밑거름이 된 발명품

오늘날 세계에서 가장 명예롭고 권위 있는 상으로 불리는 노벨상(Nobel prize)의 밑거름이 된 발명품은 다이너마이트(Dynamite) 발명이다. 스웨덴 스톡홀름에서 태어난 알프레드 노벨(Alfred Nobel, 1833~1896)은 1850년에 독일·프랑스·미국으로 유학하여 화학·기계공학을 배웠다. 크림전쟁 후 스웨덴에서 폭약의 제조와 그 응용에 종사하고 있던 아버지의 사업을 도와 폭약의 개량에 몰두했다. 그는 독자적인 아이디어로 신형 뇌관과 액체폭약을 개발해 연이어 특허를 얻었다. 그러나 연구과정에서 공장에서 폭발 사고가 일어나 노벨의 막내 동생을 비롯한 5명이 사망하는 사고가 일어났다.

그 당시 사용하던 액체폭약은 니트로글리세린이라는 화학물질을 원료로 하고 있었는데 이것은 조그만 충격을 가해도 잘 폭발하는 성질을 가지고 있었다. 수시로 폭발사고가 발생했고 그때마다 수많은 사람들이 목숨을 잃었으며, 노벨의 동생도 희생자 중의 한 사람이었다.

어느 날 노벨은 아버지의 일을 돕다가 실수로 실험대 위의 액체시약병을 넘어뜨렸다. 실험대 위에 놓여있던 숯가루 쪽으로 시약이 쏟아졌는데 모조리 스며들어 한 방울도 아래로 흘러내리지 않았다. 이 광경을 본 순간 노벨은 액체를 고체로 만들면 안전하겠다는 기발한 아이디어가 떠올랐다. 우연히 니트로글리세린이 든 통을 기차에서 내리는 운반작업 도중 어디에 구멍이 뚫렸는지 통속의 액이 새어나와 주위의 규조토에 스며들어 굳어지는 것이었다. 자세히 살펴보니 규조토는 이전의 숯가루, 톱밥 등의 실험 재료에 비해 니트로글리세린을 두 배 이상 빨아들이는 것이었다.

노벨은 니트로글리세린이 액체라는 데 위험의 원인이 있음을 깨닫고 이것을 규조토에 스며들게 하여 안전하게 만든 고형(固形)폭약을 완성하여 '다이너마이트'(힘을 뜻하는 그리스어에서 비롯된 신조어)라는 상표를 붙여 판매하였다.

기존의 폭약보다 훨씬 더 강력하고 안전한 다이너마이트는 영국, 스웨덴, 미국 등에서 특허[7]를 받았고, 광산 채굴이나 건설 산업에서 널리 사용되었다. 그 무렵 수에즈운하가 건설되고 알프스산맥에 터널을 뚫는 등 대공사가 줄을 이어 다이너마이트가 세상에 나오자마자 불티나게 팔려 나갔다. 그 덕분에 노벨은 엄청나게 많은 돈을 벌었다. 한편, 다이너마이트가 사람을 죽이는 용도로 사용되는 일이 증가하면서

---

6) 조선일보, "에디슨의 기록을 깬 F 학점의 학생 출신 발명가", 2016.9.1.

7) 미국 특허 제78317호, 발명의 명칭: Improved Explosive Compound, 특허일: 1868.5.26.

노벨은 많은 비난을 받았다. 노벨은 다이너마이트가 전쟁에 이용되어 많은 사람을 죽이는 것을 보고 인류의 평화를 간절히 염원했다. 평생을 독신으로 살았던 그는 총 355개의 특허를 취득했으며 화약을 비롯하여 만년필, 축음기, 전화기, 축전지, 백열등, 비행기 등을 연구했다. 노벨은 특허로 혁신을 이룬 과학자이다.

노벨은 1896년 12월 10일 63세가 되던 해에 사망했다. 그의 유언장이 공개되면서 기부한 유산 3,100만 크로네를 기금으로 하여 노벨재단이 설립되었다. 과학의 진보와 세계의 평화를 염원한 그의 유언에 따라 1901년부터 노벨상 제도가 실시되고 있다. 해마다 물리, 화학, 생리·의학, 문학, 평화, 경제 등 6개 부문에서 인류 문명의 발달에 공헌한 사람이나 단체를 수상자로 선정하여 노벨이 서거한 날인 12월 10일에 노벨상을 수여하고 있다. 노벨상에 "Iventas vitam juvat excoluisse per artes(발명은 예술로 아름다워진 삶을 더욱 아름답게 만든다)."는 고대 로마 시인 베르길리우스의 라틴어 시구가 씌어 있다.

2. 노벨상 수상자 현황

스웨덴 왕립과학원 노벨위원회가 발표한 2016년 노벨상 수상자를 살펴보면, 생리의학상은 오스미 요시노리(일본), 물리학상은 데이비드 사울리스, 던컨 홀데인, 마이클 코스털리츠(미국), 화학상 수상자는 장 피에르 소바주(프랑스), 프레이저 스토다트(미국), 베르나르드 페링하(네덜란드), 경제학상 수상자는 올리버 하트, 벵트 홀름스트룀(미국), 문학상은 미국 가수겸 시인 밥 딜런이, 그리고 영광스런 노벨 평화상은 후안 마누엘 산토스 콜롬비아 대통령이 수상했다.

2016년 노벨상 수상자 11명 중 물리학상 3명, 경제학상 2명, 화학상 1명, 문학상 1명이 미국인(또는 미국 대학 소속)으로 총 7명이다. 2016년 12월 기준 노벨상 수상자를 국가별로 살펴보면, 미국(360명), 영국(114명), 독일(102명), 프랑스(68명), 스웨덴(30명), 러시아(28명), 스위스(26명), 일본(25명), 캐나다(23명) 순이다. 노벨상의 핵심인 물리학, 의학, 화학, 경제학 분야에서 미국인들의 수상은 압도적이다. 한국은 아직도 과학부문의 노벨상 수상자를 배출하지 못했다.

브렛 스티븐 월스트리트 칼럼니스트는 "지적인 우수성을 만들고 키우고 유치하고 유지하는 능력이 위대한 나라의 특징이다."라고 말했다. 스티븐 칼럼니스트는 "전 세계 인구의 0.2%인 유대인들은 전체 노벨상의 20%를 받고 있지만 유대인 노벨상 수상자들은 주로 미국에 있다. 15세 청소년들이 수학, 과학 시험에서 1등 내지 3등을 하는 싱가포르와 한국에서는 노벨상이 희귀하다."고 지적했다.

3. 시카고 대학교의 노벨상 수상자

시카고 대학교(The University of Chicago)은 유난히 노벨상 수상자가 많은 대학이다. 시카고시에 자리잡고 있는 시카고 대학교는 1886년 재정난으로 폐교되었다. 유명한 석유왕 록펠러(John D. Rockefeller)가 1890년에 투입한 재정을 통해 1892년 새로운 대학으로 거듭나게 되었지만, 개교 이후 30년간 삼류대학을 벗어나지 못하고 지리적으로도 불리한 지방에 위치하고 있었다. 1929년 로버트 허친스(Robert Maynard Hutchins)가 5대 총장으로 부임하면서 큰 변화가 일어났다. 허친스 총장은 인문학 프로그램인 'The Great Book Program'을 통해 인문적 소양과 토론을 장려하고, 종합적인 능력을 평가하는 평가제도를 도입하였다. 그는 고전 100권을 통독한 학생만 졸업을 시키겠다고 선언하고, 그 도서 목록을 제시하였다.

허친스 총장은 1929년부터 1951년까지 재임기간 동안, 오늘날 시카고 대학교를 유명하게 만든 학부교과과정의 혁신(the undergraduate curricular innovations)을 꾸준히 추진하였다.[8)] 학생들은 고전과의 만남을 통해서 자기가 평생 닮고 싶은 인물과 자신의 꿈과 비전(vision)을 발견할 수 있었다. 학생들이 인문학과 고전을 공부하도록 한 것이 열정과 도전의 원동력이 되었다고 한다. 시카고 대학교는 설립된 후 120년 동안 무려 89명의 노벨상 수상자[9)]를 배출하여 세계 최고의 명문대학으로 자리매김하게 되었다.

시카고 대학교의 노벨상 수상자를 분석해보면 화학상 16명, 경제학상 28명, 문학상 3명, 평화상 1명, 물리학상 29명, 생리·의학상 1명이다. 2009년 1월 제44대 미국 대통령으로 취임한 버락 오바마(Barak Obama) 대통령은 1992년부터 2004년까지 12년간 시카고 대학교 로스쿨 교수로 재직했으며, 2009년에 노벨평화상을 받았다.

4. 노벨 과학상

기술무역의 흑자국가들은 노벨상 수상자가 많고, 원천특허와 기초기술이 많다. 과학부문의 노벨상은 물리학상, 화학상, 생리·의학상이다. 기초과학 연구의 꽃은 노

8) 로버트 허친스는 "민약 최초의 교수진이 텐트에서 서로 만났다면, 이것 또한 위대한 대학이 되었을지 모른다."고 총장 취임사에서 말했다. 인문학 프로그램에는 포괄적인 시험(comprehensive examinations), 원문 및 고전작품의 학습, 토론식 강의가 포함되었다. 허친스 총장 시대 이후 핵심커리큘럼에 실질적인 변화가 있었지만, 원문으로 공부하는 것과 소그룹 토론 방식은 여전히 시카고 대학교의 특징이다(the Core curriculum has changed substantially since Hutchins's time, original texts and small discussion sections remain a hallmark of a University of Chicago education).

9) http://www.uchicago.edu/about/accolades/22 Nobel Laureates: Chemistry 16명, Economic Sciences 28명, Literature 3명, Peace 1명(Barak Obama, 2009), Physics 29명, Physiology or Medicine 12명. 2014년까지 시카고 대학교의 노벨상 수상자는 총 89명이다.

벨 과학상이라 할 수 있다. 1901년부터 2016년까지 과학부문의 노벨상의 수상자는 미국 270명, 영국 89명, 독일 86명, 프랑스 37명, 일본 22명, 스위스 20명, 캐나다 18명, 러시아 17명 순이다. 노벨 과학상을 수상하기 위해서는 과학기술의 환경조성과 교육을 통해서 창의적인 신진 기초과학자를 육성하여야 한다.

시카고 대학의 사례에서 알 수 있듯이, 과학은 세상을 바꾸지만 인문학은 사람을 바꾼다. 철학 등 인문학은 사람을 만드는 희망의 학문이라고 생각한다.

21세기에 들어와서 기술과 인문학 또는 예술을 결합하거나 공학, 경제학과 법학을 통합시키는 융합의 학문이 발전하고 있다. 과학자와 기술자는 생산적인 일을 하는 지식인이다. 지식인들이 존경받는 사회 환경에서 국가가 발전할 수 있다.

오늘날 우리나라가 세계무대에서 10대 무역국으로 성장할 수 있게 된 배경은 기술 개발을 통한 경제 성장이었다. 기초과학을 육성하는 정책을 추진한다면 우리나라도 노벨상 과학부문 수상자를 배출할 수 있을 것이다. 발명은 예술로 아름다워진 삶을 더욱 아름답게 만든다(Iventas vitam juvat excoluisse per artes).

Ⅵ. 지식재산 기본법

1. 지식재산 기본법의 제정

1883년 산업재산권 보호를 위한 파리협약(Paris Convention)과 1886년 문예저작물 보호를 위한 베른협약(Berne Convention)이 발효된 후 130년 동안 지식재산권법은 꾸준하게 발전을 하면서 세상은 편리한 사회로 변화되어 왔다. 21세기 정보화 사회로 변화함에 따라 디지털, 디자인, DNA 등의 기술혁신에 따라서 각국의 지식재산권법은 새로운 변화를 하고 있는 경향에 있다. 이에 주요 선진국들은 국가 주도로 지식재산을 관리하고 보호전략을 세우는 등 범정부적인 지식재산 정책을 추진하여 왔다.

그동안 우리나라는 산업재산권법은 특허청, 저작권법은 문화체육관광부, 식물의 신품종과 관련된 품종보호법은 농림수산식품부가 관장하고 있는 등 범정부적인 지식재산정책이나 보호전략을 수립하기 어려운 상황이었다.

정부는 이러한 세계적인 변화에 대응할 필요성과 지식재산의 중요성을 국가적인 차원에서 인식을 하고 「지식재산 기본법」(법률 제10629호)을 제정하여 2011년 7월 20일부터 시행하였다. 지식재산 기본법의 시행에 따라 우리 정부는 지식재산의 창출·보호·활용의 촉진 및 기반 강화에 관한 중·장기 정책목표와 방향을 수립하도록 하고, 범정부적인 지식재산정책의 심의·조정을 위한 국가지식재산위원회를 설치하도록 하는 등 지식재산정책 수립·추진의 구심점을 설정함으로써 지식재산정책을 체계적·효율적으로 추진하고, 지식기반 경제하에서 국가경쟁력을 강화하고 있다.

21세기 지식기반 경제사회에서 우리나라가 지식재산 기본법을 제정한 것은 역사적인 큰 업적이다. 1624년 영국의 독점법이 산업혁명의 기폭제가 되었듯이, 지식재산 기본법은 국가산업을 발전시키는 기폭제가 될 것으로 전망된다.

2. 지식재산 기본법의 주요 내용

지식재산은 인간의 노력과 인간의 대응에 의하여 창조되고 개발되며, 끊임없이 그 실체가 변한다는 특성이 있다. 이는 인간은 생각하는 동물이고, 인간의 정신문화는 무한하게 확대되어 가고 늘 새로운 세상을 추구하기 때문이다.

지식재산권이 필요한 이유는 (i) 시장에서 독점적 지위 확보, (ii) R & D 투자비 회수 및 향후 추가 기술 개발의 원천, (iii) 특허분쟁의 예방 및 권리보호, (iv) 정부의 각종 정책자금 및 세재지원 등이다.

지식재산 기본법은 지식재산의 창출·보호 및 활용을 촉진하고 그 기반을 조성하기 위한 정부의 기본 정책과 추진 체계를 마련하여 우리 사회에서 지식재산의 가치가 최대한 발휘될 수 있도록 함으로써 국가의 경제·사회 및 문화 등의 발전과 국민의 삶의 질 향상에 이바지하는 것을 목적으로 한다(지식재산 기본법 제1조). 지식재산 기본법의 주요 내용은 다음과 같다. (i) 정부는 5년마다 지식재산에 관한 중·장기 정책 목표 및 기본방향을 정하는 국가지식재산 기본계획과 그에 따른 각 기관별·연도별 추진 계획을 정하는 국가지식재산 시행계획을 수립·시행한다. (ii) 지식재산에 관한 주요 정책과 계획을 심의·조정하고 그 추진상황을 점검·평가하기 위하여 대통령 소속으로 국가지식재산위원회를 설치한다. 위원회의 위원장은 국무총리와 민간 위원이 공동으로 맡도록 하며, 위원회의 업무를 지원하기 위하여 사무기구를 둔다. (iii) 정부는 지식재산 기본법에 근거하여 지식재산의 활용촉진을 위하여 지식재산 및 신지식재산의 창출을 지원하고, 연구개발의 결과가 우수한 지식재산의 창출로 이어질 수 있도록 지원하여야 하며, 지식재산 창출자가 정당한 보상을 받을 수 있도록 하여야 한다. (iv) 정부는 연구개발 결과가 우수한 지식재산의 창출로 이어질 수 있도록 지원하고(지식재산 기본법 제17조 제1항), 창출한 개인이 정당한 보상을 받을 수 있는 사회적 환경과 기반을 마련하고, 이에 필요한 시책을 수립하여야 한다.

3. 지식재산의 활용과 촉진

정부는 지식재산이 신속·정확하게 권리로 확정되고 효과적으로 보호될 수 있도록 하고, 지식재산 분쟁이 신속·공정하게 해결될 수 있도록 제도를 정비하며, 외국에서 우리 국민의 지식재산이 보호될 수 있도록 노력하여야 한다. 정부는 이전, 거래, 사업화 등 지식재산의 활용이 촉진될 수 있도록 하고, 공동연구에 따른 지식재산의 공정한 배분 및 대기업과 중소기업의 동반성장 추진 등 지식재산이 합리적이고 공정하게 활용될 수 있도록 노력하여야 한다.

지식재산이 존중되는 사회 환경 조성, 지식재산 전문 인력과 연구기관 육성 등 지식재산의 창출·보호 및 활용 촉진을 위한 기반 조성 시책을 추진하도록 한다. 정부는 지식재산이 존중되는 사회 환경을 조성하기 위하여 교육, 홍보, 문화행사 등 지식재산 인식 제고를 위한 시책을 추진하여야 한다(지식재산 기본법 제29조 제1항).

Ⅶ. 4차 산업혁명

1. 세계경제포럼

2016년 1월 스위스 다보스에서 제46회 '세계경제포럼(World Economic Forum)'이 개최됐다. 다보스포럼은 세계가 직면한 정치·경제·사회적 문제 해결을 위해 각국 지도자 및 경제학자 유명 인사들이 참여해 의견을 공유하는 장으로 활용되고 있다. 이번 2016 다보스포럼에는 140개 국가 2,500여 명의 인사들이 참여했다. 그간 다보스포럼에서는 글로벌 저성장, 지역갈등, 성장과 고용, 불평등, 지속가능성 등 꾸준히 제기되어 온 위기를 관리하는 데 초점을 맞추어 왔다. 하지만 이번 다보스포럼에서는 '4차 산업혁명의 이해(Mastering the Fourth Industrial Revolution)'가 주제로 선정됐다.

다보스포럼 역사상 처음 과학기술 분야가 주요 의제로 선택되며 많은 주목을 받았다. 전 세계적으로 저성장에 몸살을 앓고 있는 지금 4차 산업혁명은 희망을 안겨줄 유일한 돌파구로 제시되고 있다.

다보스포럼에서는 2016년에 우리가 겪게 될 10대 위험요인을 제시하였는데, 대규모 난민사태와 기후변화 대응 및 실패와 같은 리스크가 우리에게 커다란 영향을 줄 것으로 전망하였다. 이 포럼에서는 이러한 위험요인을 극복할 대안으로 4차 산업혁명을 제안하였다. 즉, 인공지능, 로봇, 사물인터넷(IoT), 무인자동차, 3D 프린팅, 나노공학 및 바이오공학 등 일찍이 인류가 겪어보지 못했던 급격한 기술혁신에 따라 산업생태계 전반이 급속하게 재편되면서 위기를 헤쳐 나갈 수 있을 것으로 전망한 것이다.

2. 3차 산업혁명의 문제점

제3차 산업혁명을 거치면서 인간은 많은 혁신을 이뤄냈다. 하지만 3차 산업혁명은 나날이 한계를 드러내고 있다. 선진국들은 공통적으로 저출산 고령화문제를 겪고 있다. 이 문제는 특히 제조 산업에 큰 영향을 미치며 미래를 불안하게 만들고 있다. 유럽의 제조 강국 독일과 아시아 원조 제조 강국 일본의 제조업 종사자 수는 1990년대 이후 감소하고 있다. 반면 폭발적으로 늘어나는 인구를 무기로 앞세운 중국과 인도 등 신흥국은 선진 제조국을 위협하며 파이를 키워갔다. 선진국의 제조업 기피 현상과 신흥국의 제조업 집중 현상은 제조업의 공동화를 심화시켰다. 이 때문에 브릭스(BRICs) 국가를 중심으로 제조 경쟁력은 상승하고 있지만 전통 제조 강국인 미국·일본·독일·한국 등의 순위는 떨어지고 있다. 이미 중국은 저렴한 인건비에 기술 개발 노력 등이 맞물리며 제조 최강국의 지위를 유지하고 있다.

3. 4차 산업혁명의 출현

새로운 기술혁명인 '4차 산업혁명(The Fourth Industrial Revolution)'이 떠오르고 있다. 4차 산업혁명이란 1차 산업혁명(동력), 2차 산업혁명(자동화), 3차 산업혁명(디지털)에 이은 새로운 산업혁명으로 제조업에 디지털과 생물학, 물리학 등이 융합된 기술혁신을 말한다. 4차 산업혁명으로 부각되는 업종으로는 자율운행 자동차, 무인드론, 3D 프린팅, 로봇공학, 사물인터넷(IoT), 빅데이터, 인공지능, 유전공학, 합성생물학 등이 있다. 디지털 혁명을 기반으로 한 제4차 산업혁명은 21세기의 시작과 동시에 출현했다. 컴퓨터 하드웨어와 소프트웨어, 네트워크가 핵심인 디지털 기술은 우리에게 더는 새로운 개념이 아니다. 유비쿼터스 모바일 인터넷, 더 저렴하면서 작고 강력해진 센서, 인공지능과 기계학습이 제4차 산업혁명의 특징이다.[10)]

Ⅷ. 앙뜨레프레너

1. 서설

지식재산은 인간의 창의력에 의하여 창작되고, 기술은 새로운 방향으로 혁신되어 간다. 최근 '앙뜨레프레너(Entrepreneur)'가 새롭게 조명되고 있다. 레오나르도 다빈치, 미켈란젤로, 갈릴레오, 도나텔로 등 메디치가가 지원한 당대의 예술가와 학자들은 이루 헤아릴 수 없이 많다.

---

10) 클라우스 슈밥, 송경진 역,"클라우스 슈밥의 제4차 산업혁명", 새로운 현재, 2016, 25면.

당대 최고의 예술가들과 교류한 메디치가의 수장들은 최고의 기업인임과 동시에 뛰어난 감성과 예술적 상상력을 소유한 문화 CEO의 전형이었다. 창의력이야말로 문화 CEO가 위대한 앙뜨레프레너로 성공할 수 있는 가장 중요한 자산이다. 한국을 대표하는 위대한 아티스트 백남준은 문화계의 앙뜨레프레너라 할 수 있다.

오늘날에는 앙뜨레프레너는 모험적이고, 진취적인 기업가를 의미한다. 역사상 수많은 앙뜨레프레너가 기술혁신을 주도하여 왔다. 기술의 혁신분야의 앙뜨레프레너는 독일의 지멘스, 일본의 마쓰시다 고노스께, 스위스의 앨버트 아인쉬타인, 미국의 토마스 에디슨, 빌 게이츠, 스티브 잡스 등을 예로 들 수 있다.

2. 빌 게이츠(Bill Gates)

빌 게이츠 본명은 윌리엄 헨리 게이츠 3세(William Henry Gates III)이며, 1955년 미국 워싱턴주(州) 시애틀에서 변호사의 아들로 태어났다. 1967년 레이크사이드스쿨(Lakeside School)에 입학하면서부터 컴퓨터와 관계를 맺게 되었으며, 이곳에서 마이크로소프트사의 공동 창업자인 폴 앨런(Paul Allen)을 만났다. 1973년 하버드 대학교 법학과에 입학하였다가 수학과로 전과하였다.

1974년 폴 앨런과 함께 다트머스 대학교에서 개발한 컴퓨터 프로그래밍 언어 베이직(BASIC)에서 아이디어를 얻어 소형 컴퓨터에 쓰일 새로운 버전(Altair Basic)을 개발한 데 이어 1975년 대학을 중퇴하고 뉴멕시코주(州) 앨버커키에서 마이크로소프트사를 설립하였다. 1981년 당시 세계 최대의 컴퓨터 회사인 IBM사로부터 퍼스널컴퓨터에 사용할 운영체제 프로그램(후에 DOS라고 명명됨) 개발을 의뢰받은 것을 계기로 지금의 기틀을 마련하게 되었다.

정보기술 기업의 대명사 마이크로소프트는 2008 회계연도 매출액 617억 2천만 달러, 순이익 177억 6천만 달러로 매출액 규모와 순이익에서 애플과 구글을 크게 앞선다. 마이크로소프트사는 많은 저작권과 특허권을 소유하고 있는 기업으로 전 세계에서 받는 로열티(royalty)로 부(富)를 축적한 기업이다. PC와 소프트웨어의 시장 가능성에 대한 남보다 앞선 전망, 우수 인력을 적기에 스카우트하여 후대하는 인재 중심 경영, 빌 게이츠 자신을 비롯한 직원 모두의 끊임없는 열정과 도전의식, 철저하게 시장 지배력을 높이는 방향의 경영 등이 마이크로소프트 제국의 확장 비결이었다.

앙뜨레프레너, 빌 게이츠는 20세기 후반과 21세기 초 정보기술 시대를 선도해 온 마이크로소프트 창업자로, 이제는 일선에서 은퇴해 제2의 인생을 살고 있다. 1994년 마이크로소프트사의 직원으로 있다가 빌 게이츠의 아내가 된 멜린다의 설득으로,

독점 시비와 기업 사냥꾼으로 손가락질 받던 빌 게이츠가 세계 최고의 자선사업가로 변신한 것이다. 세계의 최대 부호인 빌 게이츠는 지식재산을 통해서 축적한 부를 사회에 환원하고 인류를 위해서 봉사하는 훌륭한 기업인이라 할 수 있다.

빌 게이츠는 2000년 제3세계 빈민 구호와 질병 퇴치를 위해 '빌 앤드 멜린다 게이츠 재단'을 설립하여 4년간 27조 원을 출연하였다. 1998년에는 국제백신연구소에 개도국 어린이를 위한 백신 개발연구기금으로 1억 달러를 희사하였다.

게이츠 부부는 2009년부터 매년 35억 달러를 기부하고 있다. 또한 2016년부터 5년 동안 아프리카에 50억 달러(약 5조 6820억 원)를 투자할 계획이다. 게이츠 재단이 2015년 말까지 아프리카에 투자한 금액은 90억 달러(약 10조 2285억 원)에 이른다.[11)]

11) NAVER 백과사전(방문일: 2016.11.3.).

제2편

특 허 법

제1장 특허법 개관

Ⅰ. 특허와 혁신

1. 라이트 형제의 비행기 발명

미국 하버드대 시몬 뉴컴 교수(Simon Newcomb, 1835~1909)는 "인간은 절대로 엔진을 달고 날 수 없다."는 것을 수학적으로 증명한 한 권의 책을 발간했다. 그러나 그 책이 나온 바로 뒤, 1903년 12월 17일 미국 노스캐롤라이나주 키티 호크 해안가에서 자전거포를 운영하던 라이트 형제(Orville Wright and Wilber Wright)가 만든 엔진이 달린 수냉식 복엽 비행기[1)]가 인류 최초로 하늘을 날았다.

이들은 데이턴에 살고 있는 아버지에게 '성공, 목요일 아침 4회 신문 발표를 부탁'이라는 전보를 쳐서 첫 비행 사실을 지방신문에 알렸으나, 편집장은 "인간은 날 수 없고, 설령 그런 묘기를 보인다고 해도 일상생활에 하등의 도움이 되지 않는다."고 전보지를 구겨서 쓰레기통에 버렸다. 그는 당시 "과학자와 기술자들도 공기보다 무거운 기계가 하늘을 나는 것은 불가능하다(Scientists and engineers who thought heavier than air flying machines were impossible)."는 고정관념을 믿고 있었기 때문이다.

그로부터 2년 뒤 플라이어 3호가 38분 동안 45km 비행에 성공한 것을 뉴욕헤럴드 트리뷴이 특종기사로 다루었다. 플라이어 3호는 4기통 13마력의 가솔린 엔진을 단 최초의 동력 비행기였다.

라이트 형제의 플라이어호는 1906년 미국특허를 받았고, 국방부에 납품되었다. 비행기는 라이트 형제의 발명을 시작으로 끊임없이 개발되어 제1차 세계 대전에서 비행기의 진가(眞價)가 발휘되었다. 1914년 최초로 승객을 실어 나른 여객기는 비행정이었던 베노이스트 모델 14로, 미국 플로리다주의 두 도시 세인트피터즈버그와 탬파 사이를 오갔다. 제트 기관이 1930년대에 개발되었고, 최초의 제트 비행기는 하인켈 HE178로 1939년에 첫 비행을 했다. 최초의 제트 여객기는 1949년에 첫 비행을 한 코멧으로 38명의 승객을 태울 수 있었다.

1950년대 들어 점점 많은 사람들이 비행기 여행을 하게 되었고, 여객기는 점

---

1) 이 동력 비행기의 원리는 다음과 같다. 비행기는 땅 위에 설치된 궤도를 따라 달린 뒤 떠오른다. 상단 날개가 뒤쪽으로 약간 기울어져 있어서 비행기가 움직일 때 공기를 아래쪽에서 흘려보낸다. 그래서 비행기가 위로 떠오르게 된다. 양쪽에 설치된 2개의 프로펠러가 일단 떠오른 비행기가 앞으로 나아가게 계속 밀어준다.

점 대형화되었다. 2007년에 에어버스사는 항공기 역사상 가장 큰 여객기 'Airbus A 380'을 개발하였다. A 380 여객기는 2층으로 최대 555명의 승객을 태울 수 있다.

2. 비행기 겸용 자동차 등장

2013년 하늘을 나는 비행기 겸용 자동차가 상용화되었다. 미국의 벤처회사인 테라푸지아사가 연구개발한 하늘을 나는 자동차인 '트랜지션'이 미연방항공청(FAA)의 비행승인을 얻었다. 트랜지션은 하늘과 지상을 오가는 비행기 겸용 자동차로 전직 미 항공우주국(NASA) 출신 과학자들이 개발했다. 지상에서 도로주행용으로 운전할 때는 전륜구동의 2인승 승용차로 날개를 접은 상태에서 약 15km/ℓ의 연비를 발휘한다. 테라푸지아사는 2012년 뉴욕모터쇼에서 플라잉카를 처음 공개했다.

트랜지션은 하늘에서 최고 185km/h의 속도로 787km의 거리를 비행할 수 있다. 또한 최대 시속 105km로 도로를 질주하는 트랜지션의 최대주행거리는 965km이다.

테라푸지아사는 2012년 말까지 테스트를 마친 후 2013년부터 트랜지션을 판매하기 시작하였다. 2013년 판매가격은 27만 9,000달러(약 3억 1,600만 원)로 책정하였다. 비행기 겸용 자동차가 공상영화에서 보던 미래의 모습으로 점점 진화되고 있다.

3. 무한한 인류의 꿈

1903년 라이트 형제가 만든 동력 비행기가 처음으로 하늘을 난 후 110년이 지난 오늘날 비행기의 기술은 무한하게 발전하여 왔다. 민간 항공기는 기술개발을 통해서 에어버스에 이어 초음속 여객기, 전기추진 여객기로 진화되고 있다. 군용 항공기는 초음속 전투기, 스텔스 전투기, 무인항공기 등으로 진화되고 있다.

이는 발명가와 과학자들의 상상력과 호기심이 창의력을 키우고 기술의 문제점을 해결하려고 끊임없는 연구개발을 한 창작의 결과라 할 수 있다. 발명가와 과학자들은 앞으로 100년 후에는 어떤 비행기가 있을까? 상상을 해보면 전기비행기, 우주를 왕복하는 여객기, 뉴욕과 서울을 1시간 내에 오갈 수 있는 여객기, 길 위에서 또는 바다 위에서 자동차와 배로 변신하는 비행기 등 인류가 꿈을 꾸는 비행기는 모두 발명될 수 있을 것으로 보인다. 결국 창의적인 발명은 고정관념을 벗어나야만 성공할 수 있는 것이고, 성공한 발명품이 인류의 문명을 크게 변화시킬 수 있다.

특허는 혁신의 동지이자 적이라고 한다. 특허는 양날의 칼과 같다. 기초과학을 연구하거나 새로운 기술을 개발할 때, 이미 등록된 특허가 걸림돌이 될 수 있다. 그러나 기술을 혁신한 사람을 특허로 보호하지 않는다면 누가 연구를 하겠는가?

Ⅱ. 특허제도의 목적

특허법은 발명을 보호·장려하고 그 이용을 도모함으로써 기술의 발전을 촉진하여 산업발전에 이바지함을 목적으로 한다. 특허법은 발명을 공개하는 특허권자에게는 일정기간 특허권에 대한 배타적 독점권을 부여하여 보호한다. 한편, 특허권자 및 제3자에게는 그 공개된 발명을 적절히 이용할 수 있도록 하여 산업발전에 기여하는 것을 목적으로 한다.

1. 발명의 보호

발명을 보호하는 수단으로서 발명자에게 일정기간 발명을 독점해서 사용할 수 있는 특허권을 부여한다. 발명을 창작한 사람에게 기술공개의 대가로 일정기간 독점권을 부여하는 특허권은 기술개발을 촉진하는 역할을 한다. 특허청에 특허를 받기 위하여 특허를 신청하는 자(이하 "출원인" 이라 한다)가 완성된 발명을 특허출원하여 절차를 밟는 과정에서 이용할 수 있는 제도로서 출원보정제도·분할출원제도·변경출원제도·우선권제도 등이 있다. 발명이 완성되면 그 발명자에게 먼저 특허를 받을 수 있는 권리가 주어진다(제33조 제1항). 출원인은 그 발명에 대하여 특허출원을 하고 그 출원이 공개된 후 타인이 업으로서의 실시행위를 할 경우 그 사람에 대하여 일정 조건하에서 특허권의 설정등록 이후 보상금청구권을 행사할 수 있다(제65조 제2항).

특허권은 설정등록에 의하여 발생되며, 특허권이 발생할 경우 특허권자는 일정기간 동안 그 특허발명을 업으로서 실시할 권리를 독점한다(제94조).

2. 발명의 이용

(1) 발명의 공개 특허청에 특허출원한 발명(이하 "출원발명" 이라 한다)에 직·간접적인 관련성을 가진 자는 출원인, 심사관 또는 제3자[2]라 할 수 있다. 제3자는 출원발명이 관련된 기술을 실시하려고 하는데, 출원발명이 설정등록되어 특허권이 발생하는 경우 실시에 장애가 생기기 때문에, 출원발명에 대해 심사청구, 정보제공 및 무효심판을 청구할 수 있다. 출원발명이 이용될 수 있기 위한 전제조건은 발명의 내용이 먼저 공중(public)에게 공개되어야 한다.

특허제도의 목적을 달성하는 구체적 수단으로 기술공개의 대가로 특허권을 부여한다. 발명의 실체인 기술내용을 담고 있는 명세서가 특허공보를 통하여 공개되면

---

2) 민법에서 제3자(third party)란 보통 당사자 및 그 포괄승계인(상속인) 이외의 모든 자를 말한다. 특허에서는 주로 출원발명 또는 특허발명을 실시하거나 이용하는 사람이라 할 수 있다.

공중은 그것을 기술문헌으로서 이용할 수 있다. 이러한 공개된 기술문헌을 근거로 제3자는 해당 발명보다 더 진보된 기술을 개발할 수 있게 된다. 따라서 명세서는 발명내용을 제3자가 실시할 수 있을 정도로 구체적으로 공개하여야 한다.

특허법에서는 발명의 공개수단으로서 출원공개제도와 등록공고제도를 두고 있으며, 출원 후 일정시기에 특허공보를 통하여 특허발명이 공개된다. 다만 그 발명내용에 대하여 비밀유지가 필요한 비밀특허출원이거나 공서양속에 위반된 내용은 출원공개 또는 등록공고가 보류된다(제87조 제4항).

(2) 발명의 실시 발명의 공개는 제3자에게 그 발명을 연구·이용할 수 있도록 기술의 진보발전에 필요한 정보를 제공하지만, 발명이 산업발전을 도모하기 위해서는 발명이 공개된 후에 산업현장에서 실시되어야 한다. 특허권자는 일정한 조건으로 특허실시료를 받을 수 있고, 그 발명의 제조·사용 또는 판매할 수 있는 권리를 타인에게 허락할 수 있다. 권리의 존속기간이 만료된 특허권은 독점권이 상실되므로 공중은 그 특허발명을 자유롭게 이용할 수 있게 된다. 그러나 특허권이 공공의 이익을 저해할 우려가 있거나 국가의 비상사태 등 필요한 경우 특허권의 효력을 일부 제한하기 위하여 특허권의 수용 및 강제실시제도를 두고 있다.

3. 발명의 장려

특허권은 독점·배타적인 무체재산권으로 시장에서 독점권을 갖기 때문에 신용창출·소비자의 신뢰도 향상 및 기술판매를 통한 실시료의 수입을 도모할 수 있다. 발명자는 자신이 발명한 특허기술을 적시에 출원하고, 권리화함으로써 타인과의 분쟁을 사전에 예방하고, 타인이 권리를 무단 사용시 그 권리를 근거로 법적 보호를 받을 수 있다. 특허권은 기술개발 투자비를 회수할 수 있는 수단의 하나이다. 발명자는 확보된 특허권을 바탕으로 타인과 분쟁 없이 추가로 새로운 기술개발을 할 수 있다.

정부는 특허권을 보유하고 있는 중소기업이 벤처기업의 확인을 받아 벤처기업 지원혜택도 받을 수 있도록 하고 있고, 정부지금과 세제지원 혜택도 받을 수 있도록 하고 있다.

Ⅲ. 특허법의 기본원칙

1. 특허법 체계

특허법은 거시적으로 분석하여 보면, 권리발생, 권리행사, 특허권 분쟁 및 특허제도가 경제에 기여하는 측면으로 구분할 수 있다. 특허법은 산업재산권법의 기본이 되는 법률이고, 하위 법령으로 특허법 시행령과 특허법 시행규칙을 두고 있다. 특허법에서는 선출원주의, 등록주의, 심사주의, 출원공개주의, 직권주의 등을 채택하고 있다.

2. 주요 특허제도

(1) 선출원주의 동일한 발명에 대한 특허출원이 경합되는 경우 먼저 발명한 발명자에게 권리를 허여하는 방식을 선발명주의라 하고, 먼저 특허출원을 한 출원인에게 권리를 허여하는 방식을 선출원주의라 한다(제36조). 한국·일본·독일 등 세계 대부분의 국가들이 선출원주의를 채택하였으나, 미국만 선발명주의를 고수하여 왔다.

2011년 9월 16일 오바마 대통령이 발명법안(Leahy-Smith America Invents Act: AIA)에 서명한 후 미국 특허법이 대폭적으로 개정되었다. 발명법의 발효로 미국은 선발명주의에서 선출원주의로 변경하여 2013년 3월 16일부터 시행하고 있다. 미국 발명법의 시행에 따라 전 세계 대부분 국가는 선출원주의를 시행하고 있다.

(2) 등록주의 발명은 완성과 동시에 자동적으로 권리가 발생하는 것은 아니다. 등록주의란 특허가 법정의 요건을 구비하는 경우 업무상 사용한 사실이 있는지의 여부에 불문하고 그 등록을 허용하는 입법주의를 말한다. 특허법은 특허권은 설정등록에 의하여 발생한다고 규정함으로써 등록주의를 명문화하고 있다(제87조).

특허청 심사관으로부터 특허결정서를 받았다 하더라도 등록절차를 밟지 아니하면 특허권이 발생되지 않는다.

(3) 심사주의 특허법은 특허권 허여의 방식으로서 특허출원에 대하여 심사주의를 채택하고 있다. 심사주의란 특허출원에 대하여 특허청이 절차적·실체적 특허요건을 심사한 후 등록여부를 결정하는 방식이다. 이에 반하여 무심사주의는 형식적 요건만 구비한 것이면 일단 수리하여 등록해 주고 특허요건의 구비여부에 대해서는 등록 후 무효심판의 절차를 통하여 분쟁을 해결하는 방식이다.

(4) 출원공개주의 선출원주의 국가에서 심사주의에 충실하다 보면 공개기간이 길어지고, 심사 처리기간이 지연되는 단점이 있다. 발명의 공개가 늦어짐에 따라 동일기술에 대한 중복연구와 중복투자가 이루어져 국민경제에 손실이 초래될 수 있다. 따라서 우리나라 특허법은 특허출원에 대한 심사여부에 관계 없이 발명내용을 출원일로부터 1년 6개월 후 또는 조기에 공개하는 출원공개제도를 채택하여 심사주의의 단점을 보완하고 있다(제64조).

(5) 직권주의 특허심사 및 심판절차에 있어서 권한과 책임의 주도권을 국가

행정기관인 특허청에게 부여하는 직권주의를 택하고 있다. 특허법은 심판에 있어서 심리를 위한 자료 및 증거의 채증은 심판관이 직권으로 할 수 있는 직권탐지주의(제159조)와 당사자 등의 의사에 관계 없이 절차를 진행할 수 있는 직권진행주의(제158조)에서 직권주의를 택하고 있다.

Ⅳ. 다른 법률과의 관계

1. 실용신안법

특허의 보호대상인 발명은 '자연법칙을 이용한 기술적 사상의 창작 중 고도한 것'인데 비하여 실용신안의 보호대상인 고안은 '자연법칙을 이용한 기술적 사상의 창작'으로서 정의하고 있어서, '고도성'에 차이가 있다. 실용신안등록을 받을 수 있는 고안은 물품의 형상·구조 또는 조합에 관한 고안으로 한정하고 있어서 특허의 대상과 실용신안의 대상은 근본적으로 차이가 있다.

실용신안법에 물품에 관한 정의규정은 두고 있지 않지만, 일반적으로 공간적으로 일정한 형태를 가진 것으로 상거래의 대상이 되고 자유롭게 운반 가능한 상품으로서 사용목적이 명확한 것은 실용신안법상의 물품에 해당된다고 할 수 있다. 그러나 실용신안으로서 등록되는 것은 고안이며 물품 그 자체는 아니다. 우리나라 실용신안제도 대부분이 특허제도의 절차와 요건 등에서 거의 대동소이하다.

2. 상표법

상표법은 진정한 상표를 보호함으로써 부정경쟁을 방지하고 건전한 상거래질서 확립을 통하여 산업발전을 도모하고자 하는 일종의 경쟁법 또는 경업질서법이다.

특허법은 자연법칙을 이용한 기술적 사상의 창작을 보호대상으로 한다. 이에 반하여 상표법은 상표를 보호하여 상표사용자의 업무상의 신용유지를 도모하고 산업발전에 이바지함과 아울러 수요자의 이익보호를 목적으로 한다. 특허는 신규성·진보성·산업상 이용가능성을 갖추어야 하지만 상표는 자타상표를 식별할 수 있는 식별력을 갖추고 일부 부등록사유에만 해당되지 않으면 등록받을 수 있다. 특허법과 상표법은 보호대상, 등록요건, 존속기간, 침해판단에서 차이가 있다.

3. 공정거래법

자유롭고 공정한 경쟁의 유지를 통해서 창의적인 기업 활동의 조장, 소비자 보호,

국민경제의 균형 있는 발전을 추구하는 공정거래법 제59조(무체재산권의 행사행위)는 "이 법의 규정은 저작권법, 특허법, 실용신안법, 디자인보호법 또는 상표법에 의한 권리의 정당한 행사라고 인정되는 행위에 대하여는 적용하지 아니한다."고 하여 지식재산권의 행사행위에 대해서 공정거래법을 적용하지 않도록 하고 있다.

즉 지식재산권에 의해 부여된 사용·수익 권리는 기본적으로 독점적·배타적인 성격을 가지기 때문에 이러한 권리의 행사에 대해서는 공정거래법을 적용하지 않는다.

지식재산권은 개별법이 정한 범위 내의 권리의 행사로서 인정되는 범위에서만 보호되는 것이므로 공정거래법은 특허권을 남용하는 행위에 대해서는 규제하고 있다.

Ⅴ. 특허법 개정 동향

1961년 전부개정 특허법이 1946년 제정된 이후 27차례의 전부개정 또는 일부개정이 있었다. 1961년 특허법을 전부개정할 때에는 일본 특허법을 계수하였으나, 우리 특허법은 수차례 법개정에서 유럽 특허법과 미국 특허법의 장점을 도입하여 점차 선진 특허법으로 진화하였다. 가장 큰 변화를 가져온 법개정은 1981년 개정으로 심사청구제도, 출원공개제도, 우선심사제도, 청구범위 다항제의 도입이었다. 이는 우리나라 산업발전과 수출증가로 인하여 특허출원증가에 따라 발생하는 심사처리기간의 지연을 대비하기 위한 법개정이었다고 할 수 있다.

1. 1990년 개정(시행 1990. 9. 1. 법률 제4207호, 전부개정)

1990년 개정법은 전부개정으로 선진국형 특허법으로 발돋움하는 계기를 마련하였다. 이 개정법은 산업재산제도가 국제화 내지 통일화하는 추세에 부응하고 발명자 및 권리자의 권익보호를 강화하려는 데에 초점을 두었다. 특히 무성적으로 반복 생식할 수 있는 감자, 고구마 등의 괴경, 구근식물의 발명과 음식물, 기호물의 발명을 특허대상으로 추가하고, 특허협력조약 제2장의 규정과 부합되도록 국제예비심사에 관한 사항을 규정하였다. 또한 국내우선권제도를 도입하여 국내에 출원 후에 미비점 등을 보완한 개량된 발명을 후출원할 경우 당초 출원시에 출원한 것으로 인정하여 개량발명을 적극적으로 보호하였다.

2. 2007년 개정(시행 2007. 7. 1. 법률 제8197호, 일부개정)

2007년 개정법은 특허출원인의 특허출원의 편의를 증진하기 위하여 특허출원 명세서의 작성시 발명의 설명에 관한 기재요건을 완화하고, 특허심사관이 특허출원에 대하여 그 결정 전에 거절이유를 미리 통지할 때에는 거절이유가 있는 사항을 모두 명시하고 그 거절이유를 구체적으로 기재하도록 한다. 한편, 그 밖에 현행 제도의 운영상 나타난 일부 미비점을 개선·보완하였다. 법 문장의 표기를 한글화하고 어려운 용어를 쉬운 우리말로 풀어쓰며 복잡한 문장은 체계를 정리하여 쉽고 간결하게 다듬어서 일반 국민이 쉽게 읽고 잘 이해할 수 있도록 하고, 국민의 언어생활에도 맞는 법률이 되도록 하였다.

(1) 발명의 설명의 기재요건 완화 명세서에 기재하는 발명의 설명에는 그 발명의 해결하고자 하는 과제, 과제해결 수단 및 효과로 구분하여 기재하여야 하나, 발명 기술의 다양화·복잡화 추세에 따라 출원인이 충분하게 그 사항을 작성할 수 없는 경우가 발생한다. 출원인이 발명의 설명의 기재요건을 작성할 때 특허법 시행규칙이 정하는 기재방법에 따라 편리하고 다양하게 그 사항을 기재할 수 있도록 완화하였다.

(2) 청구범위 기재의 유예 종전에는 특허출원시에 반드시 청구범위를 기재한 명세서를 제출하도록 하고 있어, 발명자가 그 발명에 대하여 보호받고자 하는 청구범위의 세부항목 및 설명내용을 상세하게 기재하는 데 시간적으로 어려움이 있었다. 개정법에서 청구범위는 특허출원서 제출 후 출원공개(1년 6개월) 전까지 보정하여 명세서에 기재할 수 있도록 하였다. 이로 인하여 출원인이 청구범위 작성에 필요한 충분한 시간을 확보할 수 있게 되어 발명에 대한 청구범위를 효과적으로 기재할 수 있게 되었다.

(3) 특허출원의 거절이유에 대한 사전통지 내용의 명확한 기재 심사관이 특허출원서의 청구범위에 2 이상의 청구항(請求項)이 있는 특허출원에 대한 거절이유를 통지할 때에 거절이유가 있는 청구항 모두에 대하여 거절이유를 밝히지 아니함에 따라 출원인으로서는 거절이유가 통지되지 아니한 일부 청구항의 거절이유를 알지 못하는 불편이 있었다. 특허심사관은 2 이상의 청구항이 있는 특허출원에 대하여 거절이유를 통지할 때에는 거절이유가 있는 청구항 모두에 대하여 청구항별로 거절이유를 구체적으로 기재하도록 하였다. 출원인이 거절이유가 있는 모든 청구항의 내용을 알 수 있게 되어 일부 청구항에 대한 권리 포기나 보완 조치 등을 쉽게 할 수 있게 되었다.

(4) 특허료와 수수료의 반환 청구 기간 연장 특허료와 수수료의 반환 청구기간을 1년에서 3년으로 연장하여 특허료와 수수료의 납부자에 대한 권익보호를 강화하였다.

3. 2010년 개정(시행 2010. 7. 28. 법률 제9985호, 일부개정)

특허권의 효력이 미치지 않는 연구 또는 시험의 범위에 「약사법」에 따른 의약품의 품목허가나 품목신고 및 「농약관리법」에 따른 농약의 등록을 위한 연구 또는 시험이 포함됨을 명확히 하는 한편, 정부에 의한 특허권의 수용과 특허발명의 정부실시에 관한 사항을 별도 조문으로 분리하여 규정하고, 세계무역기구(WTO) 무역관련 지적재산권 협정(TRIPs)에 비해 엄격하게 제한하여 규정하고 있는 현행 특허발명의 정부실시 관련 규정을 동 협정에 맞추어 정비하였다.

(1) 특허권의 효력이 미치지 않는 범위 규정 보완 　특허권의 효력이 미치지 않는 범위에 「약사법」에 따른 의약품의 품목허가나 품목신고 및 「농약관리법」에 따른 농약의 등록을 위한 연구 또는 시험이 포함된다는 것을 법률에 명확히 규정하였다.

(2) 특허권의 수용과 특허발명의 정부실시 분리하여 규정 　특허권 및 전용실시권 등에 미치는 효력에 차이가 있는 정부에 의한 특허권의 수용과 특허발명의 정부실시에 관한 사항을 분리하여 규정하고, 비상시라는 요건과 공공의 이익이라는 요건이 모두 충족되는 경우로 제한하여 운영하던 현행 특허발명의 정부실시 요건을 세계무역기구(WTO) 무역관련 지적재산권 협정(TRIPs)과 동일하게 국가 비상사태, 극도의 긴급 상황 또는 공공의 이익을 위하여 비상업적으로 실시할 필요가 있다고 인정되는 경우로 완화하여 규정하였다.

4. 2011년 개정(시행 2011. 7. 1. 법률 제10716호, 일부개정)

특허를 받으려는 자가 그 발명의 배경이 되는 기술을 기재하도록 법률에 명확하게 규정하고, 배경기술을 기재하여야 하는 의무를 위반한 특허출원에 대하여는 거절결정을 하되, 특허등록 이후에는 무효가 되지 않도록 특허의 무효심판 사유에서 이를 제외하도록 관련 규정을 개선·보완하였다.

5. 2012년 개정(시행 2012. 3. 15. 법률 제11117호, 일부개정)

「대한민국과 미합중국 간의 자유무역협정 및 대한민국과 미합중국 간의 자유무역협정에 관한 서한교환」의 합의사항에 따라 특허권 설정등록 지연에 따른 특허권의 존속기간을 연장하는 제도와 비밀유지명령제도 등을 도입하고, 공지예외 적용시기를 연장하는 한편, 제도 실효성이 없는 특허발명의 불실시를 이유로 한 특허권 취소제도를 폐지하였다.

(1) 신규성 상실 예외 적용시기 연장　출원인이 특허출원 전에 자발적으로 자신의 발명을 공개한 경우 6개월 이내에 특허출원을 하면 특허 거절이유에서 제외하고 있는데 신규성 상실 예외의 인정기간을 6개월 이내에서 12개월 이내로 연장하였다.

(2) 특허권의 존속기간 연장제도 도입　출원인으로 인한 사유가 아닌 사유로 특허권의 설정등록이 늦게 이루어지는 경우 특허출원인의 청구에 따라 그 지연된 기간만큼 특허권의 존속기간을 연장하는 제도를 도입하였다.

(3) 비밀유지명령제도 도입　특허권의 침해에 관한 소송에서 당사자가 제출한 준비서면 등에 영업비밀이 포함되어 있고 그 영업비밀이 공개되면 당사자의 영업에 지장을 줄 우려가 있는 경우 등에는 당사자의 신청에 따라 결정으로 해당 영업비밀을 알게 된 자에게 소송 수행 외의 목적으로 영업비밀을 사용하는 행위 등을 하지 아니할 것을 명할 수 있도록 하였다.

6. 2013년 개정(시행 2013. 7. 1. 법률 제11654호, 일부개정)

출원인의 편의를 증진하기 위하여 특허에 관한 국제규범인 「특허법조약」의 취지에 따라 특허출원의 회복 기회를 확대하고, 수수료의 반환 대상을 확대하는 한편, 그 밖에 현행 제도의 운영상 나타난 일부 미비점을 개선·보완하였다.

(1) 공동출원 대상의 명확화　2인 이상이 공동으로 발명하여 특허를 받을 권리가 공유인 경우에만 공유자 전원이 공동으로 출원하도록 하고 있어 공동발명자는 아니지만 지분양도 등에 따라 특허를 받을 수 있는 권리를 공유하게 된 경우 승계인도 공동으로 특허출원하여야 하는지에 대하여 논란이 되고 있었으므로 이를 포함하도록 명확히 하였다.

(2) 전문기관의 업무정지 명령시 청문 실시　선행기술 조사를 수행하는 전문기관이 거짓이나 그 밖의 부정한 방법으로 전문기관으로 지정되었거나 지정기준에 맞지 않는 경우 그 지정을 취소하거나 6개월 이내의 기간을 정하여 업무의 정지를 명할 수 있는데, 전문기관의 지정을 취소하려고 할 때에만 청문을 하던 것을 업무의 정지를 명할 때에도 청문을 하도록 하였다.

(3) 특허출원의 회복 기회 확대　「특허법조약」의 취지를 반영하여 출원인이 책임질 수 없는 사유로 출원심사의 청구기간 또는 재심사의 청구기간을 지키지 못하여 특허출원이 취하되거나 특허거절결정이 확정된 것으로 인정되는 경우에는 그 사유가 소멸한 날부터 2개월 이내에 출원심사의 청구 또는 재심사의 청구가 가능하도록 하였다.

(4) 수수료의 반환 대상 확대 출원인의 편의를 높이기 위하여 특허출원 후 1개월 이내에 특허출원을 취하·포기한 경우 특허출원료와 심사청구료만 반환받을 수 있도록 되어 있던 것을 특허출원의 우선권주장 신청료도 반환받을 수 있도록 하였다.

7. 2014년 개정(시행 2014. 1. 21. 법률 제12313호, 일부개정)

영세중소기업 등의 특허등록을 촉진하기 위하여 특허청장은 특허료를 특허권의 설정등록을 받기 위한 최초 3년분에 한정되지 아니하고 감면할 수 있도록 하였다. 한편, 「민법」의 개정으로 종전의 금치산·한정치산 제도가 후견제도(성년후견·한정후견 등)로 변경된 것을 반영하되, 특허 절차의 특수성을 고려하여 피한정후견인에 대해서도 피성년후견인과 동일하게 법정대리인에 의해서만 특허절차를 밟도록 강제하고, 피한정후견인이 독립하여 법률행위를 할 수 있는 경우에 한정하여 법정대리인에 의하지 않고 특허에 관한 절차를 밟을 수 있도록 하였다.

8. 2015년 개정

(1) 시행 2015.1.1. 법률 제12753호(일부개정)

출원인이 빠른 출원일을 선점할 수 있도록 하기 위하여 국어로만 특허출원할 수 있던 것을 외국어로도 특허출원할 수 있도록 하고, 특허료를 내지 아니하여 소멸된 특허권의 회복 요건을 완화하며, 국제특허출원에 대한 국어번역문 제출기간을 추가로 연장할 수 있도록 하여 출원인의 편의를 도모하는 한편, 법 문장을 원칙적으로 한글로 적고, 어려운 용어를 쉬운 용어로 바꾸며, 길고 복잡한 문장을 간결하게 하는 등 국민이 법 문장을 이해하기 쉽게 정비하였다.

1) 외국어특허출원제도 도입 먼저 출원한 자에게 특허권을 부여하는 현행 선출원제도 하에서는 빠른 출원일 확보가 무엇보다 중요하므로, 발명의 내용을 국어가 아닌 영어로 적어 특허출원서에 첨부하여 제출하더라도 특허출원일을 인정받을 수 있도록 함으로써 출원인의 편의를 도모하였다.

2) 특허료 미납에 따라 소멸된 특허권 회복 요건 완화 특허료를 내지 아니하여 소멸된 특허권 중 실시 중인 특허발명의 특허권만 회복하여 주던 것을 앞으로는 특허발명의 실시 여부와 관계없이 모든 특허권을 회복할 수 있도록 하고, 특허권 회복을 위하여 내야 하는 금액을 납부하여야 하는 특허료의 3배에서 2배로 인하하였다.

3) 경제적 약자를 위한 특허료 감면 확대 「국민기초생활 보장법」에 따른 수급권자 등 경제적 약자의 특허권의 유지에 대한 부담을 완화하기 위하여 최초 3년분의

특허료뿐만 아니라 그 이후 내야 하는 특허료에 대해서도 추가적으로 감면하여 줄 수 있도록 하였다.

4) 국제특허출원의 국어번역문 제출기간 연장　출원인이 국어번역문의 제출 연장 신청을 하면 국어번역문의 제출기간을 1개월 연장하여 줌으로써 국어번역문의 품질을 향상시키고 출원인의 편의를 제고하였다.

5) 국제특허출원의 국어번역문 정정제도 도입　국제특허출원의 경우 보정을 할 수 있는 기간에 국어번역문의 잘못된 번역을 특허법 시행규칙 제21조의3 제3항에서 정하는 방법에 따라 정정할 수 있도록 함으로써 번역 과정상의 단순한 오기로 특허출원이 거절되는 등의 문제를 해소하였다.

(2) 시행 2015. 5. 18. 법률 제13317호 (일부개정)

특허출원심사의 청구를 한 이후 협의 결과 신고 명령, 선행기술의 조사업무에 대한 결과 통지, 거절이유 통지 또는 특허결정의 등본 송달 중 어느 하나가 있기 전까지 특허출원을 취하(취하된 것으로 보는 경우를 포함한다)하거나 포기한 경우에는 이미 낸 심사청구료를 반환할 수 있도록 하였다.

(3) 시행 2015. 7. 29. 법률 제13096호 (일부개정)

출원인이 실수 등으로 신규성 상실 예외주장 절차를 미준수한 경우 일정기간 이를 보완할 수 있도록 하고, 특허등록결정 이후에도 분할출원을 할 수 있도록 하여, 출원인이 특허받을 가능성을 높이고 출원인이 시장 환경 변화에 능동적으로 대응할 수 있도록 규제를 완화하였다.

1) 신규성 상실 예외주장 보완제도 도입　출원되기 전에 출원발명과 동일한 발명이 공지된 경우 그 출원발명은 신규성 등이 없다는 이유로 특허를 받지 못하지만, 출원 전에 공지된 발명이 출원인에 의해 공지된 경우 그 공지된 발명에 대해서 공지되지 않은 것으로 적용받겠다고 주장하면 그 공지된 발명은 제외하고 신규성 등 특허요건을 판단하는 신규성 상실 예외주장 제도가 운영되고 있다. 그러나 현행 법에서는 신규성 상실 예외주장은 '출원시에만' 가능하여 창의적 아이디어라도 출원 시 신규성 상실 예외주장을 누락하면 그 이후에 이를 보완할 수 없어 자기가 공지한 사실 때문에 특허받지 못하는 문제점이 있었다. 이에 출원인의 단순한 실수로 출원 시 신규성 상실 예외주장을 하지 않더라도 명세서 또는 도면을 보정할 수 있는 기간 또는 특허결정이나 특허거절결정 취소심결의 등본을 송달받은 날부터 3개월 이내에 신규성 상실 예외주장의 취지를 적은 서류나 이를 증명할 수 있는 서류를 제출할 수

있도록 하는 신규성 상실 예외주장 보완 제도를 도입하여 출원인의 권리 보호를 강화하였다.

2) 특허등록결정 이후 설정등록기간 분할출원제도 도입 하나의 출원에 2개 이상의 발명이 기재된 경우에 그 발명 중 일부는 원래의 출원에 남겨두고, 나머지 1개 이상의 발명을 별개 출원으로 분리 출원하는 분할출원제도가 운영되고 있었다. 그러나 현행법에서는 명세서 또는 도면을 보정할 수 있는 기간 또는 거절결정불복심판을 청구할 수 있는 기간 등에만 분할출원할 수 있고, 특허등록결정 이후에는 분할출원을 할 수 없어 자신의 발명임에도 특허등록결정 이후 변화된 시장 환경에 맞추어 추가 권리화를 하지 못하는 문제점이 있었다. 이에 출원인이 시장 환경 변화에 능동적으로 대응할 수 있도록 명세서 또는 도면을 보정할 수 있는 기간 외에도 특허결정이나 특허거절결정 취소심결의 등본을 송달받은 날부터 3개월 이내에 분할출원을 할 수 있도록 하되, 설정등록을 받으려는 날이 3개월보다 짧은 경우에는 그 날까지 분할출원을 할 수 있도록 분할출원 가능기간을 확대하였다.

9. 2016년 개정(시행 2016. 6. 30. 법률 제14112호, 일부개정)

(1) 감정사항 설명의무 신속·정확한 손해액 산정을 위하여, 법원이 손해액 산정 감정을 명한 경우 당사자는 감정인에게 필요한 사항을 설명하도록 의무화 하였다(제128조의2).

(2) 자료의 제출 특허침해소송에서 특허권자의 입증곤란을 경감하기 위하여 증거제출을 강화하였다(제132조). 법원의 증거제출 명령대상 범위를 서류에서 자료로 확대하고 침해에 대한 증명자료를 추가하였다(제132조 제1항).

(3) 비밀심리절차의 도입 제출거부이유가 정당한지 여부를 판단하기 위한 비밀심리절차를 도입하였다(제132조 제2항).

(4) 영업비밀의 경우 열람범위 지정 영업비밀이라도 침해의 증명 또는 손해액의 산정에 반드시 필요한 때에는 제출의무를 부과하고, 이 경우 열람범위 또는 열람자 지정을 해야 한다(제132조 제3항).

(5) 법원의 증거제출명령에 불응한 경우 법원의 증거제출명령에 불응한 경우 해당 자료의 기재에 의하여 증명하고자 하는 사실에 관한 주장을 진실한 것으로 인정할 수 있도록 하였다(제132조 제4항 및 제5항).

10. 2017년 개정

(1) 시행 2017. 3. 1. 법률 14035호(일부개정)

특허정책을 심사처리단축에서 품질(quality) 중심으로 전환하였으나 여전히 특허 품질에 대한 우려가 증가되어 이를 해결하기 위한 방안으로 일부개정을 하였다.

심사처리기간은 세계에서 가장 빠른 수준이나, 1인당 심사건수가 과다하여 보완책으로 공중 참여를 통한 특허검증 절차를 강화할 필요가 있다. 또한 관행적으로 이루어지고 있는 불필요한 규제와 불합리한 제도를 개선할 필요가 있다.

1) 특허취소신청제도 도입　누구든지 6개월까지 등록된 특허권이 신규성·진보성·선출원 등에 위반될 경우 특허심판원에 특허취소신청(제132조의2 등)을 할 수 있다. 2017년 3월 1일 이후 설정등록된 특허권부터 적용한다.

현재 특허권의 설정등록일부터 등록공고일 후 3개월 이내에는 누구든지 특허무효심판을 청구할 수 있도록 하여 특허요건을 구비하지 못한 특허를 조기에 무효로 할 수 있도록 하고 있으나 특허무효심판절차가 복잡하여 활용도가 적은 문제점이 있다.

누구든지 흠이 있는 특허에 대하여 선행기술정보에 기초한 특허취소사유를 특허심판원에 제공하면 심판관이 해당 특허의 취소 여부를 신속하게 결정하는 것을 내용으로 하는 특허취소신청 제도를 도입하여 특허 검증을 강화할 수 있다.

2) 직권보정제도 정비　직권보정 불수용 의견서 제출시 직권보정은 없는 것으로 보고 특허결정도 함께 취소로 간주한다(제66조의2).

3) 직권 재심사제도　특허결정 후에도 설정등록 전까지 중대한 하자를 발견할 경우 직권으로 특허결정을 취소하고 다시 심사할 수 있다(제66조의3).

4) 심사청구기간 단축　조속한 권리확정을 위해 심사청구기간을 종전의 5년에서 3년으로 단축하였다(제59조 제2항).

5) 정당한 권리자의 출원기간 연장　무권리자의 특허공고 후 2년까지 출원할 것이라는 제적기간을 삭제하였다(제35조).

6) 특허권 이전 청구제도 도입　제척기간 없이 정당한 권리자가 무권리자 특허권의 이전을 법원에 직접 청구할 수 있는 제도를 마련하였다(제99조의2 등).

7) 외국의 심사결과 제출 명령 제도　제1국 출원을 기초로 한 조약우선권주장 출원의 특허심사시 심사관이 제1국의 심사 인용 기술문헌을 제출토록 명하는 제도를 신설하였다(제63조의3). 2017년 3월 1일 이전 출원한 우선권 주장을 수반한 특허출원에도 적용한다.

8) 국내우선권주장 선출원 서류열람 개선 선출원 전체에 대해 서류열람 을 신청할 수 있도록 하였다(제216조). 2017년 3월 1일 이후 출원한 특허법 제55조 제1항에 따른 우선권 주장의 기초가 된 선출원부터 적용한다.

9) 소송당사자 절차중지 신청 특허심판과 소송과의 관계 규정을 보완하여 무효심판·정정심판 확정시까지 침해소송절차 중지 신청을 할 수 있다(제164조).

10) 법인 해산시 특허권 소멸 규정 정비 법인의 청산종결 등기일까지 특허권의 이전 등록이 없으면 법인의 특허권은 소멸한다(제124조 제2항).

(2) 시행 2017. 6. 3. 법률 제14371호(일부개정)

현행법은 출원인의 특허출원 또는 특허청의 특허출원 심사에 필요하다고 인정하면 특허청장이 전문기관을 지정하고 미생물의 기탁·분양, 선행기술의 조사, 특허분류의 부여, 그 밖에 대통령령으로 정하는 업무를 의뢰할 수 있도록 하고 있다.

그러나 특허청장이 필요시 전문기관을 지정하도록 함에 따라, 소수의 기관이 선행기술 조사 등의 업무를 독점하여 서비스의 질이 저하되고 있는 실정이다.

이에 현행 전문기관 지정제를 등록제로 변경함으로써 전문기관 서비스의 질 향상을 도모하려는 것이다(제58조).

제2장 절차의 총칙

제1절 권리능력 등

Ⅰ. 권리능력

1. 자연인의 권리능력

사람은 생존하는 동안 권리와 의무의 주체가 된다(민법 제3조). 민법에서 말하는 사람이란 곧 법의 주체이다. 권리능력이란 권리의 주체가 될 수 있는 일반적인 능력을 말한다. 따라서 사람은 출생에서 사망까지 당연히 권리능력을 가지기 때문에 특허에 관하여도 권리 및 의무의 주체가 될 수 있다. 특허법상 발명을 한 사람 또는 그 승계인은 특허를 받을 수 있는 권리를 가진다(제33조 제1항).

2. 법인의 권리능력

법인은 일정한 사람의 집합(사단) 또는 일정한 목적을 위하여 바쳐진 재산의 집합체(재단)에 마치 살아있는 자연인과 같이 법인격을 부여하여 법률상 권리·의무의 주체가 될 수 있도록 한 것을 말한다.[1] 법인은 법률에 의해 법인격을 얻은 주체로서 설립등기를 한 때부터 해산등기를 할 때까지 법적 인격을 가지므로 정관으로 한 목적의 범위 내에서 권리와 의무의 주체가 된다(민법 제34조).

법인의 권리능력이란 법률의 규정에 따라 정관으로 정한 목적의 범위 내에서 권리와 의무의 주체가 될 수 있는 자격을 말한다. 따라서 법인은 특허에 관하여도 자기의 이름으로 권리 및 의무의 주체가 될 수 있다. 특허법상 법인은 창작의 주체가 될 수 없으므로 발명을 한 사람으로부터 특허를 받을 수 있는 권리를 예약 승계한 경우에 출원인이 될 수 있다.

3. 국가와 지방자치단체의 권리능력

국가는 주권을 가진 주체로서 법인격이 있는 것으로 간주되므로 특허에 관하여 대

1) 설립목적에 따라 영리법인(상사회사, 민사회사)과 비영리법인(학술, 종교, 자선, 예술, 사교 등의 사업을 목적으로 하는 민법상 법인)이 있다. 존재이유에 따라 사단법인(영리법인, 비영리법인)과 재단법인(비영리법인)으로 나눌 수 있다.

한민국 명의로 권리 및 의무의 주체가 될 수 있다. 또한 지방자치단체는 지방자치법 제3조에 의해 법인격이 인정되므로 특허에 관하여도 권리 및 의무의 주체가 될 수 있다.

4. 외국인의 권리능력

최근 교통·통신의 발전으로 인하여 국가 간 인적·물적 교류가 활발하게 증가됨에 따라 많은 나라가 내외국인 평등의 원칙을 채택하고 있다. 우리나라에서 외국인의 지위는 국제법과 조약이 정하는 바에 의하여 보장되고 있다(헌법 제6조 제2항).

특허법상 재외자 중 외국인은 다음 각 호의 어느 하나에 해당하는 경우에 특허권 또는 특허에 관한 권리를 누릴 수 있다. 즉 (i) 그 외국인이 속하는 국가에서 대한민국 국민에 대하여 그 국가의 국민과 같은 조건으로 특허권 또는 특허에 관한 권리를 인정하는 경우(평등주의), (ii) 대한민국이 그 외국인에 대하여 특허권 또는 특허에 관한 권리를 인정하는 경우에는 그 외국인이 속하는 국가에서 대한민국 국민에 대하여 그 국가의 국민과 같은 조건으로 특허권 또는 특허에 관한 권리를 인정하는 경우(상호주의), (iii) 조약 및 이에 준하는 것에 따라 특허권 또는 특허에 관한 권리를 인정하는 경우이다(제25조).

우리나라가 외교적으로 승인하지 않는 국가라 할지라도 파리협약의 동맹국이거나 상호주의를 채택하고 있는 등 특허법 제25조의 외국인의 권리능력을 인정받는 국가의 국민은 특허권 또는 특허에 관한 권리가 인정된다.

특허법 제25조에 위반된 출원은 거절이유가 되고, 권리능력이 없는 외국인이 한 특허출원은 등록이 되었다고 하더라도 특허의 무효사유가 된다(제133조 제1항). 또한 특허등록 후에 특허에 관한 권리를 향유할 수 없게 된 경우에는 그 시점부터 특허가 무효로 된다. 특허권이 권리를 향유할 수 없는 외국인에게 양도된 경우 특허권 자체가 무효로 되는 것이 아니고 양도계약이 무효인 것으로 해석한다.

Ⅱ. 행위능력

1. 당사자

민사소송에서 당사자란 자기의 이름으로 국가의 권리보호(재판이나 강제집행)를 요구하는 사람과 그 상대방을 말한다. 판결절차에서 당사자는 자기의 이름으로 판결요구를 하는 사람(원고) 및 그 상대방(피고)이다. 따라서 미성년자의 친권자·법인의 대표이사 등 법정대리인이나 소송대리인은 다른 사람의 이름으로 판결을 요

구하거나 요구받는 사람이기 때문에 당사자가 아니다.[2)]

2. 미성년자 등의 행위능력

미성년자·피한정후견인 또는 피성년후견인은 법정대리인에 의하지 아니하면 특허에 관한 출원·청구, 그 밖의 질차(이하 "특허에 관한 절차"라 한다)를 밟을 수 없다. 다만, 미성년자와 피한정후견인이 독립하여 법률행위를 할 수 있는 경우에는 그러하지 아니하다(제3조 제1항). 미성년자, 사무처리능력이 부족한 장애인·노약자와 같은 피한정후견인 또는 피성년후견인이 법정대리인을 선임하면 특허에 관한 절차를 밟을 수 있다. 특허법 제3조 제1항 단서에서 "다만 미성년자와 피한정후견인이 독립하여 법률행위를 할 수 있는 경우에는 그러하지 아니하다."고 하여 미성년자 또는 피한정후견인이 법정대리인에 의하지 아니하고 특허에 관한 절차를 밟을 수 있도록 예외 규정을 두고 있다. 미성년자와 피한정후견인이 독립하여 특허에 관한 절차에서 법률행위를 할 수 있는 경우로는 미성년자가 권리만을 얻거나 의무만을 면하는 행위(민법 제5조 제1항)[3)], 법정대리인으로부터 영업이 허락된 영업에 관한 행위(민법 제8조 제1항), 미성년자가 혼인을 하여 성년으로 의제된 경우이다(민법 제826조의2).

(1) 성년후견인제도 2013년 7월 1일부터 시행된 민법에서 부정적 인식이 강한 금치산·한정치산제도를 폐지하고 성년후견제를 도입하였다. 성년후견제란 자신의 힘으로 의사결정이나 사무처리 능력이 부족한 성년자에게 법률지원을 해주는 제도이다. 성년후견인은 본인, 친족, 검사 등의 청구에 의해 후견인을 선임하는데 선정된 후견인은 피후견인의 법률행위를 대신하고 재산관리뿐만 아니라 신상보호를 할 수 있다. 이러한 권한은 법원의 재판에 의하여 부여받는다. 특허법에서 성년후견인제도를 도입하여 시행하고 있다.

(2) 후견감독인 법정대리인은 후견감독인의 동의 없이 특허법 제132조의2에 따른 특허취소신청(이하 "특허취소신청"이라 한다)이나 상대방이 청구한 심판 또는 재심에 대한 절차를 밟을 수 있다(제3조 제2항). 후견감독은 종전에는 친족회가 형식적으로 감독하였으나, 개정법에서는 후견감독인이 실질적으로 감독한다.

특허취소신청이나 심판 또는 재심에 관한 절차를 후견감독인의 동의 없이 수행

---

2) 이시윤, 127면.

3) 독립된 법률행위가 가능한 부담 없는 증여를 받는 행위, 채무면제의 청약에 대한 승낙, 친권자에 대한 부양료 청구가 이에 해당한다. 독립된 법률행위가 불가능한 부담 없이 증여를 받는 행위 또는 경제적으로 유리한 매매계약 체결 등은 이익을 얻기도 하지만 의무를 부담하는 것이어서 단독으로 하지 못하는 것으로 본다.

할 수 있도록 하는 것은 이들 행위는 소극적 행위로서 미성년자 또는 피한정후견인의 권리를 해칠 우려가 적기 때문이다.

(3) 미성년자의 법정대리인 미성년자의 법정대리인은 제1차로 친권을 행사하는 부 또는 모가 된다(민법 제911조). 제2차로는 미성년후견인이다(민법 제928조). 미성년자에게 친권자가 없거나 친권자가 법률행위의 대리권과 재산관리권을 행사할 수 없는 경우에는 미성년후견인이 법정대리인이 된다(민법 제928조).

3. 법인이 아닌 사단 등의 행위능력

법인이 아닌 사단 또는 재단으로서 대표자 또는 관리인이 정하여져 있는 경우에는 그 사단 또는 재단의 이름으로 출원심사의 청구인, 특허취소신청인, 심판의 청구인·피청구인 또는 재심의 청구인·피청구인이 될 수 있다(제4조). 민법은 법인으로서 사단법인과 재단법인을 규정하고 있다. 재단법인은 항상 비영리법인이며, 사단법인은 영리법인 또는 비영리법인이 될 수 있다.

4. 재외자의 행위능력

국내에 주소 또는 영업소를 가지는 자를 '재내자'라 하고, 국내에 주소 또는 영업소가 없는 자는 '재외자'라 한다. 재외자는 재외자(법인의 경우에는 그 대표자)가 국내에 체류하는 경우를 제외하고는 그 재외자의 특허에 관한 대리인으로서 국내에 주소 또는 영업소를 가지는 자(이하 "특허관리인"이라 한다)에 의해서만 특허에 관한 절차를 밟거나 이 법 또는 이 법에 따른 명령에 따라 행정청이 한 처분에 대하여 소(訴)를 제기할 수 있다(제5조 제1항).

재외자가 특허관리인을 선임하지 않거나 국내에 체재하지 않은 채로 특허에 관한 절차를 밟기 위하여 서류를 제출한 경우에는 특허법 시행규칙 제11조 제1항 제15호에 따라 부적법한 출원서류로 반려대상이 된다. 특허관리인은 위임된 권한의 범위에서 특허에 관한 모든 절차 및 이 법 또는 이 법에 따른 명령에 따라 행정청이 한 처분에 관한 소송에서 본인을 대리한다(제5조 제2항).

Ⅲ. 대리인

1. 의의

대리인제도는 본인과 일정한 관계에 있는 타인이 본인(출원인)을 위하여 제3자에 대하여 의사표시를 하거나 의사표시를 수령하고 그 법률효과는 직접 본인에게 생기게 하는 제도이다. 민법 총칙편에서 규정하는 대리란 대리인이 자신이 하는 법률행위가 본인을 위하여 하는 것임을 표시하여(현명주의), 대리인이 하는 법률행위의 효과가 직접 본인에게 귀속하는 법률제도를 말한다. 특허에 관한 절차를 밟을 경우에 대리인이란 일정한 사항에 대하여 본인을 대신하여 법률행위를 할 수 있는 자격이 있는 자를 말한다. 변리사법 제2조는 "변리사는 특허청 또는 법원에 대하여 특허, 실용신안, 디자인 또는 상표에 관한 사항을 대리하고 그 사항에 관한 감정(鑑定)과 그 밖의 사무를 수행하는 것을 업(業)으로 한다."고 규정하고 있으므로 특허에 관한 절차를 밟을 수 있는 대리인은 변리사이다.

대리인이 그 권한 내에서 본인을 위한 것임을 표시한 의사표시는 직접 본인에게 대하여 효력이 생긴다(민법 제114조 제1항). 따라서 대리인이 본인을 대리하여 특허출원 등의 대리행위를 한 경우 그 대리인이 행한 법률행위의 효과는 본인에게 직접 귀속된다. 특허법 제6조에서 출원인을 보호하기 위하여 출원인에게 중대한 불이익을 줄 수 있는 특정사항에 대하여 특별수권사항의 범위를 정하고 있다.

2. 대리의 종류

대리권이 부여되는 근거에 따른 구별로, 본인의 의사에 의해서 대리권이 부여되는 임의대리와 법률의 규정이나 법원의 선임에 의해 대리권이 부여되는 법정대리가 있다. 대리인은 법정대리인과 임의대리인이 있다. 임의대리인은 본인의 의사(수권행위)에 의해 대리권이 발생하는 경우로, 위임에 의한 통상의 대리인, 특허관리인 및 지정대리인이 있다.

(1) 법정대리인 법정대리인이란 본인의 의사에 의하지 아니하고 법률의 규정에 의하여 대리인이 된 자를 말한다. 친권을 행사하는 부 또는 모가 미성년자인 사의 법정대리인이 된다(민법 제911조). 미성년자에게 친권자(부모)가 없거나 친권자가 농의권·대리권을 행사할 수 없을 경우에는 제2차적으로 후견인이 법정대리인이 된다.

(2) 임의대리인 임의대리인은 본인의 의사에 따라 대리권을 수여하여 대리인을 두는 제도이다. 특허에 관하여 특허청 또는 법원에 대하여 하여야 할 사항의 대리를 업으로 하는 경우에는 특허청에 등록한 변리사만 이를 대리할 수 있다(변리사법 제2조). 특허법상 임의대리인은 통상의 대리인과 재외자의 대리인(특허관리인)이 있다. 대리인의 권한 등에 관하여 특허법에 특별한 규정이 있는 경우를 제외하고는 민사소송법의 대리인에 관한 규정이 준용된다(제12조).

1) 통상의 대리인 특허에 관한 절차를 밟기 위하여 위임에 의한 임의대리인으로 통상의 대리인은 변리사이다. 변리사와 변호사는 특허청에 변리사 등록을 하지 않는 경우에는 특허청 또는 법원에 대하여 특허에 관한 절차를 대리할 수 없다. 대리인의 대리권의 범위는 수권행위에 의하여 정하여진다. 특허법에서는 위임에 의한 대리인의 대리권 범위로 특별수권사항만을 규정하고 있다.

특별수권사항 이외의 대리인 권한은 민사소송법에서 당사자를 보호하기 위하여 당사자에게 중대한 불이익을 줄 수 있는 특정사항(1. 반소의 제기, 2. 소의 취하, 화해, 청구의 포기, 인락 또는 독립당사자참가소송에서의 탈퇴, 3. 상소의 제기 또는 취하, 4. 대리인의 선임)에 대하여는 특별한 수권을 받도록 규정하고 있다(민사소송법 제90조 제2항). 특허법에서도 같은 취지로 특별수권사항을 규정하고 있다.

특허에 관한 절차를 밟을 것을 위임받은 대리인과 특허관리인은 특별한 수권을 얻지 아니하면 다음의 대리행위를 할 수 없다. 즉 (i) 특허출원의 변경·포기·취하, (ii) 특허권의 포기, (iii) 특허권 존속기간 연장등록출원의 취하, (iv) 신청의 취하, (v) 청구의 취하, (vi) 특허출원 등에 기초한 국내우선권주장 또는 그 취하, (vii) 특허거절결정 등에 대한 심판청구, (viii) 복대리인의 선임이다(제6조).

2) 특허관리인 재외자란 국내에 주소 또는 영업소를 가지지 아니하는 자로서 외국인뿐만 아니라 대한민국 국민도 포함된다. 재외자는 국내에 주소 또는 영업소를 가지는 대리인(특허관리인)에 의하지 아니하면 특허에 관한 절차를 밟을 수 없으며, 법령에 의하여 행정청이 한 처분에 관하여 소를 제기할 수 없다(제5조 제1항).

재외자에게 특허관리인을 강제로 두도록 하는 것은 절차 수행에 있어서 재외자를 국내에 주소 또는 영업소를 가진 자와 달리 취급할 필요가 있기 때문이다.

3. 포괄위임등록

특허청 또는 특허심판원에서 절차를 밟을 수 있는 대리인으로서 일체의 절차를 대리하는 포괄위임은 위임대리의 특별한 경우로, 포괄위임등록을 한 경우에만 가능하다. 포괄위임제도란 특허에 관한 절차를 대리인에 의하여 밟는 경우에 있어서 현재 및 미래의 사건에 대하여 미리 사건을 특정하지 아니하고 포괄적으로 위임을 하도록 하여, 일단 특허청에 포괄위임등록을 하면 그 등록된 범위 안에서는 개개의 절차마다 위임장을 제출할 필요 없이 특허에 관한 절차를 대리할 수 있도록 하는 제도이다(시행규칙 제5조의2). 포괄위임의 경우에도 특별수권사항은 포괄위임장에 명시되어야 한다.

4. 복대리인

복대리인(復代理人)은 대리인이 대리권의 범위 내에서 선임한 본인의 대리인을 의미한다. 대리인이 복대리인을 선임할 수 있는 권한을 복임권(複任權)이라 한다.

복대리인은 대리인이 자기의 이름으로 선임하지만 대리인의 대리인이 아니고 본인의 대리인이며, 대리인은 복대리인을 선임한 후에도 여전히 대리권을 가진다.

복대리인은 그 권한 내의 행위에 대하여 본인을 대리하고, 본인 및 제3자에 대하여 대리인과 동일한 권리의무가 있다(민법 제123조). 복대리권은 대리권과 마찬가지로 민법 제127조의 대리권의 소멸사유에도 불구하고 특허법 제8조의 사유로 인하여 소멸하지 않는다.

5. 대리권의 불소멸

(1) 의의　　민법에서 대리인을 선임한 본인이 사망한 경우 대리권은 소멸된다고 규정하고 있다. 수권행위에 의하여 발생한 대리권에 대하여 민법은 본인의 사망, 대리인의 사망, 성년후견의 개시 또는 파산 등을 소멸사유로 규정하고 있다(민법 제127조 및 128조). 민법에서 대리권은 본인과 대리인 사이의 특별한 신임(信任)관계에 기초하여 수여되는 것이므로 본인이 선임한 대리인을 상속인의 대리인으로 하는 것은 적당하지 않기 때문이다. 그러나 특허법 제8조에서 민법의 대리제도와 달리 대리권 불소멸에 관한 규정을 둔 이유는 특허에 관한 절차의 연속성이 요구되는 관계상 본인이 사망한 이후에도 대리인에게 절차진행의 계속적 권한을 부여하는 것이 오히려 그 절차의 수계자에게 이익이 보장될 수 있기 때문이다.

(2) 대리권이 소멸되지 않는 경우　　특허에 관한 절차를 밟은 자의 위임에 의한 대리인이 대리권이 소멸하지 않는 경우는 (i) 본인의 사망이나 행위능력의 상실, (ii) 본인인 법인의 합병에 의한 소멸, (iii) 본인인 수탁자의 신탁임무 종료, (iv) 법정대리인의 사망이나 행위능력의 상실, 또는 (v) 법정대리권의 소멸이나 변경에 해당하는 경우이다(제8조). 대리인의 대리권이 소멸되는 경우는 대리인이 사망하거나 본인 또는 법정대리인의 지위를 승계하는 자가 대리인을 해임함으로써 대리권을 상실하게 되는 경우이다. 민사소송법 제95조 및 제96조에서도 소송대리권이 소멸되지 아니하는 경우를 규정하고 있다.

Ⅳ. 복수당사자의 대표

2인 이상이 특허에 관한 절차를 밟는 경우에 (i) 특허출원의 변경·포기·취하,

(ii) 특허권의 존속기간의 연장등록출원의 취하, (iii) 신청의 취하, (iv) 청구의 취하, (v) 특허출원 등을 기초로 한 국내우선권주장 또는 그 취하, (vi) 특허거절결정 등에 대한 심판청구에서 특허에 관한 절차를 수행하는 경우 중 어느 하나에 해당하는 사항을 제외하고는 각자가 모두를 대표한다(제11조). 다만 대표자를 선정하여 특허청 또는 특허심판원에 신고한 경우에는 그러하지 아니하다. 복수당사자가 특허에 관한 절차를 수행하는 경우 다른 당사자에게 불이익을 초래할 수 있는 절차를 제외하고는 각자가 모두를 대표한다.

복수의 당사자가 공동으로 절차를 밟아야 할 사항은 특허법 제6조의 규정에 의하여 통상의 임의대리인이 특별수권을 얻어야 대리할 수 있는 사항과 유사하다.

V. 기간과 기일

특허에 관한 절차를 밟는 과정에서 절차의 준비 또는 절차진행과 관련하여 일정한 법적효과를 발생하는 시간의 길이에는 기간과 기일이 있다. 기간은 일정 시점부터 다른 시점까지 계속되는 시간의 길이로서 그 기간 동안 일정한 행위를 할 수 있는 법률효과를 발생시킨다. 기일이란 당사자가 일정한 절차를 밟기 위한 특정한 시점을 의미한다.

1. 기간의 종류

특허법상의 기간은 그 기간을 정하는 법규의 성질에 따라 법정기간과 지정기간이 있다. 법정기간이란 특허법에서 이를 직접 규정하고 있는 법률에 의하여 정해진 기간을 말한다. 심사청구기간, 우선권주장기간 또는 특허권의 존속기간 등이 법정기간에 해당된다. 지정기간이란 특허청장·특허심판원장·심판장 또는 심사관이 특허법 및 관련 법령 등에 근거하여 지정할 수 있는 기간을 말한다. 예를 들면, 절차의 보정기간, 심사의 견제출통지서에 대한 의견서 제출기간 및 증거조사와 관련한 지정기간 등이 있다.

2. 기간의 연장

특허청장은 청구에 따라 또는 직권으로 법정기간인 특허거절결정에 따른 심판의 청구기간을 30일 이내에서 한 차례만 연장할 수 있다. 다만, 도서·벽지 등 교통이 불편한 지역에 있는 자의 경우에는 시행규칙으로 정하는 바에 따라 그 횟수 및 기간을 추가로 연장할 수 있다(제15조 제1항). 법정기간은 청구 또는 직권에 의하여 기간을 연장할 수 있다. 특허청장·특허심판원장·심판장 또는 심사관은 이 법에 따라 특허에 관한 절차를 밟을 기간을 정한 경우에는 청구에 따라 그 기간을 단축 또는 연장하거나 직권으로 그 기간을 연장할 수 있다(제15조 제2항).

지정기간의 경우 청구에 의하여 지정기간의 단축이 가능하지만, 법정기간의 경우에는 기간단축은 할 수 없다. 지정기간의 단축은 신속한 절차 진행을 희망하는 당사자가 기간 경과시까지 절차의 진행을 기다려야 하는 불편함을 해소하기 위하여 마련된 것이다. 따라서 지정기간의 단축은 직권에 의한 단축은 인정하지 않고 당사자의 청구에 의한 경우만 기간의 단축을 인정하고 있다.

3. 기간의 계산

특허법상 기간의 계산에 있어서 초일은 산입하지 않는다. 기간을 월 또는 연으로 정한 경우에는 역에 의하여 계산한다. 월 또는 연의 처음부터 기간을 기산하지 아니하는 경우에는 최후의 월 또는 연에서 그 기산일에 해당하는 날의 전일로 기간이 만료한다. 다만, 월 또는 연으로 정한 경우에 최종월에 해당 일이 없는 경우에는 그 월의 말일로 기간이 만료된다. 특허에 관한 절차에 있어서 기간의 말일이 공휴일인 경우에는 기간은 그 다음 날로 만료한다. 기간의 기산일이 공휴일인 경우에도 기간의 기산일은 공휴일부터 시작된다. 또한 최종월에 해당일이 없는 경우 그 월의 말일로 기간이 만료된다. 즉 2월 30일이 없는 경우 2월의 말일인 2월 28일(또는 2월 29일까지 있는 경우 2월 29일)로 지정기간이 만료된다.

제2절 절차의 무효 등

Ⅰ. 서설

특허청장 또는 특허심판원장은 특허법 제46조에 따른 보정명령을 받은 자가 지정된 기간에 그 보정을 하지 아니하면 특허에 관한 절차를 무효로 할 수 있다. 다만 심사청구료를 내지 아니하여 보정명령을 받은 자가 지정된 기간에 그 심사청구료를 내지 아니하면 특허출원서에 첨부한 명세서에 관한 보정을 무효로 할 수 있다(제16조 제1항). 무효(無效)란 법률행위가 성립한 때부터 법률상 당연히 효력이 없는 것으로 확정된 것을 말한다. 따라서 당사자가 의도한 법률상의 효과가 발생하지 않는다.

절차의 무효란 특허청 또는 특허심판원에 대하여 이미 행해진 특허에 관한 절차를 그 절차상 발생된 흠결을 이유로 소급하여 효력을 상실시키는 특허청장 또는 특허심판원장의 처분을 말한다. 특허에 관한 절차가 대리인의 선임 또는 개임명령 위반시, 특허법 제46조의 규정에 의한 보정명령을 받은 자가 지정된 기간 이내에 그 보정을 하지 아니한 경우에 해당될 경우에는 해당 절차를 무효로 할 수 있다.

Ⅱ. 절차의 무효

1. 보정명령

특허에 관한 절차를 무효로 할 수 있는 자는 절차의 보정을 명령한 특허청장 또는 특허심판원장이다. 심판장은 특허심판의 주체로서 보정명령을 할 수 있지만 절차의 무효처분권은 없다. 심판장은 심판청구서가 방식에 위반되는 경우에 그 흠결의 보정을 명하고, 보정명령 기간 내에 그 흠결이 보정되지 않는 경우에는 결정으로 그 심판청구서를 결정으로 각하하여야 한다(제141조). 또한 심판장은 심판청구에 있어서 이해관계의 성립이 안 되는 경우와 같이 부적법한 심판청구로서 그 흠결을 보정할 수 없는 경우에는 심결로써 그 청구를 각하할 수 있다(제142조).

2. 무효처분의 효과

무효로 된 출원에 대하여는 특허법 제36조 제1항 내지 제3항의 규정을 적용함에 있어서는 처음부터 없었던 것으로 보며(제36조 제4항), 무효로 된 출원의 출원서에 최초로 첨부된 명세서 또는 도면에 기재된 발명을 기초로 국내우선권주장출원을 할 수 없다(제55조 제1항). 출원공개 후 출원이 무효로 된 경우에는 출원공개에 따른 보상금지급 청구권은 처음부터 발생하지 아니한 것으로 본다(제65조 제6항).

Ⅲ. 절차의 추후보완

특허에 관한 절차를 밟은 자가 책임질 수 없는 사유로 인하여 특허거절결정 등에 대한 심판의 청구기간, 재심의 청구기간을 준수할 수 없을 경우에는 그 사유가 소멸한 날부터 2개월 이내에 지키지 못한 절차를 추후 보완할 수 있다. 다만, 그 기간의 만료일부터 1년이 경과한 경우에는 그러하지 아니하다(제17조).[4)]

이 규정은 특허에 관한 절차를 밟은 자가 책임을 질 수 없는 사유로 법정기간을 준수할 수 없는 경우에 있어서의 구제에 관한 규정이다. 즉 거절결정 불복심판이나

---

4) 예를 들면, 2016년 3월 31일 거절사정등본의 송달이 있었고, 동년 4월 20일 천재지변으로 불가피한 사유가 발생하여 동년 6월 20일에 그 사유가 소멸된 경우, 사유가 소멸된 6월 20일의 익일인 6월 21일부터 기산하여 2개월인 8월 21일 이내 절차를 추완할 수 있다.

재심청구의 법정기간을 경과하여 결정, 심결 또는 판결이 확정된 경우 당사자가 치명적인 불이익을 받게 되는 것은 가혹하기 때문에 절차를 추후에 보완할 수 있다.

여기서 책임질 수 없는 사유란 천재·지변 기타 불가항력에만 한하는 것이 아니고, 출원인이 일반적으로 하여야 할 주의와 능력을 다하였음에도 피할 수 없었던 사유를 말한다.

【책임을 질 수 없는 사유의 의미】

<대법원 2009. 9. 24. 2009다44679>

민사소송법 제173조 제1항이 규정하는 소송행위의 추후보완은 당사자가 그 책임을 질 수 없는 사유로 인하여 불변기간을 준수할 수 없었던 경우에 비로소 가능한 것이고, 여기서 당사자가 책임질 수 없는 사유란 당사자가 그 소송행위를 하기 위하여 일반적으로 하여야 할 주의를 다하였음에도 불구하고 그 기간을 준수할 수 없었던 경우를 의미한다.

Ⅳ. 절차의 효력 승계

특허권 또는 특허에 관한 권리에 관하여 밟은 절차의 효력은 그 특허권 또는 특허에 관한 권리의 승계인에게 미친다(제18조). 특허법 제18조는 특허에 관하여 이미 밟은 절차의 효력은 특허권 또는 특허를 받을 수 있는 권리의 승계에 의해서는 상실되지 않는다는 원칙을 규정하고 있다. 즉, 승계가 있는 경우 승계인에 대하여 절차를 처음부터 다시 밟을 필요가 없고 이미 행한 절차는 유효하게 되므로 후속 절차는 승계인이 진행하면 된다. 특허청장 또는 심판장은 특허에 관한 절차가 특허청 또는 특허심판원에 계속 중일 때 특허권 또는 특허에 관한 권리가 이전되면 그 특허권 또는 특허에 관한 권리의 승계인에 대하여 그 절차를 속행하게 할 수 있다(제19조).

심사관은 승계인에 대하여 특허에 관한 절차를 속행하게 하고자 할 경우에는 특허청장 명의로 그 취지를 당사자에게 서면으로 통지하여야 한다.

Ⅴ. 절차의 정지

1. 절차의 중단

절차의 중단은 당사자에게 절차를 수행할 수 없는 사유가 발생했을 경우에 새로운 절차의 수행자가 나타나 절차를 수행할 수 있을 때까지 법률상 당연히 절차의 진행이 정지되는 것을 말한다. 특허에 관한 절차가 (ⅰ) 당사자가 사망한 경우, (ⅱ) 당사자인 법인이 합병에 따라 소멸한 경우, (iii) 당사자가 절차를 밟을 능력을 상실한 경우, (iv) 당사자의 법정대리인이 사망하거나 그 대리권을 상실한 경우, (v) 당사자의 신탁에 의한 수탁자의 임무가 끝난 경우, (vi) 대표자가 사망하거나 그 자격을 상실한 경우, (vii) 파산관재인 등 일정한 자격에 의하여 자기 이름으로 남을 위하여 당사자가 된 자가 그 자격을 잃거나 사망한 경우 중 어느 하나에 해당하는 경우에는 특허청 또는 특허심판원에 계속 중인 절차는 중단된다(제20조). 다만, 절차를 밟을 것을 위임받은 대리인이 있는 경우에는 그러하지 아니하다.

2. 절차의 중지

절차의 중지는 특허청의 입장에서 절차를 속행할 수 없는 장애가 생겼거나 당사자에게 절차를 계속 진행하는 데 부적당한 사유가 발생하여 법률상 당연히 또는 특허청의 결정에 의하여 절차가 정지되는 것을 말한다. 특허청장 또는 심판관이 천재지변이나 그 밖의 불가피한 사유로 인하여 그 직무를 행할 수 없을 때 특허청 또는 특허심판원에 계속 중인 절차는 그 사유가 없어질 때까지 중지된다(제23조 제1항).

당사자에게 일정하지 아니한 기간 동안 특허청 또는 특허심판원에 계속 중인 절차를 속행할 수 없는 장애사유가 생긴 경우에는 특허청장 또는 심판관은 결정으로 장애사유가 해소될 때까지 그 절차의 중지를 명할 수 있다(제23조 제2항).

3. 중단 또는 중지의 효과

특허에 관한 절차가 중단 또는 중지된 경우에는 그 기간의 진행은 정지되고 그 절차의 수계통지를 하거나 그 절차를 속행하였을 때부터 다시 모든 기간이 진행된다(제24조). 즉 이 경우 진행기간은 절차의 중지나 중단 전 잔여기간의 진행으로 지정기간이나 법정기간이 완성되는 것이 아니라 중단 전 진행된 기간이 무시되고 다시 처음부터 전 기간이 진행된다. 절차가 중단 또는 중지되는 동안에는 특허청장 또는 심사관은 물론 당사자도 원칙적으로 절차를 진행할 수 없다.

4. 중단된 절차의 수계

특허청 또는 특허심판원에 계속 중인 절차가 중단된 경우에는 특허법 제21조 각 호의 어느 하나에 해당하는 자가 그 절차를 수계하여야 한다(제21조). 같은 법 제20조의 규정에 의하여 중단된 절차에 관한 수계신청은 상대방도 할 수 있다.

제3절 서류의 제출 등

Ⅰ. 서류의 제출

특허를 받으려는 자는 (1) 특허출원인의 성명 및 주소(법인인 경우에는 그 명칭 및 영업소의 소재지), (2) 특허출원인의 대리인이 있는 경우에는 그 대리인의 성명 및 주소나 영업소의 소재지, (3) 발명의 명칭, (4) 발명자의 성명 및 주소를 적은 특허출원서를 특허청장에게 제출하여야 한다(제42조 제1항). 특허청에 서류를 제출하는 방식은 서면주의를 채택하고 있기 때문에 종전부터 시행한 종이로 된 서류를 제출하는 방식과 전자적 기록 매체와 전자출원으로 제출하는 방식이 있다.

전자출원제도를 시행하기 위하여 당사자 식별, 전자적 방법에 의하여 밟은 절차의 효력 및 전자적 방법에 의한 절차수행에 따른 보완장치로서의 전자서명 등에 관한 사항에 대하여는 특허법 제28조의3 내지 제28조의5에서 규정하고 있다. 특허에 관한 절차를 밟고자 하는 자는 특허청 또는 특허심판원에 자신의 고유번호의 부여를 신청하여야 한다(제28조의2).

Ⅱ. 서류제출 방법

특허에 관한 절차를 밟고자 하는 자는 특허청장 또는 특허심판원장에게 제출하는 특허출원서, 기타 서류를 특허법 시행규칙 제9조의2에서 정하는 방식에 따라 전자문서화하고 이를 정보통신망을 이용하여 제출하거나 플로피디스크 또는 광디스크 등 전자적 기록매체에 수록하여 제출할 수 있다(제28조의3 제1항). 이러한 전자문서는 이 법에 의하여 제출된 서면에 의한 서류와 동일한 효력을 갖는다.

Ⅲ. 서류제출의 효력 발생시기

1. 도달주의 원칙

특허법에서 서류제출의 효력 발생시기는 도달주의를 원칙으로 하고 있다. 즉 특허청 또는 특허심판원에 제출하는 출원서, 청구서, 그 밖의 서류(물건을 포함한다)는 특허청장 또는 특허심판원장에게 도달된 날부터 그 효력이 발생된다(제28조 제1항).[5]

---

5) 상대방이 있는 의사표시는 그 통지가 상대방에 도달한 때로부터 그 효력이 생긴다(민법 제111조

우리 민법은 도달주의를 채택하여 상대방에게 도달한 때 의사표시의 효력이 발생한다(민법 제111조). 도달주의에 따르는 경우 의사표시가 상대방에게 도달하였는지의 입증책임은 표의자(의사표시를 한 자)에게 있다.

2. 도달주의의 예외

출원서, 청구서, 그 밖의 서류를 우편으로 특허청장 또는 특허심판원장에게 제출하는 경우에 우편물의 통신일부인에 표시된 날이 분명한 경우에는 그 표시된 날에 특허청장 또는 특허심판원장에게 도달한 것으로 본다(제28조 제2항). 그러나 우편물의 통신일부인에 표시된 날이 불분명한 경우에는 우체국에 제출한 날을 우편물의 수령증에 의하여 증명한 날에 도달한 것으로 간주한다.

3. 해외출원을 우편으로 제출한 경우

특허권 및 특허에 관한 권리의 등록신청서류, PCT 제2조 제7항의 규정에 의한 해외출원(이하 "해외출원"이라 한다)에 관한 서류를 우편으로 제출한 경우에는 예외로 하고 있다(제28조 제2항 단서). 해외출원의 경우, 특허청장은 해외출원이 특허청에 도달한 날을 특허협력조약(PCT) 제11조의 해외출원일로 인정하여야 한다(제194조 제1항).

해외출원의 경우 서류를 우편으로 제출하는 경우에는 등록신청서류는 권리변동을 수반할 수 있기 때문에 등록의 순위를 명확히 하기 위하여 원칙적으로 도달주의를 취하고 있다. 그 이유는 PCT에 의한 해외출원의 경우에는 기본적 요건이 충족되어 있음을 확인하는 것을 조건으로 그 수리일을 해외출원일로 인정하도록 규정하고 있기 때문이다.

Ⅳ. 서류의 송달 등

1. 서류의 송달 방법

특허법 및 그 하위 법령에서 특허에 관한 절차의 심사결과가 당사자의 특허권의 득실이나 이해에 영향을 미치는 경우 심사결과 서류를 일정한 절차에 따라 당사자에게 통보(송달 및 발송)하도록 하고 있다. 이는 서류를 수령하여야 할 자에게 확실히 서류를 교부함으로써 후일에 일어날 분쟁을 미연에 방지하는 데 그 목적이 있다.

제1항). 그러나 민사소송법 제189조는 제185조 제2항(송달할 장소를 알 수 없는 경우) 또는 제187조(우편송달)의 규정에 따라 서류를 발송한 경우에는 발송한 때에 송달된 것으로 본다(발신주의).

특허법에 규정된 서류의 송달절차 등에 관하여 필요한 사항은 특허법 시행령으로 정한다(제218조). 서류를 송달하는 방법에는 교부에 의한 송달, 우편에 의한 송달 및 공시송달이 있으며 이들 서류의 송달 방법은 특허법 시행령 제18조(서류의 송달 등)에 규정되어 있다. 공시송달의 경우 최초의 공시송달 효력발생 시기는 특허공보에 게재한 날로부터 2주일 경과 후이다.

2. 서류의 열람 등

특허출원, 특허취소신청, 심판 등에 관한 증명, 서류의 등본 또는 초본의 발급, 특허원부 및 서류의 열람 또는 복사가 필요한 자는 특허청장 또는 특허심판원장에게 서류의 열람 등의 허가를 신청할 수 있다(제216조 제1항).

특허청장 또는 특허심판원장은 제1항의 신청이 있더라도 다음 각 호의 어느 하나에 해당하는 서류를 비밀로 유지할 필요가 있다고 인정하는 경우에는 그 서류의 열람 또는 복사를 허가하지 아니할 수 있다. 이에 해당하는 서류는 (ⅰ) 출원공개 또는 설정등록되지 아니한 특허출원(국내우선권 주장을 수반하는 특허출원이 출원공개 또는 설정등록된 경우에는 그 선출원은 제외한다)에 관한 서류, (ⅱ) 출원공개 또는 설정등록되지 아니한 특허출원의 특허거절결정에 대한 심판에 관한 서류, (ⅲ) 공공의 질서 또는 선량한 풍속에 어긋나거나 공중의 위생을 해칠 우려가 있는 서류(제216조 제2항)이다.

3. 특허출원·심사·심판 서류 등의 외부 반출 금지

특허출원·심사·특허취소신청·심판·재심에 관한 서류 또는 특허원부는 다음 각 호의 어느 하나에 해당하는 경우에만 외부로 반출할 수 있다. 이에 해당하는 경우로는 (ⅰ) 선행기술의 조사 등을 위하여 특허출원 또는 심사에 관한 서류를 반출하는 경우, (ⅱ) 특허문서 전자화업무의 위탁을 위하여 특허출원·심사·특허취소신청·심판·재심에 관한 서류 또는 특허원부를 반출하는 경우, (ⅲ) 온라인 원격근무를 위하여 특허출원·심사·특허취소신청·심판·재심에 관한 서류 또는 특허원부를 반출하는 경우(제217조 제1항)이다.

4. 심사·심판 내용의 질의·응답 등의 금지

특허출원·심사·특허취소신청·심판 또는 재심으로 계속 중인 사건의 내용이나 특허여부결정·심결 또는 결정의 내용에 관하여는 감정·증언하거나 질의에 응답할 수 없다(제217조 제2항). 특허출원의 심사·심판은 심사관 또는 심판관의 전문지식과 관련 법규에 따라 독립적으로 수행되기 때문에 특허청 내·외의 어느 누구도 심사 또는 심판에 영향을 미쳐서는 아니 될 뿐만 아니라, 공정성이 담보될 수 있도록 하기 위해서는 외부로부터의 어떤 간섭 또는 압력도 배제시키려는 것이 법의 취지이다.

5. 출원의 취하·포기

(1) 의의 특허출원은 특허거절결정이나 특허결정에 의해서 그 절차가 종료된다. 그러나 특허출원이 특허청 계속 중에 그 출원의 취하 또는 포기의 사유가 발생하면 그 출원절차도 종료된다.[6)]

(2) 출원의 취하 출원의 취하란 절차상의 흠이나 흠결이 있어서 그 미비사항을 보정하여 재출원하고자 할 경우에 출원인의 자발적인 의사에 의하여 출원을 소급적으로 철회하는 것을 말한다.

특허출원이 취하로 간주되는 경우는 (i) 출원심사의 청구를 5년 이내에 하지 아니한 때, (ii) 국제특허출원의 명세서 및 청구범위에 대한 번역문을 국내서면제출기간 내에 제출하지 아니한 경우, (iii) 재외자인 국제특허출원의 출원인이 특허관리인에 의하지 아니하고 국제특허출원의 번역문을 제출한 후 기준일로부터 2개월 이내에 특허관리인 선임신고가 없을 때, (iv) 국내우선권의 기초가 된 선출원이 그 출원일로부터 1년 3개월을 경과한 때 등이다.

(3) 출원의 포기 출원의 포기란 출원인의 의사에 의하여 특허받을 수 있는 권리를 단념하는 법률행위이다. 이는 동일한 발명에 대하여 타인에게도 권리가 발생하는 것을 방지하고자 하는 경우에 행한다.

---

6) 포기(abandonment)와 취하(withdrawal)를 미국 특허법에서는 엄격히 구별하지 않으나, 한국과 일본 특허법에서는 양자의 개념을 구분하여 사용한다. 취하는 신청하였던 사건이나 제출한 서류 따위를 취소하는 것으로 출원의 취하, 심판청구의 취하, 선출원의 취하 등이 있다.

제3장 특허요건

특허법은 소정의 요건을 구비한 발명에 대해서만 특허를 부여한다. 출원인이 특허청에 특허출원한 출원발명[1]이 특허를 받기 위해 필요한 요건들을 특허요건(特許要件)이라 한다. 특허심사란 심사관이 출원발명을 대상으로 특허요건이라는 잣대로 옥석(玉石)을 가리는 행정처분이라 할 수 있다. 특허요건은 크게 주체적 요건, 실체적 요건 및 절차적 요건으로 구분할 수 있다. 출원발명은 이러한 요건들을 모두 충족해야만 특허를 받을 수 있다.

제1절 특허요건의 종류

Ⅰ. 주체적 요건

출원인의 자격 요건으로 특허를 받기 위해서는 권리능력이 있어야 한다. 발명을 한 사람 또는 그 승계인만이 특허를 받을 수 있는 권리를 가진다(제33조 제1항). 특허에 관한 절차를 밟을 수 있는 출원인은 자연인과 법인이다.

Ⅱ. 실체적 요건

발명 자체의 성질이나 특징과 관련된 요건을 말한다. 광의(廣義)의 특허요건은 출원발명이 특허법 제62조의 거절사유에 해당하지 않는 발명으로 인정되는 요건이라 할 수 있나. 협의(狹義)의 특허요건은 특허법 제29조 제1항 및 제2항에서 규정하는 산업상 이용가능성, 신규성 및 진보성과 같은 법제36조 및 제29조 제3항에서 규정하고 있는 선원주의 등을 들 수 있다. 일반적으로 같은 법 제29조 제1항 및 제2항에서 규정하고 있는 산업상 이용가능성, 신규성 및 진보성을 특허요건이라고 부른다. 출원발명은 산업에 이용할 수 있어야 하며(산업상 이용가능성), 출원하기 전에 이미 알려진 기술(선행기술)이 아니어야 하고(신규성), 선행기술과 다른 것이라 하더라도 그

1) 발명의 정의 규정을 충족하는 발명은 등록 전에는 특허를 받을 수 있는 권리에 의해, 등록 후에는 특허권에 의해 보호를 받게 된다. 이와 같은 발명 중 특허출원에서 등록 전까지 발명을 '출원발명'이라 하며, 특허를 받은 발명을 '특허발명'이라 한다.

선행기술로부터 쉽게 생각해 낼 수 없는 것이어야 한다(진보성).

출원발명이 특허를 받기 위해서는 산업상 이용가능성, 신규성 및 진보성을 구비하여야 한다. 대부분의 국가에서 특허요건은 거의 동일하나 제도운용 면에서 차이가 있다. 심사관은 출원발명의 기술내용을 먼저 파악하고 출원일을 기준으로 해서 선행기술을 검색한 후 신규성과 진보성을 순서대로 심사하여야 한다.

Ⅲ. 절차적 요건

절차적 요건은 출원인이 특허에 관한 절차를 밟는 행정절차에서 충족되어야 하는 요건이다. 예를 들면, 특허를 받기 위해서는 특허법에서 정해진 방식에 따라 작성한 특허명세서와 도면을 첨부한 특허출원서를 특허청에 제출해야 한다(제42조 제1항).

이와 같이 특허출원의 절차와 관련된 요건으로 특허법 제42조(특허출원) 및 제45조(하나의 특허출원의 범위)를 절차적 요건이라 할 수 있다.

제2절 특허를 받을 수 있는 권리

Ⅰ. 특허를 받을 수 있는 자

1. 특허를 받을 수 있는 권리

특허등록 이전 단계에서 발명자가 발명이라는 행위를 하는 것에 의해 취득하는 권리성이 있는 것의 총체를 '특허를 받을 수 있는 권리'라 한다. 특허를 받을 수 있는 권리는 출원 전에도 양도성이 있는 권리이다.

특허를 받을 수 있는 권리의 성질에 대해서는 3가지 학설이 대립하고 있다. 출원함으로써 권리화된다는 측면에서는 공권이라고 하는 공권설(公權說), 양도성 있는 재산권이라고 하는 의미에서 사권이라고 하는 사권설(私權說), 양자의 결합으로 보는 절충설 등이다. 어느 입장이나 양도성이 있는 재산권이라고 하는 점에서는 일치하고 있으나, 특허를 받을 수 있는 권리를 일면적으로만 취급하지 않고 국가에 대해 특허부여라는 행정처분을 청구하는 권리는 공권이지만 발명의 완성과 함께 발명자권이라는 사권을 원시적으로 취득하는 것으로 보는 절충설이 다수설이다.

특허법 제33조 제1항은 특허를 받을 수 있는 자로서 발명을 한 자 또는 승계인은 특허를 받을 수 있다는 원칙을 규정하고 있으며, 제2항에서는 2인 이상이 공동으로 발명을 한 때에는 특허받을 권리를 공유하도록 규정하고 있다. 특허를 받을 수 있는 권리를 가지지 아니한 자가 출원하거나 공동으로 발명한 자가 공동으로 출원을 하지 않은 경우 거절이유 및 무효사유가 된다.

2. 발명자

발명자는 발명행위를 한 사람으로, 자연법칙을 이용하여 기술적 사상을 창작한 자를 의미한다. 발명자가 발명을 하면 특허를 받을 권리가 발생한다. 특허를 받을 수 있는 자는 본래 발명자이다. 발명자는 특허를 받을 권리를 가짐과 동시에 그 이름이 특허에 발명자로서 명시될 권리를 갖는다(파리협약 제4조 제3항).

특허를 받을 수 있는 권리는 발명의 완성에서부터 거절결정의 확정 또는 특허권 설정등록 전까지 발명자가 가지는 권리이다. 특허를 받을 수 있는 권리는 발명을 함과 동시에 아무런 조치 없이 원시적으로 발명자에게 귀속된다.

발명은 사실행위로서 미성년자 등과 같이 행위능력이 없는 자도 발명자가 될 수 있으며, 법정대리인을 통하여 절차를 밟기만 하면 특허를 받을 수 있다. 출원인이 착오로 발명자 중 일부의 기재를 누락하거나 잘못 적은 때에는 심사관이 특허여부를 결정하기 전까지 필요에 따라 추가 또는 정정할 수 있다(시행규칙 제28조 제1항).

3. 공동발명자

(1) 판단기준 발명이 공동으로 이루어진 경우 공동발명자 전원이 발명자이다. 특허를 받을 수 있는 권리는 공동발명자 전원에게 있다. 특허를 받을 수 있는 권리가 공유인 경우에는 공유자 모두가 공동으로 특허출원을 하여야 한다(제44조).

공동발명자가 되기 위해서는 발명이 완성되기까지의 과정 중 적어도 일부에 공동발명자 각각이 기술적인 상호 보완을 통하여 발명의 완성에 유익한 공헌을 하여야 하며, 발명의 완성을 위하여 실질적으로 상호 협력하는 관계에 있어야 한다.

공동발명자(또는 발명자)에 해당한다고 하기 위해서는 단순히 발명에 대한 기본적인 과제와 아이디어만을 제공하였거나 연구자를 일반적으로 관리하고 연구자의 지시로 데이터의 정리와 실험만을 한 경우 또는 자금·설비 등을 제공하여 발명의 완성을 후원·위탁하였을 뿐인 정도 등에 그치지 않고, 발명의 기술적 과제를 해결하기 위한 구체적인 착상을 새롭게 제시·부가·보완하거나, 실험 등을 통하여 새로운 착상을 구체화하거나, 발명의 목적 및 효과를 달성하기 위한 구체적인 수단과 방법의 제공 또는 구체적인 조언·지도를 통하여 발명을 가능하게 한 경우 등과 같이 기술적 사상의 창작행위에 실질적으로 기여하기에 이르러야 한다.

(2) 대법원 판례 실험의 과학이라고 하는 화학발명의 경우에는 당해 발명 내용과 기술수준에 따라 차이가 있을 수는 있지만 예측가능성 내지 실현가능성이 현저히 부족하여 실험데이터가 제시된 실험예가 없으면 완성된 발명으로 보기 어려운 경우가 많이 있는데, 그와 같은 경우에는 실제 실험을 통하여 발명을 구체화하고 완성하는데 실질적으로 기여하였는지 관점에서 발명자인지 여부를 결정해야 한다.[2)]

4. 무권리자

발명자가 아닌 자로서 발명자 또는 그 승계인으로부터 특허를 받을 수 있는 권리를 적법하게 승계받지 아니한 자를 '무권리자'라고 한다. 즉, 특허를 받을 수 있는 권리를 정당하게 승계받지 못한 자가 마치 정당한 승계인처럼 주장하는 모인자(冒認者)와 그 모인자로부터 특허를 받을 수 있는 권리를 양도받은 선의의 승계인도 무권리자에 해당한다(제34조 및 제35조).

Ⅱ. 권리의 승계

1. 승계인

특허를 밟는 절차에서 승계인은 권리능력이 있는 자연인 또는 법인이다. 특허출원 전에 있어서 특허를 받을 수 있는 권리를 양도받은 승계인이 제3자에게 대항하기 위해서는 특허출원을 하여야 한다(제38조 제1항). 특허를 받을 수 있는 권리를 출원 전에 양도하는 경우에는 특별한 절차를 필요로 하지 않으나, 특허출원 후의 양도는 포괄승계를 제외하고는 출원인변경신고를 하여야 그 효력이 발생한다(제38조 제4항).

2. 대항요건과 효력발생요건

특허법 제37조는 주로 특허를 받을 수 있는 권리의 사적인 측면을 강조하는 규정이다. 반면에 특허법 제38조 제1항은 출원 전의 특허를 받을 수 있는 권리의 승계에 대하여, 같은 법 제38조 제4항은 공권적 측면에서 출원 후 특허를 받을 수 있는 권리의 승계에 대하여 규정한다. 특허출원 전의 특허를 받을 수 있는 권리는 어떠한 공시수단도 없고 무체재산으로서 점유가 불가능하므로, 출원 전의 특허 받을 수 있는 권리의 대항요건은 특허출원이라 할 수 있다. 특허출원 전에 특허를 받을 수 있

2) 대법원 2011. 7. 28. 선고 2009다75178 판결; 대법원 2012. 12. 27. 선고 2011다67705 판결.

는 권리의 승계에서 가장 문제가 되는 것은 직무발명의 예약승계 문제와 대항력 문제이다. 대항요건은 출원 전에는 특허출원에 의해서, 출원 후에는 특허청장에 대한 신고에 의해서 발생된다. 즉 특허출원 후에 특허를 받을 수 있는 권리의 승계는 상속 기타 일반승계의 경우를 제외하고는 특허출원인 변경신고를 하지 아니하면 그 효력이 발생하지 아니한다(제38조 제4항).

Ⅲ. 권리의 이전

1. 서설

특허를 받을 수 있는 권리는 재산권이므로 양도성이 있다. 따라서 특허를 받을 수 있는 권리는 이전할 수 있다(제37조 제1항). 특허를 받을 수 있는 권리는 다른 재산권과 같이 당사자 간의 의사표시에 의해 이전된다. 즉 특허출원 전의 권리의 이진은 당사자 간의 합의에 의해서만 이전의 효과가 발생된다. 특허출원 후의 권리의 이전은 특허청에 특허출원인변경신고가 효력발생요건이다(제38조 제4항).

특허를 받을 수 있는 권리는 질권의 목적으로 할 수 없다(제37조 제2항). 담보물권에는 법정담보물권과 약정담보물권이 있다. 전자는 유치권, 후자에는 저당권, 질권 등이 있다. 이 중 특허를 받을 수 있는 권리에 대하여 담보물권이 성립할 수 있는지 여부는 질권과 관련된다. 특허를 받을 수 있는 권리의 이전성은 인정하면서 질권의 설정을 금지하는 이유는 특허를 받을 수 있는 권리는 확정적인 것이 아니므로 제3자에게 불측의 손해를 줄 우려가 있다는 점, 자본가에게 헐값에 넘어갈 수 있다는 점, 경매 등에 의해 권리가 공개될 경우 권리 자체가 훼손될 염려가 있다는 점 등으로 질권의 목적으로 할 수 없도록 하고 있다. 특허받을 수 있는 권리에 관하여 저당권 설정은 있을 수 없다. 법에서 특허받을 수 있는 권리는 양도담보의 설정을 인정하고 있지 않지만 등록된 특허권에 대해서는 담보권의 실징이 가능하다. 특허받을 수 있는 권리에 대한 강제집행은 불가능하다.

2. 지분의 이전

특허를 받을 수 있는 권리는 발명의 완성과 동시에 발명자에게 원시적으로 귀속되지만, 이는 재산권으로 양도성을 가지므로 계약 또는 상속 등을 통하여 전부 또는 일부 지분을 이전할 수 있다(제37조 제1항). 특허를 받을 수 있는 권리를 이전하기로 하는 계약에 따라 특허등록을 공동출원한 경우에는 출원인이 발명자가 아니라도 등

록된 특허권의 공유지분을 가진다.[3)]

제3절 특허를 받을 수 없는 발명

Ⅰ. 서설

우리나라 특허법에서는 유럽 특허법 제52조처럼 특허를 받을 수 있는 대상(patentable inventions)을 적극적으로 규정하고 있지 않다. 공공의 질서 또는 선량한 풍속을 문란하게 하거나 공중의 위생을 해칠 우려가 있는 발명에 대하여는 특허를 받을 수 없다(제32조)는 형태로 불특허사유를 소극적으로 규정하고 있으므로 이를 소극적 특허요건이라고 한다. 따라서 특허법 제32조에 해당하는 발명은 거절이유가 될 뿐만 아니라 특허를 받은 경우 무효사유가 된다.

Ⅱ. 공서양속에 어긋나는 발명

공공의 질서 또는 선량한 풍속에 어긋나는 발명은 특허를 받을 수 없다. 공공의 질서는 국가사회의 일반적 이익을 의미하고, 선량한 풍속은 사회의 일반적·도덕적 관념을 가리킨다. 이 경우 출원발명이 본래 공서양속을 해칠 목적을 가진 경우는 물론 출원발명의 공개 또는 사용이 공서양속에 반하는 경우에도 적용한다. 최근 줄기세포 추출과정에서 인간배아를 파괴하는 것이 공서양속의 위반인지 여부가 논란이 되고 있다.[4)]

Ⅲ. 공중위생을 해칠 우려가 있는 발명

공중의 위생을 해칠 우려가 있는 발명은 특허를 받을 수 없다. 이는 공서양속을 해칠 우려가 있는 발명의 경우와 취지가 동일하다. 출원발명이 제조방법인 경우 그 방법 자체가 공중위생을 해칠 우려가 있는지 여부를 판단하여야 할 뿐만 아니라 그 제조방법의 목적생성물이 공중의 위생을 해칠 우려가 있는지에 대해서도 판단하여야 한다.

---

3) 대법원 2015. 7. 23. 선고 2013다77591, 77607 판결.

4) EPO DG3 확대항고심판부 2008.11.25. G 2/06(OJ EPO 2009.306) 심결: 출원서(발명의 명칭: stem cell)에 기재된 바와 같이 청구된 물건의 발명을 추출하기 위하여서는 출원시점의 기술수준이 필연적으로 인간배아를 파괴할 수밖에 없다면 비록 그 추출방법이 청구항에 포함되어 있지 않더라도 청구된 물건과 관련된 청구항은 공서양속과 공중위생을 위배하여 특허를 받을 수 없다.

제4절 발명의 종류

Ⅰ. 발명의 특성에 따른 분류

1. 결합발명

발명이 복수 개의 공지기술의 결합으로 완성되는 경우 각 공지기술의 결합으로 특별한 효과가 있도록 유기적으로 상호 결합된 발명을 결합발명(combination invention)이라 한다. 예를 들면, 기술적 구성요소 A와 B가 상호 작용할 수 있도록 결합된 발명이 결합발명이다. 그러나 기술적 구성요소 A와 B가 상호 작용을 하지 않고 단순히 붙어만 있는 발명은 주합(aggregation) 또는 비결합발명이라고 한다.

예를 들면, 지우개를 연필에 붙인 필기구가 발명되었다고 가정하자. 종래에는 연필(A)과 고무지우개(B)가 각각 별개의 독립된 물품으로서 존재하였고, 연필과 지우개를 물리적으로 결합시켜도 연필과 지우개의 각 고유 기능은 변하지 않는다.

지우개 달린 연필과 관련하여 미국 특허청 항고심판소의 심결은 "연필과 고무지우개를 결부시킨 물품은 편리한 것이기는 하나 양자 모두 각각의 기능을 하고 있을 뿐이다. 연필로 쓸 때는 연필만의 작용을 하며 끝에 고무가 붙어 있지 않은 다른 연필과 동일하다. 또한 지우개로 글자를 지울 경우에는 지우개만의 사용을 하고 끝에 연필이 없는 다른 지우개와 마찬가지다. 당연히 2개의 물건을 결합시킨 것은 편리하고 분실할 염려도 적다는 것이 확실하다. 그러나 그것만으로는 특허성이 생기지 않는다. 연필과 지우개는 공동의 기능을 갖지 않기 때문이다."라고 판단하고 이 특허는 단순한 주합이라는 이유로 무효라고 심결하였다.[5]

2. 공동발명

단독발명은 한 명의 발명자가 발명을 하는 것이고, 공동발명은 여러 명의 발명자가 참여하여 공동으로 창작한 발명이다. 오늘날 첨단기술의 발달로 기술이 점점 고도화되고, 복합되어 가므로 개인의 능력으로 발명할 수 있는 대상에는 한계가 있을 수밖에 없다. 유용한 발명이 탄생하기 위해서는 기계, 전기, 물리, 화학 등 각종 기술을 융합하여 연구하는 것이 보통이다. 2명 이상이 공동으로 발명한 경우에는 특

5) 미국 발명가 Heiman이 '지우개에 연필을 붙인 필기구'를 발명하고 미국특허청에 출원하였다. 특허청 심사국에서는 상업적 성공이라는 2차 요인으로 진보성을 인정하고 특허를 허여하였다. 그러나 항고심판소 심결에서 "본 특허는 주합이므로 진보성을 인정할 수 없어서 무효로 한다."고 심결하였다(Reckindorfer v. Faber, 92 USPQ 347,1875).

허를 받을 수 있는 권리를 공유한다(제33조 제2항). 따라서 특허를 받을 수 있는 권리가 공유인 경우에는 공유자 모두가 공동으로 특허출원하여야 한다(제44조).

이를 위반하여 출원된 것은 거절이유 및 무효사유로 되어 특허를 받을 수 없다. 또한 발명자가 특허를 받을 수 있는 권리의 일부를 양도한 경우에도 공유관계가 발생한다. 공유자는 그 지분을 처분할 수 있고 공유물 전부를 지분의 비율로 사용, 수익할 수 있다(민법 제263조). 특허법상의 특허를 받을 수 있는 권리의 공유는 민법상의 공유와 달리 각 공유자가 자기의 지분을 자유로이 처분할 수 없고(제37조 제3항), 그 지분에 대해 강제집행도 할 수 없다.

3. 용도발명

용도발명(use invention)이란 주로 화학물질과 관련하여 어느 특정 물질 또는 화합물에 대해서 특정용도를 발견한 경우이다. 용도발명은 특정 물건의 방법이나 생산방법의 발명과 같이 발명의 일종으로 특허대상이 될 수 있다. 살충제로 널리 알려진 DDT가 특허를 받은 대표적인 용도발명이다. 1875년에 DDT를 염료로 사용하기 위해서 합성하였고, 1938년에 DDT가 살충제로 그 용도가 알려지게 되었다.

공지의 물질인 DDT에 살충효과 속성을 이용하여 'DDT를 유효성분으로 하는 살충제' 또는 'DDT를 벌레에 뿌려서 살충하는 방법'으로 특허출원을 하여 용도발명으로 특허를 받을 수 있다. 의약의 용도발명에 있어서는 특정 물질이 가지고 있는 의약의 용도가 발명의 구성요건에 해당하므로, 청구범위에는 특정 물질의 의약용도에 대하여 대상 질병 또는 약효를 명확히 기재하여야 한다.

【의약용도발명에서 특허출원 명세서의 기재 정도】

<대법원 2015. 4. 23. 선고 2013후730, 2015후727 판결>

의약용도발명에서는 특정 물질과 그것이 가지고 있는 의약용도가 발명을 구성하는 것이고, 약리기전은 특정 물질에 불가분적으로 내재된 속성으로서 특정 물질과 의약용도와의 결합을 도출해내는 계기에 불과하다. 약리효과의 기재가 요구되는 의약의 용도발명에서 출원 전에 명세서 기재의 약리효과를 나타내는 약리기전이 명확히 밝혀진 경우와 같은 특별한 사정이 없다면 특정 물질에 그와 같은 약리효과가 있다는 것을 약리데이터 등이 나타난 시험 례로 기재하거나 또는 이에 대신할 수 있을 정도로 구체적으로 기재하여야만 명세서의 기재요건을 충족하였다고 볼 수 있다.

4. 이용발명

이용발명(utilization invention)은 기초발명의 구성 전체를 변경하지 않고 그대로 이용하여 다른 구성을 추가하여 완성하는 형태의 발명이다. 예를 들면, 기초발명이 새로운 개념의 반도체인 '10 Giga DRAM 반도체 발명'이고, 제3자가 그 반도체 발명을 컴퓨터 기억장치에 이용하였다면, 이는 10 Giga DRAM의 이용발명이라 할 수 있다. 잭 세인트 클레어 킬비(Jack St. Clair Kilby, 1923~ 2005)는 미국의 전자공학자로, 텍사스 인스트루먼트사(TI)에 근무하면서 반도체 공정을 이용하여 집적회로를 발명하고 1959년에 미국 특허를 받았다(특허번호 제3,138,743호, 발명의 명칭: Miniaturized Electronic Circuits). 킬비 박사의 집적회로 발명 덕분에 현대과학의 핵심인 마이크로일렉트로닉스(Microelectronics)가 발달할 수 있는 계기가 마련되었고, 이러한 기술로 인하여 컴퓨터는 물론 자동차, 우주탐사선, 대륙간탄도탄(ICBM) 등을 제어하고 자료를 처리할 수 있게 되었다.

종래기술에서는 주로 전기소자가 진공관으로 되어 있어서 오늘날 스마트폰에 들어가는 메모리칩 정도의 기능을 발휘하기 위해서는 학교 건물크기의 컴퓨터와 전기소자들을 결합해야 하므로 우주탐사선이나 대륙간탄도탄을 만들 수 없었다. 따라서 손톱 크기의 작은 크기의 반도체를 만들어야만 첨단기술을 구현할 수 있었다.

킬비 박사는 반도체 공정을 이용해서 전기소자들을 게르마늄, 실리콘 등 반도체 물질 위에 증착하여 집적시키는 기술을 발명한 것이다. 킬비 박사의 반도체 기초발명을 이용한 반도체 발명은 이용발명이라 할 수 있다. 킬비 박사는 고속 트랜지스터와 레이저 다이오드, 집적회로(IC) 등 40여 건의 특허를 발명하였다. 그는 정보기술(IT)의 토대를 마련한 공로로 러시아의 알표로프(Zhores I. Alferov)와 함께 2000년도 노벨 물리학상을 공동 수상하였다.

5. 개량발명

기초발명의 구성요소 전체 또는 일부를 변경하여 다른 구성으로 완성하거나 다른 효과를 발생시키는 발명으로 완성한 경우 이를 개량발명(improvement invention)이라 한다. 일반적으로 선출원된 기초발명을 사용하여 기초발명보다 성능을 더욱 좋게 개량하는 형태의 발명이다. 헝가리의 작기이자 예술가인 라즐로 비로는 만년필 펜촉을 개량하여 펜의 촉끝에 작은 금속 공(볼 베어링)을 넣어 굴러가게 하여 볼펜을 발명하였다. 비로의 볼펜은 끈끈한 잉크에 젖은 볼이 종이 위를 굴러가면서 자국을 남기는 방식이었다. 라즐로 형인 죄르지 비로가 설계를 도와 1938년에 비로 형제는 볼펜에 대한 특허를 받았다. 사실 비로보다 먼저 볼펜의 원리를 생각했던 사람은 미국의 발명가 존 로드였다. 그는 1888년 스프링과 볼 베어링을 결합하여 볼펜을 설계하여 특허를 받았으나, 실제로 작동하는 데는 실패하였다. 비로는 로드의 아이디어를 알지 못했고, 종래 만년필 펜촉의 문제점을 개량하여 발명한 것이다.

기초발명과 개량발명은 모두 특허를 받을 수 있고, 특허권이 형성된 후에도 양 권리는 서로 독립적인 권리로 존재한다. 그러나 개량발명이 기초발명의 일부를 실시하는 경우 타인의 기초발명의 권리가 존속하는 기간 동안에는 기초발명의 권리자로부터 정식으로 실시허락을 받아야 한다(제98조).

【제이콥 데이비스의 청바지 특허】

오늘날 전 세계 젊은이들이 즐겨 입는 청바지는 실패를 딛고 일어선 대표적인 발명품으로 손꼽힌다. 1930년대 초 샌프란시스코에서는 많은 황금이 나왔다. 그러자 황금을 캐려고 몰려드는 사람들로 서부는 초만원을 이루었고, 전 지역이 천막촌으로 변해갔다. 1840년 독일 출신 재단사, 리바이 스트라우스(Levi Strauss, 1829~1902)는 돈을 벌려고 미국으로 이민을 갔다. 스트라우스는 샌프란시스코에 도매점을 열고 옷, 이불, 리본, 천 등을 팔았다. 그 당시 일꾼들은 대부분 데님(denim)천으로 만든 질긴 멜빵바지를 입었다. 스트라우스 가게에서도 데님을 팔았다. 군납알선업자가 대형 천막 10만여 개의 천막 천을 납품하도록 주선하겠다고 제의했다. 스트라우스는 3개월간 주문량을 만들어냈으나, 군납의 길이 막혀 고민을 하게 되었다. 홧김에 술집에 들른 그는 광부들이 모여 앉아 해진 바지를 꿰매는 것을 보고 천막 천으로 바지를 만들면 잘 닳지 않을 것을 생각하여 '청바지'를 착안하였다. 스트라우스는 1872년 어느 날, 흥미로운 편지를 한 통 받았다. 편지를 보낸 사람은 스트라우스의 고객이자 재단사인 제이콥 데이비스(Jacob W. Davis)였다. 그는 스트라우스에게 작업복 공장을 세우자고 제의하였다. 스트라우스와 데이비스는 사업을 같이하기로 하고 1873년 두 군데에 청바지 공장을 세웠다. 그들이 만든 청바지는 잘 팔려나가면서 대성공을 거두었다. 1873년 5월 20일 제이콥 데이비스는 청바지 미국 특허를 받았다(특허번호 제139121호, 발명의 명칭은 의복 포켓을 단단히 고정하는 개량(Improvement in Fastening Pocket-Opening). 이 특허기술의 요지는 청바지의 허릿단 옆선과 이음새를 고정하는 구리 리벳이다. 발명가 데이비스는 광부들이 청바지를 주로 입었는데 연장과 광물을 넣는 주머니가 쉽게 찢어지는 것을 보고 이 문제를 해결하기 위해서 '구리 리벳'을 착안한 것이다. 리바이 스트라우스 & 코퍼레이션(Levi Strauss & Co.)은 1853년 스트라우스가 창립한 의류 제조회사이고, 청바지의 등록상표는 '리바이스(Levis)'이다. 1853년 미국 캘리포니아주 샌프란시스코에서 청바지가 처음 출시된 이후 1880년대가 되자 미국 서부 사람들은 모두 리바이스 회사가 만든 청바지를 입게 되었다. 1950

년대에는 미국 전역에 청바지가 팔렸고, 곧 전 세계로 팔려 나갔다. 1955년 영화배우 제임스 딘(James Dean)이 영화 <이유 없는 반항>(Rebel without a Cause)에서 청바지를 입고 나왔다. 젊은이들이 열광했고, 청바지는 반항과 저항을 상징하는 옷이 되었다. 1960년대 히피들은 기성세대에 대항하는 의미로 청바지를 찢어 입기 시작했다. 우리나라에서도 1970년대 미국의 팝(POP)문화 상륙과 함께 청바지가 크게 유행하여 통기타와 함께 젊음의 상징이 되었다.

6. 선택발명

출원발명은 하위개념의 구체적인 발명이지만 그 발명의 상위개념의 발명은 선행기술에 의하여 공지로 되는 경우가 있다. 선택발명(selection invention)이란 상위개념으로 구성되어 있는 선행발명에 대해 그 상위개념에 포함되는 하위개념이며, 선행발명의 명세서 등에 구체적으로 제시되어 있지 않는 것을 구성요소로 선택하여 이를 결합함으로써 선행발명에서는 예측할 수 없었던 특별한 효과를 발생시키는 발명을 말한다. 선택발명은 화학분야의 발명에서 주로 나타난다. 예를 들면, 출원발명은 특정 화합물에 관한 것인데, 선택발명의 선행기술이 그 화합물을 포함하는 상위개념의 화합물 그룹인 경우이다.

Ⅱ. 발명의 내용에 따른 분류

1. 물건의 발명

물건의 발명은 청구항에 기재된 발명의 내용이 구성요소들 간의 공간적인 결합으로 이루어지는 발명을 의미한다. 물건과 관련되는 발명은 다음과 같이 구분할 수 있다. 물건의 발명(물건을 생산하는 기계·기구·장치 등의 발명), 물질발명(화학물질·조성물 등) 및 용도발명(그 물건의 특정한 성질을 이용하는 발명)이다.

2. 방법의 발명

방법의 발명은 일반 방법발명과 물건을 생산하는 방법의 발명으로 구분한다. 일반 방법에 관한 발명이 반드시 시계열적인 행위나 현상을 요하지 않는 경우도 있고, 방법을 실현하는 각 단계가 구성요소인 경우가 있다. 그러나 물건을 생산하는 방법의 발명은 초기물질, 반응수단 및 최종물질의 요소로 이루어진다. 화학물질은 화학적 방법 또는 원자핵 변환의 방법에 의하여 제조되는 물질발명 등 매우 광범위하다.

3. 물질발명

물질발명은 좁은 의미로는 화학적인 방법에 의하여 제조될 수 있는 새로운 물질의 발명을 의미하므로 일반적인 유형의 대상물로서 구성의 결합에 특징을 두는 물건발명과 명백히 구분이 된다. 넓은 의미에서 음식물과 기호물도 물질특허 범주에 포함시킬 수 있으므로 화학물질·의약·음식물·기호물을 물질발명으로 구분한다.

독일·프랑스의 경우 1960년대 후반에 물질특허를 인정하였고, 우리나라는 1986년 개정법에서 물질발명을 특허대상으로 인정하였다. 예를 들면, 남성 발기에 탁월한 효과가 있는 것으로 밝혀진 발기부전 치료제인 비아그라(Viagra)는 우연히 발명된 물질발명이다. 1980년 UCLA 이그나로 교수는 다이너마이트에 쓰이는 니트로글리세린이 혈압을 낮추는 원리를 발견했다. 오늘날 심장 통증을 치료하는 물질로 쓰이는 니트로글리세린은 심혈관에서 산화질소(NO)로 변화돼 통증을 치료한다.

그는 1990년에는 산화질소가 성기능 조절에 영향을 미친다는 사실도 밝혀냈다. 세계적 제약회사인 미국 화이자는 루이스 이그나로의 심혈관 치료 연구 결과를 기반으로 치료제를 개발하였다. 원래 화이자는 비아그라를 협심증 치료제로 개발했으나 임상시험 과정에서 남성의 발기부전에 탁월한 효과가 있는 것으로 우연히 밝혀져 발기부전 치료제로 상품화하였다. 1998년 개발된 '비아그라(Viagra)'는 남성 발기부전 치료제인 구연산 실데나필 시트레이트(sidenafil citrate)의 상표명이다.

비아그라가 발기를 돕는 원리는 비아그라의 원료인 실데나필이 남성이 성적으로 흥분할 때 생성되는 '사이클릭 GMP'라는 화학물질의 분비를 돕는 동시에 발기저해 물질인 PDE 5(포스포디에스테라아제)를 분해하기 때문이다.

4. 생명공학발명

1950년대에 생명체의 기본물질인 DNA의 구조가 밝혀진 이후 생화학, 분자생물학 등의 발전으로 유전공학이라는 신기술이 발전하였다. 1980년 미국 연방대법원의 Diamond v. Chakrabarty 판결[6]에서 최초로 유전자 조작에 의해 제조된 미생물이 특허법상 보호대상으로 인정된 이후 전 세계적으로 특허대상이 미생물과 유전자에 관한 생명공학과 컴퓨터 프로그램 등으로 확대되었다.

미생물학자 아난다 차크라바티(Chakrabarty) 박사는 1971년에 미국특허청에 유전자 조작 미생물에 대한 특허를 출원하였다. 이 미생물은 원유를 분해할 수 있는 유전자를 박테리아에 도입함으로써 바다의 오염물질을 제거할 수 있어서 유용한 발명이

6) Diamond v. Chakrabarty 447 U. S. 303(1980): 미국 특허 제3,923,603호.

었으나, 미국특허청은 미생물은 특허대상이 아니라는 이유로 거절하였다.

미국 연방대법원은 “태양 아래 인간이 만든 모든 것은 특허대상에 포함된다.”고 판시하였다. 이후 유전자 조작에 의해 암을 쉽게 발생시키는 종양 마우스에도 특허를 허여하고, 미생물, 세포 및 부분적 유전자 시퀀스 등 다른 생명공학 관련 발명에도 특허가 허여되었다. 유럽 등 선진국에서는 미생물이 생명체라는 이유로 특허대상에서 제외되었다가 보호대상으로 인정되었으며, 우리나라 특허법에서도 미생물 특허를 인정하고 있다. 미생물 관련 발명은 미생물 자체의 발명과 미생물을 이용한 발명을 통칭하는 개념이다. 미생물 관련 발명이 특허를 받기 위해서는 미생물을 기탁하고 분양하는 특별한 절차를 밟아야 한다(시행령 제2조 내지 제4조).

5. 식물발명

식물발명은 새로운 변종을 번식시키는 변종식물의 창작에 관한 발명이다. 우리나라의 식물특허제도는 구 특허법 제31조에 의해서 무성적(無性的)으로 반복하여 생식할 수 있는 변종식물만을 그 보호대상으로 하였다. 과학기술의 발전으로 유성번식식물이라 하더라도 무성적으로 대량증식이 가능하게 되었다. 1980년의 미국 대법원의 차크라바티 판결의 영향을 받아 한국·영국·독일·일본 등에서 유성·무성식물발명을 모두 특허를 인정해야 한다는 필요성이 대두되었다.

우리나라는 2006년 개정법에서 구 특허법 제31조를 삭제함으로써, 유성·무성번식식물 여부에 관계없이 변종식물에 해당한다면 식물특허를 받을 수 있게 되었다. 한편, 우리나라는 국제식물신품종보호에 관한 조약(UPOV)에 2002년 1월 7일 가입하였다. 현재 식물신품종은 「식물신품종보호법」으로 보호하고 있다.

6. 동물발명

동물발명이란 동물 그 자체, 동물의 일부분 또는 이러한 것을 만드는 방법 및 이를 이용한 것에 관한 발명을 말한다. 동물특허는 영국 로슬린 연구소의 복제양 돌리 탄생을 계기로 세계적인 이슈로 부각되었다.[7] 동물특허의 인정 여부는 국가별로 차이가 있다. 동물의 유전자 조작에 의한 발명은 동물의 반복생산 가능성과 인류에게

7) 돌리양은 세계 최초의 포유동물 복제로 태어난 새끼양으로 다 자란 양의 체세포를 복제해서 태어났다. 1996년 영국의 이언 윌머트 박사 등이 6년생 암양의 DNA 유전자를 다른 양의 난자와 결합, 암수 성교나 수컷의 정액 없이 미수정란 핵을 체세포 핵으로 바꾸고 이 세포핵을 갖게 된 수정란을 또 다른 암양 자궁에 이식하자 첫 번째 양과 유전자가 똑같은 새끼가 태어났다. 사상 처음으로 성장한 포유동물의 복제가 성공한 것이다.

줄 수 있는 발명의 유용성 등을 고려하여 특허허여 여부를 결정한다.

우리나라 특허청을 비롯한 미국, 일본, 유럽 특허청은 동물특허를 인정하고 있다. 그러나 동물특허에 대해서는 윤리적, 도덕적 측면에서 많은 비판이 있다. 포유동물에 대한 세계 최초의 특허는 1988년 미국에서 인공쥐(일명 하버드마우스)에 대하여 특허를 부여한 바 있다.[8] 일본에서는 1989년 암돼지에 대하여 특허가 부여되었고, 그 후 유전성 백내장 쥐에 관한 특허도 부여되었다. 우리나라에서는 서울대 서정선 교수가 국내 최초로 당뇨병 발생 유전자 이식 마우스에 대하여 특허를 받았다(등록번호 제268,714호, 등록일: 2000. 7. 14.).

7. 컴퓨터 관련 발명

현대의 컴퓨터들은 하나 또는 2 이상의 처리장치, 그래픽과 입출력장치, CPU, 메모리칩, 저장장치, 그리고 다른 지원 시스템 등 여러 유형의 요소들로 구성된다. 컴퓨터가 외부의 장치와 결합되어 새로운 아이디어를 실현하는 컴퓨터·소프트웨어를 필요로 하는 발명(이하 "컴퓨터 관련 발명"이라 한다)의 출원이 증가하였다.

특허청에서는 「컴퓨터 관련 발명 심사기준」을 마련하고 하드웨어와 소프트웨어로 구성된 컴퓨터 관련 발명을 일반발명과 구별하여 컴퓨터 관련 발명을 보호하고 있다. 컴퓨터 관련 발명에 대한 심사기준을 좀 더 명확하게 하기 위해서 2005년에 심사기준을 개정하였다.[9] 오늘날 인터넷의 등장으로 전자상거래 방식이 보편화되고 사업수단으로 등장하면서 정보시스템(컴퓨터, 인터넷, 통신기술)이 영업방법과 결합된 형태의 전자상거래 관련 특허출원이 증가하고 있어서 특허청은 2014년 7월에 개정된 컴퓨터 관련 발명 심사기준을 발표하였다.[10] 이 심사기준은 컴퓨터 관련 발명에 관한 출원을 심사할 때 특유의 판단 및 취급이 필요한 사항에 대한 가이드라인을 제시하고 있다.

---

8) 미국 특허 제4,736,866호: Transgenic non-human mammals(특허일: 1988. 4. 12.).

9) 2005년에 개정된 컴퓨터 관련 발명 심사기준의 특징은 특허요건과 명세서 기재요건을 명확하게 설명하고, 발명의 성립성·진보성·청구범위 기재요건을 구체적으로 설명하고 있다. 특히 컴퓨터 관련 발명으로 인정되는 경우는 '소프트웨어에 의한 정보처리가 하드웨어를 이용하여 구체적으로 실현되고 있는 경우, 해당 소프트웨어와 협동해 동작하는 정보처리장치'인 경우이다.

10) 이 심사기준에서 사용되고 있는 용어의 설명으로 소프트웨어는 컴퓨터에서 하드웨어를 움직이는 기술을 의미하고, 하드웨어는 컴퓨터를 구성하는 유형의 장치나 기기(예: CPU, 메모리, 입력 장치, 출력 장치, 주변 장치 등)를 의미한다. 단계란 소정의 목적을 달성하기 위해 시계열적으로 연결된 일련의 처리 또는 조작을 나타내고, 프로그램은 컴퓨터로 처리하기에 적합한 명령의 집합으로 정의한다.

8. 비즈니스 모델 발명

디지털 기술과 관련되는 소프트웨어 기술의 발달로 비즈니스 모델 발명(Business Model Invention, BM발명)이 새로운 지식재산권으로 등장하였다. BM발명은 컴퓨터와 인터넷을 이용하여 사업을 하는 방법이나 시스템과 관련된 발명으로, 그 실시를 위하여 영업방법에 대한 아이디어를 소프트웨어 또는 하드웨어에 의하여 실현하는 논리단계가 결합된 발명이다. 일반적으로 BM발명이란 정보기술을 이용해 실현한 새로운 비즈니스 시스템이나 비즈니스 방법에 관한 발명으로 이러한 BM발명에 해당하려면 컴퓨터상에서 소프트웨어에 의한 정보 처리가 하드웨어를 이용해 구체적으로 실현되고 있어야 한다. BM특허의 권리행사 단계에서 쟁점은 BM특허가 특허법 제2조 제1호에서 정의하는 자연법칙을 이용한 발명인지 여부의 판단이라 할 수 있다.

【비지니스 모델 발명의 성립요건】

<대법원 2008. 12. 24. 선고 2007후265 판결>

특허법 제2조 제1호는 자연법칙을 이용한 기술적 사상의 창작으로서 고도한 것을 발명으로 정의하고 있으므로, 출원발명이 자연법칙을 이용한 것이 아닌 때에는 같은 법 제29조 제1항 본문의 산업상 이용할 수 있는 발명의 요건을 충족하지 못함을 이유로 그 특허출원을 거절하여야 한다. 특히 정보기술을 이용하여 영업방법을 구현하는 이른바 영업방법(business method) 발명에 해당하기 위해서는 컴퓨터상에서 소프트웨어에 의한 정보 처리가 하드웨어를 이용하여 구체적으로 실현되고 있어야 한다. 한편, 출원발명이 자연법칙을 이용한 것인지 여부는 청구항 전체로서 판단하여야 한다. 청구항에 기재된 발명의 일부에 자연법칙을 이용하고 있는 부분이 있더라도 청구항 전체로서 자연법칙을 이용하고 있지 않다고 판단될 때에는 특허법상의 발명에 해당하지 않는다.

1998년 미국 연방순회항소법원(CAFC)의 SSB 판결[11] 이전에 영업방법은 특허로 보호받는 대상이 아니었다. 영업방법은 추상적 아이디어에 불과하거나 영업적 수완으로 다루어졌기 때문에 그 아이디어를 가진 자에게 독점적 지위를 향유하게 하는 것은 바람직하지 못하였다. 영업방법(business method)발명(BM발명)과 관련이 있는 SSB 판결에 의하면 비즈니스 방법이라도 유용하고, 구체적이고 유형의 결과를 산출할 수 있는 것이면 특허대상이 될 수 있다고 판시하였다.

11) State Street Bank & Trust Co. v. Signature Financial Group, Inc. 149 F. 3d 1368(Fed. Cir. 1998): 이 판결에서는 영업방법에 관한 발명 또는 유용한 목적에 응용할 목적인 수학적 알고리즘에 관한 발명이 특허대상에 포함되는 것으로 해석하고 있다.

이 판결 이후 BM발명에 특허가 부여되게 되면서, 세계 각국에서 이를 발명의 보호대상으로 인정하는 사례가 증가하였다. 최근 미국 연방대법원의 판결 경향은 프로그램과 관련한 여러 소송에서 특허적격을 인정하지 않는 판결이 내려지고 있다.

2010년 6월 28일 연방대법원은 Bilski 판결[12)]에서 Bilski가 청구한 상품 거래 분야의 가격 변동 위험을 방지하는 위험회피방법(risk hedging method)에 관한 발명은 추상적인 아이디어로 특허를 받을 수 있는 혁신의 유형(type of innovation)이 아니라고 판단하였다. 또한 CAFC 전원합의체 판결에서 제시한 MoT 테스트(Machine - or - Transformation test)는 방법발명의 특허적격성을 결정하는 유용하고 중요한 단서나 조사방법이 될 수는 있으나, 제100조의 특허적격 대상물에 해당하는지 여부를 결정하는 유일한 테스트는 아니라고 판결하였다.

연방대법원은 2014년 6월 19일 내린 Alice v. CLS Bank 판결[13)]에서 만장일치로 추상적인 아이디어로 간주되는 소프트웨어의 특허를 무효로 한다는 판결을 내렸다.

연방대법원은 소프트웨어 발명에서 추상적 아이디어가 범용 컴퓨터에 의해 단순 실행되는 것 이상의 부가적 구성이 없으면 특허법 제101조의 특허대상이 아니라고 판결하였다. 이 판결에서 자연법칙, 자연현상, 추상적 아이디어를 포함한 발명의 특허적격성을 판단하기 위하여 Mayo 판결[14)]에서 제시된 2단계 검증법의 일부를 수정하고 새로운 2단계 검증법[15)]을 제시하였다.

또한 연방대법원은 청구항들이 매개적 지급의 추상적인 아이디어이며, 일반적인 컴퓨터 구현을 단순하게 요구하는 것은 추상적 아이디어를 특허받을 수 있는 발명으로 바꾼 것이라고 볼 수 없다고 판단하고, 자연법칙, 자연현상, 추상적 아이디어는 미국특허법 제101조의 특허대상이 될 수 없다고 판시하였다. 대법원 Moore 판사는 추상적인 아이디어를 너무 넓게 보면 비즈니스 모델, 재정 시스템 그리고 소프트웨어와 같은 특허들이 모두 사장될 수 있다는 의견을 제시하였다. 또한 Moore 판사는 Lourie 판사에 의해 진행된 독창성 테스트가 청구항을 전체적으로 판단하기에는 어려움이 있다고 지적하였다. 이와 같은 맥락에서, Lynn 판사는 의회에게 프로그램과 같은 경우의 특허적격을 판단할 때 다음 두 가지 방법을 제안하였다. 그 하나는 프로그램과 같은

12) Bilski v. Kappos 561 U. S. 593(2010).

13) Alice Corp. PTY. LTD. v. CLS Bank Intern. 134 S.Ct. 2347(2014).

14) Mayo v. Prometheus 566 U. S.(2012)

15) 1 단계: 청구항 발명이 자연법칙, 자연현상, 혹은 추상적 아이디어에 관한 것인가?
2 단계: 만약 청구항 발명이 추상적 아이디어에 관한 것일 경우, 청구항 발명의 어느 요소 또는 어느 요소들의 결합이 그 청구항의 추상적 아이디어 자체보다 그 이상으로 현저하게 많은 것에 도달하도록 충분히 보장할 수 있는가?

특허들의 보호기간을 제한하는 것이고, 다른 하나는 기능적 청구항을 요구함으로써, 프로그램특허의 보호범위를 제한하는 것이었다.[16)]

Alice 판결은 미국특허상표청의 심사기준뿐만 아니라 법원들의 결정에 상당한 영향력을 미치고 있다. 이 판결은 영업방법발명(BM발명)의 성립성에 대하여 미국뿐만 아니라 우리나라의 특허정책과 산업계의 실무에 영향을 미칠 수 있어서 그 중요성이 부각되고 있다.

제5절 발명의 성립성

Ⅰ. 발명의 정의

발명(發明)의 성립성이란 출원발명이 특허법상 특허대상으로 인정받기 위한 요건을 말한다. 즉 발명의 성립성 요건은 출원발명이 특허법에서 규정하는 발명의 정의를 만족하는지 여부를 판단하는 것이다. 발명이란 자연법칙을 이용한 기술적 사상의 창작으로 고도한 것을 말한다(제2조 제1호). 발명의 성립성이 인정되기 위해서는 출원발명이 (ⅰ) 자연법칙을 이용할 것, (ii) 기술적 사상의 창작일 것, (iii) 고도할 것 등 세 가지 요건을 모두 충족해야 한다.

독일 베를린대학의 교수이며 특허법 학자인 코울러[17)]는 "발명이란 자연력을 이용하여 자연을 극복하고 일정한 효과를 유도해내서 인간의 수요에 도움이 되는 것에 대한 사상의 창작표현이다."라고 정의한 바 있다. 특허법 제2조 제1호의 발명의 정의는 코울러의 학설을 그대로 답습한 것이다. 특허권은 발명에 대하여 부여하고 실용신안권은 고안(考案)에 대하여 부여한다.

Ⅱ. 자연법칙을 이용한 것

일반적으로 자연법칙이란 자연계에 존재하는 것을 경험적으로 밝혀낸 법칙을 의미한다. 자연법칙의 예로는 열역학의 법칙, 만유인력, 에너지 보존의 법칙 등 무수히 많다. 발명은 자연법칙을 이용하여 주어진 과제를 해결하기 위한 기술적 사상의 창작에 의하여 목적하는 바가 달성될 수 있는 것이므로 발명으로 성립하기 위해서는

16) 김창화, "미국에서의 특허적격 판단에 관한 연구", 「산업재산권」, 제45호, 2014, 119면 및 124면.
17) Kohler(1849~1919)는 독일 베를린대학 교수로 특허제도에 관련한 법제(法制)에 많은 공헌을 한 학자이다. 그는 특허권은 일반 유체재산권과 구별되는 무체재산권이라고 주장하였다.

반드시 자연법칙을 이용하여야 한다. 자연법칙이 아닌 것은 게임 규칙, 암호작성방법, 보험제도 등이다. 자연법칙에 반하는 것은 영구기관의 발명이다.

발명은 자연법칙을 이용하여 만들어 낸 기술사상의 창작을 의미하므로 발명자가 발명활동시에 이용되는 자연법칙의 원리를 정확하게 인식할 필요까지는 없고, 그 자연법칙의 원리만을 이용한 것으로 충분하다. 예를 들어, 에디슨이 방전현상을 실험하여 탄소필라멘트로 된 백열전구를 발명하였다면[18] 그는 "전류의 흐름이 탄소소재를 거치면서 저항 때문에 빛과 열로 변한다."는 자연법칙을 과학적으로 알고 있을 필요는 없다. 발명가는 전류가 빛으로 전환되는 과정에서 방전현상 및 진공원리 같은 자연법칙의 원리를 이용하는 것으로 충분하다.

Ⅲ. 기술적 사상의 창작

창작(創作)은 새로운 것을 만드는 작업이다. 발명의 정의에서 창작의 요건은 새롭다는 것으로, 특별히 제한된 의미가 없는 새로운 것을 말한다. 신규성 판단에서 새롭다는 것은 청구항의 기술적인 구성요소를 비교대상발명과 대비한 경우 복제한 것이 아니고 새로운 것을 의미한다. 특허법에서 특허를 받을 수 있는 기술이란 과학이론을 실제로 적용하여 자연의 사물을 인간 생활에 유용하도록 가공하는 수단을 의미한다. 사상(思想)이란 어떠한 사물에 대하여 가지고 있는 구체적인 사고(思考)나 생각을 의미한다. 발명이란 기술적 사상(技術的 思想)의 창작물이고, 창작(創作)은 방안이나 물건 따위를 처음으로 만들어 내는 작업이다.

따라서 발명의 정의에서 창작의 요건인 기술적 사상의 창작이란 일정한 목적을 달성하기 위하여 창작된 구체적인 아이디어가 이용가능성을 구비한 것을 말한다.

예를 들면, 인간의 유전자에 치매를 유발하는 유전자가 있다는 것을 인식하는 것은 발견이지만, 치매를 예방하거나 치료하기 위해서 유전자지도를 이용하여 유전자 위치를 파악하여 줄기세포 치료제를 발명한 것은 창작성이 있다고 한다.

컴퓨터 관련 발명으로 소프트웨어에 의한 정보 처리가 하드웨어를 이용해 구체적으로 실현되고 있는 경우, 해당 소프트웨어와 협동해 동작하는 정보 처리 장치(기계), 그 동작 방법 및 해당 소프트웨어를 기록한 컴퓨터로 읽을 수 있는 매체는 자연법칙을 이용한 기술적 사상의 창작이다. 소프트웨어에 의한 정보 처리가 하드웨어를

18) 1879년 12월 3일, 유난히 많은 눈이 내린 미국 뉴저지주 멘로파크 연구소의 겨울밤, 캄캄했던 밤이 순식간에 대낮처럼 환해졌다. 에디슨의 백열전구 특허발명(미국 특허 제223, 898호)이 성공한 순간이었다. 에디슨의 전구는 40시간을 버티며 새로운 인류 역사를 쓰기 시작했다.

이용해 구체적으로 실현되고 있는 경우란 소프트웨어가 컴퓨터에 읽혀지는 것에 의해 소프트웨어와 하드웨어가 협동한 구체적 수단으로 사용목적에 따른 정보의 연산 또는 가공을 실현함으로써 사용목적에 부응한 특유의 정보 처리 장치(기계) 또는 그 동작 방법이 구축되는 것을 말한다. 그리고 사용 목적에 부응한 특유의 정보 처리 장치(기계) 또는 그 동작 방법은 자연법칙을 이용한 기술적 사상의 창작이라고 할 수 있다. 그러므로 소프트웨어에 의한 정보 처리가 하드웨어를 이용해 구체적으로 실현되고 있는 경우, 해당 소프트웨어와 협동해 동작하는 정보 처리 장치(기계), 그 동작 방법 및 해당 소프트웨어를 기록한 컴퓨터로 읽을 수 있는 매체는 자연법칙을 이용한 기술적 사상의 창작이라 할 수 있다.

Ⅳ. 고도한 것

발명은 그 창작의 수준이 고도(高度)한 것이어야 한다. 발명이 고도한 것은 특허법의 발명과 실용신안법의 보호대상인 고안(考案)의 차이를 나타내는 개념이다. 실용신안법상 고안이란 자연법칙을 이용한 기술적 사상의 창작이라고 정의하고 있으므로 (실용신안법 제2조 제1호), 발명과 실용신안의 차이점은 결국 고도성에 있다고 할 수 있다. 발명의 고도성과 발명의 진보성과의 차이점에 대한 관점은 강학상 객관설과 주관설이 있으나 특별한 차이가 있는 것은 아니다.[19)]

특허법에서 물건(조성물 포함), 방법 또는 장치는 특허대상으로 취급되지만, 실용신안법에서 등록을 받을 수 있는 대상은 물품의 형상·구조 또는 조합에 관한 고안에 한정된다. 실용신안으로서 등록되는 것은 고안이며 물품 그 자체가 아니라 청구항에 기재된 물품에 적용된 기술적 사상이라 할 수 있다. 고도한 것의 의미는 일반적으로 실용신안법상의 고안과 특허법상의 발명을 구분하기 위한 상대적인 개념이므로 실무상 발명의 성립요건에 대한 판단에서는 고도성에 대해서는 판단하지 않고 진보성에서 판단한다. 고도성의 일차적인 판단 주체는 발명자 또는 출원인이다.

출원인이 출원하고자 하는 출원발명이 고도한 출원인지 아닌지에 대한 판단에 대하여 착오가 있을 수 있으므로 특허법은 출원인의 편의를 위하여 변경출원제도를 마련하고 있다.

19) 吉藤, 90면: 고도성은 발명의 성립요건이고, 진보성은 발명의 특허요건이지만, 양자는 판단하는 시점을 달리하는 데 불과하다고 해석하는 것이 객관설이다. 이에 대해 고도는 실용신안법상의 고안과 정의상 구별하기 위한 것이고, 그 이상의 의미는 없으며 창작자가 스스로 고도라고 생각하면 고도라고 해석하는 것이 주관설이다.

Ⅴ. 발명의 성립요건을 위배한 경우

발명의 성립요건은 다른 특허요건을 판단하기 전에 판단한다. 청구범위에 기재된 발명의 일부라도 자연법칙을 위배하는 부분이 있으면 발명으로 인정받을 수 없다. 발명의 성립요건이 인정되지 않는 발명은 실무상 특허법 제29조 제1항 본문으로 거절한다. 판례에 의하면 출원발명이 자연법칙을 이용한 것이 아닌 때에는 같은 법 제29조 제1항 본문의 산업상 이용할 수 있는 발명의 요건을 충족하지 못함을 이유로 그 특허출원을 거절하여야 하고, 여기서 출원발명이 자연법칙을 이용한 것인지 여부는 청구항 전체로서 판단하여야 한다.[20]

Ⅵ. 발명의 카테고리

특허법에서 발명의 카테고리(category)를 물건(products)발명, 방법(process)발명으로 구분한다(제2조 제3호). 미국 특허법상의 특허대상인 신규하고 유용한 방법, 기계, 제품, 조성물 또는 이들에 관한 신규하고 유용한 개량으로 발명을 정의하고 있다.[21]

유럽 특허법(EPC)에서 정의하는 특허대상은 물건, 방법, 장치 및 용도로 구분한다. 청구범위를 작성하는 실무에서 발명의 단일성을 충족하는 발명의 카테고리는 물건과 그 물건을 생산하는 방법 또는 그 물건을 사용하는 방법, 물건과 그 물건을 생산하는 기계, 기구, 장치 또는 용도로 구분하여 청구범위를 작성할 수 있다.

제6절 산업상 이용가능성

Ⅰ. 산업의 정의

특허를 받기 위해서는 산업(産業)상 이용가능성을 만족해야 한다. 특허법은 산업발전을 목적으로 하는 것이므로 당연히 산업상 이용가능성이 없는 발명은 특허를 받을 수 없다(제29조 제1항). 산업상 이용가능성을 만족하는 발명은 그 발명품을 동일하게 반복해서 생산할 수 있는 능력이 있어야 한다.

---

20) 대법원 2010. 12. 23. 선고 2009후436 판결.

21) 미국 특허법 제101조(특허받을 수 있는 발명): Whoever invents or discovers any new and useful process, machine, manufacture, or composition of matter, or any new and useful improvement thereof, may obtain a patent therefor, subject to the conditions and requirements of this title.

특허법 제29조 제1항 본문의 산업상 이용할 수 있는 발명은 통상적으로 발명의 성립요건과 산업상 이용가능성의 요건으로 구분하여 해석한다. 산업상 이용가능성은 출원발명이 산업에 유용한지 여부를 판단하는 기준이다. 산업상 이용가능성이 없는 발명은 특허법 제62조의 거절이유가 되고, 같은 법 제133조의 무효사유가 된다.

산업이란 용어에 대해서 특허법에서는 정의하고 있지 않다. 산업은 인간의 생활을 경제적으로 풍요롭게 하기 위하여 재화나 서비스를 창출하는 생산적 기업이나 조직을 말한다. 산업은 유용하고 실용적인 기술에 속하는 모든 활동을 포함하는 광의의 개념으로 공업·광업·농업·임업·어업·수산업·목축업 등으로 반복생산이 가능한 분야를 말한다. 비즈니스모델 특허의 등장으로 인하여 서비스업의 일부를 산업으로 해석하는 학자도 있다. 그러나 의료업·보험업·금융업은 특허법상의 산업에 포함시키지 않고, 세탁방법·광고방법·금융방법 또는 보험방법은 산업으로 인정한다. 또한 학술적이고 실험실에서만 이용될 수 있는 발명은 산업성이 없는 발명으로 본다.

Ⅱ. 이용의 정의

산업상 이용가능성에서 이용은 실시를 의미하므로 특허법의 목적인 산업발전에 기여한다는 관점에서 판단한다. 예를 들면, 치료방법의 발명은 이것을 실시하는 데에 산업상 이용가능성이 결여되는 경우에는 특허대상으로 할 수 없다.

그러나 치료기계나 의약의 발명처럼 물건의 발명에 있어서는 이것을 사용하는 것이 의료업상의 이용일지라도 이것을 생산하는 것 자체가 산업상 이용가능성이 있으므로 특허대상이 될 수 있다. 이러한 관계는 교육방법과 교육기구, 경기방법과 경기기구에 있어서도 동일하게 적용한다.

Ⅲ. 산업상 이용가능성이 없는 발명

1. 의료행위

인간의 치료를 위한 진단방법, 치료 및 수술방법과 같은 의료행위는 산업상 이용가능성이 없는 것으로 본다. 그러나 이들 방법에 사용하기 위한 생산물인 의료기기 또는 의약품 그 자체는 산업상 이용할 수 있는 발명으로 취급한다.

의사(한의사 포함) 또는 의사의 지시를 받은 자의 행위가 아니라도, 의료기기(예: 메스)를 이용하여 인간을 수술하거나 의약품을 사용하여 인간을 치료하는 방법은 의료행위에 해당하는 것으로 본다.[22)]

인간의 신체를 대상으로 의사가 행하는 수술이나 치료 및 진단방법과 같은 의료방법발명은 국민의 의료이용 접근성 보장이라는 공익적 측면을 고려하여 원칙적으로 특허를 받을 수 없다. 그러나 임상적 판단, 의학적 지식 및 경험을 바탕으로 질병 또는 건강상태를 판단하는 정신적 활동이 포함되지 않는 의료진단과 관련된 방법발명은 제한적으로 특허대상으로 볼 수 있다. 한편, 사람의 질병을 진단, 치료, 경감하고 예방하거나 건강을 증진시키는 의약이나 의약의 조제방법 및 의약을 사용한 의료행위에 관한 발명은 산업에 이용할 수 있는 발명이라 할 수 없다.[23)]

개인적 또는 실험적, 학술적으로만 이용할 수 있고 업(業)으로서 이용될 가능성이 없는 발명은 산업상 이용할 수 있는 발명에 해당하지 않는 것으로 취급한다. 그러나 개인적 또는 실험적, 학술적으로 이용될 수 있는 것이라도 시판(市販) 또는 영업의 가능성이 있는 것은 산업상 이용할 수 있는 발명에 해당한다.[24)]

2. 인간으로부터 채취한 것

인간으로부터 채취한 혈액·소변·피부·모발 등을 처리하는 방법 또는 이들을 분석하여 각종 데이터를 수집하는 방법은 산업상 이용할 수 있는 발명에 해당한다. 그러나 채취한 것을 채취한 자에게 치료를 위해 되돌려줄 것을 전제로 하여 처리하는 방법, 예를 들면, 혈액투석방법은 의료행위에 해당하므로 산업상 이용할 수 있는 발명으로 인정하지 않는다.

3. 안전성이 결여된 신약

일반적으로 용도가 발견되지 않았으나 향후 발견될 가능성이 있는 화학제품이나 의약발명의 경우에 산업상 이용가능성이 문제가 되는 경우가 있다. 예를 들면, 약품의 안전성이 확인되지 않은 신약에 대해서는 그 신약에 대한 효능과 안전에 대한 의약시험 결과가 제출되지 못하면, 일단 그 신약은 산업상 이용가능성이 없는 것으로 간주한다.

4. 현실적으로 명백하게 실시할 수 없는 발명

이론적으로는 그 발명을 실시할 수 있더라도 그 실시가 현실적으로 전혀 불가능하다는 사실이 명백한 발명은 산업상 이용할 수 있는 발명에 해당하지 않은 것으로

---

22) 특허심사기준, 3109면.
23) 대법원 1991. 3. 12. 선고 90후250 판결.
24) 특허심사기준, 3110면.

취급한다. 예를 들어, 오존층의 감소에 따르는 자외선의 증가를 방지하기 위하여 지구 표면 전체를 자외선흡수플라스틱 필름으로 둘러싸는 방법의 기술은 그 실시가 현실적으로 전혀 불가능하다는 사실이 명백하기 때문에 산업상 이용할 수 있는 발명에 해당하지 않는 것으로 취급한다.

5. 아이디어의 표현

아이디어의 표현 그 자체에 불과한 것은 특허대상이 될 수 없지만, 그 아이디어를 이용하는 발명은 특허법으로 보호될 수 있다. 예를 들면, 아인슈타인이 연구한 상대성 이론을 논문으로 발표하고 저서로 출판한다면 저작권으로 보호받을 수 있으나, 그 이론은 자연법칙 자체이므로 특허대상이 되지 않는다. 컴퓨터프로그램 그 자체는 저작물로 저작권법의 보호대상이 되지만, 컴퓨터프로그램이 하드웨어와 결합하여 특성한 기술적인 문제를 해결하는 경우에는 컴퓨터 관련 발명으로서 특허대상이 될 수 있다.

Ⅳ. 산업상 이용할 수 있는 발명

1. 서설

산업상 이용가능성이 있는 발명은 앞에서 설명한 산업상 이용할 수 없는 발명을 제외한 모든 산업기술과 관련된 발명이 해당된다. 특허심사지침서에서 산업상 이용가능성이 인정되는 경우는 크게, (ⅰ) 동물의 수술·치료·진단방법발명, (ⅱ) 인간을 수술하거나 치료하거나 또는 진단에 사용하기 위한 의료기기 그 자체, 의약품 그 자체, (ⅲ) 사람으로부터 자연적으로 배출된 것 또는 채취된 것(예: 혈액, 피부, 세포, 종양, 조직)을 처리하는 방법이 의료행위와 분리 가능한 별개의 단계로 이루어진 것 또는 단순히 데이터를 수집하는 방법인 경우 등이다.

신규한 의료기기의 발명에 병행하는 의료기기의 작동방법 또는 의료기기를 이용한 측정방법이 그 구성에 인체와 의료기기 간의 상호작용 또는 실질적인 의료행위를 포함하는 경우를 제외하고는 산업상 이용 가능한 것으로 취급한다.

다음 <표 1>은 생명공학 발명의 특허여부를 물질과 방법으로 구분한 것이다.

[표 1] 생명공학 발명의 특허여부

<table>
<tr><th>구 분</th><th>대 상</th><th>특허여부</th><th>비 고</th></tr>
<tr><td rowspan="5">물질</td><td>유전자(DNA 서열)</td><td>특허가능</td><td rowspan="2">유용성이 밝혀진 경우만 가능</td></tr>
<tr><td>단백질(아미노산 서열)</td><td>특허가능</td></tr>
<tr><td>단세포(아미노산 서열)</td><td>특허가능</td><td>관련 미생물 기탁의무</td></tr>
<tr><td>단세포 생명체
(virus, bacteria)</td><td>특허가능. 단, 공서양속에 반하지 않는 것</td><td>동물 발명에 대한 심사기준 신설</td></tr>
<tr><td>동물</td><td>특허불가</td><td>인간의 존엄성을 해치는 발명은 특허대상에서 배제</td></tr>
<tr><td rowspan="3">방법</td><td>인간의 신체의 부분</td><td>사람불가, 동물가능</td><td rowspan="3">사람의 치료·진단방법은 의료행위에 해당하므로 산업상 이용가능성이 없는 것으로 봄(특허법 제29조 제1항 본문)</td></tr>
<tr><td>유전자 치료법</td><td>사람불가, 동물가능</td></tr>
<tr><td>진단방법</td><td>사람불가, 동물가능</td></tr>
</table>

2. 특허대상의 확대

최근 과학기술의 발달로 첨단기술분야에 대한 지식재산권 보호의 필요성이 증대되면서 물질발명, 미생물 관련 발명, 컴퓨터 관련 발명 및 인터넷 관련 발명 등 새로운 지식재산권이 탄생하고 있다. 또한 TRIPs 발효 후 특허대상이 점차 확대되고 있다. 미국은 대법원의 판결에 의하여 특허대상을 확대하여 왔다.

1980년의 미국 연방대법원 Diamond v. Chakrabarty 판결[25]에서 유전자 기술을 이용하여 원유를 먹는 미생물이 유출된 원유를 정화하는 데 유용하므로 특허될 수 있다고 하였다.

또한 1981년의 Diamond v. Diehr 판결[26]에서 컴퓨터가 사용되지 않았다면 특허를 받을 수 있었던 공정이 컴퓨터에 의해서 그 공정이 수행되었다는 이유만으로 특허를 받을 수 없다고 할 수 없다고 판시하여 컴퓨터프로그램도 특허대상으로 인정되었으므로 특허대상이 확대되는 계기가 마련되었다. 생명공학 관련 발명에 대하여 특허허여는 다음과 같이 구분할 수 있다.

3. 미국판례 경향

미국 특허법에서는 산업상 이용가능성을 유용성(usefulness)이라 한다. 신규하고 유

25) Diamond v. Chakrabarty 447 U. S. 303(1980).

26) Diamond v. Diehr, 450 U. S. 175, 209 USPQ 1(1981): 이 판결은 컴퓨터 관련 발명에 대한 특허성을 최초로 인정한 리딩판례이다.

용한 방법, 기계, 제품, 조성물 또는 이에 대한 신규하고 유용한 개량을 발명 혹은 발견한 자는 특허를 받을 수 있다(미국 특허법 제101조). 미국 특허법에서 규정하고 있는 유용성의 요건은 특허대상이 과연 유용한 발명인가를 결정하는 것으로 특허권자가 독점권을 갖는 대가로 반드시 사회에 어떠한 이익을 주어야 한다는 특허법 목적에 근거한 것이라 볼 수 있다.

특허발명은 어떤 식으로든 사회에 기여할 수 있는 이익의 정도에 대해서 논란이 있어 왔다. 이에 대하여 Brenner v. Manson[27]사건에서 연방대법원은 제조방법에 대한 특허가 유용성을 갖기 위해서는 만들어진 물질이 단순히 공중에 해가 되지 않는다는 것만으로는 부족하고 반드시 사회적으로 상당히 유용한 측면이 있어야 한다고 판시하였다. 2013년 6월 13일 연방대법원은 미국 분리병리학회 등(AMP)이 바이오기술(BT) 업체인 Myriad Genetics사가 유방암과 난소암 발병률을 높이는 돌연변이 유전자 2개에 대한 특허권을 보유하고 있는 것을 취소해달라고 낸 특허권 취소소송에서 만장일치로 원고 승소 판결을 내렸다.[28]

대법원은 AMP v. Myriad 판결에서 인간의 배아줄기세포[29]와 관련되는 발명은 자연적으로 발생한 디엔에이(DNA)라는 자연의 산물이므로, 그것을 단순히 분리해 냈다는 이유만으로 특허를 받을 수 없으나,[30] cDNA는 새로운 것이 만들어진 것이기 때문에 특허를 받을 수 있다고 판결하였다. 2009년 뉴욕지방법원에 소송이 제기된 이후 1심에서는 DNA와 cDNA 둘 다 특허대상이 아니라고 하면서 Myriad의 청구를 기각하였다. 그러나 대법원은 분리된 DNA와 cDNA를 구별하고,[31] cDNA에 대하여 특허적격을 인정하였다. 대법원의 미리어드 판결에 따라 유전자 관련 진단 비용을 대폭 절감시키고 유전자를 이용한 질병 치료를 연구하는 생명공학 산업에

27) Brenner v. Manson, 383 U. S. 519(1966).

28) 미국 연방대법원 NO. 12-398(2013.6.13), ASSOCIATION FOR MOLECULAR PATHOLOGY ET AL. v. MYRIAD GENETICS, INC., ET AL.: A naturally occurring DNA segment is a product of nature and not patent eligible merely because it has been isolated, but cDNA is patent eligible because it is not naturally occurring.

29) 줄기세포는 크게 배아줄기세포(embryonic stem cell)와 성체줄기세포(adult stem cell)로 나눌 수 있다. 배아줄기세포는 다른 어떤 유형의 세포로도 분화될 수 있는 다능성을 갖지만, 성체줄기세포는 그렇지 않다. 미국특허상표청(USPTO)은 배아줄기세포와 배아줄기세포주에 대한 특허를 허용한다는 입장을 고수하고 있다.

30) Myriad는 분리된 DNA가 자연적으로 발생하는 분자가 아니기 때문에 특허를 받을 수 있는 대상이라고 주장하였다. 그러나 대법원은 인간배아줄기세포와 관련된 발명은 자연의 산물이기 때문에 불특허대상의 하나인 물리적 현상에 가깝다고 판단하고, Myriad의 발명은 특허를 받을 수 없다고 판단하였다.

31) 대법원은 Charkrabarty와 Funk 사건들이 분리된 DNA의 특허적격(patent eligibility)을 판단할 때 매우 중요한 판단 기준을 제공한다고 언급하였다.

크게 기여할 수 있을 것으로 전망된다.

한편, 유럽사법재판소(ECJ)는 2011년 10월 18일 인간배아줄기세포를 이용한 과학적 연구를 기반으로 한 발명은 특허대상이 아니라고 판결하였다. ECJ는 배반포단계(blastocyst)에서 인간배아로부터 나온 줄기세포를 제거하는 과정은 배아의 파괴를 수반하는 것으로 특허를 받을 수 없고, 인간배아에 적용되는 치료 및 진단 목적으로 인간배아를 사용하는 경우에만 특허가 가능하다고 판결하였다.

제7절 발명의 신규성

Ⅰ. 서설

신규(新規)하지 않은 공지기술에 대하여 독점권을 인정한다면, 공중(公衆)이 공지기술을 자유롭게 이용할 수 없고, 산업발전을 저해하는 결과를 가져올 수 있다. 따라서 특허법은 신규성을 특허요건으로 규정하여 신규한 발명을 공개한 자에 대해서만 공개의 대가로서 특허권을 부여하고 있다. 출원공개의 대상물은 특허출원서에 첨부하는 명세서와 도면이다. 명세서는 발명의 명칭, 도면의 간단한 설명, 발명의 설명 및 청구범위를 포함하여야 한다. 발명의 신규성(novelty)이란 청구범위에 기재된 발명이 그 출원 전에 공지 또는 공개되지 않은 새로운 것이어야 한다는 특허요건을 말한다.

특허법은 신규성을 특허요건으로 규정하여 신규한 발명을 공개한 자에 대해서만 공개의 대가로서 특허권을 부여한다.

1. 신규성 상실사유

특허법 제29조 제1항에서 규정하는 신규성 상실사유는 (i) 특허출원 전 국내 또는 국외에서 공지된 발명, (ii) 특허출원 전 국내 또는 국외에서 공연히 실시된 발명, (iii) 특허출원 전 국내 또는 국외에서 반포된 간행물에 게재된 발명, (iv) 전기통신회선을 통하여 공중이 이용할 수 있는 발명이다. 신규성 상실사유에 해당하는 발명은 신규성이 없는 발명으로서 특허를 받을 수 없다.

2. 특허출원 전

특허출원 전이란 특허출원일의 개념이 아니고 특허출원시(時)를 고려한 개념이다. 신규성 판단의 기준시점은 출원발명의 공개시 또는 공고시가 아니다. 특허청의 출원방식은 전자출원이기 때문에, 동일한 날에 동일한 발명을 하였다 하더라도 시간적으로 늦은 발명은 접수시간이 늦으므로 나중에 한 발명은 신규성을 상실하게 된다. 그러나 실무에서는 신규성 판단에 필요한 선행기술을 검색할 때 기준시점은 출원일을 기준으로 한다.

3. 국내 또는 국외에서

신규성 판단의 지역적 범위를 정하는 방법은 3가지의 유형이 있다. 공지·공용의 발명 또는 선행기술의 범위를 세계 모든 국가에서 발행된 간행물에 게재된 사실을 기준으로 하는 것을 세계주의 또는 국제주의라 한다.

비록 외국에서는 공지된 발명이라 하더라도 국내에서 공지되어 있지 아니하면 신규성을 인정하는 것을 국내주의라 한다. 신규성 상실사유의 대상에 따라 국세주의와 국내주의를 혼합한 절충주의가 있다. 나라마다 각기 산업발전의 수준이 다르므로 산업정책상 선행기술의 지역적인 범위가 다르다.

오늘날 인터넷의 발달로 정보화가 진전되고 특허정보의 검색이 용이하게 되면서 우리나라뿐만 아니라 선진국들은 대부분 신규성 관련 선행기술의 범위를 제한하는 데 있어 국제주의를 채택하고 있다.

Ⅱ. 신규성 상실사유

1. 공지된 발명

공지(公知)된 발명이란 특허출원 전에 국내 또는 국외에서 그 내용이 비밀상태로 유지되지 않고, 불특정 다수인에게 알려지거나 알려질 수 있는 상태에 놓여 있는 발명을 의미한다. 특허출원 전에 전기통신회선을 통하여 공중이 이용할 수 있는 발명도 공지된 발명에 해당한다. 여기서 불특정 다수인이란 그 발명에 대한 비밀준수의무가 없는 일반 공중(general public)을 말한다.

2. 공연히 실시된 발명

공연히 실시된 발명이란 특허출원 전에 국내 또는 국외에서 그 발명이 공연히 알려진 상태 또는 공연히 알려질 수 있는 상태에서 판매 등의 방법으로 실시되어 불특정 다수인이 인식할 수 있는 상태에 놓인 것을 의미한다. 어떤 공장에서 어떤 물건의 제조공정을 불특정 다수인에게 견학을 시킨 경우에 그 제조상황을 보고 그 기술분야에서 통상의 지식을 가진 자(a person having ordinary skill in the art, 이하 "통상의 기술자"라 한다)가 그 기술내용을 알 수 있거나 알고 있는 경우에는 공공연하게 실시된 것으로 본다. 판례에 의하면 공연히 실시된 발명이란 해당 기술분야에서 통상의 기술자가 그 발명의 내용을 용이하게 알 수 있는 상태로 실시하는 것, 즉, 그 기술사상을 보충 또는 부가하여 다시 발전시킴이 없이 그 실시된 바에 의하여 쉽게 반복하여 실시할 수 있는 기술을 의미하고, 단지 계약을 체결한 것만으로 공연히 실시된 것이라고 할 수 없다고 한다.[32)]

3. 반포된 간행물에 게재된 발명

(1) 간행물의 정의 반포(頒布)된 간행물(刊行物)이란 불특정 다수인이 그 기재내용을 인식할 수 있는 상태에 있는 간행물을 말한다. 간행물이란 공개성을 지님과 동시에 공중에게 반포에 의하여 공개할 목적으로 한 것이어야 한다. 다시 말해서 간행물이란 공중에 대한 정보전달을 목적으로 하여 인쇄 또는 사진·복사 등의 수단에 의하여 복제된 문서·도면·사진 등을 의미한다. 공중에게 반포에 의하여 공개할 목적으로 복제된 것이란 반드시 공중의 열람을 위하여 미리 공중의 요구를 만족할 수 있을 정도의 부수가 원본에서 복제되어 공중에게 제공되어야 하는 것은 아니다.

원본이 공개되어서 공중의 자유로운 열람에 제공될 수 있고, 그 복사물이 공중의 요구에 의하여 즉시 교부될 수 있는 상태에 놓여 있으면 반포된 간행물로 인정될 수 있다.

(2) 반포의 정의 반포란 간행물이 불특정 다수인이 볼 수 있는 상태에 놓이는 것을 말한다. 현실적으로 불특정 다수인이 그 간행물을 보았다는 사실을 필요로 하는 것은 아니다. 예를 들면, 어떤 회사에서 외국의 전문잡지를 직접 구입하고 도서관에 비치한 후 상기 잡지의 열람범위를 자사 직원에 한정하고 비밀을 유지했다고 해도 그 조치는 반포된 간행물에 대한 조치에 해당하므로 그 잡지는 반포된 간행물로 본다.

(3) 간행물에 게재된 발명 간행물에 게재된 발명이란 그 문헌에 직접적으로 명확하게 기재되어 있는 사항 및 문헌에 명시적으로는 기재되어 있지 않으나 사실상 기재되어 있다고 인정할 수 있는 사항에 의하여 파악되는 발명을 말한다. 여기서 게재된 발명이란 게재된 내용에 그 발명이 속하는 기술분야에서 통상의 기술자가 쉽게 제조할 수 있을 정도로 기재되어 있는 발명을 의미한다.

---

32) 대법원 2008. 5. 29. 선고 2007후4557 판결.

즉, 간행물에 게재된 발명이란 그 발명이 속하는 기술분야에서 통상의 기술자가 그 간행물의 반포시에 간행물에 게재된 사항에 의하여 도출해 낼 수 있는 발명을 의미하고, 간행물 반포 당시의 기술수준을 참작할 수 있는 발명을 말한다. 발명의 구성만 기재되어 있고, 발명의 목적과 효과가 기재되어 있지 않더라도 발명이 게재된 것으로 인정한다.

(4) 디지털 기억매체의 증거력 디지털 기억매체는 원본을 디지털 신호화하여 기억시키면 편집이 용이하므로 간행물로 불인정하는 견해가 있지만, 최근에 출판의 개념이 크게 바뀌어 특허정보나 사전류에 대해서는 활자인쇄 대신에 CD-ROM 등의 디지털 기억매체의 형태로 발행하고 있으므로 활자출판물과 동일하게 취급한다. 특히 원본 그 자체가 공개되어 공중의 열람에 제공되고 있는 경우 그 원본 자체를 간행물로 볼 수 있는가 하는 문제가 있지만, 일반적으로 원본이 공개되는 동시에 복사 가능한 경우는 원본을 간행물로 인정한다.

(5) 학위논문의 반포시점 학위논문의 반포시점 및 공지시점에 대하여 대법원은 박사학위논문이 논문심사에 통과된 후에 인쇄 등의 방법으로 복제된 다음 공공도서관 또는 대학도서관 등에 입고되거나 불특정 다수인에게 배포됨으로써 비로소 일반 공중이 그 기재내용을 인식할 수 있는 반포된 상태에 놓이면 그 내용이 공지되는 것으로 본다고 판시하였다.[33)]

박사학위논문이 공공도서관이나 대학도서관 등에 입고된 경우 일반 공중이 그 기재내용을 인식할 수 있는 상태에 놓이게 됨으로써 통상의 기술자가 과도한 실험이나 특별한 지식을 부가하지 않고도 그 내용을 이해할 수 있는 것이다. 만일 갑이 발명 A에 대하여 심사위원들에게 발표한다면 이는 공지로 인정되지 않는다. 갑의 박사학위논문이 도서관에 반입 등록 절차를 마친 이후 서가에 진열되어야 반포된 상태에 놓였다고 할 수 있다.

(6) 발명의 샘플과 제작도면이 수급업체에서 공개된 경우 수급업체는 도급업체와 계약을 체결한 당사자로서 특단의 사정이 없는 한 신의칙상 비밀유지의무가 있다. 그러나 계약 전후에 발명의 샘플과 제작도면이 공사 실무자나 도급업체 및 수급업체의 관련 직원들이 자유롭게 열람할 수 있는 상태에 놓여 있었다고 하면, 발명품의 기술내용을 충분히 알 수 있었다고 보이므로 공연히 실시된 것으로 공지되었다고 할 수 있다.

33) 대법원 2006. 11. 24. 선고 2003후2072 판결.

【기술이전계약시 상관습상 비밀유지의무의 부담】

<대법원 2005. 2. 18. 선고 2003후2218 판결>

> 발명의 내용이 계약상 또는 상관습상 비밀유지의무를 부담하는 특정인에게 배포된 기술이전 교육용 자료에 게재된 사실만으로는 공지된 것이라 할 수 없다. 당사자 사이에 조립식 접속함의 기술전수계약을 체결하면서 위 회사는 기술이전과 관련된 모든 기술 및 노하우에 대하여 원고의 사전 서면 동의 없이 제3자에게 유출하지 아니하기로 약정하였는데, 다른 참가업체인 제일엔지니어링 등도 그 무렵 원고와 위 조립식 접속함 제작기술과 관련하여 위와 동일한 취지의 비밀유지의무를 약정한 것으로 보이는 사실이 추정된다.

4. 전기통신회선을 통하여 공중이 이용할 수 있는 발명

인터넷 등에 공개된 기술정보는 잡지나 도서 등의 형태로 간행된 기술정보와 같은 정보성을 가지고 있고, 과학·기술계에서 일반적으로 이용되고 있는 점을 반영하여 전기통신회선을 통하여 공중이 이용할 수 있는 발명은 신규성 상실사유에 해당한다.

특허청은 공개용 특허공보와 등록공고용 특허공보를 CD-ROM으로 제작해서 배포하고 있으며, 누구나 특허정보검색서비스(www.kipris.or.kr)를 통해서 언제든지 무료로 검색할 수 있다. 전기통신회선은 통신을 전송하기 위한 무선 또는 유선을 의미하며, 인터넷·공중게시판·이메일 등이 대표적인 예이다.

전기통신회선을 통하여 공중이 이용할 수 있는 발명, 즉 인터넷상에 공개된 기술정보는 그 정보량·전달의 신속성 등에 비추어 이미 산업계의 기술수준을 구성하고 있는 것으로 볼 수 있으므로 인터넷상에 공개되어 있는 것은 신규성 상실사유로 본다. 인터넷상의 공개는 인터넷에 의해 접근 가능한 상태를 의미하며, 정보를 전송(upload)한 때가 이용할 수 있는 시점이 된다. 다만, 업로드된 정보는 변경이 용이하고 정보존재의 시점을 증명하기 어려운 면이 있으므로 프린트한 특허정보에 특허청장이 지정하는 대학 또는 관청 등 공증능력이 있는 기관의 증명을 받은 후 신규성 상실사유의 증거로 사용할 수 있다.

Ⅲ. 신규성 판단절차

1. 선행기술의 조사

심사관은 출원발명의 신규성과 진보성의 심사를 위해서 선행기술[34]을 조사하여

---

34) 선행기술(prior art)이란 특허출원 전에 국내 또는 국외에서 서면에 의하여 공개된 기술(특허공보,

야 한다. 선행기술조사는 기술주제별로 정리된 문헌에서 검색한다. 검색대상 특허정보는 각국의 특허문헌과 정기간행물 등에 게재된 논문이나 기타 비특허문헌도 포함한다. 또한 선행기술조사는 전 세계 특허청 또는 특허정보 관련 기관의 사이트에서 소장하는 특허정보의 데이터베이스의 검색을 포함한다. 선행기술은 출원발명이 신규성 또는 진보성이 없다는 이유로 거절이유를 통시할 때 필요한 심사자료이다.

선행기술조사는 심사의 대상이 되는 출원발명과 직접적으로 관련되는 기술분야의 선행기술을 모두 포함한다. 어느 범위까지 선행기술을 조사할 것인지에 대하여는 청구범위에 기재된 기술내용에 따라 좌우된다.

또한 신규성에서 채택하는 선행기술의 범위는 다음과 같다. (ⅰ) 특허출원 전에 국내 또는 국외에서 공지된 발명, (ii) 특허출원 전에 국내 또는 국외에서 공연히 실시된 발명, (iii) 특허출원 전에 국내 또는 국외에서 반포된 간행물에 게재된 발명, (iv) 전기통신회선(인터넷)을 통하여 공중이 이용할 수 있는 발명이다. 선행기술은 해당 출원발명의 출원일 전에 국내 또는 국외에서 공지된 발명·공공연하게 실시된 발명 또는 출원일 전에 반포된 특허공보 등으로 객관적으로 의문이 없는 기술이어야 한다. 특히 간행물에 게재된 발명은 간행물에 게재되어 있는 사실을 근거로 한다. 간행물에 게재된 사실에 의한 발명의 선정시에는 해당 간행물의 반포시의 기술상식을 참작하여 도출될 수 있는 사항도 반포된 간행물에 게재된 발명으로 선정한다. 출원발명이 공지된 발명, 공연히 실시된 발명 또는 반포된 간행물에 게재된 발명과 동일 또는 유사한 것일 경우에는 선행기술에 포함될 수 있다.

2. 비교대상발명의 선정

심사관은 출원발명과 관련되는 선행기술을 검색한 후 선행기술 중 출원발명에 가장 가까운 선행기술을 '비교대상발명(cited reference)'으로 선정한다. 신규성 판단에서는 선행기술의 기술분야에 대하여 제한이 없지만, 신규성 판단의 비교대상인 비교대상발명은 원칙적으로 출원발명과 같은 기술분야에 속하거나 출원발명의 해결하고자 하는 과제, 효과와 관련된 기술분야에서 선택하는 것이 바람직하다.

신규성 판단시에는 청구항에 기재된 발명을 하나의 비교대상발명과 대비하여야 하며, 복수의 비교대상발명을 결합하여 대비하여서는 안 된다. 복수의 비교대상발명의 결합에 의하여 특허성을 판단하는 것은 진보성의 문제이며, 신규성의 문제가 아

기술논문, 잡지 등에 기재된 종래 기술)로 정의된다. 특허법상의 선행기술의 범위는 특허출원 전에 국내 또는 국외에서 공지되었거나 공연히 실시된 발명, 국내 또는 국외에서 반포된 간행물에 공개된 발명을 말한다.

니다. 출원발명의 신규성을 부정하기 위해서는 하나의 비교대상발명에 출원발명의 모든 구성요소가 명시적으로 포함되어 있을 것을 요구한다. 이때 출원발명과 대비되는 비교대상발명은 청구범위에 기재된 발명뿐만 아니라, 발명의 설명이나 도면 등 명세서에 기재된 발명이라도 비교대상발명이 된다.

신규성 판단의 실무는 출원발명과 비교대상발명의 동일성을 판단하는 것이므로 비교대상발명은 하나를 선택한다. 미국에서는 이러한 원칙을 'Single Source Anticipation Rule'이라 한다. 신규성 판단에서 비교대상발명의 선택범위는 판단자, 판단수준 및 기술분야에 대하여 제한이 없다. 이 점이 진보성에서 선정하는 비교대상발명과 다른 점이다.

3. 출원발명의 특정

발명은 청구범위에 기재된 사항으로 정의되므로 출원발명의 기술적 구성은 청구범위에 기재된 구성으로부터 특정한다. 신규성 판단은 출원발명과 비교대상발명을 비교하고 발명의 동일성을 판단하는 심사이다. 여기서 동일하다는 것은 구성의 동일을 의미한다. 신규성의 판단은 청구범위에 기재된 발명과 비교대상발명의 구성을 대비하여 양자의 구성의 일치점과 차이점을 추출하여서 판단한다.

청구범위에 기재된 발명과 비교대상발명의 구성에 차이점이 있는 경우에는 청구범위에 기재된 발명은 신규성이 있는 발명이며, 차이점이 없으면 신규성이 없는 발명이라 한다. 청구범위에 기재된 발명과 비교대상발명이 전면적으로 일치하는 경우는 물론 실질적으로 동일한 경우에도 신규성이 없는 발명이다.

4. 출원발명과 비교대상발명의 대비

신규성을 판단할 때는 하나의 비교대상발명으로 대비·판단한다. 심사관은 출원일을 기준일로 하여 비교대상발명을 선택하고, 양 발명의 구성요소를 비교한다. 출원발명의 청구범위의 구성요소(A, B, C)가 비교대상발명의 구성요소(A, B, C)와 모두 동일하다면, 출원발명은 신규성이 없다고 판단한다. 만일 동일한 구성요소가 하나라도 없다면 출원발명은 신규성이 있다고 판단한다. 신규성 판단시에는 청구항에 기재된 발명을 하나의 비교대상발명과 대비하여야 하며, 2 이상의 비교대상발명을 결합하여 대비하여서는 안 된다. 둘 이상의 비교대상발명의 결합에 의하여 특허성을 판단하는 것은 후술하는 진보성의 문제이며, 신규성의 문제는 아니다.

특허법 제29조 제1항의 발명의 신규성 판단은 청구범위에 기재된 발명과 비교대상발명의 기술적 구성이 동일한가의 여부를 판단하고, 그 효과도 참작하여야 한다. 만일 출원발명과 비교대상발명의 구성에 차이점이 있는 경우에는 청구범위에 기재된 발명은 신규성이 있는 발명으로 판단하고, 구성에 차이점이 없으면 출원발명은 신규성이 없는 발명으로 판단한다. 출원발명이 비교대상발명에 속하는 기술분야에서 쉽게 실시할 수 있는 기술조건으로 그것을 부가, 삭제 또는 변경한 것으로 새로운 기술적 효과가 전혀 인정되지 아니하거나 또는 이것이 인정된다 하더라도 그것이 예측 가능한 범위 내의 것이면 신규성이 있다고 할 수 없다.

출원발명과 비교대상발명이 동일하다는 것은 그 기술적 구성이 전면적으로 일치하는 경우는 물론 그 범위에 차이가 있을 뿐 부분적으로 일치하는 경우라도 그 일치하는 부분을 제외한 나머지 부분만으로 별개의 발명을 이룬다거나 위 일치하는 부분의 발명이 신규의 발명과 유기적으로 연결되어 일체로서 새로운 발명으로 되는 등의 특별한 사정이 없는 한 양 발명은 동일한 것으로 본다.

양 발명의 구성에 상이점이 있어도 그 기술분야에서 통상의 기술자가 보통으로 채용하는 정도의 변경에 지나지 아니하고 발명의 목적과 작용 효과에 각별한 차이를 일으키지 아니하는 경우에는 양 발명은 역시 동일한 발명으로 본다. 청구범위에 둘 이상의 청구항이 있는 경우에는 청구항마다 신규성을 판단해야 한다. 청구항에 기재된 용어의 의미를 명확하게 해석할 수 없는 경우에는 발명의 설명 또는 도면을 참작하여 해석할 수 있다.

Ⅳ. 신규성 판단의 포인트

1. 비교대상발명이 하위개념인 경우

출원발명이 상위개념으로 표현되어 있고 비교대상발명이 하위개념으로 표현되어 있는 경우에는 출원발명은 신규성이 인정되지 않는다. 예를 들면, 출원발명의 청구항에 상위개념인 금속으로 기재되어 있고, 비교대상발명에 하위개념인 구리(Cu)가 기재되어 있는 경우 출원발명은 신규성이 인정되지 않는다.

2. 비교대상발명이 상위개념인 경우

출원발명의 청구범위에 하위개념으로 표현되어 있고 비교대상발명이 상위개념으로 표현되어 있는 경우에는 출원발명은 신규성이 있다고 본다. 다만 출원 당시의 기술상식을 참작하여 판단한 결과, 상위개념으로 표현된 비교대상발명으로부터 하위개념으로 표현된 발명이 도출될 수 있는 경우에는 출원발명은 신규성이 없는 것으로 본다. 예를 들면, 최초로 리벳트 기술을 발명한 경우 청구항에 '리벳트' 가 기재되어 있고 비교대상발명에는 '체결수단'으로 기재되어 있는 경우, 비교대상발명의 체결수단에 의해서 리벳트에 관한 출원발명의 신규성은 상실되지 아니한다.

그러나 청구항에는 전력수송용 초전도 케이블 재료로서 은(Ag)이 기재되어 있고 비교대상발명에는 금속 재질의 초전도 케이블이 공지되어 있는 경우, 전력수송 분야에서 초전도 현상을 이용하기 위해 케이블의 재질로서 은을 사용하는 것이 주지·관용기술에 해당한다면 금속 재질의 초전도 케이블로부터 은으로 된 초전도 케이블은 자명하게 도출될 수 있는 것이므로 신규성이 부정될 수 있다.

3. 단순한 설계변경 등

기술적 구성에 차이가 있더라도 그 차이가 과제 해결을 위한 구체적 수단에서 주지·관용기술의 부가·삭제·변경 등으로 새로운 효과의 발생이 없는 정도의 미세한 차이에 불과하다면 양 발명은 서로 동일한 것으로 본다. 또한 기술적 사상에 영향을 미치지 않는 단순한 설계변경에 해당하거나 그 과제해결을 위한 미세한 차이에 지나지 않는 경우는 신규성 판단에 해당하고, 이 경우 양 발명은 실질적으로 동일하다고 판단한다.

4. 균등물·재료의 치환 등

신규성을 판단할 때 선행기술에 기재된 내용과 균등한 것까지도 선행기술의 내용에 포함시키는 것은 바람직하지 않다. 균등물의 판단은 진보성 판단의 문제이기 때문이다. 특히 공지기술, 주지·관용기술[35]의 결합으로 효과가 현저한 경우, 균등물, 설계변경, 재료의 변환 또는 선택적인 발명, 재료 또는 형태(형상, 배열)의 변경, 단순한 용도의 변경 등은 일반적으로 발명의 진보성이 부정된다.

Ⅴ. 신규성 상실 예외

1. 서설

신규성 상실 예외란 발명의 신규성은 출원발명의 출원일을 기준으로 하여 출원

35) 주지기술이란 그 기술에 관하여 상당히 많은 선행 문헌이 존재하거나 업계에 알려져 있는 기술이거나 혹은 그 기술분야에서 널리 알려진 기술을 말한다. 관용기술은 주지기술 중 자주 사용되고 있는 기술을 말한다.

전의 선행기술에 포함되면 신규성이 없다고 판단하는 원칙이다.[36] 그러나 공표된 발명이 모두 특허를 받을 수 없다면 발명자에게 너무 가혹한 것이 된다. 특허출원을 하기 전에 공개된 발명은 특허를 받을 수 없으나, 출원발명이 학술대회 발표 등으로 자발적으로 공개된 경우 12개월 이내에 출원한 경우에는 예외적으로 신규한 발명으로 취급한다(제30조). 신규성 상실 예외는 산업발달에 기여하는 발명자에게 신규성 또는 진보성의 상실사유가 있다 해도 사회통념상 정당한 이유가 인정될 때에는 이를 구제하여 신규성이나 진보성을 적용할 때 선행기술를 사용하지 않도록 한다.

다음 <그림 1>은 신규성 상실 예외 법리를 정리한 것이다.

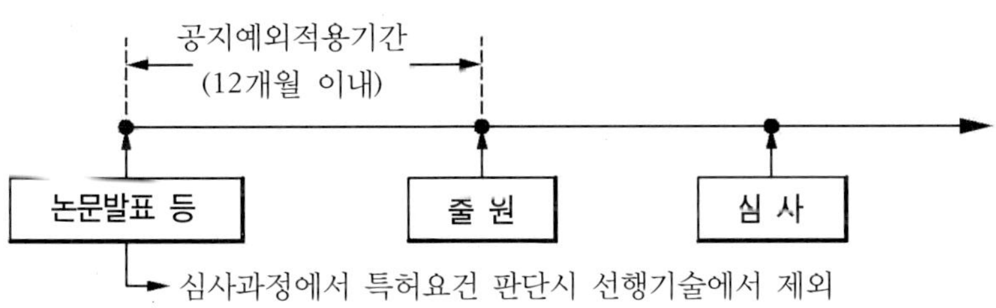

〈그림 1〉 신규성 상실 예외 적용

2012년 3월 15일부터 발효된 한미 FTA 협정을 이행하기 위하여 신규성 의제의 적용기간(Grace period)이 12개월로 연장되었다.[37] 신규성 의제의 적용기간 연장은 출원인에게 자신의 발명을 공개한 후에도 특허출원할 수 있는 기회를 확대할 수 있는 효과가 있다.

2. 신규성 상실 예외의 성립요건

신규성 상실 예외규정은 신규성을 상실한 출원발명을 일정 조건하에서 신규성이 있는 발명으로 보는 것이지, 그 출원일이 신규성을 상실한 때로 소급되는 것은 아니다. 특허를 받을 수 있는 권리를 가진 자가 그 발명을 특허출원 전에 공개하였으나 신규성 상실 예외를 적용받기 위해서는 다음 요건을 충족하여야 한다. (i) 발명이 특허를 받을 수 있는 권리를 가진 자에 의하여 공지 등이 된 경우일 것, (ii)

---

36) 신규성 상실 예외란 '공지 등이 되지 아니한 발명으로 보는 경우'라 한다. 특허법 제30조의 취지에 따라 편의상 '신규성 상실 예외'로 통칭한다.

37) 유럽, 일본 및 중국은 신규성 의제 적용기간이 6개월이고, 미국과 한국은 12개월이다. 미국과 한국은 신규성 상실의 사유에 대하여 제한이 없으나, 유럽과 중국은 박람회 출품에 의한 공지와 의사에 반한 공지만을 인정하고 있다. 일본은 유럽과 내용이 같으나 간행물 발표와 학술단체 서면 발표가 추가된다.

공지 등이 된 날부터 12개월 이내에 특허를 받을 수 있는 권리를 가진 자가 출원할 것, (iii) 출원서에 특허법 제30조 규정을 적용받고자 하는 취지를 기재할 것, 그리고 (iv) 출원일부터 30일 이내에 증명서류를 제출할 것이다(제30조 제2항).

특허법 제30조 제2항도 불구하고 출원인이 소정의 수수료를 납부한 경우에는 다음 각 호의 어느 하나에 해당하는 기간에 특허법 제30조 제1항 제1호의 신규성 상실 예외를 적용받으려는 취지를 적은 서류 또는 이를 증명할 수 있는 서류를 제출할 수 있다. 여기서 각 호는 (i) 특허법 제47조 제1항에 따라 보정할 수 있는 기간, (ii) 특허거절결정 또는 특허법 제176조 제1항에 따른 특허거절결정 취소심결(특허등록을 결정한 심결에 한정하되, 재심심결을 포함한다)의 등본을 송달받은 날부터 3개월 이내의 기간이다. 다만, 특허법 제79조에 따른 설정등록을 받으려는 날이 3개월보다 짧은 경우에는 그 날까지의 기간에 보정한다고 하여도 신규성 상실 예외를 적용받을 수 없다.

예를 들어, 발명자의 공개행위에 근거하여 제3자가 다른 간행물에 기재하거나 광고하는 등으로 출원발명을 공개하는 경우에, 이는 발명자의 공개행위에 근거한 것이기 때문에 신규성 상실 예외 적용기간 이내에 출원하면 출원발명은 신규성을 상실하지 않는다. 그러나 발명자의 행위에 기인하지 않고 제3자가 개발한 동일한 발명을 출원하거나 공개한 경우에는 발명자의 출원은 특허를 받을 수 없다.

3. 권리자의 의사에 반(反)하여 공지된 경우

특허를 받을 수 있는 자가 특허출원을 하기까지는 발명을 비밀로 유지하고 있는데도 불구하고, 의사에 반하여 발명이 공지되는 경우가 있다. 특허법은 이러한 경우 신규성 의제의 적용을 받을 수 있도록 하고 있다(제30조 제1항 제2호). 의사에 반한 공지의 대표적인 예로 사기, 강박, 산업스파이 그리고 고용인의 고의나 과실이 있다.

출원인이 특허제도를 잘 이해하지 못하여 공지와는 상관없이 출원발명이 특허를 받을 수 있다고 생각하고 공개한 경우에는 의사에 반한 경우로 볼 수 없다. 그러나 출원인이 출원발명이 공개되기 직전에 자신의 발명이 공개되는 것을 원치 않아서 자발적으로 취하한 경우에, 특허청이 해당 출원발명을 공개하였다면 의사에 반한 공지로 인정하여 신규성 상실 예외를 적용받을 수 있다.

비밀로 유지되는 기술을 다른 사람에게 전달할 권한을 갖고 있지 않은 제3자가 다른 사람에게 기술을 전달하면 이는 명백한 악용이 된다. 여기서 명백한 악용이라는 표현은 발명자가 비밀을 조건으로 발명을 공개했으나 제3자가 비밀을 어김으로써 발명이 공지된 경우에 적용된다.

4. 신청절차

신규성 상실 예외를 주장하려는 출원인은 특허법 제30조 제1항 제1호의 신규성 상실 예외사유에 해당하게 된 날부터 12개월 이내에 출원하여야 한다. 신규성 상실 예외주장을 하고자 하는 자는 특허출원서에 그 취지를 적어 출원하고, 이를 증명할 수 있는 서류를 특허출원일부터 30일 이내에 특허청장에게 제출하여야 한다(제30조 제2항). 특허법 제30조에서 정하는 공지예외 적용의 주장은 출원과는 별개의 절차이므로 특허출원서에 그 취지의 기재가 없으면 그 주장이 없는 통상의 출원에 해당한다. 특허법 제30조 제2항에도 불구하고 보완수수료를 납부한 경우에는 다음 각 호[38]의 어느 하나에 해당하는 기간에 제1항 제1호를 적용받으려는 취지를 적은 서류 또는 이를 증명할 수 있는 서류를 제출할 수 있다(제30조 제3항).

2015년 1월 개정법에서 출원인의 권리 보호 강화를 위하여 신규성 상실 예외주장 제도를 보완하였다. 종전에는 신규성 상실 예외를 '출원시에만'할 수 있어서 창의적 아이디어도 출원시 신규성 상실 예외주장을 안하면 등록받지 못하는 문제점이 있었다. 개정법에서는 이 문제를 해결하기 위해서 출원시 신규성 상실 예외주장을 하지 않은 경우 명세서 등 보정기간 및 특허결정의 등본을 송달받은 날부터 3개월(단, 설정등록 이전)까지 신규성 상실 예외주장을 보완할 수 있도록 하였다.

5. 신규성 상실 예외의 효과

(1) 신규성과 진보성으로 거절에서 배제 특허법 제30조는 출원인이 한 행위가 신규성 상실사유에 해당하여 신규성이 상실된 것에 대한 예외규정에 불과한 것이지, 그 출원일을 공표 등에 의하여 신규성이 상실되는 시점까지 출원인이 소급효를 인정하는 것은 아니다. 출원 전에 출원발명이 신규성 상실 예외의 요건을 갖추어, 신규성 상실사유의 예외에 해당되는 출원발명으로 인정되는 경우 신규성과 진보성으로 거절되지 아니한다. 신규성 상실 예외를 진보성에 적용하는 경우의 예를 들면, 다음과 같다. 출원인 갑이 발명 A, B를 창작한 후 발명 A와 B가 공지된 경우, 출원인 갑이 발명 A와 B가 공지된 날부터 12개월 이내에 발명 C(A+B)를 출원한 경우 발명

---

38) 특허법 제30조 제3항 각 호: 1. 제47조 제1항에 따라 보정할 수 있는 기간, 2. 특허결정 또는 특허거절결정 취소심결(특허등록을 결정한 심결에 한정하되, 재심심결을 포함한다)의 등본을 송달받은 날부터 3개월 이내의 기간. 다만 설정등록을 받으려는 날이 3개월보다 짧은 경우에는 그 날까지의 기간.

A와 B는 공지되지 않은 것으로 보므로 출원발명 C(A+B)는 진보성이 없다는 이유로 거절되지 않는다.

(2) 유예기간 동안 제3자가 동일한 발명을 출원한 경우 신규성 상실 예외의 유예기간 동안에 제3자가 동일한 발명을 출원한 경우 그 특허출원은 특허법 제36조의 선원주의에 의하여 거절된다. 예를 들면, 갑이 2014년 3월 5일 자신의 스마트폰 발명을 박람회에 출품을 한 후 12개월 이내인 2015년 2월 10일 특허출원하면서 신규성 상실 예외를 주장하였다. 제3자인 을이 유예기간인 2014년 10월 10일에 동일한 발명을 특허출원하였다면 신규성 상실 예외규정에 의하여 출원일 소급효가 없기 때문에 갑의 출원은 을의 출원에 의하여 거절되게 된다. 그리고 을의 출원도 출원일 전에 갑의 발명이 박람회에서 공개되었기 때문에 같은 법 제29조 제1항 제1호에 의하여 신규성이 상실되어 거절된다. 이와 같이 신규성 상실 유예기간 중간에 제3자가 동일한 발명을 하는 경우 어느 것도 특허를 받을 수 없게 된다.

한편, 갑이 발명이 공개된 후 12개월 이내에 동일발명을 특허출원(A)하여 공지예외의 적용을 받았고, 상기 특허출원 A와 같은 날에 을이 동일한 발명을 특허출원(B)을 한 경우, A와 B의 관계는 같은 법 제36조 제2항의 같은 날 출원된 동일발명에 해당되어 협의 대상발명에 해당되고 B는 동시에 특허출원 A의 공개에 의하여 신규성이 상실된 발명에 해당된다. 따라서 B출원은 같은 법 제36조의 규정을 적용하지 않더라도 공개된 발명에 의하여 신규성이 없어 특허를 받을 수 없다.

이 경우 심사관은 A와 B를 심사함에 있어 B가 신규성이 없다는 이유로 거절이유를 통지한 후 거절결정하는 것이 아니라 B에 대하여 신규성이 없다는 거절이유통지와 동시에 A와 B는 같은 날 출원된 동일발명에 해당되므로 협의에 의하여 정하여진 하나의 발명만이 특허를 받을 수 있다는 취지를 기재하여 같은 법 제36조 제6항의 규정에 따라 협의를 명하여야 한다. 협의명령에 따라 을이 특허출원 B의 취하 등의 적절한 조치를 취하는 경우에 A는 특허를 받을 수 있다.

(3) 우선권을 주장한 경우 조약에 의한 우선권주장 출원의 경우는 신규성 판단의 기준일이 우선일로 출원일이 소급되므로 신규성 상실의 예외가 적용된다. 조약에 의한 우선권주장을 수반하는 출원에 있어서 특허법 제30조 규정을 적용 받기 위해서는 적용대상이 되는 행위를 한 날부터 12개월 이내에 우리나라에 출원을 하여야 한다. 그러나 국내우선권주장 출원에 있어서는 공지 등이 있는 날부터 12개월 이내에 공지예외의 적용 신청을 수반하여 선출원을 한 경우라면 후출원을 12개월 이내에 하지 않더라도 신규성 상실 예외를 적용받을 수 있다.[39]

(4) 출원발명을 개량한 경우 특허법 제30조 규정을 적용받은 공지된 자료는 심사에서 특허법 제29조 제1항 및 제2항 적용시 선행기술로 인정하지 않는다. 즉 신규성 의제를 적용하는 특허출원은 신규성 또는 진보성이 없다는 사유로 거절되지 아니한다. 출원인이 A발명을 공표하고 12개월의 유예기간 동안 이를 개량하여 발명한 A+α를 출원하였을 경우 신규성 상실 예외규정의 적용을 받을 수 있다. 만일 A발명을 공표하고 A+α만 출원했다면, A와 A+α는 동일발명이 아니어도 신규성 상실 예외를 적용하며, A는 진보성을 적용할 수 있는 근거가 되어도 A+α는 A에 의거 하여 거절될 수 없다. 한편, 신규성 상실 유예기간 이내에 A+α뿐만 아니라 A도 출원했다면, A는 당연히 신규성 상실 예외대상에 해당되므로 A의 공개공보를 진보성 판단시 거절용 비교대상발명으로 사용할 수 없기 때문에 A+α를 거절할 수 없다. 출원인은 A+α 발명을 출원하면서 신규성 상실 예외를 수상할 수 있다.

(5) 발표자가 다수인 경우 발표자, 발명자 또는 출원인이 다수인 경우 발표자 중 1인이라도 발명자 또는 출원인과 동일하면 이들 관계를 증명하지 않아도 신규성 상실 예외를 적용받을 수 있다. 동일인이 없는 경우에는 (i) 발표자가 발명의 발표시에 특허를 받을 수 있는 권리를 가진 자임을 증명하는 서류, (ii) 특허를 받을 수 있는 권리를 가진 자가 공개를 의뢰하여 공개한 사실을 입증할 수 있는 서류, (iii) 특허를 받을 수 있는 권리를 가진 자의 발명을 인용하는 공개사실을 입증할 수 있는 서류를 제출하여야 한다.

(6) 국제특허출원의 신규성 상실 예외주장 대한민국에 출원된 것으로 보는 해외출원(국제특허출원)은 해외출원일에 신규성 상실 예외주장과 관련된 절차를 밟지 않았더라도 특허법 제200조에 따라 기준일 경과 후 30일 내에 신규성 상실 예외주장 취지를 기재한 서면과 증명서류를 제출하면 같은 법 제30조 규정을 적용받을 수 있다. 국내단계에 진입한 국제특허출원에 대해 위 취지와 기재서면과 증명서류가 법정기간 내에 제출된 경우에는 특별한 사정이 없는 한 신규성 상실 예외주장이 같은 법 제30조 제2항의 요건을 갖춘 것으로 인정하고 통상의 신규성 상실 예외주장과 동일하게 방식심사와 실체심사가 진행된다.

---

39) 조약에 의한 우선권주장을 수반하는 출원에 있어서 특허법 제30조 규정을 기 위해서는 특허법 제30조 규정의 적용대상이 되는 행위를 한 날부터 12개월(출원일이 201. 3. 14. 이전인 경우는 6개월) 이내에 우리나라에 출원을 하여야 한다.

제8절 발명의 진보성

Ⅰ. 서설

특허법은 발명을 보호·장려하고 그 이용을 도모함으로써 기술의 발전을 촉진하여 산업발전에 이바지함을 목적으로 한다(제1조). 진보성(inventive step)이란 특허출원 전에 그 발명이 속하는 기술분야에서 통상의 기술자가 특허법 제29조 제1항 각 호의 1에 규정된 발명에 의하여 용이하게 발명할 수 있는 것일 때에는 그 발명에 대하여 특허를 받을 수 없다는 특허요건의 하나이다. 같은 법 제29조 제2항에서 그 발명이 속하는 기술분야에서 통상의 기술자가 특허출원 전에 공지된 선행기술에 의하여 쉽게 발명할 수 있는 것은 특허를 받을 수 없다고 규정함으로써 사회의 기술발전에 기여하지 못하는 진보성 없는 발명은 누구나 자유롭게 이용할 수 있는 이른바 공공영역에 두고 있다. 따라서 진보성이 없어 본래 공중에게 공개되어야 하는 기술에 대하여 잘못하여 특허등록이 이루어져 있음에도 별다른 제한 없이 그 기술을 해당 특허권자에게 독점시킨다면 공공의 이익을 부당하게 훼손할 뿐만 아니라 특허법의 입법목적에도 정면으로 배치된다.

특허요건 중 진보성 판단이 가장 난해한 특허요건으로, 심사관과 출원인 간에 가장 논쟁이 많은 판단이라 할 수 있다. 이는 진보성 판단시 출원일 전의 기술수준과 출원발명의 기술 난이도를 판단하는 과정에서 비교대상발명을 해석하는 관점이 다를 수 있고, 출원발명이 용이한지(쉬운지) 여부의 판단에서 심사관의 주관이 개입될 가능성이 높기 때문이다.

Ⅱ. 진보성 판단요소

1. 통상의 기술자

진보성 판단은 특허출원 전에 그 발명이 속하는 기술분야에서 통상의 기술자가 특허출원 전에 공지된 발명으로부터 동기 유발에 의하여 또는 통상의 창작능력의 발휘를 통하여 청구범위에 기재된 발명을 쉽게 생각해 낼 수 있는지 여부의 판단이라 할 수 있다. 출원발명이 속하는 기술분야에서 통상의 기술자가 비교대상발명으로부터 용이하게 출원발명을 실시할 수 있다면 그 발명은 진보성이 없다고 판단한다.

그 발명이 속하는 기술분야에서 통상의 기술자란 출원시 해당 기술분야의 기술상식을 보유하고 있는 사람으로 연구개발(실험·분석·제조 등)을 위하여 통상의 수단 및 능력을 자유롭게 구사할 수 있는 통상의 기술자를 의미한다.

그러나 실무에서 통상의 지식을 가진 자가 통상의 기술자 또는 가상의 인물이라고 한다면, 진보성을 판단하는 기준을 이해하기가 난해할 수밖에 없다. 통상의 기술자는 출원시의 기술수준에 있는 모든 선행기술을 입수하여 출원발명과 관련되는 기술분야의 선행기술을 알고 있는 가상의 인물(imaginative creature)로 보는 것이 바람직하다. 진보성을 판단하는 주체인 통상의 기술자는 출원발명의 출원일 전에 존재하는 선행기술을 모두 알고 있는 전문가라 할 수 있다.

결국 진보성의 실무에서 통상의 기술자는 출원일 당시 그 기술분야의 일반적인 지식을 알고 있는 통상의 실무자 또는 선행기술, 특히 검색보고서에 인용된 문서에 해당하는 선행기술을 모두 읽고 있는 자로 해석하는 것이 합리적이라고 본다.[40)]

2. 쉽게 발명할 수 있는지 여부

진보성 판단시 1개 이상의 비교대상발명(주지·관용 기술 포함)을 상호 조합시켜 판단할 수 있으나, 그 조합이 출원시에 통상의 기술자에게 자명한 경우에 한한다. 또한 청구범위에 기재된 발명과 그 발명이 속하는 기술분야의 선행기술 중에서 비교대상발명을 선정한 후 선행기술의 범위와 내용, 진보성 판단의 대상이 된 발명과 선행기술의 차이 및 통상의 기술자의 기술수준에 대하여 증거 등 기록에 나타난 자료에 기하여 파악한 다음, 이를 기초로 하여 통상의 기술자가 특허출원 당시의 기술수준에 비추어 진보성 판단의 대상이 된 발명이 선행기술과 차이가 있음에도 그러한 차이를 극복하고 선행기술로부터 그 발명을 쉽게 생각낼 수 있는지를 살펴보아야 한다.

3. 출원발명의 특정

출원발명이 특허법 제29조 제1항 및 제2항에서 정한 특허요건, 즉 신규성과 진보성이 있는지를 판단할 때에는, 출원발명을 제29조 제1항 각 호에서 정한 발명과 대비하는 전제로서 그 발명의 내용이 확정되어야 한다. 출원발명은 청구범위에 기재된 발명으로 특정한다. 진보성 판단에서 청구범위에 기재된 발명의 특정방법은 신규성 판단에서 특정하는 것과 동일하다.

---

40) Custom Accessories, Inc. v. Jeffrey-allan Industries, Inc., 807 F. 2d 955, 962 (Fed. Cir. 1986): The person of ordinary skill is a hypothetical person who is presumed to be aware of all the pertinent prior art.

【진보성 판단 대상 발명의 특정정도】

<대법원 2011. 1. 13. 선고 2009후1972 판결>

비교대상발명에 사용된 동물모델 및 뼈 손실 측정방법이 부적절하고 보이지도 않으며 설사 그렇다 하더라도, 발명의 진보성 판단에 제공되는 대비발명은 반드시 그 기술적 구성 전체가 명확하게 표현된 것뿐만 아니라, 미완성발명 또는 자료의 부족으로 표현이 불충분한 것이라 하더라도 통상의 기술자가 경험칙에 의하여 극히 용이하게 기술내용의 파악이 가능하다면 그 대상이 될 수 있다. 비교대상발명이 이 사건 특허발명의 진보성을 부정하는 선행기술이 되지 못한다고 할 수 없고, 논문 기재내용으로 인하여 비교대상발명을 신뢰할 수 없다고 할 수도 없다.

4. 비교대상발명의 선택

진보성 판단에서 선정된 비교대상발명은 통상의 기술자가 이용할 수 있는 가장 유력한 선행기술이다. 출원발명의 기술적 특징을 가장 많이 포함하고 있는 것이므로 되도록 청구범위에 기재된 발명의 기술분야와 유사하거나 동일 또는 유사한 기술적 과제, 효과 또는 용도를 갖는 비교대상발명 중에서 선택한다. 신규성 판단에서는 선행기술의 범위에 제한이 없지만 진보성에서는 이를 제한하므로 신규성과 진보성의 선행기술조사 범위는 차이가 있다.

심사의 대상이 되는 출원발명의 설명 중에 종래기술로 기재되어 있는 기술의 경우 출원인이 그 발명의 설명 중에서 그 종래기술이 출원 전 공지되었음을 인정하고 있는 경우에는 비교대상발명으로 특정하여 청구항에 기재된 발명의 진보성을 심사할 수 있다.[41] 일부 기재 부분과 배치되거나 이를 불확실하게 하는 다른 선행문헌이 제시된 경우에는 그 내용까지도 종합적으로 고려하여 통상의 기술자가 발명을 쉽게 도출할 수 있는지를 판단하여야 한다.[42]

진보성 판단의 비교대상발명은 원칙적으로 출원발명과 같은 기술분야에 속하거나 출원발명의 기술적 과제, 효과 또는 용도와 합리적으로 관련된 기술분야에서 선택되어야 한다. 여기서 같은 기술분야란 원칙적으로 해당 발명이 이용되는 산업분야를 말하는 것이나, 청구범위에 기재된 발명의 효과 혹은 발명의 구성의 전부 또는 일부가 가지는 기능으로부터 파악되는 기술분야도 포함된다. 비교대상발명이 청구범위에 기재된 발명과 다른 기술분야에 속해 있다 하더라도, 비교대상발명 자체가

41) 특허심사기준, 3306면.

42) 대법원 2016. 1. 14. 선고 2013후2873 판결.

통상 다른 기술분야에서도 사용될 가능성이 있다거나, 통상의 기술자가 특정 기술적 과제를 해결하기 위해 참고할 가능성이 있는 것으로 인정되는 경우에는 비교대상발명으로 선정할 수 있다. 만일 청구범위에 기재된 발명과 상이한 분야의 선행기술을 비교대상발명으로 인용할 경우에는 양 기술분야의 관련성, 과제해결의 동일성, 기능의 동일성 등 인용의 타당성을 충분히 검토하여야 한다.

Ⅲ. 진보성 판단의 기본원칙

1. 사후적 고찰 금지

진보성 판단의 대상이 된 발명의 명세서에 개시되어 있는 기술을 알고 있음을 전제로 하여 사후적으로 통상의 기술자가 그 발명을 쉽게 발명할 수 있는지를 판단해서는 안 된다. 심사대상이 되는 명세서에 기재된 사항에 의하여 얻은 지식을 전제로 하여 진보성을 판단할 경우에는 통상의 기술자가 인용발명으로부터 청구범위에 기재된 발명을 쉽게 발명할 수 있는 것으로 인정할 수 있다. 특히 출원발명을 심사하는 심사관은 선행기술로부터 얻은 지식과 경험을 바탕으로 진보성의 판단을 하여야 한다. 또한 일단 원인이 해명되면 해결이 쉬운 발명의 경우에는 그 원인의 해명과정을 중시하여 진보성을 판단하여야 하며, 단순히 그 해결수단이 자명하다는 이유만으로 진보성을 부정해서는 안 된다.

예를 들면, 출원발명은 비상 상황에서 수신부의 음성신호 수신은 차단하고 송신부의 송화음성 송출만을 허용하는 도청모드를 포함하는 단말기에 관한 것이고, 비교대상발명에는 "단말기로부터의 음성 송신을 다른 사람이 알아차리지 않게 한다."는 기재만 있는 경우, 통상의 기술자가 상기 기재로부터 출원발명의 구체적인 기술구성을 쉽게 알 수는 없으므로, 출원발명이 상기 비교대상발명의 기재사항으로부터 쉽게 안출될 수 있다고 거절하는 것은 명세서에 기재된 내용을 알고 있음을 전제로 하여 사후적으로 판단한 것에 해당한다.

【진보성 판단시 사후적 고찰 금지】

〈대법원 2010. 7. 22. 선고 2008후3551 판결〉

> 발명의 진보성 유무를 판단함에 있어서는, 적어도 선행기술의 범위와 내용, 진보성 판단의 대상이 된 발명과 선행기술의 차이 및 통상의 기술자의 기술수준에 대한 증거 등 기록에 나타난 자료에 기하여 파악한 다음, 이를 기초로 하여 통상의 기술자가 특허

출원 당시의 기술수준에 비추어 진보성 판단의 대상이 된 발명이 선행기술과 차이가 있음에도 그러한 차이를 극복하고 선행기술로부터 그 발명을 용이하게 발명할 수 있는지를 살펴보아야 하는 것이다. 이 경우 진보성 판단의 대상이 된 발명의 명세서에 개시되어 있는 기술을 알고 있음을 전제로 하여 사후적으로 통상의 기술자가 그 발명을 용이하게 발명할 수 있는지를 판단하여서는 아니 된다.

2. 출원발명과 비교대상발명의 대비

진보성 심사는 특허출원 전에 통상의 기술자가 출원발명(청구범위에 기재된 발명)이 비교대상발명에 의하여 용이하게 발명할 수 있는가에 대한 판단이다. 특허출원 전에 통상의 기술자가 출원발명을 비교대상발명에 의하여 쉽게 발명할 수 있는 경우에는 그 발명은 진보성이 없다. 청구범위에 청구항이 둘 이상 있는 경우에는 청구항마다 진보성 유무를 판단하여야 한다.

3. 신규성 판단과 진보성 판단 순서

발명의 진보성은 신규성이 있음을 전제로 하는 것이다. 어느 발명이 공지기술과 비교하여 새로운 것인가의 신규성 문제와 그것이 공지기술로부터 용이하게 생각해 낼 수 있는 것인지의 진보성 문제는 구별되어야 한다. 따라서 발명의 진보성을 판단하기 위해서는 먼저 그 발명의 신규성을 판단한다. 심사절차에서 출원인의 편의를 고려하여 신규성이 없다고 판단되는 출원발명에 대해서는 진보성도 없다는 거절이유를 함께 통지하도록 하고 있다.

Ⅳ. 진보성 판단방법

1. 진보성 판단절차

발명의 진보성은 일반적으로 다음의 순서에 따라 판단한다. (i) 청구범위에 기재된 발명을 특정한다. (ii) 비교대상발명을 특정한다. 비교대상발명을 특정할 때에는 청구범위에 기재된 발명과 공통되는 기술분야 및 기술적 과제를 통상의 기술자의 관점에서 판단한다. (iii) 청구범위에 기재된 발명과 가장 가까운 비교대상발명을 선택하고 양자를 대비하여 그 차이점을 명확히 한다. (iv) 청구범위에 기재된 발명이 가장 가까운 비교대상발명과 차이가 있음에도 불구하고 가장 가까운 비교대상발명으로부터 청구범위에 기재된 발명에 이르는 것이 통상의 기술자에게 용이한지 여부를 출원 전의 기술상식 및 경험칙 등을 고려하여 판단한다.

2. 출원발명과 비교대상발명의 대비

심사관은 청구범위에 기재된 발명과 비교대상발명을 대비하여 그 차이점을 명확히 구분한다. 출원발명의 진보성 판단의 근거가 되는 비교대상발명은 그 특허공보에 기재된 발명의 과제 및 청구범위만으로 한정되는 것이 아니라 그 공보의 도면을 포함하여 명세서 전반에 나타난 기술적 구성 및 작용효과를 통하여 알 수 있는 기술적 사항을 말한다. 출원발명의 청구항 1의 구성요소는 A, B, C, D이고, 비교대상발명 1에는 구성요소 A, B, C가 있고, 비교대상발명 2에는 A, B, D가 있다고 가정한다.

심사관은 청구항 1의 구성요소를 용이하게 발명할 수 있는지를 지적하기 위해서 의견제출통지서에"비교대상발명 1과 비교대상발명 2를 용이하게 결합할 수 있으므로 출원발명은 진보성이 없다."고 거절할 수 있다.

3. 발명의 목적, 구성 및 효과 비교

진보성 판단은 비교대상발명과 출원발명을 대비하여 해결하고자 하는 과제(목적)·과제의 해결수단(구성) 및 효과를 비교하는 심사이다. 2007년에 개정된 특허법 제42조 제3항에서 발명의 3요소인 목적, 구성 및 효과를 삭제하고 그 대신 해결하고자 하는 과제·과제의 해결수단 및 작용효과로 개정하였다.

발명의 진보성을 판단할 때, 구성의 곤란성(난이도)에 중점을 두면서 목적의 동일성과 효과의 현저성(우월성)을 종합적으로 판단한다. (i) 구성의 곤란성이 있는 것이 명백한 때에는 목적과 작용효과에 각별한 것이 없어도 진보성이 있는 것으로 보고, (ii) 목적이 특이하거나 작용효과가 현저한 경우에는 통상의 기술자라고 하더라도 그 구성의 채택결합을 용이하게 할 수 없는 것이라고 보아 진보성이 있는 것으로 본다. (iii) 목적이 특이하지 않고 작용효과가 현저하지 않을 경우에는 실사 구성에 차이가 있더라도 그 구성의 채택결합을 용이하게 할 수 있는 것이라고 보아 진보성이 없는 것으로 판단한다. 즉, 선행기술의 범위와 내용을 밝히고 그에 비추어 출원발명의 목적, 기술적 구성 및 작용효과를 종합적으로 검토하여 결정한다.

출원발명의 해결수단인 구성의 곤란성 여부가 판단의 핵심이고, 이와 동시에 효과의 현저성 등도 참작하여야 한다. 작용효과가 종래기술과 동일·유사하더라도 그와 전혀 다른 새로운 해결수단을 창작한 때에는 그 새로운 해결방법의 제공에 의한 기술의 발달이 인정되어 진보성이 인정될 수 있다. 또한 기술적 구성이 곤란하지 않다

하더라도 종래 알려지지 않은 놀랄 만한 효과가 발생한 경우에도 진보성이 인정될 수 있다. 출원발명이 다른 사람이 해결하려고 하다가 실패한 과제를 해결하는 방안을 제시한 것이라면, 발명의 진보성이 인정된다.

4. 창작의 난이도

창작의 난이도란 출원발명이 비교대상발명과의 차이점을 극복하여 비교대상발명으로부터 출원발명에 이르게 된 것이 그 발명이 속하는 기술분야에서 통상의 기술자가 창작능력을 발휘할 수 있는지를 의미한다. 비교대상발명과 출원발명의 구성에 차이가 없는 경우에는 그 발명이 속하는 기술분야에서 통상의 기술자가 비교대상발명으로부터 출원발명에 이르게 된 것이 자명하다고 판단하게 된다.

명세서에 기재된 과제의 해결수단에는 출원발명이 해결하고자 하는 과제에 대한 해결방법, 즉 기술적 특징이 반드시 존재하여야 한다. 이 기술적 특징이 바로 발명의 구성이며 이는 청구범위의 구성요소가 된다. 진보성 유무를 가늠하는 창작의 난이도는 그 기술구성의 차이와 작용효과를 고려하여 판단하여야 하는 것이므로 특허출원 발명의 기술구성이 선행기술과 차이가 있을 뿐만 아니라 그 작용효과에 있어서 선행기술에 비하여 현저하게 향상 진보된 것인 때에는 기술의 진보발전을 도모하는 특허제도의 목적에 비추어 특허발명의 진보성을 인정한다.

5. 해당 기술분야의 범위

출원발명과 관련되는 기술분야의 공지기술 중에 기술적 과제 해결과 관계되는 기술수단이 존재한다는 사실은 통상의 기술자가 비교대상발명에 의하여 출원발명을 용이하게 발명할 수 있다는 유력한 근거가 된다. 판례에 의하면, 문제로 된 비교대상발명의 기술적 구성이 특정 산업분야에만 적용될 수 있는 구성이 아니고 해당 특허발명의 산업분야에서 통상의 기술자가 특허발명의 당면한 기술적 문제를 해결하기 위하여 별다른 어려움이 없이 이용할 수 있는 구성이라면 이를 해당 특허발명의 진보성을 부정하는 선행기술로 삼을 수 있다고 한다.[43] 예를 들면, 양말의 구성에 관한 발명에 있어서 비교대상발명에 양말의 구성과 흡사한 장갑이 기재된 경우, 장갑과 양말은 극히 근접한 기술분야에 속하고 서로 관련성이 크므로 통상의 기술자라면 용이하게 장갑의 구성을 양말의 구성으로 치환할 수 있으므로 해당 기술분야로 인정한다.

43) 대법원 2008. 9. 11. 선고 2006후3939 판결.

【진보성 판단에서 발명이 속하는 기술분야】

<대법원 2011. 3. 24. 선고 2009후3886 판결>

> 특허법 제29조 제2항에서 정하는 '그 발명이 속하는 기술분야'란 원칙적으로 해당 특허발명이 이용되는 산업분야를 말한다. 따라서 해당 특허발명이 이용되는 산업분야가 비교대상발명의 그것과 다른 경우에는 비교대상발명을 해당 특허발명의 진보성을 부정하는 선행기술로 사용하기 어렵다 하더라도, 문제가 된 비교대상발명의 기술적 구성이 특정 산업분야에만 적용될 수 있는 구성이 아니고 해당 특허발명의 산업분야에서 통상의 기술자가 특허발명의 당면한 기술적 문제를 해결하기 위하여 별다른 어려움 없이 이용할 수 있는 구성이라면, 이를 해당 특허발명의 진보성을 부정하는 선행기술로 삼을 수 있다.

6. 공지기술을 개량한 발명

선행기술에 기재되어 그 구성 및 기능이 이미 알려져 있는 공지의 기술을 출원발명의 기술적 과제 해결을 위해 필요에 따라 부가하여 그 기능대로 사용함으로써 예측 가능한 효과만을 얻은 경우에는 진보성이 인정되지 않는다.

다만, 출원시 기술상식을 참작할 때 공지의 기술이 적용되어 다른 구성요소와 유기적 결합관계가 형성됨으로써 선행기술에 비해 더 나은 효과가 얻어지는 경우에는 진보성을 인정할 수 있다. 출원발명이 통상의 우황청심원을 경구용(먹는) 액제로 제형화한 것인 경우, 출원 전부터 이미 다수의 한약제에서 환제를 액제 형태로 제형화하는 사례가 적지 않았다고 한다면 출원발명에 특별한 기술적 의의가 있다고 보기 어려우므로 출원발명의 진보성은 부정된다.

출원발명은 볼 그리드 어레이 집적회로 부품 저장을 위한 트레이에 관한 것이고, 출원 당시 이미 집적회로 부품이 핀타입에서 볼 그리드 타입으로 발전해 나가고 있었던 경우, 집적회로 부품의 저장 트레이를 생산하는 통상의 기술자라면 집적회로 부품의 위 형태 변화에 발맞추어 인용발명의 핀 타입 트레이로부터 출원발명의 볼 그리드 타입 트레이를 각별한 어려움 없이 발명할 수 있었을 것이므로 진보성은 인정되지 않는다.

7. 현저한 효과의 고려

청구범위에 기재된 발명의 기술적 구성에 의하여 발생되는 효과가 비교대상발명의 효과에 비하여 더 나은 효과를 갖는 경우에 그 효과는 진보성 판단시 긍정적으로 참작할 수 있다. 출원된 기술에 공지된 선행기술로부터 예측되는 효과 이상의 더욱 나은 새로운 작용효과가 있는 것으로 인정되어 출원발명이 선행기술보다 현저하게 향상·진보된 것으로 판단되는 때에는 기술의 진보발전을 도모하는 특허제도의 목적에 비추어 통상의 기술자가 쉽게 발명할 수 없는 것으로서 진보성이 있는 것으로 본다. 비교대상발명과 청구범위에 기재된 발명이 유사하거나, 복수의 비교대상발명의 결합으로 일견(一見)하여 통상의 기술자가 쉽게 생각해 낼 수 있는 경우에도 청구범위에 기재된 발명이 비교대상발명보다 현저한 효과를 가지며, 이러한 효과가 해당 기술수준으로부터 통상의 기술자가 예측할 수 없는 경우에는 진보성이 인정될 수 있다. 특히 2개 이상의 화합물을 소정 비율로 배합하여 제조한 염료조성물의 진보성은 그 조성물 자체의 작용효과 유무에 따라 판단한다.

Ⅴ. 결합발명의 진보성 판단

1. 결합발명의 기술적 특징

결합발명은 발명의 기술적 과제를 달성하기 위하여 선행기술들에 기재된 기술적 특징을 종합하여 새로운 해결수단으로 구성된 발명을 말한다. 청구범위에 기재된 발명은 전체로 고려되어야 한다. 결합발명의 진보성을 판단함에 있어서 청구범위에 기재된 발명의 구성요소 각각이 공지 또는 비교대상발명으로부터 자명하다고 하여 청구범위에 기재된 발명의 진보성을 부정해서는 안 되고, 청구범위에 기재된 발명은 구성요소를 결합한 전체로 발명을 파악하여야 한다.

청구범위에 기재된 발명의 구성요소를 분해한 후 분해된 각각의 구성요소들이 공지 또는 자명하다고 하여 청구범위에 기재된 발명의 진보성을 부정할 수는 없다.

다만 발명의 구성이 유기적으로 결합되어 있지 않고 단순한 주합에 불과한 경우에는 각 구성별로 검토하여 어느 구성에도 진보성이 없으면 청구범위에 기재된 발명은 진보성이 없다고 판단한다. 결합발명이 기술적 특징 간의 기능적 상호작용으로 인해 개개의 특징의 기술적 효과의 합과는 다른 더 큰 복합적인 상승효과를 달성하는 경우에는 기술적으로 의미 있는 조합으로 간주하여 진보성을 인정할 수 있다.

반면에 청구범위에 기재된 결합발명이 단순히 기술적 특징들의 병렬 또는 단순한 결합에 해당되어 기술적으로 의미 있는 조합이 아닌 주합으로 인정되는 경우에는 결합발명의 진보성이 부정될 수 있다.

2. 결합에 대한 암시 또는 동기가 제시된 경우

발명의 결합에 대한 암시나 동기 등이 선행기술문헌에 제시되어 있는지 여부는 선행기술에 그대로 교시되어 있는 경우뿐만 아니라, 발명이 이루고자 하는 기술적 과제의 성질 그 자체에 내재되어 있는지 또는 통상의 기술자가 가지는 기술상식이나 경험칙 내에 포함되어 있는지를 종합적으로 판단하여 결정한다. 일반적으로 어느 선행기술문헌이 다른 문헌을 인용하고 있을 때에는 결합의 암시 또는 동기가 선행기술문헌에 제시되었다고 할 수 있으므로 양자의 결합은 용이한 것으로 보고 진보성을 부정한다. 또한 동일한 문헌 내에 존재하는 복수의 기술적 특징의 결합은 통상의 기술자가 이를 서로 결합하는 데에 각별한 어려움은 없는 것으로 보아 용이한 것으로 취급한다. 주지·관용기술을 다른 선행기술문헌과 결합하는 것은 통상 용이하다고 본다. 다만 결합되는 기술적 특징이 해당 기술분야에서 주지·관용기술이라고 하더라도 다른 기술적 특징과의 유기적인 결합에 의해 더 나은 효과를 주는 경우에는 그 결합은 자명하다고 할 수 없다.[44)]

예를 들면, 출원발명의 안내부를 제외한 나머지 구성들은 비교대상발명 1에 그대로 나타나 있고, 상기 안내부는 비교대상발명 1에서 인용하고 있는 비교대상발명 2의 가이드부재와 실질적으로 동일한 경우, 비교대상발명들의 결합이 이미 암시되었다고 볼 수 있으므로, 심사관은 비교대상발명 1과 비교대상발명 2를 결합하여 출원발명에 이르는 것은 용이하다고 보고 출원발명을 거절하여야 한다.

3. 비교대상발명의 결합

발명의 진보성을 판단함에 있어서는 인용되는 기술을 결합하면 해당 특허발명에 이를 수 있다는 암시·동기 등이 선행기술문헌에 제시되어 있거나, 그렇지 않더라도 해당 특허발명의 출원 당시의 기술수준·기술상식·해당 기술분야의 기본적 과제·발전경향·해당 업계의 요구 등에 비추어 보아 그 기술분야의 통상의 기술자가 쉽게 그와 같은 결합에 이를 수 있다고 인정할 수 있는 경우에는 해당 발명의 진보성이 부정된다. 결합발명의 진보성을 판단함에 있어 출원발명에 이르기 위해 가장 가까운 비교

44) 대법원 2014. 7. 24. 선고 2012후917 판결: 캐논 감광드럼 특허등록무효사건에서, 대법원은 삼주식회사 등이 명칭을 '처리 카트리지, 전자사진 화상형성장치, 구동력 전달부재 및 전자사진 감광드럼'으로 하는 특허발명의 특허권자인 외국회사를 상대로 특허발명의 신규성이나 진보성이 부정된다는 이유로 등록무효심판을 청구하였으나 특허심판원이 이를 기각한 사안으로, 특허발명의 특징적 구성인 '복수개의 모서리부가 있는 비-원형 횡단면을 가지는 비틀린 돌출부와 구멍'과 비교대상발명의 '나사'는 형상과 상호 유기적 구조가 다르고 양 발명에서 감광드럼이 주 조립체에 장착되고 분리되는 구조, 감광드럼이 구동력을 전달받아 회전하는 구조 등에서 차이가 발생하며, 감광드럼의 회전 정확도 및 분리 작동성 개선의 효과 면에서도 양 발명이 현저한 차이가 있는 등 위 특허발명은 비교대상발명에 의하여 신규성이나 진보성이 부정되지 않는다고 판시하였다.

대상발명과 하나 이상의 다른 비교대상발명을 결합하지 않으면 안 된다는 사실은 진보성이 있음을 시사한다. 또한, 결합된 비교대상발명의 수가 많을수록 사후적 고찰 또는 합당한 거절이유가 결여되어 있는 경우에 해당할 가능성이 높아진다. 결합발명의 진보성은 2 이상의 선행기술을 상호 결합시켜서 판단할 수 있으나, 그 결합은 해당 발명의 출원시에 통상의 기술자가 쉽게 발명할 수 있다고 인정되는 경우에 한한다.

여러 선행기술문헌을 인용하여 결합발명의 진보성을 판단함에 있어서는 그 인용되는 기술을 결합하면 해당 출원발명에 이를 수 있다는 암시·동기 등이 선행기술문헌에 제시되어 있는지 여부를 주로 참작하여 판단한다. 2 이상의 다른 선행기술을 결합하는 것이 쉬운지를 판단하는 경우 (ⅰ) 통상의 기술자가 결합할 가능성이 있는지 여부, (ⅱ) 선행기술의 출처가 동일하거나 인접 기술분야인지 여부, (ⅲ) 결합을 위해 서로 관련지을 만한 합리적인 근거가 있는지 여부를 고려하여야 한다. 미국의 경우, 비교대상발명을 조합하여 진보성을 판단하는 경우 출원발명의 자명성을 증명하기 위하여 2개의 비교대상발명을 결합하는 것이 출원시에 통상의 기술자에게 자명하지 않다면 그러한 조합에 근거하여 진보성을 부인할 수 없다.

4. 공지기술의 주합·단순한 설계변경 등

출원발명이 그 출원 전에 공지된 비교대상발명을 결합한 경우에는 비교대상발명을 결합하는 데 각별한 곤란성이 있다거나 이로 인해 새로운 작용효과가 있는 것이라면 진보성이 있는 발명으로 인정된다. 진보성에 관한 판례는 대부분 비교대상발명으로부터 출원발명에 이르게 된 것이 그 발명이 속하는 기술분야의 통상의 기술자에게 자명한 경우에는 해당 발명의 진보성을 불인정하고, 자명하지 않은 경우에는 진보성을 인정하고 있다.

해당 출원발명의 출원 당시의 기술수준, 기술상식, 해당 기술분야의 기본적 과제, 발전 경향, 해당 업계의 요구 등에 비추어 보아 그 기술분야에 통상의 기술자가 용이하게 그와 같은 결합에 이를 수 있다고 인정할 수 있는 경우에는 해당 결합발명의 진보성을 부정할 수 있다. 일반적으로 진보성 판단에서 일견하여 진보성이 부정되는 예로는 공지기술의 단순한 주합, 치환 또는 전용, 관용수단의 전환·부가·삭제, 단순한 설계변경 또는 재료한정, 용도한정발명, 작용효과가 동일한 경우, 기술사상이 동일하고 발명의 카테고리가 다른 경우 등이다.

Ⅵ. 발명의 유형에 따른 진보성 판단

1. 물건을 제조하는 방법의 발명

물건발명의 진보성이 인정되는 경우에는 그 물건을 생산하는 방법에 관한 발명 및 그 물건의 용도발명은 원칙적으로 진보성이 인정된다. 물건발명의 청구범위는 특별한 사정이 없는 한 발명의 대상인 물건의 구성을 직접 특정하는 방식으로 기재하여야 하므로, 물건의 발명의 청구범위에 그 물건을 제조하는 방법이 기재되어 있다고 하더라도 해당 출원발명의 진보성 유무를 판단함에 있어서는 그 제조방법 자체는 고려할 필요 없이 그 청구범위의 기재에 의하여 물건으로 특정되는 발명만을 그 출원 전에 공지된 발명 등과 비교하면 된다.

방법적 형식으로 기재한 물건에 관한 청구항에 있어서 보호받고자 하는 대상은 방법이나 제조장치가 아니라 물건 자체로 해석되므로 진보성 등에 대한 판단 대상은 물건이다. 즉 방법적 기재에 의해 물성·특성·구조 등을 포함하여 특정되는 물건이 판단의 대상이 된다. 예를 들어, 출원발명이 시트벨트장치용 벨트결합금구를 청구하면서 청구항에 '판상체의 일부를 일측면측으로부터 타측면으로 구부림과 동시에 구부린 부분을 일측면측으로 밀어 되돌림으로써'라고 제조방법을 기재한 경우, 시트벨트는 그 구성을 직접 특정함에 아무런 어려움이 없으므로 제조방법 자체는 고려하지 않고, 그 방법에 의해 얻어진 시트벨트만을 비교대상발명과 대비하여 진보성을 판단하면 된다.

2. 선택발명

(1) 의의　　출원발명은 하위개념의 구체적인 발명이나 그 발명의 상위개념의 발명이 선행기술에 공지된 경우가 자주 있다. 예를 들면, 화학물질의 발명에서 출원발명은 특정 화합물에 관한 것인데 선행기술이 그 화합물을 포함하는 상위개념의 그룹인 경우가 있다. 선택발명(selection invention)이란 비교대상발명에 상위개념이 표현되어 있으나 출원발명의 청구범위에는 하위개념으로 표현된 발명을 말한다. 비교대상발명에는 직접적으로 개시되어 있지 않은 발명의 필수 구성요소의 일부를 선택한 발명을 의미한다. 선택발명은 형식적으로는 선행발명에 대한 이중발명에 해당하여 특허를 받을 수 없는 것이나, 선택발명에 특허권을 부여하는 이유는 발명을 장려하고 산업발달에 기여하는 것을 목적으로 하는 특허법의 목적에 합치되기 때문이다. 선택발명은 특허법에서 규정된 개념은 아니고, 실무상 개념이다. 한편, 수치한정이 없는 선행기술에 대해서 수치한정을 추가해 인식할 수 없었던 현저한 효과를 갖는

발명, 또는 수치한정이 있는 선행기술에 대해서 다시 범위가 좁은 수치한정을 하여 현저한 효과(임계적 의의까지는 필요하지 않다)를 갖는 발명을 수치한정 발명이라고 하지만, 이것도 선택발명의 일종이라고 할 수 있다.[45)]

(2) 선택발명의 성립요건 선행발명에 구성요건이 상위개념으로 기재되어 있고 위 상위개념에 포함되는 하위개념만을 구성요건 중의 전부 또는 일부로 하는 이른바 선택발명에 특허가 인정되기 위한 제1요건은 선행발명에 선택발명을 구성하는 하위개념이 구체적으로 개시되어 있지 아니하여야 신규성이 인정될 수 있다. 제2요건은 선택발명에 포함되는 하위개념들 모두가 선행발명이 갖는 효과와 질적으로 다른 효과를 갖고 있거나, 질적인 차이가 없더라도 양적으로 현저한 효과를 가지는 경우에 진보성이 인정될 수 있다. 선택발명은 선행기술 등과는 다른 독자적인 기술적 의의를 가지므로 특허발명으로서의 신규성과 진보성을 가진다.

따라서 상위개념 중의 예시로서 하위개념이 구체적으로 개시되어 있는 경우와 해당 하위개념으로부터 발생하는 효과가 통상의 기술자가 선행기술로부터 예상해서 얻을 수 있는 범위에 이르는 경우에는 해당 하위개념에 대해 선택발명이 성립할 수 있는 여지는 없다고 할 수 있다. 또한 상위개념인 선행발명 중에는 선택발명의 구성이 포함되어 있는데, 그럼에도 불구하고 신규성 및 진보성을 인정하기 위해서는 작용효과 면에서 진보성을 가질 필요가 있고, 진보성이 결여되지만 신규성은 있는 선택발명은 상정하기 어렵다고 생각된다.

발명의 설명에서 효과 기재의 수준과 관련하여 선행발명에 비하여 현저한 효과가 있음을 명확히 기재하면 충분하고, 그 효과의 현저함을 구체적으로 확인할 수 있는 비교실험자료까지 기재하여야 하는 것은 아니다. 만일 그 효과가 의심스러울 때에는 출원일 이후에 출원인이 구체적인 비교실험자료를 제출하는 등의 방법에 의하여 그 효과를 구체적으로 주장·입증하면 된다. 위와 같은 효과가 명확히 기재되어 있다고 하기 위해서는 선택발명의 발명의 설명에 질적인 차이를 확인할 수 있는 구체적인 내용이나, 양적으로 현저한 차이가 있음을 확인할 수 있는 정량적 기재가 있어야 한다.[46)]

(3) 신규성 판단 선행 또는 공지의 발명에 구성요건이 상위개념으로 기재되어 있고 위 상위개념에 포함되는 하위개념만을 구성요건 중의 전부 또는 일부로 하는 이른바 선택발명의 신규성을 부정하기 위해서는 선행발명이 선택발명을 구성하는 하위개념을 구체적으로 개시하고 있어야 하고, 이에는 선행발명을 기재한 선행문

---

45) 小野昌延, 400면.

46) 대법원 2010. 3. 25. 선고 2008후3469 판결.

헌에 선택발명에 대한 문언적인 기재가 존재하는 경우 외에도 그 발명이 속하는 기술분야에서 통상의 기술자가 선행문헌의 기재내용과 출원시의 기술상식에 기초하여 선행문헌으로부터 직접적으로 선택발명의 존재를 인식할 수 있는 경우도 포함된다.

(4) 진보성 판단　　선택발명이 비교대상발명의 효과에 비하여 유리한 효과를 가질 경우에는 그 선택발명은 진보성이 인정될 수 있다. 일반적으로 공지된 것 중에서 실험적으로 최적이거나 적절한 것을 선택하는 것은 진보성이 없다고 본다. 그러나 선행발명에는 구체적으로 개시되어 있지 않은 것을 선택하여 이것을 결합함에 따라 선행발명에서는 예기치 못한 현저한 효과를 발휘하는 발명에 특허를 허여하는 것은 특허법의 목적에 합치된다. 일반적으로, 선택발명은 선발명기재의 명세서 또는 문헌 중에 제시되어 있지 않은 현저한 효과를 거두는 경우에는 진보성이 있는 것이 되고, 그렇지 않은 경우에는 진보성이 없거나 선행발명과 동일한 것으로 간주된다. 선행 또는 공지의 발명에 구성요건이 상위개념으로 기재되어 있고 위 상위개념에 포함되는 하위개념만을 구성요건 중의 전부 또는 일부로 하는 이른바 선택발명의 진보성이 부정되지 않기 위한 요건은 선택발명에 포함되는 하위개념들 모두가 선행발명이 갖는 효과와 질적으로 다른 효과를 갖고 있거나 질적인 차이가 없더라도 양적으로 현저한 차이가 있어야 한다.

(5) 선택발명의 성립요건 판단　　선택발명의 특허요건으로서 신규성과 진보성을 이원적으로 분리하여 판단할 수 있는지 여부에 대하여 실무상 다음 두 가지 견해가 대립하고 있다. 즉, 제1요건으로서 선행발명에 선행문헌 등이 구체적으로 개시되어 있지 않은 것인지 여부는 신규성 충족요건으로, 제2요건은 진보성 충족요건으로 나누어 취급하는 방법과 위 두 요건을 신규성 및 진보성을 동시에 충족하는 요건으로 취급하는 방법이 있다. 선택발명이 가지는 효과가 여러 개인 경우, 선택발명의 효과 모두를 이에 대응하는 선행발명의 효과와 대비하여 모든 종류의 효과에서 현저한 차이가 있어야 하는 것이 아니고, 선택발명의 효과 중 일부라도 대응하는 선행발명 효과에 비하여 현저한 효과가 인정되면 충분하다.

【선택발명의 효과 중 일부라도 인정되면 성립】

<대법원 2012. 8. 23. 선고 2010후3424 판결>

> 선택발명에 여러 효과가 있는 경우에 선행발명에 비하여 이질적이거나 양적으로 현저한 효과를 갖는다고 하기 위해서는 선택발명의 모든 종류의 효과가 아니라 그 중 일부라도 선행발명에 비하여 그러한 효과를 갖는다고 인정되면 충분하다.

3. 수치한정발명

수치한정발명이란 청구항에 기재된 발명의 구성의 일부가 수량적으로 표현된 발명을 의미한다. 청구항에 기재된 발명의 과제가 비교대상발명과 공통되고 효과가 동일한 경우에 그 수치한정의 임계적 의의가 요구된다. 청구항에 기재된 발명의 과제가 비교대상발명과 상이하고 그 효과도 다른 경우에는 수치한정을 제외한 양 발명의 구성이 동일하여도 수치한정의 임계적 의의를 요하지 아니한다.

공지기술로부터 실험적으로 최적의 수치범위를 선택하는 것은 일반적으로 그 발명이 속하는 기술분야에서 통상의 기술자가 용이하게 발명할 수 있으므로 진보성이 인정되지 않는다. 청구항에 기재된 발명이 한정된 수치범위 내에서 비교대상발명의 효과에 비하여 유리한 효과를 가질 때에는 진보성이 인정된다. 수치한정이 어떤 범위에 걸치는 경우는 그 범위 내의 대표적인 수치에 관한 효과만이 아니고 대표적인 수치 이외의 부분에 관한 효과에 대하여도 판단하지 않으면 안 된다.

예를 들면, 출원발명의 제조원료나 제조공정이 공지된 비교대상발명의 그것과 일부 유사하거나 동일한 점이 있다고 하더라도 출원발명이 그 제조원료의 구성비나 공정상의 첨가물에 있어 비교대상발명과 다르고 또 그로 인하여 경제성과 완제품의 품질이 비교대상발명보다 현저하게 향상·진보된 경우에는 진보성이 있는 것으로 본다.

【수치한정발명의 진보성 판단】

<대법원 2010. 8. 19. 선고 2008후4998 판결>

특허발명이 그 출원 전에 공지된 발명이 가지는 구성요소의 범위를 수치로써 한정하여 표현한 경우에 있어, 그 특허발명의 과제 및 효과가 공지된 발명의 연장선상에 있고 수치한정의 유무에서만 차이가 있는 경우에는 그 한정된 수치범위 내외에서 현저한 효과의 차이가 생기지 않는다면 그 특허발명은 그 기술분야에서 통상의 기술자가 통상적이고 반복적인 실험을 통하여 적절히 선택할 수 있는 정도의 단순한 수치한정에 불과하여 진보성이 부정된다. 다만, 그 특허발명에 진보성을 인정할 수 있는 다른 구성요소가 부가되어 있어서 그 특허발명에서의 수치한정이 보충적인 사항에 불과하거나, 수치한정을 제외한 양 발명의 구성이 동일하더라도 그 수치한정이 공지된 발명과는 상이한 과제를 달성하기 위한 기술수단으로서의 의의를 가지고 그 효과도 이질적인 경우라면, 수치한정의 임계적 의의가 없다고 하여 진보성이 부정되지 아니한다.

4. 파라미터발명

파라미터(parameter)발명은 물리적·화학적 특성값에 대하여 해당 기술분야에서 표준적인 것이 아니거나 관용되지 않는 파라미터를 출원인이 임의로 창출하거나, 복수의 변수 사이의 상관관계를 이용하여 연산식으로 파라미터화한 후 발명의 구성요소의 일부로 하는 발명을 말한다. 파라미터발명은 청구범위의 기재 자체만으로는 기술적 구성을 명확하게 이해할 수 없는 경우가 있으므로, 파라미터발명의 진보성은 발명의 설명 또는 도면 및 출원시의 기술상식을 참작하여 발명이 명확하게 파악되는 경우에 한하여 판단한다. 청구범위에 기재된 성질 또는 특성이 발명의 내용을 한정하는 사항인 이상 이를 발명의 구성에서 제외하고 선행기술과 대비할 수 없으므로, 파라미터발명의 경우 파라미터로부터 기인하는 성질 또는 특성 등을 감안하여 용이하게 발명될 수 있는지 여부를 판단한다.

파라미터발명의 진보성 판단은 먼저 파라미터의 도입에 기술적 의의가 있는지 여부를 살펴야 하는 바, 청구범위에 기재된 파라미터가 출원 전 공지된 물성을 표현방식만 달리하여 나타낸 것에 불과하거나 공지된 물건에 내재된 본래의 성질 또는 특성을 시험적으로 확인한 것에 불과한 경우 또는 파라미터와 더 나은 효과와의 인과관계가 부족한 경우에는 기술적 의의를 인정할 수 없으므로 진보성을 부정한다. 다만 파라미터발명이 수치한정발명의 형태를 취하고 있는 경우에는 수치한정발명의 진보성 판단기준을 그대로 적용할 수 있으므로 비록 파라미터 자체만으로는 기술적 의의가 없더라도 수치한정에 의해 이질적 또는 동질적이라도 현저한 작용효과가 인정된다면 진보성을 인정할 수 있다.

5. 다항으로 기재된 발명

청구항마다 발명이다(The claim defines the invention). 독립항과 종속항의 권리해석은 독립적으로 해석한다. 종속항은 선행하는 청구항을 인용하고 있으므로 독립항에 종속되어 있는 상태이다. 일반적으로 종속항은 독립항보다 권리범위가 좁기 때문에 독립항의 진보성이 인정되는 경우에는 그 독립항에 종속되는 종속항도 진보성이 인정된다. 예를 들면, 독립항인 청구항 제1항의 발명이 신규성과 진보성이 인정되면, 종속항인 청구항 제2항과 제3항의 발명도 신규성과 진보성이 인정된다. 그러나 독립항의 진보성이 인정되지 않는 경우에는 그 독립항에 종속되는 종속항에 대하여는 별도로 진보성을 판단하여야 한다.

【청구항이 복수의 구성요소로 되어 있는 경우 진보성 판단】

<대법원 2007. 11. 29. 선고 2006후2097 판결>

> 특허발명의 청구범위에 기재된 청구항이 복수의 구성요소로 되어 있는 경우에는 각 구성요소가 유기적으로 결합한 전체로서의 기술사상이 진보성 판단의 대상이 되는 것이지 각 구성요소가 독립하여 진보성 판단의 대상이 되는 것은 아니므로, 그 특허발명의 진보성 여부를 판단함에 있어서는 청구항에 기재된 복수의 구성을 분해한 후 각각 분해된 개별 구성요소들이 공지된 것인지 여부만을 따져서는 안 되고, 특유의 과제 해결원리에 기초하여 유기적으로 결합된 전체로서의 구성의 곤란성을 따져 보아야 한다. 이때 결합된 전체 구성으로서의 발명이 갖는 특유한 효과도 함께 고려하여야 한다. 청구항 1의 진보성이 부정되지 않는 이상, 그 종속항인 청구항 2 내지 9 역시 진보성이 부정되지 않는다.

6. 마쿠쉬 청구항

마쿠쉬(Markush) 청구항은 주로 화학발명에서 이용되는 기재방식으로 약품화학분야의 청구범위 기재에서 많이 찾아볼 수 있다. 청구항 기재형식은 '~에 있어서, ~ 상기 구성요소 A는 a, b, c, d, e, f, g 중의 어느 것으로 선택되는 것을 특징으로 하는 화합물'등과 같이 기재되며, 여기서 그룹 a, b, c, d, e, f, g는 성질이나 속성이 서로 유사한 물질이어야 한다.[47] 마쿠쉬 청구항으로 기재된 청구범위에서 구성요소 중 어느 하나를 선택하여 비교대상발명과 대비한 결과 진보성이 인정되지 않으면 청구항에 기재된 발명 전체에 대하여 진보성이 없는 것으로 판단한다. 이 경우 출원인은 진보성이 없는 것으로 지적한 선택요소를 삭제하면 거절이유를 해소할 수 있다.

마쿠쉬 형식 또는 구성요소가 선택적으로 기재된 청구항의 진보성을 판단함에 있어 선택요소 중 어느 하나에 대한 효과를 출원발명 전체의 효과로 확대하지 않는다. 예를 들면, 출원발명이 여러 가지 화합물을 선택요소로 포함하는 신경보호용 크로만 화합물인 경우, 화합물 모두가 인용발명에 비하여 현저한 효과가 있어야 특허를 받을 수 있는 것이므로, 명세서에 효과가 뛰어나다고 기재해 놓은 일부 화합물에 대비하는 실험자료만을 가지고 출원발명 전체의 효과로 인정하여 진보성을 인정하지 않는다.

---

47) 특허청, 명세서 작성요령 및 청구범위해석(마쿠쉬 청구항 사례), 2010, 98면: 1개 이상의 비시클로-오르토에스테르기 또는 스피로-오르토에스테르기를 함유하는 제1화합물을 포함하는 코팅 조성물로서, 상기 코팅 조성물은 이소시아네이트기, 에폭시기, 아세틸기 및 알콕시실란기로 이루어진 군으로부터 선택되는 2개 이상의 히드록실 반응성 기를 함유하는 제2화합물을 포함하는 것을 특징으로 하는 코팅 조성물.

7. 제법한정 물건발명 청구항

(1) 의의 청구범위에 발명의 대상이 되는 물건의 구성을 직접적으로 기재하여 특정하는 것이 불가능하거나 곤란한 경우에 출원인의 권리보호를 위하여 예외적으로 제조방법이 기재된 물건방법을 청구할 수 있는 product-by-process claim(제법한정 물건발명 청구항)을 허용하고 있다. 제법한정 물건발명 청구항은 물건의 구성을 나열하는 대신 그 물건을 얻기 위한 제조과정이나 방법을 서술함으로써 그 물건을 특정하는 형태의 청구항을 말한다.

제법한정 물건발명 청구항은 구성이 그것을 제조하는 방법이나 수단을 사용하여 표현하고자 할 경우에 '~방법으로 제조된 물건'또는 '~장치로 제조된 물건'과 같은 형식으로 표현한다. 제법한정 물건발명 청구항은 특허를 받고자 하는 물건의 구성을 적절히 기재하기 어려운 신규한 물질, 식품, 음식물 등에 한하여 예외적으로 인정한다. 물건에 관한 발명이 진보성이 인정되는 경우에는 그 물건의 제조방법에 관한 발명 및 그 물건의 용도 발명은 원칙적으로 진보성이 인정된다.[48)]

판례에 의하면, 물건발명의 청구범위에 그 물건을 제조하는 방법이 청구항에 기재되어 있다고 하더라도 그 제조방법에 의해서만 물건을 특정할 수밖에 없는 경우에 해당 특허발명의 진보성 유무를 판단함에 있어서는 그 제조방법 자체는 이를 고려할 필요 없이 그 청구범위의 기재에 의하여 물건으로 특정되는 발명만을 그 출원 전에 공지된 발명 등과 비교한다.[49)] 여기서 위 특별한 사정은 물건의 구조나 물성 등 출원시 해당 기술분야에서 통상적인 방법으로 물건을 특정하는 것이 어려운 경우와 같이 극히 예외적으로 인정된다고 한다.[50)]

(2) 대법원 2011후 927전원합의체 판결 제조방법이 기재된 물건발명의 특허요건에 대하여, 대법원은 "특허법 제2조 제3호는 발명을 물건의 발명, 방법의 발명, 물건을 생산하는 방법의 발명으로 구분하고 있는 바, 청구범위가 전체적으로 물건으로 기재되어 있으면서 그 제조방법의 기재를 포함하고 있는 발명(이하 "제조방법이 기재된 물건발명"이라고 한다)의 경우 제조방법이 기재되어 있다고 하더라도 발명의 대상은 그 제조방법이 아니라 최종적으로 얻어지는 물건 자체이므로 위와 같은 발명의

---

48) 특허심사기준, 3329면.

49) 대법원 2009. 9.24. 선고 2007후4328 판결.

50) Robert C. Faber, Landis on Mechanics of Patent Claim Drafting(5th edition), Practising Law Institute, 2004, 5-5면: A product-by-process claim is one where an article or at least one element of an article is claimed by reciting the process for fabricating the article or its element; Donald S. Chisum, Elements of United States of Law(2nd edition), 雄松堂, 2000, 214면: 제법한정 물건발명 청구항(product-by-process claim)은 신규한 물건(a new product)을 제조방법으로 특정한 청구항이다.

유형 중 물건의 발명에 해당한다. 물건의 발명에 관한 청구범위는 발명의 대상인 물건의 구성을 특정하는 방식으로 기재되어야 하는 것이므로, 물건의 발명의 청구범위에 기재된 제조방법은 최종 생산물인 물건의 구조나 성질 등을 특정하는 하나의 수단으로서 그 의미를 가질 뿐이다.

따라서 제조방법이 기재된 물건발명의 특허요건을 판단함에 있어서 그 기술적 구성을 제조방법 자체로 한정하여 파악할 것이 아니라 제조방법의 기재를 포함하여 청구범위의 모든 기재에 의하여 특정되는 구조나 성질등을 가지는 물건으로 파악하여 출원 전에 공지된 선행기술과 비교하여 신규성, 진보성 등이 있는지 여부를 살펴야 한다. 한편, 생명공학분야나 고분자, 혼합물, 금속 등의 화학분야 등에서의 물건의 발명 중에는 어떠한 제조방법에 의하여 얻어진 물건을 구조나 성질 등으로 직접적으로 특정하는 것이 불가능하거나 곤란하여 제조방법에 의해서만 물건을 특정할 수밖에 없는 사정이 있을 수 있지만, 이러한 사정에 의하여 제조방법이 기재된 물건발명이라고 하더라도 그 본질이 물건의 발명이라는 점과 청구범위에 기재된 제조방법이 물건의 구조나 성질 등을 특정하는 수단에 불과하다는 점은 마찬가지이므로, 이러한 발명과 그와 같은 사정은 없지만 제조방법이 기재된 물건발명을 구분하여 그 기재된 제조방법의 의미를 달리 해석할 것은 아니다."고 판시하였다.[51)]

특허권자가 물건발명(폴리비닐알코올계 중합체 필름과 편광필름)을 특허등록을 하면서 함께 받은 제조방법 특허는 사실상 특허로 인정할 수 없다고 판단하고 종래의 판례를 모두 변경하였다.

(3) 특허심사기준의 개정 2011후927 전원합의체 판결은 제조방법이 기재된 물건발명의 청구범위에 대해서 특허권을 인정해주었던 기존 대법원 판례를 뒤집는 판결이다. 특허청은 이 판결의 취지를 특허심사기준에 반영하여 "물건을 제조방법으로 한정하여 발명을 청구할 수 있다."는 것을 분명하게 하고, 다음과 같이 심사기준을 개정하였다.

1) 제법한정 물건발명 기재불비 판단 명확화 물건을 제조방법으로 한정하여 기재하는 것이 가능하고, 물건의 구성이 전체로서 명료하다면 방법적 기재가 있다는 이유만으로 기재불비를 통지하지 아니한다. 심사관은 명세서 등을 고려해도 제조방법(출발물질 또는 제조공정 등)이 불명확한 경우에는 청구항의 기재가 불명확하다는 거절이유를 통지하여야 한다.

2) 제법한정 물건발명 청구범위 해석방법 개선 제조방법이 물건의 구조나 성질

51) 대법원 2015. 1. 22. 선고 2011후927 전원합의체 판결.

등에 영향을 주는 경우에는 제조방법에 의해 특정되는 구조나 성질 등을 가지는 물건을 비교대상발명(인용발명)과 비교한다. 제조방법이 물건의 구조나 성질 등에 영향을 주지 않은 경우에는 최종적으로 얻어지는 물건 자체를 비교대상발명과 비교한다.

3) 제조방법이 물건의 구조에 영향을 미쳤는지 결정이 어려운 경우　　심사관은 해당 제조방법을 고려하지 않은 물건 자체와 동일·유사한 비교대상발명으로 신규성·진보성이 부정되는 합리적인 의심이 있다면 신규성 또는 진보성이 결여됨을 이유로 거절이유통지를 할 수 있다.

8. 상업적으로 성공한 발명

특허발명의 제품이 상업적으로 성공하였다는 점은 진보성을 인정하는 하나의 자료로 참고할 수 있지만, 이러한 사정만으로 진보성이 인정된다고 할 수는 없다. 특허발명의 진보성에 관한 판단은 우선적으로 명세서에 기재된 내용, 즉 해결하고자 하는 과제, 과제의 해결수단 및 효과를 토대로 선행기술에 기하여 해당 기술분야에서 통상의 기술자가 이를 쉽게 발명할 수 있는지 여부에 따라 판단한다. 상업적 성공이 발명의 기술적 특징으로부터 비롯된 것이 아니라 다른 요인인 판매기술의 개선이나 광고 선전 등에 의해 얻어진 것이라면 진보성 판단의 참고자료로 삼을 수 없다. 예를 들면, 출원발명에 해당하는 휴대용 영상 가요반주기가 비록 일본에서 선풍적 인기를 끌어 2년간 8천 4백만 달러의 수출계약을 체결하였다 하더라도 그것이 출원발명의 기술적 구성의 우월성에만 기초한 것이라 단정할 수 없고 실시자의 영업적 능력에 기인한 것으로 인정되는 때에는 상업적으로 성공하였다는 사정만으로 진보성을 인정하지 않는다. 대법원은 특허발명의 제품이 상업적으로 성공하였거나 특허발명의 출원 전에 오랫동안 실시했던 사람이 없었던 점 등의 사정은 진보성을 인정하는 하나의 자료로 참고할 수 있지만, 이러한 사정만으로 진보성이 인정된다고 할 수는 없고, 특허발명의 진보성에 관한 판단은 우선적으로 명세서에 기재된 내용, 즉 발명의 목적, 구성 및 효과를 토대로 선행기술에 기하여 해당 기술분야에서 통상의 기술자가 이를 쉽게 발명할 수 있는지 여부에 따라 판단되어야 한다고 판시하였다.[52]

VII. 신규성과 진보성 판단의 차이점

신규성의 선행기술의 범위는 기술분야에 있어 제한이 없으나, 진보성에서는 해

52) 대법원 2008. 8. 29. 선고 2006후3052 판결.

당 기술분야로 한정한다는 점이 다르다. 신규성과 진보성의 또 다른 차이점은 신규성 판단은 발명의 구성을 비교하나, 진보성은 해결하고자 하는 과제, 과제의 해결수단 및 효과를 비교대상으로 한다는 점이다. 또한 신규성에서는 판단의 주체와 기준에 대한 언급이 없으나, 진보성에서 판단의 주체는 해당 기술분야의 통상의 기술자이며, 판단의 수준은 용이하게 발명할 수 있는 것을 요구하고 있다. 판단의 관점은 신규성은 발명의 동일성 여부에, 진보성은 발명의 용이성 여부에 두고, 비교대상발명의 수는 신규성 판단에서는 1개로 제한하나, 진보성의 비교대상발명은 1개 이상(보통 2개의 비교대상발명)을 선정하여 결합하는 점에서 차이가 있다.

제9절 확대된 선원

Ⅰ. 관련 규정

특허출원한 발명[53]이 그 특허출원일 전에 출원된 특허출원이고, 그 특허출원 후 출원공개되거나 등록공고된 특허출원일 것이라는 요건을 모두 갖춘 다른 특허출원의 출원서에 최초로 첨부된 명세서 또는 도면에 기재된 발명과 동일한 경우에 그 발명은 특허를 받을 수 없다. 다만, 그 특허출원의 발명자와 다른 특허출원의 발명자가 같거나 그 특허출원을 출원한 때의 출원인과 다른 특허출원의 출원인이 같은 경우에는 그러하지 아니하다(제29조 제3항).

특허법 제29조 제3항은 선출원이 다른 특허출원인 경우이고, 같은 법 제29조 제4항은 선출원이 실용신안등록출원인 경우이다. 특허법 제29조 제3항 및 제4항은 소위 '확대된 선원'에 대하여 규정하고 있다. 동조 제5항 및 제6항은 확대된 선원을 국제특허출원(또는 국제실용신안등록출원)에도 적용하는 특례 규정이다.

한편, 다른 특허출원이 국제특허출원인 경우에는 특허법 제29조 제5항은 제3항을 적용하고, 실용신안등록출원이 국제실용신안등록출원인 경우에는 같은 법 제29조 제6항은 제4항을 적용한다. 특허법 제29조 제3항 또는 제4항을 적용할 때 취하한 것으로 보는 국제특허출원 또는 취하한 것으로 보는 국제실용신안등록출원은 다른 특허출원 또는 실용신안등록출원으로 보지 아니한다(제29조 제7항).

특허법 제29조 제3항 또는 제4항 단서는 "발명자 또는 출원인이 동일한 경우에

53) 특허출원한 발명이란 '출원발명'으로 심사관이 심사하는 '해당 특허출원'말한다. 만약 심사청구제도를 고려하면, 다른 특허출원은 '선출원'이고 심사미청구를 한 출원이다. 해당 특허출원은 '후출원'이고, 심사청구한 출원일 수 있다.

는 해당 조항을 적용하지 않는다."는 의미이다. 선출원과 후출원의 발명자가 동일하거나 출원인이 동일한 때에는 같은 법 제36조(선출원)의 규정이 적용된다.

Ⅱ. 법의 취지

특허법 제29조 제3항 내지 제6항은 소위 확대된 선원에 대하여 규정하고 있다. 확대된 선원의 실질은 선출원범위의 확대보다는 신규성, 진보성, 선출원의 요건 외에 후출원을 거절할 사유를 정하고 있는 것이다. 출원공개제도에 따라 출원발명은 출원일 이후 1년 6개월 후에 공개되기 때문에 출원 후 출원내용의 공개까지의 사이에 선출원에 기재된 발명과 동일한 발명에 관한 후출원이 있는 경우 후출원을 어떻게 취급할 것인지가 문제된다. 예를 들어, 선출원의 명세서 또는 도면에는 기재되어 있으나 청구범위에 들어 있지 아니한 발명을 제3자가 청구범위로 하여 후출원한 경우에 이를 거절할 필요가 있다.

명세서 또는 도면에 기재되어 있는 발명이 출원공개 또는 등록공고에 의하여 공개되므로 청구범위에 포함되어 있지 않아도 그 발명은 출원인의 입장에서 보면 대가 없이 사회에 공여(供與)한 발명이라 볼 수 있다. 따라서 특허법 제29조 제3항 및 제4항은 이렇게 공여된 발명을 후출원한 제3자의 전유물로 하는 것은 불합리할 뿐만 아니라, 새로운 발명에 대한 공개의 대가로 일정기간 동안 독점배타적 권리를 부여하는 특허제도의 취지에도 부합되지 않는다.

또한 명세서 또는 도면에 기재된 발명을 보정에 의해 청구범위에 기재할 경우 특허법 제36조 규정에 의한 선출원이 될 가능성이 있어 후출원의 심사를 선출원의 심사종결시까지 미루어야 하는 문제가 생기므로 이를 방지하기 위한 측면도 있다. 그리고 당초의 명세서와 도면에 기재되어 있는 발명 전부에 후출원을 거절할 수 있는 효과를 부여한다면 선출원에 관한 심사청구 여부에 상관없이 후출원을 거절할 수 있게 된다. 또한 소위 방어출원 등이 심사청구를 하지 않아도 방어출원으로서의 역할을 충분히 할 수 있도록 하여 심사부담을 경감시킬 수 있는 효과도 있다.

Ⅲ. 적용 요건

1. 의의

특허출원한 발명(후출원)이 그 특허출원일 전에 출원된 특허출원이고, 그 특허출원 후 출원공개되거나 등록공고된 다른 특허출원(선출원)의 출원서에 최초로 첨부된 명세서 또는 도면에 기재된 발명과 동일한 경우에 그 발명은 특허를 받을 수 없다. 선출원주의에 따르면 후출원을 거절하기 위해서는 선후출원의 청구범위가 동일해야 한다. 그러나 특허법 제29조 제3항의 규정에 의하면 후출원을 거절할 수 있는 범위가 선출원의 청구범위에서 최초로 첨부된 명세서 또는 도면 전체에 기재된 발명으로 확대되었으므로 이를 '확대된 선원'이라 한다.

즉 확대된 선원이란 선원으로서의 자격이 청구범위뿐만 아니라 발명의 설명 또는 도면에 기재되어 있는 발명에까지 확대되는 것을 말한다. 그러나 확대된 선원은 그 특허출원일 전에 출원된 특허출원이고, 그 특허출원 후 출원공개되거나 등록공고된 특허출원의 요건을 모두 요구하는 점에서 선출원주의와 구별된다.

2. 확대된 선원과 선출원의 차이점

선출원은 청구범위만을 비교하여 동일성을 판단하지만, 확대된 선원에서는 다른 특허출원의 출원서에 최초로 첨부된 명세서 또는 도면에 기재된 발명과 특허출원한 발명을 비교하여 동일성을 판단한다. 선출원에서는 같은 날 출원의 경우 또는 출원인 또는 발명자가 동일한 경우에도 적용이 가능하다. 선출원에서는 선원 또는 후원의 출원인 또는 발명자가 동일한 경우 중복특허를 방지하여야 하므로 후원을 거절하여야 한다. 그러나 확대된 선원에서는 같은 날 출원의 경우 또는 출원인 또는 발명자가 동일한 경우에도 적용하지 않는다.

확대된 선출원에서는 선출원 명세서 또는 도면의 내용이 신규성 판단의 기초가 되는 공지기술로 되기 위해서는 해당 특허출원(후출원)이 다른 특허출원(선출원)의 출원일 이후에 출원공개되거나 등록공고되는 것을 전제조건으로 하나 선출원주의에서는 이러한 전제조건은 없다. 선출원에 있어서는 선원이 무효, 포기 또는 취하된 경우 선원으로서의 지위를 상실한다(제36조 제4항).

확대된 선출원에서는 출원이 일단 출원공개되거나 등록공고된 후에는 해당 특허출원에 대하여 특허여부 결정, 무효, 취하 또는 포기 등이 있다 하더라도 다른 특허출원의 지위는 유지된다.

Ⅳ. 동일성 판단

1. 발명의 동일성 판단 기준

심사관이 심사하는 대상 출원이 후출원인 경우, 후출원의 청구범위와 선출원의 명세서(도면)를 대비하여 발명의 동일성을 판단한다. 발명의 동일성이란 구성요소를 비교하여, 후출원의 청구범위에 기재된 구성요소가 선출원의 명세서 또는 도면에 모두 포함되어 동일하다면, 후출원은 선출원과 동일하다는 이유로 특허법 제29조 제3항의 위반으로 거절한다. 같은 법 제29조 제3항 및 제4항의 적용에 따른 발명의 동일성 판단은 해당 출원의 청구항에 기재된 발명(이하 "해당 발명"이라 한다)과 타출원의 최초출원시 출원서에 첨부된 명세서 또는 도면에 기재된 발명 또는 고안(이하 "타발명"이라 한다)을 기준으로 양자가 동일한지 여부를 판단한다.

2. 동일성 판단의 실체적 방법

발명의 동일성 문제는 발명의 신규성 문제뿐만 아니라 공지예외주장출원, 확대된 선원, 정당한 권리자의 보호, 선원, 특허를 받을 수 있는 권리의 승계, 분할출원, 변경출원 및 우선권주장출원 등의 적합성을 판단하는 때에도 발생하는 문제로 동일성 판단기준은 상기 각 부분에서 준용한다.

【발명의 동일성 판단 기준】

<대법원 2012. 9. 13. 선고 2012후1644 판결>

확대된 선출원에 관한 특허법 제29조 제3항에서 규정하는 발명의 동일성은 발명의 진보성과는 구별되는 것으로서 양 발명의 기술적 구성이 동일한가 여부에 의하되 발명의 효과도 참작하여 판단할 것인데 기술적 구성에 차이가 있더라도 그 차이가 과제해결을 위한 구체적 수단에서 주지·관용기술의 부가·삭제·변경 등에 지나지 아니하여 새로운 효과가 발생하지 않는 정도의 미세한 차이에 불과하다면 양 발명은 서로 실질적으로 동일하다. 양 발명의 기술적 구성의 차이가 위와 같은 정도를 벗어난다면 설사 그 차이가 그 발명이 속하는 기술분야에서 통상의 기술자가 용이하게 도출할 수 있는 범위 내라고 하더라도 양 발명을 동일하다고 할 수 없다. 양 발명의 구성에 상이점이 있어도 그 기술분야에 통상의 기술자가 보통으로 채용하는 정도의 변경에 지나지 아니하고 발명의 목적과 작용효과에 각별한 차이를 일으키지 아니하는 경우에는 양 발명은 동일한 것으로 판단한다. 만일 양 발명의 기술적 구성에 차이가 있더라도 그 차이가 과제해결을 위한 구체적 수단에서 주지·관용기술의 부가·삭제·변경 등 새로운 효과의 발생이 없는 정도의 미세한 차이에 불과하다면 양 발명은 서로 동일하다고 본다.

3. 발명이 실질적으로 동일한 경우

발명이 실질적으로 동일한 경우란 과제해결을 위한 구체적 수단에서 주지관용기술의 단순한 부가, 전환, 삭제 등에 불과하여 새로운 효과 발생이 없고, 발명 간의 차이가 발명의 사상에 실질적인 영향을 미치지 않는 비본질적 사항에 불과한 경우를 말한다.[54] 또한 발명이 실질적으로 동일한 경우란 인용발명과 청구범위에 기재된 발명이 단순한 표현의 상위, 단순한 효과의 인식의 상위, 단순한 목적의 상위, 단순한 구성의 변경, 단순한 용도의 상위 및 단순한 용도한정의 유무 등 발명의 사상에는 실질적으로 아무런 영향을 미치지 아니하고 단지 비본질적 사항(부수사항)에 차이가 있는 데 불과한 경우이다.

4. 단순한 구성의 변경

단순한 구성의 변경이란 어떤 발명에 대하여 그 구성을 변경함으로써 구성이 다른 발명이 되었을 때 그 변경이 목적달성을 위한 구체화 수단으로서 통상의 기술자에 의하여 일반적으로 채용될 수 있는 정도의 기술수단의 단순한 치환, 부가 또는 삭제 등에 해당하는 것이고, 그 변경에 의하여 발명의 목적 및 효과에 각별한 차이가 생기지 않는 경우를 말하며, 단순한 관용수단의 전환, 단순한 관용수단의 부가 또는 삭제, 단순한 재료변환 또는 균등물 치환, 단순한 균등수단의 전환, 단순한 형상, 수 또는 배열의 한정이나 변경, 단순한 수치의 한정 또는 변경 등이 포함된다.

5. 성립요건

발명이 동일한지 여부에 대한 판단과 관련하여 특허법 제29조 제3항을 적용하기 위해서는 다음 요건을 충족하여야 한다. 해당 특허출원(이하 "해당출원"이라 한다)의 출원일(조약우선권주장을 수반하는 출원은 제1국 출원일, 국내우선권주장출원은 선출원일) 전에 타 특허출원 또는 실용신안등록출원(이하 "타출원"이라 한다)이 출원되어 있어야 한다.

(1) 분할출원 또는 변경출원의 경우 타출원이 분할출원 또는 변경출원인 경우에는 특허법 제29조 제3항 내지 제6항의 적용에 있어 출원일은 분할 또는 변경출원일이다. 분할출원이나 변경출원은 특허법 제29조 제3항 또는 제4항 적용시 출원일이 소급되지 않으므로 당해출원보다 출원일이 늦어 선행기술로 사용할 수 없으나, 원출원은 당해출원보다 출원일이 앞서므로 타출원으로 하여 선행기술로 사용할 수 있다. 아래 <그림 2>는 이러한 확대된 선원의 적용 법리를 설명한 것이다.

---

54) 대법원 2004. 3. 12. 선고 2002후2778 판결.

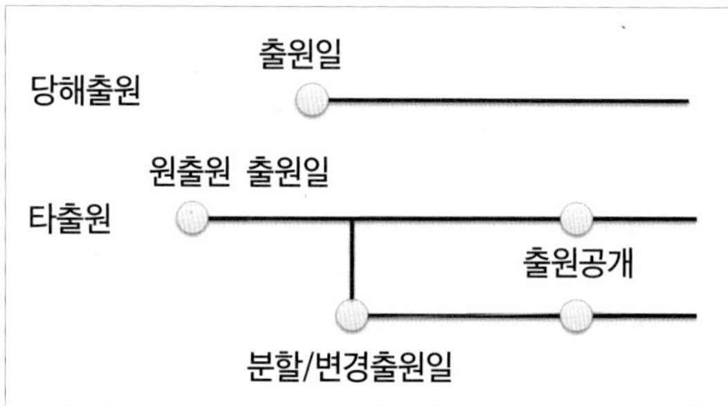

〈그림 2〉 분할출원 또는 변경출원의 경우 확대된 선원의 적용

(2) 타출원이 우선권주장을 수반하는 출원인 경우　　타출원이 파리협약에 의한 우선권주장을 수반하는 출원인 경우에는 제1국 출원의 명세서 또는 도면(당초 명세서 등)과 우선권주장수반출원에 공통으로 기재된 발명에 대하여는 제1국 출원일을 타출원의 출원일로 인정한다. 해당출원의 출원 후에 타출원이 출원공개되거나 등록공고된 특허출원이어야 한다. 아래 <그림 3>은 이러한 법리를 설명한 것이다.

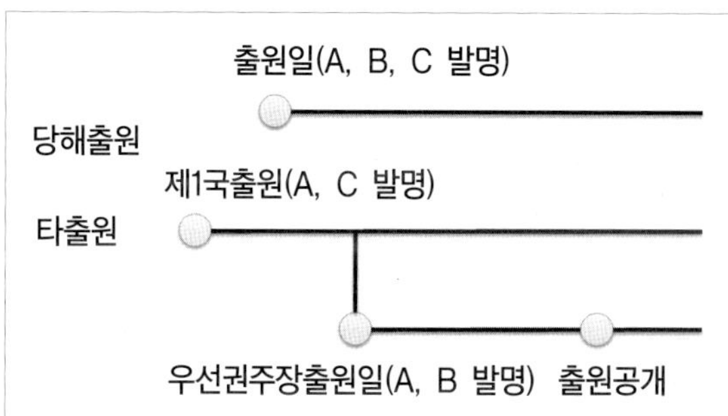

〈그림 3〉 타출원이 우선권주장을 수반하는 출원인 경우 확대된 선원의 적용

상기 <그림 3>에서 제1국 출원에 기재된 발명 A는 특허법 제29조 제3항 또는 제4항의 적용시 제1국 출원일을 출원일로 보므로 우선권주장출원을 타출원의 선행기술자료로 사용할 수 있다. 그러나 제1국 출원에 기재되지 아니한 B 발명은 출원일이 실제 우리나라에 출원한 날이므로 타출원의 선행기술자료로 사용할 수 없다. 한편, 제1국출원에는 기재되어 있었으나 우선권주장출원에 포함되지 아니한 C 발명은 우리나라에 출원된 발명이 아니므로 타출원의 선행기술자료로 사용할 수 없다.

(3) 선원의 지위 여부　　출원이 일단 출원공개 또는 등록공고된 후에는 그 출원에 대하여 특허여부 결정, 무효, 취하 또는 포기 등이 있다 하더라도 해당 출원의 타출원으로서의 지위는 유지된다. 그러나 출원이 거절결정, 취하, 포기 또는 무효된 후 공

개되지 않아야 함에도 불구하고 출원공개 등이 있었다면 그 출원은 타출원으로서의 지위가 상실된다. 해당출원의 청구범위에 기재된 발명과 타출원의 당초 명세서 등에 기재된 발명 또는 고안은 완전히 동일하거나 실질적으로 동일하여야 한다. 또한 타출원의 명세서 등에는 기재되어 있으나 출원 후의 보정에 의하여 삭제된 사항에 대하여도 특허법 제29조 제3항이 적용된다.

6. 판단방법

발명이 동일한지 여부에 대한 판단의 대상이 되는 발명은 청구범위에 기재된 발명이다. 청구항이 2 이상인 경우에는 각 청구항에 기재된 발명이 동일성 판단의 대상이 된다. 동일성 판단은 먼저 청구범위에 기재된 발명을 확정한다. 이어서 청구범위 기재된 발명을 상호 대비하여 양자의 구성에 대한 일치점과 차이점을 분석하고, 만일 양자의 구성에 차이가 없으면 동일한 것으로 판단한다.

그러나 양자의 구성에 차이점이 있다 하더라도 양자의 차이가 주지·관용기술의 부가·삭제·전환 등의 차이에 불과한 것으로 새로운 효과를 발생하지 않는 경우, 하위개념으로 표현된 선원의 기술사상에 대하여 후출원이 이를 상위개념으로 표현한 것에 지나지 않는 차이는 동일한 것으로 판단한다.

판례에 의하면, 두 발명이 서로 동일한 발명인지 여부를 판단함에 있어서는 대비되는 두 발명의 실체를 파악하여 따져보아야 할 것이지 표현양식에 따른 차이가 있는지 여부에 따라 판단할 것은 아니므로, 대비되는 두 발명이 각각 물건의 발명과 방법의 발명으로 서로 발명의 범주가 다르다는 사정만으로 곧바로 동일한 발명이 아니라고 단정할 수 없다고 한다.[55)]

제10절 선출원

Ⅰ. 서설

1980년 개정법에서 출원공개제도, 심사청구제도 및 청구범위의 다항제가 도입되었다. 출원공개제도에 의하여 선출원이 공개되기까지는 출원일로부터 1년 6개월이 소요된다. 특허출원 후 출원공개 사이에 선출원의 명세서 또는 도면에 기재된 발

55) 대법원 2009. 9. 24. 선고 2007후2797 판결.

명과 동일한 발명의 후출원이 있는 경우, 후출원을 어떻게 취급할지가 문제된다.

특허권은 독점배타적 권리이기 때문에 동일발명에 대해서는 하나의 특허만을 부여한다. 이를 '1발명 1특허의 원칙' 또는 '중복특허배제의 원칙'이라 한다. 특허법 제36조는 선출원주의를 규정하고 있는 것으로서 동일한 기술사상에 대하여는 가장 먼저 출원한 자에게 권리를 부여하도록 하는 규정이다.

Ⅱ. 선출원주의

동일한 발명에 대하여 다른 날에 2 이상의 특허출원이 있는 경우에는 먼저 특허출원한 자만이 그 발명에 대하여 특허를 받을 수 있다(제36조 제1항). 특허제도는 공개의 대가로 일정기간 독점권을 부여하는 제도로서, 하나의 기술사상에 이중으로 독점권을 부여하는 것은 특허제도의 본질에 반하므로 중복특허배제의 원칙을 구현하기 위하여 선출원주의가 도입되었다. 오늘날 전 세계 대부분의 국가는 선출원주의를 채택하고 있다. 미국은 선발명주의를 채택하여 오랫동안 운용하였으나, 특허법 개혁으로 2012년 3월 16일부터 선출원주의로 변경하였다.

Ⅲ. 적용 요건

1. 동일한 발명

선출원주의는 서로 다른 출원의 청구범위에 기재된 동일한 발명 간에 적용된다. 발명이 동일한지 여부는 청구범위에 기재된 발명 간에 기술적 사상이 동일한가에 의해 정해진다. 청구항이 2 이상인 경우에는 각 청구항마다 발명이 동일한가를 판단한다. 특허법 제36조는 발명자 또는 출원인의 동일여부에 관계 없이 적용된다.

청구항 발명 간의 기술적 사상의 동일 여부는 발명을 이루는 구성을 상호 대비하여 판단하되 다음과 같은 절차에 따른다. (ⅰ) 청구항에 기재된 발명을 특정한다. (ⅱ) 청구항에 기재된 발명을 상호 대비하여 양자의 구성의 일치점과 차이점을 명확히 한다. (ⅲ) 양자의 구성에 차이점이 없으면 동일성이 있는 것으로 한다.[56]

2. 선출원의 지위를 갖지 않는 출원

특허출원 또는 실용신안등록출원이 무효, 취하 또는 포기되거나 거절결정이나 거절한다는 취지의 심결이 확정된 경우에 그 특허출원 또는 실용신안등록출원은 처

56) 특허심사기준, 3502면.

음부터 없었던 것으로 보기 때문에 선원의 지위를 가지지 않는다(제36조 제4항).

다만, 거절결정이나 거절한다는 취지의 심결이 확정된 출원이라 하더라도 특허법 제36조 제2항 후단(제3항의 규정에 의하여 준용되는 경우를 포함한다)의 규정에 해당하여 거절결정이나 거절한다는 취지의 심결이 확정된 경우에는 선원의 지위를 갖는다. 발명자 또는 고안자가 아닌 자로서 특허 또는 실용신안등록을 받을 수 있는 권리의 승계인이 아닌 자가 한 특허출원 또는 실용신안등록출원은 선원의 지위가 인정되지 않는다(제36조 제5항).

또한 미완성 발명도 명세서에 기재된 기술구성이 반복 실시하여 목적하는 기술적 효과를 얻을 수 있을 정도까지 구체적·객관적으로 공개되어 있다고 할 수 없으므로 선원의 지위가 인정되지 않는다.

Ⅳ. 동일성 판단

1. 판단 기준일의 인정

최선(最先)출원인지 여부를 판단하기 위한 판단 기준일은 다음과 같이 인정한다. 우선권주장을 수반하지 않는 출원에 대해서는 실제 출원일을 판단 기준일로 한다. 파리협약에 의한 우선권주장을 수반하는 출원으로 우선권주장의 기초가 되는 출원의 명세서 또는 도면에 기재된 발명에 대해서는 우선권주장의 기초가 되는 출원의 출원일을 판단 기준일로 한다. 복수의 우선권을 주장하는 출원에 대해서는 발명별로 판단하여 최선일을 판단 기준일로 결정한다(제54조 제1항 및 제5항).

(1) 국내우선권주장을 수반하는 출원의 판단 기준일

국내우선권주장을 수반하는 출원으로 그 우선권 주장의 기초가 되는 선출원의 출원서에 최초로 첨부된 명세서 또는 도면에 기재된 발명에 대해서는 그 우선권주장의 기초가 되는 선출원의 출원일을 판단 기준일로 한다. 복수의 우선권을 주장하는 출원에 대해서는 발명별로 판단하여 최선일을 판단 기준일로 결정한다.

(2) 분할출원 및 변경출원의 경우 최선출원인지 여부는 원출원일을 판단 기준일로 한다(제52조 제2항, 제53조 제2항).

(3) 무권리자가 한 특허출원이 모인출원에 해당되어 특허를 받지 못하게 된 경우에는 정당한 권리자의 특허출원은 무권리자가 특허출원한 날을 판단 기준일로 하며(제34조), 무권리자의 특허가 무효심판에서 무효로 한다는 심결이 확정된 경우 정당한

권리자의 특허출원은 무권리자가 특허출원한 날을 판단 기준일로 한다(제35조).

(4) 국제특허출원의 경우에는 출원일에 따라 다음과 같이 최선출원 판단을 위한 판단 기준일을 인정한다. 해당 출원이 2014년 12월 31일 이전 출원인 경우, 대한민국을 지정국으로 하는 국제출원에 대해서는 국제출원의 명세서·청구의 범위 또는 도면의 출원번역문에 기재된 발명에 관하여 국제출원일을 판단 기준일로 인정한다(제199조 제1항). 결정에 의하여 특허출원으로 되는 국제출원에 대해서는 특허법 제214조 제4항에 따라 결정된 출원일을 판단 기준일로 인정한다. 해당 출원이 2015년 1월 1일 이후 출원인 경우, 대한민국을 지정국으로 하는 국제출원에 대해서는 국제출원의 명세서 또는 도면에 기재된 발명에 관하여 국제출원일을 판단 기준일로 인정한다(제199조 제1항). 결정에 의하여 특허출원으로 되는 국제출원에 대해서는 특허법 제214조 제4항에 따라 결정된 출원일을 판단 기준일로 인정한다.

2. 다른 날에 2 이상의 출원이 있는 경우

동일한 발명에 대하여 다른 날에 2 이상의 특허출원이 있는 때에는 먼저 특허출원한 자만이 그 발명에 대하여 특허를 받을 수 있다(제36조 제1항).[57] 특허출원된 발명과 실용신안등록출원된 고안이 동일한 경우도 먼저 출원한 자만이 그 발명 또는 고안에 대하여 특허 또는 실용신안등록을 받을 수 있다(제36조 제3항).

다만, 선원이 공개되지 않았다면, 선원이 출원공개 또는 등록공고될 때까지 후원의 심사를 보류한다. 그러나 후원의 출원시의 출원인과 선원의 출원인이 동일하거나 선원과 후원의 발명자가 동일한 경우에는 특허법 제29조 제3항 또는 제4항을 적용할 수 없으므로 같은 법 제36조의 규정을 적용한다. 이때 동일발명에 대한 후원이라는 이류로 특허거절결정을 할 경우에는 선원의 청구범위가 확정된 이후에 결정한다.

3. 같은 날에 2 이상의 출원이 있는 경우

동일한 발명에 대하여 같은 날에 2 이상의 특허출원이 있는 경우에는 특허출원간에 협의하여 정한 하나의 특허출원인만이 그 발명에 대하여 특허를 받을 수 있다. 만약, 협의가 성립하지 아니하거나 협의를 할 수 없는 경우에는 어느 특허출원인도 그 발명에 대하여 특허를 받을 수 없다(제36조 제2항). 특허청장은 협의를 할 수 없을 때에는 출원인에게 기간을 정하여 협의의 결과를 신고할 것을 명하고, 그 기간에 신

57) 시행규칙 제40조(동일출원의 심사) 동일한 발명에 대하여 다른 날에 2 이상의 특허출원이 있는 경우에는 선출원이 처리되거나 출원공개 또는 등록공고될 때까지 후출원의 심사를 보류하여야 한다. 다만, 선출원을 거절할 이유와 동일한 이유에 의하여 후출원을 거절하는 경우에는 그러하지 아니하다.

고가 없으면 협의는 성립되지 아니한 것으로 본다(제36조 제6항).

심사관은 동일한 발명에 대하여 같은 날에 2 이상의 출원이 있는지 검색하여 경합출원이 있는 경우에는 해당출원과 경합출원 사이에 협의 가능 여부를 확인한다. 경합출원이 심사청구되어 있는 경우에는 기간을 지정하여 특허청장 명의로 협의요구를 한다. 심사실무에서 경합출원이 발생하는 경우는 출원인이나 발명자가 다른 경우는 적고, 주로 출원인이 분할출원할 때 원출원의 청구범위를 잘못 보정한 경우가 대부분이다. 협의가 성립되면 특허법 시행규칙 별지 제20호 서식의 권리관계변경신고서를 제출하여야 하며, 협의결과에 따라 경합되는 출원의 취하 등 관련 절차를 동시에 취하하여야 한다(시행규칙 제34조). 권리관계변경신고서만 제출되고 협의결과에 따른 절차를 이행하지 않는 경우에는 협의가 성립하지 않은 것과 같이 처리한다

4. 동일성 판단 절차

발명의 동일성 판단이란 선출원의 청구범위와 후출원의 청구범위를 대비하여 구성의 동일성을 판단한다. 만약, 후출원의 청구범위에 기재된 구성요소가 선출원의 청구범위에 기재된 구성과 동일하면 특허법 제36조의 위반으로 거절된다.

특허법 제36조의 적용시 해당 특허출원의 청구범위에 기재된 발명이 선출원된 발명의 청구범위와 동일한지 여부를 판단한다. 전후로 출원된 양 발명이 동일하다고 함은 그 기술적 구성이 전면적으로 일치하는 경우는 물론 그 범위에 차이가 있을 뿐 부분적으로 일치하는 경우라도 특별한 사정이 없는 한, 양 발명은 동일하고, 비록 양 발명의 구성에 상이점이 있어도 그 기술분야에 통상의 지식을 가진 자가 보통으로 채용하는 정도의 변경에 지나지 아니하고 발명의 목적과 작용효과에 특별한 차이를 일으키지 아니하는 경우에는 양 발명은 역시 동일한 발명이다.[58)]

출원발명과 실용신안등록출원의 고안이 동일한 경우에도 적용된다. 따라서 청구범위에 기재된 표현이나 기재형식이 다르다고 해서 곧 양 발명이 다른 것으로 판단해서는 안 되고, 발명의 사상의 동일성을 판단하는 것이 필요하다. 양 발명의 구성 및 그것에 기초한 효과의 표현이 동일한 경우 및 그들의 표현이 동일하지 않아도 그 차이가 단지 표현상의 차이가 있을 뿐 내용이 동일한 경우에는 실질적으로 양 발명은 동일한 것으로 간주한다.

선원의 하위개념 발명을 후원에서 상위개념 발명으로 표현한 것에 의한 차이인 경우에는 양자가 동일한 것으로 취급한다.

---

58) 대법원 2009. 9. 24. 선고 2007후2827 판결.

제4장 특허출원

제1절 출원절차

Ⅰ. 서설

출원인이 출원발명을 특허청에 출원하면 특허출원절차가 시작된다. 출원인이 특허를 받으려면 특허청에 출원서와 명세서를 제출하여야 한다. 특허출원 방법에는 종이에 의한 서류로 출원하는 방법과 인터넷을 이용하여 출원하는 전자출원이 있다. 오늘날 정보통신 기술이 발달로 대부분의 특허출원은 전자출원으로 출원되고 있다. 출원인은 특허청에서 지급받은 전자문서용 소프트웨어를 이용하여 작성된 출원서 등을 온라인을 이용하여 전송한 후 접수번호와 출원번호를 부여받는다.

특허법은 그 출원내용에 미비한 사항이나 기재상의 흠이 있을 경우에는 일정범위 내에서 보정할 수 있는 제도를 두고 있다. 이외에 출원인은 출원발명의 특허요건의 흠결을 해소하기 위해 또는 등록가능성을 높이기 위해 신규성 상실 예외주장, 분할출원, 변경출원, 우선권주장 등을 할 수 있다.

Ⅱ. 최초 페니실린 출원인

영국 과학자인 알렉산더 플레밍경(sir Alexander Fleming)은 항생제, 페니실린(penicillin)을 발명하여 2차 세계대전 때 수많은 병사의 목숨을 구했다. 플레밍이 페니실린을 함유한 푸른 곰팡이를 발견한 것은 1928년이고, 사람들에게 항생제로 사용된 것은 1940년대 후반이다. 플레밍은 푸른 곰팡이를 발견했지만 항생제를 만드는 데는 실패했다. 옥스퍼드 대학의 플러리(H. W. Florey)와 에른스트 체인(Ernst B. Chain)이 플레밍이 발견한 650종의 푸른 곰팡이 중 약을 만들 수 있는 한 종류의 곰팡이를 찾아내어 결국 1945년 3명이 노벨의학상을 공동수상하였다.

미국 일리노이주의 농무부의 미생물학자인 앤드류 모이어는 발효의 개념으로 곰팡이를 기를 수 있는 배양액을 찾아냈고, 배양액을 흔들어주면 푸른 곰팡이 생산율이 더 높아짐을 발명하였다. 앤드류 모이어는 1945년에 페니실린 발명을 특허출원을 하였고, 1948년에 특허가 등록(미국 특허 제2,442,141호)되었다. 플레밍경이 최초로 푸른곰팡이를 발견한 후 논문으로 이를 발표했지만 사람의 생명을 구하는 발명이라는 이유로 특허출원을 거부하였다. 20년 동안(1928~1945) 아무도 페니실린의 혜택을 보지 못했고, 정작 약으로 보급된 것은 특허가 출원된 이후부터였다.

Ⅲ. 출원일 인정

특허출원일은 명세서 및 필요한 도면을 첨부한 특허출원서가 특허청장에게 도달한 날로 한다. 이 경우 명세서에 청구범위는 적지 아니할 수 있으나, 발명의 설명은 적어야 한다(제42조의2 제1항). 출원인은 제1항 후단에 따라 특허출원서에 최초로 첨부한 명세서에 청구범위를 적지 아니한 경우에는 특허출원일, 우선권주장일 또는 우선권주장을 수반하는 특허출원에서 최선일[1] 중 어느 하나에 해당하는 날부터 1년 2개월이 되는 날까지 명세서에 청구범위를 적는 보정을 하여야 한다. 다만, 출원심사 청구의 취지를 통지받은 경우에는 그 통지를 받은 날부터 3개월이 되는 날 또는 특허출원일, 우선권주장일 또는 우선권주장을 수반하는 특허출원에서 최선일 중 어느 하나에 해당하는 날부터 1년 2개월이 되는 날 중 빠른 날까지 보정을 하여야 한다(제42조의2 제2항). 출원인이 제2항에 따른 보정을 하지 아니한 경우에는 제2항에 따른 기한이 되는 날의 다음 날에 해당 특허출원을 취하한 것으로 본다.

Ⅳ. 외국어특허출원

1. 영어로 적은 명세서

출원인이 명세서 및 도면을 국어가 아닌 특허법 시행규칙 제21조의2에 따라 "영어"로 적겠다는 취지를 특허출원을 할 때 특허출원서에 적은 경우에는 그 언어로 적을 수 있다(제42조의3 제1항). 출원인이 특허출원서에 최초로 첨부한 명세서 및 도면을 영어로 적은 특허출원(이하 "외국어특허출원"이라 한다)을 한 경우에는 특허출원일, 우선권주장일 또는 우선권주장을 수반하는 특허출원에서 최선일 중 어느 하나에 해당하는 날부터 1년 2개월이 되는 날까지 그 명세서 및 도면의 국어번역문을 시행규칙 제4조에서 정하는 방법에 따라 제출하여야 한다. 다만, 출원심사 청구의 취지를 통지받은 경우에는 그 통지를 받은 날부터 3개월이 되는 날 또는 우선권주장일 또는 우

1) 특허법 제64조 제1항: 1. 우선권주장의 기초가 된 출원일. 2. 선출원의 출원일. 3. 해당 우선권주장의 기초가 된 출원일 중 최우선일. 4. 특허출원일.

선권주장을 수반하는 특허출원에서 최선일 중 어느 하나에 해당하는 날부터 1년 2개월이 되는 날 중 빠른 날까지 제출하여야 한다(제42조의3 제2항).

2. 국어번역문의 제출

국어번역문을 제출한 출원인은 제2항에 따른 기한 이전에 그 국어번역문을 갈음하여 새로운 국어번역문을 제출할 수 있다. 다만, 명세서 또는 도면을 보정한 경우, 출원인이 출원심사의 청구를 한 경우 중 어느 하나에 해당하는 경우에는 그러하지 아니하다(제42조의3 제3항). 출원인이 제2항에 따른 명세서의 국어번역문을 제출하지 아니한 경우에는 제2항에 따른 기한이 되는 날의 다음 날에 해당 특허출원을 취하한 것으로 본다(제42조의3 제4항).

3. 국어번역문 제출의 효과

출원인이 제2항에 따른 국어번역문 또는 제3항 본문에 따른 새로운 국어번역문을 제출한 경우에는 외국어특허출원의 특허출원서에 최초로 첨부한 명세서 및 도면을 그 국어번역문에 따라 보정한 것으로 본다. 다만, 제3항 본문에 따라 새로운 국어번역문을 제출한 경우에는 마지막 국어번역문(최종 국어번역문) 전에 제출한 국어번역문에 따라 보정한 것으로 보는 모든 보정은 처음부터 없었던 것으로 본다(제42조의3 제5항). 국어번역문을 제출하면 출원서에 최초로 첨부한 외국어명세서 등이 국어번역문에 따라 보정되는 효과를 갖는다.

이는 출원인이 출원서에 최초로 첨부한 외국어명세서 등을 국어로 적은 명세서 등으로 보정해야 하는 실무적 부담을 줄이기 위해, 출원인이 외국어명세서 등과 동일한 내용으로 번역하여 제출한 국어번역문의 내용 그대로 명세서 보정 효과를 주는 것이다. 한편, 종전 특허법에서는 국제특허출원(2015년 1월 1일 이전 국제특허출원)을 외국어로 출원하여 외국어명세서 등에 대한 국어번역문을 제출하면 그 국어번역문을 명세서 등으로 간주하였다.

이와 달리 개정 특허법(시행 2015. 1. 1. 법률 제12853호)에 새롭게 도입된 외국어특허출원 제도(개정 이후 출원한 외국어 국제특허출원도 동일)에 따라 제출된 국어번역문은 명세서 등으로 간주되는 것은 아니고, 출원인 편의 관점에서 외국어명세서 등을 국어명세서 등으로 전환하는 명세서 보정 효과를 갖는다. 또한, 국어번역문은 외국어명세서 등과 동일한 내용으로 출원인이 제출한 것이기 때문에 특별한 사정이 없는 한 원문 신규사항 위반 판단의 기준이 되고, 이와 동시에 번역문 신규사항 위반 판단의 기준이 된다.

권리범위의 명확성 등을 위해 국어명세서를 심사하여 권리를 부여하고, 일반 공중의 이해를 제고하기 위하여 외국어가 아닌 국어로 출원공개하기 위해, 국어번역문을 제출한 후에만 심사청구, 명세서 보정, 분할출원, 변경출원 및 조기 공개신청을 할 수 있다.

4. 국어번역문의 정정

출원인은 특허법 제47조 제1항에 따라 보정을 할 수 있는 기간에 최종 국어번역문의 잘못된 번역을 시행규칙으로 정하는 방법에 따라 정정할 수 있다. 이 경우 정정된 국어번역문에 관하여는 제5항을 적용하지 아니한다(제42조의3 제6항). 제6항 전단에 따라 같은 법 제47조 제1항 제1호 또는 제2호에 따른 기간에 정정을 하는 경우에는 마지막 정정 전에 한 모든 정정은 처음부터 없었던 것으로 본다(제42조의3 제7항).

제2절 절차적 요건

Ⅰ. 기본원칙

1. 전자출원

출원인은 특허출원서에 발명의 설명과 청구범위를 적은 명세서와 필요한 도면 및 요약서를 첨부하여야 한다. 특허출원서가 특허청에 접수되면 그 출원에 대한 출원일자 및 출원번호가 부여되며, 출원인에게는 출원번호 통지서가 송달된다. 특허법 제28조의3 내지 제28조의5에서 전자출원에 관한 절차를 규정하고 있다. 전자출원의 경우에도 서면출원의 경우와 마찬가지로 소정의 기재사항을 전자문서화하여 기재하여야 하고, 필요한 도면 및 요약서를 첨부하여야 한다.

2. 서면심사주의

특허출원 서류는 서면출원 또는 전자출원 방식으로 특허청에 제출된다. 다만 물건의 견본은 심사참고용으로 제출하는 것이 허용된다. 출원절차에 적용되는 서면심사주의는 특허심사 및 특허심판 등 특허에 관한 절차 전반에 걸쳐서 적용된다. 그러나 전자출원의 시행에 따라 서면심사주의는 강학상의 표현에 지나지 않는다고 할 수도 있으나 전자출원의 경우도 컴퓨터 화면에 출원발명의 파일을 띄운 후 업무를 처리할 수 있으므로 서면출원과 동일한 절차가 진행된다. 서면이란 종이로 된 서류 또는 전자파일을 의미한다. 특허에 관한 절차를 밟는 자로서 전자문서로 서류를 제출하는 자는 첨부서류를 전자적 이미지로 작성하여 제출할 수 있다(시행규칙 제3조의2 제1항). 특허에 관한 절차를 밟기 위하여 특허청 또는 특허심판원에 제출하는 서류는 1건마다 작성하여야 하고, 부적법한 서류는 반려된다.

3. 국어주의

특허청장 또는 특허심판원장에게 제출하는 서류는 국어로 적어야 한다(시행규칙 제4조 제1항). 다만 영어로 적은 명세서 및 도면과 위임장, 국적증명서 및 우선권증명서류 등 외국어로 적은 서류는 예외이나, 영어로 적은 위임장 또는 국적증명서를 제출하는 경우에는 국어번역문을 첨부하여야 한다(시행규칙 제4조 제2항). 특허청에 제출된 서류가 국어로 기재되지 않은 경우에는 반려된다.

4. 서식주의

출원인은 특허출원절차를 밟을 경우에 특허법 시행규칙 제2조 내지 제3조의2에서 규정하고 있는 서식을 사용하여 제출하여야 한다. 특허법 시행규칙 소정의 서식을 사용하지 않은 출원 등은 특허청장으로부터 보정명령을 받게 되며, 기간 이내에 보정을 하지 않으면 해당 절차가 무효로 될 수 있다(제16조).

5. 수수료 납부

특허에 관한 절차를 밟는 자는 소정의 수수료를 납부하여야 한다(제82조 제1항). 수수료, 납부대상 및 납부기간 등에 대한 구체적 사항은 「특허료 등의 징수규칙」에 규정되어 있다. 출원료 등의 수수료·특허료 및 등록료를 납부하고자 하는 자는 특허청으로부터 먼저 해당서류에 대한 접수번호를 부여받은 후 그 접수번호를 납부자번호로 접수번호를 부여받은 날의 다음 날까지 해당 요금을 은행에 납부하여야 한다. 특허청장은 특허출원의 절차에서 수수료를 납부하지 않거나 부족하게 납부한 경우에는 보정을 명할 수 있다.

Ⅱ. 특허출원의 종류

특허출원은 출원의 주체(출원인)를 기준으로 하면 기본출원, 공동출원 및 무권리자의 출원으로 나눌 수 있다. 객체(출원내용)를 기준으로 하면 기본출원, 변경출원, 분할출원, 해외출원, 국방상 필요한 발명의 출원 및 직무발명의 출원으로 구분할 수 있다.

1. 공동출원

특허를 받을 수 있는 권리가 공유인 경우에는 공유자 모두가 공동으로 특허출원을 하여야 한다(제44조). 공동발명자란 실질적인 발명과정에 관여한 사람만을 가리키고, 자본과 자재의 제공자 또는 발명을 하도록 지시를 한 사람과 원조자, 관리자는 공동발명자로는 인정하지 않는다. 공동출원이 된 경우 대표자를 선정하지 않은 경우에는 특수한 경우를 제외하고 각자가 모두를 대표하기 때문에 그 중 한 사람이 한 행위나 절차는 유효하게 된다.

공유인 특허권의 특허권자에 대하여 심판을 청구할 때에는 공유자 모두를 피청구인으로 하여야 한다(제139조 제2항). 특허권 또는 특허를 받을 수 있는 권리의 공유자가 그 공유인 권리에 관하여 심판을 청구할 때에는 공유자 모두가 공동으로 청구하여야 한다(제139조 제3항).

특허를 받을 수 있는 권리가 공유인 경우에는 재산권으로서 그 지분을 양도할 수 있기 때문에 타공유자의 동의가 있어야 한다. 공동출원이 특허법 제44조를 위반한 경우 거절이유 및 무효사유가 된다.

2013년 개정법에서 구 특허법 제44조 중 '제33조 제2항의 규정에 의한' 부분을 삭제하고, 2명 이상이 공동으로 발명한 경우뿐만 아니라 특허를 받을 수 있는 권리가 두 사람 이상에게 이전된 경우에도 그 승계인 모두가 공동으로 출원하여야 함을 명확히 하였다. 종전에는 공동발명은 아니지만 특허를 받을 수 있는 권리가 2명 이상에게 이전된 경우 그 승계인도 공동으로 특허출원해야 하는지 여부가 논란이 되었으나, 개정법에서 이러한 논란을 해소하기 위해서 특허를 받을 수 있는 권리를 공유하게 된 승계인도 공동으로 특허출원할 수 있도록 한 것이다..

2. 무권리자의 특허와 정당한 권리자의 보호

모인출원이란 무권리자가 정당한 권원 없이 하는 형태의 출원을 말한다. 무권리자의 출원이 있은 후 정당한 권리자가 보호를 받기 위해서는 특허법 제34조 또는 제35조에 따라 정당한 권리자가 특허출원을 하여야 한다. 정당한 권리자가 한 특허출원은 다음의 요건 하에서 무권리자가 특허출원한 때에 출원한 것으로 본다.

모인출원으로 인하여 정당한 권리자가 특허를 받지 못하게 되는 경우에는 그 무권리자의 특허출원 후에 한 정당한 권리자의 특허출원은 무권리자가 특허출원한 때에 특허출원한 것으로 본다(제34조). 무권리자에 대하여 특허법 제133조 제1항 제2호에 해당되어 무효로 한다는 심결이 확정된 경우 그 특허출원 후에 한 정당한 권리자의 특허출원은 무효로 된 특허의 출원시에 특허출원한 것으로 본다. 다만, 심결이 확정된 날부터 30일이 지난 후에 정당한 권리자가 특허출원을 한 경우에는 그러하지 아니하다(제35조).[2)]

3. 해외출원

외국에서 특허를 받고자 하는 사람은 파리협약의 기본원칙인 특허독립의 원칙에 따라 특허권을 받고자 하는 나라에 출원을 하여 그 나라의 특허를 받아야만 그 당사국에서 독점배타적 권리를 확보할 수 있다. 해외출원을 하는 방법에는 전통적인 출원방법, PCT 국제출원 및 지역특허제도를 이용하여 출원하는 방법으로 구분할 수 있다. 전통적인 해외출원은 특허획득을 원하는 모든 나라에 각각 개별적으로 특허출원하는 방법으로 파리협약을 통한 출원(Paris route)이라고도 한다.

파리협약 당사국 국민이 그 당사국 또는 다른 당사국에 특허출원을 한 후 동일발명을 대한민국에 특허출원하여 우선권을 주장하는 경우 그 당사국에 출원한 출원일로부터 1년 이내에 그 당사국에 출원하여야 우선권을 인정받을 수 있다(제54조 제2항).

4. 국방상 필요한 발명의 출원

정부는 국방상 필요한 경우에는 외국에의 특허출원을 금지하거나 발명자, 출원인 및 대리인에게 그 발명을 비밀로 취급하도록 명할 수 있다. 비밀로 취급할 것으로 인정된 출원발명은 해당 비밀취급이 해제될 때까지 출원공개 및 등록공고가 되지 않는다. 다만, 정부의 허가를 얻은 경우에는 외국에의 특허출원을 할 수 있다(제41조 제1항). 정부는 특허출원된 발명이 국방상 필요한 경우에는 특허를 하지 아니할 수 있으며, 전시·사변 또는 이에 준하는 비상시에 있어서 국방상 필요한 경우에는 특허를 받을 수 있는 권리를 수용할 수 있다. 이러한 경우 정부는 정당한 보상금을 지급해야 한다(제41조 제3항 및 제4항).

---

2) 종전 법에서는 등록공고 후 2년이 지난 후에 무효심결이 확정되면 무효심결 후의 정당한 권리자의 출원은 보호받지 못하는 문제가 발생하였다. 따라서 2016년 개정법에서 무권리자의 특허에 대한 무효심결이 확정된 날부터 30일까지만 정당한 권리자가 출원하면 구제받을 수 있도록 개선하였다. 이는 정당한 권리자의 출원 가능 기간을 연장하여 무효심결의 지연 등에 따른 정당한 권리자의 피해를 최소화할 수 있는 효과가 있다.

5. 직무발명

오늘날 과학기술이 고도화되면서 기업의 연구개발은 회사 내의 연구소를 중심으로 체계적으로 행해지는 경우가 많다. 최근 기업, 연구소 및 대학 등에서 연구·개발된 직무발명의 증가로 전체 특허출원에서 물적·인적자원 및 구체적 경험을 기초로 해서 이루어지는 직무발명이 약 80%를 차지하고 있다. 기업이 기술경쟁력을 확보하기 위해서는 우수한 신기술을 많이 개발해야 한다. 기술혁신이란 기업이 이윤을 추구하기 위하여 창의적인 기술개발의 결과를 실용화시키는 과정으로, 종업원에게는 인센티브의 제공으로 발명을 촉진시키고 기업은 개발된 기술을 독점배타적으로 실시함으로써 기업의 기술혁신을 유도하게 된다.

종업원이 특정 기업이나 기관에 고용되어 있지 않고 자신이 수익을 창출하는 개인인 경우 자신이 만든 발명은 당연히 자기가 가진다. 그러나 특정 기업 또는 기관에 소속되어 월급을 받는 종업원은 발명의 성격에 따라 소유자가 변하게 된다. 이러한 내용을 규정하는 것이 직무발명이다. 종업원이 발명한 직무발명은 기업이 자금이나 설비 등의 투자에 의해서 직접적 또는 간접적으로 사용자의 업무범위 내에서 이루어지고 있다. 직무발명에 대한 보상금을 종업원에게 제공함으로써 기술개발의욕을 고취시키고, 기업은 시장에서 경쟁력을 확보하여 기술축적을 통하여 발전한다.[3)]

Ⅲ. 특허출원의 회복

1. 의의

자연재해 등 출원인이 책임질 수 없는 사유(천재지변, 공시송달 사실을 알 수 없었던 경우)로 출원심사 청구기간(출원 후 5년) 또는 재심사 청구기간(거절결정 후 30일)을 지키지 못하여 출원이 취하되거나 거절결정이 확정되는 경우 별도의 구제절차가 없어 출원인의 권리를 충실히 보호해주지 못하는 문제점이 발생하였다. 2011년 일본 대지진 발생시 일본 출원인 등으로부터 구제절차에 대한 협조 요청을 받았으나, 관련 규정이 없어 해당 절차를 구제할 수 없었다고 한다.

2. 취지

2013년 개정법에서 출원인의 권리보호 강화를 위하여 특허출원의 회복 기회를

---

3) 직무발명제도를 채택한 기업의 비율이 2004년 19%에서 2011년에는 42% 이상으로 늘어났으나, 80%가 넘는 일본과 비교하여서는 부족한 실정이다. 2011년 특허청에 제출된 16만 건의 특허출원 중 직무발명이 차지하는 비중은 약 80%이다.

확대하는 조문을 신설하였다. 출원인이 책임질 수 없는 사유로 출원심사의 청구기간 또는 재심사 청구기간의 어느 하나에 해당하는 기간을 지키지 못하여 특허출원이 취하되거나 특허거절결정이 확정된 것으로 인정되는 경우에는 그 사유가 소멸한 날부터 2개월 이내에 출원심사의 청구 또는 재심사의 청구를 할 수 있다. 다만, 그 기간의 만료일부터 1년이 지난 경우에는 그러하지 아니하다(제67조의3).

본 조의 취지는 출원인이 불가피하게 출원심사·재심사 청구기간을 지키지 못하여 특허출원이 소멸된 경우에는, 책임질 수 없는 사유가 종료된 날부터 2개월 이내에 출원심사·재심사를 청구하면 소멸한 특허출원을 회복할 수 있는 기회를 부여함으로써 출원인의 특허를 받을 수 있는 권리를 충실히 보호하려는 데에 있다. 여기서 책임질 수 없는 사유란 천재지변보다 더 넓은 개념으로 출원인이 일반적으로 하여야 할 주의를 다하였음에도 그 기간을 준수하지 못한 경우를 의미한다.

제3설 출원서류

Ⅰ. 출원서

특허를 받으려는 자는 다음 각 호의 사항을 적은 특허출원서를 특허청장에게 제출하여야 한다. 각 호의 사항은 (1) 출원인의 성명 및 주소(법인인 경우에는 그 명칭 및 영업소의 소재지), (2) 출원인의 대리인이 있는 경우에는 그 대리인의 성명 및 주소나 영업소의 소재지(대리인이 특허법인·특허법인(유한)인 경우에는 그 명칭, 사무소의 소재지 및 지정된 변리사의 성명), (3) 발명의 명칭, (4) 발명자의 성명 및 주소이다(제42조 제1항). 특허법은 특허출원의 서류가 미비하거나 기재상의 흠이 있는 경우 일정범위 내에서 보완할 수 있는 보정제도를 두고 있다.

Ⅱ. 명세서

1. 의의

특허출원서에는 발명의 설명·청구범위를 적은 명세서와 필요한 도면 및 요약서를 첨부하여야 한다(제42조 제2항). 명세서는 특허제도의 목적을 달성하는 수단으로서 매우 중요한 역할을 한다. 명세서는 특허발명을 실시하기 위한 기술문헌이다. 출원인은 자신의 발명이라고 주장하는 발명을 보호받기 위해서는 명세서에 발명의 명칭, 도면의 간단한 설명, 발명의 설명 및 청구범위를 기재하여야 한다.

2. 명세서의 역할

명세서는 발명의 기술적 내용을 공개하는 기술문헌이면서 동시에 특허발명의 보호범위를 청구하는 권리서라 할 수 있다. 발명의 보호범위는 청구범위에 적혀 있는 사항으로 정한다(제97조). 따라서 청구범위는 특허심사, 특허심판, 특허권의 유효·무효 여부 또는 특허권 침해 여부를 판단할 수 있는 객체라 할 수 있다.

3. 실시 가능 요건

특허법은 발명의 내용을 명세서에 상세하게 기재해서 공개할 의무를 명시하고 있다. 따라서 발명의 설명란에는 그 발명이 속하는 기술분야에서 통상의 기술자가 그 발명을 쉽게 실시할 수 있도록 명확하고 상세하게 기재하여야 한다. 여기서 "그 발명을 쉽게 실시할 수 있다."는 것은 통상의 기술자가 출원시 기술수준으로 보아 실시(제조)할 수 있을 정도로 출원발명이 명세서에 잘 표현되어야 하는 정도를 말한다. 발명의 설명에 대한 기재방법은 특허법 시행규칙 제21조 제3항에서 규정하는 기재방식[4]에 따라 기재하여야 한다. 다음 <그림 4>는 특허청에 제출하는 명세서의 특허청 양식(form)이다.

명 세 서

【발명의 명칭】
【기술분야】
【배경기술】
(【선행기술문헌】)
  (【특허문헌】)
  (【비특허문헌】)
【발명의 내용】
  【해결하려는 과제】
  【과제의 해결 수단】
  【발명의 효과】
【도면의 간단한 설명】
【발명을 실시하기 위한 구체적인 내용】
  (【실시예】)
(【산업상 이용 가능성】)
(【부호의 설명】)
(【수탁번호】)
(【서열목록 자유텍스트】)
【특허청구범위】
  【청구항 1】

〈그림 4〉 특허청 명세서 양식

4) 특허법 시행규칙 제21조 제3항 : 제1항 제1호에 따른 명세서의 발명의 설명에는 다음 각 호의 사항이 포함되어야 한다. 1. 발명의 명칭. 2. 기술분야. 3. 발명의 배경이 되는 기술.
4. 다음 각 목의 사항이 포함된 발명의 내용
가. 해결하려는 과제, 나. 과제의 해결 수단, 다. 발명의 효과
5. 도면의 간단한 설명, 6. 발명을 실시하기 위한 구체적인 내용, 7. 그 밖에 그 발명이 속하는 기술분야에서 통상의 지식을 가진 자가 그 발명의 내용을 쉽게 이해하기 위하여 필요한 사항

출원인은 <그림 4>의 명세서 서식에 발명의 명칭, 도면의 간단한 설명, 발명의 설명, 청구범위를 알기 쉽게 기재하여야 한다(제42조 제2항 및 제3항).

4. 영어로 적은 명세서

(1) 외국어특허출원제도 도입 2015년 개정법에서 출원인이 빠른 출원일을 선점할 수 있도록 하기 위하여 국어로만 특허출원할 수 있던 것을 외국어로도 특허출원할 수 있도록 외국어특허출원제도를 도입하였다(제42조의3).

이 제도는 먼저 출원한 자에게 특허권을 부여하는 현행 선출원제도하에서는 빠른 출원일 확보가 무엇보다 중요하므로, 발명의 내용을 국어가 아닌 영어로 적어 특허출원서에 첨부하여 제출하더라도 특허출원일을 인정받을 수 있도록 함으로써 출원인의 편의를 도모하려는 것이 그 취지이다.

(2) 영어로 적은 명세서 특허법 제42조의3에 따라 명세서 및 도면(도면 중 설명부분에 한정)을 국어가 아닌 특허법 시행규칙 제21조의2에 따라 '영어'로 적겠다는 취지를 특허출원을 할 때 특허출원서에 적은 경우에는 영어로 적을 수 있다.

출원인이 특허출원서에 최초로 첨부한 명세서 및 도면을 영어로 적은 특허출원(외국어특허출원)을 한 경우에는 선출원일로부터 1년 2개월이 되는 날까지 그 명세서 및 도면의 국어번역문을 제출하여야 한다(제42조의3 제2항). 출원인이 명세서의 국어번역문을 제출하지 아니한 경우에는 제2항에 따른 기한이 되는 날의 다음 날에 해당 특허출원을 취하한 것으로 본다.

(3) 효과 2013년 3월에 발효된 미국 발명법에 따라 미국도 선출원주의를 채용하고 있으므로 우리 국민이 미국에 특허출원을 할 때 절차가 편리해지고 특허받기 쉬워졌다. 2015년 개정법에 따라 한국 특허청에 특허출원할 때 명세서를 영어로 적을 수 있게 되었으므로 조약우선권을 주장하여 미국 특허출원의 유효출원일을 더욱 앞당길 수 있게 되었다. 특허명세서를 영어로만 작성해도 무방하기 때문에 특허준비기간이 훨씬 줄어들 것으로 보인다.

Ⅲ. 명세서 기재방법

1. 발명의 명칭

발명의 명칭은 출원발명의 분류·정리 및 조사 등을 용이하게 하기 위하여 적절하게 표현할 수 있는 명칭을 사용하여 간단명료하게 기재하여야 한다. 발명의 명칭에 개인명, 상표명, 극히 추상적인 용어인 최신식, 문명식, 발명특허와 같은 표현을 사용하거나 또는 특허라는 용어를 사용해서는 안 된다. 출원발명의 명칭은 물건·장치·방법·용도로 구분하여 기재하여야 한다.

2. 도면의 간단한 설명

도면은 필요한 경우에 출원서에 첨부된다. 도면이 출원서에 첨부되는 경우, 도면의 간단한 설명란에는 각 도면이 무엇을 표시하는가를 간단명료하게 적어야 한다. 도면에 관한 구체적이고 상세한 설명은 발명의 설명란에 서술되기 때문이다. 첨부한 도면의 구성요소에 번호를 부여하고 있는 경우, 이를 도면의 주요 번호의 설명란에 기재하고, 청구범위에 기재한 구성의 번호도 주요 부분의 번호의 설명란에 기재하여야 한다.

3. 발명의 설명

발명의 설명은 그 발명이 속하는 기술분야에서 통상의 지식을 가진 사람이 그 발명을 쉽게 실시할 수 있도록 명확하고 상세하게 적을 것과 그 발명의 배경이 되는 기술을 적을 것의 요건을 모두 충족하여야 한다(제42조 제3항). 발명의 설명에는 배경기술, 해결하고자 하는 과제(problem to be solved by the invention), 과제의 해결수단(solution of technical features), 작용 및 효과를 기재해야 한다.

(1) 발명이 속하는 기술분야　명세서에서 출원발명의 기술분야를 특정하고 명확하게 하기 위하여 기재한다. 출원발명과 관련하여 비교의 대상이 되는 기술분야의 종래기술을 기재한다. 종래기술로는 출원발명과 관련성이 있는 최근의 종래기술을 비교의 대상으로 하여야 한다. 종래기술의 내용을 나타내는 문헌이 존재할 경우에는 그 문헌명을 기재한다. 이때 그 문헌이 외국어로 된 것일 경우에는 국어로 표기하되 괄호 안에 그 원어를 병기하여야 한다.

(2) 발명이 해결하고자 하는 과제　해결하고자 하는 과제는 예를 들어 성능이 충분하지 않거나, 정밀도가 충분히 나오지 않거나, 오작동할 우려가 있는 등의 문제점을 기재한다. 출원발명은 미해결의 과제의 문제점을 해결하기 위하여 창작된 것임을 밝힘으로써 출원발명의 목적을 명료하게 서술할 수 있게 된다. 발명이 해결하고자 하는 기술적 과제는 청구범위에 기재되는 발명과 관련시켜서 기술적 과제를 적는 데 하나 이상을 기재하는 것이 바람직하다.

(3) 과제의 해결수단　과제의 해결수단은 출원발명의 목적을 달성하기 위하여 안출된 구체적인 기술적 수단을 말한다. 과제의 해결수단은 청구범위에 기재된 발명

과 관련이 있다. 따라서 이러한 과제의 해결수단은 종래기술의 문제점을 해결하기 위하여 어떠한 구성요소를 왜, 어떠한 방법으로 채용했는지를 해당 기술분야의 통상의 기술자가 쉽게 실시할 수 있도록 상세하게 기재하여야 한다. 기술적 수단이 물건 또는 장치에 의한 구성요소로 이루어진 경우에는 도면을 첨부하여야 하고, 첨부된 도면에는 각 구성의 명칭을 부여하여야 한다. 과제의 해결수단은 명확하고 구체적으로 기재하여야 한다. 명세서에 기재되어 있는 기술구성, 상호연결, 접속관계, 상호처리의 흐름 등을 쉽게 이해할 수 있을 정도로 기재하여야 한다. 또한 명세서에서 사용되는 용어는 전체적으로 통일하여야 한다.

(4) 작용 작용이란 발명의 구성요소가 그 자체적으로 어떻게 작동하는지, 다른 구성요소에 어떠한 영향을 미치는지 또는 전체의 구성요소 중에서 어떠한 기능을 수행하는지의 여부를 말한다. 명세서의 작용 부분은 출원발명의 구성요소와 함께 기재되어야 하므로 이를 과제의 해결수단과 따로 구별하여 기재할 필요는 없다. 발명의 기술적 구성이 기계적인 요소로 이루어진 경우에는 각각의 구성요소를 설명하면서 그 구성요소가 행하는 기능, 작동방법, 작동의 방향 및 그들 사이의 상호관계 등을 함께 기재할 수 있다.

(5) 실시예 실시예는 출원발명의 내용을 해당 기술분야에서 통상의 기술자가 보다 쉽게 이해하기 위하여 기재하는 것이 바람직하다. 따라서 물건발명에 있어서는 사시도, 평면도, 단면도, 주요부 확대도 등을 이용하여 상세하고 이해하기 쉽게 설명하여야 한다. 실시예는 출원발명을 실시할 경우 여러 개 실시내용 중에서 가장 최선의 실시예(best mode)를 구체적으로 기재하여야 한다. 출원발명이 방법발명인 경우에는 그 방법 중에서 가장 대표적이고 가장 바람직한 조건하에서 실시되는 것을 기준으로 기재하여야 한다.

(6) 효과 발명의 효과란 기술적 과제를 해결하기 위하여 출원발명의 과제의 해결수단이 이루어 낸 직접적인 결과를 말한다. 발명의 효과는 청구범위에 기재된 발명과 직접 관련이 있어야 한다. 따라서 청구범위에 기재되어 있지 않는 사항에 의해 발생하는 효과를 발명의 효과로서 기재할 필요는 없다. 발명의 효과는 기술적인 측면에서 객관적이고 간명하게 기재하는 것이 보다 설득력을 가지므로, 기술적 효과를 중심으로 하여 기재하는 것이 바람직하다.

4. 도면 및 요약서

(1) 도면 출원인은 발명을 설명하는 데 필요한 경우에는 도면을 출원서에

첨부해야 한다. 보통 조성물이나 방법에 관한 발명을 제외하고는 일반적으로 도면이 첨부된다. 도면이 첨부된 경우에는 도면에 청구범위의 내용이 모두 표현되어야 한다. 도면은 발명의 내용을 이해하기 위한 명세서의 보조자료로서 활용되는 부분이므로 필요한 경우에만 도면을 첨부하며, 이 경우 도면의 내용은 설계도면과 같이 상세한 것일 필요는 없다. 결정구조, 금속조직 또는 입자의 구조와 같이 제도법에 따라 표현하기가 극히 곤란한 경우에는 이들을 표현한 사진을 제출할 수 있다.

명세서가 도면을 포함하고 있을 경우에는 도면의 간단한 설명란에 도면에 관한 설명을 기재하여야 한다.

(2) 요약서 요약서(abstract)는 출원발명의 내용을 공중이 쉽게 이용할 수 있는 기술정보로서 활용하기 위하여 특허출원서에 필수적으로 첨부되는 서류이다. 요약서는 기술정보로서의 용도로 사용하여야 하며, 특허발명의 보호범위를 정하는 데에는 사용할 수 없다(제43조). 요약서에 기재되어 있는 사항은 확대된 선출원의 규정이 적용되지 않는다. 자명하지 않은 사항이 요약서에 기재되어 있는 경우에 이를 보정하여 명세서에 추가하면 신규사항 추가로 거절된다(제47조 제2항).

특허청장은 요약서의 제출이 없는 경우에 요약서를 제출하라는 보정을 명하고, 이를 보정하지 않는 경우에는 특허출원절차를 무효로 할 수 있다(제16조 제1항).

5. 기타 첨부서류

대리인이 출원을 대리하는 경우에는 위임장, 신규성 의제를 주장하는 경우에는 그 입증서류, 공동출원의 경우 공동출원인이 대표자를 선정한 경우에는 대표자를 증명하는 서류, 특허관리인이 출원 또는 청구의 절차를 밟을 경우에는 특허관리인임을 증명하는 서류, 모인출원의 정당권리자가 출원하는 경우에는 입증서류, 우선권을 주장하는 경우에는 제1국 당사국이 증명하는 우선권 서류, 미생물 관련 출원인 경우에는 미생물기탁증 사본, 핵산염기 및 아미노산 서열을 포함한 출원인 경우에는 서열목록을 기록한 전자파일 등을 출원서에 첨부하여야 한다. 서열목록을 기재한 명세서 또는 서면으로 출원하는 경우에는 컴퓨터로 판독할 수 있는 형태로 작성되어야 한다.

Ⅳ. 청구범위

1. 의의

청구범위에는 보호받으려는 사항을 적은 항(이하 "청구항"이라 한다)이 하나 이상 있어야 하며, 그 청구항은 발명의 설명에 의하여 뒷받침될 것과 발명이 명확하고 간결하게 적혀 있을 것의 요건을 모두 충족하여야 한다(제42조 제4항). 또한 청구범위에는 보호받으려는 사항을 명확히 할 수 있도록 발명을 특정하는 데 필요하다고 인정되는 구조·방법·기능·물질 또는 이들의 결합관계 등을 적어야 한다(제42조 제6항).

청구범위는 특허심사·심판 및 소송의 판단대상이므로 특허의 심장부라고 할 수 있다. 이는 청구범위에 의해서 신규성과 진보성 판단시 특허허여 여부가 결정됨은 물론 특허권이 부여된 후에는 특허권 침해 여부도 청구범위에 의하여 결정되기 때문이다. 청구항은 간결하고 명료하게 기재되어야 하고, 발명의 설명에 의해 뒷받침되어야 한다.

2. 청구범위의 기능

청구범위는 다음 3가지 기능이 있다. 특허요건 및 기술공개의 요건을 적용시키기 위해서 발명을 정의한다. 특허권의 침해, 즉 특허권자의 정당한 허락 없이 다른 사람들이 제조·사용 또는 판매할 수 없도록 특허된 발명이 무엇인지를 알려 준다. 또한 선행기술과 청구된 발명을 명확하게 구분하는 경계선의 역할을 한다.

3. 특허발명의 보호범위

특허발명의 보호범위는 청구범위에 적혀 있는 사항에 의하여 정하여진다(제97조). 판례에 의하면 청구범위의 기재만으로 특허발명의 기술적 구성을 알 수 없거나, 알 수 있더라도 권리범위를 확정할 수 없는 경우에는 발명의 설명을 참작하여 해석할 수 있으나 명세서의 다른 기재에 의하여 청구범위의 확장 해석은 허용되지 않고, 청구범위의 기재만으로 기술적 범위가 명백한 경우에는 명세서의 다른 기재에 의하여 청구범위를 제한 해석할 수 없다고 한다.[5)]

4. 청구범위의 특성

청구범위는 시간에 따라서 또는 사람에 따라서 변화되고, 다르게 해석될 수 있는 특성을 가지고 있다. 먼저 사람에 대하여 살펴보면, 출원인, 심사관, 심판관, 법관, 침해자 또는 실시자의 관점에 따라서 청구범위는 다르게 해석될 수 있다. 또한 출원 전, 출원시, 심사 중, 특허 후 또는 침해소송시, 그 시기에 따라서 청구범위는 보정이나 일부 청구항 포기 등으로 변화될 수 있기 때문에 권리범위가 좁게 해석될 수 있

5) 대법원 2014. 1. 16. 선고 2013후778 판결.

다. 특허권의 권리범위는 가변성이 있다. 예를 들면, 청구범위의 권리범위는 정정심판 또는 무효심판에서 변경될 수 있어서 특허권자에게 독점권이 부여된 후에도 그 권리는 완전한 것이 아니고, 상황에 따라 변경 또는 제한이 있을 수 있어 불안정한 권리라 할 수 있다. 청구범위의 권리는 청구항의 구성요소가 적을수록 보호범위가 넓어지는 특성이 있다.

5. 청구범위의 기재요건

청구범위에는 보호받으려는 사항을 기재한 청구항이 하나 이상 있어야 하며, 그 청구항은 발명의 설명에 의하여 뒷받침되어야 하고, 발명이 명확하고 간결하게 기재되어야 한다는 두 가지 요건을 충족하여야 한다.

(1) 발명의 설명에 의하여 뒷받침될 것　청구항은 발명의 설명의 지지를 받아야 한다(제42조 제4항 제1호). 발명의 설명란에 구체적인 기재가 없는 경우 기재내용이 불명료한 청구항을 기재할 수밖에 없다. 청구항에 기재한 발명이 발명의 설명에 의해 뒷받침되는지 여부의 판단은 그 발명이 속하는 기술분야에서 통상의 기술자의 관점에서 청구항에 기재된 발명과 대응되는 사항이 발명의 설명으로부터 이해할 수 있도록 적혀 있는지 여부의 판단이다.

(2) 발명이 명확하고 간결하게 적혀 있을 것　청구항은 권리를 보호하는 부분이기 때문에 명확하고(clear), 간결하게(concise) 적혀 있어야 한다(제42조 제4항 제2호). 이는 청구항의 기재가 불명확하거나 적혀 있는 내용이 간결하지 않은 발명에 대하여 특허권이 부여되면 발명의 보호범위가 불명확하게 되므로 특허발명의 보호범위를 결정하는 권리서의 역할을 다할 수 없기 때문이다. 청구항에 사용되는 용어는 해당 기술분야에서 사용되는 용어를 사용하는 것이 원칙이고, 그 범위에서 해석된다.

6. 청구항의 기재방식

청구범위는 독립항과 종속항으로 구분하여 기재한다(시행령 제5조 제1항). 다른 청구항을 인용하는 청구항은 인용되는 항의 번호를 적어야 한다. 2013년 개정 시행령에서 다른 청구항을 인용하는 모든 청구항(종속항뿐만 아니라 독립항도 포함)에 대해서는 인용하는 항을 구체적으로 특정하도록 하였다.[6] 이 조문의 취지는 제3자 및 심사관

---

6) 현행 규정에서 종속항을 기재할 때에는 인용하는 항을 특정하기 위해 인용하는 항 번호를 기재하라고 강제(시행령 제5조 제4항)하고 있으나, 독립항이 다른 항을 인용할 때에는 종속항의 기재요건과 달리 항 번호를 기재해야 한다는 규정이 없어 이에 대한 개선이 필요하여 독립항이 다른 청

이 청구범위 해석을 쉽게 할 수 있도록 다른 항을 인용하는 청구항은 인용하는 항의 번호를 기재하도록 하는 법령의 근본 취지에 맞게 정비하여 법령의 적합성을 제고하는 데에 있다. 또한 둘 이상의 항을 인용하는 청구항은 인용되는 항의 번호를 택일적으로 기재하여야 한다(시행령 제5조 제5항). 청구항을 택일적으로 기재한 예를 들면 다음과 같다.

(예 1) 청구항 1 또는 청구항 2에 있어서, … 장치. (예 2) 청구항 1 내지 청구항 3 중 어느 하나의 항에 있어서, … 장치. (예 3) 청구항 1, 청구항 2 또는 청구항 3 중 어느 한 항에 있어서, … 장치. (예 4) 청구항 1, 청구항 2 또는 청구항 3에 있어서, … 장치. (예 5) 청구항 1 내지 청구항 7 및 청구항 9 내지 청구항 11 중 어느 한 항에 있어서.. 장치. (예 6) 청구항 1, 청구항 2 및 청구항 4 내지 청구항 7 중 어느 한 항에 있어서 … 장치.

상기 예에서 '~ 중 어느 한 항에 있어서'가 '및'의 전후에 열거된 청구항 전체를 한정한 것으로 보아 인용되는 항의 번호를 택일적으로 기재한 것으로 본다.

7. 기능식 청구항

기능식 청구항(means plus function claim)은 발명을 이루는 필수적 구성요소 중 전부 또는 일부를 기능식으로 표현한 청구항을 말한다. 기능(function)은 개인의 숙련에 의해서 달성될 수 있는 것으로서 지식은 제3자에게 전달될 수 있는 객관성이 결여되어 있어서 발명에 해당되지 않는다. 예를 들면, 악기 연주방법, 볼을 손가락으로 잡는 방법과 볼을 던지는 방법 등이 기능에 해당한다. 기능식 청구항은 어떤 기능과 이를 수행하기 위한 수단(means or step)을 결합하는 문구로 표현된다.[7)]

청구항이 기능적 표현을 포함하는 경우, 심사관은 그 발명이 속하는 기술분야에서 통상의 기술자의 관점에서 발명의 설명이나 도면 등의 기재와 출원 당시의 기술상식을 고려하여 청구범위에 적혀 있는 사항으로부터 특허를 받고자 하는 사항을 명확하게 파악할 수 있는지를 판단하여 그렇지 않다고 인정되는 경우 특허법 제42조 제4항 제2호 위반으로 거절이유를 통지하여야 한다.

8. 컴퓨터 관련 발명의 청구항

컴퓨터 관련 발명의 범수는 방법의 발명, 물건의 발명, 프로그램 기록 매체 청구

구항을 인용하는 경우에도 인용하는 항을 특정해야 한다.

7) 기능식 청구항은 'means for ~ing(기능 + 수단)'으로 표현된다. 예를 들면, 용기를 흔드는 수단(means for oscillating the container)과 같이 기재한다.

항, 매체에 저장된 컴퓨터프로그램 청구항으로 구분하고 다음과 같이 기재하는 것이 바람직하다.[8] 컴퓨터 관련 발명은 시계열적으로 연결된 일련의 처리 또는 조작, 즉 단계로서 표현할 수 있을 때 그 단계를 특정하는 것에 의해 방법발명으로서 청구항에 기재할 수 있다. 컴퓨터 관련 발명은 그 발명이 완수하는 복수의 기능으로 표현할 수 있을 때 그 기능으로 특정된 물건발명으로 청구항에 기재할 수 있다.

프로그램 기록 매체, 즉 프로그램을 설치하고 실행하거나 유통하기 위해 사용되는 '프로그램을 기록한 컴퓨터로 읽을 수 있는 매체'는 물건의 발명으로서 청구항에 기재할 수 있다. 예를 들면, '컴퓨터에 단계 A, 단계 B, 단계 C, …를 실행시키기 위한 프로그램을 기록한 컴퓨터로 읽을 수 있는 매체'또는 '컴퓨터에 기능 A, 기능 B, 기능 C, …를 실현시키기 위한 프로그램을 기록한 컴퓨터로 읽을 수 있는 매체'로 청구할 수 있다.

9. 청구범위 작성시 고려해야 할 사항

(1) 다기재 협범위 원칙 청구범위는 넓은 청구항에서 좁은 청구항까지 발명의 내용에 따라서 여러 가지 형태로 기재할 수 있다. 출원인은 선행기술과 출원발명이 구분될 수 있도록 청구항을 명료하고 간결하게 작성하여야 한다. 청구항의 구성요소가 많으면 많을수록 그 권리범위는 좁아지게 된다. 이를 일명 '다기재 협범위(多記載 狹範圍)의 원칙'이라고 한다.

이 원칙은 청구범위의 해석에서 기본이 되는 원칙이다. 따라서 청구항을 기재할 때 동일한 기술적 사상에 대하여 구성요소가 많으면 많을수록 그만큼 침해를 주장할 수 있는 기회가 줄어들 것이므로 청구항의 구성요소는 가급적 적게 적는 것이 권리를 넓게 보호받을 수 있다.

(2) 다항제의 특징 청구범위는 그 기재형식에 따라 단항제와 다항제가 있다. 단항제란 청구항이 하나뿐인 청구범위를 말한다. 청구범위에 1군의 발명(a group of inventions)을 둘 이상의 청구항으로 기재하는 방식을 다항제(多項制)라 한다. 1980년 개정법에서 다항제가 도입되어 심사, 심판 및 소송에 적용되고 있다.

다항제에 의하면, 청구범위에 청구항이 10개가 존재할 경우 10개의 발명이 있는 것으로 해석한다. 하나의 특허출원으로 할 수 있는 범위는 발명의 단일성이 인정되는 1군의 발명인 경우에도 가능하고, 이 경우 청구범위를 하나 이상의 청구항으로 기재할 수 있다. 일반적으로 청구항을 다수개 항으로 기재할 경우에는 1군의 발명에

8) 특허청, 컴퓨터 관련 발명의 심사기준, 2014, 1-3면.

해당하는 출원발명은 다양한 형태로 보호를 받을 수 있다.

따라서 발명의 성질에 따라 1군의 발명을 다면적으로 기재하여 보호할 필요성이 있다고 인정되는 경우에는 1군의 발명을 복수의 독립항으로 기재할 수 있다. 다항제하에서 동일발명일지라도 복수의 청구항으로 기재할 수 있다. 방법의 발명의 경우 방법만 청구할 수 있지만 발명의 다면적(多面的) 보호를 받기 위해서는 물건과 장치도 청구할 수 있다. 청구항은 가급적 다수의 청구항으로 기재하는 것이 바람직하다.

예를 들면, 신발 제조방법만 청구한 경우 제3자가 그 제조방법을 실시하기 위하여 기계장치를 판매한 경우에는 직접침해가 인정되지 아니하고, 그 기계를 작동시켜 사용하는 행위만 직접침해를 구성한다. 따라서 기계장치를 청구항에 함께 기재하면 기계장치의 제조판매 행위로 인한 침해를 예방할 수 있다.

(3) 특허법 제42조 제6항에 따른 청구범위의 요건 청구범위에는 보호받으려는 사항을 명확히 할 수 있도록 발명을 특정하는 데 필요하다고 인정되는 구조·방법·기능·물질 또는 이들의 결합관계 등을 적어야 한다. 이와 같이 청구범위를 기재하는 영역이 확대되어 출원인은 기술의 형태에 따라 청구범위를 구성요소의 결합뿐만 아니라 기능이나 동작·수단 등도 기재할 수 있게 되었으므로, 복합적이고 고도화된 기술을 다양한 표현방법으로 청구항에 기재할 수 있다. 특허법 제42조 제6항의 청구범위 기재요건은 선언적인 규정이고, 거절이유나 무효사유는 아니다.

Ⅴ. 명세서 작성 사례(특허번호 제71169호 의자 등받이)

명 세 서

[발명의 명칭]

의자 등받이

[도면의 간단한 설명]

제1도는 본 발명에 따른 등받이의 측면도.

제2도는 제1도에서 도시된 등받이의 배면도.

제3도는 제2도의 선 A-B상의 단면도.

제4도는 본 발명에 따른 등받이의 다른 실시예를 뒤쪽에서 본 부분사시도.

[발명의 설명]

본 발명은 의자, 시트, 걸상 등을 위한 의자 등받이에 관한 것이다. 겨드랑이 아래로 맞추어져서 척추를 지지하는 측면부분을 포함하는 의자나 자동차용 시트 등을 위한 등받이들이 공지되어 있다(독일특허 공보 제1,282,264호 참조). 또한 그러한 시트들은 자동차에 사용되었을 때 접히는 시트로서 배치될 수도 있고(독일 특허 공개공보 제204,066호 참조), 사람이 자리에 앉을 때 시트들이 자동적으로 펼쳐진다. 이들 시트들을 생산하는 데에는 비용이 많이 들고 충분한 안락감을 제공하지 못하기 때문에, 어떠한 등받이들도 적용되지 못하였었다. 본 발명의 목적은 앉은 사람의 척추에 걸리는 스트레스를 효과적으로 해소하는 등받이를 구성하는 것이다. 이러한 스트레스는 자세를 바꾸면서 오래 앉았을 때 또는 시트를 사용하는 사람들의 여러 다른 신체적 특징이 포함되는 경우에 생긴다. 본 발명은 측면으로 서로 간격을 두고 있으며 정면을 향하여 횡으로 오목하고 수직으로 볼록한 말안장의 접촉면 식으로 형성된 두 개의 등받이 외판 및 단단한 연결을 위해서 지지 가로대와 각각의 등받이 외판과의 사이에 고정된 스프링요소에 의하여 특징되어지는, 걸상, 시트, 의자 등을 위한 등받이를 제공한다. 본 발명의 저변에 깔린 개념은 시트 외판의 특별한 형상에 있다. 이러한 유형의 형상은 다양한 신체적 특징에도 불구하고, 시트를 사용하는 사람이 항상 지지되며, 이는 자동차 시트의 경우에 축 방향의 힘들이 등받이에 의해서 수용되어야 하기 때문에 특히 중요하다. 이것은 본 발명에 따른 등받이에 의해서 자동적으로 유효하게 수행될 수 있어서 골반 및 요추부의 스트레스가 해소된다. 본 발명은 생산의 단순화 외에도, 고도의 안락함 및 척추를 위하여 적합한 지지를 제공하는 등받이를 목적으로 한다. 더욱이 이 등받이는 사용자의 다양한 신체의 치수에 적합하다.

이하 첨부된 도면들에 따라서 본 발명에 더욱 상세히 설명된다. 제1도를 참조하면, 시트표면(20)상에 제공되어 있는 본 발명에 따른 의자 등받이는, 중간가로대(3, 4)를 거쳐서 탄성요소(2)에 의하여 서로 일정한 간격을 두고서 고정된 두 개의 등받이 외판(1)으로 구성된다. 이들 등받이 외판(1)은 시트표면(20)에 수직인 축방향으로 볼 때 오목하고(제3도 참조), 횡방향 수평축 방향으로 볼 때는 볼록하게 구성된 형상을 가진다(제1도 참조). 바꾸어 말하면, 2개의 등받이 외판(1)은 정면을 향하여 횡방향으로 오목하고 수직방향으로 볼록하다. 예를 들어서 인장 스프링, 스파이럴 스프링 또는 탄성튜브 등의 형태로 제공되는 탄성요소(2)는, 형상-잠금끼움(shape-locking fit)을 형성하도록 그 중간 지점 부근에서 중간가로대(3)와 연결되어 있다. 중간가로대(3)는 높이가 조절될 수 있도록 의자의 수직방향의 중간가로대(4)와 연결될 수 있다. 보다 큰 안락함을 제공하기 위하여 패드(6)가 등받이 외판(1)의 정면 또는 후면에 끼워질 수 있는데, 만일 패드(6)가 등받이 외판(1)의 후면에 끼워지는 경우에는 탄성요소(2)에 탄성적으로 부착되는 것이 바람직하다. 사용자가 이러한 의자 등받이에 맞대어 뒤로 기대었을 때, 2개의 등받이 외판(1)이 앉아 있는 사람의 흉곽(ribcage) 및 겨드랑이 아래에서 접혀져서 척추를 지지한다. 그러나 사용자가 오른쪽 뒤로 기대기를 원한다면, 등받이 외판(1)이 수평축을 중심으로 회전한다. 이런 경우에, 탄성요소(2)는 외력에 의해서 굽혀진다. 탄성요소(2)가 부착지점에서 구부러지면서 탄성적으로 길이가 늘어나면, 등받이 외판(1)이 축방향으로 탄력 있게 구부러질 수도 있다. 제4도는 다른 실시예처럼, 단지 고무 원통부를 가지는 중간 가로대(3)에 등받이 외판(1)을 연결시킨 경우에도 동일한 작용이 이루어질 수 있다.

(57) 청구의 범위

청구항 1

두 개의 등받이 외판(1)을 포함하고 있는 의자 등받이에 있어서, 상기 두 개의 등받이 외판(1)이 서로 축방향으로 떨어져 있고 시트표면(20)에 수직인 축방향으로 볼 때 오목하고 상기 시트표면(20) 위에 배치된 횡방향 수평축 방향으로 볼 때 볼록하게 말안장의 접촉면 식으로 형성되어 있으며, 각각의 상기 등받이 외판(1)의 상, 하단에서 탄성요소(2)의 단부들이 중간가로대(3)에 단단히 연결된 것을 특징으로 하는 의자 등받이.

청구항 2

제1항에 있어서, 세 개의 공간축을 중심으로 상기 등받이 외판(1)이 회전할 수 있도록 상기 등받이 외판(1)의 중앙지역에서 스프링요소(5)가 상기 중간가로대(3)에 고정되어 있는 것을 특징으로 하는 의자 등받이.

청구항 3

제1항 또는 제2항에 있어서, 상기 등받이 외판(1)의 전면에 절연재료로 이루어진 쿠션용 패드(6)가 배치된 것을 특징으로 하는 의자 등받이.

청구항 4

제1항 또는 제2항에 있어서, 상기 등받이 외판(1)의 후면에 절연재료로 이루어진 쿠션용 패드(6)가 배치된 것을 특징으로 하는 의자 등받이.

[도 면]

* 주요 도면 부호의 설명 *

1 : 외판 2 : 탄성요소 3, 4 : 중간가로대

5 : 스프링요소 6 : 패드 20 : 시트표면

도면 1

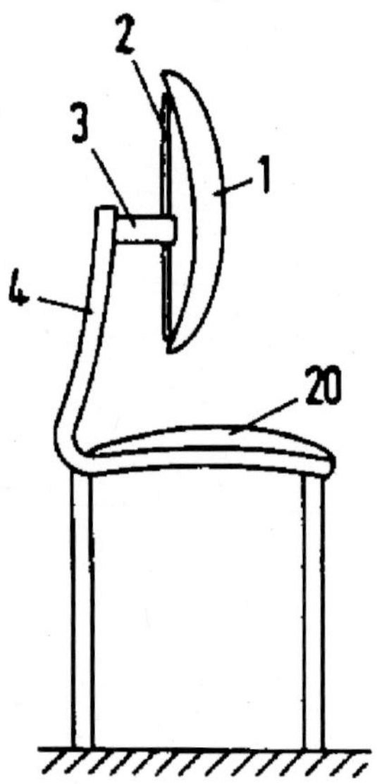

도면 2

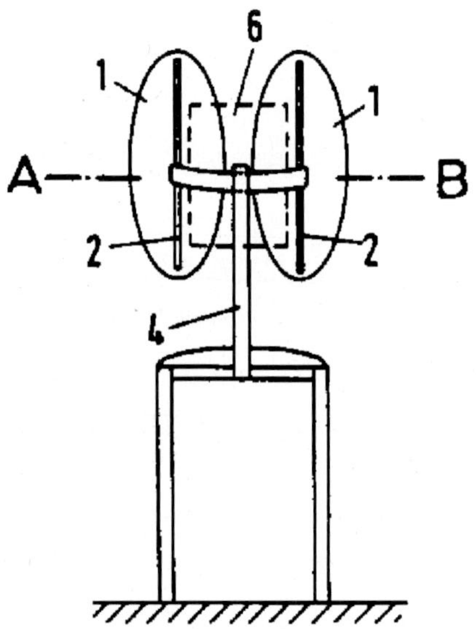

도면 3

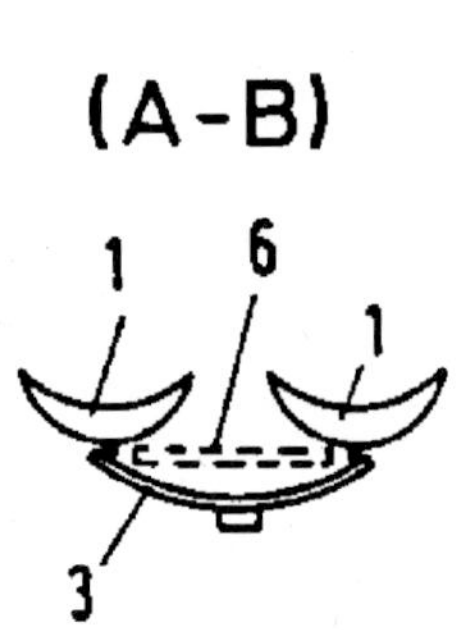

도면 4

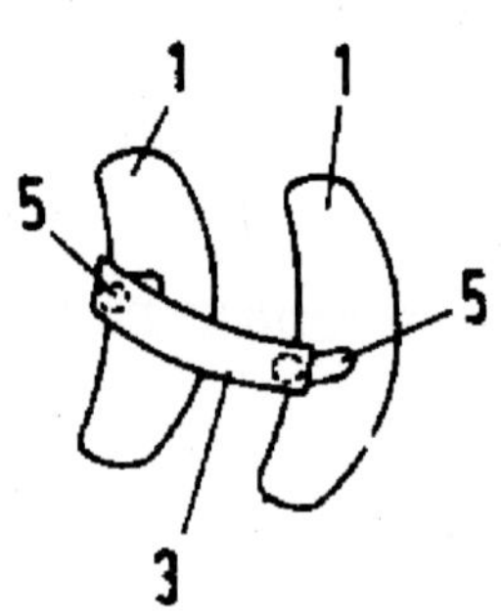

제4절 주요 특허제도

Ⅰ. 하나의 특허출원의 범위

1. 서설

특허법 제45조에서 하나의 특허출원의 범위를 규정하고 있다. 하나의 특허출원의 범위는 상호 기술적으로 관련성이 있는 발명을 하나의 특허출원으로 할 수 있도록 하여 출원인, 제3자 및 특허청의 편의를 도모하는 제도라 할 수 있다. 일반적으로 출원인이 1군의 발명(a group of inventions)을 하나의 특허출원에 청구하면, 출원인은 출원료를 절감할 수 있고, 특허행정의 심사처리 및 특허관리면에서도 장점이 있다.

2. 1군의 발명

하나의 특허출원의 범위(이하 "발명의 단일성"이라 한다)란 하나의 출원서에 여러 가지 청구항을 기재할 수 있는 발명의 범위를 말한다. 여기서 발명의 단일성은 명확히 구분되는 하나의 발명뿐만 아니라, 하나의 총괄적 발명개념(single general inventive concept:SGIC)을 갖는 1군의 발명을 포함한다.

하나의 출원으로 할 수 있는 하나의 발명의 범위는 하나의 발명 또는 하나의 총괄적 발명의 개념을 형성하는 1군의 발명을 말한다. 특허법 제45조 제1항에서 규정하고 있는 하나의 총괄적 발명의 개념을 형성하는 1군의 발명에 해당되는지의 여부는 각 청구항에 기재된 발명들이 하나 이상 동일하거나 대응하는 특별한 기술적인 특징들을 포함하고, 기술적 상호 관계성이 있는지 여부를 판단한다.

3. 단일성 요건

발명의 단일성 요건은 각 청구항에 기재된 발명들이 (ⅰ) 기술적 상호 관련성이 있으면서, (ⅱ) 청구된 발명들이 동일하거나 상응하는 기술적 특징들을 포함하고 있는지 여부를 말한다. 이 경우 특별한 기술적인 특징은 발명 전체로 보아 선행기술과 구별되게 기술적으로 진보한 것을 의미한다. 특허법 제45조의 규정에 의한 발명의 단일성 심사시에는 각 청구항마다 발명으로 보고 특허법 시행령 제6조를 충족하지 않는 청구항이 존재하는 경우에는 그 청구항이 다른 청구항과 동일의 관계를 가지고 있는가를 판단하여 실질적으로 동일하지 않은 경우에는 특허법 제45조 위반으로 거절이유를 통지한다. 특허법 제45조는 서로 다른 둘 이상의 발명이 특정한 관계를 가질 경우에 한해 하나의 출원서에 기재하여 출원할 수 있음을 규정하고 있다.

4. 분할출원과 관계

발명의 단일성에 부합되지 않는 출원의 경우에 심사관은 거절이유를 구체적으로 지적하여 통지하면서 기간을 정하여 의견서 등을 제출할 수 있는 기회를 주어야 한다. 심사관은 출원인에게 거절이유통지시 출원인이 거절이유에 대하여 보다 쉽게 대응할 수 있고, 신속·정확한 심사에 도움이 된다고 인정되는 경우에는 출원의 분할을 하도록 권고할 수 있다.

5. 발명의 단일성과 다항제

청구범위의 기재형식에 다항제를 적용한다고 하여 무조건 둘 이상의 발명을 하나의 특허출원할 수 있다는 것을 의미하지 않는다. 특허법 제42조 제4항은 청구항의 기재요건을 규정하고, 특허법 제45조는 상호 기술적으로 밀접한 관계를 가지는 발명에 대하여 하나의 출원으로 할 수 있는 하나의 출원범위를 규정하고 있다.

6. 단일성 성립 요건

특별한 기술적 특징은 선행기술에 비해 개선된 부분을 의미하므로, 선행기술에 비해 신규성과 진보성을 구비하게 되는 기술적 특징이며, 발명을 전체로서 고려한 후에 결정되어야 한다. 또한 발명의 단일성을 충족하는지 여부의 판단은 선행기술을 고려한 후에 판단하는 것이 일반적이다. 단일성의 성립성을 판단하는 방법은 다음과 같은 순서로 진행한다.

(1) 제1발명의 기술적인 특징 확정　제1발명을 정하고 제1발명과 관련된 선행기술과 비교하여 선행기술에 비해 개선되는 데 실질적 작용을 하는 '특별한 기술적인 특징'을 확정한다.

(2) 제2발명의 기술적인 특징 확정　제2발명에 제1발명과 동일하거나 상응하는 '특별한 기술적인 특징'이 존재하는지 여부를 판단하여 2개의 발명이 기술적으로 관련이 있는지 확정한다.

(3) 2발명의 기술적 상호 관련성 존재 여부 판단　2개의 발명 간에 동일하거나 상응하는 특별한 기술적인 특징을 포함하는 기술적 상호 관련성이 존재한다면 그들은 하나의 총괄적 발명개념에 속한다는 결론을 얻을 수 있다. 예를 들면, 다음 청구

항 1항 내지 청구항 3항 간의 발명의 단일성이 존재하는 여부를 살펴보면, 모든 청구항에 공통되는 특별한 기술적 특징은 필라멘트 A이다. 따라서 청구항 1, 2 및 3 사이에는 단일성이 존재한다.

【청구항 1】: 램프용 필라멘트 A.

【청구항 2】: 필라멘트 A가 있는 램프 B.

【청구항 3】: 필라멘트 A가 있는 램프 B와 회전테 C로 구성된 서치라이트.

Ⅱ. 보정제도

1. 서설

방식심사란 특허청에 제출된 특허출원 서류의 방식이나 절차상의 흠결 유무를 점검하는 심사를 말한다. 보정은 그 내용에 따라 절차보정과 특허출원의 보정으로 구분할 수 있다. 방식심사 과정에서 행하는 보정을 절차보정이라 한다. 한편, 특허출원서의 명세서 등의 기재내용에 흠결이 있는 경우 출원의 동일성이 유지되는 범위 내에서 이를 치유하는 절차를 특허출원의 보정이라 한다. 이러한 보정절차가 제한 없이 행해질 경우에는 심사처리의 지연의 문제가 발생하므로 보정을 제한한다.

2. 취지

선출원주의 하에서는 먼저 출원을 해야 선원의 지위가 확보되기 때문에 대부분의 출원인은 출원을 서두르게 된다. 특허출원시에 명세서를 완벽하게 작성하여 제출하는 것이 바람직하지만 예기치 못한 흠이 발생할 수 있다.

또한 출원인이 명세서나 도면을 완벽하게 작성하였다 할지라도 심사과정에서 미비한 점이 발견되는 경우도 있으므로, 발명자의 보호와 제3자에게 불이익을 주지 않는 범위에서 특허출원 후의 보정을 인정하고 있다.

그러나 보정의 과정에서 특허출원시에 명세서 또는 도면에 기재되지 않거나 신규사항(new matter)을 추가하는 경우 선출원주의에 위배될 뿐만 아니라 법적 안정성을 해칠 우려가 있으므로 일정한 제한을 하고 있다.[9)]

3. 설지보정

특허청장 또는 특허심판원장은 특허에 관한 절차가 (ⅰ) 행위능력이 없는 자에

9) 대법원 2008. 10. 30. 선고 2008후2916 판결.

의하여 된 경우 또는 대리권의 범위에 흠결이 있는 경우, (ii) 특허법에 의한 명령이 정하는 방식에 위반된 경우, (iii) 출원료 등의 수수료를 납부하지 아니하는 경우에는 기간을 정하여 보정을 명하여야 한다(제46조). 특허출원시 보정할 수 없는 대상은 보정을 명하지 않고, 서류를 불수리처분하도록 하고 있다. 특허에 관한 절차를 밟은 자는 그 사건이 특허청 또는 특허심판원에 계속 중인 경우에 한하여 그 절차를 보정할 수 있다. 다만 특허청장 또는 특허심판원장이 기간을 정하여 보정명령을 한 경우에는 지정된 기간 내에 보정을 하여야 한다. 지정된 기간 이내에 보정을 하지 아니하거나 그 기간을 경과하여 보정을 한 경우에는 특허청장 또는 특허심판원장은 그 특허에 관한 절차를 무효로 처분할 수 있다(제16조).

4. 보정의 시기

출원인은 특허결정의 등본을 송달하기 전까지 특허출원서에 첨부한 명세서 또는 도면을 보정할 수 있다(제47조 제1항). 출원인이 심사관의 거절이유통지를 받은 후에는 (i) 거절이유통지(거절이유통지에 대한 보정에 따라 발생한 거절이유에 대한 거절이유통지는 제외한다)를 최초로 받거나 제2호의 거절이유통지가 아닌 거절이유통지를 받은 경우에는 해당 거절이유통지에 따른 의견서 제출기간, (ii) 거절이유통지(특허법 제66조의3 제2항에 따른 통지를 한 경우에는 그 통지 전의 거절이유통지는 제외한다)에 대한 보정에 따라 발생한 거절이유에 대하여 거절이유통지를 받은 경우에는 해당 거절이유통지에 따른 의견서 제출기간에만 보정할 수 있다.

최후거절이유통지에 대해서도 다시 거절이유통지를 받은 경우에는 해당 거절이유통지에서 정한 의견서 제출기간 내에 보정을 할 수 있다. 또한 재심사를 청구할 경우에 보정할 수 있으므로 거절결정 후 재심사를 청구할 때에 명세서 또는 도면을 보정할 수 있다(제47조 제1항 단서).

5. 보정의 범위

(1) 신규사항 추가금지 　명세서 또는 도면의 보정은 특허출원서에 최초로 첨부된 명세서 또는 도면에 기재된 사항의 범위 안에서 보정할 수 있다. 외국어특허출원에 대한 보정은 최종 국어번역문 또는 특허출원서에 기재된 사항의 범위에서 하여야 한다(제47조 제2항). 보정범위를 벗어나서 보정한 경우에는 거절이유 및 무효사유가 된다. 한편, 보정서에 보정할 수 있는 범위 내의 보정사항이 있더라도 범위 외의 사항(신규사항)이 포함되어 있는 한 출원 전체가 거절이유의 대상이 된다.

(2) 최후거절이유통지 후의 청구범위에 대한 보정 최후거절이유통지 후 (i) 청구항을 한정 또는 삭제하거나 청구항에 부가하여 청구범위를 감축하는 경우, (ii) 잘못된 기재를 정정하는 경우, (iii) 분명하지 아니한 기재를 명확하게 하는 경우, (iv) 특허법 제47조 제2항에 따른 범위를 벗어난 보정에 대하여 그 보정 전 청구범위로 되돌아가거나 되돌아가면서 청구범위를위(i)에서 (iii)에 따라 보정하는 경우에만 할 수 있다(제47조 제3항). 또한 재심사의 청구시에도 최후거절이유통지의 경우와 같이 보정이 제한된다. 이는 신규사항을 추가하는 보정을 거절이유로 하고, 최후거절이유통지제도를 도입함에 따라 최후거절이유통지 후 청구범위의 보정을 제한하지 않으면 심사관이 처리를 할 수 없는 문제가 발생할 수 있기 때문에 이를 방지하기 위한 것이다.

6. 보정제한제도

선출원주의하에서 출원인이 보정을 언제든지 자유롭게 할 수 있게 한다면, 특허행정의 절차의 흐름을 왜곡시키므로 출원처리를 지연시키는 결과를 조래하게 된다. 따라서 신규사항 추가금지와 같은 보정제한제도를 운영하게 되면 심사처리에 소요되는 시간을 단축할 수 있고, 선출원주의 원칙에 충실할 수 있다.

특허법은 출원인이 수시로 자유롭게 보정할 수 있게 되면, 심사처리가 지연되게 되는 점을 고려하여 보정에 대해서 심사청구제도, 출원공개제도 및 우선권주장제도 등과 절차적인 충돌이 없는 범위 내에서 보정시기를 제한하고 있다. 보정시기로서 특허결정의 등본송달 전 또는 최초거절이유통지에 따른 의견서 제출기간 이내에는 신규사항 추가금지를, 최후거절이유통지에 따른 의견서 제출기간 이내 또는 재심사를 청구할 때는 신규사항 추가금지 외에 청구범위 감축요건 등을 추가로 제한하고 있다.

7. 변경출원의 보정

출원인은 특허출원서에 최초로 첨부한 명세서에 청구범위를 적지 아니한 변경출원의 경우 제42조의2 제2항에 따른 기한이 지난 후에도 변경출원을 한 날부터 30일이 되는 날까지 명세서에 청구범위를 적는 보정을 할 수 있다(제53조 제8항).

특허법 제42조의2 제2항에 따른 기한이란 특허출원인은 특허출원서에 최초로 첨부한 명세서에 청구범위를 적지 아니한 경우에는 특허법 제64조 제1항 각 호[10]의

10) 특허법 제64조 제1항 각 호: 1. 조약우선권주장을 수반하는 특허출원의 경우 그 우선권주장의 기초가 된 출원일, 2. 국내우선권주장을 수반하는 특허출원의 경우 선출원의 출원일, 3. 조약우선권

구분에 따른 날부터 1년 2개월이 되는 날까지를 의미한다. 출원인은 이 기간 내에 명세서에 청구범위를 적는 보정을 하여야 한다. 다만 출원심사 청구의 취지를 통지 받은 경우에는 그 통지를 받은 날부터 3개월이 되는 날 또는 제64조 제1항 각 호의 구분에 따른 날부터 1년 2개월이 되는 날 중 빠른 날까지 보정을 하여야 한다.

8. 의견제출통지 후 복수 보정이 있는 경우의 취급

심사관의 의견제출통지서를 받은 후 거절이유를 해소하기 위해 명세서에 기재된 발명을 보정함에 있어서, 복수의 보정이 있는 경우 각각의 보정절차에서 마지막 보정 전에 한 모든 보정은 취하된 것으로 본다(제47조 제4항). 이 조문의 취지는 복수의 보정이 있는 경우 출원인이 보정하려는 사항이 무엇인지 불분명한 문제가 있었으므로, 최종적으로 보정된 발명이 무엇인지 명확히 하기 위하여 동일 지정기간 내에 제출된 복수 보정서의 효력을 규정하여 최종 심사대상을 명확하게 하는 데에 있다. 종전에는 복수 보정서를 제출할 수 있고, 이 경우에 보정은 누적적으로 반영되었다. 최후 보정의 경우 각각에 대하여 승인하거나 보정각하를 하였다.

2013년 개정법에는 2013년 7월 1일 이후 특허출원에 대하여 보정절차에서 마지막 보정 전에 한 보정은 취하된 것으로 간주한다. 예를 들면, 의견제출통지 전의 명세서는 발명의 설명, 청구항 1 내지 청구항 3으로 작성되었다고 가정한다. 1차 보정서에서는 발명의 설명과 청구항 3을 보정하고, 2차 보정서에서는 발명의 설명과 청구항 1을 보정하였다. 이 경우 최종 보정의 명세서는 2차 보정서이므로 1차 보정서 보정은 취하된 것으로 간주하고, 2차 보정서의 발명의 설명과 청구항 1의 보정만을 인정하게 된다.

9. 보정각하

(1) 보정각하 대상 심사관은 최초거절이유 및 최후거절이유에 대한 보정이 신규사항 관련 보정이나 청구범위를 감축하는 보정의 규정을 위반하거나 그 보정에 따라 새로운 거절이유가 발생한 것으로 인정되면 결정으로 그 보정을 각하하여야 한다. 보정각하는 해당 보정절차 그 자체를 대상으로 하는 처분을 말하며, 특허출원에 대한 처분은 아니다. 신규사항 추가에 해당되는 보정을 심사관이 간과하여 이를

또는 국내우선권에 따른 둘 이상의 우선권주장을 수반하는 특허출원의 경우 해당 우선권 주장의 기초가 된 출원일 중 최우선일, 4. 제1호부터 제3호까지 어느 하나에 해당하지 아니하는 특허출원의 경우 그 특허출원일.

수리한다면 출원발명이 보정에 의하여 변경되므로 제3자에게 미치는 피해가 크게 된다. 따라서 출원서에 최초로 첨부된 명세서 또는 도면에 신규사항을 추가한 것이나 청구범위의 보정이 부적법한 것을 보정각하의 대상으로 하고 있다.

(2) 보정각하 대상이 아니 경우 다음 어느 하나에 해당하는 보정인 경우에는 보정각하를 하지 아니한다. (ⅰ) 직권보정을 하는 경우 그 직권보정 전에 한 보정, (ⅱ) 직권 재심사를 하는 경우 취소된 특허결정 전에 한 보정, (ⅲ) 재심사의 청구가 있는 경우 그 청구 전에 한 보정이 이에 해당한다.

(3) 보정각하의 절차 보정각하의 결정은 서면으로 하여야 하며, 그 이유를 붙여야 한다(제51조 제2항). 보정각하결정에 대해서는 불복할 수 없다. 다만, 특허거절결정에 대한 심판에서 그 각하결정(직권 재심사를 하는 경우 취소된 특허결정 전에 한 각하결정과 재심사의 청구가 있는 경우 그 청구 전에 한 각하결정은 제외한다)에 대하여 다투는 경우에는 그러하지 아니하다(제51조 제3항).

Ⅲ. 분할출원

1. 서설

출원인이 발명의 단일성 요건을 간과하거나 국제특허분류(IPC)를 잘 이해하지 못하여 둘 이상의 발명을 하나의 특허출원으로 한 경우에는 일정한 기간 내에 원특허출원의 일부를 새로운 특허출원으로 분할할 수 있다. 둘 이상의 발명이 청구범위에 기재된 경우뿐만 아니라 발명의 설명 또는 도면에 기재되어 출원된 경우가 있다.

하나의 출원에 둘 이상의 발명을 포함시켜 출원한 경우 이를 하나 이상의 출원으로 나누어 분할한 특허출원을 분할출원이라 한다. 다만, 그 특허출원이 외국어특허출원인 경우에는 그 특허출원에 대한 특허법 제42조의3 제2항에 따른 국어번역문이 제출된 경우에만 분할할 수 있다(제52조 제1항).

분할출원은 원출원의 명세서(도면 포함)에 기재된 발명의 일부를 분할하여야 하고, 분할출원의 명세서에 포함된 발명은 모두 원출원의 명세서(도면 포함)에 포함되어야 한다. 이 경우 분할출원에 기재된 발명과 원출원에 기재된 발명의 동일성 판단기준은 실질적 동일성을 포함한 개념이다. 분할출원이란 단일발명, 단일출원의 원칙 아래 2 이상의 발명을 1출원으로 한 경우 이를 2 이상의 출원으로 분할하는 것으로서, 2 이상의 발명을 1출원으로 한 경우란 2 이상의 발명이 반드시 특허청구의 범위에 기재된 경우뿐만 아니라 발명의 상세한 설명이나 도면에 기재되어 출원된 경우까지 포함한다. 분할출원을 하면서 원출원 당시 제출한 발명의 상세한 설명이나 도면을 다시 사용할 수 있고, 원출원 중 일부 발명이 실시례 등의 상세한 설명에 기재된 것으로서 원출원 발명과 다른 하나의 발명으로 볼 수 있는 경우에는 그 일부를 분할출원할 수 있다.

이 경우 그 동일성 여부의 판단은 청구범위에 기재된 양 발명의 기술적 구성이 동일한가 여부에 의하여 판단하되 그 효과도 참작할 수 있는바, 기술적 구성에 차이가 있더라도 그 차이가 주지·관용기술의 부가, 삭제, 변경 등으로 새로운 효과의 발생이 없는 정도에 불과하다면 양 발명은 서로 동일하다고 하여야 할 것이다.[11)]

2. 분할출원의 시기

분할출원을 하려는 자는 분할출원을 할 때에 특허출원서에 그 취지 및 분할의 기초가 된 특허출원의 표시를 하여야 한다(제52조 제3항). 출원인은 둘 이상의 발명을 하나의 특허출원으로 한 경우에는 그 특허출원의 출원서에 첨부된 명세서 또는 도면에 기재된 사항의 범위 안에서 특허결정의 등본을 송달하기 전까지 또는 특허거절결정등본을 송달받은 후 거절결정불복심판을 청구할 수 있는 기간 중 어느 하나에 해당하는 기간 이내에 그 일부를 하나 이상의 특허출원으로 분할할 수 있다.

2015년 개정법에서 제52조 제1항 제3호를 신설하여 출원인이 시장변화 등에 능동적으로 대응할 수 있도록 분할출원 가능 기간을 확대하였다. 따라서 출원인은 특허결정의 등본을 송달받은 날부터 3개월 이내의 기간에(단, 설정등록 이전) 분할출원을 할 수 있다.[12)] 분할출원이 외국어특허출원인 경우에는 출원인은 특허법 제42조의 3 제2항에 따른 국어번역문 또는 같은 조에 따른 새로운 국어번역문을 같은 조 제2항에 따른 기한이 지난 후에도 분할출원을 한 날부터 30일이 되는 날까지는 제출할 수 있다. 다만, 같은 법 제42조의3 제3항 각 호의 어느 하나에 해당하는 경우에는 새로

---

11) 대법원 2004. 3. 12. 선고 2002후2778 판결: 원출원 발명에 부가된 화합물의 제조 과정이 그 발명의 필수 구성요소로서 분할출원 발명이 예정하고 있지 않은 새로운 효과를 가진 공정이고 이를 단순한 주지 관용기술에 불과하다고 볼 수는 없어 이러한 제조 과정을 필수 구성요소로 하지 않는 분할출원 발명이 원출원 발명과 그 기술적 사상 및 기술 구성이 서로 다른 상이한 발명이다.

12) 특허법 제52조 제1항 제3호: 특허결정 또는 특허거절결정 취소심결(특허등록을 결정한 심결에 한정하되, 재심심결을 포함한다)의 등본을 송달받은 날부터 3개월 이내의 기간에 특허출원으로 분할할 수 있다. 다만, 설정등록을 받으려는 날이 3개월보다 짧은 경우에는 그 날까지의 기간 내에 특허출원으로 분할할 수 있다. 2015년 7월 29일 이후 특허결정 또는 특허거절결정 취소심결의 등본을 송달받은 특허출원부터 적용한다. 실용신안도 동일하게 이 규정이 적용된다.

운 국어번역문을 제출할 수 없다(제52조 제5항).

특허출원서에 최초로 첨부한 명세서에 청구범위를 적지 아니한 분할출원에 관하여는 특허법 제42조의2 제2항에 따른 기한이 지난 후에도 분할출원을 한 날부터 30일이 되는 날까지는 명세서에 청구범위를 적는 보정을 할 수 있다(제52조 제6항).

3. 분할출원의 대상

분할출원의 대상은 원출원서에 최초로 첨부된 명세서 또는 도면에 기재된 둘 이상의 발명이다. 분할출원을 하는 자는 분할출원서에 그 취지 및 분할의 기초가 된 특허출원의 표시를 하여야 한다(제52조 제3항). 분할출원을 할 수 있는 경우는 단일성 요건에 위반된 경우, 발명의 설명 또는 도면에만 기재되어 있는 발명을 별개의 출원으로 하는 경우 등이다. 분할출원으로 인하여 원출원의 내용을 보정할 필요가 있는 경우(단일성 요건을 위반하는 경우)에는 청구범위에 기재되어 있는 발명을 분할하는 것이기 때문에 분할출원과 동시에 원출원은 보정해야 한다.[13)]

한편, 분할출원의 청구범위에 기재된 발명과 분할 후의 원출원의 청구범위에 기재된 발명이 동일한 경우의 처리가 문제될 수 있나. 심사실무에서는 이 경우 분할출원은 인정하되 특허법 제36조 제2항을 적용한다.

4. 조약우선권을 주장하는 분할출원

조약우선권을 주장하는 분할출원의 경우에 우선권주장 증명서류는 선출원일로부터 1년 4개월이 지난 후에도 분할출원을 한 날로부터 3개월 이내에 특허청장에게 제출할 수 있다(제52조 제4항). 종전에는 조약우선권주장을 수반하는 분할출원의 경우 기초출원일부터 1년 4개월 이내에 조약우선권주장 증명서류를 제출하여야 했다.

그러나 분할출원일부터 3개월의 만료시점이 조약우선권주장의 기초출원일부터 1년 4개월보다 빠른 경우에 증명서류 제출기간이 1년 4개월보다 단축되는 문제점이 발생한다. 따라서 분할출원에 대한 우선권주장 증명서류의 제출기간은 최소한 1년 4개월을 보장하고, 이 기간이 지난 후에는 분할출원을 한 날로부터 3개월까지 우선권증명서를 추가로 제출할 수 있다.

5. 법적효과

분할출원이 있는 경우 그 분할출원은 특허출원한 때에 출원한 것으로 본다(제52

13) 대법원 2008. 4. 20. 선고 2006다35308 판결.

조 제2항). 분할출원은 출원일의 소급효가 인정되므로 분할출원에 대한 신규성, 진보성 및 선원의 요건은 원특허출원시를 기준해서 판단해야 한다. 또한 분할출원에 대한 출원공개의 시기, 심사청구기간, 심사청구기간의 특례, 특허권 존속기간의 기산점 및 선사용권 요건의 판단기준도 원특허출원시를 기준으로 판단해야 한다.

특허법 제52조 제2항 단서의 규정에 의해 다음의 경우에는 분할출원의 출원시점은 분할출원시로 본다(제52조 제2항). 즉, (ⅰ) 확대된 선원의 규정에서의 분할출원이 타출원에 해당하는 경우, (ⅱ) 공지예외주장 및 증명서류 제출기간(제30조 제2항) 기산시, (ⅲ) 조약에 의한 우선권주장(제54조 제3항)의 기산시, (ⅳ) 국내우선권주장 및 선출원의 기산시(제55조 제2항)를 적용함에 있어서는 분할출원의 출원시점은 실제로 출원절차를 밟은 때로 본다. 이는 분할출원의 출원일을 원출원의 출원일로 소급함으로써 생기는 불합리한 점을 없애기 위함이다.

Ⅳ. 변경출원

1. 서설

실용신안등록출원인은 그 실용신안등록출원의 출원서에 최초로 첨부된 명세서 또는 도면에 기재된 사항의 범위에서 그 실용신안등록출원을 특허출원으로 변경할 수 있다(제53조 제1항). 특허출원으로 변경출원을 할 수 있는 자는 실용신안등록출원인이며 공동출원의 경우에는 출원인 전원이어야 한다. 일정한 요건을 갖추면 실용신안등록출원과 특허출원 간에 출원형식을 변경할 수 있다. 변경된 특허출원(이하 "변경출원"이라 한다)이란 최초 출원의 동일성을 유지하면서 출원형식만 변경하는 출원을 말한다. 선출원주의 하에서 출원인은 출원일을 확보하기 위하여 출원을 서두르거나, 발명에 대한 판단의 곤란성 등으로 특허출원 또는 실용신안등록출원의 선택을 잘못할 수 있다.

출원인은 출원 후에 보다 유리한 출원형식으로 변경하기를 희망하므로 특허출원과 실용신안등록출원 간에 변경출원을 할 수 있다. 그러나 변경출원이 허용되더라도 시기적으로나 내용적으로 아무 제한 없이 허용되면 권리의 내용 및 권리존속기간에 변동이 생기게 되고, 이러한 변동으로 선의의 제3자가 피해를 볼 수 있으므로 제3자와의 관계를 고려하여 변경출원의 시기와 범위를 제한하게 된다.

2. 변경출원의 시기

실용신안등록출원은 실용신안등록출원의 출원서에 최초로 첨부된 명세서 또는 도면에 기재된 사항의 범위에서 실용신안등록출원을 특허출원으로 변경할 수 있다. 변경출원의 시기는 거절결정등본을 송달받은 날부터 30일 이내에 변경할 수 있다(제53조 제1항). 다만, 실용신안등록출원에 관하여 최초의 거절결정등본을 송달받은 날부터 30일이 지난 경우 또는 실용신안등록출원이 실용신안법 제8조의3 제2항에 따른 외국어실용신안등록출원인 경우로서 변경하여 출원할 때 같은 항에 따른 국어번역문이 제출되지 아니한 경우에는 특허출원으로 변경할 수 없다(제53조 제1항 단서).

특허출원인은 변경출원이 외국어특허출원인 경우에는 특허법 제42조의3 제2항에 따른 국어번역문 또는 같은 조 제3항 본문에 따른 새로운 국어번역문을 같은 조 제2항에 따른 기한이 지난 후에도 변경출원을 한 날부터 30일이 되는 날까지는 제출할 수 있다.[14] 다만, 같은 법제42조의3 제3항 각 호의 어느 하나에 해당하는 경우에는 새로운 국어번역문을 제출할 수 없다(제53조 제7항). 특허출원인은 특허출원서에 최초로 첨부한 명세서에 청구범위를 적지 아니한 변경출원의 경우 같은 법 제42조의2 제2항에 따른 기한이 지난 후에도 변경출원을 한 날부터 30일이 되는 날까지 명세서에 청구범위를 적는 보정을 할 수 있다(제53조 제8항).

3. 변경출원의 대상

실용신안등록출원인은 변경출원의 기초가 되는 출원이 적법하고 유효하게 특허청에 계속 중인 한 그 실용신안등록출원의 출원서에 최초로 첨부된 명세서 또는 도면에 기재된 사항의 범위 안에서 그 실용신안등록출원을 특허출원으로 변경할 수 있다. 변경출원을 할 수 있는 범위는 그 실용신안등록출원의 출원서에 최초로 첨부된 명세서 또는 도면에 기재된 사항의 범위 내이다. 따라서 출원서에 최초로 첨부된 명세서 또는 도면에 기재되지 않았던 사항이 특허출원으로 변경출원되면서 추가되거나 변경되는 경우에는 적법한 변경출원으로 인정될 수 없고, 출원일의 소급도 인정받을 수 없게 된다.

14) 특허법 제42조의3(외국어특허출원 등) ② 특허출원인이 특허출원서에 최초로 첨부한 명세서 및 도면을 제1항에 따른 언어로 적은 특허출원(이하 "외국어특허출원"이라 한다)을 한 경우에는 제64조 제1항 각 호의 구분에 따른 날부터 1년 2개월이 되는 날까지 그 명세서 및 도면의 국어번역문을 산업통상자원부령으로 정하는 방법에 따라 제출하여야 한다. 다만, 본문에 따른 기한 이전에 제60조 제3항에 따른 출원심사 청구의 취지를 통지받은 경우에는 그 통지를 받은 날부터 3개월이 되는 날 또는 제64조 제1항 각 호의 구분에 따른 날부터 1년 2개월이 되는 날 중 빠른 날까지 제출하여야 한다. ③ 제2항에 따라 국어번역문을 제출한 특허출원인은 제2항에 따른 기한 이전에 그 국어번역문을 갈음하여 새로운 국어번역문을 제출할 수 있다. 다만, 다음 각 호의 어느 하나에 해당하는 경우에는 그러하지 아니하다.

1. 명세서 또는 도면을 보정(제5항에 따라 보정한 것으로 보는 경우는 제외한다)한 경우
2. 특허출원인이 출원심사의 청구를 한 경우

4. 변경출원의 요건

(1) 원출원이 특허청에 계류 중일 것 변경출원시에 실용신안등록출원이 취하, 무효, 포기 등의 이유로 소멸된 경우에는 이를 근거로 한 변경출원을 할 수 없다. 따라서 원출원은 특허청에 계류 중이어야 한다.

(2) 출원인이 동일할 것 변경출원인은 실용신안등록출원의 출원인과 동일인이거나 적법한 승계인이어야 한다. 이는 변경출원을 하는 경우 실용신안등록출원이 취하된 것으로 간주되기 때문이다.

(3) 변경출원할 수 있는 기간 내일 것 실용신안등록출원에 대하여 거절결정등본을 송달받은 날로부터 30일 이내에 변경출원할 수 있다. 반대로 특허출원을 기초로 실용신안등록출원으로 변경출원하는 경우에도 그 특허출원에 대하여 최초로 거절결정등본을 송달받은 날로부터 30일 이내에 실용신안등록출원으로 변경할 수 있다. 다만, 거절결정불복심판 청구기간이 연장된 경우에는 그 연장된 기간에 따라 변경출원을 할 수 있는 기간도 연장된다.

(4) 동일성 유지 실용신안등록출원을 특허출원으로 변경할 경우 변경출원의 범위는 최초로 첨부된 명세서 또는 도면에 기재된 사항의 범위 안을 요구하고 있으므로, 변경출원은 실용신안등록출원과 기술내용의 동일성이 유지되어야 한다.

5. 조약우선권을 주장하는 변경출원

조약우선권을 주장하는 변경출원의 경우에 조약우선권주장 증명서류는 선출원일로부터 1년 4개월이 지난 후에도 변경출원을 한 날로부터 3개월 이내에 특허청장에게 제출할 수 있다(제53조 제6항). 종전에는 조약우선권주장을 수반하는 변경출원의 경우 기초출원일부터 1년 4개월 이내에 조약우선권주장 증명서류를 제출하여야 했다. 그러나 변경출원일부터 3개월의 만료시점이 조약우선권주장의 기초출원일부터 1년 4개월보다 빠른 경우에 증명서류 제출기간이 1년 4개월보다 단축되는 문제점이 발생한다. 따라서 변경출원에 대한 우선권주장 증명서류의 제출기간은 최소한 1년 4개월을 보장하고, 이 기간이 지난 후에는 변경출원을 한 날로부터 3개월까지 우선권증명서를 추가로 제출할 수 있다.

6. 법적효과

변경출원이 있는 경우에 그 변경출원은 실용신안등록출원을 한 때에 특허출원한 것으로 본다(제53조 제2항). 변경출원은 출원일의 소급효가 인정된다. 그러나 특허법 제53조 제2항 단서의 규정에 의해 다음의 경우에는 변경출원의 출원시점은 분할출원시로 본다. 즉 (ⅰ) 확대된 선원의 규정에서의 변경출원이 타출원에 해당하는 경우, (ⅱ) 공지예외주장 및 증명서류 제출기간 기산시(제30조 제2항), (ⅲ) 조약에 의한 우선권주장 및 증명서류 제출기간 기산시(제54조 제3항), (ⅳ) 국내우선권주장 및 선출원의 기산시(제55조 제2항)를 적용함에 있어서는 변경출원의 출원시점은 실제로 출원절차를 밟은 때로 본다. 이는 변경출원의 출원일을 원출원의 출원일로 소급함으로써 생기는 불합리한 점을 없애기 위함이다. 변경출원이 있는 경우에는 그 실용신안등록출원은 취하된 것으로 본다(제53조 제4항).

Ⅴ. 우선권제도

1. 서설

우선권제도에는 국가를 달리하는 출원 간에 인정되는 파리협약의 우선권(이하 "조약우선권"이라 한다)과 국내출원 간에 인정되는 국내우선권(이하 "국내우선권"이라 한다)이 있다. 이들 제도는 모두 발명보호를 위한 절차적 수단으로, 조약우선권은 파리협약의 운영과 관련되는 국제적인 발명보호 수단인 반면에 국내우선권은 국내출원인의 발명보호 수단이라는 점에서 차이가 있다.

우선권(priority)이란 파리협약 회원국에서 최선으로 정규의 출원을 한 자 또는 그 승계인이 일정한 기간 내에 다른 당사국에 동일한 발명을 출원한 경우 출원의 순위 및 특성 판단에 있어서 최선출원의 출원일인 제1국의 최초의 출원일, 즉 우선일[15]을 판단의 기준일로 인정해 주는 권리이다.

2. 조약우선권

파리협약에 의한 조약우선권은 대한민국 국민에게 특허출원에 대한 우선권을 인정하는 당사국(예: 미국) 국민이 그 당사국(미국) 또는 다른 당사국(독일)에 특허출원을 한 후 동일발명을 우리나라에 특허출원하여 우선권을 주장하는 경우, 또는 대한

15) 우선일(priority date)이란 특허법 제201조 제1항의 정의에서 PCT 제2조 제11호의 우선일 정의에 따르고 있으므로 PCT에서 정의하는 우선일은 조약우선권제도에 적용된다. 우선일은 기간의 계산상 파리협약 우선권주장을 수반하는 경우에는 우선권이 주장되는 출원의 출원일(filing date), 해외출원이 2개 이상의 조약우선권을 수반하는 경우는 우선권을 가장 먼저 주장한 출원의 출원일, 해외출원이 조약우선권주장을 안 한 경우는 해외출원의 출원일이다.

민국 국민에게 특허출원에 대한 우선권을 인정하는 당사국(미국)에 대한민국 국민이 특허출원한 후 동일한 발명을 대한민국에 특허출원하여 우선권을 주장하는 경우 특허법 제29조 및 같은 법 제36조의 규정을 적용함에 있어서 그 당사국(미국)에 출원한 날을 대한민국에 특허출원한 날로 본다(제54조 제1항).

(1) 우선권주장의 성립요건 조약우선권을 주장하기 위한 제1국(예: 미국)에서의 요건은 (i) 파리협약 당사국의 국민일 것, (ii) 당사국 또는 파리협약 당사국에 출원하였을 것, (iii) 그 출원은 정규의 출원일 것 등이다. 제2국(한국)에서의 요건은 특허출원한 자는 파리협약 당사국(미국)에 특허출원한 자와 동일인이거나 그의 상속인 또는 그의 승계인이어야 한다. 또한 대한민국에 특허출원한 발명은 파리협약 당사국에 특허출원한 발명과 동일해야 한다.

(2) 시기의 제한 우선권을 주장하고자 하는 자는 우선권주장의 기초가 되는 우리나라에 특허출원을 하면서 파리협약 당사국 출원일(우선일)부터 1년 이내(우선기간)에 출원하여야 한다. 만일 2 이상의 우선권주장을 하는 경우에는 가장 먼저 출원한 날(최선일)[16)]로부터 기산한다. 특허출원할 때 특허출원서에 우선권주장의 취지, 최초로 출원한 국명 및 출원의 연월일을 적어야 한다(제54조 제3항).

(3) 우선권주장에 대한 심사 우선권주장의 성립요건에 대한 심사는 제1국 출원과 제2국 출원의 기술내용에 대한 동일성 판단이라 할 수 있다. 여기서 양 발명의 동일성 여부는 우선권을 주장한 제1국 출원의 청구범위에 기재된 발명과 제2국 출원시 명세서 또는 도면으로부터 파악되는 발명의 동일성 판단이다.

(4) 법적효과 우선권주장이 적법하여 우선권이 인정되더라도 그 출원일은 실제 우선권주장을 수반하는 출원의 출원일이다. 적법한 우선권주장의 경우에 출원일의 소급효는 인정되지 않는다. 적법한 우선권주장의 효과는 특허법 제29조 및 제36조를 적용함에 있어서는 제1국에 출원한 날을 대한민국에 출원한 날로 간주한다는 것이다. 출원인이 2 이상의 출원에 대하여 우선권을 주장하거나(소위 "복합우선"), 하나 또는 2 이상의 우선권주장을 수반하는 출원으로서 그 우선권의 기초가 된 출원에 포함되지 않는 구성요소를 포함하는 것(소위 "부분우선")이 허용된다. 이 경우 우선권주장을 수반하는 출원에서 그 우선권의 기초가 된 출원에 포함되지 않는 구성요소에 대해서

16) 우선권주장 증명서류는 다음 각 호에 해당한 날 중 최우선일(最優先日)부터 1년 4개월 이내에 제출하여야 한다. 1. 조약 당사국에 최초로 출원한 출원일, 2. 그 특허출원이 국내우선권주장을 수반하는 경우에는 그 우선권주장의 기초가 되는 출원의 출원일, 3. 그 특허출원이 조약에 의한 우선권주장을 수반하는 경우에는 그 우선권주장의 기초가 되는 출원의 출원일(제54조 제5항).

는 특허법 제29조 및 제36조의 적용에 있어서 출원일 소급과 같은 우선권의 효력이 적용되지 않는다. 우선권을 주장한 자가 최선일부터 1년 4개월 이내에 우선권주장 증명서류를 제출하지 아니한 경우에는 그 우선권주장은 효력을 상실한다(제54조 제6항).

3. 국내우선권

(1) 취지　일반적으로 발명은 기초발명을 바탕으로 개량발명이 창작되고, 관련 주변 발명들도 개발된다. 국내우선권제도는 국내의 선출원에 근거해서 개량발명한 후출원을 출원하면서 우선권을 주장할 경우, 선출원의 출원일에 출원한 것으로 인정해 줌으로써 국내산업계에서 개발한 기술을 적극적으로 보호해 주기 위한 것이 이 제도의 취지이다. 대한민국에 선출원을 한 자 또는 그 승계인이 선출원일로부터 일정기간 이내에 개량발명을 하여 그 개량발명과 선출원발명을 하나의 출원에 포함시켜 후출원을 하여 우선권주장을 한 경우, 그 우선권주장의 기초가 된 선출원의 출원서에 최초로 첨부된 명세서 또는 도면에 적혀 있는 발명에 관한 특허출원은 그 선출원의 출원시에 특허출원한 것으로 본다(제55조 제3항).

(2) 우선권주장의 요건　특허를 받으려는 자는 자신이 특허나 실용신안등록을 받을 수 있는 권리를 가진 특허출원 또는 실용신안등록출원으로 먼저 한 출원(이하 "선출원"이라 한다)의 출원서에 최초로 첨부된 명세서 또는 도면에 기재된 발명을 기초로 1년 이내에 출원하면, 그 특허출원한 발명에 관하여 우선권을 주장할 수 있다(제55조 제1항). 국내우선권을 주장할 수 없는 경우는 (i) 특허출원이 선출원의 출원일부터 1년이 지난 후에 출원된 경우, (ii) 선출원이 분할출원이나 변경출원인 경우, (iii) 그 특허출원을 할 때에 선출원이 포기, 무효 또는 취하된 경우, (iv) 그 특허출원을 할 때에 선출원이 특허 여부의 결정, 실용신안등록 여부의 결정 또는 거절한다는 취지의 심결이 확정된 경우 등이다.

1) 선출원의 요건　선출원이 특허청에 계류 중이어야 한다. 후출원시에 선출원이 이미 포기, 무효, 취하 또는 특허 여부의 결정, 실용신안등록 여부의 결정 또는 거절한다는 취지의 심결이 확정된 경우에는 선출원을 기초로 우선권을 주장할 수 없다. 우선권주장의 기초가 되는 선출원이 분할출원이거나 변경출원이 아니어야 한다. 그 이유는 분할출원 또는 변경출원을 기초로 하여 우선권주장을 할 경우에는 우선권주장의 적법성 이외에도 분할출원과 변경출원의 적법성까지도 파악해야 하므로 심사처리가 복잡해지고, 일반인은 서류열람시 이를 파악하기가 곤란하다는 어려움이 있기 때문이다.

2) 후출원의 요건 국내우선권을 주장할 수 있는 자는 선출원의 출원인(승계인을 포함한다)이다. 따라서 후출원인은 후출원 시점에서 선출원인과 동일인이거나 선출원의 적법한 승계인이어야 한다. 선출원의 승계인이 되기 위해서는 명의변경신고를 특허청장에게 하면 되고, 동시에 선출원을 기초하여 국내우선권주장을 하면 주체의 동일성이 인정된다. 또한 선출원과 후출원의 발명이 동일해야 한다. 즉 객체가 동일해야 한다. 선출원이 될 수 있는 것은 특허출원이나 실용신안등록출원이다. 그러나 우선권의 기초인 선출원 명세서 등에 기재된 발명이라 하더라도 그것이 선출원 이후의 보정에 의하여 추가된 발명일 경우에는 이를 근거로 하는 우선권주장은 인정되지 않는다. 대한민국을 지정한 해외출원도 선출원이 될 수 있다. 여기서 동일해야 한다는 것은 국내우선권주장의 대상인 후출원의 청구범위에 기재된 발명이 선출원의 최초명세서 및 도면에 기재된 발명과 동일해야 한다는 것을 의미한다.

3) 우선권주장의 시기 선출원을 기초로 국내우선권을 주장할 수 있는 기간은 선출원일로부터 1년 이내이다. 우선기간을 1년으로 정한 이유는 파리협약, PCT 및 각국의 우선권제도와 균형을 맞추기 위해서이다. 또한 둘 이상의 선출원을 기초로 하여 국내우선권을 주장할 수도 있다. 이 경우에는 우선권주장의 형태가 복합우선에 해당되므로 둘 이상의 선출원 중 최선(最先)의 출원일로부터 1년 이내에 주장하여야 한다.

(3) 우선권주장의 절차

1) 특허출원시 절차 선출원을 근거로 우선권을 주장하고자 하는 자는 특허출원을 할 때 특허출원서에 그 취지와 선출원의 표시를 하여야 한다(제55조 제2항). 이 절차는 국내의 출원절차에만 적용되고 국제특허출원에는 적용되지 않는다. 국내우선권주장의 절차에서는 이미 선출원의 서류가 특허청에 제출되어 있기 때문에 조약우선권의 경우와는 달리 선출원에 관한 증명서류는 제출할 필요가 없다.

2) 신규성 상실 예외를 주장하는 경우 선출원을 근거로 국내우선권을 주장한 자가 그 후출원에서도 선출원에서 주장한 신규성 상실 예외 혜택을 승계받고자 할 경우에는 후출원시에 그 취지를 기재한 서면을 특허청장에게 제출하고 후출원일로부터 30일 이내에 특허법 제30조 제2항의 증명서류를 제출하여야 한다. 즉, 선출원이 12개월 이내에 신규성 상실 예외를 신청하고, 소정의 절차를 취한 경우라면 우선권을 주장하는 후출원은 비록 공지(公知)일로부터 12개월이 지난 후 출원되어도 후출원이 우선기간 이내(선출원일로부터 1년 이내)일 경우에는 후출원은 신규성 상실 예

외와 우선권주장의 혜택을 동시에 받을 수가 있다(제55조 제3항).

3) 선출원의 취하 간주　국내우선권주장의 기초가 된 선출원은 그 출원일부터 1년 3개월이 지난 때 취하된 것으로 본다(제56조 제1항). 다만, 그 선출원이 (ⅰ) 포기, 무효 또는 취하된 경우, (ⅱ) 특허 여부의 결정, 실용신안등록 여부의 결정 또는 거절한다는 취지의 심결이 확정된 경우, (ⅲ) 해당 선출원을 기초로 한 우선권주장이 취하된 경우의 어느 하나에 해당하는 경우에는 취하된 것이 아니다.

출원인은 선출원의 출원일부터 1년 3개월이 지난 후에는 그 우선권주장을 취하할 수 없다(제56조 제2항).

4. 미생물 관련 발명

(1) 서설　미생물은 일반적으로 크기가 작기 때문에 인간의 육안으로는 식별이 곤란한 생물을 말하고, 특허법상 미생물은 유전자, 벡터, 재조합벡터, 형질전환체, 융합세포, 재조합단백질, 모노클로날항체, 바이러스, 세균, 효모, 곰팡이, 버섯, 방선균, 단세포조류, 원생동물, 동식물 세포, 조직배양물, 종자 등 특허절차상 기탁 가능한 생물학적 물질(Biological material)을 의미한다. 특허를 출원할 때에는 명세서에 타인이 반복·재현할 수 있도록 기재하여야 하나, 미생물은 구조가 복잡하고 살아있는 것이어서 미생물에 관한 발명을 특허출원하는 경우 특허 명세서에 타인이 반복·재현할 수 있도록 기재하는 것이 곤란하기 때문에, 출원된 미생물을 공인된 기관에 기탁하고 공개 후에는 제3자가 분양받을 수 있도록 함으로써 명세서 기재사항을 보완하기 위하여 별도의 미생물 기탁제도를 두고 있다. 특허법 시행령 및 시행규칙에서는 미생물 기탁제도(시행령 제2조), 미생물 관련 발명의 명세서 기재요건(시행령 제3조), 미생물 시료 분양(시행령 제4조), 미생물의 수탁번호 변경신고(시행규칙 제22조), 미생물 시료의 분양절차(시행규칙 제23조)에 관해 규정하고 있다.

(2) 미생물 관련 발명의 명세서 기재　미생물에 관계되는 발명에 대하여 특허출원을 하려는 자는 특허법 제42조 제2항에 따른 명세서를 적을 때 특허법 시행령 제2조 제1항 본문에 따라 미생물을 기탁한 경우에는 국내기탁기관 또는 국제기탁기관에서 부여받은 수탁번호를, 같은 항 단서에 따라 그 미생물을 기탁하지 아니한 경우에는 그 미생물의 입수방법을 적어야 한다(특허법시행령 제3조).

(3) 미생물 기탁제도　미생물은 구조가 복잡하고 살아 있는 것이므로, 특허명세서에 타인이 반복·재현할 수 있도록 기재하는 것이 곤란하므로(제42조 제3항), 미

생물 기탁제도는 특허출원 미생물을 공인기탁기관에 기탁하여 공개 후에는 제 3자가 분양받아 실시할 수 있도록 함으로써 명세서 기재사항을 보완하기 위한 제도이다. 미생물에 관계되는 발명에 대하여 특허출원을 하고자 하는 자는 특허청장이 정하는 기탁기관 또는 「특허절차상 미생물기탁의 국제적 승인에 관한 부다페스트조약」 제7조의 규정에 의하여 국제기탁기관으로서의 지위를 취득한 기관(이하 "국제기탁기관"이라 한다)에 그 미생물을 기탁하고 특허출원서에 그 사실을 증명하는 서류(국제기탁기관에 기탁한 경우에는 특허절차상 미생물기탁의 국제적 승인에 관한 부다페스트조약 규칙 제7규칙에 의한 최신의 수탁증 사본)를 첨부하여야 한다. 다만, 당해 발명이 속하는 기술분야에서 통상의 지식을 가진 자가 그 미생물을 용이하게 입수할 수 있는 경우에는 이를 기탁하지 아니할 수 있다(특허법 시행령 제2조 제1항) 출원인 또는 특허권자는 미생물의 기탁에 대하여 특허출원 후 새로운 수탁번호가 부여된 때에는 지체 없이 그 사실을 특허청장에게 신고하여야 한다(시행령 제2조 제3항).

(4) 생물 시료의 분양 특허법 시행령 제2조에 따라 기탁된 미생물에 관계되는 발명을 시험 또는 연구를 위하여 실시하려는 자는 다음 각 호의 어느 하나에 해당하는 경우 국내기탁기관 또는 국제기탁기관으로부터 그 미생물시료를 분양받을 수 있다(시행령 제4조 제1항). (i) 그 미생물에 관계되는 발명에 대한 특허출원이 공개되거나 설정등록된 경우 (ii) 특허법 제63조 제1항(법 제170조제2항에서 준용하는 경우를 포함한다)에 따른 의견서를 작성하기 위하여 필요한 경우 미생물 시료를 분양받을 수 있고, 미생물 시료를 분양받은 자는 그 미생물을 타인에게 이용하게 하여서는 아니 된다.

(5) 부다페스트 조약 체약국 상호 간에는 특허 출원 미생물을 하나의 국제기탁기관에만 기탁하도록 하여, 각국에 따로 기탁해야 하는 부담을 해소하기 위한 국제조약[17)]으로서, 1977년에 조약이 체결되어 1988년 3월 28일 우리나라가 가입하였고, 2016년 12월 현재 80개국이 가입되어 있다.

또한, 부다페스트 조약에서는 하나의 지정된 기탁기관에 기탁시 조약국 간에는

---

17) The Budapest System provides a practical business solution when pursuing patents involving biological material in some 80 countries through the recognition of one international recognized deposit with an international depositary authority(IDA). Budapest Treaty on the International Recognition of the Deposit of Microorganisms for the Purposes of Patent Procedure. Adopted in 1977, the Budapest Treaty concerns a specific topic in the international patent process: microorganisms. All states party to the Treaty are obliged to recognize microorganisms deposited as a part of the patent procedure, irrespective of where the depository authority is located. In practice this means that the requirement to submit microorganisms to each and every national authority in which patent protection is sought no longer exists.

다른 기관에 기탁하지 않아도 기탁한 것으로 인정하고 있다. 따라서 부다페스트조약 제7조의 규정에 의하여 국제기탁기관으로서의 지위를 취득한 기관(국제기탁기관)에 미생물을 기탁하면 각 나라의 기탁기관에 각각 기탁해야 하는 번거로움을 덜 수 있다. 우리나라에서 미생물 기탁이 가능한 기관은 2016년 12월 현재 KCTC, KCCM, KCLRF, KACC 4곳이며, 국제기탁기관은 KCTC, KCCM, KCLRF 3곳이다.

제5절 직무발명

Ⅰ. 서설

1. 의의

회사(기업)에서 이루어지는 발명이 많기 때문에 종업원이 발명한 경우 그 성질상 해당 사용자 등의 업무범위에 속하며 그 발명을 하기에 이른 행위가 그 종업원 의 현재 또는 과거 직무에 속하는 발명을 직무발명이라 한다. 직무발명에 대하여 종전에는 특허법 제39조 및 제40조에서 규정하였으나, 현재는 발명진흥법에서 이를 규정하고 있다. 직무발명 보상은 연구자가 직무상 행한 발명에 대해 회사가 그 발명에 대한 특허권을 승계 받고, 특허 취득과 사업화를 통해 발생한 이익을 연구자에게 보상하는 것을 말한다. 최근 직무발명과 관련한 분쟁이 이슈가 되고, 국내 특허출원의 80% 정도가 기업의 출원임을 고려하면, 우수발명 창출을 통해 기업의 경쟁력을 강화하기 위해서는 직무발명의 창출과 정당한 보상이 중요하다.

2. 직무발명 보상규정

지식재산활동 실태조사[18]에 따르면, 직무발명 보상규정을 보유하고 이를 활용하고 있는 기업의 비율은 35%로 나타났다. 기업 규모별로는 중견기업의 82%가 직무발명 보상규정을 활용하는 것으로 가장 높게 조사되었고, 대기업의 62%, 벤처기업의 35%, 일반 중소기업의 18%가 직무발명 보상규정을 보유·활용하는 것으로 나타났다. 특히 직무발명 보상규정을 보유하고 있는 기업이 산업재산권을 R&D 수행 또는 각종 인증 획득에 활용한 비율을 조사한 결과 미보유 기업 대비 매우 높은 것으

18) 특허청·무역위원회, 2013년도 지식재산활동 실태조사, 2014, 41-42면: 회사의 직무발명 보상규정 보유 현황은 특허, 실용신안 보유 기업을 그 조사대상으로 하였다.

로 조사되었다. 한편, 직무발명 보상규정을 보유하고 이를 활용하고 있는 대학 및 공공연구기관 93.1%이고, 국공립대학 95%, 사립대학 92%, 정부출연연구소 100%, 기타 공공기관 89%로 조사되었다.

Ⅱ. 종업원 발명의 종류

종업원의 발명은 그 성격에 따라 크게 직무발명과 자유발명으로 나눌 수 있다. 직무발명의 경우 권리는 원칙적으로 종업원에게 귀속되지만 기업(법인)에서 예약승계 규정을 가지고 있을 때에는 기업으로 권리가 승계된다. 만일 직무발명이 아닌 자유발명의 권리를 회사로 귀속시키는 규정을 가진 회사가 있을 경우 해당조항은 무효이다.

1. 직무발명

직무발명은 종업원·법인의 임원 또는 공무원(이하 "종업원 등"이라 한다)이 그 직무에 관하여 발명한 것이 성질상 사용자·법인 또는 국가나 지방자치단체(이하 "사용자 등"이라 한다)의 업무범위에 속하고, 그 발명을 하게 된 행위가 종업원 등의 현재 또는 과거의 직무에 속하는 발명을 말한다(발명진흥법 제2조 제2호).

종업원이 직무에 관한 발명을 완성하여 특허권을 획득하면 사용자는 무상으로 특허받은 기술을 실시할 수 있을 뿐만 아니라 특허를 받을 수 있는 권리 또는 특허권을 승계할 수 있으므로 타인의 기술모방이 배제되는 강력한 법적 보호를 받게 됨으로써 기술개발투자의 확대를 유도할 수 있다. 기업에서 직무발명의 역할이 매우 중요하므로 사용자와 종업원의 각각의 역할, 공헌도 등을 공평하게 고려하여 산업발달이라는 공익적 입장에서 조화(harmonization)를 도모할 필요가 있다.

2. 자유발명

자유발명이란 기업의 업무나 자신에게 부여된 직무와 관련 없이 떠오른 아이디어에 의한 발명으로 당연히 종업원 자신이 권리를 가진다. 직업과 직무범위 밖에서 발생하거나 회사 내의 숙련된 노하우로부터 발생하지 아니한 발명은 자유발명이다.

업무범위와 직무범위가 자유발명의 판단요소이다. 예를 들면, 고속도로 휴게소를 관리하는 A 회사의 B 휴게소 호두과자 판매원이 기존의 호두과자 만드는 기계를 개량하여 자동으로 호두과자 만드는 기계를 발명한 경,우 A 회사의 업무범위에 속하는지 여부와 호두과자 판매원의 직무범위에 속하는지 여부는 다음과 같이 해석된다.

A 회사의 주업무(정관에 기재된 업무)는 고속도로의 시설을 관리하는 것이므로, B 휴게소에 설치된 호두과자 만드는 기계는 기계제작회사와의 계약에 의하여 공급받아 설치·운영되고 있기 때문에 부대업무로서 호두과자를 만드는 기계의 설계·제작을 포함시키는 것은 무리이며, 호두과자 판매원의 직무는 호두과자를 만들어 판매하는 것이 주업무이고, 부대업무는 호두과자 만드는 기계를 관리하고 재료를 준비하는 것이라고 볼 수 있다. 따라서 호두과자 판매원이 기존의 기계를 개량하여 자동으로 호두과자 만드는 기계를 발명한 것은 사용자의 업무범위에 속하지 않고 종업원의 직무범위에도 속하지 아니하므로 호두과자 판매원의 자유발명이다.[19]

Ⅲ. 직무발명의 성립요건

기업의 업무범위에 속하고 종업원의 과거 또는 현재의 직무범위에 속하는 발명은 예약승계 규정의 유무 및 기업의 승계의사에 따라 권리의 주체가 결정된다. 예약승계 규정이 있고 기업이 승계의사를 밝힌 경우에만 권리가 기업으로 귀속되고, 나머지 경우에는 종업원에게 직무발명의 권리가 귀속되고 기업은 경우에 따라 무상의 통상실시권을 가진다. 직무발명이 성립하려면, (ⅰ) 종업원 등이 자신의 직무에 관하여 발명하였을 것, (ⅱ) 종업원 등의 발명은 사용자 등의 업무범위에 속할 것, (ⅲ) 종업원 등의 발명행위는 현재 또는 과거의 직무에 속할 것, (ⅳ) 종업원 등은 직무발명 완성사실을 통지할 것, (ⅴ) 사용자 등은 4개월 이내에 승계 여부를 통지를 할 것 등의 5개의 요건을 만족하여야 한다.

1. 종업원 등이 직무에 관하여 한 발명일 것

종업원이란 사용자와 고용계약 및 기타의 관계에서 타인(사용자)의 사무에 종사하는 자를 말하며, 민법상 고용계약(민법 제655조)에 의한 종업원뿐만 아니라 사실상 사용자에게 노무를 제공한다는 목적만 있으면 사용자와 종업원의 관계가 성립한다. 종업원은 회사의 종업원 이외에 회사의 임원, 국가공무원, 지방공무원, 고용된 촉탁이나 기능습득 중인 양성공 및 일용직도 포함한다. 또한 상근·비상근, 보수지급 유무, 근로기준법상 최하 연령을 불문하고 사용자와 고용관계에 있는 한 종업원이 된다. 직무발명을 한 종업원에 해당하기 위해서는 발명을 착상하여 이를 구체화하고 발명을 완성한 자에 해당하여야 한다. 종업원 등의 직무에 관하여 한 발명이란 회사 내의 숙련된 노하우로부터 창작된 기술적인 발명으로서직무발명으로 발명을 하게

19) 특허청·무역위원회, 앞의 책, 64면.

된 행위가 종업원 등의 현재 또는 과거 직무에 속하는 발명을 말한다.

2. 사용자 등의 업무범위에 속하는 발명일 것

민법에서 말하는 사용자의 개념은 고용계약(근로계약)에 있어서 노무를 제공할 것을 약정한 상대방(근로자)에 대하여 보수(임금)를 지급할 것을 약정하는 자로 정의하고 있다. 사용자의 대부분은 법인이며, 개인기업의 대표자, 국가 및 지방자치단체를 포함한다. 사용자 등의 업무범위에 속하는 발명이란 사용자 등이 수행하는 사업의 범위로서 사용자가 개인인지, 법인 및 국가인지에 따라 각각 달리 해석한다.

사용자가 법인인 경우 기업의 정관에 기재된 기업의 목적과 관련하여 수행하는 사업의 범위로서 현재 실시하거나 장래에 실시할 예정인 사업의 범위를 의미한다. 종업원 등의 발명이 사용자 등의 업무범위에 속하더라도 그 발명을 하게 된 행위가 종업원 등의 현재 또는 과거의 직무에 속하는 발명이 아니면 자유발명이므로 사용자의 업무범위는 엄격하게 해석해야 한다.

3. 종업원 등의 발명행위는 현재 또는 과거의 직무에 속할 것

발명을 하게 된 행위가 종업원 등의 현재 또는 과거의 직무에 속하는 것이란 발명을 하게 된 행위가 종업원의 현재 직무에 해당하는 경우뿐만 아니라 과거의 직무에 속하는 경우에도 직무발명이 성립한다. 여기에서 현재 또는 과거의 직무에 속하는 발명이란 동일기업 내에서 해당 종업원이 담당했던 현재 또는 과거의 직무를 말한다. 문제가 되는 것은 종업원이 퇴직한 후에 창작한 발명이다. 발명의 완성 당시에 종업원의 지위에 있었던 자가 재직 중에 발명을 완성하고 묵비로 있다가 퇴직한 후에 특허출원한 경우에도 직무발명에 속한다. 그 이유는 종업원이 발명을 하게 된 행위는 발명자가 종업원의 지위를 가지고 있는 동안 발명을 착상하여 완성하기까지 그 발명을 위해서 제공된 모든 행위를 의미하기 때문이다.

대법원은 "직무발명이란 종업원이 담당하는 직무내용과 책임범위로 보아 발명을 꾀하고 이를 수행하는 것이 당연히 예정되거나 또는 기대되는 경우를 뜻한다."고 판시하였다.[20] 직무발명은 현재의 고용관계를 전제로 하고, 고용관계가 종료된 퇴직한 후에 완성한 발명은 직무발명으로 인정하지 않는다.

---

20) 대법원 1991. 12. 27. 선고 91후1113 판결: 악기 회사의 공작과 기능직 사원으로 입사하여 회사를 퇴직할 때까지 작업과 여러 부서에 숙련공으로 근무하면서 금형제작, 센터핀압입기제작, 치공구개발 등의 업무에 종사한 자가 피아노 부품의 하나인 플랜지의 구멍에 부싱을 효과적으로 감입하는 장치를 고안한 경우, 위 근무기간 중 위와 같은 고안을 시도하여 완성하려고 노력하는 것이 일반적으로 기대되므로 고안이 직무발명에 해당한다.

Ⅳ. 사용자의 법적인 권리와 의무

1. 무상의 통상실시권 취득

직무발명에 대하여 종업원 등이 특허를 받았거나 특허를 받을 수 있는 권리를 승계한 자가 특허를 받았을 때에는 사용자 등은 그 특허권에 대하여 통상실시권을 가진다(발명진흥법 제10조 제1항). 사용자의 무상통상실시권은 강행규정에 의해 법률로 보장되므로 실시범위에 아무런 제한을 받지 않고 해당 실시권이 소멸할 때까지 유효하다고 할 수 있다.

【직무발명 보상액 설정시 고려하도록 정한 사용자가 얻을 이익의 의미】

<대법원 2011. 7. 28. 선고 2009다75178 판결>

> 사용자는 직무발명을 승계하지 않더라도 특허권에 대하여 무상의 통상실시권을 가지므로, 사용자가 얻을 이익은 통상실시권을 넘어 직무발명을 독점·배타적으로 실시할 수 있는 지위를 취득함으로써 얻을 이익을 의미한다. 한편, 여기서 사용자가 얻을 이익은 직무발명 자체에 의하여 얻을 이익을 의미하는 것이지 수익·비용의 정산 이후에 남는 영업이익 등 회계상 이익을 의미하는 것은 아니므로 수익·비용의 정산 결과와 관계없이 직무발명 자체에 의한 이익이 있다면 사용자가 얻을 이익이 있는 것이다. 또한 사용자가 제조·판매하고 있는 제품이 직무발명의 권리범위에 포함되지 않더라도 그것이 직무발명 실시제품의 수요를 대체할 수 있는 제품으로서 사용자가 직무발명에 대한 특허권에 기해 경쟁회사로 하여금 직무발명을 실시할 수 없게 함으로써 매출이 증가하였다면, 그로 인한 이익을 직무발명에 의한 사용자의 이익으로 평가할 수 있다.

2. 예약승계

사용자 등은 미리 종업원 등이 한 직무발명에 대해 특허를 받을 권리 또는 특허권을 사용자 등에게 승계시키거나, 전용실시권을 사용자 등을 위해 설정하는 취지를 정한 계약 또는 근무규정 등에 의해 이상의 권리를 유효하게 승계할 수 있다. 이를 소위 '예약승계'라 한다. 예약승계는 계약 등으로 예약의 의미를 명확하게 함과 동시에 권리이전의 대항요건을 갖추기 위해서, 출원질차의 편의를 위해서 그리고 장래의 분쟁을 미연에 방지하기 위해서 발명이 완성된 후 지체 없이 양도증서를 작성하고 보존하는 것이 필요하다.

직무발명에 대해서는 발명이 완성되기 전에도 예약승계로서 사용자 등에게 특허를 받을 권리 또는 특허권을 승계시키는 것, 전용실시권을 사용자 등을 위해 설정하는 것을 미리 계약 또는 근무규칙 등으로 규정해 두는 것이 인정된다. 그러나 직무발명을 제외하고 종업원 등의 발명에 대하여 미리 사용자 등에게 특허 등을 받을 수 있는 권리나 특허권 등을 승계시키거나 사용자 등을 위하여 전용실시권을 설정하도록 하는 계약이나 근무규정의 조항은 무효가 된다(발명진흥법 제10조 제3항).

3. 승계여부 통지

직무발명의 완성사실을 종업원으로부터 통지를 받은 사용자는 통지받은 날부터 4개월 이내에 그 발명에 대한 권리의 승계여부를 종업원에게 문서로 알려야 하며, 사용자가 그 발명에 대한 권리의 승계의사를 알린 때에는 그때부터 그 발명에 대한 권리는 사용자 등에게 승계된 것으로 본다(발명진흥법 제13조 제1항, 제2항, 발명진흥법 시행령 제7조). 사용자가 종업원의 발명신고를 받고 4개월 이내에 승계 여부를 알리지 아니한 경우에는 사용자는 그 발명에 대한 권리의 승계를 포기한 것으로 본다. 사용자는 그 발명을 한 종업원 등의 동의를 받지 아니하고는 통상실시권을 가질 수 없다. 이 경우 종업원의 동의를 받은 통상실시권에 대하여 사용대가를 지불해야 한다.

4. 정당한 보상

종업원 등은 직무발명에 대하여 특허를 받을 수 있는 권리나 특허권을 계약이나 근무규정에 따라 사용자 등에게 승계하게 하거나 전용실시권을 설정한 경우에는 정당한 보상을 받을 권리를 가진다(발명진흥법 제15조 제1항). 사용자등은 제1항에 따른 보상에 대하여 보상형태와 보상액을 결정하기 위한 기준, 지급방법 등이 명시된 보상규정을 작성하고 종업원등에게 문서로 알려야 한다(발명진흥법 제15조 제2항).

사용자 등은 제2항에 따른 보상규정의 작성 또는 변경에 관하여 종업원등과 협의하여야 한다. 다만, 보상규정을 종업원 등에게 불리하게 변경하는 경우에는 해당 계약 또는 규정의 적용을 받는 종업원등의 과반수의 동의를 받아야 한다(발명진흥법 제15조 제3항). 사용자 등이 발명진흥법 제15조 제2항부터 제4항까지의 규정에 따라 종업원 등에게 보상한 경우에는 정당한 보상을 한 것으로 본다. 다만, 그 보상액이 직무발명에 의하여 사용자등이 얻을 이익과 그 발명의 완성에 사용자 등과 종업원 등이 공헌한 정도를 고려하지 아니한 경우에는 그러하지 아니하다(발명진흥법 제15조 제6항).

그러나 직무발명의 보상에 대하여 계약이나 근무규정에서 정하고 있지 아니하거나 정당한 보상으로 볼 수 없는 경우 그 보상액을 결정할 때에는 그 발명에 의하여 사용자 등이 얻을 이익과 그 발명의 완성에 사용자 등과 종업원 등이 공헌한 정도를 고려하여야 한다. 다만, 미리 사용자 등에게 특허 등을 받을 수 있는 권리나 특허권 등을 승계시키거나 사용자 등을 위하여 전용실시권을 설정하도록 하는 계약이나 근무규정이 없는 경우에는 사용자 등이 종업원 등의 의사와 다르게 그 발명에 대한 권리의 승계를 주장할 수 없다(발명진흥법 제13조 제1항 단서).

【종업원이 한 발명의 권리 귀속 및 대가】

<동경지방재판소 2004. 1. 30. 선고 평성13(ワ)17772 판결>

X(나카무라 슈지)는 Y회사(니치아화학)의 전 종업원이며, Y회사 재직 중에 질화물 반도체 결정 막의 성장 방법(청색 발광다이오드)에 대한 발명을 하였다. Y회사는 본 발명에 대한 특허출원을 하고, 특허권의 설정등록을 받았다.[21] X는 일본 특허법 제35조 제3항에 기초하여 직무발명에 대하여 특허를 받는 권리를 승계시킨 경우의 상당한 대가를 요구하였다. 이 사건은 상기 분야에서의 선행 연구에 기초하여 고도의 기술정보를 축적하고, 인적 및 물적으로도 풍부한 진용의 연구부문을 구비한 대기업에서 다른 기술자의 고도의 지식 내지 실험 능력에 기초한 지도나 원조에 의해 발명을 한 것 같은 사례와는 전혀 상이하고, 소기업의 빈약한 연구 환경 아래에서 종업원 발명자가 개인적 능력과 독창적인 발상에 의해 경업회사를 비롯한 전 세계의 연구기관에 앞서 산업계가 열망했던 세계적 발명을 이루었다는 직무발명으로서는 전혀 없었던 사례이다. 재판소는 "직무발명의 상당한 대가로서 604억 3,006만 엔을 인정한다. X는 그 일부로서 200억 엔을 청구하고 있었으므로, Y회사에게 200억 엔(한화: 2,000억 원)의 지불을 하라."고 판시하였다. Y회사는 이에 불복하여 동경고등법원에 항소했지만, 그 후 화해가 성립했다. 그리고 직무발명의 상당한 대가는 6억 857만 엔으로 하고, 지연손해금 2억 3,534만 엔을 포함한 합계 8억 4,391만 엔(한화 약 80억 5천만 원)을 Y사가 X에 지불하는 것으로 화해가 성립되었다.

스웨덴 노벨위원회가 선정한 2014년 노벨물리학상 수상자 중 한 명이 청색 발광다이오드(LED)를 개발한 나카무라 슈지 교수이다. 노벨위원회는 "청색 LED 개발로 백색광도 가능해졌다. LED 전구의 등장으로 기존 광원보다 더 오래 사용할 수 있고 더 효율적 친환경 광원으로 조명기술에 혁신적인 시대를 열었다."고 연구업적을 평가하였다.

---

21) 니치아화학공업은 1993년 나카무라 슈지가 발명한 특허(특허번호 제2,628,404호: 반도체 결정 막의 성장 방법)로 세계 최초로 청색 LED 상용화에 성공하였다. 〔청구범위〕 기판에 대해 평행 내지 경사 방향과 기판에 대해 실질적으로 수직 방향으로 가스를 공급하여 가열된 기판의 표면에 반도체 결정 막을 성장시키는 방법에 있어서, 기판의 표면에 평행 내지 경사 방향으로 반응 가스를 공급하고, 기판의 표면에 대해 실질적으로 수직 방향으로는 반응 가스를 포함하지 않는 불활성 가스의 가압 가스를 공급하고, 불활성 가스인 가압 가스가 기판의 표면에 평행 내지 경사 방향으로 공급되는 반응 가스를 기판 표면에 분사 방향으로 방향을 변경시켜 반도체 결정 막을 성장시키는 것을 특징으로 하는 반도체 결정 막의 성장 방법.

Ⅴ. 종업원의 법적인 권리와 의무

1. 특허를 받을 수 있는 권리의 원시취득

발명을 한 자 또는 그 승계인은 이 법에서 정하는 바에 의하여 특허를 받을 수 있는 권리를 가진다(제33조 제1항). 직무발명에 대한 특허권의 귀속에 대하여 한국, 일본 및 독일은 발명자주의를 택하고 있다. 따라서 특허를 받을 수 있는 권리는 발명자인 종업원에게 원시적으로 귀속된다. 사용자는 종업원 또는 그 승계인이 특허를 받으면 그에 대하여 통상실시권을 가진다(발명진흥법 제10조 제1항). 판례에 의하면 직무발명에 대하여 특허를 받을 수 있는 권리를 미리 사용자에게 승계시키는 계약이나 근무규정이 있거나 발명의 완성 후에 이를 승계시키는 계약이 있었다는 등의 특별한 사정이 없는 한 종업원이 직무발명을 사용자가 아닌 종업원의 이름으로 특허출원하더라도 이는 자신의 권리를 행사하는 것으로서 업무상배임죄가 성립할 여지는 없다고 한다.[22)]

그러나 일반적으로 종업원의 특허를 받을 수 있는 권리는 사용자에게 승계하도록 하고 있으므로 직무발명은 대부분 승계인인 법인의 이름으로 출원되고 있다.

【종업원 명의로 출원한 것은 업무상 배임에 해당】

<대전지방법원 2010. 1. 26. 선고 2009노1274 판결>

피고인 X는 2003년 3월 1일부터 한국과학기술원의 생명공학과 부교수로 임용되어 한국과학기술원이 제공하는 연구실, 고가의 연구 장비 및 인력을 이용하여 이 사건 매직기술에 관한 연구를 하였다. 피고인은 2004년 7월경에 사실상 자신이 설립한 씨지케이 주식회사(이하 "씨지케이"라 한다)에게 이 사건 매직기술에 관하여 특허를 받을 수 있는 권리를 양도하였다. 2004년 5월경에 매직기술에 관한 주요 실험을 완료하였고, 씨지케이는 A(한국과학기술원 소속 책임연구원)와 실험한 위 결과들을 근거자료로 하여 특허출원을 하였다. 피고인은 씨지케이를 사실상 설립하고 한국과학기술원의 직무발명에 대한 예약승계 규정에 근거하여 특허를 받을 수 있는 권리를 한국과학기술원에 양도하지 않고 씨지케이에 무단으로 양도하여 특허출원을 하였다. 피고인이 예약승계 규정에도 불구하고 종업원 명의로 출원한 것은 업무상 배임죄에 해당한다.

2. 직무발명 완성사실의 통지

종업원은 발명자로서의 권리를 원시 취득하지만 사용자로 하여금 계약 또는 근

22) 대법원 2012. 12. 27. 선고 2011도15093 판결.

무규정에 의하여 특허를 받을 수 있는 권리 또는 특허권을 승계시키거나 사용자를 위하여 전용실시권을 설정하게 할 수 있다. 따라서 종업원 등이 직무발명을 완성한 경우에는 지체 없이 그 사실을 사용자 등에게 문서로 알려야 한다.

2명 이상의 종업원 등이 공동으로 직무발명을 완성한 경우에는 공동으로 알려야 한다(발명진흥법 제12조). 종업원이 직무발명의 완성사실을 사용자에게 통지하지 아니한 채 특허를 받을 수 있는 권리를 공동발명자인 제3자와 공모하여 제3자에게 양도하고 제3자가 단독으로 특허출원, 등록받도록 한 행위가 공동불법행위로 되는지 여부에 대하여 대법원은 “직무발명에 대한 특허를 받을 수 있는 권리 등을 사용자 등에게 승계시킨다는 취지를 정한 약정 또는 근무규정의 적용을 받는 종업원 등이 직무발명의 완성 사실을 사용자 등에게 통지하지 아니한 채 특허를 받을 수 있는 권리를 제3자에게 이중으로 양도하여 특허권 등록을 마치게 한 경우, 직무발명에 대한 특허를 받을 수 있는 권리 등을 사용자 등에 승계시킨다는 취지를 정한 약정 또는 근무규정의 적용을 받는 종업원 등은 사용자 등이 이를 승계하지 아니하기로 확정되기 전까지 임의로 위 약정 등의 구속에서 벗어날 수 없는 상태에 있는 것이고, 위 종업원 등은 사용자 등이 승계하지 아니하는 것으로 확정되기까지는 발명의 내용에 관한 비밀을 유지한 채 사용자 등의 특허권 등 권리의 취득에 협력하여야 할 신임관계에 있다고 봄이 타당하다. 따라서 종업원 등이 이러한 신임관계에 의한 협력의무에 위배하여 직무발명을 완성하고도 그 사실을 사용자 등에게 알리지 아니한 채 발명에 대한 특허를 받을 수 있는 권리를 제3자에게 이중으로 양도하여 제3자가 특허권 등록까지 마치도록 하였다면, 이는 사용자에 대한 배임행위로서 불법행위가 된다.”고 판시하였다.[23)]

3. 비밀유지의무

종업원 등은 사용자 등이 승계하지 아니하기로 확정된 경우를 제외하고는 사용자 등이 직무발명을 출원할 때까지 그 발명의 내용에 관한 비밀을 유지하여야 한다(발명진흥법 제19조 제1항). 이를 위반하여 부정한 이익을 얻거나 사용자 등에 손해를 가할 목적으로 직무발명의 내용을 공개한 자에 대하여는 3년 이하의 징역 또는 3천만원 이하의 벌금에 처한다(발명진흥법 제58조 제1항). 상기 죄는 사용자 등의 고소가 있어야 공소를 제기할 수 있다.

---

23) 대법원 2014. 11. 13. 선고 2011다77313 판결.

4. 정당한 보상을 받을 권리

종업원 등은 직무발명에 대하여 특허를 받을 수 있는 권리 또는 직무발명에 대한 특허권을 계약 또는 근무규정에 의하여 사용자 등에게 승계하게 하거나 전용실시권을 설정한 경우에는 정당한 보상(報償)을 받을 권리를 가진다(발명진흥법 제15조 제1항). 일반적으로 기업마다 직무발명보상에 관한 규칙을 가지고 있다. 직무발명 관련 보상금의 종류는 출원시에 지급하는 출원보상, 등록된 후에 지급되는 등록보상, 특허발명의 실시로 얻어지는 특허료(royalty)의 이익에 대한 실적보상 등이 있다.

1968년에 세상에 첫 선을 보인 컴퓨터 마우스(mouse)는 발명가인 엔젤바트에게 대박을 안겨주진 못했다. 직무발명이었기 때문에 그가 재직 중이던 스탠포드대학 연구소에서 특허권을 주장했다. 마우스 특허권을 가진 스탠포드대학 연구소는 4만 달러를 받고 애플사에 마우스의 특허권을 넘긴 후, 더글라스 엔젤바트에게는 1만 달러의 발명보상금을 지급했다. 발명가 엔젤바트는 X-Y 위치조절장치를 발명하여 사용하기가 편리한 컴퓨터 마우스를 만들었다.

혁명적인 마우스 발명에 대한 대가는 크지 않았다. 그러나 엔젤바트는 한 인터뷰에서 "로열티는 없지만 인류 진보에 공헌한 것에 자부심을 느낀다."고 말했다. 애플사 스티브 잡스 회장은 아무도 몰랐던 마우스를 기반으로 그래픽 유저 인터페이스를 탑재한 애플 컴퓨터를 만들었다. 터치(touch)로 작동하는 애플의 아이팟(iPod)은 마우스를 대체하는 새로운 개념의 위치조절장치라 할 수 있다.[24)]

Ⅵ. 직무발명의 보상금

1. 기업 등의 직무발명보상제도

산업의 고도화로 대부분의 기술과 발명은 조직화되고 체계화된 연구 설비를 갖춘 기업체, 연구소 및 대학에 의하여 개발되고 있다. 직무발명이 기술혁신에서 차지하는 비중은 갈수록 증대되고 있다. 기업체나 연구소 등에 고용되어 있는 종업원은 정당한 보상을 받을 권리인 보상금청구권을 가진다. 보상금액에 관하여 다툼이 있을 경우 보상금청구권은 사법상의 권리이기 때문에 법원의 판결에 의하여 해결해야 한

24) 김정운, 65면: 마우스를 사용하는 그래픽 유저 인터페이스를 제일 먼저 개발했지만, 빌 게이츠의 윈도우즈에 형편 없이 무너졌던 스티브 잡스는 터치라는 개념을 통해 디지털 시장을 다시 완벽하게 지배하게 된다. 만지고 만져지는 것은 인간의 가장 기본적인 욕구다. 그래서 아무도 만져주는 사람이 없고, 만질 사람도 없는 이 땅의 중년 사내들이 요즘 시간만 나면 스마트폰을 손바닥에 올려놓고 그렇게들 사랑스럽게 문지르고 있는 거다.

다. 발명진흥법은 직무발명과 관련된 기존의 문제점들을 개선하고, 기업에게는 직무발명에 대한 권리 취득을 쉽게 해준 반면, 종업원들에게는 권리를 회사로 승계한 경우 정당한 보상을 받을 권리를 규정한다.

정당한 보상을 받을 권리를 제한하는 회사의 규정은 무효이다. 정당한 보상을 받을 권리는 청구권리가 발생한 시점을 기준하여 10년이며, 일단 지급된 보상금은 과나 지급, 특허의 무효 등에 관계없이 반환청구를 할 수 없다. 물론 종업원이 남의 아이디어를 훔쳐서 출원하는 모인특허의 경우에는 보상금을 반환해야 한다.

일반적으로 기업체에서 시행하고 있는 직무발명 보상의 형태는 주로 금전적인 보상이 일반적이지만 비금전적 보상으로 해외 연수, 유학, 안식년, 학위과정 지원, 희망직무선택권 부여 등이 있다. 금전적 보상의 종류는 발명(제안)보상, 출원보상, 등록보상, 실시(실적)보상, 처분보상 등이 있다.

2. 보상금의 계산식

종업원 등은 직무발명에 대하여 특허 등을 받을 수 있는 권리나 특허권 등을 계약이나 근무규정에 따라 사용자 등에게 승계하게 하거나 전용실시권을 설정한 경우에는 정당한 보상을 받을 권리를 가진다(발명진흥법 제15조 제1항).

사용자 등은 보상에 대하여 보상형태와 보상액을 결정하기 위한 기준, 지급방법 등이 명시된 보상규정을 작성하고 종업원 등에게 문서로 알려야 한다. 사용자 등은 보상규정의 작성 또는 변경에 관하여 종업원 등과 협의하여야 한다. 다만, 보상규정을 종업원 등에게 불리하게 변경하는 경우에는 해당 계약 또는 규정의 적용을 받는 종업원 등의 과반수의 동의를 받아야 한다(발명진흥법 제15조 제3항).

보상액 결정기준은 발명진흥법 제15조 제3항에 따라 사용자 등과 종업원 등 간 협의 또는 동의절차를 거쳐 마련되어야 하며, 이러한 절차를 거쳐 마련된 보상액 결정기준에 따라 직무발명보상액 등 보상의 구체적 사항이 결정되므로 직무발명보상의 정당성을 판단하는 주요한 지표로 작용된다. 법원은 "사용자가 종업원에게서 직무발명을 승계하는 경우 종업원이 받을 정당한 보상액을 결정하면서 발명에 의하여 사용자가 얻을 이익액과 발명의 완성에 사용자가 공헌한 정도를 고려하여 정당한 보상금은 사용자의 매출액×이익률×독점권 기여율×발명완성에 대한 발명자 공헌도×발명자 기여율(공동발명의 경우)의 계산식으로 산정한다.

이 사건에서 보상금은 27,220,550원(매출액 7,561,264,135원×이익률 0.02×독점권기여율 0.5×발명자 공헌도 0.4×공동발명자 중 발명자 기여도 0.9, 원 미만 버림)이므로, 피고는 위 금액 및 이에 대하여 원고가 구하는 바와 같이 이 사건 소장 부본송달 다음날인 2010.7.28.부터 피고가 보상금의 범위에 관하여 산정함이 상당한 이 판결 선고일인 2011.10.27.까지는 민법에 정해진 연 5%, 그 다음 날부터 다 갚는 날까지는 연 20%의 각 비율에 의한 금원을 지급하여야 한다."고 판시하였다.[25)]

3. 무효심결이 확정된 특허에 대한 보상금 산정

무효심결이 확정된 특허에 대한 보상금 산정에 대하여 법원은 "원고는 재직 당시 다수의 직무발명을 완성하여 피고 회사에 특허 또는 실용신안을 받을 권리를 승계하여 주었으며, 피고 회사는 사규에 따른 직무발명보상금 지급기준에 따라 원고에게 직무발명의 보상금을 지급하였으나, 원고는 지급받은 보상금이 정당한 보상액이 아니라는 이유로 피고에게 정당한 보상금을 요구하는 사건에서 피고는 제1발명의 무효심결이 확정되어 보상금을 지급할 의무가 없다고 주장하나, 무효사유는 보상금 산정에 고려되는 요소일 뿐 청구권 행사 자체를 저지할 사유는 아니고, 무효심결이 확정된 특허라 하더라도 그 이전에 발생한 매출에 대해서는 보상금 산정시 고려해야 한다. 피고는 제2발명 내지 제5발명은 내부 규정에 따라 보상금을 지급하면 족하다고 주장하고 있으나, 피고가 직무발명을 이용하여 진행한 공사규모를 고려하면 피고의 보상금이 발명진흥법 제15조에서 정한 정당한 보상금이라고 보기 어려우며, 공사를 진행하다가 시공상의 문제로 발명들의 이용을 중단하였더라도 이미 진행한 공사들에 대하여는 정당한 보상금을 지급할 의무가 있다."고 판시하였다.[26)]

4. 직무발명 보상금청구권의 소멸시효 기산점

직무발명 보상금청구권은 일반채권과 마찬가지로 10년간 행사하지 않으면 소멸시효가 완성되고, 기산점은 일반적으로 사용자가 직무발명에 대한 특허를 받을 권리를 종업원한테서 승계한 시점으로 보아야 하나, 회사의 근무규칙 등에 직무발명보상금 지급시기를 정하고 있는 경우에는 그 시기가 도래할 때까지 보상금청구권 행사에 법률상 장애가 있으므로 근무규칙 등에 정하여진 지급시기가 소멸시효의 기산점이 된다.[27)] 판례에 의하면, 직무발명보상금 중 처분보상금의 소멸시효 기산점은 출원일이 아니라 처분시점이 되고, 처분보상금청구권 소멸시효의 기산점을 처분을 통

25) 서울중앙지법 2011. 10. 27. 선고 2010가합105100 판결.

26) 서울중앙지법 2012. 9. 28. 선고 2011가합37396 판결.

27) 대법원 2011. 7. 28. 선고 2009다75178 판결.

하여 이익을 얻는 시점이라고 한다. 특허발명의 실시여부에 대한 보상금 지급에 대한 법원의 판례는 특허발명의 실시로 인한 상당한 이익이 없는 경우에는 보상금을 지급할 필요가 없으며, 해당 특허를 실시하지 않는 경우에는 보상금을 지급할 필요가 없다고 한다.[28)]

5. 공무원의 직무발명

정부는 「공무원직무발명의 처분·관리 및 보상 등에 관한 규정」을 개정하여 공무원직무발명의 보상수준을 적절한 보상이 가능하도록 제도화하였다. 또한 공무원의 직무발명에 대한 권리는 국가 또는 지방자치단체가 승계하며, 국가 또는 지방자치단체가 승계한 공무원의 직무발명에 대한 특허권 등은 국유 또는 공유로 한다(발명진흥법 제10조 제2항). 이 경우 처분보상금은 처분수입금의 50%를 발명자에세 지급하도록 하였다(공무원직무발명의 처분·관리 및 보상 등에 관한 규정 제17조).

6. 대학교수 등의 직무발명

(1) 의의　　대학교수, 직원 및 조교 등과 대학 내의 연구소의 연구원 등(이하 "대학교수 등"이라 한다)의 발명은 원칙적으로 직무발명에 해당한다. 국·공립대학 교수 등은 공무원 직무발명 관련 규정의 적용과 무관하고, 계약, 근무규정에 규정된 사전예약승계 규정에 따라 그 승계 내지 권리 귀속여부가 결정된다. 대학교수 등이 대학에서 담당하고 있는 연구의 내용이나 책임범위로 보아 발명을 담당하고 이를 수행하는 것이 당연히 예정되어 있는 경우, 그러한 연구의 수행결과에 따라 발명한 것은 원칙적으로 직무발명에 해당된다.

공공연구기관의 장은 공공연구기관에 기술이전·사업화에 관한 업무를 전담하는 조직(이하 "전담조직"이라 한다)을 설치하여야 한다. 이 경우 「고등교육법」 제3조에 따른 국립학교 및 공립학교(이하 "국공립학교"라 한다)에 설치하는 전담조직은 법인으로 하여야 한다(기술의 이전 및 사업화 촉진에 관한 법률 제11조 제1항).

국·공립대학 교수 등의 직무발명에 대한 권리는 기술의 이전 및 사업화 촉진에 관한 법률 제11조 제1항에 따른 전담조직(산학협력단)이 승계한다. 전담조직이 승계한 국·공립대학교 교직원의 직무발명에 대한 특허권 등은 그 전담조직의 소유로 한다.

(2) 대학교수 등의 직무발명 성립요건　　대학교수 등의 발명이 직무발명으로 성립되기 위해서는 (i) 대학교수 등이 그 직무에 관하여 발명한 것이고, (ii) 성질상

28) 대법원 2011. 7. 28. 선고 2009다75178 판결.

대학의 업무 범위에 속하고, (iii) 그 발명을 하게 된 행위가 대학교수 등의 현재 또는 과거의 직무에 속하는 발명이어야 한다. 교수 또는 연구원 등이 대학의 조직 내에서 담당하고 있는 연구의 내용이나 책임범위로 보아 발명을 담당하고 이를 수행하는 것이 당연히 예정되어 있는 경우, 그러한 연구의 수행결과에 따라 발명한 것은 원칙적으로 직무발명에 해당된다.

다만, 대학교수 등이 외부 기업체의 연구개발의뢰에 의하여 연구과제가 지정되고 연구비를 지급받은 경우에는 해당 기업체와의 계약이나 인적자원, 물적시설의 활용, 이용관계 등에 따라 해당 발명에 대한 구체적인 권리관계가 달라질 수 있다.

보통 대학의 경우 출원이나 등록보상은 하지 않지만 특허라이센스로 얻은 수익의 1/2 이상을 보상금으로 지급한다.

제5장 특허심사

제1절 특허심사절차

Ⅰ. 심사관의 심사

특허청장은 심사관에게 특허출원을 심사하게 한다(제57조). 출원인이 특허를 받으려면 출원발명에 대하여 특허청 심사관의 심사를 받아야 한다. 특허심사란 일정자격을 갖춘 특허청 심사관이 해당 출원발명이 소정의 특허요건을 구비하고 있는지의 여부를 판단하는 심사이다. 특허출원은 특허청의 컴퓨터 온라인에 의한 전자출원이 대부분이다. 특허청 심사관이 실체심사를 착수할 경우 전산정보처리조직에 저장된 출원발명의 파일을 불러와서 심사를 착수하게 된다.

1. 방식심사

방식심사는 특허청에 출원서류가 접수되었을 경우 방식심사 담당관이 서식의 필수사항 기재 여부, 기간의 준수 여부, 증명서 첨부 여부, 수수료 납부 여부 등 절차상의 흠결을 판단하는 심사이다.

2. 심사청구

특허출원의 증가로 인한 심사업무를 경감하기 위하여 모든 출원을 심사하는 대신 심사청구제도를 두고 있다. 특허출원이 있는 경우에는 누구든지 3년 이내에 출원심사의 청구를 할 수 있다(제59조 제2항). 심사관은 심사청구를 한 출원에 대하여만 심사청구일의 순서에 따라 심사를 한다. 심사청구는 취하할 수 없으며, 출원일로부터 3년 내에 심사청구가 없는 때에는 그 출원은 취하한 것으로 본다.

3. 출원공개

특허청장은 특허출원일로부터 1년 6개월이 지나면, 그 특허출원에 관하여 특허공보에 게재하여 출원공개를 하여야 한다. 특허청의 공개공보는 전산정보처리조직에 저장된 파일을 복제하여 정보통신망을 이용하여 발행된다. 다음 <그림 5>는 출원발명에 대한 심사흐름도이다. 출원공개 후 실체심사가 진행된다.

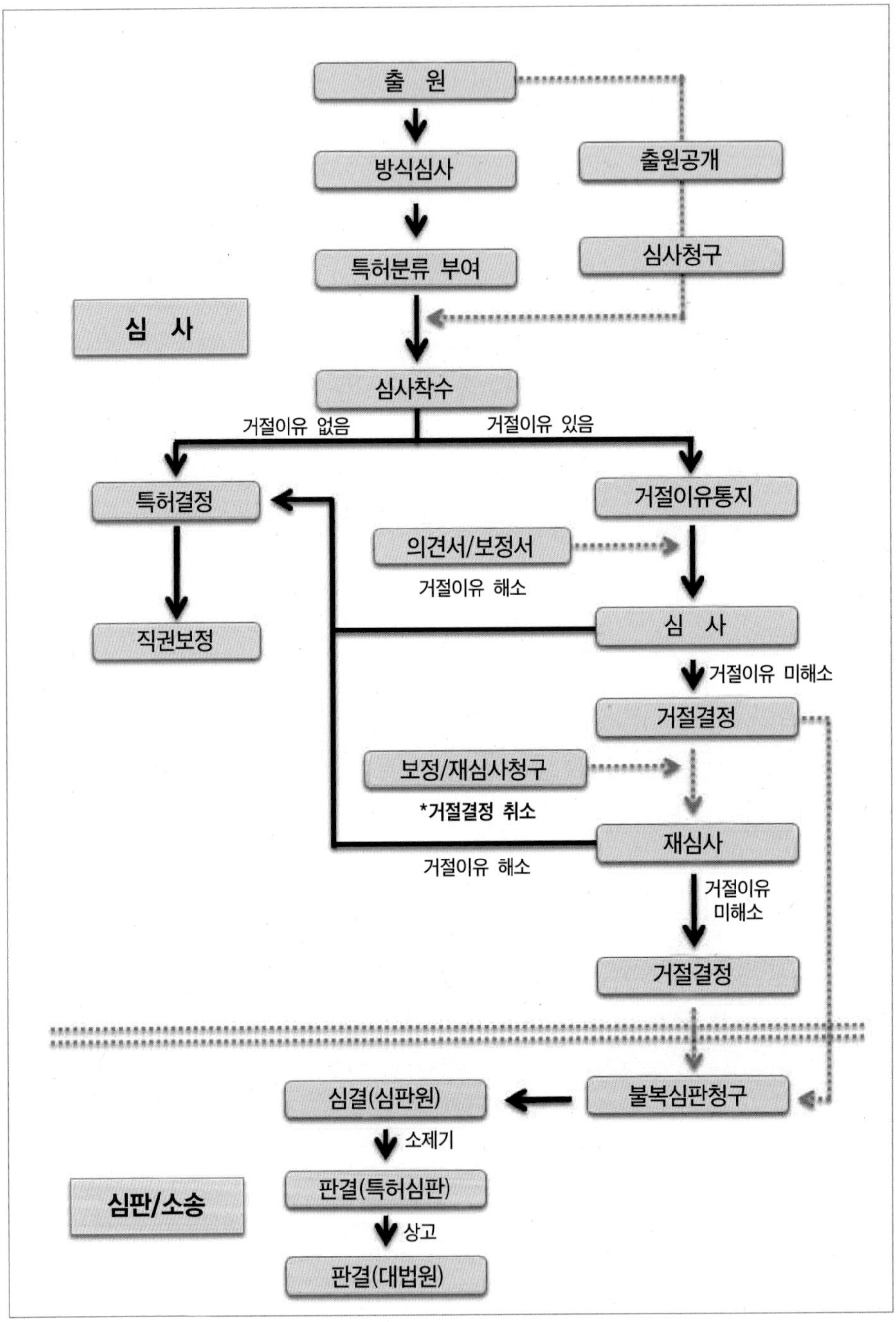

〈그림 5〉 출원발명의 심사절차 및 심판절차 흐름도

4. 실체심사

심사관이 출원발명에 대한 특허요건을 비롯하여 명세서의 기재가 불비하는지 여부를 심사하는 절차를 실체심사(substantive examination)라 한다. 심사착수는 심사청구 접수순서대로 하며, 출원절차가 특허법 제46조의 방식에 위반되는지, 같은 법 제62조 각 호의 어느 하나에 해당하여 거절되지는 않는지 등을 심사한다.

(1) 심사관에 의한 심사 특허청장은 심사관에게 특허출원을 심사하게 한다(제57조). 특허청 심사관은 특허출원에 대해 실질적인 권한을 특허청장으로부터 위임받아서 독립적으로 업무를 수행한다. 심사관은 출원심사에 대한 심사의 주체로서 자기의 책임 하에서 업무처리를 하므로 심사관을 특허청장의 업무수행의 대리자 또는 보조자로 볼 수 없다.

(2) 심사관의 제척(除斥) 심사관이 해당 특허출원과 특별한 관계가 있는 경우에는 그 출원심사가 공정성과 객관성을 갖도록 하기 위하여 특허출원의 심사에 관하여 심판관에 대하여 적용되는 제척규정이 준용된다(제68조). 다만, 해당 특허출원에 대하여 심사관 또는 심판관으로서 특허여부결정 또는 심결에 관여한 경우는 제척의 대상이 되지 않는다. 즉 특허법 제148조의 제척사유 중 동조 제6호의 규정은 심사관의 제척사유에서는 제외하고 있다. 이는 심사관은 전심관여가 없기 때문이다.

해당 특허출원에 대하여 심사관 또는 심판관으로서 결정 또는 심결에 관여한 경우는 그 적용을 제외하고 있다.

5. 등록공고

심사관이 심사과정에서 출원발명이 특허요건을 충족한 것으로 판단하면 특허결정을 하고, 출원발명이 심사관의 거절이유를 해소하지 못하면 특허거절결정을 하여야 한다. 특허청장은 설정등록이 있는 특허에 관하여 특허공보에 게재하여 등록공고를 하여야 한다(제87조 제3항).

6. 재심사

출원인은 그 특허출원에 관하여 거절결정등본을 송달받은 날부터 30일 이내에 그 특허출원의 특허출원서에 첨부된 명세서 또는 도면을 보정하여 해당 특허출원에 관하여 재심사(이하 "재심사"라고 한다)를 청구할 수 있다(제67조의2 제1항).

재심사청구가 있는 경우 그 전에 했던 거절결정은 취소된 것으로 보며, 심사관은 통상의 출원심사와 같이 보정서를 반영하여 다시 심사한다. 재심사는 출원인이 특허거절결정 불복심판을 청구하지 않더라도 심사관에게 다시 심사를 받을 수 있도록 함으로써 특허거절결정 불복심판의 청구와 재심사 중에서 출원인이 원하는 수단을 선택할 수 있게 하여 특허에 관한 절차가 간소화된다.

거절결정불복심판청구 기간 내에 재심사를 청구할 수 있다. 절차 반복을 방지하기 위해서 재심사청구는 1회로 한정한다. 출원인이 재심사청구만을 희망할 경우 심판청구 수수료뿐만 아니라 변리사 비용 등 제반 비용을 절감할 수 있다.

재심사에 따른 특허거절결정이 있거나 거절결정 불복심판 청구가 있는 경우에는 적용하지 않는다. 출원인은 특허거절결정 불복심판 청구와 재심사청구 중에서 선택할 수 있고, 재심사 결과에 대하여 특허거절결정 불복심판 청구의 여부를 선택할 수 있다. 재심사가 있는 경우에는 해당 특허출원에 대해 종전에 이루어진 특허거절결정은 취소된 것으로 본다(제67조의2 제3항).

Ⅱ. 심사관의 처분

특허심사는 심사관이 출원발명을 심사하는 행정처분이라 할 수 있다. 특허심사는 분류심사, 검색(search) 및 실체심사 3단계로 구분할 수 있다. 심사관의 처분에는 특허결정, 특허거절결정, 보정각하의 결정, 직권에 의한 보정, 특허권 존속기간의 연장등록출원에 대한 거절결정, 등록결정 등이 있다.

심사관은 실체심사를 진행하여 특허요건의 흠결이 있는 경우 거절결정을 하고, 특허요건의 흠결이 없는 경우 특허결정을 한다.

1. 특허결정

심사관은 특허출원이 특허법 제62조의 거절이유에 해당되는지의 여부를 심사하고, 특허거절결정 또는 특허결정으로 확정시킨다. 심사관은 특허출원에 대해서 거절이유를 통지한 후 출원인이 해당 거절이유에 대해서 보정서 또는 의견서를 제출하면, 이를 재심사하여야 한다. 심사관은 특허출원에 대하여 심사한 결과 거절이유를 발견할 수 없을 경우에는 특허결정을 하여야 한다(제66조).

2. 거절이유

특허법 제62조에서 열거하고 있는 거절이유는 다음과 같다. (ⅰ) 출원발명이 특허요건을 충족시키지 못한 경우, 공공의 질서 또는 선량한 풍속을 문란하게 하거나 공중의 위생을 해할 우려가 있는 경우, 조약의 규정에 위반된 경우, (ⅱ) 특허출원서류의 작성과 관련하여 명세서의 기재내용 중 발명의 설명과 청구범위의 기재요건을 충족하지 못한 경우, 하나의 특허출원의 범위에 관한 요건을 위배한 경우, (iii) 특허출원의 주체와 관련하여 출원인이 권리능력이 없는 외국인인 경우, 특허를 받을 수 있는 자의 요건에 위반된 경우, 공동출원의 요건에 위반된 경우, 발명을 한 사람 또는 그 승계인이 아닌 사람이 한 출원인 경우, 특허청 직원 및 특허심판원 직원은 유증의 경우를 제외하고는 재직중 특허를 받을 수 있는 권리를 가질 수 없다는 규정을 위반한 경우, (iv) 특허출원의 보정이나 특수한 출원과 관련하여, 특허출원서 또는 원출원서에 최초로 첨부된 명세서 또는 도면에 기재된 사항의 범위를 벗어난 보정, 분할출원, 변경출원 등이다.

3. 의견제출통지

심사관은 (i) 특허거절결정을 하고자 할 경우, (ii) 특허결정 이후 직권으로 재심사를 하여 취소된 특허결정 전에 이미 통지한 거절이유로 특허거절결정을 하려는 경우에는 출원인에게 거절이유를 통지하고 기간을 정하여 의견서를 제출할 수 있는 기회를 주어야 한다. 다만, 각하결정을 하고자 하는 경우에는 그러하지 아니하다(제63조 제1항). 이는 심사관이 특허거절결정을 하고자 할 경우에는 사전에 출원인에게 거절이유를 통지하도록 하여 출원인에게 의견서를 제출할 기회를 줌으로써 출원심사의 객관성 및 공정성을 도모하기 위한 것이다.

4. 의견서·보정서 제출

출원인은 심사관이 한 특허거절결정의 이유가 되는 거절이유를 해소하기 위하여 의견서를 제출할 수 있고, 필요하면 보정서를 제출할 수 있다. 심사관에 의한 특허거절결정은 거절이유통지서상에 명시된 법적 근거 및 이유에서만 할 수 있고 다른 이유로는 특허거절결정을 할 수 없으며, 새로운 이유로 특허거절결정을 하고자 하는 경우에는 이를 이유로 다시 거절이유를 통지하여야 한다.

5. 특허거절결정

심사관은 특허출원에 거절이유가 있어서 특허거절결정을 하고자 할 경우에는 특허거절결정 이전에 그 출원인에게 해당 거절이유를 통지하고 기간을 정하여 의견서 제출기회를 주어야 한다(제63조 제1항). 심사관이 출원인에게 기간을 정하여 의견서 제출기회를 주지 않은 채 특허거절결정을 할 경우에는 위법한 처분으로 불복의 대상이 된다. 특허거절결정서는 심사관이 특허를 무효로 한다는 무효처분과는 달리 특허출원의 특허를 인정하지 않는다는 통지이다. 특허거절결정은 심사관이 특허출원에 대하여 심사한 결과 거절이유를 발견한 경우, 거절이유를 통지하고 출원인에게 기간을 정하여 의견서를 제출할 수 있는 기회를 주고 그 거절이유가 해소되지 아니할 경우에는 해당 특허출원을 거절하는 심사관의 최종처분이라 할 수 있다.

【아인슈타인: 뉴턴은 틀렸다】

1905년 6월 30일자 스위스 베른 신문에 다음과 같은 기사가 보도되었다. 「스위스 특허국 직원 아인슈타인(26)이 물리학의 기존 이론을 전적으로 부정하는 새로운 이론(특수상대성이론)을 내놓아 파문을 일으키고 있다. 이 젊은 과학도를 만나 그의 새 주장을 들어봤다. 물체의 속도가 빛에 가까워지면 뉴턴의 운동법칙 등은 전혀 맞지 않는다는 기자의 질문에 대하여, 아인슈타인은 "그렇다. 공간과 시간을 따로 떼어놓고 설명해서는 사물의 움직임을 올바로 볼 수 없다. 관측자가 보면 움직이는 상대의 시간은 늦게 간다. 절대적 개념의 고정된 시간은 없다. 내 이론은 틀림없다. 내가 보는 세상은 뉴턴이나 갈릴레이가 생각하던 세상과는 전제부터 다르니까." 그는 실험이 급하다며 자리를 떴다. 기존 물리학계는 그의 주장을 받아들일 수 없다는 입장이다. 그러나 대학졸업장이 고작인 이 청년은 자신에 차 있다. 그는 물리학계를 발칵 뒤집는 혁명아다.」 아인슈타인은 1902년 스위스 국립공과대학 물리학과를 졸업한 후 스위스 베른(Berne)에 있는 스위스 특허국에 입사하여 7년간(1902~1909) 심사관으로 재직하였다.

그는 일생에서 가장 생산적이었던 심사관 시절 일주일 중 엿새를 오전 8시에 사무실에 출근하여 특허를 심사하면서 보냈다. 그는 친구에게 보낸 편지에서 "나는 놀라울 정도로 바쁘다네. 나는 매일 여덟 시간을 사무실에서 보내고, 적어도 한 시간 동안 개인적인 일을 하는 것 이외에 과학연구도 하고 있지."라고 말했다. 그의 상관인 할러 국장은 특허심사에 대하여 "지극히 신중해야 한다."는 신조를 가지고 있었다. 또 할러 국장은 "모든 것에 의문을 품고, 통념에 도전하고, 누구나 당연하게 생각한다는 이유만으로 진리라고 인정하지 말라."고 강조하였다.[1)]

아인슈타인은 1905년에 광양자설, 브라운 운동 이론, 특수상대성이론을 발표하였고, 이어서 일반상대성이론을 발표한 후 1921년에 노벨물리학상을 수상하였다.

20세기를 마무리 짓는 1999년 12월 27일 「타임」(Time)지가 '금세기의 인물'을 최종 선정 발표하였다. 이날 예상을 뒤엎고 앨버트 아인슈타인이 20세기의 인물로 선정되었다. 그날 저녁 텔레비전의 뉴스 해설자는 "1990년대에 시작되어 새로운 세기에도 계속

1) 월터 아이작슨, 111면.

진행된 첨단 과학 기술 혁명이 모두 아인슈타인이 발견한 과학 원리에서 비롯된 것이다."라고 논평했다. 그는 아인슈타인을 천재 과학자로 만든 것은 사물을 관찰하는 긍정적인 태도였다고 덧붙였다. 사물을 관찰하는 태도에는 "아무것도 기적이 아니다."라는 태도와 "모든 것이 기적이다(Everything is a miracle)."라는 태도가 있는 데, 아인슈타인에게는 모든 것이 기적이다는 것이다.[2)]

Ⅲ. 심사제도 일반

1. 심사처리 단위

청구범위가 여러 청구항으로 되어 있는 경우에 어느 하나의 청구항이라도 거절이유가 있다면 그 출원은 전부가 거절된다. 심사관은 청구범위에 2 이상의 청구항이 있는 특허출원에 대하여 어느 하나의 청구항이라도 거절이유가 있는 경우 해당출원 전체를 거절할 수 있으므로, 심사관이 출원인에게 의견제출통지를 할 경우 모든 청구항에 대하여 특허 여부를 심사하고 통지하여야 한다.

2. 심사처리 결과

특허출원에 대한 심사는 심사관의 결정에 의하여 종료된다. 결정의 종류에는 특허성을 부정하는 거절결정과 특허성을 인정하는 특허결정이 있다. 거절결정을 받은 사람은 이에 불복하고자 할 경우, 법정기간 내에 심판을 청구할 수 있으며, 특허결정을 받은 자는 법정절차에 따라 특허권의 설정등록을 하면 특허권이 발생한다.

3. 특허출원심사의 유예

심사관은 심사유예신청이 있으면 유예희망시점까지 특허출원에 대한 심사를 유예할 수 있다. 다만, 다음 어느 하나에 해당하는 경우에는 그러하지 아니하다. (i) 특허출원이 분할출원, 변경출원 또는 정당한 권리자의 출원인 경우, (ii) 특허출원에 대하여 우선심사결정을 한 경우, (iii) 특허출원심사의 유예신청이 있기 전에 이미 거절이유를 통지하거나 특허결정서를 통지한 경우에는 특허출원에 대한 심사를 유예할 수 없다(시행규칙 제40조의3 제3항), (iv) 대리인에 의하여 절차를 밟는 경우에는 대리권을 증명하는 서류를 첨부하여야 한다(시행규칙 제40의3 제1항).

---

2) 강영우, 32-34면.

4. 직권에 의한 보정

(1) 의의 심사관은 특허결정을 할 때에 특허출원서에 첨부된 명세서, 도면 또는 요약서에 명백히 잘못 기재된 내용이 있으면 직권으로 보정(이하 "직권보정"이라 한다)할 수 있다(제66조의2 제1항). 심사관의 직권보정제도란 명세서의 기재가 불비한 출원에 대하여 심사한 결과 특허결정이 가능하나, 명백한 오탈자, 참조 부호의 불일치 등과 같이 명백히 잘못된 기재가 있는 경우에 심사관이 의견제출통지를 하지 않고 간편한 방법으로 명세서의 단순한 기재불비 사항을 수정할 수 있게 하는 제도를 말한다.

(2) 통지 심사관이 직권보정을 하려면 특허결정의 등본 송달과 함께 그 직권보정 사항을 출원인에게 알려야 한다. 출원인은 직권보정 사항의 전부 또는 일부를 받아들일 수 없으면 특허료를 낼 때까지 그 직권보정 사항에 대한 의견서를 특허청장에게 제출하여야 한다(제66조의2 제3항).

(3) 효력 출원인이 제3항에 따라 의견서를 제출한 경우 해당 직권보정 사항의 전부 또는 일부는 처음부터 없었던 것으로 본다. 이 경우 그 특허결정도 함께 취소된 것으로 본다. 다만, 특허출원서에 첨부된 요약서에 관한 직권보정 사항의 전부 또는 일부만 처음부터 없었던 것으로 보는 경우에는 그러하지 아니하다(제66조의2 제4항). 출원인이 특허료를 납부할 때까지 직권보정 사항에 대한 이의가 있는 경우에는 직권보정 사항이 없었던 것으로 간주하고, 지정된 기간 내에 회신이 없는 경우에는 직권보정 사항을 수용한 것으로 간주한다.

5. 특허거절결정 등의 취소

심판의 청구가 이유 있다고 인정한 때에는 심결로서 거절결정을 취소하고 특허청 심사국으로 환송하거나(제176조 제1항 및 제2항), 혹은 심결로서 거절결정을 취소하고 자판하여 직접 특허결정을 할 수 있다(제176조 제1항, 제170조) 민사소송법에는 필수적 환송에 관한 규정을 두고 있으나(민사소송법 제418조), 특허법에는 모두 심판관의 자유재량에 맡겨져 있다.[3)]

(1) 자판을 하는 경우 원 거절결정이유에 의해서는 거절할 수 없다고 판단된 경우에, 원 결정을 취소하고 특허청 심사국에 환송하는 것이, 심판에서 행할 수 있는 판단 및 절차를 심사에서 행하도록 하는 것이 되어, 행정경제상 바람직스럽지 않은

3) 2014 심판편람(제11판), 674면.

경우에는 환송하지 않고 스스로 심리를 진행하여 처리한다. 심판관이 自判을 하는 경우에는 특허를 허여하는 결정 또는 특허권의 존속기간연장등록을 허여하는 결정을 할 수 있다.

(2) 환송을 하는 경우 다음의 경우에는 자판하는 것이 타당하지 아니하거나 또는 자판할 수 없기 때문에 원 결정을 취소하고 특허청 심사국에 환송한다.[4)]

심사관은 심사국으로 파기 환송된 출원의 출원파일 또는 등록파일을 이송 받은 날로부터 1개월 이내에 다시 심사에 착수하는 것을 원칙으로 하고, 그 심사결과를 특허심판원장에게 통보하여야 한다. 실무적으로 환송하는 경우가 거의 대부분이나 심사단계의 경과를 보았을 경우 당초 거절결정이유 이외에 다른 거절이유가 없는 것이 확실하고 환송하는 것이 바람직하지 않다고 판단되는 경우에는 심판관은 해당 사건에 대해 자판을 하고 특허결정을 할 수 있다.

6. 기속력(羈束力)

판결이 일단 선고되어 성립되면, 판결을 한 법원 자신도 이에 구속되며 스스로 판결을 철회하거나 변경하는 것이 허용되지 않는다. 선고하고 나서 오판임을 알아 당사자의 양해를 얻어도 내용을 바꿀 수 없다. 이를 판결의 기속력 혹은 자기구속력이라 한다.[5)] 환송 심결에 있어서 취소의 기본이 된 이유는 그 사건에 대하여 심사관을 기속한다(제76조 제3항). 사건이 다시 심사국에 환송된 경우에는 그 파기의 기본이 된 이유는 그 사건에 대하여 심사관을 기속한다. 따라서 심사관은 심판의 심결을 이끌어 낸 심판관의 판단에 반한 심사를 할 수 없으나 파기의 기본이 된 이유에 저촉되지 아니하는 범위 내에서 자유로운 판단을 할 수 있다.

7. 심사절차의 중지

특허출원의 심사에 필요한 경우에는 특허취소신청에 대한 결정이나 심결이 확정될 때까지 또는 소송절차가 완결될 때까지 그 심사절차를 중지할 수 있다(제78조 제1항). 법원은 소송에 필요한 경우에는 특허출원에 대한 특허여부결정이 확정될 때까지 그 소송절차를 중지할 수 있다(제78조 제2항).

---

4) 원결정을 취소하고, 이 사건을 특허청 심사국에 환송한다.

5) 이시윤, 610면.

Ⅳ. 특허심사를 보완하는 제도

1. 선출원주의 단점을 보완하는 제도

1981년 개정 특허법에서 심사청구제도, 출원공개제도, 우선심사제도 및 청구범위 다항제를 도입하였다. 이는 1970년대 후반부터 우리나라의 급속한 산업발전과 수출증가로 인하여 특허출원이 증가되면서 발생할 수 있는 심사처리기간의 지연을 대비하기 위하여 특허법을 개정한 것이다. 실제로 1990년 이후 급격한 특허출원의 증가로 인하여 심사처리가 3년 이상 지연되는 문제점이 발생되었다.

특허청은 이러한 심사업무를 경감하기 위해서 심사관을 증원함과 동시에 심사청구제도, 출원공개제도를 적극 활용하고, 우선심사대상을 대폭 확대하였다. 기업에서 특허출원을 할 때 일부 출원은 출원공개만 하여 방어적으로 출원을 하고 심사를 청구하지 않는 경우가 많다. 심사청구제도와 출원공개제도는 특허청의 특허심사의 부담을 줄여주고 출원인의 경제적 비용을 낮추는 효과가 있다.

2. 특허심사 3.0

(1) 의의 특허청은 2015년부터 '특허심사 3.0 제도'를 시행하고 있다. 특허심사 3.0이란 국민과 소통하는 심사 전(全) 단계 맞춤형 심사서비스를 말한다. 주요 내용은 <그림 6>처럼 예비심사, 일괄심사, 보정안 리뷰로 진행된다.[6]

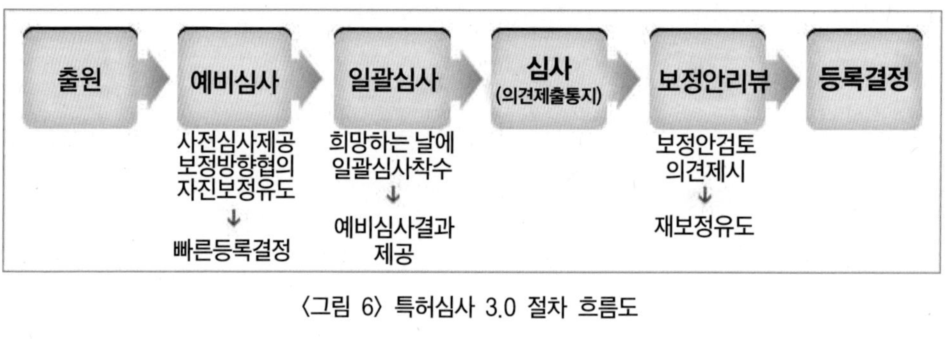

〈그림 6〉 특허심사 3.0 절차 흐름도

(2) 예비심사 심사착수 전 단계에서 출원인과 심사관이 직접 만나 출원인에게 사전 심사 결과를 제공하고 심사의견을 교환하기 위한 절차이다. 예비심사 대상 출원은 우선심사 결정된 출원 중에서 난이도가 높은 특허분류에 해당하는 출원이다.

예비심사의 절차는 예비심사 신청, 예비심사 결정, 면담 실시, 보정서 제출 및

6) 특허청 홈페이지(www.kipo.go.kr)의 지식재산권제도(방문일: 2016.10.10.).

최초 심사결과 통지의 순으로 진행된다.

(3) 일괄심사 일괄심사란 하나의 제품에 관련되거나 동일한 국가 R&D 사업에 관련된 복수의 특허·실용신안·상표·디자인 출원에 대하여 출원인이 원하는 시기에 맞추어 여러 출원을 일괄적으로 심사하는 절차이다. 특허청은 2014년 4월 1일부터 일괄심사제도를 실시하였고, 2015년에 확대하여 시행하고 있다.

일괄심사 대상 출원은 심사착수 전인 출원으로서 아래의 어느 하나에 해당하는 출원이다. (ⅰ) 하나의 제품에 관련된 다음 어느 하나에 해당하는 복수의 출원으로 출원인이 실시하고 있거나 실시 준비 중인 출원, 수출 촉진에 직접 관련된 출원(국제표준 채택 관련 출원), 벤처기업의 확인을 받은 기업 또는 기술혁신형 중소기업으로 선정된 기업의 출원, 1인 창조기업 기술개발사업의 결과물에 관한 출원, (ⅱ) 동일한 국가 신기술개발지원사업의 결과물에 관련된 복수의 출원이다. 상기 요건에 부합하는 경우 복수의 출원의 출원인이 각각 다르더라도 일괄심사를 신청할 수 있다.

일괄심사 절차는 일괄심사 신청, 방식심사(요건심사), 일괄심사설명회(신청시 예비심사 병행), 일괄 심사처리 순으로 진행된다. 예를 들면, 하나의 제품에 안테나 기술과 카메라 기술이 들어 있고, 로고마크와 브랜드명, 외관디자인과 웹디자인이 포함되어 있는 경우에 특허출원, 상표출원, 디자인출원을 할 수 있다. 출원인은 특허청 홈페이지 「특허로」에서 일괄심사신청을 하고, 일괄심사설명회를 통해서 특허·상표·디자인 등 전체 출원 관련 기술을 일괄하여 설명한다. 심사관은 기업(출원인)이 원하는 심사착수희망일과 심사종결희망일을 협의하여, 일괄심사 신청일부터 7일 내지 14일 이내에 심사를 착수한다. 일괄심사 대상출원이 접수되면, 특허청 여러 분야의 심사관들이 협력하여 같은 날짜에 심사착수를 하고 심사를 종결한다.

(4) 보정안 리뷰(사전 검토) 보정안 리뷰 제도란 출원인이 통지된 거절이유에 대응한 최종 보정서를 제출하기 전에 심사관과의 면담을 통해 보정안에 대한 의견을 교환하는 제도를 말한다. 보정안 리뷰 대상 출원은 심사관이 거절이유를 통지한 출원 중, 보정서 제출기간 만료일 1개월 이전이 되는 날까지 보정안을 제출한 출원이다. 보정안은 보정서 또는 의견서의 형태로 보정안 리뷰 신청 전에 제출되어야 한다. 보정안 리뷰 절차는 (최후)의견제출통지서 통지, 보정안 리뷰 신청, 보정안 리뷰 결정, 면담 실시, 보정서 제출 순으로 진행된다.

3. 외국의 심사결과 제출 명령

(1) 관련 규정 심사관은 우선권주장을 수반한 특허출원의 심사에 필요한 경

우에는 기간을 정하여 그 우선권주장의 기초가 되는 출원을 한 국가의 심사결과에 대한 자료(그 심사결과가 없는 경우에는 그 취지를 적은 의견서를 말한다)를 시행규칙으로 정하는 방법에 따라 제출할 것을 출원인에게 명할 수 있다(제63조의3).

(2) 취지 동일 기술의 복수 국가 교차출원이 급증함에 따라 주요국 특허청 간 심사결과의 상호 활용 필요성이 증대하였다. 또한 미공개 출원과 IP5 외 국가의 심사결과는 확인이 어려워 외국 심사결과를 활용하지 못하는 경우가 발생하였다. 따라서 제1국 출원을 기초로 한 조약우선권주장출원의 특허심사시 심사관이 제1국의 심사 인용 기술문헌을 제출토록 명할 수 있는 제도를 도입하였다.

다만, 심사관이 특허심사시 인용한 선행기술문헌으로는 특허취소신청을 할 수 없다. 이 제도의 도입으로 외국의 심사결과를 활용하여 하자 특허를 방지하는 데 도움이 될 것으로 기대된다.

4. 특허결정 이후 직권 재심사

(1) 관련 규정 심사관은 특허결정된 특허출원에 관하여 명백한 거절이유를 발견한 경우에는 직권으로 특허결정을 취소하고, 그 특허출원을 다시 심사(이하 "직권 재심사"라 한다)할 수 있다. 다만, 다음 어느 하나에 해당하는 경우에는 그러하지 아니하다. (i) 거절이유가 제42조 제3항 제2호, 같은 조 제8항 및 제45조에 따른 요건에 관한 것인 경우, (ii) 그 특허결정에 따라 특허권이 설정등록된 경우, (iii) 그 특허출원이 취하되거나 포기된 경우(제66조의3 제1항)이다.

(2) 개정 이유 흠이 있는 특허가 등록되는 것을 사전에 방지하기 위해 특허결정 이후에도 심사관이 명백한 거절이유를 발견하면 다시 심사하는 절차를 마련할 필요성이 제기되었다. 특허결정 이후부터 특허권이 발생하기 전까지 흠을 발견하더라도 다시 심사를 재개할 수 없어 흠이 있는 특허가 그대로 등록될 우려가 있다.

(3) 개정 내용 특허결정 후에도 명백한 거절이유[7]를 발견할 경우 특허결정을 취소하고 다시 심사하는 제도를 도입하였다. 다만, 권리 안정성을 위해 설정등록(특허권 발생) 전까지만 심사를 재개할 수 있다. 이 제도에 의하여 등록 전 검증 절차 강화를 통해 흠이 있는 특허등록을 방지하는 효과가 있다. 다음 <그림 7>은 특허결정 이후 직권 재심사 절차 흐름도이다.

---

7) 신규성 등 거절이유가 명백한 경우로 한정하여 운영한다.

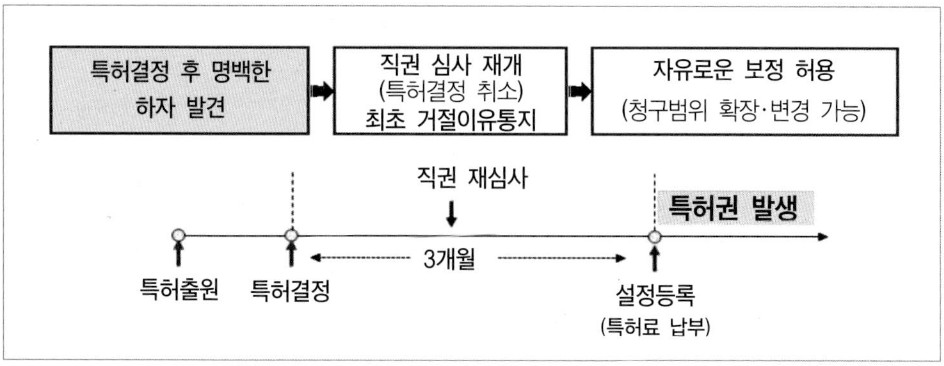

〈그림 7〉 특허결정 이후 직권 재심사 흐름도

(4) 통지　　심사관이 직권 재심사를 하려면 특허결정을 취소한다는 사실을 출원인에게 통지하여야 한다(제66조의3 제2항).

(5) 특허결정의 취소 효력　　출원인이 제2항에 따른 통지를 받기 전에 그 특허출원이 제1항 제2호 또는 제3호에 해당하게 된 경우에는 특허결정의 취소는 처음부터 없었던 것으로 본다(제66조의3 제3항).

제2절 출원공개제도

Ⅰ. 서설

특허청장은 특허출원에 대하여 특허출원일로부터 1년 6개월이 지난 후 또는 그 전이라도 출원인이 신청한 경우에는 그 특허출원을 특허공보에 게재하여 출원공개를 하여야 한다(제64조 제1항). 출원공개제도는 발명을 공개시킴으로써 일반인에게 기술내용을 알려서 중복연구 또는 중복투자를 방지함으로써 국가산업발전에 기여할 수 있고, 특허청에 특허정보를 제공할 수 있도록 하여 정확한 심사가 달성되도록 보완해 주는 제도이다.

Ⅱ. 출원공개의 시기

출원공개는 원칙적으로 특허출원일로부터 1년 6개월이 지난 후에 행한다. 출원공개시기는 특허출원이 우선권주장을 수반하고 있느냐의 여부에 따라 각기 적용기준을 달리하고 있다.[8] 즉, 조약에 의한 우선권주장을 수반한 경우에는 제1국 출원일로부터, 국내우선권주장을 수반한 경우에는 선출원일로부터, 조약에 의한 우선권 또는 국내우선권주장을 둘 이상 수반한 출원의 경우에는 그 우선권주장의 기초가 된 출원일 중 최선일로부터 1년 6개월이 지난 후에 공개한다(제64조 제1항).

1. 분할 또는 변경출원의 경우

출원일의 소급효가 인정되는 분할출원 및 변경출원에 대하여는 실제의 분할출원일 또는 변경출원일이 아닌 그 기초가 되는 원출원일을 기준으로 하므로, 원출원일로부터 1년 6개월이 지난 후 출원공개를 행한다. 따라서 원출원일로부터 1년 6개월이 지난 후에 이루어진 분할출원 또는 변경출원은 신속하게 공개를 해야 하고, 원출원일로부터 1년 6개월이 지나기 전에 이루어진 분할출원 또는 변경출원에 대하여는 원출원일로부터 1년 6개월이 지난 후 공개한다.

2. 특허출원의 조기공개

특허청장은 특허출원일부터 1년 6개월 이전이라도 출원인의 신청한 경우에는 특허출원에 관하여 특허공보에 게재하여 출원공개를 하여야 한다. 출원공개시기는 원칙적으로 특허출원일로부터 1년 6개월이 지난 후에 할 수 있는 것이 기본원칙이지만, 그 이전이라도 출원인이 조기공개를 신청한 경우에는 특허출원을 조기에 공개할 수 있다. 조기공개제도의 취지는 출원인에게 편의를 제공하기 위한 것이다.

Ⅲ. 출원공개의 효과

1. 출원발명을 실시한 자에 대한 경고권

특허출원 후 1년 6개월이 지난 후 또는 1년 6개월 이전에 출원공개된 발명은 공중에게 유익한 기술정보로 활용된다. 출원인은 침해를 예방하기 위하여 출원공개가 있은 후 그 출원발명을 업으로서 실시한 자에게 출원발명임을 서면으로 제시하면서 경고할 수 있다(제65조 제1항).

2. 보상금청구권

(1) 의의 　　보상금청구권이란 특허출원이 공개된 후 제3자가 경고를 받거나 공개된 발명임을 알고 그 발명을 업으로서 실시하고 있는 경우, 제3자가 그 경고를

8) 우선권주장을 인정받기 위해서는 우선기간 이내에 우선권을 주장하고 그 우선권주장에 대한 증명서류를 우선권주장의 기초가 되는 최초의 출원일로부터 1년 4개월 이내에 특허청장에게 제출하여야 한다(제54조 제5항).

받거나 출원공개된 발명임을 안 때로부터 특허권의 설정등록시까지 출원인이 그 발명의 실시에 대하여 통상 받을 수 있는 금액에 상당하는 보상금의 지급을 청구할 수 있는 권리를 말한다(제65조 제2항).

보상금청구권은 특허법이 출원인에게 부여하는 특수한 성격의 권리이다. 출원공개 후에 제3자의 실시가 없었다면 출원인이 그 발명을 실시하여 보다 많은 이익을 얻을 수 있음에도 불구하고 제3자가 실시한 결과 출원인이 상대적으로 그만큼 손해를 입게 된다는 것을 전제로 하여 잃게 된 이익의 보상을 위해서 인정되는 청구권이라 할 수 있다.[9]

(2) 보상금 청구권이 발생되지 않는 경우 출원공개 후 다음 어느 하나에 해당하는 경우에는 보상금 청구권은 처음부터 발생하지 아니한 것으로 본다.

(i) 특허출원이 포기·무효 또는 취하된 경우, (ii) 특허출원에 대하여 특허법 제62조에 따른 특허거절결정이 확정된 경우, (iii) 특허법 제132조의13 제1항에 따른 특허취소결정이 확정된 경우, (iv) 특허법 제133조에 따른 특허를 무효로 한다는 심결(같은 조 제1항 제4호에 따른 경우는 제외한다)이 확정된 경우이다.

3. 특허출원에 대한 정보제공

특허출원이 있는 때에는 누구든지 그 특허출원이 거절이유에 해당되어 특허될 수 없다는 취지의 정보를 증거와 함께 특허청장에게 제공할 수 있다(제63조의2).

정보제공제도는 특허를 받을 수 없는 발명이 특허되는 것을 방지하기 위하여, 공중심사를 거치도록 하는 것으로, 그 발명이 특허될 수 없는 이유를 알고 있는 자로 하여금 그 정보를 제공할 수 있도록 하여 심사의 정확성 향상에 기여하기 위한 제도이다. 정보제공제도는 심사관이 선행기술의 검색에 소요되는 시간을 그만큼 절약할 수 있기 때문에 출원심사의 내실을 도모할 수 있는 제도이다. 한편, 정보제공자는 무효심판 청구인과 유사한 실질적 이해관계인으로서 흠이 있는 특허권의 발생을 사전에 저지할 수 있는 효과가 있다.

제3절 심사청구제도

Ⅰ. 서설

심사관은 특허출원의 심사청구가 있을 경우에 그 청구일 순서에 따라 심사한다.

9) 吉藤, 464면.

출원인은 주로 특허권을 획득하고자 특허출원을 하게 되지만, 어떤 출원에 대해서는 권리행사보다 방어적인 목적으로 출원하는 경우도 있다. 만일 심사관이 방어용으로 특허출원한 건(件을) 모두 심사한다면, 특허청의 심사는 적체될 것이며 기업도 특허출원관련 비용을 과다하게 지출하게 된다. 심사청구제도의 취지는 심사청구한 출원만 심사하도록 함으로써 심사를 효율적으로 할 수 있게 하고, 출원인의 비용을 절감하게 하는 등 편의를 증진하기 위한 것이다.

Ⅱ. 심사청구 성립요건

1. 청구인의 적격

특허출원에 대한 심사청구는 누구든지 할 수 있다. 출원인은 물론 제3자라도 심사청구를 할 수 있다(제59조 제2항). 제3자는 출원공개 전이라도 출원발명의 내용을 알고 있는 경우가 있으므로 출원공개 전후를 불문하고 출원심사청구를 할 수 있게 한 것이다. 공동출원의 경우 공유자 모두가 다른 공유자의 동의 없이도 심사청구를 할 수 있다. 다만 대표자를 정하여 특허청에 신고한 경우에는 그 대표자가 청구하여야 한다.

2. 청구기간

누구든지 특허출원에 대하여 출원일로부터 3년 이내에 특허청장에게 출원심사의 청구를 할 수 있다(제59조 제2항). 특허법에서 심사청구기간을 3년으로 정한 이유는 이 정도의 기간이라면 출원인이 출원발명에 대한 사업화 여부를 판단하는 데 충분한 기간으로 보기 때문이다. 2016년 개정법에서 심사청구기간을 5년에서 3년으로 단축하였다. 이는 특허출원 후 권리 미확정 기간을 줄이기 위해 심사청구기간을 국제적 추세에 맞추어 조정할 필요성이 있고, 권리확정 지연시 사업화를 준비 중인 제3자의 감시부담이 증가할 우려가 있기 때문이다.

출원일은 실제의 출원일을 의미하므로 조약에 의한 우선권주장을 수반하는 출원에 있어서는 제1국 출원일이 아닌 우리나라에서의 실제 출원일을 의미하고, 국내우선권주장을 수반하는 출원의 경우에는 선출원일이 아닌 우선권주장을 수반하는 후출원일을 의미한다. 다만, 원출원일로부터 3년이 지난 후에 이루어진 분할출원 또는 변경출원이라 하더라도 30일 이내에 심사청구가 허용되므로 기간 내에 심사청구를 할 경우 분할출원 또는 변경출원은 취하된 것으로 간주되지 않는다.

3. 심사청구할 수 있는 출원

출원인이 심사청구를 할 경우에는 청구범위가 기재된 명세서가 첨부된 때에 한하여 출원심사의 청구를 할 수 있다(제59조 제2항). 출원인은 (i) 명세서에 청구범위를 적지 아니하거나, (ii) 국어번역문을 제출하지 아니한 경우(외국어특허출원의 경우로 한정한다) 중 어느 하나에 해당하는 경우에는 출원심사의 청구를 할 수 없다(제59조 제2항 단서).

Ⅲ. 심사청구절차

1. 심사청구서의 제출

출원심사의 청구를 하려는 자는 출원심사청구서를 특허청장에게 제출하여야 한다(제60조 제1항). 심사청구료의 산정은 심사청구 당시의 청구범위에 기재된 청구항수를 기준하여 청구항이 한 개항을 초과할 경우에는 초과하는 1항마다 가산료를 납부하여야 한다.

2. 심사청구 사실의 통지

특허청장은 출원공개 전에 심사청구가 있는 경우에는 해당 특허출원의 출원공개시의 공개공보에, 출원공개 후에 심사청구가 있는 경우에는 특허공보에 지체 없이 그 취지를 게재하여야 한다(제60조 제2항). 심사청구는 하나의 출원에서 1회만으로 그 취지가 달성되므로, 이미 심사 청구된 동일출원에 대한 중복적인 심사청구를 방지하기 위하여 심사청구 사실을 공개하여야 한다. 특허청장은 출원인이 아닌 자로부터 출원심사의 청구가 있는 경우에는 그 취지를 출원인에게 통지하여야 한다. 이는 심사청구 사실을 출원인에세 알림으로써 그에 따른 명세서 또는 도면을 보정하는 등 출원인에게 적절한 대응 기회를 부여하기 위해서이다.

Ⅳ. 법적효과

1. 심사의 순위

특허출원의 심사는 심사청구가 있는 특허출원만을 대상으로 하고, 심사착수는 심사청구순위에 따라 진행한다. 다만, 심사청구된 특허출원을 분할한 후 그 분할출원에 대하여 심사청구를 한 경우 또는 심사청구된 실용신안등록출원을 변경출원하여 심사청구한 경우의 심사순위는 원출원의 심사청구순위에 따라 심사한다.

2. 심사청구의 취하금지

심사청구를 한 이후에는 취하할 수 없다(제59조 제4항). 심사청구에 따라 심사가 상당히 진행되고 있는 도중에 청구취하를 허용한다면 이미 행한 심사의 처리문제, 제출된 보정서의 취급 또는 취하 후 재심사청구를 인정해야 될 것인지 등 복잡한 문제가 발생하므로 절차적 낭비를 막고 법적 안정성을 유지하기 위하여 심사청구의 취하는 허용되지 않는다.

3. 심사청구를 하지 않는 경우

특허출원에 대하여 출원심사의 청구를 할 수 있는 기간 내에 심사청구를 하지 아니하면 그 특허출원은 취하한 것으로 간주된다. 즉 특허출원일로부터 3년 이내에 심사청구를 하지 않거나 또는 원출원일로부터 3년이 경과된 후에 정당한 권리자의 분할출원 또는 변경출원에 대하여 그 출원일로부터 30일 이내에 심사청구를 하지 아니할 경우에는 그 출원은 취하한 것으로 본다(제59조 제5항).

4. PCT 해외출원의 심사청구 시기

출원인은 특허출원 후 3년 이내에 출원심사의 청구를 하여야 한다. 국제특허출원의 심사청구 기산일은 국제출원일이다. 국제특허출원에 대한 심사청구는 출원인이 하는 경우와 출원인이 아닌 자가 하는 경우에 그 시기가 다르다. 국제특허출원인이 아닌 자는 국내서면제출기간이 경과된 후에만 심사청구가 가능하다.

PCT 제23조 및 제40조에서 국내서면제출기간 경과 전에는 출원인의 명시적 청구가 있는 경우에 한하여 국제출원의 처리 또는 심사가 가능하도록 규정하고 있는바, 이는 조약의 취지를 반영한 것이다.

5. 국제특허출원의 특례

국제특허출원의 출원인은 특허법 제201조 제1항의 절차를 밟고(외국어로 된 해외출원에 대해서는 국제특허출원 원문에 대한 출원번역문을 제출하고) 국내수수료를 납부한 경우 국내서면제출기간 이내에 심사청구를 할 수 있다(제210조). 이 경우 국내서면제출기간 이내에 심사청구를 하면 그 시점이 기준일이 된다.

국제특허출원에서 소정기간 내에 출원심사청구가 없는 경우에는 해당 출원은 취하한 것으로 간주한다. 비록 그 특허출원에 대하여 심사청구를 포기한다는 의사표시가 없다 하더라도 그 특허출원을 취하한 것으로 보고 해당 특허출원의 절차를 종결시킨다.

6. 정당한 권리자의 심사청구기간

심사청구제도에 따르면 특허출원 후 3년 이내에 심사청구를 하지 않으면 특허출원이 취하된 것으로 간주한다(제59조 제5항). 한편, 무권리자의 출원일부터 3년 후에 정당한 권리자가 출원한 경우 무권리자의 출원일로 소급되므로, 정당한 권리자 출원은 출원과 동시에 출원일(무권리자의 출원일)부터 3년이 지나서 심사청구를 할 수 없는 문제가 발생할 수 있다. 따라서 심사청구기간이 지난 후에도 정당한 권리자의 출원일부터 30일 이내에 심사청구를 할 수 있도록 개선할 필요가 있었다.

따라서 정당한 권리자의 특허출원, 분할출원 또는 변경출원에 관하여는 그날부터 3년이 지난 후에도 정당한 권리자가 특허출원을 한 날, 분할출원을 한 날 또는 변경출원을 한 날부터 각각 30일 이내에 출원심사의 청구를 할 수 있도록 개선하였다(제59조 제3항). 이 조문의 취지는 소급된 출원일(무권리자의 출원일)부터 3년이 지난 정당한 권리자의 출원도 추가로 정당한 권리자가 출원한 날부터 30일 이내에 심사청구를 할 수 있는 특례 규정으로서 문제점을 개선한 것이다.

제4절 우선심사제도

Ⅰ. 서설

우선심사제도는 일정한 요건을 갖춘 특허출원 및 2006. 10. 1. 이후 출원된 실용신안등록출원(이하 "출원"이라 한다)에 대해 다른 출원보다 우선적으로 심사해주는 제도를 말한다. 모든 출원에 대해서 예외 없이 이러한 원칙을 적용하다 보면 공익이나 출원인의 권리를 적절하게 보호할 수 없는 면이 있다. 이에 따라, 특허법 및 실용신안법 등에서는 일정한 요건을 만족하는 출원에 대해서는 심사청구순위와 관계 없이 다른 출원보다 먼저 심사할 수 있도록 한 우선심사제도를 규정하고 있다. 우선심사제도는 우리나라뿐만 아니라 미국, 유럽, 일본 등에도 있다.

특허출원에 관한 심사는 심사청구순위에 따라 행해지는 것이 원칙이다. 우선심사는 심사순위의 특례조치라 할 수 있다. 우선심사제도는 국익 또는 개인의 권익보호를 위하여 타출원에 우선하여 심사하게 함으로써 심사제도의 원활한 운영을 도모하려는 것이 그 취지이다.

Ⅱ. 우선심사의 대상

1. 출원공개 후 침해된 경우

출원공개 후 출원인이 아닌 제3자가 업으로서 출원발명을 실시하고 있다고 인정되는 경우에 특허청장은 해당 출원에 대하여 우선심사하게 할 수 있다(제61조 제1호). 제3자의 실시에서 실시란 특허법 제2조 제3호에 규정된 실시를 의미하며 해당하는 실시행위를 국내에서 실시한 경우를 의미한다. 출원인은 출원공개의 효과로서 보상금청구권을 갖게 되나 그 권리행사는 특허권의 설정등록 후에 가능하다.

그러나 출원공개 후 특허권 설정시까지 심사기간 동안 타인이 모방을 할 경우 대처가 곤란하고, 타인은 출원인으로부터 경고를 받은 후 심사기간이 장기화되면 그 만큼 실시가 어려워질 우려가 있다. 따라서 이러한 폐단을 방지하기 위해서는 심사를 신속히 진행시킬 필요가 있기 때문에 우선심사의 대상으로 한다.

2. 긴급처리가 필요한 특허출원

특허청장은 긴급처리가 필요하다고 인정되는 것으로서 특허법 시행령 제9조에 해당되는 특허출원에 대하여 다른 출원에 우선하여 심사하게 할 수 있다(제61조 제2호). 특허청은 2009년 9월 1일부터 우선심사 신청시 자체 선행기술조사 결과를 의무적으로 제출하도록 고시하였다. 따라서 우선심사 신청인은 출원발명과 관련된 선행기술을 직접 조사하고 선행기술조사 결과 및 선행기술문헌과 대비한 설명을 우선심사신청설명서에 기재하여 제출하여야 한다.

우선심사 대상 출원으로 (i) 방위산업분야의 출원, (ii) 녹색기술 관련 출원, (iii) 수출촉진 관련 출원, (iv) 국가 또는 지방자치단체의 직무에 관한 출원, (v) 벤처기업의 출원, (vi) 기술개발 또는 품질인증사업에 관한 출원, (vii) 조약에 의한 우선권주장을 한 해외출원, (viii) 출원인이 실시하고 있거나 실시 준비 중인 출원,[10)]

10) 자기실시요건: 특허청은 2015년 고객 맞춤형 우선심사 대상을 확대하였다. 국가 또는 지자체가 주최·주관한 공모전이나 경진대회에서 선정되어 국가 또는 지자체로부터 출원이나 사업화 지원을 받은 출원은 자기실시요건에 해당하는 것으로 간주한다. 또한 건설신기술 인증 신청을 한 경우 자기실시요건에 해당하는 것으로 간주한다. 자기실시요건의 입증자료는 거래명세표, 납품확인서, 투자실적서, 대출실적서 등이다.

(ix) 전자상거래 관련 출원, (x) 기술혁신형 중소기업의 특허출원, (xi) 특허심사하이웨이,[11] (xii) 전문기관 선행기술조사 등이다.

Ⅲ. 우선심사 절차

1. 우선심사신청

우선심사신청은 출원공개 후 업으로서 실시되고 있는 출원에 대해서는 출원인 이외에 그 발명을 실시하고 있는 제3자도 신청할 수 있다. 그러나 긴급처리가 요구되는 경우로서 국가 또는 지방자치단체의 직무에 관한 출원은 국가 또는 지방자치단체만이 가능하지만 그 이외의 출원에 대하여는 출원인은 물론 제3자라도 우선심사신청이 가능한 것으로 해석할 수 있다.

2. 우선심사신청에 대한 결정

심사국의 심사관은 우선심사신청서에 대하여 의견문의 또는 심의요청에 따른 소요기간을 제외하고 특허청장으로부터 신청서를 이송 받은 날로부터 15일 이내에 우선심사 여부를 결정해야 한다. 해당 심사국에서 우선심사하기로 결정한 때에 신청인에게 그 사실을 통지해야 하고 우선심사 결정통지서 발송일로부터 2월 이내에 심사에 착수하여야 한다.

3. 법적효과

우선심사의 결정이 있게 되면 해당 특허출원에 대한 실체심사는 심사청구순위에 관계없이 우선심사 결정통지서 발송일로부터 2월 이내에 처리함을 원칙으로 하여 우선적으로 착수한다. 우선심사 시기는 제3자가 실시하고 있는 경우에는 해당 특허출원이 출원공개된 후이고, 특허법 시행령 제9조에서 성하고 있는 특허출원인 경우에는 해당 특허출원이 출원공개 전이라도 할 수 있다.

---

11) 특허심사하이웨이의 목적은 시행국에 공통으로 특허를 출원한 출원인이 상대국에서 우선심사 또는 조기심사를 받아 신속하고 효율적으로 특허권을 취득하도록 하고, 주요국 특허청과의 심사협력을 강화하여, 상대국 특허청이 이미 심사한 결과를 참고하여 심사부담을 경감하고 심사품질을 향상하도록 하는 데에 있다. 2016년 12월 현재 우리나라와 글로벌 특허심사하이웨이제도(글로벌 PPH)를 하는 국가는 미국, 일본, 영국, 캐나다, 덴마크, 러시아, 독일, 스페인, 오스트리아, 헝가리, 핀란드, 상가포르, 포르투갈, 이스라엘, 멕시코 등 21개국이다. 또한 IP5 특허심사하이웨이제도는 한국, 미국, 일본, 중국, EPO 5개국이 시행하고 있다.

제6장 특허등록절차

특허권은 설정등록에 의하여 발생한다. 특허법상 등록의 효력은 특허권의 발생력, 효력발생요건으로서의 효력, 제3자에 대한 대항력, 등록의 추정력 및 형식적 확정력 등의 효력이 있다. 특허권의 발생력에는 특허권의 설정등록이 있고, 효력발생요건으로서의 효력에는 특허권의 이전, 전용실시권, 통상실시권 또는 질권의 설정 등이 있다. 특허권의 존부, 내용, 귀속 및 변동에 대하여 공시할 필요가 있기 때문에 우리나라는 이러한 공시의 원칙에 따라 공시방법으로 등록제도를 택하고 있다.

Ⅰ. 특허료

1. 특허료의 납부

특허권은 일종의 재산권이므로, 그 재산권을 유지하기 위해 존속기간 동안 소정의 등록료를 납부해야 한다. 이 경우 사안에 따라 감면 또는 면제될 수 있다. 따라서 특허권의 설정등록을 받으려는 자 또는 특허권자는 특허료를 납부하여야 한다. 특허법은 특허권자에게 업으로서 특허발명을 독점적으로 실시할 수 있는 권리를 부여함과 동시에 특허권자에게 특허발명의 실시, 특허료의 납부, 특허실시의 보고 등을 규정하고 있다.

2. 납부방법 등

특허료 납부방법, 납부기간, 그 밖에 필요한 사항은 「특허료 등의 징수규칙」에서 정하고 있다. 특허권의 설정등록을 받으려는 사람은 설정등록을 받으려는 날(이하 "설정등록일"이라 한다)부터 3년분의 특허료를 납부하여야 하고, 특허권자는 그 다음 연도분부터의 특허료를 해당 권리의 설정등록일에 해당하는 날을 기준으로 매년 1년분씩 납부하여야 한다(제79조 제1항). 특허권의 설정등록을 받고자 하는 사람은 특허결정 또는 등록심결의 등본을 받은 날로부터 3월 이내에 최초 3년분의 특허료를 일시에 납부하여야 한다. 또한 특허권자는 제4년도분부터의 특허료를 그 납부연차순위에 따라 수년분 또는 모든 연차분을 일괄하여 납부할 수 있다(제79조 제2항).

3. 특허료의 추납 및 보전

특허권의 설정등록을 받으려는 자 또는 특허권자는 제79조제3항에 따른 납부기간이 지난 후에도 6개월 이내(이하 "추가납부기간"이라 한다)에 특허료를 추가로 낼 수 있다(제81조 제1항). 특허권의 설정등록을 받으려는 자 또는 특허권자가 책임질 수 없는 사유로 추가납부기간에 특허료를 내지 아니하였거나 보전기간에 보전하지 아니한 경우에는 그 사유가 소멸한 날부터 2개월 이내에 그 특허료를 내거나 보전할 수 있다. 다만, 추가납부기간의 만료일 또는 보전기간의 만료일 중 늦은 날부터 1년이 지난 때에는 그러하지 아니하다(제81조의3 제1항).

추가납부기간에 특허료를 내지 아니하였거나 보전기간에 보전하지 아니하여 특허발명의 특허권이 소멸한 경우 그 특허권자는 추가납부기간 또는 보전기간 만료일부터 3개월 이내에 특허료의 2배를 내고, 그 소멸한 권리의 회복을 신청할 수 있다. 이 경우 그 특허권은 계속하여 존속하고 있던 것으로 본다(제81조의3 제3항).

특허권의 설정등록을 받고자 하는 사람은 추납기간 내에 특허료를 납부하지 아니한 경우에는 그 특허출원은 포기한 것으로 본다.

4. 추가납부료의 차등납부

종전에는 특허료의 납부기간이 경과되어 특허료를 추가 납부할 경우에는 납부기간의 경과일수에 관계 없이 납부하여야 할 특허료의 2배의 금액을 일률적으로 추가 납부하도록 하고 있어서, 특허권의 설정등록을 받으려는 자나 특허권자에게 과도한 비용을 부담하게 하는 문제점이 있었다. 따라서 특허료를 추가 납부할 때의 납부금액을 특허료의 2배 이내의 범위에서 특허료 등의 징수규칙에서 정하는 금액에 따라 차등하여 납부할 수 있도록 하였다(제81조의2 제3항).

효력제한기간 중 국내에서 선의로 제2항 또는 제3항에 따른 특허출원된 발명 또는 특허발명을 업으로 실시하거나 이를 준비하고 있는 자는 그 실시하거나 준비하고 있는 발명 및 사업목적의 범위에서 그 특허출원된 발명 또는 특허발명에 대한 특허권에 대하여 통상실시권을 가진다(제81조의3 제5항).

5. 특허료 등의 반환

납부된 특허료 및 수수료는 반환하지 않는다. 그러나 다음의 경우에는 납부한 자의 청구에 의하여 이를 반환하여야 한다. (i) 잘못 납부된 특허료 및 수수료, (ii) 특허취소결정이나 특허를 무효로 한다는 심결이 확정된 연도의 다음 연도부터의 특허료의 해당분, (iii) 특허권의 존속기간의 연장등록을 무효로 한다는 심결이 확정된 연도의 다음 연도부터의 특허료 해당분, (iv) 특허출원 후 1개월 이내에 그 특허출원을 취하하거나 포기한 경우에 이미 낸 수수료 중 특허출원료 및 우선권주장 신청료, (v) 출원심사의 청구를 한 이후 거절이유통지, 특허결정의 등본 송달, 선행기술 조사업무에 대한 결과 통지 및 동일인 발명에 대하여 같은 날 둘 이상의 특허출원이 있는 경우 협의 결과 신고 명령 중 어느 하나가 있기 전에 특허출원을 취하하거나 포기한 경우에 이미 낸 심사청구료이다(제84조 제1항).

6. 수수료 반환대상 확대

특허출원 후 1개월 이내에 그 특허출원을 취하하거나 포기한 경우에 이미 낸 수수료 중 특허출원료 및 특허출원의 우선권주장 신청료가 수수료 반환대상이다. 2013년 개정법에서 특허출원 후 1개월 이내 출원을 취하·포기한 경우, 출원료 외에 우선권주장 신청료도 반환받을 수 있도록 수수료 반환대상을 확대하였다.

7. 특허료 미납에 따라 소멸된 특허권 회복요건 완화

2014년 개정법에서 특허료를 내지 아니하여 소멸된 특허권 중 실시 중인 특허발명의 특허권만 회복하여 주던 것을 앞으로는 특허발명의 실시 여부와 관계없이 모든 특허권을 회복할 수 있도록 하고, 특허권 회복을 위하여 내야 하는 금액을 납부하여야 하는 특허료의 3배에서 2배로 인하하였다. 추가 납부기간에 특허료를 내지 아니하였거나 보전기간에 보전하지 아니하여 특허발명의 특허권이 소멸한 경우 그 특허권자는 추가 납부기간 또는 보전기간 만료일부터 3개월 이내에 특허료의 2배를 내고, 그 소멸한 권리의 회복을 신청할 수 있다(제81조의3 제3항). 이 경우 그 특허권은 계속하여 존속하고 있던 것으로 본다.

Ⅱ. 수수료

1. 수수료 납부 및 반환

특허에 관한 절차를 밟는 자는 수수료를 내야 한다(제82조 제1항). 납부된 등록료 및 수수료 중 (i) 잘못 납부된 특허료 및 수수료, (ii) 특허취소결정이나 특허를 무효로 한다는 심결이 확정된 연도의 다음 연도부터의 특허료 해당분, (iii) 특허권의 존속기간의 연장등록을 무효로 한다는 심결이 확정된 연도의 다음 연도부터의 특허료 해당분, (iv) 특허출원 후 1개월 이내에 그 특허출원을 취하하거나 포기한 경우 이미 낸 수수료 중 특허출원료 및 특허출원의 우선권주장 신청료, (v) 출원심사의 청구를 한 이후 특허결정의 등본 송달 전까지 특허출원을 취하하거나 포기한 경우 이미 낸 심사청구료, (vi) 특허권을 포기한 해의 다음 해부터의 특허료 해당분, (vii) 특허거절결정 또는 특허권의 존속기간의 연장등록거절결정이 취소된 경에 이미 낸 수수료 중 심판청구료, (viii) 심판청구가 결정으로 각하되고 그 결정이 확정된 경우에 이미 낸 심판청구료의 2분의 1에 해당하는 금액, (ix) 심리의 종결을 통지받기 전까지 참가신청을 취하한 경우에 이미 낸 수수료 중 참가신청료의 2분의 1에 해당하는 금액, (x) 참가신청이 결정으로 거부된 경우에 이미 낸 수수료 중 참가신청료의 2분의 1에 해당하는 금액, (xi) 심리의 종결을 통지받기 전까지 심판청구를 취하한 경우에 이미 낸 수수료 중 심판청구료의 2분의 1에 해당하는 금액의 어느 하나에 해당하는 경우에만 납부한 자의 청구에 의하여 반환한다(제84조 제1항). 다만 분할출원, 변경출원 및 우선심사의 신청을 한 특허출원은 반환하지 아니한다.

특허청장 또는 특허심판원장은 납부된 특허료 및 수수료가 제1항 각 호의 어느 하나에 해당하는 경우에는 그 사실을 납부한 자에게 통지하여야 한다(제84조 제2항).

특허료 및 수수료의 반환청구는 통지를 받은 날부터 3년이 지나면 수 없다(제84조 제3항).

2. 수수료 면제

특허청장은 국가에 속하는 특허출원 또는 특허권에 관한 등록료 및 수수료, 심사관의 무효심판청구에 대한 수수료는 면제한다. 특허청장은 「국민기초생활 보장법」에 따른 의료급여 수급권자 또는 산업통상자원령으로 정하는 자가 한 특허출원 또는 특허출원하여은 특허권에 대하여는 특허료 등의 징수규칙 제7조에 따라 특허료 및 수수료를 감면할 수 있다(제83조 제2항). 이 규정은 경제적 약자를 위한 특허료 감면을 확대한 것으로, 국민기초생활 보장법에 따른 의료급여 수급권자 등에게 특허권 유지에 대한 부담을 완화하기 위하여 최초 3년분의 특허료뿐만 아니라 수수료 및 그 이후에 내야 하는 특허료에 대해서도 감면하여 줄 수 있도록 하였다.

Ⅲ. 설정등록

1. 서설

특허권은 설정등록에 의하여 발생한다(제87조 제1항). 특허등록이란 특허청장이 특허청에 비치한 특허원부(特許原簿)에 특허권의 변동사항을 기록하는 것을 의미한다.

특허에 관한 등록은 특허청장의 행정처분이기 때문에 특허법이 부여하는 등록의 효력 이외에 행정법상의 형식적 확정력(確定力)이 발생한다. 특허청장은 특허청에 특허원부를 비치하고 특허권의 설정·이전·소멸 등에 관한 변경사항을 특허원부에 기재하여야 한다. 특허권 및 전용실시권의 변동은 등록이 효력발생요건이며, 통상실시권의 변동은 등록이 대항요건이다.

2. 특허원부

특허원부란 특허권 또는 그에 대한 권리관계 등 법령이 정하는 소정의 등록사항을 기재한 공적장부로서, 특허청장이 특허청에 비치하여 관리하는 문서를 말한다.

특허원부는 아파트 등기부등본과 같이 무체재산권의 권리관계와 그 변동을 기록한 정부문서라 할 수 있다. 특허원부에는 특허등록원부, 특허관계거절심결 재심청구원부 및 특허신탁원부 3종류가 있다. 특허발명의 명세서 및 도면 기타 「특허권 등의 등록령」(시행일: 2016. 9. 13. 대통령령 제27495호)으로 정하는 서류는 등록원부의 일부로 보며, 부속서류로서 특허등록 접수부와 특허료납부 접수부가 있다.

또한 권리의 존속기간 만료나 포기 등으로 권리가 소멸되어 소멸등록한 원부를 폐쇄특허원부라 하며, 이 폐쇄특허원부의 보존기간은 폐쇄한 날로부터 20년으로 한다. 특허청장은 특허의 소멸등록을 한 경우에는 해당 특허등록원부를 폐쇄하여야 한다.

3. 등록사항

특허원부는 특허번호, 등록사항을 기재하는 권리란, 등록료란, 특허권자란, 전용실시권자란 또는 통상실시권자란으로 구성된다. 특허청장은 특허청에 특허원부를 비치하고 권리의 변동사항을 등록하여야 한다(제85조). 등록할 수 있는 권리는 특허권과 이들을 목적으로 하는 전용실시권·통상실시권 및 이들 권리를 목적으로 하는 질권이다. 질권은 담보물권의 하나다. 목적물을 맡아 두었다가 갚지 않을 때 그 목적물로 우선 변제받을 수 있는 권리이다. 특허권은 자유로이 양도할 수 있는 재산권이므로 질권의 목적으로 이용할 수 있다.

특허법상의 등록사항은 특허권의 설정·이전·소멸·회복·처분의 제한 또는 존속기간의 연장, 전용실시권 또는 통상실시권의 설정·보존[1]·이전·변경·소멸 또는 처분의 제한, 특허권·전용실시권 또는 통상실시권을 목적으로 하는 질권의 설정·이전·변경·소멸 또는 처분의 제한 등이다.

4. 특허원부의 열람

특허권에 관한 법적 안정을 도모하고 제3자의 손해를 미연에 방지하기 위해서 특허권의 설정·이전·변경·소멸·회복·처분의 제한, 존속기간의 연장 등 특허권의 존재, 내용 및 권리변동 등을 공시하는 특허등록제도를 채택하고 일반인에게 특허원부를 열람하게 할 수 있다(제216조). 특허원부는 종래에는 종이로 된 서류의 원부를 사용하였으나 오늘날 전자출원을 시행하므로 컴퓨터 모니터에 특허원부가 영상화면으로 표현된다. 디지털 기술의 발전에 따라서 특허원부를 컴퓨터로 온라인 열람할 수 있다.

5. 법적효과

특허권 및 전용실시권의 등록효력은 설정등록에 의하여 발생하므로 특허등록원부에 소정의 사항을 등록하지 아니하면 그 효력이 발생하지 아니한다(제101조 제1항).

설정등록 후 특허권의 효력이 발생하려면 그 전제로서 특허결정 또는 특허가 유효하다는 심결이 있어야 하고, 특허등록료가 납부되어야 한다. 특허권의 이전(상속 기타 일반 승계를 제외), 포기에 의한 소멸 또는 처분의 제한의 등록은 소유권의 이전등록과 달리 효력발생요건이다. 또한 전용실시권의 설정·이전·변경·소멸 또는 처분의 제한은 등록에 의해서 권리변동의 효력이 발생하므로 등록은 권리변동의 효력발생요건이다.[2] 한편, 통상실시권을 등록한 경우에는 그 등록 후에 특허권 또는 전용실시권을 취득한 사람에 대해서도 그 효력이 발생한다(제110조 제1항).

통상실시권의 설정·이전·변경·소멸 또는 처분의 제한, 통상실시권을 목적으로 하는 질권의 설정·이전·변경·소멸 또는 처분의 제한은 이를 등록하면 제3자에게 대항할 수 있다.

---

1) 법정통상실시권의 이전에 대하여 제3자에게 대항하기 위해서는 그 등록을 필요로 하므로 법정통상실시권을 이전하고자 하는 경우 사전에 그 보존등록을 하여야 한다.

2) 특허권자의 의사표시(실질적 요건)가 있더라도 등록(형식적 요건)을 하지 않으면 법률적으로 권리가 성립하지 않는 것을 효력발생요건이라 하고, 이미 발생한 권리 이해관계를 타인에게 주장할 수 있게 하는 요건을 대항요건이라 한다.

6. 특허증의 발급

특허청장은 특허권의 설정등록을 한 경우에는 산업통상자원부령으로 정하는 바에 따라 특허권자에게 특허증을 발급하여야 한다(제86조 제1항).

특허청장은 특허발명의 명세서 또는 도면의 정정을 인정한다는 취지의 결정 또는 심결이 확정된 경우, 특허권이 이전등록된 경우에는 결정, 심결 또는 이전등록에 따른 새로운 특허증을 발급하여야 한다(제86조 제3항).

Ⅳ. 등록공고

1. 서설

특허청장은 특허권이 설정등록된 경우에는 그 특허에 관하여 특허공보에 게재하여 등록공고를 하여야 한다(제87조 제3항). 등록공고란 등록된 특허를 소정의 절차에 따라 공중에게 공표하는 특허의 공시제도를 말한다. 등록공고제도는 심사의 투명성과 공정성을 담보하기 위한 제도이다. 특허된 권리 중에는 거절이유가 있음에도 불구하고 심사관의 착오로 권리가 설정되어 존속될 수 있으므로 특허청장은 등록공고를 통해서 흠이 있는 특허를 발견할 수 있는 기회를 부여하고자 등록공고를 하는 것이다.

2. 특허공보 게재

등록공고에 관하여 등록공고용 특허공보에 게재할 사항은 특허법 시행령 제19조에서 규정하고 있다. 특허공보는 등록공고용 특허공보와 공개용 특허공보로 구분된다. 특허공보는 특허정보원이 운영하고 있는 특허정보검색서비스(www.kipris.or.kr)를 통하여 인터넷으로 정보를 공개하고, CD-ROM으로도 정보를 제공하고 있다.

특허출원, 특허취소신청, 심판 등에 관한 증명, 서류의 등본 또는 초본의 발급, 특허원부 및 서류의 열람 또는 복사가 필요한 자는 특허청장 또는 특허심판원장에게 서류의 열람 등의 허가를 신청할 수 있다(제216조 제1항). 부속물건에는 특허출원 이후 제출된 모든 서류 및 실물견본 등의 물건이 포함된다

특허법은 열람 대상 관련 서류의 전반에 걸쳐 열람을 허용함으로써 특허행정의 투명성을 유지하고, 특허심판·특허소송 및 특허침해소송시 누구나 정확한 특허정보를 이용할 수 있도록 하고 있다.

3. 비밀취급이 필요한 발명의 등록공고

비밀취급이 필요한 특허발명에 대해서는 그 발명의 비밀취급이 해제될 때까지 그 특허의 등록공고를 보류하여야 하며, 그 발명의 비밀취급이 해제된 경우에는 지체 없이 특허법 제87조 제3항에 따라 등록공고를 하여야 한다(제87조 제4항).

특허청장 또는 특허심판원장은 특허법 제216조 제1항의 신청이 있더라도 다음 각 호의 어느 하나에 해당하는 서류를 비밀로 유지할 필요가 있다고 인정하는 경우에는 그 서류의 열람 또는 복사를 허가하지 아니할 수 있다.

각 호에 해당하는 경우는(ⅰ) 출원공개 또는 설정등록되지 아니한 특허출원(제55조제1항에 따른 우선권 주장을 수반하는 특허출원이 출원공개 또는 설정등록된 경우에는 그 선출원은 제외한다)에 관한 서류, (ⅱ) 출원공개 또는 설정등록되지 아니한 특허출원의 제132조의17에 따른 특허거절결정에 대한 심판에 관한 서류, (ⅲ) 공공의 질서 또는 선량한 풍속에 어긋나거나 공중의 위생을 해칠 우려가 있는 서류이다(제216조 제2항).

제7장 특허권

제1절 특허권의 특성

Ⅰ. 서설

1. 특허권의 본질

특허를 받을 수 있는 권리를 가진 자가 특허법에서 정한 방식에 따라 특허출원을 하고, 그 출원에 대한 심사를 받고, 특허결정에 따라 특허료를 납부한 후에 설정등록하면 특허권이 발생한다. 특허권자 또는 전용실시권자는 특허발명을 업으로 실시할 수 있는 권리를 독점하고, 다른 사람에게 권리를 실시할 수 있도록 허락해 줌으로써 경제적인 이득을 얻을 수 있다.

이러한 일련의 과정에서 다른 사람에게 특허권이 양도 또는 이전되거나 필요에 따라서 공유 또는 소멸하는 등 특허권의 권리주체가 변동될 수 있다. 특허권은 사권(私權)으로 특허권자의 개인적 이익에 관한 것이다. 또한 특허권은 경제적 거래의 대상이 되는 재산적인 가치를 가지고 있으며 재산권이다.[1)]

특허권의 본질에 대해서는 사람이 창출한 정신적 창작물에 대해서는 저작자가 소유권을 가진다는 정신적 소유권설과 인격권에 속한다고 해석하는 인격권설으로도 설명이 되지만, 19세기부터 사회적으로 유용해진 무체재산에 대한 새로운 권리로서 무체재산권이라 해야 한다는 무체재산권설로 설명되는 것이 일반적이다. 또한 발명자가 표시되는 것을 생각하면 명예적 또는 인격적인 요소도 있고, 기술 발전의 공헌 등을 고려하여 그 대상, 보호범위, 보호기간 등이 규정되는 산업정책적인 요소도 있어 특정면에서만 파악하는 것은 어렵다고 할 수 있다.

특허권은 일정한 허여절차를 통하여 설정되는데 일단 권리가 발생한 뒤에도 무효로 되는 경우가 있으므로 특허원부에 등록되어 있는 것이 곧바로 유효한 특허권이 존재하는 것을 보증하는 것은 아니다. 그러한 의미에서 특허권은 불안정한 권리이다.

---

1) 박상기 외 12인, 186면: 재산권에는 물권, 채권 및 무체재산권(지식재산권)이 있다. 물권은 권리자가 물건을 직접 지배하여 이익을 얻는 배타적인 권리이다. 따라서 물권은 물건을 지배하는 것을 본질로 하는 지배권이며, 배타성이 있어 누구에게나 주장할 수 있으므로 대세권(對世權)이며, 또한 절대권(絕對權)이다.

2. 특허의 법률적 의미

특허법상의 특허(特許)와 행정법상의 특허는 법률적 의미가 다르다. 행정법상의 특허(特許)는 특정의 상대방을 위하여 새로이 권리를 설정하는 행위(예: 광업허가, 어업허가), 능력을 설정하는 행위(예: 공법인을 설립하는 행위), 포괄적 법률관계를 설정하는 행위(예: 공무원임명, 귀화허가)를 말한다. 이 중에서 권리를 설정하는 행위가 협의의 특허(konzession)로 특허법상의 특허에 해당한다. 특허는 신청(출원)을 필요요건(효력요건)으로 한다. 따라서 출원이 없거나 그 취지에 반하는 특허는 완전히 효력을 발생할 수 없다.[2] 특허법에 의하여 특허청 심사관이 출원발명을 심사하고 확인한 결과 특허권이라는 새로운 권리를 설정하는 행위는 준사법적 행정행위로서 행정법상 확인처분에 해당한다고 볼 수 있다.

Ⅱ. 특허권의 법적 성질

1. 무제재산권

물건이란 유체물 및 전기 기타 관리할 수 있는 자연력을 말한다(민법 제98조). 자연력은 무체물(無體物)이고 유체물 이외의 물건을 말한다. 그러나 물건의 관념을 유체물 이외에 미치게 할 필요가 생기게 되어 현행법은 유체물뿐만 아니라 전기·기타 에너지와 같은 일정한 요건을 갖춘 무체물도 법률상 물건으로 인정한다.

무체재산권(無體財産權)은 유체물에 대한 배타적 지배권인 물권에 비하여 무체적 이익에 대한 배타적 지배권이다. 특허권은 지식창작물을 독점적으로 이용하는 것을 내용으로 하며 재산적 가치를 가지지만 유체물을 지배하는 권리는 아니다.

2. 물권적 권리

특허권은 특허발명을 업으로서 독점배타적으로 실시할 수 있는 물권적 권리이다. 따라서 특허발명을 이용하는 사람은 반드시 권리자에게 사전 허락을 받아야 한다. 특허권은 일반적으로 법률이 정하는 바에 따라 등록함으로써 배타적인 지배권이 발생하며 물권에 준하는 취급을 받는다.[3] 물권행위란 물권의 변동(물권의 발생·변경·소멸)을 목적으로 하는 법률행위이다. 소유권이전행위, 지상권·전세권·저당권설정행위 등이 여기에 속한다. 준물권행위(準物權行爲)란 예컨대 채권의 양도, 채무의 면제,

---

2) 박윤흔·정형근, 322면.

3) 지배권은 권리의 내용을 직접 지배(실현)할 수 있는 권리를 말한다. 저작권이나 특허권 등의 무체재산권도 지배권이 있다.

특허권·저작권 등 무체재산권의 양도, 광업권·어업권 등의 양도와 같은 행위이다.

당사자 간에 채권·채무를 발생시키는 채권행위와는 달리, 직접적으로 권리변동을 일으키는 점에서 물권행위와 비슷하므로 준물권행위라 한다.[4)]

3. 대세권적 효력

특허권은 특허발명을 독점배타적으로 실시할 수 있는 물권적 권리이다. 따라서 특허권자는 특허발명을 독점적으로 실시할 수 있고, 타인의 무단실시에 대하여는 배타권을 행사할 수 있다. 이런 관점에서 특허권은 특정인을 의무자로 하여 그 자에 대해서만 권리를 주장할 수 있는 상대권으로서의 대인권이 아니라, 누구에게나 주장할 수 있는 절대권으로서의 대세권(對世權)이다.

4. 변경될 수 있는 권리

특허권은 무형의 재산으로 청구범위에 기재된 사항을 보호대상으로 하고 있으므로 해석하는 사람에 따라 권리범위의 해석이 다를 수 있다. 특허권은 부동산처럼 등기부 등본에 숫자 등으로 재산의 현황이 표기되는 것이 아니고, 청구범위에 기재된 사항으로 정하기 때문에 해석하는 사람에 따라서 그 권리범위를 넓게 또는 좁게 해석할 수 있다. 또한 심사절차 보정을 통해서 청구범위가 축소될 수 있고, 무효심판절차에서 특허권자가 정정을 통해서 청구범위를 감축할 수 있어서 변경될 가능성이 있다. 따라서 특허권은 변경될 수 있기 때문에 불안정한 특성이 있다.

5. 존속기간이 유한한 권리

특허권은 특허출원 후 20년 내에서만 독점권이 인정되는 재산권이란 점에서 그 객체가 존재하는 한 영속적으로 존속되는 민법상의 소유권과 다르다. 이처럼 특허권을 시간적으로 유한한 권리로 제한하는 이유는 제3자에게 그 발명을 연구·이용할 수 있는 기회를 제공하고, 국가의 공익적인 측면 등을 모두 고려하여 특허발명을 보호하기 때문이다.

6. 제한될 수 있는 권리

재산권을 행사할 경우 공공의 이익에 대해서는 일정한 제한이 따르게 된다. 특허권은 특히 산업정책상 또는 공익상의 이유로 다른 재산권에 비하여 그 권리행사

4) 양형우, 172면.

가 제한된다. 특허권을 제한하는 경우로 법정실시권, 국방상 필요한 경우에 특허권의 수용(제106조). 정부 등에 의한 특허발명의 실시(제106조의 2), 통상실시권 설정의 재정(제107조) 및 통상실시권 허락의 심판(제138조)이 있다.

7. 사용·수익·처분할 수 있는 권리

특허권자는 특허발명을 사용·수익·처분할 수 있는 권리를 갖는다. 특허권자가 발명 전부에 대하여 사용·수익·처분할 수 있는 권능을 특허권의 지배성이라 한다. 즉 특허권자는 특허발명에 대한 이용과 사용가치의 전부에 대한 포괄적인 지배권을 갖는다. 실시권은 설정행위로 제한된 범위 내에서만 권리를 지배할 수 있지만, 특허권은 특허발명을 전 범위에 걸쳐 실시할 수 있다. 민법은 물건에 대한 사실상의 지배를 점유라고 하여 보호하고 있다. 그런데 특허권은 재산권을 사실상 행사하는 준점유(準占有)라 할 수 있으므로, 재산권을 사실상 행사하는 경우에 점유에 관한 규정을 준용하고 있다(민법 제210조). 준점유의 객체는 재산권이다. 준점유가 인정되는 권리로는 채권, 저당권, 특허권 및 상표권을 들 수 있다.[5)]

8. 국제성을 갖는 권리

오늘날 정보통신의 발달로 지식창작물이 급속하게 전파되고, 국가 간의 무역에서 특허권이 상품이나 서비스와 함께 이동된다. WIPO가 관장하는 지식재산권 관련 25개의 국제조약과 WTO가 관장하는 TRIPs는 특허권을 규율하는 국제적인 규범이다. 국내법은 국경을 넘어가지 못하지만 특허권은 국경을 넘나들면서 보호되는 특성이 있다. 예를 들면, PCT 국제출원에 의하여 대한민국에 등록된 특허가 미국이나 일본 등 세계 여러 회원국에서 대응특허로등록되면 동일한 특허권이 발효된다.

특허실무에서 동일한 출원발명을 국내에서 외국으로 출원하는 경우(out going case)와 외국에서 국내로 출원발명을 출원하는 경우(Incoming case)가 있다. 파리협약의 특허독립의 원칙을 적용하면, 특허권은 국제성이 있다.

Ⅲ. 특허권의 내용

1. 특허권의 보호범위

(1) 서설　　특허권은 국가가 발명자에게 허여하는 독점배타권으로 국가와 발

5) 송덕수, 208면.

명자 간의 일종의 계약(contract)이라 할 수 있다.[6] 출원인이 특허청에 특허출원하면 특허청 심사관이 이를 심사한 후 등록결정서를 통지하게 되고, 출원인은 소정의 수수료를 납부하여 설정등록하게 된다. 특허권의 본질에 대해서는 여러 가지 이론이 있는데, 미국의 경우 특허권에 대한 창작자의 권리는 당연히 개인의 소유라고 하는 자연법론(nature theory)이 주장되고 있으나, 대가설(reward theory)이 통설이다.

대가설은 발명자에게 배타권을 부여하는 반면에 이용자의 권리를 보호하는 등 발명자와 이용자 간의 적절한 이익의 균형을 유지하는 것을 목표로 한다. 특허권자는 자신의 특허발명을 업으로서 독점배타적으로 실시할 수 있는 특허권을 갖는다. 특허권의 효력에는 특허권자가 특허발명을 독점적으로 실시할 수 있는 적극적 효력과 타인의 실시를 배제시킬 수 있는 소극적 효력이 있다. 특허법 제94조에서 특허권의 적극적 효력을 규정하고, 소극적 효력은 특허법 제126조에서 규정하고 있다.

특허권의 효력은 그 실시범위가 정해져 있고, 그 범위 내에서는 특허권자가 자신의 특허발명을 업으로 실시할 수 있지만, 일정한 경우 그 효력을 제한받기도 한다.[7] 특허법상 특허권자란 특허원부상의 등록권리자로 기재되어 있는 자를 말한다.

특허권은 특허기간 동안 그 권리를 부여한 국가 내에서 청구범위에 기재된 발명의 범위 내에 효력이 미친다. 또한 특허권은 매매나 상속 등에 의하여 양도될 수 있다. 특허권자는 타인에게 로열티(royalty)라고 하는 실시료를 받고, 그 발명의 제조·사용 또는 판매할 수 있는 권리의 전용실시권 또는 통상실시권을 허락할 수 있다(제100조 및 102조).

(2) 객체적 보호범위 특허권은 청구범위에 적혀 있는 발명이다(제97조). 특허발명의 보호범위는 청구범위에 의하여 정하여지므로, 명세서 중 발명의 설명에 기재되어 있어도 청구범위에 적혀 있지 아니한 발명은 원칙적으로 보호대상이 아니다.

(3) 지역적 보호범위 특허권의 효력이 미치는 지역적 범위는 파리협약의 특허독립의 원칙이 적용되므로 특허권은 그 권리를 부여한 국가 내에서만 효력을 미친다. 따라서 우리나라에서 부여한 특허권은 우리나라의 통치권이 미치는 영토 내에서만 그 효력이 미친다. 헌법 제3조에 따라 북한도 한반도의 일부이므로 우리나라 특허권의 효력은 북한에도 미친다고 본다.

---

6) Ronald B. Hildreth, 1면: 특허권자가 자신의 발명을 특허공보를 통해서 공개하는 대가에 대해서 국가는 발명자에게 특허권을 부여하여 특허권자가 그 특허발명을 특허기간 동안 이용할 수 있게 한다. 따라서 특허는 국가와 발명자 간에 성립되는 일종의 사회계약이다(A patent is a contract between inventor and the government which the government grants the inventor a limited monopoly).

7) 김원준, 328면.

1) 속지주의 속지주의는 파리협약의 특허독립의 원칙에 근거한다. 특허권은 우리나라의 영토에서만 그 효력이 미치고 외국에는 그 효력이 미치지 아니하는 속지주의 원칙(principle of territoriality)이 적용된다. 파리협약 당사국(contracting party)의 국민에 의하여 여러 당사국에 출원된 특허는 동일한 발명에 대하여 당사국 또는 비당사국 여부에 관계 없이 타국에서 획득한 특허와 독립적이다.[8)]

동일한 발명을 다른 당사국에서 보호받기 위해서는 그 나라의 법률이 정하는 바에 따라 특허를 취득하여야 하고, 각 당사국에서 특허권의 발생·소멸도 그 나라의 법률에 따르며 특허권은 서로 독립하여 병존한다. 파리협약에 의해 외국인을 내국인과 평등하게 취급한다는 내국민대우의 원칙과 우선권제도는 속지주의 원칙을 전제로 하고 있다.

2) 대한민국의 영토 헌법 제3조에서 대한민국의 영토는 한반도와 그 부속도서로 한다고 규정하고 있으므로 북한도 한반도의 일부이므로 대한민국의 주권이 미치고 대한민국의 주권과 충돌하는 어떤 주권도 법적으로 인정될 수 없다.[9)] 즉, 대한민국 헌법에 따라 제정·시행되는 모든 법령의 효력은 북한지역에도 미친다.

현재 남한과 북한 간의 특수한 정치적인 문제로 인해서 지식재산권 분야의 실질적인 교류는 이루어지고 있지 않다. 남한과 북한은 모두 PCT 조약의 회원국임에도 불구하고, 남한의 출원인이 PCT 국제출원시 북한을 지정한 경우 북한은 국내단계 진입을 허용해 주고 있지 않다.

(4) 시간적 범위 특허권은 민법상의 소유권과 달리 한시적인 권리로서 권리존속기간 내에서만 유효하다. 그러나 존속기간 이내라 하더라도 특허권자가 특허권을 포기하거나 특허료의 불납 등의 이유로 특허권 소멸사유가 발생하면 특허권은 소멸된다. 한편, 농약·약품 및 화학분야의 발명에 대하여는 그 특성상 임상실험 실시기간 등을 감안하여 예외적으로 그 실시할 수 없었던 기간에 대하여 5년의 기간까지 해당 특허권의 존속기간을 연장할 수 있다(제89조).

2. 청구범위의 해석

미국에서 청구범위의 해석이 법률문제인지, 사실문제인지에 대한 논란이 있었다. 이에 대한 판례가 Markman 판결[10)]이다. 이 판결에서 연방대법원은 청구범위의

8) 파리협약 제4조 제2항.

9) 김철수, 124면 및 131면.

10) Markman v. Westview Instruments, 517 U. S. 370(1996): Markman은 1996년 미국 연방대법원

해석은 법률문제라는 점을 명확하게 하였고, 법관의 영역에 속한다고 판시하였다.

이 판결 이후 특허침해소송에서 마크맨 청문회(Markman hearing)가 공판 전 증거개시(discovery) 단계에서 이루어지는데, 법관이 양 당사자가 제출한 증거를 토대로 쟁점이 된 청구범위를 해석하는 청문절차이다.[11] 우리나라에서도 청구범위의 해석은 법률문제이며, 법관의 권한이라고 해석한다.

Ⅳ. 특허권 효력이 미치지 아니하는 범위

1. 연구 또는 시험을 하기 위한 특허발명의 실시

특허발명의 기술적 효과를 확인 또는 검사하기 위하여 실험실이나 연구소 등에서 실험 또는 연구를 하기 위하여 타인의 특허발명을 실시하는 경우가 있다. 이와 같은 실시는 기술개발에 필요하지만 그 시험의 결과가 특허권자의 경제적 이익을 특별히 해치는 것도 아니어서 단순히 시험 또는 연구를 목적으로 특허발명이 실시된 경우는 특허권의 효력이 미치지 않도록 하고 있다(제96조 제1항 제1호).

2. 국내를 통과하는 데 불과한 교통수단

단순히 국내를 통과하는 데 불과한 선박·항공기·차량 또는 이에 사용되는 기계·기구·장치, 그 밖의 물건에 대하여 특허권의 효력은 미치지 아니한다(제96조 제1항 제2호). 이러한 물건들은 국제교통상 필요한 것들이므로 국제교통의 원활화를 위해서는 특허권의 효력이 이들 물건에 대하여는 미치지 않게 할 필요가 있다.

파리협약 제5조의3에서도 이와 같은 취지의 규정이 있지만, 동 조약은 동맹국을 대상으로 하고 있음에 비하여, 특허법은 동맹국 이외 국가의 선박 등도 대상으로 하고 있는 점에서 국내법이 파리협약보다 적용범위가 더 넓다고 할 수 있다.

3. 특허출원한 때부터 국내에 있는 물건

특허출원한 때부터 국내에 존재하고 있는 물건에 대하여는 특허권의 효력은 미치지 아니한다(제96조 제1항 제3호). 선출원주의에 의하여 먼저 특허출원한 자가 특허를 받을 수 있으나, 출원당시 이미 존재하고 있는 동일한 물건에까지 특허권을 적용하는

판결의 당사자 이름이다. 이 판결에서 청구범위 해석은 사실적인 판단이 아닌 법률적 해석이므로 배심원이 할 일이 아니고 판사의 일이라고 선언되었다.

12) 최승재, 210-213면.

것은 사회통념상 불합리하다. 그 이유는 이들 물건에까지 특허권의 효력을 미치게 하는 것은 법적 안정성을 해할 우려가 있고, 이들 물건은 이미 특허출원을 한 때부터 존재한 것들이므로 특허권의 효력을 미치지 않게 한다 하더라도 특허권자에게 경제적 불이익이 되지 않기 때문이다.

특허법 제96조 제1항 제3호의 규정은 해당 물건이 비밀상태에 있는 경우에는 신규성 결여를 이유로 무효심판을 청구할 수 없다. 특허출원을 한 때부터 국내에 있는 물건이 공공연하게 존재하였을 경우에는 권리범위 확인심판 또는 특허무효심판 등에서 특허법 제29조 제1항 공지·공용에 해당한다는 이유로 항변할 수 있다.

4. 제조되는 의약의 발명 등

둘 이상의 의약(사람의 질병의 진단, 경감, 치료, 처치 또는 예방을 위하여 사용되는 물건을 말한다)을 혼합함으로써 제조되는 의약의 발명 또는 둘 이상의 의약을 혼합하여 의약을 제조하는 방법의 발명에 관한 특허권의 효력은 약사법에 의한 조제행위와 그 조제에 의한 의약에는 미치지 아니한다(제96조 제2항). 이는 의사의 처방전에 의하여 약사 등이 의약을 자유로이 조제할 수 있도록 하여 국민의 생명유지 또는 공공위생에 기여할 수 있도록 하기 위해서이다.

조제행위는 의사가 교부하는 처방전에 의해 하여야 하는 것이므로 그것을 조제하는 약사는 처방전에 따를 수밖에 없으며, 처방전은 많은 의약 중에서 해당 병상에 가장 적절한 약효를 기대할 수 있도록 선택하여 조제하는 것을 지시하는 것이므로 의사는 그때마다 혼합방법이 특허권과 저촉하는지 아닌지를 판단하는 것이 현실적으로 곤란하므로 이를 고려하여 입법한 것이다.

제2절 특허권의 공유 등

Ⅰ. 특허권의 공유

1. 의의

특허권의 공유(共有)란 특허권을 2명 이상이 공동으로 소유하는 것을 말한다. 특허권이 공유인 경우에도 특허권 본래의 대세적 효력에는 변화가 없으나 공유특허권의 처분행위 등에 있어서는 일정한 제약이 가해진다. 특허권의 공유는 특허권을 대상으로 다수인이 지분의 결합에 의하여 권리관계를 형성하고 있다. 공유물 또는 그 지분의 처분행위에 있어서는 다른 공유자의 지분권을 고려하여 일정한 제약이 따르지만, 공유자 간에는 원칙적으로 실시의 자유가 보장된다.

2. 공유관계의 성립 요건

특허권이 공유로 되는 경우는 공동발명자, 공동상속인, 자금 제공자와 발명자 등이 공동출원하여 공동으로 특허를 받은 경우에 공유관계가 성립한다. 또한 특허권의 일부를 양도하거나 또는 공유특허권의 지분의 일부를 다시 양도함으로써 다수 공유관계가 형성되기도 한다. 특허권은 양도뿐만 아니라 상속이나 질권의 행사 또는 수용을 통하여 이전할 수 있다(제99조).

3. 특허권의 공유와 실시

특허권이 공유인 경우에는 각 공유자는 계약으로 특별히 약정한 경우를 제외하고는 다른 공유자의 동의를 받지 아니하고 그 특허발명을 자신이 실시할 수 있다. 특허권이 공유인 경우에는 각 공유자는 다른 공유자 모두의 동의를 받아야만 그 특허권에 대하여 전용실시권을 설정하거나 통상실시권을 허락할 수 있다(제99조 제4항).

【특허권 공유자 사이의 지분 비율을 결정하는 기준】

<대법원 2014. 11. 13. 선고 2011다77313 판결>

2명 이상이 공동으로 발명한 때에는 특허를 받을 수 있는 권리는 공유로 하는데, 특허법상 위 공유관계의 지분을 어떻게 정할 것인지에 관하여는 아무런 규정이 없으나, 특허를 받을 수 있는 권리 역시 재산권이므로 성질에 반하지 아니하는 범위에서는 민법의 공유에 관한 규정을 준용할 수 있다(민법 제278조). 따라서 특허를 받을 수 있는 권리의 공유자 사이에 지분에 대한 별도의 약정이 있으면 그에 따르되, 약정이 없는 경우에는 민법 제262조 제2항에 의하여 지분의 비율은 균등한 것으로 추정된다.

4. 공유특허권의 효력

특허권이 공유인 경우에 특허권은 추상적이고 형태가 없는 재산권이기 때문에 각 공유자는 자신의 지분만큼의 특허발명을 실시할 수 없으므로 민법상의 공유에 관한 규정을 그대로 적용할 수 없다. 특허권이 공유인 경우에는 각 공유자는 다른 공유자 모두의 동의를 받아야만 그 지분을 양도하거나 그 지분을 목적으로 하는 질권을 설정할 수 있다(제99조 제2항).

특허발명은 각자 자유롭게 실시할 수 있는 반면에, 특허발명을 다른 사람에게 양도하거나 실시권·질권 등을 설정하는 경우에는 제한하고 있다.[12] 판례에 의하면 특허권을 공유하는 경우에 각 공유자는 다른 공유자의 동의를 얻지 아니하면 그 지분을 양도하거나 그 지분을 목적으로 하는 질권을 설정할 수 없고, 그 특허권에 대하여 전용실시권을 설정하거나 통상실시권을 허락할 수 없는 등 특허권의 공유관계는 합유에 준하는 성질을 갖는 것이고, 또한 특허법이 위와 같이 공유지분의 자유로운 양도 등을 금지하는 것은 다른 공유자의 이익을 보호하려는 데 그 목적이 있으므로, 각 공유자의 공유지분은 다른 공유자의 동의를 얻지 않는 한 압류의 대상이 될 수 없다고 한다.[13]

【특허권이 공유인 경우의 공유물분할】

<대법원 2014. 8. 20. 선고 2013다41578 판결>

특허권이 공유인 경우에 각 공유자는 다른 공유자의 동의를 얻지 아니하면 지분을 양도하거나 지분을 목적으로 하는 질권을 설정할 수 없고 또한 특허권에 대하여 전용실시권을 설정하거나 통상실시권을 허락할 수 없는 등 권리의 행사에 일정한 제약을 받아 그 범위에서는 합유와 유사한 성질을 가진다. 그러나 일반적으로는 특허권의 공유자들이 반드시 공동 목적이나 동업관계를 기초로 조합체를 형성하여 특허권을 보유한다고 볼 수 없을 뿐만 아니라 특허법에 특허권의 공유를 합유관계로 본다는 등의 명문의 규정도 없는 이상, 특허법의 다른 규정이나 특허의 본질에 반하는 등의 특별한 사정이 없는 한 공유에 관한 민법의 일반규정이 특허권의 공유에도 적용된다. 특허권의 공유자 상호 간에 이해관계가 대립되는 경우 등에 공유관계를 해소하기 위한 수단으로서 각 공유자에게 특허권의 공유관계에 민법상 공유물분할청구에 관한 규정이 적용될 수 있다. 다만, 특허권은 발명실시에 대한 독점권으로서 그 대상은 형체가 없을 뿐만 아니라 각 공유자에게 특허권을 부여하는 방식의 현물분할을 인정하면 하나의 특허권이 사실상 내용이 동일한 복수의 특허권으로 증가하는 부당한 결과를 초래하게 되므로, 특허권의 성질상 그러한 현물분할은 허용되지 아니한다.

---

12) 특허법 제99조 제2항 및 제4항의 규정 취지는, 공유자 외의 제3자가 특허권 지분을 양도받거나 그에 관한 실시권을 설정받을 경우 제3자가 투입하는 자본의 규모·기술 및 능력 등에 따라 경제적 효과가 현저하게 달라져 다른 공유자 지분의 경제적 가치에도 상당한 변동을 가져올 수 있는 특허권의 공유관계의 특수성을 고려하여, 다른 공유자의 동의 없는 지분의 양도 및 실시권 설정 등을 금지한다는 데에 있다.

13) 대법원 2012. 4. 16. 선고 2011마2412 결정.

5. 공동심판의 공유자 지위

공유특허권에 관한 심판은 공유자 모두에게 합일적으로 처리하는 것이 공유특허권의 속성상 경제적이고 합리적이다. 따라서 공유인 특허권의 특허권자에 대하여 심판을 청구하고자 하는 자는 공유자 모두를 피청구인으로 하여야 한다(제139조 제2항). 공유자가 공유특허권에 관하여 심판을 청구할 경우에는 공유자 모두가 청구인이 되어야 한다(제139조 제3항). 공동심판은 공유특허권자 중의 일부를 누락시킨 심판청구는 부적법한 심판청구로서 각하 대상이 된다.

6. 심결취소소송

공유인 특허권의 특허를 무효로 한 심결에 대한 취소의 소송은 공유자 모두가 공동으로 제기할 것을 요하는가의 여부, 즉 공유권리자 중 한 사람만이 제기한 소송이 적법한가의 여부에 대해서 특허법 제139조 제3항은 "특허권 또는 특허를 받을 수 있는 권리의 공유자가 그 공유인 권리에 관하여 심판을 청구하는 때에는 공유자 전원이 공동으로 청구하여야 한다."고 규정하고 있다.

그러나 심결취소소송에 대해서는 아무런 규정이 없으므로 의문이 생긴다. 그러나 민사소송법 제65조의 취지를 고려할 때, 공유인 특허권의 특허를 무효로 한 심결에 대한 취소의 소송은 공유자 모두가 공동으로 제기하는 것이 타당하다고 본다.

7. 손해배상청구소송

특허권이 공유인 경우에는 특허법상의 규정이 적용되지만, 그 외의 법률관계는 민법과 민사소송법이 적용된다. 특허발명의 무단실시에 대해서는 공유자 각자가 보존행위로서 특허권의 침해금지청구권을 행사할 수 있으나, 손해배상청구소송은 일종의 관리·처분행위에 해당하므로 공유자 모두 함께 소송을 청구해야 한다는 설과 각자 자기의 지분만큼 소송청구가 가능하다는 설이 대립되고 있다.

Ⅱ. 특허권의 이전

1. 서설

특허권은 재산권이기 때문에 이전할 수 있다(제99조 제1항). 특허권의 이전이란 특허권의 내용의 동일성을 유지하면서 특허권의 귀속주체인 권리자를 교체하는 것을 말한다. 특허권의 이전은 전부이전과 일부이전으로 나눌 수 있다. 일부이전할 때에는 지분의 이전으로서 공유특허권의 발생원인이 된다. 특허권은 무체재산권으로서 사권의 일종이므로 특허권자는 (i) 자신의 특허발명을 그 자신이 직접 실시할 수도 있고(실시권능), (ii) 다른 사람에게 실시하도록 실시권을 허락함으로써 그 실시료(royalty)를 받을 수 있고(수익권능), (iii) 자신의 특허발명을 다른 사람에게 자유롭게 양도함으로써 처분할 수도 있다(처분권능).

따라서 특허법은 특허권자로 하여금 자신의 특허권을 자유롭게 실시·수익·처분할 수 있는 법적 근거를 명문으로 규정함으로써, 특허권자가 자신의 특허발명의 재산적 권리를 전면적·총괄적으로 행사할 수 있도록 보장하고 있다.14)

2. 법률행위에 의한 이전

(1) 특허권의 이전 특허권은 이전이라는 의사표시에 의하여 이전할 수 있다. 이전의 형태는 매매·증여·교환·회사에의 현물출자 등 당사자 간의 쌍방권리에 의하는 경우와 재단법인의 설립행위 등과 같이 단독행위에 의하는 경우도 있다. 공유특허권의 이전은 공유자 전원의 동의가 있어야 하며, 공유자 중 1인이 자기의 지분을 이전하고자 할 때에도 다른 공유자의 동의가 필요하다.

(2) 특허권의 신탁에 의한 이전 특허권은 신탁행위에 의해서도 이전된다. 신탁이란 신탁설정자가 법률행위에 의하여 신탁인수자에게 재산권을 이전하는 동시에 재산권을 일정한 목적에 따라 자기 또는 제3자를 위하여 관리·처분하게 하는 법률관계를 말한다. 이 신탁을 설정하는 계약 또는 유언이 신탁행위이다. 신탁법에 의한 특허권의 이전은 특허신탁원부에 등록하여야 제3자에게 대항할 수 있으며(신탁법 제4조), 등록절차로서는 수탁자를 등록권리자로 하고 위탁자를 등록의무자로 하여 등록신청을 하여야 한다.

3. 법률행위 이외의 사유에 의한 이전

(1) 상속 법률행위 이외의 사유에 의한 특허권의 이전은 법률의 규정에 의한 경우가 통상적이긴 하지만, 그 이외의 사유로 이전될 수 있다. 특허권은 상속·기타 일반승계에 의하여 이전된다. 이 경우는 사망 또는 회사의 합병 등에 의하여 이전 권리자가 갖는 권리 의무가 포괄적으로 승계인에게 이전되는 경우이다.

(2) 판결 특허권의 권리귀속에 관하여 분쟁이 발생한 경우 법원의 이행판결

---

14) TRIPs 제28조 제2항에서 "특허권은 양도·상속 또는 라이선스 등에 의하여 이전된다."고 규정함으로써 특허권은 이전할 수 있는 재산권임을 명료하게 규정하고 있다.

의 확정에 의하여 특허권이 이전될 수 있다.[15] 특허권의 이전을 가능하게 할 수 있는 판결은 특허제도의 내용으로 보아 이행판결이 해당된다. 이 경우 특허법 제101조 제1항 제1호의 취지에 따른 등록을 완료함으로써 권리이전의 효력이 발생한다.

(3) 경매 특허권에 대한 질권의 실행 또는 강제집행에 의하여 특허권이 경락(競落)되면 경락대금의 납부에 의하여 특허권이 이전된다.[16]

(4) 수용 정부는 특허발명이 전시·사변 또는 이에 준하는 비상시에 있어서 국방상 필요한 경우에는 특허권을 수용(收用)할 수 있다. 특허권이 수용된 경우에는 그 특허권은 국가에 귀속되며 수용 당시에 존재하던 그 특허발명에 관한 특허권 외의 권리는 모두 소멸된다(제106조 제2항).

4. 특허권의 이전청구

(1) 관련 규정 특허가 제133조 제1항 제2호 본문에 해당하는 경우에 특허를 받을 수 있는 권리를 가진 자는 법원에 해당 특허권의 이전(특허를 받을 수 있는 권리가 공유인 경우에는 그 지분의 이전을 말한다)을 청구할 수 있다(제99조의2 제1항). 제1항의 청구에 기초하여 특허권이 이전등록된 경우에는 (i) 해당 특허권, (ii) 출원공개에 따른 보상금 지급 청구권, (iii) 국제특허출원의 공개에 따른 보상금 지급 청구권(제99조의2 제2항) 중 어느 하나의 권리는 그 특허권이 설정등록된 날부터 이전등록을 받은 자에게 있는 것으로 본다.

(2) 공유인 특허권의 지분 이전 특허법 제99조의2 제1항의 청구에 따라 공유인 특허권의 지분을 이전하는 경우에는 다른 공유자의 동의를 받지 아니하더라도 그 지분을 이전할 수 있다(제99조의2 제3항).

Ⅲ. 특허권의 소멸

1. 의의

특허권의 소멸이란 특허권이 일정사유의 발생에 의하여 그 효력을 상실하게 되

15) 형성판결은 일정한 법률관계를 새로이 형성·변경 또는 소멸시키는 것을 내용으로 하는 판결을 말한다. 즉 그 판결의 확정 자체로서 법률관계 변동의 효과가 생기지만, 이행판결은 그 판결내용에 따른 급부가 행해질 때 권리변동의 효과가 생긴다.

16) 경락은 경매(競賣)에 의하여 매수인이 그 대상인 동산(動産) 또는 부동산의 소유권을 취득하는 것을 말한다. 경매의 성립과 함께 사법상의 경매와 동일한 효력이 발생하고 경락인은 대금과 상환으로 경락물의 인도를 받게 된다(민사집행법 제205조 제2항).

는 것을 말한다. 특허권에 전용실시권 또는 통상실시권이 존재하거나 질권이 설정되어 있는 경우에 해당 특허권이 소멸되면 특허권에 부수하는 이들 권리도 함께 소멸된다. 특허권은 특허권의 존속기간이 만료되면 자동으로 소멸된다. 특허법이 정하고 있는 특허권의 소멸사유에는 존속기간의 만료 이외에도 특허료의 불납, 특허권의 포기, 특허권의 상속인이 없는 경우, 특허의 무효심결이 확정된 경우, 특허권 존속기간의 연장등록의 무효심결이 확정된 경우이다.

2. 특허권의 존속기간 만료

특허권은 존속기간이 만료되면 소멸된다. 특허권의 존속기간은 일반 소유권과 달리 존속기간이 제한되므로 특허권은 권리 존속기간 내에서만 유효하며 특허권의 존속기간은 특허출원일로부터 20년을 초과할 수 없다. 다만, 존속기간의 연장등록출원에 의하여 존속기간이 연장된 경우에는 20년을 초과할 수도 있다.[17)]

3. 특허료의 불납

특허권의 설정등록을 받고자 하는 자 또는 특허권자는 법정기간 내에 특허료를 납부하여야 한다. 특허료를 법정기간 내에 납부하지 아니할 경우에는 특허권의 설정등록을 받고자 하는 자의 특허출원은 포기한 것으로 보며, 특허권자의 특허권은 납부한 특허료에 해당되는 기간이 끝나는 날의 다음 날로 소급하여 소멸된 것으로 본다(제81조 제3항).

4. 특허권의 포기

(1) 의의 특허권은 권리자가 해당 특허권을 포기함으로써 소멸된다. 특허권의 포기는 일반적으로 특허권이 조기에 소멸되는 형태의 하나로 특허권자의 의사에 의하여 특허권을 소멸시키는 의사표시이다. 포기의 경우에는 특허원부에 말소등록이 됨으로써 포기에 의한 특허권 소멸의 효력이 발생한다.

즉, 포기의 의사를 표명하더라도 포기에 따른 특허권 말소등록이 되지 아니하면 특허권은 소멸되지 않는다(제101조 제1항). 특허권의 포기가 있는 경우에는 특허권을 포기한 시점부터 권리가 소멸된다(제120조).

(2) 포기의 제한 특허권은 재산권이므로 특허권자의 의사에 의하여 포기할

17) 약사법·농약법에 의한 등록지연의 경우 최대 25년이고, 심사처리 장기소요 기간은 소요된 기간 모두 연장된다.

수 있으나, 특허권에 대하여 이해관계인이 있을 경우에는 일정한 제한이 있다. 특허권자는 전용실시권자, 질권자, 제100조 제4항에 따른 통상실시권자, 제102조 제1항에 따른 통상실시권자, 발명진흥법 제10조 제1항에 따른 통상실시권자 모두의 동의를 받아야만 특허권을 포기할 수 있다(제119조 제1항).

전용실시권자는 질권자 또는 제100조 제4항에 따른 통상실시권자의 동의를 받아야만 전용실시권을 포기할 수 있다(제119조 제2항). 통상실시권자는 질권자의 동의를 받아야만 통상실시권을 포기할 수 있다(제119조 제3항). 또한 둘 이상의 청구항이 있는 특허출원에 대한 특허결정을 받은 자가 특허료를 납부하는 경우에는 청구항별로 이를 포기할 수 있다(제215조의2 제1항).

5. 무효심결의 확정

특허를 무효로 한다는 심결이 확정된 경우에는 그 특허권은 처음부터 없었던 것으로 보기 때문에 무효심결이 확정되면 특허권의 효력이 소멸된다(제133조 제3항). 또한 연장등록을 무효로 하는 심결이 확정된 경우에는 그 연장등록에 의한 존속기간의 연장은 처음부터 없었던 것으로 본다(제134조 제4항).

6. 상속인이 없는 경우 특허권 소멸

(1) 상속이 개시된 경우　특허권의 상속이 개시된 때 상속인이 없는 경우에는 그 특허권은 소멸된다(제124조 제1항). 특허청장은 제124조의 규정에 의하여 특허권이 소멸된 때에는 그 취지를 특허공보에 공고하여야 한다(시행규칙 제55조).

일반적으로 상속재산은 상속인이 없는 경우 국가에 귀속한다(민법 제1058조).

국가가 특허권을 독점적으로 소유하는 것보다 이를 일반공중에게 개방하여 자유롭게 실시할 수 있도록 하는 것이 산업정책상 유리하기 때문이다. 공유특허권에 있어서는 공유자 중 1인이 사망하고 상속인이 없을 경우에는 그 지분은 다른 공유자에게 귀속된다.

(2) 청산절차가 진행 중인 법인의 특허권　청산절차가 진행 중인 법인의 특허권은 법인의 청산종결등기일(청산종결등기가 되었더라도 청산사무가 사실상 끝나지 아니한 경우에는 청산사무가 사실상 끝난 날과 청산종결등기일부터 6개월이 지난 날 중 빠른 날로 한다)까지 그 특허권의 이전등록을 하지 아니한 경우에는 청산종결등기일의 다음 날에 소멸한다(제124조 제2항).

종전에는 상속인이 없는 경우 특허권 소멸 규정만 있을 뿐 자연인이 아닌 법인의 규정이 미비하였다. 2017년 개정법에서 특허법 제124조 제2항을 신설하여 법인의 해산시 특허권 처리 여부를 명확하게 규정하였다. 따라서 청산절차가 진행 중인 법인의 특허권은 청산종결등기일의 다음 날에 특허권이 소멸된다.

Ⅳ. 특허권의 소진

특허발명을 실시한 제품을 시장에서 판매하는 행위는 '업으로서 특허발명을 실시하는 행위'에 해당한다. 특허권자 등에 의하여 판매된 제품을 적법하게 취득한 자의 위와 같은 행위까지 특허권의 효력이 미친다고 할 수는 없다. 이와 같은 논의를 소위 '특허권의 소진이론(exhaustion theory)'이라고 한다.

우리나라에서는 특허소진과 관련된 대법원 판례는 없는 것으로 보인다. 이에 대하여 일본 최고재판소 平城 9년(1997) 7. 1. 선고 平城7(オ)제1988호 판결[18]은"특허권자 또는 실시권자가 일본 국내에서 특허제품을 양도한 경우에는 당해 특허제품에 관하여는 특허권은 그 목적을 달성한 것으로서 소진하고, 더 이상 특허권의 효력이 당해 특허제품을 사용, 양도 또는 대여하는 행위 등에는 미치지 아니한다."라고 하여 국내 소진을 인정하고 있다. 일본의 경우 특허권자에 의한 권리행사에 대하여, 특허권이 소진되었다는 주장은 항변사유에 해당한다.[19]

제3절 실시권

Ⅰ. 서설

특허권은 존속기간 동안 그 권리를 부여한 국가 내에서 청구범위에 기재된 발명의 범위 내에 효력이 미친다. 또한 특허권은 매매나 상속 등에 의하여 양도될 수 있다. 특허권자는 타인에게 실시료(royalty)를 받고 그 발명의 제조·사용 또는 판매할 수 있는 권리의 전용실시권 또는 통상실시권을 허락할 수 있다.

실시권이란 특허권자가 아닌 자가 업으로서 특허발명을 실시할 수 있는 권리를 말한다. 실시권자가 업으로서 특허발명을 실시할 수 있는 권능을 실시권이라고 하며, 특허권자가 자신의 자발적 의사에 의해 발명의 실시를 하는 권리를 타인에게 행

18) 最高裁判所 第3小法廷 平城9年 7月 1日 平城7(オ) 제1988호.

19) 정상조·박성수, 1057면.

사시키는 경우뿐 아니라 특허권자의 의사에 반하여 특허발명을 업으로서 실시하는 권리가 특허권자 이외의 자에게 인정되는 경우도 있다.

특허권자 또는 전용실시권자(이하 "특허권자 등"이라 한다)가 타인에게 자신의 특허발명을 실시할 수 있는 권능을 부여하는 대가로 소정의 실시료를 얻게 되므로, 특허권자 등과 실시권자 사이의 약정에 의해 실시권이 발생한다. 실시권 설정을 통해 특허권자는 실시료를 받아 경제적 이익을 얻게 되고, 실시권 설정을 받은 자는 허락받은 범위 내에서 특허발명을 실시함으로써 합법적인 지위와 함께 이윤을 창출할 수 있다.

Ⅱ. 실시의 의미

1. 업으로

특허권자는 업(業)으로서 그 특허발명을 실시할 권리를 독점한다(제94조). 따라서 특허권자는 특허발명을 적극적으로 실시할 수 있으므로, 타인은 특허권을 무단으로 침해해서는 안 된다. 여기서 업(業)이란 사업적이라는 의미이다. 즉 업으로의 실시란 반복·계속의 의사를 가지고 사업적으로 경제적 행위를 하는 것을 의미하므로 영리적 행위인지 비영리적 행위인지를 불문한다. 특허권자가 특허발명의 실시에 대해서 독점권을 갖는 것은 업으로서 실시한 경우이다.

2. 특허발명

특허발명이란 특허를 받은 발명을 의미하므로 설정등록 이후의 발명으로서 특허권이 발효되고 있는 발명을 말한다. 따라서 설정등록된 특허발명이라 하더라도 특허권이 중도에 소멸되면 특허권의 효력도 함께 소멸된다.

3. 실시

특허발명의 실시란 특허발명이 산업상 이용되는 것을 말하며, 실시의 형태는 발명의 종류에 따라 상이하다. 특허법 제2조 제3호는 물건의 발명, 방법의 발명 및 물건을 생산하는 방법의 발명으로 구분하여 그 실시의 내용을 규정하고 있다.

특허권의 실시내용은 일반적으로 다음과 같다. (i) 물건의 발명인 경우에는 그 물건을 생산·사용·양도·대여 또는 수입하거나 그 물건의 양도 또는 대여의 청약(offering)하는 행위, (ii) 방법의 발명인 경우 그 방법을 사용하는 행위이다. 특허발명을 이용하고자 하는 사람은 특허권자의 허락을 얻어야 한다.

수출은 속지주의 원칙상 국내에서의 양도·대여 개념에는 포함되지 아니하므로 특허권의 효력은 미치지 않는다고 한다. 수출을 실시에 포함하여 해석하는 문제에 관하여 논란이 있다. 실제로 수출은 국내에서의 생산·양도(판매)·수입을 수반하므로 수출에 이르게 되는 과정에서 실시행위가 개입되는 경우가 대부분이다.[20]

4. 독점

특허발명에 대한 실시의 독점이란 타인을 배제하고 특허권자만이 오로지 그 발명을 실시할 수 있는 권리를 갖는다는 의미이다. 특허권은 그 권리의 본질상 이러한 독점권을 갖는다. 특허권의 침해란 특허권자 외의 사람이 정당한 권한 없이 특허발명을 업으로 실시하는 행위를 말한다. 특허법에서는 특허를 침해한 자에 대하여 민사적 또는 형사적인 제재를 가할 수 있는 규정을 두고 있다.

5. 실시행위 독립의 원칙

특허침해란 제3자가 정당한 권원 없이 업으로서 타인의 특허권에 속한 물건 또는 방법의 발명을 실시하는 것을 말한다. 특허권의 보호대상인 창작물(이하 "특허품"이라 한다)은 무체재산권으로 권리를 점유할 수 없는 권리이기 때문에 쉽게 침해할 수 있고, 다수인이 하나의 특허품을 침해할 수 있다. 특허발명의 실시는 각 실시태양별로 별개의 특허권 침해가 성립한다. 이를 '실시행위 독립의 원칙'이라 한다.

예를 들면, 물건의 생산자, 판매자, 사용자가 모두 다른 경우에는 생산, 판매, 사용행위가 모두 특허권 침해행위로 간주된다. 실시행위 독립의 원칙에 따라 특허권침해금지소송에서 이들 모두가 당사자(피고)가 될 수 있다.

Ⅲ. 실시권의 발생 원인에 따른 구분

1. 실시권의 효력 기준

특허발명을 실시할 수 있는 권리의 효력범위, 즉 독점배타적인지의 여부를 기준으로 하면, 특허발명을 독점배타적으로 실시할 수 있는 전용실시권(exclusive license)과 특허발명을 단순히 실시할 수 있는 통상실시권(non-exclusive license)으로 구분할 수 있다. 전용실시권은 물권적 효력[21]이 있고, 통상실시권은 채권적 효력[22]이 있다.

---

20) 서울고등법원 2005. 1. 12. 선고 2003나38858 판결: 침해자의 국내 제조로 발생한 수출물량은 제조와 수출 간에 상당한 인과관계가 인정되므로 특허권 침해로 인한 손해배상을 하여야 한다.

2. 실시권의 발생 원인에 따른 구분

실시권을 발생 원인에 따라 구분하면, 특허권자와 실시권자 사이의 계약에 의하여 발생하는 허락실시권, 특허권의 공익성에 기초하여 국가기관이 강제로 허락하는 강제실시권 및 특허법에 규정된 법정요건에 해당하는 경우에 법률에 의하여 발생하는 법정실시권으로 구분한다. 강제실시권과 법정실시권은 통상실시권만 있다. 한편, 허락실시권에는 효력범위에 따라 전용실시권과 통상실시권이 존재한다.

Ⅳ. 계약에 따른 실시권의 종류

1. 전용실시권

전용실시권은 특허권자와 실시권자 간의 전용실시권 설정계약을 체결하고 이를 특허청에 등록함으로써 발생되는 실시권으로서 타인의 특허권을 설정하는 범위로서 기간, 지역 및 내용의 범위 안에서 독점적으로 실시할 수 있는 권리이다.

2. 통상실시권

(1) 허락실시권　　허락실시권은 당사자 간의 계약에 의하여 발생한다. 계약이란 청약과 승낙이라는 특허권자 또는 전용실시권자와 실시권자 간의 의사표시의 합의에 의해 성립하는 법률행위이다. 따라서 허락에 의한 통상실시권은 특허권자(또는 전용실시권자)와 특허발명을 실시하고자 하는 자의 계약에 의하여 발생하는 통상실시권이다(제102조 제1항). 특허에 의해 부여되는 권리로서 특허권자는 실시허락계약을 체결할 권리가 있다. 실시계약은 주로 기술제휴나 기술도입에 의하여 이루어진다.

(2) 강제실시권　　강제실시권은 국가가 개입하여 특허권자와 실시자 간의 협의를 전제로 설정하는 권리이다. 특허발명의 실시를 희망하는 자에게 공익(公益)을 이유로 강제로 통상실시권을 설정해주는 경우로 (ⅰ) 국방상 필요한 때에 특허권의 수용(제106조), (ⅱ) 국가비상사태 또는 공공의 이익을 위하여 필요한 경우 정부 등에 의한 특허발명의 실시(제106조의2), (ⅲ) 재정(裁定)에 의한 실시(제107조), (ⅳ) 통상실시권 허락의 심판에 의한 실시(제138조)가 있다.

(3) 법정실시권　　법정실시권은 법률의 규정에 의하여 당연히 발생하는 통상실

---

21) 물권적 효력이란 일정한 법률요건이나 법률사실에서 발생하는 권리의 발생·변경·소멸의 효력이 누구에 대해서든지(즉 對世的으로) 주장할 수 있는 것을 말한다.

22) 채권적 효력이란 당사자 사이에서만(즉 對人的으로) 주장할 수 있는 것을 말한다.

시권으로 다음과 같다. (ⅰ) 직무발명에 관하여 사용자가 갖는 통상실시권(발명진흥법 제10조), (ⅱ) 선사용에 의한 통상실시권(제103조), (ⅲ) 무효심판청구 등록 전의 실시에 의한 통상실시권(제104조), (ⅳ) 디자인권의 존속기간 만료 후의 통상실시권(제105조), (ⅴ) 질권행사로 인한 특허권의 이전에 따른 통상실시권(제122조), (ⅵ) 재심에 의하여 회복한 특허권에 대한 선사용자의 통상실시권(제182조), (ⅶ) 재심에 의하여 통상실시권을 상실한 원권리자의 통상실시권(제183조), (ⅷ) 특허료의 추가납부 또는 보전 기간 중 선의로 실시한 통상실시권(제81조의3 제5항) 등이다.

법정실시권은 특허권자 등이 실시권자의 실시에 대해 인정할 의무가 있다는 점에서 허락에 의한 통상실시권과 같지만 실시권의 이전에 따른 제한이나 제3자에 대한 대항력에서는 허락에 의한 통상실시권과 차이가 있다.

Ⅴ. 전용실시권

1. 서설

전용실시권은 특허권자와 실시권자 간에 전용실시권의 설정계약을 체결하고, 특허청에 등록함으로써 효력이 발생하는 실시권이다. 특허권자는 그 특허권에 대하여 타인에게 전용실시권을 설정할 수 있다(제100조 제1항). 전용실시권을 설정받은 전용실시권자는 설정행위로 정한 범위에서 특허발명을 업으로서 실시할 권리를 독점한다. 전용실시권은 특허발명을 업으로서 독점배타적으로 실시할 수 있는 물권적 권리이다. 전용실시권자는 타인의 특허권을 일정범위 내에서 업으로서 독점적으로 실시할 수 있는 권리를 갖게 되며 설정행위로 정한 범위 내에서 특허권자와 동등한 권리를 갖는다. 전용실시권자는 (ⅰ) 전용실시권을 실시사업(實施事業)과 함께 이전하는 경우, (ⅱ) 상속이나 그 밖의 일반승계의 경우를 제외하고는 특허권자의 동의를 받아야만 전용실시권을 이전할 수 있다(제100조 제3항). 전용실시권자는 특허권자의 동의를 받아야만 그 전용실시권을 목적으로 하는 질권을 설정하거나 통상실시권을 허락할 수 있다.

2. 내용

전용실시권 설정계약시 특허권의 실시에 대한 기간, 지역 및 내용은 합의하여 정한다. 전용실시권은 특정인에 대해서만 효력이 미치는 상대권이 아닌 특허권자를 포함하여 누구에게나 권리를 주장할 수 있는 절대권으로서의 대세적 효력을 갖는다.

전용실시권자는 특허권 침해에 대해서 특허권자와 동일한 보호를 받을 수 있다.

즉, 특허권자 또는 전용실시권자는 자신의 특허권 또는 전용실시권을 침해하는 자 또는 침해할 우려가 있는 자에 대해 그 침해의 중지 또는 예방을 청구할 수 있다(제126조 제1항). 전용실시권자는 타인에게 통상실시권을 허락할 수 있으나 특허권자의 동의의 조건을 전제로 한다(제100조 제4항).

3. 특허권 및 전용실시권의 등록의 효력

전용실시권이 특허권과 다른 점은 그 발생 원인이 특허권자와의 설정행위(설정계약)를 전제로 하고 있는 점이다. 또한 그 권리를 독점·배타적으로 실시할 수 있는 점에서 통상실시권과 상이하다. (ⅰ) 특허권의 이전(상속이나 그 밖의 일반승계에 의한 경우는 제외한다), 포기에 의한 소멸 또는 처분의 제한, (ⅱ) 전용실시권의 설정·이전(상속이나 그 밖의 일반승계에 의한 경우는 제외한다)·변경·소멸(혼동에 의한 경우는 제외한다) 또는 처분의 제한, (iii) 특허권 또는 전용실시권을 목적으로 하는 질권의 설정·이전(상속이나 그 밖의 일반승계에 의한 경우는 제외한다)·변경·소멸(혼동에 의한 경우는 제외한다)

또는 처분의 제한 중 어느 하나에 해당하는 사항은 등록하여야만 효력이 발생한다(제101조 제1항). 특허권·전용실시권 및 질권의 상속이나 그 밖의 일반승계의 경우에는 지체 없이 그 취지를 특허청장에게 신고하여야 한다(제101조 제2항).

Ⅵ. 허락에 의한 통상실시권

1. 서설

특허권자는 그 특허권에 대하여 타인에게 통상실시권을 허락할 수 있다(제102조 제1항). 허락에 의한 통상실시권은 일정기간 동안 특허발명을 적법하게 실시할 수 있는 권리이므로 채권적 권리이다. 통상실시권은 독점권 및 배타권의 보장 없이 단순히 특허발명을 업으로서 실시할 수 있는 채권적 권리로서, 제3자에 대하여 통상실시권의 효력을 주장하는 등의 대세적 효력은 인정되지 않는 상대적 권리이다. 따라서 동일한 범위의 통상실시권이라도 공존이 가능하며, 특허권자는 통상실시권의 허락 후에도 자신이 특허발명을 실시할 수도 있다.

2. 내용

통상실시권이란 설정행위를 정한 범위에서 타인의 특허발명을 업으로 실시할 수 있는 권리를 말한다(제102조 제2항). 허락에 의한 통상실시권이란 특허권자 또는 전용실시권자와 특허발명을 실시하고자 하는 자의 계약에 의하여 발생하는 통상실시권을 말한다. 허락에 의한 통상실시권은 일반적으로 기업 간의 기술도입, 기술제휴 또는 기술이전 등으로 인하여 허락실시권의 설정을 내용으로 하는 실시계약(licensing)을 통하여 발생한다.

3. 권리의 이전

특허법 제107조에 따른 통상실시권은 실시사업과 같이 이전하는 경우에 한하여 이전할 수 있다(제102조 제3항). 제138조, 실용신안법 제32조 또는 디자인보호법 제123조에 따른 통상실시권은 그 통상실시권자의 해당 특허권·실용신안권 또는 디자인권과 함께 이전되고, 해당 특허권·실용신안권 또는 디자인권이 소멸되면 함께 소멸된다(제102조 제4항).

특허법 제102조 제3항 및 제4항에 따른 통상실시권 외의 통상실시권은 실시사업과 함께 이전하는 경우 또는 상속이나 그 밖의 일반승계의 경우를 제외하고는 특허권자(전용실시권에 관한 통상실시권의 경우에는 특허권자 및 전용실시권자)의 동의를 받아야만 이전할 수 있다.

Ⅶ. 강제실시권

1. 서설

강제실시권은 공익(公益)을 이유로 하여 국가기관이 개입하여 타인의 특허발명의 실시를 원하는 자에게 강제로 통상실시권을 설정해 주는 권리이다. 강제실시권은 당사자 간의 협의에 의한 실시권 허락이 불가능하고 법정요건을 만족시키는 경우에 특허권자의 의사에 갈음하여 국가기관인 행정청의 처분에 의해 신청인이 특허발명을 사용할 수 있도록 강제적으로 통상실시권을 허여하는 행정처분이다.

강제실시권은 국가산업의 발전과 공익증신에 그 목적이 있으므로, 이에 부합하는 경우 지식재산권을 일정부분 제한하기 때문에 강제실시권을 허락받은 자는 권리자에게 적절한 보상을 하여야 한다.

2. 취지

강제실시권은 특허발명 또는 등록고안의 실시가 국익에 도움이 된다거나 실시를 활성화시킬 필요가 있을 경우 특허권자의 의사와 상관없이 심판 또는 재정 등에 의하여 다른 사람에게 강제적으로 설정해 주는 실시권이다.

일반적으로 강제실시권은 특허권 등이 부당하게 사용되는 경우 또는 특허발명이 공공의 이익을 위하여 필요한 경우 특허발명이 강제실시권 이외의 방법을 통해서는 이용할 수 있는 합리적 대체수단이 없는 경우에만 제한적으로 인정된다.

3. 강제실시권의 종류

특허법상의 강제실시권은 목적 및 처분근거에 따라 국방상 필요한 경우에는 특허권을 수용하고, 국가 비상사태 또는 공공의 이익을 위하여 필요한 경우 정부 등에 의한 특허발명의 실시권, 재정(裁定)에 의한 실시권, 통상실시권 허락의 심판에 의한 실시권이 있다.

(1) 특허권의 수용 또는 국가비상시의 통상실시권 정부는 특허발명이 전시, 사변 또는 이에 준하는 비상시에 있어서 국방상 필요한 경우에는 특허권을 수용할 수 있다(제106조 제1항). 특허권이 수용되는 경우에는 그 특허발명에 관한 특허권 외의 권리는 소멸된다. 정부가 특허권을 수용하는 경우에는 특허권자, 전용실시권자 또는 통상실시권자에 대하여 정당한 보상금을 지급하여야 한다.

또한 정부는 특허발명이 국가 비상사태, 극도의 긴급상황 또는 공공의 이익을 위하여 비상업적으로 실시할 필요가 있다고 인정하는 경우에는 그 특허발명을 실시하거나 정부 외의 자에게 실시하게 할 수 있다(제106조의2 제1항).

(2) 재정에 의한 통상실시권

1) 의의 재정에 의한 통상실시권은 특허발명의 실시가 부적절하거나 공공의 이익을 위하여 필요한 경우 또는 불공정 거래행위의 시정을 위한 경우 등 법정요건에 해당될 경우에 그 특허발명을 실시하고자 하는 자의 청구에 의하여 특허청장이 통상실시권을 허여하는 강제실시권제도이다.

재정을 청구하기 위해서는 해당 특허권자 또는 전용실시권자와 합리적인 조건하에서 통상실시권의 허락에 관한 협의를 하였으나 합의가 이루어지지 아니하는 경우 또는 협의를 할 수 없는 경우에 한하여 보충적으로 청구하여야 한다. 다만, 공공의 이익을 위해 특히 필요한 경우, 불공정 거래행위의 시정을 위한 경우 그리고 반도체 기술을 실시하고자 하는 경우에는 협의를 요하지 아니한다.

2) 재정신청의 요건 강제실시를 위한 통상실시권의 재정신청 요건은 (i) 특허발명이 천재지변이나 그 밖의 불가항력 또는 정당한 이유 없이 계속하여 3년 이상 국내에서 불실시한 경우, (ii) 특허발명이 정당한 이유 없이 계속하여 3년 이상 국내에서 상당한 영업규모로 실시되지 아니하거나 적당한 정도와 조건으로 국내수요를 충족시키지 못한 경우, (iii) 특허발명의 실시가 공공이익을 위하여 특히 필요한

경우, (iv) 사법적 절차 또는 행정적 절차에 의해 불공정거래행위로 판정된 사항을 바로잡기 위하여 특허발명을 실시할 필요가 있는 경우, (v) 자국민 다수의 보건을 위협하는 질병을 치료하기 위하여 의약품을 수입하고자 하는 국가에 그 의약품을 수출할 수 있도록 특허발명을 실시할 필요가 있는 경우이다(제107조 제1항). 또한 (vi) 공공 이익을 위한 비상업적 실시 또는 불공정거래행위를 바로잡기 위하여 반도체 기술을 실시하고자 하는 경우 특허발명의 재정을 청구할 수 있다(제107조 제6항).

(3) 강제실시권 청구 사례 우리나라에서 의약품과 관련하여 강제실시권을 이용하여 통상실시권의 재정을 청구한 경우가 5건이 있다. 이 중에서 1건은 취하되었고, 3건은 기각되었으며, 1건만 인용되었다. 특허청은 2003년 글리벡 사건 및 2008년 푸제온 사건에서 환자의 의약품 접근권이라는 공공의 이익은 반영하지 않고, 동 사안이 긴급성이 없다는 것을 강제실시권을 허락하지 않은 중요한 이유로 하여 사건을 기각하였다. 이러한 판단은 강제실시권의 남용은 국가산업의 자생력을 잃게 만드는 요인이 될 수 있고, 특허권을 적극적으로 보호해서 국가산업의 경쟁력을 유지하려는 정책에 기인한 것으로 보인다.

1) 1978년 제철화학 사례 비스-티오 벤젠의 제조방법의 특허권자인 닛뽕소다(주)가 3년 이상 특허발명을 국내에서 실시하지 않음을 이유로 특허법 제107조의 규정에 따라 제철화학이 통상실시권의 재정을 청구하여 실시료 3%를 주는 조건으로 실시가 허가된 사례이다. 본 사례는 공공의 이익을 위한 것이 아니고, 특허권자의 3년 이상 불실시가 정당한 이유 없는 특허권의 남용으로 인정되어 통상실시권이 허여되었다.

2) 1993년 Mifepristone(낙태약) 사례 쟁점이 된 발명은 프랑스 제약회사가 소유한 낙태약(mifepristone)의 제조방법으로 낙태를 위한 약품에 관한 것이었다. 이 사례는 대상발명이 3년 이상 국내에서 실시되지 않았음을 이유로 특허법 제107조의 규정에 따라 통상실시권 설정의 재정이 청구된 것이다. 낙태 목적의 의약품은 판매불허가 대상품목이므로, 불실시의 정당한 사유가 인정되어 재정이 인정되지 않았다.

3) 2003년 글리백(백혈병 치료제) 사례 스위스 노바티스사가 만성골수성 백혈병 치료제인 글리백의 특허권자이다. 청구인은 비싼 약가로 인하여 환자의 의약품에 대한 접근권이 제한되므로 강제실시를 통하여 저렴한 복제약을 공급하는 것이 공공의 이익을 위한 것이며, 공공의 이익 판단시 고려할 사항은 특허권자의 사익과 강제실시에 따른 공익이지 강제실시에 따라 달성되는 공익과 침해되는 공익(특허제도의 기본 취지)이 아니라고 주장하였다.

피청구인은 강제실시 여부를 판단할 때는 실시의 긴급성, 환자의 수, 전염성, 약에 대한 접근성, 대체 수단의 존부, 질병의 치명성 등을 고려하여야 하며, 이 경우 환자 수가 6백 명에 불과하고, 전염성이 없고, 약이 무난히 공급되어 왔고, 글리벡이 세계보건기구(WHO)에 등록된 필수의약품이 아니므로 강제실시가 허락되지 않아야 한다고 주장하였다.

특허청은 본 사안은 급박한 국가적 위험이 아니며, 강제실시를 허락하는 것이 특허제도의 기본 취지를 훼손하는 것이고, 약에 보험이 적용되므로 환자의 부담액은 약가의 10%에 불과하다는 점, 약의 공급이 제대로 이루어져 왔고, 자기치료 목적의 수입이 가능하다는 점을 전체적으로 고려하여 강제실시를 허락하지 않았다.

한편, 인도 대법원은 스위스 노바티스사의 백혈병 치료제 글리벡의 새로운 버전인 'Imatinib Mesylate 배타결정형'에 대해서 특허성을 인정하지 않는 판결을 내린 바 있다.[23]

4) 2008년 푸제온(에이즈 치료제) 사례 청구인(시민단체)은 특허권자(스위스, 에프 호프만-라 로슈)와 정부의 약가 협상 결렬로 인하여 인간 면역결핍 바이러스(HIV) 치료제(에이즈 치료 약품)가 4년 이상 국내에 공급되지 않았으므로 환자의 의약품 접근권이 심각하게 제한됨을 이유로 통상실시권 재정을 청구하였다.

특허청은 청구인이 제약회사가 아니라 시민단체이므로 통상실시권 설정 이후 실시 여부가 불확실하다는 점, 재정청구 이후 해당 약품이 무상 공급되었으므로 긴급성이 없다는 점, 강제실시를 할 정도로 공공의 이익을 위해서 특히 필요한 경우에 해당한다고 보기에 어려운 점, 강제실시의 실익이 없다는 점 등을 이유로 강제실시를 허락하지 않았다.

4. 공중보건조치에 관한 TRIPs 선언

특허의 경우 속지주의 원칙에 따라 침해를 주장하는 국가의 특허법을 적용받게 된다. 개발도상국에서 다국적 제약회사의 의약품 특허가 국가나 경쟁회사 등으로부

---

23) Novartis A. G. v. Union of India & others(Civil Appeal Nos. 2706-2716 of 2013), Supreme Court of India: 2013년 4월 1일 인도 대법원은 성분만 살짝 바꿔 글리벡 특허를 오랫동안 유지하려는 노바티스사가 제기한 특허소송에 대하여 기각하는 판결을 내렸다. 스위스 노바티스사는 백혈병 치료제인 글리벡을 2001년 미국 식품의약국(FDA)으로부터 신약승인을 받은 후 글리벡의 새로운 버전인 'Imatinib Mesylate 배타결정형'에 대해서도 미국을 비롯한 40개국 이상에서 특허로 보호받고 있다. 그러나 인도 대법원은 Imatinib Mesylate는 노바티스사가 1993년 4월 2일 미국에서 획득한 특허(Zimmerman 특허)에서 얻어진 '알려진 물질'로 보고, 인도 특허법 제3조 제3항에 따라 신규성 및 진보성을 인정하지 않았다.

터 침해되는 경우 또는 강제실시권이 발동되는 경우 국내 수요를 충족시키지 못한 경우가 발생한다. 이러한 문제를 해결하기 위해서 TRIPs 공중보건선언(Declaration on the TRIPs Agreement and Public Health)에 의하면, 남아프리카의 에이즈 창궐 등 개발도상국의 공중위생 문제의 심각성을 인식한 WTO 회원국은 WTO 지식재산권 협정(TRIPs)이 회원국의 공중보건의 조치를 저해해서는 안 된다는 취지의 선언을 채택하였다. 즉, 국가적 긴급사태 등 위급한 상황 하에서 특허권자의 허가 없이 국가가 특허의약품을 사용할 수 있는 강제실시권을 인정하도록 하였다.

한국과 미국은 한미 FTA 지식재산권 조항이 상치되는 상황이 발생하는 경우 양국이 신속하게 문제를 협의하기로 하고 한미 FTA 협정문에 이를 명시하였다.

Ⅷ. 심판에 의한 통상실시권

1. 서설

통상실시권 허락의 심판에 의한 통상실시권은 특허발명이 선출원된 타인의 특허발명, 등록실용신안, 등록디자인과 이용관계에 있거나 타인의 선등록된 디자인권 또는 상표권과 저촉관계에 있을 경우, 후출원자가 선권리에 대하여 통상실시권의 허락심판을 청구하여 그 특허발명의 실시 조정을 위한 심결을 통하여 부여되는 통상실시권이다(제138조). 통상실시권 허락의 심판에 의하여 부여되는 강제실시권은 그 통상실시권자의 해당 특허권 등과 함께 이전되고, 해당 특허권이 소멸되면 함께 소멸된다(제102조 제4항).

통상실시권 허락의 심판은 심판의 합의체에 의하여 통상실시권이 허락된다는 점에서, 특허청장의 결정에 의하여 통상실시권이 설정되는 재정에 의한 강제실시권(제107조)과 구별된다.

통상실시권 허락의 심판은 선·후 발명 간에 이용관계가 있을 경우에 이를 심판에 의하여 해결함으로써 당사자 간의 권리관계를 조정하고, 나아가 선원발명을 기초로 한 이용발명 또는 개량발명의 탄생을 촉진하고자 마련된 제도이다. 또한 이 실시권은 물질특허의 도입과 더불어 채택된 제도로서 물질특허권, 제법특허권, 용도특허권 등의 권리 간의 조정장치로서 그 이용이 필요한 심판제도이다.

2. 심판청구의 성립요건

심판청구의 성립요건은 (ⅰ) 이용·저촉관계[24]가 있을 것, (ⅱ) 상당한 경제적 가치가 있는 중요한 기술적 진보가 있을 것, (iii) 당사자 간의 협의가 성립되지 않거나 협의를 할 수 없을 것, (iv) 선원발명과 이용발명이 권리존속 중에 있을 것, (v) 자기의 특허발명의 실시에 필요한 범위 내에서 청구할 것 등이다.

통상실시권 허락의 심판 심결시 심결문 주문란에 통상실시권의 범위, 기간 및 대가를 구체적으로 명시하여야 하며, 다른 사항은 특허법 제162조의 규정에 따른다. 통상실시권을 허락받은 자가 심결의 주문에서 정하고 있는 대가를 정해진 기간 내에 지급하면 통상실시권이 발생한다. 다만, 자기가 책임질 수 없는 사유로 지급할 수 없는 경우에는 공탁하여야 한다.

3. 상호실시허락(cross-licence)

특허심판에 의하여 선출원 발명에 대해 통상실시권이 허여된 경우, 선특허권자가 후출원 이용발명을 실시하고자 할 때 통상실시권 허락의 심판을 청구할 수 있다(제138조 제3항). 이를 소위 '상호실시허락(cross-licence)'이라 한다.

통상실시권 허락의 심판에 의하여 통상실시권을 허락한 선원 특허권자, 실용신안권자, 디자인권자 또는 그 전용실시권자가 후특허발명을 실시하고자 하는 경우에 반대로 통상실시권을 허락받은 후특허권자에 대하여 통상실시권 허락의 심판을 청구할 수 있다. 선특허권자 등과 후특허권자의 이익을 조정하여 형평을 유지하기 위한 것이 특허법 제138조 제3항의 취지이다. 선특허권자가 크로스라이선스를 획득하기 위한 성립요건은 (i) 심판에서 후특허권자에 대하여 선특허발명을 실시할 수 있는 통상실시권이 허락되어야 하고, (ii) 후특허권자와 상호실시허락에 관한 협의를 할 수 없거나 협의가 성립되지 않아야 한다.

Ⅸ. 법정통상실시권

1. 서설

법정실시권은 제3자의 지위에 관한 공평의 원칙과 국가의 산업정책적 측면을 고려하여 공익상 필요에 의하여 특허권자 등의 의사와 관계 없이 법률상 당연히 발생하

24) 이용이란 후원 발명(A+B+C+D)을 실시할 경우 선원 발명(A+B+C)의 전부를 실시하게 되나, 선원 발명 등을 실시하더라도 후원 발명의 전부가 실시되지 아니하는 기술적 관계를 말한다. 저촉이란 어느 한쪽의 권리를 실시할 경우 타방 권리를 그대로 실시하는 것과 같게 되는 소위 권리 간의 충돌관계를 말한다.

는 통상실시권이다. 법정실시권은 일정한 법적 요건에 해당할 경우 별도의 설정행위 없이 특허권을 실시하고 있다는 사실상의 지배 상태를 권리로서 인정하는 실시권이다.

법정실시권은 민법 제210조의 준점유의 법리를 적용할 수 있으므로 통상실시권은 특허권자와 실시권자 사이에서만 효력을 갖는 채권적 권리로 이해되고 있지만, 법정실시권은 준점유권이란 물권으로서의 성질도 가지고 있다고 할 수 있다.

이에 따라 특허권에 대한 사실상의 지배가 있는 한 권리가 존재하지만 사실상의 지배가 완전히 소멸하면 권리를 존속시키는 요건이 없으므로 권리도 소멸하게 된다.

2. 선사용에 의한 통상실시권

(1) 취지 특허출원시에 그 특허출원된 발명의 내용을 알지 못하고 그 발명을 하거나 그 발명을 한 사람으로부터 알게 되어 국내에서 그 발명의 실시사업을 하거나 이를 준비하고 있는 자는 그 실시하거나 준비하고 있는 발명 및 사업목적의 범위에서 특허출원된 발명의 특허권에 대하여 통상실시권을 가진다(제103조).

발명 및 사업의 목적의 범위란 실시하고 있는 발명이 출원발명의 일부에 지나지 않는 경우로서 그 일부에 대해서만 통상실시권을 갖는다. 선사용에 의한 통상실시권의 취지는 선출원제도의 단점을 보완하기 위하여 마련된 규정이다.

(2) 성립요건 선사용에 의한 통상실시권의 성립요건은 (ⅰ) 특허출원시 그 특허출원된 발명의 내용을 알지 못하고, (ⅱ) 그 발명을 하거나 그 발명을 한 사람으로부터 알게 될 것, (ⅲ) 특허출원시 이미 국내에서 그 발명의 실시사업을 하거나 그 사업의 준비를 하고 있을 것이다. 위 3가지 요건을 충족하는 경우에 실시사업을 하거나 그 사업의 준비를 하고 있는 자는 그 실시 또는 준비를 하고 있는 범위에서 통상실시권을 가진다. 따라서 실시 또는 실시 준비행위가 출원에 관한 발명의 일부와 저촉됨에 불과한 때에는 그 일부에 관해서만 통상실시권이 발생하는 것으로 본다. 선사용권은 모든 사람에게 성립되는 것이 아니고 성립요건에 해당하는 자에게만 부여되므로 선사용권의 주장은 대세적인 효력을 갖는 권리범위확인에서는 다툴 수 없고, 침해소송에서 피고가 항변으로 주장할 수 있다.

3. 특허료의 추가납부 등에 의하여 회복된 특허권에 대한 통상실시권

효력제한기간 중 국내에서 선의[25]로 특허권의 설정등록을 받고자 하는 자 또는

---

25) 선의란 법률적 의미에서 일정한 사실을 알지 못한 것을 의미한다. 반면에 악의란 일정한 사실을 알고 있는 것을 말한다. 여기서 일정한 사실이란 자신의 법률행위의 원인이 되는 내면적 사실관계를 말한다.

특허권자가 특허료 등 추가납부기간이 경과한 날로부터 납부하거나 보전한 날까지의 기간에 특허출원된 발명 또는 특허발명을 업으로 실시하거나 이를 준비하고 있는 자는 그 실시하거나 준비하고 있는 발명 및 사업목적의 범위에서 그 특허출원된 발명 또는 특허발명에 대한 특허권에 대하여 통상실시권을 가진다(제81조의3 제5항).

4. 무효심판청구 등록 전의 실시에 의한 통상실시권

(1) 관련 규정　다음 각 호의 어느 하나에 해당하는 자가 특허 또는 실용신안등록에 대한 무효심판청구의 등록 전에 자기의 특허발명 또는 등록실용신안이 무효사유에 해당하는 것을 알지 못하고 국내에서 그 발명 또는 고안의 실시사업을 하거나 이를 준비하고 있는 경우에는 그 실시하거나 준비하고 있는 발명 또는 고안 및 사업목적의 범위에서 그 특허권에 대하여 통상실시권을 가지거나 특허나 실용신안등록이 무효로 된 당시에 존재하는 특허권의 전용실시권에 대하여 통상실시권을 가진다. (i) 동일한 발명에 대한 둘 이상의 특허 중 그 하나의 특허를 무효로 한 경우 그 무효로 된 특허의 원특허권자, (ii) 특허발명과 등록실용신안이 동일하여 그 실용신안등록을 무효로 한 경우 그 무효로 된 실용신안등록의 원(原)실용신안권자, (iii) 특허를 무효로 하고 동일한 발명에 관하여 정당한 권리자에게 특허를 한 경우 그 무효로 된 특허의 원특허권자, (iv) 실용신안등록을 무효로 하고 그 고안과 동일한 발명에 관하여 정당한 권리자에게 특허를 한 경우 그 무효로 된 실용신안의 원실용신안권자, (v) 제1호부터 제4호까지의 경우에 있어서 그 무효로 된 특허권 또는 실용신안권에 대하여 무효심판청구 등록 당시에 이미 전용실시권이나 통상실시권 또는 그 전용실시권에 대한 통상실시권을 취득하고 등록을 받은 자.

다만, 특허법 제118조 제2항에 따른 통상실시권을 취득한 자는 등록을 필요로 하지 아니한다(제104조 제1항). 통상실시권을 가진 자는 특허권자 또는 전용실시권자에게 상당한 대가를 지급하여야 한다(제104조 제2항).

(2) 중용권　특허가 잘못 부여된 경우는 어느 의미에서 국가의 잘못이기도 하며, 권리자로서도 예측하기 어렵기 때문에 자기의 권리를 신뢰하여 사업을 벌여놓거나 사업준비를 갖춘 선의의 중간사용자를 보호하기 위한 제도로서 이를 강학상 '중용권(中用權)'이라고 한다.

중용권은 등록된 특허권의 무효사유를 알지 못하고 실시하고 있는 자에게 나중에 권리가 무효로 되었다고 하여 이를 금지시키는 것은 국가의 등록처분을 신뢰하였던 선의의 실시자에게 가혹하고, 이미 투자된 산업설비를 사용하지 못함으로 인해

경제적 손실을 초래할 수 있기 때문에 이를 방지하기 위한 제도이다. 중용권 성립요건은 (ⅰ) 등록된 특허권에 관해 무효심결이 있을 것, (ii) 그 등록된 특허권이 무효사유에 해당되는 것을 알지 못할 것, (iii) 무효심판청구 등록 이전에 특허권을 실시하거나 준비를 할 것이다. 위 요건을 충족하는 경우에 실시하거나 실시준비를 한 자는 실시 또는 실시의 준비를 하고 있는 범위에서 통상실시권을 가진다.

특허권 상호 간 또는 특허권과 실용신안등록 간은 선출원주의가 적용되므로 원칙적으로 저촉관계가 성립하지 않는다. 다만, 특허권 상호 간 또는 특허권과 실용신안등록 간에 저촉이 발생하여 후원권리가 무효로 되는 때에는 일정요건을 갖춘 경우 중용권이 발생할 수 있다.

5. 디자인권의 존속기간 만료 후의 통상실시권

특허출원일 전 또는 특허출원일과 같은 날에 출원되어 등록된 디자인권이 그 특허권과 저촉되는 경우 그 디자인권의 존속기간이 만료될 때에는 그 디자인권자는 그 디자인권의 범위에서 그 특허권에 대하여 통상실시권을 가지거나 그 디자인권의 존속기간 만료 당시 존재하는 그 특허권의 전용실시권에 대하여 통상실시권을 가진다(제105조 제1항). 디자인권이 그 등록 후에 출원되어 등록된 특허권, 실용신안권과 저촉하여도 그 디자인을 실시할 수 있지만, 디자인권의 존속기간이 만료된 후에도 특허권 또는 실용신안권이 존속하고 있을 때 종래의 디자인의 실시는 원칙적으로 특허권 또는 실용신안권을 침해하게 된다. 그러나 디자인권자가 선출원하여 등록한 디자인권을 보호하고 그 디자인권자가 갖추어 놓은 산업설비를 보호하기 위해 디자인권이 만료되어도 계속 실시할 수 있는 법정실시권을 인정하고 있다.

따라서 디자인권자, 전용실시권자 및 통상실시권자가 성립요건을 만족한 경우에 그 디자인의 범위에서 특허권, 실용신안권 또는 그에 관해 설정되어 있는 전용실시권에 대하여 통상실시권을 가진다.

6. 질권행사로 인한 특허권의 이전에 따른 통상실시권

(1) 질권 및 물상대위　재산권을 목적으로 하는 질권을 권리질권이라 하며, 권리질권의 목적이 될 수 있는 대표적인 것은 채권, 주식 및 산업재산권이다. 산업재산권상의 질권은 동산질권이 아닌 재산권으로서 권리질권에 해당하므로(민법 제345조), 그 담보 목적물에 유치적 효력은 인정되지 않고 우선변제적 효력만 인정된다는 점에서 저당권에 가까운 담보물권이라 할 수 있다.

특허권·전용실시권 또는 통상실시권을 목적으로 하는 질권을 설정하였을 때에는 질권자는 계약으로 특별히 정한 경우를 제외하고는 해당 특허발명을 실시할 수 없다(제121조). 질권은 이 법에 의한 보상금 또는 특허발명의 실시에 대하여 받을 대가나 물건에 대하여도 행사할 수 있다. 다만, 그 보성금 등의지급 또는 인도 전에 압류하여야 한다(제123조). 이는 권리자에게 실시를 그대로 계속 유지시키는 것이 그 사업설비나 노하우를 유효하게 활용하는 것도 가능하고, 수익을 올리는 것도 용이하여 오히려 채권의 회수를 하는 것도 편리하다고 생각되기 때문이다.

질권에는 물상대위가 인정되고 있고, 질권자는 특허권의 대가 또는 발명의 실시에 대한 특허권자가 받을 금전 기타의 것에 대해서도 권리를 행사할 수 있다. 지불 또는 인도하기 전에 압류를 하고 실시료(로열티)의 인도를 청구할 수 있다.

특허법 제121조에 따른 질권은 채권자가 채권의 담보로서 채무자의 물건(동산, 권리(예: 특허권))을 채무자가 변제할 때까지 수중에 두고 변제하지 않을 때에는 그 물건에서 우선하여 변제를 받을 수 있는 담보물건을 말한다.

특허법 제123조 질권의 물상대위(物上代位)는 담보의 목적물이 매각·임대·멸실·훼손 등으로 인하여 소유자가 매각대금, 임대료, 손해배상, 보험금 등의 청구권을 취득하는 경우에 담보권자가 이에 대하여 우선변제권을 행사하는 것을 말한다. 예를 들어, 담보권이 설정된 특허권에 통상실시권이 설정되는 경우, 특허발명의 실시에 대해서 받을 대가(실시료)에 대하여 담보권자는 우선변제권을 행사할 수 있다.

(2) 특허권의 이전에 따른 통상실시권 특허권자는 특허권을 목적으로 하는 질권설정 이전에 그 특허발명을 실시하고 있는 경우에는 그 특허권이 경매 등에 의하여 이전되더라도 그 특허발명에 대하여 통상실시권을 가진다.

이 경우 특허권자는 경매 등에 의하여 특허권을 이전받은 자에게 상당한 대가를 지급하여야 한다(제122조). 특허권자가 질권을 설정한 이후 변제하지 못하여 경매 등에 의해 제3자에게 특허권이 이전되는 경우 원권리자는 무권리자가 되나 이미 사업을 실시하고 있었다면 이를 금지하고 설비를 폐기하는 것은 국가경제상 손해가 크기 때문에 이 경우 원권리자에게 통상실시권을 인정하는 것이다.

7. 특허권의 이전청구에 따른 이전등록 전의 실시에 의한 통상실시권

(1) 관련 규정 다음 각 호의 어느 하나에 해당하는 자가 특허법 제99조의2 제2항에 따른 특허권의 이전등록이 있기 전에 해당 특허가 제133조 제1항 제2호 본문에 해당하는 것을 알지 못하고 국내에서 해당 발명의 실시사업을 하거나 이를 준

비하고 있는 경우에는 그 실시하거나 준비를 하고 있는 발명 및 사업목적의 범위에서 그 특허권에 대하여 통상실시권을 가진다. (ⅰ) 이전등록된 특허의 원특허권자, (ⅱ) 이전등록된 특허권에 대하여 이전등록 당시에 이미 전용실시권이나 통상실시권 또는 그 전용실시권에 대한 통상실시권을 취득하고 등록을 받은 자. 다만, 특허법 제118조 제2항에 따른 통상실시권을 취득한 자는 등록을 필요로 하지 아니한다(제103조의2 제1항). 통상실시권을 가진 자는 이전등록된 특허권자에게 상당한 대가를 지급하여야 한다(제103조의2 제2항).

(2) 취지 무권리자가 특허받은 경우, 지금까지는 무권리자의 특허를 무효로 한다는 심결을 받은 후 정당한 권리자가 별도로 출원하는 방식으로만 특허를 받을 수 있어, 불편함이 발생하였다. 따라서 정당한 권리자의 효율적 구제수단 마련을 위해 현재의 소급효를 통한 별도 출원 방식 이외에 민사소송을 통한 구제 방법도 마련할 필요성이 대두되었다. 2017년 개정법에서 본 조문을 신설하고 정당한 권리자가 해당 특허권의 이전을 법원에 청구하는 방법으로도 무권리자의 특허권을 반환받을 수 있는 제도를 마련하였다. 앞으로 특허권의 이전등록 전에 선의로 실시사업을 하던 자에게 통상실시권을 부여함으로써 정당한 권리자가 더욱 두텁게 보호될 것으로 기대된다.

제4절 존속기간연장등록

Ⅰ. 서설

특허권의 존속기간의 연장이란 특허권자가 일정한 요건을 갖추면 특허발명을 적법하게 독점적으로 실시할 수 있는 발명의 보호기간을 5년 이내에서 연장하는 것을 말한다. 존속기간연장에는 허가 등에 따른 특허권 존속기간의 연장과 등록지연에 따른 특허권 존속기간의 연장이 있다. 특허권은 설정등록에 의하여 발생하며, 특허권의 존속기간은 특허권의 설정등록이 있는 날부터 특허출원일 후 20년이 되는 날까지로 한정된다. 그러나 의약품과 농약 등 일부 분야에서는 그 특허발명을 실시하기 위하여 다른 법령에 의한 허가나 등록을 받아야 하고, 허가나 등록을 받기 위하여 소요되는 기간에는 그 발명을 독점적으로 실시할 수 없기 때문에 다른 특허권과의 형평성 문제가 제기되었다. 특허발명을 실시하기 위하여 다른 법령에 따라 허가를 받거나 등록 등을 하여야 하고, 그 허가 또는 등록 등(이하 “허가 등”이라 한다)을 위하여 필요한 유효성·안전성 등의 시험으로 인하여 장기간이 소요되는 발명인 경우에는 그 실시할 수 없었던 기간에 대하여 5년의 기간까지 그 특허권의 존속기간을 한 차례만 연장할 수 있다(제89조 제1항).

한미 FTA 협정을 이행하기 위하여 2012년 개정법에서 등록지연에 따른 특허권 존속기간 연장제도를 도입하였다. 이 제도의 도입으로 특허출원에 대한 심사처리기간 지연 등 출원인의 책임이 아닌 사유로 특허출원일로부터 4년 또는 출원심사 청구일로부터 3년 중 늦은 날보다 지연되어 특허권이 설정등록된 경우 그 지연기간만큼 특허권 존속기간을 연장할 수 있게 되었다.

Ⅱ. 허가 등에 따른 특허권 존속기간의 연장

1. 존속기간 연장등록출원의 대상발명

모든 특허권의 존속기간이 연장되는 것은 아니다. 허가 등에 따른 특허권의 존속기간의 연장제도의 대상 분야는 특허법 시행령 제7조에서 규정하고 있는 약사법 제31조 제2항 · 제3항 또는 같은 법 제42조 제1항에 따라 품목허가를 받아야 하는 의약품의 발명과 농약관리법 제8조 제1항, 제16조 제1항 또는 제17조 제1항에 따라 등록한 농약 또는 원제의 발명으로 연구 또는 시험에 소요되는 기간 동안 특허발명을 실시하지 못한 발명에 한한다. 따라서 이 이외의 다른 법 규정에 따른 허가나 등록으로 일정기간 발명을 실시할 수 없었던 경우에는 연장등록출원의 대상이 되지 않는다. 여기에 해당되는 특허발명으로는 주로 물질특허, 제법특허, 용도특허 및 조성물의 특허 등이다.

특허권의 존속기간의 연장등록출원은 대상이 되는 특허발명의 특허권이 존속되는 경우에만 가능하다. 따라서 해당 특허권이 무효되거나 특허료를 납부하지 않아 소멸한 경우에는 특허권의 존속기간의 연장등록출원이 인정되지 않는다. 특허권에 대하여 무효심판이 계속 중인 경우에도 연장등록출원을 할 수 있다.

2. 연장받을 수 있는 기간의 산정

허가 등에 따른 특허권의 존속기간을 연장받을 수 있는 기간은 그 특허발명을 실시할 수 없었던 기간으로서 5년의 기간까지 한정된다. 즉, 비록 특허발명의 실시를 위한 허가나 등록에 5년 이상이 소요된 경우에도 특허권의 존속기간을 5년 이상 연장할 수는 없다. 특허발명을 실시할 수 없는 기간의 산정에 관하여는 다음과 같이 한다.[26] 기간을 산정할 때에는 특허권 설정등록일 이후의 기간만을 고려하되, 해당

관청의 허가 또는 등록신청 관련 서류의 검토 기간 중 특허권자 또는 신청인의 책임 있는 사유로 인하여 소요된 기간은 제외한다.

3. 특허권 존속기간의 연장대상 판단에서의 고려사항

(1) 하나의 특허에 포함된 복수의 유효성분에 대하여 복수의 허가가 있는 경우 복수의 허가 중에서 하나를 선택하여 1회에 한해 존속기간연장이 가능하다. 예를 들면, 하나의 특허와 관련하여 연장등록출원의 대상이 되는 유효성분 A, B 및 C에 대하여 각각 허가 A, B 및 C를 받았다면 각 유효성분 중에서 연장받고자 하는 허가 하나만을 선택하여 1회에 한하여 연장등록출원을 할 수 있다.

(2) 하나의 특허에 포함된 동일 유효성분에 대하여 복수의 허가가 있는 경우 최초의 허가에 한해 존속기간의 연장이 가능하다. 예를 들면, 연장등록출원의 대상이 되는 유효성분 (가)에 대하여 제품허가 A, 원제허가 B 및 제형변경허가 C를 차례로 받았다면 그 최초 허가인 제품허가 A로써 특허발명의 실시가 가능해지므로, 최초 허가인 A에 대해서만 연장등록출원이 가능하다.

(3) 하나의 허가에 대하여 복수의 특허가 관련된 경우 허가와 관련된 특허 각각에 대하여 존속기간연장이 가능하다. 예를 들면, 허가 D를 받은 의약품의 유효성분에 관한 물질특허(A), 제법특허(B) 및 용도특허(C)가 각각 있는 경우 이들 특허발명의 실시에 그 허가를 받을 필요가 있다고 인정되는 경우 그와 관련된 특허 A, B 및 C에 대해 각각 연장등록출원을 할 수 있다.

4. 특허권 존속기간의 연장등록출원

(1) 특허권 존속기간의 연장등록출원서 제출 특허권 존속기간의 연장등록출원인은 특허권자에 한하며, 특허권이 공유인 경우에는 공유자 전원이 공동으로 특허권 존속기간의 연장등록출원을 하여야 한다(제90조 제3항). 특허법 제89조 제1항의 규정

---

26) 1. 의약품(동물용 의약품은 제외한다)의 품목허가를 받기 위하여 식품의약품안전청장이 승인을 얻어 실시한 임상시험기간과 식품의약품안전청에서 소요된 허가신청 관련 서류의 검토기간을 합산한 기간
2. 동물용 의약품의 품목허가를 받기 위하여 국립수의과학검역원장으로부터 승인을 얻어 실시한 임상시험기간과 국립수의과학검역원에서 소요된 허가신청 관련 서류 검토기간을 합산한 기간
3. 농약 또는 농약원제를 등록하기 위하여 농약관리법 시행령이 정하는 시험연구기관에서 실시한 약효나 약해 등의 시험기간과 농촌진흥청에서 소요된 등록신청 관련 서류의 검토기간을 합산한 기간

에 의하여 특허권 존속기간연장등록 출원인은 특허권 존속기간의 연장등록출원서를 특허청장에게 제출하여야 한다(제90조 제1항). 특허권 존속기간의 연장등록출원을 한 자가 특허권자가 아니거나 공유자 전원이 공동으로 특허권 존속기간의 연장등록출원을 하지 않은 경우에는 거절이유가 된다.

연장등록출원인은 심사관이 연장등록여부결정등본을 송달하기 전까지 연장등록출원서에 기재된 사항에 대하여 보정할 수 있다. 다만 특허법 제93조에 따라 준용되는 거절이유통지를 받은 후에는 해당 거절이유통지에 따른 의견서 제출기간에만 보정할 수 있다.

(2) 출원할 수 있는 시기 특허권 존속기간의 연장등록출원은 특허법 제89조 제1항의 규정에 의한 허가 등을 받은 날부터 3개월 이내에 출원하여야 한다. 다만 제88조에서 규정하는 특허권 존속기간의 만료 전 6개월 이후에는 그 특허권의 존속기간의 연장등록출원을 할 수 없다(제90조 제2항). 특허권이 만료된 이후에 특허권 존속기간의 연장등록출원을 한 경우에는 특허법 시행규칙 제11조 규정에 따라 소명의 기회를 부여한 후 특허권의 존속기간의 연장등록출원서는 반려된다.

(3) 연장등록출원의 심사 및 등록여부 결정 특허권 존속기간의 연장등록출원에 대한 심사절차는 특허출원의 심사절차와 거의 동일하다. 세부 심사절차에 대한 규정이 없는 경우에는 특허출원의 심사절차를 준용한다. 특허권 존속기간의 연장등록출원이 접수되어 심사관에 이관되면 심사관은 출원서류가 이관된 날로부터 4개월 이내에 심사에 착수하여야 한다. 심사관은 출원인이 제출한 보정서와 의견서를 참고하여 다시 심사한다. 다시 심사한 결과 거절이유를 해소할 수 없는 경우에는 거절결정을 하고(제91조), 거절이유를 유지할 수 없고, 다른 거절이유도 발견할 수 없는 경우에는 연장등록결정하여야 한다(제92조 제1항).

한편, 다시 심사한 결과 거절이유로 통지하지 않은 다른 거절이유가 발견된 경우에는 다시 거절이유를 통지하여 상기 절차를 반복한다. 연장등록출원의 특허권 존속기간의 연장여부에 대한 결정은 특허법 제93조가 준용하는 같은 법 제67조에 따라 서면으로 하여야 한다. 특허청장은 특허권의 존속기간의 연장등록출원의 등록결정이 있는 경우에는 그 결정의 등본을 출원인에게 송달하여야 한다.

(4) 연장등록출원의 효과 특허권 존속기간의 연장등록출원이 있는 때에는 그 존속기간은 연장된 것으로 본다. 다만 그 출원에 관하여 특허법 제91조 제1항의 연장등록거절결정이 확정된 때에는 그러하지 아니하다. 또한 연장등록출원 후 연장등록거절결정되기 이전에 출원을 취하하거나, 무효 또는 반려된 경우에도 처음부터

특허권의 존속기간이 연장되지 않았던 것으로 본다.[27] 허가 등에 따라 특허권의 존속기간이 연장된 특허권은 그 연장등록의 이유가 된 허가 등의 대상물건(그 허가 등에 있어 물건이 특정의 용도가 정하여져 있는 경우에 있어서는 그 용도에 사용되는 물건)에 관한 그 특허발명의 실시 외의 행위에는 그 효력이 미치지 아니한다(제95조).

Ⅲ. 등록지연에 따른 특허권 존속기간의 연장

1. 서설

특허출원에 대하여 특허출원일부터 4년과 출원심사 청구일부터 3년 중 늦은 날보다 지연되어 특허권의 설정등록이 이루어지는 경우에는 그 지연된 기간만큼 해당 특허권의 존속기간을 연장할 수 있다(제92조의2 제1항). 이 경우 출원인으로 인하여 지연된 기간은 제1항에 따른 특허권의 존속기간의 연장에서 제외된다. 다만, 출원인으로 인하여 지연된 기간이 겹치는 경우에는 특허권의 존속기간의 연장에서 제외되는 기간은 출원인으로 인하여 실제로 지연된 기간을 초과해서는 아니된다(제91조의2 제2항). 등록지연에 따른 특허권존속기간의 연장의 법리에 대한 이해를 돕기 위하여 다음 <그림 8>과 같이 특허청 자료를 참고하였다.

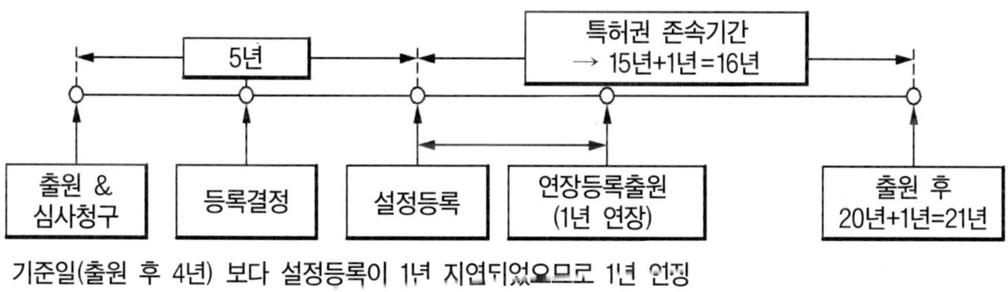

〈그림 8〉 등록지연에 따른 특허권존속기간의 연장제도

2. 취지

2012년 개정법은 특허출원에 대하여 심사처리기간 지연 등 출원인의 책임이 아닌 사유로, 특허출원일부터 4년 또는 출원심사 청구일로부터 3년 중 늦은 날보다 시

---

27) 연장등록거절결정은 특허거절결정과 유사하게 연장등록거절결정 불복심판이 없는 경우에는 연장등록거절결정의 등본이 송달된 후 30일이 경과한 시점에 확정되며, 연장등록거절결정 불복심판이 청구된 경우에는 연장등록거절결정 불복심판에 관한 심결이 확정된 때에 확정된다.

연되어 특허권이 설정등록되는 경우 그 지연기간만큼 특허권의 존속기간을 연장하도록 하고 있다. 특허법 제92조의2 내지 제92조의5의 신설에 따라 심사처리기간 등에 따라 달라지는 특허권의 존속기간을 합리적으로 조정해 줌으로써 특허권자의 권리행사 기간을 충실히 보장할 수 있다. 만일 기준일(출원 후 4년)보다 설정등록이 1년 지연되었다면, 등록지연에 따른 특허권 존속기간은 1년이 연장된다.

종래 규정에 의하면 심사처리기간 지연 등으로 특허권 설정등록이 늦어지면 특허권의 존속기간이 짧아지게 되어, 특허권의 행사기간이 실질적으로 짧아지게 되는 문제점이 있었다. 예를 들면, 출원인이 특허출원 후 3년 만에 설정등록한 경우 특허권 존속기간은 17년이다. 그러나 출원인이 특허출원 후 5년 만에 설정등록을 한다면 특허권의 존속기간은 15년이 된다.

3. 특허권 존속기간의 연장등록출원

특허법 제92조의2에 따라 특허권 존속기간의 연장등록출원인은 연장대상 특허권의 특허번호, 연장신청의 기간, 연장이유 등을 기재한 특허권 존속기간의 연장등록출원서를 특허청장에게 제출하여야 한다(제92조의3 제1항). 등록지연에 따른 특허권의 존속기간의 연장등록출원은 특허권의 설정등록일부터 3개월 이내에 출원하여야 한다. 특허권이 공유인 경우에는 공유자 전원이 공동으로 특허권 존속기간의 연장등록출원을 하여야 한다. 연장등록출원인은 심사관이 특허권 존속기간의 연장등록여부 결정 전까지 연장등록출원서에 기재된 사항에 대하여 보정할 수 있다.

4. 연장등록출원의 심사 및 등록여부 결정

등록지연에 따른 특허권 존속기간 연장등록출원에 대한 심사절차는 특허출원의 심사절차와 유사하다. 세부 심사절차에 대한 규정이 없는 경우에는 특허출원의 심사절차를 준용한다(제93조). 심사관은 출원인이 제출한 보정서와 의견서를 참고하여 심사하고, 심사한 결과 거절이유를 유지할 수 있는 경우에는 거절결정(제92조의4)하고, 거절이유를 유지할 수 없고 다른 거절이유도 발견할 수 없는 경우에는 연장등록결정한다(제92조의5 제1항).

한편, 다시 심사한 결과 거절이유로 통지하지 않은 다른 거절이유가 발견된 경우에는 다시 거절이유를 통지하여 상기 절차를 반복한다. 연장등록출원의 특허권 존속기간의 연장여부에 대한 결정은 특허법 제93조가 준용하는 같은 법 제67조에 따라 서면으로 하여야 한다. 특허청장은 특허권 존속기간의 연장등록출원의 등록여부결정이 있는 경우에는 특허권 존속기간의 연장을 특허원부에 등록하여야 한다(제92조의5 제2항).

5. 특허권 존속기간의 연장등록거절결정

심사관은 특허법 제92조의3에 따른 특허권 존속기간의 연장등록출원이 다음 어느 하나에 해당하는 경우에는 그 출원에 대하여 연장등록거절결정을 하여야 한다. 즉, (ⅰ) 연장신청기간이 같은 법 제92조의2에 따라 인정되는 연장기간을 초과한 경우, (ⅱ) 연장등록출원인이 해당 특허권자가 아닌 경우, (ⅲ) 같은 법 제92조의3 제3항 중 어느 하나를 위반하여 연장등록출원을 한 경우에는 그 출원에 대하여 연장등록 거절결정을 하여야 한다(제92조의4 제1항).

6. 특허권 존속기간의 연장등록결정 등

심사관은 등록지연에 따른 특허권 존속기간의 연장등록출원에 대하여 특허법 제92조의4 각 호의 어느 하나에 해당하는 거절이유를 발견할 수 없는 경우에는 연장등록결정을 하여야 한다(제92조의5 제1항). 특허청장은 등록지연에 따른 특허권 존속기간 연장등록이 있으면 특허공보에 게재하여야 한다(제92조의5 제3항).

7. 존속기간이 연장된 경우의 효과

특허권 존속기간의 연장등록출원이 있는 때에는 그 존속기간은 연장된 것으로 본다. 다만 그 출원에 관하여 특허법 제92조의4의 연장등록거절결정이 확정된 때에는 그러하지 아니하다. 또한 연장등록출원 후 연장등록이 거절결정되기 이전에 출원을 취하하거나, 무효 또는 반려된 경우에도 처음부터 특허권 존속기간이 연장되지 않았던 것으로 본다.

제5절 의약품 허가특허연계제도

Ⅰ. 시설

2012년 한미 FTA에 따른 의약품 허가특허연계제도가 도입되었고, 2015년 3월 15일부터 이 제도가 시행되었다. 의약품 허가특허연계제도는 신약(original) 의약품 업체의 특허권을 보장하고, 복제약(generic)의 판매허가를 신약 의약품의 특허와 연동하는 제도다. 현재 의약품에 대한 품목허가는 식약청에서 취급하고 있다.

허가특허연계제도가 정식으로 시행되었으므로 특허가 있는 의약품에 대해 품목허가 신청이 있는 경우, 신청자는 특허권자에게 이러한 사실을 통보해야 하고 아울러 특허권자의 동의 또는 묵인 없이 다른 사람이 제품을 판매하는 것을 방지하기 위한 시판승인 절차에서의 조치를 취하여야 한다.[28)]

한국 제약회사가 한국 내에서 미국 제약업체의 신약의 안정성·유효성 자료를 가지고 복제약을 시판하려고 할 때, 미국 제약회사의 특허가 존속하는 기간 동안에 복제약의 시판에 대한 특허권자인 미국 제약회사의 동의 또는 묵인이 없다면, 한국 정부는 이러한 복제약의 시판을 방지하기 위한 조치를 취하여야 한다.

Ⅱ. 한미 FTA 협정문 제18.9조 제5항

특허기간이 아직 만료하지 않은 오리지널 의약품(신약)의 임상실험 자료를 원용하여 식약청에 복제약의 시판허가를 신청하는 경우에, 신청자는 특허권자에게 허가신청 사실을 통보해야 한다. 한편, 특허권자가 특허침해소송 등을 제기하면 일정한 기간 동안 복제약의 시판허가 절차를 정지할 수 있다.

의약품의 판매허가와 관련하여, 한미 FTA 협정문 제18.9조 제5항은 "당사국이 의약품의 시판을 허가하는 조건으로 안전성 또는 유효성 정보를 처음 제출한 사람이 아닌 다른 사람에게 그러한 정보를 원용하게 하거나 또는 당사국의 영역이나 다른 영역에서 이미 허가받은 증거와 같이 이미 허가받은 품목에 관한 안정성 또는 유효성 정보의 증거를 원용하여 허가한 경우, 그 당사국은 그 제품 또는 그 제품이 허가된 사용방법을 대상으로 하는 것으로, 허가당국에 통보된 특허의 존속기간 동안 시장에 진입하기 위하여 시판허가를 요청하는 모든 다른 사람의 신원을 특허권자가 통보받도록 한다."고 규정하고 있다.

Ⅲ. 의약품 허가특허연계제도의 시행

1. 서설

2015년 3월 15일 이후에 후발 의약품, 즉 복제약을 판매하려면 품목허가 신청일

28) 최승재, 396: 미국의 Hatch-Waxman법은 의약품 허가특허제도를 규정하고 있다. 허가특허제도란 FDA의 허가단계에서 특허침해의 가능성이 있다면 허가를 일정기간 유보하는 제도이다. 이 제도는 특허침해여부가 불확실한 상태에서 복제약 제조사의 복제약의 제조 및 판매행위를 사전에 금지함으로써 특허권자의 독점권을 우선적으로 보장해 주는 역할을 한다.

부터 20일 내에 '품목허가(변경허가)신청사실 통지서'를 기존 특허권자에게 통지해야 한다. 특허권자는 통지된 의약품이 특허권을 침해할 우려가 있으면, 특허침해소송을 제기하거나 식약처에 복제약의 판매금지 신청을 할 수 있다.[29]

특허권을 가지고 있는 오리지널 제약사는 특허기간 내에서만 9개월 동안 복제약의 판매금지를 신청할 수 있다. 다만, 복제약 판매 신청자가 특허권자의 등록된 특허를 침해하지 않았다는 것을 법원이나 특허심판원이 인정하면 복제약 신청자는 '우선판매품목허가제도'를 통해 9개월 동안 해당 의약품을 독점 판매할 수 있다.

판매금지 및 우선판매품목허가제도는 2015년 3월 15일 이후 약사법에 따라 특허목록에 등재된 특허권을 이용한 허가신청자에게 적용한다. 허가특허연계제도에서도 특허기간이 끝나면 특허권자의 판매금지 효력이 자동으로 소멸되도록 규정(약사법 제50조의6 제3항 제8호)하고 있으므로, 특허기간이 끝나면 현행처럼 복제약이 자유롭게 판매되어 허가특허연계제도로 인한 복제약 출시가 지연되지 않는다.

2. 주요 내용

(1) 우선판매품목허가 우선판매품목허가제도란 2015년 3월 15일부터 의약품 특허권이 무효라거나 이를 침해하지 않는다는 법원 등의 판단을 받아 가장 먼저 복제약을 출시한 복제약 제약사에게 9개월 동안 해당 복제약을 우선적으로 판매할 수 있도록 하는 제도이다. 우선판매라는 혜택을 받기 위해 제약사들은 하루라도 빨리 특허권을 무력화시켜 복제약을 출시하려고 할 것이므로, 허가특허연계제도로 인해 복제약 출시는 오히려 촉진될 수 있다. 한편, 우선판매품목허가는 특허무효 심결확정 등 요건을 모두 만족하는 제약사가 여럿인 경우 동시에 부여될 수도 있다.

(2) 자료배타권제도 의약품에 있어서, 자료배타권제도는 신약 개발자가 신약 시판허가 신청시에 제출한 임상시험 자료에 의거하여 복제약 생산자가 최초 신약과의 생물학적 동등성 시험자료만을 제출하여 시판허가를 획득하는 것에 대하여 일정기간 제한을 가하는 제도이다. TRIPs 제39조(미공개정보의 보호)[30]에서 자료배타권제도를 처음으로 규정하였다. 이러한 제도는 한편으로는 신약 개발에 투자된 비용

29) 식품의약품안전처, 55면: 의약품 민원행정 서비스 향상 방안의 일환으로 관련 규정의 제·개정 사항을 반영하여 「의약품 품목허가 및 신고 해설서」를 개정하였다. 주요 개정 내용은 각종 법규 등에 '현행 허가특허연계제도 시행에 따른 특허 관련 내용'을 추가하고, 제조 및 품질관리 적합판정서를 GMP 실시상황 평가 자료로 갈음하였다.

30) 불공정경쟁에 대한 효과적 보호를 보장하는 과정에서 회원국은 미공개정보와 정부 또는 정부기관에 제출된 자료를 보호하여야 한다(TRIPs 제39조 제1항).

과 시간에 대한 보상을 보장함으로써 보다 많은 신약이 개발될 수 있도록 한다는 긍정적인 측면과 저렴한 비용으로 해당 약품을 생산할 수 있는 복제약 생산자들의 시장 진입을 막아서 보다 많은 환자들이 해당 약품을 구입할 수 있는 기회를 줄인다는 부정적인 측면이 있다.

3. 분쟁해결

이미 판매허가가 난 신약에 대한 복제약의 판매허가를 신청하는 자는 약사법의 규정에 의하여 신약개발자(특허권자)에게 동 신청사실을 통지하여야 하고, 특허권자가 동 통지를 받은 후 일정한 기간 이내에 특허권 침해예방청구소송 또는 적극적 권리범위 확인심판을 제기하는 경우, 식약청의 허가절차는 일정 기간 중지하여야 한다. 현행 제도 하에서 복제약 제조업체들이 신약의 특허기간 만료 전에 사실상 복제약을 판매할 수 있으나, 특허권 침해로 판명되면 복제약 시판허가가 취소될 수 있다(약사법 제56조의2).

특허청은 2015년 3월 의약품 허가특허연계제도 관련 심판사건을 우선 처리할 수 있도록 우선심판대상을 확대하는 「심판사무취급규정」을 개정했다. 복제의약품 제약사가 특허권자에 대하여 소극적 권리범위 확인심판 또는 무효심판을 청구한 후, 식약처에 복제약의 품목허가를 신청할 때 특허권자에게 품목허가 신청사실을 통지하여야 한다. 의약품 허가특허연계제도 시행으로 인해 복제약 개발 제약사의 허가신청 사실이 오리지널 의약품 특허권자에게 통보되기 때문에 향후 특허분쟁 발생 가능성이 높아질 것으로 보인다.

4. 에버그리닝(evergreening)전략

(1) 복제약 시장진입 방해 의약품 허가특허연계제도가 도입되더라도, 복제약 제조업체는 특허신약의 특허기간 만료 전에 미리 복제약 시판허가를 신청할 수 있다. 이 경우 특허기간 만료를 조건으로 시판허가를 받게 되므로, 특허신약의 특허가 만료되는 즉시 복제약 판매가 가능하다. 그러나 의약품 허가특허연계제도가 시행된 후 특허분쟁이 있는 경우 후발 복제약의 허가 자체를 보류하므로, 신약을 만든 다국적 제약사가 특허침해소송을 제기하여 복제약의 시장진입을 방해할 수 있다.

(2) 특허권의 연장 효과 에버그리닝(evergreening)은 다국적 기업인 제약사가 신약을 개발한 후 특허출원을 남발하여 신약의 특허권을 연장하는 전략이다. 이는 특허의 존속기간을 연장하여 많은 독점적 권리를 얻기 위해서 신약 제약사들이 기

존의 의약품을 개량하여 2차 특허를 얻어 특허기간을 연장함으로써 복제약 생산을 막고 약값을 높은 상태로 유지하려는 정책이다. 인도 대법원은 2013년 4월 1일 노바티스사의 백혈병 치료제 베타버전의 이마티닙 메실산염(Imatinib Mesylate) 출원발명이 인도 특허법 제3조(d)항[31]에 위반하여 특허를 받을 수 없다고 판결하였다.

---

31) 인도 특허법 제3조(d)항: 기존의 물질의 알려진 효능이 향상되지 않은 기존의 물질의 어떠한 신규 형태의 단순한 발견, 기존 물질의 신규한 특성 또는 신규 용도의 단순한 발견, 새로운 물건을 만들어 내거나 적어도 하나의 새로운 반응물을 사용하지 않는 기존의 방법, 기계 또는 장치의 단순한 용도의 발견은 본법의 취지에 해당하는 발명이 아니다. 이 조항의 해설에 의하면, 염, 에스테르, 에테르, 다형체, 대사산물, 이성질체, 이성질체의 혼합, 복합체, 알려진 물질의 파생물이나 조합물은 그 효능에 있어서 중요한 차이점이 있지 아니하면 같은 물질로 간주한다. 인도 특허법 제3조(d)항은 다국적 제약사의 신약에 대한 에버그리닝 전략을 저지하는 역할을 하고 있어서 다국적 제약사들의 공격대상이다.

제8장 특허심판 및 재심

제1절 심판제도의 개관

Ⅰ. 서설

특허권은 기술개발을 촉진하는 긍정적인 측면이 있지만, 그 권리의 효력이 일반 산업계의 자유로운 산업활동을 위축시키는 부정적인 측면도 갖고 있다. 특허청에는 출원발명을 심사하는 심사국이 있고, 특허권 설정등록 이후 특허발명의 특허권에 대한 분쟁이 발생하면 이를 심판하는 특허심판원이 있다.

특허심판이란 특허청에 출원되어 심사청구된 발명에 대하여 특허청 심사관이 행한 거절결정의 처분 또는 등록 처분된 특허발명의 유·무효여부 등에 관한 분쟁을 신속 정확하게 해결하기 위하여 특허심판원의 심판의 합의체에서 행해지는 특별한 행정심판을 말한다. 특별한 행정심판제도로서의 특허심판은 특허법이 정한 일정한 심판절차 및 요건에 따라 심리를 진행하여 최종적으로는 심결이라는 행정처분으로 이루어진다.[1] 특허심판의 심리에서는 그 적정성을 담보하기 위하여 행정기관인 특허심판원에서 진행되고 민사소송법이 일부 준용되고 있다.

심판절차는 심판관의 합의체에 따라 심리·결정되는 행정심판이라 할 수 있지만 민사소송에 준하는 엄격한 절차를 거쳐 판단되는 준사법적(準司法的)인 성격을 가진다.[2] 특허심판제도 개혁의 일환으로 특허청의 심판소와 항고심판소를 통합하여 특허심판원을 설치하고, 1998년 3월 1일 특허전문법원으로 고등법원급인 특허법원이 설립되었다. 특허심판원의 심결 또는 결정에 대한 불복의 소는 특허법원의 전속관할로 하고, 특허법원의 판결에 대하여 대법원에 상고할 수 있다.

Ⅱ. 심판의 종류

1. 결정계 심판

결정계 심판은 출원인의 특허출원에 대하여 특허청 심사관의 등록결정이 아닌

1) 김민희, 3면.
2) 사법연수원, 285면.

거절결정의 처분에 불복하거나 등록 처분된 특허발명 명세서에 정정이 필요한 경우에 심판의 당사자로서 출원인 또는 특허권자가 심판의 청구인이 되어서 당사자계 심판처럼 청구인과 피청구인이라는 대립구조를 취하지 않고(청구인만 존재) 특허청을 상대로 하여 그 처분 또는 정정의 당부를 다투는 심판을 말한다.

결정계 심판에는 특허출원의 특허거절결정에 대한 불복심판, 특허취소신청, 허가 등에 대한 특허권의 존속기간의 연장등록거절결정 또는 등록지연에 따른 특허권의 존속기간의 연장등록거절결정에 대한 불복심판 및 정정심판이 있다.

2. 당사자계 심판

당사자계 심판은 이미 설정등록된 특허발명(특허권)의 분쟁과 관련하여 민사소송의 원고와 피고처럼 심판의 직접적인 이해당사자가 청구인과 피청구인으로 나누어져 당사자가 대립되는 구조로 진행되는 심판을 말한다. 특허무효심판과 권리범위확인심판이 대표적인 당사자계 심판이다. 이외에도 결정계 심판과 대비되는 정정무효심판, 의약 허가 관련 특허권의 존속기간연장등록의 무효심판, 특허발명의 이용 저촉에 따른 통상실시권허여심판이 있다.

특히 심판실무에서 당사자계 심판의 대부분을 차지하는 특허무효심판과 권리범위 확인심판은 특허침해소송인 민사 또는 형사소송과 직접적으로 관련된다.

Ⅲ. 특허심판의 특징

1. 특허심판원

특허심판원은 특허청 소속기관으로서 특허분쟁과 관련된 특허심판 사무를 처리하고 있다. 특허·실용신안에 관한 취소신청, 특허·실용신안·디자인·상표에 관한 심판과 재심 및 이에 관한 조사·연구 사무를 관장하게 하기 위하여 특허청장 소속으로 특허심판원을 둔다(제132조의16 제1항). 특허심판원은 특허심판에 관하여 특허법원의 선심절차로서 준사법적인 성격을 가진 심판기관이지만 특허청 소속기관이라는 점에서 사법부가 아닌 행정기관이라는 점에 특징이 있다.

특허심판원에 원장과 심판관을 둔다. 특허심판원의 조직과 정원 및 운영에 관하여 필요한 사항은 대통령령으로 정한다(제132조의16 제3항).

(1) 심판장　특허심판원장은 각 심판사건에 대하여 3인 또는 5인의 심판관으로 형성되는 심판의 합의체를 구성할 심판관을 지정하여야 하고, 지정된 심판관 중

에서 1명을 심판장으로 지정하여야 한다(제145조).

특허심판의 심판장은 기술분야별로 각 심판부에 1명씩 보임되며 그 심판부에 배정된 심판사건 관련 사무를 총괄한다.

(2) 심판관 심판관이 공정하고 전문성 있는 심판업무를 수행하기 위하여 위와 같이 심판관의 직무의 독립성을 보장하는 규정(제143 제3항)도 있지만, 반면 심판관으로부터 심판의 공정성을 보장받기 어려운 경우에, 즉 심판관 자신이 구체적인 심판사건에 있어서 심판 당사자의 배우자이거나 친족관계에 있는 등 특수한 관계를 갖거나 심판사건 자체와 관련하여 그 심판사건의 전심으로서 심사 또는 심판에 관여한 경우에는 법률의 규정에 의거하여 당연히 심판관이 그 심판으로부터 배제되는 심판관의 제척에 관한 규정(제148조) 및 심판 당사자의 신청에 따라 그 심판에 관여할 수 없는 심판관의 기피에 관한 규정(제150조)을 두고 있다.

2. 기술의 사실관계 판단

특허심판에 있어서 심판의 객체를 심판물 혹은 심판의 대상이라 한다. 심판물은 심판의 목적, 즉 심판청구인이 심판을 요구하는 특정한 사법 권리나 법률관계이다. 무엇이 심판물이 되느냐 하는 것은 심판청구서에 표시된 청구취지와 청구원인에 의해 결정된다. 실무에서 심판의 심리의 실체적인 판단의 대상이 되는 심판물은 청구범위와 비교대상발명 또는 확인대상발명이라 할 수 있다.

특허심판의 심리내용은 이러한 발명이 선행기술 또는 침해기술과 대비하여, 과연 기술적 진보성이 있는지 또는 신규성이 있는지의 사실관계의 판단이 대부분이다. 심판관은 해당 출원을 거절한 심사관의 거절이유의 타당성뿐만 아니라, 특허권이 유효한지의 여부에 대해서도 직권으로 심리할 수 있다(제159조). 특허심판의 실체는 발명의 신규성 또는 진보성 등 기술내용의 사실관계를 다루는 것이 대부분이기 때문에 그 심리판단에는 기술지식은 물론 심사·심판의 경험에 의하여 축적되는 전문적 지식이 필수요건이라 할 수 있다. 특허심판을 공정하고 정확한 기술의 사실관계의 판단을 요구하기 때문에, 해당 기술분야의 전문지식을 가지고 있는 기술전문가로 구성된 심판의 합의체가 판단하는 것이 바람직하다.

3. 특허심판의 법적성질

특허심판의 법적성질에 대해서는, 사법재판으로 보는 견해도 있으나 행정기관인 특허청장 산하 특허심판원이 행하는 행정처분으로 보는 것이 통설이다. 다만, 그 처분의 내용에 대한 자유재량의 여지는 적고 법률에 기속된 처분이며, 그 절차도 민사소송에 준하는 엄격한 절차를 거쳐 판단되는 준사법적(準司法的)인 행정처분이다.

심판의 합의체가 내리는 심결이라는 처분행위는 특허청 소속기관인 특허심판원이 행하는 행정처분으로서 형식적으로는 행정행위로서의 성질을 가지는 것이나 그 처분의 내용은 일반 행정심판보다 자유재량의 여지가 적고 특허법이라는 법률에 기속된 처분이며, 심판 진행 관련 절차도 특허법원의 전심절차로서 당사자 간 대심적 구조를 가지고 있어서 민사소송법상의 재판절차 규정을 상당 부분 준용하여 엄격한 절차를 거쳐서 판단되므로 준사법적인 행정처분이다.[3]

4. 심판의 독립성

특허심판원의 심판관은 특허청 소속 국가공무원이지만 심판사건의 처리에 있어서는 특허청장 또는 특허심판원장의 지휘나 감독을 받지 않고 직무상 독립하여 심판한다(제143조 제3항). 특허심판의 최종 판단인 심결의 위법성 또는 합법성에 대해서는 특허법원의 판결에 따라 결정되고, 최종적으로는 대법원의 판결로써 심결의 적법 여부가 결정된다.

Ⅳ. 특허심판의 요건

1. 적극적 요건

(1) 심판청구요건　　심판청구가 특허심판원의 심결을 받기 위해 구비하여야 할 요건을 심판청구요건이라 한다. 심판청구가 적법한 경우에는 청구의 당부에 대한 판단을 하게 되나, 부적법한 경우에는 본안에 대한 판단에 들어가지 않고 심판청구를 각하한다. 심판청구요건은 바로 본안심결의 요건이라 할 수 있다. 특허심판원은 특허거절결정 불복심판, 특허무효심판 등 특허법상 규정된 심판에 대해서만 심판청구의 이익이 있는 심판권이 있다.

특허심판에 있어서 심판물은 등록된 권리가 소멸되지 않고, 등록된 권리와 비교되는 대상이 특정되어야 한다. 심판청구요건의 하나로 심판청구권이 있고, 그 청구권의 요건은 객관적 청구권이익과 주관적 청구권이익으로 나누어진다. 객관적 청구권에 관하여는 권리범위 확인심판의 경우 특허권리로서 존재하는 것에 대한 청구이어야 하며

---

3) 김민희, 5면.

일사부재리에 해당되지 않을 것 등이 요구된다. 또 주관적 청구권이익에 관하여는 당사자가 특허에 관하여 정당한 당사자, 즉 당사자 적격을 가진 자일 것이 요구된다.

(2) 당사자 특허심판에 있어서 당사자란 자신의 이름으로 심판을 청구하거나 청구를 요구받는 자를 말하며, 흔히 심판에서 청구인과 피청구인으로 부른다. 특허심판의 당사자 능력 및 적격에 관한 사항은 특허법에 직접적으로 규정되어 있지 않으므로 이에 관해서는 특허권의 재산권적인 성질에 비추어 민법과 이에 관한 소송절차를 다루는 민사소송법상의 당사자 능력 및 적격의 요건을 적용한다.

1) 당사자 능력 당사자 능력이란 절차의 주체가 될 수 있는 능력을 말하고, 원칙적으로 권리능력을 가진 자는 당사자 능력이 있다. 특허심판에 있어서 당사자 능력은 심판절차의 주체가 될 수 있는 일반적 능력 또는 자격을 말한다. 즉 심판의 당사자로서 스스로 심판절차를 밟는 데 필요한 일반적 능력을 의미하며 이는 민법상의 권리능력에 해당한다.

2) 당사자 적격 특허심판에서 당사자 적격이란 해당 심판절차의 주체가 되어서 정당한 심판의 당사자로서 심판을 수행하고 본안심결을 받기에 적합한 자격을 말하며 당사자 적격이 있는 자를 정당한 당사자라고 한다.

거절결정 불복심판에서는 특허거절결정을 받은 출원인, 정정심판에서는 특허발명을 정정하려는 특허권자가 각각 당사자 적격을 가지고 있고, 특허무효심판에서는 심판의 청구인으로서 이해관계인 또는 특허청 심사관, 피청구인으로서는 특허권자가 당사자 적격을 가진다.

3) 필수적 공동심판의 당사자 필수적 공동소송이란 공동소송 사이에 합일확정을 필수적으로 요하는 공동소송이다. 소송목적이 공동소송인 모두에게 합일적으로 확정되어야 할 공동소송의 경우에 공동소송인 가운데 한 사람의 소송행위는 모두의 이익을 위하여서만 효력을 가진다(민사소송법 제67조 제1항).

공동소송에서 한 사람에 대한 상대방의 소송행위는 공동소송인 모두에게 효력이 미친다. 고유필수적 공동소송은 실체법상 관리처분권, 즉 소송수행권이 여러 사람에게 공동 귀속되는 때이므로 실체법상 이유에 의한 필수적 공동소송이라고 한다.[4] 민사소송법에서 말하는 필수적 공동소송의 형태를 택하는 심판에서는 (i) 동일한 특허권에 관하여 무효심판 또는 권리범위 확인심판을 청구하는 자가 2인 이상일 때 그 전원이 공동으로 심판을 청구할 때(제139 제1항), (ii) 공유자 전원을 피청구인으로 하여 청구하는 경우(제139조 제2항), (iii) 특허권 또는 특허를 받을 수 있는 권

4) 이시윤, 728면.

리의 공유자가 그 권리에 관하여 심판을 청구하는 때에는 공유자 전원이 공동으로 청구하는 경우(제139조 제3항) 등으로 구분된다.

공동심판 중 (ⅰ)은 공동심판의 청구로 민사소송법상의 유사필수적 공동소송에 해당하고, (ⅱ)는 공유인 특허권의 피청구인에 관한 것으로 민사소송법상의 고유필수적 공동소송에 해당하는 것이고, (ⅲ)은 공유인 권리에 관한 심판청구에 대한 것이다. 공유인 특허권의 특허를 무효로 한 심결에 대한 취소의 소송은 공유자 전원이 공동으로 제기할 것을 요하는가의 여부, 즉 공유권리자 중 한 사람만이 제기한 소송이 적법한지 여부에 대해서는 특허법에 명문의 규정이 없다.

【유사필수적 공동심판 법적 성격】

<대법원 2009. 5. 28. 선고 2007후1510 판결>

동일한 특허권에 관하여 2인 이상의 자가 공동으로 특허의 무효심판을 청구하여 승소한 경우, 특허권자가 공동심판청구인 중 일부만을 상대로 제기한 심결취소소송에서 당사자추가신청이 허용되는지 여부에 대하여, 이른바 고유필수적 공동소송이 아닌 사건에서 소송 도중에 당사자를 추가하는 것은 허용될 수 없다. 동일한 특허권에 관하여 2인 이상의 자가 공동으로 특허의 무효심판을 청구하여 승소한 경우에 그 특허권자가 제기할 심결취소소송은 심판청구인 전원을 상대로 제기하여야만 하는 고유필수적 공동소송이라고 할 수 없으므로, 위 소송에서 당사자의 변경을 가져오는 당사자추가신청은 명목이 어떻든 간에 부적법하여 허용될 수 없다. 동일한 특허권에 관하여 2인 이상의 자가 공동으로 특허의 무효심판을 청구하는 경우, 그 심판의 법적 성격(유사필수적 공동심판) 및 특허권자가 공동심판청구인 중 일부만을 상대로 심결취소소송을 제기한 때 그 심결 중 심결취소소송이 제기되지 않은 나머지 공동심판청구인에 대한 부분만이 제소기간의 도과로 분리 확정되는지 여부에 대하여 특허를 무효로 한다는 심결이 확정된 때에는 해당 특허는 제3자와의 관계에서도 무효로 되므로, 동일한 특허권에 관하여 2인 이상의 자가 공동으로 특허의 무효심판을 청구하는 경우 그 심판은 심판청구인들 사이에 합일확정을 필요로 하는 이른바 유사필수적 공동심판에 해당한다.

(3) 이해관계인　　이해관계가 없는 자의 심판청구는 부적법한 청구로서 심결로 각하되고, 이해관계의 존부에 대한 판단은 심판관 직권조사사항으로서 이해관계 존부의 판단시점은 심판 청구시가 아닌 심결시를 기준으로 판단한다. 따라서 심판청구시 이해관계가 성립된 심판청구도 그 심판계속 중이나 심결 시에 이해관계가 소멸되었다면 이 역시 부적합 심판청구가 되어 심결각하된다.

이해관계인에는 그 심판에 관련된 특허발명과 동일한 장치나 물품을 제조·판매 등을 하고 있는 자는 당연히 포함되고, 동종의 방법을 실시하거나 동종의 장치나 물품을 제조·판매 등을 하고 있는 자를 포함한다. 또한 그 업무의 성질상 장래에 그러한 물품을 업으로 제조·판매·사용하리라고 추측이 갈 수 있는 자도 이해관계인에 포함된다.

(4) 심판의 참가인 심판의 참가인이란 다른 심판의 당사자 간 계속 중인 심판에 법률상의 이해관계 있는 제3자가 자신의 이익을 위하여 심리가 종결될 때까지 스스로 그 심판의 당사자가 되어 심판에 참여하거나 또는 그 심판의 당사자 일방을 보조하기 위하여 심판에 참여하는 자를 말한다. 이러한 심판의 참가인 제도를 두고 있는 이유는 법률상 자신의 권리 의무에 이해관계가 있는 제3자로 하여금 진행 중인 심판사건에서 함께 다툴 수 있는 기회를 부여하여 분쟁의 합일적인 해결과 아울러 심판의 적정성 및 경제성을 도모하려는 데 그 취지가 있다.

특허심판에 있어서 참가가 인정되는 심판은 당사자계 심판에 한하며, 거절결정불복심판과 같은 결정계 심판은 참가가 허용되지 않는다(제171조).

심판의 참가에는 당사자 참가와 보조 참가가 있다. 당사자 참가란 특허법 제139조 제1항에 따라 공동으로서 심판을 청구할 수 있는 자가 다른 당사자 간 계속 중인 심판에 참여하는 형태의 공동청구인으로서 청구인측 참가를 말한다.

보조 참가란 심판의 결과에 이해관계를 가진 자가 당사자 어느 일방을 보조하기 위하여 심판에 참가하는 형태로 당사자 참가와는 달리 심판의 당사자인 청구인측 또는 피청구인측 어느 쪽에도 참가할 수 있다(제155조).

2. 소극적 요건

(1) 청구기간의 경과 심판은 언제든지 청구할 수 있으나, 특별한 경우 그 청구기간이 제한된다. 특허거절결정에 대한 심판은 그 결정의 등본을 송달받은 날로부터 30일 이내에 청구할 수 있다. 또 재심은 당사자가 심결의 확정 후 재심의 사유를 안 날로부터 30일을 경과하면 청구할 수 없으며, 심결의 확정 후 3년이 경과한 때에는 청구할 수 없다. 다만, 특허법 제17조의 규정에 의하여 절차를 추완할 수 있는 경우에는 그러하지 아니하다.

(2) 중복제소금지 특허심판원에 계류 중인 사건에 대하여는 다시 동일한 심판을 청구할 수 없다. 이를 중복소송금지의 원칙 또는 이중소송금지의 원칙이라 한다(민사소송법 제259조). 특허심판원에 계속되어 있는 사건에 대하여 당사자는 다시 심판을 청구하지 못한다(제154조 제8항). 이는 이미 계속되고 있는 사건에 대하여 다시

심판청구를 허용함은 심판제도의 남용으로서, 특허심판원이나 당사자에게 시간·노력·비용을 이중으로 낭비시키는 것이어서 심판경제상 바람직하지 않고, 심결이 서로 모순 저촉될 염려가 있기 때문이다.

(3) 심판요건이 부적합한 경우　부적합한 심판청구로서 보정을 할 수 없는 경우는 (ⅰ) 특허거절결정 불복심판의 경우 심판청구기간이 경과한 후 심판청구, (ⅱ) 당사자능력이 없는 자에 의한 심판청구, (ⅲ) 무효심판에 있어서 피청구인이 특허권자가 아닌 자인 무효심판청구, (ⅳ) 무효심판에서 피청구인이 공유특허권자의 일부인 경우, (ⅴ) 일사부재리의 규정에 위반되는 심판청구 등이다.

3. 일사부재리의 원칙

(1) 의의　특허심판에 있어서 소송물의 동일성이 명료하기 때문에 심판경제의 관점에서 심판청구의 남발을 막고, 확정심결에 대한 법적 안정성을 유지하기 위하여 일사부재리의 원칙을 명문화하고 있다. 이 법에 따른 심판의 심결이 확정되었을 때에는 그 사건에 대해서는 누구든지 동일 사실 및 동일 증거에 의하여 다시 심판을 청구할 수 없다. 다만, 확정된 심결이 각하심결인 경우에는 그러하지 아니하다(제163조). 일사부재리의 원칙이란 소송법상 판결이 확정되어 판결의 기판력이 발생하면 그 후 동일사건에 대하여 거듭하여 심판하는 것은 허용하지 아니한다는 것을 말한다. 일사부재리의 원칙은 헌법 제13조에 그 근거를 두고 있다.[5)]

(2) 법적효력　특허심판의 심결에 있어서 일사부재리의 효력은 특허심결의 행정처분 및 공익적 성질이 있다. 일사부재리의 효력이 미치는 인적 범위는 누구든지이므로, 확정된 심결의 당사자나 승계인뿐만 아니라 누구라도 일사부재리의 효력에 반하는 심판청구를 할 수 없다. 여기서 동일사실이란 소송물의 동일함을 의미하고, 동일증거란 전(前) 심결에서 제출·심리되었던 증거와 동일한 증거를 말한다. 동일사실 및 동일증거를 해석함에 있어서, 동일사실은 청구인이 주장하는 무효사유 등 구체적 주장사실을 기준하여 판단하여야 하고, 동일증거는 그 표시는 다르더라도 내용이 실질적으로 동일한 경우 등 동일성이 있는 증거가 포함된다. 전 심결에서 제출되지 않았던 새로운 증거라 하더라도 해당 사건에 하등의 영향을 줄 수 없는 것은 새로운 증거로 볼 수 없고 동일증거에 포함되는 것으로 해석한다.

(3) 일사부재리의 원칙이 적용되는 대상　일사부재리의 원칙은 본안심결의 확정사건에만 인용되므로 본안심결이 아닌 각하심결에는 적용하지 않는다. 각하심결은

5) 김철수, 475면.

소정의 사실 및 증거를 참작하여 내려진 심결이 아니고 본안에 대한 심리 없이 심판청구를 배척하는 심결이기 때문이다. 또한 일사부재리의 원칙은 등록이 무효 또는 취소 혹은 권리범위 확인심판에 관한 확정심결 또는 판결에 한하여 인정되고, 결정계 사건에 대한 항고심결에 인정될 수 없다. 이는 거절결정 불복심판에 대한 심결과 관련하여 확정등록제도가 없기 때문이다. 심결이 아닌 참가의 허여의 결정 등은 심결이 아니므로 일사부재리에 해당되지 않는다. 적극적 권리범위 확인심판의 심결이 확정되면 그 일사부재리의 효력이 소극적 권리범위 확인심판의 심결에 그대로 미친다.

(4) 동일증거의 범위 　특허법 제163조에 규정된 동일증거의 범위에는 전에 확정된 심결의 증거와 동일한 증거만이 아니라 그 심결을 번복할 수 있을 정도로 유력하지 아니한 증거가 부가되는 것도 포함된다. 확정된 심결의 결론을 번복할 만한 유력한 증거가 새로 제출된 경우에는 일사부재리의 원칙에 해당되지 않는다. 진보성의 결여를 이유로 한 등록무효심판청구에 대한 심결이 확정된 후 다시 명세서 기재가 불비하다는 것을 이유로 등록무효심판을 청구하는 것은 일사부재리에 해당하지 않는다.

(5) 판단시점 　심판청구가 일사부재리의 원칙을 위반하는지 여부를 판단하는 기준일은 심판청구시를 기준하여 판단한다. 대법원은 "심판청구를 제기하던 당시에 다른 심판의 심결이 확정등록되지 아니하였는데 그 심판청구에 관한 심결을 할 때에 다른 심판의 심결이 확정등록된 경우에까지 그 심판청구가 일사부재리의 원칙에 의하여 소급적으로 부적법하게 될 수 있다고 하는 것은 합리적인 해석이라고 할 수 없다. 따라서 일사부재리의 원칙에 따라 심판청구가 부적법하게 되는지 여부를 판단하는 기준시점은 심판청구를 제기하던 당시로 보아야 한다."고 판시하였다.[6)]

제2절 심판절차

Ⅰ. 심판청구

1. 서설

심판을 청구하는 자(이하 "청구인"이라 한다)는 심판청구서와 필요한 첨부서류를 특허심판원장에게 제출하여야 하며, 특허심판원장이 이를 수리하게 되면 심판절차가 개시된다. 특허심판원 내부적으로 심판절차에 관한 일반적인 심판사무처리는 특허

---

6) 대법원 2012. 1. 19. 선고 2009후2234 전원합의체 판결.

청 훈령인 심판사무취급규정에 의하고 심판사무취급규정에서 정하지 아니한 사항에 대하여는 특허심판원에 발행한 심판편람의 해당 내용을 참고하여 처리하고 있다.

특허심판원 내의 심판정책과는 심판청구와 관련된 서류의 접수· 처리· 발송 등 전산처리에 필요한 모든 사항을 심판·특허소송사무시스템에 전산입력하여 사건처리의 경과를 기록 관리하고 있다(심판사무취급규정 제3조).

특허심판의 절차는 결정계 심판과 당사자계 심판 각 특성에 따라 진행되지만 공통적인 심판의 일반적 절차의 흐름은 심판청구, 방식심사, 심판번호 및 심판관 지정, 심판청구요건의 적법성 심리, 본안심리(서면 또는 구술심리), 심리종결 순으로 진행된다.

2. 심판청구서

특허심판원에 심판을 청구하는 자, 즉 청구인이 자신의 심판청구가 심판의 합의체로부터 받아들여지는 심판청구의 인용심결을 받기 위해서는 우선적으로 심판청구서를 작성하여야 한다. 심판청구서가 갖추어야 할 기본요건은 (i) 심판청구서가 형식적인 기재요건 등 법령이 정하는 방식에 적합하고, (ii) 소정의 수수료를 납부하고, (iii) 심판청구가 법적 요긴을 충족하여야 하며, (iv) 청구인의 청구 자체가 정당성이 있어야 하고, (v) 청구인의 주장사실을 입증하는 서류를 첨부하여야 한다.

심판을 청구하려는 자는 (i) 당사자의 성명 및 주소(법인인 경우에는 그 명칭 및 영업소의 소재지), (ii) 대리인이 있는 경우에는 그 대리인의 성명 및 주소나 영업소의 소재지, (iii) 심판사건의 표시, (iv) 청구의 취지 및 그 이유를 적은 심판청구서를 특허심판원장에게 제출하여야 한다(제140조 제1항). 심판청구서의 심판사건의 표시란에는 권리번호와 심판의 종류를 표시한다. 청구의 취지란에는 청구인이 심판으로부터 구하고자 하는 법률효과를 적은 심판의 결론부분으로 청구인이 바라는 심결의 주문을 간단명료하게 기재하여야 한다. 청구의 이유란에는 청구의 취지를 뒷받침하기 위한 수상과 청구인이 입증할 사실관계를 서술하고, 관련 증거지료를 제출하여야 한다.

3. 예고등록

특허권 설정등록 후의 심판에 대해서 청구가 있는 경우에는 특허심판원장은 특허청장에게 그 사실을 통보하여 특허원부에 그 취지의 예고등록을 한다(특허권 등의 등록령 제6조). 예고등록은 제3자에게 경고하는 목적으로 등록하는 것이며 효력발생요건이나 대항력 부여를 위한 것은 아니다. 특허청장은 예고등록 이후의 권리의 이전, 전용실시권 허락 등의 변동사항을 특허심판원장에게 통보하여야 한다. 특허권 등 록령

제6조에서 규정하는 예고등록은 부동산등기법상의 예고등기를 준용하는 것으로 해석된다. 예고등기는 등기원인의 무효 또는 취소로 인한 등기의 말소 또는 회복의 소가 제기된 경우에 한다. 그러나 무효 또는 취소로써 선의의 제3자에게 대항할 수 없는 경우에는 그러하지 아니하다.[7)]

예고등기는 등기원인의 무효 또는 취소로 인한 등기의 말소 또는 회복의 소가 제기된 경우에 그 등기에 의하여 소의 제기가 있었음을 제3자에게 경고하여 계쟁 부동산에 관하여 법률행위를 하고자 하는 선의의 제3자로 하여금 소송의 결과과 발생할 수도 있는 불측의 손해를 방지하려는 것이 목적이다.

4. 통지

심판장은 특허등록의 무효심판·특허권존속기간 연장등록의 무효심판 또는 정정의 무효심판의 청구가 있는 때에는 등록원부를 조사하여 그 취지를 그 특허권의 전용실시권자 기타 특허에 관하여 등록을 한 권리를 가지는 자에게 통지하여야 한다. 청구인이 있는 심판의 경우 심판장은 심판청구서의 부본을 피청구인에게 송달하고 기간을 정하여 답변서 제출기회를 주고, 답변서를 수리한 때에는 그 부본을 상대방에게 송달하여 방어의 기회를 주어야 한다.

Ⅱ. 심판의 진행

1. 서설

심판청구서가 특허심판원에 제출되면 심판정책과 방식담당 직원은 심판청구서 및 심판에 관한 절차가 법령에 정한 방식에 적합한지 여부를 심사한다. 이를 방식심사라 하며, 여기서는 심판청구방식에 관한 사항, 행위능력 및 대리권에 관한 사항, 법령에서 정하는 방식에 위반된 사항 및 수수료 납부 등에 관해 심사를 하게 된다.

실무적으로는 본안심리에 들어가기 전에 소정의 심판방식 요건을 구비하고 있는지 여부에 대하여 심판정책과 직원에 의한 방식심사와 심판의 합의체의 주심심판관에 의한 방식심리를 구분할 수 있다.

심판 관련 서류에 대한 방식심사는 먼저 심판정책과에서 특허심판원장 명의로 이를 수행한다. 그러나 심판정책과에서 절차상 흠결에 대한 방식심사를 누락한 경우에는 실체심판을 심리하는 심판부의 주심심판관이 심판장 명의로 수행하게 된다.[8)]

7) 김준호, 477면.

당사자계의 특허심판은 심판청구, 방식심사, 심판번호 및 심판관 지정통지, 예고등록, 당사자에게 통지, 부본의 송달, 적법성 심리, 본안심리 및 심리종결 순으로 진행된다. 그러나 결정계 심판의 기본적인 절차는 당사자계 심판절차와 같으나 재심사청구제도가 있어서 일부 절차가 다르다. 심판에서는 심결의 효력이 대세효로 제3자에게도 영향을 미치기 때문에 변론주의가 아닌 직권주의가 채택되고 있다. 심판절차에서 기간의 도과(徒過) 등의 처리는 당사자의 신청을 필요로 하지 않고 심판관이 직권으로 진행하는 이른바 직권진행주의를 채택하고 있다.

2. 심판물

민사소송에서 있어서 소송의 객체를 소송물이라 한다. 민사소송이나 행정소송에서 소송의 객체를 소송물이라 하는 것과 같이, 특허심판절차에서 심판의 대상을 심판물이라고 부를 수 있다.[9] 심판물의 개념은 심판절차에서 (i) 청구의 변경인지 단순한 공격방어방법의 변경인지 여부, (ii) 동일심판이 이중으로 제기된 것인지 여부, (iii) 특허법 제160조에 기한 심리, 심결의 병합 또는 분리의 대상, (iv) 심결의 효력범위, (v) 심결취소소송의 소송물을 결정하는 기준 등을 정함에 있어 도움이 된다.[10] 실무에서 특허심판의 객체는 청구범위와 비교대상발명(또는 확인대상발명)이라 할 수 있다. 등록된 권리에 대한 무효심판이나 권리범위 확인심판에 있어서 청구범위에 기재된 발명의 보호범위의 확정이 심리판단의 전제가 되므로 청구범위의 해석과 특허사건의 사실관계의 판단이 실체적으로 큰 비중을 차지한다 .

3. 합의체

심판은 3인 또는 5인의 심판관으로 구성되는 심판의 합의체가 한다(제146조 제1항). 특허심판은 직무상 독립된 3인 또는 5인의 심판의 합의체가 준사법적인 절차에 따라 공정하게 특허분쟁을 해결하는 심판제도이다. 합의는 합의체의 심판관이 일체가 되어 각 사항에 대한 인정 및 판단을 하는 것으로 개개의 심판관의 주관을 배제하고, 객관성을 가지는 심판이 되도록 하기 위한 것이다.

---

8) 김민희, 32면.

9) 권택수, 466면: 특허권도 재산권인 이상, 일반 부동산등기사건과 마찬가지로 특허권의 양도약정이나 그 약정의 무효, 취소, 해제 기타 명의신탁해지, 사해행위취소 등을 청구원인으로 하여 특허권 이전등록 또는 그 말소등록을 구하는 소송을 제기할 수 있다. 이러한 소송은 그 목적물만 다를 뿐 일반 민사소송에 불과하므로, 그 요건 사실이나 항변 등은 일반 민사소송법 이론에 따라 판단하면 된다.

10) 특허법원 지적재산소송실무연구회, 43-44면.

4. 심판관의 제척·기피 등

(1) 심판관의 제척 심판관은 다음 각 호의 어느 하나에 해당하는 경우에는 그 심판에서 제척된다. 심판관이 제척되는 경우는 (i) 심판관 또는 그 배우자이거나 배우자이었던 사람이 사건의 당사자, 참가인 또는 특허취소신청인인 경우, (ii) 심판관이 사건의 당사자, 참가인 또는 특허취소신청인의 친족이거나 친족이었던 경우, (iii) 심판관이 사건의 당사자, 참가인 또는 특허취소신청인의 법정대리인이거나 법정대리인이었던 경우, (iv) 심판관이 사건에 대한 증인, 감정인이거나 감정인이었던 경우, (v) 심판관이 사건의 당사자, 참가인 또는 특허취소신청인의 대리인이거나 대리인이었던 경우, (vi) 심판관이 사건에 대하여 심사관 또는 심판관으로서 특허여부결정 또는 심결에 관여한 경우, (vii) 심판관이 사건에 관하여 직접 이해관계를 가진 경우이다(제148조).

(2) 제척신청 제척의 원인이 있으면 당사자 또는 참가인은 제척신청을 할 수 있다(제149조). 제척 신청이 있으면 그 신청에 대한 결정이 있을 때까지 심판절차를 중지하여야 한다. 다만, 긴급한 경우에는 그러하지 아니하다(제153조).

(3) 심판관의 기피 심판관에게 공정한 심판을 기대하기 어려운 사정이 있으면 당사자 또는 참가인은 기피신청을 할 수 있다(제150조 제1항). 당사자 또는 참가인은 사건에 대하여 심판관에게 서면 또는 구두로 진술을 한 후에는 기피신청을 할 수 없다. 다만, 기피의 원인이 있는 것을 알지 못한 경우 또는 기피의 원인이 그 후에 발생한 경우에는 그러하지 아니하다(제150조 제2항). 기피 신청이 있으면 그 신청에 대한 결정이 있을 때까지 심판절차를 중지하여야 한다. 다만, 긴급한 경우에는 그러하지 아니하다(제153조).

(4) 심판관의 회피 심판관이 제척 또는 기피에 해당하는 경우에는 특허심판원장의 허가를 받아 그 사건에 대한 심판을 회피할 수 있다(제153조의2).

5. 심판절차의 중지

(1) 의의 심판장은 심판에서 필요하면 직권 또는 당사자의 신청에 따라 그 심판사건과 관련되는 특허취소신청에 대한 결정 또는 다른 심판의 심결이 확정되거나 소송절차가 완결될 때까지 그 절차를 중지할 수 있다(제164조 제1항).

특허심판원장은 제3항에 따른 특허권 또는 전용실시권의 침해에 관한 소에 대응하여 그 특허권에 관한 무효심판 등이 청구된 경우에는 그 취지를 제3항에 해당하는 법원에 통보하여야 한다. 그 심판청구서의 각하결정, 심결 또는 청구의 취하가 있는 경우에도 또한 같다(제164조 제4항).

(2) 취지 정정청구가 있는 특허무효심판이 특허법원에 계속 중일 때 특허권자가 무효를 피하기 위하여 특허무효심판에서 청구한 정정청구와 동일 또는 유사한 내용으로 정정심판을 나중에 특허심판원에 청구한 경우에 심판부는 특허무효심판의 정정청구에 대한 특허법원의 판단결과를 지켜보기 위하여 정정심판의 절차진행을 중지할 수 있다.

6. 소송절차의 중지

(1) 의의 법원은 소송절차에서 필요하면 직권 또는 당사자의 신청에 따라 특허취소신청에 대한 결정이나 특허에 관한 심결이 확정될 때까지 그 소송절차를 중지할 수 있다(제164조 제2항). 법원은 특허권 또는 전용실시권의 침해에 관한 소가 제기된 경우에는 그 취지를 특허심판원장에게 통보하여야 한다(제164조 제3항).

특허법 제164조 제2항의 규정은 특허침해사건에 있어서 법원과 특허심판원 간의 소송 및 심판에 관한 정보교환에 관한 규정이다. 특히 법원에 침해가처분, 침해소송이나 손해배상에 관한 소가 계속 중일 때 당사자의 신청이나 법원의 결정에 따라 특허심판원의 무효심판, 권리범위 확인심판 또는 정정심판의 심결의 결과를 기다려 판결하고자 소송절차를 중지할 수 있다.

(2) 취지 종전에서는 법원만 직권으로 소송절차를 중지할 수 있도록 규정되어 있을 뿐 당사자의 신청에 의한 소송절차 중지 규정은 없는 상황이었다. 따라서 당사자는 중지 요청에 부담을 느끼고, 법원 역시 소극적이어서 심판결과를 침해소송 등에서 활용 못하는 사례 발생하였다.

2017년 개정법에서 법원이 소송절차에서 필요한 경우 직권 또는 당사자의 신청에 따라 특허에 관한 심결이 확정될 때까지 소송절차를 중지할 수 있도록 개선하여 법원은 소송절차의 중지 신청을 통해 침해소송 등에서 심판결과를 활용할 수 있고, 심판결과와 침해소송에서의 판단 결과가 서로 달리지는 경우를 최소화할 수 있을 것으로 보인다.

Ⅲ. 심판청구서의 보정

1. 심판청구의 각하

심판청구서의 보정은 원칙적으로 그 요지를 변경할 수 없다. 심판청구서의 요지란 심판의 당사자와 심판의 대상들을 의미하므로 당사자, 사건의 표시, 청구의 취지 부분이 이에 해당한다. 요지변경을 금지하는 이유는 심판절차의 지연방지와 피청구인의 방어권을 보호하기 위함이다. 심판장은 심판청구서가 방식에 위반됐을 경우 보정명령을 받은 자가 지정된 기간 이내에 보정을 하지 아니한 경우에는 결정으로 심판청구서를 각하하여야 한다.

심판장은 다음 각 호의 어느 하나에 해당하는 경우에는 기간을 정하여 그 보정을 명하여야 한다. (ⅰ) 심판청구서가 특허법 제140조 제1항 및 제3항부터 제5항까지 또는 제140조의2 제1항을 위반한 경우, (ⅱ) 심판에 관한 절차가 다음의 어느 하나에 해당하는 경우 . 특허법 제3조제 1항 또는 제6조를 위반한 경우, 같은 법 제82조에 따라 내야 할 수수료를 내지 아니한 경우, 이 법 또는 이 법에 따른 명령으로 정하는 방식을 위반한 경우에 기간을 정하여 그 보정을 명하여야 한다(제141조 제1항).

심판장은 제1항에 따른 보정명령을 받은 자가 지정된 기간에 보정을 하지 아니하거나 보정한 사항이 특허법 제140조 제2항 또는 제140조의2 제2항을 위반한 경우에는 심판청구서 또는 해당 절차와 관련된 청구나 신청 등을 결정으로 각하하여야 한다(제141조 제2항). 각하결정은 서면으로 하여야 하며, 그 이유를 붙여야 한다(제141조 제3항).

2. 요지변경에 해당하지 않는 경우

심판사무의 신속한 처리와 피청구인의 방어를 고려하여 심판청구의 보정은 그 요지를 변경할 수 없다. 따라서 심판청구서는 그 요지를 변경하지 아니하는 범위 내에서 보정할 수 있으며, 보정한 때에는 최초의 심판청구서를 제출한 날에 청구된 것으로 간주한다. 심판청구서의 보정에서 다음의 경우에는 요지변경에 해당하지 않는 것으로 본다(제140조 제2항 단서). (ⅰ) 당사자 중 특허권자의 기재를 바로잡기 위하여 보정(추가하는 것을 포함한다)하는 경우, (ⅱ) 청구의 이유를 보정하는 경우, (ⅲ) 특허권자 또는 전용실시권자가(특허권자를 추가하는 것을 포함하되, 청구인이 특허권자인 경우에는 추가되는 특허권자의 동의가 있는 경우로 한정한다.) 청구한 권리범위 확인심판에서 심판청구서의 확인대상발명(청구인이 주장하는 피청구인의 발명을 말한다)의 설명서 및 도면에 대하여 피청구인이 자신이 실제로 실시하고 있는 발명과 비교하여 다르다고 주장하는 경우에 청구인이 피청구인의 실시발명과 동일하게 하기 위하여 심판청구서의 확인대상발명의 설명서 및 도면을 보정하는 경우 등이다.[11)]

---

11) 특허권의 권리범위 확인심판을 청구할 때 심판청구의 대상이 되는 확인대상발명은 해당 특허발명과 서로 대비할 수 있을 만큼 구체적으로 특정되어야 할 뿐만 아니라, 특허발명의 권리범위에 속하는지를 확인하는 대상으로서 다른 것과 구별될 수 있는 정도로 구체적으로 특정되어야 한다.

심판의 청구인과 피청구인을 추가하거나 변경하는 것은 모두 요지변경으로 볼 것인지에 대하여는 판례와 학설은 일치되고 있지 않으나, 심판실무는 피청구인의 동일성을 잃지 않는 경우를 제외하고는 원칙적으로 요지변경으로 본다.

Ⅳ. 심리

1. 적법성 심리

심리란 당사자가 사건에 관한 사실을 주장하고 증거를 제출하는 과정과 특허심판원이 당사자가 제출한 증거를 조사해서 당사자가 주장하는 사실의 진위여부를 판정하는 과정으로 이루어지는 일련의 절차를 말한다.

적법성 심리란 심판합의체가 심판청구 자체의 적법성 여부를 심리하는 것으로 심판청구가 적법해지기 위하여 갖추어야 할 심판청구요건 내지 적법요건에 대한 심리를 말한다. 이러한 심판청구요건이 흠결이 있으면 심판합의체는 본안심리를 하지 않고 심결로써 각하한다.

적법성 심리사항은 (i) 당사자에 대한 심리, (ii) 고유필수적 공동심판의 경우 그 흠결 여부, (iii) 대리권의 유무 및 범위, (iv) 법정기간 내에 청구되었는지 여부, (v) 동일사건이 계속 중인지 여부(중복제소 금지), (vi) 일사부재리원칙에 위배되는지 여부, (vii) 제척기간에 해당되는지 여부, (viii) 부제소특약 등이 있는지의 여부 등이다. 이해관계의 소멸 등은 피청구인의 적극적인 항변이 있어야 고려된다.

2. 판단의 기준시점

심판요건 존부(存否)에 대한 판단의 기준시점은 원칙적으로 심리종결시이다. 심판청구시에는 존재하지 아니하였다 하더라도 심리종결시 존재하면 적법한 청구이고, 심판청구시에 존재하였더라도 심리종결시에 존재하지 아니하면 부적법한 청구가 된다.

3. 심리방법

특허심판은 구술심리 또는 서면심리에 의한다. 일반적으로 기술설명회를 통해서 구술심리가 진행된다. 당사자가 구술심리를 신청하였을 때에는 서면심리만으로 결

만일 확인대상발명의 일부 구성이 불명확하여 다른 것과 구별될 수 있는 정도로 구체적으로 특정되어 있지 않다면, 특허심판원은 요지변경이 되지 아니하는 범위 내에서 확인대상발명의 설명서 및 도면에 대한 보정을 명하는 등의 조치를 취해야 한다.

정할 수 있다고 인정되는 경우 외에는 구술심리를 하여야 한다(제154조 제1항). 사실상 무효심판의 성격면에서, 심판의 객체와 대부분의 증거가 기술에 관한 것이어서 서면심리가 오히려 유리한 경우가 많다. 실무에서는 서면심리를 원칙으로 하고 구두심리를 보충적인 것으로 인정하고 있다. 이러한 실무를 반영하여 심판은 구술심리 또는 서면심리로 진행하나 당사자가 구술심리를 신청할 경우에는 구술심리를 해야 한다고 개정하였다.

4. 심리의 순서

특허심판에서의 심리는 원칙적으로 심판청구서의 심사, 심판요건의 심리, 청구의 당부(當否)의 심리 순으로 심리가 진행되므로 심판청구서의 심사는 심판요건의 구비여부나 청구의 당부보다 먼저 따져야 하는 절차이다. 그러나 적법요건의 흠결이 있고 또 보정도 불가능하여 심판청구를 각하하여야 하는 경우에는 심판청구서의 심사에 들어가지 않고 곧바로 심결각하하여야 한다.

5. 직권주의

(1) 직권탐지주의　　심판에 있어서는 직권탐지주의를 취하므로 당사자의 주장에 치우치지 않고 심판관이 직권으로 사실을 탐지하고 증거조사를 할 수 있다. 특허심판은 민사소송과 달리 당사자뿐만 아니라 널리 직권의 이해에 관한 문제를 해결함을 목적으로 한다. 이는 공익적, 국가산업 정책적인 관점에서 해결을 꾀할 필요가 있기 때문이다. 심판에서는 당사자 또는 참가인이 신청하지 아니한 이유에 대해서도 심리할 수 있다. 이 경우 당사자 및 참가인에게 기간을 정하여 그 이유에 대하여 의견을 진술할 수 있는 기회를 주어야 한다(제159조 제1항). 심판에서는 청구인이 신청하지 아니한 청구의 취지에 대해서는 심리할 수 없다(제159조 제2항).

심판요건은 일반적으로 직권조사사항이므로 이에 관한 당사자의 주장은 직권조사를 촉구하는 의미로 해석된다. 심리면에서는 심판관은 직권심리주의에 따라 당사자 또는 참가인이 신청하지 않은 이유에 대해서도 심리할 수 있으며, 당사자 간에 분쟁이 없는 사실이라도 독자적으로 판단할 수 있다.

따라서 심결의 기초가 되는 자료를 당사자의 태도와는 무관하게 심판관이 직권으로 수집하는 직권증거조사 등도 시행된다. 심판장이 당사자 또는 참가인을 심문하는 것도 인정되고 있다. 당사자 또는 참가인이 신청하지 않은 이유에 대해 심리가 이루어진 때는 그 심리결과는 심판장이 당사자 또는 참가인에게 통지하여 상당 기간을 지정하고 의견을 신청할 기회를 주게 된다. 그러나 청구인이 신청하지 않은 청구의 취지에 대해서까지 심리하는 것은 인정되고 있지 않다.

직권탐지주의에서는 당사자의 주장책임이 배제되므로 당사자의 변론은 특허심판원의 직권탐지를 보완하는 데 그치고 당사자가 주장하지 않는 사실도 직권으로 수집하여 심결의 기초로 삼을 수 있다.

(2) 직권진행주의 직권진행주의는 심판절차를 진행함에 있어서 당사자의 자유에 맡기지 않고 심판관이 주도권을 가지고 진행하는 것을 말한다. 심판장은 심판물이 기재사항을 구비하고 있는지 여부 등의 형식적 사항에 관하여 그 적법 여부를 판단할 권한이 있고, 심판의 절차적 진행을 지휘·감독한다. 심판장은 당사자 또는 참가인이 법정기간 또는 지정기간에 절차를 밟지 아니하거나 기일에 출석하지 아니하여도 심판을 진행할 수 있다(제158조). 심판관은 당사자 쌍방 또는 일방의 동일한 둘 이상의 심판에 대하여 심리 또는 심결을 병합하거나 분리할 수 있다(제160조).

(3) 자백·의제자백 특허심판이 심리에서 구술심리기일 등에 출석하지 아니하더라도 상대방의 주장사실을 자인하는 것으로 간주되는 민사소송법상의 의제자백의 효과는 발생되지 아니한다. 이것은 직권탐지주의가 적용되는 특허심판의 특성상 불가능하나 사실상의 불리한 판단까지 배제되는 것은 아니다. 민사소송에서는 주요사실에 대해 당사자의 자백이 가능하고 이는 재판부를 구속하나, 특허심판에서는 이러한 법리가 적용되지 아니한다. 당사자의 자백은 특허심판원을 구속할 수 없고 한낱 증거자료에 그치므로 자백·의제자백만으로는 심결할 수 없다. 행정소송의 일종인 심결취소소송에서도 원칙적으로 변론주의가 적용되어 주요사실에 대해서는 당사자의 불리한 진술인 자백이 성립한다고 할 것인바, 특허발명의 진보성 판단에 제공되는 선행발명이 어떤 구성요소를 가지고 있는지는 주요사실로서 당사자의 자백의 대상이 된다.[12)]

6. 증거조사 및 증거보전

심판에 있어서는 당사자, 참가인 또는 이해관계인의 신청에 의하여 또는 직권으로 증거조사나 증거보전을 할 수 있다(제157조 제1항). 이 경우에 구체적인 증거조사와 증거보전 등의 절차는 민사소송법 제2편 제3장(증거)에 관하여 이를 준용한다. 심판장은 직권으로 그 결과를 당사자 및 참가인 또는 이해관계인에게 송달하고 기간을 정하여 이에 대한 의견서 제출의 기회를 주어야 한다.

12) 대법원 2006. 6. 2. 선고 2005후1882 판결.

7. 심리절차

심판요건에 대한 심리는 심판물의 심리 후 본안(本案)심리에 앞서 또는 본안심리와 동시에 진행하나 불복기간 경과 후의 심판청구와 같이 심판요건의 위배가 명백한 경우 등에는 심판청구서의 심사 후 곧바로 심판청구를 심결로 각하하거나 필요한 경우 보정명령을 할 수 있다. 부적법한 심판청구로서 그 흠결을 보정할 수 없는 것인 경우에는 피청구인에게 답변서 제출의 기회를 주지 아니하고 심결로 각하할 수 있다. 부적법한 심판청구라 하더라도 보정이 가능한 경우에는 청구인에게 보정을 명한 후가 아니면 각하할 수 없고, 심판의 각하결정을 받은 자는 특허법원에 소를 제기할 수 있다(제186조 제1항).

8. 심리종결

심판청구서가 형식적인 기재요건 등 법령이 정하는 방식에 적합하고 소정의 수수료가 납부되고 적법한 심판청구로서 사건이 성숙한 것으로 인정되면 당사자 간의 주장과 증거 등을 살펴서 심판물을 심리한다. 심리한 결과 청구인의 주장이 타당한 때에는 그 청구를 인용하고 부당한 때에는 기각한다.

심판장은 심결절차를 공정하고 신속하게 진행하기 위해서 심결에 앞서 당사자 및 참가인에게 심리종결통지를 하여야 한다. 심판장은 심리종결통지 이후에도 필요하다고 인정할 때에는 당사자 또는 참가인의 신청에 의하여 또는 직권으로 심리를 재개할 수 있다. 심리종결통지 후 심결까지 답변서, 보정서, 의견서 등의 서류가 제출된 때에는 그 서류는 심결에 참작하지 아니하고 그대로 기록에 편철하고 신청이 있으면 반환한다. 그러나 심결문의 등본 발송 후에 제출된 심판이유보충서는 반려한다.

Ⅴ. 심결

1. 서설

심결의 최종적인 판단은 심결로써 제시되며 심판은 심결이 있었을 때 종료하게 된다. 심결은 문서를 통해 시행되며 심결의 결론 및 이유 등이 기재된다. 심결에 기재되는 심결의 결론은 판결의 주문에 해당한다고 할 수 있으며 청구인의 주장이 인용되지 않을 때는 심판의 청구가 성립되지 않는다고 보지만, 인용된 때는 청구의 취지에 대응한 것이 된다.

2. 각하심결

각하심결이란 심판청구요건의 불비를 이유로 그 심판청구를 각하하는 심결을 말한다. 예를 들면, 특허거절결정 불복심판의 경우 심판청구기간을 경과하여 청구한 경우, 해당 특허출원의 공동출원인의 일부에 의해 심판청구된 특허거절결정 불복심판의 청구 또는 일사부재리의 원칙에 위반된 심판청구의 경우 등이다. 심판청구가 부적법하고 그 흠결이 보정될 수 없는 것일 때에는 피청구인에게 답변서 제출기회를 주지 아니하고 심결로써 이를 각하할 수 있다(제142조).

3. 본안심결

심판요건을 갖춘 심판청구에 대하여 그 심판의 청구의 취지가 타당한지 여부를 가리는 심결을 본안심결이라 한다. 이 본안심결에는 청구인의 주장이 인용되는 인용심결과 청구인의 주장이 배척되는 기각심결이 있다. 심판은 특별한 규정이 있는 경우를 제외하고는 심결로써 종결한다(제162조 제1항). 심판의 심결은 청구인의 주장을 인정하지 않고 그 청구가 성립하지 않는다고 보는 경우와 청구인의 주장을 인정하고 그 특허출원에 대해 거절의 이유가 없다고 심판관이 판단했을 때 원사정을 취소하고, 심사에 붙여야 한다는 취지의 환송심결을 하는 것도 가능하다.

4. 심결문의 기재사항

심결문은 그 내용을 명확히 하여야 하며, 다음 사항을 기재한 서면으로 하고 심판관이 기명날인하여야 한다. 심결문의 기재사항은 (i) 심판의 번호, (ii) 당사자 및 참가인의 성명과 주소, (iii) 대리인이 있는 경우에는 그 대리인의 성명 및 주소나 영업소의 소재지, (iv) 심판사건의 표시, (v) 심결의 주문, (vi) 심결의 이유(청구의 취지 및 그 이유의 요지를 포함), (vii) 심결연월일 등이다(제162조 제2항). 주심이 작성한 심결문 초안을 심판장 및 합의체의 타심판관에게 회람시켜 검토하게 한다. 심결문에 대한 의견이 일치되어 심결문이 완성되면 심결한 심판관은 이에 기명날인하여야 한다.

Ⅵ. 심판의 종료

1. 서설

심판은 심판의 청구로 개시된 후 심결로써 종료된다. 또한 심판청구의 취하 등 그 이외의 사유로도 종료된다. 특허심판은 민사소송의 경우와는 달리 청구의 포기,

피청구인의 인낙, 심판상의 화해에 의해서는 종료되지 않는다. 이는 특허심판이 채택하고 있는 직권주의에 배치(背馳)되기 때문이다.

2. 심판청구의 취하

심판청구의 취하는 청구인이 청구한 심판의 전부 또는 일부를 철회하는 행위를 말하는 것으로서 이로 인하여 심판이 종료된다. 심판청구가 취하되면 그 심판청구가 처음부터 없었던 것으로 보기 때문에 나중에 다시 동일한 청구취지로 같은 피청구인에 대하여 심판을 청구할 수 있다. 심판청구의 취하는 심결이 확정될 때까지 이를 취하할 수 있다. 다만 답변서 제출이 있는 때에는 상대방의 동의를 얻어야 한다(제161조 제1항). 둘 이상의 청구항에 관하여 무효심판 또는 권리범위 확인심판을 청구한 때에는 청구항마다 취하할 수 있다(제161조 제2항). 심판장은 심판청구의 취하가 있을 때에는 상대방에게 서면으로 통지하여야 한다.

3. 심결에 의한 종료

심판은 보통 심결로 종결하고, 심결이 확정되면 심판은 종료된다. 넓은 의미의 심판은 그 형식에 따라 심결, 결정 및 명령이 있다.

(1) 심결　　심결이란 심판사건을 해결하기 위하여 심판의 합의체가 행하는 종국적인 판단이다. 즉, 당사자 주장의 당부에 대한 공권력의 판단으로 특허심판의 청구에 대한 종결이다. 따라서 본안심결의 과정에서 이루어지는 제척, 기피신청 또는 참가신청과 같은 부수적인 사항에 대한 결정과는 다르다. 심결에는 각하심결과 본안심결이 있다. 심판장은 심판사건이 성숙한 때에는 당사자 및 참가인에게 심리종결을 통지하고, 그 날로부터 20일 이내에 심결하여야 한다(제162조 제3항 및 제5항). 심리종결통지 후에 당사자 또는 참가인의 신청에 의하여 또는 직권으로 심리를 재개할 수 있다.

(2) 결정　　결정은 심판청구의 본안이 아닌 심판의 절차적 신청에 대하여 심판장 또는 심판부가 그 당부를 심리·판단하여 내리는 결론으로서 심결이 아닌 결정의 형식으로 표시된다. 결정에는 심판관의 제척 또는 기피 신청에 대한 결정(제152조 제1항), 참가신청에 대한 참가 여부의 결정(제156조 제3항), 증거조사 또는 증거보전신청에 대한 결정(제157조 제1항)이 있다. 심판장은 심판청구서가 방식에 위반됐을 때 보정명령을 받은 자가 지정된 기간 이내에 보정을 하지 아니한 경우에는 결정으로 심판청구서를 각하하여야 한다(제141조 제2항).

(3) 명령　　명령이란 심판장 또는 심판관이 조치하는 심판진행상 필요한 간단

한 절차로서 반드시 문서나 이유를 붙일 것을 요하지 않는다. 명령의 종류로는 방식 위반에 대한 심판장의 보정명령, 기타 심판장 또는 심판관의 자료제출명령 등이 있다. 특허심판원으로부터 증거조사 또는 증거보전에 관하여 서류 기타 물건의 제출 또는 제시의 명령을 받은 자로서 정당한 이유 없이 그 명령에 응하지 아니한 자, 특허심판원으로부터 증인·감정인 또는 통역인으로 소환된 자로서 정당한 이유 없이 그 명령에 응하지 아니한 자는 50만 원 이하의 과태료 처분대상이 된다(제232조).

4. 등본의 송달

심판장은 심결 또는 결정의 등본을 당사자, 참가인 및 심판에 참가신청을 하였으나 그 신청이 거부된 자에게 송달하여야 한다(제162조 제6항). 특허심판원의 심결문 등은 반드시 우편송달만 가능하였으나, 오늘날 디지털 기술이 발전에 부응하여 고객의 편의 증진과 행정비용의 절감을 위하여 출원인이 희망하면 심결문을 온라인으로 전자송달하고 있다.

5. 불복방법

심판합의체의 심결각하에 대하여 불복하고자 하는 자는 심결등본을 송달받은 날로부터 30일 이내에 특허법원에 소를 제기할 수 있다(제186조). 이 경우 결정계 심판은 특허청장을, 당사자계 심판은 원심판의 피청구인을 피고로 한다.

6. 심결의 확정

심결 및 결정은 그것에 대하여 불복이 있는 자가 법정기간 내에 불복절차를 밟지 않거나 불복절차를 밟았으나 심결 또는 결정이 종국적으로 더 이상 다툴 수 없게 되면 확정된다. 한편, 특허를 허여한다는 심결이나 정정심판에서 정정이 인정된 경우의 심결은 심결등본의 송달이 있는 때에 확정된다. 특허법원 심결취소소송에서 판결이 심결취소인 경우는 파기되어 특허심판원에서 심결 후 확정된다. 그러나 특허법원 판결이 원고의 청구를 기각하는 경우 심판원 심결은 특허법원 판결이 확정되면 같이 확정된다.

Ⅶ. 심결의 효력

심결등본이 당사자 등에게 송달되면 심결의 기속력이 발생하고 심결이 확정되면 심결의 기속력, 확정력 및 일사부재리의 효력이 발생한다.

1. 기속력

처분 등을 취소하는 확정판결은 그 사건에 관하여 당사자인 행정청과 그 밖의 관계행정청을 기속한다(행정소송법 제30조 제1항). 기속력(羈束力)은 행정행위가 법정요건을 갖추어 행하여진 경우에 그 내용에 따라 상대방과 행정청을 구속하는 효력을 말한다. 이를 구속력(拘束力)이라고도 한다. 심결등본이 당사자 등에게 송달된 후에는 심판관도 그 내용을 철회하거나 변경할 수 없는 기속력이 발생한다. 이는 외부에 공개된 심결이 심판기관에 의하여 자유로이 변경된다면 법적 안정성을 해치고 심판의 신뢰성과 당사자의 이익보호에 불리하게 작용될 수 있기 때문이다.

2. 확정력

확정력에는 불가쟁력(不可爭力)과 불가변력(不可變力)이 있다. 불가쟁력은 형식적 확정력으로 행정행위의 상대방으로부터 더 이상 그 효력을 다툴 수 없는 힘을 말한다. 불가변력은 실질적 확정력으로 행정청이 행정행위를 취소, 변경 또는 철회할 수 없는 힘을 의미한다. 처분 등을 취소하는 확정판결은 제3자에 대하여도 효력이 있다(행정소송법 제29조 제1항). 확정된 심결은 재심사유가 없는 한 소멸 또는 변경되지 아니한다. 단지 재심에 의하여 취소·변경을 구할 수 있을 뿐이다. 심결의 확정력은 민사소송의 판결의 형식적 확정력에 해당한다고 할 수 있다. 확정된 심결은 고도의 공익적 요구가 있을 때에는 취소 또는 변경이 가능한 일반 행정처분보다 강한 확정력이 인정된다고 할 수 있다.

3. 일사부재리의 효력

특허법이 일사부재리의 효력을 규정하는 이유는 한 번 내려진 심결에 근거한 구체적인 권리관계에 대하여 다시 다툼이 생긴 경우, 심판기관과 당사자 모두에게 그 확정된 심결의 내용과 상치되는 판단과 주장을 하지 못하도록 함으로써 법적 안정성을 기하고 심판의 권위를 지키는 한편 당사자를 보호하고 심판의 경제성을 도모하기 위함이다. 특허법상의 일사부재리 효력은 민사소송법상의 판결의 기판력과 유사하다. 그러나 기판력은 동일사실(소송물)에 관하여 미치므로 증거가 다르더라도 동일 소송물에 관한 것인 한 다시 소를 제기할 수 없으나, 특허심판의 일사부재리 효력은 동일사실에 관한 것이라 하더라도 증거가 다르면 다시 심판을 청구할 수 있는 점에서 차이가 있다.

4. 민사판결의 기판력

민사소송의 판결이 확정되면 특정한 법적 효과의 존부에 관한 법원의 판단이 소송당사자와 법원을 구속하므로 그 이후에 동일사항이 소송상 제기되더라도 당사자는 동일소송물에 관하여 되풀이하여 다툴 수 없고 어느 법원도 이전의 확정판결과 모순·저촉되는 판단을 할 수 없다.

기판력과 일사부재리는 심결이나 판결의 모순·저촉을 방지한다는 점에서 공통점이 있으나, 일사부재리의 원칙이 대세효가 있는 데 반해, 기판력은 당사자 사이에만 미친다는 점, 일사부재리는 동일사실 및 동일증거에 기하여 다시 심판청구를 금지하기 때문에 사실 또는 증거 어느 하나가 다르면 재차 심판청구가 가능하나, 기판력은 소송물이 같은 한 다른 증거에 기한 경우라도 재차 소송을 재기할 수 없는 점에서 차이가 있다.[13)]

제3절 심판의 종류와 내용

Ⅰ. 특허거절결정 불복심판

1. 서설

특허거절결정 불복심판이란 특허출원에 대한 심사관의 특허거절결정에 불복하는 자가 거절결정등본을 송달받은 날부터 30일 이내에 청구하는 심판이다. 특허거절결정 불복심판은 당사자계 심판과 같이, 심판청구, 방식심사, 심판관 지정, 심리진행, 심리종결 순서대로 진행된다. 심사절차에 재심사청구제도가 도입되었기 때문에 특허거절결정 불복심판의 절차는 종래와 동일하나, 명세서의 보정은 금지된다. 특허거절결정 불복심판을 청구하기 전에 명세서에 기재된 청구범위의 보정과 동시에 재심사를 청구하면 심사관으로부터 다시 심사를 받을 수 있다(제67조의2).

2. 심판절차

출원인이 심사관으로부터 특허거절결정 등본을 송달받은 후, 명세서를 보정하면서 재심사를 받을지 여부를 판단한 후 명세서 보정서를 첨부하여 특허청장에게 제출하여야 한다. 만일 심사관이 재심사를 한 후 다시 거절결정하기로 결정하면, 출원인에게 재차

13) 김민희, 127면.

거절결정서를 통지한다. 이 경우 출원인은 거절결정서 등본을 송달받은 날부터 30일 이내에 특허심판원에 특허거절결정 불복심판을 청구할 수 있다(제132조의17).

3. 특허거절결정의 취소

심판관은 특허거절결정 불복심판이 청구된 경우에 그 청구가 이유 있다고 인정한 때에는 심결로써 특허거절결정 또는 특허권의 존속기간의 연장등록거절결정을 취소하여야 한다(제176조 제1항). 특허거절결정 또는 특허권의 존속기간의 연장등록거절결정을 취소할 경우에는 심사에 붙일 것이라는 심결을 할 수 있다(제176조 제2항). 이 경우 심결에 있어서 취소의 기본이 된 이유는 그 사건에 대하여 심사관을 기속한다(제176조 제3항).

Ⅱ. 정정심판

1. 서설

(1) 관련 규정 특허권자는 다음 각 호의 어느 하나에 해당하는 경우에는 특허발명의 명세서 또는 도면에 대하여 정정심판을 청구할 수 있다. (ⅰ) 청구범위를 감축하는 경우, (ⅱ) 잘못 기재된 사항을 정정하는 경우, (ⅲ) 분명하지 아니하게 기재된 사항을 명확하게 하는 경우(제136조 제1항).

정정심판이란 특허권자가 특허권이 설정등록된 후 명세서 또는 도면에 잘못된 기재 또는 불명료한 점이 있거나 청구범위가 넓게 기재되어 있어 선행기술에 의하여 무효의 가능성이 있는 경우 이를 정정하기 위해 청구하는 심판을 말한다.

(2) 취지 정정심판은 특허권이 설정등록된 후 특허발명의 명세서 또는 도면에 잘못 기재되거나 또는 분명하지 아니하게 기재되거나, 청구범위가 너무 넓게 기재되어 있는 경우 이를 바로 잡아 특허무효를 미연에 방지하고, 특허권 분쟁이 있는 경우 그 권리관계를 명확히 하는 것을 목적으로 한다. 정정심판의 절차는 특허거절결정 불복심판과 같이, 심판청구, 방식심사, 심판관 지정, 심리진행, 심리종결 순서로 진행된다. 다만 심결이 인용된 경우에 정정명세서를 공고하는 절차가 별도로 있다. 정정심판의 심결이 기각되는 경우에는 거절불복심판과 동일한 절차에 따라서 불복하는 소송을 제기할 수 있다. 정정심판에 있어서 정정의 범위는 그 목적을 달성하는 데 필요한 최소한의 범위로 한정한다.

(3) 정정심판을 청구할 수 없는 경우 다음 각 호의 어느 하나에 해당하는 기간

에는 정정심판을 청구할 수 없다. (ⅰ) 특허취소신청이 특허심판원에 계속 중인 때부터 그 결정이 확정될 때까지의 기간에는 정정심판을 청구할 수 없다. 다만, 특허무효심판의 심결 또는 정정의 무효심판의 심결에 대한 소가 특허법원에 계속 중인 경우에는 특허법원에서 변론이 종결(변론 없이 한 판결의 경우에는 판결의 선고를 말한다)된 날까지 정정심판을 청구할 수 있다. (ⅱ) 특허무효심판 또는 정정의 무효심판이 특허심판원에 계속 중인 기간에는 정점심판을 청구할 수 없다(제136조 제2항).

2. 정정의 제한

정정심판은 등록된 특허권의 명세서나 도면에 오기 또는 불명한 점이 있거나 특허권의 범위가 지나치게 넓은 경우, 심판절차에 의하여 이를 정정하는 제도이다. 청구범위는 특허발명의 보호범위이므로 이를 함부로 고칠 수가 없고 확장해석도 허용되지 아니한다. 정정심판은 특허권이 소멸된 후에도 이를 청구할 수 있다.

정정심판에 의하여 특허권의 범위가 확장 또는 변경된다면 제3자에게 예측할 수 없는 손해를 주게 되므로 명세서 또는 도면에 대한 정정은 청구범위의 감축, 잘못된 기재를 정정하는 경우, 분명하지 아니한 기재를 명확하게 하는 경우에 한하여 청구할 수 있다(제136조 제1항). 명세서 또는 도면의 정정은 특허발명의 명세서 또는 도면에 기재된 사항의 범위에서 할 수 있다(제136조 제3항). 판례에 의하면, 정정명세서에 관한 보정은 당초 정정사항을 삭제하거나 정정청구의 내용이 실질적으로 동일하게 되는 범위 내에서 경미한 흠을 고치는 정도에서만 정정청구취지의 요지를 변경하지 않는 것으로서 허용된다고 한다.[14)]

대법원은 "특허의 정정은 특허 전체 또는 일부가 무효로 될 우려가 있을 때 피청구인(특허권자)이 자발적으로 그 흠결을 제거할 수 있도록 하기 위한 것이므로 정정의 범위는 특허발명의 명세서 또는 도면에 기재된 사항의 범위로 한정한다."고 판시하였다.[15)]

3. 청구범위의 확장 또는 변경 금지

명세서 또는 도면의 정정은 청구범위를 실질적으로 확장하거나 변경할 수 없다(제136조 제4항). 여기서 청구범위의 실질적 확장이란 청구범위는 아무런 정성이 없있

14) 대법원 2013. 2. 28. 선고 2011후3643 판결.

15) 대법원 2014. 2. 27. 선고 2012후3404 판결: 심판청구한 정정은 이 사건 특허발명의 명세서 등에 기재된 범위를 넘는 신규사항의 추가에 해당하므로 정정을 인정할 수 없다.

어도 발명의 설명 또는 도면을 정정한 결과 청구범위가 사실상 확장되는 경우 등을 의미한다. 대법원은 "청구범위를 실질적으로 확장하거나 변경하는 경우에 해당하는지 여부는 청구범위 자체의 형식적인 기재뿐만 아니라 발명의 설명을 포함하여 명세서와 도면 전체에 의하여 파악되는 청구범위의 실질적인 내용을 대비하여 판단하여야 하는 바, 정정 후의 청구범위에 의하더라도 발명의 목적이나 효과에 어떠한 변경이 없고 발명의 설명 및 도면에 기재되어 있는 내용을 그대로 반영한 것이어서 정정 전의 청구범위를 신뢰한 제3자에게 예기치 못한 손해를 줄 염려가 없다면 그 정정청구는 청구범위를 실질적으로 확장하거나 변경하는 것에 해당하지 아니한다."고 판시하였다.[16)]

4. 정정 후 특허요건의 충족

청구범위를 감축하는 경우와 잘못된 기재를 정정하는 경우에 해당하는 정정은 정정 후의 청구범위에 적혀 있는 사항이 특허출원을 하였을 때에 특허를 받을 수 있는 것이어야 한다(제136조 제5항). 이러한 정정으로 인하여 변경된 특허발명은 처음 특허될 당시에 특허요건을 충족해야 하는 것과 마찬가지로 정정 후에도 특허요건을 충족해야 한다는 것을 의미한다.

5. 정정심판 청구시기

정정심판은 특허권이 소멸된 후에도 청구할 수 있다. 다만, 특허취소결정이 확정되거나 특허를 무효(제133조 제1항 제4호에 의한 무효는 제외한다)로 한다는 심결이 확정된 후에는 그러하지 아니하다(제136조 제7항). 정정심판이 무효심판에 대한 하나의 방어수단이므로 정정심판 역시 무효심판과 마찬가지로 특허권의 소멸 후에도 청구할 수 있다. 그러나 특허취소결정이 확정되거나 특허가 무효된 후에도 정정심판을 청구할 수 있도록 한다면 이는 재심사유로 되는 결과가 되므로 정정심판의 청구는 특허취소결정이 확정되기 전 또는 특허가 무효되기 전으로 한정한다.

6. 전용실시권자 등의 동의

특허권자는 전용실시권자, 질권자와 특허법 제100조 제4항·제102조 제1항 및 발명진흥법 제10조 제1항에 따른 통상실시권을 갖는 자의 동의를 받아야만 제1항에 따른 정정심판을 청구할 수 있다. 다만, 특허권자가 정정심판을 청구하기 위하여 동

16) 대법원 2014. 2. 13. 선고 2012후627 판결.

의를 받아야 하는 자가 무효심판을 청구한 경우에는 그러하지 아니하다(제136조 제8항). 정정심판에서 특허권자가 오해하여 불필요한 정정심판을 청구하는 경우가 있고, 특허권자가 청구범위를 지나치게 좁게 감축하는 경우가 있을 수 있다. 따라서 전용실시권자 등 이해관계인이 예상하지 못한 손해를 입지 않도록 사전에 이들의 동의를 얻도록 한 것이다.

7. 정정심결의 효과

특허발명의 명세서 또는 도면에 대하여 정정을 한다는 심결이 확정된 때에는 그 정정 후의 명세서 또는 도면에 의하여 특허출원, 출원공개, 특허결정 또는 심결 및 특허권의 설정등록이 된 것으로 본다(제136조 제10항). 본 조항은 정정청구를 인용하는 심결이 확정된 경우의 효과에 대한 규정이다. 정정심결의 효과를 특허출원시까지 소급하는 것은 무효심판의 청구이유에 대한 판단을 후발적 사유에 의한 무효의 경우를 제외하고, 특허출원시를 기준으로 하므로 정정의 효과가 특허출원 시점까지 소급되지 않는다면 정정심판은 본래의 목적을 달성할 수 없기 때문이다.

8. 정정심결의 확정과 소송과의 관계

특허무효심판사건이 상고심에 계속 중인 경우 해당 특허의 정정심결이 확정된 경우에 특허발명은 정정 후의 명세서대로 특허출원되어 설정등록된 것으로 본다(제136조 제10항). 판례에 의하면 정정 전의 이 사건 특허발명을 대상으로 하여 무효 여부를 심리·판단한 원심판결에는 민사소송법 제451조 제1항 제8호 소정의 재심사유가 있으므로 결과적으로 판결에 영향을 끼친 법령위반의 위법이 있는 것으로 파기를 면할 수 없게 된다고 한다.

특허권의 침해를 원인으로 하는 손해배상청구사건에서 특허권에 무효사유가 있다는 이유로 원고의 손해배상청구를 기각한 판결에 대한 소송이 상고심 계속중에 해당 특허의 정정심결이 확정된 경우, 이는 원심판결의 기초가 된 행정처분이 후의 행정처분에 따라 바뀐 때에 해당하므로 원심판결에는 민사소송법 제451조 제1항 제8호에 정하여진 재심사유가 있다고 한다.[17] 권리범위 확인심판사건의 상고심 계속 중 그 특허의 정정심결이 확정된 경우 정정 전의 특허발명을 대상으로 하여 확인대상발명이 그 특허발명의 권리범위에 속하는지 여부를 심리·판단한 원심판결에는 민사소송법 제451조 제1항 제8호의 재심사유가 있다고 한다.

---

17) 대법원 2008. 7. 24. 선고 2007후85 판결.

9. 정정심판의 실무 동향

정정심판은 무효심판 또는 침해소송 등과 관련되는 것이 많고, 일반적으로 정정이 인정되어 심결이 확정되면 심판의 대상물인 청구범위가 새롭게 설정되어 기존 무효심판이나 권리범위확인심판의 결과에 영향을 줄 수 있다.

실무적으로 특허심판원은 정정의 요건을 엄격하게 적용하여 왔으나, 특허법원과 대법원은 발명자 입장에 서서 정정의 요건을 완화한 측면이 있었다. 이를 특허업계에서는 소위 정정의 요건 및 그 인정범위가 이제는 명세서의 준보정에까지 가까워지지 않았느냐는 비판도 일고 있다. 최근 특허심판원도 정정의 요건 및 그 인정범위에 관해서는 종전보다 다소 완화하여 운영하고 있는 실정이다.[18)]

【권리범위 확인사건의 상고심 계속 중 정정심결이 확정된 경우】

<대법원 2009. 4. 9. 선고 2008후2169 판결>

특허 권리범위 확인심판사건의 상고심 계속 중 그 특허의 정정심결이 확정된 경우, 정정 전의 특허발명을 대상으로 하여 확인대상발명이 그 특허발명의 권리범위에 속하는지 여부를 심리·판단한 원심판결에는 민사소송법 제451조 제1항 제8호에 정한 재심사유가 있어 판결에 영향을 끼친 법령위반의 위법이 있다.

10. 정정과 관련된 사항

(1) 무효심판과 정정심판이 동시에 계류 중인 경우의 심리 무효심판이 특허청에 계속되고 있는 때는 정정심판을 청구할 수 없지만(제136조 제제2항 제2호), 무효심판이 청구되기 전에 정정심판이 청구된 때는 무효심판과 정정심판이 특허청에서 동시에 계속되게 된다. 이 경우 심판부는 어느 하나의 심판을 우선하여 심리할 수 있고, 필요에 따라 다른 하나의 심판의 심리를 중지할 수 있다(제164조 제1항).

특허권자가 답변서 중에서 정정심판의 정정내용으로 충분히 무효심판을 대항할 수 있다는 취지 등 정정심판을 우선하여 심리하여야 함을 주장하고 있는 경우 등에 있어서, 심판의 합의체가 그 편이 타당하다고 판단한 때에는 정정심판의 심리를 우선할 수 있다.[19)]

(2) 무효심판의 심결취소소송과 정정심판청구 무효심판의 심결취소소송이 제기

---

18) 김민희, 318면.

19) 정정청구를 수반하는 특허무효심판에서 인용하는 경우 무효심결의 주문의 기재방식: 1. …정정한다. 2. 특허 제00호의 청구범위 제0항 내지 제0항을 무효로 한다. 3. 심판비용은 피청구인이 부담한다.

된 후 정정심판이 청구될 수 있다(제136조 제제2항 제1호). 이 경우 심결취소소송의 판결을 기다릴 필요 없이 정정심판의 심리를 진행한다. 특히 무효심판에 대한 심결취소소송의 변론이 종결되기 전에 청구된 최초의 정정심판은 청구인의 신청에 의해 우선심판이 되므로 신속하게 심리하여야 한다(심판사무취급규정 제31조 제1항).

(3) 정정청구에 대한 일사부재리의 취급 무효심판절차 중에 청구된 정정(제133조의2)을 인정하는 심결이 확정된 경우, 해당 정정의 가부판단에 대해서도 일사부재리를 적용한다. 무효심판절차 중의 정정청구에 대한 심리는 정정무효심판의 심리와 실질적으로 동등하다. 또한 무효심판과 정정무효심판은 둘 다 일사부재리 법리가 적용되는 당사자계 심판이므로, 무효심판절차 중에서 정정을 인정하는 근거로서 채용된 사실·증거에 대해서 일사부재리의 법리를 적용한다.

(4) 정정한 명세서 또는 두면 보정 청구인은 심리의 종결이 통지되기 전에 심판청구서에 첨부된 정정한 명세서 또는 도면에 대하여 보정할 수 있다(제136조 제11항).

(5) 정정 심결 후 행정절차 특허발명의 명세서 또는 도면에 대한 정정을 한다는 심결이 있는 경우 특허심판원장은 그 내용을 특허청장에게 알려야 한다(제136조 제12항). 특허청장은 제12항에 따른 통보가 있으면 이를 특허공보에 게재하여야 한다(제136조 제13항).

Ⅲ. 무효심판

1. 서설

이해관계인(제2호 본문의 경우에는 특허를 받을 수 있는 권리를 가진 자만 해당한다) 또는 심사관은 특허가 다음 각 호의 어느 하나에 해당하는 경우에는 무효심판을 청구할 수 있다. 이 경우 청구범위의 청구항이 2 이상인 경우에는 청구항마다 청구할 수 있다(제133조 제1항). 무효심판은 유효하게 설정등록된 특허권을 무효사유에 해당한다는 이유로 특허심판원의 심판절차에 의하여 그 특허권의 효력을 상실시키는 특별한 행정처분이라 할 수 있다. 특허는 일단 등록된 이상 비록 진보성이 없어 무효사유가 존재한다고 하더라도 이와 같은 심판에 의하여 무효로 한다는 심결이 확정되지 않는 한 무효로 되는 것은 아니다.

진보성의 판단의 경우에는 아무래도 주관적인 요소가 들어가는 것을 배제하기 어려우므로 특허무효의 심판을 청구할 때는 객관적으로 설득할 수 있는 구체적 사실에 근거한 입증이 필요하다.

2. 무효원인 존부판단의 기준시점

무효원인의 존부에 대한 판단시점을 구분할 필요가 있다. 그 판단의 시점은 법률 및 사실 상태에 비추어 무효사유마다 다르다. 예를 들면, 특허법 제29조 및 제36조는 통상 출원시이지만, 같은 법 제133조 제1항 제4호의 무효사유와 같이 특허 후에 있어서 특허가 조약에 위반된 경우의 판단 기준시점은 특허법 위반시이다.

특허무효심판의 청구는 특허권의 존속기간 중에는 물론 특허권의 만료 후에도 청구할 수 있다(제133조 제2항). 특허권자는 특허권이 존속기간 만료에 의하여 소멸된 후라 하더라도 존속기간 중의 침해행위에 대하여 손해배상을 청구할 수 있다. 이에 대응하여 그 상대방은 특허권의 소멸 후에도 그 특허에 대한 무효심판을 청구할 수 있다. 다만 특허권을 행사하여 상대방에게 손해를 입힌 경우에 부당제소와 관련된 판례 및 학설은 나라마다 입장을 달리한다.

3. 무효심결의 효력

(1) 권리의 소급효　　법률행위가 성립한 때로부터 법률상 그 효력이 달성되지 않는 것으로 확정되어 있는 것을 법률행위의 무효라고 한다. 법률행위가 무효인 경우 처음부터 법률효과가 생기지 않으므로 물권행위에서는 물권변동이 생기지 않고, 채권행위로부터 채권이 발생하지 않는다. 민법상 무효사유로 의사무능력, 강행규정에 위반된 법률행위, 사회질서에 반하는 법률행위(민법 제103조), 불공정 법률행위(민법 제104조), 무권대리행위 등이 규정되어 있다.[20] 특허를 무효로 하는 심결이 확정되면 그 특허권은 처음부터 없었던 것으로 본다(제133조 제3항).

특허를 무효로 한다는 심결이 확정된 후에는 처음부터 법률효과가 생기지 않으므로 특허권자는 더 이상 특허권을 행사할 수 없게 된다. 다만, 예외적으로 특허등록결정된 후 그 특허권자가 특허권 설정시에는 무효사유가 존재하지 않았으나, 그 후에 특허권자가 특허법 제25조의 규정에 의하여 특허권을 향유할 수 없는 자로 되거나 그 특허가 조약에 위반되게 되는 경우, 조약이 파기되거나 변경되어서 특허출원할 권리능력이 부인되는 경우 등에는 그 사유가 발생한 때부터 특허권이 존재하지 않았던 것으로 본다.

(2) 대세적 효력　　특허무효에 대한 확정심결이 있는 경우에는 형성적 효력이 발생한다. 무효심결은 법률관계를 변경시키는 형성적 효력을 가지며, 제3자에게도

20) 김태봉, 363-364면.

효력이 미치는 대세적 효력을 갖는다. 특허법 제133조 제1항에 열거된 특허권의 무효사유가 있는 경우에는 무효심판절차를 통하여 무효로 할 수 있도록 규정하고 있다. 특허권은 일단 등록이 되면 무효심판절차에 의하여 무효심결이 확정되지 않는 한 유효한 것이며, 다른 소송절차에서 그 전제로서 특허가 당연 무효라고 판단할 수 없는 것이 원칙이다.

(3) 실시료의 반환 여부 특허청 통계에 의하면, 특허무효심판사건에서 특허의 무효인용율이 49%로 이 분쟁대상 특허의 50%를 상회한다. 등록된 특허가 무효심판에 의하여 무효로 될 가능성은 언제나 존재한다. 특허무효의 효과로서 소급효가 발생하므로 특허가 무효로 된 경우 무효심결확정 전에 지급받은 실시료 또는 손해배상금을 반환하는 문제가 발생한다. 실시료의 경우 실시권 설정계약시 특허가 무효로 된 경우에 이미 지급한 실시료를 반환하기로 계약을 하였다면 당연히 상대방으로부터 받은 실시료는 반환하여야 한다.

그러나 이에 관한 계약이 없다면 실시료 반환의무는 없다. 무효로 된 특허권을 행사하여 존속기간 중에 상대방으로부터 손해배상금의 지급을 받은 경우에는 특허권자는 그 손해배상금을 상대방에게 반환하여야 한다.[21] 특허발명 실시계약 체결 이후 계약 대상인 특허가 무효로 확정된 경우, 특허권자가 실시권자로부터 이미 지급받은 특허실시료 중 특허발명 실시계약이 유효하게 존재하는 기간에 상응하는 부분을 부당이득으로 반환할 의무가 있는지 여부에 대하여, 대법원은 "특허발명 실시계약이 체결된 이후에 계약 대상인 특허가 무효로 확정되면 특허권은 특허법 제133조 제3항의 규정에 따라 처음부터 없었던 것으로 간주된다. 그러나 특허발명 실시계약에 의하여 특허권자는 실시권자의 특허발명 실시에 대하여 특허권 침해로 인한 손해배상이나 금지 등을 청구할 수 없게 될 뿐만 아니라 특허가 무효로 확정되기 이전에 존재하는 특허권의 독점적·배타적 효력에 의하여 제3자의 특허발명 실시가 금지되는 점에 비추어 보면, 특허발명 실시계약의 목적이 된 특허발명의 실시가 불가능한 경우가 아닌 한 특허무효의 소급효에도 불구하고 그와 같은 특허를 대상으로 하여 체결된 특허발명 실시계약이 계약 체결 당시부터 원시적으로 이행불능 상태에 있었다고 볼 수는 없다.

다만, 특허무효가 확정되면 그때부터 특허발명 실시계약은 이행불능 상태에 빠지게 된다고 보아야 한다. 따라서 특허발명 실시계약 체결 이후에 특허가 무효로 확정되었더라도 특허발명 실시계약이 원시적으로 이행불능 상태에 있었다거나 그 밖에 특허발명 실시계약 자체에 별도의 무효사유가 없는 한 특허권자가 특허발명 실

---

21) 권택수, 477면.

시계약에 따라 실시권자로부터 이미 지급받은 특허실시료 중 특허발명 실시계약이 유효하게 존재하는 기간에 상응하는 부분을 실시권자에게 부당이득으로 반환할 의무가 있다고 할 수 없다."고 판시하였다.[22)]

특허침해소송을 관할하는 민사법원에서 특허가 유효함을 전제로 가처분을 집행한 후 나중에 특허가 무효로 확정될 경우 이미 지급한 실시료는 반환할 의무가 없다.

(4) 특허료의 반환청구 납부된 특허료 및 수수료는 원칙적으로 이를 반환하지 아니한다. 그러나 특허를 무효로 한다는 심결이 확정된 경우 확정된 연도의 다음 연도부터의 특허료 해당분은 납부한 자의 청구에 의하여 이를 반환한다(제84조 제1항).

(5) 통상실시권의 발생 특허가 무효로 된 당시에 존재하는 특허권 또는 전용실시권에 대하여 원특허권자 등은 일정범위 내에서 통상실시권을 갖는다(제104조 제1항).

(6) 재심사유의 발생 특허권 침해의 유죄판결이 확정되거나 손해배상금 지급판결이 확정된 후 특허무효심결이 확정된 때에는 해당 특허권이 유효한 것임을 전제로 한 민사상·형사상 확정판결에 대하여 재심을 청구할 수 있다(민사소송법 제451조).

4. 무효심판 중의 특허정정

(1) 취지 종래에는 정정심판이 무효심판에 대한 대응수단으로서 청구된 경우에는 통상적으로 정정심판의 심결이 확정되기까지 무효심판의 심리가 중지되어 그 처리가 지연되는 문제가 있었다. 특허법 제133조의2를 신설하여 피청구인은 무효심판청구에 대한 답변서 제출기간 내 또는 직권심리이유에 대한 의견서 제출기간 내에 명세서 또는 도면에 대한 정정을 할 수 있도록 하였다.

무효심판의 피청구인은 특허법 제136조 제1항 각 호의 어느 하나에 해당하는 경우에만 같은 법 제147조 제1항 또는 제159조 제1항 후단에 따라 지정된 기간에 특허발명의 명세서 또는 도면에 대하여 정정청구를 할 수 있다. 이 경우 심판장이 제147조 제1항에 따라 지정된 기간 후에도 청구인이 증거를 제출하거나 새로운 무효사유를 주장함으로 인하여 정정청구를 허용할 필요가 있다고 인정하는 경우에는 기간을 정하여 정정청구를 하게 할 수 있다(제133조의2 제1항).

이 조문의 취지는 무효심판절차에 있어서의 절차를 간소화하여 심리의 신속성을 도모하도록 하는 데에 있다. 판례에 의하면 무효심판절차에서 정정청구가 있는 경우 정정의 인정 여부는 무효심판절차에 대한 결정절차에서 함께 심리되는 것이므

---

22) 대법원 2014. 11. 13. 선고 2012다42666 판결.

로, 독립된 정정심판청구와 달리 정정만이 따로 확정된 것이 아니라, 무효심판의 심결이 확정되는 때에 함께 확정되고, 특허무효심판절차에서의 정정청구는 불가분적할 뿐, 일부 사항의 정정만을 허용할 수는 없다고 한다.[23)]

(2) 명세서 또는 도면의 정정 무효심판의 피청구인은 무효심판청구에 대한 답변서 제출기간 또는 직권심리이유에 대한 의견서 제출기간 이내에 특허발명의 명세서 또는 도면에 대하여 정정을 청구할 수 있다. 이 경우 심판장이 특허법 제147조 제1항에 따라 지정된 기간 후에도 청구인이 증거를 제출하거나 새로운 무효사유를 주장함으로 인하여 정정청구를 허용할 필요가 있다고 인정하는 경우에는 기간을 정하여 정정청구를 하게 할 수 있다. 이 조문의 취지는 청구인이 피청구인의 답변서 제출 이후에 새로운 무효증거서류를 제출하는 경우에도 방어권 보장 차원에서 피청구인에게 정정의 청구를 할 수 있도록 하는 데에 있다.

무효심판절차에서 특허의 정정은 특허 자체의 흠결로 인하여 특허 전체 또는 일부가 무효로 될 우려가 있을 때 피청구인(특허권자)이 자발적으로 그 흠결을 제거할 수 있도록 하기 위한 것이므로 정정의 범위는 그 목적을 달성하는 데 필요한 최소한의 범위, 즉 청구범위를 감축하는 경우, 잘못 기재된 것을 정정하는 경우, 분명하지 아니하게 기재된 것을 명확하게 하는 경우로 한정한다.

(3) 정정청구의 취하 간주 정정청구를 하였을 때에는 해당 무효심판절차에서 그 정정청구 전에 수행한 정정청구는 취하된 것으로 본다(제133조의2 제2항). 이는 정정청구가 여러 개 있는 경우 불필요한 심리의 부담을 줄이기 위하여 마지막 정정청구 전에 있었던 정정청구들은 취하 간주되도록 한 것이다.

(4) 정정청구의 취하 정정청구는 (ⅰ) 정정을 청구할 수 있도록 지정된 기간과 그 기간의 만료일부터 1개월 이내의 기간, (ⅱ) 정정심판에서 심판관이 지정한 기간(제133조의2 제5항) 중 다음 어느 하나에 해당하는 기간에만 취하할 수 있다.

(5) 청구서 부본의 송달 심판장은 정정청구가 있는 때에는 그 청구서의 부본을 무효심판의 청구인에게 송달하여야 한다(제133조의2 제3항). 이는 무효심판의 청구인에게 정정청구에 대하여 대응방법을 강구할 수 있도록 하기 위함이다.

(6) 정정심판에 관한 일반규정 준용 정정청구의 처리절차는 정정심판에 관한 일반규정을 준용한다. 다만 정정심판의 경우 정정 명세서 또는 도면에 대한 보정은 심리종결통지 이전에 할 수 있으나 특허법 제133조의2의 정정청구는 심판관의 정정

---

23) 대법원 2009. 1. 15. 선고 2007후1053 판결.

거절이유에 대한 지정된 기간 이내에 할 수 있다. 특허무효심판이 청구된 청구항을 정정하는 경우에는 같은 법 제136조 제5항(정정시 특허요건 충족)[24]의 규정을 준용하지 아니한다(제133조의2 제6항). 이는 정정 후의 청구범위가 특허를 받을 수 있어야 한다는 것으로서, 무효심판에서는 이에 대하여 당연히 검토되는 것이며, 이를 이유로 정정불인정 통지를 하는 것은 무효심판의 결과를 미리 알려주는 면이 있고 심리가 지연되는 원인이 되므로 이 규정에 대한 준용을 제외한 것이다.

(7) 정정의 확정시기 특허무효심판절차에서 정정청구가 있는 경우 정정의 인정 여부는 무효심판절차에 대한 결정절차에서 함께 심리되는 것이므로, 독립된 정정심판청구의 경우와 달리 정정만이 따로 확정되는 것이 아니라 무효심판의 심결이 확정되는 때에 함께 확정된다. 한편, 특허의 등록무효 여부는 청구항별로 판단하여야 하더라도, 특허무효심판절차에서의 정정청구는 특별한 사정이 없는 한 불가분의 관계에 있어 일체로서 허용 여부를 판단하여야 한다. 예컨대 청구범위 제1항 내지 제5항의 무효심판청구를 기각한 심결을 취소한 원심판결 중, 청구범위 제3항의 특허무효에 관한 부분에 대한 상고만이 이유 있고 정정사항이 청구범위 전체에 걸쳐 있는 사안에서, 청구범위의 정정을 인정하면 정정청구 부분을 포함한 원심판결 전부가 파기된다. 정정제도는 등록된 특허의 무효 주장에 대하여 특허권자가 무효사유를 제거하는 대항수단으로 활용된다.

5. 침해소송을 심리하는 법원에서 특허발명의 진보성 판단 여부

특허법 제133조 제1항에 열거된 특허권의 무효사유가 있는 경우에는 무효심판절차를 통하여 무효로 할 수 있도록 규정하고 있다. 특허권은 일단 등록이 되면 무효심판절차에 의하여 무효심결이 확정되지 않는 한 유효한 것이며, 다른 소송절차에서 그 전제로서 특허가 당연 무효라고 판단할 수 없는 것이 원칙이다.

특허발명이 등록무효심판절차에서 등록무효로 확정되기 전에 침해소송을 심리하는 법원에서 특허발명의 진보성이 부정된다는 이유로 그 특허권에 기초한 침해금지 및 손해배상청구를 심리·판단할 수 있는지 여부가 논란되어 왔다. 이러한 논란 중에 최근 내려진 대법원 전원합의체 판례에 의하면 특허침해소송을 담당하는 법원이 특허권자의 권리남용의 당부를 판단하기 위한 전제로서 특허발명의 진보성 여부

---

24) 특허법 제136조 제5항: 정정 중 청구범위를 감축하는 경우, 잘못 기재된 사항을 정정하는 경우에 해당하는 정정은 정정 후의 청구범위에 적혀 있는 사항이 특허출원을 하였을 때에 특허를 받을 수 있는 것이어야 한다.

를 심리·판단할 수 있다고 한다.[25)] 대법원 2010다95390 판결이 내려진 이후 하급심 법원에서 진보성을 심리·판단하고 있다.

Ⅳ. 권리범위 확인심판

1. 서설

(1) 관련 규정 특허권자 또는 전용실시권자는 자신의 특허발명의 보호범위를 확인하기 위하여 특허권의 권리범위 확인심판을 청구할 수 있다(제135조 제1항). 이해관계인은 타인의 특허발명의 보호범위를 확인하기 위하여 특허권의 권리범위 확인심판을 청구할 수 있다(제135조 제2항). 제1항 또는 제2항에 따른 특허권의 권리범위 확인심판을 청구하는 경우에 청구범위의 청구항이 2 이상인 경우에는 청구항마다 청구할 수 있다(제135조 제3항).

특허권의 권리범위 확인심판은 등록된 특허권을 중심으로 어떠한 확인대상발명이 적극적으로 특허발명의 권리범위에 속한다거나 소극적으로 이에 속하지 아니함을 확인하는 심판이다.

(2) 취지 권리범위 확인심판은 권리를 가지지 아니한 자가 현재 실시하고 있거나 장래에 실시하고자 하는 기술이 특허발명에 기술적으로 속하는지의 여부를 가리기 위한 심판이다. 특허권에 관한 분쟁이 발생하였을 경우, 공신력 있는 국가기관이 특허권의 보호범위를 객관적으로 공정하게 해석함으로써 당사자 간의 분쟁을 신속히 해결하기 위하여 심판관이 이를 심판할 수 있도록 권리범위 확인심판제도를 마련하고 있다.

2. 소송과의 관계

특허권이 유효히 존속하는 기간 중에 행해진 제3자의 특허심해 행위에 대해서 구제받기 위하여 법원에 침해의 소를 제기할 수 있다. 이 경우 특허권자로서는 법원에 대하여 직접적인 침해판단을 받기 전에 침해혐의자 또는 제3자가 실시 중인 기술이 자신의 특허발명 권리범위에 속하는지 또는 그 반대로 특허권에 대한 침해혐의자나 제3자가 실시 중이거나 실시준비 중인 기술에 대하여 특허발명의 권리범위에 속하는지 여부에 대하여 특허심판원에 전문적이고 공신력 있는 권리속부 여부 판단을 신속히 구함으로써, 그 판단결과에 근거해 당사자 간 조속한 특허분쟁의 해결을

25) 대법원 2012. 1. 19. 선고 2010다95390 전원합의체 판결.

도모하여 소모적인 사법다툼을 미연에 방지할 필요성이 있다.[26)]

3. 권리범위 확인심판의 종류

권리범위 확인심판은 어떤 당사자가 심판을 청구하느냐에 따라서 그 심판의 형식이 달라지는 특징이 있다. 적극적 권리범위 확인심판은 특허권자가 비권리자인 실시자를 상대로 하여 청구하는 권리범위 확인심판이다. 이 경우 청구의 취지에 "확인대상발명은 특허발명의 권리범위에 속한다."는 심결을 청구한다.

반면에 소극적 권리범위 확인심판은 실시자가 특허권자를 상대로 심판을 청구하는 경우로 심판청구의 취지에 "확인대상발명은 특허발명의 권리범위에 속하지 아니한다."라는 심결을 청구한다.

4. 확인대상발명

권리범위 확인심판을 청구할 때에는 특허발명과 대비될 수 있는 설명서 및 필요한 도면을 첨부하여야 한다(제140조 제3항). 특허권의 권리범위 확인심판을 청구함에 있어서 심판청구의 대상이 되는 확인대상발명은 해당 특허발명과 서로 대비할 수 있을 만큼 구체적으로 특정되어야 한다. 그 특정을 위하여 대상물의 구체적인 구성을 전부 기재할 필요는 없지만, 적어도 특허발명의 구성요건과 대비하여 그 차이점을 판단할 수 있을 정도로 특허발명의 구성요건에 대응하는 부분의 구체적인 구성을 기재하여야 한다.

【확인대상발명의 특정정도】

<대법원 2010. 5. 27. 선고 2010후296 판결>

특허권의 권리범위 확인심판을 청구할 때 심판청구의 대상이 되는 확인대상발명은 해당 특허발명과 서로 대비할 수 있을 만큼 구체적으로 특정되어야 한다. 그 특정을 위해서 대상물의 구체적인 구성을 전부 기재할 필요는 없지만, 적어도 특허발명의 구성요건과 대비하여 그 차이점을 판단함에 필요할 정도로 특허발명의 구성요건에 대응하는 부분의 구체적인 구성을 기재하여야 하는 것이 원칙이다. 확인대상발명의 설명서에 특허발명의 구성요소와 대응하는 구체적인 구성이 일부 기재되어 있지 않거나 불명확한 부분이 있다고 하더라도, 나머지 구성만으로 확인대상발명이 특허발명의 권리범위에 속하는지 여부를 판단할 수 있는 경우에는 확인대상발명은 특정된 것으로 본다.

26) 김민희, 276면.

5. 실체적 판단

권리범위 확인심판은 사실상 확인대상발명이 특허권의 권리범위에 속하는지 여부를 확인하여 분쟁을 해결하는 역할을 한다. 권리범위 확인심판과 특허침해소송은 모두 침해물(확인대상발명)이 특허권의 권리범위에 속하는지 여부를 확인하는 심판으로 실체적인 판단이 동일하다고 할 수 있다. 권리범위 확인심판에서 심판요건이 모두 갖추어지고 확인대상발명도 적법하게 특정되었다면 실체적 판단을 하게 되는데, 실체적 판단은 특허발명의 권리범위가 확인대상발명에 미치는가의 여부를 판단하는 것이다. 먼저 청구범위의 해석을 통하여 특허발명의 권리범위를 확정하고, 특허발명과 확인대상발명을 비교하여 문언침해가 되는가를 판단한다. 판단과정에서 청구범위 우선의 원칙, 구성요소완비의 원칙(All Elements Rule), 균등론, 출원경과금반언등의 법리가 적용될 수 있다.

6. 심판요건 및 청구기간

(1) 당사자적격 권리범위 확인심판을 청구할 수 있는 자는 특허권자, 전용실시권자 또는 이해관계인이다. 권리범위 확인심판에서는 그것이 적극적 권리범위확인심판인 경우는 특허권자(전용실시권자 포함)가 청구인, 정당한 권한 없이 특허발명과 대비되는 확인대상발명을 실시하는 자가 피청구인으로서 당사자 적격을 가지고, 소극적 권리범위 확인심판인 경우는 특허발명과 대비되는 확인대상발명을 실시할 예정이거나 실시하고 있는 자가 청구인, 특허발명의 권리자인 특허권자 피청구인으로서 당사자 적격이 있다.

(2) 청구기간 판례에 의하면 특허권의 권리범위 확인심판 청구는 현존하는 특허권의 권리범위를 확정하는 것을 목적으로 하는 것이므로, 일단 적법하게 발생한 특허권이라 할지라도 그 특허권이 소멸되었을 경우에는 그 소멸 이후에는 그 권리범위확인의 이익이 없다고 한다.[27)]

7. 확인대상발명의 실시여부

권리범위 확인심판의 심리에서 확인대상발명의 실시여부에 대한 판단이 매우 중요하다. 권리범위 확인심판을 청구할 때에는 특허발명과 대비될 수 있는 확인대상발명의 설명서 및 도면을 첨부하여야 한다. 권리범위 확인심판에서 심판요건이 모두 갖

27) 대법원 2007. 3. 29. 선고 2006후3595 판결.

추어지고 확인대상발명도 적법하게 특정되었다면 실체적 판단을 하게 된다.

(1) 소극적 권리범위 확인심판에서 확인대상발명의 실시여부 소극적 권리범위 확인심판에서는 청구인이 실제로 실시하고 있는 발명뿐만 아니라 현재 실시하고 있지 않으나 장래에 실시예정인 확인대상발명으로 특정하여 청구한 경우에도 확인의 이익이 있다고 보아 적법한 청구로 인정된다. 그러나 확인대상발명을 실시한 바도 없고 앞으로 실시하지도 아니할 것이라면 이에 대한 소극적 권리범위 확인심판청구는 확인의 이익이 없으므로 부적법하여 각하된다.

(2) 적극적 권리범위 확인심판에서 확인대상발명의 실시여부 적극적 권리범위 확인심판은 확인대상발명을 피심판청구인이 실시하고 있는 경우 또는 과거에 실시한 적이 있고 앞으로 실시할 가능성이 없다고 단정지을 만한 사정이 없을 때 확인의 이익이 인정된다. 실시주장발명과 확인대상발명이 다를 경우에는 설사 확인대상발명이 특허발명의 권리에 속하는 심결이 확정된다고 하더라도 그 기판력은 확인대상발명에만 미치는 것이지 실시주장발명에는 미칠 수 없는 것이다.

즉 청구인이 특정한 물품과 피청구인이 실시하고 있는 물품 사이에 동일성이 인정되지 아니하면, 피청구인이 실시하고 있지 않는 물품을 대상으로 한 적극적 권리범위 확인심판청구는 그 확인의 이익이 없어 부적법하고 각하된다.

(3) 확인대상발명의 설명서 및 도면의 보정 특허권자 또는 전용실시권자가 청구인으로서 청구한 권리범위 확인심판에서 심판청구서의 확인대상발명의 설명서 및 도면에 대하여 피청구인이 자신이 실제로 실시하고 있는 발명과 비교하여 다르다고 주장하는 경우에 청구인이 피청구인의 실시발명과 동일하게 하기 위하여 심판청구서의 확인대상발명의 설명서 및 도면을 보정하는 경우는 요지변경여부에 상관없이 보정이 허용된다(제140조 제2항 제3호).

8. 특허발명의 권리범위에 대한 판단

(1) 특허발명의 권리범위에 속하지 않는 경우 대법원 판례에서 다음과 같은 경우는 특허발명의 권리범위에 속하지 않는다고 한다. (i) 확인대상발명이 특허발명과 다른 경우, (ii) 확인대상발명이 특허발명의 구성요소를 결한 경우, (iii) 확인대상발명이 공지기술이거나 공지기술로부터 용이하게 발명할 수 있는 자유실시기술인 경우, (iv) 특허권의 권리범위가 불명확한 경우, (v) 특허권의 실시가 불가능한 경우, (vi) 특허권이 공지 또는 공용인 경우, (vii) 특허권이 선원에 위배되는 경우, (viii) 출원경과 금반언에 의해 확인대상발명의 구성요소가 특허발명의 균등물로 인정받지

못한 경우 등이다.

(2) 특허발명의 권리범위에 속하는 경우 대법원 판례에서 다음과 같은 경우는 특허발명의 권리범위에 속한다. (i) 균등관계에 해당하는 경우, (ii) 무용한 공정의 부가인 우회발명인 경우, (iii) 확인대상발명이 특허발명을 이용한 이용관계가 성립하는 경우, (iv) 확인대상발명이 특허권의 간접침해에 해당하는 경우 등이다.

【확인대상발명이 특허발명의 권리범위에 속하는 경우】

<대법원 2014. 7. 24. 선고 2013다14361 판결>

> 확인대상발명이 특허발명의 권리범위에 속한다고 할 수 있기 위해서는 특허발명의 청구범위에 기재된 각 구성요소와 그 구성요소 간의 유기적 결합관계가 확인대상발명에 그대로 포함되어 있어야 한다. 한편, 확인대상발명에서 특허발명의 청구범위에 기재된 구성 중 치환 내지 변경된 부분이 있는 경우에도, 양 발명에서 과제의 해결원리가 동일하고, 그러한 치환에 의하더라도 특허발명에서와 같은 목적을 달성할 수 있고 실질적으로 동일한 작용효과를 나타내며, 그와 같이 치환하는 것이 그 발명이 속하는 기술분야에서 통상의 지식을 가진 사람이라면 누구나 용이하게 생각해 낼 수 있는 정도로 자명하다면 확인대상발명은 전체적으로 특허발명의 청구범위에 기재된 구성과 균등한 것으로서 여전히 특허발명의 권리범위에 속한 것으로 본다.

(3) 발명의 카테고리가 다른 경우 물건을 생산하는 방법의 발명인 경우, 특정한 생산방법에 의하여 생산한 물건을 실시발명으로 특정하여 특허권의 보호범위에 속하는지의 확인을 구할 수 있는지 여부가 쟁점이 된 경우에는 대상 실시발명이 물건의 발명으로 실시발명의 설명서에 그 생산방법을 구체적으로 특정하고 있는 경우, 방법의 발명인 특허발명과 대비하여 그 권리범위에 속하는지 여부를 판단하여야 한다

【물건을 생산하는 방법의 발명에 대한 특정】

<대법원 2004. 10. 14. 선고 2003후2164 판결>

> 특허권자는 업으로서 그 특허발명을 실시할 권리를 독점하고, 그 중 물건을 생산하는 방법의 발명인 경우에는 그 방법을 사용하는 행위 이외에 그 방법에 의하여 생산한 물건을 사용·양도·대여 또는 수입하거나 그 물건의 양도 또는 대여의 청약을 하는 행위까지 그 실시에 포함되므로, 물건을 생산하는 방법의 발명인 경우에는 그 방법에 의하여 생산된 물건에까지 특허권의 효력이 미친다 할 것이어서, 특정한 생산방법에 의하여 생산한 물건을 실시발명으로 특정하여 특허권의 보호범위에 속하는지 여부의 확인을 구할 수 있다.

9. 권리 대 권리의 권리범위 확인심판의 가부문제

권리 대 권리의 권리범위 확인심판은 특허권자가 다른 특허권자를 상대로 청구하는 권리범위 확인심판을 말한다. 후등록권리는 선등록권리의 권리범위에 속하지 아니한다는 확인을 구하는 소극적 권리범위 확인심판이 성립할 수 있느냐 하는 문제가 된다.

(1) 소극적 권리범위 확인심판의 가부　　권리 대 권리의 소극적 권리범위 확인심판의 가부문제는 선등록권리자와 후등록권리자 상호 간의 소극적 권리범위 확인심판은 선등록특허권의 효력을 부인하는 결과가 되는 것이 아니고 이를 청구할 이익도 있다는 이유로 긍정하는 것이 판례의 입장이다.

(2) 적극적 권리범위 확인심판의 가부　　판례에 의하면, 선등록특허권 등과 후등록특허권 등 상호 간에 후등록권리는 선등록권리의 범위에 속한다는 확인을 구하는 경우에는 등록무효절차 이외에서 등록된 권리의 효력을 부인하는 결과가 되어 부적법하여 확인의 이익이 없다고 한다.[28] 이 경우 선특허권자는 후등록권리자를 상대로 하여 무효심판을 청구할 수 있고, 무효심판청구가 긍정되면 후등록권리자의 권리는 선등록권리의 범위에 속한다는 뜻이고, 부정되면 양 권리는 상호 상이하여 권리범위에 속하지 아니한다는 의미이므로 동일한 목적을 달성할 수 있기 때문이다.

(3) 양 권리가 이용관계에 있는 경우　　권리범위 확인심판의 심결만으로는 후등록권리의 효력을 부인하는 것이 될 수 없고, 단지 권리범위에 속한다는 것을 확정하는 것뿐이므로 확인의 이익이 없어 원칙적으로 허용되지 아니하나, 양 권리가 이용관계에 있는 경우에는 허용되는 것으로 간주한다.

10. 특허분쟁의 해결방법

(1) 신규성이 없는 특허발명　　등록된 특허발명이 그 출원 전에 국내에서 공지되었거나 공공연하게 실시된 발명으로서 신규성이 없는 경우에는 그에 대한 등록무효심판이 없어도 그 권리범위를 인정할 수 없으므로 권리범위 확인심판에서도 특허무효의 심결 유무에 관계 없이 그 권리범위를 부정할 수 있다.[29]

---

28) 대법원 2009. 7. 9. 선고 2008후1562 판결.

29) 대법원 2009. 9. 24. 선고 2007후2827 판결.

【권리범위 확인심판에서 특허발명의 진보성을 심리·판단할 수 있는지 여부】

<대법원 2014. 3. 20. 선고 2012후4162 전원합의체 판결>

권리범위 확인심판이 특허가 유효함을 전제로 하여서만 의미를 가질 수 있는 절차이므로 심판절차에서는 특허의 진보성 여부 등 무효사유가 있는지를 선결문제로서 심리한 다음 무효사유가 부정되는 경우에 한하여 특허발명의 권리범위에 관하여 나아가 심리·판단하도록 심판구조를 바꿀 필요가 있다. 이러한 사정들을 종합적으로 고려하면, 진보성이 없다는 이유로 특허발명에 대한 무효심결이 확정되기 전이라고 하더라도 적어도 특허가 진보성이 없어 무효로 될 것임이 명백한 경우라면, 그러한 특허권을 근거로 하여 적극적 또는 소극적 권리범위 확인심판을 청구할 이익이 없다고 보아야 하고, 그러한 청구는 부적법하여 각하하여야 한다. 따라서 권리범위 확인심판에서 특허발명의 진보성을 심리·판단할 수 없다.

(2) 자유실시기술 판례에 의하면 권리범위 확인심판에서 확인대상발명이 공지의 기술만으로 이루어지거나 그 기술분야에서 통상의 기술자가 공지기술로부터 용이하게 실시할 수 있는 경우에는 특허발명과 대비할 필요 없이 특허발명의 권리범위에 속하지 않는다고 한다.[30)]

특허출원 당시 공지·공용된 기술 또는 해당 분야에서 통상의 기술자가 이것들로부터 용이하게 도출할 수 있는 기술은 누구도 권리로 등록할 수 없고 자유롭게 실시할 수 있는 소위 '자유실시기술'이라고 한다. 확인대상발명이 자유실시기술에 해당되는 경우에 판례는 확인대상발명과 등록권리를 대비할 필요 없이 확인대상발명은 등록권리의 권리범위에 속하지 않는 것으로 본다. 확인대상발명이 자유실시기술에 해당하는지 여부에 대한 판단의 범위는 신규성뿐만 아니라 진보성까지 하고 있다. 판례에 의하면 확인대상발명은 비교대상발명 1, 2에 의하여 용이하게 도출할 수 있는 자유실시기술에 해당하므로 명칭을 개인 웹 사이트를 이용한 수익창출방법 및 그 시스템으로 하는 이 사건 특허발명이 청구범위 제16항과 대비할 필요 없이 그 권리범위에 속하지 아니한다고 판단한 것은 정당하다고 한다.[31)]

(3) 권리범위에 속하는 경우 권리범위 확인심판에서 심결이 속한다고 확정되는 경우에는, 특허발명의 침해자는 그 실시를 중단하여야 한다. 그런 다음 특허권자와 협의하여 실시권을 허여받거나 특허권을 양도받은 후 실시해야만 더 이상 침해분쟁에 휘말리지 않게 될 것이다. 관련 기술에 대해 개량특허권을 가지고 있는 경우에는 상호실시허락(cross-licensing)의 협상을 시도하는 것이 바람직하다.

30) 대법원 2011. 1. 27. 선고 2009후832 판결.

31) 대법원 2012. 3. 29. 선고 2011후2428 판결.

V. 특허권 존속기간 연장등록의 무효심판

1. 서설

특허권 존속기간 연장등록의 무효심판이란 제3자가 과오에 의하여 연장등록된 특허권의 존속기간을 연장하지 아니한 상태로 환원시키기 위하여 그 연장등록의 무효를 청구하는 심판이다. 특허권 존속기간 연장등록의 무효심판에는 허가 등에 따른 특허권의 존속기간 연장등록의 무효심판(제134조 제1항)과 신설된 등록지연에 따른 특허권의 존속기간 연장등록의 무효심판(제134조 제2항)이 있다.

2. 허가 등에 따른 특허권 존속기간 연장등록의 무효심판

특허법 제92조의 허가 등에 따른 특허권 존속기간 연장등록의 무효심판의 경우 연장등록의 무효사유는 연장등록출원에 대한 거절이유와 동일하다. 무효사유는 (ⅰ) 특허발명을 실시하기 위하여 허가 등을 받을 필요가 없는 출원에 대하여 연장등록을 한 경우, (ⅱ) 특허권자·전용실시권자 또는 통상실시권자가 허가 등을 받지 아니한 출원에 대하여 연장등록이 된 경우, (ⅲ) 연장등록에 의하여 연장된 기간이 그 특허발명을 실시할 수 없었던 기간을 초과하는 경우, (ⅳ) 해당 특허권자가 아닌 자의 출원에 대하여 연장등록이 된 경우, (ⅴ) 특허법 제90조 제3항의 규정을 위반한 출원에 대하여 연장등록이 된 경우 등이다.

연장등록을 무효로 한다는 심결이 확정된 경우에는 그 연장등록에 따른 존속기간의 연장은 처음부터 없었던 것으로 본다. 다만 연장등록이 특허법 제134조 제1항 제3호에 해당되어 무효로 된 경우에는 그 특허발명을 실시할 수 없었던 기간을 초과하여 연장된 기간에 해당하는 경우에는 그 해당하는 기간에 대하여만 연장이 없었던 것으로 본다(제134조 제4항 제1호).

3. 등록지연에 따른 특허권의 존속기간 연장등록의 무효심판

이해관계인 또는 심사관은 등록지연에 따른 특허권의 존속기간의 연장등록이 무효사유에 해당하면 무효심판을 청구할 수 있다. 무효사유는 (ⅰ) 연장등록에 따라 연장된 기간이 인정되는 연장의 기간을 초과한 경우, (ⅱ) 해당 특허권자가 아닌 자의 출원에 대하여 연장등록이 된 경우, (ⅲ) 제92조의3 제3항을 위반한 출원에 대하여 연장등록이 된 경우, 연장등록을 무효로 한다는 심결이 확정된 경우에는 그 연장등록에 따른 존속기간의 연장은 처음부터 없었던 것으로 본다. 다만, 연장등록이 특허법 제134조 제2항 제1호에 규정된 무효사유에 해당되어 무효로 된 경우에는 같은 법 제92조의 2에 따라 인정되는 연장의 기간을 초과하여 연장된 기간에 해당하는 경우에는 그 해당하는 기간에 대하여만 연장이 없었던 것으로 본다(제134조 제4항 제2호).

Ⅵ. 정정의 무효심판

1. 서설

이해관계인 또는 심사관은 특허발명의 명세서 또는 도면에 대한 정정이 위법한 경우에는 그 정정의 무효심판을 청구할 수 있다(제137조 제1항). 이것은 정정되어서는 아니 될 사항이 정정되어 출원시까지 소급하여 유효한 권리로서 행사됨에 따라 선의의 제3자가 입게 될 예측할 수 없는 손해를 방지하기 위한 심판이다.

2. 정정무효의 사유

특허발명의 명세서 또는 도면에 대하여 (ⅰ) 청구범위를 감축하는 경우, (ⅱ) 잘못 기재된 것을 정정하는 경우, (ⅲ) 분명하지 아니하게 기재된 것을 명확하게 하는 경우 중 어느 하나에 해당하면 정정이 인용된다. 그러나 추후 그 정정이 위반된 경우에는 그 정정의 무효심판을 청구할 수 있다.

3. 정정의 청구

정정 무효심판의 피청구인은 특허법 제136조 제1항 각 호의 어느 하나에 해당하는 경우에만 같은 법 제147조 제1항 또는 제159조 제1항 후단에 따라 지정된 기간에 특허발명의 명세서 또는 도면의 정정을 청구할 수 있다. 이 경우 심판장이 특허법 제147조 제1항에 따라 지정된 기간 후에도 청구인이 증거를 제출하거나 새로운 무효사유를 주장함으로 인하여 정정의 청구를 허용할 필요가 있다고 인정하는 경우에는 기간을 정하여 정정청구를 하게 할 수 있다(제137조 제3항).

4. 효력

정정의 무효심판은 특허권 소멸 후에도 할 수 있고, 정정무효심판의 청구가 있을 때 심판장은 이를 전용실시권자 등에게 통지하여야 한다. 정정을 무효로 한다는 심결이 확정된 때에는 그 정정은 처음부터 없었던 것으로 본다(제137조 제5항).

Ⅶ. 통상실시권 허락의 심판

1. 서설

특허권자, 전용실시권자 또는 통상실시권자는 해당 특허발명이 특허법 제98조에 해당하여 실시의 허락을 받으려는 경우에 그 타인이 정당한 이유 없이 허락하지 아니하거나 그 타인의 허락을 받을 수 없을 때에는 자기의 특허발명의 실시에 필요한 범위에서 통상실시권 허락의 심판을 청구할 수 있다(제138조 제1항).

통상실시권 허락의 심판은 선원특허권과 후원특허권 간에 이용·저촉관계가 있을 경우 후특허권(A+B+C+D)은 선특허권(A+B+C)에 의하여 그 실시가 제한되고, 후특허권자가 선특허권자의 동의 없이 자기의 특허발명을 실시하면 권리의 침해가 성립되므로 후특허권자는 선특허권자로부터 동의를 얻어야 하나 그러하지 못할 때 침해문제가 발생한다. 이 문제를 해결할 수 있는 제도가 통상실시권 허락의 심판이다.

특허발명이 불실시되는 경우에는 재정(裁定)에 의하여 통상실시권이 허여되지만 기술사상의 이용 또는 권리 간의 저촉관계에서 강제실시권의 허여 여부의 판단에는 기술적인 전문지식이 요구되므로 권리 간의 이용·저촉에 따른 통상실시권의 허여 여부는 특허심판원에서 심판하도록 하고 있다.

2. 상호실시허락(cross-licence)

심판에 의하여 통상실시권을 허여한 자(선특허권자)는 반대로 그 통상실시권의 허여를 받은 후특허권자에게 통상실시권 허락의 심판을 청구할 수 있다(제138조 제3항).

본 조항은 선특허권자가 이용발명에 대한 통상실시권(상호실시허락에 의한 통상실시권)을 받을 수 있도록 한다. 이는 선특허권자와 후특허권자의 이익을 조정하여 강제실시권이 원활하게 이루어지도록 하는 것이 법의 취지이다. 그러나 이 경우에 후특허권자의 이익을 부당하게 해치지 않을 것을 조건으로 한다.

3. 심판청구의 성립요건

(1) 이용·저촉관계가 있을 것　특허권자·전용실시권자 또는 통상실시권자는 특허발명이 그 특허발명의 특허출원일 전에 출원된 타인의 특허발명, 등록실용신안 또는 등록디자인이나 이와 유사한 디자인을 이용하거나 특허권이 그 특허발명의 특허출원일 전에 출원된 타인의 디자인권 또는 상표권과 저촉관계가 있어야 한다.

이용관계란 후출원 특허발명이 그 특허발명의 특허출원일 전에 출원된 타인의 특허발명, 등록실용신안 또는 등록디자인이나 이와 유사한 디자인을 이용하는 관계를 말한다. 저촉관계란 후출원 특허권이 그 특허발명의 특허출원일 전에 출원된 타인의 디자인권 또는 상표권과 충돌관계가 성립되는 경우를 말한다.

(2) 경제적 가치가 있는 중요한 기술적 진보가 있을 것　통상실시권 허락의 심판을 청구할 수 있는 특허발명은 그 특허발명의 출원일 전에 출원된 타인의 특허발명 또는 등록실용신안에 비하여 기술적 진보가 있어야 하며, 그 진보가 경제적으로 상당한 가치를 지닌 중요한 것이어야 한다. 이 요건은 통상실시권 허락의 심판의 남용을 방지하고 선출원인인 기본발명의 특허권자를 보호하기 위해서이다.

(3) 협의가 성립되지 않을 것　심판에 의하여 통상실시권의 허락을 받고자 하는 자는 통상실시권 허락의 심판청구 전에 먼저 선특허권자 등과 협의를 해야 하며, 당사자 간에 협의가 성립되지 않는 경우에 한하여 통상실시권 허락의 심판을 청구할 수 있다. 협의절차를 거치지 않은 심판청구는 부적합하므로 각하된다.

4. 심결의 효력

통상실시권을 허락한다는 취지의 심결이 확정되면 강제적으로 통상실시권이 발생된다. 따라서 통상실시권자는 심결에 의하여 정해진 범위 및 기간 내에서 자기의 특허발명을 업으로서 실시할 수 있다. 통상실시권 허락의 심판에서 심결의 주문에는 통상실시권의 범위, 기간 및 대가를 포함하여야 한다(제162조 제2항 제5호). 통상실시권자는 특허권자·실용신안권자·디자인권자 또는 그 전용실시권자에 대하여 대가를 지급하여야 한다(제138조 제4항). 통상실시권자는 그 대가를 지급하지 아니하거나 공탁을 하지 아니하면 그 특허발명을 실시할 수 없다(제138조 제5항).

통상실시권 허락의 심판으로 대가에 대하여 심결을 받은 자가 그 대가에 대하여 불복이 있는 때에는 법원에 소송을 제기할 수 있다(제190조 제1항)

제4절 재　심

Ⅰ. 서설

1. 재심청구

당사자는 확정된 특허취소결정 또는 확정된 심결에 대하여 재심(再審)을 청구할 수 있다(제178조 제1항). 재심은 확정심결 또는 확정판결 재심사유에 해당하는 흠이 있는 경우에 사건의 재심판을 구하는 비상의 불복신청방법이다. 원칙적으로 심결 또는 판결이 확정되면 불복신청이 인정되지 않으나, 그 절차에 중대한 흠이나 불공정 등이 있을 때 이를 방치한다면 당사자에게 가혹할 뿐만 아니라 국가기관의 권위를 실추시키는 요인이 된다. 따라서 재심제도는 법적 안정성을 실현시키기 위하여 부적법 또는 불합리한 판단을 시정하여 구체적 타당성을 충족시키는 권리구제수단 중의 하나이다. 특허법상 특허재심의 사유 및 심리절차는 민사소송법의 재심 관련 규정을 일부 준용하고, 제3자를 해하는 심결에 대한 재심도 인정하고 있다. 재심의 청구는 확정된 심결을 그 전제로 하고 있는 점과 새로운 이유나 증거가 아닌 당해 확정심결의 범위 안에서 이루어진다는 점에서 일사부재리의 원칙과 공통되나, 양자는 심판청구의 이유가 다르다.

2. 재심사유

(1) 일반적 재심사유 일반적 재심사유는 확정된 판결에 대하여 민사소송법 제451조 제1항에서 규정하고 있는 재심사유를 말한다(제178조 제2항). 여기서 확정된 심결이란 심판의 확정심결만을 의미하는 것이 아니라 재심의 확정심결도 포함하는 것이다. 재심사유는 다음과 같다. (i) 법률에 따라 판결법원을 구성하지 아니한 때, (ii) 법률상 그 재판에 관여할 수 없는 법관이 관여한 때, (iii) 법정대리권·소송대리권 또는 대리인이 소송행위를 하는 데에 필요한 권한의 수여에 흠이 있는 때, (iv) 재판에 관여한 법관이 그 사건에 관하여 직무에 관한 죄를 범한 때, (v) 형사상 처벌을 받을 다른 사람의 행위로 말미암아 자백을 하였거나 판결에 영향을 미칠 공격 또는 방어방법의 제출에 방해를 받은 때, (vi) 판결의 증거가 된 문서, 그 밖의 물건이 위조되거나 변조된 것인 때, (vii) 증인·감정인·통역인의 거짓 진술 또는 당사자신문에 따른 당사자나 법정대리인의 거짓 진술이 판결의 증거가 된 때, (viii) 판결의 기초가 된 민사나 형사의 판결, 그 밖의 재판 또는 행정처분이 다른 재판이나 행정처분에 따라 바뀐 때, (ix) 판결에 영향을 미칠 중요한 사항에 관하여 판단을 누락한 때, (x) 재심을 제기할 판결이 전에 선고한 확정판결에 어긋나는 때, (xi) 당사자가 상대방의 주소 또는 거소를 알고 있었음에도 있는 곳을 잘 모른다고 하거나 주소나 거소를 거짓으로 하여 소를 제기한 때이다. 당사자가 상소에 의하여 그 사유를 주장하였거나, 이를 알고도 주장하지 아니한 때에는 재심은 허용되지 않는다(민사소송법 제451조 제1항 단서). 재심제도는 법적 안정성을 해치는 것이므로, 재심은 간과할 수 없는 중대한 절차의 불비, 위배 등의 이유가 있을 경우에 한하여 청구할 수 있다.

특허 관련 재심에서 재심사유는 '(viii) 판결의 기초가 된 민사나 형사의 판결, 그 밖의 재판 또는 행정처분이 다른 재판이나 행정처분에 따라 바뀐 때'의 사유가 대부분이다.

(2) 사해심결에 대한 재심사유　심판의 당사자가 공모하여 제3자의 권리 또는 이익을 사해(詐害)할 목적으로 심결을 하게 하였을 때에는 제3자는 그 확정된 심결에 대하여 재심을 청구할 수 있다(제179조 제1항). 민법상 채무자가 고의로 그 재산의 감소를 초래하게 하여 채권자의 채권의 만족에 유해·불이익으로 되는 제3자를 해하는 행위를 한 경우에, 채무자가 채권자를 해(害)함을 알고 재산권을 목적으로 한 법률행위를 한 때에는 채권자는 그 취소 및 원상회복을 법원에 청구할 수 있다(민법 제406조). 예를 들면, 특허권자 갑이 그 특허권에 대하여 을에게 질권을 설정하고, 그 후 병이 무효심판을 청구하였을 때, 특허권자 갑이 병과 공모하여 거짓 진술 또는 거짓 자료로써 심판관을 기망하여 특허를 무효로 하는 취지의 심결을 얻어 심결이 확정되었을 경우, 이는 질권자 을의 이익에 해가 되므로 을에게 재심을 청구할 수 있도록 하는 것이다. 위 사례에서는 갑과 병이 공동피청구인이 된다.

Ⅱ. 재심절차

1. 당사자

재심을 청구할 수 있는 사람은 당사자이므로 심판청구인과 피청구인을 의미하고, 참가인은 재심을 청구할 수 없는 것으로 해석된다. 민사소송법상 재심은 확정판결을 취소하고 그 기판력을 배제할 것을 구하는 것이므로 확정판결의 기판력에 의하여 불이익을 받는 자가 재심을 청구할 수 있다. 그러나 특허법에서는 원칙적으로 확정심결의 당사자가 청구할 수 있다. 청구인은 재심의 대상으로 하는 심판의 패소자가 되고 피청구인은 승소자가 된다. 결정계 심판의 확정심결에 대한 재심청구에서는 해당 심판의 청구인이 재심의 청구인이 되고, 당사자계 심판의 확정심결에 대한 재심청구에 있어서 해당 심판청구인 또는 피청구인이 재심의 청구인이 되며 각각의 상대방이 재심의 피청구인이 된다. 사해심결의 재심사유로 재심을 청구할 때에는 권리 또는 이익을 침해받은 제3자가 청구인이 되고, 공모하여 제3자를 해하는 심결을 하게 한 심판의 당사자는 공동피청구인이 된다.

2. 청구기간

재심이란 확정심결을 취소하여 사건을 재심리하는 것으로 과거의 법률질서에 동요를 일으키게 되므로 재심의 청구기간을 무제한으로 허용하는 것은 법률질서를 지나치게 불안정하게 할 수 있어 재심의 청구기간에 제한을 두고 있다.

당사자는 특허취소결정 또는 심결 확정 후 재심사유를 안 날부터 30일 이내에 재심을 청구하여야 한다(제180조 제1항). 따라서 재심의 사유에 따라서 그 기간을 계산하는 기준시점이 달라질 수 있다. 재심을 청구할 자가 30일의 재심의 청구기간을 책임질 수 없는 사유로 인하여 준수할 수 없을 때에는 재심청구인은 그 사유가 소멸한 날부터 2개월 이내에 지키지 못한 절차를 추후 보완할 수 있다. 다만, 그 기간의 만료일로부터 1년이 경과한 때에는 그러하지 아니하다(제17조).

대리권의 흠을 이유로 재심을 청구하는 경우에 제1항의 기간은 청구인 또는 법정대리인이 특허취소결정등본 또는 심결등본의 송달에 의하여 특허취소결정 또는 심결이 있는 것을 안 날의 다음 날부터 기산한다(제180조 제2항).

특허취소결정 또는 심결 확정 후 3년이 지나면 재심을 청구할 수 없다(제180조 제3항). 재심사유가 특허취소결정 또는 심결 확정 후에 생겼을 때에는 제3항의 기간은 그 사유가 발생한 날의 다음 날부터 기산한다(제180조 제4항). 재심의 제척기간은 법적 안정성을 기하기 위하여 적용한다.

3. 관할

재심은 재심을 제기할 판결을 한 법원의 전속관할로 한다(민사소송법 제453조 제1항). 재심관할법원에 관한 민사소송법 제453조의 규정을 특허법에 적용하면 재심은 재심을 청구할 심결을 한 기관의 전속관할로 하므로 확정심결에 대한 재심청구는 특허심판원에 하여야 한다(제178조 제2항). 특허법에서는 확정심결에 대한 재심만을 허용하고 특허심결취소의 소송에 있어 특허법원 또는 대법원의 확정판결에 대해서는 재심을 허용하지 아니하고 있다. 이러한 법리가 타당한지 여부는 향후 검토할 필요가 있는 과제라 할 수 있다. 만일 특허법원 또는 대법원의 확정판결에 대한 재심까지 허용하는 방안을 강구한다면 재심에 대한 조문은 소송에 관한 조문 이후에 배치하는 것이 조문편제상 적절할 것이다.[32]

---

32) 특허청, 우리나라 특허법제 대한 연혁적 고찰, 2007, 952면: 특허법원의 기각심결이 확정되는 날 심결도 확정된다. 특허법원의 기각심결이 확정된 경우 기술심리관의 제척사유가 있다고 해서 재심을 청구할 수 없다. 기술심리관은 법관이 아니고, 재판에 관여한 것은 내부 행정절차로 이해할 수 있어서 재판에 관여한 것인지 여부는 향후 검토할 필요가 있다 하겠다.

Ⅲ. 재심의 효력

1. 원심결의 취소

재심에 의하여 심판청구가 이유 있다는 심결이 확정되면 원심결은 취소된다. 일반원칙과 마찬가지로 재심청구에 대한 심결에 대하여도 심결의 효력으로서 구속력, 형식적 확정력 및 실질적 확정력이 생긴다. 재판이 확정된 후 동일 사건이 소송상 문제가 되어도 당사자는 이에 반한 주장을 할 수 없으며(不可爭), 법원도 이에 저촉되는 내용의 재판을 할 수 없는(不可反) 구속력을 기판력(旣判力) 또는 실질적 확정력이라 한다. 재심에 의해 원심결과 다른 심결이 내려진 경우 공평의 원칙에 따라 회복된 특허권의 효력이 제한되는 등 일정한 제한이 가해진다.

2. 재심에 의하여 회복된 특허권의 효력제한

재심의 심결이 확정된 원심결과와 상반될 경우 확정된 원심결을 신뢰하고 발명의 실시 등을 한 자는 재심에 의하여 회복된 특허권자 등으로부터 권리대항을 받게 되는 등 예측하지 못한 피해를 입게 될 수 있다.

다음 각 호의 어느 하나에 해당하는 경우에 특허권의 효력은 해당 특허취소결정 또는 심결이 확정된 후 재심청구 등록 전에 선의로 수입하거나 국내에서 생산 또는 취득한 물건에는 미치지 아니한다. (ⅰ) 무효가 된 특허권(존속기간이 연장등록된 특허권을 포함한다)이 재심에 의하여 회복된 경우, (ⅱ) 특허권의 권리범위에 속하지 아니한다는 심결이 확정된 후 재심에 의하여 그 심결과 상반되는 심결이 확정된 경우, (ⅲ) 거절한다는 취지의 심결이 있었던 특허출원 또는 특허권의 존속기간의 연장등록출원이 재심에 의하여 특허권의 설정등록 또는 특허권의 존속기간의 연장등록이 된 경우, (ⅳ) 취소된 특허권이 재심에 의하여 회복된 경우(제181조 제1항)이다.

(ⅰ) 해당 특허취소결정 또는 심결이 확정된 후 재심청구의 등록 전에 한 해당 발명의 선의의 실시, (ⅱ) 특허가 물건의 발명인 경우에는 그 물건의 생산에만 사용하는 물건을 해당 심결이 확정된 후 재심청구의 등록 전에 선의로 생산·양도·대여 또는 수입하거나 양도 또는 대여의 청약을 하는 행위, (ⅲ) 특허가 방법의 발명인 경우에는 그 방법의 실시에만 사용하는 물건을 해당 심결이 확정된 후 재심청구의 등록 전에 선의로 생산·양도 · 대여 또는 수입하거나 양도 또는 대여를 청약하는 행위에는 특허권의 효력이 미치지 아니한다(제181조 제2항).

특허를 무효로 한다는 취지의 심결이 확정된 후부터 재심에 의하여 특허권이 회복할 때까지의 기간에 특허발명을 실시하는 것은 모두 특허권을 침해하는 행위가 된다. 특허법 제181조의 취지는 재심에 의하여 회복된 특허권의 효력으로 인하여 침해자가 될 가능성이 있는 선의(善意)의 제3자를 구제하기 위하여 회복된 특허권의 효력을 제한하여 선의로 실시한 자에 대해서는 침해자가 되지 않도록 한다.

3. 재심에 의해 회복된 특허권에 관한 선사용자의 통상실시권

무효로 된 특허권 또는 무효로 된 존속기간의 연장등록의 특허권이 재심에 의하여 회복된 경우, 특허권의 권리범위에 속하지 아니한다는 심결이 확정된 후 재심에 의하여 이와 상반되는 심결이 확정된 경우, 거절한다는 취지의 심결이 있었던 특허출원 또는 특허권의 존속기간의 연장등록출원이 재심에 의하여 특허권의 설정등록 또는 특허권의 존속기간의 연장등록이 된 경우 또는 취소된 특허권이 재심에 의하여 회복된 경우에는, 해당 특허취소결정 또는 심결이 확정된 후 재심청구의 등록 전에 선의로 국내에서 그 발명의 실시사업을 하고 있는 자 또는 그 사업의 준비를 하고 있는 자는 그 실시하거나 준비하고 있는 발명 및 사업목적의 범위에서 그 특허권에 관하여 통상실시권을 가진다(제182조).

특허법 제182조는 특허권에 대한 심결이 확정된 후 그에 대한 재심청구의 등록 전에 선의로 국내에서 그 발명의 실시사업을 하거나 준비하고 있는 자는 그 실시하거나 준비하고 있는 범위에서 해당 특허권에 관하여 통상실시권을 가진다고 규정하고 있다. 본조의 취지는 선사용에 의한 통상실시권(제103조)과 같은 취지이고, 심결이라는 공적처분을 신뢰하여 사업을 실시 또는 실시준비하고 있는 자에게 재심 결과가 다르다 하여 소급하여 침해로 다루는 것은 사회공평의 원칙에 맞지 않기 때문에 선의의 선사용자에게 통상실시권을 인정해 주는 것이다.

이 조문에 의하여 발생하는 통상실시권은 법정의 통상실시권으로 등록하지 아니하여도 제3자에 대항할 수 있다(제118조 제2항).

4. 재심에 의해 통상실시권을 상실한 원권리자의 통상실시권

통상실시권을 허여한다는 심결이 확정된 후 재심에 의하여 이에 상반되는 심결의 확정이 있는 경우에는 재심청구 등록 전에 선의로 국내에서 그 발명의 실시사업을 하고 있는 자 또는 그 사업의 준비를 하고 있는 자는 원통상실시권의 사업의 목적 및 발명범위에서 그 특허권 또는 재심의 심결의 확정이 있는 당시에 존재하는 전용실시권에 대하여 통상실시권을 가진다(제183조 제1항).

특허법 제183조는 통상실시권 허락의 심결이 확정된 후 재심에 의해 통상실시권이 상실된 경우, 재심청구 등록 전에 선의로 특허발명의 실시 등을 하고 있는 자를 위하여 인정되는 법정실시권이다. 이 조에 의하여 발생하는 통상실시권은 법정의 통상실시권으로 등록하지 아니하여도 제3자에 대항할 수 있다.

제5절 특허취소신청

Ⅰ. 서설

1. 취지

특허청 심사관 1인당 심사건수가 과다하여 특허품질에 대한 우려가 증가되고, 심사관의 노력에도 불구하고, 전 세계 기술문헌[33]의 급증으로 유사 기술문헌을 완벽히 검색한 후 심사하는 것은 사실상 어려움이 있다. 한편, 심사처리기간 단축으로 출원공개 전의 특허결정 비율이 급증하여 발명 공개 후 공중의 특허심사 참여 기회도 축소되었다.

현행법에서 특허무효심판 제도를 운영 중이나, 이는 분쟁 당사자가 이용하는 제도로서 절차가 복잡하고 법원에 불복시 소송절차도 직접 수행해야 하며, 비용부담도 많아 활용도가 낮은 편이다. 이러한 문제점을 개선하기 위하여 2017년 개정법에서 특허취소신청제도를 도입하였다.[34]

이 법 시행 후 설정등록된 특허권부터 누구나 등록공고 후 6개월까지 특허취소 이유를 제공하면 심판관이 검토하여 흠결 여부를 신속하게 피드백할 수 있는 장점이 있다. 특허취서신청제도는 부실특허를 조기에 취소하여 시장 혼란을 최소화하고, 법원에 불복시 소송절차까지 특허청이 수행하여 책임행정을 구현할 수 있다는 점을 고려하여 도입된 제도이다. 특히 이 제도는 전문가 등 제3자의 참여로 등록특허를 조기에 재검도한 후 부실 특허를 조기에 걸러냄으로써 권리 안정성을 도모할 수 있다.

---

33) 한국·일본·미국 등 11개국 선행기술 DB 구축 건수가 2014년 기준으로 약 2억 7천만 건에 달한다.

34) 특허취소신청에 관한 적용례: 제6장의2(제132조의2부터 제132조의15까지)의 개정규정은 이 법 시행(시행일: 2017.3.1.) 이후 설정등록된 특허권부터 적용한다(부칙 제10조).

2. 주요 내용

특허취소신청제도의 주요내용은 다음과 같다. 신청기간은 등록공고 후 6개월까지 결정계 특허취소를 신청할 수 있다. 신청이유는 특허문헌과 간행물에 근거하여 신규성과 진보성의 결여를 이유로 한다. 심리는 취소신청이유를 종합·정리 후 일괄하여 심리를 개시하고 진행한다. 불복절차에 대해서는 취소결정만 불복할 수 있다. 다음 <그림 9>는 특허취소신청에 대한 심판절차부터 법원절차까지 특허심판원이 수행하는 특허취소신청 절차의 흐름도이다.

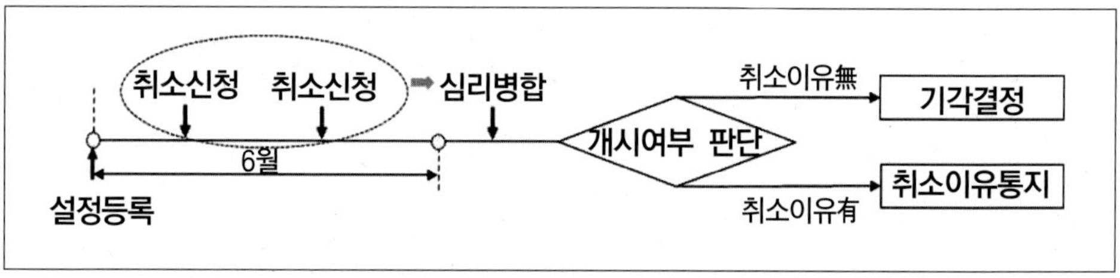

〈그림 9〉 특허취소신청 절차 흐름도

3. 기대효과

2017년 개정법에 도입한 특허취소신청제도는 공중참여로 등록특허를 신속히 재검토한 후 흠이 있는 특허는 조기에 취소하고, 안정된 권리를 선별·제공하여 시장혼란과 기업 부담을 최소화하고, 부실 권리를 쉽게 제거함으로써 특허 품질 제고에 도움이 될 수 있다. 또한 등록특허를 재검토하여 부실권리를 제거함으로써 향후 무효심판 인용률도 낮추는 효과가 있을 것으로 보인다.

Ⅱ. 신청절차

1. 특허취소신청

누구든지 특허권의 설정등록일부터 등록공고일 후 6개월이 되는 날까지 그 특허가 다음 각 호의 어느 하나에 해당하는 경우에는 특허심판원장에게 특허취소신청을 할 수 있다. 이 경우 청구범위의 청구항이 2 이상인 경우에는 청구항마다 특허취소신청을 할 수 있다. (i) 특허법 제29조(같은 조 제1항 제1호에 해당하는 경우와 같은 호에 해당하는 발명에 의하여 쉽게 발명할 수 있는 경우는 제외한다)에 위반된 경우, (ii) 특허법 제36조 제1항부터 제3항까지의 규정에 위반된 경우에 특허취소신청을 할 수 있다(제132조의2 제1항). 제1항에도 불구하고 특허공보에 게재된 특허법 제87조 제3항 제7호에 따른 선행기술에 기초한 이유로는 특허취소신청을 할 수 없다(제132조의2 제2항).

2. 특허취소신청절차에서의 특허의 정정

특허취소신청절차가 진행 중인 특허에 대한 특허권자는 특허법 제136조 제1항 각 호의 어느 하나에 해당하는 경우에만 제132조의13(특허취소신청에 대한 결정)제2항[35]에 따라 지정된 기간에 특허발명의 명세서 또는 도면에 대하여 정정청구를 할 수 있다(제132조의3 제1항). 제1항에 따른 정정청구를 하였을 때에는 해당 특허취소신청절차에서 그 정정청구 전에 한 정정청구는 취하된 것으로 본다(제132조의2 제2항). 제1항에 따른 정정청구는 (ⅰ) 제1항에 따라 정정을 청구할 수 있도록 지정된 기간과 그 기간의 만료일부터 1개월 이내의 기간, (ⅱ) 제136조(정정심판) 제6항에 따라 지정된 기간(제132조의2 제4항). 어느 하나에 해당하는 기간에만 취하할 수 있다.

Ⅲ. 신청방법

1. 특허취소신청의 방식

특허취소신청을 하려는 자는 다음 각 호의 사항을 적은 특허취소신청서를 특허심판원장에게 제출하여야 한다. (ⅰ) 신청인의 성명 및 주소(법인인 경우에는 그 명칭 및 영업소의 소재지), (ⅱ) 대리인이 있는 경우에는 그 대리인의 성명 및 주소나 영업소의 소재지, (iii) 특허취소신청의 대상이 되는 특허의 표시, (iv) 특허취소신청의 이유 및 증거의 표시(제132조의4 제1항). 제1항에 따라 제출된 특허취소신청서의 보정은 그 요지를 변경할 수 없다. 다만, 특허권의 설정등록일부터 등록공고일 후 6개월이 되는 날까지(그 기간 중 제132조의13 제2항에 따른 통지가 있는 경우에는 통지한 때까지로 한정한다)제1항 제4호의 사항을 보정하는 경우에는 그러하지 아니하다(제132조의4 제2항). 심판장은 특허취소신청이 있으면 그 신청서의 부본을 특허권자에게 송달하여야 한다. 심판장은 특허취소신청이 있으면 그 사실을 해당 특허권의 전용실시권자나 그 밖에 그 특허에 관하여 등록을 한 권리를 가지는 자에게 알려야 한다(제132조의4 제4항).

2. 특허취소신청서 등의 보정·각하

심판장은 다음 각 호의 어느 하나에 해당하는 경우에는 기간을 정하여 그 보정을 명

35) 특허법 제132조의13 제2항: 심판장은 특허취소결정을 하려는 때에는 특허권자 및 참가인에게 특허의 취소이유를 통지하고 기간을 정하여 의견서를 제출할 기회를 주어야 한다.

하여야 한다. (i) 특허취소신청서가 제132조의4 제1항(같은 항 제4호는 제외한다)을 위반한 경우, (ii) 특허취소신청에 관한 절차가 다음 어느 하나에 해당하는 경우 제3조 제1항 또는 제6조를 위반한 경우, 법 또는 이 법에 따른 명령으로 정하는 방식을 위반한 경우, 수수료를 내지 아니한 경우에는 기간을 정하여 보정을 명하여야 한다(제132조의5 제1항).

심판장은 제1항에 따른 보정명령을 받은 자가 지정된 기간에 보정을 하지 아니하거나 보정한 사항이 특허법 제132조의4 제2항을 위반한 경우에는 특허취소신청서 또는 해당 절차와 관련된 청구 또는 신청 등을 결정으로 각하하여야 한다(제132조의5 제2항). 각하결정은 서면으로 하여야 하며, 그 이유를 붙여야 한다(제132조의5제3항).

3. 보정할 수 없는 특허취소신청의 각하결정

특허취소신청의 합의체는 부적법한 특허취소신청으로서 그 흠을 보정할 수 없을 때에는 특허권자에게 특허취소신청서의 부본을 송달하지 아니하고, 결정으로 그 특허취소신청을 각하할 수 있다(제132조의6 제1항). 제1항에 따른 각하결정에 대해서는 불복할 수 없다(제132조의6 제2항).

Ⅳ. 심리

1. 특허취소신청의 합의체 등

특허취소신청은 3명 또는 5명의 심판관으로 구성되는 합의체가 심리하여 결정한다(제132조의7 제1항).

2. 심리의 방식

특허취소신청에 관한 심리는 서면으로 한다(제132조의8 제1항).[36] 공유인 특허권의 특허권자 중 1인에게 특허취소신청절차의 중단 또는 중지의 원인이 있으면 모두에게 그 효력이 발생한다(제132조의8 제2항).

3. 참가

특허권에 관하여 권리를 가진 자 또는 이해관계를 가진 자는 특허취소신청에 대

36) 특허법 제132조의15(심판규정의 특허취소신청에의 준용) : 특허취소신청의 심리·결정에 관하여는 특허법 제147조 제3항, 제157조, 제158조, 제164조, 제165조 제3항부터 제6항까지 및 제166조를 준용한다.

한 결정이 있을 때까지 특허권자를 보조하기 위하여 그 심리에 참가할 수 있다(제132조의9 제1항).

4. 직권심리

심판관은 특허취소신청에 관하여 특허취소신청인, 특허권자 또는 참가인이 제출하지 아니한 이유에 대해서도 심리할 수 있다(제132조의10 제1항). 심판관은 특허취소신청에 관하여 특허취소신청인이 신청하지 아니한 청구항에 대해서는 심리할 수 없다(제132조의 10 제2항).

5. 특허취소신청의 병합 또는 분리

심판관 합의체는 하나의 특허권에 관한 둘 이상의 특허취소신청에 대해서는 특별한 사정이 있는 경우를 제외하고는 그 심리를 병합하여 결정하여야 한다(제132조의11 제1항). 심판관 합의체는 특허취소신청의 심리에 필요하다고 인정하는 경우에는 제1항에 따라 병합된 심리를 분리할 수 있다(제132조의11 제2항).

6. 특허취소신청의 취하

특허취소신청은 결정등본이 송달되기 전까지만 취하할 수 있다. 다만, 특허권자 및 참가인에게 특허의 취소이유가 통지된 후에는 취하할 수 없다(제132조의12 제1항).

2 이상의 청구항에 관하여 특허취소신청이 있는 경우에는 청구항마다 취하할 수 있다(제132조의12 제21항). 제1항 또는 제2항에 따른 취하가 있으면 그 특허취소신청 또는 그 청구항에 대한 특허취소신청은 처음부터 없었던 것으로 본다(제132조의12 제3항).

7. 특허취소신청에 대한 결정

심판관 합의체는 특허취소신청이 이유 있다고 인정되는 때에는 그 특허를 취소한다는 취지의 결정(이하 "특허취소결정"이라 한다)을 하여야 한다(제132조의13 제1항).

심판장은 특허취소결정을 하려는 때에는 특허권자 및 참가인에게 특허의 취소이유를 통지하고 기간을 정하여 의견서를 제출할 기회를 주어야 한다(제132조의 3 제2항). 특허취소결정이 확정된 때에는 그 특허권은 처음부터 없었던 것으로 본다(제132조의13 제3항).

심판관 합의체는 특허취소신청이 특허법 제132조의2 제1항 각 호의 어느 하나에 해당하지 아니하거나 같은 조 제2항을 위반한 것으로 인정되는 경우에는 결정으로 그 특허취소신청을 기각하여야 한다(제132조의13 제4항).

8. 특허취소신청의 결정 방식

특허취소신청에 대한 결정은 다음 각 호의 사항을 적은 서면으로 하여야 하며, 결정을 한 심판관은 그 서면에 기명날인하여야 한다. 서면에 대한 기재사항으로 (i) 특허취소신청사건의 번호, (ii) 특허취소신청인, 특허권자 및 참가인의 성명 및 주소(법인인 경우에는 그 명칭 및 영업소의 소재지), (iii) 대리인이 있는 경우에는 그 대리인의 성명 및 주소나 영업소의 소재지, (iv) 결정에 관련된 특허의 표시, (v) 결정의 결론 및 이유, (vi) 결정연월일(제132조의14 제1항)이다. 심판장은 특허취소신청에 대한 결정이 있는 때에는 그 결정의 등본을 특허취소신청인, 특허권자, 참가인 및 그 특허취소신청에 대한 심리에 참가를 신청하였으나 그 신청이 거부된 자에게 송달하여야 한다(제132조의14 제2항).

Ⅴ. 무효심판제도와 비교

무효심판은 주로 구술심리로 진행되고, 당사자계 심판(법원, 대법원까지 당사자가 수행)으로 당사자가 분쟁을 해결하는 제도이다. 특허취소신청제도는 특허심사결과를 재검토하는 절차로 등록일부터 6개월까지 신청을 하고, 취소이유가 있는 경우만 진행된다.[37] 다음 <그림 10>은 특허취소신청제도이고, <그림 11>은 특허무효심판제도를 설명한 것이다.

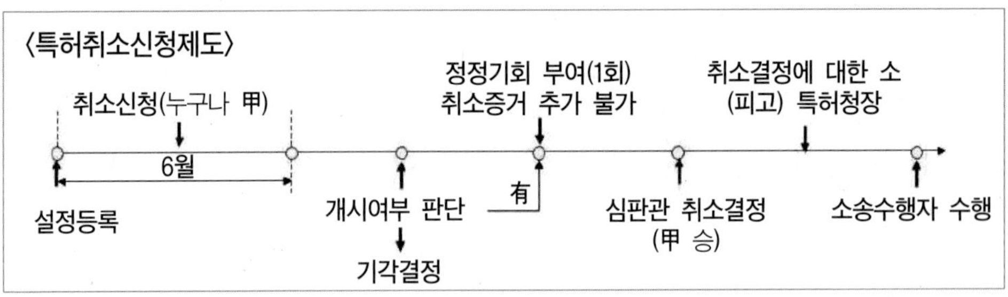

〈그림 10〉 특허취소신청제도

37) 특허청, 특허법·실용신안법 일부개정법률 설명자료, 2016. 2, 23면.

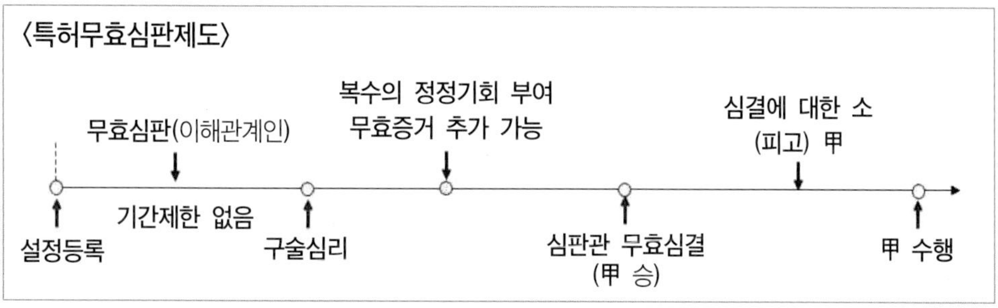

〈그림 11〉 특허무효심판제도

다음 <표 2>는 특허취소신청제도와 특허무효심판제도를 비교한 것이다. 신청이유, 심리진행, 제도운영, 심리방식, 종결방식과 불복절차 등에 차이가 있다.

〈표 2〉 특허취소신청제도와 특허무효심판제도 비교

구 분	특허취소신청제도	특허무효심판
신 정 인 적 격	누구나	이해관계인
신 청 시 기	등록일로부터 6월	언제라도 가능
제 도 성 격	특허심사결과 재검토	당사자 간 분쟁 해결
신 청 이 유	신규성, 진보성(특허·간행물)	모든 무효 사유
심 리 병 합	일괄 병합 원칙	필요시 병합
심 리 진 행	취소이유가 있는 경우만 진행	무조건 심리 진행
제 도 운 영	결정계(특허청-특허권자)	당사자계(청구인-피청구인)
심 리 방 식	모두 서면심리	구술심리 원칙
신청이유 보정	제한	심리종결 전까지 무제한
정 정 기 회	원칙상 1회	제한 없음
결정(심결) 예고	취소이유 통지	없음
종 결 방 식	결정	심결
대 리 인 비 용	저비용	고비용
수 수 료	저비용	고비용
불 복 절 차	법원 이후는 특허청이 수행	당사자가 수행

제9장 특허쟁송

제1절 서설

Ⅰ. 의의

일반적으로 지식재산소송이란 특허법, 실용신안법, 디자인보호법, 상표법뿐만 아니라 저작권법, 부정경쟁방지법 등에서 보호하는 지식재산권과 관련된 분쟁을 해결하기 위한 소송을 말한다. 특허쟁송(patent litigation)이란 특허에 관한 절차 및 권리의 발생·침해·구제·소멸 등과 관련된 다툼을 말한다.[1] 특허쟁송은 일반적으로 특허소송, 특허침해소송, 특허행정소송으로 구분할 수 있다.

특허권자는 특허를 받은 발명을 권원 없이 제조, 사용 또는 판매하는 침해자에 대하여 법원에 특허침해소송을 제기할 수 있다. 한편, 침해자는 특허심판원에 특허발명에 대한 무효심판과 권리범위 확인심판을 청구하여 이에 대항할 수 있다. 특허권에 대한 분쟁이 발생하면 일반적으로 특허소송과 특허침해소송이 병렬로 진행되는 경우가 많다. 특허침해소송은 국내뿐만 아니라 해외에서도 빈번하게 발생하고 있다.

Ⅱ. 특허소송

특허법이나 민사소송법 등에서의 법률용어는 아니나, 실무상 또는 강학상 특허소송이라는 용어가 자주 사용되고 있다.[2] 넓은 의미의 특허소송은 특허권, 실용신안권, 상표권, 디자인권 등의 소위 산업재산권에 관한 소송 전부를 말한다. 좁은 의미의 특허소송은 특허법원의 전속관할에 속하는 소송, 특히 특허법 제186조 제1항의 심결 등에 대한 취소소송(이하 "특허소송"이라 한다)을 말한다. 본서에서 좁은 의미의 특허소송은 심결취소소송을 의미한다. 특허소송은 기본적으로 행정소송의 일종으로

---

1) 吉藤, 733면: 특허에 관한 사건이 소송까지 가는 경우가 있다. 행정기관에 의한 심리절차만을 행정쟁송(行政爭訟)이라고 하고, 특허쟁송(特許爭訟)은 사법기관을 포함한다.

2) 특허법원 지적재산소송 실무연구회, 3면: 민사소송 등 인지규칙 제17조의2에서 '특허소송'이라는 조문의 제목 하에 "특허법원의 전속관할에 속하는 소송의 소가는 재산권상의 소로서 그 소가를 산출할 수 없는 것으로 본다."라고 규정하여 특허소송이라는 용어를 특허법원의 전속관할에 속하는 소송으로 사용하고 있다.

보는 것이 통설이고, 판례의 입장이다.[3] 심결취소소송 중 특허청장을 피고로 하는 결정계 사건이 행정소송법 제3조 제1호 소정의 항고소송이라는 데는 다툼이 없으나, 당사자계 사건에 관하여는 항고소송이라는 견해와 당사자소송에 속한다고 보는 견해로 나누어져 있다.[4] 특허소송에는 특허심판사건의 특수성 및 심판절차의 준사법적 성격상 행정소송법과는 다른 여러 가지 규정이 적용된다.

Ⅲ. 특허침해소송

특허권이 설정등록된 후 특허권과 유사한 제품을 제3자[5]가 특허권자 허락 없이 특허존속기간 내에 국내에서 판매·제조·사용 등의 행위를 할 경우에 특허권자와 제3자 간에 특허분쟁이 발생한다. 일반적으로 특허침해소송이란 특허침해를 주장하는 특허권자가 제3자에게 제기하는 민사·형사소송을 말한다.

특허침해에 관한 민사소송에는 특허권에 대한 침해금지청구소송, 손해배상청구소송 및 신용회복조치 등이 있다. 특허형사소송에서는 특허침해죄를 비롯한 허위표시죄 등에 관한 고소를 형사소송법에 따른 절차에 따라 다룬다.

Ⅳ. 특허행정소송

특허행정소송은 특허출원·등록 등에 관한 특허청장의 행정처분에 대한 불복, 특허권의 수용·제한에 따른 보상금지급결정에 대한 불복, 통상실시권 설정을 위한 재정에 대한 불복, 권리승계와 관계된 권리자명의 이전청구 및 특허절차에 대한 불복 등과 관련하여 특허청장이 내린 행정상의 처분에 불복하여 권리 또는 이익을 침해받은 자가 특허청을 상대로 제기한 일체의 소송을 말한다.[6]

---

3) 대법원 2009. 5. 28. 선고 2007후4410 판결: 특허소송의 심리범위에 대하여 대법원은 심판은 특허심판원에서의 행정절차이며 심결은 행정처분에 해당하고, 그에 대한 불복의 소송인 심결취소소송은 항고소송에 해당하여 그 소송물은 심결의 실체적·절차적 위법 여부이므로, 당사자는 심결에서 판단되지 않은 처분의 위법사유도 심결취소소송단계에서 주장·입증할 수 있고, 심결취소소송의 법원은 특별한 사정이 없는 한 제한 없이 이를 심리·판단하여 판결의 기초로 삼을 수 있으며, 이와 같이 본다고 하여 심급의 이익을 해한다거나 당사자에게 예측하지 못한 불의의 손해를 입히는 것은 아니라고 한다.

4) 송영시 외 6인, 874 및 875면.

5) 본장에서 제3자는 권리자가 아닌 사람이 특허권을 모방하거나 침해하여 특허권 침해의 주장을 받은 사람 또는 침해가 아님을 주장하는 사람을 의미한다.

6) 대법원 2006. 10. 26. 선고 2004두14274 판결: 대리인 사무소에서 분할출원 관련 서류를 이중으로 제출하여 특허등록이 중복된 경우, 권리를 취소하기 위한 행정심판에서 원고가 패소했다.

제2절 특허소송

Ⅰ. 특허법원

1. 서설

1998년 3월 1일 고등법원급인 특허법원이 설치됨으로써 전문법원의 시대가 열리게 되었다. 특허법원의 심판권은 판사 3인으로 구성된 합의부에서 행한다. 특허법 제186조 제1항의 규정에 의거하여 특허법원에 소를 제기하기에 앞서 반드시 특허심판원의 심결이 전제되어야 한다. 그 특허심판원의 심결에 불복하여 제기되는 심결취소소송을 다루는 특허법원의 성격은 엄격히 말해서 법원에서의 제1심 소송임에도 불구하고 실질적으로는 제2심인 항소심의 성격을 갖는다. 특허법원은 우리나라의 고등법원과 지방법원 중 유일하게 전국을 관할하고, 그 소재지는 대전광역시이다.

현재 특허법원은 일정한 심결취소소송만을 관할하고, 특허침해소송은 일반법원이 민사소송절차에 따라 관할하고 있다.

2. 관할

특허취소결정 또는 심결에 대한 소 및 특허취소신청서·심판청구서·재심청구서의 각하결정에 대한 소는 특허법원의 전속관할로 한다(제186조 제1항). 따라서 특허법원은 특허심판원의 심결취소 사건, 다른 법률에 의하여 특허법원의 권한에 속하는 사건을 재판한다. 특허법원의 관할은 특허법 제186조, 실용신안법 제33조에서 소송에 관하여 특허법을 준용한다고 규정하고 있다. 상표법 제162조에서 정하는 심결의 소와 다른 법률에 의하여 특허법원의 권한에 속하는 사건이다. 2015년 11월 12일 '특허침해소송 관할 집중'을 위한 관련법 개정안이 국회 본회에서 통과되면서, 2016년 1월 1일부터 '특허침해소송 관할집중제도'를 담은 개정 민사소송법과 법원조직법이 시행되었다. 특허침해소송과 지식재산권 관련 소송 1심은 서울중앙지방법원과 대전·대구·부산·광주지방법원 등 5개 법원이 담당하고, 항소심은 특허법원이 전속관할한다. 특허법원은 심결취소송과 함께 침해소송의 항소심까지 관할하고 있다.

Ⅱ. 특허소송의 개관

1. 소송절차

(1) 진행절차 특허소송은 원고가 특허심판원으로부터 심결문의 등본을 송달받은 날부터 30일 이내에 소장을 특허법원에 제출하면, 피고의 답변서 제출, 변론준비절차, 변론기일, 변론, 판결 순으로 소송절차가 진행된다. 재판장은 소장심사와 준비절차 여부를 검토하고 수명법관이 준비절차 기일을 지정한다. 재판장은 변론준비절차가 끝난 경우에는 바로 변론기일을 정하여야 한다. 변론에 들어가 심리를 진행하고, 변론이 종결되면 판결이 선고된다.

(2) 소송과 행정심판의 구조적 차이 특허소송은 사법부에 속하는 특허법원이 기본적으로 대립당사자의 변론주의에 입각하여 진행하는 사법절차인 반면, 특허심판은 직권심리주의가 적용되며 행정부에 속하는 특허심판원이 속하는 행정심판이라는 점에서 큰 차이가 있다.

특허심판과 특허소송은 법원의 제1심과 제2심처럼 심급적으로 연계되어 있는 것이 아니므로, 특허심판절차에서 한 주장이나 제출한 자료를 특허소송에서 원용할 수 없다. 따라서 특허법원의 소송절차에서 별도의 주장과 자료제출이 필요하다.[7)]

2. 제소기간

특허법 제186조 제1항에 따른 소는 심결 또는 결정의 등본을 송달받은 날로부터 30일 이내에 제기하여야 한다(제186조 제3항). 심판장은 원격 또는 교통이 불편한 지역에 있는 자를 위하여 직권으로 불변기간에 대하여 부가기간을 정할 수 있다(제186조 제5항). 심판장이 심결문에 연장기간을 적어서 재내자는 20일, 재외자는 30일 범위에서 부가기간을 허용하고 있다.

3. 소송물

특허취소를 신청할 수 있는 사항 또는 심판을 청구할 수 있는 사항에 관한 소는 특허취소결정이나 심결에 대한 것이 아니면 제기할 수 없다(제186조 제6항).

심판은 특허심판원에서의 행정절차이고 심결은 행정처분이며, 그에 대한 불복의 소송인 심결취소소송은 항고소송에 해당한다. 그 소송물은 심결의 실체적·절차적 위법 여부다. 당사자는 심결에서 판단되지 아니한 것이라도 그 심결의 결론을 정당하게

7) 특허법원 지적재산소송실무연구회, 제6면.

하거나 위법하게 하는 사유를 심결취소소송 단계에서 주장·입증할 수 있다.

4. 소장(訴狀)

특허심판원의 심결이나 각하결정에 대하여 불복을 하는 자가 그의 취소를 요구하려면 특허법원에 특허소송을 제기해야 한다. 특허소송은 사법부에 대한 소송행위이므로 특허법원에 소장을 제출하여야 소송절차가 개시된다. 제출된 소장을 중심으로 공격과 방어가 전개되므로 특허소송에서는 소장의 작성은 중요한 의미를 갖는다. 소장에는 (i) 당사자의 성명과 주소, (ii) 법정대리인, (iii) 사건의 표시, (iv) 청구취지, (v) 청구원인, (vi) 부속서류의 표시, (vii) 작성일자, (viii) 작성자의 기명날인, (ix) 법원의 표시를 기재한다. 그 중 당사자, 법정대리인, 청구취지와 청구원인은 필요적 기재사항이다(민사소송법 제249조 제1항).

(1) 소장의 종류 및 양식 특허법원에 제기되는 특허소송은 크게 거절결정 심결취소의 소, 정정 심결취소의 소, 등록무효 심결취소의 소, 권리범위 확인심결취소의 소로 나눌 수 있다. 이러한 심결취소의 소에서 소장의 필수 기재사항인 청구취지, 청구원인, 입증방법, 첨부서류는 동일하다. 다만 청구원인의 내용에서 차이가 있다. 심결취소소송에는 특허법 등이 우선 적용되고, 특허법 등에 규정이 없는 사항의 경우 심결취소소송은 기본적으로 행정소송적인 성질을 가지므로 행정소송법이 준용되며, 행정소송법에 특별한 규정이 없는 경우에는 민사소송법이 준용된다. 그러므로 특허소송절차 중의 각종 신청절차에도 대부분 민사소송법이 준용되고, 그에 따라 특허소송절차에서 사용하는 소장을 비롯한 신청서 양식은 대체로 민사소송절차의 양식과 같다.

(2) 등록무효심판 심결취소의 소 청구원인란에 특허심판원에서의 절차경위, 특허발명과 비교대상발명의 요지, 심결이유의 요지, 심결취소사유 등을 차례대로 기재한 후 입증방법에서는 특허심판원의 심결문, 특허등록원부, 등록특허공보, 비교대상발명의 공보를 첨부하여야 한다.

(3) 권리범위 확인심판 심결취소의 소 청구원인란에 특허심판원에서의 절차경위, 특허발명과 확인대상발명[8]의 요지, 심결이유의 요지, 심결취소사유 등을 차례대로 기재하여야 한다. 입증방법으로 특허심판원의 심결문, 특허등록원부, 등록특허공

8) 권리범위 확인심판에서 침해가 예상되는 물건(또는 방법)의 확인대상발명을 명세서와 도면으로 제출하여야 한다. 종래에는 이를 (가)호 물건(방법)이라 하였으나, 현재는 '확인대상발명'이라고 한다. 확인대상발명의 도면은 현재 피고가 실시하고 있거나 실시할 예정인 물건, 장치 또는 방법을 토대로 작성이 되어야 한다. 일반적으로 특허법원에 제출되는 확인대상발명의 명세서와 도면은 특허심판원의 심결문에서 사용된 서류와 동일한 것으로 제시하여야 한다.

보를 첨부한다. 권리범위 확인심판에서 특허발명과 비교할 수 있는 확인대상발명의 명세서와 도면은 별지로 첨부하여야 한다.

(4) 거절결정 심결취소의 소 거절결정 심결취소 소송의 소장은 기본적으로 당사자계 심결취소소송의 소장과 같다. 다만 피고가 특허청장이 되고, 청구원인의 내용에서 차이가 있다. 소장에는 일반적으로 특허심판원에서의 절차경위, 이 사건 출원발명과 비교대상발명, 심결이유의 요지, 심결취소사유 등을 차례대로 기재한다.

5. 당사자

(1) 원고적격 특허법 제186조 제1항에 따른 소는 당사자, 참가인 또는 해당 특허취소신청의 심리, 심판이나 재심에 참가신청을 하였으나 그 신청이 거부된 자만이 제기할 수 있다(제186조 제2항). 당사자계 사건에서 심판청구가 기각된 경우에는 심판청구인이 원고가 되며, 심판청구가 인용된 경우라면 피심판청구인이 원고가 된다. 또한 심판에 참가신청을 하였으나, 신청이 거부된 자도 원고적격이 인정된다.

(2) 피고적격 거절결정 불복심결 등과 같은 결정계 사건과 정정심판에 대한 소를 제기하는 경우 특허청장을 피고로 하여야 하며, 특허무효심판과 같은 당사자계 사건에 있어서는 그 청구인 또는 피청구인을 피고로 하여야 한다(제187조).

제3절 특허소송절차

특허소송과 특허침해소송은 각각 다른 절차로, 사건이 병렬로 동시에 진행되는 특징이 있다. 특허소송은 특허심판원(특허심판), 특허법원(심결취소소송), 대법원(상고)으로 소송절차가 진행된다.

Ⅰ. 문서 제출

특허소송절차에서 피고가 원고의 청구를 다투는 경우에는 소장의 부본을 송달받은 날부터 30일 이내에 답변서를 제출하여야 한다. 법원은 피고가 답변서를 제출하지 아니한 경우에는 청구의 원인이 된 사실을 자백한 것으로 보고 변론 없이 판결할 수 있다(민사소송법 제257조 제1항). 답변서는 피고가 제출하는 준비서면으로, 소장에서 원고가 한 주장에 대하여 피고의 답변을 기재한 최초의 준비서면이다.

청구원인에 대한 답변은 원고가 주장하는 청구원인의 사실에 대하여 피고가 어떤 점을 다투고, 어떤 점을 인정하는지를 밝히는 것이다. 답변방식은 자백(自白), 부인(否認), 부지(不知) 및 침묵(沈黙)과 같이 네 가지로 구분할 수 있다. 부인과 구별을 요하는 것으로 항변(抗辯)이 있다. 항변은 피고가 원고의 주장사실을 인정하면서 그 사실로부터 생기는 법률효과를 배척하기 위하여 이에 양립할 수 있는 별개의 사실을 주장하는 것을 말한다.

Ⅱ. 심리

1. 심리원칙

소장이 접수되면 재판부는 변론기일 이전에 준비절차를 거쳐 쟁점을 정리함으로써 집중심리를 원칙으로 한다. 재판의 효율화를 도모하고자 심리는 변론주의 및 공개심리를 원칙으로 하되, 공익적 측면에서 직권탐지주의가 적용된다.

2. 심리대상

특허소송에서의 심리는 소송물인 심결의 실체상의 적법성, 절차상의 적법성, 판단유탈의 유무(有無)가 그 대상이 된다. 판단유탈이란 심결의 결론에 영향을 주는 중요한 소송물 또는 증거에 대하여 판단을 미진하게 하였거나 중요한 당사자의 주장 및 반박에 대하여 판단을 하지 아니한 경우를 말한다.

3. 적법성 심리

특허소송의 소송물에 대하여 발명의 요지파악, 비교대상발명(인용참증)의 채택, 신규성 또는 진보성 판단 등 심결의 실체적 판단이 적법한지의 여부를 심리의 대상으로 한다. 또 절차상의 흠이 심결 또는 심사의 결과에 영향을 미쳤는지의 여부를 소송물을 근거로 판단한다. 예를 들면, 심사관의 거절이유 통지시 출원인에게 충분한 의견서 제출기회를 주지 않고 특허거절결정한 경우는 중대한 절차상의 흠에 해당한다.

4. 심리범위

특허법원의 심리범위를 어느 한도로 인정할 것인지는 중요한 사항이나 법에 명시된 바는 없다. 특허법원은 소송상의 제1심이므로 특허법원에서는 어떠한 주장·입증도 제한하지 않아야 된다는 견해가 있는가 하면, 특허법원은 실질적으로는 특허심판의 심결에 대한 항소심적인 불복절차이므로 특허심판에서 심리·판단되지 아니한 새로운 주장 및 증거제출은 허용할 수 없다는 견해도 있다.

그러나 특허법원은 원고가 비록 심판단계에서 주장하지 아니하였거나 제출하지 아니한 증거라도 소송물의 범위 내의 주장이면 이를 주장할 수 있고, 심판에서 제출하지 아니한 증거도 제출할 수 있다는 심리범위의 무제한설을 취하고 있다.

【특허법원에 제출할 수 있는 증거의 심리범위】

<대법원 2009. 5. 28. 선고 2007후4410 판결>

심판은 특허심판원에서의 행정절차이며 심결은 행정처분에 해당하고, 그에 대한 불복의 소송인 심결취소소송은 항고소송에 해당하여 그 소송물은 심결의 실체적·절차적 위법 여부이므로, 당사자는 심결에서 판단되지 않은 처분의 위법사유도 심결취소소송단계에서 주장·입증할 수 있고, 심결취소소송의 법원은 특별한 사정이 없는 한 제한 없이 이를 심리·판단하여 판결의 기초로 삼을 수 있으며, 이와 같이 본다고 하여 심급의 이익을 해한다거나 당사자에게 예측하지 못한 불의의 손해를 입히는 것이 아니다.

(1) 당사자계 심리범위 　권리범위 확인심판은 사실상 당사자 간의 특허권 침해문제를 둘러싼 민사분쟁적 성격이 있으므로 소송에서 그 심결의 결론을 정당하게 하거나 위법하게 하는 사유를 심결취소소송단계에서 주장·입증할 수 있고, 그 사실심리에 어떠한 제한을 가할 합리적인 이유가 없다. 무효심판의 경우에는 그 무효사유가 무권리자에 대하여 특허되었다거나 특허가 조약에 위반됨을 이유로 하는 경우에는 일반 민사사건과 유사하다 할 것이므로 특허법원 실무에서 심리범위는 제한하지 않는다. 다만, 무효심판 중 해당 발명이 신규성이나 진보성이 없음을 이유로 하는 심판의 경우에는 그 심리의 내용이 고도의 기술적인 관점에서 특허법원에서의 사실심리는 제한할 필요가 있다.

(2) 결정계 심리범위 　특허거절결정 불복심판이나 정정심판의 경우 심결취소소송에서 원고가 새로운 주장을 하거나 새로운 증거를 제출하더라도 피고(특허청장)는 기술전문가로서 충분히 대응할 수 있다. 거절결정에 대한 심판청구를 기각하는 심결의 취소소송에서 특허청은 심결에서 판단되지 않은 것이라고 하더라도 거절결정의 이유와 다른 새로운 거절이유에 해당하지 않는 한 심결의 결론을 정당하게 하는 사유를 주장·입증할 수 있다. 판례에 의하면 달리 볼 만한 특별한 사정이 없는 한 제한 없이 이를 심리·판단하여 판결의 기초로 삼을 수 있지만, 거절결정의 이유와 다른 새로운 거절이유로서 심결에서 판단되지 않은 것은 위 심결취소소송에서 심리·판단될 수 없다고 한다.[9)]

9) 대법원 2004. 7. 22. 선고 2994후363 판결.

Ⅲ. 준비절차

1. 서설

준비절차에 회부된 사건에 대하여는 먼저 서면에 의한 쟁점정리절차를 시작하는데, 서면에 의한 쟁점정리절차는 준비서면의 공방과 변론기일 전 증거조사가 핵심이다. 준비서면 공방에서는 피고가 실질적 내용이 있는 답변서를 제출하면 이를 원고에게 송달하고, 원고는 준비서면을 제출한다. 이 과정에서 당사자는 준비서면에 의한 주장의 제출과 더불어 그 주장을 뒷받침하는 증거를 모두 제출하여야 한다. 따라서 관련 서증은 원칙적으로 준비서면에 첨부하여 제출하여야 하고, 문서송부촉탁, 사실조회, 검증·감정 신청과 그 촉탁은 물론 증인신청까지도 모두 이 단계에서 마치는 것을 원칙으로 한다.

2. 준비서면

준비서면이란 당사자가 변론에서 진술하고자 하는 사항을 미리 기재하여 법원에 제출하는 서면을 말한다. 준비절차에서는 소장과 준비서면에 기재된 사실 또는 법률상의 주장에 대하여 진술하고 후에 구두변론에서 조사하여야 할 증거의 신청을 한다. 준비절차에서 하지 아니한 주장이나 증거신청은 원칙적으로 변론에서 주장하지 못한다(민사소송법 제276조). 준비서면에 적지 아니한 사실은 상대방이 축석하지 아니한 때에는 변론에서 주장하지 못한다. 다만, 민사소송법 제272조 제2항 본문의 규정에 따라 준비서면을 필요로 하지 아니하는 경우에는 그러하지 아니하다.

3. 변론기일지정

재판장은 변론 없이 판결하는 경우 외에는 바로 변론기일을 정하여야 한다(민사소송법 제258조 제1항). 변론준비절차는 구법에서는 심판과정에서 매우 중요한 절차였다. 그러나 2008년에 개정된 민사소송법 제258조 제1항 본문에서는 피고의 답변서 제출이 있으면 바로 변론기일을 정하는 변론기일중심제로 바꿨다.[10] 변론기일은 당사자 본인이 법관 면전에서 사건의 쟁점을 확인하고 상호 반박을 하는 기회를 가짐으로써 구술주의의 정신을 구현하는 절차이다.

특허발명과 비교대상발명 또는 확인대상발명의 기술내용을 재판부로 하여금 이해시켜 문제점을 명확하게 하기 위하여 기술설명회가 개최된다. 기술설명회에서 특허사건의 기술내용을 정확히 파악하기 위하여 당사자를 비롯한 관계 기술자를 출석

---

10) 이시윤, 제365면.

시켜 도면·실물·모형·컴퓨터그래픽·비디오장치 등을 이용하여 기술적 사항에 관한 각자의 주장을 구체적으로 설명하도록 함으로써 쟁점과 증거를 정리한다. 이 절차에서 쟁점이 되는 기술내용에 관하여 심도 있게 심리를 진행할 수 있다.

4. 기술심리관

특허법원의 준비절차에는 특허청에서 파견된 기술심리관이 심리에 참여할 수 있다. 심리에 참여한 기술심리관은 기술적 사항에 관하여 재판장의 허가를 얻어 소송관계인에게 질문을 할 수 있으므로 기술심리관을 활용하여 전문적 기술분야에 관한 심리를 효율적으로 진행할 수 있다. 기술심리관에 대한 제척·기피의 재판은 소속 법원이 결정으로 하여야 한다(제188조의2 제2항). 기술심리관은 제척 또는 기피의 사유가 있다고 인정하면 특허법원장의 허가를 받아 회피할 수 있다(제188조의2 제3항).

5. 집중심리

특허사건은 특별한 사정이 없는 한 우선 재판부가 소장 기타 소송서류를 검토하고 기술심리관의 설명을 들어 기술내용을 파악한 다음, 준비절차에 회부하여 수명법관의 지휘 아래 집중적으로 심리한다. 쟁점정리기일에 이어지는 다음 기일은 이른바 집중증거조사기일로서 각 사건에 관련된 쌍방의 증인 및 당사자신문 대상자 전원을 한꺼번에 집중적으로 신문하고, 신문을 마친 사건은 그로부터 단기간 내에 판결을 선고하는 구조로 운영한다.

6. 변론

변론이란 기일에 수소법원의 공개법정에서 당사자 양쪽이 말로 판결의 기초가 될 소송자료 즉 사실과 증거를 제출하는 방법으로 소송을 심리하는 절차이다. 좁은 의미에서는 변론은 특히 당사자의 소송행위와 증거조사만을 가리킨다. 상식적으로는 법정변론을 열거나 공판하는 것을 뜻한다.[11] 특허소송이 제기된 경우에 법원은 이에 대하여 판결을 선고하여야 하고, 당사자는 소송에 대하여 법원에서 변론하여야 한다(민사소송법 제134조 제1항). 특허소송에서는 변론에서 행한 당사자의 구술진술이 매우 중요한 재판의 자료라 할 수 있다.

---

11) 이시윤, 301면.

7. 자유심증주의

특허법원 소송절차에는 민사소송의 절차처럼 공개심리주의, 구술심리주의와 변론주의가 동일하게 적용된다. 특허법원은 변론 전체의 취지와 증거조사의 결과를 참작하여 자유로운 심증으로 사회정의와 형평의 이념에 입각하여 논리와 경험의 법칙에 따라 사실주장이 진실한지 아닌지를 판단한다(민사소송법 제202조).

쟁점이 되는 사실의 인정에 관하여 증거조사의 결과 등을 토대로 자유심증주의에 의하여 그 진실여부를 가리며, 진실여부의 판명이 안 되면 입증책임으로 문제를 해결하게 된다.

Ⅳ. 소송의 종료

1. 판결

법원은 특허법 제186조 제1항의 규정에 의하여 소가 제기된 경우에 그 청구가 이유 있다고 인정할 때에는 판결로써 해당 심결 또는 결정을 취소하여야 한다(제189조 제1항). 소의 제기에 의하여 개시된 소송은 판결을 선고함으로써 해당 심급에서의 소송이 종료된다. 이를 종국판결이라 하고, 종국판결에는 원고의 청구를 인용하는 심결취소판결과 원고의 청구가 이유 없다고 하는 기각판결, 원고가 제기하는 소의 소송요건의 불비를 이유로 하는 소송판결로서의 소각하판결이 있다.

법원은 취소의 종국판결을 하는 경우에도 심결을 취소할 수 있을 뿐이고 특허발명에 대하여 즉 특허의 효력에 관해서는 자판할 수는 없다. 그 이유는 종국적 처분은 3권 분립의 원칙상 행정부기관인 특허청의 권한이고 법원이 행정부에 대하여 이행명령을 할 수 없기 때문이다.

2. 판결문 내용

판결문의 내용은 (ⅰ) 기초사실(특허청에서 절차의 경위, 이 사건 특허발명의 요지 및 이 사건 심결이유의 요지), (ⅱ) 당사자의 주장 요지(원고 주장의 심결취소사유 요지, 피고의 주장 요지), (ⅲ) 판단, (ⅳ) 결론 등 4개 부문으로 구성된다(민사소송법 제208조).

3. 소송의 통지

법원은 특허법 제186조 제1항의 규정에 의한 소의 제기 또는 같은 법 제186조 제8항의 규정에 의한 대법원에 상고가 있는 경우에는 지체 없이 그 취지를 특허심판원장에게 통지하고 그 소송절차가 완결된 경우에는 지체 없이 그 사건에 대한 각 심급의 재판서 정본을 특허심판원장에게 송부하여야 한다.

4. 판결의 효력

특허법원의 심결취소 판결이 확정되면 심판관은 그 사건을 다시 심리하여 심결 또는 결정하여야 한다(제189조 제2항). 이 경우 판결에 있어서 취소의 기본이 된 이유는 그 사건에 대하여 특허심판원을 기속한다(제189조 제3항). 그러나 특허법원이 특허거절결정을 취소하고 특허권을 부여하거나 특허를 무효로 하는 등의 판결을 할 수 없으며, 특허심판원으로 하여금 일정한 행위를 하도록 하는 이행판결도 할 수 없다. 특허법원의 판결은 주문 및 그 전제로 된 요건사실의 인정과 효력의 판단에 미친다. 그러나 새로운 증거 추가 등으로 사실관계가 변경된 경우에는 동일내용의 심결을 할 수 있다.

판례에 의하면, 심결취소소송은 특허심판원의 심결을 대상으로 하는 것이어서 별개의 심결에 대하여 각각 제기된 취소소송이 중복제소에 해당한다거나, 각각 제기된 심결취소소송의 당사자가 동일하다는 이유만을 들어 어느 하나의 심결취소소송에서 먼저 확정된 판결의 기판력이 소송의 대상이 된 심결이 동일하지 않은 사건에까지 미친다고 할 수 없을 뿐더러, 별개의 등록상표에 대한 각각의 무효심판청구에 있어서 어느 하나의 심결이 먼저 확정된 경우에 그 확정 후에 제기된 심판청구에서 이미 확정된 심결에서와 동일한 주장이나 증거를 제출한다고 하더라도 일사부재리의 원칙이 적용되지 않는다고 한다.[12)]

Ⅴ. 상고

특허법원의 판결에 대해서는 대법원에 상고(上告)할 수 있다(제186조 제8항). 특허법원의 판결에 대한 상고심절차는 민사소송법상의 상고에 관한 규정이 그대로 적용된다. 대법원에 상고를 하는 경우에는 판결이 송달된 날부터 2주일 이내에 상고장을 특허법원에 제출함으로써 제기된다(민사소송법 제396조, 제397조 및 제425조). 대법원은 상고권이 없거나 방식을 위반하여 부적법한 경우에는 상고각하판결을 하며, 상고가 이유 없다고 인정될 때 또는 상고인이 기간 내에 상고이유서를 제출하지 아니한 경우에는 상고기각판결을 한다. 또한 상고가 이유가 있다고 인정된 경우에는 원판결을 파기하고 사건을 특허법원에 환송하는 판결을 한다.

---

12) 대법원 2004. 5. 14. 선고 2002후 1256 판결.

상고의 남발을 제한하기 위해서 「상고심절차에 관한 특례법」[13)]이 특허소송도 적용되므로 대법원은 특허법원의 판결에 대하여 일정한 경우 심리를 하지 아니하고 판결로써 상고를 기각할 수 있다. 특허소송의 경우 당사자의 주장이 첨예하게 대립되거나 정책적인 정리가 요구되는 것은 정상적인 절차를 거쳐서 판결을 하지만 무효사유가 명백한 사건이나, 현장검증 등을 통해서 신규성이 없다는 것이 입증된 경우 등에서는 더 나아가 심리를 진행하지 아니하고 상고를 기각한다. 대법원은 상고이유에 관한 주장이 다음 각 호의 어느 하나의 사유에 해당하면 더 나아가 심리(審理)를 하지 아니하고 판결로써 상고를 기각(棄却)한다. (ⅰ) 원심판결(原審判決)이 헌법에 위반되거나, 헌법을 부당하게 해석한 경우, (ⅱ) 원심판결이 명령·규칙 또는 처분의 법률위반 여부에 대하여 부당하게 판단한 경우, (ⅲ) 원심판결이 법률·명령·규칙 또는 처분에 대하여 대법원 판례와 상반되게 해석한 경우, (ⅳ) 법률·명령·규칙 또는 처분에 대한 해석에 관하여 대법원 판례가 없거나 대법원 판례를 변경할 필요가 있는 경우, (ⅴ) 제1호부터 제4호까지의 규정 외에 중대한 법령위반에 관한 사항이 있는 경우, (ⅵ) 민사소송법 제424조 제1항 제1호부터 제5호까지에 규정된 사유가 있는 경우.

Ⅵ. 보상금 또는 대가에 관한 불복의 소

특허법 제41조 제3항·4항, 제106조 제3항, 제106조의2 제3항, 제110조 제2항 제2호 및 제138조 제4항에 따른 보상금 및 대가에 대하여 결정·심결 또는 재정을 받은 자가 그 보상금 또는 대가에 대하여 불복할 때에는 법원에 소송을 제기할 수 있다(제190조 제1항).

보상금액 또는 대가의 결정은 일종의 행정처분에 해당되므로 행정심판법상의 불복절차에 따르게 할 수도 있다. 보상금 등에 관한 소는 보상금이나 대가에 대하여 결정 또는 심결 결과로서 발생된 법률관계로 보상금 및 대가의 지급관계를 다투는 소송이다. 이 소송에 관해서는 민사소송으로 보는 견해도 있으나, 이 소송은 행정처분을 대상으로 하는 형식적 당사자 소송이므로 행정소송법상의 당사자 소송이라 할 수 있다(행정소송법 제3조).

보상금 또는 대가에 관한 소송은 심결·결정 또는 재정의 등본을 송달받은 날로부터 30일 이내에 제기하여야 한다(제190조 제2항).

---

13) 대법원은 1994년 7월 27일 「상고심절차에 관한 특례법」을 제정하여 같은 법에서 허용하는 사항에 대하여 상고를 제기할 수 있도록 하였다. 따라서 특허법원의 판결에 대하여 상고하는 경우에도 상기의 특례법의 적용을 받는다. 2002년 7월 1일부터 시행된 이 법률의 제4조(심리의 불속행)의 규정에서 나열하고 있는 사유에 해당하면, 심리를 더 이상 속행하지 않고 상고를 기각한다.

제10장 특허권자의 보호

제1절 권리의 구제방법

Ⅰ. 서설

특허법의 목적은 발명자의 사익(私益)을 보호하기 위한 측면뿐만 아니라, 사회의 공익(公益)을 보호하는 측면도 있기 때문에 특허법에서는 이러한 사익과 공익의 균형을 유지하는 데에 초점을 맞추고 있다. 특허권은 기술적 창작에 대한 대가로 부여되는 독점배타적 권리로서, 국가이 산업발진에 이바지하는 발명적 기여를 보호함을 목적으로 한다. 특허권은 특허발명을 일정기간 독점배타적으로 이용할 수 있는 권리이고, 특허권자는 이 특허발명을 실시함으로써 시상에서 경제적 이익을 얻을 수 있다. 이러한 경제적 이익을 제3자가 침해할 경우 특허권자는 구제수단으로서 민사상·형사상의 구제 방법을 강구할 수 있다. 최근 새로운 기술개발과 기술혁신의 과정에서 국내기업 간에 또는 국내기업과 외국기업 간에 특허분쟁이 발생하고 있으며, 고액의 손해배상청구소송도 증가하고 있다.

국제적으로 무역분쟁으로 비화되기도 하는 특허침해소송은 결국 당사자 간의 민사 또는 형사소송으로 다루어지게 되지만 대부분 손해배상청구로 귀결된다. 일반적으로 특허침해소송은 관할하는 민사법원에서 그 절차가 진행되지만, 피고는 항변수단으로 특허심판에서 등록무효심판 또는 권리범위 확인심판(소극)을 청구하기 때문에 동시에 다른 심판절차와 특허소송의 절차가 병렬로 진행되는 경우가 많다.

구제방법으로 사법적 구제, 행정적 구제, 전문가에 의한 중재 등을 들 수 있다. 불법행위에 의하여 특허권 등이 침해된 경우 침해자의 행위에 대하여 고의 또는 과실의 유무에 따라 특허권자 또는 전용실시권자(이하 "특허권자 등"이라 한다)는 민사적인 구제수단과 형사적인 구제수단을 모두 강구할 수 있다.

Ⅱ. 민·형사적 구제

특허권은 민법상 사권(私權)에 속한다. 사권은 그 효력에 따라 타인의 행위의 개입 없이 직접 지배하는 지배권, 특정인이 다른 특정에게 일정한 작위 또는 부작위를 요구하는 청구권, 이러한 청구권의 행사에 대하여 그 작용을 저지할 수 있는 항변권 및 권리자의 일방적 의사표시로 법률관계의 발생·변경·소멸을 일어나게 하는 형성권 등이 있다. 불법행위는 고의나 과실로 타인에게 손해를 가하는 위법행위를 말한다. 불법행위를 한 자는 손해를 배상할 책임이 있다(민법 제750조).

민사소송은 사법상의 권리관계의 확정·보전·실현 등 세 가지를 과제로 하는 절차이다. 확정절차가 판결절차이고, 권리의 실현을 대비하여 미리 잡아두는 보전절차가 가압류·가처분절차이며, 권리의 강제적인 실현절차가 강제집행절차이다.

특허법에서 규정하는 민사상 구제로서 특허권자는 침해의 금지 및 예방을 청구할 수 있고, 손해배상, 부당이득반환, 신용회복 등을 청구할 수 있다. 형사상 구제로서는 특허권의 침해행위에 대하여 침해죄 등 벌칙을 규정하고 있다.

1. 민사적 구제

특허권은 독점적 권리이며 배타적 권리이다. 특허권은 민법상 물권적 효력[1)]이 있다. 따라서 특허발명을 이용하는 사람은 반드시 권리자에게 사전 허락을 받아야 한다. 따라서 정당한 권원 없이 특허권을 침해하는 자에 대하여 특허권자 등은 민사적 구제방법으로 침해금지청구, 손해배상청구, 신용회복조치 및 부당이득반환을 청구할 수 있다.

2. 형사적 구제

특허권 등의 침해가 고의(故意)라고 판단된 경우 특허권자 등은 검찰청(또는 경찰청)에 고소장을 제출하여 형사처벌을 요청할 수 있다. 벌칙으로는 침해죄, 비밀누설죄, 위증죄, 허위표시의 죄, 거짓행위의 죄, 양벌규정, 몰수 및 과태료가 있다.

3. 행정적 구제

특허청에 특허무효심판 청구서를 제출하고 권리의 무효를 다툴 수 있고, 권리범위 확인심판도 청구할 수 있다. 이외에 특허권의 강제실시를 위한 통상실시권 설정의 재정(裁定)청구처럼 특허청장에게 재정신청서를 제출하고 강제실시권을 청구할 수 있다.

---

1) 물권적 효력이란 일정한 법률요건이나 법률사실에서 발생하는 권리의 발생·변경·소멸의 효력이 누구에 대해서든지(즉 對世的으로) 주장할 수 있는 효력을 말한다.

4. 화해, 조정 또는 전문가에 의한 중재

특허분쟁 절차에서 당사자 간 상호 양보하여 합의를 도출하여 분쟁을 해결하는 구제방법으로 실시계약의 체결 또는 양도, 화해, 조정 및 전문가에 의한 중재 등이 있다.

제2절 민사적 구제

Ⅰ. 침해금지청구권

1. 서설

특허권자 등은 자기의 권리를 침해한 자 또는 침해할 우려가 있는 자에 대하여 그 침해의 금지 또는 예방을 청구할 수 있다(제126조 제1항). 또한 특허권자 등은 침해의 금지 또는 예방을 청구할 때에는 침해행위를 조성한 물건(물건을 생산하는 방법의 발명인 경우에는 침해행위로 생긴 물건을 포함한다)의 폐기, 침해행위에 제공된 설비의 제거, 그 밖에 침해의 예방에 필요한 행위를 청구할 수 있다(제126조 제2항). 특허권이 침해될 경우에 그 침해행위를 금지시킬 수 있도록 하는 준물권적 청구권을 침해금지청구권이라 한다.

금지청구소송은 통상의 민사소송이며 변론주의를 기초로 하는 민사소송의 일반원칙과 절차가 적용된다. 특허법 제126조 제2항의 폐기 및 제거청구는 제1항의 금지청구에 부대하여 청구하는 성격을 갖기 때문에 폐기청구는 그것만을 독립하여 청구할 수 없고 금지청구에 부대하여서만 청구할 수 있다.

2. 청구요건 등

특허권 침해의 경우에 있어서는 권리의 특수성, 유한한 특허기간 및 특허권에 대한 실시의 독점력 등으로 인하여 침해여부의 판단이 어렵고, 인과관계 등을 입증하기가 어려운 문제점이 있다. 특허권자 등이 침해금지청구권을 행사하는 것은 침해에 의하여 초래될 상태의 손해를 미리 예방하기 위해서 고의나 과실이 없는 자의 침해행위에 대하여도 침해금지청구권을 행사할 수 있다.

이 점이 침해행위에 대하여 고의나 과실[2)]을 요건으로 하고 있는 손해배상청구권

2) 고의란 자기의 행위가 타인에게 손해를 가할 것을 알고, 일부러 이것을 한다는 하는 심리상태를

행사의 요건과 다른 점이다. 특허권 침해금지소송은 특허권의 배타적 권리를 전제로 성립된 준물권적 청구권으로서의 성격을 갖는다.

침해금지청구권 행사시에는 청구취지가 분명하게 특정되어야 하고, 침해금지청구를 인정할 것인지의 판단은 사실심 변론종결 당시를 기준으로 한다.[3)]

Ⅱ. 손해배상청구권

1. 서설

고의나 과실에 의한 위법한 행위로 다른 사람에게 손해를 가한 행위는 손해배상청구권이라는 법정채권을 발생시킨다. 따라서 특허침해소송에서 민법상 손해배상청구를 할 수 있다. 특허법 제128조는 특허권 침해에 대한 손해배상의 산정방법을 규정하고 있다.[4)]

특허권 침해에 따른 손해배상청구는 불법행위에 관한 민법 제750조를 근거로 하면서 특허법은 특허권자 등의 보호를 위하여 손해액 산정을 추정하는 규정(제128조)을 두고 있다.

2. 특허권의 특성

특허권은 민법상 지배권을 가진다. 지배권은 권리를 위법하게 침해하는 자에게 그 침해의 제거를 청구할 수 있고(물권적 방해배재청구권), 손해배상을 청구할 수도 있다. 특허권은 무체재산권이기 때문에 타인에 의해 쉽게 침해될 가능성이 높을 뿐만 아니라 그 손해액을 산정하기가 어렵다는 특성이 있다. 특허법은 이러한 점을 고려하여 손해배상청구권의 행사시에 손해액의 추정(제128조), 생산방법의 추정(제129조) 및 과실의 추정(제130조)의 규정을 두어 특허권자의 입증의 책임을 덜어 주고 있다.

말한다. 과실이란 주의가 부족함을 말한다. 다만, 불법행위의 성립요건으로서는 원칙적으로 선량한 관리자의 주의를 결하는 과실(추상적 경과실)을 말한다.

3) 대법원 2008. 11. 13. 선고 2006다22722 판결.

4) 미국의 경우 손해배상액의 산정은 미국 특허법 제284조에서 일실이익, 합리적 로열티 또는 징벌적 손해배상으로 결정하도록 규정하고 있다. 즉 (ⅰ) 일실이익으로 장래에 얻을 수 있을 것으로 기대되었던 이익이 제3자의 방해에 의하여 얻지 못하게 된 이익, (ⅱ) 합리적 로열티로 특허권자에게 인정되는 최소한의 손해배상액으로서, 특허권자와 침해자가 침해행위 개시시에 특허권 실시허락의 교섭을 행하였을 경우, 양자 사이에 합의가 성립하였을 로열티, (iii) 징벌적 손해배상(3배 배상)으로 법원은 결정 또는 사정된 액의 3배까지 손해배상액을 증액할 수 있다.

3. 청구요건

민법상 불법행위의 책임을 묻기 위해서 손해배상을 청구할 수 있는 요건으로 침해자의 고의나 과실이 있어야 하고, 손해의 발생, 침해행위와 손해에 인과관계가 있어야 한다. 손해배상을 청구할 수 있는 자는 특허권자와 전용실시권자이다. 손해배상청구권은 침해에 의하여 발생된 손해의 보상을 목적으로 인정되는 권리이므로 침해사실이 있었다 하더라도 손해가 발생하지 아니한 경우에는 행사할 수 없으며, 침해금지청구권과 달리 특허권이 소멸된 이후에도 채권의 소멸시효가 만료되지 않았다면 행사할 수가 있다. 다만, (ⅰ) 출원공개 후 특허출원이 포기, 무효 또는 취하된 경우, (ⅱ) 특허출원의 특허거절결정이 확정된 경우, (ⅲ) 특허취신청에 대한 취소결정이 확정된 경우, (ⅳ) 무효심판에 의한 무효심결이 확정된 경우에는 손해는 처음부터 발생하지 아니한 것으로 본다(제65조 제6항).

4. 손해액의 산정 방법

(1) 일실이익으로 손해액 추정

1) 의의 특허권자 등은 고의 또는 과실로 자기의 특허권 또는 전용실시권(이하 "특허권 등"이라 한다)을 침해한 자에 대하여 그 침해로 인하여 자기가 입은 손해의 배상을 청구할 경우 그 권리를 침해한 자가 그 침해행위를 하게 한 물건을 양도하였을 때에는 그 물건의 양도수량에 특허권자 등이 그 침해행위가 없었다면 판매할 수 있었던 물건의 단위수량당 이익액을 곱한 금액을 특허권자 등이 입은 손해액으로 할 수 있다(제128조 제2항).

특허법 제128조 제2항은 특허권자의 일실이익, 즉 특허권 등의 침해가 없었다면 얻을 수 있었던 특허권자 등의 이익액을 산정하는 구체적인 방법을 규정한 것이다. 일실(잃어버린)이익은 특허침해가 없었더라면 권리자가 얻을 수 있었던 이익액을 말한다. 민법의 일반원칙에 의한 손해배상액으로 전통적으로 차액실에 의하여 산정한다.[5)]

일반적으로 특허권 침해에 따른 손해로는 침해행위와 상당인과관계가 있는 적극적 손해(손해제비용, 조사비용, 변호사비용), 상례에 얻을 수 있었던 이익을 얻지 못한 소극적 손해(일실이익) 및 무형손해(명예, 신용 등의 훼손, 정신적 손해)로 구분할 수 있다. 이 중에서 주장 및 입증이 곤란한 손해는 소극적 손해인 일실이익이라 할 수 있다.[6)]

---

5) 송영식 외 6인, 665면: 일실이익 산정방법 = 침해품의 판매수량 × 권리자의 제품단위당 이익액, 피고의 판매수량은 전표집계에 의해 파악하고 원고의 이익액은 자기 자신이 산정할 수 있으므로 입증이 한층 용이하다.

2) 일실이익의 산정방법 일실이익은 침해행위를 조성한 물건에 대한 양도수량에 단위 수량당 이익액을 곱하여 산출한 금액을 특허권자 등의 손해액으로 추정한 액이다. 특허법 제128조 제2항은 침해자의 판매수량 확인이 비교적 용이하고, 특허권자가 침해품 단위수량당 이익액을 쉽게 산정할 수 있어 입증이 용이하다는 점에서 특허권자 등의 손해액 입증 책임을 경감하기 위해서 마련된 것이다. 특허권 침해에 따라 발생하는 일실이익으로는 침해제품이 출시됨에 따라 특허권자가 입는 매상감소에 따른 일실이익, 즉 침해품의 판매수량에 권리자의 제품단위당 이익액을 곱한 금액으로 산정한다. 여기서 특허권자 등이 특허발명을 실시하고 있고, 권리자에게 실시능력이 있어야 함을 전제로 한다.

손해액을 산정하는 경우 손해액의 한도는 침해행위 외의 사유로 판매할 수 없었던 사정을 참작해야 한다. 여기서 '침해행위 외의 사유로 판매할 수 없었던 사정'은 판매된 침해품이 침해자의 시장개발노력, 침해품의 품질의 우수성 등의 요인에 의해 판매된 것이어서 특허권자가 생산하여 판매할 수 있었던 것으로 볼 수 없는 사정을 의미한다. 침해자의 판매수량 모두 또는 일부를 권리자가 침해행위 외의 사유로 판매할 수 없었다고 하는 사정이 존재하는 경우(예컨대 침해품의 기술력 우수성, 브랜드의 유명성, 침해자의 영업노력 등이 요인이 되어 침해품이 많이 팔렸다는 등의 사정)에는 그에 상당한 수량에 상응한 액은 손해액에서 공제되어야 하나, 이 점은 침해자측에서 입증하여야 한다.[7)]

(2) 침해자의 침해행위에 의해 받은 이익액으로 손해액 추정

손해배상을 청구하는 경우 그 권리를 침해한 자가 그 침해행위를 하게 한 물건을 양도하였을 때에는 그 물건의 양도수량에 특허권자 또는 전용실시권자가 그 침해행위가 없었다면 판매할 수 있었던 물건의 단위수량당 이익액을 곱한 금액을 특허권자 또는 전용실시권자가 입은 손해액으로 할 수 있다(제128조 제2항). 특허권이 침해된 경우 특허권자는 특허상품의 판매량 감소, 상품가격의 하락, 신용훼손 등으로 재산적, 정신적 손해를 입게 된다.

본조는 특허권자 등이 자신에게 발생된 인과관계에 있는 손해를 입증하는 것이 용이하지 않으므로 침해자가 받은 이익액을 특허권자 등의 손해액으로 추정함으로써 특허권자 등의 손해액 입증의 부담을 덜고 특허권자 등을 보호하기 위한 것이다. 다만, 특허권자 등이 스스로 실시하고 있지 아니한 경우 얻을 수 있는 이익상실은 있을 수 없으므로 본 규정은 적용하지 아니한다.

---

6) 전효숙, "특허권 침해로 인한 손해배상", 「저스티스」 통권 제43호, 한국법학원, 1997, 8면.

7) 송영식 외 6인, 666면.

특허법 제128조 제2항에 따라 손해액을 산정하는 경우 손해액은 특허권자 또는 전용실시권자가 생산할 수 있었던 물건의 수량에서 실제 판매한 물건의 수량을 뺀 수량에 단위수량당 이익액을 곱한 금액을 한도로 한다. 다만, 특허권자 또는 전용실시권자가 침해행위 외의 사유로 판매할 수 없었던 사정이 있으면 그 침해행위 외의 사유로 판매할 수 없었던 수량에 따른 금액을 빼야 한다(제128조 제3항).

특허법 제128조 제1항에 따라 손해배상을 청구하는 경우 특허권 또는 전용실시권을 침해한 자가 그 침해행위로 인하여 얻은 이익액을 특허권자 또는 전용실시권자가 입은 손해액으로 추정한다(제128조 제4항).

(3) 통상 실시료에 의한 손해액의 산정

1) 의의 특허법 제128조 제1항에 따라 손해배상을 청구하는 경우 그 특허발명의 실시에 대하여 통상적으로 받을 수 있는 금액을 특허권자 또는 전용실시권자가 입은 손해액으로 하여 손해배상을 청구할 수 있다(제128조 제5항).

특허법 제128조 제5항은 일실이익과 관계 없이 입증이 용이한 실시료 상당액[8]을 최저의 배상액으로 법정한 것이다. 따라서 특허권자 등은 특허발명을 실시하고 있지 않아 현실의 손해(일실이익)가 없는 경우에도 이 규정에 의한 통상 실시료를 배상의 액으로 하여 손해배상을 청구할 수 있다.

2) 통상 실시료 상당액 특허법에서 통상 실시료를 특허권자 등의 손해액으로 산정할 수 있도록 하는 규정을 두고 있는 이유는 특허권 등의 침해에 대하여 정당한 손해액을 배상받도록 하려는 것이 그 취지이다. 여기서 통상적으로 받을 수 있는 금액에 상당하는 액은 일반적으로 타인에게 실시허락을 하였더라면 받을 수 있었을 손해액을 말한다. 제5항에 의한 손해액의 산정은 실시권 계약을 체결한 경우에 적용되는 규정이므로 원고에게 손해가 전혀 없는 경우에도 적용할 수 있다. 따라서 특허권자 등은 특허발명의 불실시기간 중에도 특허권의 침해가 있는 경우에는 최소한 실시료의 손해배상을 청구할 수 있다.

3) 실시료 상당액의 산정방법 특허발명의 실시에 대하여 통상 받을 수 있는 금액에 상당하는 액을 결정함에 있어서 대법원은 "특허발명의 객관적인 기술적 가치, 해당 특허발명에 대한 제3자와의 실시계약 내용, 침해자와의 과거의 실시계약 내용, 해당 기술분야에서 같은 종류의 특허발명이 얻을 수 있는 실시료, 특허발명의

8) 특허발명의 실시에 따라 특허권자가 통상 받을 수 있는 금액에 상당하는 액이란 통상실시권을 설정할 경우 받을 수 있는 실시료(royalty)에 상당하는 것이며, 통상실시권이 설정되어 있지 않을 경우는 만일 그 특허권에 대해서 침해시 통상실시권이 설정되어 있다면 특허권자가 받을 수 있는 실시료에 상당한 액을 말한다.

잔여 보호기간, 특허권자의 특허발명 이용형태, 특허발명과 유사한 대체기술의 존재 여부, 침해자가 특허침해로 얻은 이익 등 변론종결시까지 변론과정에서 나타난 여러 가지 사정을 모두 고려하여 객관적, 합리적인 금액으로 결정하여야 한다. 특히 해당 특허발명에 대하여 특허권자가 제3자와 사이에 특허권 실시계약을 맺고 실시료를 받은 바 있다면 그 계약 내용을 침해자에게도 유추적용하는 것이 현저하게 불합리하다는 특별한 사정이 없는 한 그 실시계약에서 정한 실시료를 참작하여 금액을 산정하여야 하며, 그 유추적용이 현저하게 불합리하다는 사정에 대한 입증책임은 그러한 사정을 주장하는 자에게 있다."고 판시하였다.[9)]

(4) 통상 실시료의 초과액으로 손해액 산정 특허법 제128조 제5항에도 불구하고 손해액이 같은 항에 따른 금액을 초과하는 경우에는 그 초과액에 대해서도 손해배상을 청구할 수 있다. 이 경우 특허권 또는 전용실시권을 침해한 자에게 고의 또는 중대한 과실이 없을 때에는 법원은 손해배상액을 산정할 때 그 사실을 고려할 수 있다(제128조 제6항).

특허법 제128조 제6항의 전단은 실제 손해가 실시료 상당액을 초과하는 경우에 이를 입증하여 손해배상을 청구할 수 있다는 점을 규정한 것이다. 후단은 해당 침해행위가 경과실에 의하여 이루어진 때에는 법원이 손해배상액을 정함에 있어서 그 사실을 참작할 수 있다는 규정이다. 이는 손해액이 극히 큰 경우 경과실밖에 없는 침해자에게 이를 모두 배상하게 하는 것은 가혹하기 때문에 마련된 규정이다. 입증된 실제 손해액보다 경감하여 정하는 여부 및 경감의 정도는 법원의 재량에 속한다. 법원이 경과실을 참작한다고 하더라도 소정의 실시료보다 적은 금액을 손해액으로 정할 수는 없다. 따라서 법원은 통상 실시료의 초과액에 대해서만 경감할 수 있으므로 손해배상액을 통상 실시료 이하로 경감할 수는 없다.

(5) 법원의 재량에 의한 손해액 산정

1) 의의 법원은 특허권 또는 전용실시권의 침해에 관한 소송에서 손해가 발생된 것은 인정되나 그 손해액을 증명하기 위하여 필요한 사실을 증명하는 것이 해당 사실의 성질상 극히 곤란한 경우에는 제2항부터 제6항까지의 규정에도 불구하고 변론 전체의 취지와 증거조사의 결과에 기초하여 상당한 손해액을 인정할 수 있다(제128조 제7항). 법원은 특허권 등의 침해와 관계되는 소송에 있어서 손해액을 입증하는 것이 성질상 곤란한 경우에는 구술변론의 전 취지와 증거조사결과에 따라 재량으로 상당한 손해액을 인정할 수 있다.

---

9) 대법원 2006. 4. 27. 선고 2003다15006 판결.

2) 손해액 산정 손해액 산정에서 '필요한 사실을 밝히는 것이 사실의 성질상 극히 곤란한 경우'란 침해자가 매입·매출관계 서류를 전혀 작성하지 아니하였거나 폐기한 경우 등의 사정으로 손해액의 입증을 위하여 필요한 사실의 입증이 대단히 곤란한 경우가 이에 해당한다. 본조항의 취지는 침해사실 및 손해발생사실은 입증되었으나 손해액의 입증이 극히 곤란한 경우 증명요건을 완화하여 법원이 변론의 전체취지와 증거조사결과로부터 적정하다고 판단한 금액을 법원의 재량으로 손해액을 산정할 수 있도록 한 것이다.

5. 손해배상청구 관련 법리

(1) 손해배상청구권의 소멸시효 특허권 등의 침해에 의하여 발생되는 손해배상청구권은 민법상 불법행위에 의한 손해배상청구권과 같이 소멸시효가 적용된다. 불법행위로 인한 손해배상의 청구권은 피해자나 그 법정대리인이 그 손해 및 가해자를 안 날로부터 3년간 이를 행사하지 아니하면 시효로 인하여 소멸한다. 또한 불법행위를 한 날로부터 10년이 경과하면 손해배상청구권의 시효는 소멸한다(민법 제776조).

(2) 과실의 추정

1) 취지 개인이 타인에게 준 손해에 대하여 그 행위가 위법할 뿐만 아니라 그 개인의 고의 또는 과실에 의한 경우에만 책임을 지고, 그러한 고의나 과실이 없는 행위에 대하여는 책임을 지지 않는다는 것이 과실책임의 원칙이다. 이러한 과실책임의 원칙은 불법행위 책임뿐만 아니라 채무불이행책임에도 적용된다.[10]

그러나 특허법에서는 타인의 특허권 등을 침해한 자는 그 침해행위에 대하여 과실이 있는 것으로 추정한다(제130조). 이 규정의 취지는 특허권의 침해가 있는 경우에 특허권의 속성상 특허권자 등이 상대방의 침해행위에 대하여 과실이 있음을 입증하는 것이 쉽지 않기 때문에, 그 침해자의 행위에 대하여는 일단 과실이 있는 것으로 추정하는 규정을 둠으로써 특허권자 등의 과실의 입증에 대한 책임을 경감시켜주기 위해서이다.

2) 입증책임 전환 특허법이 침해자의 행위에 대하여 과실의 추정을 인정하는 이유는 특허발명이 특허공보나 특허등록원부 등에 의하여 공시(公示)되고 있어서, 공보 발행일 무렵부터는 불특정다수인이 위 특허공보의 기술내용을 인식할 수 있는 상태에 있기 때문이다. 따라서 관련 기술분야의 통상의 기술자가 조금만 관심을 기울인다면 해

10) 김태봉, 22면.

당 특허발명의 허여여부 내지 존속여부를 쉽게 알 수 있다는 점을 전제하고 있다.

통상적으로 손해배상을 청구할 때는 상대방의 고의나 과실을 청구권자가 입증해야 하나 특허는 특허공보에 공시되어 있고, 누구나 그 등록원부를 열람 가능하기 때문에 어떠한 사업을 하고자 하는 자는 자기가 실시하고자 하는 대상물이 특허권자의 특허권을 침해하는지 여부를 조사해야 할 의무가 있다. 따라서 특허법은 과실의 입증책임을 침해자에게 전환하여 침해자가 과실이 없음을 입증하지 못하면 손해배상의 책임을 면할 수 없도록 하고 있다.[11)]

(3) 생산방법의 추정

1) 입증방법 물건을 생산하는 방법의 발명에 관하여 특허가 된 경우에 그 물건과 동일한 물건은 그 특허된 방법에 의하여 생산된 것으로 추정한다. 다만, 그 물건이 (ⅰ) 특허출원 전에 국내에서 공지되었거나 공연히 실시된 물건, (ⅱ) 특허출원 전에 국내 또는 국외에서 반포된 간행물에 게재되었거나 전기통신회선을 통하여 공중이 이용할 수 있는 물건 중 어느 하나에 해당하는 경우에는 그러하지 아니하다(제129조). 동일한 물건이라도 그 물건을 생산하는 방법은 여러 가지가 있을 수 있다. 따라서 물건을 생산하는 방법발명에 대한 특허권자는 그 방법특허에 의하여 생산된 물건과 동일한 물건에 대하여도 그 생산방법이 다르다면 특허권을 행사할 수가 없게 된다.

특허침해소송에 있어서 침해사실은 원고인 특허권자가 입증해야 한다. 즉 특허가 방법발명인 경우 특허권자는 피고인 침해자가 실시하고 있는 방법이 자기의 특허방법과 동일하다는 것을 입증해야 한다. 특허법은 원고가 피고의 생산방법을 파악하기가 쉽지 아니하므로 입증의 어려움을 경감시키기 위하여 물건을 생산하는 방법의 발명에 관하여 특허가 된 경우 그 물건이 특허출원 전에 국내에서 공지된 물건이 아닌 경우에는 일반적으로 그 물건과 동일한 물건은 특허방법에 의하여 생산된 것으로 추정하도록 하고 있다.

판례에 의하면 물건발명의 청구범위에 그 물건의 제조방법이 적혀 있는 경우, 특허발명의 진보성 유무 판단에서 그 제조방법 자체는 고려할 필요 없이 그 청구범위의 기재에 의하여 물건으로 특정되는 발명만을 그 출원 전에 공지된 발명과 비교하여 판단해야 한다고 한다.[12)]

2) 물건발명의 특허요건 청구범위가 전체적으로 물건으로 기재되어 있으면서 그 제조방법의 기재를 포함하고 있는 발명(이하 "제조방법이 기재된 물건발명"이라 한

11) 대법원 2003. 7. 25. 선고 2002후2396 판결.

12) 대법원 2006. 6. 29. 선고 2004후3416 판결.

다)의 경우 제조방법이 기재되어 있다고 하더라도 발명대상은 그 제조방법이 아니라 최종적으로 얻어지는 물건 자체이므로 위와 같은 발명의 유형 중 물건의 발명에 해당한다. 대법원은 "물건발명에 관한 청구범위는 발명의 대상인 물건의 구성을 특정하는 방식으로 기재되어야 하는 것이므로, 물건발명의 청구범위에 기재된 제조방법은 최종 생산물인 물건의 구조나 성질 등을 특정하는 하나의 수단으로서 그 의미를 가질 뿐이다. 따라서 제조방법이 기재된 물건발명의 특허요건을 판단함에 있어서 그 기술적 구성을 제조방법 자체로 한정하여 파악할 것이 아니라 제조방법의 기재를 포함하여 청구범위의 모든 기재에 의하여 특정되는 구조나 성질 등을 가지는 물건으로 파악하여 출원 전에 공지된 선행기술과 비교하여 신규성, 진보성 등이 있는지 여부를 살펴야 한다. 제조방법이 기재된 물건발명에 대한 청구범위의 해석방법은 특허침해소송이나 권리범위 확인심판 등 특허침해 단계에서 특허발명의 권리범위에 속하는지 판단하면서도 마찬가지로 적용되어야 한다. 다만, 이러한 해석방법에 의하여 도출되는 특허발명의 권리범위가 명세서의 전체적인 기재에 의하여 파악되는 발명의 실체에 비추어 지나치게 넓다는 등의 명백히 불합리한 사정이 있는 경우에는 권리범위를 청구범위에 기재된 제조방법의 범위 내로 한정할 수 있다."고 판시하였다.[13]

(4) 감정사항 설명의무

특허권 또는 전용실시권 침해소송에서 법원이 침해로 인한 손해액의 산정을 위하여 감정을 명한 때에는 당사자는 감정인에게 감정에 필요한 사항을 설명하여야 한다(제128조의2). 이 규정에 따라 당사자는 신속·정확한 손해액 산정을 위하여 법원이 손해액 산정 감정을 명한 경우 감정인을 선임하여 필요한 사항을 설명하여야 한다.

Ⅲ. 신용회복청구권

1. 서설

법원은 고의나 과실로 특허권 등을 침해함으로써 특허권자 등의 업무상 신용을 떨어뜨린 자에 대해서는 특허권자 등의 청구에 의하여 손해배상을 갈음하여 또는 손해배상과 함께 특허권자 등의 업무상 신용회복을 위하여 필요한 조치를 명할 수 있다(제131조). 예를 들면, 침해품이 품질이 낮아서 소비자가 특허권자가 생산한 특허품에 대해서도 품질이 나쁜 것으로 믿게 되는 경우가 이에 해당한다.

13) 대법원 2015. 2. 12. 선고 2013후1726 판결.

2. 신용회복방법

신용회복청구권이 성립되기 위해서는 침해자에게 고의나 과실이 있어야 하며, 권리침해로 인하여 업무상의 신용이 실추되어야 한다. 특허권 등의 침해에 대한 신용회복의 방법으로 침해자의 비용으로 패소한 민사손해배상판결 등을 신문·잡지 등에 게재하거나 명예훼손 기사의 취소광고 등의 조치가 가능하다. 다만, 헌법재판소에서 내린 결정[14]은 특허권의 침해소송에 대한 사건은 아니지만, 민법상의 명예훼손에 대한 신용회복조치청구소송에서 법원이 재판으로 사죄광고를 강요하는 것은 헌법이 규정하는 양심의 자유에 반한다고 위헌결정을 내린 바 있다. 특허권 침해소송에 있어서도 이 결정에 따르는 것이 타당하다고 본다.

Ⅳ. 부당이득반환청구권

1. 서설

법률상 원인 없이 타인의 재산 또는 노무로 인하여 이익을 얻고 이로 인하여 다른 사람에게 손해를 가한 자는 그 이익을 반환하여야 한다(민법 제741조). 법률상 원인 없이 일방은 재산적 이득을 얻고 다른 사람은 손실을 받은 경우에 부당이득청구권이라는 법정채권을 발생시킨다. 특허법상 명문의 규정은 없으나 특허권을 침해한 자는 특허권자의 손해와 관계 없이 침해자가 취득한 이득 전부를 권리자에게 인도할 의무를 부담하게 된다. 따라서 특허권자 등은 불법으로 특허발명을 침해하고 있는 자에게 부당이득반환청구를 할 수 있다.

2. 손해배상과 부당이득과의 관계

특허권 등의 침해행위에 대하여 손해배상청구를 할 수 있는 경우에 그것을 행사하지 않고 부당이득반환을 청구할 수 있을 것인지에 대하여는 학설상의 대립이 있으나 긍정하는 견해가 통설이다.[15] 손해배상청구는 피해자가 입은 손해를 배상하는 것이 목적이고 부당이득반환청구는 위법행위에 의하여 이익을 얻은 수익자의 이득을 반환시키는 것이 목적이라는 점에서 제도의 취지에 차이가 있다.

---

14) 헌법재판소 1991. 4. 1. 89헌마160 결정.

15) 대법원 1993. 4. 27. 선고 92다56087 판결: 법률행위가 사기에 의한 것으로서 취소되는 경우에 그 법률행위가 동시에 불법행위를 구성하는 때에는 취소의 효과로 생기는 부당이득반환청구권과 불법행위로 인한 손해배상청구권은 경합하여 병존하는 것이므로, 채권자는 어느 것이라도 선택하여 행사할 수 있지만 중첩적으로 행사할 수는 없다.

청구권의 행사요건에 있어서도 손해배상청구는 침해자에게 고의 또는 과실을 전제로 하지만, 부당이득반환청구의 요건은 침해자의 고의 또는 과실을 전제로 하지 않는다. 부당이득반환청구권의 행사가 필요한 경우는 손해배상청구권의 행사 시기가 시효의 완성으로 이미 소멸된 경우이다. 손해배상청구권의 소멸시효는 3년이나, 부당이득반환청구권의 소멸시효는 일반의 채권과 같이 10년이므로 손해배상을 청구할 수 없는 경우에 부당이득의 반환을 청구한다면 그 실익이 있다고 본다.

Ⅴ. 서류의 제출명령

1. 서설

법원은 특허권 등의 침해소송에서 당사자의 신청에 의하여 상대방 당사자에게 해당 침해의 증명 또는 침해로 인한 손해액의 산정에 필요한 자료의 제출을 명할 수 있다. 다만, 그 서류의 소지자가 그 서류의 제출을 거절할 정당한 이유가 있으면 그러하지 아니한다(제132조 제1항). 특허권이 침해된 경우에 침해자가 해당 특허를 사용해서 거래한 상품의 수량이나 금액 등이 명백히 밝혀지지 않으면 손해액을 산정이 곤란하기 때문에 법에서는 서류제출 명령제도를 두고 있다. 그러나 법원의 서류제출 명령이 있더라도 그 서류의 소지자가 그 서류의 제출을 거절할 정당한 이유가 있는 경우에는 서류제출을 거부할 수 있다.

2. 증거제출

특허침해소송에서 특허권자의 입증곤란을 경감하기 위하여 증거제출을 강화하였다. 법원의 증거제출 명령대상 범위를 서류에서 자료로 확대하고 침해에 대한 증명자료를 추가하였다.

(1) 제출거부이유가 정당한지 여부를 판단하기 위한 비밀심리절차 법원은 자료의 소지자가 특허법 제132조 제1항에 따른 제출을 거부할 정당한 이유가 있다고 주장하는 경우에는 그 주장의 당부를 판단하기 위하여 자료의 제시를 명할 수 있다. 이 경우 법원은 그 자료를 다른 사람이 보게 하여서는 아니 된다(제132조 제2항).

(2) 제출되어야 할 자료가 영업비밀에 해당한 경우 영업비밀(부정경쟁방지법 제2조 제2호에 따른 영업비밀을 말한다.)에 해당하나 침해의 증명 또는 손해액의 산정에 반드시 필요한 때에는 제1항 단서에 따른 정당한 이유로 보지 아니한다. 이 경우 법원은 제출명령의 목적 내에서 열람할 수 있는 범위 또는 열람할 수 있는 사람을 지정하여

야 한다(제132조 제3항). 영업비밀이라도 침해의 증명 또는 손해액의 산정에 반드시 필요한 때에는 제출의무를 부과하고, 이 경우 열람범위 또는 열람자 지정을 해야 한다.

(3) 당사자가 정당한 이유 없이 자료제출명령에 따르지 아니한 때　당사자가 정당한 이유 없이 자료제출명령에 따르지 아니한 때에는 법원은 자료의 기재에 대한 상대방의 주장을 진실한 것으로 인정할 수 있다(제132조 제4항). 법원의 증거제출명령에 불응한 경우 해당 자료의 기재에 의하여 증명하고자 하는 사실에 관한 주장을 진실한 것으로 인정할 수 있도록 하였다.

(4) 법원의 재량으로 증명하는 경우　제4항에 해당하는 경우 자료의 제출을 신청한 당사자가 자료의 기재에 관하여 구체적으로 주장하기에 현저히 곤란한 사정이 있고 자료로 증명할 사실을 다른 증거로 증명하는 것을 기대하기도 어려운 때에는 법원은 그 당사자가 자료의 기재에 의하여 증명하고자 하는 사실에 관한 주장을 진실한 것으로 인정할 수 있다(제132조 제5항).

3. 특허절차에서 서류나 물건의 제출 명령

특허청 또는 특허심판원의 절차에서 특허청장 또는 심사관은 당사자에게 심판 또는 재심에 관한 절차 외의 절차를 처리하기 위하여 필요한 서류나 그 밖의 물건의 제출을 명할 수 있다(제222조).

Ⅵ. 비밀유지명령제도

1. 비밀유지명령제도의 도입

비밀유지명령이란 소송절차에서 생성되거나 교환된 영업비밀을 보호하기 위해 소송당사자, 대리인 등에게 소송 중 지득한 비밀을 소송수행 외의 목적으로 사용하지 못하게 하거나 공개하지 못하게 하는 법원의 명령을 말한다. 한미 FTA에 따라 법원으로 하여금 특허권의 침해에 관한 소송에서 당사자가 제출한 준비서면 등에 영업비밀이 포함되어 있고 그 영업비밀이 공개되면 당사자의 영업에 지장을 줄 우려가 있는 경우 등에는 당사자의 신청에 따라 결정으로 해당 영업비밀을 알게 된 자에게 소송수행 외의 목적으로 영업비밀을 사용하는 행위 등을 하지 아니할 것을 명할 수 있는 비밀유지명령제도를 도입하였다.

특허권의 침해에 관한 소송에서 법원이 당사자가 보유한 영업비밀에 대해서 비밀유지명령을 내릴 수 있도록 특허법 제224조의3 내지 제224조의5에 비밀유지명령 신청 및 취소와 관련된 절차 등을 신설하고, 이를 위반하면 형사처벌을 부과할 수 있도록 같은 법 제229조의2에 비밀유지명령 위반죄를 신설하였다.

2. 비밀유지명령

법원은 특허권 또는 전용실시권의 침해에 관한 소송에서 그 당사자가 보유한 영업비밀에 대하여 다음 각 호의 사유[16]를 모두 소명한 경우에는 그 당사자의 신청에 따라 결정으로 다른 당사자(법인인 경우에는 그 대표자), 당사자를 위하여 소송을 대리하는 자, 그 밖에 그 소송으로 인하여 영업비밀을 알게 된 자에게 그 영업비밀을 그 소송의 계속적인 수행 외의 목적으로 사용하거나 그 영업비밀에 관계된 이 항에 따른 명령을 받은 자 외의 자에게 공개하지 아니할 것을 명할 수 있다. 다만, 그 신청 시점까지 다른 당사자(법인인 경우에는 그 대표자), 당사자를 위하여 소송을 대리하는 자, 그 밖에 그 소송으로 인하여 영업비밀을 알게 된 자가 제1호에 규정된 준비서면의 열람이나 증거조사 외의 방법으로 그 영업비밀을 이미 취득하고 있는 경우에는 그러하지 아니하다(제224조의3 제1항).

3. 비밀유지명령 절차

비밀유지명령의 신청은 다음 사항을 적은 서면으로 하여야 한다. (i) 비밀유지명령을 받을 자, (ii) 비밀유지명령의 대상이 될 영업비밀을 특정하기에 충분한 사실, (iii) 제1항 각 호의 사유에 해당하는 사실 등이다. 법원은 비밀유지명령이 결정된 경우에는 그 결정서를 비밀유지명령을 받은 자에게 송달하여야 한다. 비밀유지명령의 결정서가 비밀유지명령을 받은 자에게 송달된 때부터 효력이 발생한다. 비밀유지명령의 신청을 기각 또는 각하한 재판에 대하여는 즉시항고를 할 수 있다(제224조의3 제2항 내지 제5항).

4. 비밀유지명령의 취소

비밀유지명령을 신청한 자 또는 비밀유지명령을 받은 자는 특허법 제224조의3 제1항에 따른 요건을 갖추지 못하였거나 갖추지 못하게 된 경우 소송기록을 보관하고 있는 법원(소송기록을 보관하고 있는 법원이 없는 경우에는 비밀유지명령을 내린 법원)에 비

16) 특허법 224조의3 제1항 각 호의 사유: 1. 이미 제출하였거나 제출하여야 할 준비서면 또는 이미 조사하였거나 조사하여야 할 증거에 영업비밀이 포함되어 있다는 것, 2. 제1호의 영업비밀이 해당 소송 수행 외의 목적으로 사용되거나 공개되면 당사자의 영업에 지장을 줄 우려가 있어 이를 방지하기 위하여 영업비밀의 사용 또는 공개를 제한할 필요가 있다는 것.

밀유지명령의 취소를 신청할 수 있다(제224조의4 제1항). 법원은 비밀유지명령의 취소 신청에 대한 재판이 있는 경우에는 그 결정서를 그 신청을 한 자 및 상대방에게 송달하여야 한다. 비밀유지명령의 취소 신청에 대한 재판에 대하여는 즉시항고를 할 수 있다(제224조의4 제3항). 비밀유지명령을 취소하는 재판은 확정되어야 그 효력이 발생한다(제224조의4 제4항).

비밀유지명령을 취소하는 재판을 한 법원은 비밀유지명령의 취소신청을 한 자 또는 상대방 외에 해당 영업비밀에 관한 비밀유지명령을 받은 자가 있는 경우에는 그 자에게 즉시 비밀유지명령의 취소 재판을 한 사실을 알려야 한다(제224조의4 제5항).

5. 소송기록 열람 등의 청구 통지 등

비밀유지명령이 내려진 소송에 관한 소송기록에 대하여 민사소송법 제163조 제1항[17]의 결정이 있었던 경우, 당사자가 같은 항에서 규정하는 비밀 기재부분의 열람 등의 청구를 하였으나 그 청구 절차를 해당 소송에서 비밀유지명령을 받지 아니한 자가 밟은 경우에는 법원서기관, 법원사무관, 법원주사 또는 법원주사보(이하 "법원사무관 등"이라 한다)는 민사소송법 제163조 제1항의 신청을 한 당사자에게 그 청구 직후에 그 열람 등의 청구가 있었다는 사실을 알려야 한다(제224조의5 제1항).

법원사무관 등은 특허법 제224조의5 제1항의 청구가 있었던 날부터 2주일이 지날 때까지(그 청구 절차를 행한 자에 대한 비밀유지명령신청이 그 기간 이내에 행하여진 경우에는 그 신청에 대한 재판이 확정되는 시점까지) 그 청구 절차를 행한 자에게 비밀 기재부분의 열람 등을 하게 하여서는 아니 된다(제224조의15 제2항). 열람 등의 청구를 한 자에게 비밀 기재부분의 열람 등을 하게 하는 것에 대하여 민사소송법 제163조 제1항의 신청을 한 당사자 모두의 동의가 있는 경우에는 적용되지 아니한다(제224조의5 제3항).

6. 비밀유지명령 위반죄

국내외에서 정당한 사유 없이 특허법 제224조의3 제1항에 따른 비밀유지명령을 위반한 자는 5년 이하의 징역 또는 5천만 원 이하의 벌금에 처한다(제229조의2 제1항).

---

17) 민사소송법 제163조(비밀보호를 위한 열람 등의 제한) 제1항: 다음 각 호 가운데 어느 하나에 해당한다는 소명이 있는 경우에는 법원은 당사자의 신청에 따라 결정으로 소송기록 중 비밀이 적혀 있는 부분의 열람·복사, 재판서·조서 중 비밀이 적혀 있는 부분의 정본·등본·초본의 교부(이하 "비밀 기재부분의 열람 등"이라 한다)를 신청할 수 있는 자를 당사자로 한정할 수 있다. 1. 소송기록 중에 당사자의 사생활에 관한 중대한 비밀이 적혀 있고, 제3자에게 비밀 기재부분의 열람 등을 허용하면 당사자의 사회생활에 지장이 클 우려가 있는 때, 2. 소송기록 중에 당사자가 가지는 영업비밀(부정경쟁방지법 제2조 제2호에 규정된 영업비밀을 말한다)이 적혀 있는 때.

제1항의 죄는 비밀유지명령을 신청한 자의 고소가 없으면 공소를 제기할 수 없다(제229조의2 제2항). 비밀유지명령 위반죄가 성립하기 위해서는 특허법 제224조의3 제1항에 따른 비밀유지명령을 위반한 사실 또는 최소한의 높은 개연성에 대한 인식이 있어야 할 것이다. 비밀유지명령을 위반한 죄는 친고죄로 규정되어 있어서 피해자의 고소가 전제되어야 한다.

친고죄의 경우 해당 권리를 이전 또는 이전 등록받은 승계인은 그 이전 또는 이전등록 이전에 발생한 죄에 대하여도 피해자의 지위를 승계한다고 해석된다.

제3절 형사적 구제

특허법은 특허와 관련되어 법이 금지하고 있는 위법한 행위를 한 사람을 처벌함으로써 특허권자 등의 권리와 이익을 보호하기 위하여 형사적 구제 수단으로 벌칙(罰則)을 두고 있다. 특허법상의 벌칙은 무형의 기술사상을 적절히 보호하려는 형법의 특별법적 규정이다. 따라서 특허권 침해죄에 관하여 특허법에서 규정이 있는 경우를 제외하고는 형법의 규정이 그대로 적용된다(형법 제8조). 특허법에서 규정하는 특허에 관한 범죄(犯罪)로서는 특허권 등의 침해죄, 위증죄, 허위표시의 죄, 거짓행위의 죄 및 비밀누설죄, 몰수, 양벌규정 및 과태료가 있다.

Ⅰ. 침해죄

특허권 또는 전용실시권을 침해한 자는 7년 이하의 징역 또는 1억 원 이하의 벌금에 처한다(제225조 제1항). 특허권의 침해에 고의(故意)가 있다고 판단될 경우 특허권자는 수사기관에 고소(告訴)하여 형사처벌을 요구할 수 있다. 침해죄에 형법총칙과 형사소송법의 규정이 적용되므로 특허권 침해죄가 성립하기 위해서는 침해자에게 고의가 있을 것이 요구되며 손해배상청구와 경우와 달리 고의가 추정되지는 않는다.

특허권의 침해죄의 성립에 대해서도 형법상의 성립요건인 범죄의 구성요건 해당성, 위법성 및 범죄자의 책임이 적용된다. 전용실시권이 설정된 경우에는 그 범위 내에서는 특허권자의 실시권은 제한되므로 그 경우의 권리침해는 전용실시권의 침해이다. 침해죄의 직접적인 보호법익은 개인적 재산권이므로 피침해자의 고소가 있어야 소추가 개시된다. 친고죄에 대하여는 범인을 알게 된 날로부터 6개월을 경과하면 고소하지 못한다(형사소송법 제230조 제1항).

Ⅱ. 위증죄

선서한 증인이 거짓으로 진술·감정 또는 통역을 한 경우에는 5년 이하의 징역 또는 1천만 원 이하의 벌금에 처한다(제227조 제1항). 위증죄(僞證罪)란 법의 규정에 의하여 선서한 증인·감정인 또는 통역인이 특허심판원에 대하여 거짓으로 진술, 감정 또는 통역을 한 경우 적용되는 범죄이다. 이와 같은 범죄는 국가의 심판작용 등을 그릇되게 할 위험이 있기 때문에 처벌하는 것이다. 위증죄를 범한 자가 그 사건의 특허취소신청에 대한 결정 또는 심결의 확정 전에 자수한 경우에는 형을 경감 또는 면제받을 수 있다(제227조 제2항). 본죄는 법률상 감경사유가 있기 때문에 법원은 재량권에 기하여 형(刑)을 감경 또는 면제할 수 있다.[18)]

Ⅲ. 허위표시의 죄

특허법은 특허품 등에 정당한 특허표시방법에 대하여 일정한 기준을 제시하고 있다(제223조). 특허표시가 그러한 방법으로 되지 않는 경우 그것을 허위표시로 볼 수 있을 것인지가 문제이다. 허위표시란 특허된 것이 아닌 물건이나 특허출원 중이 아닌 물건 등에 특허표시 또는 특허출원표시를 하거나 혼동하기 쉬운 표시를 하는 것을 말한다. 이러한 허위표시의 행위는 상품 등의 선택에 있어 수요자 간에 오인·혼동을 일으키게 함으로써 거래의 안정을 해할 우려가 있어서 이를 금지시켜야 한다.

허위표시의 죄는 상거래의 안전을 해할 우려가 있는 경우에 처벌하므로 비친고죄로 다루고 있다. 특허가 다른 번호가 있는데도 불구하고 실수로 특허번호를 오기한 경우에는 허위표시가 아닌 것으로 본다. 표시행위를 위반한 자는 3년 이하의 징역 또는 2천만원 이하의 벌금에 처한다(제228조).

Ⅳ. 거짓행위의 죄

거짓이나 그 밖의 부정한 행위로 특허, 특허권의 존속기간의 연장등록, 특허취소신청에 대한 결정 또는 심결을 받은 자는 3년 이하의 징역 또는 2천만 원 이하의 벌금에 처한다(제229조). 거짓행위의 죄란 거짓 기타 부정한 행위에 의하여 특허, 특허권의 존속기간 연장등록 또는 심결 등을 받음으로써 성립하는 죄를 말한다.

거짓행위의 죄는 심사 또는 심판과정에서 허위의 자료나 위조된 자료 등을 제출

---

18) 안동준, 343면; 이재상, 8면.

하여 심사관 또는 심판관을 착오에 빠뜨려 특허를 받거나 자기에게 유리한 심결을 받는 행위자에 대하여 적용되므로 개인적 법익보호를 중시하여 둔 재산범죄인 사기죄와는 달리 국가적 법익(法益)에 대한 침해죄이다.

Ⅴ. 비밀누설죄

특허청 직원·특허심판원 직원 또는 그 직원으로 재직하였던 사람이 특허출원 중인 발명에 관하여 직무상 알게 된 비밀을 누설하거나 도용한 경우에는 5년 이하의 징역 또는 5천만원 이하의 벌금에 처한다(제226조). 이 규정은 특허청 직원에게 적용되는 범죄로서 형법 제127조에 규정된 공무원의 공무상 지득한 사실에 대한 비밀준수 원칙을 준용한 것이다. 비밀누설죄의 법정형은 5년 이하의 징역 또는 5천만원 이하의 벌금에 처하도록 규정하고 있다.

특허법 제58조 제1항의 규정에 따른 전문기관 또는 특허문서 전자화기관의 임원·직원 또는 그 직에 있었던 자는 같은 법 제226조의 규정을 적용함에 있어서 특허청 직원 또는 그 직원으로 재직하였던 사람으로 본다(제226조의2).

Ⅵ. 양벌규정

1. 서설

특허법은 실효성이 있는 범죄행위의 방지를 위해 법인의 대표자·법인 또는 개인의 대리인·사용자 기타 종업원이 그 법인 또는 개인의 업무에 관하여 특허침해죄(제225조 제1항), 허위표시의 죄 및 사위행위의 죄(제228조, 제229조)를 범한 경우 행위자를 벌하는 외에 그 법인과 개인에 대하여는 벌금형을 과한다(제230조).

법인에게는 (i) 특허법 제225조 제1항의 경우에는 3억원 이하의 벌금, (ii) 제228조 또는 제229조의 경우에는 6천만 원 이하의 벌금 중 어느 하나에 해당하는 벌금형을, 그 개인에게는 해당 조문의 벌금형을 과한다.

2. 주의와 감독

법인 또는 개인이 그 위반행위를 방지하기 위하여 해당 업무에 관하여 상당한 주의와 감독을 게을리하지 아니한 경우에는 양벌규정(제230조)을 적용하지 아니한다. 여기서 상당한 주의란 주로 개인(연구원)에 해당하는 경우로 새로운 기술을 개발할 때, 해당 기술과 관련된 선행기술을 조사하고 회피설계를 하였다는 것을 입증할 수 있는 자료와 회의자료를 의미한다. 감독이란 법인이 회사의 기밀문서의 보안을 유지하기 하기 위해서 비밀문서로 분류하고, 비밀문서 열람자를 확인할 수 있도록 제도화하거나, 영업비밀 또는 개발 중인 기술에 대해 비밀누출을 방지하는 사내규정을 두고, 직원들을 상대로 보안교육을 주기적으로 실시하였다는 실적을 입증할 수 있는 문서나 동영상 등을 가지고 있는지 여부 등이다.

Ⅶ. 과태료

과태료란 행정상의 질서위반자에 대하여 과하는 행정벌의 일종으로서 형법상의 형벌은 아니다. 선서를 한 자로서 특허심판원에 거짓 진술을 한 자, 특허심판원으로부터 증거조사 또는 증거보전에 서류나 그 밖의 물건 제출 또는 제시 명령을 받은 자로서 정당한 이유 없이 그 명령에 따르지 아니한 자 또는 특허심판원으로부터 증인·감정인 또는 통역인으로 소환된 자로서 정당한 이유 없이 소환에 응하지 아니하거나 선서·진술·증언·감정 또는 통역을 거부한 자는 50만원 이하의 과태료에 처한다(제232조).

특허청장은 과태료를 부과한 경우에는 해당 위반행위를 조사·확인한 후 위반사실과 과태료의 금액 등을 명시하여 이를 납부할 것을 과태료 처분대상자에게 서면으로 통지하여야 하며, 이 경우 특허청장은 10일 이상의 기간을 정하여 과태료 처분대상자에게 구술 또는 서면에 의한 의견진술기회를 주어야 한다.

Ⅷ. 형사소송의 절차

특허에 대한 형사적 보호수단을 마련하고 있는 국가는 독일, 한국, 일본 등이다. 미국의 경우 특허침해에 대해서 민사적 구제절차만 있고 형사적 구제절차는 없다. 우리나라는 특허권 등 침해소송에 대한 형사적 구제절차가 마련되어 있다. 법원조직법 제32조(합의부의 심판권) 제1항 제3호에 따라 사형, 무기 또는 단기 1년 이상의 징역 또는 금고에 해당하는 사건은 지방법원과 그 지원의 합의부는 제1심으로 심판한다. 특허침해죄는 7년 이하의 징역에 해당하는 사건이므로 지방법원 형사단독, 지방법원 합의부, 대법원으로 형사소송절차가 진행된다.

고소란 범죄의 피해자가 수사기관에 특정인의 범죄사실을 신고하여 처벌을 요청하는 것을 말한다. 고소장에는 (i) 고소를 하는 사람(고소인)과 고소 상대방(피고소인)의 인적사항, (ii) 범죄사실과 죄명, (iii) 피고소인에 대한 처벌의사, (iv) 고소사실과 관련된 사건의 수사 및 재판여부 등이 필요적 기재사항이다. 임의적 기재사항은 (ⅰ) 범행 경위 및 정황 등 고소를 하게 된 이유, (ⅱ) 증거자료 유무, (ⅲ) 관련 사건에 대하여 민사소송이 진행 중인지 여부, (ⅳ) 고소사실에 대한 진실 확약 등도 기재할 수 있으며, 이는 고소장에 적은 범죄사실을 뒷받침하는 사항들이다. 고소인은 증거가 있을 경우 고소장의 별지에 구체적으로 인적증거, 증거서류 및 증거물을 첨부하여 고소장을 제출할 때에 일괄하여 제출하여야 한다.

제4절 특허권자의 의무

Ⅰ. 실시의무 등

1. 서설

특허법은 특허권자에게 업으로 특허발명을 독점적으로 실시할 권리를 부여하면서, 일정한 소극적 의무를 부과하고 있다. 다만, 특허권자에게 어떤 의무를 부과할 것인지는 각국의 특허제도의 운영상의 문제로서 국가의 산업정책과 관련된다.

특허법에서는 특허권자에게 (ⅰ) 특허발명의 실시, (ⅱ) 특허료의 납부, (ⅲ) 특허실시보고를 기본적인 이행사항으로 규정하고 이의 준수를 요구하고 있다. 특허료를 기간 내에 납부하지 않으면 무효처분이 된다. 특허발명의 실시에 대해서는 강제실시권이 청구되는 등 일정한 불이익을 부과하고 있으나, 특허실시보고는 강제력이 없는 의무라 할 수 있다.

2. 특허권의 의무

특허권자가 정당한 이유 없이 특허발명을 실시하지 아니하거나 특허발명이 불성실하게 실시되고 있을 경우에는 특허청장은 이해관계인의 신청에 의하여 불실시 등이 되고 있는 특허발명에 대해 다른 사람에게 통상실시권을 허여하는 재정(裁定)처분을 함으로써 특허발명이 산업발전에 활용되도록 할 수 있다(제107조).

이 재정에 의하여 허여되는 통상실시권을 강제실시권이라 하며, 통상실시권자는 재정처분으로 허가받은 범위 내에서 특허발명을 업으로 실시할 수 있다. 또한 특허발명이 선출원하여 등록된 타인의 특허권 등과 이용·저촉관계에 있어 특허발명의 자유로운 실시가 제한을 받고 있는 경우에, 그 타인이 정당한 이유 없이 이용발명 등의 실시에 대한 허락을 거부하는 등 협조하지 아니함으로써 이용발명 등을 실질적으로 실시할 수 없게 되는 경우가 있다. 특허법에서는 이용·저촉관계의 조정을 위하여 통상실시권 허락의 심판에 따라(제138조) 이용발명 등의 실시자에게 통상실시권을 허락함으로써 이용발명 등이 적절히 실시될 수 있도록 하고 있다.

3. 특허료의 납부

특허료의 납부는 출원인(특허권자)이 특허권의 발생 및 특허권의 유지를 위하여 이행하여야 한다. 특허권의 설정등록을 받고자 하는 자 또는 특허권자는 특허료를 납부하여야 한다. 특허료를 법정기간 내에 납부하지 아니하면 특허결정을 받았다 하더라도 특허권이 발생되지 아니하며, 설정등록된 특허권이라 하더라도 그 권리가 소멸된다.

4. 특허의 실시보고

특허청장은 특허권자·전용실시권자 또는 통상실시권자에게 특허발명의 실시 여부 및 그 규모 등에 관하여 보고하게 할 수 있다(제125조). 이는 임의규정으로서 특허청에서 국내에서의 특허 이용실태를 파악하여 정책의 수립 및 수행에 참고하기 위하여 특허권자 등에게 실시보고를 요구할 수 있는 근거 규정이라 할 수 있다.

5. 특허표시

특허표시제도는 특허권자의 권리를 제품에 공시(公示)함으로써 특허침해를 예방하는 효과가 있고 타상품과 식별력을 가질 수 있기 때문에 공중의 보호에도 기여하도록 하는 데 그 목적이 있다. 특허권자, 전용실시권자 또는 통상실시권자는 다음 각 호의 구분에 따른 방법으로 특허표시를 할 수 있다. (i) 물건의 특허발명의 경우는 그 물건에 특허표시, (ii) 물건을 생산하는 방법의 특허발명의 경우는 그 방법에 따라 생산된 물건에 특허표시, (iii) 물건에 특허표시를 할 수 없는 경우는 그 물건의 용기 또는 포장에 특허표시를 할 수 있다(제223조 제1항). 제1항에 따른 특허표시의 방법에 관하여 필요한 사항은 산업통상자원부령으로 정한다(제223조 제2항).

6. 2 이상의 청구항이 있는 특허권의 특칙

2 이상의 청구항이 있는 특허는 청구항마다 발명이므로 특허법 제215조는 둘 이상의 청구항이 있는 특허 또는 특허권에 관한 특칙을 규정한다. 특허법 제101조

제1항 제1호에 따라 특허권의 이전(상속 기타 일반승계에 의한 경우를 제외함)·포기에 의한 소멸 또는 처분의 제한은 둘 이상의 청구항이 있는 특허는 각 청구항마다 등록할 수 있고, 등록하지 아니한 청구항에 대하여는 그 효력이 발생하지 아니한다. 둘 이상의 청구항이 있는 특허출원에 대한 특허결정을 받은 자가 특허료를 낼 때에는 청구항별로 이를 포기할 수 있다(제215조의2 제1항).

둘 이상의 청구항이 있는 특허 또는 특허권에 관하여 특허원부에 등록된 특허권의 변동(특허권의 설정·이전·소멸·회복·처분의 제한 또는 존속기간의 연장) 중 특허권의 소멸의 경우에만 각 청구항마다 등록할 수 있다(제85조 제1항 제1호 재215조).

Ⅱ. 특허권 남용의 제한

1. 특허권의 남용

권리의 남용이란 외관상으로는 권리의 행사와 같이 보이지만 실질적으로는 공공의 복리에 반하여 권리행사라고 할 수 없는 경우를 말한다. 이러한 권리행사에 대하여는 이를 용인할 필요가 없을 뿐 아니라, 오히려 불법행위가 되어 손해배상을 청구할 수 있다. 민법 제2조는 "권리의 행사와 의무의 이행은 신의에 좇아 성실히 하여야 한다. 권리는 남용하지 못한다."고 선의성실의 원칙이 있다.

특허권도 사권의 일종인 이상 권리의 남용은 허용되지 않는다. 따라서 특허권을 행사하는 과정에서 이를 정당하게 행사하여야 한다. 특허권을 남용(濫用)할 경우에는 공정거래법 제23조에 따라 불공정거래행위를 금지하는 제재를 받게 된다. 불공정거래행위는 주로 (ⅰ) 특허권 소멸 이후에도 계속하여 계약을 적용한다는 제한 조건, (ⅱ) 거래 상대방에 따라 차별적으로 적용하는 기술료 산정기준, (iii) 판매가격 또는 재판매가격을 제한하는 행위, (iv) 부당하게 계약상품의 생산에 필요한 원재료, 부품, 생산설비 등을 특허권자가 지정하는 자로부터 구입하도록 하는 행위, (ⅴ) 실시권자가 계약상품을 판매할 수 있는 거래처를 제한하는 행위, (vi) 실시권자가 특허기술을 개량한 기술을 특허권자에게 제공하도록 하는 조건, (vii) 실시권자가 관련 특허를 무효로 하는 것을 금지하는 조건, (viii) 특허기술의 이용에 직접 필요하지 않은 다른 상품 또는 기술을 거래하는 조건 등이다.

2. 부정한 경쟁행위와 불법행위

인터넷 포털 사이트 광고 방해사건에서, 판례에 의하면 경쟁자가 상당한 노력과 투자에 의하여 구축한 성과물을 상도덕이나 공정한 경쟁질서에 반하여 자신의 영업을 위하여 무단으로 이용함으로써 경쟁자의 노력과 투자에 편승하여 부당하게 이익을 얻고 경쟁자의 법률상 보호할 가치가 있는 이익을 침해하는 행위는 부정한 경쟁행위로서 민법 제750조의 불법행위에 해당한다.

위와 같은 무단이용 상태가 계속되어 금전배상을 명하는 것만으로는 피해자 구제의 실효성을 기대하기 어렵고 무단이용의 금지로 인하여 보호되는 피해자의 이익과 그로 인한 가해자의 불이익을 비교·교량할 때 피해자의 이익이 더 큰 경우에는 그 행위의 금지 또는 예방을 청구할 수 있다고 한다.[19)]

이 판결에서 피고가 저작권법, 상표법 등 관련 법률을 위반하지 않았지만, 저작권자의 이익을 침해하는 행위는 부정한 경쟁행위로서 불법행위로 간주하여 침해금지 및 손해배상을 청구할 수 있다고 판단하였다.

3. 권리남용에 대한 무효항변

특허권의 유효성이나 침해에 관한 소송에 있어서, 피고는 특허의 무효를 주장할 수 있다. 미국에서는 피고가 반소 또는 항변으로 특허무효를 주장할 수 있도록 제도화되어 있다. 2004년 대법원은 특허침해소송을 심리하는 법원은 특허에 무효사유가 있는 것이 명백한지 여부에 대하여 판단할 수 있고, 심리한 결과 해당 특허에 무효사유가 있는 것이 분명한 경우에는 그 특허권에 기초한 금지와 손해배상 등의 청구는 특별한 사정이 없는 한 권리남용에 해당하여 허용되지 아니한다고 판시하였다.[20)]

2012년에 내린 전원합의체 판결에서는 특허권 침해소송을 담당하는 법원은 진보성을 심리·판단할 수 있다고 판단하였다.

---

19) 대법원 2010. 8. 25. 선고 2008마154 판결.

20) 대법원 2004. 10. 28. 선고 2000다 69194 판결: 특허의 무효심결이 확정되기 이전이라고 하더라도 특허권 침해소송을 심리하는 법원은 특허에 무효사유가 있는 것이 명백한지 여부에 대하여 판단할 수 있고, 심리한 결과 해당 특허에 무효사유가 있는 것이 분명한 때에는 그 특허권에 기초한 금지와 손해배상 등의 청구는 특별한 사정이 없는 한 권리남용에 해당하여 허용되지 아니한다. 이 판결은 일본 최고재판소 2000. 4. 11. 제3소법정판결 제364호(일명, Kilby 판결)의 판결과 그 취지가 동일하다.

【특허권 침해소송을 담당하는 법원의 진보성 심리·판단 여부】

<대법원 2012. 1. 19. 선고 2010다95390 전원합의체 판결>

> 특허발명에 대한 무효심결이 확정되기 전이라고 하더라도 특허발명의 진보성이 부정되어 특허가 특허무효심판에 의하여 무효로 될 것임이 명백한 경우에는 특허권에 기초한 침해금지 또는 손해배상 등의 청구는 특별한 사정이 없는 한 권리남용에 해당하여 허용되지 아니한다고 보아야 하고, 특허권 침해소송을 담당하는 법원으로서도 특허권자의 그러한 청구가 권리남용에 해당한다는 항변이 있는 경우 당부를 살피기 위한 전제로서 특허발명의 진보성 여부에 대하여 심리·판단할 수 있다.

4. 특허권자 권리행사의 제한

2004년 대판 2000다69194 판결 이후 2012년에 내려진 2010다95390 전원합의제 판결에 따라 특허발명이 등록무효심판 절차에서 등록무효로 확정되기 전에 침해소송을 심리하는 법원에서는 특허발명의 진보성이 부정된다는 이유로 그 특허권에 기초한 침해금지 및 손해배상청구를 기각할 수 있게 되었다. 최근 하급심 법원에서 권리남용 법리를 적용한 판결이 점차 늘어나고 있는 추세이다.

한편, 일본 특허법 제104조의3(특허권자 등의 권리행사의 제한)에서는 특허권 또는 전용실시권의 침해에 관한 소송에 있어서, 해당 특허가 특허무효심판에 의해 무효가 되는 것으로 인정될 경우에는 특허권자 또는 전용실시권자는 상대방에 대하여 권리를 행사할 수 없도록 권리행사를 제한하는 규정을 두고 있다.

Ⅲ. 불복의 제한

보정각하결정, 특허여부결정, 특허취소결정, 심결이나 특허취소신청서·심판청구서·재심청구서의 각하결정에 대해서는 다른 법률에 따른 불복을 할 수 없으며, 이 법에 따라 불복할 수 없도록 규정된 처분에 대해서는 다른 법률에 따라 불복을 할 수 없다(제224조의2 제1항).

제11장 특허침해론

제1절 특허침해소송

Ⅰ. 서설

특허권은 특허발명을 일정기간 독점적·배타적으로 이용할 수 있는 재산권으로서, 특허권자는 이 특허발명을 실시함으로써 시장에서 경제적 이익을 독점적으로 확보하게 된다. 이러한 경제적 이익을 제3자가 침해할 경우 특허권자는 구제수단으로서 민·형사상의 구제를 강구하게 된다. 최근 새로운 기술개발과 기술혁신에서 빚어지는 이러한 특허침해를 둘러싸고 국내 기업 간 또는 국경을 넘는 고액의 손해배상청구소송이 증가하고 있다. 특허권의 보호대상은 고도한 기술적 창작물이어서 권리를 점유하지 아니하고서도 쉽게 침해할 수 있고, 침해사실의 입증이 매우 어렵다는 문제점이 있다.

국제적인 무역분쟁으로 비화되기도 하는 특허침해소송은 결국 당사자 간의 민사 또는 형사소송으로 다루어지지만 대부분 손해배상청구로 귀결된다.

Ⅱ. 특허권 침해금지 가처분

1. 서설

특허권 침해금지 가처분이란 특허권에 근거한 금지청구권을 피보전권리로 하여 채무자의 침해행위의 금지를 구하는 가처분이다. 특허권에 대한 침해행위가 있을 경우, 특허권 침해를 신속히 금지시키기 위하여 심리에 많은 시간이 소요되는 본안소송의 확정판결을 기다려서는 특허권의 보호를 기대할 수 없고, 채권자가 본래의 권리내용을 향유할 수 없는 위험에 빠진 경우 채권자는 이 위험을 제거하기 위하여 금지청구권을 피보전권리로 하여 침해의 정지 또는 예방을 명하는 가처분을 신청할 수 있다. 일반적으로 특허권자는 특허침해에 대한 긴급 구제방법으로 법원에 특허권 침해금지 가처분을 신청하는 경우가 많다. 특히 판결시점에 이미 침해물품이 사라지거나, 피고가 중간에 도산되는 경우도 있어 손해배상을 받기 어려운 경우도 발생하기 때문에 가처분을 통하여 침해물품의 생산 또는 판매 중지를 신청할 수 있으며, 가압류도 청구할 수 있다.

2. 가처분의 성립요건

가처분절차는 본안소송의 판결의 집행을 용이하게 하거나 확정판결이 있을 때까지 손해가 발생하는 것을 방지할 목적으로 일시적으로 현상을 동결하거나 임시적 법률관계를 형성하게 하는 재판으로서 긴급성(신속성)·부수성·밀행성·잠재성(임시성)·자유재량성을 특징으로 한다. 특허권 침해금지 가처분의 요건으로는 피보전 권리가 있을 것(특허권이 상대방에 의해 침해되고 있을 것), 보전의 필요성이 있을 것(가처분을 신청하지 않으면 아니 되는 절박한 사정이 있을 것)이 필수적인 요건이다. 또한 가처분명령을 얻기 위해서는 예외 없이 담보(보증금)가 필요하다.

3. 피보전권리의 소명

피보전권리의 보존의 필요성이 명료하고 구체적으로 소명되어야 한다. 보전의 필요성을 소명하기 위해서는 (ⅰ) 특허발명의 실시품이 갖는 고객획득능력의 고저(채무자 상품과의 품질의 차이), (ⅱ) 동종상품의 유무, (ⅲ) 영업의 정도 및 채권자 또는 채무자의 영업에서 차지하는 비율, (ⅳ) 실시품의 이익률, (ⅴ) 손해배상능력의 유무 등이 함께 고려되어야 한다. 보통 특허품에 비하여 불량품 또는 조악품을 제조·판매하는 경우는 피보전권의 보존의 필요성이 커진다.

전용실시권을 설정한 특허권자의 경우는 필요성이 부정될 경우도 있다.

가처분을 신청할 수 있는 자는 특허권자·전용실시권자이며, 권리관계는 특허등록원부·특허공보 등에 의하여 알기 쉽게 입증할 수 있다. 권리자임을 주장하기 위하여 특허공보·특허권의 등록원부등본을 제출하고, 상대방의 제품(또는 사진)·모형·카탈로그·설계도 및 신청인이 실시하고 있는 실시품(또는 사진) 등을 제출하여야 한다.

4. 관할

가처분의 재판은 본안의 관할법원 또는 다툼의 대상이 있는 곳을 관할하는 지방법원이 관할한다(민사집행법 제303조). 피고가 법인 등인 경우에는 그 주된 사무소 또는 영업소의 소재지 등에 보통 재판적으로 정하고, 사무소와 영업소가 없는 경우에는 주된 업무담당자의 주소에 따라 정한다(민사소송법 제5조 제1항).

5. 실체적 판단

특허권 침해금지 가처분의 인용 여부는 본안소송에서 직접적이고 결정적인 영향을 미친다. 따라서 가처분 사건의 심리에서 공격방어방법을 집중하게 되어 심리가 본안소송 못지않게 장기화되는 경우가 많다. 일반적으로 가처분사건의 결론이 나면 그대로 분쟁이 종국적으로 해결되는 경우가 많다. 특허권 침해의 실체적 판단은 (i) 소송물(특허발명의 내용)의 확정, (ii) 확인대상발명(침해대상물)의 특정, (iii) 양자를 대비하고 침해여부를 판정하는 3단계 절차를 거쳐서 판단한다.

특허권 침해의 여부는 유체물에 대한 침해에 있어서와 같이 분명하게 판정할 수 없다는 점에 어려움이 있다. 그러나 가처분의 단계에서는 신속성을 요하므로 금지가처분은 명백히 침해가 인정되고, 가처분의 필요성이 소명된 경우에만 인정함이 타당하므로 침해의 성립에 관하여 문제가 있고 신중한 심리를 거치지 않으면 판단할 수 없는 것과 같은 사안에 관해서는 피보전권리의 소명이 없거나 불충분한 것으로 인정하게 된다.

6. 가처분의 집행

가처분절차는 가압류절차의 규정을 준용한다(민사집행법 제301조). 가처분의 피보전권리는 통상적으로 비금전적 채권으로 그 집행절차는 비금전채권의 실현을 위한 본집행절차에 준한다. 특허권에 대한 가처분은 처분금지가처분과 방해금지가처분이 있다. 특허권은 양도가 자유롭고 실시권의 설정이 가능하므로 특허권에 대한 이전등록청구권이나 말소등록청구권의 보전을 위해서는 해당 특허권에 대한 처분금지가처분을 신청할 필요가 있다. 이러한 처분금지가처분의 집행에 있어서는 법원은 특허청장에게 가처분기입등록을 촉탁한다.

Ⅲ. 특허권 침해금지 청구소송

1. 서설

특허권자 등은 자기의 권리를 침해한 자 또는 침해할 우려가 있는 자에 대하여 그 침해의 금지 또는 예방을 청구할 수 있다(제126조 제1항). 이러한 청구소송을 보통 특허권 침해금지 청구소송(이하 "침해금지소송"이라 한다)이라고 한다. 침해금지소송은 특허권의 물권적 성격, 즉 그 배타성에 기초하여 인정되는 침해행위를 하지 아니할 부작위의무의 이행을 구하는 소에 해당한다.

2. 청구요건

침해금지청구권이 인정되기 위해서는 (i) 특허권 등이 침해되고 있거나 침해될 우려가 있을 것, (ii) 침해자가 제조·판매하는 확인대상발명이 특허법 제2조 제3호의 '실시'에 해당하는 행위가 있을 것이다. 다만 침해자의 고의나 과실을 전제로 하지 않는다는 점은 침해자 고의나 과실을 요건으로 하는 손해배상청구와 다르다.

3. 부대청구

특허권자 등이 침해의 금지 또는 예방을 청구할 경우에는 침해행위를 조성한 물건의 폐기, 침해행위에 제공된 설비의 제거 기타 침해의 예방에 필요한 행위를 청구할 수 있다(제126조 제2항). 특허권자 등은 제126조 제1항에 따른 침해금지소송을 청구를 할 때에는 침해금지 및 예방청구권의 실효성을 확보하기 위하여 침해자에 대하여 침해행위의 조성물건 또는 침해행위에 제공된 설비의 폐기·제거 등 침해 예방에 필요한 조치를 청구할 수 있다. 여기서 '침해행위를 조성물건'이란 침해행위의 내용을 이루는 실시가 제조나 판매된 물건을 의미하고, '침해행위에 제공된 설비'란 침해행위에 제공된 기계, 원재료, 금형, 제조장치, 공장 시설물을 말한다.

4. 소의 제기

소를 제기하려면 소장(訴狀)을 1심법원에 제출하여야 한다. 소장이 제출되면 소송절차는 특허소송의 절차와 같이 소장의 심사, 소장의 송달, 답변서 제출의 명령, 변론준비절차, 변론, 판결 순으로 소송이 진행된다.

5. 관할

지식재산권에 관한 소를 제기하는 경우에는 해당 사건에 관계되는 관할법원 소재지를 관할하는 고등법원이 있는 곳의 지방법원에 제기할 수 있다(민사소송법 제24조 제1항). 법원은 특허권에 관한 소가 제기된 경우 그 소송의 전부 또는 일부를 관할 법원으로 이송할 수 있다. 이는 특허권과 같이 전문지식이나 거래실무가 심리의 주요 내용이 되는 특정한 유형의 소를 그에 관한 전문재판부가 설치된 고등법원 소재지 지방법원에 특별재판적을 인정하여 심리를 원활하게 하기 위한 것이 그 취지이다.

6. 소장

소장에 반드시 기재하여야 할 사항으로 당사자 및 법정대리인의 표시, 청구취지, 청구원인을 필요적 기재사항이라고 한다. 소장에 이러한 것이 갖추어지지 않았는데도 보정하지 않으면 재판장은 명령으로 소장을 각하하여야 한다(민사소송법 제254조). 이로써 원고, 피고와 소송물이 특정된다. 제출된 소장을 중심으로 하여 공격과 방어가 전개되므로 침해금지소송에서 소장이 가장 중요한 서면이라 할 수 있다.

7. 당사자

침해금지소송의 원고는 특허권자 또는 전용실시권자이고, 특허권자가 전용실시권을 설정한 경우에는 특허권의 실시는 제한을 받지만 금지청구권은 행사가능하다. 통상실시권자는 침해금지소송을 제기할 수 없다. 침해금지소송의 피고는 특허권을 침해한 자 또는 침해할 우려가 있는 자이다.

8. 청구취지

청구취지는 원고가 소장에서 소송의 목적인 권리 또는 법률관계에 관하여 어떠한 내용과 범위의 판결을 구하는 것인가를 표시하는 핵심적인 부분으로 원고가 청구하는 결론적 내용이다. 청구취지는 소송의 결론인 판결의 주문에 대응하는 필요적 기재사항의 하나이다. 따라서 청구취지에서는 원고가 금지 및 예방을 구하는 피고의 침해행위를 구체적으로 특정하여야 한다.

특허법의 경우에는 원고의 특허발명의 실시 등이 피고의 침해행위에 속하는 구체적 행위에 해당하므로, 특허법 제2조 제3호의 실시에 관하여 정의한 행위를 근거로 하여 피고의 침해행위를 특정하여야 한다.[1)]

9. 청구원인

청구원인은 청구취지에 기재된 소송물인 권리관계와 발생원인에 해당하는 사실관계, 즉 청구의 취지를 이유 있게 하는 모든 사실관계를 말한다. 이는 청구취지와 함께 소송물인 권리 또는 법률관계를 특정하여 해당 소송에서 원고가 주장·입증하고 법원이 판단하여야 할 사항을 제시하는 것으로 소장의 필요적 기재사항의 하나이다. 특허에 관한 침해금지소송에서 청구원인란에는 원고의 특허권, 특허발명의 내용, 피고의 침해행위, 특허발명과 확인대상물건의 목록에 기재된 제품과 비교 등을 기재한다.

10. 소송성립의 요건

침해금지소송이 성립하기 위한 요건은 (i) 원고가 특허권자 또는 전용실시권자일 것, (ii) 피고는 침해행위를 하고 있거나 침해할 우려가 있을 것, (iii) 피고의 침해행위는 특허발명을 업으로 실시할 것 등이다. 따라서 원고는 침해금지소송의 청구의 원인란에 (i) 원고가 특허권자 또는 전용실시권자라는 사실, (ii) 피고가 업으로 물건을 생산 또는 방법을 실시하거나 또는 그 생산이나 실시의 우려가 있다는 사실,

1) 대법원 2007. 1. 26. 선고 2005다13882 판결.

(iii) 위 물건이나 방법이 원고의 특허권에 저촉된다는 사실(특허발명의 보호범위에 속한다는 주장)이 제시되어야 한다.

11. 확인대상발명의 특정

피고의 침해행위를 설명하는 확인대상발명이 특정되어야 한다. 물건의 발명의 경우에는 피고가 생산하는 물건이, 방법의 발명의 경우에는 피고가 실시하고 있는 방법이 특허발명의 구성과 대비할 수 있을 정도로 구체적으로 특정되어야 한다.

원고가 피고의 행위가 특허권의 간접침해에 해당한다는 주장을 할 경우에는 피고의 행위가 특허법 제127조 각 호의 어느 침해행위에 해당하는지 여부를 명확히 특정하여야 한다. 소송절차에서 피고가 위 물건이나 방법의 실시에 관하여 부인하는 경우에는 원고가 이에 대하여 입증책임을 져야 한다.

12. 입증방법

입증방법으로 특허등록원부, 특허등록공보, 침해행위를 입증할 수 있는 피고의 카탈로그 또는 피고 제품의 사진, 경고장 등을 첨부하여야 한다. 민사소송법은 적시제출주의를 취하고 있으므로 공격 또는 방어의 방법은 소송의 정도에 따라 적절한 시기에 제출하여야 한다(민사소송법 제146조).

재판장은 당사자의 의견을 들어 한 쪽 또는 양 쪽 당사자에 대하여 특정한 사항에 관하여 주장을 제출하거나 증거를 신청할 기간을 정할 수 있으며, 당사자가 위 기간을 넘긴 경우에는 정당한 사유를 소명하지 못하는 한 주장을 제출하거나 증거를 신청할 수 없다. 재판장은 소장을 심사하면서 필요하다고 인정하는 경우에는 원고에게 청구이유에 대응하는 증거방법을 구체적으로 적어 내도록 명할 수 있으며, 원고가 소장에 인용한 서증의 등본 또는 사본을 붙이지 아니한 경우에는 이를 제출하도록 명할 수 있다.

13. 준비서면

준비서면이란 당사자가 변론에서 하고자 하는 진술사항을 기일 전에 예고적으로 기재하여 법원에 제출하는 서면을 말한다. 준비서면의 목적은 법원이나 당사자가 복잡한 사안에 대하여 미리 이해하고 준비하여 변론에 임하게 하려는 것이다. 따라서 실질적인 변론 및 증거조사를 집중하여 신속한 결론을 내도록 유도하여야 한다. 준비서면은 준비하는 데 필요한 기간을 두고 제출하여야 하며, 법원은 상대방에게 그 부본을 송달하여야 한다.

민사소송법은 변론의 집중을 선언하고 있을 뿐만 아니라 병행심리방식에서 집중심리방식으로 과감하게 전환하였다. 준비서면은 변론예고에 그치기 때문에 이를 제출하는 것만으로 소송자료가 될 수 없다. 소송자료가 되기 위해서는 변론에서 진술을 필요로 한다. 준비서면은 일반적으로 준비서면 외에 답변서와 요약준비서면 등 3가지가 있다. 답변서는 피고나 피상소인의 본안신청을 적어 놓은 최초의 준비서면을 말한다. 요약준비서면은 변론종결 전에 종래의 쟁점과 증거의 정리 결과를 요약한 것으로 나중에 제출하는 준비서면이다. 준비서면에 기재하지 아니한 사실은 상대방이 출석하지 아니한 경우에는 변론에서 주장하지 못한다.

14. 심리의 원칙

(1) 구술심리주의　　당사자는 소송과 관련하여 법원에서 변론하여야 한다(민사소송법 제134조 제1항). 민사소송법은 구술심리주의를 원칙으로 하면서 서면심리주의로 그 결점을 보완하고 있다. 당사자는 소송에 있어서 법관의 면전에서 구술변론을 하여야 하고, 구술로 진술한 소송자료만이 판결의 기초로 된다. 판결은 기본이 되는 변론에 관여한 법관이 한다. 법원의 심리는 준비절차와 변론을 통하여 진행된다.

(2) 처분권주의　　법원은 당사자가 신청하지 아니한 사항에 대하여는 판결하지 못한다(민사소송법 제203조). 처분권주의란 절차의 개시, 심판의 대상과 범위 그리고 절차의 종결에 대하여 당사자에게 주도권을 주어 그의 처분에 맡기는 입장이다. 처분권주의는 널리 변론주의를 포함하여 당사자주의로도 쓰이며, 이를 직권주의에 대응시키고 있다. 엄격하게 말하면, 처분권주의는 당사자의 소송물에 대한 처분자유를 의미하고, 변론주의는 당사자의 소송자료에 대한 수집책임을 뜻하므로 양자는 별개의 개념이다. 처분권주의는 신청하지 아니한 청구에 관한 것이고, 변론주의는 주장하지 아니한 사항에 관한 것이다.[2)]

(3) 변론주의　　당사자는 주장과 입증을 충실히 할 수 있도록 사전에 사실관계와 증거를 상세히 조사하여야 한다(민사소송규칙 제69조의2). 변론주의란 소송자료의 수집·제출의 책임을 당사자에게 맡기고, 당사자가 수집한 소송자료만을 재판의 기초로 삼아야 한다는 입장이다.[3)] 변론주의를 제출주의라고도 한다. 변론주의 예외로서 직권탐지

---

2) 이시윤, 311면; 대법원 2014. 7. 24. 선고 2013다26562 판결.
3) 송상현, 437면.

주의와 직권조사주의가 있다. 민사소송규칙 제69조에서 사실관계와 증거에 관한 사전 조사의 의무를 당사자에게 부과한 것은 변론주의를 염두에 둔 것으로 볼 수 있다.

15. 적시제출주의

공격 또는 방어의 방법은 소송의 정도에 따라 적절한 시기에 제출하여야 한다. 적시세출주의는 당사자가 소송의 정도에 따라 변론의 종결에 이르기까지 어느 때라도 공격방어방법을 제출할 수 있는 제도를 말한다.

새로운 민사사건 관리방식에 의하면 소장 부본을 받아 본 피고가 다투는 경우 서면에 의한 쟁점정리절차에 들어가고 그 단계에서 증인신문을 제외한 모든 주장·입증이 완료되는 것을 원칙으로 하고 있다. 집중심리방식은 소송의 초기단계에서 사건을 분류하여 각 사건에 적합한 처리방법을 정하고, 조기에 쟁점과 증거를 정리하여 증명의 대상이 되어야 할 사실을 명확히 한 다음 이에 초점을 맞추어 효율적이고 집중적인 증거조사를 실시하는 심리방식을 말한다.

따라서 원고는 소장 접수 단계에서부터 청구원인을 명확히 하고, 소장에는 증거로 될 문서 가운데 중요한 것의 사본을 첨부하여 함께 제출하여야 한다. 소장, 답변서 기타 준비서면에 사실상의 주장을 기재한 경우에는 가능한 한 증거방법을 부기하여야 한다(민사소송규칙 제63조 제2항).

16. 당사자주의

소송심리의 과정은 실체적 진실을 발견하기 위하여 당사자와 법원의 공동작업으로 전개된다. 민사소송법은 법원에게 절차의 주관자로서의 역할을 부여하여 절차를 신속하고 공정하게 진행할 책임을 지우는 한편, 당사자에게는 사건 내용을 명확하게 하고 판결의 기초자료를 제공할 의무를 부여하고 있다. 이처럼 당사자에게 소송운영의 주도권을 부여하는 원칙을 당사자주의라 한다.

Ⅳ. 특허침해의 종류

1. 서실

특허침해란 특허권자의 허락 없이 생산·사용·양도·대여 등의 실시수단을 통하여 특허발명에 손해를 입히는 행위를 말한다. 특허침해는 실시형태에 따라 크게 직접침해(direct infringement)와 간접침해(indirect infringement)로 나눌 수 있다. 직접침해는 타인의 특허발명을 정당한 권원 없이 업으로서 실시하는 행위로서 문언침해(literal infringement)와 균등침해(infringement under Doctrine of Equivalents)로 나누어진다.

특허침해는 일차적으로 특허범위에 기재된 문언적 내용으로 판단하지만, 침해되었다고 보이는 대상이 동일한 효과가 있는 경우에 균등한지 여부를 판단하기 위해서 균등론(均等論)을 적용한다. 문언침해나 이용침해는 청구항의 구성요소와 침해발명의 구성요소를 쉽게 판단할 수 있으나, 균등침해의 경우 침해유무를 판단하기가 쉽지 않다. 특허침해에 대한 대법원 판례의 경향은 미국, 일본, 독일 등의 판례와 거의 유사하다고 할 수 있다. 다만, 불완전 이용침해가 독립된 특허침해의 유형인지 여부에 대한 판례는 정립되지 않은 상태이다.

2. 특허침해의 성립요건

특허권의 침해란 특허발명을 업으로 실시할 권한이 없는 자가 그것을 업으로 실시할 경우에 성립한다. 고의나 과실의 판단이 필요한 경우는 침해자의 불법행위의 결과에 대한 법적 책임을 지우는 경우이다. 특허권의 침해는 다음의 요건을 필요충분조건으로 하여 성립한다.

(1) 실시행위를 업으로 할 것 특허권 침해는 업으로 실시할 때 성립한다. 특허발명의 실시는 특허법 제2조 제3호의 행위를 의미하지만, 이상의 행위가 특허권의 침해로 성립되기 위해서는 발명의 실시행위가 반드시 업으로서 실시되고 있어야 한다. 업으로의 실시가 아닌 가정적·개인적인 목적의 실시는 침해에 해당하지 않는다.

(2) 청구범위에 적혀 있는 발명일 것 특허권의 침해는 청구범위에 적혀 있는 발명을 업으로 실시할 때 발생한다. 명세서의 발명의 설명 또는 도면에만 기재되고 있는 발명의 실시는 원칙적으로 특허권의 침해를 구성하지 않는다.

이에 대하여 대법원은 "특허발명의 보호범위는 청구범위에 적혀 있는 사항에 의하여 정해지는 것이 원칙이다. 다만, 그 기재만으로 특허발명의 기술적 구성을 알 수 없거나 알 수는 있더라도 기술적 범위를 확정할 수 없는 경우에는 명세서의 다른 기재에 의하여 보충할 수는 있으나, 그 경우에도 명세서의 다른 기재에 의한 청구범위의 확장 해석은 허용되지 아니함은 물론 청구범위의 기재만으로 보호범위가 명백한 경우에는 명세서의 다른 기재에 의하여 청구범위의 기재를 제한 해석할 수 없다."고 판시하였다.[4)]

(3) 유효한 특허발명의 실시일 것 특허권의 침해가 성립하려면 그 발명이 특

---

4) 대법원 2012. 3. 15. 선고 2010다63133 판결.

허발명으로서 유효해야 한다. 특허출원 중 또는 특허권이 소멸된 후의 실시행위는 독점권이 존재하지 아니한 상태에서의 실시이므로 특허권의 침해가 성립될 수 없다. 특허권의 존속기간은 특허권의 효력이 미치는 시기적 한계를 정한 것이므로 존속기간의 만료 이후에는 누구나 특허발명을 실시할 수 있다.

(4) 위법한 실시행위일 것 특허권의 침해는 실시행위가 위법(違法)한 경우에만 성립한다. 위법한 실시란 권한 없는 제3자가 타인의 특허발명을 업으로 실시하는 것을 의미한다. 실시권자가 업으로 특허발명을 실시하더라도 그것이 적법한 실시행위라면, 특허권의 침해가 되지 않는다.

3. 직접침해

직접침해란 침해자가 타인이 특허된 발명을 생산·판매하는 등 직접적으로 실시한 것을 말한다. 직접침해는 제3자가 어떤 특허발명의 구성요소 모두를 포함하는 침해제품(보통 특허발명을 모방한 제품)을 제조·판매하는 등 침해행위를 한 경우에 해당한다. 침해행위는 제3자가 정당한 권한 없이 업으로 (i) 물건의 특허발명인 경우 그 물건의 생산·사용·양도·대여 또는 수입하거나 그 물건의 양도 또는 대여의 청약을 하는 행위, (ii) 방법의 특허발명인 경우에는 그 방법을 사용하는 행위, (iii) 물건을 생산하는 방법의 특허발명인 경우에는 그 방법을 사용하는 행위 외에 그 방법에 의하여 생산된 물건을 사용·양도·대여 또는 수입하거나 그 물건의 양도 또는 대여의 청약을 하는 행위를 말한다.

판례에 의하면 특허권 침해소송의 상대방이 제조 등을 하는 제품 또는 사용하는 방법이 특허발명의 특허권을 침해한다고 할 수 있기 위해서는 특허발명의 청구범위에 기재된 각 구성요소와 그 구성요소 간의 유기적 결합관계가 침해대상제품(확인대상발명)에 그대로 포함되어 있어야 한다고 한다.[5]

(1) 특허발명이 신규성이 없는 경우 등록된 특허발명이 그 출원 전에 국내에서 공지되었거나 공공연하게 실시된 발명으로서 신규성이 없는 경우에는 그에 대한 특허무효의 심결 유무에 관계 없이 그 권리범위를 부정한다.

(2) 확인대상발명이 자유실시기술인 경우 어느 발명이 특허발명의 권리범위에 속하는지를 판단함에 있어서 특허발명과 대비되는 발명(확인대상발명)이 공지의 기술만으로 이루어지거나 그 기술분야에서 통상의 지식을 가진 자가 공지기술로부터 용

5) 대법원 2014. 7. 24. 선고 2013다14361 판결.

이하게 실시할 수 있는 경우에는 특허발명과 대비할 필요 없이 특허발명의 권리범위에 속하지 않는 것으로 판단한다.

4. 간접침해

직접침해는 청구범위에 적혀 있는 특허발명의 모든 구성요소를 해당 침해품이 모두 실시할 경우에 침해가 성립한다. 그러나 이러한 원칙을 고수한다면 다수의 구성요소로 구성된 특허발명이 다수의 부품으로 나누어져 제조·판매되고 최종소비자에 의해 조립·완성되어 개인적으로 사용될 경우에는 부품생산자에게 직접침해의 책임을 추궁할 수 없기 때문에 특허권자의 보호가 미흡하게 된다.

간접침해는 직접침해에 해당하지는 않으나, 특허법 제127조의 요건에 해당하여 결과적으로 특허침해로 간주하는 행위이다. 간접침해는 청구범위의 구성요소의 일부를 판매하는 행위이고, 그 일부 구성이 물건의 발명 또는 방법발명을 실시하기 위해서만 제조된 것(전용품)[6]을 고의로 판매하는 행위를 말한다.

간접침해를 미국에서는 소위 '기여침해(induced infringement)'라고도 한다. 특허법 제127조의 취지는 제3자가 해당 특허발명에만 사용되고 있는 발명의 구성의 일부인 특정부품을 제조하거나 생산하여 장차 직접적으로 침해할 우려가 있는 경우에 직접침해가 성립되지 않지만, 침해로 볼 수 있는 행위를 특허침해로 간주하여 특허권자의 권리의 보호를 강화하는 데에 있다.

(1) 의의 간접침해에 관하여 규정하고 있는 특허법 제127조 제1호 규정은 발명의 모든 구성요소를 가진 물건을 실시한 것이 아니고 그 전 단계에 있는 행위를 하였더라도 발명의 모든 구성요소를 가진 물건을 실시하게 될 개연성이 큰 경우에는 장래의 특허권 침해에 대한 권리 구제의 실효성을 높이기 위하여 일정한 요건 아래 이를 특허권의 침해로 간주한다.

여기서 말하는 '생산'이란 발명의 구성요소 일부를 결여한 물건을 사용하여 발명의 모든 구성요소를 가진 물건을 새로 만들어 내는 모든 행위를 의미하므로, 공업적 생산에 한하지 않고 가공, 조립 등의 행위도 포함된다.

대법원은 "특허물건의 생산에만 사용하는 물건에 해당하기 위해서는 사회통념상 통용되고 승인될 수 있는 경제적, 상업적 내지 실용적인 다른 용도가 없어야 하고, 이와 달리 단순히 특허 물건 이외의 물건에 사용될 이론적, 실험적 또는 일시적

---

6) 전용품이란 유일한 용도 제품으로 특허를 침해하지 않는 다른 방법으로 실제 사용에 적합하지 않는 제품을 의미한다. 다른 제품에도 사용할 수 있는 범용품은 전용품으로 인정하지 않는다.

인 사용가능성이 있는 정도에 불과한 경우에는 간접침해의 성립을 부정할 만한 다른 용도가 있다고 할 수 없다."고 판시하였다.[7] 위 판례의 취지에 비추어 볼 때, 간접침해는 제3자가 해당 특허발명에만 사용되고 있는 발명의 구성의 일부인 특정부품을 제조하거나 생산하여 장차 직접 침해할 우려가 있는 경우에 직접침해가 성립되지 않지만, 침해로 볼 수 있는 행위를 특허침해로 간주해서 특허권자의 권리의 보호를 강화하려는 것으로 해석된다.

(2) 간접침해의 성립요건 간접침해는 해당 특허권의 구성요소 중 일부 부품이 침해품의 일부 구성요소와 동일한 경우 그 침해품의 일부구성이 그 물건의 생산에만 업으로 실시된 경우에 침해로 간주한다.[8] 간접침해의 성립요건은 (i) 영업을 목적으로 하고 있고, (ii) 해당 특허발명의 생산 또는 실시의 용도 이외에는 사용되지 아니하고, (iii) 해당 특허발명의 생산 또는 실시에만 사용되는 것이 객관적으로 명백할 때 성립한다.

특히 특허물건의 생산에만 사용하는 물건에 해당되기 위해서는 사회통념상 승인될 수 있는 경제적, 상업적 내지 실용적인 다른 용도가 없어야 한다. 간접침해가 성립하기 위해서는 간접침해대상물이 제3자에 의한 특허발명의 실시에 사용되는 것이어야 한다. 여기서 '사용'이란 간접침해대상물이 제3자의 최종물에 하나의 부품 혹은 생산요소로 이용되는 것을 의미한다. 간접침해행위에는 물건의 사용이 제외되는 점 외에는 특허발명의 일반적인 실시 태양과 동일하다.

(3) 타용도 유무의 판단 간접침해가 성립할 수 있는 대상물은 특허발명에 관계되는 물건의 생산 또는 방법의 사용에만 사용되는 것이어야 한다. 따라서 간접침해의 성립요건에서 물건의 발명인 경우에는 실시품이 특허발명의 생산에만 사용되는 물건인지의 여부가 쟁점이다. 해당 물건의 타용도 유무판단은 그 물건이 본래의 용도 이외에 타용도로 전용되어 사용될 수 있나는지, 타용도로 사용 가능성이 있다고 하는 등이 막연한 가능성만으로는 충분하지 않으며, 현실적으로 경제적·상업적으로 실용화되어 타용도로 사용되고 있어야 한다.

대법원 판례에서 특허발명의 물건에 관한 소모품을 교체한 경우의 사례에서 이를

7) 대법원 2009. 9. 10 선고 2007후3356 판결.

8) 특허법 제127조(침해로 보는 행위) 다음 각 호의 구분에 따른 행위를 업으로서 하는 경우에는 특허권 또는 전용실시권을 침해한 것으로 본다. 1. 특허가 물건의 발명인 경우: 그 물건의 생산에만 사용하는 물건을 생산·양도·대여 또는 수입하거나 그 물건의 양도 또는 대여의 청약을 하는 행위, 2. 특허가 방법의 발명인 경우: 그 방법의 실시에만 사용하는 물건을 생산·양도·대여 또는 수입하거나 그 물건의 양도 또는 대여의 청약을 하는 행위. 특허법 제127조와 같은 법 제2조 제3호 가목의 실시와 비교해보면, '사용'이 없음에 유의하여야 한다.

생산에 해당한다고 보아 간접침해를 인정한 사례가 있다.[9)]

5. 확인대상발명의 특정

특허침해소송에서 특허침해 여부의 판단이란 특허의 권리범위가 확인대상발명에 미치는가의 여부를 판단하는 소송이므로, 먼저 특허발명의 보호범위와 확인대상발명을 확정해야 한다. 원고는 피고가 제조·판매하는 물건 또는 방법(확인대상발명)을 구체적으로 특정하고, 확인대상발명이 특허권의 권리범위에 속한다는 취지를 주장하고, 이를 입증하여야 한다.

피고의 항변에 대하여 원고는 입증할 책임을 진다. 물건발명의 경우는 피고의 제품·홈페이지에 게재된 기술설명서·카탈로그 등에 의해 특정이 용이하지만, 방법발명인 경우에는 입증이 곤란한 경우가 많다. 원고는 피고의 방법발명을 입증하기가 어려우므로 특허법 제129조에 따라 생산방법으로 추정할 수 있다.

제2절 특허침해 판단법리

Ⅰ. 서설

특허권 침해판단은 확인대상발명이 특허권의 권리범위에 속하는지 여부를 판단하는 심판이다. 특허침해 판단법리는 청구범위를 기준으로 해석하는 원칙에 따라 권리범위를 해석하되, 판례 등을 참작하여 법률문제와 사실문제에 입각하여 판단한다.

침해판단 과정에서 청구범위 기준의 원칙, 구성요소 완비의 원칙, 출원경과 금반언, 균등론의 법리가 적용된다. 특히 청구범위에 적혀 있는 구성요소와 문언상으로는 일치하지 않지만 일부 구성요소 간에 등가관계에 있다면 균등론을 적용하여 특허권 침해여부를 판단하게 된다.

미국은 1950년 Graver Tank 사건의 판결로 균등론에 대한 기준을 제시한 이후, 우리나라는 대법원 2000. 7. 28. 선고 97후2200 판결에서 균등론을 명시적으로 인정하고 성립요건을 처음으로 제시하였다. 특허침해의 유형은 크게 문언침해·균등침해·생략침해 및 기타 유형으로 구분할 수 있다.

---

9) 대판 1996. 1. 27. 96마365 결정에서 특허발명이 레이저 프린터이고 침해품은 프린터용 토너 카트리지이고, 대판 2001. 1. 30. 98후2580 판결에서 특허발명은 레이저 프린터이고 침해품은 감광드럼 카트리지였다.

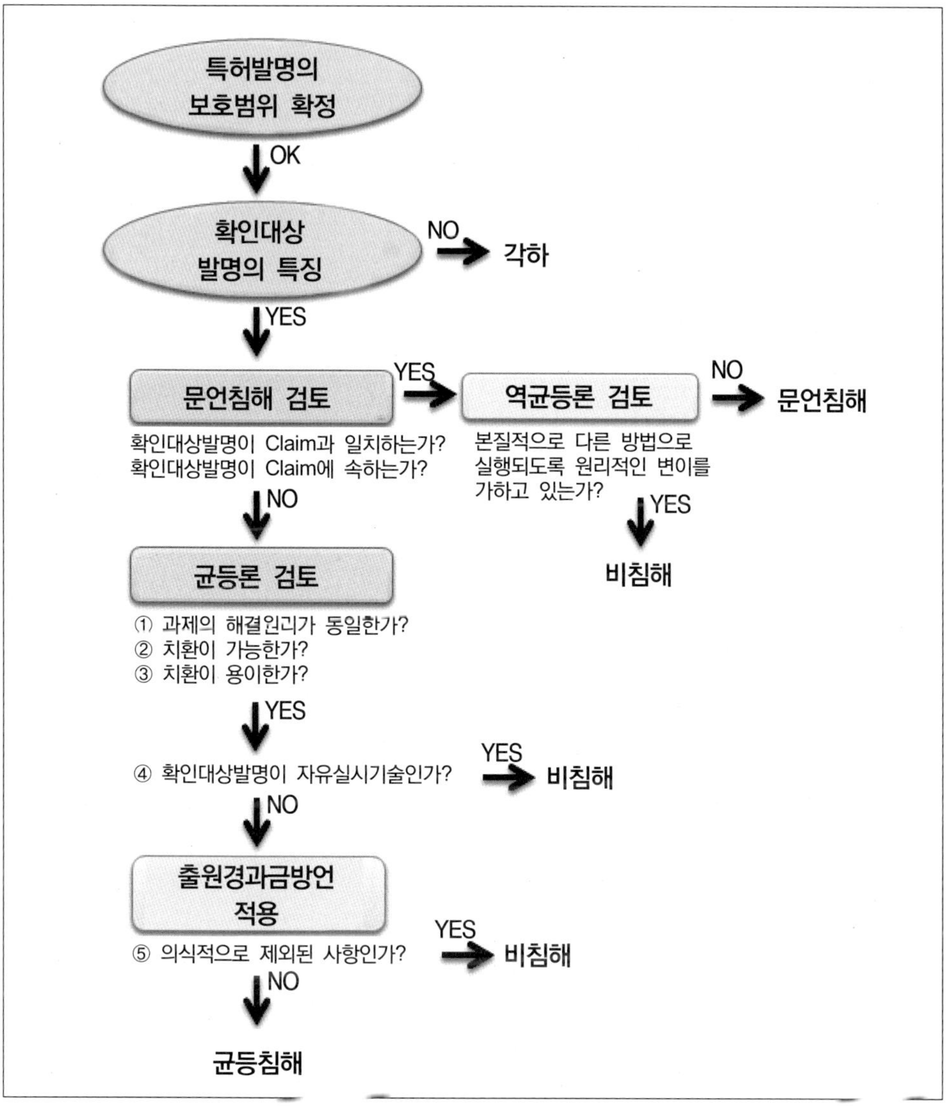

〈그림 12〉 특허침해 판단절차

대부분의 특허침해는 생략침해와 균등침해라 할 수 있으며, 이러한 침해는 침해유무를 판단하기가 쉽지 않다. 그러나 문언침해나 이용침해는 청구범위의 구성요소와 침해발명의 구성요소를 비교하면 쉽게 판단될 수 있다. 상기 <그림 12>는 특허침해소송절차에 있어서 특허침해 판단에 적용되는 법리와 판단순서를 나타내는 것이다.

Ⅱ. 청구범위 기준의 원칙

청구범위는 출원인이 특허발명으로 보호받고자 하는 사항을 기재한 것이므로, 신규성 및 진보성 판단의 대상이 되는 발명의 확정은 청구범위에 적혀 있는 사항에 의하여야 하고 발명의 설명이나 도면 등 다른 기재에 의하여 청구범위를 제한하거나 확장하여 해석하는 것은 허용되지 않는다.[10)]

특허발명의 청구항이 '어떤 구성요소들을 포함하는 것을 특징으로 하는 방법(물건)'이라는 형식으로 기재된 경우 그 권리범위의 한계에 대해서, 판례는 특허발명의 청구항이 어떤 구성요소들을 포함하는 것을 특징으로 하는 방법(물건)이라는 형식으로 기재된 경우, 그 특허발명의 청구항에 명시적으로 기재된 구성요소 전부에 더하여 기재되어 있지 아니한 요소를 추가하여 실시하는 경우에도 그 기재된 구성요소들을 모두 포함하고 있다는 사정은 변함이 없으므로 그와 같은 실시가 그 특허발명의 권리범위에 속함은 물론이며, 나아가 위와 같은 형식으로 기재된 청구항은 명시적으로 기재된 구성요소뿐 아니라 다른 요소를 추가하여 실시하는 경우까지도 예상하고 있다고 한다.[11)]

청구범위에 기재된 사항은 발명의 설명 및 도면을 참작하여야 그 기술적인 의미를 정확하게 이해할 수 있으므로, 청구범위에 적혀 있는 사항은 그 문언의 일반적인 의미를 기초로 하면서도 발명의 설명 및 도면 등을 참작하여 그 문언에 의하여 표현하고자 하는 기술적 의의를 고찰한 다음 객관적이고 합리적으로 해석하여야 한다.

【특허발명의 기술내용의 확정】

<대법원 2015 .5. 14. 선고 2014후2788 판결>

특허발명의 기술내용의 확정은 특허출원서에 첨부한 명세서의 청구범위에 기재된 사항에 의하여 정하여지는 것이 원칙이지만, 그 기재만으로 특허를 받고자 하는 발명의 기술적 구성을 알 수 없거나 알 수 있더라도 기술적 범위를 확정할 수 없는 경우에는 발명의 상세한 설명이나 도면 등 명세서의 다른 기재 부분을 보충하여 명세서 전체로서 특허발명의 기술내용을 실질적으로 확정하여야 한다.

---

10) 특허발명의 보호범위는 청구범위에 적혀 있는 사항에 의하여 정해진다(제97조). 청구범위는 다음 3가지 기능을 갖는다. (i) 특허성의 조건·법적 금지조항 및 기술공개 요건들을 적용시키기 위해서 발명을 정의한다. (ii) 특허권의 침해, 즉 특허권자의 정당한 허락 없이 다른 사람들이 제조·사용 또는 판매할 수 없도록 특허된 발명이 무엇인가를 알려 준다. (iii) 선행기술과 청구된 발명을 명확하게 구분하는 경계선을 긋는 역할을 한다. 청구범위는 특허의 핵심이다.

11) 대법원 2006. 11. 24. 선고 2003후2072 판결.

특허침해 판단은 특허발명과 확인대상발명의 기술적 동일성 여부를 심판하는 것이므로 보호범위 판단의 전제 조건으로 특허발명과 확인대상발명이 먼저 확정되어야 한다. 청구범위를 해석하는 경우 청구범위를 기준으로 해석한다.[12]

특허권자는 경쟁사(이해관계인)가 자신의 특허를 침해하는 물품을 생산하여 판매하고 있음을 알게 된 경우 가장 먼저 취해야할 대책은 경쟁사 제품이 자신의 특허를 침해하는지 여부를 분석하는 것이다. 특허침해는 소위 클레임 차트(claim chart)[13]를 만들어 분석하는 것이 매우 효율적이다. 실제로 침해소송에 있어서, 소송대리인들이 특허침해를 분석할 때에 클레임 차트를 널리 활용하고 있다.

Ⅲ. 발명의 설명 및 도면 참작의 원칙

청구범위의 해석은 청구범위를 기준으로 판단하고, 청구범위의 정확한 해석을 위하여 보충적으로 발명의 설명 참작의 원칙과 출원경과참작의 원칙을 적용할 수 있다. 명세서 중 발명의 설명에는 그 발명이 해결하려고 하는 기술적 과제와 그 과제를 해결하기 위한 구체적 수단 및 그 수단에 의하여 달성되는 작용효과가 구체적으로 기재되고 있으므로, 청구범위에 기재되고 있는 추상적인 기술사상을 정확히 이해하기 위해서는 발명의 설명을 참작할 수 있는 것이다.

특허법에는 청구범위를 해석할 때 발명의 설명에 기재된 내용을 참작하여야 한다고 명문으로 규정되어 있지 않으나 판례에서는 이 원칙을 지지하고 있다. 판례에 의하면, 청구범위에 기재된 사항의 해석은 그 문언의 일반적인 의미내용을 기초로 하면서도 발명의 설명 및 도면 등을 참작하여 그 문언에 의하여 표현하고자 하는 기술적 의의를 고찰한 다음 객관적이고 합리적으로 해석하여야 한다고 한다.[14]

Ⅳ. 출원경과 금반언

1. 서설

금반언(estoppel)이란 권리자의 권리행사가 그것에 선행하는 행위와 모순되는 것이

12) 대법원 2012. 3. 29. 선고 2010후2605 판결; 대법원 2014. 1. 16. 선고 2013후778 판결.

13) 클레임 차트의 활용: 차트(표)를 그리고 좌측란(표의 세로)에 청구항의 구성요소별로 나열한다. 우측란에는 침해제품의 구성요소를 분해해서 청구항의 구성요소와 대응되는 위치에 배열한다. 이어서 청구항의 구성요소와 침해제품의 구성요소를 하나하나 대비한다. 이렇게 하면 침해제품이 청구항의 각 구성요소와 동일한지, 균등물인지를 여부를 일목요연하게 판단할 수 있는 장점이 있다.

14) 대법원 2014. 7. 24. 선고 2012후917 판결.

어서 그러한 후행행위대로 법률효과를 인정하게 되면 선행행위로 인한 상대방의 신뢰를 해치게 되는 경우 권리자의 그와 같은 권리행사를 허용하지 않는 원칙을 말한다. 이는 영미법상 법원의 기록이나 날인증서 등에 표시된 사실에 반하는 소송상의 주장을 금지하는 금반언의 법리에서 비롯되어 확대된 원칙이고, 우리 민법에는 신의성실(민법 제2조)은 물론 양도통지와 금반언(민법 제452조)으로 구현되어 있다.[15)]

특허침해소송에서 출원경과 금반언(prosecution history estoppel) 이란 특허출원 중 당사자인 출원인이 행한 청구범위를 감축하는 보정과 관련하여, 침해소송에서 보정 전에 한 당초의 넓은 청구범위로 확장해석하는 것을 금지하는 원칙이다. 출원경과 금반언은 영미법상 금반언(estoppel)원칙이 특허법에 반영된 것으로서 균등론 소극적 요건으로 포함된다. 미국 법원이 출원경과 금반언(file wrapper estoppel)이란 용어를 사용하였다. 청구범위의 해석에 있어서 출원경과 금반언은 청구범위에 적혀 있는 사항 외에 균등물에까지 확대하여 해석하는 것을 제한하는 역할을 한다.

출원과정에서 청구범위가 감축보정된 경우 보정 전 청구항과 보정 후 청구항 사이의 권리범위에서 어느 범위까지 금반언이 적용되어 균등성립이 배재되는지 여부가 출원경과 금반언에 있어 가장 중요하면서도 어려운 문제이다. 일단은 엄격한 금반언과 유연한 금반언 중에서 한 가지를 적용해야 하고, 두 번째는 만일 유연한 금반언을 택한다면 금번언의 적용되는 범위와 적용되지 않은 범위를 구체적으로 어떤 기준으로 판단할 것인지를 정해야 한다.

2. 엄격한 금반언과 유연한 금반언의 적용

미국의 Warner-Jenkinson 판결[16)]에서 최초로 출원경과 금반언이 인정되었다. 이후 2000년 CAFC Festo 판결[17)]에서 엄격한 금반언(complete bar)을 적용하였다.

---

15) 김태봉, 40면.

16) Warner-Jenkinson Co. v. Hilton Davis Chemical Co. (Sup. 1997): Hilton Davis Chemical사가 미국특허 4,560,746호를 침해하였다고 Warner-Jenkinson사를 제소한 사건에서 인용참증으로 인한 거절이유를 극복하기 위해서 pH를 9 이하로 보정한 것이므로 출원결과 금반언(유연한 금반언: flexible bar)을 인정하였다.

17) Festo Corp. v. Shoketsu Kogyo Kabushiki Co.(Fed. Cir. 2000): Festo사가 자사의 두 개의 특허인 Stoll patent(미국 특허 제4,354,125호)에 대하여 Shoketsu Kogyo사를 상대로 특허침해소송을 제기한 사건이 1997년에 연방대법원에서 파기 환송되었다.
환송심인 CAFC에서 재심리한 후 2000년 12월 29일 (ⅰ) 출원인이 보정서에 의해 청구항을 감축보정한 경우 이유 여하를 불문하고 감축된 부분에 관하여는 출원경과 금번언이 적용된다. (ⅱ) 출원경과 금번언이 적용되는 경우 균등론의 적용은 절대적으로 배제된다(complete bar rule)고 판시하였다(김원준, 특허법원론, 박영사, 2009, 762면 참조).

Festo의 상고에 대하여 연방대법원은 2002년 5월 28일 전원일치로 CAFC 판결을 파기 환송하였다. 연방대법원은"출원절차에서 청구항이 감축보정된 경우는 공지기술을 회피하기 위한 감축인 경우에 한하지 않고 특허법상 요건을 충족하기 위하여 보정한 경우에도 출원경과 금반언이 적용된다. 출원경과 금번언이 적용되는 경우에도 모든 균등물에 대한 침해주장을 배재하는 것이 아니고(균등배재추정 금반언: presumptive bar), 심사과정에서 감축보정을 통하여 포기한 것에 대해서만 침해주장을 배제하는 것이며, 그 기준은 탄력적으로 적용되어야 한다고 판시하였다. 결국 이판결에서 종전의 유연한 금번언(flexible ba)을 지지하였다.

2000년 CAFC Festo 판결에서 적용한 엄격한 금반언은 특허권자를 어렵게 하였다. 2002년 연방대법원 Festo 판결 이후 유연한 금반언의 적용으로 특허권자의 보호는 다소 나아졌다고 할 수 있다. 우리나라의 경우 엄격한 금반언을 적용하여 균등에 의한 특허권 침해의 주장을 금반언의 법리에 의하여 배척한 대법원 판례[18]가 있다.

한편, 유연한 금번언을 적용하여 보정에 의하여 감축된 구성요소에 대해서도 보정의 경위를 참작하여 균등의 성립을 인정한 대법원 판례[19]가 있다.

균등론이나 출원경과 금반언 모두 특허권의 보호범위와 관련하여 실질적인 측면에서 접근하여 적용해야 하는 법리이므로 청구범위 감축 판단도 실질적인 관점에서 이루어지는 것이 바람직하다. 다만, 청구범위 감축 여부에 대해 청구범위 전체를 기준으로 판단하면서 출원경과 금반언과 관련하여 엄격한 금반언의 입장을 취한다면 다항제 하에서 균등론은 설자리가 거의 없게 된다는 점에 유의할 필요가 있다.

---

18) 대법원 2004. 11. 26. 선고 2003다1564 판결: 채무자 실시 발명의 제1구동부의 구성이 정정된 특허발명의 제1구동부의 구성과 균등관계에 있다고 볼 수 있지만, 채권자가 특허발명에 대한 무효심판절차에서 공지기술로 제시된 간행물 게재 발명의 받침대를 회전시키는 구성과 정정 전의 특허발명의 제1구동부의 구성을 차별화하기 위하여 정정에 의하여 현재와 같은 정정된 특허발명의 구성으로 특정하였고, 채무자 실시 발명의 제1구동부의 구성이 위와 같은 정정절차에 의하여 제외된 구동장치에 속하는 것이라면, 채권자가 위 정정이 있은 후에 채무자 실시 발명의 제1구동부의 구성이 정정된 특허발명의 제1구동부의 구성과 균등관계에 있다는 이유로 채무자 실시 발명이 특허발명의 권리범위에 속하여 그 권리를 침해한다고 주장하는 것은 금반언의 법리에 의하여 허용되지 아니한다.

19) 대법원 2002. 9. 6. 선고 2001후171 판결: 특허발명의 출원과정에서 어떤 구성이 청구범위로부터 의식적으로 제외된 것인지 여부는 명세서뿐만 아니라 출원에서부터 특허될 때까지 특허청심사관이 제시한 견해 및 출원인이 심사과정에서 제출한 보정서와 의견서 등에 나타난 출원인의 의도 등을 참작하여 판단하여야 하고, 청구범위가 수 개의 항으로 이루어진 발명에 있어서는 특별한 사정이 없는 한 각 청구항의 출원경과를 개별적으로 살펴서 어떤 구성이 각 청구항의 권리범위에서 의식적으로 제외된 것인지를 확정하여야 한다. 출원인이 특허발명의 청구범위 제1항에 DNA 서열의 기재를 추가하여 보정을 함에 있어서 추가된 DNA 서열과 균등관계에 있는 것을 자신의 권리범위에서 제외할 의도였다고 단정하기 어렵다.

3. 출원경과 금반언의 판단 방법

금반언이 발생하는가 여부는 구성요소마다 대비하여 판단한다. 이를 구성요소별 접근법(element by element approach)이라고 한다. 예를 들면, 출원인이 A+B+C로 된 장치를 청구범위에 적어 출원하였으나, 심사과정에서 선행기술을 회피하기 위해서 구성요소 C를 감축하여 C1으로 보정하였다. 이 경우 금반언이 발생하였으므로 특허발명 A+B+C1에 대해서는 균등론이 적용되지 아니한다.

출원경과 금반언은 선행기술을 회피하기 위하여 이루어진 보정뿐만 아니라 특허요건을 만족시키기 위하여 보정한 청구범위에도 적용할 수 있다. 심사과정에서 있었던 보정은 일반적으로 금반언을 적용할 수 있는 것으로 추정된다.[20]

이에 대하여 추정을 받지 않으려는 특허권자는 그러한 보정이 금반언을 유발하지 않았다는 것을 입증해야 한다. 출원인 내지 특허권자가 특허의 출원·등록과정 등에서 특허발명과 대비대상이 되는 제품을 특허발명의 청구범위로부터 의식적으로 제외하였다고 볼 수 있는 경우에는 특허발명과 대비대상이 되는 제품이 특허발명의 보호범위에 속하여 그 권리가 침해되고 있다고 주장하는 것은 금반언의 원칙에 위배되므로 허용되지 아니한다. 그리고 특허발명과 대비대상이 되는 제품이 특허발명의 출원·등록과정 등에서 특허발명의 청구범위로부터 의식적으로 제외된 것에 해당하는지 여부는 명세서뿐만 아니라 출원에서부터 특허될 때까지 특허청 심사관이 제시한 견해, 출원인이 제출한 보정서와 의견서 등에 나타난 특허출원인의 의도 등을 참작하여 판단하여야 한다.

4. 출원경과 금반언의 추정

금반언의 추정은 주로 청구범위의 보정에 의해 발생한다. 금반언은 본래 심사관이 너무 넓은 범위의 청구범위를 선행기술의 존재를 이유로 거절하여 출원인이 청구범위를 감축했을 때 일어난다. 구체적으로는 금반언의 추정이 발생하는 보정이란 감축보정이며, 특허성에 실질적으로 관련되는 거절이유를 피하기 위한 보정이다. 청구범위를 감축하는 보정을 했을 때, 그것은 특허성에 실질적으로 관련된 이유에 따른 보정으로 금반언이 발생했다고 추정되면 균등론을 주장할 수 없다.

예를 들면, 청구범위에 기재된 발명이 A+B+C로 된 컴퓨터 시스템(C는 유기 EL디스플레이)이고, 심사과정에서 A+B+C1으로 된 컴퓨터 시스템(C1은 CRT 디스플레이)이라는 선행기술이 인용되어 신규성이 없다는 것을 이유로 거절이유통지서가 통지됐

---

20) Richard T. Holzmann, 122면.

다. 특허출원의 출원인은 이 선행기술을 피하기 위해 보정을 하여 A+B+C2로 된 컴퓨터 시스템(C2는 액정디스플레이)으로 보정하여 특허를 받았다. 이 보정은 출원 당시 디스플레이로 되어 있던 구성요소를 하위개념인 액정디스플레이로 감축했으므로 이것은 감축보정이라 할 수 있다. 또한 이 보정에 의해 특허성이 인정되어 특허를 받았으므로 이것은 특허성에 관련된 이유로 이루어진 보정이다.

따라서 구성요소 액정디스플레이에 대해 금반언이 발생했다고 한다. 나중에 경쟁상대 기업에서 유기 EL 디스플레이를 포함한 동일한 컴퓨터가 판매됐을 때라도 균등론에 의해 이 기업을 특허침해로 고소할 수 없다. 그 이유는 유기 EL 디스플레이와 액정디스플레이는 별개의 것이기 때문에 청구범위에 포함되지 않고, 균등론도 주장할 수 없기 때문이다.

5. 균등론과 출원경과 금반언의 적용

균등론과 출원경과 금반언의 적용은 특허침해 판단에서 핵심이다. 균등론은 일반적으로 청구범위를 확장하는 방향으로 작용하고, 반면에 금반언은 청구범위를 축소하는 방향으로 작용한다. 특허침해소송에서 균등물이 존재하는 경우 먼저 균등론을 적용하고 이어서 출원경과 금반언을 적용한다. 균등물의 판단과정에서 특허심사절차에서 청구범위가 보정에 의하여 감축된 사실이 있는지 여부를 검토한다.

Ⅴ. 공지기술 제외의 원칙

1. 서설

공지기술 제외의 원칙이란 일반적으로 청구범위에 적혀 있는 구성요소 중 공지기술을 제외하고 특허발명의 보호범위를 해석하여야 한다는 이론을 말한다. 이는 청구범위의 의미를 명확하게 이해하기 위해서 출원시의 기술수준(공지사실)을 참작해야 한다는 이론이다.[21] 특허권은 신규한 발명에 대하여 부여되는 것으로 권리범위 확인심판에서 그 권리범위를 정함에 있어서는 출원 당시의 기술수준이 무효심판의 유무에 관계없이 고려되어야 할 것이므로, 등록된 특허의 일부에 그 발명의 기술적 효과

21) 대법원 1983. 7. 26. 선고 81후56 전원합의체 판결: 등록된 특허의 일부에 그 발명의 기술적 효과 발생에 유기적으로 결합된 것이 아닌 공지기술이 포함되어 있는 경우 그 공지부분에까지 권리범위가 확장되는 것이 아니므로 공지된 기술로 신규성이 결여된 오인특허에 대해서는 권리범위를 부정한다.

발생에 유기적으로 결합된 것이 아닌 공지사유가 포함되어 있는 경우에는 그 공지부분에까지 권리범위가 확장되는 것이 아니고, 나아가 등록된 특허발명의 전부가 출원 당시 공지·공용의 것이었다면 그 권리범위를 인정할 근거가 상실된다.[22)]

청구범위에서 제외되는 대상인 공지기술은 개개의 구성요소가 결합된 하나의 발명 단위가 공지된 공지발명을 말하는 것이지, 그 발명 단위를 이루는 개개의 구성요소가 공지된 경우는 포함되지 않는다.

공지기술 제외의 원칙은 출원 전에 공지된 기술과 동일하여 이른바 신규성이 결여된 것인 경우에는 그 권리범위가 인정되지 않는 일종의 실체가 없는 권리에 불과한 것이라는 취지에서 인정되는 것으로서 소송법상 항변사항이라기 보다는 적극부인에 해당하는 것으로 생각된다. 그러나 이 이론을 잘못 이해하면 모순에 빠질 수 있다. 발명은 구성요소의 상호결합이라고 정의되므로 그 구성요소 중에 있는 공지요소를 제외한다면 발명의 일체성을 해치거나 권리범위를 확대하여 해석할 수 있다.

공지기술 제외의 원칙에 근거하여 청구범위에 기재된 구성요소가 공지기술인가를 조사하여 계쟁대상물이 특허발명의 출원 전에 공지된 것이라면 해당 특허발명의 권리범위에 속하지 않는다.

2. 적용사례

예를 들면, 상위개념 A+B(산과 반응시키는)+C로 구성된 특허발명이 있다고 가정하면, 선행기술에서 하위개념 A+b(염산과 반응시키는)+C가 공지인 경우에, 청구범위의 해석에서 A+b+C는 권리범위에서 제외한다. 특허발명의 전체가 공지이면 침해품이 특허발명의 권리범위에 속하지 않는 것으로 본다. 공지기술 제외의 원칙은 청구항의 일부 공지부분이 포함되어 있는 경우의 판단방법이라 할 수 있다.

예를 들면, 청구범위가 'A+B+C'로 구성된 경우에, A가 A1 및 A2의 상위개념에 해당하고, A2+B+C라는 구성이 공지에 해당하는 경우에, 상기 공지기술을 제외하여 그 보호범위는 A1+B+C 라고 해석된다. 만일 대상제품(침해품)의 구성이 A1+B+C라면 침해로 판단하고, 침해품의 구성이 A2+B+C 면 비침해에 해당한다고 판단한다. 청구범위의 일부가 공지기술이 존재하여 무효로 될 가능성이 있으면, 무효심판 중에 정정청구를 할 수가 있고, 정정청구가 인용되면 특허가 무효로 되지 않을 수 있다(제133조의2).

22) 정상조·박성수, 407면.

【확인대상발명이 청구범위의 일부구성만 갖고 있는 경우】

<대법원 2006. 11. 23. 선고 2005후18 판결>

> 특허발명의 보호범위는 청구범위에 적혀 있는 사항에 의하여 정하여지는 것으로서, 특허발명이 복수의 구성요소로 되어 있는 경우에 그 필수적 구성요소 중 일부구성요소만을 갖추고 있는 발명은 특허발명의 권리범위에 속하지 않는다. 특허발명이 종래기술에서 일반적으로 사용되던 기술적 수단을 생략하였음을 특징으로 하는 구성을 가지고 있는 경우, 그에 대비되는 확인대상발명이 그 생략된 기술적 수단을 명시적으로 채택하고 있다면, 그 확인대상발명은 특허발명의 위 구성을 갖추지 못한 것으로서 특허발명의 권리범위에 포함되지 않는다.

Ⅵ. 구성요소 완비의 원칙

1. 서설

청구범위란 복수의 기술저 구성요소의 유기적 결합이라고 정의할 수 있다. 구성요소 완비의 원칙이란 특허발명의 권리범위의 해석은 각각의 구성요소를 기본으로 하여 확인대상발명의 구성요소와 각각 대비하여 판단하는 기법을 말한다. 미국에서는 이를 'all elements rule'이라고 한다.[23] 청구범위의 각 구성요소에 대하여 권리가 주어지는 것이 아니라, 청구범위에 각 구성요소의 결합에 의하여 표현되는 기술적 사상에 대하여 권리를 청구하고, 특허발명의 보호범위는 청구범위에 적혀 있는 사항에 의하여 정해지므로, 구성요소 완비의 원칙을 적용하면, 확인대상발명(침해품)에 모든 구성요소가 포함되어야 침해를 구성한다.

구성요소 완비의 원칙에 따르면, 'A+B+C+D'로 구성된 특허발명이 있다고 가정할 때, 'A+B+C'로 구성된 확인대상발명은 D라는 구성요소를 생략하고 있기 때문에 침해로 인정되지 아니한다. 판례에 의하면 특허권 침해소송에 있어서 상대방이 제조 등을 하는 제품 또는 사용하는 방법(침해품)이 특허권을 침해한다고 할 수 있기 위해서는 특허발명의 청구범위에 적혀 있는 각 구성요소 간의 유기적 결합관계가 침해품에 그대로 포함되어 있어야 한다고 한다.[24]

---

23) 조영선, 349면. 구성요소 완비의 원칙이란 청구범위를 기재함에 있어서는 모든 구성요소를 필수적으로 기재하여야 하고, 침해 여부를 판단함에 있어서는 청구범위에 기재된 요소는 모두 필수구성요소이며 그 중 일부를 임의로 생략한다거나 청구범위에 기재되지 아니한 내용을 포함시켜 청구범위를 이해할 수 없다는 원칙이다.

24) 대법원 2014. 7. 24. 선고 2013다14361 판결.

2. BM발명의 침해판단

특허권 침해소송에 있어서, BM특허(Business Method Patent)의 침해 문제는 그 특성상 속지주의와 관련하여 판단해야 한다. BM발명이란 정보기술을 이용해 구축된 새로운 비즈니스 시스템 혹은 방법발명을 말하고, 이러한 BM발명에 해당하려면 컴퓨터상에서 소프트웨어에 의한 정보 처리가 하드웨어를 이용해 구체적으로 실현되는 발명이어야 한다.[25] BM특허의 침해소송에서 복수주체 분산실시에 기한 공동침해, 속지주의와 관련되는 재판관할권, 분산실시, 간접침해 및 실시 규정의 적용이 쟁점이 되고 있다. BM특허의 청구범위에 기재되는 구성요소인 범용 PC나 범용 서버는 해당 BM특허의 실시 이외의 타용도로 널리 사용될 수 있는 경우가 일반적이다.

특히 침해자의 인터넷용 서버(server)가 외국에 설치되어 있는 경우에, BM특허의 특허침해소송에서 구성요소 완비의 원칙을 적용할 때 속지주의 원칙을 적용하면 특허침해를 회피할 수 있다. 외국에 설치된 서버가 국내에서 실시하고 있는 경우 국내법을 적용할 수 있다고 판단한 법원의 판례가 있다. 인터넷 서비스 중 국내이용자를 주요대상으로 하면서도 단속이나 법망을 피하기 위하여 서버를 외국에 설치하는 경우가 많아서 사회문제로 되고 있다. 인터넷과 관련한 속지주의 문제에 대하여 특허법과 저작권법이 함께 적용된 사례로, 소리바다 서비스금지 가처분과 구글(Google)을 상대로 특허권 침해금지를 청구한 사건은 특허가 무효라는 이유로 기각된 사건이나 인터넷용 서버가 외국에 설치된 경우에 국내에서 실시되는 것으로 인정할 수 있는지 여부가 쟁점이라 할 수 있다. 법원은 외국에 서버가 설치되는 경우에도 국내에서 실시하고 있는 것으로 인정하고 국내법을 적용할 수 있다고 판시하였다.[26]

3. 특허법의 역외적용

특허법은 파리협약에 따라 속지주의를 취하고 있다. 또한 공정거래법 제59조에서 무체재산권의 권리행사에 대하여 역외적용이 되는 것처럼 특허법의 경우에도 역외적용이 되는가 하는 문제가 쟁점이 되어 왔다.

---

25) 대법원 2008. 12. 24. 선고 2007후265 판결: 정보기술을 이용하여 영업방법을 구현하는 이른바 영업방법(business method) 발명에 해당하기 위해서는 컴퓨터상에서 소프트웨어에 의한 정보처리가 하드웨어를 이용하여 구체적으로 실현되고 있어야 한다. 한편, 출원발명이 자연법칙을 이용한 것인지 여부는 청구항 전체로서 판단하여야 하므로, 청구항에 기재된 발명의 일부에 자연법칙을 이용하고 있는 부분이 있더라도 청구항 전체로서 자연법칙을 이용하고 있지 않다고 판단될 때에는 특허법상의 발명에 해당하지 않는다.

26) 서울지방법원 2007. 9. 7. 선고 2006가합73442 판결; 서울고등법원 2007. 9. 8. 산고 2007나93914 판결.

미국 특허법 제271조(f)항은 청구항의 구성요소 일부가 외국에서 실시된 경우를 이를 규제하는 입법례라 할 수 있다. 이 조항은 외국에서 행해진 간접침해에 대한 규정으로, 이를 소위 '특허법의 역외적용(extraterritorial application of US patent law)'이라고 한다. 같은 법 제271조(f)항(1)호에서 "미국 내에서 특허된 물건을 구성하는 부품의 전부 또는 주요 부품을 미국 내에서 만들어 해외에 공급함으로써 해외에서 타인이 이를 조립하여 공급하거나 미국 내에서 특허된 물건을 만들도록 적극적으로 유도한 자는 그 미국 특허의 침해자로서 책임을 진다."고 규정하고 있다.

특허된 제품의 모든 부품을 제조하여 상세한 조립 설명서와 함께 외국회사에 판매한 경우 판매회사의 행위는 같은 법 제271조(b)의 유도침해에 해당되나, 미국 내에서 조립되지 않은 경우에는 같은 법 제271조(f)를 적용하여 침해를 판단하게 된다.

예를 들면, A회사가 B회사의 특허된 기계의 부품을 이용해서 기계를 미국 내에서 조립하면 B의 특허를 직접침해가 되므로 이를 미국 내에서 조립하지 않고 해외에 수출해서 해외의 구입자로 하여금 그 기계를 조립했다고 가정하면, A의 행위는 B의 특허의 직접침해를 구성하지 않을 뿐만 아니라 B의 특허침해의 유도행위도 구성하지 않는다. 그러므로 A의 행위에 대하여 같은 법 제271조(f)항(1)호에 의해서만 특허침해의 책임을 물을 수 있다.[27)]

제3절 특허침해 판단실무

Ⅰ. 문언침해

1. 서설

특허침해 여부의 판단절차는 먼저 무인적 침해 여부를 검토한 다음, 문언침해가 성립하는 경우라도 역균등론에 의한 침해배제 가능성을 검토한다. 문언적 침해가 성립하지 않는 경우에는 균등론에 의한 침해여부를 검토한다. 특허권 침해의 기본유형은 확인대상발명이 특허발명의 청구범위에 적혀 있는 구성요소 모두를 가지고 있을 때에 성립하는 구성요소 완비의 원칙(all elements rule)에 따라 문언침해로 판단한다.

구성요소 완비의 원칙은 "청구범위에 기재하는 모든 구성요소(element)를 실시하면 침해가 성립한다."는 원칙이다. 따라서 구성요소가 하나라도 생략되거나 변형되

27) 박준국, 291면; Deepsouth Packing Co. v. The Laitram Corp. 406 U. S. 518(1972); Microsoft Corp. v. AT&T Corp. 550 U. S. 437(2007).

어 있으면 문언침해가 성립되지 않는다.

【구성요소가 생략된 실시의 침해 성립 여부】

<대법원 2014. 7. 24. 선고 2013다14361 판결>

> 특허발명의 보호범위는 청구범위에 적혀 있는 사항에 의하여 정하여지는 것이고, 특허발명이 복수의 구성요소로 되어 있는 경우에 그 각 필수적 구성요소 중 일부구성요소만을 갖추고 있는 발명은 특허발명의 권리범위에 속하지 않는다. 특허발명이 종래기술에서 일반적으로 사용되던 기술적 수단을 생략하였음을 특징으로 하는 구성을 가지고 있는 경우, 그에 대비되는 확인대상발명이 그 생략된 기술적 수단을 명시적으로 채택하고 있다면, 그 확인대상발명은 특허발명의 위 구성을 갖추지 못한 것으로서 특허발명의 권리범위에 포함되지 않는다.

2. 문언침해의 판단

문언침해는 침해소송의 계쟁물인 장치 또는 방법이 청구범위에 적혀 있는 구성요소 또는 한정 모두를 포함하는 경우에 성립한다. 문언침해는 가장 기본적인 침해유형으로 침해의 판단이 간단하고 명료한 편이다. 문언침해를 판단하는 방법은 2개의 단계로 된다. 제1단계는 청구범위의 해석, 즉, 청구범위의 문언의 의미를 명확하게 하는 단계이다. 제2단계는 청구범위에 특정된 구성요소가 확인대상발명에 존재하는지 여부를 구성요소 완비의 원칙에 따라 판단하는 단계이다.

구성요소 완비의 원칙에 따르면, 청구범위의 구성요소와 확인대상발명의 구성요소와 비교하고, 대응하는 구성이 결여되어 있는 경우, 또는 대응하는 구성이 존재하나 청구범위의 구성요소와 다른 경우에는 침해가 아니라고 판단한다.

예를 들면, 청구범위에 적혀 있는 발명이 'A+B+C'로 된 장치일 때, 침해품(확인대상발명)이 동일한 'A+B+C'로 된 구성인 경우에는 문언침해가 성립된다. 그러나 침해품의 구성요소 C가 없거나 다른 구성인 경우(A+B+D)에는 문언침해가 부정된다.

Ⅱ. 균등침해

1. 서설

균등침해란 확인대상발명의 구성요소 중 일부가 특허발명의 구성요소와 문언상으로 동일하지는 않지만 서로 등가관계에 있는 경우를 말한다. 균등론은 발명의 보호범위가 청구범위에 적혀 있는 발명뿐만 아니라 합리적인 균등물에까지 미친다는 이론이다. 확인대상발명의 일부가 특허발명의 구성요소의 일부와 일치하지 않는 경우에, 문언적 침해에 해당하지 않음에도 불구하고 일정한 기준을 충족하면 침해로 인정하는 것을 균등론적 침해 또는 균등침해라 한다.

균등론은 청구범위에 적혀 있는 문언대로 해석하는 특허발명의 보호범위를 정함에 있어서 문언 자체의 해석범위를 넘어 문언과 균등 내지 등가의 발명도 보호범위에 포함된다고 하는 이론으로서 이는 특허침해소송의 경험칙으로부터 발전되어 오면서 확립된 이론이다. 균등론에 의한 침해가 성립하는 경우에는, 보정에 의해 의식적으로 제외된 사항 등 출원경과참작의 원칙상 출원인의 의사표시에 의해 침해를 배재할 만한 요소가 있는지 검토한다. 균등론이나 출원경과참작의 원칙은 주로 외국에서 발전된 이론이나 우리나라에서도 그 적용이 점차 확대되고 있다.

일본의 경우, 과거 기술수준이 낮았던 때에는 학설과 판례 모두 균등론 인정에 소극적이었으나, 기술수준이 향상되고 국제적으로 균등론의 적용을 인정하는 경향이 있게 되자 학설상 긍정설이 유력하게 되었다. 1996년에 오사카고등재판소의 t-PA 판결[28]에 의해 균등론을 인정하여 침해를 인정하는 판결이 내려졌다.

그 후 1998년(平成 10년)에 최고재판소 판결(볼스프라인 사건)에서 정식으로 균등침해의 성립요건을 판시하였다.[29] 독일의 경우, 최초 균등침해 성립요건에 대하여 1986년 Formstein 연방대법원(BGH) 판결[30]에서 판시하였다. 2002년 3월 12일 선고된 연방대법원의 Schneidmesser 판결[31]에서 Formstein 판결의 법리를 보완한 균등침해의 성립요건을 판시하였다. 독일의 균등침해 성립요건은 (ⅰ) 효과의 동일성, (ⅱ) 치환수단의 효과 동일성이 통상의 기술자에게 자명할 것, (iii) 청구범위에 기초한 제2요건의 판단, (iv) 자유실시기술의 항변이다. 자유실시기술의 항변은 균등침해에서만 적용되며 문언침해에서는 적용되지 않는다. 독일의 경우 미국과 달리 출원경과금반언에 의해 균등론 적용이 제한되지 않는다.[32]

2. 균등침해의 기본개념

문언침해에서는 청구범위에 기재된 발명이 A+B+C로 된 장치이고, 피고의 제품이 완전히 동일한 구성 A+B+C를 구비하고 있을 때, 문언침해가 성립된다. 한편,

---

28) 知的無體 제28권 1호 77(t-PA사건), 大阪高判 1996. 3. 19. 판결.

29) 最高裁 平成 10.2.24. 民集 52巻 1號 113[ボ ールプライン軸受]; 中山信弘, 399-401면.

30) Formstein(Moulded Curbstone)[1991] R. P. C. 597, 605(Federal German Supreme Court 1986).

31) Schneidmesser Ⅰ GRUR 2002, 515; Schneidmesser Ⅱ GRUR 2002, 511, 519, 523, 527.

32) 김동준, 203면.

균등론에 근거한 침해란 피고의 제품이 특허권의 청구범위에 기재된 구성요소의 균등물을 구비하고 있을 경우에 성립한다. 예를 들면, 청구범위에 기재된 발명이 A+B+C로 된 장치인 것에 대하여, 피고의 제품은 약간 구성이 다른 A+B+C1으로 된 장치라고 가정할 때, 구성 C와 C1이 균등인 경우에 균등론에 근거하여 침해가 성립한다. 균등론에 의하면, 침해자가 구성 C를 균등물 C1으로 대체하여 특허권의 침해를 회피하려고 하여도 침해를 면할 수 없다.

3. 미국 Graver Tank 판결

1950년 미국 연방대법원이 내린 Graver Tank 판결이 균등론에 대한 최초의 판결이라 할 수 있다.[33)] Graver Tank 사건은 특허권자인 Lind Air Product사가 전기용접에 사용되는 조성물인 용제에 관한 특허에 칼슘과 마그네슘 규산염을 포함하였고, 피고 Graver Tank사는 망간(Mn)을 이용하여 용접용 조성물을 실시하였다.

쟁점이 된 2개의 전기용접용 조성물을 비교해 보면, 청구범위에 알칼리성의 금속 실리케이트와 칼슘불화물의 조합으로 구성되어 있다. 침해품의 구성은 청구범위의 구성과 유사하나, 칼슘 실리케이트와 마그네슘 대신 칼슘 실리케이트와 망간을 사용하는 점이 상이하다. 화학자들은 마그네슘과 망간은 대부분의 반응에 있어서 유사하며, 알칼리성 금속의 범위에 망간이 속하는 것으로 증언하였다.

또한 선행기술에 망간 실리케이트는 용접시 사용하는 기술로 공지되어 있음을 지적하였다. 소송절차에서 전문가들은 용접용 조성물인 망간(Mn)과 마그네슘(Mg)이 등가물로 치환할 수 있는 것이라고 증언하였다. Graver Tank 판결에서 "문언적 침해가 아니더라도 실질적으로 동일한 방법(same way), 동일한 기능(same function), 동일한 결과(same result)의 3요소 테스트를 충족한 경우에는 균등침해가 인정되므로 직접침해가 성립된다."고 판시하였다.[34)] 3요소 테스트(triple identity)란 실질적으로 동일한 기능을 실질적으로 동일한 방법으로 수행하여 실질적으로 동일한 결과를 얻어야 균등침해를 구성한다는 균등침해의 판단기준이다.

4. 일본 볼스프라인 판결

일본은 볼스프라인 사건[35)]에서 최초로 균등론의 성립요건이 명확하게 정립되었

33) Graver Tank v. Linde Air Products Co. 339 U. S. 605(1950).

34) Laurence H. Pretty, 1-13면: The test or performing substantially the same function in substantially same way to obtain the same result is often referred to as the function way result(F WR) test or the triple identity test.

다. 이 판결에서 청구범위에 기재된 구성 중 침해대상제품과 다른 부분이 있는 경우에도, (ⅰ) 그 다른 부분이 특허발명의 본질적 부분이 아니고, (ⅱ) 위 부분을 침해대상제품의 것으로 치환하더라도 특허발명의 목적을 달성할 수 있고 동일한 작용효과를 가지며, (ⅲ) 위와 같이 치환하는 것이 해당 발명이 속하는 기술분야에서 통상의 기술자가 침해 대상제품 등의 제조시점에서 용이하게 생각할 수 있는 것이고, (ⅳ) 침해대상제품이 특허발명의 출원시 공지기술과 동일하거나 해당 기술분야에서 통상의 기술자가 그로부터 출원시 쉽게 발명할 수 있는 것이 아니며, (ⅴ) 침해대상제품이 특허발명의 특허출원절차에서 청구범위로부터 의식적으로 제외되는 것에 해당하는 것 등의 특단의 사정이 없을 때에는 침해대상제품은 청구범위에 기재된 구성과 균등한 것이라고 판시하였다.

위 판결은 미국의 Graver Tanker 판결의 영향을 받은 것으로, 균등여부의 판단시점이 특허발명의 출원시가 아니고 침해시임을 명백히 밝혔다는 점에서도 주목을 받고 있다. 위 최고재판소 판결 이후 일본에서는 균등론 요건이 실무상 정착되고 있다.[35] 이 볼스프라인 판결에서 (ⅰ), (ⅱ), (ⅲ)은 적극적 요건이고, (ⅳ)와 (ⅴ)는 균등론의 적용을 제한하는 법리로서 소극적 요건이다. 제1요건 내지 제3요건은 특허권자가 주장·입증해야 한다는 점에는 학설상 이견이 없고, 최고재판소 판결에서도 같은 취지로 판시하고 있다. 최고재판소 판례에 대하여 제4요건과 제5요건은 균등론 적용을 배척하기 위한 항변사유로 상대방이 주장·입증책임을 부담한다는 견해가 다수설이다.

5. 균등침해 성립요건

우리나라에서 균등론 적용의 요건을 최초로 판시한 것은 대법원 2000. 7. 28. 선고 97후2200 판결이다. 이 판결에서 확립된 균등침해 성립요건은 다음과 같다.

즉, 확인대상발명에서 구성요소의 치환 내지 변경이 있더라도, (ⅰ) 특허발명과 확인대상발명의 기술적 사상 내지 과제의 해결원리가 동일하고, (ⅱ) 그러한 치환에 의하더라도 특허발명에서와 같은 목적을 달성할 수 있고 실질적으로 동일한 작용효과를 나타내며, (ⅲ) 그와 같이 치환하는 것을 그 발명이 속하는 기술분야에서 통상의 지식을 가진 자가 용이하게 생각해 낼 수 있을 정도로 자명하다면, (ⅳ) 확인대상발명이 해당 특허발명의 출원시 이미 공지된 기술 또는 그 공지기술로부터 통상의 기술자가 용이하게 발명할 수 있었던 기술에 해당하거나, (ⅴ) 특허발명의 출원절차를 통하여 확인대상발명의 치환된 구성요소가 청구범위로부터 의식적으로 제외된 것에

35) 일본 최고재판소 1998. 2. 24. 平6オ1083.

해당하는 등의 특별한 사정이 없는 한, 확인대상발명의 치환된 구성요소는 특허발명에 대응되는 구성요소와 균등관계에 있는 것으로 보아 확인대상발명은 특허발명의 권리범위에 속하는 것으로 본다. (i), (ii), (iii)은 균등침해의 적극적 요건, (iv)는 자유실시기술의 항변과 (v)는 출원경과 금반언으로 균등침해의 소극적 요건이다.

균등침해가 성립되기 위해서는 (i), (ii), (iii)의 적극적 요건 모두가 충족되어야 함과 동시에, (iv)와 (v)의 소극적 요건 중 어느 하나에라도 해당하면 균등침해가 성립하지 않는다.

【확인대상발명이 특허발명의 권리범위에 속하는지 판단하는 기준】

<대법원 2014. 5. 29. 선고 2012후498 판결>

특허발명과 대비되는 확인대상발명이 특허발명의 권리범위에 속한다고 할 수 있기 위해서는 특허발명의 청구범위에 적혀 있는 각 구성요소와 그 구성요소 간 유기적 결합관계가 확인대상발명에 그대로 포함되어 있어야 한다. 한편, 확인대상발명에서 특허발명의 청구범위에 기재된 구성 중 치환 내지 변경된 부분이 있는 경우에도, 양 발명에서 과제의 해결원리가 동일하고, 그러한 치환에 의하더라도 특허발명에서와 같은 목적을 달성할 수 있고 실질적으로 동일한 작용효과를 나타내며, 그와 같이 치환하는 것이 발명이 속하는 기술분야에서 통상의 기술자라면 누구나 쉽게 생각해 낼 수 있는 정도로 자명하다면, 확인대상발명이 특허발명의 출원시 이미 공지된 기술과 동일한 기술 또는 통상의 기술자가 공지기술로부터 쉽게 발명할 수 있었던 기술에 해당하거나, 특허발명의 출원절차를 통하여 확인대상발명의 치환된 구성이 청구범위로부터 의식적으로 제외된 것에 해당하는 등의 특별한 사정이 없는 한, 확인대상발명은 전체적으로 특허발명의 청구범위에 기재된 구성과 균등한 것으로서 여전히 특허발명의 권리범위에 속한다고 보아야 한다.

미국, 독일, 영국, 일본, 중국의 균등론에 대한 판결 및 법리를 대법원 97후2200 판결에서 제시한 균등침해의 성립요건과 비교법적으로 분석해보면, 이들 국가들은 발명 전체(invention as a whole) 접근법을 통해 균등 여부를 판단하는 것이 아니라 청구범위의 개별 구성요소(individual elements of the claim) 접근법에 따라 균등판단을 하고 있다. 독일과 일본의 실무에서도 구성요소별 균등론 적용이 확립되어 있음을 알 수 있다. 균등론 적용에 있어서 가장 중요한 법리는 발명 전체가 아닌 청구범위의 개별 구성요소별로 균등침해를 판단해야 한다. 특허침해 판단에 적용되는 구성요소 완비의 원칙은 문언침해 판단과 균등침해 판단에서도 동일하게 적용된다.

6. 균등침해 성립요건 해설

(1) 과제해결원리의 동일성 균등론 적용의 제1 요건은 과제의 해결원리가 동일한 것이다. 확인대상발명에서 특허발명의 청구범위에 기재된 구성 중 치환 내지 변경된 부분이 있는 경우에도, 양 발명에서 과제의 해결원리가 동일하여야 한다.

대법원은 "특허권침해소송의 상대방이 제조 등을 하는 제품 또는 사용하는 방법에 특허발명의 청구범위에 기재된 구성 중 변경된 부분이 있는 경우, 그 제품 등이 특허발명의 특허권을 침해한다고 보기 위한 요건 중 '과제해결원리가 동일'한지 판단하는 방법은 청구범위에 기재된 구성의 일부를 형식적으로 추출할 것이 아니라, 명세서에 적힌 발명의 설명의 기재와 출원 당시의 공지기술 등을 참작하여 선행기술과 대비하여 볼 때 특허발명에 특유한 해결수단이 기초하고 있는 과제의 해결원리가 무엇인가를 실질적으로 탐구하여 판단하여야 한다."고 판시하였다.[36]

제1요건을 적용할 때에는 발명의 과제를 해결하는 원리를 파악하여 대응구성과 비교함으로써 과제해결원리의 동일성을 판단한다.

(2) 작용효과의 동일성 균등론 적용의 제2 요건은 특허발명의 구성요소와 기능이 동일하고 그것이 치환되어도 특허발명에서와 같이 동일한 목적을 달성할 수 있고, 실질적으로 동일한 작용효과를 발휘하여야 한다는 치환가능성이다. 예를 들면, 특허발명은 복수의 구성요소가 유기적으로 결합되어 있다(A+B+C+X)고 가정한다. 만일 그 구성요소의 하나(C) 또는 유기적 결합관계(X)를 그것과 기능이 동일한 구성요소 C1 또는 결합관계 X1으로 치환하여도 동일한 작용효과를 달성할 수 있다면 치환가능성이 있다고 본다.

치환가능성의 판단은 특허발명을 선행기술과 대비하여 과제의 해결수단에서의 특징적 원리를 확정한 다음, 대상제품이 갖춘 해결수단이 특허발명에서의 해결수단의 원리와 실질적으로 동일한 원리에 속하는 것인지, 아니면 이것과는 다른 원리에 속하는 것인지 하는 관점에서 판단해야 한다.

균등론이 변형으로서 화학물질의 제조방법 등에서 자주 거론되는 우회방법의 경우에 특허발명과 본래 그 기술적 사상을 같이 하면서 그 보호범위에서 이탈하려고 하여 특허발명에 무용의 물질 또는 특별한 이유가 없는데도 일부러 산화공정 및 환원공정을 반응 도중에 부가하는 방법은 공정을 더하여 일부러 우회의 길을 취할 뿐, 결국은 발명으로서 동일한 균등물이라 할 수 있다.

---

36) 대법원 2015. 8. 27. 선고 2014다7964 판결.

작용효과의 동일성을 판단할 때에는 특허발명에 의해 해결된 과제의 특성과 종래기술과의 대비를 통해 판단된 특허발명의 실질적 가치에 맞게 사안별로 질적인 효과 또는 양적인 효과를 기준으로 판단한다.

(3) 치환용이성 균등론 적용의 제3 요건은 구성요소를 치환하는 것이 특허출원 당시 통상의 기술자가 용이하게 생각해 낼 수 있을 정도로 용이한 것이어야 한다는 치환용이성이다. 예를 들면, A+B+C+X로 구성된 특허발명의 구성요소 C를 C1으로 X를 X1으로, 치환하는 것이 통상의 기술자가 출원당시의 기술상식에 의하여 용이하게 추고할 수 있는 경우에는 A+B+C1+X1으로 치환된 발명은 특허발명과 균등한 발명이므로 특허발명의 권리범위에 속하는 것으로 본다.[37)]

균등론에서 치환용이성은 진보성에서 말하는 용이추고성과 동일한 것인가의 문제, 즉 어느 등록권리와의 관계에서 진보성이 부정되는 경우에는 언제나 그 권리에 대한 균등침해가 성립하는가 하는 점에 관하여 견해가 대립되고 있다. 진보성은 없으나 침해에는 이르지 않는 회색영역을 인정하면 대부분의 확인대상발명이 여기에 속하게 되는데 이는 특허법이 제대로 기능하지 못하는 회색영역을 인정하는 것이라거나, 균등론에서 말하는 치환용이성과 진보성에서 말하는 발명의 용이추고성을 같은 정도의 것으로 보아야 청구범위의 한정사항의 의미가 특허심사와 특허침해소송을 통하여 보다 일관성을 갖게 되며 법적 안정성에도 기여하게 된다는 주장이 있다. 반면에 연구개발 부분에 중점을 두는 특허요건으로서의 진보성이 제조·판매 부분에 중점을 두는 균등론의 요건인 치환용이성보다 통상의 기술자나 추고용이성의 면에서 수준이 높고, 균등침해의 인정범위가 과도하게 확장되는 것은 바람직하지 않다는 점을 이유로 들어 치환용이성은 특허요건인 진보성보다 좁게 파악하는 것이 타당하다는 주장도 있다.[38)]

(4) 자유실시기술의 항변에 해당하지 않을 것 균등론 적용의 제4요건은 자유실시기술의 항변이다. 공지기술 제외의 원칙은 자유실시기술의 항변의 연장선상에 있다. 대법원은 특허발명과 대비되는 확인대상발명이 공지의 기술만으로 이루어진 경우에는 특허발명과 동일 유사 여부를 판단할 대상조차 가지지 않게 되어 그 확인대상발명은 특허발명의 권리범위 유무 및 특허발명과의 유사여부에 관계 없이 특허발명의 권리범위에 속하지 않는다고 한다. 대법원은 확인대상발명이 공지기술로부터 진보성이 없는 경우에도 역시 특허발명의 침해가 되지 않는다고 판시하여 왔으며 이러한 태도는 균등론에 관한 대법원 판결의 일관된 입장이다.

---

37) 대법원 2009. 6. 25. 선고 2007후3806 판결.

38) 특허법원 지적재산소송실무위원회, 381면.

【확인대상발명이 자유실시기술인 경우 침해판단】

<대법원 2013. 9. 12. 선고 2012다36326 판결>

> 어느 발명이 특허발명의 권리범위에 속하는지를 판단함에 있어서 특허발명과 대비되는 발명(확인대상발명)이 공지의 기술만으로 이루어지거나 그 기술분야에서 통상의 기술자가 공지기술로부터 용이하게 실시할 수 있는 경우에는 특허발명과 대비할 필요도 없이 특허발명의 권리범위에 속하지 않게 된다. 이러한 판결에 비추어 보면 자유실시기술의 항변이 인정되는 경우 바로 침해가 부정되므로 별도로 균등을 판단할 필요가 없게 된다.

(5) 출원경과 금반언에 해당하지 않을 것　균등론 적용의 제5요건은 출원경과 금반언에 반하지 않을 것이다. 특허출원의 심사과정에서 인용된 선행기술을 피하기 위하여 청구범위를 축소하는 보정을 한 경우 또는 특허발명의 청구범위로부터 의식적으로 제외하였다고 볼 수 있는 경우에는 대상발명이나 제품은 특허발명의 보호범위에 속하지 않게 된다. 출원경과 금반언은 공지기술에 의한 등록거절을 피하기 위한 목적 등으로 청구범위를 감축하거나 또는 좁게 해석하여야 한다고 주장함으로써 특허를 받은 경우, 나중에 출원 중에 포기한 보호범위를 균등론에 의하여 회복하는 것은 허용되지 않는다는 원칙이다.

대법원은 "출원인 내지 특허권자가 특허의 출원·등록과정 등에서 특허발명과 대비대상이 되는 제품(이하 "대상제품"이라 한다)을 특허발명의 청구범위로부터 의식적으로 제외하였다고 볼 수 있는 경우에는, 대상제품은 특허발명의 보호범위에 속하지 않게 되는 것이고, 특허권자가 대상제품을 제조·판매하고 있는 자를 상대로 대상제품이 특허발명의 보호범위에 속하여 그 권리가 침해되고 있다고 주장하는 것은 출원경과참작의 원칙에 위배되어 허용되지 아니한다. 출원인이 특허청 심사관으로부터 기재불비 및 진보성 흠결을 이유로 한 거절이유통지를 받고서 거절결정을 피하기 위하여 원출원의 청구범위를 한정하는 보정을 하면서 원출원발명 중 일부를 별개의 발명으로 분할출원한 경우, 이 분할출원된 발명은 특별한 사정이 없는 한 보정된 발명의 보호범위로부터 의식적으로 제외한 것이라고 보아야 한다."고 판시하였다.[39]

제5요건인 출원경과 금반언의 엄격한 적용은 자칫 균등론의 존재 의의나 그 근간을 흔들 수 있기 때문에 보다 유연한 적용을 통해 특허발명의 실질적 가치가 잘 보호될 수 있도록 할 필요가 있다.[40]

그러나 최근 자국 산업을 더욱 보호하겠다는 의지를 표방하는 미국과 같은 국가

39) 대법원 2008. 4. 10. 선고 2006다35308 판결.

40) Festo Corp. v. Shoketsu Kinzoku Kabushiki Co. 535 U. S. 722(2002).

는 출원경과 금반언의 엄격한 적용보다는 유연한 적용을 선호할 것이 분명하므로 기술추종자인 우리는 더욱 조심스럽게 미국의 산업재산 정책을 유의해서 살펴볼 필요가 있다. 다만, 혁신적인 파괴적인 기술이 주도하는 제4차 산업혁명시대 도래에 있어 출원경과금반언의 엄격한 적용은 원천기술 특허권을 너무 제한할 수 있게 되어 오히려 시대 흐름에 역행하는 그릇된 산업재산 정책이 될 수도 있음을 잘 이해하여야 하고, 출원경과 금반언의 적용에 있어 국가적으로 신중하게 검토할 필요가 있다고 본다.

7. 역균등론

문언침해가 성립했다 하더라도 역균등론(소극적 균등론)에 의해 침해를 면할 수 있는 경우가 있다. 역균등론(Reverse Doctrine of Equivalents)이란 소송에 관한 장치의 구성이 청구범위와 일치하며 문언침해가 성립한다고 생각되는 경우에도 동일한 결과를 얻기 위해 실질적으로 동일한 기능을 하지 않는다는 취지의 주장을 하면서 피고의 제품은 청구범위와 다르다고 주장하는 것을 말한다. 역균등론은 제3자의 보호를 위하여 청구범위를 축소하여 해석하는 이론이다.

역균등론이란 문언상으로는 청구범위에 기재된 구성요건이 모두 포함되어 있으나 실질적으로는 상이한 방법으로 기능을 수행할 정도로 변형이 크게 이루어진 경우 균등론을 역으로 적용하여 해당 특허권의 범위를 제한하는 이론이다. 문언상으로 권리범위에 속하더라도, 동일 또는 유사한 기능을 가지는 특허발명과 본질적으로 다른 방법으로 실행되도록 원리적인 변경을 가하고 있는 한 침해가 아니라고 해석한다.[41] In Moleculon Research v. CBS, Inc(CAFC 1989) 사건에서 역균등론이 인용되었다.[42] Graver Tank 사건에서 확정적 균등론을 판시하였다. 확장적 균등론은 청구범위에 적혀 있는 사항을 넘어서까지 보호하려는 해석으로 특허권자에 대한 보호를 중요시한다. 구체적인 침해사건에서 법원이 서로 상반되는 균등론과 역균등론 중에서 어는 이론을 적용할지는 사건의 내용에 따라 달라질 수 있다.

8. 균등론과 출원경과 금반언과의 관계

균등론을 적용할 때에는 특허발명의 명확한 청구범위의 요구에도 불구하고 출원인은 본인의 특허발명의 보호범위를 확대하기 위하여 청구범위를 넓게 기재할 가

41) Richard T. Holzmann, 124면-127면.

42) The court noted that, to escape literal infringement of a patent method claim under the Reverse Doctrine of Equivalents, the accused infringer must prove that its different method that it performs the same or a similar function in a substantially different way.

능성이 있다. 이 때 청구범위의 균등해석을 너무 넓게 해석하면 제3자에게 불측의 손해를 입히고 권리의 안정성을 해칠 우려가 있다. 이에 반하여 특허발명의 보호범위를 청구범위에 문언으로 기술한 사항으로만 한정한다면 유효한 권리에 대한 부당한 변형을 야기하고 특허권의 경제적 가치의 감소를 초래하게 된다. 따라서 특허침해를 판단할 때 최종 등록된 청구범위가 어떠한 출원과정을 거쳤는지를 고려해서 판단하여야 한다. 출원경과 금반언과 균등론은 대립하는 개념이다. 균등론은 특허권의 효력을 확장하는 법리이고, 반면에 금반언은 특허권의 효력을 좁게 한정하는 법리라 할 수 있다. 판례에 의하면 특허출원인 내지 특허권자가 특허의 출원·등록과정 등에서 특허발명과 대상제품을 특허발명의 청구범위로부터 의식적으로 제외하였다고 볼 수 있는 경우에는 특허발명과 대상제품이 특허발명의 보호범위에 속하여 그 권리가 침해되고 있다고 주장하는 것은 금반언의 원칙에 위배되므로 허용되지 아니한다고 한다.[43)]

【균등에 의한 특허권의 침해주장을 금반언의 법리로 배척한 사례】

<내법원 2004. 11. 26. 선고 2003다1564 판결>

채무자 실시발명의 제1구동부의 구성이 정정된 특허발명의 제1구동부의 구성과 균등관계에 있다고 볼 수 있지만, 채권자가 특허발명에 대한 무효심판절차에서 공지기술로 제시된 간행물 게재 발명의 받침대를 회전시키는 구성과 정정 전의 특허발명의 제1구동부의 구성을 차별화하기 위하여 정정에 의하여 현재와 같은 정정된 특허발명의 구성으로 특정하였고, 채무자 실시발명의 제1구동부의 구성이 위와 같은 정정절차에 의하여 제외된 구동장치에 속하는 것이라면, 채권자가 위 정정이 있은 후에 채무자 실시 발명의 제1구동부의 구성이 정정된 특허발명의 제1구동부의 구성과 균등관계에 있다는 이유로 채무자 실시발명이 특허발명의 권리범위에 속하여 그 권리를 침해한다고 주장하는 것은 금반언의 법리에 의하여 허용되지 아니한다.

Ⅲ. 생략침해

1. 생략발명

생략발명은 확인대상발명이 특허발명의 구성요소 중 비교적 중요성이 낮은 구성요소를 생략하여 특허발명의 작용효과가 열악하거나 동일한 효과가 있는 것을 말한다. 불완전이용발명은 이러한 생략발명에 일정한 구성요소를 부가한 발명이다. 특

43) 대법원 2007. 2. 23. 선고 2005도4210 판결.

허발명과 같은 효과를 달성하고 있는 경우에도 불완전이용으로 보기도 한다.

생략발명론은 특허발명의 모든 구성요소를 필수적 구성요소로 파악하고, 발명의 구성요소 중 비교적 중요하지 않은 구성요소를 제외하고 권리범위를 판단하는 이론이다. 생략발명론은 사실상 청구범위의 확장적 변경을 사후에 인정하는 것이 되므로, 그 생략된 구성이 극히 부수적인 구성에 불과하며, 구성요소의 생략에도 불구하고 발명의 작용효과에 전혀 차이가 없는 등의 극히 이례적인 경우에 적용된다. 미국 연방대법원은 Warner-Jenkinson v. Hilton Davis 판결[44]에서 청구범위에 기재되는 모든 구성요소(all elements)를 실시하면 침해가 성립한다는 원칙을 제시하였다.

이 판결에서 청구범위에 기재된 구성요소의 전부를 실시하는 경우만을 특허침해로 보는 구성요소 완비의 원칙(all elements rule)을 적용하여 구성요소가 결여된 생략발명이나 불완전이용발명은 특허침해로 되지 않는다고 판시하였다.

2. 판례의 경향

생략발명이나 불완전이용발명의 법리를 특허침해의 유형으로서 인정하는지 여부에 관하여 대법원의 입장은 분명하지 않고, 특허법원의 입장도 통일되어 있지 않다. 장차 대법원의 판결을 통하여 입장이 정리될 필요가 있다고 할 것이다.[45]

대법원의 생략발명에 대한 판례는 2000년대 이전에는 주로 생략발명의 권리침해를 긍정하는 입장에서[46], 필수구성요소가 아닌 구성요소를 생략하는 경우에 제한적으로 생략발명의 권리침해를 긍정하는 중간단계를 거쳐서, 모든 구성요소를 필수구성요소로 파악하여 생략발명의 권리침해를 부정하는 입장으로 점진적으로 이행하여 왔다.[47] 최근 대법원 판결들은 특허발명의 청구항이 복수의 구성요소로 되어 있는 경우에는 그 각 구성요소가 유기적으로 결합된 전체로서의 기술사상이 보호되는 것이지 각 구성요소가 독립하여 보호되는 것은 아니므로, 특허발명과 대비되는 확인대상발명이 특허발명의 청구항에 기재된 필수적 구성요소들 중의 일부만을 갖추고 있고 나머지 구성요소가 결여된 경우에는 원칙적으로 그 확인대상발명은 특허발명의

44) Warner -Jrnkinson C. v. Hilton Davis Chemical 520 U. S. 17(1997):The Supreme Court limited the application of equivalents by an all elements rule in which equivalents are to be applied to individual elements of the claim rather than to the invention as a whole.

45) 특허법원 지적재산소송 실무연구회, 앞의 책, 411면.

46) 대법원 1997. 4. 11. 선고 96후146 판결; 대법원 1998. 1. 23. 선고 97후233 판결: 해당 기술분야에서 통상의 지식을 가진 자가 구성요소를 생략할 수 있다. 그러한 생략에도 불구하고 작용효과에 별다른 차이가 없다는 이유로 양 발명을 동일성이 있는 발명으로 보아 특허침해가 된다.

47) 대법원 2005. 7. 22. 선고 2003후1734 판결.

권리범위에 속하지 않는다고 판시하고 있다.[48)]

이 판결들은 특허발명의 청구범위에 기재된 구성요소는 모두 필수적 구성요소로 보아야 하고, 침해가 성립하려면 특허발명의 모든 구성요소를 실시하여야 한다는 구성요소 완비의 원칙(all elements rule)을 천명하는 것이고, 결국 대법원 판례의 태도에 따르면 생략침해나 불완전이용침해는 특허침해로 인정되기 어려울 것으로 보인다.[49)] 다만, 특허침해를 피하기 위해서 구성요소의 일부를 생략하는 방법으로 회피설계를 시도하는 경향이 있기 때문에, 특허침해소송에서 생략발명을 그대로 적용하여 특허침해로 인정하지 않으면 특허권자의 보호가 소홀하고 침해자는 부당한 이득을 얻게 되므로 특허침해를 긍정하여야 한다는 견해도 있다.

Ⅳ. 우회침해

1. 서설

우회발명이란 특허발명과 기본적으로 기술적 사상이 동일하고, 청구범위의 구성요건 중 출발물질과 최종물질이 동일하면서, 그 중간에 객관적으로 보아 무용하고 쉬운 요건을 덧붙인 것을 말한다. 예를 들면, A+B+C로 구성된 Y의 특허발명에 대하여 A+B+C+C'로 구성된 침해물건을 실시하는 경우에 우회발명은 특허발명의 구성요소를 모두 포함하고 있으므로 특허침해가 성립된다.

우회발명은 특허발명과 등가로 보아 특허발명의 보호범위에 속하다고 판단하고 화학물질을 제조하는 방법의 발명에서 우회발명을 한 경우에는 우회침해로 인정하고 있다. 대법원 판례는 우회발명은 특허발명을 침해한다는 입장이다.

2. 성립요건

우회발명은 일반적으로 특허발명과 기술적 사상이 동일하고, 청구범위의 구성요소에 객관적으로 무용한 물질 또는 공정을 부가하여 우회하는 방법을 택하지만 결국 동일한 내용으로 귀결된다. 우회침해란 특허침해를 피하기 위하여 주지된 관용기술에 의하여 용이하게 부가할 수 있는 부가공정을 부과하는 우회발명으로 특허발명을 실시하는 행위에 대하여 침해를 인정하는 것을 말한다.

판례에 의하면 확인대상발명의 출발물질 및 목적물질이 특허발명과 동일하고

48) 대법원 2001. 9. 7. 99후1584 판결; 대법원 2005. 7. 22. 선고 2003후1734 판결; 대법원 2006. 11. 23. 선고 2005후18 판결.

49) 조영선, 427면.

그 반응물질도 특허발명의 반응물질과 균등물이며 반응중간체를 가수분해하여 목적물질을 얻는 공정도 단순한 관용수단의 부가에 불과하다는 이유로 확인대상발명이 특허발명과 상이한 발명이라고 볼 수 없어 확인대상발명은 이 사건 특허발명의 권리범위에 속한다고 한다.[50)]

Ⅴ. 이용침해

1. 서설

특허발명이 그 특허발명의 특허출원일 전에 출원된 타인의 특허발명, 등록실용신안 또는 등록디자인과 이용관계가 있을 수 있다. 이용발명(利用發明)이란 타인의 발명 등을 이용한 특허발명을 말한다. 발명의 이용관계는 후특허발명이 선특허발명의 특허요지에 새로운 기술구성요소를 추가하는 경우로 후특허발명이 선특허발명의 요지를 전부 포함하고 이를 그대로 이용하는 경우이다. 이용관계는 주로 선행한 권리를 실시하지 아니하고는 자기 권리 실시가 불가능한 경우에 발생된다.

즉 선후권리 간의 권리충돌시 이용관계가 발생한다. 예를 들면, 선특허발명과 후특허발명, 선특허발명과 후실용신안, 특허발명과 등록디자인, 선실용신안과 후실용신안 간에 이용관계가 발생할 수 있다. 특허법은 선원주의의 원칙에 입각하여 선특허발명을 이용하고 있는 후특허발명을 실시할 경우에는 선특허권자의 허락을 받고 실시하도록 제약을 가함으로써 후특허권의 효력을 제한하고 있다(제98조).

이용발명의 실시는 이용대상이 되는 특허발명을 침해하게 된다. 그러나 부가된 구성요소가 단순한 주지·관용기술에 해당하여 기본발명과 상이한 발명이라고 볼 수 없는 경우에는 이용발명이 아닌 동일발명으로서 특허침해가 성립된다.

자신의 특허발명이 상대방의 특허권과 이용관계에 있는 경우, 상대방에게 상당한 노력과 정당한 노력의 대가를 제시하였음에도 불구하고 실시권을 허여 받지 못한 경우에는 통상실시권 허락의 심판(제138조)을 청구할 수 있다.

2. 성립요건

이용관계에 있는 경우에 후특허발명의 권리자가 선특허권자의 허락 없이 함부로 선특허발명을 실시할 경우에는 선특허권을 침해하게 된다. 예를 들면, 선특허권

---

50) 대법원 2000. 7. 28. 선고 97후2200 판결.

의 구성은 A+B+C이고, 후특허발명의 구성이 A+B+C+D인 경우에 후특허발명은 선특허권의 A+B+C를 모두 이용하고 있으므로 후특허발명은 선특허권을 침해하게 된다. 통상적으로 후특허발명은 그 특허발명의 특허출원일 전에 출원된 선특허발명 등의 개량을 통하여 이루어진다.

후특허발명의 권리자가 선특허발명의 특허권자의 허락을 받지 아니하면 특허침해가 성립되므로, 후특허발명의 권리자는 선특허발명의 특허권자의 허락을 받고 실시하여야 한다. 특허권은 실시권 외에 배타권의 성격을 가지고 있기 때문에 이용발명이 별개의 특허로서 독립적으로 특허성을 갖는다고 하더라도 이를 이용의 대상이 된 특허권의 침해로 보는 것이 모순되는 것은 아니다. 이는 이용발명의 법리가 선행발명과 후원발명 간의 합리적 이해관계 조정을 위한 도구이기 때문이다. 선특허발명의 특허권자가 정당한 이유 없이 실시를 허락하지 아니한 경우에는 특허법 제138조의 규정에 따라 통상실시권 허락의 심판을 청구하여 문제를 해결할 수 있다.

3. 촉매사용과 이용발명

화학반응에서 촉매란 반응에 관여하여 반응속도 내지 수율 등에 영향을 줄 뿐 반응 후에는 그대로 남아 있고 목적물질의 화학적 구조에는 기여를 하지 아니하는 물질을 말한다. 화학물질 제조방법의 발명에서 촉매를 부가함으로써 그 제조방법 발명의 기술적 구성의 일체성, 즉 출발물질에 반응물질을 가하여 특정한 목적물질을 생성하는 일련의 유기적 결합관계의 일체성이 상실된다고 볼 수는 없으므로, 촉매의 부가로 인하여 그 수율에 현저한 상승을 가져오는 경우라 하더라도, 달리 특별한 사정이 없는 한 선행 특허발명의 기술적 요지를 그대로 포함하는 이용발명에 해당한다. 화학발명에서 촉매를 사용한 것이 기본발명을 그대로 이용한 것인지 여부에 관해서는 판례의 입장에 변화가 있었다.

조기의 대법원 판결은 화학물질의 제조과정(수단)에 촉매를 사용하는 것과 사용하지 않는 것은 그 기술사상을 현저히 달리하는 것으로서 촉매를 사용하는 발명이 촉매에 관하여 언급이 없었던 기본발명의 이용침해가 되지 않는다고 보았나.[51)]

그러나 이러한 판결에 대하여는 학계와 실무계로부터 많은 비판이 있었다. 특히 유명한 살충제 제조방법에 대한 특허권자인 쉐브런(Chevron) 대 진흥정밀화학의 침해소송사건에서, 대법원은 화학물질의 제조과정에 있어서 촉매를 사용하는 것과 사용

51) 대법원 1985. 4. 9. 선고 83후85 판결; 대법원 1991. 11. 12. 선고 90후1451 판결; 대법원 1991. 11. 26. 선고 90후 1499 판결; 대법원 1992. 10. 27. 선고 92다8330 판결.

하지 않는 것은 그 기술사상을 현저히 달리하는 것이므로, 촉매사용에 대한 언급이 없는 특허제조방법과 촉매를 사용하여 행하는 제조방법은 비록 출발물질과 생성물질이 같다고 하더라도, 후자의 촉매사용이 작용효과상의 우월성을 얻기 위한 것이 아니라 무가치한 공정을 부가한 것에 지나지 않는다고 인정되는 경우를 제외하고는, 서로 다른 방법이라 할 것이며, 따라서 후자의 방법은 전자특허의 권리범위의 영역 밖에 있는 것이라고 판시하였다.[52] 이러한 종래 판결을 뒤집은 대법원 98후522 판결이 내려진 이후 화학발명에서 촉매를 사용한 것은 이용발명이라는 것이 법원의 일관된 태도이다.[53]

【선 특허발명과 후 특허발명이 이용관계에 있는 경우 침해 여부】

<대법원 2001. 8. 21. 선고 98후522 판결>

> 선 특허발명과 후 특허발명이 이용관계에 있는 경우에는 후 특허발명은 선 특허발명의 권리범위에 속하게 되고, 이러한 이용관계는 후 발명이 선 특허발명의 기술적 구성에 새로운 기술적 요소를 부가하는 것으로서 후 발명이 선 특허발명의 요지를 전부 포함하고 이를 그대로 이용하되, 후 발명 내에 선 특허발명이 발명으로서의 일체성을 유지하는 경우에 성립하는 것이다. 화학반응에서 촉매란 반응에 관여하여 반응속도 내지 수율 등에 영향을 줄 뿐 반응 후에는 그대로 남아 있고 목적물질의 화학적 구조에는 기여를 하지 아니하는 것임을 고려하면, 화학물질 제조방법의 발명에서 촉매를 부가함에 의하여 그 제조방법 발명의 기술적 구성의 일체성, 즉 출발물질에 반응물질을 가하여 특정한 목적물질을 생성하는 일련의 유기적 결합관계의 일체성이 상실된다고 볼 수는 없으므로, 촉매의 부가로 인하여 그 수율에 현저한 상승을 가져오는 경우라 하더라도, 달리 특별한 사정이 없는 한 선행 특허발명의 기술적 요지를 그대로 포함하는 이용발명에 해당한다.

4. 균등물을 기초로 한 이용발명

침해품에 특허발명의 청구범위에 기재된 구성 중 치환 내지 변경된 부분이 있는 경우에도, 침해품은 전체적으로 특허발명의 청구범위에 적혀 있는 구성과 균등한 것으로서 여전히 특허발명의 특허권을 침해한다고 보아야 한다.[54] 이용발명에서의 이용은 문언 그대로 이용된 경우에 한하는가 아니면 균등물을 이용한 경우도 포함하는가에 관하여 최근 선고된 대법원 판결과 특허법원 판결들은 모두 균등물을 이용한 경

---

52) 대법원 1985. 4. 9. 선고 83후85 판결.

53) 대법원 2005. 2. 25. 선고 2004다29194 판결; 서울고등법원 2011. 7. 7. 선고 2009나32883 판결.

54) 대법원 2005. 7. 14. 선고 2003후1451 판결.

우에도 이용발명이 성립될 수 있다고 한다.[55)]

【균등물을 이용한 경우 이용발명 성립 여부】

<대법원 2015. 5. 14. 선고 2014후3788 판결>

확인대상발명이 특허발명을 이용하는 관계에 있는 경우에는 확인대상발명은 특허발명의 권리범위에 속하게 되지만, 확인대상발명이 특허발명과 이용관계에 있다고 하기 위해서는 확인대상발명이 특허발명의 기술적 구성에 새로운 기술적 요소를 부가하는 것으로서 확인대상발명이 특허발명의 요지를 전부 포함하고 이를 그대로 이용하되, 확인대상발명 내에 특허발명이 발명으로서의 일체성을 유지하는 경우이어야 하며, 이는 선특허발명과 동일한 발명뿐만 아니라 균등한 발명을 이용하는 경우도 마찬가지이다.

제4절 특허침해소송에서 항변

Ⅰ. 피고의 방어방법

특허권은 기술적 창작에 대한 독점·배타적 권리로서 설정등록에 의하여 발생하고, 특허발명을 업으로서 실시할 권리를 독점한다. 특허권의 보호범위 내지 그 침해와 관련하여 우리나라는 특허발명의 보호범위를 확인하는 절차로서 특허심판원과 특허법원의 관할로 하고 있는 권리범위 확인심판이 있다. 그리고 침해금지·손해배상·신용회복조치 등을 구하는 절차로서 일반법원의 관할로 하고 있는 가처분, 본안소송 등의 제도를 두고 있다.

위와 같은 소송절차에서 특허권자는 상대방에 대하여 등록된 특허권에 기한 권리를 주장하게 되는데, 등록된 특허권에 무효사유 등 흠이 있는 경우에 이를 어떻게 취급할 것인지가 문제된다. 금지청구를 받은 피고의 주요 방어수단은 그 실시가 특허발명의 기술적 범위에 속하지 않는다는 항변, 즉 특허권을 침해하지 않는다는 취지의 항변으로서 선사용권 등의 법정실시권에 기초한 정당한 실시라는 주장을 할 수 있고, 특허출원 전의 공지기술에는 특허권을 행사할 수 없으므로 공지기술의 실시라고 주장할 수 있다.

55) 대법원 2011. 9. 29. 선고 2010다65818 판결.

Ⅱ. 특허무효의 항변(抗辯)

특허를 무효시키는 방법으로 특허무효심판을 통하여 흠을 바로잡을 수 있고, 위와 같은 특허등록의 무효 여부는 특허청 특허심판원이 관장하고 있다. 그러나 특허권의 보호범위 확정은 법원의 권한에 속하기 때문에 흠이 있는 특허발명의 보호범위나 침해 여부가 문제된 경우 위와 같은 특허청의 절차를 통하여 무효가 확정되지 아니한 상태라는 이유만으로 특허권 본래의 효력을 인정한다는 것은 신규하고 진보성이 있는 발명에 대하여 독점권을 부여한다는 특허제도의 본질에 맞지 않는다. 이러한 배경 하에서 흠이 있는 특허가 공지기술로 인하여 신규성과 진보성이 부정되는 특허발명에 대하여는 별도의 무효심판 등을 거치지 않고 해당 권리범위 확인이나 침해 관련 쟁송절차에서 보호범위를 부정할 수 있는 방어수단을 강구하게 된다.

특허침해소송에 있어서, 특허권자가 피고에게 실시하고 있는 기술이 특허발명을 침해하고 있다고 주장하는 경우 피고는 다음과 같은 특허무효의 항변을 강구할 수 있다. 즉 (ⅰ) 특허발명이 일부가 공지기술인 경우 주장하는 공지기술 제외의 원칙, (ⅱ) 특허발명에 명백한 무효사유가 존재하는 경우에 주장하는 권리남용론, (ⅲ) 피고가 실시하는 기술이 신규성 또는 진보성이 결여된 경우 주장하는 자유실시기술의 항변 등이 있다. 이 중에서 권리남용론과 자유실시기술의 항변에 대해 살펴본다.

Ⅲ. 권리남용론

1. 권리의 정당한 행사

민법 제2조 제2항은 "권리는 남용하지 못한다."고 규정하여 권리의 사회성·공공성의 구체적인 실천원리로서 신의성실의 원칙과 함께 권리남용금지의 원칙을 규정하고 있다. 권리남용금지의 원칙이란 권리의 행사가 외관상으로는 적법한 것으로 보이지만, 실질적으로는 권리의 사회성에 반하여 정당한 권리의 행사라고 할 수 없기 때문에 이를 금지한다는 원칙이다. 특허권자는 특허권을 행사하는 과정에서 이를 정당하게 행사하여야 한다.

거래처의 제한, 판매량의 한정 등 불공정거래행위와 같이 특허권을 남용(濫用)할 경우에는 공정거래법 제23조에 따라서 권리행사의 금지 제재를 받게 된다. 또한 특허발명을 불성실하게 실시하면 이해관계인은 특허청장에게 통상실시권 설정에 관한 재정을 청구할 수 있다. 특허권의 재산권으로서의 행사에 있어서는 일반적인 재산권과 마찬가지로 정당하게 행사해야 하는 것은 당연하므로 특허권에 대한 특유한 문제로 특허권자의 지위를 남용해서는 안 된다.

2. 외국의 입법례

특허권자의 지위를 남용한다고 보는 경우는 특허권자가 우월적인 입장에 있는 실시허락에서 발생하는 경우가 많으므로 일본 특허법 제104조의3(특허권자 등의 권리 행사의 제한)에서 "특허권 또는 전용실시권의 침해에 관한 소송에 있어서, 해당 특허가 특허무효심판에 의해 무효가 되는 것으로 인정될 때에는 특허권자 또는 전용실시권자는 상대방에 대하여 권리를 행사할 수 없다."고 규정하고 있다.

TRIPs 제40조에서는 "회원국은 경쟁을 제한하는 지식재산권에 관한 일부 사용허가 관행 또는 조건이 무역에 부정적인 영향을 줄 수 있고 기술이전 및 전파를 방해할 수 있다는 데에 동의한다(제1항). 이 협정의 어느 규정도 회원국이 특정한 경우에 있어서 관련 시장의 경쟁에 부정적인 영향을 주는 지식재산권의 남용을 구성하는 사용허락 관행 또는 조건을 자국의 국내법에서 명시하는 것을 금지하지 아니한다. 따라서 회원국은 이와 같은 행위 또는 조건을 방지하거나 통제하기 위해, 이 협정의 그 밖의 규정과 일치하는 범위 내에서 적절한 조치를 취할 수 있다(TRIPs 제40조 제2항)."고 규정하고 있다.

3. 권리남용론에 대한 무효항변

특허권의 유효성이나 침해에 관한 소송에서 특허의 무효나 비침해를 주장하는 당사자는 해당 특허의 무효를 주장할 수 있다. 미국에서는 피고가 반소 또는 항변으로 특허무효를 주장할 수 있도록 제도화되어 있다. 권리남용론은 민법 제2조 제2항의 권리남용 금지의 원칙을 특허의 권리남용에 적용한 이론으로, 무효로 될 수 있는 개연성이 지극히 높은 특허권에 기초한 권리의 행사는 권리남용으로서 허용되지 않는다고 하는 이론이다. 일본에서도 특허에 무효사유가 명백한 경우의 특허권 행사에 대하여 권리남용의 법리를 적용하고 있다.[56] 최근 진보성이 명백하게 부정될 것으로 보이는 경우 침해소송을 심리하는 법원이 특허발명의 무효심결 확정 전에도 진보성을 심리·판단할 수 있는지에 관하여 논란이 있었다.[57]

---

56) 吉藤幸朔, 546면: 권리남용설은 특허권자가 권리를 행사하는 것은 권리자로서 당연한 행위이지만, 특허권자의 권리행사가 권리남용에 해당하는 경우는 피고는 항변의 수단으로 이것을 주장함으로써 특허권자의 공격을 방어할 수 있다.

57) 이 부분에 대한 상세한 설명은 강동세, 87-95면; 이수완, "특허의 무효와 침해", 특허소송연구, 제

(1) 대법원 2004. 10. 28. 선고 2000다69194 판결 특허침해소송을 심리하는 법원은 특허에 무효사유가 있는 것이 명백한지 여부에 대하여 판단할 수 있고, 심리한 결과 해당 특허에 무효사유가 있는 것이 분명한 때에는 그 특허권에 기초한 금지와 손해배상 등의 청구는 특별한 사정이 없는 한 권리남용에 해당되어 허용되지 아니한다. 이 판결은 특허권도 사권(私權)인 이상 그 권리의 행사는 신의성실의 원칙에 따라야 하며 권리의 남용은 허용되지 아니한다는 원칙을 천명한 것이다.

이 판결이 내려진 이후 특허침해소송을 심리하는 지방법원 및 고등법원이 진보성이 없는 특허발명에 대하여 권리남용의 법리를 적용하여 판시하여 왔다. 권리남용론은 특허침해소송의 항변에서 진보성이 없는 특허발명의 경우 별도로 특허무효심판을 거쳐야 하는 번거로움을 덜 수 있게 되어 소송경제 면에서 유리한 측면이 있다.

우리나라도 자유실시기술의 항변이나 공지기술 제외의 원칙과 같은 이론을 적용하지 않더라도 권리남용론을 통하여 침해소송법원에서 특허의 무효사유가 명백한지 여부에 관한 판단을 할 수 있게 되었다. 신규성이 결여된 특허발명뿐만 아니라 진보성이 결여된 발명은 물론 특허법 제133조 제1항에 규정된 모든 무효사유에 관하여 그 무효사유가 명백한지 여부를 판단할 수 있다.

(2) 대법원 2012. 1. 19. 선고 2010다95390 전원합의체 판결 대법원은 "특허발명에 대한 무효심결이 확정되기 전이라고 하더라도 특허발명의 진보성이 부정되어 특허가 특허무효심판에 의하여 무효로 될 것임이 명백한 경우에는 특허권에 기초한 침해금지 또는 손해배상 등의 청구는 특별한 사정이 없는 한 권리남용에 해당하여 허용되지 아니한다. 특허권 침해소송을 담당하는 법원으로서도 특허권자의 그러한 청구가 권리남용에 해당한다는 항변이 있는 경우 당부를 살피기 위한 전제로서 특허발명의 진보성 여부에 대하여 심리·판단할 수 있다."판시하였다.

특허법 제133조 제1항에 열거된 특허권의 무효사유가 있는 경우에는 무효심판절차를 통하여 무효로 할 수 있도록 규정하고 있다.[58] 특허권은 일단 등록이 되면 무효심판절차에 의하여 무효심결이 확정되지 않는 한 유효한 것이며, 다른 소송절차에서 그 전제로서 특허가 당연 무효라고 판단할 수 없는 것이 원칙이다. 그러나 특

1집, 특허법원, 1999, 103면 이하 참조.

58) 심판장은 심판에 있어서 필요한 때에는 직권 또는 당사자의 신청에 따라 그 심판사건과 관련되는 특허취소결정 또는 다른 심판의 심결이 확정되거나 소송절차가 완결될 때까지 그 절차를 중지할 수 있다(제164조 제1항). 반대로 소송절차에 있어서 필요하다고 인정된 때에는 법원은 직권 또는 당사자의 신청에 따라 특허취소신청에 대한 결정이나 특허에 관한 심결이 확정될 때까지 그 소송절차를 중지할 수 있다(제164조 제2항).

허발명이 등록무효심판 절차에서 등록무효로 확정되기 전에 침해소송을 심리하는 법원에서 특허발명의 진보성이 부정된다는 이유로 그 특허권에 기초한 침해금지 및 손해배상청구를 기각할 수 있게 되었다.

여기서 쟁점이 되는 것은 '명백성' 판단 기준이다. 명백한 무효사유는 침해소송 법원이 해당 무효사유에 관련하여 가지는 심증의 정도를 말한다. 행정행위의 중대·명백성에서 말하는 명백성과 전혀 다른 개념이고, 명백성 요건을 중시하여 특허등록무효사건과 침해소송사건에서 무효사유 해당 여부 판단이 달라지는 것은 부당하고 당사자들도 납득하기 어려울 것이므로, 위 요건은 단지 권리남용을 채택함에 따른 상징적인 개념 요소 정도로만 이해함이 타당하다. 따라서 특허심판원과 특허법원 등에서의 진보성 판단이 달라졌다거나 이들 모두 진보성이 부정되지 않는다고 판단하는 경우에도, 침해소송법원으로서는 그 독자적인 관점에서 발명의 진보성이 부정됨이 명백하다고 여기면 그 발명에 기초한 특허침해금지 및 손해배상 등의 청구를 권리남용이라는 이유로 기각할 수 있다고 해석하여야 한다.[59)]

Ⅵ. 자유실시기술의 항변

1. 서설

자유실시기술의 항변이란 확인대상발명이 특허발명의 권리범위에 속하는지를 판단함에 있어서 특허발명과 대비되는 발명(확인대상발명)이 공지의 기술만으로 이루어지거나 그 기술분야에서 통상의 기술자가 공지기술부터 쉽게 발명할 수 있는 경우에는 특허발명과 대비할 필요 없이 특허발명의 권리범위에 속하지 아니한다는 이론이다. 특허침해소송 또는 권리범위 확인심판의 실무에서 활용되고 있는 자유실시기술의 항변이 피고가 주장할 수 있는 방어방법의 하나이다.

판례에 의하면 특허발명의 권리범위에 속하는지를 판단함에 있어서 특허발명과 대비되는 발명이 공지기술만으로 이루어지거나 그 기술분야에서 통상의 기술자가 공지기술로부터 쉽게 실시할 수 있는 경우에는 어느 누구도 권리로 할 수 없는 자유실시기술에 해당한다고 하겠으므로, 특허발명과 대비할 필요 없이 특허발명의 권리범위에 속하지 않다고 한다.[60)]

59) 유영선, "침해소송법원에서 진보성의 심리·판단 가능 여부(대상판결: 대법원 2012.1.19. 선고 2010다95390 판결)", 「사법」 제21호, 사법발전재단, 2012, 434면.

60) 대법원 2011. 1. 27. 선고 2009후832 판결.

이러한 자유실시기술 항변의 원칙은 청구범위와 관계 없이 권리범위 확인심판에서의 확인대상발명이나 특허침해소송에서의 침해품이 자유실시기술이라는 이유로 특허권의 보호범위에 속하지 않는다고 하거나 침해를 부정할 수 있다.

자유실시기술의 항변은 무효심결이 확정되지 아니한 특허발명의 청구범위를 판단대상으로 하지 아니함으로써 특허발명의 유효성이나 특허청과 법원의 권한 분쟁의 논의와 무관하게 흠이 있는 특허권의 효력을 부정할 수 있는 장점이 있다.

확인대상발명이 해당 특허발명의 권리범위에 속하는지 여부를 판단하는 권리범위확인심판은 심판에서 확인대상발명이 특허발명이 출원되기 전의 공지·공용의 발명과 그 기술구성이 동일 또는 유사하거나 등록권리에서 보이는 진보적인 기술구성도 찾아볼 수 없다면 결국 확인대상발명은 등록권리의 권리범위에 속하지 아니한 것으로 본다. 이러한 자유실시기술의 항변의 법리는 특허침해소송에서도 동일하게 적용된다. 대법원은 "특허권침해소송의 상대방이 제조 등을 하는 제품 또는 사용하는 방법이 공지의 기술만으로 이루어지거나 그 기술분야에서 통상의 지식을 가진 사람이 공지기술로부터 용이하게 실시할 수 있는 경우에는 특허발명과 대비할 필요 없이 특허발명의 권리범위에 속하지 않게 된다."고 판시하였다.[61)]

2. 권리남용론과 자유실시기술 항변에 대한 의견

특허침해소송에 있어서, 피고가 실시하고 있는 확인대상발명이 특허권의 권리범위에 속하지 않는다고 주장하는 방법으로서, 자유실시기술의 항변이 가장 중요한 방어수단 중의 하나로 등장하였다. 대법원 판례는 확인대상발명이 자유실시기술에 해당되는 것으로 판단된다면 확인대상발명과 등록권리를 대비할 필요 없이 확인대상발명은 등록권리의 권리범위에 속하지 않는 것으로 간주한다.

법원과 특허심판원의 실무에서 확인대상발명이 자유실시기술에 해당하는지 여부를 판단할 경우 확인대상발명의 신규성뿐만 아니라 진보성 판단까지 심리하여 특허발명의 권리범위에 속하는지 여부를 판단하고 있는 실정이다.

대법원 2010다95390 전원합의체 판결이 내려진 이후 하급심 법원에서 특허발명의 진보성 판단에서 무효로 될 것임이 명백한 경우에 대한 구체적인 기준도 없이 권리남용론을 적용하는 판례가 증가하고 있다. 특히 하급심 법원이 무효사유가 있는 경우 특허발명의 진보성 판단을 할 수 있게 되자 자유실시기술의 항변을 인용하는 판결이 점차 증가되고 있어서 특허권의 보호가 약화될 수 있다는 우려가 커지고 있

61) 대법원 2013. 9. 12. 선고 2012다36326 판결.

다. 이처럼 대법원 판례에 근거하여 특허권에 대한 권리남용론과 자유실시기술의 항변을 모두 수용한다면, 특허권자의 보호가 약화될 수 있다는 문제점이 상존하고 있다. 자유실시기술의 항변은 미국 판례에서 찾아볼 수 없고, 독일과 일본의 판례는 극히 제한적으로 이러한 법리를 적용하고 있다는 점에 주목하고 이 문제는 신중하게 접근할 필요가 있다고 본다.

특허침해소송 절차에서 특허권에 대한 권리남용론과 자유실시기술의 법리를 인용하는 실무에 대해서는 특허권을 보호하는 측면에서 심도 있는 연구가 필요하다고 본다. 학자들과 법률가들이 중지를 모아 구체적인 판단기준과 법리를 마련하고, 자유실시기술의 항변 적용은 신규성만으로 제한하는 것이 바람직하다고 생각한다.

제12장 PCT 국제출원

제1절 국제출원 절차

Ⅰ. 해외출원 방법

출원인이 다른 국가에 특허출원하는 방법은 크게 외국 특허청에 직접 출원, 유럽 특허청(EPO)[1]에 출원, PCT 국제출원으로 구분된다. 외국 특허청에 직접 출원하는 방법은 출원인이 특허권을 받고자 하는 국가가 2개국 이하거나 신속한 심사결과를 원하는 경우에 선택할 수 있다. 유럽 국가에서 특허를 받고자 하는 경우에는 유럽공동체 특허청인 EPO를 통하여 특허출원하여야 한다. 특허출원이 EPO에서 등록결정을 받은 후, 출원인은 지정국가에 등록료만 납부하면 EPO 회원국에서 특허권을 획득할 수 있는 장점이 있다.

Ⅱ. PCT 국제출원

1. 서설

특허법 제10장에서는 특허협력조약(Patent Cooperation Treaty: PCT)에 의한 국제출원에 관하여 규정하고 있다. 특허법 제10장 제1절은 국제출원의 국제단계의 절차에 관한 것으로 PCT를 이용하여 외국에서 권리를 취득할 경우 적용되는 절차를 규정하고, 제10장 제2절은 국제출원의 국내단계에서 우리나라를 지정한 국제출원에 대하여 국내법의 적용에 대해서 규정하고 있다.

PCT는 특허 또는 실용신안을 해외에 출원할 경우 절차를 간소화하고 비용을 절약하며 기술교류협력을 위하여 체결된 다자간 조약이다. PCT는 1970년 6월 19일 워싱턴외교회의에서 조약이 체결되었다. 1978년 1월 24일자로 PCT 조약이 발효되었으며, 우리나라는 1984년 8월 10일 PCT에 가입하였다. 특허청은 PCT 수리관청,

---

1) 유럽특허조약(European Patent Convention: EPC)에 의하여 1977년 유럽공동체특허청(EPO)이 설립되었다. 1977년에 체약국은 영국, 독일, 프랑스 등 11개국이었으나, 2016년 12월 말 현재 체약국은 151개국으로 늘어났다. 2014년 EPO Annual Report에 의하면, 2014년 EPO에 출원된 총 특허출원은 274,174건이다. 출원인 국가별로 분석하면, 유럽 국가들이 49%, 미국 24%, 일본 15%, 한국 4%, 중국 3%, 기타 국가가 5%이다. 삼성전자는 총 2,541건을 출원하여 2013년에 이어 계속 1위를 차지하였다(www.epo.org).

지정관청, 국제조사기관(ISA) 및 국제예비심사기관(IPEA)으로 지정되어 국제출원 업무를 처리하고 있다.

2. PCT 장단점

출원인이 여러 국가에 각각 별도로 출원을 한다면 그 나라 제도와 절차가 다를 뿐만 아니라 비용도 많이 들게 된다. PCT는 한 번의 국제출원으로 다수의 가입국에 직접 출원한 효과를 얻을 수 있기 때문에 개별 나라마다 일일이 출원해야 하는 번거로움을 덜어준다. 또한 PCT는 출원인이 수리관청에 하나의 국제출원서류를 제출하면서 다수의 체약국을 지정하면, 지정된 모든 체약국에 국제출원서류를 제출한 날에 직접 출원한 것과 동일한 것으로 인정해 준다. PCT는 국제단계와 국내단계로 구분되어 절차가 진행된다.[2]

국제조사기관·국제예비심사기관에서 관련 선행기술의 조사 및 특허성의 예비심사를 통하여 PCT 출원인이 각국에서 출원절차를 밟기 전에 특허성을 미리 알아볼 수 있는 장점이 있다. 그러나 국제예비심사를 받았음에도 불구하고 국내단계 진입시 각국마다 새로운 심사를 받게 되므로, 심사절차가 이중적으로 진행되는 단점이 있다.

Ⅲ. 국제단계

1. 국제출원절차

국제출원절차에서 번역문 제출이 분기점이 된다. 국제단계는 PCT 국제출원서를 수리관청에 제출할 때부터 시작하여 지정국에 번역문을 제출할 때까지의 국제출원 절차를 의미한다. 국제단계는 출원서를 수리관청에 제출하면서 시작되고, 해외출원이 취하되지 않는 한 방식심사, 국제조사, 견해서 작성, 출원의 공개 및 선택적인 국제예비심사로 이루어진다.

이 기간 동안 출원인이 특별히 요청한 경우를 제외하고는 국내관청 또는 지역관청은 해당 출원에 대하여 절차를 진행하거나 심사할 수 없다. 국제출원을 할 수 있는 수리관청에 제출하는 국제출원에는 출원서(출원인, 발명자, 대리인 등 서지사항관련 정

---

2) PCT 국제출원은 한 번의 출원으로 세계적으로 특허를 받는 것이 아니라 일단 국제출원일을 인정받은 후, 검증단계(국제조사 및 국제예비심사)를 거친 후 각 지정국에 번역문을 제출하여야 비로소 각국에서 특허허여 여부에 관한 심사가 진행된다. 국제출원은 번역문 제출시기를 중심으로 번역문 제출 이전단계를 국제단계(international phase)라 하고, 이 이후의 절차를 국내단계(national phase)라 한다. 국제출원은 국내단계에 진입한 후에는 각국의 국내법에 따라서 각국 특허청에서 일정한 절차를 거쳐서 등록된다.

보, 발명의 명칭, 우선권주장 등의 출원사항 및 해당 국제출원이 조약에 따라 처리되어야 한다는 취지의 기재), 명세서, 청구범위, 필요한 도면 및 요약서가 포함된다. 방식심사를 거친 후 국제출원일이 부여되며, 이후 해당 출원의 사본을 국제사무국(기록원본)과 국제조사기관(조사용 사본)에 송부한다.

PCT 국제출원에 필요한 서류를 접수하는 특허청(수리관청) 중 우리나라 특허청을 수리관청으로 하여 출원하는 출원인은 국제조사기관으로 한국·오스트리아·호주·일본특허청(일본어 출원에 한함) 중 하나를 선택할 수 있다.

국제예비심사기관으로는 한국·오스트리아·일본특허청(일본에서 국제조사를 받은 경우에 한함) 중 하나를 선택할 수 있다. PCT 국제출원 중 우리나라를 국제조사기관으로 지정한 나라는 필리핀, 베트남, 인도, 인도네시아, 몽고, 뉴질랜드, 미국, 싱가포르, 말레이시아, 스리랑카, 호주, 태국, 칠레이다. 국제출원이 접수되면 수리관청에서 서류작성의 적정여부 등에 대한 방식심사는 국제출원 접수 후 1월 이내, 우선일로부터 13월 이내에 심사한다.

2. 국제출원서류

국제출원에 필요한 서류는 국제출원서, 명세서, 청구범위, 요약서, 도면, 서열목록(해당하는 경우)이다. 이 경우 국내출원시 제출한 서류를 그대로 제출하는 것은 아니다. 명세서도 국내출원과 달리 PCT 규칙에서 규정하는 순서에 따라 작성하여야 하며, 국내출원과 달리 명세서와 청구범위를 구분하여 별도로 작성하여야 한다. 국제출원을 하고자 하는 자는 국어, 영어 또는 일어로 해외출원의 출원서류를 작성하여야 한다(시행규칙 제91조). 다만 국어로 작성하는 경우에는 국제공개를 위하여 우선일로부터 1년 4개월 이내에 해외출원의 영어 번역문을 특허청장에게 제출하여야 한다. 국제출원서류에 첨부하는 서류로는 수수료 계산서, 대리인의 경우 위임장, 기타 필요한 증명서류 등이다. 미생물을 기탁할 경우에는 기탁증 사본을 명세서 맨 마지막에 첨부한다. 유전자공학 관련 국제특허출원시에 서열목록을 제출하고 이를 수록한 디스켓을 제출하여야 한다.

3. 국제조사

국제단계에서 국제출원과 국제조사는 출원인이 밟아야 하는 필수적인 절차이다. 국제조사(International Search)란 국제출원된 발명에 대하여 국제조사기관이 선행기술을 조사하는 것을 말한다. 국제조사기관의 국제조사를 수행하는 단계에서는 청구된 발명의 신규성 및 진보성과 관련된 선행기술에 대한 조사가 이루어지며, 우선일부터 16개월 이내에 조사보고서 및 신규성, 진보성, 산업상 이용가능성에 관한 견해서가 작성된다. 국제조사 결과는 조사용 사본의 수령일로부터 3개월 또는 우선일로부터 9개월 중 늦게 만료되는 기간 내에 작성되는 국제조사보고서(International Search Report)로 출원인 및 WIPO 국제사무국에 송부한다. 이 국제조사보고서는 출원인 및 지정관청을 구속하는 효력은 없다.

4. 국제공개

WIPO 국제사무국은 우선일부터 18개월 내에 국제출원, 국제조사보고서 및 PCT 제19조에 의한 보정서(보정이 있는 경우)를 공개한다. 국제사무국은 수리관청이 송부한 국제출원서류와 국제조사기관이 보내 준 국제조사보고서를 합하여 국제공개공보를 발간함으로써 국제공개를 행하고, 이를 출원인 및 각 지정관청에 송부한다.

5. 국제예비심사

PCT 제2장에 의하여 국제예비심사(International Preliminary Examination)는 국제예비심사기관에서 행한다. 국제예비심사는 출원인의 선택사항이다. 출원인이 국제예비심사청구서를 제출하여 예비심사를 청구한 경우 국제예비심사기관은 국제예비심사를 수행하며, 이때 심사관은 PCT 제19조 또는 제34조의 규정에 의한 보정서가 제출된 경우 이를 고려하여 신규성, 진보성 및 산업상 이용가능성 문제에 대하여 한층 더 검토한다.

통상 우선일로부터 22개월 이내에 국제예비심사를 청구하고, 국제예비심사기관은 특허성에 관한 예비적인 심사를 하여 그 결과를 특허성에 관한 국제예비보고서로 작성하여 통상 우선일로부터 28개월 이내에 출원인에게 통보한다.

국제예비심사기관은 심사청구된 발명에 대하여 특허성에 관하여 심사한 후 예비적이고 비구속적인 판단(preliminary and non-binding opinion)을 내리고, 이를 국제예비심사보고서(International Preliminary Examination Report)로 작성하여 출원인 및 국제사무국에 송부하며, 국세사무국은 이를 각 선택관청에 송부한다.

Ⅳ. 국제단계에서의 보정

1. 국제조사보고서를 받은 후 보정

국제출원서류 중 청구범위에 대해서는 출원인이 국제조사보고서를 받고 나서 국제사무국에 보정을 청구할 수 있다. 이는 단지 청구범위에 대해서만 보정이 인정되며, 명세서 및 도면에 대해서는 허용되지 않는다(제204조).

출원인은 청구범위를 보정하면 권리획득에 유리하다고 판단될 경우에는 국제조사보고서를 받은 후 기준일까지, 외국어로 출원한 경우에는 그 보정서의 국어번역문, 국어로 출원한 경우에는 그 보정서의 사본을 특허청장에게 제출하여야 한다.

2. 국제예비심사보고서 작성 전의 보정

국제특허출원의 출원인은 PCT 제34조에 따라 국제특허출원의 명세서·청구범위 및 도면을 보정한 경우 기준일까지 해당 서류를 특허청장에게 제출하여야 한다. 외국어로 출원한 국제특허출원의 경우에는 그 보정서의 국어에 의한 번역문, 국어로 출원한 국제특허출원의 경우에는 그 보정서의 사본을 특허청장에게 제출하여야 한다(제205조 제1항).

제2절 국제특허출원에 관한 특례

Ⅰ. 국제특허출원

출원인은 국제조사보고서 등을 기초로 실제 특허를 얻고자 하는 국가에 국제출원의 번역문 및 국내수수료 등을 납부하는 국내단계에 진입(통상 우선일로부터 30개월 이내)하여 해당 지정국에서 특허심사절차를 밟게 된다. PCT에 의하여 국제출원일이 인정된 국제출원으로서 특허를 받기 위하여 대한민국을 지정국으로 지정한 국제출원은 그 국제출원일에 출원된 특허출원으로 본다(제199조 제1항). 특허출원으로 보는 국제출원(이하 "국제특허출원"이라 한다)에 관하여는 특허법 제54조의 조약에 의한 우선권은 적용하지 아니한다(제199조 제2항).

Ⅱ. 국내단계 진입

출원인이 국제조사보고서 또는 국제예비심사보고서 등을 토대로 국내단계를 밟기로 결정한 지정국에 대하여 통상 우선일부터 30개월 이내에 국제출원의 번역문 제출, 수수료 납부, 대리인 선임 등 지정국의 국내법에 따른 국내출원절차를 밟는 것을 국내단계에 진입한다고 한다.

우선일부터 30개월 후(어떤 국가에서는 유보조항에 의해 20개월: 체약국의 선택에 따라 30개월 이후로 명시할 수도 있음) 국제출원은 각 지정관청(국제예비심사가 청구되지 않은 경우 조약 제1장이 적용됨) 또는 선택관청에서 국내단계가 시작된다. 이 단계에서 실제적으로 관련 국내법이나 지역절차에 따라 특허가 허여되거나 거절된다. 국내관청 또는 지역관청은 출원의 형식이나 내용에 대하여 조약 또는 규칙의 범위를 넘어서는 추가요건을 규정하지 못하지만, 국내단계에서 해당 특허출원을 심사할 때 이미 행하여진 국제조사나 국제예비심사의 결과에 구속되지는 않는다.

우리나라는 우선일로부터 31개월 이내에 국내단계절차를 밟아야 한다. 국내단계에서의 특허여부는 각국의 특허청에서 국내법에 의하여 심사를 한 후 결정된다.

다음 <그림 13>은 PCT 국제출원에 대한 국제단계와 국내단계를 나타낸다. 번역문 제출시점을 기준으로 구분이 된다. 국내단계에 진입한 후 피인국의 특허법에 따라 절차가 진행된다.

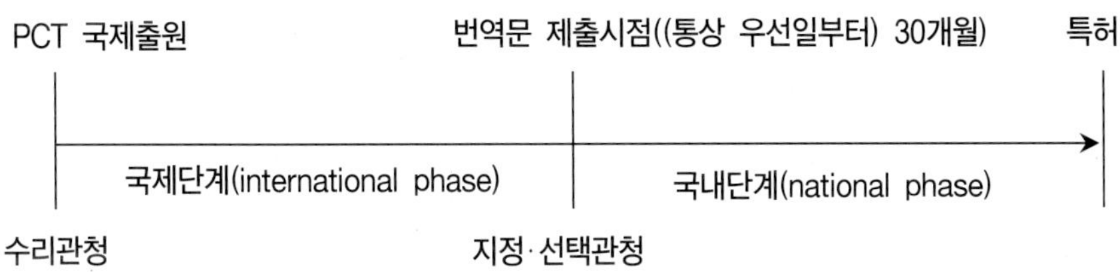

〈그림 13〉 PCT 국제출원의 국제단계와 국내단계

Ⅲ. 국제특허출원의 번역문

1. 서설

국제특허출원을 외국어로 출원한 출원인은 PCT 제2조(xi)의 우선일(이하 "우선일"이라 한다)부터 2년 7개월(이하 "국내서면제출기간"이라 한다) 이내에 (ⅰ) 국제출원일까지 제출한 발명의 설명, 청구범위 및 도면(도면 중 설명부분에 한정한다)의 국어번역문, (ⅱ) 국제특허출원의 요약서의 국어번역문을 특허청장에게 제출하여야 한다. 다만 국어번역문의 제출기간을 연장하여 달라는 취지를 서면에 적어 국내서면제출기간 만료일 전 1개월부터 그 만료일까지 제출한 경우(그 서면을 제출하기 전에 국어번역문을 제출한 경우는 제외한다)에는 국내서면제출기간 만료일부터 1개월이 되는 날까지 국어번역문을 제출할 수 있다(제201조 제1항).

특허법 제201조 제1항에도 불구하고 국제특허출원을 외국어로 출원한 출원인이 PCT 제19조(1)에 따라 청구범위에 관한 보정을 한 경우에는 국제출원일까지 제출한 청구범위에 대한 국어번역문을 보정 후의 청구범위에 대한 국어번역문으로 대체하여 제출할 수 있다(제201조 제2항).

특허법 제201조 제1항에 따라 국어번역문을 제출한 출원인은 국내서면제출기간(제1항 단서에 따라 취지를 적은 서면이 제출된 경우에는 연장된 국어번역문 제출 기간을 말한다. 이하 이 조에서 같다)에 그 국어번역문을 갈음하여 새로운 국어번역문을 제출할 수 있다. 다만 출원인이 출원심사의 청구를 한 후에는 그러하지 아니하다(제201조 제3항).

출원인이 국내서면제출기간에 발명의 설명 및 청구범위의 국어번역문을 제출하지 아니하면 그 국제특허출원을 취하한 것으로 본다(제201조 제4항).

2. 최종 국어번역문

출원인이 국내서면제출기간의 만료일(국내서면제출기간에 출원인이 출원심사의 청구를 한 경우에는 그 청구일을 말하며, 이하 "기준일"이라 한다)까지 제1항에 따라 발명의 설명, 청구범위 및 도면(도면 중 설명부분에 한정한다)의 국어번역문(제3항 본문에 따라 새로운 국어번역문을 제출한 경우에는 마지막에 제출한 국어번역문을 말한다. 이하 이 조에서 "최종 국어번역문"이라 한다)을 제출한 경우에는 국제출원일까지 제출한 발명의 설명, 청구범위 및 도면(도면 중 설명부분에 한정한다)을 최종 국어번역문에 따라 국제출원일에 특허법 제47조 제1항에 따른 보정을 한 것으로 본다(제201조 제5항).

3. 국제특허출원의 국어번역문 제출기간 연장

특허법 제201조 제1항 각 호 외의 부분 단서에서 출원인이 국어번역문의 제출연장 신청을 하면 국어번역문의 제출기간을 1개월 연장하여 줌으로써 국어번역문의 품질을 향상시키고, 국제특허출원에 대한 국어번역문 제출기간을 추가로 연장할 수 있도록 하여 출원인의 편의를 도모할 수 있는 효과가 있다.

4. 국제특허출원의 국어번역문 정정제도 도입

국제특허출원의 경우 보정을 할 수 있는 기간에 국어번역문의 잘못된 번역을 특허법 시행규칙 제114조에서 정하는 방법에 따라 정정할 수 있도록 함으로써 번역과정상의 단순한 오기로 특허출원이 거절되는 등의 문제를 해소할 수 있다.

출원인은 특허법 제47조 제1항 및 같은 법 제208조 제1항에 따라 보정을 할 수 있는 기간에 최종 국어번역문의 잘못된 번역을 정정할 수 있다. 이 경우 정정된 국어번역문에 관하여는 제5항을 적용하지 아니한다(제201조 제6항).

특허법 제201조 제6항 전단에 따라 같은 법 제47조 제1항 제1호 또는 제2호에 따른 기간에 정정을 하는 경우에는 마지막 정정 전에 한 모든 정정은 처음부터 없었던 것으로 본다(제201조 제7항). 특허법 제201조 제2항에 따라 보정 후의 청구범위에 대한 국어번역문을 제출하는 경우에는 같은 법 제204조(국제조사보고서를 받은 후 보정) 제1항 및 제2항을 적용하지 아니한다(제201조 제8항).

Ⅳ. 국제특허출원의 특례

1. 재외자 특허관리인의 특례

재외자는 재외자가 국내에 체재하는 경우를 제외하고는 그 재외자의 특허에 관한 대리인으로서 특허관리인을 선임하여야 한다. 그렇지 아니하면 특허에 관한 절차를 밟거나 특허법에 의한 명령에 의하여 행정청이 한 처분에 대하여 소를 제기할 수 없다(제5조). 그러나 재외자인 국제특허출원의 출원인은 기준일까지는 특허관리인에 의하지 아니하고 특허에 관한 절차를 밟을 수 있다(제206조 제1항).

다만 출원번역문을 제출한 재외자는 기준일로부터 2개월 이내에 특허관리인을 선임하여 특허청장에게 신고하여야 한다(제206조 제2항). 이 기간 내에 선임신고가 없는 경우에는 그 국제특허출원은 취하된 것으로 본다(제206조 제3항).

2. 출원공개시기의 특례

국제특허출원의 국내에서의 출원공개는 원칙적으로 국내서면제출기간(출원번역문 제출기한)이 경과한 때에 한다. 그러나 출원인이 국내서면제출기간 이내에 출원심사의 청구를 하고, 국제공개가 된 국제특허출원에 대한 국내공개는 우선일부터 1년 6개월이 지난 때 또는 출원심사의 청구일 중 늦은 때에 한다(제207조 제1항).

국제특허출원의 출원인은 국제특허출원에 관하여 국내공개가 있은 후 국제특허출원된 발명을 업으로 실시한 자에게 국제특허출원된 발명인 것을 서면으로 경고한 때에는 그 경고 후부터 특허권의 설정등록 전에 그 발명을 업으로서 실시한 자에게 그 특허발명의 실시에 대하여 통상 받을 수 있는 금액에 상당하는 보상금의 지급을 청구할 수 있으며, 경고를 하지 아니하는 경우에도 국내공개된 국제특허출원한 발명인 것을 알고 특허권의 설정등록 전에 업으로서 그 발명을 실시한 자에 보상금의 지급을 청구할 수 있다(제207조 제4항). 다만, 그 청구권은 해당 특허출원이 특허권의 설정등록된 후가 아니면 이를 행사할 수 없다는 점은 국내출원과 동일하다.

3. 신규성 상실 예외의 적용 특례

출원인이 국내출원에 대하여 신규성 상실 예외의 적용을 받고자 하는 경우에는 특허출원서에 그 취지를 기재하여 출원하고, 이를 증명할 수 있는 서류를 특허출원일부터 30일 이내에 특허청장에게 제출하여야 한다(제30조 제2항).

그러나 국제특허출원의 발명에 관하여 특허법 제30조 제1항 제1호의 규정을 적용받고자 하는 자는 그 취지를 기재한 서면 및 이를 증명할 수 있는 서류를 같은 법 제30조 제2항에 불구하고 기준일 경과 후 30일 이내에 특허청장에게 제출할 수 있다(제200조 및 시행규칙 제111조).

4. 결정에 의해 특허출원으로 되는 국제출원

수리관청에 의해 국제출원일이 인정되지 않아 국제조사나 국제공개가 이루어지지 않은 국제출원이더라도 해당 수리관청의 국제출원일 인정 거부 등에 잘못이 있는 경우에는 대한민국에서 일정한 절차 및 특허청장의 결정을 거쳐 특허출원으로 구제할 수 있는 특례규정을 두고 있다. 지정국에 대한민국을 포함하는 국제출원(특허출원만 해당한다)이 (ⅰ) 수리관청에 의해 국제출원일 인정이 거부된 경우, (ⅱ) 수리관청에 의해 국제출원 취하간주가 선언된 경우, (ⅲ) 국제사무국에 의해 소정기간 내에 기록원본의 불수리가 인정된 경우에는 거부·선언 또는 인정이 출원인에게 통지된 날부터 2개월 이내에 특허청장에게 결정을 하여 줄 것을 신청할 수 있다(제214조 제1항 및 시행규칙 제117조 제1항). 상기 결정을 신청을 하는 자가 그 신청을 할 때에는 명세서·청구범위 또는 도면(도면 중의 설명부분에 한한다) 기타 특허법 시행규칙 제117조 제2항에서 정하는 해외출원에 관한 서류의 국어에 의한 번역문을 특허청장에게 제출하여야 한다(제214조 제2항). 특허청장은 신청이 있는 때에는 그 신청에 관한 거부·선언 또는 인정이 PCT 규정에 따라 정당하게 된 것인지에 관하여 결정을 하여야 한다(제214조 제3항). 특허청장은 그 거부 ·선언 또는 인정이 PCT 및 같은 조약규칙에 따라 정당하게 된 것이 아니라고 결정을 한 경우에는 그 결정에 관한 국제출원은 그 국제출원에 대하여 거부·선언 또는 인정이 없었다면 국제출원일로 인정할 수 있었던 날에 출원된 특허출원으로 본다(제214조 제4항).

제3편

실용신안법

제1장 실용신안법 개관

Ⅰ. 서설

1. 의의

실용신안법 제2조 제1호는 “고안은 자연법칙을 이용한 기술적 사상의 창작이다.”고 정의하고 있으므로, 발명과 고안은 개념상 창작의 고도성 유무에 의하여 구별된다. 실용신안제도는 발명의 고도성 요건을 충족하지 못하지만, 실용적인 발명을 보호·장려하고 그 이용을 도모함으로써 기술의 발전을 촉진하여 산업발전에 이바지함을 목적으로 한다(제1조). 대부분 국가들은 기술적 사상의 창작물을 특허법으로 보호하고 있다. 이에 비해 우리나라를 비롯하여 독일, 일본, 중국 및 일부 국가에서 특허법 외에 별도의 실용신안법을 두고 있다.

19세기경 독일은 유럽의 다른 국가들에 비하여 공업이 뒤떨어져 있었기 때문에 이를 극복하기 위하여 국민들의 발명의욕을 제고하기 위한 정책으로 1891년에 실용신안법을 제정하였다. 실용신안법을 운영하고 있는 나라는 독일, 한국, 일본, 프랑스, 중국, 스페인, 이탈리아, 대만, 말레이시아, 필리핀, 오스트리아, 핀란드, 아일랜드, 헝가리, 유고슬라비아, 폴란드, 멕시코, 브라질, 우루과이, 칠레 등 20여 개국이다.

실용신안법은 독일과 일본을 비롯한 여러 나라에서 시행되어 산업발전에 긍정적인 기여를 해온 것으로 평가되고 있다. 실용신안제도는 중소기업이나 기술투자에 충분한 물적, 인적자원이 부족한 저개발국이나 개발도상국의 발명가들에게 기술개발에 관심을 가지고 적은 비용이라도 기술투자를 하도록 격려함으로써 기술개발에 참여시키도록 하는 산업정책과도 부합된다고 할 수 있다. 또한 실용신안제도에 의한 실용적인 고안의 보호는 특허제도의 발명수준의 저하를 방지하는 역할도 하고 있다. 특허법과 실용신안법은 법체계와 내용이 대체로 거의 동일하다. 따라서 제3편에서는 특허법을 준용하는 법조문은 해설은 생략하고, 실용신안법에서 중요하거나 특허법과 차이가 있는 제도 위주로 해설한다. 본서에는 2017년 3월 1일 시행예정인 2016년 개정법을 해설한다.

2. 실용신안법의 연혁

실용신안법을 두고 있는 나라는 그 입법례가 다양하다. 프랑스는 특허법 체계 속에서 실용증이라는 제도를 두고 발명에 대하여 신속하고 간단한 절차의 보호제도를 가지고 있다. 반면에 독일, 일본, 한국 등은 실용신안법이라는 별개의 독립된 법률을 제정하여 보호하고 있다. 우리나라도 국가산업정책상 개인발명과 중소기업에서 연구·개발한 고안을 보호·장려할 필요가 있으므로 실용신안제도를 두고 있다.

실용신안의 법적 보호에 관하여는 1946년 구특허법(군정법령 제91호)에는 특허법으로 실용특허로 보호하다가 1961년 12월 31일 실용신안법이라는 단일법으로 제정되었다. 실용신안법이 제정된 이후 25차례의 법개정을 거쳐 현행법에 이르고 있다. 실용신안제도는 작은 발명이라도 보호하기 위해서 19세기 말경에 독일에서 탄생한 제도이다. 우리나라의 실용신안제도는 일제 강점기에는 일본법을 그대로 시행하였고 1946년 해방 후 군정법령에 의해 미국특허법을 도입하였기 때문에 특허법에 실용특허가 규정되어 보호되다가 1961년 실용신안법이라는 독자적인 법률이 제정되었다. 1998년 개정 이전의 실용신안법은 일본의 종전의 실용신안제도(1993년 개정 이전)를 거의 그대로 받아들이고 있었으나. 1998년 전부개정으로 선등록제도로 전환됨에 따라 독자적인 입법체계를 갖추게 되었다. 실용신안은 권리의 조기설정을 위해 1999. 7. 1.부터 2006. 9. 30.까지 무심사로 등록해주는 선등록제도를 시행하였다.

그러나 그 기간 동안에도 기술평가, 이의신청, 무효심판 절차에서 신규성과 진보성 등 등록요건에 대한 심사가 필요하였다. 또한 2000년대 이후 특허출원에 대한 심사처리기간이 대폭 단축되었고, 그런 추세가 지속될 것으로 전망됨에 따라 신속한 권리설정을 목적으로 도입된 실용신안 선등록제도의 장점이 감소되고, 상대적으로 권리의 오용·남용, 복잡한 심사철차로 인한 출원인이 부담 증가 및 심사업무의 효율성 저하 등 선등록제도의 문제점이 부각되었다.

이에 따라 2006년 10월부터 다시 실용신안제도를 심사 후 등록제도로 개정하였다. 실용신안제도가 특허제도와 마찬가지로 심사 후 등록제도로 변경됨에 따라 합리적 제도 운영을 위해 특허제도와의 통일된 절차를 마련하여 출원인의 편익을 도모하였다.

2016년 6월 30일에 시행된 현행 실용신안법(법률 제14034호)은 1961년 실용신안법이 제정된 이후 28여 차례의 법개정을 통하여 국제화된 법률이라 할 수 있다.

Ⅱ. 실용신안의 보호대상

실용신안법 제4조 제1항은 실용신안의 보호대상을 물품의 형상·구조 또는 조합에 관한 고안으로 규정하여 물품성을 요구하고 있다. 따라서 방법발명 및 물질발명은 실용신안의 대상이 될 수 없다. 실용신안은 기술의 고도성이 낮은 작은 발명을 보호하고 장려하여 중소기업과 벤처기업의 기술개발을 촉진하려는 취지에서 도입한 제도이다. 실용신안 제품에 대한 신규의 고안자에게 특허보다 라이프사이클이 짧지만, 일정기간 고안을 독점·배타적으로 실시할 수 있는 권리를 보장함으로써 중소기업과 개인발명가에게 소규모의 자본으로 기술개발을 촉진할 수 있는 경제적 인센티브를 제공하여 산업발전에 기여할 수 있도록 하는 것을 목적으로 한다.

Ⅲ. 특허법과 차이점

실용신안법은 특허법의 절차를 대부분 그대로 준용하고 있어서 출원 및 등록절차가 특허와 거의 동일하다. 또한 권리발생과 권리행사와 관련되는 제도 역시 특허제도와 동일하다. 실용신안은 특허에서 파생된 작은 특허 내지 간단한 특허이므로 우리나라 실용신안제도는 대부분이 특허제도와 동일하다. 실용신안법과 특허법의 차이점은 다음과 같다.

1. 보호대상

발명이란 자연법칙을 이용한 기술적 사상의 창작으로서 고도한 것으로 정의한다. 반면에 고안은 자연법칙을 이용한 기술적 사상의 창작으로 정의된다. 따라서 특허와 실용신안은 본질적으로 보호대상이 기술적 사상의 창작인 점에서 동일하다고 할 수 있다. 다만, 고도성의 정도만이 차이라고 볼 수 있다.

등록대상의 카테고리(범주)에 있어서, 특허는 물건, 방법, 장치, 용도를 모두 등록대상으로 하나, 실용신안의 경우에는 물품의 형상·구조 또는 조합에 관한 고안을 등록대상으로 한다. 특허출원인은 물건의 발명에 대해서 그 특허출원의 출원서에 최초로 첨부된 명세서 또는 도면에 기재된 사항의 범위에서 그 특허출원을 실용신안등록출원으로 변경할 수 있다(제10조 제1항).

2. 권리존속기간

특허권의 존속기간은 특허권을 설정등록한 날부터 특허출원일 후 20년이 되는 날까지로 한다(특허법 제88조 제1항). 그러나 실용신안권의 존속기간은 실용신안권을 설정등록한 날부터 실용신안등록출원일 후 10년이 되는 날까지다(제22조 제1항).

양법을 비교하면 권리존속기간이 특허는 20년, 실용신안은 10년으로 10년의 차이가 있다. 특허법에는 허가 등에 따른 특허권 존속기간의 연장과 등록지연에 따른 특허권 존속기간의 연장이 있으나, 실용신안법에서는 등록지연에 따른 실용신안권 존속기간의 연장(제22조의2)만 있다.

3. 진보성 판단

진보성 판단에서 특허는 용이하게 발명할 수 있는지 여부이고, 실용신안은 '극히 용이하게' 고안할 수 있는지 여부에 관점을 두고 있다. 따라서 실용신안의 진보성 판단은 특허보다 판단수준이 낮다고 할 수 있다. 출원인이 특허출원을 할 것인지 아니면, 실용신안등록출원을 할 것인지의 여부는 출원인이 자유롭게 선택할 수 있다.

특허청 실무에서 심사관은 실용신안등록출원을 심사할 때 기술의 고도성만을 문제 삼아서 거절할 수 없고, 진보성 판단에서 비교대상발명과 비교하여 거절한다.

4. 심사청구

특허의 경우 누구든지 특허출원에 대하여 특허출원일부터 3년 이내에 특허청장에게 출원심사의 청구를 할 수 있다(특허법 제59조 제2항). 실용신안의 경우에는 누구든지 실용신안등록출원에 대하여 실용신안등록출원일부터 3년 이내에 특허청장에게 출원심사의 청구를 할 수 있다(제12조 제1항). 양법을 비교하면, 심사청구기간은 특허의 경우 3년 이내에, 실용신안은 3년 이내로 차이가 없다. 2016년 개정 특허법에서 특허출원에 대한 출원심사의 청구기간을 5년에서 3년으로 단축하였다.

Ⅳ. 디자인보호법과 차이점

1. 보호대상

디자인권은 물품의 디자인을 보호하는 권리이다. 디자인의 보호대상은 물품의 형상·모양·색채 또는 이들을 결합한 것으로 시각을 통하여 미감을 일으키게 공업적으로 이용 가능한 디자인으로 정의한다(디자인보호법 제2조, 제33조). 반면에 고안은 자연법칙을 이용한 기술적 사상의 창작으로 정의된다. 물품에 대한 창작인 점에서 디자인과 실용신안은 공통점이 있으나, 디자인은 미적 과제의 해결을 목적으로 하므로 기술적 과제의 해결을 목적으로 하는 실용신안과 구별된다.

2. 판단기준

출원인은 물품의 형상·구조 또는 조합에 특징이 있는 고안을 실용신안으로 출원할 수 있고, 물품의 외관만을 보호받으려면 디자인으로 출원할 수 있다. 디자인의 심사, 심판, 소송, 권리보호에 있어서 판단기준은 도면이나 실용신안의 심사, 심판, 소송, 권리보호에 있어서 판단기준은 청구범위이다.

3. 존속기간

디자인권은 설정등록한 날부터 발생하여 디자인등록출원일 후 20년이 되는 날까지 존속한다(디자인보호법 제91조 제1항). 실용신안권의 존속기간은 실용신안권을 설정등록한 날부터 실용신안등록출원일 후 10년이 되는 날까지로 한다(제22조 제1항). 양법을 비교하면 권리존속기간이 디자인은 20년, 실용신안은 10년으로 10년의 차이가 있다.

Ⅴ. 실용신안법 개정 동향

1. 2012년 개정(시행 2012.3.15. 법률 제11114호, 일부개정)

「대한민국과 미합중국 간의 자유무역협정 및 대한민국과 미합중국 간의 자유무역협정에 관한 서한교환」의 합의사항에 따라 실용신안권 설정등록 지연에 따른 실용신안권의 존속기간을 연장하는 제도와 비밀유지명령제도 등을 도입하고, 공지예외 적용시기를 연장하였다. 한편, 제도 실효성이 없는 실용신안권 취소제도를 폐지하였다. 또한 일반국민이 실용신안법을 알기 쉽게 이해할 수 있도록 일부 조문의 문구를 명확하게 하였다.

(1) 신규성 상실 예외 적용시기 연장 　출원인이 실용신안등록출원 전에 자발적으로 자신의 고안을 공개한 경우 6개월 이내에 실용신안등록출원을 하면 실용신안등록 거절이유에서 제외하고 있는데 그 예외인정 기간을 6개월 이내에서 12개월 이내로 연장하였다.

(2) 실용신안권의 존속기간 연장제도 도입 　출원인으로 인한 사유가 아닌 사유로 실용신안권의 설정등록이 늦게 이루어지는 경우 실용신안등록출원인의 청구에 따라 그 지연된 기간만큼 실용신안권의 존속기간을 연장하는 제도를 도입하였다.

(3) 비밀유지명령제도 도입 　특허권의 침해에 관한 소송에서 당사자가 보유한 영업비밀에 대하여 비밀유지명령을 할 수 있도록 하는 특허법의 관련 규정을 준용하도록 함으로써 실용신안에도 비밀유지명령제도를 도입하였다.

2. 2013년 개정(시행 2013. 7. 1. 법률 제11653호, 일부개정)

출원인의 편의를 증진하기 위하여 실용신안등록출원인이 책임질 수 없는 사유로 출원심사의 청구기간 또는 재심사의 청구기간을 지키지 못한 경우에도 출원심사 또는 재심사의 청구를 할 수 있도록 하는 한편, 그 밖에 현행 제도의 운영상 나타난 일부 미비점을 개선·보완하였다.

3. 2015년 개정

(1) 시행 2015. 1. 1. 법률 제12752호(일부개정)　출원인이 빠른 출원일을 선점할 수 있도록 하기 위하여 국어로만 실용신안등록출원할 수 있던 것을 외국어로도 실용신안등록출원할 수 있도록 하고, 국제실용신안등록출원에 대한 국어번역문 제출기간을 추가로 연장할 수 있도록 하여 출원인의 편의를 도모하는 한편, 어려운 용어를 쉬운 용어로 바꾸며, 길고 복잡한 문장을 간결하게 하는 등 국민이 법 문장을 이해하기 쉽게 정비하였다.

1) 외국어실용신안등록출원 제도 도입　먼저 출원한 자에게 실용신안권을 부여하는 현행 선출원제도하에서는 빠른 출원일 확보가 무엇보다 중요하므로, 고안의 내용을 국어가 아닌 영어로 적어 실용신안등록출원서에 첨부하여 제출하면 실용신안등록출원일을 인정받을 수 있도록 함으로써 출원인의 편의를 도모하였다.

2) 국제실용신안등록출원의 국어번역문 제출기간 연장　출원인이 국어번역문의 제출연장을 신청하면 국어번역문의 제출기간을 1개월 연장할 수 있도록 함으로써 국어번역문의 품질을 향상시키고 출원인의 편의를 제고하였다.

3) 국제실용신안등록출원의 국어번역문 정정제도 도입　국제실용신안등록출원의 경우 보정을 할 수 있는 기간에 국어번역문의 잘못된 번역을 특허법 시행규칙 제114조 제5항이 정하는 방법에 따라 정정할 수 있도록 함으로써 번역 과정상의 단순한 오기로 실용신안등록출원이 거절되는 등의 문제를 해소하였다.

(2) 시행 2015. 7. 29. 법률 제13088호(일부개정)　출원되기 전에 출원고안과 동일한 고안이 공지된 경우 그 출원고안은 신규성 등이 없다는 이유로 실용신안등록을 받지 못하지만, 출원 전에 공지된 고안이 실용신안등록을 받을 수 있는 권리를 가진 자(이하 "출원인"이라 한다)에 의해 공시된 경우 그 공지된 고안에 대해서 공지되지 않은 것으로 적용받겠다고 주장하면 그 공지된 고안은 제외하고 신규성 등 실용신안등록요건을 판단하는 신규성 상실 예외주장 제도가 운영되고 있다.

그러나 현행법에서는 신규성 상실 예외주장은 출원시에만 가능하여 창의적 아이디어라도 출원시 신규성 상실 예외주장을 누락하면 그 이후에 이를 보완할 수 없어 자기가 공지한 사실 때문에 실용신안등록을 받지 못하는 문제점이 있었다.

이에 출원인의 단순한 실수로 출원시 신규성 상실 예외주장을 하지 않더라도 특허법 제30조를 준용하여 실용신안등록결정의 등본을 송달받은 날부터 3개월이나 설정등록일 중 빠른 날까지 또는 명세서 또는 도면을 보정할 수 있는 기간에 출원시하지 않은 신규성 상실 예외주장의 취지를 적은 서류나 이를 증명할 수 있는 서류의 제출을 보완할 수 있는 신규성 상실 예외주장을 보완하는 제도를 도입하여 출원인의 권리 보호를 강화하였다.

4. 2017년 개정(시행 2017. 3. 1. 법률 제14034호, 일부개정)

등록실용신안의 활용을 높이기 위하여 실용신안권의 공유자는 계약으로 특별히 약정한 경우를 제외하고는 다른 공유자의 동의를 받지 아니하고 자신의 지분 전부를 양도할 수 있도록 하고, 부실한 실용신안등록을 예방하기 위하여 누구든지 선행기술정보에 기초한 실용신안등록취소사유로 실용신안등록취소신청을 하면 실용신안등록의 취소 여부를 신속하게 결정하는 실용신안등록취소신청 제도를 도입하는 등 현행 제도의 운영상 나타난 일부 미비점을 개선·보완하였다.

(1) 직권 재심사 제도의 도입 심사관이 실용신안등록결정을 한 후 명백한 거절이유를 발견한 경우 직권으로 실용신안등록결정을 취소하고 그 실용신안등록출원을 다시 심사할 수 있도록 하여 흠이 있는 등록실용신안을 사전에 방지하도록 하되, 권리의 안정성을 위하여 실용신안권이 설정등록되기 전까지만 실용신안등록결정을 취소할 수 있도록 한다.

(2) 공유인 실용신안권의 지분 양도의 제한 완화 실용신안권이 공유인 경우에는 각 공유자는 다른 공유자 모두의 동의를 받아야만 자신의 지분을 양도하거나 질권을 설정할 수 있어 실용신안권의 지분 양도 등을 통한 이익창출의 기회가 차단되는 문제점이 있으므로, 계약으로 약정한 경우를 제외하고 다른 공유자의 동의 없이 동일인에게 그 지분의 전부를 양도하거나 그 지분의 전부를 목적으로 하는 질권을 설정할 수 있도록 함으로써 공유권자가 지분을 더 쉽게 활용할 수 있게 하였다.

(3) 실용신안등록취소신청 제도의 도입(제30조의2 및 제30조의3 신설)

1) 현재 실용신안권의 설정등록일부터 등록공고일 후 3개월 이내에는 누구든지 실용신안등록무효심판을 청구할 수 있도록 하여 실용신안등록요건을 구비하지 못한

실용신안등록을 조기에 무효로 할 수 있도록 하고 있으나, 실용신안등록무효심판절차가 복잡하여 활용도가 적은 문제점이 있다.

2) 누구든지 실용신안권의 설정등록일부터 등록공고일 후 6개월이 되는 날까지 선행기술정보에 기초한 실용신안등록취소사유로 특허심판원장에게 실용신안등록취소신청을 하면 심판관이 해당 실용신안등록의 취소 여부를 신속하게 결정하도록 하는 실용신안등록취소신청 제도를 도입하여 실용신안등록의 검증을 강화할 수 있다.

2017년 3월 1일 시행할 예정인 실용신안법 제30조의2(실용신안등록취소신청) 은 "누구든지 실용신안권의 설정등록일부터 등록공고일 후 6개월이 되는 날까지 그 실용신안등록이 (ⅰ) 제4조(실용신안등록의 요건)에 위반된 경우, (ⅱ) 제7조(선출원) 제1항부터 제3항까지의 규정에 위반된 경우 중 의 어느 하나에 해당하는 경우에는 특허심판원장에게 실용신안등록취소신청을 할 수 있다. 이 경우 청구범위의 청구항이 둘 이상인 경우에는 청구항마다 실용신안등록취소신청을 할 수 있다."고 규정하고 있다.

제2장 실용신안등록요건

Ⅰ. 서설

1. 의의

골프는 스코틀랜드에서 발달한 공놀이다. 골프 경기를 하려면 골프공과 클럽, 그리고 골프 티(golf tee)가 있어야 한다. 그 가운데 골프 티의 발전은 경기시간을 단축시키는 데 중요한 역할을 했다. 골프는 초기에 스코틀랜드와 네덜란드 상류층에서 크게 유행했는데, 당시에는 골프 티가 없어 공을 치기 좋게 작은 흙무덤을 만들어야 했다. 공을 칠 때마다 몇 번이고 새로운 흙무덤을 만들다 못해 티(tee)라는 것이 생겨났다. 1899년 하버드대학 출신의 치과의사 그랜트 박사가 흙무덤을 대신할 것을 연구하다가 나무를 재료로 한 골프 티를 발명했다. 그 인기는 폭발적이었다. 우리나라 특허청에 수많은 골프 티가 실용신안으로 출원되어 등록되고 있다.

실용신안은 산업상 이용할 수 있는 물품의 형상·구조 또는 조합에 관한 고안을 보호대상으로 한다. 실용신안법은 소정의 등록요건을 구비한 고안에 대해서만 실용신안권을 부여한다. 실용신안을 등록받기 위해서는 산업상 이용가능성, 신규성, 진보성의 실용신안등록요건을 갖추어야 한다. 고안의 등록요건은 발명의 특허요건과 기본 개념이 동일하다. 다만, 진보성에서 약간의 차이가 있다. 발명의 진보성은 용이하게 발명할 수 없는 것을 요건으로 하는 데 비하여 고안의 진보성은 "극히 용이하게" 고안할 수 없는 것을 요건으로 한정하여 고도성에서 특허와 차이가 있다.

2. 실용신안등록의 대상

특허의 보호대상인 발명은 자연법칙을 이용한 기술적 사상의 창작 중 고도한 것인 데 비하여 실용신안의 보호대상인 고안은 자연법칙을 이용한 기술적 사상의 창작이다. 실용신안등록을 받을 수 있는 고안은 물품의 형상·구조 또는 조합에 관한 고안에 한정하고 있어서 특허의 대상과 실용신안의 대상은 본질적으로 차이가 있어서, 방법이나 물질은 실용신안법의 보호대상이 될 수 없다.

(1) 물품 실용신안법에 물품에 관한 정의규정은 두고 있지 않지만, 일반적으로 공간적으로 일정한 형태를 가진 것으로 상거래의 대상이 되고 자유롭게 운반 가능한 상품으로서 사용목적이 명확한 것은 실용신안법상의 물품에 해당된다고 할 수

있다. 그러나 실용신안으로서 등록되는 것은 고안이며 물품 그 자체는 아니다. 실용신안법상 물품이라고 말할 수 있기 위해서는 적어도 일정한 형태를 갖는 물건이어야 한다. 따라서 방법은 물품에 해당하지 아니하고 물건과 다른 카테고리에 해당하므로 실용신안법의 보호대상이 되지 않는다. 일반적으로 토양, 점토, 모래, 액체(물, 우유 등), 분말 등과 같은 것들은 일정한 형상 또는 구조를 갖는 것으로 볼 수 없으므로 실용신안등록을 받을 수 없다.

(2) 형상·구조 형상이란 선이나 면 등으로 표현된 외형적 형태를 의미한다. 예를 들면, 전화기의 모양, 십자형 드라이버, 공구의 날, 만년필의 펜촉, 휴대전화기의 안테나 형상, 캠(cam)의 구조 등과 같은 물품이 이에 해당된다. 구조란 공간적, 입체적으로 조립된 구성으로서 물품의 외관만이 아니고 평면도나 정면도, 경우에 따라서는 측면도나 단면도를 이용하여 표현되는 구성이다.

예를 들면, 휴대용 전화기의 전원을 본체에 끼워 넣는 부분의 구조 등이다. 전자제품의 전자회로의 경우도 물품의 구조로 간주하여 실용신안의 대상으로 하고 있다. 조성물, 합금, 화합물 등은 일정한 형상 또는 구조를 갖는 것으로 인정되지 아니하므로 실용신안등록을 받을 수 없다. 또한 기능적 표현만으로 기재되어 있어서 물품의 형상·구조를 특정할 수 없는 것인 경우에 실용신안등록을 받을 수 없다.

(3) 조합 물품의 사용시 또는 사용하지 않을 때 2개 또는 그 이상의 물품이 공간적으로 분리된 형태로 있다. 또 이들은 각각 독립적으로 일정한 구조 또는 형상을 가지며, 사용에 의하여 이들이 기능적으로 서로 관련되어 사용가치를 발휘하는 것을 물품의 조합이라 한다. 예를 들어, 기계장치의 부속품을 볼트와 너트를 조합하여 결합하는 경우 또는 송화기와 수화기가 분리되었던 것을 일체형으로 하는 경우가 이에 해당된다.

Ⅱ. 실용신안등록의 요건

실용신안은 특허와 마찬가지로 출원, 심사, 등록의 절차를 거쳐서 실용신안권을 설정한다. 실용신안등록의 요건에는 주체적 요건, 실체적 요건 및 절차적 요건으로 구분할 수 있다.

1. 주체적 요건

출원인의 자격 요건으로 실용신안을 등록받기 위해서는 권리능력이 있어야 한다. 고안을 한 자 또는 그 승계인만이 특허를 받을 수 있는 권리를 가진다. 마찬가지로 고안을 등록받을 수 있는 자는 정당한 고안자 또는 그 승계인이다.

출원인은 자연인 또는 법인이다. 다만 특허청 직원 및 특허심판원 직원은 상속 또는 유증(遺贈)의 경우를 제외하고는 재직중 실용신안을 받을 수 없다.

2. 실체적 요건

넓은 의미의 실용신안등록의 요건은 출원고안이 실용신안법 제13조의 거절이유에 해당하지 않는 고안으로 인정되는 요건이라 할 수 있다. 실체적 요건은 실용신안법 제4조 제1항 및 제2항에서 규정하는 고안의 성립성, 산업상 이용가능성, 신규성 및 진보성과 실용신안법 제7조(선원) 및 제4조 제3항·제4항(확대된 선원)에서 규정하고 있는 선원주의 등을 들 수 있다.

일반적으로 실용신안법 제4조 제1항 및 제2항에서 규정하고 있는 산업상 이용가능성, 신규성 및 진보성을 적극적 등록요건이라 한다. 따라서 출원고안이 실용신안을 등록받기 위해서는 산업상 이용가능성, 신규성 및 진보성을 구비하여야 한다.

【고안의 등록요건 및 신규성과 진보성】

<대법원 2006. 2. 24. 선고 2004후2741 판결>

실용신안법이 정하는 실용적 고안이란 특허법에서 말하는 발명과는 달리 고도의 창작성을 요하지 아니하여 그 고안이 물품의 형상, 구조 또는 조합에 의하여 사용가치를 고양하는 기술적 진보가 있으면 신규성이 있으므로, 종전의 공지공용의 고안에 유기적으로 부가 결합하여 새로운 기술적 고안을 갖출 경우에는 설사 그것이 부가적인 구조라 할지라도 이는 물품에 관한 신규의 형에 해당하는 공업적 고안이다. 또 공지 공용의 기술을 결합한 고안이라고 할지라도 결합 전에 각 기술이 가지고 있던 작용효과의 단순한 집합이 아니라 결합 전에 비하여 보다 증진된 작용효과가 인정되고 통상의 기술자가 극히 용이하게 실시할 수 없는 것일 때는 이를 신규성 및 진보성이 있는 고안이라고 할 수 있다.

3. 절차적 요건

절차적 요건은 출원인이 특허에 관한 절차를 밟는 행정절차에서 충족되어야 하는 요건이다. 실용신안을 등록받기 위해서는 실용신안등록출원서에는 고안의 설명, 청구범위를 적은 명세서와 도면 및 요약서를 첨부하여야 한다(제8조 제2항). 이와 같이 실용신안등록출원의 절차와 관련된 요건으로 실용신안법 제8조 제3항 및 제4항 및 제9조 등은 절차적 요건이다.

Ⅲ. 실용신안등록을 받을 수 없는 고안

실용신안법은 등록요건을 갖춘 고안이라 하더라도 공익적 관점에서 일정한 경우에는 실용신안등록을 받을 수 없도록 하고 있다. 실용신안제도와 관련되는 공익(共益)과 사익(私益)의 조화를 꾀하고 있음은 특허법과 동일하나, 그 내용에 있어서 차이가 있다. 실용신안등록출원이 산업상 이용가능성이 있고, 신규성과 진보성을 갖춘 고안이라 할지라도 (ⅰ) 국기 또는 훈장과 동일하거나 유사한 고안이거나, (ⅱ) 공공의 질서 또는 선량한 풍속에 어긋나거나 공중의 위생을 해칠 우려가 있는 고안은 실용신안등록을 받을 수 없다(제6조).

Ⅳ. 고안의 신규성

1. 신규성 판단

실용신안법에서 고안을 공개한 대가로 독점권을 부여하므로 이미 공지되어 있는 고안에 대하여 독점권을 부여해서는 안 된다. 산업상 이용할 수 있는 물품의 형상·구조 또는 조합에 관한 고안으로 (ⅰ) 실용신안등록출원 전에 국내 또는 국외에서 공지되었거나 공연히 실시된 고안, (ⅱ) 실용신안등록출원 전에 국내 또는 국외에서 반포된 간행물에 게재되었거나 전기통신회선을 통하여 공중이 이용할 수 있는 고안 중 어느 하나에 해당하는 경우에 신규성이 상실되므로 실용신안등록을 받을 수 없다(제4조 제1항). 고안의 신규성 판단에 있어서, 공지·공용과 선행기술의 채택범위는 특허처럼 국제주의를 채택하고 있다.

2. 신규성 상실 예외주장

2015년 개정법에서 실용신안법 제5조(공지 등이 되지 아니한 고안으로 보는 경우)를 삭제하고, 특허법 제30조를 준용 규정으로 하였다. 특허법 제30조의 취지는 비록 발명이 출원 전에 공지되었다 할지라도 일정요건을 갖춘 경우 그 고안은 특허법 제29조 제1항(신규성) 및 제2항(진보성)에 관한 규정 적용시 선행기술로 적용하지 않도록 하는 것이다. 따라서 실용신안등록을 받을 수 있는 권리를 가진 자의 고안이 신규성을 상실하거나 실용신안등록을 받을 수 있는 권리를 가진 자의 의사에 반하여 신규성을 상실한 경우 그 날부터 12개월 이내에 실용신안등록출원을 하면 그 실용신안등록출원된 고안에 대하여 신규성과 진보성을 적용할 때에는 그 고안은 신규성 상실에 해당하지 아니하는 것으로 본다. 2015년 개정법에서 출원인의 권리 보호 강화를 위하여 신규성 상실 예외주장 제도를 보완하였다. 종전에는 신규성 상실 예외주장을 '출원시에만' 할 수 있어서 창의적 아이디어라도 출원시 신규성 상실 예외주장을 누락하면 등록받지 못하는 문제점이 있었다.

개정법에서는 이 문제를 해결하기 위해서 출원시 신규성 상실 예외주장을 하지 않은 경우 명세서 등 보정기간 및 특허결정 등본을 송달 받은 날부터 3개월(단, 설정등록 이전)까지 신규성 상실 예외주장을 보완할 수 있도록 하였다. 적용대상출원은 2015년 7월 29일 이후 출원한 실용신안부터 적용하였다.

Ⅴ. 고안의 진보성

1. 서설

고안의 진보성 판단은 발명의 진보성 판단과 동일한 절차로 진행한다. 고안의 진보성 판단은 통상의 기술자의 수준에서 출원고안과 인용고안을 대비하여 극히 용이하게 고안할 수 있는지 여부를 판단하는 심사이다. 실용신안등록출원 전에 그 고안이 속하는 기술분야에서 통상의 기술자가 극히 용이하게 고안할 수 있는 것일 때에는 그 고안은 신규성이 있다고 하더라도 실용신안등록을 받을 수 없다(제4조 제2항). 진보성이 없는 고안에 대하여 실용신안등록을 부여하지 않는 이유는 공지기술로부터 극히 쉽게 생각해 낼 수 있는 고안에 실용신안등록을 허여함으로써 제3자의 기술실시를 부당하게 방해하는 것은 산업발전에 기여하는 것을 목적으로 하는 실용신안제도의 취지에 반하기 때문이다.

【고안이 속하는 기술분야의 범위】

<대법원 2012. 10. 25. 선고 2012후2067 판결>

> 실용신안법 제4조 제2항의 그 고안이 속하는 기술분야란 원칙적으로 해당 등록고안이 이용되는 산업분야를 말한다. 해당 등록고안이 이용되는 산업분야가 비교대상고안의 그것과 다른 경우에는 비교대상고안을 해당 등록고안의 진보성을 부정하는 선행기술로 사용하기 어렵다 하더라도, 문제로 된 비교대상고안의 기술적 구성이 특정 산업분야에만 적용될 수 있는 구성이 아니고 해당 등록고안의 산업분야에서 통상의 기술자가 등록고안의 당면한 기술적 문제를 해결하기 위하여 별다른 어려움 없이 이용할 수 있는 구성이라면, 이를 해당 등록고안의 진보성을 부정하는 선행기술로 삼을 수 있다.

2. 진보성 판단

등록고안의 구성이 비교대상고안들을 결합하여 극히 쉽게 고안할 수 있고, 작용효과도 충분히 예측할 수 있는 경우에는 진보성이 부정된다. 실용신안법에 있어서 고안이란 특허법에서 말하는 발명과는 달리 창작의 고도성을 요하지는 않으므로 공지·공용의 기술을 결합한 고안이라 하더라도 유기적으로 결합된 형상, 구조 또는 조합의 신규성에 의하여 산업상 이용할 수 있는 새로운 기술적 사상의 창작이 어느 정도 존재한다면 이는 산업상 이용할 수 있는 고안이라 할 수 있다.

이와 같은 경우에도 결합 전에 각 기술이 가지고 있던 작용효과의 단순한 결합이 아니라 결합 전에 비하여 보다 증진된 작용효과가 인정되고 해당 기술분야에서 통상의 기술자가 쉽게 실시할 수 없을 경우에는 진보성이 있는 고안이라고 할 수 있다.

【고안의 신규성 및 진보성 판단 기준】

<대법원 2006. 2. 24. 선고 2004후2741 판결>

> 실용신안법이 정하는 실용적 고안이란 특허법에서 말하는 발명과는 달리 고도의 창작성을 요하지 아니하여 그 고안이 물품의 형상, 구조 또는 조합에 의하여 사용가치를 고양하는 기술적 진보가 있으면 신규성이 있으므로, 종전의 공지공용의 고안에 유기적으로 부가 결합하여 새로운 기술적 고안을 갖출 경우에는 설사 그것이 부가적인 구조라 할지라도 이는 물품에 관한 신규의 형에 해당하는 공업적 고안이라 할 것이다. 또 공지 공용의 기술을 결합한 고안이라고 할지라도 결합 전에 각 기술이 가지고 있던 작용·효과의 단순한 집합이 아니라 결합 전에 비하여 보다 증진된 작용효과가 인정되고 통상의 기술자가 극히 용이하게 실시할 수 없는 것일 때는 신규성 및 진보성이 있다고 할 것이다.

Ⅵ. 선출원주의

1. 선원주의

실용신안권은 독점배타적 권리이기 때문에 동일한 고안에 대해서는 하나의 실용신안만을 부여하는데 이를 고안의 단일성이라 한다. 따라서 동일한 고안에 대하여 둘 이상 출원한 경우 먼저 출원한 자에게만 권리를 부여하는 것을 원칙으로 먼저 출원한 자에게 실용신안을 허여하는 제도를 선출원주의 또는 선원주의라 한다(제7조).

2. 확대된 선원

실용신안등록출원한 고안이 (i) 그 실용신안등록출원일 전에 출원된 실용신안등록출원일 것과, (ii) 그 실용신안등록출원 후 출원공개되거나 등록공고된 실용신안등록출원일 것의 요건을 모두 갖춘 다른 실용신안등록출원의 출원서에 최초로 첨부된 명세서 또는 도면에 기재된 고안과 동일한 경우에 그 고안은 실용신안등록을 받을 수 없다. 다만, 그 실용신안등록출원의 고안자와 다른 실용신안등록출원의 고안자가 같거나 그 실용신안등록출원을 출원한 때의 출원인과 다른 실용신안등록출원의 출원인이 같은 경우에는 그러하지 아니하다(제4조 제3항).

명세서 또는 도면에 기재되어 있는 발명은 출원공개 또는 등록공고에 의하여 공개되므로 청구범위에 포함되어 있지 않아도 그 고안은 출원인의 입장에서 보면 대가 없이 사회에 제공한 고안이라 볼 수 있다. 따라서 실용신안법 제4조 제3항의 취지는 헌납된 고안을 후출원한 제3자의 전유물로 하는 것은 불합리할 뿐만 아니라, 새로운 고안에 대한 공개의 대가로 일정기간 동안 독점배타적 권리를 부여하는 실용신안법의 목적에도 부합되지 않으므로 실용신안을 허여하지 않겠다는 것이다.

【확대된 선출원에서 양 발명의 동일성 판단】

<대법원 2011. 3. 24. 선고 2010후3202 판결>

확대된 선출원에 관한 특허법 제29조 제3항(또는 실용신안법 제4조 제3항)에서 규정하는 발명(고안)의 동일성 여부의 판단은 양 발명(고안)의 기술적 구성이 동일한가 여부에 의하되 발명의 효과도 참작하여야 할 것인데, 기술적 구성에 차이가 있더라도 그 차이가 과제해결을 위한 구체적 수단에서 주지·관용기술의 부가, 삭제, 변경 등으로 새로운 효과의 발생이 없는 정도에 불과하다면 양 발명(고안)은 서로 실질적으로 동일하다고 하여야 한다.

제3장 출원 및 심사절차

Ⅰ. 출원절차

1. 서설

실용신안등록을 받고자 특허청에 신청하는 자(이하 "출원인"이라 한다)는 실용신안등록출원을 할 수 있다. 실용신안등록출원의 출원절차와 심사절차는 출원발명의 절차와 동일하다. 특허청에 출원서류가 접수되고, 방식심사를 받은 후 출원일로부터 1년 6개월이 지나면 실용신안은 자동으로 공개된다. 전체 실용신안 중 심사청구를 한 것만 심사국으로 이관되고, 심사관이 이를 심사하게 된다.

특허청 심사업무는 국제특허분류(IPC)에 의하여 업무가 분장되므로 심사관은 자신이 담당하는 실용신안을 대상으로 실체심사를 착수하고, 심사한 후 실용신안등록결정 또는 실용신안등록거절결정 중 어느 하나를 결정하여야 한다.

2. 출원서 제출

출원인은 실용신안등록출원서에 고안의 설명, 청구범위를 적은 명세서와 도면 및 요약서를 첨부하여야 한다(제8조 제2항). 실용신안등록출원은 온라인으로 전자출원할 수 있다. 이러한 전자출원제도의 시행에 따라서 출원인과 대리인에게 고유번호를 부여하는 절차를 비롯하여 전자적 방법에 의하여 밟은 절차의 효력 및 전자적 방법에 의한 절차수행에 따른 보안장치로서의 전자서명을 할 수 있는 절차 등은 특허법의 규정을 준용한다.

2014년 개정법에서 외국어실용신안등록출원 제도를 도입하였다(제8조의3). 이는 먼저 출원한 자에게 실용신안권을 부여하는 현행 선출원제도하에서는 빠른 출원일 확보가 무엇보다 중요하므로, 고안의 내용을 국어가 아닌 영어로 적어 실용신안등록출원시에 첨부하여 제출하더라도 실용신안등록출원일을 인정받을 수 있도록 함으로써 출원인의 편의를 도모하려는 것이 그 취지이다.

3. 심사청구

선출원주의를 채택한 국가는 특허출원의 증가로 인한 심사적체를 해소하고자 심사청구제도를 두고 있다. 실용신안등록출원의 출원인은 출원 후 3년 이내에 심사

청구를 해야 한다. 심사관은 심사청구된 출원고안을 청구일 순서대로 심사한다.

4. 출원공개

출원공개제도는 실용신안등록출원일로부터 1년 6개월이 경과되면, 실용신안을 공개실용신안공보에 게재하여 일반인에게 공개하는 제도이다. 특허청은 공개실용신안공보를 전산정보처리조직에 저장된 파일을 복제하여 정보통신망(www.kipris.or.kr)을 이용하여 공개한다. 공개실용신안공보는 출원번호순으로 게재한다.

5. 직권 재심사 제도

심사관이 실용신안등록결정을 한 후 명백한 거절이유를 발견한 경우 직권으로 실용신안등록결정을 취소하고 그 실용신안등록출원을 다시 심사할 수 있도록 하여 흠이 있는 등록실용신안을 사전에 방지하도록 하되, 권리의 안정성을 위하여 실용신안권이 설정등록되기 전까지만 실용신안등록결정을 취소할 수 있다(제15조).

출원인이 의견서를 제출한 경우 해당 직권보정 사항의 전부 또는 일부는 처음부터 없었던 것으로 본다. 이 경우 그 실용신안등록결정도 함께 취소된 것으로 본다.

Ⅱ. 명세서

1. 명세서의 서식

실용신안등록출원을 하려는 자는 실용신안등록출원서를 특허청장에게 제출하여야 한다. 명세서는 특허법 시행규칙 별지 제15호 서식의 명세서, 요약서는 같은 법시행규칙 별지 제16호 서식의 요약서, 도면은 같은 법시행규칙 별지 제17호 서식의 도면을 준용한다. 출원인은 고안의 명세서에 고안의 명칭, 도면의 간단한 설명, 고안의 설명, 청구범위를 기재하여야 한다(제8조 제2항). 실용신안등록출원의 명세서는 특허명세서와 형식과 내용이 동일하다.

2. 고안의 설명 기재요건

출원인은 실용신안의 기술내용을 설명하는 고안의 설명은 (i) 그 고안이 속하는 기술분야에서 통상의 지식을 가진 사람이 그 고안을 쉽게 실시할 수 있도록 명확하고 상세하게 적을 것과, (ii) 그 고안의 배경이 되는 기술을 적을 것의 요건을 모두 충족하여야 한다(제8조 제3항). 심사관은 실용신안등록출원을 심사할 경우 먼저 실용신안등록출원서에 첨부된 고안의 설명이 실용신안법 제8조 제3항에서 규정하는 요건을 충족하는지 여부를 심사한다.

3. 청구범위 기재요건

실용신안등록 청구범위(이하 "청구범위"라 한다)에는 보호받으려는 사항을 적은 항(이하 "청구항"이라 한다)이 하나 이상 있어야 하며, 그 청구항은 (ⅰ) 고안의 설명에 의하여 뒷받침될 것과, (ⅱ) 고안이 명확하고 간결하게 적혀 있을 것의 요건을 모두 충족하여야 한다(제8조 제4항). 또한 청구범위에는 보호받으려는 사항을 명확히 할 수 있도록 고안을 특정하는 데 필요하다고 인정되는 형상, 구조 또는 이들의 결합관계 등을 적어야 한다(제8조 제6항). 청구항에 고안을 특정하는 데 필요한 형상·구조 또는 이들의 결합관계에도 그 기재가 허용되었다.

4. 청구범위 기재방법

실용신안법 제8조 제8항에 따른 청구항을 기재할 때에는 물품에 관한 독립청구항(독립항)을 기재하여야 하며, 그 독립항을 한정하거나 부가하여 구체화하는 종속청구항(종속항)을 기재할 수 있다. 이 경우 필요한 때에는 그 종속항을 한정하거나 부가하여 구체화하는 다른 종속항을 기재할 수 있다(시행령 제3조 제1항).

종속항은 인용되는 항의 특징을 모두 포함하며, 인용되는 항의 기술적 사항을 한정하거나 부가하여 구체화하는 청구항이다.

【등록실용신안의 보호범위 및 청구범위의 해석】

<대법원 2006. 1. 12. 선고 2004후1564 판결>

> 등록실용신안의 보호범위는 청구범위에 적혀 있는 사항에 의하여 정하여지고, 등록실용신안의 청구항을 복수의 구성요소로 구성한 경우에는 그 각 구성요소가 유기적으로 결합한 전체로서의 기술사상을 보호하는 것이지 각 구성요소를 독립하여 보호하는 것은 아니므로, 등록실용신안과 대비되는 확인대상고안이 등록실용신안의 청구항에 기재된 필수적 구성요소들 중의 일부만을 갖추고 있고 나머지 구성요소를 결여한 경우에는 원칙적으로 그 확인대상고안은 등록실용신안의 권리범위에 속하지 아니한다.

5. 청구범위의 기재불비

청구범위에 고안의 구성과는 관계가 없는 사항만을 기재하고 그 고안의 구조·구성 등 기술적 사항은 전혀 기재되어 있지 아니하여 고안을 특정할 수 없는 경우에는 실용신안법 제8조 제4항의 요건에 위배된다. 판례에 의하면 등록실용신안의 청구범위의 일부가 불명료하게 표현되어 있거나 그 기재에 오기가 있다 하더라도, 고안의 상세한 설명과 도면 등을 참작하여 볼 때 그 기술분야에서 통상의 기술자가 명확하게 이해할 수 있고 오기임이 명백하여 그 고안 자체의 보호범위를 특정할 수 있는 경우에는 등록실용신안의 권리범위를 부정할 수 없다고 한다.[1)]

6. 명세서 기재내용

(1) 고안의 명칭　　고안의 명칭은 출원고안의 분류, 정리 및 조사 등을 쉽게 하기 위하여 적절하게 표현할 수 있는 명칭을 사용하여 간단하고 명료하게 기재한다. 고안의 명칭은 출원서의 표지, 보호받고자 하는 기술주제 및 청구항의 말미 기술주제와 일치하여야 한다. 고안의 명칭은 해당 기술분야에서 통용되는 기술용어를 사용하여야 한다. 또한 고안의 명칭은 청구하고자 하는 고안의 카테고리를 명확히 구분할 수 있도록 적어야 한다.

(2) 도면의 간단한 설명　　실용신안등록출원은 도면을 반드시 출원서에 첨부해야 한다. 도면의 간단한 설명란에는 각 도면이 무엇을 표시하는가를 간단명료하게 기재하여야 한다. 도면에 관한 구체적이고 상세한 설명은 고안의 설명란에서 서술되기 때문이다. 첨부한 도면의 구성요소에 부호를 부여하고 있는 경우, 이를 도면의 주요 부호의 설명란에 기재하고, 청구범위에 적혀 있는 구성의 부호도 주요 부분의 부호의 설명란에 기재하여야 한다.

(3) 고안의 설명

1) 기술분야　　고안이 속하는 기술분야는 명세서에서 출원고안의 기술분야를 특정하고 명확하게 하기 위하여 기재한다. 출원고안과 관련하여 비교의 대상이 되는 기술분야의 종래기술을 기재한다. 종래기술은 주로 전 세계 특허청에서 발행되는 특허 또는 실용신안공보이다.

2) 배경기술　　배경기술로는 출원고안과 관련성이 있는 최근의 종래기술을 비교의 대상으로 하여야 한다. 종래기술의 내용을 나타내는 문헌이 존재할 경우에는 그 문헌명을 같이 기재한다. 이때 그 문헌이 외국어로 된 것일 경우에는 국어로 표기하되 괄호 안에 그 원어를 병기하여야 한다. 특히 배경기술의 기재는 명세서에서 의무적인 사항이다(제8조 제3항 제2호). 배경기술의 기재요건이 충족되지 않는 명세서는

---

1) 대법원 2008. 7. 10. 선고 2008후64 판결.

거절이유의 대상이 되지만, 무효사유 및 정보제공 사유는 아니다.

3) 해결하고자 하는 과제 출원고안과 관련하여 종래기술이 이미 존재하였지만 그 종래기술이 아직까지 해결하지 못한 점을 구체적으로 지적하여야 한다. 해당 고안이 해결하고자 하는 기술적 과제는 청구항에 기재되는 고안과 관련시켜서 기술적 과제를 적어도 하나 이상을 기재하는 것이 바람직하다.

4) 과제의 해결수단 과제의 해결수단은 출원고안의 목적을 달성하기 위하여 안출된 구체적인 기술적 수단을 말한다. 이러한 과제의 해결수단은 종래기술의 문제점을 해결하기 위하여 어떠한 구성요소를 왜, 어떠한 방법으로 채용했는지를 해당 기술분야의 통상기술자가 쉽게 실시할 수 있도록 상세히 기재하여야 한다. 기술적 수단이 물건에 의한 구성요소로 이루어진 경우에는 도면을 첨부하여야 하고, 첨부된 도면에는 각 구성의 명칭을 부여하여 구체적이고 상세하게 설명하여야 한다. 과제의 해결수단은 명확하고 구체적으로 기재하여야 한다.

5) 작용 작용이란 고안의 구성요소가 그 자체적으로 어떻게 작동하는지, 다른 구성요소에 어떠한 영향을 미치는지 또는 전체의 구성요소 중에서 어떠한 기능을 수행하는지의 여부를 말한다. 따라서 고안의 기술적 구성이 기계적인 요소로 이루어진 경우에는, 각각의 구성요소를 설명하면서 그 구성요소가 행하는 기능, 작동방법, 작동의 방향 및 그들 사이의 상호관계 등을 함께 기재할 필요가 있다.

6) 실시예 출원인은 출원고안의 내용을 해당 기술분야에서 통상의 기술자가 보다 이해하기 쉽게 하기 위하여 실시예(best mode)를 기재할 필요가 있다. 출원고안을 실시할 경우 여러 개의 실시예 중에서 가장 최선의 실시예를 구체적으로 기재하는 것이 바람직하다.

7) 고안의 효과 고안의 효과란 기술적 과제를 해결하기 위하여 출원고안의 과제의 해결수단이 이루어 낸 직접적인 결과를 말한다. 고안의 효과는 청구항에 기재된 고안과 직접 관련이 있는 효과여야 한다. 고안의 효과는 기술적인 측면에서 객관적이고 간명하게 기재하는 것이 보다 설득력을 가지므로, 기술적 효과를 중심으로 하여 기재하는 것이 바람직하다.

Ⅲ. 도면 등

1. 도면

출원인은 고안을 설명하는 데 필요한 경우에는 도면을 출원서에 첨부해야 한다.

출원고안의 설명이 필요한 경우, 명세서에 기재된 고안의 구성을 보다 잘 이해할 수 있도록 도면을 첨부하여야 한다. 도면이 포함된 경우에는 도면에 청구항의 내용이 모두 표현될 수 있도록 하여야 한다. 실용신안등록출원에는 반드시 도면이 첨부되어야 한다. 실용신안등록출원의 출원서에 도면이 첨부되어 있지 않은 경우 부적법한 출원서로 취급하여 출원인에게 반려된다.

도면이 잘못 첨부된 출원에 대하여 도면을 새로 제출하는 보정을 하는 경우, 신규사항을 추가하는 보정에 해당될 가능성이 높으므로, 출원고안의 명세서에서 도면 작성이 매우 중요하다.

2. 요약서

요약서(abstract)는 기술정보로써 활용하기 위하여 출원서에 필수적으로 첨부되는 서류이다. 요약서는 출원고안의 내용을 공중이 쉽게 이용할 수 있도록 기재한 서류로서 기술정보로써 활용될 수 있지만, 실용신안의 보호범위를 정하는 데 사용할 수 없다. 출원시 요약서의 제출이 없는 경우 특허청장은 요약서의 제출에 대한 보정을 명하고, 이를 이행하지 않는 경우 해당 출원절차를 무효로 할 수 있다.

3. 기타 첨부서류

대리인이 출원을 대리하는 경우에는 위임장, 신규성 의제를 주장하는 경우에는 그 입증서류, 공동출원의 경우 공동출원인이 대표자를 선정한 때에는 대표자를 증명하는 서류, 모인출원의 정당권리자가 출원하는 경우에는 입증서류, 우선권을 주장하는 경우에는 제1국 당사국이 증명하는 우선권 서류를 첨부하여야 한다.

Ⅳ. 명세서의 보정

실용신안등록출원의 명세서 또는 도면의 보정은 실용신안등록출원서에 최초로 첨부된 명세서 또는 도면에 기재된 사항의 범위 안에서 이를 보정할 수 있다. 실용신안등록출원에 대한 보정은 특허출원과 같이 신규사항의 추가금지를 제한하고, 명세서 및 도면 등에 대하여 보정할 수 있는 기간도 제한된다. 또 심사관 직권에 의한 보정도 가능하다.

보정을 제한하기 위해서 신규사항을 추가하는 것은 금지된다. 출원인이 보정할 때 신규사항을 추가한 경우에는 거절이유 및 무효사유가 된다. 방식심사 결과 명세서 또는 도면에 대한 보정명령은 특허청장이 하고, 이에 대하여 보정을 하지 아니한 경우에는 특허청장이 실용신안등록출원을 무효로 할 수 있다.

실체심사 과정에서 심사관이 최후거절이유통지서에서 의견서 및 보정서를 제출할 수 있는 기회를 주었으나 거절이유를 해소하지 못하였거나, 보정을 하지 아니한 경우에는 실용신안등록출원의 보정을 결정으로 각하할 수 있다.

Ⅴ. 고안의 단일성

1. 서설

실용신안등록출원은 하나의 고안을 하나의 실용신안등록출원으로 한다. 다만, 하나의 총괄적 고안의 개념을 형성하는 1군(one group)의 고안에 대하여는 하나의 실용신안등록출원으로 할 수 있다(제9조 제1항). 1군의 고안에 대한 하나의 실용신안등록출원의 요건은 실용신안법 시행령 제4조에서 규정하고 있다.

1군의 고안을 하나의 실용신안등록출원으로 하기 위해서는 청구된 고안 간에 기술적 상호관련성이 있어야 하고, 청구된 고안들이 동일하거나 상응하는 기술적 특징도 가지고 있어야 한다. 이 경우 기술적 특징은 고안 전체로 보아 선행기술에 비하여 개선된 것이어야 한다(시행령 제4조). 하나의 실용신안등록출원의 범위를 물건에 대한 하나의 특허출원범위와 일치시키기 위하여 하나의 출원의 범위가 확대되었다.

1군의 고안에 대한 개념은 특허법상의 발명 단일성에서 설명한 1군의 발명과 같은 개념이고, 1군의 고안 중 고안의 경우는 물건에 해당되는 부분만을 적용한다.

2. 단일성이 결여된 경우 분할출원으로 해소

출원인은 둘 이상의 고안을 하나의 실용신안등록출원으로 한 경우에는 실용신안법 제11조에서 준용하는 특허법 제47조의 규정에 의한 보정기간 내에 그 일부를 하나 이상의 실용신안등록출원으로 분할할 수 있다. 심사관은 분할출원이 적법한지의 여부에 관하여는 실용신안등록 전에는 판단하지 아니하며, 실체심사단계에서 판단한다.

Ⅵ. 변경출원

1. 서설

일정한 요건을 갖추면 실용신안등록출원과 특허출원 간에 출원형식을 변경할 수 있다. 특허출원인은 그 특허출원의 출원서에 최초로 첨부된 명세서 또는 도면에 기재된 사항의 범위에서 그 특허출원을 실용신안등록출원으로 변경할 수 있다(제10조 제1항). 변경된 실용신안등록출원(이하 "변경출원"이라 한다)이란 최초 출원의 동일성을 유지하면서 출원형식만 변경하는 출원을 말한다. 선출원주의 하에서 출원인은 출원일을 확보하기 위하여 출원을 서두르거나, 고안에 대한 판단의 곤란성 등으로 특허출원 또는 실용신안등록출원의 선택을 잘못할 수 있다.

출원인은 출원 후에 보다 유리한 출원형식으로 변경하기를 희망하므로 특허출원과 실용신안등록출원 간에 변경출원을 할 수 있다. 그러나 변경출원이 허용되더라도 시기적으로나 내용적으로 아무 제한 없이 허용된다면 권리의 내용 및 권리존속기간에 변동이 생기게 되고, 이러한 변동으로 인하여 선의의 제3자가 피해를 볼 수 있으므로 제3자와의 관계를 고려하여 변경출원의 시기와 범위를 제한한다.

2. 변경출원의 시기

출원인은 변경출원의 기초가 되는 출원이 적법하고 유효하게 특허청에 계속중인 한 그 실용신안등록출원의 출원서에 최초로 첨부된 명세서 또는 도면에 기재된 사항의 범위 안에서 그 실용신안등록출원을 특허출원으로 변경할 수 있다.

다만, 그 특허출원에 관하여 최초의 거절결정등본을 송달받은 날부터 30일이 경과한 경우에는 실용신안등록출원으로 변경할 수 없다. 실용신안등록출원으로 변경출원을 할 수 있는 자는 특허출원인이며 공동출원의 경우에는 출원인 전원이어야 한다. 특허출원 후 등록결정이 있기 전까지 변경할 수 있으며, 거절결정이 있는 경우에는 그 결정등본을 송달받은 날부터 30일 이내에 변경할 수 있다.

3. 변경출원의 대상

변경출원할 수 있는 범위는 그 특허출원의 출원서에 최초로 첨부된 명세서 또는 도면에 기재된 사항의 범위 내이다. 따라서 출원서에 최초로 첨부된 명세서 또는 도면에 기재되지 않았던 사항이 실용신안등록출원으로 변경출원되면서 추가되거나 변경되는 경우에는 적법한 변경출원으로 인정될 수 없고, 출원일의 소급도 인정받을 수 없게 된다.

4. 법적효과

변경출원이 있는 경우에 그 변경출원은 특허출원을 한 때에 실용신안등록출원한 것으로 본다(제10조 제2항). 그러나 소급효를 인정하지 않는 경우는 (i) 변경출원이 확대된 선출원의 지위를 갖는 경우, (ii) 공지예외적용 취지 및 증명서류 제출기간 기산시, (iii) 조약우선권주장 및 증명서류 제출기간 기산시, (iv) 국내우선권주장 취지를 기재한 서류 제출기간 기산시 등이다. 변경출원이 있는 경우에는 그 특허출원은 취하된 것으로 본다.

5. 변경출원의 요건

(1) 원출원이 특허청에 계류중일 것 변경출원시에 특허출원이 취하, 무효, 포기 등의 이유로 소멸된 경우에는 이를 근거로 한 변경출원을 할 수 없다. 따라서 원출원은 특허청에 계류중이어야 한다.

(2) 출원인이 동일할 것 변경출원인은 특허출원의 출원인과 동일인이거나 적법한 승계인이어야 한다. 이는 변경출원을 하는 경우 특허출원은 취하된 것으로 간주되기 때문이다(제10조 제4항).

(3) 변경출원할 수 있는 기간 내일 것 특허출원에 대하여 거절결정등본을 송달받은 날로부터 30일 이내에 변경출원할 수 있다. 반대로 실용신안등록출원을 기초로 특허출원으로 변경출원하는 경우에도 그 실용신안등록출원에 대하여 최초로 거절결정등본을 송달받은 날로부터 30일 이내에 특허출원으로 변경할 수 있다.

다만, 거절결정불복심판 청구기간이 연장된 경우에는 그 연장된 기간에 따라 변경출원을 할 수 있는 기간도 연장된다. 변경출원의 경우에 조약우선권을 주장하는 자는 우선권주장의 서류를 최선일부터 1년 4개월이 지난 후에도 변경출원을 한 날부터 3개월 이내에 특허청장에게 제출할 수 있다(제10조 제6항).

실용신안등록출원인은 변경출원이 외국어실용신안등록출원인 경우에는 국어번역문 또는 새로운 국어번역문을 1년 2개월이 지난 후에도 변경출원을 한 날부터 30일이 되는 날까지 제출할 수 있다(제10조 제7항)

(4) 동일성 유지 특허출원을 실용신안등록출원으로 변경할 경우 변경출원의 범위는 최초로 첨부된 명세서 또는 도면에 기재된 사항의 범위로 한정하고 있으므로, 변경출원은 특허출원과 기술내용의 동일성이 유지되어야 한다(제10조 제1항 본문).

Ⅶ. 심사절차

1. 방식심사

방식심사는 특허청에 출원서류가 접수된 후 방식심사 담당관이 서식의 필수사항 기재, 기간의 준수, 증명서 첨부, 수수료 납부 등 절차상의 흠결을 점검하는 심사이다.

2. 실체심사

특허청 심사관이 실용신안에 대하여 실용신안의 등록요건, 즉 산업상 이용가능성, 신규성 및 진보성을 판단하는 절차를 실체심사라 한다. 실용신안의 실체심사의 절차와 방식은 특허의 실체심사와 동일하다. 심사관은 실용신안등록거절결정을 하고자 할 때에는 그 실용신안등록출원인에게 거절이유를 통지하고, 기간을 정하여 의견서를 제출할 수 있는 기회를 주어야 한다(제14조 제1항).

3. 실용신안등록결정

심사관이 심사절차를 거친 후 해당 실용신안의 등록요건을 충족하면 실용신안등록결정을 하고, 심사관의 거절이유를 해소하지 못하면 실용신안등록거절결정을 한다. 그러나 심사관은 실용신안등록출원에 대하여 거절이유를 발견할 수 없는 때에는 실용신안등록결정을 하여야 한다.

4. 설정등록

실용신안권은 설정등록에 의하여 발생한다(제21조 제1항). 등록실용신안이란 실용신안등록을 받은 고안을 말한다(제2조 제2호). 특허청장은 설정등록이 있는 실용신안에 관하여 실용신안등록공보에 게재하여 등록공고를 하여야 한다(제21조 제3항). 고안이 심사를 거쳐 등록되면 실용신안권이 발생한다. 실용신안권도 권리로서의 효력 면에서는 특허권과 기본적으로는 동일하다.

5. 존속기간

실용신안권의 존속기간은 실용신안권의 설정등록이 된 날부터 실용신안권등록출원일 후 10년이 되는 날까지이다(제22조 제1항). 실용신안법에서는 특허법에서 인정하고 있는 허가 등에 의한 존속기간의 연장제도는 채택하고 있지 않고, 등록지연에 따른 실용신안권의 존속기간의 연장제도만 두고 있다(제22조의2 내지 제22조의5).

6. 재심사청구제도

재심사청구제도는 실용신안등록 거절결정 불복심판을 청구하지 않더라도 실용신안등록출원서에 첨부된 명세서 또는 도면의 보정과 동시에 재심사를 청구하면 심사관에게 다시 심사를 받을 수 있도록 하는 제도이다(제15조 준용 특허법 제67조의2).

출원인은 그 실용신안등록출원에 관하여 거절결정등본을 송달받은 날부터 30일 이내에 실용신안등록출원서에 첨부된 명세서 또는 도면을 보정하여 해당 실용신안등록출원에 관하여 재심사를 청구할 수 있다.

재심사청구제도에 의하여 출원인은 실용신안등록거절결정 후에 실용신안등록거절결정 불복심판을 청구하지 않더라도 심사관에게 다시 심사를 받을 수 있으므로 심판을 청구하지 않고 실용신안등록을 받을 수 있는 기회를 보장받는 효과가 있다. 재심사청구제도를 이용하면, 실용신안에 관한 절차가 간소화되고 심판비용의 부담이 없어지므로 출원인의 경제적 손실을 줄일 수 있는 효과가 있다.

Ⅷ. 국제실용신안등록출원

1. 국제실용신안등록출원의 국어번역문 제출기간 연장

국어번역문 제출기간을 연장해달라는 취지를 국내서면제출기간 만료일 전 1개월부터 그 만료일까지 제출한 경우(그 서면을 제출하기 전에 국어번역문을 제출한 경우는 제외한다)에는 국내서면제출기간 만료일부터 1개월이 되는 날까지 국어번역문을 제출할 수 있다(제35조 제1항 단서). 2015년 개정법에서 출원인이 국어번역문의 제출 연장 신청을 하면 국어번역문의 제출기간을 1개월 연장할 수 있도록 함으로써 국어번역문의 품질을 향상시키고 출원인의 편의를 제고하였다.

2. 국제실용신안등록출원의 국어번역문 정정

2015년 개정법에서 국제실용신안등록출원의 경우 보정을 할 수 있는 기간에 국어번역문의 잘못된 번역을 실용신안법 시행령 제15조에서 정하는 방법에 따라 정정할 수 있도록 함으로써 번역 과정상의 단순한 오기로 실용신안등록출원이 거절되는 등의 문제를 해소하였다. 출원인은 보정을 할 수 있는 기간에 최종 국어번역문의 잘못된 번역을 실용신안법 시행규칙 제15조 제5항에서 정하는 방법에 따라 정정할 수 있다(제35조 제6항).

제4장 심판 및 소송

Ⅰ. 실용신안심판

실용신안심판이란 실용신안권을 둘러싼 분쟁이나 실용신안등록출원에 대한 거절결정과 같은 심사관의 처분에 대하여 불복이 있을 경우 특허심판원에서 분쟁해결 절차로서 행하는 특별행정심판이라고 할 수 있다. 실용신안심판은 특허법상의 심판 제도와 절차와 효력이 동일하다.

실용신안심판에는 결정계 심판과 당사자계 심판이 있다. 결정계 심판은 특허청 심사관의 처분에 불복하는 심판으로 실용신안등록거절결정 또는 실용신안권의 존속기간의 연장등록 거절결정에 대한 심판이 있다. 당사자계 심판은 실용신안등록의 무효심판(제31조), 실용신안권의 존속기간의 연장등록 무효심판(제31조의2), 실용신안권의 권리범위 확인심판, 정정심판, 통상실시권 허락의 심판(제32조)이 있다. 실용신안심판 절차는 특허심판의 심리방식이 동일할 뿐만 아니라 심판의 합의체가 실용신안권의 분쟁을 심판한다. 구체적인 심판절차에 대한 설명은 생략한다.

【무효심결 확정 전 법원의 등록실용신안의 진보성 심리 여부】

<대법원 2012. 7. 12. 선고 2010다42082 판결>

등록실용신안에 대한 무효심결 확정 전이라 하더라도 진보성이 부정되어 실용신안 등록이 무효로 될 것이 명백한 경우, 실용신안권에 기초한 침해금지 또는 손해배상 등 청구가 권리남용에 해당하는지 여부 및 이 경우 실용신안권침해소송 담당 법원은 권리남용 항변의 당부를 판단하기 위한 전제로서 등록실용신안의 진보성 여부를 심리·판단할 수 있는지 여부에 대하여, 대법원은 "실용신안법은 실용신안등록이 일정한 사유에 해당하는 경우에 별도로 마련한 실용신안등록의 무효심판절차를 거쳐 무효로 할 수 있도록 규정하고 있으므로, 등록실용신안은 일단 등록된 이상 비록 진보성이 없어 무효사유가 존재한다고 하더라도 이와 같은 심판에 의하여 무효로 한다는 심결이 확정되지 않는 한 대세적으로 무효로 되는 것은 아니다. 실용신안권도 사적 재산권의 하나인 이상 그 등록실용신안의 실질적 가치에 부응하여 정의와 공평의 이념에 맞게 행사되어야 할 것인데, 진보성이 없어 보호할 가치가 없는 고안에 대하여 형식적으로 실용신안등록이 되어 있음을 기화로 그 고안을 실시하는 자를 상대로 침해금지 또는 손해배상 등을 청구할 수 있도록 용인하는 것은 실용신안권자에게 부당한 이익을 주고 그 고안을 실시하는

자에게는 불합리한 고통이나 손해를 줄 뿐이므로 실질적 정의와 당사자들 사이의 형평에도 어긋난다. 이러한 점들에 비추어 보면, 등록실용신안에 대한 무효심결이 확정되기 전이라고 하더라도 등록실용신안의 진보성이 부정되어 그 실용신안등록이 무효심판에 의하여 무효로 될 것임이 명백한 경우에는 그 실용신안권에 기초한 침해금지 또는 손해배상 등의 청구는 특별한 사정이 없는 한 권리남용에 해당하여 허용되지 아니한다고 보아야 하고, 실용신안권침해소송을 담당하는 법원으로서도 실용신안권자의 그러한 청구가 권리남용에 해당한다는 항변이 있는 경우 그 당부를 살피기 위한 전제로서 등록실용신안의 진보성 여부에 대하여 심리·판단할 수 있다."고 판시하였다.[1)]

Ⅱ. 실용신안등록취소신청

1. 서설

현재 실용신안권의 설정등록일부터 등록공고일 후 3개월 이내에는 누구든지 실용신안등록무효심판을 청구할 수 있도록 하여 실용신안등록요건을 구비하지 못한 실용신안등록을 조기에 무효로 할 수 있도록 하고 있으나, 실용신안등록무효심판절차가 복잡하여 활용도가 적은 문제점이 있다. 누구든지 실용신안권의 설정등록일부터 등록공고일 후 6개월이 되는 날까지 선행기술정보에 기초한 실용신안등록취소사유로 특허심판원장에게 실용신안등록취소신청을 하면 심판관이 해당 실용신안등록의 취소 여부를 신속하게 결정하도록 하는 실용신안등록취소신청 제도를 도입하여 실용신안등록의 검증을 강화할 수 있다.

2. 주요내용

누구든지 실용신안권의 설정등록일부터 등록공고일 후 6개월이 되는 날까지 그 실용신안등록이 다음 각 호의 어느 하나에 해당하는 경우에는 특허심판원장에게 실용신안등록취소신청을 할 수 있다. 이 경우 청구범위의 청구항이 둘 이상인 경우에는 청구항마다 실용신안등록취소신청을 할 수 있다. (ⅰ) 제4조(같은 조 제1항 제1호에 해당하는 경우와 같은 호에 해당하는 고안에 의하여 극히 쉽게 고안할 수 있는 경우는 제외한다)에 위반된 경우, (ⅱ) 제7조 제1항부터 제3항까지의 규정에 위반된 경우(제30조의2 제1항). 제1항에도 불구하고 실용신안공보에 게재된 실용신안법 제21조 제3항 제7호에 따른 선행기술에 기초한 이유로는 실용신안등록취소신청을 할 수 없다(제30조의2 제2항).

1) 대법원 2012. 1. 19. 선고 2010다95390 전원합의체 판결.

Ⅲ. 실용신안소송

특허청 또는 특허심판원에서 절차를 밟는 출원인 또는 당사자는 특허청장, 심사관 또는 심판의 합의체가 행한 처분에 대하여 법원에 소송을 제기함으로써 불복을 청구할 수 있다. 실용신안권에 관한 분쟁을 해결하기 위한 실용신안소송에는 특허심판원의 심결 등에 대한 심결취소소송, 행정소송, 실용신안침해소송과 보상금 또는 대가에 관한 불복소송이 있다. 실용신안에 관한 소송의 절차나 심리 및 판결 등은 특허에 관한 소송과 동일하므로 실용신안에 관한 소송의 절차나 심리방식 등에 대한 설명은 생략한다.

1. 심결취소소송

특허심판원의 심결 등에 대하여 불복하고자 하는 자는 특허법원에 소를 제기할 수 있다. 특허법원이 관할하는 특허심판심결에 대한 취소소송은 준사법적 행정행위의 성질을 가진 심판에 대한 불복의 소이므로 실질적 의미에서 항소심의 성격을 가진다. 행정사건에 대한 소송은 일반적으로 행정소송법에 의하지만, 실용신안심판의 심결 등에 대한 심결취소소송은 특허법을 준용하고 있다.

심결취소소송의 대상이 되는 것은 심결에 대한 소 또는 재심청구서의 각하결정은 특허법원의 전속관할로 한다. 심판을 청구할 수 있는 사항에 관한 소는 심결에 대한 것이 아니면 이를 제기할 수 없다. 대가의 심결 및 심판비용의 심결 또는 결정에 대하여는 독립하여 심결 등에 대한 소를 제기할 수 없다.

2. 실용신안권침해소송

(1) 서설　　실용신안권침해소송은 특허침해소송과 절차가 동일하다. 실용신안권의 침해란 제3자가 권원 없이 업으로서 등록실용신안을 실시하거나 간접적으로 실용신안을 모방하는 행위를 하는 것을 말한다. 실용신안권은 업으로서 등록실용신안권의 실시를 독점하는 것이며 독점적 효력과 금지적 효력을 가지는 재산권이다. 따라서 제3자가 정당한 권원 없이 업으로서 등록실용신안을 실시하면 실용신안권의 침해로서 민사상 또는 형사상의 책임을 추궁할 수 있다.

실용신안권의 침해에는 특허권의 침해와 마찬가지로 직접침해와 간접침해가 있다. 직접침해는 기본적으로 침해품의 기술과 등록고안의 청구범위에 기재된 사항이 동일한 경우에 적용된다. 그러나 특허권의 침해판단과 마찬가지로 청구범위 구성요소와 확인대상발명의 일부 구성요소가 다른 경우에는 청구범위 기준의 원칙, 구성요소 완비의 원칙, 균등론 및 출원경과 금반언을 적용하여 권리에 속하는지 여부를 판단한다.

(2) 실용신안권 침해의 유형

1) 직접침해 직접침해란 제3자가 정당한 권원 없이 업으로서 등록실용신안을 실시하는 것을 말한다. 실용신안권의 침해가 성립되기 위해서는 (ⅰ) 실용신안권이 유효하게 존재할 것, (ⅱ) 정당한 권원 없는 제3자가 업으로서 등록실용신안을 실시할 것, (ⅲ) 실시하는 행위가 위법한 행위에 해당하여야 한다.

직접침해란 실용신안권은 해당 등록실용신안의 구성요소의 전부를 실시하는 것을 의미한다. 만일 청구범위의 모든 구성요소(all elements)를 침해제품(확인대상고안)이 가지고 있다면 실용신안침해로 인정한다.

2) 간접침해 등록실용신안에 관한 물품의 생산에만 사용하는 물건을 업으로서 생산·양도·대여 또는 수입하거나 업으로서 그 물건의 양도 또는 대여의 청약을 하는 행위는 실용신안권 또는 전용실시권을 침해한 것으로 본다(제29조). 간접침해란 등록실용신안에 관한 물품의 생산에만 사용하는 물품을 업으로서 생산, 양도, 대여 또는 수입하거나 업으로서 그 물품의 양도 또는 대여의 청약을 하는 행위를 말한다. 이러한 행위는 실용신안권의 직접침해처럼 모든 구성요소를 포함한 것은 아니지만 일부 구성요소가 그 물품의 생산에만 사용하는 물건을 업으로 실시하는 경우에 적용한다. 실용신안권자의 보호를 강화하는 차원에서 등록실용신안을 간접적으로 침해한 행위도 침해죄로 간주한다.

(3) 침해판단의 절차

1) 청구범위의 해서 등록실용신안의 보호범위는 청구범위에 적혀 있는 사항에 의하여 정하여진다. 청구범위의 보호를 받고자 하는 사항을 기재한 청구항은 복수의 구성요소가 결합된 것이다. 따라서 청구범위를 해석할 때는 청구항의 구성요소가 유기적으로 결합한 전체를 가지고 해석하는 것이 원칙이고, 각 구성요소를 분리하여 해석하지 아니한다. 또한 청구범위의 일부가 불명료하게 표현되어 있거나 그 기재에 오기가 있다 하더라도, 고안의 설명과 도면 등을 참작하여 볼 때 그 기술분야에서 통상의 기술자가 명확하게 이해할 수 있고 오기임이 명백하여 그 고안 자체의 보호범위를 특정할 수 있는 경우에는 등록실용신안의 권리범위를 부정할 수 없다.

2) 권리범위의 확정 청구범위의 청구항이 복수의 구성요소로 되어 있는 경우에는 각 구성요소가 유기적으로 결합된 전체를 출원고안의 권리범위로 확정한다. 권리범위 확인심판청구의 대상이 되는 확인대상고안이 공지의 기술만으로 이루어지거나 그 기술분야에서 통상의 기술자가 공지기술로부터 극히 용이하게 실시할 수 있는지 여부를 판단할 때에는, 확인대상고안을 청구범위에 기재된 구성과 대응되는 구성으로 한정하여 파악할 것은 아니고, 심판청구인이 특정한 확인대상고안의 구성 전체를 가지고 그 해당 여부를 판단하여야 한다.

청구범위를 해석함에 있어서, 출원인이 출원절차를 밟는 과정에서 출원보정 등으로 명세서의 보정을 참작할 때 출원경과 금반언을 적용하여 구성요소의 일부를 생략하는 보정은 권리범위 해석시 이를 인정하지 않는다.

【확인대상고안의 확정】

<대법원 2008. 7. 10. 선고 2008후64 판결>

> 권리범위확인 심판청구의 대상이 되는 확인대상고안이 공지의 기술만으로 이루어지거나 그 기술분야에서 통상의 기술자가 공지기술로부터 극히 용이하게 실시할 수 있는지 여부를 판단할 때에는, 확인대상고안을 등록실용신안의 청구범위에 기재된 구성과 대응되는 구성으로 한정하여 파악할 것은 아니고, 심판청구인이 특정한 확인대상고안의 구성 전체를 가지고 그 해당 여부를 판단하여야 한다.

3) 침해판단 방법 실용신안권의 침해판단은 고안의 기술적 범위에 확인대상고안이 포함되어 있는지의 여부에 대한 실체적 진실을 규명하는 심판이라 할 수 있다. 따라서 실체적 침해판단은 먼저 고안의 기술적 범위와 확인대상고안을 특정한 후, 양자를 대비하여 실용신안권의 침해 유무를 심판한다. 양자를 대비한 결과, 고안에 확인대상고안의 구성요소가 모두 포함되어 있는 경우에는 "기술적 범위에 속한다."고 판단한다. 그러나 구성요건의 일부가 생략된 경우 또는 구성요소의 하나 이상이 균등물이 아닌 경우에는 "기술적 범위에 속하지 않는다."고 판단한다.

등록실용신안과 대비되는 확인대상고안이 청구범위에 기재된 필수적 구성요소들 중의 일부만을 갖추고 있고 나머지 구성요소를 결여한 경우에는 원칙적으로 그 확인대상고안은 등록실용신안의 권리범위에 속하지 않는다.

【실용신안권의 권리범위 해석】

<대법원 2006. 2. 24. 선고 2004후2741 판결>

> 실용신안권의 권리범위 내지 실질적 보호범위는 실용신안 등록출원서에 첨부한 명세서의 청구범위에 적혀 있는 사항에 의하여 정하여지는 것이 원칙이다. 다만, 그 기재만으로 실용신안의 기술적 구성을 알 수 없거나 알 수는 있더라도 기술적 범위를 확정할 수 없는 경우에는 명세서의 다른 기재에 의한 보충을 할 수는 있으나 그 경우에도 명세서의 다른 기재에 의하여 실용신안권 범위의 확장해석은 허용되지 아니함은 물론 청구범위의 기재만으로 기술적 범위가 명백한 경우에는 명세서의 다른 기재에 의하여 청구범위의 기재를 제한 해석할 수 없다고 할 것이다.

(4) 균등론 확인대상발명에서 특허발명(실용신안)의 청구범위에 기재된 구성 중 치환 내지 변경된 부분이 있는 경우에도, 양 발명(양 고안)에서 과제의 해결원리가 동일하고, 그러한 치환에 의하더라도 특허발명에서와 같은 목적을 달성할 수 있고 실질적으로 동일한 작용효과를 나타내며, 그와 같이 치환하는 것이 그 발명이 속하는 기술분야에서 통상의 기술자라면 누구나 쉽게 생각해 낼 수 있는 정도로 자명하다면, 확인대상발명이 특허발명의 출원시 이미 공지된 기술과 동일한 기술 또는 통상의 기술자가 공지기술로부터 용이하게 발명할 수 있었던 기술에 해당하거나, 특허발명의 출원절차를 통하여 확인대상발명의 치환된 구성이 청구범위로부터 의식적으로 제외된 것에 해당하는 등의 특별한 사정이 없는 한, 확인대상발명은 전체적으로 특허발명의 청구범위에 기재된 구성과 균등한 것으로서 여전히 특허발명(등록실용신안)의 권리범위에 속한다고 판단한다.[2)]

【실용신안침해죄가 성립하기 위한 요건】

<대법원 2015. 1. 15. 선고 2014도482 판결>

> 실용신안권침해죄가 성립하기 위해서는, 피고인이 등록실용신안의 실용신안등록청구범위에 기재된 각 구성요소와 그 구성요소 간의 유기적 결합관계가 그대로 포함되어 있는 동일한 고안을 실시하거나, 피고인이 실시한 고안에 구성요소의 변경이 있더라도, 등록실용신안과 과제의 해결원리가 동일하고 그러한 변경에 의하더라도 등록실용신안에서와 실질적으로 동일한 작용효과를 나타내며, 그와 같이 변경하는 것이 그 고안이 속하는 기술분야에서 통상의 기술자라면 누구나 쉽게 생각해 낼 수 있는 정도여서 균등한 관계에 있는 고안을 실시하여야 한다.

2) 대법원 2014. 7. 24. 선고 2013다14361 판결.

(5) 출원경과금반언　특허출원인 내지 특허권자가 특허의 출원·등록과정 등에서 특허발명과 대비대상이 되는 제품을 특허발명(등록실용신안)의 청구범위로부터 의식적으로 제외하였다고 볼 수 있는 경우에는 특허발명과 대비대상이 되는 제품이 특허발명의 보호범위에 속하여 그 권리가 침해되고 있다고 주장하는 것은 금반언의 원칙에 위배되므로 허용되지 아니한다.

판례에 의하면, 특허발명(등록실용신안)과 대비대상이 되는 제품이 특허발명의 출원·등록과정 등에서 특허발명의 청구범위로부터 의식적으로 제외된 것에 해당하는지 여부는 명세서뿐만 아니라 출원에서부터 특허될 때까지 특허청 심사관이 제시한 견해, 특허출원인이 제출한 보정서와 의견서 등에 나타난 특허출원인의 의도 등을 참작하여 한다고 한다.[3)]

3) 대법원 2007. 2. 23. 선고 2005도4210 판결.

제5장 실용신안권자의 보호

Ⅰ. 민사적 구제

1. 침해금지청구권

실용신안권의 침해에 대한 구제제도는 대체로 특허권의 침해와 동일하다. 특허법 제126조(권리 침해에 대한 금지청구권 등), 제128조(손해액의 추정) 및 제130조(과실의 추정), 제131조(특허권자 등의 신용회복), 제132조(서류의 제출)의 규정은 실용신안권자의 보호에 관하여 이를 준용한다(제30조). 실용신안권자 또는 전용실시권자는 자신의 실용신안권, 전용실시권을 침해한 자에 대하여서는 침해의 금지 및 예방을 청구할 수 있다. 또한 실용신안권자 또는 전용실시권자가 침해금지 및 예방을 청구할 때에는 침해행위를 조성한 물품의 폐기, 침해행위에 제공된 설비의 제거, 기타 침해의 예방에 필요한 행위를 청구할 수 있다.

2. 손해배상청구권

(1) 서설　　실용신안권 또는 전용실시권이 고의나 과실에 의하여 침해되었을 때에는 침해한 자에 대해서 손해배상을 청구할 수 있다. 실용신안권을 권원 없이 침해하는 행위가 위법한 경우에는 민법 제750조의 불법행위에 기하여 손해배상을 청구할 수 있다. 그러나 불법행위로 인한 손해배상을 청구하려면 실용신안권자가 고의나 과실, 위법성, 손해의 발생 및 손해액, 손해의 발생과 위법행위 사이의 인과관계를 모두 입증하여야 한다. 실용신안권은 무체재산권이기 때문에 침해소송에서 침해의 판단과 침해에 의한 손해액의 입증이 매우 곤란하므로 실용신안법은 손해액의 추정과 과실추정의 규정을 두고 있다.

(2) 과실의 추정　　실용신안법 제30조에서 준용하는 특허법 제130조의 과실추정의 규정은 실용신안등록권에 대한 분쟁에서 동일하게 적용된다. 일반적으로 실용신안권의 침해에 대한 손해배상청구소송에서 침해자의 고의나 과실의 입증책임은 실용신안권자에게 있다. 실무에서 이를 입증하기는 매우 어려우므로 실용신안등록공보, 실용신안등록원부에 게재된 실용신안권의 공개를 전제로 침해자의 과실을 법률적으로 추정을 인정함으로써 그 입증책임을 실용신안권침해자에게 전환시킨다. 대법원은 "타인의 등록고안을 허락 없이 실시한 자에게 과실이 없다고 하기 위해서

는 실용신안권의 존재를 알지 못하였다는 점을 정당화할 수 있는 사정이 있다거나 자신이 실시하는 기술이 등록고안의 권리범위에 속하지 않는다고 믿은 점을 정당화할 수 있는 사정이 있다는 것을 주장·입증하여야 한다."고 판시하였다.[1)]

Ⅱ. 형사적 구제

실용신안법은 특허법과 동일하게 벌칙을 규정하고 있다. 실용신안법에서 규정하는 실용신안에 관한 범죄(犯罪)로서는 실용신안권 등의 침해죄, 위증죄, 허위표시의 죄, 거짓행위의 죄 및 비밀누설죄 등이 있다. 실용신안권 침해죄에 관하여 실용신안법에서 규정이 있는 경우를 제외하고는 형법의 규정이 그대로 적용된다(형법 제8조).

(1) 서설 등록실용신안을 정당한 권한 없이 업으로 실시하는 행위 외에 등록실용신안에 관한 물품의 생산에만 사용하는 물건을 생산·양도·대여 또는 수입하거나 그 물건의 양도 또는 대여의 청약을 하는 행위도 실용신안권 또는 전용실시권을 침해한 것으로 본다(제29조). 실용신안권을 침해한 자에 대한 형사조치는 실용신안법에서 규정하고 있는 벌칙규정에 의한다.

(2) 침해죄 실용신안권 또는 전용실시권을 침해한 자는 7년 이하의 징역 또는 1억원 이하의 벌금에 처한다(제45조 제1항). 실용신안권의 침해죄에 관한 규정은 침해품과 등록실용신안을 비교하여 기술구성이 동일한 경우에는 침해로 보고 처벌하는 규정이다. 즉, 침해품의 기술구성이 청구범위와 같으면 침해가 성립되는 것으로 간주한다. 침해죄의 직접적인 보호의 법익은 실용신안권이 개인적 재산권이므로 피침해자의 고소가 있어야 소추가 개시된다. 침해죄는 친고죄(親告罪)이므로 고소(告訴)가 필요하다.

(3) 위증죄 위증죄(僞證罪)는 증인·감정인 또는 통역인이 특허심판원에 대하여 허위의 진술·감정 또는 통역을 한 경우 적용되는 범죄이다. 이와 같은 범죄는 국가의 심판작용 등을 그릇되게 할 위험이 있기 때문에 처벌한다. 민사소송법의 규정에 따라 증인·감정인 또는 통역인이 특허심판원에 대하여 허위의 진술·감정 또는 통역을 한 때에는 5년 이하의 징역 또는 1천만원 이하의 벌금에 처한다(제47조 제1항).

(4) 거짓행위의 죄 거짓행위의 죄는 거짓 기타 부정한 행위에 의하여 실용신안권, 실용신안권 존속기간의 연장등록 또는 심결 등을 받음으로써 성립하는 죄를 말한다. 사위행위의 죄는 심사 또는 심판과정에서 허위의 자료나 위조된 자료 등을

---

1) 대법원 2009. 1. 30. 선고 2007다65245 판결.

제출하여 심사관 또는 심판관을 착오에 빠뜨려 특허를 받거나 자기에게 유리한 심결을 받는 행위자에 대하여 적용되므로 개인적 법익보호를 중시하여 둔 재산범죄인 사기죄와는 달리 국가적 법익(法益)에 대한 침해죄이다.

거짓행위는 국가의 권위 또는 기능을 저해하는 행위로서 국가적 법익을 침해하는바 비친고죄이므로 피해자의 고소가 없어도 처벌할 수 있다.

거짓 기타 부정한 행위로써 실용신안, 실용신안권의 존속기간의 연장등록 또는 심결을 받은 자는 3년 이하의 징역 또는 2천만원 이하의 벌금에 처한다(제49조).

(5) 비밀누설죄 특허청 직원·특허심판원 직원 또는 그 직에 있었던 자가 그 직무상 지득한 실용신안등록출원중의 고안에 관하여 비밀을 누설하거나 도용한 때에는 5년 이하의 징역 또는 5천만원 이하의 벌금에 처한다(제46조).

특허청은 심사업무의 부담을 경감하고 심사처리기간을 단축하기 위해서 외부전문조사기관에 선행기술조사사업을 위탁하므로 특허청에 보관 중인 특허출원 또는 특허심사 관련 서류가 전문조사기관 등에 반출될 수 있다. 이 과정에서 비밀누설의 우려가 있기 때문에 전문조사기관 또는 특허문서전자화기관의 임원·직원 또는 그 직에 있었던 자는 실용신안법 제46조의 규정을 적용함에 있어서는 특허청 직원 또는 그 직에 있었던 자로 본다(제43조).

(6) 양벌규정 실용신안법은 범죄행위의 방지의 실효성을 강화하기 위해서 행위자를 벌하는 외에 법인 또는 종업원도 벌하는 양벌규정을 두고 있다. 따라서 개인의 종업원 또는 법인의 종업원이 실용신안권을 침해한 때에도 침해죄의 주체는 종업원이 된다. 다만 양벌규정에 의하여 타인을 고용한 법인 또는 개인에 대하여는 그 종업원이 이들 법인 등의 업무에 관하여 침해죄를 범하였을 때에는 벌금형이 부과된다. 양벌규정은 실용신안권 또는 전용실시권의 침해죄, 허위표시죄 및 거짓행위의 죄를 범한 경우 행위자를 벌하는 외에 그 법인 또는 개인에 대하여도 벌금형을 과하고 있다. 침해죄의 경우 법인에 대하여는 3억원 이하의 벌금에 처하고, 그 개인에 대하여는 각 해당 조의 벌금형을 과한다(제50조).

양벌규정은 업무주체인 법인 또는 개인의 대표자·대리인 혹은 사용자 기타 종업원이 업무주체의 범위에 관하여 위법행위를 했을 때, 현실의 행위자를 벌하는 외에 업무주체인 법인 또는 개인에 대하여도 소정의 벌금형을 과한다는 취지의 규정이다. 이는 사용자의 위치에 있는 법인 또는 개인에 대해서 사회적인 감독책임을 묻는 것이라 할 수 있다. 형벌 중에서 신체형은 성질상 법인에는 적용할 수 없으므로 법인에 대하여는 벌금형만이 과하여진다.

제4편

디자인보호법

제1장 디자인보호법 개관

인간의 지식활동의 창작물인 디자인(design)은 제품디자인, 광고포스터, 그래픽디자인, 산업디자인, 시각디자인, 생활공간이나 환경에 관한 환경디자인을 포괄하는 개념이다. 「디자인보호법」(이하 "디자인법"이라 한다)에서 보호하는 디자인은 산업디자인이다. 산업디자인은 엔지니어링, 건축, 새로운 기계나 제품을 개발하고 독창적으로 만들어 내는 과정에서 창출되는 물품의 형태에 관한 창작물이다.

디자인법은 디자인의 보호와 이용을 도모함으로써 디자인의 창작을 장려하고 궁극적으로 산업발전에 이바지함을 목적으로 하고 있다(제1조). 디자인의 창작자는 디자인등록출원을 하여 디자인등록을 받아서 그 디자인을 독점배타적으로 실시할 수 있는 디자인권을 취득하려고 한다. 브랜드와 디자인은 제품의 경쟁력을 향상시키는 중요한 요소이기 때문에 세계적으로 브랜드와 디자인 중심의 기업경영 요구가 점점 커지고 있다. 기업은 지속적인 성장을 위해서는 제품마다 아름다운 디자인을 창작하고, 이를 법적으로 보호받기 위하여 투자하고 노력한다. 한편, 디자인은 유행성이 강하다는 특징이 있고, 디자인의 모방과 창작의 경계가 애매모호하기 때문에 디자인권의 침해판단에서 디자인의 유사여부 판단이 매우 중요하다.

성공적인 지식재산권 관리의 성패는 기술(특허), 디자인, 상표(브랜드)의 3요소에 달려 있다고 해도 과언이 아니다. 아무리 우수한 기술을 갖는 제품도 소비자에게 팔리지 않으면 결국 아무 소용이 없다. 따라서 아름답고 좋은 디자인(good design)이야말로 판매경쟁에서 이길 수 있는 중요한 열쇠라 할 수 있다.

기술발전과 품질의식의 상승으로 이제 품질과 성능으로는 제품의 우열을 가리기가 힘들어진 요즘, 결국 고객의 관심은 더 강한 개성을 표현하는 제품, 나만의 스타일로 주변의 시선을 받을 수 있는 제품으로 쏠리고 있다. 이럴 때 경쟁 제품과 차별화 하면서 고급스러움을 드러내는 최후의 수단은 디자인이다.

IBM에 밀려 쇠락의 길을 달리던 애플 컴퓨터를 기사회생시키고, 스와치를 세계시장에서 정상으로 등극시키며, 스위스로 하여금 시계 산업의 영광을 되찾도록 만든 주인공은 다름 아닌 디자인이었다. 결국 자기만의 디자인 철학을 갖추지 못한 제품은 고객의 선택을 받지 못하게 되고 경쟁에서 살아남을 수 없다. 디자이너(designer)는 제품의 품질의 구현자이며, 인간의 숨겨진 욕구를 발견하여 이를 새로운 경험과 스토리로 구현하는 창조자이다.

디자인의 발상지라 할 수 있는 영국의 대처 전 수상은 "디자인하지 않으려면 사임하라."(Design or resign.)라는 말을 하며 강력한 디자인 부흥정책을 추진한 것으로 유명하다. 1988년 서울올림픽은 우리나라의 디자인을 국제적 무대로 진출시키는 계기가 되었다. 아울러 국민들의 의식도 변화되면서, 외국과 차별화된 우리다움의 디자인은 무엇인가를 본격적으로 추구하기 시작했다.

우리나라 디자인 관련 학과에 재학하고 있는 대학생의 수가 10만 명에 이르러 미국, 일본보다 훨씬 많은 디자인 인구를 가지고 있고, 디자인에 대한 투자와 열정은 세계에서도 손꼽을 정도이다. 21세기는 제품의 무한경쟁시대라 할 수 있다. 이제는 톡톡 튀는 디자인만이 미래 생존경쟁에서 살아남을 수 있다.

디자인의 경영은 기업의 브랜드 이미지를 향상시킨다. 어떤 회사의 브랜드 이미지가 바뀌게 되면 그 회사 제품에 대해 갖는 고객의 인상 또한 바뀌게 된다. 그렇게 되면 결국 비슷한 제품이 있을 경우 브랜드 가치가 높은 제품을 구입하게 되는 것이다. 한국 기업들도 디자인을 무기로 세계 시장에서 떠오르고 있다.

세계 시장에서 삼성전자의 애니콜은 노키아 휴대전화보다 비싼 값에 팔리고, LG전자는 SONY와 같은 일본의 가전업체와 세계 시장에서 어깨를 나란히 하고 있다. 이러한 기업들의 성공에는 디자인이 있다.

제1절 디자인의 성립요건

Ⅰ. 서설

디자인이란 물품의 형상 · 모양 · 색채 또는 이들을 결합한 것으로서 시각을 통하여 미감을 일으키게 하는 것을 말한다(제2조 제1호). 등록디자인이란 디자인등록을 받은 디자인을 말한다(제2조 제2호). 디자인 성립요건은 (i) 디자인은 물품과 불가분이며 물품을 떠나서 존재하지 않는다(물품성). (ii) 형상·모양·색채 또는 이들을 결합한 것, 즉 구체적으로 형태를 가지고 있어야 한다(형태성). (iii) 시각을 통하는 것일 것, 즉 시각 이외의 감각으로 감지할 수 있는 것은 디자인이 아니고 육안으로 인식할 수 있는 것이어야 한다(시각성). (iv) 미감을 일으키게 하는 것, 즉 미적(美的)인 처리가 되어 있는 것이어야 한다(심미성). 디자인은 이처럼 물품성, 형태성, 시각성 및 심미성 4가지 요건을 모두 구비하여야 한다. 디자인의 정의에 합치되지 않는 것은 디자인법 제33조 제1항 본문(공업상 이용가능성)에 위반되어 디자인등록을 받을 수 없다.

Ⅱ. 물품성

1. 의의

디자인의 대상은 물품, 물품의 부분(한 벌의 물품의 부분은 제외) 및 글자체이다. 디자인법상 물품이란 독립성, 유체성, 동산성, 구체성을 구비해야 한다. 디자인은 물품의 외관형태를 구성하므로 물품을 떠나서는 존재할 수 없다.

디자인법은 디자인이 적용된 물품을 보호하기 때문이다. 민법은 물건을 '유체물 및 전기 기타 관리할 수 있는 자연력'으로 정의한다(민법 제98조). 물건은 하나의 독립된 단위임을 요한다. 독립된 물건인지 여부를 정하는 특별한 표준은 없으며, 사회의 통념과 거래관행에 따라 결정된다. 물권의 객체는 하나의 물건으로 생각되는 독립물이어야 한다.[1]

2. 물품의 정의

디자인법 제2조 제1호에서 말하는 물품이란 독립성이 있는 구체적인 물품으로서 유체동산[2]을 원칙으로 한다. 이러한 물품이 디자인등록의 대상이 되기 위해서는 통상의 상태에서 독립된 거래의 대상이 되어야 하고, 그것이 부품인 경우에는 다시 호환성을 가져야 한다. 부분디자인[3]은 반드시 실제 거래사회에서 현실적으로 거래되고 다른 물품과 호환될 것을 요하는 것은 아니고, 그러한 독립된 거래의 대상 및 호환의 가능성만 있으면 디자인등록의 대상이 될 수 있다. 그러나 독립성이 있는 구체적인 유체동산에 해당하지 않는 것의 형상·모양·색채 또는 이들을 결합한 것은 디자인법 제33조 제1항의 등록을 받을 수 있는 디자인에 해당하지 않는다.[4]

3. 물품성이 인정되지 않는 디자인

다음에 해당하는 것은 물품성이 인정되지 않는다. (ⅰ) 부동산. 다만, 반복생산이

---

1) 김태봉, 172면; 대법원 2004. 7. 9. 선고 2003후274 판결.

2) 원칙적으로 전기, 열, 빛 등과 같은 무체물이나 건축물 등의 부동산은 포함되지 않는다.

3) 부분디자인제도: 2001년 개정법에서 부분디자인제도를 도입하였다. 2001년 개정 전까지는 물품 전체의 외관에 관한 디자인에 대해서만 디자인등록을 받을 수 있었다. 2001년 7월부터 물품의 형상·모양·색채 또는 이들의 결합도 디자인을 명확하게 하여 물품의 부분에 관한 디자인도 출원하여 등록받을 수 있도록 하였다(제2조 제1호). 부품이란 전체의 한 부분이 되도록 별개로 만들어진 것으로서 그것만의 분리가 가능하고 독립하여 거래의 대상이 되는 것(예: 프린터의 토너, 카메라의 플래시 등)을 말한다. 부분디자인은 예외적으로 디자인등록을 받을 수 있다.

4) 대법원 2004. 7. 9. 선고 2003후274 판결: 온열치료기용 롤러 디자인(디자인 등록번호 제284101호)은 물품성이 없으므로 그 등록이 무효로 되어야 한다.

될 수 있고 운반이 가능한 경우에는 예외로 한다. (예) 공중전화박스, 이동판매대, 승차대, 조립화장실 등. (ii) 일정한 형체가 없는 것. (예) 열, 기체, 액체, 전기, 음향, 빛, 홀로그램 등. (iii) 시멘트, 설탕 등과 같은 분상물 또는 입상물의 집합으로 된 것. (iv) 합성물의 구성각편. 다만, 조립완구의 구성각편, 시계의 시계줄, 면도기의 손잡이, 화장품용기의 주입구 등과 같이 독립거래의 대상이 되고 있는 물품의 부분에 관한 디자인도 디자인으로 등록받을 수 있다. (v) 독립하여 거래의 대상이 될 수 없는 물품의 부분. (예) 병 주둥이, 양말의 뒷굽모양. (vi) 물품자체의 형태가 아닌 것. (예) 스카프, 손수건 또는 타월을 접어서 이루어진 꽃모양, 판매대에 진열하기 위하여 변형한 스카프 등은 물품성이 인정되지 않는다.

Ⅲ. 형태성

형태란 형상·모양·색채 또는 이들의 결합을 말한다. 형태성이란 디자인의 성립요소의 하나이다. 심사실무에서 물품에 표시된 문자, 표지는 오로지 정보전달을 위해 사용되고 있는 경우를 제외하고 디자인을 구성하는 요소로 취급한다.

1. 형상

형상(shape)이란 물품이 공간을 점유하는 윤곽을 의미한다. 기하학적인 형상은 점·선·면·입체를 기본형식으로 한다. 물품의 형상은 입체적인 형상과 평면적인 형상이 있다. 글자체를 제외한 모든 디자인은 형상을 수반한다고 할 수 있다.

2. 모양

모양(pattern)이란 물품을 장식하기 위하여 형상의 표면에 나타내는 선도·색흐림·색구분을 말한다. 선도란 선으로 그린 도형을 의미하고, 색흐림(선염)은 색과 색의 경계의 흐림을 의미한다. 색구분(무늬)이란 공간이 선이 아닌 색채로 구분되는 것을 말한다. 모양은 대개 형상의 표면에 나타난다. 물품의 액정화면 등 표시부에 표시되는 도형 등(화상디자인)[5]에 대해서도 디자인을 구성하는 모양으로 취급한다. 벽지, 직물지, 포장지는 모양이 디자인창작의 요부로 된다. 따라서 유사여부 판단은 모양이 주된 대상으로 하여 이루어지게 된다.

---

5) 화상디자인의 등록 예: 화상디자인이 표시된 컴퓨터 모니터(디자인 등록번호 제517268호).

3. 색채

색채(colour)란 일반적으로 반사되는 빛에 의하여 인간의 망막을 자극하는 물체의 성질의 하나로, 시각을 통하여 식별할 수 있도록 물품에 채색된 빛깔을 말한다. 디자인법상 색채는 무채색과 유채색으로 대별된다. 유채색은 색상, 명도, 채도 등 색의 3요소로 이루어진다. 그러나 도면에서 객관적으로 특정될 수 없는 질감이나 광택은 색채에 포함되지 않는다.

Ⅳ. 시각성

디자인은 시각을 통하여 미감을 일으키게 된다. 따라서 시각성이란 물품에 나타난 형태의 외관을 인간의 육안으로 식별할 수 있고 외부에서 파악할 수 있는 것만을 대상으로 한다. 디자인은 물품의 외관에 관한 것이며 이 경우 외관의 인식은 시각에 의하기 때문에 (i) 시각 이외의 감각에 의하여 인식 가능한 것, (ii) 육안으로는 식별할 수 없는 것[6], (iii) 외부에서 볼 수 없는 것은 시각성이 결여되므로 디자인보호의 대상이 될 수 없다. 예를 들면, 냉장고 뒷면을 나사를 풀어야만 보이는 내부구조는 디자인의 대상이 되지 않는다. 그러나 사용상 냉장고의 문을 열면 보이는 내부캐비넷구조, 뚜껑을 여는 피아노와 같은 물품은 디자인등록의 대상이 될 수 있다.

Ⅴ. 심미성

심미성(審美性)이란 미감(美感)을 일으키게 하는 것으로, 디자인이 아름답다고 느끼는 심미감을 말한다. 아름다운 디자인이란 새로워야 하고, 자연스럽게 보는 디자인을 말한다. 실무에서는 심미성은 판단자의 주관적인 가치판단이 개입되기 쉬우므로 디자인 요건을 갖춘 디자인은 일단 심미성이 있다고 본다. 아름다움을 느낄 수 있을 정도의 형태적 처리가 된 디자인이라면 심미성이 있다고 판단한다.[7]

---

6) 디자인법 시행규칙 제38조 제1항 및 제3항 관련 물품류 구분(별표 4)에서 열거한 눈깔사탕, 캐러멜, 드롭스, 껌은 육안으로 식별할 수 있는 크기의 한도이다. 껌 디자인의 등록 예 (디자인 등록번호 제312525호).

7) 심미성을 구비하지 못한 디자인에 대해서 심사관이 통지하는 거절이유에는 보통 "디자인출원은 기능과 작용 효과를 주목적으로 한 것으로서 미감을 거의 일으키지 않고, 디자인의 짜임새가 없고 조잡감만 주는 것으로서 미감을 거의 일으키지 않는 디자인으로 구성되어 있기 때문에 심미성이 결여되어 있다."고 기재한다.

Ⅵ. 물품성이 인정되는 디자인

1. 글자체

디자인법상 글자체(typeface)란 기록이나 표시 또는 인쇄 등에 사용하기 위하여 공통적인 특징을 가진 형태로 만들어진 한 벌의 글자꼴(숫자, 문장부호 및 기호 등의 형태를 포함한다)을 말한다(제2조 제2호). 종래에는 글자체 개발자는 많은 노력과 자본을 투입하여 이를 개발하였으나, 개발된 글자체를 보호해줄 수 있는 제도적 장치가 없어서 동종 경쟁업체의 도용 및 모방으로부터 무방비 상태에 놓이게 되어 글자체의 개발 의욕이 상실되는 문제점이 있었다.

이에 2004년 개정법에서 물품의 개념에 글자체를 디자인의 범위에 포함시켜 글자체디자인에 대해서도 디자인법에 의해 보호가 가능하게 되었다. 이를 계기로 창의적인 글자체 개발을 촉진할 수 있게 되었다. 글자체[8]는 기록이나 표시 또는 인쇄 등에 사용하기 위한 것으로서 유체물의 표면에 글자형으로 나타내는 것이므로 디자인법상 형태 구성요소 중에서 모양 또는 색채로 표현된다. 일반적인 디자인의 성립요건과 마찬가지로 글자체에 있어서도 시각을 통하여 미감을 일으키는 것이어야 한다.

【글자체 디자인의 유사여부 판단】

<대법원 2012. 6. 14. 선고 2012후597 판결>

글자체 디자인은 물품성을 요구하지 않고, 인류가 문자생활을 영위한 이래 다수의 글자체가 다양하게 개발되어 왔고 문자의 기본형태와 가독성을 필수적인 요소로 고려하여 디자인하여야 하는 관계상 구조적으로 디자인을 크게 변화시키기 어려운 특성이 있으므로, 이와 같은 글자체 디자인의 고유한 특성을 충분히 참작하여 유사여부를 판단하여야 한다.

갑이 출원디자인 "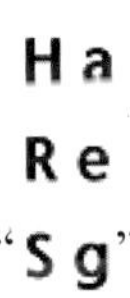
", "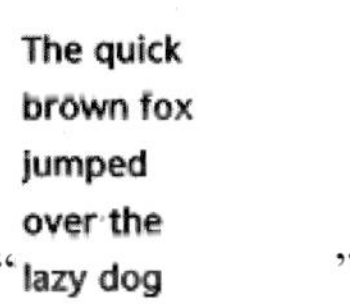
"을 출원하였으나 특허청이 출원 전에 인터넷에 공지된 비교대상디자인 "
", "
"과 유사하다는 이유로 디자인법

8) 글자체 디자인의 등록사례: 한글 글자체(디자인 등록번호 제502416호).

> 제62조에 따라 등록거절결정을 한 사안에서, 두 디자인은 모두 고딕체로서 선의 굵기가 세로에 비해 가로가 약간 가늘고, 대문자와 소문자인 'H, R, S, a, e'는 각 가운데를 경계로 상하로 동일한 분배와 무게중심을 가지며, 글자의 너비와 곡선 기울기, 형태 등이 유사한 점 등에서 지배적인 특징이 유사하고, 다만 소문자 'g'의 경우 출원디자인은 '**g**', 비교대상디자인은 '**g**'와 같아서 원형 부분과 아래의 꼬리 획 부분의 공간을 차지하는 비중에 약간의 차이가 있고 전체적으로 출원디자인이 비교대상디자인보다 글자가 굵게 표현된 차이는 있으나 심미감의 차이를 유발할 정도는 아니므로, 두 디자인은 전체적으로 볼 때 유사한 디자인에 해당한다.

2. 동적디자인

디자인은 대부분 정지된 상태의 디자인으로 이를 정적 디자인이라 한다. 완구원숭이와 같이 드럼을 치는 자태나 손발을 움직이는 형상과 같이 그 물품 자체의 특별한 기능에 의하여 그 형상·모양·색채가 변하도록 조립되어 있어서 정지한 상태만으로는 그 변화하는 상태가 파악되지 않는 디자인이 있다. 이것을 동적디자인이라고 한다. 동적디자인의 예로 문이 개폐되는 냉장고, 온도의 차이에 따라 색이 변하는 물건, 뚜껑이 열리는 피아노, 렌즈덮개가 열리는 카메라, 요술상자의 뚜껑을 열면 강아지가 튀어 나오는 경우 등이다. 강아지의 동작 변화를 도면으로 첨부하여 동적 디자인으로서 디자인등록출원을 할 수 있다.

3. 화상디자인

(1) 의의 화상디자인이란 물품의 액정화면 등 표시부에 표시되는 모양·색채 또는 이들의 결합(움직이는 화상을 포함한다)을 말한다. 물품의 표시부란 문자 또는 이미지 등을 시각적으로 나타내기 위해 존재하는 물리적인 화면을 말한다. 물품의 표시부에 일시적으로 구현되는 것이라도 화상을 표시한 상태로서 물품성을 갖춘 것으로 본다. 그러나 물품 내에 표시부를 특정할 수 없고 투사(projection)에 의해 구현되는 경우는 물품성을 갖추지 못한 것으로 본다.

화상디자인의 대표적 예로는 그래픽사용자인터페이스(Graphic User Interface: GUI), 아이콘 및 그래픽 이미지 등이 있다. 물품의 액정화면 등 표시부에 표시되는 화상디자인의 경우에 물품에 일시적으로 구현되는 경우 그 물품은 화상디자인을 표시한 상태에서 공업상 이용할 수 있는 디자인으로 취급한다.

(2) 화상디자인의 종류 그래픽사용자인터페이스에는 아이콘 이외에 메뉴·메

뉴구조·프롬프트(prompt) 등이 포함된다. 또 아이콘(icon)이란 컴퓨터 등의 조작이나 처리할 내용 등을 판단하기 쉽도록 그림으로 표시한 일종의 그림기호로서 화면에 표시된 아이콘을 지시함으로써 소프트웨어를 처리할 수 있는 전자적 버튼의 기능을 하는 것을 의미한다. 또한 그래픽 이미지(graphic images)에는 콘텐츠로서의 그래픽·컴퓨터 모니터의 화면보호기·캐릭터·아바타를 구성하는 아이템 세트·이모티콘· 3차원 애니메이션 등이 포함된다. 따라서 디자인법에 의해 보호되는 화상디자인은 액정화면 등 물품의 표시부에 일시적으로 도형 등이 표시되는 화상디자인을 부분디자인으로 출원한 경우에 디자인 등록을 받을 수 있다. 예를 들어, 화상디자인이 표시된 멀티미디어 단말기, 화상디자인이 표시된 액정표시판 등과 같이 일정한 물품에 표시된 상태에서만 인정된다.[9)]

제2절 디자인법과 관련되는 법률

Ⅰ. 실용신안법

출원형식을 물품의 구조에 특징이 있으면 실용신안으로 출원할 수 있고, 물품의 외관을 보호받으려면 디자인으로 출원할 수 있다. 실용신안과 디자인은 모두 물품을 보호대상으로 하는 점은 공통이나 실용신안은 기술적 창작인 고안을 보호하고, 디자인은 물품의 형상·모양·색채 또는 이들을 결합한 것으로 시각을 통하여 미감을 일으키게 하는 외관을 보호한다는 점에서 차이가 있다. 디자인권은 실용신안권처럼 산업재산권의 영역에 속하면서도 기술과 예술이 융합된 산업디자인이다.

Ⅱ. 저작권법

응용미술저작물, 건축저작물, 모형 등 도형도작물과 관련되는 디자인은 저작권법에 의해서도 보호될 수 있다. 저작물은 인간의 사상 또는 감정을 표현한 창작물을 말한다(저작권법 제2조 제1호). 디자인 창작물이 저작권법에 의해 보호되려면, 디자인으로서 최소한의 창작성이 존재하고 타인의 디자인을 모방한 것이 아니어야 한다.

저작권은 저작물을 창작한 때부터 발생한다(저작권법 제10조 제2항). 따라서 디자인 창작의 완료시 저작권은 발생하며, 제3자가 무단으로 도용할 경우 민형사상 법적조치

9) 디자인심사기준, 126-127면.

를 취할 수 있다. 다만 저작권의 발생 시기를 객관적으로 입증해야 하는 곤란함이 있고, 제3자의 모방행위 여부를 입증해야 하는 점에서 디자인권의 행사와 차이가 있고, 저작권은 창작한 때부터 자동으로 보호되기 때문에 분쟁이 발생할 경우 권리행사의 안정성에 문제가 생길 수 있다. 글자체는 저작권법에서 보호하지 않으나, 디자인법에서 이를 보호한다(제2조 제1호).

Ⅲ. 부정경쟁방지법

디자인은 부정경쟁방지법에 의해서도 보호될 수 있다. 부정경쟁방지법은 부정경쟁행위를 방지하여 건전한 거래질서를 유지하도록 하는데(부정경쟁방지법 제1조), 타인이 제작한 상품의 형태(시제품 또는 상품소개서상의 형태를 포함)를 모방한 상품을 양도, 대여 또는 이를 위한 전시를 하거나 수입, 수출하는 행위는 부정경쟁행위로 취급되어, 민형사상 처벌받을 수 있다(부정경쟁방지법 제2조 제1호 자목).

다만 상품의 시제품 제작 등 상품의 형태가 갖추어진 날로부터 3년이 지난 경우에는 부정경쟁행위로 보지 않고, 타인이 제작한 상품의 형태가 통상적으로 가질 수 있는 형태일 경우에는 부정경쟁행위로 취급하지 않으며, 역시 제3자의 모방행위 여부를 입증해야 하는 점에서 디자인권의 행사와 차이가 있다. 결국, 디자인 창작물은 적극적인 권리화 절차 없이도 부정경쟁방지법에 의해 보호될 가능성이 있다. 그러나 제3자의 행위를 부정경쟁행위로 간주하기 위해서는 모방 행위를 전제로 하는 만큼 엄격한 잣대로 판단하기 때문에 실제 분쟁에서 있어서 법적 보호가 미흡할 수 있다.

Ⅳ. 산업디자인진흥법

산업디자인진흥법은 산업디자인의 연구 및 개발을 촉진하고, 산업디자인을 진흥하기 위한 사업을 지원함으로써 산업의 경쟁력 강화에 이바지함을 목적으로 한다(산업디자인진흥법 제1조). 산업디자인진흥법에서 정의하는 산업디자인이란 제품 및 서비스 등의 미적·기능적·경제적 가치를 최적화함으로써 생산자 및 소비자의 물질적·심리적 욕구를 충족시키기 위한 창작 및 개선 행위(창작·개선을 위한 기술개발행위를 포함한다)와 그 결과물을 말하며, 제품디자인·포장디자인·환경디자인·시각디자인·서비스디자인 등을 포함한다(산업디자인진흥법 제2조).

산업디자인진흥법은 디자인법과 유사하다. 산업디자인진흥법에 의한 우수디자인 상품의 선정기준은 (1) 외관을 구성하는 형상·모양 및 색채 등의 요소가 판매를 촉진할 수 있도록 종합적으로 아름답게 구성되고 독창성이 있을 것, (2) 사용목적에 적합한 기능을 갖추고 사용이 편리하며 유지관리가 쉬울 것, (3) 적합한 재료를 사용하고 있을 것, (4) 산업적 생산에 적합하고 경제성이 있을 것이 요구된다. 우수디자인 상품의 선정기준은 디자인법의 디자인등록요건과 개념이 거의 유사하다.

제3절 디자인법 개정 동향

1961년 12월 31일 의장법이 제정된 이후 35차례 부분적으로 법개정이 있었다. 2012년 한·EU FTA 및 한·미 FTA 이행과 국내외 디자인산업 환경변화에 부응하기 위하여 디자인국제출원제도의 도입이 요구되었다. 이에 따라 디자인법이 1990년 전부개정 이후 24년 만에 전부개정되어 개정법이 2014년 7월 1일부터 시행되었다. 2012년 이후 법개정 내용은 다음과 같다.

Ⅰ. 2012년 개정(시행 2012. 3. 15. 법률 제11111호, 일부개정)

「대한민국과 미합중국 간의 자유무역협정 및 대한민국과 미합중국 간의 자유무역협정에 관한 서한교환」의 합의사항에 따라 법원으로 하여금 디자인권 등의 침해에 관한 소송에서 당사자가 제출한 준비서면 등에 영업비밀이 포함되어 있고 그 영업비밀이 공개되면 당사자의 영업에 지장을 줄 우려가 있는 경우 등에는 당사자의 신청에 따라 결정으로 해당 영업비밀을 알게 된 자에게 소송 수행 외의 목적으로 영업비밀을 사용하는 행위 등을 하지 아니할 것을 명할 수 있는 비밀유지명령제도를 도입하고, 비밀유지명령 신청 및 취소와 관련된 절차 등을 규정하였다.

Ⅱ. 2014년 개정(시행 2014. 7. 1. 법률 제11848호, 전부개정)

디자인 창작자의 권리보호를 강화하기 위하여 디자인의 창작성 요건을 강화하고, 디자인등록출원인의 편의를 증진하기 위하여 복수디자인등록출원 제도 등을 개선하며, 존속기간의 연장, 관련디자인제도의 도입, 출원인의 편의제고 및 규제완화, 「산업디자인의 국제등록에 관한 헤이그협정」의 국내 이행을 위한 절차와 특례를 정하는 한편, 복잡한 조문체계를 국민이 쉽게 이해할 수 있도록 알기 쉬운 법과 법령체계를 전반적으로 개편하였다.

1. 디자인 창작자의 권리보호를 위한 제도 개선

(1) 디자인 창작성 요건의 강화　　디자인등록출원 전에 국내뿐만 아니라 국외에서 널리 알려진 형상, 모양, 색채 또는 이들의 결합에 의하여 쉽게 창작할 수 있는 디자인도 창작성이 없는 것으로 보아 디자인등록을 받을 수 없도록 하였다.

(2) 확대된 선출원주의 적용의 자기 출원 예외 인정　　선출원된 디자인의 일부와 동일하거나 유사한 후출원 디자인은 디자인등록출원인의 동일 여부와 상관없이 디자인등록거절결정을 하던 것을 진정한 창작자를 보호하기 위하여 그 출원인이 같은 경우에만 디자인등록을 받을 수 있도록 하였다.

(3) 관련디자인 제도의 도입　　종전의 유사디자인 제도를 폐지하고 기본디자인과만 유사한 디자인의 독자적인 디자인권을 인정하는 관련디자인 제도를 도입하여 관련디자인에 독자적인 권리범위와 권리존속기간을 부여함으로써 창작자의 권리보호를 강화하였다. 관련디자인은 기본디자인의 출원일부터 1년 이내에 출원하여야 하고, 관련디자인과만 유사한 디자인은 등록을 받을 수 없다.

(4) 디자인권의 존속기간 연장　　디자인권의 존속기간이 연장되는 국제적인 추세를 반영하고, 「산업디자인의 국제등록에 관한 헤이그협정」과의 조화를 도모하기 위하여 설정등록일부터 15년까지인 디자인권의 존속기간을 설정등록일부터 디자인등록출원일 후 20년이 되는 날까지로 연장하였다.

(5) 재심사 청구사유 및 보정시기 확대　　구법은 도면 및 사진이나 견본의 보정에 한해서만 재심사청구가 가능하나, 개정법은 디자인심사등록출원과 디자인일부심사등록출원을 변경하는 보정, 단독의 디자인등록출원을 관련디자인등록출원으로 변경하는 보정의 경우에는 도면 이외에 출원서 기재사항에 대한 보정이 필요한 경우에도 재심사청구를 할 수 있도록 재심사청구사유 및 보정시기를 확대하였다.

2. 디자인등록출원인의 편의증진을 위한 제도 개선

(1) 신규성 상실의 예외 주장 절차의 개선　　신규성 상실의 예외 주장을 출원시에만 할 수 있도록 하던 것을 거절이유통지를 받거나 디자인일부심사등록 이의신청 또는 등록무효심판이 제기된 경우에 의견서 또는 답변서를 제출할 때 주장할 수 있도록 하였다.

(2) 복수디자인등록출원 제도의 개선　　디자인일부심사등록출원의 경우에만 20개 이내의 복수디자인등록출원이 허용되는 복수디자인등록출원 제도를 개선하여 심

사등록출원, 일부심사등록출원의 구분 없이 같은 류(類)에 속하는 물품은 100개까지 복수디자인등록출원이 가능하도록 하고, 복수디자인등록출원된 디자인 중 일부디자인에만 거절이유가 있는 경우에는 그 일부에 대해서만 거절결정을 할 수 있도록 하였다.

(3) 직권보정제도의 도입 심사관이 디자인등록결정을 할 때에 디자인등록출원서에 명백한 오기가 있는 경우에는 디자인등록출원인에게 보정요구서를 발송하지 않고 직권으로 보정할 수 있도록 하였다.

(4) 디자인등록출원절차 보완제도의 도입 디자인등록출원시 출원일의 인정과 관련하여 중대한 흠이 있는 경우에도 해당 출원을 반려하지 않고 출원인에게 보완의 기회를 부여하여 출원인의 편의를 제공한다. 이 경우 절차보완서가 특허청에 도달한 날을 출원일로 인정한다(제38조 제1항).

(5) 수수료의 반환 대상 확대 디자인등록출원 후 1개월 이내에 그 출원을 취하, 포기하는 경우 디자인등록출원료만 반환하던 것을 디자인등록출원이 우선권주장 신청료도 반환하도록 하였다.

3. 산업디자인의 국제등록에 관한 헤이그협정에 따른 국제출원 및 국제디자인등록출원 절차의 도입

(1) 대한민국 국민이나 대한민국에 주소가 있는 자 등이 특허청을 거쳐 국제사무국에 국제출원을 할 때 국제출원서에 기재할 사항, 송달료의 납부 등 국제출원에 필요한 절차를 정하였다.

(2) 국제디자인등록출원인이 대한민국에서 디자인등록을 받기 위하여 대한민국을 지정국으로 하여 국제출원을 하려는 경우 이 법에 따른 심사절차를 따르도록 하되, 산업디자인의 국제등록에 관한 헤이그협정과 상충되는 조항에 대해서는 특례를 규정하였다.

4. 민법의 개정사항 반영

민법(법률 제12881호, 2014. 12. 20. 시행) 제9조 내지 제14조의3에서 규정하고 있는 성년후견제도의 시행에 따라 디자인법에서 미성년자, 피한정후견인, 피성년후견인을 규정하는 성년후견제도를 도입하였다.

제2장 절차의 총칙

디자인에 관한 절차에 관련되는 서류의 송달, 대리인, 대리인의 선임절차, 기간의 계산, 기간의 연장 및 단축, 전자문서에 의한 디자인에 관한 절차의 수행, 절차의 중단, 중단된 절차의 수계, 절차의 중지 등의 절차는 특허에 관한 절차와 동일하기 때문에 특허법의 절차를 준용하는 것으로 한다. 디자인 절차에서는 권리능력과 행위능력, 절차의 보완과 무효처분을 설명한다.

Ⅰ. 권리능력

1. 자연인의 권리능력

사람은 생존하는 동안 권리와 의무의 주체가 된다(민법 제3조). 따라서 자연인은 출생에서 사망까지 당연히 권리능력을 가지기 때문에 디자인에 관하여도 권리 및 의무의 주체가 될 수 있다. 디자인을 창작한 사람이나 그 승계인은 디자인등록을 받을 수 있는 권리를 가진다(제3조 제1항).

2. 법인의 권리능력

법인은 법률에 의해 법인격을 얻은 주체로서 설립등기를 한 때부터 해산등기를 할 때까지 법적 인격을 가지므로 정관으로 한 목적의 범위 내에서 권리와 의무의 주체가 된다(민법 제34조). 따라서 법인은 디자인에 관하여도 자기의 이름으로 권리 및 의무의 주체가 될 수 있다. 법인은 창작의 주체가 될 수 없으므로 디자인을 창작한 사람으로부터 디자인등록을 받을 수 있는 권리를 승계한 경우에만 디자인등록출원인(이하 "출원인")이 될 수 있다.

3. 국가와 지방자치단체의 권리능력

국가는 주권을 가진 주체로서 법인격이 있는 것으로 간주되므로 디자인에 관하여 대한민국의 이름으로 권리 및 의무의 주체가 될 수 있다. 또한 지방자치단체(예: 전라남도)는 지방자치법 제3조에 의해 법인격이 인정되므로 디자인에 관하여도 권리 및 의무의 주체가 될 수 있다.

4. 외국인의 권리능력

최근 교통·통신의 발전으로 인하여 국가 간 인적·물적 교류가 활발하게 증가됨에 따라 많은 나라가 내외국인 평등의 원칙을 채택하고 있다. 우리나라에서도 외국인의 지위는 국제법과 조약에 정하는 바에 의하여 보장하고 있다(헌법 제6조 제2항).

디자인법상 외국인의 권리능력을 인정하는 경우는 (i) 대한민국 국민이 그 외국인이 속한 나라에서 그 나라의 국민과 동일한 조건으로 권리의 향유가 인정되는 경우(평등주의). (ii) 대한민국이 그 나라의 국민에게 권리의 향유를 인정하는 조건으로 우리나라 국민에게 권리의 향유를 인정하는 경우(상호주의). (iii) 조약 및 이에 준하는 것에 의하여 디자인권 또는 디자인에 관한 권리의 향유를 인정하는 경우이다(제27조). 우리나라가 외교적으로 승인하지 않는 국가라 할지라도 파리협약의 동맹국이거나 상호주의를 채택하고 있는 등 디자인법 제27조의 외국인의 권리능력을 인정받는 국가의 국민은 디자인에 관한 권리를 향유할 수 있다. 권리능력이 없는 외국인이 한 디자인등록출원이 등록된 경우에는 디자인등록의 무효심판에서 무효사유가 된다(제121조 제1항).

Ⅱ. 행위능력

1. 당사자

민사소송에서 당사자란 자기의 이름으로 국가의 권리보호(재판이나 강제집행)를 요구하는 사람과 그 상대방을 말한다. 당사자의 호칭은 각 절차에 따라 다르다. 판결절차에서 당사자는 자기의 이름으로 판결요구를 하는 사람 및 그 상대방이다.

미성년자의 친권자, 법인의 대표이사 등 법정대리인이나 소송대리인은 다른 사람의 이름으로 판결을 요구받는 사람이기 때문에 당사자가 아니다.[1]

2. 미성년자 등의 행위능력

미성년자·피한정후견인 또는 피성년후견인은 법정대리인에 의하지 아니하면 디자인등록에 관한 출원·청구, 그 밖의 절차(이하 "디자인에 관한 절차"라 한다)를 밟을 수 없다. 다만 미성년자와 피한정후견인이 독립하여 법률행위를 할 수 있는 경우에는 그러하지 아니하다(제4조 제1항). 미성년자, 사무처리능력이 부족한 장애인·노약자와 같은 피한정후견인 또는 피성년후견인이 법정대리인을 선임하면 디자인에 관한 절

1) 이시윤, 127면.

차를 밟을 수 있다. 디자인법 제4조 제1항 단서에서 "다만 미성년자와 피한정후견인이 독립하여 법률행위를 할 수 있는 경우에는 그러하지 아니하다."고 하여 미성년자 또는 피한정후견인이 법정대리인에 의하지 아니하고 디자인에 관한 절차를 밟을 수 있도록 예외 규정을 두고 있다.

디자인에 관한 절차에서 미성년자와 피한정후견인이 독립하여 법률행위를 한 경우는 미성년자가 권리만을 얻거나 의무만을 면하는 행위(민법 제5조 제1항)[2], 법정대리인으로부터 영업이 허락된 영업에 관한 행위(민법 제8조 제1항), 미성년자가 혼인을 한 경우 성년으로 의제된 경우이다(민법 제826조의2).

(1) 성년후견인제도 2013년 7월 1일부터 시행된 민법에서 부정적 인식이 강한 금치산·한정치산제도를 폐지하고 성년후견제를 도입하였다. 성년후견제란 자신의 힘으로 의사결정이나 사무처리능력이 부족한 성년자에게 법률지원을 해주는 제도이다. 성년후견인은 본인, 친족, 검사 등의 청구에 의해 후견인을 선임하는데 선정된 후견인은 피후견인의 법률행위를 대신하고 재산관리뿐만 아니라 신상보호를 할 수 있다. 이러한 권한은 가정법원의 재판에 의하여 부여받는다.

새로운 성년후견제도는 후견인의 법정순위(최근친, 연장자 순) 폐지, 복수후견인과 법인후견인제도의 도입, 대리권과 동의권의 범위를 탄력적으로 결정, 신상보호의 개념 도입, 친족회의 폐지와 후견감독인제도의 도입, 법원의 감독기능 강화, 후견계약제도의 도입, 가족관계등록부에서 후견등기로 공시방법의 전환 등이 구제도와 다른 특징이 있다.[3] 디자인법에서도 성년후견인제도가 적용되고 있다.

(2) 후견감독인 법정대리인은 후견감독인의 동의 없이 상대방이 청구한 디자인일부심사등록 이의신청, 심판 또는 재심에 대한 절차를 밟을 수 있다(제4조 제2항). 후견감독은 종전에는 친족회가 형식적으로 감독하였으나, 개정법에서는 후견감독인이 실질적으로 감독한다. 디자인법에서 상대방이 청구한 심판 또는 재심에 관한 절차는 후견감독인의 동의 없이도 수행할 수 있도록 하는 것은 이들 행위는 소극적 행위로서 미성년자 또는 피한정후견인의 권리를 해칠 우려가 적기 때문이다.

(3) 미성년자의 법정대리인 미성년자의 법정대리인은 제1차로 친권을 행사하는 부 또는 모가 된다(민법 제911조). 제2차로는 미성년후견인이다(민법 제928조). 미성년

2) 부담 없는 증여를 받는 행위, 채무면제의 청약에 대한 승낙, 친권자에 대한 부양료 청구가 이에 해당한다. 법은 부담 없이 증여를 받는 행위 또는 경제적으로 유리한 매매계약 체결 등은 이익을 얻기도 하지만 의무를 부담하는 것이어서 단독으로 하지 못하는 것으로 본다.

3) 김태봉, 67면.

자에게 친권자가 없거나 친권자가 법률행위의 대리권과 재산관리권을 행사할 수 없는 경우에는 미성년후견인이 법정대리인이 된다(민법 제928조).

3. 법인이 아닌 사단 등의 행위능력

법인이 아닌 사단 또는 재단으로서 대표자 또는 관리인이 정하여져 있는 경우에는 그 사단 또는 재단의 이름으로 디자인일부심사등록 이의신청인, 심판의 청구인 및 피청구인 또는 재심의 청구인 및 피청구인이 될 수 있다(제5조). 민법의 권리주체에는 자연인과 법인이 있다. 민법은 법인으로서 사단법인과 재단법인을 규정하고 있다. 재단법인은 항상 비영리법인이며, 사단법인은 영리법인 또는 비영리법인이 될 수 있다.

4. 재외자의 행위능력

국내에 주소 또는 영업소를 가지는 자를 '재내사'라 하고, 국내에 주소 또는 영업소가 없는 자를 '재외자'라 한다. 재외자(법인의 경우에는 그 대표자)가 국내에 체류하는 경우를 제외하고는 그 재외자의 디자인에 관한 대리인으로서 국내에 주소 또는 영업소를 가지는 자(이하 "디자인관리인"이라 한다)[4]를 대리인으로 선임하거나 자기(법인인 경우에는 대표자)가 국내에 체재하는 경우에만 디자인에 관한 절차를 밟을 수 있다(제6조 제1항).

재외자가 디자인관리인을 선임하지 않거나 국내에 체재하지 않은 채로 디자인에 관한 절차를 밟기 위하여 서류를 제출한 경우에는 적법한 출원서류로 인정하지 아니한다. 디자인관리인은 위임된 권한의 범위에서 디자인에 관한 모든 절차 및 이 법 또는 이 법에 따른 명령에 따라 행정청이 한 처분에 관한 소송에서 본인을 대리한다(제6조 제2항).

Ⅲ. 절차의 보정과 무효처분 등

1. 절차의 보완

특허청장은 (i) 디자인등록을 받으려는 취지가 명확하게 표시되지 않은 경우, (ii) 출원인의 성명이나 명칭이 적혀 있지 않거나 명확하게 적혀 있지 않아 출원인을

4) 위임받은 임의대리인과 디자인관리인은 특별히 권한을 위임받지 아니하면, 디자인등록출원의 포기, 취하, 디자인권의 포기, 신청의 취하, 청구의 취하, 복대리인의 선임 등의 대리행위를 할 수 없다(제7조).

특정할 수 없는 경우, (iii) 도면이 제출되지 않거나 도면에 적힌 사항이 선명하지 않아 인식할 수 없는 경우, (iv) 한글로 적혀 있지 않은 경우 중 어느 하나에 해당하는 경우에는 기간을 정하여 보완할 것을 명한다.

디자인출원을 보완하려는 경우에는 지정기간 내에 절차보완서를 제출하여야 한다. 지정기간 내에 디자인출원을 보완한 경우에는 절차보완서가 특허청장에게 도달한 날을 출원일로 본다. 복수디자인출원 가운데 일부디자인에만 보완이 필요한 경우에는 그 일부디자인에 대한 절차보완서가 특허청장에게 도달한 날을 출원 전체의 출원일로 본다(제38조 제4항).

특허청장은 지정기간 내에 보완을 하지 않은 디자인출원을 부적법한 것으로 보아 반려할 수 있고, 복수디자인출원의 경우에는 일부디자인을 보완하지 않은 때에도 출원 전체를 부적법한 것으로 보아 반려할 수 있다.

2. 절차의 보정

특허청장 또는 특허심판원장은 디자인에 관한 절차가 (i) 행위능력이 없는 자가 밟은 경우, (ii) 대리권의 범위를 위반한 경우, (iii) 방식에 위반된 경우, (iv) 수수료를 납부하지 않은 경우 중 어느 하나에 해당하는 경우에는 기간을 정하여 디자인에 관한 절차를 밟는 자에게 보정을 명하여야 한다(제47조).

절차의 보정이란 디자인등록출원의 절차적 사항에 관한 형식적 요건에 흠결이 있는 경우 이를 보충하거나 정정하는 것을 말한다. 절차에 관한 보정은 특허청장이나 특허심판원장에 의한 보정이 일반적이지만, 출원인은 해당 절차에 흠을 자진하여 보정할 수도 있다. 특허청장은 지정기간 내에 보완을 하지 않은 디자인등록출원을 부적법한 출원으로 보아 반려할 수 있다.

3. 무효처분

특허청장 또는 특허심판원장은 디자인법 제47조에 따른 보정명령을 받은 자가 지정된 기간 내에 그 보정을 하지 아니하면 디자인에 관한 절차를 무효로 할 수 있다(제18조 제1항). 특허청장 또는 특허심판원장은 디자인에 관한 절차가 무효로 된 경우에 지정된 기간을 지키지 못한 것이 보정명령을 받은 자가 책임질 수 없는 사유[5]

5) 대법원 2009. 9. 24. 선고 2009다44679 판결: 민사소송법 제173조 제1항이 규정하는 소송행위의 추후보완은 당사자가 그 책임을 질 수 없는 사유로 인하여 불변기간을 준수할 수 없었던 경우에 비로소 가능한 것이고, 여기서 당사자가 책임질 수 없는 사유라 함은 당사자가 그 소송행위를 하기 위하여 일반적으로 하여야 할 주의를 다하였음에도 불구하고 그 기간을 준수할 수 없었던 경

에 의한 것으로 인정하면 그 사유가 소멸한 날부터 2개월 이내에 보정명령을 받은 자의 청구에 따라 그 무효처분을 취소할 수 있다. 다만 지정된 기간의 만료일부터 1년이 지났을 때에는 그러하지 아니하다(제18조 제2항).

4. 절차의 추후 보완

디자인에 관한 절차를 밟은 자가 책임질 수 없는 사유로 (i) 보정각하결정에 대한 심판의 청구기간, (ii) 디자인등록거절결정 또는 디자인등록취소결정에 대한 심판의 청구기간, (iii) 재심청구의 기간에 따른 기간을 지키지 못한 경우에는 그 사유가 소멸한 날부터 14일 이내에 지키지 못한 절차를 추후 보완할 수 있다. 다만 그 기간의 만료일부터 1년이 지났을 때에는 그러하지 아니하다(제19조).

5. 중단된 절차의 중단 및 속행

(1) 절차의 중단 디자인에 관한 절차가 (i) 당사자가 사망한 경우, (ii) 당사자인 법인이 합병에 따라 소멸한 경우, (iii) 당사자가 절차를 밟을 능력을 상실한 경우, (iv) 당사자의 법정대리인이 사망하거나 그 대리권을 상실한 경우, (v) 당사자의 신탁에 의한 수탁자의 임무가 끝난 경우, (vi) 대표자가 사망하거나 그 자격을 상실한 경우, (vii) 파산관재인 등 일정한 자격에 따라 자기 이름으로 다른 사람을 위하여 당사자가 된 자가 그 자격을 상실하거나 사망한 경우 중에서 어느 하나에 해당하는 경우에는 특허청 또는 특허심판원에 계속 중인 절차는 중단된다. 다만, 절차를 밟을 것을 위임받은 대리인이 있는 경우는 그러하지 아니하다(제22조).

(2) 절차의 속행 특허청장 또는 심판장은 디자인에 관한 절차가 특허청 또는 특허심판원에 계속 중일 때 디자인권 또는 디자인에 관한 권리가 이전되면 그 디자인권 또는 디자인에 관한 권리의 승계인에 대하여 그 절차를 속행하게 할 수 있다.

(3) 절차의 효력 승계 디자인권 또는 디자인에 관한 권리에 관하여 밟은 절차의 효력은 그 디자인권 또는 디자인에 관한 권리의 승계인에게 미친다(제20조).

(4) 디자인의 상속 디자인권 또는 디자인에 관한 권리는 재산권이기 때문에 절차의 효력이 승계인에게 미칠 뿐만 아니라 권리도 상속된다.

(5) 중단 또는 중지의 효과 디자인에 관한 절차가 중단되거나 중지된 경우에는 그 기간의 진행은 중지되고 그 절차를 수계통지를 하거나 그 절차를 속행한 때부터 전체기간이 새로 진행된다(제26조).

우를 가리키는 것이다.

제3장 디자인등록의 요건

디자인을 등록받기 위해서는 디자인 성립요건과 등록요건을 충족하여야 한다. 디자인 등록의 요건은 실체적인 요건과 절차적인 요건으로 구분할 수 있다. 실체적 요건으로 디자인법 제33조 제1항 및 제2항에서 디자인이 본질적으로 구비하여야 하는 디자인등록의 요건을 규정하고 있다.

디자인의 등록의 대상이 되는 디자인은 (1) 공업상 이용할 수 있는 디자인일 것(공업상 이용가능성), (2) 신규성을 가진 디자인일 것(신규성), (3) 창작이 용이하지 않은 디자인일 것(창작성)의 요건을 모두 충족해야 한다. 이것을 디자인등록의 실체적 요건이라고 한다. 실체적 요건을 적극적 요건이라 하고, 디자인등록을 받을 수 없는 디자인을 규정하고 있는 디자인법 제34조를 소극적 요건이라고 한다.

제1절 공업상 이용가능성

Ⅰ. 서설

공업상 이용가능성이란 공업적 생산방법에 의해 동일한 물품이 양산될 수 있는 디자인을 말한다. 공업적 생산방법이란 기계에 의한 생산방법뿐만 아니라 수공업적 생산방법도 포함하는 의미이다. 심사실무에서 디자인의 공업성은 현실적으로 공업상 이용되고 있는 것을 요구하지 않고, 그 가능성을 가지고 있으면 이 요건을 충족하는 것으로 간주한다. 공업적 생산방법에 의하여 양산이 불가능하여 공업상 이용할 수 없는 디자인은 제33조 제1항 본문에 위반되어 디자인등록을 받을 수 없다.

Ⅱ. 공업상 이용할 수 있는 디자인의 요건

1. 공업상 이용할 수 있는 디자인

공업상 이용할 수 있는 디자인이란 공업적 생산방법에 의하여 동일한 물품을 양산할 수 있는 디자인을 말한다. 공업상 이용가능성의 요건을 충족하기 위해서는 (i) 출원한 디자인에 관한 물품의 반복생산이 가능하여야 하고, (ii) 공업적으로 양산할 수 있어야 하며, (iii) 기술적으로 충분히 달성할 수 있을 정도의 물품이어야 한다.[1]

2. 동일한 물품을 양산할 수 있는 디자인

양산이란 동일한 형태의 물품을 반복적으로 계속하여 생산하는 것을 뜻한다. 동일물품을 양산할 수 있다는 것은 물리적으로 완전히 같은 물품을 양산할 수 있는 디자인이어야 하는 것은 아니고, 그 디자인분야에서 통상의 지식을 가진 사람이 그 지식을 기초로 합리적으로 해석하였을 때 같은 물품으로 보일 수 있는 수준의 동일성을 가진 물품을 양산할 수 있는 디자인을 의미한다.

3. 부분디자인의 공업상 이용가능성의 요건

프린터의 카트리지와 같은 물품의 부분은 원칙적으로 독립 거래의 대상이 될 수 없어 물품으로 인정되지 않지만 물품의 부분도 창작의 요점이 될 수 있다. 제3자가 물품의 일부를 모방하는 것을 방지하기 위하여 물품의 부분을 물품으로 간주하여 보호하고 있는데, 이를 '부분디자인'이라고 한다. 프린터의 토너는 그 자체는 독립 거래의 대상이 아니므로 물품으로 인정되지 않지만, 독립 거래의 대상이 되는 프린터를 전제로 하는 부분이므로, 부분디자인으로 등록이 가능하다. 부분디자인을 통해 물품의 전체 외관뿐만 아니라 미세한 부분의 외관들도 보호할 수 있기 때문에 등록디자인의 보호범위를 강화하기 위한 수단으로 활용할 수 있다.

부분디자인에 있어서도 디자인의 대상이 되는 물품이 공업적 또는 수공업적 방법에 의하여 반복적으로 양산될 수 있어야 한다. 물품의 액정화면 등 표시부에 표시되는 도형 등(화상디자인)이 물품에 일시적으로 구현되는 경우에도 그 물품은 화상디자인을 표시한 상태에서 공업상 이용할 수 있는 디자인으로 취급한다.

Ⅲ. 공업상 이용할 수 없는 디자인의 유형

공업적 생산방법에 의하여 양산이 가능한 것으로 볼 수 없는 디자인은 다음과 같다. (1) 자연물을 디자인의 주제로 사용한 것으로서 양산할 수 없는 것. (예) 동물박제, 수석, 꽃꽂이. (2) 순수미술 분야에 속하는 미술저작물. (예) 그림, 도자기작품, 설치미술작품. (3) 물품을 상업적으로 취급하는 과정으로 만들어진 서비스디자인. (4) 디자인의 표현이 구체적이지 아니하여 공업상 이용할 수 없는 디자인.

1) 특허법원 2007. 10. 4. 선고 2007허5260 판결(심리불속행): 등록디자인의 대상물품인 찜질방의 '한증막'의 형상과 모양을 결합한 것은 현장시공을 통해 건축되는 부동산에 해당하는 것으로서, 공업적 생산방법에 의하여 동일한 형태로 양산되고 운반될 수 있는 유체동산에 해당한다고 할 수 없다(상고심 대법원 2007후4311 판결).

Ⅳ. 디자인의 구체성 요건

디자인의 표현이 구체적이지 않아 공업상 이용할 수 없는 디자인은 디자인법 제33조 제1항 본문에 위반되어 디자인등록을 받을 수 없다.[2] 공업상 이용할 수 없는 디자인은 다음과 같다. (1) 도면에 디자인의 전체적인 형태가 명확하게 표현되지 않아 어떤 부분이 추측상태로 남아 있는 경우, (2) 그 디자인이 속하는 분야에서 통상의 지식에 기초하여 출원서의 기재사항 및 출원서에 첨부된 도면 등을 종합적으로 판단하여 합리적으로 해석한 경우에도 디자인에 관한 물품의 사용목적, 사용방법, 사용상태, 재질 또는 크기 등이 불명확하여 디자인의 요지를 파악할 수 없는 경우, (3) 도면 상호간 불일치 정도가 중대하고 명백하여 그 디자인이 속하는 분야에서 통상의 지식을 가진 자가 경험칙에 의해서 종합적으로 판단한 경우에도 디자인의 요지를 특정할 수 없는 경우,[3] (4) 도면, 견본 등이 선명하지 아니한 경우, (5) 디자인이 추상적으로 표현된 것, 출원서 또는 도면 중에 문자나 부호 등을 사용하여 형상, 모양 및 색채를 추상적으로 설명함으로써 디자인의 요지파악이 불가능한 경우,

(6) 재질 또는 크기의 설명이 필요한 경우에 그에 관한 설명이 없는 것, (7) 입체적인 물품을 표현하는 도면이 도면만으로 물품의 전체적인 형태를 명확하고 충분하게 파악할 수 없는 경우, 특히 도면에서 생략된 부분으로 인해 디자인의 전체적인 형상이 명확하지 않는 경우에는 디자인등록을 받을 수 없다. (8) 단면도 등의 절단면 및 절단한 곳의 표시가 (ⅰ) 절단면에 평행사선이 불완전하게 표시되었거나 표시가 없는 것, (ⅱ) 절단된 부분을 원래의 도면에서 쇄선 등으로 표시(절단쇄선, 부호 및 화살표)하지 않았거나 이와 상응하는 방법으로 표시하지 아니한 것. 다만 일정한 도면을 지정하고 그 도면의 중앙종단면도 또는 중앙횡단면도로 적은 것은 예외로 한다.

(9) 한 벌의 물품의 디자인의 도면이 (ⅰ) 각 구성물품마다 그 디자인을 충분히 표현할 수 있는 1조의 도면을 도시하지 않은 경우, (ⅱ) 각 구성물품이 상호 집합되어 하나의 통일된 형상·모양 또는 관념을 표현하는 경우에 구성물품이 조합된 상태의 1조의 도면과 각 구성물품에 대한 1조의 도면을 도시하지 않은 경우, (ⅲ) 각 구성물품의 하나의 디자인을 도면과 3D 모델링 도면을 혼합하여 표현한 경우는 디자인등록을 받을 수 없다. (10) 3D 모델링 도면이 다음에 해당하는 경우 (ⅰ) 3D 모델링 도면이 셰이딩 상태가 아닌 와이어프레임 상태로 모델링되었거나 3차원의 돌려보기 상태가 아

2) 디자인심사기준, 113-128면.

3) 대법원 2014. 11. 13. 선고 2014후1822 판결: 출원디자인은 도면 불일치로 인해 디자인의 보호범위를 정확하게 파악할 수 없어 공업상 이용할 수 있는 디자인이 해당하지 않는다.

닌 2차원 상태로 도면이 표현된 경우, (ii) 3D 모델링 도면이 디자인의 대상이 되는 물품의 전체적인 형태가 명확하게 도시되지 아니하여 해당 물품을 파악하기 곤란한 경우, (iii) 3D 모델링 도면을 실행하였을 경우 도면에 깨지거나 터지는 현상이 발생하여 해당 물품을 파악하기 곤란한 경우, (iv) 투명부가 있는 물품의 도면에서 그 투명상태를 명확하게 표현하지 않아 투명여부를 파악하기 어려운 경우, (v) 도면 및 부가도면이 선도(線圖), 사진 또는 3D 모델링 도면 중 한 가지로 통일되게 작성되지 아니한 경우 디자인등록을 받을 수 없다. 다만 3D 모델링 도면 외의 참고도는 예외로 한다.

제2절 디자인의 신규성

Ⅰ. 신규성 요건

디자인의 신규성이란 디자인이 객관적 창작성을 가지는 것을 말한다. 다음과 같은 디자인의 신규성 상실에 해당하지 않는 디자인은 신규성이 있다. (i) 디자인등록출원 전에 국내 또는 국외에서 공지되었거나 공연히 실시된 디자인, (ii) 디자인등록출원 전에 국내 또는 국외에서 반포된 간행물에 게재되었거나 전기통신회선을 통하여 공중이 이용할 수 있게 된 디자인, (iii) 상기 (i) 또는 (ii)에 해당하는 디자인과 유사한 디자인은 신규성이 없는 디자인으로서 디자인등록을 받을 수 없다.

디자인은 물품의 외관만을 보호하는 권리이기 때문에 타인이 쉽게 모방할 수 있고, 권리범위도 좁다. 따라서 디자인등록출원 전에 국내외에서 공지되거나 공용된 디자인, 간행물에 게재된 디자인 또는 인터넷 등에 공지되어 공중이 이용할 수 있는 디자인과 동일·유사한 디자인은 신규성이 없다고 본다.

디자인의 객관적 창작성의 요건에 대하여 대법원 판례는 디자인보호법이 요구하는 객관적 창작성이란 과거 또는 현존의 모든 것과 유사하지 아니한 독특함만을 말하는 것은 아니므로 과거 및 현존의 것을 기초로 하여 거기에 새로운 미감을 주는 미적 창작이 결합되어 그 전체에서 종전의 디자인과는 다른 미감적 가치가 인정되는 정도면 디자인등록을 받을 수 있으나, 부분적으로는 창작성이 인정된다고 하여도 전체적으로 보아서 종전의 디자인과 다른 미감적 가치가 인정되지 않는다면 디자인등록을 받을 수 없다고 한다.[4)]

4) 대법원 2008. 9. 25. 선고 2008도3797 판결.

Ⅱ. 신규성이 상실된 디자인

1. 공지되었거나 공연히 실시된 디자인

디자인등록출원 전에 디자인의 내용이 불특정다수인에게 알려질 수 있는 상태로 된 디자인은 공지디자인으로 본다. 디자인이 공지된 날과 출원일이 같고 시·분·초의 선후가 불명확한 경우에는 그 공지를 이유로 신규성이 상실되지 않는다. 디자인등록출원 전에 불특정다수인에게 알려질 수 있는 상태로 실시된 디자인은 공연히 실시된 디자인으로 공지된 것으로 본다.

2. 반포된 간행물에 게재된 디자인

간행물이란 기계적 또는 전기적 인쇄·복제수단에 의하여 제작되어 반포된 문서, 도화 및 사진 등을 말한다.[5] 반포란 그 간행물이 국내 또는 국외에서 불특정다수인이 열람할 수 있는 상태에 놓인 것을 의미한다. 간행물에 게재된 정도는 그 디자인이 속하는 분야에서 통상의 지식을 가진 자가 그 전체적인 형태를 쉽게 알 수 있게 표현되어 있으면 충분하다. 출원공개된 디자인 및 등록공고된 디자인은 그 공개일 또는 공고일부터 간행물에 의하여 공지된 것으로 본다.

카탈로그의 경우 일단 제작되었다면 특별한 사정이 없는 한 반포된 것으로 본다.[6] 선출원이 무효·취하·포기 또는 거절결정이나 거절한다는 취지의 심결이 확정되기 전에 디자인법 제52조(출원공개)에 따라 출원공개된 경우에 그 선출원은 간행물에 게재된 디자인에 해당한다.

3. 전기통신회선을 통하여 공중이 이용가능하게 된 디자인

전기통신회선이란 유선, 무선, 광선 및 기타의 전기·자기적 방식으로 쌍방향 송·수신이 가능한 전송로를 의미한다. 예를 들면, 인터넷, 쌍방향전송케이블텔레비전이 있다. 공중이 이용가능하게 되었다는 것은 비밀을 준수할 의무가 없는 불특정인이 볼 수 있는 상태에 놓인 것을 말한다. 예를 들면, 인터넷에 링크가 개설되고 검색엔진에 등록되어 공중이 제한 없이 접속할 수 있는 경우이다.

---

5) 디자인공보, 서적, 잡지, 신문, 카탈로그, 팸플릿, CD-ROM, 마이크로필름 등이다.

6) 간행물의 반포시기 추정: 발행연도만이 기재되어 있는 경우에는 해당 년도의 말일, 발행년월만이 기재되어 있는 경우에는 해당 년월의 말일로 추정한다.

4. 제33조 제1항 제3호의 유사한 디자인

(1) 의의 심사실무에서 출원디자인에 대하여 제33조 제1항 제1호 또는 제2호를 적용하여 거절하는 경우는 드물다. 일반적으로 이보다 확대된 개념인 제33조 제1항 제3호를 적용하여 거절하는 경우가 많다.[7)]

본 호의 취지는 디자인은 그 객체가 하나의 특정한 형태로 도면에 의해 구체적으로 나타나는 것이므로 신규성 판단의 대상자료로 동일디자인에만 한정하게 되면 실질적으로 디자인의 객관적 창작을 담보하기 위해서 이미 공개적으로 존재하는 디자인에 유사한 디자인에 대해서도 신규성 상실사유로 취급하려는 데에 있다.

(2) 유사한 디자인 유사한 디자인이란 다음 3가지 유형으로 나눌 수 있다. (i) 동일한 물품에 유사한 형태가 나타난 경우, (ii) 유사한 물품에 동일한 형태가 나타난 경우, (iii) 유사한 물품에 유사한 형태가 나타난 경우이다. 디자인의 유사여부는 동일 또는 유사물품에서만 판단한다. 따라서 그 디자인이 구현되는 두 물품이 용도, 기능, 거래통념 등에 비추어 전혀 다른 물품이면 그 물품에 구현된 형태가 동일하더라도 두 디자인은 비유사한 디자인으로 취급한다.

디자인의 동일이란 두 디자인을 비교했을 때, 물품의 형태가 모두 동일한 경우를 말한다. 동일물품이란 용도 및 기능이 동일한 것을 말하고, 유사물품이란 용도가 동일하고 기능이 다른 것을 말한다. 디자인의 유사여부는 해당 디자인의 참신성과 심미감에 따라 달리 판단될 수 있다. 즉 새로운 디자인일수록 유사 폭을 넓게 보고, 같은 종류의 디자인이 많이 존재할수록 유사의 폭을 좁게 본다.

실무에서 디자인의 유사여부는 주로 디자인심사기준, 심결례 및 판례 등을 참작하여 판단한다.

【디자인의 동일·유사 판단기준】

<대법원 2004. 11. 12. 선고 2003후1901 판결 >

> 디자인이 동일·유사하다고 하려면 우선 디자인이 표현된 물품이 동일·유사하여야 한다. 물품의 동일·유사여부는 물품의 용도, 기능 등에 비추어 거래 통념상 동일·유사한 물품으로 인정할 수 있는지 여부에 따라 결정한다. 디자인법 시행규칙 제38조 제1항 소정의 물품 구분표(별표 4)는 디자인등록 사무의 편의를 위한 것으로서 동종의 물품을

7) 간행물에 게재된 디자인에 유사한 디자인으로 거절하는 경우 거절통지 예문: 이 디자인등록출원은 그 출원 전 국내 또는 국외에서 반포된 한국 디자인등록공보(간행물 명칭)에 게재된 '게시용 기틀' 디자인(디자인 등록번호 제317463호)과 유사하므로 디자인법 제33조 제1항 제3호의 규정에 의하여 디자인등록을 받을 수 없다.

법정한 것은 아니므로 물품 구분표상 같은 유별에 속하는 물품이라도 동일 종류로 볼 수 없는 물품이 있을 수 있고 서로 다른 유별에 속하는 물품이라도 동일 종류로 인정되는 경우가 있으며, 용도와 기능이 상이하더라도 양 물품의 형상, 모양, 색채 또는 그 결합이 유사하고 서로 섞어서 사용할 수 있는 것은 유사한 물품으로 본다.

Ⅲ. 신규성 상실의 예외

1. 취지

신규성 상실의 예외란 제33조 제1항 제1호 또는 제2호에 해당하는 디자인을 일정한 조건하에서 이들에 해당하지 않는 것으로 보는 것을 말한다. 즉 디자인등록을 받을 수 있는 권리를 가진 자의 디자인이 국내외에서 공지·공연 실시되거나 국내외 반포된 간행물에 게재된 디자인 또는 이들에 유사한 디자인에 해당할 경우 그 날로부터 6월 이내에 출원하면 그 출원디자인의 심사시에 그 공지디자인은 신규성 및 창작성에 해당하지 않는 것으로 본다(제36조 제1항).

2. 신규성 상실의 예외 적용요건

(1) 신규성 상실 예외를 주장할 수 있는 자 디자인이 공지될 당시 그 디자인에 대하여 디자인등록을 받을 수 있는 권리를 가지는 자가 출원하거나, 또는 공지된 이후 그 권리를 승계한 자가 출원하여야 한다. 디자인의 공지 주체가 여러 명일 경우 그 중 한 명 이상의 출원인이 포함되어 있어야 한다.

(2) 신규성 상실 예외 주장의 대상 디자인이 공지된 날로부터 6개월 이내에 출원된 것이어야 한다. 동일한 디자인이 여러 번 공지된 경우에는 최초 공지일로부터 6개월 이내에 출원된 것이어야 한다. 디자인이 자기의 의사에 반하여 공지된 경우에도 공지된 날로부터 6개월 이내에 출원된 것이어야 한다. 디자인이 법률이나 조약에 따라 국내 또는 국외에서 출원공개 또는 등록공고가 된 경우에는 신규성 상실 예외를 주장할 수 없다.

(3) 신규성 상실 예외 주장의 시기 및 절차 출원할 때 그 취지를 출원서에 적어서 주장하여야 한다. 그 공지디자인을 거절이유로 한 의견제출통지서에 대응하여 제출하는 의견서 등을 통하여 그 취지를 주장할 수도 있다.

그 공지디자인을 신청이유로 한 디자인일부심사등록 이의신청에 대한 답변서 등을 통하여 그 취지를 주장할 수도 있다. 그 공지디자인을 청구이유로 한 디자인등록 무효심판에 대응하여 제출하는 답변서 등을 통하여 그 취지를 주장할 수도 있다(제36조 제2항).[8] 동일한 디자인이 여러 번 공지되어 있는 경우에는 최초의 공지에 대하여 주장하면 충분하다.

(4) 신규성 상실 예외 주장의 증명서류 제출　출원시에 신규성 상실 예외를 주장하는 경우에는 출원일(국제디자인등록출원의 경우에는 국제공개일)로부터 30일 이내에 그 증명서류를 제출하여야 한다. 증명서류에는 공지형태, 공지일자, 공지주체 및 디자인도면 등 객관적인 증거사실을 제시하여야 한다.

디자인이 공지될 당시의 디자인등록을 받을 수 있는 권리를 가지는 자와 해당 출원서에 기재된 출원인이 다른 경우에는 공지 이후 그 권리가 승계되었다는 사실을 증명서류에 명시하고 증거를 제시하여야 한다. 의견제출통지서 등에 대한 의견서 등을 통하여 신규성 상실 예외를 주장하는 경우에는 해당서류에 그 사실을 증명하는 서류를 첨부하여야 한다.

3. 신규성 상실의 예외 인정의 효과

신규성 상실의 예외가 인정되면 그 공지디자인은 자기가 출원한 디자인에 대하여 신규성 및 용이창작[9]에 해당하는지 여부를 심사할 때 공지디자인으로 간주하지 않는다. 예를 들면, 출원인 갑이 디자인 A, B 및 C를 창작하고(A와 B는 유사, C는 A, B와 비유사), 디자인 A가 공지되었다고 가정하면, 출원인 갑이 디자인 A의 공지일로부터 6개월 이내에 디자인 B와 C를 출원한 경우 디자인 B를 공지되지 않은 것으로 본다.

4. 신규성 상실의 예외 절차 개정

제36조 제1항에 단서규정을 신설함으로써 디자인등록출원을 하여 국내 또는 국외에서 출원공개·등록공고된 경우에는 신규성 상실의 예외에 해당하지 않는 것으로 하였다. 디자인등록출원을 하여 법률에 따라 공보에 실린 것은 이미 본인이 디자인등록출원을 완료한 것이므로 신규성을 상실한 것으로 취급하더라도 출원인에게 불이익이 없기 때문에 적용을 배제하려는 것이 그 취지이다. 동법 제36조 제2항에서는

8) 개정법에서 신규성 상실의 예외 주장은 출원시뿐만 아니라 서신이유통지시, 등록 후 이의신청시, 무효심판청구시 등의 경우에는 언제든지 신규성 상실 예외를 주장할 수 있도록 하였다.

9) 신규성 상실의 예외를 용이창작에 적용하는 경우 사례: 출원인 갑이 디자인 a, b를 창작한 후 디자인 a와 b가 공지된 경우, 출원인 갑이 디자인 a와 b가 공지된 날부터 6개월 이내에 디자인 A(a+b)를 출원한 경우 디자인 a와 b를 공지되지 않은 것으로 보므로 디자인 A(a+b)는 용이창작으로 거절되지 않는다.

(i) 디자인등록출원일로부터 30일 이내 제출하거나, (ii) 거절이유통지에 대한 의견서를 제출할 때, (iii) 디자인일부심사등록[10] 이의신청에 대한 답변서를 제출할 때, (iv) 등록무효심판이 청구되어 이에 대한 답변서를 제출할 때로 폭넓게 인정하여, 구법에서 시간과 노력을 투자하여 창작한 디자인을 신규성 상실 예외 주장 절차를 지키지 못해 등록받을 수 없게 되는 문제점을 해소하였다.

특허법과 차이점은 특허는 발명의 자기공지일로부터 1년 내에 자신의 발명을 특허출원을 해야 하나 디자인은 6개월 내에 출원해야 한다는 점에서 차이가 있다.

5. 신규성 상실의 예외와 선출원주의의 관계

디자인등록출원시 제품의 판매를 통하여 공연히 실시하여 신규성이 상실된 경우라도 최초공지일로부터 6월 내에 신규성 상실의 예외 주장에 대한 취지를 출원서에 기재하여 출원하고 출원일부터 30일 내에 공지행위에 대한 증명서류를 제출하면 해당 출원은 신규성 상실의 이유로 거절하지 아니한다.

디자인등록을 받을 수 있는 권리를 가진 자의 행위에 의해 공지 등이 된 경우 신규성 상실의 예외규정의 적용사유가 된다. 그러나 신규성 상실의 예외 주장에 의한 출원은 해당 공지행위에 대한 예외일 뿐, 선출원주의의 예외는 아니므로 공지행위 후 타인이 동일 유사한 디자인을 스스로 창작하여 출원한 경우에는 선원주의 위반으로 등록을 받을 수 없다. 이에 대하여 거절결정이 확정된 디자인등록출원의 경우 선출원의 지위가 인정되지 아니하므로 제3자의 출원에 대하여 공지를 이유로 정보제공을 하여 거절결정확정을 유도하는 경우에는 선출원의 지위가 소급하여 소멸되므로 등록이 가능하다.

제3절 디자인의 창작성

Ⅰ. 서설

디자인등록출원 전에 그 디자인이 속하는 분야에서 통상의 지식을 가진 사람이 (1) 디자인법 제33조 제1항 제1호·제2호에 해당하는 디자인 또는 이들의 결합, (2)

---

10) '디자인일부심사등록'이란 디자인등록출원이 디자인등록요건 중 일부만을 갖추고 있는지를 심사하여 등록하는 것을 말하는 것으로서, 구법의 '디자인무심사등록'에 대하여 용어의 혼동(무심사를 완전무심사로 오인 혼동하는 것)을 방지하기 위하여 개정법에서 '디자인일부심사등록'으로 용어를 변경하였다.

국내 또는 국외에서 널리 알려진 형상·모양·색채 또는 이들의 결합 중 어느 하나에 따라 쉽게 창작할 수 있는 디자인에 대하여는 디자인등록을 받을 수 없다(제33조 제2항). 창작성[11]이란 출원디자인이 속하는 분야에서 통상의 지식을 가진 사람이 쉽게 창작할 수 있는 디자인의 경우에는 등록을 받을 수 없다는 등록요건의 하나이다.

출원디자인이 등록되기 위해서는 새롭고(new), 용이하게 창작할 수 없는(nonobvious) 디자인이어야 한다. 공업상 이용가능성과 신규성이 있는 디자인이라 하더라도 그 창작이 쉽게 창작할 수 있는 것은 보호할 가치가 없다. 디자인의 창작성은 새롭고 수준 높은 디자인의 창작을 유도하는 데에 그 취지가 있다.

Ⅱ. 쉽게 창작할 수 있는 디자인

하나의 공지디자인 또는 공지디자인의 결합으로부터의 쉽게 창작할 수 있는 디자인은 모두 용이창작으로 본다. 또한 국내뿐만 아니라 국외에서 널리 알려진 형상·모양·색채 또는 이들의 결합(이하 "주지의 형상·모양 등"이라 한다)에 의하여 그 디자인이 속하는 분야에서 통상의 지식을 가진 사람이 쉽게 창작할 수 있는 디자인도 디자인등록을 받을 수 없다. 공지디자인 또는 주지의 형상·모양 등을 거의 그대로 이용하거나 전용한 것 등과 같은 단순모방이 아니라 이들을 취사선택하여 결합한 것으로서 그 디자인을 전체적으로 관찰할 때 새로운 미감을 일으키는 경우에는 쉽게 창작할 수 있는 디자인이 아닌 것으로 판단한다.

디자인일부심사등록출원에 대해서는 창작성 판단 중 주지의 형상·모양 등에 의하여 쉽게 창작할 수 있는지 여부만 심사한다. 디자인일부심사등록출원에 대하여 정보 및 증거가 제공된 경우에는 이를 근거로 디자인등록거절결정을 할 수 있다.

Ⅲ. 창작성 판단기준

출원디자인이 디자인등록출원 전에 공개된 디자인과 동일 또는 유사하지는 않지만 그 공개된 디자인으로부터 용이하게 창작할 수 있거나 디자인등록출원 전에 널리 알려진 형태로부터 용이하게 창작할 수 있는 경우 그 출원디자인은 거절되고,

---

11) 디자인법 제33조 제2항을 '창작성' 또는 '창작비용이성'이라고 한다. 한편, 디자인심사기준에서는 '용이창작'이라고 한다. 본 서에서는 혼동을 피하기 위하여 편의상 '창작성'으로 통칭한다. 디자인의 창작성 개념은 특허법상의 진보성(특허법 제29조 제2항)과는 상이하며 유사의 폭을 넘어설 정도로 비교적 높지 않은 것을 말한다. 그 이유는 디자인이란 기술과 같이 계속적인 축적에 의해서만 생기는 것이 아니고 이미 알려진 형상이나 모양을 조합하여서도 새로운 디자인을 만들어 낼 수 있기 때문이다.

설사 등록된 이후라도 그 등록디자인은 무효로 되어 소급적으로 소멸된다. 창작성의 심사기준에 따라 등록을 받을 수 없는 디자인은 다음과 같이 판단한다.

1. 주지의 형상·모양 등의 적용

주지의 형상·모양 등이란 일반인이 이를 알 수 있을 정도로 간행물이나, TV 등을 통하여 국내에서 널리 알려져 있는 형상·모양 등을 말한다. 예를 들면, 만화영화나 게임 등의 등장캐릭터가 방송이나 인터넷 등에서 주기적으로 등장하는 경우, 그러한 캐릭터는 널리 알려져 있는 형상·모양 등으로 볼 수 있다. 주지의 형상·모양 등에 의한 용이창작은 모든 물품에 적용한다.

2. 그 디자인이 속하는 분야에서 통상의 지식을 가진 사람

그 디자인이 속하는 분야에서 통상의 지식을 가진 사람이란 그 디자인이 표현된 물품을 생산, 사용 등 실시하는 업계(이하 "당업계"라 한다)에서 그 디자인에 관한 보편적 지식을 가진 사람을 말한다.

3. 쉽게 창작할 수 있는 정도

쉽게 창작할 수 있는 정도(용이창작)란 공지디자인의 결합 또는 주지의 형상·모양 등을 거의 그대로 모방하거나, 그 가하여진 변화가 단순한 상업적·기능적 변형[12)]에 불과하거나 또는 그 디자인분야에서 흔한 창작수법이나 표현방법에 의해 이를 변경·조합하거나 전용하였음에 불과한 디자인 등과 같이 창작수준이 낮은 디자인을 말한다. 원칙적으로 공지디자인이나 주지의 형상, 모양 등에 의하여 쉽게 창작할 수 있는지 여부를 판단하되, 다음의 경우를 포함한다. (ⅰ) 출원된 디자인의 구성요소 중 주지 또는 공지되지 않은 부분이 포함되어 있더라도 그 구성요소가 부수적이거나 창작성이 낮아 전체적인 미감에 미치는 영향이 적은 경우에는 용이창작에 해당하는 것으로 본다. (ⅱ) 출원된 디자인이 공지디자인의 결합이 아닌 하나의 공지디자인과의 관계에서 전체적인 심미감이 유사한 경우에는 원칙적으로 신규성 규정을 적용한다. 다만, 출원된 디자인이 공지디자인과 대비해서 전체적인 심미감에 차이가 있으나 창작수준이 낮은 경우에는 용이창작에 해당하는 것으로 볼 수 있다.

---

12) 상업적·기능적 변형이란 당업계에서 통상의 지식을 가진 자라면 누구나 해당 디자인이 그 물품 또는 기능에 맞도록 하기 위하여 가할 수 있을 것이라고 생각되는 정도의 변화를 말한다. 예를 들면, 주지의 사각형 천정판 측면에 경사면을 표현한 정도의 디자인, 유명캐릭터에 손과 발, 몸통을 약간 변형하여 인형으로 만드는 디자인 등이다.

【창작성 요건에서 창작할 수 있는 정도의 의미】

<대법원 2011. 9. 29. 선고 2011후873 판결>

디자인법 제33조 제2항은 그 디자인이 속하는 분야에서 통상의 지식을 가진 사람이 제33조 제1항 제1호 또는 제2호에 해당하는 디자인의 결합에 의하여 쉽게 창작할 수 있는 것은 디자인등록을 받을 수 없도록 규정하고 있다. 여기에는 위 각 호에 해당하는 디자인의 결합뿐만 아니라 위 디자인 각각에 의하여 쉽게 창작할 수 있는 디자인도 포함된다고 봄이 타당하고, 그 규정의 취지는 위 각 호에 해당하는 디자인의 형상·모양·색채 또는 이들의 결합을 거의 그대로 모방 또는 전용하였거나, 이를 부분적으로 변형하였다고 하더라도 그것이 전체적으로 볼 때 다른 미감적 가치가 인정되지 않는 상업적·기능적 변형에 불과하거나, 또는 그 디자인분야에서 흔한 창작수법이나 표현방법에 의해 이를 변경·조합하거나 전용하였음에 불과한 디자인 등과 같이 창작수준이 낮은 디자인은 그 디자인이 속하는 분야에서 통상의 지식을 가진 자가 쉽게 창작할 수 있는 것이어서 디자인등록을 받을 수 없다는 데 있다(대법원 2010. 5. 13. 선고 2008후2800 판결). 대상물품을 '하수관용 악취방지구'로 하는 이 사건 등록디자인(등록번호 제467354호)과 원심 판시 비교대상디자인 1의 전체적인 형상과 모양이 잘 나타나는 사시도 및 정면도를 중심으로 하여 이 사건 등록디자인 "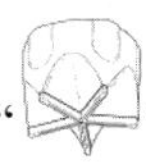", "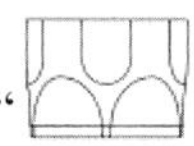"과 비교대상디자인 1 "", "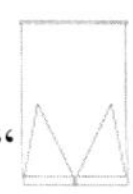"을 대비하여 보면, 양 디자인은 모두 몸체 하부에 안쪽으로 움푹 파인 방사형 절개부가 다수 형성되어 있고, 몸체 바닥 부분에는 다수 개의 사각 막대 형상의 탄성개폐부가 형성되어 있다는 점에서 공통되므로, 양 디자인은 그 주된 창작적 모티브를 같이 한다고 할 것이다. 다만 이 사건 등록디자인에 나타난 5개의 방사형 절개부는 아치형 형상인 반면, 비교대상디자인 1에 나타난 4개의 방사형 절개부는 삼각형 형상이고, 이 사건 등록디자인의 위 탄성개폐부의 형상은 별 모양인 반면 비교대상디자인 1은 십자 모양이며, 이 사건 등록디자인은 몸체 상부에 U자형 돌출부가 형성되어 있는 반면, 비교대상디자인 1에는 외주면 둘레를 따라 띠 모양의 돌출대가 형성되어 있다는 점에서 양 디자인에는 다소 차이가 있다. 그러나 위와 같은 방사형 절개부의 개수 및 형상의 차이는 전체적으로 볼 때 다른 미감적 가치가 인정되지 않는 상업적·기능적 변형에 불과하고, 위와 같은 탄성개폐부의 형상 차이 또한 방사형 절개부의 개수 변화에 따라 부수적으로 수반되는 것에 불과하며, 위 U자형 돌출부는 평면도 "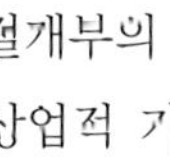"에서 보는 바와 같이 그 돌출 정도가 경미하여 특별히 보는 사람의 주의를 끌 수 있는 부분은 아닌 것으로 보이므로 위 U자형 돌출부 역시 전체적으로 볼 때 다른 미감적 가치가

인정되지 않는 상업적·기능적 변형에 불과하다. 그 밖에 양 디자인은 몸체의 가로·세로 비율에서도 차이가 있으나, 그 비율을 적절히 조절하는 것은 그 디자인 분야에서 흔한 창작수법이나 표현방법에 불과하다. 따라서 이 사건 등록디자인은 그 디자인이 속하는 분야에서 통상의 지식을 가진 자가 비교대상디자인 1에 의하여 쉽게 창작할 수 있는 디자인이라고 보는 것이 타당하다.

4. 창작성 요건의 강화

2014년 개정법은 제33조 제2항에 "디자인등록출원 전에 그 디자인이 속하는 분야에서 통상의 지식을 가진 사람이 (ⅰ) 제33조 제1항 제1호·제2호에 해당하는 디자인 또는 이들의 결합 또는 (ⅱ) 국내 또는 국외에서 널리 알려진 형상·모양·색채 또는 이들의 결합 중 어느 하나에 따라 쉽게 창작할 수 있는 디자인은 제33조 제1항에도 불구하고 디자인등록을 받을 수 없다."는 조문을 신설하였다.

이 조문은 (ⅰ) 공개디자인, (ⅱ) 널리 알려진 형태, (ⅲ) 공개디자인과 널리 알려진 형태의 결합에 의해서 용이창작할 수 있는 디자인은 창작이 용이한 것으로 보아 디자인권으로 보호를 받을 수 없도록 하여 디자인의 창작성의 요건을 강화하고, 국내뿐만 아니라 국외 디자인까지도 그 모방을 방지하기 위한 것이 취지이다.

5. 유사한 디자인과 창작성의 차이점

유사한 디자인(제33조 제1항 제3호)은 동일하거나 유사한 물품의 공지디자인·공연히 실시된 디자인 또는 간행물에 게재된 디자인을 대상자료로 하여 신규성을 일반 수요자를 기준으로 미감의 유사여부를 판단한다. 이 경우에는 창작의 과정, 행위에 관계없이 단지 선행디자인과의 관계에서 객관적 용이창작 유무를 판단한다. 반면에 창작성(제33조 제2항)은 통상의 지식을 가진 자의 수준으로 디자인등록출원과 국내외에서 공개된 공지디자인 또는 널리 알려진 형태의 디자인을 비교대상디자인으로 하여 용이창작의 여부를 판단하고 창작이 용이한 경우에는 디자인등록을 하지 않는 것으로 한다.

Ⅳ. 용이창작의 유형

공지디자인의 결합에 기초한 용이창작의 유형은 다음과 같다. (ⅰ) 디자인 구성요소의 일부분을 다른 디자인으로 치환한 경우. (예) 공지의 시계가 부착된 라디오의 시계부분을 단순히 다른 시계의 형상 등으로 치환한 시계가 부착된 라디오. (ⅱ) 복수의 디자인을 조합하여 하나의 디자인을 구성하는 디자인. (예) 공지의 책상 형상에 공지의 책꽂이 형상을 부착하여 이루어진 책꽂이가 부착된 책상. (iii) 디자인 구성요소의 배치변경. (예) 공지디자인의 구성요소의 배치를 변경한 것에 지나지 않는 전화기. (iv) 디자인의 구성요소 비율 변경이나 구성단위 수를 증감한 디자인. (예) 공지디자인의 구성단위 수를 달리한 것에 지나지 않는 벤치.

(v) 주지의 형상·모양·색채 또는 이들의 결합에 기초한 디자인. (예) 삼각형·사각형·원·원기둥·정다면체 등 주지의 도형의 형상을 그대로 이용한 것에 불과한 경우, 바둑판무늬·물방울무늬처럼 흔한 모양을 단순 배열한 것에 불과한 경우 다만 주지의 형상 등에 의한 것일지라도 그 디자인이 속하는 통상의 지식을 가진 자가 쉽게 창작할 수 있는 것이 아니면 용이창작으로 보지 아니한다. 용도, 기능, 형태 등의 관련으로 인하여 그 디자인의 결합이 당업계의 상식으로 이루어질 수 없다고 판단되는 경우에는 용이창작으로 간주하지 않는다.

또한 사연물·유명한 저작물·유명한 건조물·유명한 경치 등을 기초로 한 디자인은 용이창작으로 본다. 예를 들면, 로댕의 생각하는 사람, 에펠탑, 남산타워, 동물 등을 나타낸 완구 또는 장식물 디자인, 유명한 경치를 그대로 재현한 장식물 디자인, 김홍도의 풍속도, 미키마우스 등 널리 알려진 만화, 영화 등이다. 다만, 자연물이더라도 그 표현방법이 특이한 것은 '주지'가 아닌 것으로 본다.

널리 알려진 공지의 디자인을 기초로 형상·모양 등을 결합한 디자인은 용이창작으로 본다. 예를 들면, 간행물이나 TV 등을 통하여 널리 알려져 있는 디자인을 전용한 경우 예를 들면, 유명한 자동차의 형상·모양을 완구에 전용한 경우, ET인형의 형상·모양을 저금통에 전용한 경우, 주지의 라디오 형상과 주지의 시계 형상모양이 결합된 경우, 울타리 디자인의 장식판 부분을 다른 장식판으로 치환한 디자인, 벽시계의 중앙에 원형의 접시를 끼워 넣은 벽시계 디자인, 오디오세트의 표지부와 제어부를 변경한 오디오세트 등을 주지디자인을 기초로 한 디자인으로써 용이창작으로 본다.

제4절 확대된 선출원

I. 서설

디자인등록출원한 디자인이 그 출원을 한 후에 출원공개, 거절결정된 출원의 공보게재[13] 또는 디자인공보에 게재된 다른 디자인등록출원(그 디자인등록출원일 전에

13) 디자인법 제56조(거절결정된 출원의 공보게재): 특허청장은 제46조 제2항 후단(같은 날 2 이상의

출원된 것으로 한정한다)의 출원서의 기재사항 및 출원서에 첨부된 도면·사진 또는 견본에 표현된 디자인의 일부와 동일하거나 유사한 경우에 그 디자인은 디자인등록을 받을 수 없도록 이를 방지하기 위한 것이다.

다만, 그 디자인등록출원의 출원인과 다른 디자인등록출원의 출원인이 같은 경우에는 그러하지 아니하다(제33조 제3항). 디자인법 제33조 제3항을 확대된 선출원, 선원범위의 확대 또는 선원지위의 확대라고도 한다.

Ⅱ. 확대된 선출원의 요건

1. 선출원의 지위가 있는 출원

디자인법 제33조 제3항이 적용되는 선출원의 지위가 있는 출원은 (i) 설정등록이 있는 선출원, (ii) 제46조 제2항 후단에 의해 협의불성립으로 거절결정 또는 거절한다는 취지의 심결이 확정된 선출원, (iii) 2007년 6월 30일 이전 최초로 디자인등록출원을 한 후 그 출원을 포기하거나 그 출원에 대하여 거절결정 또는 거절한다는 취지의 심결이 확정된 선출원이다.

2. 확대된 선출원의 적용요건

선출원 디자인의 일부와 동일하거나 유사한 후출원 디자인이 다음 네 가지 요건을 모두 충족하는 경우에는 디자인법 제33조 제3항을 적용한다.[14] (i) 선출원 디자인 중 후출원 디자인에 상당하는 부분이 후출원 디자인과 기능 및 용도에 공통성이 있고, 형상·모양·색채 또는 이들의 결합이 동일하거나 유사한 경우, (ii) 선출원 디자인 중에 후출원 디자인에 상당하는 부분이 대비할 수 있을 정도로 충분히 표현되어 있는 경우, (iii) 선출원 디자인이 후출원 디자인의 디자인등록출원 후에 출원공개[15]가 되거나 등록공고가 된 경우, (iv) 선출원과 후출원의 출원인이 다른 경우이

디자인등록출원이 있는 경우 협의가 성립되지 않은 경우)에 따라 제62조에 따른 디자인등록거절결정이나 거절한다는 취지의 심결이 확정된 경우에는 그 디자인등록출원에 관한 사항을 디자인공보에 게재하여야 한다. 다만 디자인등록출원된 디자인이 제34조 제2호(디자인이 선량한 풍속에 어긋나거나 공공질서를 해칠 우려가 있는 디자인)에 해당하는 경우에는 게재하지 아니할 수 있다.

14) 디자인 A(a 포함)가 선출원이고, 디자인 a가 후출원인 경우, 선출원 디자인 A(a 포함)가 후출원의 출원 후에 공보에 게재된 경우 심사관은 그 공보에 게재된 디자인 A에 의하여 후출원 디자인 a를 거절결정하여야 한다.

15) 디자인법 제46조(선출원): 제2항 후단에 따라 협의불성립으로 거절결정된 출원의 제56조(거절결정된 출원의 공보게재)에 의한 공개를 포함한다.

다. 확대된 선출원의 적용대상이 되는 구체적인 유형은 다음과 같다.[16)]

유형	선출원 디자인(a를 포함하는 A)	후출원 디자인(a, a1)
1	완성품	부품
2	완성품	부분디자인
3	부품	부분디자인
4	한 벌의 물품	구성물품
5	부분디자인	부분디자인

주) 선출원 디자인(a를 포함하는 A)이 출원공개 또는 등록공고되거나, 협의불성립으로 거절결정되어 출원공개되기 이전에 출원된 후출원 디자인(a, a1)은 확대된 선출원으로 거절결정한다. 여기서 A 〉 a, a ≒ a1의 관계이다.

3. 동일인 출원의 확대된 선출원 적용 배제

디자인법 제33조 제3항은 특허법에 규정되어 있는 확대된 선출원주의 제도와 유사한 것으로 구법에 단서 조항(다만 그 디자인등록출원의 출원인과 다른 디자인등록출원의 출원인이 같은 경우에는 그러하지 아니하다)을 더 추가하여 출원인이 동일한 경우에는 확대된 선출원주의 적용을 하지 않는 것을 명문화하였다. 구법에서는 전체디자인과 부분디자인의 출원순서에 따라 등록 가부가 결정되므로 구법에 따르면 후속출원의 경우에는 자기의 디자인인 경우에도 제대로 보호를 받을 수 없는 문제점이 있었다. 즉, 선출원주의 제도 하에서 먼저 출원한 자에게만 권리를 부여하므로, 후출원이 '선출원서의 기재사항 및 선출원서에 첨부된 도면·사진 또는 견본에 표현된 디자인의 일부와 동일하거나 유사한 경우'에는 출원인이 동일인이라 하더라도 권리를 받을 수 없었다.

이는 일반적으로 전체디자인이 완성된 후 세밀한 부분디자인이 개발되는 디자인의 개발 실정을 반영하여 동일인 출원은 확대된 선출원주의 적용을 하지 않는 것으로 하였다. 또한 특허는 출원인 또는 발명자가 모두 동일하면 인정되지만 디자인은 디자인창작자가 동일한 경우에는 인정되지 않고, 디자인출원인이 동일한 경우에만 인정되는 점이 다르다.

16) 디자인심사기준, 145면.

제5절 등록받을 수 없는 디자인

디자인등록의 실체적 요건 및 절차적 요건을 구비한 디자인이라 할지라도 다음의 네 가지 디자인 중 어느 하나에 해당하는 경우에는 디자인등록을 받을 수 없다(제34조). 디자인법 제34조는 공익적 관점에서 디자인등록을 받을 수 없는 것을 규정한 것이므로 이를 소극적 요건 또는 부등록사유라고 한다.

Ⅰ. 국기·훈장 등과 동일·유사한 디자인

국기·국장·군기·훈장·포장·기장, 그 밖의 공공기관 등의 표장과 외국의 국기·국장 또는 국제기관 등의 문자나 표지[17]와 동일하거나 유사한 디자인은 디자인등록을 받을 수 없다(제34조 제1호). 국기·국장·군기·훈장 등과 동일하거나 유사한 디자인에 대하여 특정 개인에게 독점배타적인 권리를 부여하는 것은 공익에 반하므로 국가나 국제기관을 존중하는 차원에서 이러한 법 규정을 두고 있다.

디자인법 제34조 제1호에 해당하는 디자인은 다음과 같다. (ⅰ) 원칙적으로, 공공기관 등(대한민국, 외국, 국제기관을 포함한다)이 자기의 표장 또는 문자나 표지를 출원한 경우에는 디자인등록을 받을 수 없다. 예외적으로, 공공기관 등이 자기의 명칭, 주된 마크(심벌)를 자기의 출원디자인의 일부 구성요소로 포함하여 출원한 경우, 또는 자기의 공익표장과 동일하거나 유사한 것을 출원하거나 자기의 공익표장을 디자인의 일부 구성요소로 포함하여 출원한 경우에는 디자인등록을 받을 수 있다. (ⅱ) 타인이 공공기관 등의 명칭, 주된 마크(심벌) 또는 공익표장과 동일한 경우는 물론이고 이러한 형태에 다른 형상이나 모양 등이 결합되어 표현된 디자인 또는 이와 유사한 디자인을 출원디자인의 일부 구성요소로 포함하여 출원한 경우에는 디자인등록을 받을 수가 없다.

Ⅱ. 공공질서를 해칠 우려가 있는 디자인

디자인이 주는 의미나 내용 등이 일반의 통상적인 도덕관념이나 선량한 풍속에 어긋나거나 공공질서를 해칠 우려가 있는 디자인은 디자인등록을 받을 수 없다(제34조 제2호). 디자인법 제34조 제2호에 해당하는 디자인은 다음과 같다. (ⅰ) 인륜, 사회정의 또는 국민감정에 반하는 것, (ⅱ) 특정국가 또는 그 국민을 모욕하는 것, (ⅲ) 저속·혐

---

17) 여기서 말하는 표장 또는 문자 나 표지는 공공기관 등의 명칭, 주된 마크(심벌) 및 그 밖에 이들이 수행하는 공익사업에 사용하기 위한 표장(이하 "공익표장"이라 한다)을 말한다. 예를 들면, 올림픽 위원회, UN 등의 국제기구를 표시하는 마크, 적십자 마크, 올림픽 오륜 마크 등.

오 또는 외설스러운 것, (iv) 국가원수의 초상 및 이에 준하는 것이다. 그러나 디자인의 대상이 되는 물품 또는 그와 관련된 물품의 규격이나 품질 등에 대한 인증을 나타내는 표지를 전체디자인의 일부 구성요소로 포함하고 있는 경우에 그 자체만으로 공공질서 등을 해칠 우려가 있다고 볼 수 없으므로 이 규정을 적용하지 않는다.

Ⅲ. 물품의 혼동을 가져올 우려가 있는 디자인

타인의 업무에 관련된 물품과 혼동을 가져올 우려가 있는 디자인은 디자인등록을 받을 수 없다(제34조 제3호). 디자인법 제34조 제3호에 해당하는 디자인은 다음과 같다. (ⅰ) 타인의 저명한 상표·서비스표 또는 단체표장을 디자인으로 표현한 경우(디자인의 일부구성요소로 포함한 경우에도 적용한다).[18] (ⅱ) 비영리법인의 표장을 디자인으로 표현한 경우(예: 종교단체의 마크, 라이온즈 클럽의 마크). (ⅲ) 상표적인 성격을 갖춘 타인의 저명한 디자인[19]을 일부 구성요소로 하는 것이다. 다만 디자인의 대상이 되는 물품 또는 그와 관련된 물품의 규격이나 품질 등에 대한 인증을 나타내는 표지를 디자인의 일부구성요소로 포함하고 있는 경우에는 그 부분은 출처를 나타내는 표시가 아니라 인증에 관한 정보전달만을 위해 사용하는 것으로 보아 이 규정을 적용하지 않는다.

Ⅳ. 물품의 기능을 확보하는 데에 불가결한 형상만으로 된 디자인

물품의 기능을 확보하는 데에 불가결한 형상만으로 된 디자인은 디자인등록을 받을 수 없다(제34조 제4호). 디자인법 제34조 제4호는 물품의 기술적 기능을 확보하기 위하여 필연적으로 정해진 형상(예: 접시형상을 한 위성방송수신용 파라볼라 안테나 디자인, 형광램프 디자인)으로 된 디자인은 모양, 색채 또는 이들의 결합의 유무에 불구하고 등록을 받을 수 없다.

또한 물품의 호환성 등을 확보하기 위하여 표준화된 규격으로 정해진 형상 및 치수 등의 규격이 표준화된 형상(예: KS 규격품, ISO 규격품 등)으로 된 디자인은 제34조 제4호에 의하여 디자인등록을 받을 수 없다. 다만 규격을 정한 주목적이 기능의 발휘에 있지 않은 물품(예: 규격봉투 등)에 대해서는 적용하지 않는다.

---

18) 예를 들면, 샤넬(CHANEL) 상표를 포함하는 모양의 핸드백 디자인, 구찌(GUCCI) 상표 모양으로 된 펜던트를 갖는 목걸이 등이다.

19) 송영식 외 6인, 975면: 상표적 성격을 띤 디자인이란 원래 디자인은 상표와는 근본적인 성격이 상이하지만, 디자인이 장기간 사용되어짐에 따라 그 디자인을 보면 일반인이 그 제조자를 연상하게 되는 경우. 즉 출처표시라는 상표적 기능을 하게 된 디자인을 말한다(예: 코카콜라 병모양).

현대 디자인의 대부분은 기능을 중시한다. 단순히 장식에만 치중하는 경우는 많지 않다. 그러나 특정한 기능을 수행하기 위해서 특정한 형태로 되지 않을 수 없는 디자인은 디자인법으로 보호할 수 없다. 만일 이렇게 기능에 지배되어 조형적 임의성이 없는 디자인을 디자인법으로 보호하면 결국 형태의 독점을 통해 기능을 독점하게 된다.[20] 물품의 기술적 기능은 오직 형상에 의하여 발휘되는 것이므로 그 디자인의 형상이 기술적 기능을 발휘하는 것이라면 모양과 색채를 부가하였다 하더라도 등록될 수 없다.

Ⅴ. 등록받을 수 없는 디자인의 해당여부 판단대상

디자인법 제34조(등록을 받을 수 없는 디자인) 제1호부터 제3호까지의 규정은 출원디자인의 전체뿐만 아니라 1부분, 1부품 또는 1구성 물품이 이에 해당하는 경우에도 적용된다. 그러나 동법 제34조 제4호는 출원디자인의 전체형상이 이에 해당하는 경우에만 적용된다.[21]

Ⅵ. 등록받을 수 없는 디자인의 해당여부 판단시점

디자인법 제34조(등록을 받을 수 없는 디자인) 제1호, 제2호 또는 제4호가 등록을 받을 수 없는 디자인에 해당하는지 여부는 등록여부결정시를 기준으로 판단한다. 그러나 동법 제34조 제3호가 등록을 받을 수 없는 디자인에 해당하는지 여부는 출원시를 기준으로 판단한다.[22]

---

20) 송영식 외 6인, 976면.
21) 디자인심사기준, 177면.
22) 디자인심사기준, 178면.

제4장 디자인등록출원

제1절 출원절차

Ⅰ. 서설

디자인등록출원에는 디자인심사등록출원과 디자인일부심사등록출원이 있다. 물품의 특성상 유행성이 강하고 라이프 사이클이 짧은 의복류·침구류·사무용지 제품류·포장지·포장용 용기·직물지·편물지·합성수지 등에 대해서는 디자인일부심사등록출원으로 하며, 기타물품에 대해서는 디자인심사등록출원으로 한다.

디자인일부심사등록출원할 수 있는 물품은 5개의 대분류로 지정되어 있다. 출원인이 전자문서 작성용 소프트웨어를 이용하여 작성된 출원서 및 중간 서류 등을 전자출원(온라인으로 출원)으로 특허청에 전송하면, 특허청에서는 이 서류를 접수하고 접수증을 발급한다. 서류가 특허청에 접수되면 출원서 서식과 첨부서류에 대한 적격을 심사하는 방식심사를 한다. 제출된 출원서류가 디자인법을 충족하면 디자인 심사국으로 서류를 이관하고, 서식 등에 흠결이 있는 경우에는 보정통지를 한다.

Ⅱ. 출원의 종류

출원인은 디자인의 내용을 기재한 도면 등을 첨부하여 특허청장에게 제출하여야 한다. 디자인출원에는 디자인심사등록출원, 디자인일부심사등록출원, 정당한 권리자의 디자인심사등록출원, 공동출원 등이 있다. 디자인등록을 받을 수 있는 권리가 공유인 경우에는 공유자 모두가 공동으로 디자인등록출원하여야 한다(제39조). 이러한 출원을 '공동출원'이라 한다.

Ⅲ. 출원인 적격

디자인을 창작한 사람 또는 그 승계인은 디자인법에서 정하는 바에 따라 디자인등록을 받을 수 있는 권리를 가진다(제3조 제1항). 따라서 창작자 또는 그 승계인은 디자인등록을 받을 수 있는 권리를 기초로 하여 국가에 대해 그 디자인을 등록하여 줄 것을 출원할 수 있다. 특허청에 디자인출원을 하는 절차를 밟는 출원인은 자연인 또는 법인(승계인)이다.

Ⅳ. 출원일 인정과 보완

디자인등록출원인은 디자인등록출원서가 특허청장에게 도달한 날로 한다(제38조 제1항). 구법에서는 출원서류에 중대한 흠이 있는 경우 이와 관련한 보완을 명령하는 규정이 없었다. 개정법에서는 출원일의 인정과 관련하여 흠이 있는 경우 출원서 자체를 반려하지 않고 상당한 기간을 정하여 보완할 것을 명하고 보완명령을 받은 자가 지정기간 내에 디자인등록출원을 보완하면 그 절차 보완서가 특허청장에게 도달한 날을 출원일로 인정한다(제38조 제1항 단서, 제2항, 제4항).

출원일 인정과 관련된 흠이 있는 경우란 (i) 디자인등록을 받으려는 취지가 명확하게 표시되지 아니한 경우, (ii) 디자인등록출원인의 성명이나 명칭이 적혀 있지 아니하거나 명확하게 적혀있지 아니하여 디자인등록출원인을 특정할 수 없는 경우, (iii) 도면·사진 또는 견본이 제출되지 아니하거나 도면에 적힌 사항이 선명하지 아니하여 인식할 수 없는 경우, (iv) 한글로 기재되어 있지 않은 경우를 말한다. 특허청장은 보완명령을 받은 자가 지정기간 내에 보완을 하지 않으면 그 디자인등록출원은 부적법한 출원으로 보아 반려할 수 있다(제38조 제5항).

Ⅴ. 출원서류

1. 출원서

디자인등록출원의 출원인이 출원서에 도면을 첨부하여 특허청에 제출하면, 그 절차가 개시된다. 디자인등록을 받고자 하는 자는 디자인심사등록출원서 또는 디자인일부심사등록출원서에 (i) 출원인의 성명 및 주소·대리인이 있는 경우 그에 대한 사항, (ii) 디자인의 대상이 되는 물품 및 물품류, (iii) 단독디자인출원 또는 관련디자인의 디자인등록출원 여부, (iv) 기본디자인의 디자인등록번호 또는 출원번호, (v) 디자인의 창작한 사람의 성명 및 주소, (vi) 복수디자인등록출원 여부, (vii) 디자인의 수 및 각 디자인의 일련번호(복수디자인등록출원을 하는 경우에만 해당한다), (viii) 우선권주장에 대한 사항을 기재하여야 한다. 첨부된 도면 또는 사진 이미지, 디자인의 대상이 되는 물품, 디자인의 설명에 의해 표현된 디자인은 디자인의 권리범위를 정함에 있어서 중요한 판단요소가 되지만, 디자인의 창작내용의 요점은 그러하지 아니하다.

디자인에 관한 절차를 밟는 자로서 전자문서로 서류를 제출하는 자는 첨부서류를 전자적 이미지로 작성하여 제출할 수 있다. 다만, 그 첨부서류가 포괄위임장인 경우에는 서면으로 제출하여야 한다(시행규칙 제5조 제1항). 특허청장, 특허심판원장 또는 심판장은 제출된 전자적 이미지의 첨부서류가 판독이 곤란하여 내용의 확인이 필요하다고 인정되는 경우에는 기간을 정하여 출원인 등 또는 대리인에게 해당 서류를 서면으로 제출하도록 할 수 있다. 특허청 또는 특허심판원에 제출하는 서류 중 위임장, 국적증명서 및 우선권증명서류 등 외국어로 적은 서류를 제외한 서류는 한글로 적어야 한다(시행규칙 제6조 제1항). 외국어로 적은 서류(우선권증명서류는 제외한다)를 제출하는 경우에는 한글번역문을 첨부하여야 한다.

2. 첨부서류

등록디자인의 보호범위는 디자인등록출원서의 기재사항 및 그 출원서에 첨부된 도면·사진 또는 견본과 도면에 적힌 디자인의 설명에 따라 표현된 디자인에 의하여 정하여진다(제93조). 디자인등록출원시 출원서에 물품류, 디자인의 대상이 되는 물품, 디자인의 설명 및 디자인의 창작내용의 요점의 해당사항을 기재해야 한다(제37조 제2항). 디자인의 보호범위는 물품의 구체적인 외관이므로 도면 등에 의해 권리가 특정되므로, 도면은 필수적으로 첨부되어야 하는 서류이다.

그러나 전개도, 단면도 및 확대도 등 디자인을 구체적이고 명확하게 표현하기 위하여 필요한 부가도면은 디자인의 권리범위를 판단하는 기초가 되지만, 사용상태도 등 디자인을 이해하는 데 도움을 주기 위한 참고도면은 디자인의 권리범위를 판단하는 기초가 되지 않는다.

(1) 디자인의 대상이 되는 물품 디자인법 시행규칙 제38조 제1항 별표 4의 물품의 범위 중 특허청장이 고시한 물품의 명칭에서 하나의 물품을 지정하여 적어야 하고, 특허청장이 고시한 물품의 명칭에 명시되지 않은 물품에 대해서는 그 물품의 디자인을 인식하는 데에 적합한 명칭을 적되, 그 물품의 용도가 명확하게 이해되고 보통 사용하는 물품의 명칭이어야 한다.

이 경우 물품류 구분은 「산업디자인의 국제분류 제정에 관한 로카르노협정」에 따른 것으로서, 물품류 구분은 디자인등록출원서 작성의 일관성 및 물품명칭 사용의 통일성을 위한 것으로 디자인 물품 상호 간의 유사범위를 정하는 것은 아니다.

(2) 디자인의 설명 디자인의 설명은 등록받고자 하는 디자인의 특징을 고려하여 다음과 같이 적절하게 기재해야 한다. 즉 (i) 물품에 대한 설명은 물품의 사용목적·사용방법·재질 또는 크기 등의 설명이 필요하다고 인정될 경우에는 그에 관한 설명, (ii) 도면에 대한 설명은 도면(사진 또는 견본 포함)에 대한 설명이 필요한 경우에는 각 도면별로 설명, (iii) 투명한 물품의 전부 또는 일부에 대한 설명이 필요 하다고

인정될 경우에는 그에 관한 설명, (iv) 물품의 부분에 관한 디자인으로서 물품의 부분을 도면 또는 견본에서 특정하고 있는 방법에 대한 설명이 필요하다고 인정될 경우에는 그에 관한 설명, (v) 물품이 가지는 기능에 의하여 변화하는 동적디자인으로서 그 변화 전후의 상태에 대한 설명이 필요하다고 인정될 경우에는 그에 관한 설명, (vi) 토목건축용품에 관한 디자인으로서 대량 생산성, 운반 가능성에 대한 설명이 필요하다고 인정될 경우에는 그에 관한 설명을 기재하여야 한다.

(3) 디자인의 창작내용의 요점 출원디자인의 창작내용의 요점을 쉽고 간결하며 명확하게 기재하고, 가능한 공지된 디자인과 비교하여 독창적으로 창작한 내용을 중심으로 기재하며, 국내에서 널리 알려진 형상, 모양, 자연물, 유명한 저작물 및 건조물 등을 모티브로 하여 창작한 경우에는 가능한 이들 형태로부터 독창적으로 창작한 내용을 중심으로 적어야 한다(시행규칙 제35조 제4항 별표 3).

3. 도면

(1) 도면의 역할 도면은 출원디자인의 내용을 표현한 필수적인 첨부서류이므로 디자인등록출원시 먼저 도면을 작성해야 한다. 도면은 권리서, 등록디자인의 보호범위를 판단하는 기준이고, 출원·심사·심판 및 소송에서 판단대상, 디자인창작의 참고자료이다. 도면에는 등록받고자 하는 디자인을 전체적으로 명확하게 파악할 수 있는 도면 또는 사진 이미지를 삽입해야 한다. 도면 또는 사진 이미지는 등록받고자 하는 디자인의 전체 형태가 명확하게 파악될 수 있도록 작성하여야 한다.

특히 등록받고자 하는 디자인의 특징을 고려하여 그 물품의 형상, 모양, 색채 등이 부각될 수 있도록 도면 또는 사진 이미지를 작성하는 것이 바람직하다.

디자인은 물품의 미적 외관을 보호하기 때문에 문장으로 표현하는 것보다도 도면으로 표현하는 것이 쉽게 디자인을 특정할 수 있다. 그러나 보존이나 취급에 지장이 없는 경우에는 출원인의 편리를 고려해서 도면 대신에 사진 또는 견본을 제출할 수 있다.

(2) 첨부하는 디자인 도면 디자인등록출원서에 첨부하는 도면은 6면도로 정면도·배면도·좌측면도·우측면도·평면도·사시도를 포함한다. 도면으로 제출하기 어려운 경우는 디자인 출원용으로 촬영한 사진을 제출할 수 있다(제37조 제3항). 2008년 개정법에 따라 2008년 1월 1일 이후 출원부터는 출원시 제출하여야 하는 6면도 중 동일한 도면이 여러 개인 경우 1개를 제외한 나머지 도면은 모두 생략할 수 있다.

2015년 개정법에서 일부 도면만을 제출할 수 있는 경우 다음과 같이 보완하였다(시행규칙 제35조 제2항). 디자인의 도면은 전체적인 형태를 표현하여야 하나, 특정한 경우 일부도면을 제출하고 그 이유를 디자인의 설명란에 기재하도록 한다. 또한 (i) 일방의 부분이 같거나 대칭의 경우에는 일방의 도면만 제출하고, (ii) 같은 부분이 여러 개인 경우에는 같은 부분들 중 한 개의 부분만 제출한다. (iii) 항상 설치 또는 고정되어 특정부분을 볼 수 없는 경우는 특정부부을 제이한 나미지 부분을 제출하고, (iv) 화상디자인의 경우 화상이 도시되는 부분만 제출할 수 있다.

(3) 도면의 기재사항 도면에는 (i) 디자인 대상이 되는 물품 및 물품류[1], (ii) 디자인의 설명 및 창작내용의 요점, (iii) 디자인의 일련번호(복수디자인등록출원을 하는 경우에만 해당한다)를 기재한다(제37조 제2항). 입체를 표현하는 도면의 경우 사시도와 정투상도법에 의한 6면도, 평면적인 것을 표현하는 도면은 표면도와 이면도, 글자체 도면의 경우 지정글자 도면, 보기문장 도면, 대표글자 도면을 하나의 디자인 도면으로 한다.

(4) 모델링 파일로 작성된 3D 도면 출원인은 디자인등록출원시 2차원의 이미지 파일 외에 3차원의 모델링(Modelling)파일로 작성된 도면(3D 도면)을 제출할 수 있다. 도면의 작성방법을 정투상도법에 한정하지 않고 창작한 디자인의 형태를 충분히 나타낼 수 있는 여타의 투상도법으로도 작성할 수 있고, 도면의 제출 개수와 관련해서도 창작한 디자인의 내용과 보호받고자 하는 디자인의 형태를 충분히 나타낼 수 있는 하나 또는 그 이상의 도면으로 제출할 수 있다.

디자인등록출원시 3차원의 모델링파일형식으로 작성된 3D 도면제출이 허용되고, 사시도와 정투상도법에 의한 6면도만이 아닌 다양한 투상도법에 의한 도면작성도 허용된다.

제2절 절차적 등록요건

Ⅰ. 선출원

1. 선출원의 요건

선출원주의란 동일하거나 유사한 디자인에 대하여 둘 이상의 디자인등록출원이 경합한 경우에 먼저 출원한 자에게 디자인등록을 인정해주는 제도이다. 디자인권은

1) 2014년 개정법에서 도면의 기재사항에 '물품류'는 필수기재사항으로 추가되었다.

독점권을 부여하는 것이므로 동일하거나 유사한 디자인이 우연히 둘 이상 창작되어 출원되어 있는 경우 오직 한 사람에게만 독점권을 부여하기 위하여 최초의 출원인에게만 등록을 허여하는 것이다.

선출원과 후출원 관계에 있는 디자인등록출원인 경우에는 선출원주의와 확대된 선출원주의를 위배하지 않아야 한다. 동일하거나 유사한 디자인에 대하여 다른 날에 둘 이상의 디자인등록출원이 있는 경우에는 먼저 디자인등록출원한 자만이 그 디자인에 관하여 디자인등록을 받을 수 있다(제46조 제1항).

동일하거나 유사한 디자인에 대하여 같은 날 둘 이상의 디자인등록출원이 있는 경우에는 디자인등록출원인이 협의하여 정한 하나의 디자인등록출원인만이 그 디자인에 대하여 디자인등록을 받을 수 있다. 협의가 성립하지 아니하거나 협의를 할 수 없는 경우에는 어느 디자인등록출원도 그 디자인에 대하여 디자인등록을 받을 수 없다(제46조 제2항). 그러나 디자인일부심사등록출원에 대하여 정보 및 증거가 제공된 경우에는 그에 근거하여 거절결정을 할 수 있다(제62조 제4항).

2. 선출원주의가 적용되는 유형

유형	선출원 디자인(A)	후출원 디자인(A, A1)
1	완성품	완성품
2	부품	부품
3	한 벌의 물품	한 벌의 물품
4	부분디자인	부분디자인

주) 여기서 A=A, A≒A1 관계이다.

3. 선출원의 지위가 있는 출원

(1) 설정등록이 있는 선출원 선출원 디자인(A)과 동일하거나 유사한 다른 사람의 후출원 디자인(A, A1)은 A 디자인이 설정등록된 경우에 선출원 규정을 적용한다.

(2) 거절결정 또는 거절한다는 취지의 심결이 확정된 경우 제46조(선출원) 제2항 후단에 의해 협의불성립으로 거절결정 또는 거절한다는 취지의 심결이 확정된 경우 또는 2007년 6월 30일 이전 최초로 디자인등록출원을 한 후 그 출원을 포기하거나 그 출원에 대하여 거절결정 또는 거절한다는 취지의 심결이 확정된 경우에는 선출원의 지위가 인정되므로 선출원 규정을 적용한다.

4. 선출원규정의 적용방법

(1) 동일출원의 심사 　디자인등록출원에 대한 심사는 출원의 순위에 따른다(시행규칙 제53조). 같은 디자인에 대하여 둘 이상의 디자인등록출원이 있는 경우에는 선출원이 출원공개 또는 설정등록이 되거나 디자인등록거절결정이 확정될 때까지 후출원의 심사는 보류하여야 한다(시행규칙 제54조). 다만, 국제디자인등록출원은 먼저 거절이유통지를 한 후 심사보류통지를 한다. 심사보류된 후출원(국제디자인등록출원은 제외한다)에 대해서는 선출원 디자인에 관한 디자인권이 설정등록이 되거나, 협의가 성립하지 않아 거절결정 또는 거절한다는 취지의 심결(선출원 디자인이 2007년 6월 30일 이전에 출원된 경우에는 포기, 거절결정 또는 거절한다는 취지의 심결)이 확정된 이후에 후출원 디자인에 대하여 거절이유통지를 한다.

(2) 동일하거나 유사한 디자인이 같은 날 출원된 경우 　디자인등록출원에 대하여 둘 이상의 동일하거나 유사한 디자인을 같은 날에 타인이 출원한 경우에는 특허청장 명의로 기간을 정하여 출원인에게 협의결과를 신고할 것을 요구한 후 협의에 따라 정해진 하나의 출원에 대하여 등록결정을 하고 나머지 출원은 거절이유를 통지한 다음에 거절결정을 한다. 출원인 간 협의가 성립되지 않거나 불가능한 경우에는 모든 출원에 대하여 거절이유를 통지한 다음에 거절결정을 한다.

지정기간 내에 협의결과의 신고가 없는 경우에는 협의가 성립되지 않은 것으로 보아 모든 출원에 대하여 거절이유를 통지한 다음에 거절결정을 한다. 지정기간 내에 복수의 협의결과의 신고가 있었으나, 그 신고내용이 서로 모순되는 경우에는 협의가 성립되지 않은 것으로 보아 모든 출원에 대하여 거절결정을 한다.

(3) 둘 이상의 동일한 디자인을 같은 날에 동일인이 출원한 경우 　둘 이상의 동일한 디자인을 같은 날에 동일인이 출원한 경우 특허청장 명의로 출원인에게 협의결과를 신고할 것을 요구함과 아울러 거절이유를 통지한다. 지정기간 내에 협의결과의 신고가 없는 경우에는 협의가 성립되지 않은 것으로 보아 모든 출원에 대하여 거절결정을 한다. 지정기간 내에 복수의 협의결과의 신고가 있었으나, 그 신고내용이 서로 모순되는 경우에는 협의가 성립되지 않은 것으로 보아 모든 출원에 대하여 거절결정을 한다.

(4) 둘 이상의 유사한 디자인을 같은 날에 동일인이 출원한 경우 　둘 이상의 유사한 디자인을 같은 날에 동일인이 출원한 경우에 제46조(선출원) 제2항을 적용하지 않고, 하나는 단독디자인출원으로 취급하여 통상의 출원과 같이 심사한다. 나머지는 제35조(관련디자인) 제1항에 위반되는 것으로 보아 거절이유를 통지한다.

(5) 기타의 경우 선출원 디자인이 비밀디자인으로 등록된 경우에는 디자인법 시행령 제10조(디자인공보) 제2항 및 제3항에 따라 도면 등이 게재된 공보의 발행일 전까지 출원된 디자인에 대하여 디자인법 제46조(선출원) 제1항을 적용한다. 선출원이 무효, 취하, 포기 또는 거절결정이나 거절한다는 취지의 심결이 확정되기 전에 출원공개된 경우에 그 선출원은 동법 제33조(디자인등록의 요건) 제1항 제1호의 간행물에 게재된 디자인에 해당한다.

선출원 디자인에 관한 출원이 무효, 취하, 포기 또는 거절결정이 확정된 경우[2]나, 등록결정이 있은 후 동법 제82조(등록료의 추가 납부 등) 제1항에 따른 등록료의 추가 납부기간 및 동법 제83조(등록료의 보전) 제2항에 따른 등록료의 보전기간이 지난 후에도 디자인권의 설정등록을 하지 않은 경우에 동법 제84조(등록료의 추가납부 또는 보전에 의한 디자인등록출원과 디자인권의 회복 등) 제1항에 따른 기간을 기다리지 않고, 동법 제46조 제1항을 적용하지 아니하고 후출원에 대한 등록여부결정을 한다.

Ⅱ. 1디자인 1출원주의

1. 의의

1디자인 1출원주의란 디자인등록출원은 1디자인마다 1디자인등록출원으로 하는 것을 말한다(제40조). 디자인등록출원을 하고자 하는 자는 디자인의 대상이 되는 물품의 명칭은 디자인법 시행규칙 제38조[3]에서 정하는 물품의 구분에 따라 지정하여야 한다(제40조 제2항). 따라서 출원인은 디자인등록출원시 디자인을 인식하는 데 적합한 명칭을 기재하고, 그 물품의 용도가 명확히 이해되고 보통 사용하는 물품의 명칭을 기재하여야 한다.

2. 1디자인 1디자인등록출원 원칙

디자인등록출원은 1디자인마다 1디자인등록출원으로 하여야 한다. 이 원칙을 위배한 출원은 거절된다. 1디자인이란 1물품에 1형태를 말한다. 여기서 1물품이란 물리적으로 분리되지 않은 하나라는 개념이 아니라 거래관행상 독립하여 하나로 거

2) 디자인등록출원이 무효, 취하, 포기, 거절결정이나 거절한다는 취지의 심결이 확정된 경우에 선출원의 규정을 적용할 때, 선원권의 지위가 없어지므로 처음부터 없었던 것으로 본다(제46조 제3항).

3) 산업디자인의 국제분류 제정을 위한 로카르노협정에 따른 별표 4에서 정하는 물품의 범위에서 물품의 용도와 기능 등을 고려하여 특허청장이 정하여 고시한다. 이 경우 물품구분은 디자인등록출원서 작성의 일관성 유지와 통일된 명칭을 사용하기 위한 것으로 디자인 물품 상호간의 유사범위를 정하는 것은 아니다.

래될 수 있는 물품을 의미한다. (i) 1디자인 1디자인등록출원으로 볼 수 없는 출원서 및 도면의 기재 예로는 둘 이상의 물품명을 디자인의 대상이 되는 물품란에 병렬하여 적은 경우[4], 하나의 물품에 관하여 둘 이상의 디자인을 하나의 도면에 도시하거나, 둘 이상의 물품에 관하여 각각의 디자인을 하나의 도면에 도시한 경우이다. (ii) 1디자인 1디자인등록출원으로 인정되는 물품의 예: 신사복(상, 하), 투피스(상, 하), 찻잔과 받침 섭시, 찬합, 모자이크 타일, 완성형태가 단일한 조립완구, 장기짝, 트럼프, 화투, 마작패, 너트와 볼트, 유·무선전화기 등.

(iii) 1디자인 1디자인등록출원으로 인정되지 않는 물품의 예: 1조의 책상과 걸상(결착된 것은 제외), 1조의 탁구용구, 1조의 배드민턴용구, 완성형태가 다양한 조립완구(레고 등), 물품의 용기와 그 내용물(카메라와 카메라 케이스, 라디오와 라디오 케이스, 안경과 안경집, 화장품보관함과 화장품용기), 한글 글자체와 영문자 글자체, 한글 글자체와 특수기호 글자체, 영문자 글자체와 숫자 글자체 등. (iv) 형태가 변화하는 디자인의 출원에 있어 변화과정이 없거나 또는 변화과정에 일정성 및 동일성이 없는 경우에는 1디자인 1디자인등록출원에 위반되는 것으로 취급한다(예: 디자인의 형태가 변화하는 로봇완구). (v) 부분디자인등록출원에 있어 물리적으로 분리된 둘 이상의 부분이 표현된 경우에는 1디자인 1디자인등록 출원에 위반되는 것으로 취급한다. 다만 전체로서 디자인 창작상의 일체성이 인정되는 경우에는 예외로 한다.

【물리적으로 떨어져 있는 둘 이상의 디자인이 1디자인 인지 여부】

<대법원 2013. 2. 15. 선고 2012후3343 판결>

하나의 물품 중 물리적으로 떨어져 있는 2 이상의 부분에 관한 디자인이더라도 그들 사이에 형태적으로나 기능적으로 일체성이 있어서 보는 사람으로 하여금 그 전체가 일체로서 시각을 통한 미감을 일으키게 한다면, 그 디자인은 디자인법 제40조 제1항에서 규정한 '1디자인'에 해당하므로, 1디자인등록출원으로 디자인등록을 받을 수 있다. 특허청 심사관이 휴대폰케이스를 대상물품으로 하여 ''과 같은 사시도에서 회색으로 표현된 케이스 본체 부분을 제외한 대상물품 상부의 '' 부분과 하단 뒷면에 돌출된 '' 부분만을 보호받고자 부분디자인으로 출원된 갑의 출원디자인에 대하여 하나의 출원에 2 이상의 형상·모양·색채 또는 그 결합을 표현한 것이어서 디자인법 제40조 제

4) (예) 병과 병마개, 라디오 겸용 시계 등. 다만, '시계가 부설된 라디오'와 같이 하나의 물품에 다른 물품이 부설된 경우에는 예외로 한다. 부설된 물품이 둘 이상일 경우에는 '볼펜 등이 부설된 라이터'와 같은 방법으로 적는다.

1항 규정에 위배된다는 이유로 등록거절결정을 한 사안에서, 제반 사정에 비추어 위 출원디자인은 '♥' 부분과 '●' 부분이 물리적으로 떨어져 있더라도 이를 보는 사람이 '♥' 부분은 '토끼 귀'로, '●' 부분은 '토끼 꼬리'로 각각 인식할 수 있어서 그들 사이에 형태적으로 일체성이 인정되고, 그 때문에 이를 보는 사람으로 하여금 전체가 '토끼 형상'과 유사한 일체로서 시각을 통한 미감을 일으키게 하므로 위 출원디자인은 1디자인에 해당한다.

Ⅲ. 복수디자인등록출원

1. 의의

디자인등록출원을 하려는 자는 디자인법 시행규칙 제38조에서 규정하는 물품류 구분에서 같은 물품류에 속하는 물품에 대하여는 100개 이내의 디자인을 1디자인등록출원으로 할 수 있다. 이 경우 1디자인마다 분리하여 표현하여야 한다(제41조). 본조의 취지는 디자인일부심사등록출원에 대한 1디자인 1출원의 원칙을 엄격하게 적용할 경우 출원절차상의 불편을 해소하고, 출원비용을 경감하기 위한 것이다. 출원시 물품분류는 동일한 분류에 속하는 것(예: B1류에 속하는 물품끼리만 가능)에 한한다.

2. 개정의 취지

개정법에서는 구법 제11조의2 각 항을 삭제하고 제1항과 제2항을 합하여 디자인일부심사등록출원과는 상관없이 같은 물품류에 속하는 물품에 대하여는 100개 이내의 디자인을 1디자인등록출원으로 할 수 있도록 개정하였다. 이는 구 디자인무심사등록출원에 한정하여 복수디자인등록출원을 인정하던 것을 디자인무심사등록출원과는 상관 없이 인정한 것으로서, 그간 복수디자인등록출원이 디자인무심사등록출원에만 한정되어야 한다는 제한 규정을 삭제함으로써 출원인의 불만을 해소하였다. 또한 1디자인등록출원시 물품류 100개 이내로 확대한 것은 헤이그협정에서 복수디자인등록출원을 같은 분류인 경우 100개 이내의 디자인을 1디자인등록출원으로 할 수 있도록 인정[5]하고 있어서, 헤이그협정과의 조화를 이루어 국제적 경향에 부합하기 위한 것이 그 취지이다.

---

5) 헤이그협정 공통규칙 제7조 (3): The international application shall contain or indicate the number of industrial designs included in the international application, which may not exceed 100(이하 생략).

3. 복수디자인등록출원의 요건

(1) 복수디자인등록출원의 대상물품 복수디자인등록출원으로 할 수 있는 물품은 디자인법 시행규칙 제38조 별표 4(물품류 구분) 중 같은 물품류에 속하는 것으로 한다. 복수디자인등록출원된 디자인의 물품이 같은 물품류에 속하지 않으면 거절된다. 만약 거절될 경우 물품류가 다른 물품의 디자인에 대하여 출원분할이나 출원취하를 할 수 있다.

(2) 복수디자인등록출원의 도면 복수디자인등록출원의 도면은 1디자인마다 분리하여 표현하여야 하며, 하나의 일련번호 디자인의 도면에 2 이상의 디자인을 표현한 경우에는 거절된다. 복수디자인등록출원된 디자인마다 도면 또는 사진 중 한 가지로 통일되게 표현하여야 한다. 다만 3D 모델링 도면으로 제출할 경우에는 모든 디자인을 3D 모델링 파일 형식으로 하여야 한다.

(3) 일부 디자인에 거절이유가 있는 경우 복수디자인등록출원된 디자인 중 일부 디자인에만 거절이유가 있는 경우에는 심사관은 거절이유가 있는 디자인의 일련번호, 디자인의 대상이 되는 물품 및 그 거절이유를 명시하여 의견제출통지를 하여야 한다.

Ⅳ. 출원의 보정

1. 취지

출원의 보정이란 출원서의 기재사항 및 출원서에 첨부한 도면 등의 내용을 정정하거나 보충하는 것을 말한다. 보정이 적법한 경우에는 보정의 효과는 출원시로 소급된다. 출원의 보정은 출원내용의 흠을 치유하는 것으로서 그 보정의 효과는 소급효로 출원인의 선출원의 이익을 유지할 수 있으나, 제3자와의 형평성을 고려하여 그 시기와 내용에서는 엄격한 제한이 있다.

2. 보정의 대상

디자인등록출원인은 최초의 디자인등록출원의 요지를 변경하지 아니하는 범위에서 디자인등록출원서의 기재사항, 디자인등록출원서에 첨부한 도면, 도면의 기재사항이나 사진 또는 견본을 보정할 수 있다(제48조 제1항). 디자인등록출원인은 관련디자인등록출원을 단독의 디자인등록출원으로, 단독의 디자인등록출원을 관련디자인등록출원으로 변경하는 보정을 할 수 있다(제48조 제2항). 관련디자인제도의 도입에 따라 관련디자인과 단독디자인 간에 상호 변경할 수 있도록 하였다. 한편, 디자인등록출원인은 디자인일부심사등록출원을 디자인심사등록출원으로, 디자인심사등록출원을 디자인일부심사등록출원으로 변경하는 보정을 할 수 있다.

3. 보정요건

(1) 보정의 주체 출원을 보정할 수 있는 자는 출원인이다. 공동출원인 경우에는 디자인법 제13조 제1항에 따라 공동으로 보정할 수도 있고, 각자 전원을 대표하여 보정할 수도 있다.

(2) 보정의 범위 보정은 최초 서류의 오기나 불명확한 기재 등을 정정하거나 보충하는 것으로서 최초 출원의 요지를 변경하지 않는 범위 안에서 할 수 있다.

(3) 보정의 시기 보정은 디자인등록여부결정의 통지서가 발송되기 전까지 할 수 있다. 또한 (i) 국제디자인등록출원의 경우에는 국제등록공개가 있은 날부터 디자인등록여부결정의 통지서가 발송되기 전까지 할 수 있다. (ii) 재심사를 청구하는 경우에는 재심사를 청구하는 때에 보정할 수 있다. (iii) 디자인등록거절결정 또는 디자인등록취소결정에 대한 심판을 청구하는 경우에는 그 청구일로부터 30일 이내에 보정할 수 있다.

4. 직권보정

(1) 직권보정의 시기 및 범위 심사관은 디자인등록결정을 할 때에 디자인등록출원서 또는 도면에 적힌 사항이 명백히 잘못된 경우에는 직권으로 보정할 수 있다(제66조 제1항).

(2) 직권보정의 절차 심사관이 직권보정을 한 경우에는 디자인등록결정 등본의 송달과 함께 그 직권보정 사항을 출원인에게 알려야 한다(제66조 제2항). 출원인이 직권보정의 일부 또는 전부를 받아들일 수 없는 경우에는 디자인등록료를 낼 때까지 그 직권보정 사항에 대한 의견서를 특허청장에게 제출하여야 한다. 출원인이 의견서를 제출한 경우 해당 직권보정 사항의 전부 또는 일부는 처음부터 없었던 것으로 본다(제66조 제4항).

5. 보정의 효과

보정이 요건을 충족하는 경우에 해당 서류는 보정된 후의 상태로 출원 당시에 제출된 것으로 본다. 보정이 최초출원의 요지를 변경하는 것으로 등록여부결정 전에 인정되는 경우에는 각하한다. 보정이 최초출원의 요지를 변경하는 것으로 디자인권의 설정등록이 있은 후에 인정되는 경우에는 그 보정서를 제출한 때에 출원한 것으로 본다(제48조 제5항).

6. 요지변경 판단기준

(1) 요지변경의 의미　요지변경이란 출원서에 적힌 디자인의 대상이 되는 물품, 출원서에 첨부된 도면(3D 모델링 도면 및 견본 포함) 및 도면의 기재사항 등을 종합적으로 판단하여 최초에 출원된 디자인과 보정된 디자인 간에 동일성이 유지되지 않는 것을 말한다. 출원의 보정은 내용적으로 디자인의 동일성이 유지되는 요지변경이 아닌 경우에만 적법한 보정으로 인정된다(제48조 제1항). 그러나 출원의 보정이 요지변경인 경우에는 결정으로 그 보정을 각하하여야 한다(제49조).

(2) 요지변경으로 되는 경우의 예　최초의 도면 등에 표현된 형상·모양이나 색채상의 부가, 삭감, 변경 등으로 인하여 물품의 외관에 영향을 미치는 경우에는 요지변경으로 본다. 다만 그 부가, 삭감, 변경 등이 외관에 거의 영향을 미치지 않는 경미한 정도의 것은 예외로 한다. 도면 중 불일치한 일면을 중심으로 하여 다른 도면을 정정함으로써 최초에 제출한 도면으로부터 상기되는 것과 다른 디자인이 되는 경우에는 요지변경으로 본다. 복수디자인등록출원의 출원서에 적힌 디자인의 수에 맞춰 도면을 추가로 제출하는 경우는 요지변경으로 보고, 디자인의 대상이 되는 물품의 명칭이 동일물품 외의 물품으로 보정되는 경우는 요지변경으로 본다.

(3) 요지변경이 아닌 경우의 예　도면으로 제출한 디자인을 사진 또는 견본으로 보정하거나, 반대로 사진 또는 견본으로 제출한 디자인을 도면으로 보정한 경우에 도면 또는 사진 등을 그대로 실시하면 그렇게 될 것이라고 추측될 수 있는 범위에서 보정하는 경우에는 요지변경이 아닌 경우에 해당한다

다만 이 경우 디자인은 참고도면을 제외하고는 도면 또는 사진 등 한 가지로 통일되게 작성되어야 한다. 도면 등이 너무 작거나 선명하지 않는 경우에 최초에 출원한 것과 동일성을 유지하는 범위에서 적당한 크기 또는 선명한 것으로 보정하는 경우, 선명한 사진이더라도 배경 등 불필요한 것이 촬영되어 있어서 디자인을 정확히 알 수 없는 경우에 그 배경, 음영 등을 제거하기 위하여 보정하는 경우는 요지변경이 아닌 것으로 본다.

7. 보정각하

(1) 의의　　심사관은 최초 디자인등록출원의 요지를 변경하는 것일 때에는 결정으로 그 보정을 각하하여야 한다(제49조 제1항). 출원서와 이에 첨부된 도면 및 도면에 적힌 사항에 관한 보정이 최초 출원의 요지를 변경하는 것일 때에는 결정으로 각하하고, 보정각하결정은 서면으로 하여야 하며 이유를 붙여야 한다.

(2) 등록여부결정 시기 제한　　심사관은 각하결정을 한 경우에는 그 결정등본을 출원인에게 송달한 날부터 30일이 지나기 전까지는 그 출원(복수디자인등록출원된 일부 디자인에 대하여 보정각하결정을 한 경우에는 그 일부 디자인을 말한다)에 대하여 등록여부결정을 해서는 아니 된다(제49조 제2항).

(3) 심사절차의 중지　　2014년 개정법에서 복수디자인에 대하여 일부 각하결정 제도를 도입하였다. 심사관은 디자인등록출원인이 보정각하결정에 대한 심판(제119조)을 청구한 경우에는 그 심결이 확정될 때까지 그 디자인등록출원(복수디자인등록출원된 일부 디자인에 대한 각하결정에 대하여 심판을 청구한 경우에는 그 일부 디자인을 말한다) 심사를 중지하여야 한다(제49조 제3항). 디자인법 제49조 제3항은 2014년 7월 1일 전에 출원된 복수디자인출원으로서 2014년 7월 1일 후 그 일부디자인에 대하여 보정각하 결정을 한 것에 대하여도 적용한다.

Ⅴ. 출원의 분할

1. 의의

출원인이 1디자인 1출원주의를 위반하여 복수디자인을 1출원으로 한 경우 등 그 일부의 디자인을 하나 이상의 새로운 디자인등록출원으로 분할하여 디자인등록출원할 수 있다(제50조 제1항). 분할에 따른 새로운 출원의 디자인은 원출원에 포함되어 있던 둘 이상의 디자인 가운데 하나와 동일한 것이어야 한다. 분할출원이 있는 경우 그 분할출원은 최초에 디자인등록출원을 한 때에 출원한 것으로 본다.

2. 분할출원의 요건

(1) 분할출원의 주체　　분할에 따른 새로운 출원의 출원인은 원출원의 출원인과 동일인이거나 그 승계인이어야 한다.

(2) 분할출원의 대상　　분할의 대상이 되는 출원은 심사 또는 심판에 계속 중인

출원으로서 (ⅰ) 1디자인 1디자인등록출원의 원칙을 위반하여 둘 이상의 디자인을 1디자인등록출원으로 한 것, (ⅱ) 복수디자인등록출원을 1출원으로 한 것, (ⅲ) 복수디자인등록출원에 물품류가 다른 물품이 포함된 것이다.

(3) 분할의 대상이 되지 않는 경우의 예　1디자인 1디자인등록출원으로 출원한 완성품 디자인에 관한 디자인등록출원을 각각의 부품별로 분할하는 경우, 한 벌 물품의 디자인의 요건을 충족하고 있는 디자인등록출원을 각 구성 물품별로 분할하는 경우 및 물리적으로 분리된 둘 이상의 부분이 형태적 또는 기능적으로 일체성이 인정되어 1디자인 1디자인등록출원 요건을 충족하는 부분디자인등록출원을 각각의 부분으로 분할하는 경우이다.

(4) 분할출원의 시기　출원의 분할은 디자인등록출원을 보정할 수 있는 시기(제48조 제4항)에 할 수 있다. 국제디자인등록출원의 경우에는 심사관의 거절이유통지를 받은 때에만 분할할 수 있다(제187조).

3. 분할출원의 방법

하나의 출원으로 되어 있는 둘 이상의 디자인 중에 하나의 디자인만을 등록받으려는 경우에는 분할출원을 하고, 원출원을 하나의 디자인에 대한 출원으로 보정하여야 한다. 하나의 출원으로 되어 있는 둘 이상의 디자인을 둘 이상의 디자인등록출원으로 분할하려는 경우에는 원출원을 하나의 디자인에 대한 출원으로 보정함과 아울러, 나머지 디자인 중 등록을 받으려는 디자인마다 분할하여 출원하여야 한다. 한 벌의 물품의 디자인으로 출원되었으나[6] 성립요건을 충족하지 못한 경우에는 구성물품별로 디자인마다 분할하여 출원할 수 있다.

4. 분할출원의 효과

분할출원이 있는 경우 새로운 출원(분할출원)은 최초에 디자인등록출원을 한 때에 출원한 것으로 본다(제50조 제2항). 다만 신규성 상실 예외 주장의 시기 및 증명서류 제출기간과 우선권주장의 시기 및 증명서류 제출기간의 규정을 적용할 경우에는 분할출원한 때를 기준으로 한다. 이는 신규성 상실 예외 주장은 언제든지 가능하므로 출원시 제출 규정은 제외하기 때문이다. 출원의 분할이 인정되지 않는 새로운 디자인등록출원은 분할이 있었던 때에 출원한 것으로 취급한다.

---

6) 한 벌의 태권도복 세트를 출원하면서 태권도복 상의와 등산복 하의 도면을 제출한 경우, 한 벌의 신발 가방 및 책가방 세트를 출원하면서 이들 물품에 여행용 가방을 포함하여 제출한 경우.

Ⅵ. 출원공개제도

1. 출원공개의 종류

(1) 출원인의 신청에 의한 공개 출원인은 자기의 디자인등록출원에 대한 공개를 신청할 수 있다. 이 경우 복수디자인등록출원에 대한 공개는 출원된 디자인의 전부 또는 일부에 대하여 신청할 수 있다(제52조 제1항). 디자인등록출원인은 복수디자인등록출원에 대한 전부 또는 일부의 출원공개를 신청할 수 있다.

특허청장은 공개신청이 있는 경우에는 그 디자인등록출원에 관하여 디자인공보에 게재하여 출원공개를 하여야 한다. 다만 디자인등록출원된 디자인이 선량한 풍속에 어긋나거나 공공질서를 해칠 우려가 있는 경우에는 출원공개를 하지 아니할 수 있다(제52조 제2항). 출원공개신청은 그 디자인등록출원에 대한 최초의 디자인등록여부결정의 등본이 송달된 후에는 할 수 없다. 출원공개신청이 있는 경우에 제43조(비밀디자인)에 따른 비밀디자인청구는 철회된 것으로 본다.

특허법에서는 특허청장은 특허출원에 대하여 출원일로부터 1년 6개월이 경과한 때는 반드시 출원공개를 하여야 하고 출원인의 신청이 있는 때에는 특허출원을 조기공개를 할 수 있도록 하고 있으나, 디자인법에서는 출원인의 신청이 있는 디자인등록출원만을 출원공개한다는 점이 특허법과 다른 점이다.

(2) 거절결정된 출원의 공보게재 특허청장은 선출원(제46조 제3항 후단)에 따라 디자인등록거절결정이나 거절한다는 취지의 심결이 확정된 경우에는 그 디자인등록출원에 관한 사항을 디자인공보에 게재하여야 한다. 다만 디자인등록출원이 선량한 풍속에 어긋나거나 공공질서를 해칠 우려가 있는 디자인에 해당하는 경우에는 게재하지 아니할 수 있다(제56조). 본조는 디자인법 제46조(선출원) 제3항과 관련하여 선출원의 지위를 명확하게 하기 위하여 신설된 조문이다.

2. 출원공개의 승인

심사관은 디자인의 가분류일 또는 출원공개신청서의 이송일 중 늦은 날부터 10일 이내에 출원공개신청에 대한 승인 여부를 결정한다.[7] 출원공개신청이 있는 경우에는 그 출원에 관한 사항을 공개디자인공보에 게재한다. 디자인법 제46조(선출원) 제2항에 따라 거절결정하거나 거절한다는 취지의 심결이 확정된 경우에는 그 출원에 관한 사항은 공개디자인공보에 게재한다.

---

7) 디자인심사기준, 208면.

3. 출원공개의 예외

출원된 디자인의 의미나 내용 등이 선량한 풍속에 어긋나거나 공공질서를 해칠 우려가 있는 경우에는 출원공개를 하지 않을 수 있다. 출원공개를 하지 않는 경우에는 특허청장은 그 취지와 이유를 출원인에게 알려야 한다.

4. 출원공개의 효과

(1) 경고권 디자인등록출원인은 출원공개가 있은 후 그 디자인등록출원된 디자인 또는 이와 유사한 디자인을 업(業)으로서 실시한 자에게 디자인등록출원된 디자인임을 서면으로 경고할 수 있다(제53조 제1항). 출원공개 후 제3자가 디자인등록출원을 모방하여 실시한 경우에 출원인은 출원공개가 있은 후에 모방한 제3자에게 서면으로 경고할 수 있는 경고권이 있다.

(2) 보상금 청구권 디자인등록출원인은 경고를 받거나 출원공개된 디자인임을 알고 그 디자인등록출원된 디자인 또는 이와 유사한 디자인을 업으로서 실시한 자에게 그 경고를 받거나 출원공개된 디자인임을 안 때부터 디자인권의 설정등록시까지의 기간 동안 그 등록디자인 또는 이와 유사한 디자인의 실시에 대하여 통상적으로 받을 수 있는 금액에 상당하는 보상금의 지급을 청구할 수 있다(제53조 제2항). 보상금 청구권은 그 디자인등록출원된 디자인에 대한 디자인권이 설정등록된 후가 아니면 행사할 수 없고, 보상금 청구권의 행사는 디자인권의 행사에 영향을 미치지 아니한다.

(3) 이중 연구개발 또는 이중 투자 방지 디자인등록출원의 출원공개가 있은 후 기업의 경영자나 연구자는 디자인공보를 통하여 얻은 정보를 분석한 후 이중으로 연구개발 또는 투자를 할 필요가 없다는 간접적인 효과도 있다. 또한 출원공개공보를 통하여 이미 출원된 디자인이 존재함을 인식할 수 있기 때문에 등록된 이후에 실시권을 허락받아 관련 사업의 추진을 유도하는 효과가 있다.

Ⅶ. 정보제공제도

1. 취지

누구든지 디자인등록출원된 디자인이 디자인등록될 수 없다는 취지의 정보를 증거와 함께 특허청장 또는 특허심판원장에게 제공할 수 있다(제55조). 정보제공제도는 디자인등록출원된 디자인에 대한 심사관의 심사수준을 향상시킬 수 있는 제도이다. 이 제도의 취지는 디자인심사등록출원 또는 디자인일부심사등록출원 여부를 불문하고 누구든지 해당 디자인에 대하여 등록될 수 없는 이유가 있는 경우에는 디자인법 시행규칙 제49조에 따라 관련 증거와 함께 정보를 적어 제출할 수 있도록 하여 심사의 정확성, 공정성 및 신속성을 도모하는 데에 있다.

2. 정보가 제공된 출원에 대한 심사 및 심판

심사관은 정보가 제공된 출원에 대한 심사에 있어 그 정보 및 증거를 거절결정의 이유로 활용할 수 있다. 디자인일부심사등록출원의 경우에도 제공된 정보 및 증거를 거절결정의 이유로 활용할 수 있다. 정보가 제공된 출원에 대하여 심사관은 등록여부 결정을 통지할 때 정보제공자에게 정보·증거의 채택여부 및 해당 출원에 대한 등록여부 결정의 사실을 통보한다.

또한 심사관은 정보가 제공된 디자인일부심사등록출원에 대하여 등록결정을 하는 경우에, 제공된 정보 및 증거가 디자인일부심사등록 이의신청의 이유에 해당한다면 정보제공자에게 디자인일부심사등록 이의신청을 할 수 있다는 사실을 함께 통보한다. 개정법에서 특허심판원에 정보를 제공할 수 있도록 하였으므로 심판관도 제공된 정보를 특허심판에 활용할 수 있다. 심판관의 정보처리 절차는 심사관의 절차와 동일하다.

Ⅷ. 우선권주장제도

1. 의의

조약에 따라 대한민국 국민에게 출원에 대한 우선권을 인정하는 당사국(예: 미국)의 국민이 그 당사국(미국) 또는 다른 당사국(영국)에 출원한 후 동일한 디자인을 대한민국에 디자인등록출원하여 우선권을 주장하는 경우에는 디자인법 제33조(디자인등록의 요건) 및 제46조(선출원)를 적용할 때 그 당사국(미국) 또는 다른 당사국(영국)에 출원한 날을 대한민국에 디자인등록출원한 날로 본다.

대한민국 국민이 조약에 따라 대한민국 국민에게 출원에 대한 우선권을 인정하는 당사국에 출원한 후 동일한 디자인을 대한민국에 디자인등록출원한 경우에도 또한 같다(제51조 제1항). 파리협약에 따라 외국에서 대한민국으로 출원하는 경우(incoming case)와 대한민국에서 외국으로 출원하는 경우(outgoing case)에 우선권주장을 할 수 있다.

2. 우선권주장을 할 수 있는 자

우선권주장을 할 수 있는 자는 우선권주장의 기초가 되는 최초 출원의 출원인과 동일하여야 한다. 출원인이 동일하지 않은 경우에는 디자인등록을 받을 수 있는 권리를 승계한 사실을 증명할 수 있는 서류를 제출하여야 한다.[8)]

3. 우선권주장의 대상 출원

(1) 우선권 주장의 적용대상 　우선권주장의 기초가 되는 최초출원은 디자인등록출원, 특허출원 또는 실용신안등록출원이어야 한다. 우선권주장의 대상이 되는 출원은 최초의 출원을 기초로 우선권주장을 하면서 최초의 출원일로부터 6개월 이내에 우리나라에 출원한 것이어야 한다(제51조 제2항).

(2) 디자인의 동일성 판단 　우선권주장의 기초가 되는 디자인과 우리나라에 출원된 디자인의 동일성 판단은 출원의 형식이나 디자인을 표현하는 방식과 관계없이 우선권 증명서류에 표현된 디자인 가운데 우리나라에 출원된 디자인과 실질적으로 동일한 디자인이 포함되어 있으면 된다. 우리나라에 출원된 디자인이 우선권증명서류에 표현되어 있는지 여부는 해당 디자인이 속하는 분야에 있어서 통상의 지식에 기초하여 우선권 증명서류의 전체 기재내용 및 최초에 출원한 국가의 제도 등을 종합적으로 고려하여 판단한다.

(3) 물품의 동일성 여부에 관한 판단 방법 　최초 출원디자인의 물품명칭과 우리나라 출원디자인의 물품명칭이 다르더라도 우선권 증명서류의 기재내용을 종합적으로 고려하여 판단할 때, 출원디자인이 적용되는 물품의 용도·기능이 실질적으로 동일하면 물품의 동일성을 인정한다. 우선권 증명서류에 기재된 물품의 명칭이 다수의 물품을 포괄하는 명칭이더라도, 그 가운데 하나의 물품이 명칭을 우리나라의 출원서에 적은 경우에는 물품의 동일성을 인정한다.

4. 우선권주장 절차

우선권주장의 기초가 되는 최초 출원의 출원일부터 6개월 이내에 우리나라에 출원하여야 한다(제51조 제2항). 우선권을 주장하는 자는 디자인등록출원시 디자인등록출원서에 그 취지와 최초로 출원한 국가명 및 출원연월일을 적어야 한다(제51조 제3

8) 제1국 최초 출원의 출원인이 2인이고 우리나라 출원의 출원인이 1인일 경우에는 디자인등록을 받을 수 있는 권리의 지분을 양수한 사실을 증명하여야 한다.

항). 또한 우선권을 주장하는 자는 최초로 출원한 국가의 정부가 인정하는 출원연월일을 적은 서면 및 도면의 등본을 디자인등록출원일부터 3개월 이내에 특허청장에게 제출하여야 한다(제51조 제4항).

특허청장은 디자인심사를 위하여 필요한 경우에 2개월의 기간을 정하여 우선권 증명서류에 대한 국어번역문의 제출을 요구할 수 있다. 우선권주장에 관한 서류 중 도면의 기재내용이 디자인등록출원서상의 도면과 동일한 부분에 대해서는 국어번역을 생략할 수 있다. 우선권주장의 보정은 출원 당시 우선권주장을 한 경우에 한하여 해당 우선권주장에 대해서만 할 수 있다. 우선권주장을 보정할 수 있는 기간은 출원일로부터 3개월 이내이다.

5. 우선권주장 인정의 효과

우선권을 주장하는 자가 출원연월일을 적은 서면 및 도면의 등본을 디자인등록출원일부터 3개월 이내에 특허청장에게 제출하지 아니한 경우에는 그 우선권주장은 효력을 상실한다(제51조 제5항). 우선권주장이 인정된 디자인등록출원에 대해서는 제33조(디자인등록의 요건) 및 제46조(선출원)를 적용할 때, 우선권주장의 기초가 되는 출원의 최초출원일을 우리나라에 출원한 날로 본다. 그러나 출원일의 소급효과는 인정되지 않는다. 우선권주장이 인정된 디자인등록출원은 우선권주장 기간 이내에 출원된 다른 디자인등록출원이나 공지된 디자인에 의하여 거절결정되지 않는다.

Ⅸ. 무권리자의 출원 및 등록

1. 무권리자의 디자인등록출원과 정당한 권리자의 보호

디자인 창작자가 아닌 자로서 디자인등록을 받을 수 있는 권리의 승계인이 아닌 자(이하 "무권리자"라 한다)가 한 디자인등록출원이 디자인등록거절결정 또는 거절한다는 취지의 심결이 확정된 경우에는 그 무권리자의 디자인등록출원 후에 한 정당한 권리자의 디자인등록출원은 무권리자가 디자인등록출원한 때에 디자인등록출원한 것으로 본다. 다만 디자인등록거절결정 또는 거절한다는 취지의 심결이 확정된 날부터 30일이 지난 후에 정당한 권리자가 디자인등록출원을 한 경우에는 그러하지 아니하다(제44조). 디자인법 제44조의 본문에서는 정당한 권리자의 디자인등록출원의 출원인의 소급효를 인정하고, 단서에서는 정당한 권리자가 디자인등록출원을 보호받을 수 있는 기간을 명시하고 있다.

2. 무권리자의 디자인등록과 정당한 권리자의 보호

무권리자라는 사유로 디자인등록에 대한 취소결정 또는 무효심결이 확정된 경우에는 그 디자인등록출원 후에 한 정당한 권리자의 디자인등록출원은 취소 또는 무효로 된 그 등록디자인의 디자인등록출원시에 디자인등록출원을 한 것으로 본다. 다만 취소결정 또는 무효심결이 확정된 날부터 30일이 지난 후에 디자인등록출원을 한 경우에는 그러하지 아니하다(제45조). 디자인법 제45조는 무권리자가 받은 디자인등록이 취소결정과 무효심결이 확정된 경우 정당한 권리자의 보호를 명시하는 규정이다.

X. 디자인등록을 받을 수 있는 권리이전 및 승계

1. 디자인등록을 받을 수 있는 권리이전

디자인등록을 받을 수 있는 권리는 이전할 수 있다. 다만 기본디자인등록을 받을 수 있는 권리와 관련디자인등록을 받을 수 있는 권리는 함께 이전하여야 한다(제54조 제1항). 디자인등록을 받을 수 있는 권리는 질권의 목적으로 할 수 없다. 디자인등록을 받을 수 있는 권리가 공유인 경우에는 각 공유자는 다른 공유자 모두의 동의를 받지 아니하면 그 지분을 양도할 수 없다(제54조 제3항).

2. 디자인등록을 받을 수 있는 권리의 승계

디자인등록출원 전에 디자인등록을 받을 수 있는 권리의 승계에 대하여는 그 승계인이 디자인등록출원을 하지 아니하면 제3자에게 대항할 수 없다(제57조 제1항). 같은 자로부터 디자인등록을 받을 수 있는 권리를 승계한 자가 둘 이상인 경우로서 같은 날에 둘 이상의 디자인등록출원이 있을 때에는 디자인등록출원인이 협의하여 정한 자에게만 승계의 효력이 발생한다.

디자인등록출원 후에는 디자인등록을 받을 수 있는 권리의 승계는 상속이나 그 밖의 일반승계의 경우를 제외하고는 디자인등록출원인 변경신고를 하지 아니하면 그 효력이 발생하지 아니한다(제57조 제3항). 디자인등록을 받을 수 있는 권리의 상속이나 그 밖의 일반승계가 있는 경우에는 승계인은 지체 없이 그 취지를 특허청장에게 신고하여야 한다. 같은 자로부터 디자인등록을 받을 수 있는 권리를 승계한 자가 둘 이상인 경우로서 같은 날에 둘 이상의 디자인등록출원인 변경신고가 있을 때에는 신고를 한 자 간에 협의하여 정한 자에게만 신고의 효력이 발생한다.

제3절 디자인법상 특유제도

디자인법에는 특허법 또는 상표법에 없는 특유한 제도가 있다. 부분디자인제도, 관련디자인제도, 비밀디자인제도, 한 벌 물품의 디자인제도, 화상디자인의 출원제도 등이 디자인의 특유한 제도라 할 수 있다.

Ⅰ. 부분디자인제도

부분디자인제도란 물품의 부분에 관한 형상·모양·색채 또는 이들의 결합에 대하여도 디자인으로 보호하는 제도를 말한다(제2조 제1호). 부분디자인에 있어서도 하나의 부분디자인에 관한 물품 중에 물리적으로 분리되어 있는 둘 이상의 물품의 부분은 1디자인마다의 출원으로 인정되지 않는다. 다만, 디자인 창작성이 인정되는 경우에는 1디자인으로 간주되어 부분디자인으로 등록받을 수 있다. 부분디자인제도는 물리적으로 분리하여 통상의 상태에서 독립거래의 대상이 되는 것이라면 부품이나 부속품을 보호대상으로 할 수 있다. 디자인법 제34조(디자인등록을 받을 수 없는 디자인) 제1호 내지 제3호의 적용에 대하여는 디자인등록을 받고자 하는 부분과 그 외의 부분을 포함하여 부분디자인의 디자인에 관한 물품 전체의 형태를 판단의 대상으로 한다. 그러나 디자인법 제34조 제4호를 적용할 때에는 디자인등록을 받고자 하는 부분의 형상만을 판단의 대상으로 한다.

Ⅱ. 한 벌 물품디자인제도

1. 의의

둘 이상의 한 벌의 물품으로 동시에 사용되는 경우 해당 한 벌의 물품의 디자인이 한 벌 전체로서 통일성이 있는 때에 1디자인으로 디자인등록출원을 받을 수 있다(제42조 제1항). 이를 한 벌 물품의 디자인제도라 한다. 이는 하나 이상의 물품의 조합에 의한 통합적 미감과 시스템디자인을 보호하기 위한 것이다.

디자인법은 출원대상을 명확히 하여 심사처리의 신속을 도모함과 동시에 권리범위를 명확히 하기 위하여 하나의 물품은 독립된 하나의 출원으로 하여야 한다는 1디자인 1출원주의를 취하고 있다. 예외적으로 한 벌로 사용되는 물품으로서 전체적으로 통일성이 있는 경우에는 하나의 출원으로 심사·등록할 수 있도록 하는 한 벌 물품 디자인제도를 인정하고 있다.

2. 한 벌의 물품의 디자인등록대상 품목

최근 제품개발의 다양화, 고도화와 복수의 물품을 결합하여 전체적인 통일성을 갖는 시스템 디자인 제품이 많아짐에 따라 이러한 시스템 디자인을 한 벌의 물품디자인에 포함시켜야 한다는 디자인업계의 의견이 많이 제기되었다. 특허청은 이러한 산업계의 의견을 수렴하여 패밀리 룩(Family-look) 디자인, 믹스 앤 매치(Mix & Match) 디자인, 시스템 디자인 등의 최신 디자인 트렌드를 반영하여 한 벌의 물품의 대상품목에 14개 물품을 추가하고, 전자상거래 실정에 대한 현황 조사 및 다양한 디자인 및 산업계의 의견조사 결과를 취합하여 41개 물품을 신설하여 총 86개 품목을 한 벌의 물품의 디자인등록 대상품목으로 디자인법 시행규칙 제38조 제4항 별표[9]에 규정하였다. 한 벌의 물품의 디자인등록대상 품목의 확대로 창작자(디자이너)는 시스템 디자인 제품에 대해 한 벌의 물품으로 디자인등록을 받거나 아니면 한 벌의 물품을 구성하는 구성물품 각각에 대한 개별디자인등록을 받게 되어 창작자의 디자인권의 보호가 더욱 강화되었다.

3. 한 벌의 물품의 디자인등록대상 품목의 확대

2015년 개정법에서 디자인 창작의 실정을 반영하여, 출원할 수 있는 대상을 확대하였다(시행규칙 제38조 제4항 별표 5). 즉 (ⅰ) 열거된 한 벌의 물품 이외에 둘 이상의 물품이 한 벌의 물품으로 동시에 사용되는 것으로 인정되는 경우, (예) 한 벌의 캠핑용 식기세트[10], (ⅱ) 동종 물품의 디자인에 형태적·기능적 일체성이 있는 경우, (예) 한 벌의 반지 세트, 한 벌의 벽걸이 세트, (ⅲ) 이종 물품의 디자인에 형태적·기능적 일체성이 있는 경우, (예) 한 벌의 식기 세트, 한 벌의 식기 및 스푼세트, 한 벌의 책상 및 의자 세트[11] 등이다.

Ⅲ. 관련디자인제도

1. 의이

디자인은 유행성이 강하므로 기본디자인이 창작된 이후에 이를 기초로 한 여러

9) 디자인법 시행규칙 제38조 제4항 별표 5에 정해진 물품으로서 한 벌 물품 디자인으로 출원할 수 있는 물품: 한 벌의 끽연용구 세트, 한 벌의 커피세트, 한 벌의 오디오세트, 한 벌의 응접세트, 한 벌의 제기 세트, 한 벌의 필기구 등 86개 물품이다.

10) 당초 '한 벌의 식기세트'로 출원하였으나, 정당한 물품의 명칭에 해당하지 아니하므로 물품 명칭을 보정하여 등록결정되었다(디자인 등록번호 제630984호).

11) 물품의 구성을 제한하는 것은 아니지만, 형태적 또는 기능적 일체성 여부의 판단을 필요로 한다.

가지 변형디자인이 계속 창작되는 특성이 있다. 디자인권자 또는 디자인등록출원인은 자기의 등록디자인 또는 디자인등록출원한 디자인(이하 "기본디자인"이라 한다)에만 유사한 디자인(이하, "관련디자인"이라 한다)으로 디자인등록을 받을 수 있다. 관련디자인제도란 자기의 기본디자인과만 유사한 디자인에 대하여 기본디자인의 출원일부터 1년 이내에 출원된 경우에 한하여 독자의 효력을 가지는 관련디자인의 디자인권을 부여하는 제도를 말한다(제35조). 관련디자인제도의 도입에 따라 디자인개발과정에서 하나의 디자인에서 창작된 변형디자인을 적절하게 보호할 수 있게 되었다. 관련디자인제도는 기존 유사디자인과는 달리 최초 디자인으로부터 일부 변형된 디자인을 기본디자인과 별도로 보호하는 제도이다.

2. 관련디자인의 정의

기본디자인에 유사한 디자인이란 기본디자인과 유사한 디자인으로서 그 출원일보다 선행하는 타인의 디자인(출원디자인, 등록디자인, 공지디자인)과 유사하지 않은 것을 말한다. 디자인권은 타인의 모방과 도용이 용이하나, 그 유사범위는 추상적이고 불명확함에 따라 미리 유사범위 내의 관련디자인을 등록받아 침해· 모방을 미연에 방지할 필요성이 있다.

관련디자인의 출원시기를 기본디자인의 디자인등록출원일부터 1년 이내로 제한하고 있다. 이는 구법에 규정된 유사디자인과 달리 개정법의 관련디자인은 독자적인 권리범위와 존속기간을 가지고 있어, 출원가능시기가 길어질수록 존속기간의 연장 및 제3자의 자유실시 제한의 문제 등이 발생하므로 권리자와 실시자 간 이익의 균형을 맞추기 위한 것이다.[12] 새로 도입된 관련디자인제도는 최초 디자인을 기초로 변형된 디자인을 관련디자인으로 등록받고, 관련디자인은 독자적인 권리범위를 인정받는다. 관련디자인 출원시 유의해야 할 것은 최초 개발 디자인(A)을 특허청에 출원한 후, 이와 유사한 디자인(A1)을 관련디자인으로 하여 출원하면, 그 이후 그 관련디자인(A1)과만 유사한 디자인(A2)은 아예 디자인 등록이 불가능하다는 점이다(제35조 제2항).

3. 관련디자인등록을 받을 수 있는 물품의 범위

자기의 관련디자인과만 유사한 디자인은 디자인법 제35조 제2항에 따라 등록받을 수 없다. 관련디자인등록을 받을 수 있는 물품의 범위는 기본디자인과 동일하거

12) 기본디자인이 2014년 6월 30일 이전 등록디자인 또는 출원디자인인 경우에, 관련디자인은 2015년 6월 30일까지 출원하여야 한다.

나 유사한 물품이다. 이 경우 유사물품이란 용도가 동일하고 기능이 다른 물품이다. 기본디자인의 물품명칭이 정당할 경우 관련디자인등록출원의 물품명칭을 기본디자인의 물품명칭과 일치되도록 하여야 한다. 그러나 관련디자인등록출원의 물품명칭이 기본디자인의 물품명칭보다 정당하거나 적합할 경우 기본디자인의 물품명칭에 일치시킬 필요가 없다.

4. 등록요건의 비교

유사디자인(구법)은 자기의 선출원(또는 선등록)디자인에만 유사한 디자인은 디자인등록을 받을 수 있다(구법 제7조). 관련디자인은 기본디자인의 디자인등록출원일부터 1년 이내에 디자인등록출원된 경우에 디자인등록을 받을 수 있다(제35조 제1항). 한편, 디자인등록을 받은 관련디자인 또는 디자인등록출원된 관련디자인과만 유사한 디자인은 디자인등록을 받을 수 없다(제35조 제2항). 기본디자인의 디자인권에 전용실시권이 설정되어 있는 경우에는 그 기본디자인에 관한 관련디자인에 대하여는 디자인등록을 받을 수 없다(제35조 제3항).

5. 심사처리기준

무효심판 또는 이의신청에 계류 중인 등록디자인을 기본디자인으로 한 관련디자인등록출원이 관련디자인으로 인정될 경우에는 심사를 보류한다. 다만, 국제디자인등록출원은 먼저 가거절통지를 한 후 심사보류 통지를 한다. 기본디자인 출원에 대한 거절결정이 확정되지 않은 경우 관련디자인등록출원의 심사는 보류하는 것을 원칙으로 한다. 관련디자인등록출원은 그 디자인이 기본디자인 이외의 자기의 선행하는 공지디자인과 유사할지라도 디자인법 제33조 제1항(신규성)에 의해 거절결정되지 않는다. 등록된 A 디자인과 유사하거나, 선출원 또는 동일자 출원 A 디자인이 등록되는 경우 이와 유사한 자기의 후출원 또는 동일자 출원 A1 디자인은 관련디자인으로 등록될 수 있다.[13]

6. 법적효과 비교

구법의 유사디자인제도와 2014년 개정법의 관련디자인제도를 대비하면, 출원시기, 권리범위, 존속기간, 무효심판 등에서 차이가 있다.[14]

---

13) 디자인심사기준, 171-172면.

14) 특허청, 2013년 특허제도 순회설명회 자료, 2013, 33면.

(1) 출원시기 유사디자인은 출원시기에 제한이 없다. 반면에 관련디자인은 기본디자인 출원일부터 1년 이내에 출원해야 한다(제35조 제1항 후단). 기본디자인이 2014년 6월 30일 이전 등록디자인 또는 출원디자인인 경우에, 관련디자인이 2015년 7월 1일 이후 출원된 것이라면 등록받을 수 없다.

(2) 권리범위 유사디자인의 권리범위는 기본디자인의 권리범위 이내로 한다(구법 제42조). 관련디자인은 독자적인 권리범위를 인정한다(제92조 단서).

(3) 존속기간 유사디자인은 기본디자인이 소멸하면 함께 소멸된다(구법 제40조). 관련디자인은 독자적으로 존속한다. 다만 기본디자인 존속기간이 만료할 때 소멸한다. 기본디자인의 포기, 연차료 불납, 무효 등의 경우에 관련디자인은 독자적으로 존속할 수 있다(제91조 제1항). 디자인의 권리존속기간은 설정등록한 날부터 발생하여 디자인등록출원일 후 20년이 되는 날까지 존속하지만, 관련디자인으로 등록된 디자인권의 존속기간 만료일은 그 기본디자인의 디자인권 존속기간 만료일이 된다. 기본디자인이 권리만료 전에 무효심판에 의하여 무효로 된 경우에 관련디자인제도에서는 기본디자인이 무효로 되더라도 관련디자인은 독자적으로 권리가 존속하게 된다.

(4) 무효심판 유사디자인에 대해서 무효심판을 청구할 수 있다. 그러나 기본디자인이 무효 시 유사디자인은 자동으로 무효로 된다(구법 제68조). 관련디자인에 대해서 무효심판을 청구할 수 있다. 그러나 기본디자인이 무효로 되더라도 관련디자인은 별도로 존속된다(제121조). 무효심판 또는 이의신청에 계류 중인 등록디자인을 기본디자인으로 한 관련디자인등록출원이 관련디자인으로 인정될 경우에는 심사를 보류하여야 한다. 다만, 국제디자인등록출원은 먼저 가거절통지를 한 후 심사보류 통지를 한다.

Ⅳ. 비밀디자인제도

1. 의의

디자인은 모방이 쉽고, 유행성이 강하므로 디자인권자가 사업실시의 준비를 완료하지 못한 상황에서 디자인이 공개되는 경우에는 타인의 모방에 의한 사업상 이익을 모두 상실할 우려가 있다. 따라서 디자인등록출원시 출원인의 신청이 있는 경우에는 디자인등록출원인은 디자인권의 설정등록일부터 3년 이내의 기간을 정하여 그 디자인을 비밀로 할 것을 청구할 수 있다. 이 경우 복수디자인등록출원된 디자인에 대하여 출원된 디자인의 전부 또는 일부에 대하여 청구할 수 있다(제43조 제1항).

2014년 개정법에서 복수디자인에 대해서 비밀디자인제도를 도입하였다.

2. 청구기간

비밀디자인의 청구시기는 출원인의 사정변경 등에 탄력적으로 대응할 수 있도록 2007년 7월 이후에는 출원시는 물론 최초의 디자인등록료를 납부하는 날까지 청구할 수 있도록 디자인법을 개정하였다. 디자인등록출원인은 디자인등록출원을 한 날부터 최초의 디자인등록료를 내는 날까지 디자인을 비밀로 할 것을 청구를 할 수 있다. 다만 제86조(등록료 및 수수료의 감면) 제1항 제1호 및 제2항에 따라 그 등록료가 면제된 경우에는 제90조(디자인권의 설정등록) 제2항 각 호의 어느 하나에 따라 특허청장이 디자인권을 설정등록할 때까지 할 수 있다(제43조 제2항).

3. 청구기간의 연장 및 열람

비밀로 유지할 수 있는 기간은 출원인이 정하며 그 기간은 3년 이내에서 연장하거나 단축할 수 있다. 다만 다음의 경우에는 비밀디자인도 열람할 수 있다. (i) 디자인권자의 동의를 받은 자의 청구가 있는 경우, (ii) 심사·심판·소송의 당사자나 참가인의 청구가 있는 경우, (iii) 디자인권 침해의 경고를 받은 사실을 소명할 자의 청구가 있는 경우, (iv) 법원의 청구가 있는 경우 등이다(제43조 제4항).

비밀디자인을 열람한 자는 그 열람한 내용을 무단으로 촬영·복사 등의 방법으로 취득하거나 알게 된 내용을 누설하여서는 아니 된다(제43조 제5항). 2014년 개정법에서 비밀디자인 열람자에 대해 비밀유지 의무를 부과하였다. 이를 위반하는 경우에는 디자인법 제225조 제3항에 따라 위반자를 비밀누설죄로 처벌할 수 있다.

Ⅴ. 화상디자인출원

디자인법상의 디자인은 원칙적으로 물품과 불가분의 관계가 있으므로 물품에 화체된 상태로 표현된다. 화상디자인은 정보화기기의 표시부에 출력되는 이미지이므로, 그 정보화기기를 전제로 하는 부분디자인으로 보호받아야 한다. 화상디자인이란 정보통신기기의 표시부(display)에 출력되는 이미지를 말한다. 화상디자인으로는 컴퓨터 모니터, 휴대전화기 등의 물품의 액정화면 등 표시부에 표시되는 도형으로 그래픽사용자인터페이스(GUI), 아이콘(Icon) 및 그래픽 이미지 등이 있다.

유체물의 디자인 창작과 마찬가지로 화상디자인도 창작자의 노력과 자본이 소요되고, 디자인 창작자의 창작 분야가 무체물 영역까지 확대되는 현실을 감안하여 이를 디자인보호법에서 보호하는 것이다. 다만 화상디자인은 유체물이 아니기 때문에 화상디자인 그 자체는 디자인보호법상 디자인이 아니다. 따라서 화상디자인은 액정화면 등 표시부를 구비하는 정보화기기, 예를 들어 컴퓨터 모니터, 휴대전화기, 개인휴대정보단말기(PDA), 자동차용 자동항법장치(Navigator), MP3 플레이어, CD 플레이어, 디지털 카메라 등에 적용된 상태로 등록받을 수 있다.

화상디자인은 정보화기기의 표시부에 출력되는 이미지이므로, 그 정보화기기를 전제로 하는 부분디자인으로 보호받을 수 있다. 따라서 디자인등록출원서의 '부분디자인 여부'란에 그 취지를 기재하고, 디자인의 대상이 되는 물품란에 '화상디자인이 표시된 OOO'과 같이 물품명을 기재한다. 도면 작성시 등록을 받고자 하는 화상디자인을 실선으로, 그 이외 부분은 파선으로 표현하여 등록받고자 하는 화상디자인을 명확히 특정하며, 경계가 불명확한 경우 그 경계를 1점 쇄선으로 명확히 도시하고, 디자인의 설명란에는 화상디자인을 특정하고 있는 방법 및 1점 쇄선 등에 관한 설명을 기재한다. 한편, 디자인심사실무는 화상디자인에 관한 디자인등록출원시 화상디자인이 표시된 정면도만 제출하는 것을 인정하고 있다.

제5장 디자인심사

제1절 심사절차

Ⅰ. 서설

디자인심사등록이란 디자인등록출원이 디자인등록요건을 모두 갖추고 있는지를 심사하여 등록하는 것을 말한다(제2조 제5호). 디자인등록은 방식심사, 실체심사, 등록결정, 설정등록순으로 진행된다. 디자인등록출원에 대한 출원서가 접수되면 소정의 방식심사 후 심사관은 출원의 순위에 따라 심사한다(시행규칙 제53조).

디자인에는 별도의 심사청구제도가 없다. 심사관이 거절이유를 발견한 경우 그 이유를 출원인에게 통보하고 기간을 정하여 답변할 수 있는 기회를 부여하고, 거절이유가 해소되지 않으면 거절결정한다. 그러나 심사결과 등록받을 수 없는 이유(거절이유)를 발견할 수 없을 경우에는 등록결정을 한다. 다음 <그림 1>은 디자인등록출원의 심사 및 심판의 흐름도이다.

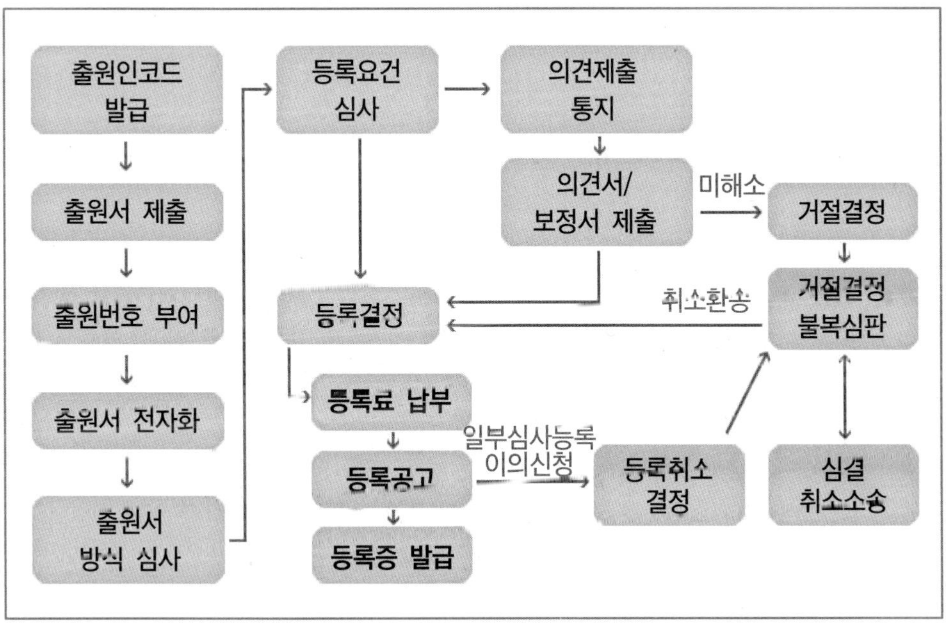

〈그림 1〉 디자인등록출원 심사 및 심판 흐름도

출원인은 등록결정서를 받은 후 등록료를 납부하는 등록절차를 밟아야 한다. 그러나 일부심사디자인등록출원에 대해서는 심사를 하지 않고, 등록결정 후 등록공보를 발행하고, 누구든지 등록공고일부터 3개월 이내에 이의신청을 할 수 있다. 출원인이 디자인등록출원서 등의 서류를 제출하는 경우 특허청장은 이들 서류에 대한 방식심사를 하는데 제출된 서류가 중대한 흠이 있는 경우에는 해당 서류를 반려한다(시행규칙 제24조 제2항). 중대한 흠이 아닌 방식상의 경미한 흠이 있는 경우에는 일단 서류를 수리하고 해당 경미한 흠에 대해서는 보정을 명하여 출원인 등이 보정에 의해서 절차상의 흠을 치유하도록 하고 있다.

Ⅱ. 실체심사

1. 심사관에 의한 심사

특허청장은 심사관에게 디자인등록출원 및 디자인일부심사등록이의신청을 심사하게 한다(제58조). 심사관의 자격에 필요한 사항은 대통령령으로 정한다. 디자인등록출원에 대한 심사는 서면으로 이루어진다. 이를 서면주의라 한다. 다만 서면주의를 보완하기 위하여 출원인은 심사관과 면담할 수 있는 제도를 마련하고 있다.

디자인등록출원의 심사는 직권에 의하여 거절이유를 심사하고 절차를 진행한다. 이를 직권심사주의라 한다.

2. 심사내용

심사관이 거절결정할 수 있는 거절이유는 디자인법 제62조 제1항에 열거되어 있다. 따라서 심사관은 디자인심사등록출원의 디자인이 (ⅰ) 디자인보호법상의 성립요건, (ⅱ) 공업상 이용가능성·신규성·창작성의 등록요건, (ⅲ) 확대된 선출원, (ⅳ) 부등록사유, (ⅴ) 관련디자인의 등록요건, (ⅵ) 1디자인 1출원의 원칙 등을 충족하고 있는지 여부를 심사한다.

2014년 개정법에서 복수디자인등록출원 중 일부디자인에만 거절이유가 있을 경우 디자인등록거절결정을 할 수 있도록 하였다(제62조 제5항). 한편, 출원된 디자인이 디자인일부심사등록출원인 경우에는 공업상 이용가능성과 부등록사유 등의 일정 요건을 만족시키고 있는지 여부만을 심사한다.

3. 거절이유통지

심사관은 디자인등록출원에 대하여 거절이유를 발견하여 거절결정을 하고자 할 경우에는 출원인에게 거절결정에 앞서 거절이유를 통지하고 기간을 정하여 의견서를 제출할 수 있는 기회를 주어야 한다(제63조 제1항). 심사관의 거절이유통지에 대한 출원인의 의견서 또는 보정서의 제출이 있는 경우 심사관은 해당 출원에 대해 재심사하여야 한다. 심사관은 디자인등록출원에 대하여 거절이유를 발견할 수 없는 경우에는 디자인등록결정을 하여야 한다(제65조).

디자인등록출원이 거절이유의 전부 또는 일부를 해소하지 못하여 디자인법 제62조 제1항에 열거된 거절이유 중 어느 하나에 해당되는 경우에는 심사관은 디자인등록거절결정을 하여야 한다.

4. 직권보정제도

구법에서는 디자인등록출원서 또는 도면에 기재된 사항이 명백히 잘못된 경우에도 심사관이 거절이유를 통지하여 이를 바로잡는 보정을 하여야만 하므로 디자인등록이 늦어지는 문제점이 있었다. 이와 같은 문제점을 해소하기 위하여 개정법에서 직권제도를 도입함으로써 심사관이 디자인등록결정을 할 때에 디자인등록출원서에 명백한 오기가 있는 경우에는 디자인등록출원인에게 보정요구서를 발송하지 않고, 심사관이 직권으로 보정할 수 있도록 하여 심사처리지연을 방지하고 신속히 권리를 등록할 수 있게 되었다(제66조). 개정법에서 새로 도입된 직권보정제도는 이미 특허법 제66조의2와 상표법 제59조에서 규정하고 있는 제도로서 다른 산업재산권법과 동일하게 조화를 이루도록 한 것이다.

Ⅲ. 재심사청구제도

1. 청구요건

2009년 개정법에서 디자인등록거절결정에 대한 심판을 청구하지 아니하고도 도면 등을 보정하여[1] 재심사를 청구하면 심사관이 그 청구에 관한 디자인등록출원을 다시 심사하도록 제도를 도입하였다. 디자인등록출원인은 그 디자인등록출원에 관하여 디자인등록거절결정(재심사에 따른 디자인등록거절결정은 제외한다) 등본을 송달받은 날부터 30일 이내에 그 디자인등록출원서에 첨부한 도면, 도면의 기재사항 및 사진이나 견본을 보정하여 디자인등록출원에 관하여 재심사를 청구할 수 있다(제64조 제1항). 다만 디자인등록거절결정 또는 디자인취소결정에 대한 심판청구가 있는 경우에

1) 보정서의 [기타사항]란에 재심사청구의 취지를 표시하여야 한다.

는 그러하지 아니하다. 재심사의 청구가 있는 경우 해당 디자인등록출원에 대하여 종전에 이루어진 디자인등록거절결정은 취소된 것으로 본다(제64조 제3항). 따라서 재심사청구에 관한 디자인등록출원의 심사는 디자인등록거절결정이 없었던 상태로 돌아가서 보정된 내용으로 재심사가 이루어진다.

2. 효과

재심사에 따른 디자인등록거절결정에 대하여는 재심사청구를 할 수 없다. 이에 대한 불복이 있는 경우에는 그 결정등본을 송달받은 날부터 30일 이내에 디자인등록거절결정에 대한 심판을 청구할 수 있다(제120조). 재심사청구제도는 심사절차를 간소화하고 심판비용을 절감하는 효과가 있다.

3. 재심사 청구사유 및 보정기회의 확대

구법에서 재심사 청구사유의 제한(구법에서는 관련디자인등록출원을 단독디자인등록출원으로 변경하는 보정을 하는 경우 재심사를 청구할 수 없다)으로 디자인등록출원인에게 불편을 초래하였던 사항이 해소되었고, 거절결정불복심판청구시에도 30일 이내에는 보정할 수 있게 되어 출원인의 편의를 도모할 수 있게 되었다. 다만 특허법에서는 거절결정불복심판을 청구하는 경우 더 이상의 보정기회가 없으나, 디자인법에서는 심판청구 후 30일 이내에 보정할 수 있다는 점이 다르다고 할 수 있다.

또한 재심사청구시 제48조 제1항(출원서 기재사항, 도면 등 보정), 제2항(단독디자인과 관련디자인의 변경 보정), 제3항(심사와 일부심사 간의 변경 보정)에 따른 보정을 하여 재심사를 청구할 수 있다(제64조 제1항).

Ⅳ. 심사 또는 소송절차의 중지

심사관은 디자인등록출원의 심사에 필요한 경우에는 심결이 확정될 때까지 또는 소송절차가 완결될 때까지 그 절차를 중지할 수 있다(제77조 제1항). 법원은 필요한 경우에는 디자인등록출원에 대한 결정이 확정될 때까지 그 소송절차를 중지할 수 있다(제77조 제2항). 특허청에서 심사 중인 사건과 법원에서 진행되는 소송 사건이 상호 관련성이 있을 때 이들 사건들 간에 상호 모순이나 저촉되는 결과를 예방하고, 나아가 심사와 소송경제를 도모하기 위하여 심사 · 심판 또는 소송절차의 중지제도 및 특허청과 법원 간의 통보제도를 두고 있다.

제2절 디자인일부심사등록출원

Ⅰ. 서설

디자인일부등록이란 디자인등록출원이 디자인등록요건 중 일부만을 갖추고 있는지를 심사하여 등록하는 것을 말한다(제2조 제6호). 디자인일부등록제도는 등록요건 중 일부 실체적 요건에 대한 심사 없이 등록시켜주는 제도로서 유행성이 강한 물품에 대하여 선행디자인의 검색 없이 신속하게 권리를 설정해주는 제도를 말한다. 일부심사로 디자인을 등록하게 되면 부실권리가 발생될 가능성이 높다. 따라서 부실권리를 방지하기 위하여 일부심사등록이의신청제도를 별도로 인정하고 있다(제68조 제1항).[2]

Ⅱ. 등록요건

디자인일부심사등록출원에 대한 등록요건 중 신규성, 창작성과 확대된 선출원주의 또는 선출원주의 등을 심사하지 않고, 방식심사를 통하여 디자인의 성립요건, 공업상 이용가능성, 부등록사유 해당여부만을 심사하여 등록하고 있다. 등록디자인권의 안정성을 제고하기 위하여 디자인일부심사등록출원이 국내 주지디자인에 의하여 쉽게 창작된 경우에는 거절할 수 있도록 하고 있다.

Ⅲ. 디자인일부심사등록출원을 할 수 있는 디자인

디자인일부심사등록출원을 할 수 있는 디자인의 범위는 디자인 시행규칙 제38조의 [별표 4](물품류의 구분) 중 (i) 제2류(의류 및 패션잡화용품), (ii) 제5류(섬유제품, 인조 및 천연 시트 직물류), (iii) 제19류(문방구, 사무용품, 미술재료, 교재) 어느 하나의 물품류에 속하는 물품[3]에 관한 디자인으로 한정한다.

Ⅳ. 심사의 범위

심사관은 디자인일부심사등록출원이 다음 중 어느 하나에 해당하는 경우에는 디자인등록거절결정을 하여야 한다. 즉, 심사대상은 (i) 디자인등록을 받을 수 있는

2) 디자인법 시행규칙 제38조 제3항: 디자인법 제37조 제4항 전단에서 "산업통상자원부령으로 정하는 물품"이란 별표 4 중 제2류, 제5류 및 제19류에 속하는 물품을 말한다.

3) 2014년 7월부터 로카르노분류체계를 도입함으로써, 02류(의류, 잡화), 05류(섬유제품, 직물류), 19류(문방구, 사무용품, 미술재료, 교재)가 디자인일부심사대상이 되었다.

권리를 가지지 아니하거나 같은 항 단서에 따라 디자인등록을 받을 수 없는 경우, (ii) 외국인이 권리능력이 없는 경우(기존에 인정되었던 일부심사물품 외에도 제조식품 및 기호품, 화상디자인도 2008년 1월 1일 출원 건부터는 일부심사등록이 가능하도록 하였다.), (iii) 제33조 제1항 본문에 따른 공업상 이용가능성이 없는 경우, (iv) 제33조 제2항 제2호에 따른 국내 또는 국외에서 널리 알려진 형상·모양·색채(주지디자인을 포함한다) 또는 이들의 결합에 의한 용이창작에 해당하는 경우, (v) 조약에 위반된 경우이다(제62조 제2항). 참고로 심사관은 디자인일부심사등록출원에 대하여 신규성, 창작성, 확대된 선출원, 관련디자인(제35조) 중 자기의 관련디자인과만 유사한 디자인 및 선출원(제46조) 제1항·제2항은 심사하지 아니한다.

V. 관련디자인등록출원의 거절결정

관련디자인으로 출원된 일부심사등록출원이 다음의 어느 하나에 해당하는 경우에는 디자인등록거절결정을 하여야 한다(제62조 제3항). (i) 디자인등록을 받은 관련디자인 또는 디자인등록출원된 관련디자인을 기본디자인으로 표시한 경우, (ii) 기본디자인의 디자인권이 소멸된 경우[4], (iii) 기본디자인의 디자인등록출원이 무효·취하·포기되거나 디자인등록거절결정이 확정된 경우, (iv) 관련디자인의 디자인등록출원인이 기본디자인의 디자인권자 또는 기본디자인의 디자인등록출원인과 다른 경우, (v) 기본디자인과 유사하지 아니한 경우, (vi) 기본디자인의 디자인등록출원일부터 1년이 지난 후에 디자인등록출원된 경우, (vii) 기본디자인의 디자인권에 전용실시권이 설정되어 있는 경우, (viii) 2014년 6월 30일 이전 등록디자인 또는 출원디자인을 기본디자인으로 한 것으로서 2015년 7월 1일 이후 출원된 경우이다. 디자인법은 관련디자인 출원기간을 기본디자인 출원일로부터 1년으로 제한하여 권리관계의 복잡성을 방지하고, 기본디자인에 전용실시권이 설정된 경우 기본디자인과 유사한 관련디자인의 등록을 금지한다.

제3절 이의신청제도

I. 서설

누구든지 디자인일부심사등록출원에 대한 디자인권이 설정등록된 날부터 디자

4) 존속기간만료, 연차등록료 미납에 의한 소멸, 취소결정 또는 무효심결 확정으로 디자인권이 소멸된다.

인일부심사등록 공고일 후 3개월이 되는 날까지 해당 디자인일부심사등록이 이의신청사유에 해당하면 특허청장에게 디자인일부심사등록 이의신청을 할 수 있다. 이 경우 복수디자인등록출원된 디자인등록에 대하여는 각 디자인마다 디자인일부심사등록 이의신청을 하여야 한다(제68조 제1항).

이의신청제도의 취지는 디자인일부심사주의를 채택하여 디자인일부심사등록출원에 대해 등록요건 일부만을 심사하여 등록해 주므로 부실권리를 양산할 우려가 있기 때문에, 심판·소송 등 분쟁절차 전에 비교적 간단한 행정절차로 흠이 있는 디자인권의 등록을 취소시키는 데에 있다. 이의신청사유는 디자인법 제68조 제1항 각 호에 나열된 사유를 말한다. 복수디자인에 대한 이의신청시 각 디자인마다 이의신청을 하여야 한다.

Ⅱ. 이의신청서

디자인일부심사등록 이의신청을 하는 자(이하 “이의신청인”이라 한다)는 다음 사항을 기재한 디자인일부심사등록 이의신청서에 필요한 증거를 첨부하여 특허청장에게 제출하여야 한다. (ⅰ) 이의신청인의 성명 및 주소, (ⅱ) 이의신청인의 대리인이 있는 경우에는 그 대리인의 성명 및 주소나 영업소의 소재지, (ⅲ) 디자인일부심사등록 이의신청의 대상이 되는 등록디자인의 표시, (ⅳ) 디자인일부심사등록 이의신청의 취지, (ⅴ) 디자인일부심사등록 이의신청의 이유 및 필요한 증거의 표시이다.

이의신청인은 이의신청을 한 날부터 30일 이내에 디자인일부심사등록 이의신청서에 적은 이유 또는 증거를 보정할 수 있다(제69조). 심사장은 디자인일부심사등록 이의신청이 있는 경우에는 디자인일부심사등록 이의신청서 부본을 디자인일부심사등록 이의신청의 대상이 된 등록디자인의 디자인권자에게 송달하고 기간을 정하여 답변서를 제출할 기회를 주어야 한다(제68조 제3항). 심사장은 보정된 이의신청이유에 대해서도 디자인권자 등에게 답변서를 제출할 수 있는 기회를 주어야 한다.

Ⅲ. 이의신청의 심사

1. 심사범위

이의신청에 관한 심사를 할 때에는 디자인권자나 이의신청인이 신청하지 않은 이유에 대하여도 심사할 수 있다. 이 경우에 디자인권자나 이의신청인에게 기간을 정하여 그 이유에 관하여 의견을 진술할 수 있는 기회를 주어야 한다. 이의신청에 관한 심사를 할 때에는 이의신청인이 신청하지 아니한 등록디자인에 관하여는 심사할 수 없다.

2. 이의신청에 대한 결정

디자인일부심사등록 이의신청은 3인의 심사관합의체가 심사·결정한다(제70조 제1항). 심사관합의체는 이의신청이 이유 있다고 인정될 경우에는 디자인등록취소결정을 하여야 하며, 이의신청이 이유 없다고 인정될 경우에는 이의신청기각결정을 하여야 한다. 이의신청에 대한 각하결정 또는 기각결정에 대해서는 불복할 수 없다.

제4절 우선심사제도

Ⅰ. 서설

특허청장은 (1) 출원공개 후 디자인등록출원인이 아닌 자가 업으로서 디자인등록출원된 디자인을 실시하고 있다고 인정되는 경우, (2) 디자인법 시행령 제6조에서 정하는 디자인등록출원으로서 긴급하게 처리할 필요가 있다고 인정되는 경우 디자인등록출원에 대하여는 심사관에게 다른 디자인등록출원에 우선하여 심사하게 할 수 있다(제61조 제1항). 특허청장은 복수디자인등록출원에 대하여 디자인법 제61조 제1항에 따라 우선심사를 하는 경우에는 일부 디자인만 우선하여 심사하게 할 수 있다(제61조 제2항). 2014년 개정법은 복수디자인에 대한 일부 우선심사제도를 도입하였다.

Ⅱ. 우선심사 대상

디자인법 시행령 제6조에 따른 우선심사 대상은 다음과 같다. (1) 방위산업 분야의 디자인등록출원, (2) 녹색기술과 직접 관련된 디자인등록출원, (3) 수출 촉진과 직접 관련된 디자인등록출원, (4) 국가나 지방자치단체의 직무에 관한 디자인등록출원, (5) 벤처기업 확인을 받은 기업의 디자인등록출원, (6) 기술혁신형 중소기업으로 선정된 기업의 디자인등록출원, (7) 직무발명보상 우수기업으로 선정된 기업의 디자인등록출원, (8) 지식재산 경영인증을 받은 중소기업의 디자인등록출원, (9) 국가의 신기술개발지원사업 또는 품질인증사업의 결과물에 관한 디자인등록출원, (10) 조약에 따른 우선권주장의 기초가 되는 디자인등록출원, (11) 디자인등록출원인이 디자인등록출원된 디자인을 실시하고 있거나 실시를 준비 중인 디자인등록출원, (12) 전자거래와 직접 관련된 디자인등록출원, (13) 특허청장이 외국 특허청장과 우선심사하기로 합의한 디자인등록출원, (14) 우선심사를 신청하려는 자가 디자인등록출원된 디자인에 관하여 전문기관에 선행디자인 조사를 의뢰한 경우로서 조사 결과를 특허청장에게 통지하도록 전문기관에 요청한 디자인등록출원, (15) 산업디자인진흥법에 따라 디자인이 우수한 상품으로 선정된 상품에 관한 디자인등록출원[5]이다.

Ⅲ. 우선심사 결정

심사관은 물품의 가분류일 또는 우선심사신청서의 심사관 이송일 가운데 늦은 날로부터 10일 이내에 우선심사 여부를 결정하여 통지하여야 한다. 우선심사는 우선심사결정서 발송일로부터 2개월 이내에 착수한다. 우선심사출원에 대하여 제출된 의견서 및 보정서는 심사관 이송일로부터 45일 이내에 처리한다.

5) 우수디자인으로 선정된 상품(시행령 제6조 제7호의3)은 2015년에 추가된 우선심사의 대상이다. '우수디자인 상품선정증'을 증빙서류로 제출하여야 한다. 우수디자인 출품작은 보통 전시를 하므로, 디자인등록출원의 절차에서 신규성 상실 예외주장을 하여야 한다.

제6장 디자인등록절차

Ⅰ. 서설

등록디자인이란 디자인등록을 받은 디자인을 말한다. 디자인등록이란 디자인심사등록 및 디자인일부심사등록을 말한다(제2조 제4호). 디자인심사등록이란 디자인등록출원이 디자인등록요건을 전부를 갖추고 있는지를 심사하여 등록하는 것이고, 디자인일부심사등록이란 디자인등록출원이 디자인등록요건 중 일부만 갖추고 있는지를 심사하여 등록하는 것을 말한다. 디자인권은 디자인 창작의 완성, 디자인등록출원, 심사관의 디자인출원심사, 디자인등록결정, 등록료의 납부 및 설정등록의 절차를 거쳐서 발생된다. 디자인권은 설정등록으로 발생하므로 제3자에게 대세적인 효력이 발생한다.

Ⅱ. 디자인등록료

1. 등록료의 납부

디자인권은 일종의 재산권이므로, 그 재산권을 유지하기 위해 존속기간 동안 소정의 등록료를 납부해야 한다. 이 경우 사안에 따라 감면 또는 면제될 수 있다.

디자인권의 설정등록을 받으려는 자는 설정등록을 받으려는 날부터 3년분의 디자인등록료(이하 "등록료"라 한다)를 내야하며, 디자인권자는 그 다음 해부터의 등록료를 그 권리의 설정등록일에 해당하는 날을 기준으로 매년 1년분씩 내야 한다(제79조 제1항). 특허청장은 영세중소기업에 대하여 디자인권 설정등록을 받기 위한 최초 3년분에 한정하지 아니하고 디자인권의 등록료를 감면할 수 있다(제86조 제2항, 특허료 등 징수규칙 제7조 제2항).[1)]

디자인권자는 그 다음 해부터의 등록료는 그 납부연도 순서에 따라 수년분 또는 모든 연도분을 함께 낼 수 있다. 복수디자인등록출원에 대한 디자인등록결정을 받은 자가 등록료를 낼 때에는 디자인별로 포기할 수 있다(제80조 제1항). 이해관계인은 등록료를 내야 할 자의 의사와 관계없이 등록료를 낼 수 있다(제81조 제1항).

---

1) 2014.1.21 시행 법률 제12288호(2014.1.21. 일부개정)에서 영세중소기업 등의 디자인권 등록을 촉진하기 위하여 개정하였다.

2. 등록료 추가납부

디자인법은 등록료 납부기간이 지난 경우에도 등록료의 추가납부를 위한 기간을 인정하고 있다. 디자인권의 설정등록을 받으려는 자 또는 디자인권자는 등록료 납부기간이 지난 후에도 6개월 이내(이하 "추가납부기간"이라 한다)에 등록료를 추가납부할 수 있다. 등록료를 추가납부할 때에는 내야 할 등록료의 2배의 범위에서 특허료 등의 징수규칙 제4조에서 정한 금액을 내야 한다.

추가납부기간에 등록료를 내지 아니한 경우(추가납부기간이 끝나더라도 제83조 제2항에 따른 보전기간이 끝나지 아니한 경우에는 그 보전기간에 보전하지 아니한 경우를 말한다)에는 디자인권의 설정등록을 받으려는 자의 디자인등록출원은 포기한 것으로 보며, 디자인권자의 디자인권은 납부한 등록료에 해당하는 기간이 끝나는 날의 다음 날로 소급하여 소멸된 것으로 본다(제82조 제3항).

3. 등록료의 보전

특허청장은 디자인권의 설정등록을 받으려는 자 또는 디자인권자가 디자인법 제79조 제3항 또는 같은 법 제82조 제1항에 따른 기간 이내에 등록료의 일부를 내지 아니한 경우에는 등록료의 보전(補塡)을 명하여야 한다(제83조 제1항). 보전명령을 받은 자는 그 보전명령을 받은 날부터 1개월 이내(이하 "보전기간"이라 한다)에 등록료를 보전할 수 있다. 등록료를 보전하는 자는 내지 아니한 금액의 2배의 범위에서 특허료 등의 징수규칙 제4조에서 정하는 금액을 내야 한다.

4. 등록료의 추가납부 또는 보전에 의한 디자인권의 회복

디자인권의 설정등록을 받으려는 자 또는 디자인권자가 책임질 수 없는 사유로 추가납부기간 내에 등록료를 내지 아니하였거나 보전기간 내에 보전하지 아니한 경우에는 그 사유가 종료된 날부터 2개월 이내에 그 등록료를 내거나 보전할 수 있다. 다만 추가납부기간의 만료일 또는 보전기간의 만료일 중 늦은 날부터 1년이 지났을 때에는 그러하지 아니하다(제84조 제1항).

등록료를 내거나 보전한 자는 그 디자인등록출원을 포기하지 아니한 것으로 보며, 그 디자인권은 계속하여 존속하고 있던 것으로 본다(제84조 제2항). 추가납부기간 내에 등록료를 내지 아니하였거나 보전기간 내에 보전하지 아니하여 실시 중인 등록디자인의 디자인권이 소멸한 경우 그 디자인권자는 추가납부기간 또는 보전기간 만료일부터 3개월 이내에 등록료의 3배를 내고 그 소멸한 권리의 회복을 신청할 수 있다(제84조 제3항).

이 경우 그 디자인권은 계속하여 존속하고 있던 것으로 본다. 디자인법 제84조 제2항 또는 제3항에 따른 디자인등록출원 또는 디자인권의 효력은 등록료 추가납부 기간이 지난날부터 등록료를 내거나 보전한 날까지의 기간(이하 "효력제한기간"이라 한다) 중에 다른 사람이 그 디자인 또는 이와 유사한 디자인을 실시한 행위에 대하여는 효력이 미치지 아니한다(제84조 제4항).

효력제한기간 중 국내에서 선의로 디자인법 제84조 제2항 또는 제3항에 따른 디자인등록출원된 디자인, 등록디자인 또는 이와 유사한 디자인을 업으로 실시하거나 이를 준비하고 있는 자는 그 실시하거나 준비하고 있는 디자인 및 사업목적의 범위에서 그 디자인권에 대하여 통상실시권을 가진다(제84조 제5항). 통상실시권을 갖는 자는 디자인권자 또는 전용실시권자에게 상당한 대가를 지급하여야 한다(제84조 제2항).

Ⅲ. 수수료

디자인에 관한 절차를 밟는 자는 수수료를 내야 한다(제85조 제1항). 특허청장은 국가에 속하는 디자인등록출원 또는 디자인권에 관한 등록료 및 수수료, 심사관이 청구한 무효심판에 대한 수수료는 면제한다(제86조 제1항).

납부된 등록료 및 수수료 중 (ⅰ) 잘못 납부된 등록료 및 수수료, (ⅱ) 디자인등록 취소결정 또는 디자인등록을 무효로 한다는 심결이 확정된 해의 다음 해부터의 등록료 해당분, (ⅲ) 디자인등록출원 후 1개월 이내에 그 디자인등록출원을 취하하거나 포기한 경우 이미 낸 수수료 중 디자인등록 출원료 및 우선권주장 신청료는 납부한 자의 청구에 의하여 반환한다(제87조 제1항). 다만, 분할출원 또는 분할출원의 기초가 된 디자인등록출원, 우선심사의 신청을 한 디자인등록출원, 심사관이 거절이유를 통지하거나 재심사청구시 디자인등록결정을 한 디자인등록출원 중 어느 하나에 해당하는 디자인등록출원의 경우에는 반환하지 아니한다. 등록료 및 수수료의 반환청구는 통지를 받은 날부터 3년이 지나면 할 수 없다(제87조 제3항).

Ⅳ. 디자인의 설정등록

1. 설정등록

심사관은 디자인등록출원에 대하여 거절이유를 발견할 수 없으면 디자인등록결정을 해야 한다(제65조).[2] 디자인권은 설정등록에 의하여 발생한다(제90조 제1항). 특허청장은 디자인권의 설정등록을 받으려는 자가 (i) 등록료를 냈을 때, (ii) 등록료를 추가납부하였을 때, (iii) 등록료를 보전하였을 때, (iv) 등록료가 면제되었을 때 중 어느 하나에 해당하는 경우에는 디자인권을 설정하기 위한 등록을 하여야 한다(제90조 제2항).

2. 등록공고

특허청장은 디자인을 설정등록을 한 경우에는 디자인권자의 성명·주소 및 디자인등록번호 등 디자인법 시행령 제10조에서 정하는 그 디자인에 관한 사항을 디자인공보에 게재하여 등록공고를 하여야 한다(제90조 제3항). 디자인공보의 발행매체는 전자적 매체는 읽기전용 광디스크 또는 정보통신망(www.kipris.or.kr)으로 한다.

Ⅴ. 디자인등록원부

1. 디자인등록원부의 비치

특허청장은 특허청에 디자인등록원부를 비치하고 다음 사항을 등록한다. (i) 디자인권의 설정·이전·소멸·회복 또는 처분의 제한, (ii) 전용실시권 또는 통상실시권의 설정·보존·이전·변경·소멸 또는 처분의 제한, (iii) 디자인권·전용실시권 또는 통상실시권을 목적으로 하는 질권설정·이전·변경·소멸 또는 처분의 제한을 등록한다(제88조 제1항). 디자인등록원부는 그 전부 또는 일부를 전자적 기록매체 등으로 작성할 수 있다. 등록원부는 특허원부, 실용신안등록원부, 디자인등록원부 및 상표원부로 구분한다. 디자인등록원부는 디자인등록원부 및 디자인신탁원부로 하고, 등록을 받은 디자인의 도면은 디자인등록원부의 일부로 본다(특허권 등의 등록령 제9조 제4항).

2. 디자인등록증의 발급

특허청장은 디자인권의 설정등록을 하였을 때에는 특허권 등의 등록령에서 정하는 바에 따라 디자인권자에게 디자인등록증을 발급하여야 한다(제89조 제1항). 특허청장은 디자인등록증이 디자인등록원부 기타 서류와 부합되지 아니한 경우에는 신청에 의하여 또는 직권으로 디자인등록증을 회수하여 정정발급하거나 새로운 디자인등록증을 발급하여야 한다(제89조 제2항). 특허청장은 디자인권자의 신청을 받은 경우에는 영어 디자인등록증을 발급하여야 한다(시행규칙 제66조 제2항).

---

2) 복수디자인등록출원의 경우 복수디자인등록출원된 디자인 중 일부 디자인에 대하여 거절이유를 발견할 수 없을 때에는 그 일부 디자인에 대하여 디자인등록결정을 하여야 한다.

제7장 디자인권

제1절 디자인권의 효력

Ⅰ. 독점권

디자인권자는 업으로서 등록디자인 또는 이와 유사한 디자인을 실시할 권리를 독점한다(제92조). 디자인권의 효력은 등록디자인 또는 이와 유사한 디자인까지 미친다. 디자인권의 효력이 등록디자인만이 아니고 이와 유사한 디자인에도 미치도록 한 것은 디자인법은 물품의 미적 외관을 보호하기 때문에 동일성 개념만으로는 그 보호범위가 협소하여 실질적인 보호가 실현되지 않고 또한 디자인제도의 목적을 달성할 수 없기 때문에 이를 보완하기 위한 것이다.

1. 업으로서

'업(業)으로서'는 사업(business)하는 것을 의미한다. 이는 반드시 영리를 목적으로 실시하는 것만을 한하지 않는다. 사업을 목적으로 반복 계속해서 행하여지는 것은 모두 '업으로서'를 의미한다. 따라서 사업적 목적의 실시가 아닌 개인적 또는 가정에서의 일상적인 실시는 '업으로서'에 해당하지 않는다.

2. 실시

실시란 디자인에 관한 물품을 생산·사용·양도·대여·수출 또는 수입하거나 그 물품을 양도 또는 대여하기 위하여 청약(양도나 대여를 위한 전시를 포함한다. 이하 같다)하는 행위를 말한다(제2조 제7호). 디자인의 실시 유형에 '수출'이 포함된다.[1)]

3. 독점권

디자인권은 물품의 형상·모양·색채 또는 이들을 결합한 것으로서 시각을 통하여 미감을 일으키게 하는 창작에 관한 권리로 물품의 외관을 보호하는 권리이다. 디

---

1) 2011. 7. 1. 시행 법률 제10809호에서 「대한민국과 유럽연합 및 그 회원국 간의 자유무역협정」의 합의사항을 반영하기 위하여 디자인의 실시행위, 등록디자인을 침해하는 것으로 보는 행위 및 재심에 따라 회복한 디자인권의 효력이 미치지 않는 행위에 수출을 포함하여 등록디자인의 권리보호를 강화하였다.

자인권자는 업으로서 등록디자인 또는 이와 유사한 디자인을 실시할 권리를 독점한다. 다만 그 디자인권에 관하여 전용실시권을 설정하였을 때에는 전용실시권자가 그 등록디자인 또는 이와 유사한 디자인을 실시할 권리를 독점하는 범위에서는 그러하지 아니하다(제92조).

Ⅱ. 디자인권 존속기간

디자인권의 권리가 생성된 후 권리의 변동, 실시 등의 형태로 권리행사가 이루어진다. 디자인권의 존속기간은 디자인의 설정등록이 있는 날부터 발생하여 디자인등록출원일 후 20년이 되는 날까지 존속한다. 다만 관련디자인으로 등록된 디자인권의 존속기간 만료일은 그 기본디자인의 디자인권 존속기간 만료일로 한다(제91조 제1항). 2014년 개정법에서 2014년 7월 1일부터 디자인의 존속기간은 디자인권을 설정등록한 날부터 디자인등록출원일 후 20년이 되는 날까지로 하여 특허권의 존속기간(특허법 제88조)과 동일하게 하고, 관련디자인의 존속기간은 기본디자인의 존속기간과 일치하도록 하였다.

Ⅲ. 디자인권의 효력범위

1. 시간의 범위

디자인권의 존속기간은 설정등록한 날부터 발생하여 디자인등록출원일 후 20년이 되는 날까지 존속한다. 다만 관련디자인의 디자인권 존속기간의 만료일은 그 기본디자인의 디자인권 존속기간 만료일로 한다(제91조 제1항 단서).

2. 지역의 범위

속지주의 원칙에 의하여 대한민국 영토 내에만 효력이 미친다. 따라서 국내에서 등록된 디자인을 외국에서 실시하는 것은 디자인권의 침해에 해당하지 않는다.

3. 객체의 범위

디자인권의 보호객체는 등록디자인이고, 등록디자인의 보호범위는 디자인등록출원서의 기재사항 및 그 출원서에 첨부한 도면·사진 또는 견본과 도면에 적힌 디자인의 설명에 표현된 디자인에 의하여 정하여진다(제93조). 디자인권의 효력은 등록디자인과 동일한 디자인뿐만 아니라 이와 유사한 디자인에도 미친다.

4. 화상디자인에 관한 디자인권의 보호범위

화상디자인에 관한 디자인권의 보호범위는 해당 정보화기기를 전제로, 등록받고자 하는 화상디자인 또는 이와 유사한 화상디자인에 미친다. 디자인권자는 업으로서 화상디자인에 관한 등록디자인 또는 이와 유사한 디자인을 실시할 권리를 독점하므로, 제3자가 그 정보화기기와 동일하거나 유사한 물품을 전제로, 그 등록받고자 하는 화상디자인과 동일하거나 유사한 디자인을 포함하는 디자인을 무단 실시하는 경우 침해가 성립된다. 이 경우 그 화상디자인에 해당하는 형태가 동일하거나 유사하더라도 정보화기기가 다르면 침해가 성립되지 않을 수 있다.

예를 들면, 데이터입력용 키보드에 구현된 디자인과 휴대용 단말기에 표시되는 화상디자인이 동일한 형태로 구현되었다 하더라도 이는 서로 다른 디자인으로 취급된다. 다만 최근 디자인심사기준이 개정되어 화상디자인에 관한 출원시 디자인 의 대상이 되는 물품을 '화상디자인이 표시된 멀티미디어 단말기'와 같은 부품에 관한 물품명으로 기재할 수 있게 되어 다양한 정보화기기에 대한 포괄적인 보호를 할 수 있다.[2)]

Ⅳ. 디자인권의 효력제한

1. 디자인권의 적극적 효력

디자인권의 적극적 효력(독점적 효력)이란 디자인권자가 업으로서 등록디자인 또는 이와 유사한 디자인을 독점적으로 실시할 수 있는 효력을 말한다(제92조). 여기서 등록디자인이란 디자인등록을 받은 디자인을 말한다. 이에 유사한 디자인이란 동일·유사한 물품에 동일·유사한 형태가 표현되어 외관상 서로 유사한 미감을 일으키는 디자인을 말한다.

2. 디자인권의 소극적 효력

디자인권의 소극적 효력(금지적 효력)이란 권원 없는 제3자가 업으로서 실시하는 것을 배제할 수 있는 효력을 말한다. 디자인권자 또는 전용실시권자는 자기의 권리를 침해한 자 또는 침해할 우려가 있는 자에 대하여 그 침해의 금지 또는 예방을 청구할 수 있다(제113조 제1항).

---

2) 특허청 국제지식재산연구원, 46면.

3. 디자인권의 효력제한

디자인권은 특별한 경우에 효력이 미치지 아니한다. 독점배타적인 디자인권의 효력을 그대로 인정하는 것이 공익적 견지 또는 제3자와의 관계에서 구체적 타당성을 상실하는 경우 예외적으로 그 효력이 제한된다.

(1) 디자인권의 효력이 미치지 않는 경우 디자인권의 효력이 미치지 않는 경우는 (i) 연구 또는 시험을 하기 위한 등록디자인 또는 이와 유사한 디자인의 실시, (ii) 국내를 통과하는 데에 불과한 선박·항공기·차량 또는 이에 사용되는 기계·기구·장치, 그 밖의 물건, (iii) 디자인등록출원시부터 국내에 있던 물건이다(제94조 제1항). 또한 글자체가 디자인권으로 설정등록된 경우 (i) 타자·조판 또는 인쇄 등의 통상적인 과정에서 글자체를 사용하는 경우, (ii) 글자체의 사용으로 생산된 결과물인 경우 중 어느 하나에 해당하는 경우에는 디자인권의 효력이 미치지 아니한다(제94조 제2항).

(2) 재심에 의하여 회복한 디자인권의 효력제한 디자인등록의 무효심결이 확정된 후 재심에 의하여 그 효력이 회복된 경우에 해당 심결이 확정된 후 재심청구의 등록 전에 선의로 국내에서 생산하거나 취득한 물품에 대해서는 디자인권의 효력이 미치지 않는다(제161조 제1항).

(3) 등록료의 추가납부 또는 보전에 의한 디자인등록출원과 디자인권의 회복 디자인권의 설정등록을 받으려는 자 또는 디자인권자가 책임질 수 없는 사유로 추가납부기간 내에 등록료를 내지 아니하였거나 보전기간 내에 보전하지 아니한 경우에는 그 사유가 종료된 날부터 2개월 이내에 그 등록료를 내거나 보전할 수 있다. 다만, 추가납부기간의 만료일 또는 보전기간의 만료일 중 늦은 날부터 1년이 지났을 때에는 그러하지 아니하다(제84조 제1항). 디자인등록출원 또는 디자인권의 효력은 등록료의 추가납부기간이 지난날부터 등록료를 내거나 보전한 날까지의 기간(효력제한기간) 중에 다른 사람이 그 디자인 또는 이와 유사한 디자인을 실시한 행위에 대하여는 효력이 미치지 아니한다(제84조 제4항).

V. 이용저촉관계

1. 등록디자인의 이용관계

디자인의 이용이란 타인의 등록디자인 등을 실시하는 것을 의미한다. 디자인을 실시에 의해 이용할 수 있는 자는 디자인권자, 실시권자 등이 있다. 디자인권자·전용실시권자 또는 통상실시권자는 등록디자인이 그 디자인등록출원일 전에 출원된 타인의 등록디자인 또는 이와 유사한 디자인·특허발명·등록실용신안 또는 등록상표를 이용하는 경우에는 그 디자인권자·특허권자·실용신안권자 또는 상표권자의 허락을 받지 아니하거나 통상실시권 허락의 심판(제123조)에 따르지 아니하고는 자기의 등록디자인을 업으로서 실시할 수 없다(제95조 제1항).

2. 등록디자인의 저촉관계

디자인권자·전용실시권자 또는 통상실시권자는 디자인권이 그 디자인권의 디자인등록출원일 전에 출원된 타인의 특허권·실용신안권 또는 상표권과 저촉되는 경우에는 그 디자인권자·특허권자·실용신안권자 또는 상표권자의 허락을 받지 아니하거나 통상실시권 허락의 심판에 따르지 아니하고는 자기의 등록디자인을 업으로서 실시할 수 없다(제95조 제1항). 여기서 이용관계는 등록디자인이 타인의 등록디자인·특허발명·등록실용신안 또는 등록상표를 이용하는 것이고, 저촉되는 경우에는 디자인권이 타인의 특허권·실용신안권 또는 상표권과 저촉된다는 점에서 차이가 있다.

3. 유사한 디자인의 이용·저촉관계

디자인권자·전용실시권자 또는 통상실시권자는 그 등록디자인과 유사한 디자인이 그 디자인등록출원일 전에 출원된 타인의 등록디자인 또는 이와 유사한 디자인·특허발명·등록실용신안 또는 등록상표를 이용하거나 그 디자인권의 등록디자인과 유사한 디자인이 디자인등록출원일 전에 출원된 타인의 디자인권·특허권·실용신안권 또는 상표권과 저촉되는 경우에는 그 디자인권자·특허권자·실용신안권자 또는 상표권자의 허락을 받지 아니하거나 디자인법 제123조에 따르지 아니하고는 자기의 등록디자인과 유사한 디자인을 업으로서 실시할 수 없다(제95조 제2항).

4. 타인의 저작물을 이용하거나 저촉되는 경우

디자인권자·전용실시권자 또는 통상실시권자는 등록디자인 또는 이와 유사한 디자인이 그 디자인등록출원일 전에 발생한 타인의 저작물을 이용하거나 그 저작권에 저촉되는 경우에는 저작권자의 허락을 받지 아니하고는 자기의 등록디자인 또는 이와 유사한 디자인을 업으로서 실시할 수 없다(제95조 제3항). 디자인법 제95조 제3항의 타인의 저작물에 대한 이용관계는 타인의 저작물을 이용하고, 저촉의 경우에는 타인의 저작권과 저촉되는 점에 차이가 있다.

5. 디자인의 이용관계에 대한 학설

특허에서의 이용발명에 대한 학설에 관하여 (i) 주요부 포함설, (ii) 개량확장설, (iii) 그대로설[3] 등이 있는데, 그대로설이 통설과 판례의 입장이다.[4] 디자인의 이용 개념에 관하여는 특허관련 이용발명의 그대로설을 따르고 있다.

디자인의 이용이란 자기의 등록디자인이 전체로서는 타인의 등록디자인과 비유사하지만, 그 타인의 권리 내용인 디자인을 거의 그대로 자기의 권리 내용으로 채용하고 있는 것을 말한다. 선 등록디자인의 형상과 모양이 결합된 디자인의 경우에도 이용관계가 성립될 수 있는지 여부에 대하여는 대법원 판결은 없고 하급심 판결[5] 중에는 이용관계의 성립을 부정하는 입장이 있는 것으로 보인다.

【선후등록디자인의 이용관계】

<대법원 2011. 4. 28. 선고 2009후2968 판결>

> 선 등록디자인과 후 디자인이 이용관계에 있는 경우에는 후 디자인은 선 등록디자인의 권리범위에 속하게 된다. 후 디자인이 선 등록디자인을 이용하는 관계란 후 디자인이 전체로서는 타인의 선 등록디자인과 유사하지 않지만, 선 등록디자인의 요지를 전부 포함하고 선 등록디자인의 본질적 특징을 손상시키지 않은 채 그대로 자신의 디자인 내에 도입하고 있어, 후 디자인을 실시하면 필연적으로 선 등록디자인을 실시하는 관계에 있는 경우를 말한다.

6. 완성품 디자인의 부품 디자인과의 이용관계

대법원은 “일반적으로 완성품 디자인과 부품 디자인의 이용관계에 있어서, 그 권리범위에 속한다.”고 판시하였다.[6]

【완성품 디자인과 부품 디자인의 이용관계】

<대법원 2011. 4. 28. 선고 2009후2968 판결>

> 이 사건 등록디자인과 확인대상디자인은 대상물품이 직물지로서 재질은 자카드 직

3) 선행발명의 특허요지에 새로운 기술적 요소를 가하여 선행발명의 객체요지를 전부 포함하여 그것을 그대로 이용한 발명이라는 견해이다.

4) 김종석, “디자인의 이용관계”, 대법원판례해설, 제88호, 법원도서관, 2011, 238면.

5) 대구지방법원 서부지원 2008. 11. 26. 선고 2008카합143 판결.

6) 대법원 1999. 8. 24. 선고 99후888 판결: 완성품인 탁상용 전기스탠드에 관한 확인대상디자인이 부분품인 탁상용 전기스탠드 몸체에 관한 등록디자인을 이용하는 관계에 있다고 보아 등록디자인의 권리범위에 속한다.

물이나 합성섬유사이고, 커튼이나 이불의 원단으로 사용되므로 그 용도와 기능이 동일하다. 확인대상디자인은 바탕무늬와 나뭇잎 모양의 무늬가 결합되어 그 전체적으로 심미감이 있어서 이 사건 등록디자인과 차이가 있으므로, 양 디자인을 전체적으로 대비할 때 유사하다고 할 수 없다. 디자인의 이용관계란 선 등록디자인의 요지를 전부 포함하고 선 등록디자인의 본질적 특징을 손상시키지 않은 채 그대로 자신의 디자인 내에 도입하고 있어, 후 디자인을 실시하면 필연적으로 선 등록디자인을 실시하는 관계에 있는 경우를 말한다. 따라서 확인대상디자인은 이 사건 등록디자인을 이용하는 관계에 있지 아니하므로 그 권리범위에 속하지 아니한다.

Ⅵ. 디자인권의 이전 등

디자인권은 이전할 수 있다. 다만 기본디자인의 디자인권과 관련디자인의 디자인권은 같은 자에게 함께 이전하여야 한다(제96조 제1항). 디자인권이 공유인 경우에 각 공유자는 다른 공유자의 동의를 받지 아니하면 그 지분을 이전하거나 그 지분을 목적으로 하는 질권을 설정할 수 없다(제96조 제2항). 디자인권이 공유인 경우에는 각 공유자는 계약으로 특별히 약정한 경우를 제외하고는 다른 공유자의 동의를 받지 아니하고 그 등록디자인 또는 이와 유사한 디자인을 단독으로 실시할 수 있다.

디자인권이 공유인 경우에는 각 공유자는 다른 공유자의 동의를 받지 아니하면 그 디자인권에 대하여 전용실시권을 설정하거나 통상실시권을 허락할 수 없다(제96조 제4항). 복수디자인등록된 디자인권은 각 디자인권마다 분리하여 이전할 수 있다.

기본디자인의 디자인권이 취소, 포기 또는 무효심결 등으로 소멸한 경우 그 기본디자인에 관한 둘 이상의 관련디자인의 디자인권을 이전하려면 같은 자에게 함께 이전하여야 한다(제96조 제6항). 관련디자인은 기본디자인이 소멸된 후에도 독자적으로 존속하므로 둘 이상의 관련디자인권은 동일인에게 함께 이전하여야 한다. 다만, 기본디자인이 존속기간 만료로 소멸될 경우에는 관련디자인도 함께 소멸된다.

Ⅶ. 디자인권의 포기

1. 포기의 효과

디자인권자는 디자인권을 포기할 수 있다. 복수디자인등록된 디자인권은 각 디자인권마다 분리하여 포기할 수 있다(제105조). 디자인권·전용실시권 및 통상실시권을 포기하였을 때 디자인권·전용실시권 및 통상실시권은 그때부터 효력이 소멸된다.

2. 디자인권 등의 포기의 제한

디자인권자는 전용실시권자·질권자 및 통상실시권자의 동의를 받지 아니하면 디자인권을 포기할 수 없다(제106조 제1항). 전용실시권자는 질권자 및 통상실시권자의 동의를 받지 아니하면 전용실시권을 포기할 수 없다. 통상실시권자는 질권자의 동의를 받지 아니하면 통상실시권을 포기할 수 없다.

Ⅷ. 디자인권의 소멸

디자인권의 소멸이란 설정등록에 의해 발생한 디자인권이 일정한 원인에 의해 그 존재를 상실하는 것을 말한다. 디자인권의 소멸원인에는 (i) 존속기간 만료, (ii) 디자인권의 포기, (iii) 등록료의 불납, (iv) 상속인의 부존재, (v) 디자인권이 취소, (vi) 디자인등록의 무효심결이 확정된 경우이다. 디자인권이 소멸된 경우에는 그 취지를 등록디자인공보 또는 공개디자인공보에 공고하여야 한다(시행규칙 제69조).

심사관합의체는 일부심사등록디자인이 이의신청사유에 해당한다는 것을 이유로 이의신청이 제기되어 취소결정이 확정된 경우 디자인등록이 취소하여야 한다(제73조 제3항). 다만 디자인은 기술발전과 무관하므로 실시의무가 없기 때문에 디자인법에는 불실시에 의한 강제실시제도 및 디자인권의 취소제도는 두고 있지 않다.

제2절 실시권

실시권이란 디자인권자 이외의 자가 일정한 범위 내에서 등록디자인 또는 이와 유사한 디자인을 업으로 실시할 수 있는 권리를 말한다. 실시권은 그 효력범위에 따라 전용실시권과 통상실시권으로 구별된다. 통상실시권은 그 발생원인에 의하여 허락실시권, 법정실시권 및 강제실시권으로 대별된다. 디자인권자는 타인에게 실시료(royalty)를 받고 그 등록디자인을 제조, 사용 또는 판매할 수 있는 전용실시권 또는 통상실시권을 허락할 수 있다.

Ⅰ. 전용실시권

디자인권자는 그 디자인권에 대하여 타인에게 전용실시권을 설정할 수 있다. 다만, 기본디자인의 디자인권과 관련디자인의 디자인권에 대한 전용실시권은 같은 자에게 동시에 설정하여야 한다(제97조 제1항). 전용실시권을 설정받은 전용실시권자는 그 설정행위로 정한 범위에서 그 등록디자인 또는 이와 유사한 디자인을 업으로서 실시할 권리를 독점한다. 디자인권자와 실시권자 간의 전용실시권 설정계약을 체결하고 이를 특허청에 등록함으로써 발생되는 실시권으로서 전용실시권은 타인의 디자인권을 설정하는 범위인 기간, 지역 및 내용의 범위 안에서 독점적으로 실시할 수 있는 권리이다.

기본디자인권과 관련디자인권의 전용실시권은 그 특성상 동일인에게 설정하여야 한다. 또한 기본디자인의 디자인권이 취소, 포기 또는 무효심결 등으로 소멸한 경우 그 기본디자인에 관한 둘 이상의 관련디자인의 전용실시권을 설정하려면 같은 자에게 함께 설정하여야 한다(제97조 제6항).

Ⅱ. 통상실시권

1. 허락실시권

디자인권자는 그 디자인권에 대하여 타인에게 통상실시권을 허락할 수 있다(제99조 제1항). 허락실시권은 디자인권자 또는 전용실시권자의 허락에 의하여 발생되는 통상실시권으로 보통 실시계약으로 발생한다. 여기서 계약이란 청약과 승낙이라는 디자인권자 또는 전용실시권자와 실시권자 간의 의사표시의 합의에 의해 성립하는 법률행위이다. 따라서 허락에 의한 통상실시권은 디자인권자 또는 전용실시권자와 등록디자인을 실시하고자 하는 자의 계약에 의하여 발생하는 통상실시권이다.

실시계약은 주로 디자인 기술제휴나 기술도입에 의하여 이루어지고 공개된 디자인권을 재산권으로 이용할 수 있도록 한다.

2. 강제실시권

강제실시권은 국가가 개입하여 디자인권자와 실시자 간의 협의를 전제로 하여 설정되는 실시권이다. 디자인의 실시를 희망하는 자에게 공익(公益)을 이유로 강제로 통상실시권을 설정해주는 경우로 디자인법상의 강제실시권은 등록디자인의 적극적 실시를 도모하기 위하여 통상실시권 허여의 심판에 의하여 강제적으로 허여된다.

디자인권자·전용실시권자 또는 통상실시권자는 해당 등록디자인 또는 등록디자인과 유사한 디자인이 디자인법 제95조(타인의 등록디자인 등과의 관계) 제1항 또는 제2항에 해당하여 실시의 허락을 받으려는 경우에 그 타인이 정당한 이유 없이 허락하지 아니하거나 그 타인의 허락을 받을 수 없을 때에는 자기의 등록디자인 또는 등록디자인과 유사한 디자인의 실시에 필요한 범위에서 통상실시권 허락의 심판을 청구할 수 있다(제123조 제1항).

3. 법정실시권

법정실시권은 법률의 규정에 의하여 당연히 발생하는 통상실시권이다. 법정실시권은 디자인권자 등이 실시권자의 실시에 대해 인정할 의무가 있다는 점에서 허락에 의한 통상실시권과 같지만 실시권의 이전에 따른 제한이나 제3자에 대한 대항력에서는 허락에 의한 통상실시권과 차이가 있다.

디자인법에서 규정하는 통상실시권은 다음과 같다. (i) 선사용에 따른 통상실시권(제100조), (ii) 선출원에 따른 통상실시권(제101조), (iii) 무효심판청구 등록 전의 실시에 의한 통상실시권(제102조), (iv) 디자인권 등의 존속기간 반료 후의 통상실시권(제103조), (v) 질권행사로 인한 디자인권의 이전에 따른 통상실시권(제110조), (vi) 재심에 의하여 회복한 디자인권에 대한 선사용자의 통상실시권(제162조), (vii) 재심에 의하여 통상실시권을 상실한 원권리자의 통상실시권(제163조), (viii) 직무발명에 관하여 사용자가 갖는 통상실시권(발명진흥법 제10조)이 있다.

직무발명에 대하여 종업원 등이 특허, 실용신안등록, 디자인등록(이하 "특허 등"이라 한다)을 받았거나 특허 등을 받을 수 있는 권리를 승계한 자가 특허 등을 받으면 사용자등은 그 특허권, 실용신안권, 디자인권에 대하여 통상실시권(通常實施權)을 가진다(발명진흥법 제10조 제1항). 직무발명의 범위에 특허, 실용신안등록, 디자인등록이 포함된다.

제8장 디자인의 유사판단

Ⅰ. 서설

일반적으로 디자인의 유사란 2개의 디자인을 비교할 경우, 그 디자인을 구성하는 물품의 형상·모양·색채 또는 이들의 결합이 표현된 디자인이 공통적인 동질성을 가지고 있어서 외관상 서로 유사한 미감(美感)을 일으키게 하는 것을 말한다.

디자인의 유사 관계가 성립하기 위해서는 물품적 본질과 형태적 본질이 동일하거나 유사하여야 한다. 대법원은 디자인의 유사여부는 디자인을 구성하는 요소들을 각 부분으로 분리하여 대비할 것이 아니라 전체와 전체를 대비·관찰하여, 보는 사람의 마음에 환기될 미적 느낌과 인상이 유사한지 여부에 따라 판단하되, 그 물품의 성질, 용도, 사용형태 등에 비추어 보는 사람의 시선과 주의를 가장 끌기 쉬운 부분을 중심으로 대비·관찰하여 일반 수요자의 심미감에 차이가 생기게 하는지 여부의 관점에서 판단하여야 한다고 판시하였다.[1)]

Ⅱ. 관찰방법

1. 육안에 의한 관찰

디자인은 물품의 외관에 표현된 미적 창작이므로 디자인의 유사여부 판단은 시각에 의한 판단으로서 육안에 의해 관찰한다. 육안에 의한 관찰이란 시각에 의한 관찰로서 현미경, 확대경 또는 화학분석 등에 의한 관찰은 배제한다.

2. 대비관찰과 격리관찰

관찰은 일반적으로 대비관찰과 격리관찰(이격적 관찰)로 나누어진다. 대비관찰은 양디자인을 서로 비교하면서 디자인의 유사·비유사에 관계하는 객관적 사실을 파악하는 것이다. 격리관찰이란 시간과 공간을 달리하여 비교·관찰하는 방법이다.

3. 전체관찰과 요부관찰

디자인의 유사여부는 이를 구성하는 각 요소를 분리하여 개별적으로 대비할 것

1) 대법원 2011. 3. 24. 선고 2010도12633 판결; 대법원 2013. 12. 26. 선고 2013다202939 판결.

이 아니라 그 외관을 전체 대 전체로서 대비 관찰하여 판단하며, 보는 사람으로 하여금 상이한 심미감을 느끼게 하는지의 여부에 따라 판단하여야 하므로 그 지배적인 특징이 유사하다면 세부적인 점에 다소 차이가 있을지라도 유사한 것으로 본다. 디자인 구성요소 중 공지부분이 있다고 하더라도 그 부분이 특별한 심미감을 불러일으키는 요소가 되지 않는다면 몰라도 그렇지 않는 한 공지부분까지를 포함하여 전체로서 관찰하여 느껴지는 장식적 심미감에 따라 판단한다. 디자인에 있어서 지배적 특징 또는 요부란 디자인의 본질적 특징을 표출하는 창작성이 있는 부분을 말한다.

4. 외관관찰

디자인은 물품의 미적 외관을 표현하기 때문에 디자인의 유사여부 판단은 시각을 통하여 대비 관찰하여 외관이 유사한지 여부를 판단한다. 디자인의 유사여부는 디자인을 구성하는 각 요소를 분리하여 개별적으로 대비할 것이 아니라 그 외관을 전체적으로 대비 관찰하여 보는 사람으로 하여금 상이한 심미감을 느끼게 하는지의 여부에 따라 판단하고, 그 지배적인 특징이 유사하다면 세부적인 점에 다소 차이가 있을지라도 유사하다고 판단한다(대법원 2012. 6. 14. 선고 2012후597 판결).

Ⅲ. 디자인 유사여부 판단방법

1. 디자인심사기준

동일하거나 유사한 물품 간에서만 디자인의 유사여부를 판단한다. 디자인은 물품을 떠나서는 존재할 수 없고 물품과 일체불가분의 관계에 있으므로 디자인이 동일·유사하다고 하려면 디자인이 표현된 물품과 디자인의 형태가 동일·유사하여야 한다. 물품의 동일성 여부는 물품의 용도, 기능 등에 비추어 거래 통념상 동일 종류의 물품으로 인정할 수 있는지 여부에 따라 결정한다.

동일물품이란 용도와 기능이 동일한 것을 말하고, 유사물품이란 용도가 동일하고 기능이 다른 것을 말한다. 디자인의 유사여부 판단은 디자인의 대상이 되는 물품이 유통과정에서 일반 수요자를 기준으로 관찰하여 다른 물품과 혼동할 우려가 있는 경우에는 유사한 디자인으로 본다. 또한 혼동할 우려가 있을 정도로 유사하지는 않더라도 그 디자인 분야의 형태적 흐름을 기초로 두 디자인은 관찰하여 창작의 공통성이 인정되는 경우에도 유사한 디자인으로 본다.

2개의 디자인을 비교할 때, 디자인의 형상과 모양이 다른 경우 원칙적으로 비유사로 판단한다. 형상이나 모양 중 어느 하나가 유사하지 아니하면 원칙적으로 유사하지 아니한 디자인으로 보되, 형상이나 모양이 디자인의 미감에 미치는 영향의 정도를 종합적으로 고려하여 디자인 전체로서 판단한다.

색채는 모양을 구성하지 아니하는 한 유사여부 판단의 요소로 고려하지 아니한다. 기능, 구조, 정밀도, 내구력, 제조방법, 재질 등은 유사여부 판단의 요소가 될 수 없다. 다만 재질은 그 자체가 모양이나 색채로서 표현되는 경우에만 유사여부 판단의 요소로 참작한다. 디자인 유사의 폭은 종래부터 흔히 사용되어 왔고 단순하며 여러 디자인이 다양하게 고안되었던 디자인이나, 구조적으로 그 디자인을 크게 변화시킬 수 없는 것 등은 디자인의 유사범위를 비교적 좁게 본다.

2. 학설

디자인법은 디자인의 유사여부 판단에 관한 명문의 규정을 두고 있지 않고, 특허청 디자인심사기준에서 구체적으로 기준을 정하고 있다. 디자인의 유사여부 판단방법에 대하여 크게 3가지 학설로 나누어지고 있다.[2)]

(1) 창작설 디자인법은 신규한 디자인의 창작적 가치를 보호하는 법이므로 디자인의 유사여부는 창작된 부분의 공통성에 따라 결정하여야 한다는 견해이다. 그 판단은 해당 디자인품의 개발에 임하는 평균적 디자이너의 수준에서 판단하게 된다. 이 설은 내용의 공통성만 있으면 권리범위에 속하게 되므로 디자인의 효력범위가 지나치게 확대된다는 비판이 있다.

(2) 혼동설 디자인법은 부정경쟁의 방지, 즉 경업질서를 형성하기 위한 법이므로 디자인과 불가분의 관계에 있는 물품이 다른 물품과 혼동을 야기할 우려가 있으면 유사한 디자인으로 보는 견해이다. 이 견해는 일반 수요자의 물품에 대한 혼동여부에 따라 디자인의 유사여부를 판단하는 견해로서, 디자인의 창작 가치를 인정하지 않는다는 비판이 있다.

(3) 심미감설 심미감설은 비교의 대상이 되는 양 디자인이 관찰자에게 주는 미적 인상 또는 심미감이 유사하다면 양 디자인은 유사하다고 보는 견해로서, 주의환기설이라고도 한다. 대법원은 심미감설을 지지하는 입장이다.[3)] 그러나 심미감설은 동의어를 반복하는 것일 뿐 구체적인 판단기준을 제시하지 못한 것으로서 공허

---

2) 특허법원 지적재산소송 실무연구회, 443-444면; 송영식 외 6인, 982-983면.

3) 대법원 1996. 7. 30. 선고 94다56203 판결; 대법원 2009. 1. 30. 선고 2007후4830 판결; 대법원 2010. 11. 11. 선고 2010후2209 판결; 대법원 2012. 6. 14. 선고 2012후597 판결 등 다수.

한 기준에 불과하다는 비판도 있다.

3. 디자인의 유사여부 판단기준

디자인의 신규성 판단이나 선행디자인과의 유사여부를 판단함에 있어 그 판단의 대상이 되는 디자인은 반드시 형태 전체를 모두 명확히 한 디자인뿐만 아니라 그 자료의 표현부족을 경험칙에 의하여 보충하여 그 디자인의 요지 파악이 가능한 한 그 대비 판단의 대상이 될 수 있다. 디자인의 유사여부는 해당 디자인의 참신성과 심미감에 따라 달리 판단될 수 있다. 즉 참신한 디자인일수록 유사의 폭은 넓고, 같은 종류의 디자인이 많이 나올수록 유사의 폭은 좁게 본다. 따라서 등록디자인이 새로운 물품이나 특이한 형상, 모양으로 구성되면 유사의 폭이 넓게 된다.

공지의 형상에 독특한 모양이 화체되어 새로운 미감을 일으키는 경우에는 모양에 비중을 두어 판단한다. 공지의 형상을 구성요소로 하고 있는 경우에도 그 부분이 특별한 심미감을 불러일으키지 못하는 것이 아닌 한 그것까지 포함한 전체로서 관찰하여 느껴지는 심미감에 따라 판단한다.[4)]

(1) 주체적 기준 디자인의 대상이 되는 물품의 유통과정에서 일반수요자를 기준으로 관찰하여 다른 물품과 혼동할 가능성이 있는지 여부로 판단한다.

(2) 객체적 기준 형상과 모양이 다른 경우 원칙적으로 비유사로 판단하고, 형상과 모양 중 어느 하나가 다른 경우 원칙적으로 비유사로 판단한다. 색채가 다른 경우 색채가 모양을 이루지 않는 한 유사로 판단한다.

(3) 전체적 관찰 디자인의 요부만을 비교하여 유사여부를 판단하는 것이 아니라, 양 디자인을 전체 대 전체로서 대비·관찰하여 판단한다.

4. 형태구성요소와 유사여부 판단

디자인은 물품의 형상, 모양, 색채 또는 이들을 결합한 것으로서 그 통일적 전체로서 관념된다. 디자인을 형태구성요소에 의해 구분하면, (i) 형상의 디자인, (ii) 형상 및 모양의 결합디자인, (iii) 형상 및 색채의 결합디자인, (iv) 형상, 모양 및 색채의 결합디자인으로 나누어지는 바, 이들 각각의 디자인 사이에 유사가 성립하느냐

4) 대법원 2010. 11. 11. 선고 2010후2209 판결: 구성요소 중 물품의 기능을 확보하는 데 필요한 형상 또는 공지의 형상 부분이 있다고 하여도 그것이 특별한 심미감을 불러일으키는 요소가 되지 못하는 것이 아닌 한 그것까지 포함하여 전체로서 관찰하여 느껴지는 심미감에 따라 판단해야 할 것이며, 보는 방향에 따라 느껴지는 미감이 같기도 하고 다르기도 할 경우에는 그 미감이 같게 느껴지는 방향으로 두고 이를 대비하여 유사여부를 판단하여야 한다.

의 여부의 문제가 제기된다. 형상디자인과 결합디자인의 예를 들면, 형상만의 찻잔 디자인이 선행디자인으로 있고, 그 형상에 꽃무늬 모양을 부가한 후원의 찻잔디자인이 있을 경우 후원의 디자인이 모양의 부가로 두드러진 특징을 표출하는 등 독자적인 가치를 발휘하고 있는 경우에는 양자는 비유사한 디자인으로 판단된다.

그러나 모양이 부가되어 있다 하더라도 독자적인 가치를 발휘하지 않는 경우에는 모양 요소가 형상의 개념에 포섭되어 형상가치의 공통성을 중심으로 보고 유사한 디자인이라 판단되는 것이다.[5)]

【등록디자인이 신규성이 있는 부분과 함께 공지의 형상과 모양을 포함하는 경우 등록디자인의 권리범위의 판단 기준】

<대법원 2004. 8. 30. 선고 2003후762 판결>

등록디자인이 신규성이 있는 부분과 함께 공지의 형상과 모양을 포함하고 있는 경우 그 공지 부분에까지 독점적이고 배타적인 권리를 인정할 수는 없으므로 디자인권의 권리범위를 정함에 있어서는 공지 부분의 중요도를 낮게 평가하여야 한다. 따라서 등록디자인과 그에 대비되는 디자인이 공지 부분에서는 동일·유사하다고 하더라도 나머지 특징적인 부분에서 서로 유사하지 않다면 대비되는 디자인은 등록디자인의 권리범위에 속한다고 할 수 없다.

5. 화상디자인의 유사여부 판단

물품의 유사여부 판단은 일반적인 물품의 판단기준에 따르며, 화상이 표시되는 물품의 유사여부를 따진다. 이 경우 웹사이트, 소프트웨어 프로그램, 어플리케이션 등의 구분은 물품의 유사여부 판단에 영향을 미치지 않는다. 동일물품이란 용도와 기능이 동일한 것을 말한다. 유사물품이란 용도가 동일하고 기능이 다른 것을 말한다. (예) 멀티미디어 단말기와 태블릿 PC. 비유사물품인 경우에도 용도상으로 혼용될 수 있는 것은 유사한 물품으로 볼 수 있다. 동일하거나 유사한 물품 간에서만 디자인의 유사여부를 판단한다.[6)] 사용에 따라 형태가 변화하는 경우에는 형태변화의 전후 또는 일련의 변화과정을 기준으로 서로 같은 상태에서 대비하여 전체적으로 판단한다.

6. 정지 화상디자인과 동적 화상디자인의 유사여부 판단

동적 화상디자인의 정지 상태 및 동작 중의 기본적 주체를 이루는 자태가 화상

5) 노태정·김병진, 417-418면.

6) 특허청, 화상디자인 심사지침, 2016. 1. 시행, 38면.

디자인과 유사하고 동작의 내용에 특이점이 없으면 유사한 디자인으로 본다. 따라서 형태변화 또는 동작의 내용이 특이하면 유사하지 아니한 디자인으로 본다. 정지 화상디자인이 동적 화상디자인의 정지 상태 및 동작 중의 기본적 주체를 이루는 자태와 유사하면 유사한 디자인으로 본다. 동적 화상디자인 상호 간에는 그 정지 상태 및 동작 중의 기본적 주체를 이루는 자태 등을 전체로 비교하여 유사여부를 판단한다.

Ⅳ. 물품의 유사여부 판단기준

디자인은 물품을 떠나서는 존재할 수 없고 물품과 일체불가분의 관계에 있으므로 디자인이 동일·유사하다고 하려면 디자인이 표현된 물품과 디자인의 형태가 동일·유사하여야 한다. 물품의 동일성 여부는 물품의 용도와 기능 등에 비추어 거래통념상 동일 종류의 물품으로 인정할 수 있는지 여부에 따라 결정한다. 특히 물품으로서 당연히 있어야 할 부분 또는 기능적 형태는 그 중요도를 낮게 평가한다.

물품의 사용에 따라 형태가 변화하는 물품들 간에는 형태변화의 전후 또는 일련의 변화과정을 기준으로 서로 같은 상태에서 대비하여 전체적으로 판단한다.

즉 대비되는 디자인의 대상 물품들이 다같이 그 기능 내지 속성상 사용에 의하여 당연히 형태의 변화가 일어나는 경우에 그 디자인의 유사여부는 형태의 변화 전후에 따라 서로 같은 상태에서 각각 대비한 다음 이를 전체적으로 판단하여야 한다.[7]

【디자인 물품의 유사여부 판단 기준】

<대법원 2013. 12. 26. 선고 2013다202939 판결>

디자인의 유사여부는 이를 구성하는 각 요소를 분리하여 개별적으로 대비할 것이 아니라 그 외관을 전체적으로 대비 관찰하여 보는 사람으로 하여금 상이한 심미감을 느끼게 하는지 여부에 따라 판단하여야 하되, 그 물품의 성질, 용도, 사용형태 등에 비추어 보는 사람의 시선과 주의를 가장 끌기 쉬운 부분을 중심으로 대비하여 관찰하고 일반 수요자의 심미감에 차이가 생기게 하는지 여부의 관점에서 판단하여야 한다(대법원 2011. 3. 24. 선고 2010도12633 판결 등 참조).

7) 대법원 2010. 9. 30. 선고 2010다23739 판결.

V. 글자체의 권리범위 효력

글자체에 관한 디자인권은 동일하거나 유사한 범위까지 효력이 미치지만, 글자체의 통상적인 사용 및 그 사용에 의한 결과물에는 미치지 않는다. 글자체에 관한 디자인권자는 업으로서 등록된 글자체디자인 또는 이와 유사한 글자체디자인을 실시할 권리를 독점한다(제92조). 따라서 원칙적으로 등록된 글자체디자인과 동일하거나 유사한 글자체디자인을 실시하는 행위는 침해를 구성한다. 다만 (1) 타자, 조판 또는 인쇄 등 의 통상적인 과정에서 글자체를 사용하는 경우, (2) 상기 글자체의 사용으로 생산된 결과물과 같이 일반 사용자들의 지식 정보 교류를 제한할 수 있는 글자체의 실시행위에 대해서는 디자인권의 효력이 미치지 아니한다(제94조 제2항).

제9장 디자인심판 및 재심

디자인심판이란 디자인권을 둘러싼 분쟁이나 디자인등록출원에 대한 거절결정과 같은 심사관의 처분에 대하여 불복이 있을 경우 이해관계인이 무효심판을 청구한 경우 특허심판원에서 분쟁해결절차로서 행하는 특별행정심판이라고 할 수 있다. 3인 또는 5인의 심판의 합의체가 준사법적인 절차에 따라 디자인권의 분쟁을 해결하는 심판제도이다. 디자인심판에는 결정계 심판과 당사자계 심판이 있다.

디자인심판은 특허심판과 절차가 거의 동일할 뿐만 아니라 그 심리방식도 동일하므로 구체적인 심판절차는 생략한다.

Ⅰ. 심판의 종류

결정계 심판은 특허청 심사관의 처분에 불복하는 심판이다. 디자인등록출원의 거절결정에 대한 심판은 출원인이 특허청의 처분을 다투는 것으로서 행정쟁송의 한 유형이다. 결정계 심판에서는 심판의 당사자는 대립구조를 취하지 않고, 피청구인이 없고 단지 청구인만 존재한다. 결정계 심판은 특허청의 결정에 불복하기 위한 것으로서, 심사관의 보정각하결정에 대한 불복심판, 심사관의 거절결정에 대한 불복심판, 이의신청에 따른 취소결정불복심판이 있다.

당사자계 심판은 이미 설정된 등록디자인에 대하여 청구인과 피청구인이 대립된 구조를 다투는 심판이다. 등록디자인에 대한 무효심판, 등록디자인에 관한 권리범위 확인심판, 선 등록권리자에 대한 후 등록권리자의 통상실시권 허락의 심판이 있다. 당사자계 심판은 청구인과 피청구인이 대립되는 구조를 갖는 심판을 말한다. 특히 무효심판과 권리범위 확인심판이 당사자 간의 논쟁이 많은 심판이다.

Ⅱ. 보정각하결정에 대한 심판

출원디자인에 대한 보정이 심사관에 의해 보정각하결정된 경우(제49조) 그 보정각하결정을 받은 출원인이 그 결정을 받아들일 수 없을 경우에는 그 결정등본을 송달받은 날부터 30일 이내에 심판을 청구할 수 있다(제119조). 그 심판에서 인용심결이 확정될 경우 그 보정된 디자인으로 심사가 진행되고, 기각심결이 확정될 경우 보정 전 디자인으로 심사가 진행된다.

Ⅲ. 디자인등록거절결정에 대한 심판

출원디자인에 대해 심사관으로부터 디자인등록거절결정을 받은 자가 불복할 때에는 그 결정등본을 송달받은 날부터 30일 이내에 심판을 청구할 수 있다(제120조). 해당 심판에서 인용심결이 확정될 경우 그 거절결정은 취소되고 등록이 확정되며, 기각심결이 확정될 경우 해당 거절결정은 확정된다. 디자인등록거절결정심판은 특허청 행정처분의 취소 및 디자인등록출원의 거절결정에 대해서 출원인에게 불복의 수단을 제공하고 심사의 적정을 기하기 위한 심판이다.

Ⅳ. 디자인등록취소결정에 대한 심판

디자인일부심사등록 이의신청에 대한 결정에서 심사관합의체로부터 디자인등록취소결정을 받은 자가 이에 불복할 때에는 그 결정등본을 송달받은 날부터 30일 이내에 심판을 청구할 수 있다(제120조). 디자인등록취소결정에 대한 심판은 행정처분의 취소 및 이의신청의 취소결정에 대하여 디자인권자에게 불복의 수단을 제공하고 이의신청에 대한 심사의 적정을 기하기 위한 심판이다. 심판의 심리범위는 청구이유에 한정되지 않으며, 심판관은 디자인일부심사등록의 타당성 여부를 심판한다.

Ⅴ. 디자인등록결정 등의 취소

심판관은 보정각하결정에 대한 심판 또는 디자인등록거절결정 또는 디자인등록취소결정에 대한 심판이 청구된 경우에 그 청구가 이유가 있다고 인정할 때에는 심결로써 보정각하결정, 디자인등록거절결정 또는 디자인등록취소결정을 취소하여야 한다(제157조 제1항). 심판에서 보정각하결정, 디자인등록거절결정 또는 디자인등록취소결정을 취소할 경우에는 심사에 부칠 것이라는 심결을 할 수 있다(제57조 제2항). 이 심결에서 취소의 기본이 된 이유는 그 사건에 대하여 심사관을 기속한다(제157조 제1항).

Ⅵ. 무효심판

1. 의의

이해관계인 또는 심사관은 등록디자인에 무효사유가 있는 경우에 무효심판을 청구할 수 있다. 이 경우 복수디자인등록출원된 디자인등록에 대하여는 각 디자인마다 청구하여야 한다(제121조 제1항). 디자인등록무효심판이란 이해관계인 또는 심사관이 설정등록된 디자인권에 일정한 무효사유가 있다는 것을 이유로 하여 특허심판원에 심판을 청구한 경우에, 심판의 합의체가 이를 심판하는 특별한 행정절차이다.

무효심판에서 인용심결이 확정되면 등록디자인은 소급적으로 소멸하고, 기각심결이 확정되면 등록디자인은 유효하게 유지된다. 2014년 7월 1일 이후 출원한 복수디자인에 대해서는 각 디자인마다 무효심판을 청구하여야 한다.

2. 법적효력

디자인등록의 무효심판청구는 언제나 가능하며, 디자인권이 소멸된 후에도 이를 청구할 수 있다(제121조 제2항). 디자인등록을 무효로 한다는 심결이 확정된 경우에는 그 디자인권은 처음부터 없었던 것으로 본다(제121조 제3항).[1)]

Ⅶ. 권리범위 확인심판

1. 의의

디자인권자·전용실시권자 또는 이해관계인은 등록디자인의 보호범위를 확인하기 위하여 디자인권의 권리범위 확인심판을 청구할 수 있다. 이 경우 복수디자인등록출원된 디자인등록에 대하여는 각 디자인마다 청구하여야 한다(제122조). 권리범위 확인심판은 확인대상디자인[2)]과 대비하여 디자인권의 권리범위에 속하는지의 여부를 판단하는 심판이다.[3)] 권리범위 확인심판을 청구할 경우 반드시 확인대상디자인의 도면과 설명서를 첨부하여야 한다.

이 심판은 디자인 침해소송 전에 등록디자인과 실시디자인 간의 침해 여부를 미리 확인할 수 있는 실익이 있다. 해당 심판의 심결은 향후 진행될 침해 소송 등에서 유력한 공적 자료로서 유리한 법적 지위를 확보하게 된다. 2014년 7월 1일 이후 출원한 복수디자인은 각 디자인마다 권리범위 확인심판을 청구하여야 한다.

---

1) 기각심결이 확정되면 일사부재리의 원칙이 적용된다. 청구를 인용하는 무효심결이 확정되면 디자인권이 소급하여 소멸된다. 디자인권에 부수되는 권리인 실시권 또는 질권도 당연히 소멸된다.

2) 권리범위 확인심판의 청구객체는 등록디자인과 계쟁대상물인 확인대상디자인이다. 확인대상디자인은 이해관계인이 실시하고 있거나 실시할 예정인 디자인을 의미한다.

3) 이원수, 309면: 권리범위 확인심판의 법적성질에 관하여는 확인소송의 성격을 가지는 것으로 보는 견해와 형성소송의 성격을 가지는 것으로 보는 견해로 대립된다. 전자는 자구표현과 심판의 내용으로 보아 확인의 소와 궤를 같이 한다는 입장이고, 후자는 심결에 소급효가 수반되고 일사부재리의 원칙이 적용되는 점으로 보아 형성적 효과가 있다.

2. 종류

권리범위 확인심판에는 디자인권자가 청구취지에 "확인대상디자인은 디자인권의 권리범위에 속한다."고 확인을 구하는 적극적 권리범위 확인심판과 이해관계인이 청구취지에 "확인대상디자인은 디자인권의 권리범위에 속하지 않는다."고 확인을 구하는 소극적 권리범위 확인심판이 있다.

3. 공지의 형상과 모양을 포함하고 있는 경우 권리범위 판단

디자인권은 물품의 신규성이 있는 형상, 모양, 색채의 결합에 부여되는 것으로서 공지의 형상과 모양을 포함한 디자인출원에 의하여 디자인등록이 되었다 하더라도 공지부분에까지 독점적이고 배타적인 권리를 인정할 수는 없으므로 디자인권의 권리범위를 정함에 있어 공지부분의 중요도를 낮게 평가하여야 한다. 대법원은"등록디자인과 그에 대비되는 디자인이 서로 공지부분에서 동일·유사하다고 하더라도 등록디자인에서 공지부분을 제외한 나머지 특징적인 부분과 이에 대비되는 디자인의 해당 부분이 서로 유사하지 않다면 대비되는 디자인은 등록디자인의 권리범위에 속하지 않는다."고 판시하였다.[4]

등록된 디자인에 신규성 있는 창작이 가미되어 있지 아니하여 공지된 디자인이나 그 출원 전에 반포된 간행물에 게재된 디자인과 동일·유사한 경우에는 그 등록무효심판의 유무와 관계없이 그의 권리범위를 인정하지 아니한다.

【등록디자인이 출원 전에 국내외에서 공지·공연된 경우】

<대법원 2008. 9. 25. 선고 2008도3797 판결>

등록디자인이 그 출원 전에 국내 또는 국외에서 공지되었거나 공연히 실시된 디자인이나 그 출원 전에 국내 또는 국외에서 반포된 간행물에 게재된 디자인과 동일하거나 유사한 경우에는 그에 대한 등록무효의 심결이 없이도 그 권리범위를 인정할 수 없고, 이와 같이 권리범위가 인정되지 아니하는 등록디자인에 대하여는 그 등록디자인과 동일한 디자인의 물품을 제작, 판매하였다 하여 디자인권 침해죄를 구성할 수 없다.

4) 대법원 2004. 8. 30. 선고 2003후762 판결: 산업용 안경의 안경테의 전체적인 형상과 모양 및 정면 부분이 공지의 형상과 모양 부분이고, 등록디자인공보에 측면도가 요부확대사진으로 등재되어 있는 경우, 등록디자인과 그에 대비되는 디자인의 유사여부는 측면의 홀더 및 커넥터의 형상과 모양에 중점을 두어 판단하여야 한다.

Ⅷ. 통상실시권 허락의 심판

디자인권자·전용실시권자 또는 통상실시권자는 해당 등록디자인 또는 등록디자인에 유사한 디자인이 타인의 등록디자인·특허발명·등록실용신안과 이용·저촉관계에 해당되어 실시의 허락을 받고자 하는 경우 그 타인이 정당한 이유 없이 허락하지 아니하거나 그 타인의 허락을 받을 수 없을 경우에는 자기의 등록디자인 또는 등록디자인과 유사한 디자인의 실시에 필요한 범위 안에서 통상실시권 허락의 심판을 청구할 수 있다(제123조 제1항).

통상실시권 허락의 심판이란 이용·저촉관계에 있는 후출원 권리자에게 준사법적 절차에 의하여 선출원 권리의 강제실시권을 허락하는 심판을 말한다. 통상실시권 허락의 심판의 취지는 적법하게 발생한 권리임에도 이용·저촉관계로 인하여 후출원 권리의 실시가 불가능한 경우에 자기의 등록디자인 또는 등록디자인에 유사한 디자인의 실시에 필요한 범위 안에서 통상실시권 허락의 심판을 청구하여 통상실시권을 허락받아 실시할 수 있도록 하는 데에 있다.

Ⅸ. 재심

1. 의의

확정된 심결은 법적 안정성 때문에 이에 대한 불복은 인정하지 않는다. 재심(再審)이란 확정된 심결에 법정의 중대한 흠이 있는 경우 심결한 기관에 대하여 해당 심결을 취소하고 다시 심판할 것으로 구하는 비상의 권리구제 절차이다. 재심의 심결이 확정되면 대세적 효력과 형식적 효력이 생기고 일사부재리의 원칙이 적용된다.

2. 재심의 청구

당사자는 확정된 심결에 대하여 재심을 청구할 수 있다(제158조 제1항). 디자인법상의 재심제도는 민사소송법상의 재심제도와 유사하므로 재심청구에 관하여는 민사소송법 제451조 및 동법 제453조를 준용한다. 심판의 당사자가 공모하여 제3자의 권리 또는 이익을 사해(詐害)할 목적으로 심결을 하게 한 경우에는 제3자는 그 확정된 심결에 대하여 재심을 청구할 수 있다(제159조 제1항). 사해심결에 대한 재심청구의 경우에는 심판의 당사자를 공동피청구인으로 한다(제159조 제2항).

3. 재심청구의 기간

당사자는 심결 확정 후 재심사유를 안 날부터 30일 이내에 재심을 청구하여야 한다(제160조 제1항). 대리권의 흠을 이유로 재심을 청구하는 경우에 제1항의 기간은 청구인 또는 법정대리인이 심결등본의 송달에 의하여 심결이 있은 것을 안 날의 다음 날부터 기산한다(제160조 제2항). 심결 확정 후 3년이 지나면 재심을 청구할 수 없다(제160조 제3항). 이 경우 재심사유가 심결 확정 후에 생겼을 때에는 3년은 그 사유가 발생한 날의 다음 날부터 기산한다(제160조 제4항).

4. 재심에 의하여 회복한 디자인권의 효력 제한

디자인권의 효력은 (i) 무효가 된 디자인권(디자인등록취소결정에 대한 심판에 의하여 취소가 확정된 디자인권을 포함한다)이 재심에 의하여 회복된 경우, (ii) 디자인권의 권리범위에 속하지 아니한다는 심결이 확정된 후 재심에 의하여 그 심결과 상반되는 심결이 확정된 경우, (iii) 거절한다는 취지의 심결이 있었던 디자인등록출원에 대하여 재심에 의하여 디자인권이 설정등록된 경우 중 어느 하나에 해당하는 경우에 해당 심결이 확정된 후 재심청구 등록 전에 선의로 수입 또는 국내에서 생산하거나 취득한 물품에는 미치지 아니한다(제161조 제1항).

여기서 상기 (i) 내지 (iii) 중 어느 하나에 해당하는 경우의 디자인권의 효력은 해당 심결이 확정된 후 재심청구 등록 전에 한 해당 디자인의 선의의 실시, 또는 등록디자인과 관련된 물품의 생산에만 사용하는 물품을 해당 심결이 확정된 후 재심청구 등록 전에 선의로 생산·양도·대여·수출 또는 수입하거나 양도 또는 대여의 청약을 하는 행위 중 어느 하나의 행위에 미치지 아니한다(제161조 제2항).

제10장 디자인쟁송

제1절 디자인소송

Ⅰ. 서설

디자인쟁송은 디자인에 관한 권리의 발생·침해·구제·소멸 등과 관련된 다툼을 말한다. 디자인쟁송에는 특허법원이 관할하는 디자인의 심결취소소송(이하 "디자인소송"이라 한다), 민사법원이 관할하는 디자인침해소송 및 일반행정소송이 있다.

특허청 또는 특허심판원에서 절차를 밟는 당사자는 특허청장, 심사관 또는 심판합의체가 행한 처분에 대하여 법원에 소송을 제기함으로써 불복을 청구할 수 있다.

디자인쟁송에는 디자인권의 침해에 관한 민사 및 형사소송 외에도 특허심판원의 심결을 취소하는 디자인소송과 보상금 또는 대가에 관한 불복소송이 있다.

디자인소송의 절차나 심리 및 판결 등은 특허에 관한 소송과 거의 동일하므로 특허법원이 관할하는 디자인소송의 절차나 심리에 대한 설명은 생략하기로 한다.

Ⅱ. 심결 등에 대한 소

심결 등에 대하여 불복하고자 하는 자는 특허법원에 소를 제기할 수 있다. 심결에 대한 소, 심판에서 내린 보정각하결정, 심판청구서 또는 재심청구서의 각하결정은 특허법원의 전속관할로 한다(제166조 제1항). 심판을 청구할 수 있는 사항에 관한 소는 심결에 대한 것이 아니면 이를 제기할 수 없다(제166조 제6항). 대가의 심결 및 심판비용이 심결 또는 결정에 대하여는 독립하여 심결 등에 대한 소를 제기할 수 없다(제166조 제7항).

특허법원이 관할하는 디자인심판의 심결에 대한 취소소송은 준사법적 행정행위의 성질을 가진 심판에 대한 불복의 소이므로 실질적 의미에서 항소심의 성격을 가진다. 심결 등에 대한 소는 특허심판원의 심결 또는 결정의 등본을 송달받은 날부터 30일 이내에 제기하여야 한다. 특허법원의 판결에 대하여는 대법원에 상고할 수 있다(제166조 제8항).

제2절 디자인권 침해

디자인권의 침해란 제3자가 권원 없이 업으로서 등록디자인 또는 이와 유사한 디자인을 실시하거나 간접적으로 디자인을 모방하는 행위를 하는 것을 말한다. 디자인권이 발생한 이후, 제3자가 무단으로 등록디자인 또는 이와 유사한 디자인을 실시하는 경우 디자인권자는 그 실시자에게 적절한 조치를 취해 침해행위를 중지시키고, 아울러 그 침해에 의해 생긴 손해를 배상받을 수 있다. 디자인의 침해판단은 실질적으로 디자인 유사판단이 실체적 판단의 핵심이라 할 수 있다.

Ⅰ. 디자인권 침해 판단기준

디자인의 등록요건 판단에 있어 그 유사여부는 이를 구성하는 각 요소를 분리하여 개별적으로 대비할 것이 아니라 그 외관을 전체적으로 대비 관찰하여 보는 사람으로 하여금 상이한 심미감을 느끼게 하는지의 여부에 따라 판단하여야 한다. 그 지배적인 특징이 유사하다면 세부적인 점에 다소 차이가 있을지라도 유사하다고 보아야 한다.[1] 또한 그 구성요소 중 물품의 기능을 확보하는 데 필요한 형상 또는 공지의 형상 부분이 있다고 하여도 그것이 특별한 심미감을 불러일으키는 요소가 되지 못하는 것이 아닌 한 그것까지 포함하여 전체로서 관찰하여 느껴지는 장식적 심미감에 따라 판단해야 한다. 침해판단은 일반수요자[2] 관점에서 판단한다.

【충격흡수용 차량진입 방호방지대 디자인 침해판단】

<대법원 2012. 4. 26. 선고 2011후2787 판결>

충격흡수용 차량진입 방호방지대를 대상물품으로 하는 등록디자인 "", ""이 비교대상디자인 1 "", ""과 유사하다는 등의 이유로 갑이 디자인등록무효심판청구를 한 사안에서, 양 디자인은 전체적으로 상하 모서리가 만곡된 원기둥 형상이고, 몸체 둘레에 상하 2줄로 테두리 형태의 홈이 형성되어 있는 점, 각 홈은 '〕〔'와 같은 형상인 점, 중심부에는 지주를 삽입할 수 있도록 통공이 형성되어 있는 점 등 지배적인 특징이 유사하다. 다만 등록디자인이 몸체 상단부에 홈이

1) 대법원 2007. 1. 25. 선고 2005후1097 판결.

2) 디자인 관련 해당물품에 전문지식이 없는 일반구매자 또는 구매예정자를 말한다.

없음에 비하여 비교대상디자인 1은 방사형으로 6개의 홈이 패여 있는 점, 등록디자인이 몸체 상·하단의 통공 입구에 두께가 얇은 돌출부가 형성되어 있음에 비하여, 비교대상디자인 1은 몸체 상·하단의 통공 입구에 돌출부가 형성되어 있지 않은 점 등에서 차이가 나기는 하나, 이러한 차이점은 해당 물품을 자세히 볼 때에만 비로소 인식할 수 있는 세부적인 구성의 미세한 차이에 불과하여 전체적인 심미감에 큰 영향을 미칠 정도라고 하기 어려우므로 양 디자인은 전체적으로 심미감이 유사하다.

Ⅱ. 디자인권 침해 종류

1. 직접침해

직접침해란 제3자가 정당한 권원 없이 업으로서 등록디자인 또는 이와 유사한 디자인을 실시하는 것을 말한다. 이 경우 디자인권의 내용은 해당 등록디자인 또는 이와 유사한 디자인의 형태적 구성요소의 전부를 실시하는 것을 의미한다.

디자인권의 침해가 성립되기 위해서는 (i) 디자인권이 유효하게 존재해야 하고, (ii) 정당한 권원 없는 제3자가 업으로서 등록디자인 또는 이와 유사한 디자인을 실시해야 하고, (iii) 실시하는 행위가 위법한 행위에 해당하여야 한다. 그러나 완성품 디자인권에 있어서 그 일부를 구성하는 부품디자인의 실시 또는 한 벌 물품 디자인권에 있어서 그 일부를 구성하는 물품디자인을 실시하는 행위는 해당 완성품의 디자인권 또는 한 벌 물품 디자인권을 침해하는 것으로 인정되지 않는다.

2. 간접침해

간접침해란 등록디자인이나 이와 유사한 디자인에 관한 물품의 생산에만 사용하는 물품을 업으로서 생산·양도·대여·수출 또는 수입하거나 업으로서 그 물품의 양도 또는 대여의 청약을 하는 행위를 말한다(제114조). 디자인법 제114조는 간접침해를 규정하고 있나. 간접침해의 행위는 디자인권의 직접침해라고 보기 어렵지만 침해행위의 전 단계에 있어 디자인의 침해로 보이는 예비적인 행위라 할 수 있다.

따라서 디자인법 제114조에서 규정하는 실시행위는 디자인권자의 보호를 강화하는 차원에서 간접적으로 침해한 것으로 간주한다.[3)]

---

3) 디자인법 제114조(침해로 보는 행위): 등록디자인이나 이와 유사한 디자인에 관한 물품의 생산에만 사용하는 물품을 업으로서 생산·양도·대여·수출 또는 수입하거나 업으로서 그 물품의 양도 또는 대여의 청약을 하는 행위는 해당 디자인권 또는 전용실시권을 침해한 것으로 본다.

Ⅲ. 디자인권 침해 쟁점

1. 등록디자인이 신규성이 없는 경우

등록디자인이 그 출원 전에 국내 또는 국외에서 공지되었거나 공연히 실시된 디자인이나 그 출원 전에 국내 또는 국외에서 반포된 간행물에 게재된 디자인과 동일하거나 유사한 경우에는 그에 대한 등록무효의 심결이 없어도 그 권리범위를 인정할 수 없다. 판례에 의하면 권리범위가 인정되지 아니하는 등록디자인에 대하여는 그 등록디자인과 동일한 디자인의 물품을 제작, 판매하였다 하여도 디자인권 침해죄를 구성할 수 없다고 한다(대법원 2008. 9. 25. 선고 2008도3797 판결).

2. 자유실시기술의 항변

등록디자인과 대비되는 디자인(확인대상디자인)이 등록디자인의 디자인등록출원 전에 그 디자인이 속하는 분야에서 통상의 지식을 가진 자가 국내에서 널리 알려진 형상·모양·색채 또는 이들의 결합에 의하여 쉽게 창작할 수 있는 것인 경우에는 등록디자인과 대비할 것도 없이 그 권리범위에 속하지 않게 된다. 국내에 널리 알려진 사각통 형상의 강관과 사각기둥 형상의 목재를 서로 맞대어 통상적인 형태의 못으로 박아 일체화시킨 형상과 모양의 결합을 하고 있는 피고의 실시디자인은 그러한 결합에 의하여 새로운 미감이 생겨나는 것도 아니어서 그 디자인이 속하는 분야에서 통상의 지식을 가진 자가 주지의 형상과 모양의 결합에 의하여 쉽게 창작할 수 있으므로, 이 사건 등록디자인의 권리범위에 속한다고 할 수 없다.

명칭을 '건축용 거푸집 받침대'로 하는 등록디자인과 대비되는 디자인이 그 디자인이 속하는 분야에서 통상의 지식을 가진 자가 주지의 형상과 모양의 결합에 의하여 쉽게 창작할 수 있는 것이어서 등록디자인과 대비할 것도 없이 등록디자인의 권리범위에 속하지 않는다.[4)]

3. 디자인이 상표의 사용인지 여부

디자인이 될 수 있는 형상이나 모양이 상표로서 사용인지 여부에 대하여 대법원은 "디자인과 상표는 배타적·선택적 관계에 있지 아니하므로, 디자인이 될 수 있는 형상이나 모양이라고 하더라도 그것이 상표의 본질적 기능인 자타상품의 출처표시로서 기능하는 경우에는 상표로서 사용된 것으로 보아야 한다. 영국의 A회사는 등

---

4) 대법원 2004. 4. 27. 선고 2002후2037 판결.

록상표를 지정상품 캐주얼셔츠, 넥타이, 원피스, 스카프와 같은 의류 등의 상품에 관하여 등록하였다. 이 사건 등록상표는 격자무늬를 형성하는 선들의 색상 및 개수·배열순서 등에 의하여 수요자의 감각에 강하게 호소하는 독특한 디자인적 특징을 가지고 있다. 피고인들이 중국에서 수입한 이 사건 남방셔츠는 이 사건 등록상표의 지정상품과 동일한 상품으로서, 이 사건 남방셔츠의 격자무늬는 이 사건 등록상표에 비하여 세로선의 폭이 가로선의 폭보다 약간 좁고 바탕색도 약간 옅지만 격자무늬를 형성하는 선들의 색상 및 개수·배열순서가 동일하다.

이 사건 등록상표가 피해자 회사의 상품 출처표시로 사용되고 있음을 알면서도 위와 같이 이 사건 등록상표와 매우 유사한 격자무늬가 사용된 이 사건 남방셔츠를 판매목적으로 수입한 사안에서 피고인 갑 회사가 수입한 남방셔츠의 격자무늬는 상품의 출처를 표시하기 위하여 상표로서 사용되었다고 보아야 하고, 하나의 상품에 둘 이상의 상표가 표시될 수 있는 점 등을 고려할 때 남방셔츠의 격자무늬가 디자인적으로 사용되었다고 볼 수 없다."고 판시하였다.[5]

【장식적 디자인이 상품의 출처표시로 사용된 경우】

<대법원 2012. 1. 27. 선고 2010도2535 판결>

피고인이 이 사건 각 등록상표와 동일한 모양의 장식물을 제조하여 그 지정상품과 동일한 헤어밴드, 목걸이 등에 사용한 태양, 이 사건 각 등록상표의 주지성 및 피고인의 사용의도 등을 종합하여 보면, 피고인이 그와 같이 사용한 표장은 순전히 장식적으로만 사용된 것이 아니라 상품의 출처표시를 위하여 사용된 것으로서 상표의 사용으로 인정된다. 따라서 피고는 원고의 디자인권을 침해한 것이다.

제3절 디자인권침해소송

Ⅰ. 침해 성립요건

디자인권의 침해란 정당한 이유 없이 등록디자인 또는 이와 유사한 디자인을 업으로서 실시하거나 실시할 예정 행위를 함으로써 디자인권의 재산적 가치를 훼손시키는 것을 말한다. 침해소송 단계에 있어서의 유사성 판단은 물품구매자의 입장에서 등록디자인과 오인혼동의 우려가 있는가의 여부에 따라 유사성을 판단하는 것이 원

5) 대법원 2013. 2. 14. 선고 2011도13441 판결.

칙적 기준이다. 아울러 등록디자인의 창작부분을 요부로 삼아 해당 분야에서의 평균적 디자이너의 수준에서 창작적 노력 없이 도용할 수 있었느냐의 여부에 따라 침해(유사성)여부를 판단한다.[6] 디자인권 침해가 성립되기 위해서는 (i) 유효한 디자인권이 존재해야 하고, (ii) 제3자가 그 실시에 있어서 정당한 실시 권원이 없어야 하고, (iii) 제3자가 업으로서 실시행위를 해야 하고, (iv) 제3자의 실시디자인 이 등록디자인 또는 이와 유사한 디자인이어야 한다.

한편, 침해는 아니지만, 침해로 간주되는 행위가 있다. 이를 간접침해라고 하는데, 제3자의 실시 물품이 등록디자인 또는 이와 유사한 디자인에 관한 물품의 생산에만 사용되는 경우 침해로 간주된다(제114조). 따라서 디자인권자는 직접침해 또는 간접침해 요건을 면밀히 검토하여 타인의 실시행위가 침해로 성립되는지 여부를 확인하여야 한다.

Ⅱ. 침해판단의 실체적 판단

디자인권의 침해판단의 실체적 판단기준은 디자인의 유사여부 판단이라 할 수 있다. 대법원의 일관된 판단기준은 양 디자인의 유사여부는 외관을 전체적으로 대비 관찰하여 보는 사람으로 하여금 상이한 심미감을 느끼게 하는지 여부에 따라 판단하고 있다. 대법원은 디자인의 유사여부는 이를 구성하는 각 요소를 분리하여 개별적으로 대비할 것이 아니라 그 외관을 전체적으로 대비 관찰하여 보는 사람으로 하여금 상이한 심미감을 느끼게 하는지의 여부에 따라 판단하여야 하므로 그 지배적인 특징이 유사하다면 세부적인 점에 다소 차이가 있을지라도 유사하다고 판시하였다.[7]

디자인권침해소송은 민사법원에서 진행된다. 디자인권자 또는 전용실시권자는 자기의 권리를 침해한 자 또는 침해할 우려가 있는 자에 대하여 그 침해의 금지 또는 예방을 청구할 수 있다(제113조).

Ⅲ. 디자인권 침해 예방조치

디자인권자 입장에서는 제3자의 침해 없이 안정적으로 사업을 진행하는 것을 원한다. 침해를 사전에 예방하기 위한 조치들은 다음과 같다.[8]

---

6) 송영식 외 6인, 990면.

7) 대법원 2007. 1. 25. 선고 2005후1097 판결; 대법원 2010. 11 .11. 선고 2010후2209 판결.

8) 특허청 국제지식재산연수원, 169면.

1. 관련디자인제도

관련디자인제도는 자기의 기본디자인과만 유사한 디자인을 출원하여 등록받을 수 있다(제35조). 따라서 기본디자인의 추상적인 유사범위에 속하는 디자인 중 하나를 등록받아 그 권리범위를 명확히 하고, 더 나아가 독자적인 권리범위를 중첩적으로 확보해 둠으로써 침해를 미연에 방지하고, 침해시 신속한 조치를 취할 수 있다.

2. 비밀디자인제도

디자인등록출원인은 청구에 의하여 디자인권의 설정등록일부터 3년 이내의 기간을 지정하여 그 디자인의 내용을 비밀로 할 수 있다(제43조). 따라서 제3자의 모방이나 침해를 미연에 방지하고 동시에 제품의 실시화를 위한 준비기간을 확보할 수 있는 장점이 있다.

3. 등록디자인의 표시

디자인권자·전용실시권자 또는 통상실시권자는 등록디자인에 관한 물품 또는 그 물품의 용기나 포장 등에 디자인등록의 표시를 할 수 있다(제214조). 이러한 표시는 침해를 미연에 방지하고, 침해행위의 위법성의 입증을 쉽게 하는 실익이 있다.

4. 출원공개신청

출원인은 자기의 출원에 대한 공개를 신청할 수 있는데(제52조), 등록 전에는 확정적인 권리가 부여되는 것이 아니기 때문에 출원 계속 중 제3자가 출원디자인에 관한 권리를 침해하는 경우 실질적인 권리행사가 불가능하다. 출원공개신청을 통해 출원디자인이 공개되면, 출원인에게 제3자에 대한 서면 경고 및 보상금청구권이 발생하므로(제53조), 디자인권 침해를 미연에 방지할 수 있는 효과가 있다.

Ⅳ. 디자인권자의 디자인권 침해에 대한 조치

1. 경고장 발송

디자인권자는 자신의 등록디자인 또는 이와 유사한 디자인을 무단으로 실시하는 제3자에게 경고장을 발송할 수 있다. 경고장 발송을 통해, 디자인권자는 그 실시자에게 자신의 등록디자인의 존재를 알리고, 침해 중지를 요청할 수 있다. 경고장 발송은 권리자가 침해자에 대하여 취하는 법적 조치 중 가장 먼저 취해야 하는 조치라 할 수 있다.

2. 권리범위 확인심판의 청구

디자인권자는 등록디자인의 보호범위를 확인하기 위하여 권리범위 확인심판을 청구할 수 있다(제122조). 디자인권자가 이 심판을 청구하면 자신의 등록디자인의 권리범위 내에 제3자의 실시디자인이 속하는지 여부를 확인할 수 있다. 권리범위 확인심판은 민형사상 구제절차를 밟기 전에 침해 여부를 사전에 파악할 수 있다는 점에서 분쟁 비용을 줄일 수 있고, 화해의 수단이 될 수 있다는 점에서 의미가 있다.

3. 침해금지 및 예방청구

디자인권자는 자기의 권리를 침해한 자 또는 침해할 우려가 있는 자에 대하여 그 침해의 금지 또는 예방을 청구할 수 있다(제113조 제1항). 이 경우 침해행위를 조성한 물품의 폐기, 침해행위에 제공된 설비의 제거 기타 침해의 예방에 필요한 행위를 청구할 수 있다. 한편, 비밀디자인 청구를 한 디자인에 관한 디자인권자는 일정사항에 대하여 특허청장으로부터 받은 증명서를 서면으로 제시하여 경고한 후가 아니면 침해금지 및 예방 청구를 할 수 없다(제113조 제2항).

4. 손해배상청구

디자인권자는 고의나 과실에 의하여 자기의 디자인권을 침해한 자에 대하여 손해배상을 청구할 수 있다(민법 제750조). 이에 디자인법은 디자인권자가 손해액을 입증하기 곤란함을 고려하여 손해액의 추정 규정(제115조)과 과실의 추정 규정(제116조)을 두고 있다.

5. 신용회복청구

법원은 고의나 과실에 의하여 디자인권을 침해함으로써 디자인권자의 업무상의 신용을 실추하게 한 자에 대하여는 디자인권자 또는 전용실시권자의 청구에 의하여 손해배상에 갈음하여 또는 손해배상과 함께 디자인권자 또는 전용실시권자의 업무상의 신용회복을 위하여 필요한 조치를 명할 수 있다(제117조).

6. 부당이득반환청구

디자인권자는 정당한 권원 없이 자기의 권리를 실시하여 이득을 얻고 자기에게 손해를 끼친 자에 대하여 그 손해를 한도로 이득의 반환을 청구할 수 있다(민법 제741조).

7. 침해죄 고소

디자인권자는 고의로 디자인권을 침해한 자에 대하여 7년 이하의 징역이나 1억 원 이하의 벌금형에 처하는 침해죄로 고소할 수 있다(제220조). 이 경우 법인의 대표자, 법인 또는 개인의 대리인·사용인 기타 종업원이 그 법인 또는 개인의 업무에 관하여 위반한 때에는 그 행위자를 벌하는 외에 그 법인에 대하여도 벌금형을 과한다(제227조).

V. 침해경고를 받은 제3자의 대응방법

1. 경고장의 검토

디자인권자로부터 침해경고를 받은 제3자는 특허청에서 등록디자인에 관한 정보를 열람할 수 있다(제206조). 제3자는 침해경고를 주장하는 자가 적법한 디자인권자 또는 전용실시권자인지 여부를 확인해야 하고, 디자인권이 타인에게 이전된 것은 아닌지, 디자인권이 소멸된 것은 아닌지, 등록디자인에 원시적인 흠이 존재하는지 등을 면밀히 검토하여 자신의 실시가 디자인권을 침해하고 있는지 여부를 검토해야 한다.

2. 침해주장이 타당한 경우

(1) 실시의 중지 　손해배상청구는 고의나 과실의 경우에만 그 요건을 충족하고, 손해액의 추정 규정 적용시에 있어서도 고의나 중대한 과실이 없는 경우에는 손해액 산정에 참작될 수도 있기 때문에 실시를 중지하고 선의 또는 무과실을 주장하여 디자인권 침해에 따른 피해를 줄이도록 하여야 한다.

(2) 실시권의 설정 또는 디자인권의 양수 　디자인권의 침해를 인정하고, 그 등록디자인 또는 이와 유사한 디자인을 향후에도 계속 실시할 필요가 있으면, 디자인권자와 협의하여 적절한 실시료를 지급하고 실시권 계약을 맺거나 디자인권에 상당하는 금액을 제공하여 디자인권을 이전받는 것도 검토해야 한다.

3. 침해주장이 타당하지 않은 경우

디자인권자의 침해주장이 타당하지 않은 경우 그에 합당한 근거를 제시하여 반박하는 취지의 답변서를 작성해야 한다. 특히 실시 중인 디자인이 등록디자인과 비유사한 디자인이라고 판단할 경우 등록디자인의 보호범위 내에 속하지 아니한다는 취지의 답변서를 디자인권자에게 전달해야 한다. 디자인권자의 침해경고에 대하여

다음과 같은 대응조치를 해야 한다.[9]

(1) 권리범위 확인심판의 청구 디자인권자로부터 침해경고를 받은 이해관계인은 등록디자인의 보호범위를 확인하기 위하여 권리범위 확인심판을 청구할 수 있다(제122조). 따라서 침해경고를 받은 제3자는 자신의 실시디자인이 등록디자인의 권리범위 내에 속하는지 여부를 확인할 수 있다. 권리범위 확인심판은 실질적인 민형사상 절차에 이르기 전에 침해 여부를 사전에 파악할 수 있다는 점에서 분쟁 비용을 줄일 수 있고, 쌍방 합의에 도달할 수 있는 수단이 될 수 있다는 점에서 의미가 있다. 권리범위 확인심판의 심결은 민사 또는 형사소송에서 법적 구속력을 갖진 않지만, 디자인권 침해를 사전에 종결할 수 있는 효율적인 법적 절차라 할 수 있다.

(2) 무효심판의 청구 이해관계인은 디자인등록이 무효사유에 해당하는 경우 무효심판을 청구할 수 있다(제121조). 디자인권은 등록디자인이 특허청 심사관의 판단에 의거 디자인등록요건 모두에 흠이 없다는 것을 전제로 발생한다.

침해경고를 받은 자 또는 이해관계인은 그 등록디자인에 존재할 수 있는 무효사유를 발견하면 무효심판을 청구할 수 있다. 무효심판의 청구에 따라 디자인등록을 무효로 한다는 심결이 확정된 때에는 그 디자인권은 처음부터 없었던 것으로 간주되기 때문에(제121조 제3항), 등록디자인에 대한 무효심결이 확정되면 디자인권자의 침해주장으로부터 완전히 벗어날 수 있다.

(3) 이의신청 누구든지 일부심사등록출원에 의한 디자인권의 설정등록이 있는 날부터 일부심사등록공고일 후 3개월이 되는 날까지 해당 이의신청이유에 해당하는 것을 이유로 특허청장에게 이의신청을 할 수 있다(제68조). 이의신청에 의해 일부심사등록디자인권에 흠이 발견되면 그 일부심사등록디자인권은 결정으로 취소되고, 취소결정이 확정되면 그 디자인권은 처음부터 없었던 것으로 간주되므로 디자인권자의 침해주장으로부터 완전히 벗어날 수 있다. 다만 이의신청은 일부심사등록디자인만을 대상으로 하기 때문에 심사등록디자인에 대해서는 이의신청을 그 대응조치로 고려할 수 없다.

(4) 기타 비침해사유 검토 디자인권자의 침해경고에도 불구하고, 그 침해경고를 받은 자에게 실시 권원이 존재하는 경우 디자인권 침해를 구성하지 않는다.

예를 들면, 디자인법 제94조에 따른 실시행위 및 그 물품, 즉 연구 또는 시험을 하기 위한 등록디자인의 실시, 국내를 통과하는 데 불과한 선박·항공기·차량 또는 이에 사용되는 기계·기구·장치 기타의 물건, 디자인등록출원시부터 국내에 있는 물건과 글자체에 관한 디자인권에 있어서 타자·조판 또는 인쇄 등의 통상적인 과정에

---

9) 특허청 국제지식재산연수원, 172-174면.

서 글자체를 사용하는 경우, 이와 같은 글자체의 사용으로 생산된 결과물인 경우 디자인권의 효력이 미치지 않기 때문에 침해를 구성하지 않는다.

아울러, 디자인보호법에 의거 실시권이 부여되는 법정실시권에 해당하는 경우에도 침해를 구성하지 않는다. 나아가, 등록디자인에 신규성 또는 창작성 등 무효사유가 명백히 존재하는 경우 침해라고 할 수 없다. 등록디자인과는 무관하게 제3자의 실시디자인이 그 등록디자인의 출원 전부터 이미 알려진 디자인이거나 그로부터 쉽게 창작할 수 있는 디자인이라면 자유디자인으로 인정되므로 침해라고 할 수 없다.

위와 같이, 제3자에게 등록디자인 또는 이와 유사한 디자인을 실시할 권원이 있다고 판단되는 경우 이러한 취지를 침해경고에 대한 답변서에 기재하여 디자인권자에게 알리거나, 소송 절차 중에 충분히 그 의견을 재판부에 개진할 필요가 있다.

Ⅵ. 디자인권 침해판단 사례

1. 침해소송의 유형

디자인권 침해소송의 유형은 공지된 부분을 포함한 디자인권의 권리범위, 창작이 용이한 디자인권의 권리범위, 확인대상디자인에 대한 자유실시디자인의 권리범위에 대한 침해판단으로 나눌 수 있다. 대법원 판례를 중심으로 살펴본다.

2. 공지 부분이 포함되어 있는 디자인권의 권리범위

디자인권은 물품의 신규성이 있는 형상, 모양, 색채의 결합에 부여되는 것으로서 공지의 형상과 모양을 포함한 출원에 의하여 디자인등록이 되었다 하더라도 공지 부분에까지 독점적이고 배타적인 권리를 인정할 수는 없으므로 디자인권의 권리범위를 정함에 있어 공지 부분의 중요도를 낮게 평가한다. 대법원은 "등록디자인과 그에 대비되는 디자인이 서로 공지 부분에서 동일·유사하다고 하더라도 등록디자인에서 공지 부분을 제외한 나머지 특징적인 부분과 이에 대비되는 디자인의 해당 부분이 서로 유사하지 않다면 대비되는 디자인은 등록디자인의 권리범위에 속하지 않는다."고 판시하였다.[10)]

---

10) 대법원 2012. 4. 13. 선고 2011후3409 판결.

3. 창작이 용이한 디자인권의 권리범위

일반적으로 등록디자인과 선행디자인의 권리범위를 비교할 때 전체적인 형상과 모양이 유사한 경우에는 권리범위를 인정하지 않는다. 대법원 판결은 "등록디자인이 디자인등록출원 전에 그 디자인이 속하는 분야에서 통상의 지식을 가진 자가 국내에서 널리 알려진 형상·모양·색채 또는 이들의 결합에 의하여 쉽게 창작할 수 있는 디자인에 해당하는 경우에는 디자인권 침해죄를 구성할 수 없다."는 입장을 취하고 있다.[11)]

등록디자인이 그 출원 전에 국내 또는 국외에서 공지되었거나 공연히 실시된 디자인이나 출원 전에 국내 또는 국외에서 반포된 간행물에 게재된 디자인과 동일하거나 유사한 경우에는 그에 대한 등록무효의 심결이 없어도 그 권리범위를 인정할 수 없다. 이와 같이 권리범위가 인정되지 아니하는 등록디자인에 대하여는 그 등록디자인과 동일한 디자인의 물품을 제작, 판매하였다 하여도 디자인권 침해죄를 구성하지 아니한다.

4. 자유실시디자인의 권리범위

특허에서는 특허발명과 대비되는 발명(확인대상발명)이 그 특허발명의 출원 전에 공지된 비교대상발명과 동일하거나 이에 의하여 쉽게 실시할 수 있을 경우에는 특허발명과 대비할 것도 없이 특허발명의 권리범위에 속하지 않는다는 판례가 확립되어 있다.[12)] 디자인에 있어서도 그 등록디자인과 대비되는 디자인(확인대상디자인)이 등록디자인의 디자인등록출원 전에 그 디자인이 속하는 분야에서 통상의 지식을 가진 자가 국내에서 널리 알려진 형상·모양·색채 또는 이들의 결합에 의하여 쉽게 창작할 수 있는 것인 경우에는 등록디자인과 대비할 것도 없이 그 권리범위에 속하지 않게 된다는 판례가 있다.[13)]

디자인 무효의 항변은 등록디자인과 공지디자인과 관계를 문제로 삼는 것인데 반하여, 자유실시디자인의 항변은 제3자가 실시하고 있는 확인대상디자인과 공지디자인과의 관계를 통해 권리범위에서 제외되어야 한다는 것을 주장하는 항변이다.

---

11) 대법원 2008. 9. 25. 선고 2008도3797 판결; 대법원 2010. 6. 24. 선고 2009다17288 판결.

12) 대법원 2011. 1. 27. 선고 2009후832 판결; 대법원 2013. 9. 12. 선고 2012다36326 판결: 특허권 침해소송의 상대방이 제조 등을 하는 제품 또는 사용하는 방법이 공지의 기술만으로 이루어지거나 그 기술분야에서 통상의 지식을 가진 사람이 공지기술로부터 쉽게 실시할 수 있는 경우에는 특허발명과 대비할 필요 없이 특허발명의 권리범위에 속하지 않게 된다.

13) 대법원 2004. 4. 27. 선고 2002후2037 판결: 명칭을 "건축용 거푸집 받침대"로 하는 등록디자인과 대비되는 디자인이 그 디자인이 속하는 분야에서 통상의 지식을 가진 자가 주지의 형상과 모양의 결합에 의하여 쉽게 창작할 수 있는 것이어서 등록디자인과 대비할 것도 없이 등록디자인의 권리범위에 속하지 않는다.

제11장 디자인권자의 보호

제1절 민사적 구제

Ⅰ. 침해금지청구

디자인권의 침해란 정당한 이유 없이 등록디자인 또는 이와 유사한 디자인을 업으로서 실시하거나 실시 예정 행위를 함으로써 디자인권의 재산적 가치를 훼손시키는 것을 말한다. 디자인권 또는 전용실시권(이하 "디자인권 등" 이라 한다)을 침해한 자에 대하여서는 침해의 금지 및 예방을 청구할 수 있다(제113조 제1항). 또한 침해금지 및 예방을 청구할 경우에는 침해행위를 조성한 물품의 폐기, 침해행위에 제공된 설비의 제거, 기타 침해의 예방에 필요한 행위[1]를 청구할 수 있다(제113조 제3항).

금지청구권을 행사할 수 있는 자는 디자인권자나 전용실시권자이다. 금지청구권은 권리침해가 발생하고 있는 경우는 물론 발생할 우려가 있는 경우에도 행사할 수 있다.

Ⅱ. 손해배상청구

1. 의의

디자인권 등이 고의나 과실에 의하여 침해되었을 경우에는 민법 제750조에 기하여 침해한 자에 대해서 손해배상을 청구할 수 있다. 디자인권은 점유가 불가능한 무체재산권이므로 유형재산에 관한 소유권과는 달리 동시에 여러 곳에서 실시될 수 있어 침해가 용이한 반면, 침해의 발견이나 입증이 어렵기 때문에 손해액 추정의 규정을 두고 있다. 디자인법은 등록디자인이나 이와 유사한 디자인을 타인이 실시하는 경우에는 침해행위로서 과실이 있는 것으로 추정하도록 규정하고 있다(제116조).

---

1) '설비'란 침해행위의 편의에 제공된 수단을 말한다. '기타 침해를 예방하는 데 필요한 행위'란 불침해의 보증으로서 담보를 제공하거나 공탁시키는 행위를 말한다. 소유자는 소유권을 방해하는 자에 대하여 방해의 제거를 청구할 수 있고 소유권을 방해할 우려 있는 행위를 하는 자에 대하여 그 예방이나 손해배상의 담보를 청구할 수 있다(민법 제214조).

2. 손해액의 입증

디자인권은 무체재산권이기 때문에 침해소송에서 침해의 판단과 침해에 의한 손해액의 입증이 매우 곤란하다. 따라서 디자인법은 디자인권자의 실질적 보호를 위하여 일실이익으로 손해액 추정, 침해자의 침해행위에 의해 받은 이익액으로 손해액 추정, 통상 실시료에 의해 손해액 산정과 법원의 재량으로 손해액의 산정할 수 있도록 추정규정을 두고 있다.

3. 손해액의 산정방법

(1) 일실이익으로 손해액 추정 디자인권자 또는 전용실시권자(이하, "디자인권자 등"이라 한다)는 고의나 과실로 인하여 디자인권 등을 침해한 자에 대하여 그 침해에 의하여 자기가 입은 손해의 배상을 청구하는 경우 그 권리를 침해한 자가 그 침해행위를 하게 한 물건을 양도하였을 때는 그 물건의 양도수량에 디자인권자 등이 그 침해행위가 없었다면 판매할 수 있었던 물건의 단위수량당 이익액을 곱한 금액을 디자인권자 등이 입은 손해액으로 할 수 있다(제115조 제1항).

디자인법 제115조 제1항은 디자인권자의 일실이익, 즉 디자인권 침해가 없었다면 얻을 수 있었던 디자인권자의 이익액을 산정하는 구체적인 방법을 규정한 것이다. 일실이익은 침해가 없었더라면 얻을 수 있었던 이익액을 말한다. 민법의 일반원칙에 의한 손해배상액은 차액설에 의하여 산정한다. 일실이익은 침해행위를 조성한 물건에 대한 양도수량에 단위수량당 이익액을 곱하여 산출한 금액을 디자인권자의 손해액으로 추정한 것이다.

이 규정은 침해자의 판매수량 확인이 비교적 용이하고, 디자인권자가 침해품 단위수량당 이익액을 쉽게 산정할 수 있어 입증이 용이하다는 점에서 디자인권자의 손해액 입증책임을 경감하는 방안으로 마련된 것이다. 이 경우 손해액은 디자인권자 등이 생산할 수 있었던 물건의 수량에서 실제 판매한 물건의 수량을 뺀 수량에 단위수량당 이익액을 곱한 금액을 한도로 한다. 다만, 디자인권자 등이 침해행위 외의 사유로 판매할 수 없었던 사정이 있는 경우에는 해당 침해행위 외의 사유로 판매할 수 없었던 수량에 따른 금액을 빼야 한다(제115조 제2항).

디자인법 제115조 제2항은 디자인권자 등이 침해행위 외의 사유로 판매할 수 없었던 사정이 있는 경우 그 수량에 따른 금액을 디자인법 제115조 제1항의 손해액에서 감해야 한다는 것을 규정한 것이다. 여기서 '침해행위 외의 사유로 판매할 수 없었던 사정'은 판매된 침해품이 침해자의 시장개발노력, 침해품의 품질의 우수성 등의 요인에 의해 판매된 것이어서 디자인권자가 생산하여 판매할 수 있었던 것으로 볼 수 없는 사정을 의미한다. 이에 대한 입증책임은 침해자에게 있다.

(2) 침해행위에 의해 받은 이익액으로 손해액 추정 디자인권자 등이 고의나 과실로 인하여 디자인권 등을 침해한 자에 대하여 그 침해에 의하여 자기가 입은 손해의 배상을 청구하는 경우 권리를 침해한 자가 그 침해행위로 이익을 얻었을 때에는 그 이익액을 디자인권자 등이 받은 손해액으로 추정한다(제115조 제3항).

디자인법 제115조 제3항은 디자인권자 등이 자신에게 발생된 인과관계에 있는 손해를 입증하는 것이 용이하지 않으므로 침해자가 침해행위를 통해서 받은 이익액을 손해액으로 추정한 것이다. 다만, 디자인권자 등이 스스로 실시하고 있지 아니한 경우 얻을 수 있는 이익상실은 있을 수 없으므로 본 규정은 적용하지 아니한다.

(3) 통상 실시료에 의한 손해액 산정 디자인권자 등이 고의나 과실로 디자인권 등을 침해한 자에 대하여 그 침해에 의하여 자기가 입은 손해의 배상을 청구하는 경우 그 등록디자인의 실시에 대하여 통상적으로 받을 수 있는 금액을 디자인권자 등이 입은 손해액으로 하여 손해배상을 청구할 수 있다(제115조 제4항).

디자인법 제115조 제4항의 통상 실시료는 권리자가 현실로 받은 손해를 말한다. 즉 디자인법은 일실이익과 관계 없이 입증이 용이한 실시료 상당액[2)]을 최저의 배상액으로 법정한 것이다. 따라서 디자인권자는 디자인을 실시하고 있지 않아 현실의 손해(일실이익)가 없는 경우에도 이 규정에 의한 통상 실시료를 배상의 액으로 하여 손해배상을 청구할 수 있다. 디자인권자는 손해발생에 관하여 주장·입증할 필요가 없고, 권리침해의 사실과 통상적으로 받을 수 있는 금액을 입증하면 된다.

(4) 통상 실시료의 초과액으로 손해액 산정 디자인법 제115조 제4항에도 불구하고 손해액이 같은 항에 규정된 금액을 초과하는 경우에는 그 초과액에 대하여도 손해배상을 청구할 수 있다. 이 경우 디자인권 등을 침해한 자에게 고의 또는 중대한 과실이 없을 때에는 법원은 손해배상액을 산정할 때 그 사실을 고려할 수 있다(제115조 제5항). 디자인법 제115조 제5항의 전단은 실제 손해가 실시료 상당액을 초과하는 경우에 이를 입증하여 손해배상을 청구할 수 있다는 점을 규정한 것이다.

후단은 해당 침해행위가 경과실에 의하여 이루어진 때에는 법원이 손해배상액을 정함에 있어서 법원은 그 사실을 참작할 수 있다는 규정이다. 이 규정은 손해액

2) 등록디자인의 사용에 대하여 통상 받을 수 있는 금액에 상당하는 액이란 디자인권의 통상실시권을 설정할 경우 디자인권자가 받을 수 있는 실시료(royalty)에 상당하는 것이며, 통상실시권이 설정되어 있지 않을 경우는 만약 그 디자인권에 대해서 침해시 통상실시권이 설정되어 있다면 디자인권자가 받을 수 있는 실시료에 상당한 액을 말한다.

이 극히 큰 경우 경과실밖에 없는 침해자에게 이를 모두 배상하게 하는 것은 가혹하기 때문에 마련된 것이다. 여기서 입증된 실제 손해액보다 경감하여 정하는 여부 및 경감의 정도는 법원의 재량에 속한다. 다만 법원은 통상 실시료의 초과액에 대해서만 경감할 수 있으므로 손해배상액을 통상 실시료 이하로 경감할 수는 없다.

(5) 법원의 재량에 의한 손해액 산정 법원은 디자인권 등의 침해에 관한 소송에서 손해가 발생한 것은 인정되나 그 손해액을 증명하기 위하여 필요한 사실을 밝히는 것이 사실의 성질상 극히 곤란한 경우에는 변론전체의 취지와 증거조사의 결과에 기초하여 상당한 손해액을 인정할 수 있다(제115조 제6항). 여기서 '필요한 사실을 밝히는 것이 사실의 성질상 극히 곤란한 경우'란 침해자가 매입·매출관계 서류를 전혀 작성하지 아니하였거나 폐기한 경우 등의 사정으로 손해액의 입증을 위하여 필요한 사실의 입증이 대단히 곤란한 경우가 이에 해당한다.

디자인법 제115조 제6항은 침해사실 및 손해발생사실은 입증되었으나 손해액의 입증이 극히 곤란한 경우 증명을 완화하여 법원이 변론의 전체취지와 증거조사결과로부터 적정하다고 판단한 금액을 손해배상액으로 손해액을 산정할 수 있도록 한 것이다.

4. 과실의 추정

타인의 디자인권 등을 침해한 자는 그 침해행위에 대하여 과실이 있는 것으로 추정한다. 다만 비밀디자인으로 설정등록된 디자인권 등의 침해에 대하여는 그러하지 아니하다(제116조 제1항). 디자인일부심사등록디자인의 디자인권자·전용실시권자 또는 통상실시권자가 그 등록디자인 또는 이와 유사한 디자인권과 관련하여 타인의 디자인권 등을 침해한 경우에 관하여 과실의 추정을 준용한다. 이는 등록디자인의 내용은 등록원부와 디자인등록공보에 공시되어 있기 때문에 공중은 이를 이미 알고 있다고 보기 때문이다.

Ⅲ. 신용회복청구

법원은 고의나 과실로 디자인권 등을 침해함으로써 디자인권자 등의 업무상 신용을 떨어뜨린 자에 대하여는 디자인권자 등의 청구에 의하여 손해배상을 갈음하여 또는 손해배상과 함께 디자인권자 등의 업무상 신용회복을 위하여 필요한 조치를 명할 수 있다(제117조).

Ⅳ. 부당이득반환청구

민법 제741조에 따라 법률상 타인의 디자인권으로 인해 이익을 받고 이로 인하여 타인에게 손실을 준 사람은 그 이익이 존재하는 한도 내에서 이를 반환할 의무가 있다. 부당이득반환청구권은 디자인법에는 규정되어 있지 않지만, 민법의 규정을 준용하여 이를 청구할 수 있다.

디자인등록의 무효심판은 디자인권이 소멸된 후에도 청구할 수 있으므로(제121조 제2항), 실시권을 허락한 디자인권이 소멸된 후에 무효심판으로 디자인등록을 무효로 한다는 심결이 확정된 경우는 부당이득반환청구를 할 수 있다.

제2절 형사적 구제

Ⅰ. 서설

디자인에 대한 형사적 보호수단을 마련하고 있는 국가는 비교적 적은 편이다. 미국의 경우 디자인은 특허법에서 규율한다. 디자인권 침해에 대해서 민사적 구제절차만 있고 형사적 구제절차는 없다. 우리나라는 디자인에 대한 형사적 구제절차가 마련되어 있다. 디자인법에서 규정하는 디자인에 관한 범죄(犯罪)로서는 디자인권 등의 침해죄, 위증죄, 허위표시의 죄, 사위(詐僞)행위의 죄 및 비밀누설죄 등이 있다.

디자인권 침해죄 등에 관하여 실용신안법에서 규정이 있는 경우를 제외하고는 형법의 규정이 그대로 적용된다(형법 제8조).

Ⅱ. 침해죄

디자인권 또는 전용실시권을 침해한 자에 대해서는 7년 이하의 징역 또는 1억원 이하의 벌금에 처한다(제220조). 디자인권의 침해죄는 친고죄이다. 법인의 대표자, 법인 또는 개인의 대리인 사용자 기타 종업원이 그 법인 또는 개인의 업무에 관하여 디자인권 등을 침해한 경우에는 행위자를 벌하는 외에 그 개인에 대해서는 1억원 이하의 벌금형, 그 법인에 대해서는 3억원 이하의 벌금형을 과할 수 있도록 하여 양벌규정을 적용하고 있다(제227조). 고소란 범죄의 피해자가 수사기관에 특정인의 범죄사실을 신고하여 처벌을 요청하는 것을 말한다. 고소장에는 디자인 침해에 관련하여, (1) 고소를 하는 사람(고소인)과 고소 상대방(피고소인)의 인적사항, (2) 범죄사실과 죄명, (3) 피고소인에 대한 처벌의사, (4) 고소사실과 관련된 사건의 수사 및 재판 여부 등이 필요적 기재사항이다. 임의적 기재사항은 (1) 범행 경위 및 정황 등 고소를 하게 된 이유, (2) 증거자료 유무, (3) 관련사건에 대하여 민사소송이 진행 중인지 여부, (4) 고소사실에 대한 진실 확약 등 범죄사실을 뒷받침하는 사항들이다. 고소인은 증거가 있을 경우 그 내용을 별지에 인적증거, 증거서류 및 증거물을 작성하여야 한다.

Ⅲ. 위증죄

위증죄(僞證罪)란 법의 규정에 의하여 선서한 증인, 감정인 또는 통역인이 특허심판원에 대하여 허위의 진술·감정 또는 통역을 한 경우 적용되는 범죄이다. 이와 같은 범죄는 국가의 심판작용 등을 그릇되게 할 위험이 있기 때문에 처벌하는 것이다. 위증죄에 대하여는 법률에 의하여 선서한 증인이 허위의 공술을 한 때에는 5년 이하의 징역 또는 1천만원 이하의 벌금에 처한다(제221조 제1항).

위증죄를 범한 자가 그 사건의 심결의 확정 전에 자수한 때에는 그 형을 감경 또는 면제받을 수 있다(제221조 제2항). 본 죄는 법률상 감경사유가 있기 때문에 법원은 재량권에 기하여 형(刑)을 감경 또는 면제할 수 있다.

Ⅳ. 허위표시죄

디자인등록표시는 물품 또는 그 물품의 용기나 포장 등에 등록디자인이라는 문자와 그 등록번호를 표시한다(시행규칙 제101조). 허위표시란 디자인등록된 것이 아닌 물건이나 디자인등록출원 중이 아닌 물건 등에 디자인등록표시 또는 디자인등록출원표시를 하거나 혼동하기 쉬운 표시를 하는 것을 말한다. 이러한 허위표시 행위는 상품 등의 선택에 있어 수요자 간에 오인·혼동을 일으키게 함으로써 거래의 안정을 해칠 우려가 있어서 이를 금지시켜야 한다. 허위표시의 죄는 상거래의 안전을 해칠 우려가 있는 경우 허위표시의 죄로 처벌함을 규정한 것이다. 디자인법에서는 디자인 물품 등에 대하여 허위표시를 금지하고 있다(제215조).[3)]

---

3) 허위표시 금지 대상: 1. 디자인등록된 것이 아닌 물품, 디자인등록출원 중이 아닌 물품 또는 그 물품의 용기나 포장에 디자인등록표시 또는 디자인등록출원표시를 하거나 이와 혼동하기 쉬운 표시를 하는 행위, 2. 제1호의 표시를 한 것을 양도·대여 또는 전시하는 행위, 3. 디자인등록된 것이 아닌 물품, 디자인등록출원 중이 아닌 물품을 생산·사용·양도 또는 대여하기 위하여 광고·간판 또는 표찰에 그 물품이 디자인등록 또는 디자인등록출원된 것으로 표시하거나 이와 혼동하기 쉬운 표시를 하는 행위이다.

디자인표시가 그러한 방법으로 되지 않는 경우 그것을 허위표시로 볼 수 있을 것인지가 문제이다. 실제의 디자인이 다른 번호가 있는데도 불구하고 실수로 디자인등록번호를 오기한 경우에는 허위표시가 아닌 것으로 본다. 디자인법 제215조를 위반하여 허위표시를 한 자는 3년 이하의 징역 또는 2천만원 이하의 벌금에 처한다(제222조).

Ⅴ. 비밀누설죄

특허청직원·특허심판원 직원 또는 그 직에 있었던 자가 그 직무상 지득한 디자인등록출원 중의 디자인에 관하여 비밀을 누설하거나 도용한 때에는 5년 이하의 징역 또는 5천만원 이하의 벌금에 처한다(제225조 제1항). 이 규정은 특허청 직원에게 적용되는 범죄로서 형법 제127조에 규정된 공무원이 공무상 지득한 사실에 대한 비밀준수 원칙을 준용한 것이다.

특허청 또는 특허심판원 직원이나 그 직원으로 재직하였던 사람이 비밀디자인에 관하여 직무상 알게 된 비밀을 누설한 경우에는 5년 이하의 징역 또는 5천만원 이하의 벌금에 처한다(제225조 제2항).

Ⅵ. 양벌규정

디자인법은 실효성이 있는 범죄행위의 방지를 위해 법인의 대표자·법인 또는 개인의 대리인·사용자·기타 종업원이 그 법인 또는 개인의 업무에 관하여 디자인침해죄, 허위표시의 죄 및 거짓행위의 죄 중 어느 하나에 해당하는 위반행위를 하면 그 행위자를 벌하는 외에 그 법인에는 다음 각 호의 구분에 따른 벌금형[4]을, 그 개인에게는 해당 조문의 벌금형을 과(科)한다(제227조). 다만 법인 또는 개인이 그 위반행위를 방지하기 위하여 해당 업무에 관하여 상당한 주의와 감독을 게을리하지 아니한 경우에는 그러하지 아니하다.

Ⅶ. 과태료

1. 부과대상

과태료란 행성상의 질서위반자에 대하여 과하는 행정벌의 일종으로서 형법상의

4) 제1호: 디자인법 제220조 제1항의 경우에는 3억원 이하의 벌금, 제2호: 디자인법 제222조 또는 제223조의 경우에는 6천만원 이하의 벌금.

형벌은 아니다. 디자인법은 디자인에 관한 심판 등의 절차에서 허위진술 등을 함으로써 심판절차의 적정을 저해하는 경우 등 일정 행위를 한 자에게 행정상의 질서벌로서 과태료를 부과하도록 하고 있다. 다음 각 호[5)]의 어느 하나에 해당하는 자에게는 50만원 이하의 과태료를 부과한다(제229조 제1항).

2. 과태료 부과절차

과태료는 특허청장이 부과·징수한다(제229조 제2항). 특허청장은 과태료를 부과한 때에는 해당 위반행위를 조사·확인한 후 위반사실과 과태료의 금액 등을 명시하여 이를 납부할 것을 과태료 처분대상자에게 서면으로 통지하여야 하며, 이 경우 특허청장은 10일 이상의 기간을 정하여 과태료 처분대상자에게 구술 또는 서면에 의한 의견진술기회를 주어야 한다. 디자인법 제229조 제1항에 따른 과태료의 부과기준은 디자인법 시행령 제12조에서 규정하는 별표와 같다.

제3절 비밀유지명령제도

2012년 개정법에서 한미 FTA 합의사항에서 법원으로 하여금 디자인권 등의 침해에 관한 소송에서 당사자가 제출한 준비서면 등에 영업비밀이 포함되어 있고, 그 영업비밀이 공개되면 당사자의 영업에 지장을 줄 우려가 있는 경우 등에는 당사자의 신청에 따라 결정으로 해당 영업비밀을 알게 된 자에게 소송 수행 외의 목적으로 영업비밀을 사용하는 행위 등을 하지 못하게 명령할 수 있는 비밀유지명령제도를 도입하였다.

Ⅰ. 비밀유지명령

1. 의의

법원은 디자인권 또는 전용실시권의 침해에 관한 소송에 있어서 그 당사자가 보

5) 1. 제145조에 따라 준용되는 「민사소송법」 제299조 제2항 및 제367조에 따라 선서를 한 자로서 특허심판원에 대하여 거짓 진술을 한 자. 2. 특허심판원으로부터 증거조사 또는 증거보전에 관하여 서류나 그 밖의 물건 제출 또는 제시의 명령을 받은 자로서 정당한 이유 없이 그 명령에 따르지 아니한 자. 3. 특허심판원으로부터 증인, 감정인 또는 통역인으로 출석요구된 사람으로서 정당한 이유 없이 출석요구에 응하지 아니하거나 선서·진술·증언·감정 또는 통역을 거부한 자.

유한 영업비밀에 대하여 다음 각 호의 사유[6]를 모두 소명한 경우에는 그 당사자의 신청에 따라 결정으로 다른 당사자(법인인 경우에는 그 대표자), 당사자를 위하여 소송을 대리하는 자, 그 밖에 해당 소송으로 인하여 영업비밀을 알게 된 자에게 그 영업비밀을 해당 소송의 계속적인 수행 외의 목적으로 사용하거나 그 영업비밀에 관계된 명령을 받은 자 외의 자에게 공개하지 아니할 것을 명할 수 있다(제217조 제1항). 다만 그 신청 시점까지 다른 당사자(법인인 경우에는 그 대표자), 당사자를 위하여 소송을 대리하는 자, 그 밖에 해당 소송으로 인하여 영업비밀을 알게 된 자가 준비서면의 열람이나 증거 조사 외의 방법으로 그 영업비밀을 이미 취득하고 있는 경우에는 비밀유지명령을 내리지 않을 수 있다.

2. 비밀유지명령 절차

비밀유지명령은 다음 사항을 서면으로 적어서 신청하여야 한다. (i) 비밀유지명령을 받을 자, (ii) 비밀유지명령의 대상이 될 영업비밀을 특정하기에 충분한 사실, (iii) 제1항 각 호의 사유에 해당하는 사실 등이다(제217조 제2항). 법원은 비밀유지명령이 결정된 경우에는 그 결정서를 비밀유지명령을 받은 자에게 송달하여야 한다(제217조 제3항). 비밀유지명령은 제3항의 결정서가 비밀유지명령을 받은 자에게 송달된 때부터 효력이 발생한다(제217조 제4항). 비밀유지명령의 신청을 기각 또는 각하한 재판에 대하여는 즉시항고를 할 수 있다(제217조 제5항).

3. 비밀유지명령의 취소

비밀유지명령을 신청한 자 또는 비밀유지명령을 받은 자는 디자인법 제217조 제1항에 따른 요건을 갖추지 못하였거나 갖추지 못하게 된 경우 소송기록을 보관하고 있는 법원(소송기록을 보관하고 있는 법원이 없는 경우에는 비밀유지명령을 내린 법원)에 비밀유지명령의 취소를 신청할 수 있다(제218조 제1항). 법원은 비밀유지명령의 취소 신청에 대한 재판이 있는 경우에는 그 결정서를 그 신청을 한 자 및 상대방에게 송달하여야 한다(제218조 제2항). 비밀유지명령의 취소 신청에 대한 재판에 대하여는 즉시항고를 할 수 있다. 비밀유지명령을 취소하는 재판은 확정되어야 그 효력이 발생

6) 1. 이미 제출하였거나 제출하여야 할 준비서면 또는 이미 조사하였거나 조사하여야 할 증거에 영업비밀이 포함되어 있다는 것, 2. 제1호의 영업비밀이 해당 소송수행 외의 목적으로 사용되거나 공개되면 당사자의 영업에 지장을 줄 우려가 있어 이를 방지하기 위하여 영업비밀의 사용 또는 공개를 제한할 필요가 있다는 것.

한다(제218조 제4항). 비밀유지명령을 취소하는 재판을 한 법원은 비밀유지명령의 취소 신청을 한 자 또는 상대방 외에 해당 영업비밀에 관한 비밀유지명령을 받은 자가 있는 경우에는 그 자에게 즉시 비밀유지명령의 취소 재판을 한 사실을 알려야 한다(제218조 제5항).

4. 소송기록 열람 등의 청구 통지 등

비밀유지명령이 내려진 소송에 관한 소송기록에 대하여 민사소송법 제163조 제1항[7]의 결정이 있었던 경우, 당사자가 같은 항에서 규정하는 비밀 기재 부분의 열람 등의 청구를 하였으나 그 청구절차를 해당 소송에서 비밀유지명령을 받지 아니한 자가 밟은 경우에는 법원서기관, 법원사무관, 법원주사 또는 법원주사보(이하 "법원사무관등"이라 한다)는 민사소송법 제163조 제1항의 신청을 한 당사자에게 그 청구 직후에 그 열람 등의 청구가 있었다는 사실을 알려야 한다(제219조 제1항).

법원사무관 등은 디자인법 제219조 제1항의 청구가 있었던 날부터 2주일이 지날 때까지(그 청구절차를 행한 자에 대한 비밀유지명령신청이 그 기간 이내에 행하여진 경우에는 그 신청에 대한 재판이 확정되는 시점까지) 그 청구절차를 행한 자에게 비밀 기재 부분의 열람 등을 하게 하여서는 아니 된다(제219조 제2항). 열람 등의 청구를 한 자에게 제1항의 비밀 기재 부분의 열람 등을 하게 하는 것에 대하여 민사소송법 제163조 제1항의 신청을 한 당사자 모두의 동의가 있는 경우에는 적용되지 아니한다(제219조 제2항).

Ⅱ. 비밀유지명령 위반죄

국내외에서 정당한 사유 없이 디자인법 제217조 제1항에 따른 비밀유지명령을 위반한 자는 5년 이하의 징역 또는 5천만원 이하의 벌금에 처한다(제224조 제1항).

비밀유지명령 위반죄는 비밀유지명령을 신청한 자의 고소가 없으면 공소를 제기할 수 없다(제224조 제2항). 비밀유지명령 위반죄가 성립하기 위해서는 비밀유지명령을 위반한 사실 또는 최소한의 높은 개연성에 대한 인식이 있어야 할 것이다. 비밀유지명령을 위반한 죄는 친고죄로 규정되어 있어서 피해자의 고소가 전제되어야 한다.

---

7) 민사소송법 제163조(비밀보호를 위한 열람 등의 제한): 법원은 당사자의 신청에 따라 결정으로 소송기록 중 비밀이 적혀 있는 부분의 열람·복사, 재판서 ·조서 중 비밀이 적혀 있는 부분의 정본·등본·초본의 교부를 신청할 수 있는 자를 당사자로 한정할 수 있다.

제12장 헤이그 국제디자인출원

제1절 국제디자인출원제도

Ⅰ. 서설

2014년 개정법에서 디자인산업의 새로운 환경변화에 적극적으로 대응하기 위해 디자인권의 보호대상을 확대하고, 국제출원방식에 대한 출원인의 선택의 폭을 확대하여 국내 우수 디자인이 해외에서 쉽고 간편하게 보호받을 수 있도록 「산업디자인의 국제등록에 관한 헤이그협정 제네바법」을 반영한 디자인의 국제디자인출원제도를 도입하였다.[1)]

이는 특허청을 거쳐 국제출원을 하려는 자로부터 국제출원서 및 그 출원에 필요한 서류를 제출받아 세계지식재산권기구(WIPO)에 보내줌으로써 국제출원의 편의를 제공하기 위한 것이다. 또한 국내외의 출원인이 국내에서 디자인등록을 받기 위하여 대한민국을 지정국으로 하여 국제출원을 한 경우 국제등록일을 대한민국의 디자인등록출원일로 간주하고 이 법에 따른 디자인등록출원의 심사절차를 준용한다. 특허청이 헤이그협정에 가입함에 따라 하나의 출원서를 WIPO에 제출하면 복수의 지정국에 출원한 효과를 부여하는 국제디자인출원제도가 2014년 7월 1일부터 시행되었다. 2016년 12월 현재 협정에 가입한 국가는 65개국이다.

Ⅱ. 헤이그 국제디자인제도의 도입

헤이그협정에 따라 국제디자인제도[2)]를 도입하여, 대한민국 국민이 특허청을 거

1) 헤이그 국제출원은 세계지식재산권기구(WIPO) 국제사무국에 하나의 국제출원서를 제출하여 여러 체약당사자 영역에서 디자인을 보호받을 수 있는 제도이다. 따라서 헤이그 시스템에서는 하나의 국제출원이 복수의 관청에 제출해야 하는 일련의 출원을 대체한다. 이러한 헤이그 국제출원은 아래 3개의 협정으로 구성된다. 1934년 협정(The London Act of June 2, 1934 Act), 1960년 협정(The hague Act of November 28, 1960 Act), 1999년 협정(The Geneva Act of July 2, 1999 Act). 1934년 협정은 그 적용이 동결되었고, 현재는 1960년 협정 가입국가와 1999년 협정 가입국가로 구분될 수 있다. 우리나라는 1999년 협정의 가입국가로서 1999년 협정에 따른 국제디자인출원제도를 시행하고 있다.

2) The Hague System for the International Registration of Industrial Designs provides a practical business solution for registering up to 100 designs in over 65 territories through filing one single international application.

쳐 국제사무국(WIPO)에 국제출원을 할 때 국제출원서에 기재할 사항, 송달료의 납부 등 국제출원에 필요한 절차를 밟을 수 있도록 하였다. 국제디자인등록출원인이 대한민국에서 디자인등록을 받기 위하여 대한민국을 지정국으로 하여 국제출원을 하려는 경우 이 개정법에 따른 심사절차를 따르도록 하되, 헤이그협정과 상충되는 조항에 대해서는 특례조항을 두었다. 이와 같이 국제출원 및 국제디자인등록출원 절차를 도입함으로써 해외 디자인권 확보를 위한 신속하고 간편한 국제출원시스템을 마련하게 되었고, 디자인에 대한 국내기업의 해외출원과 등록관리의 효율화를 기할 수 있게 되었다.

Ⅲ. 헤이그 국제출원

헤이그 국제출원에 따른 제9장 제1절(제173조 내지 제178조)은 특허청을 통한 국제출원으로서, 국제출원, 국제출원을 할 수 있는 자, 국제출원의 절차, 국제출원서 등 서류제출의 효력발생시기, 기재사항의 확인 등, 송달료의 납부에 관한 내용을 규정하고 있다. 제2절(제179조 내지 제205조)은 국제디자인등록출원에 관한 절차로서, 국제디자인등록출원, 디자인등록요건의 특례, 디자인등록출원의 특례, 출원일 인정 등의 특례, 국제등록의 소멸로 인한 국제디자인등록출원 또는 국제등록디자인권의 취하 등, 비밀디자인의 특례, 국제등록부 경정의 효력, 권리침해에 대한 금지청구권 등의 특례, 서류의 열람 등의 특례를 규정하고 있다. 우리 디자인법은 제9장에 헤이그 국제디자인출원절차와 특례 등 총 33개 조문을 두고 있다.

제2절 특허청을 통한 국제출원

Ⅰ. 국제출원인

헤이그협정에 따른 국제등록을 위하여 출원을 하려는 자는 특허청을 통하여 헤이그협정 제1조(vii)에 따른 국제출원(이하 "특허청을 통한 국제출원"이라 한다)을 할 수 있다(제173조). 헤이그 국제출원을 이용하여 국제출원을 할 수 있는 사람은 아래 조건 중 적어도 하나를 만족하여야 한다. 이러한 경우 출원인은 헤이그 국제출원을 위한 자격을 가진다(헤이그협정 제3조).

특허청을 통한 국제출원을 할 수 있는 자는 (ⅰ) 대한민국 국민, (ⅱ) 대한민국에 주소(법인인 경우에는 영업소를 말한다)가 있는 자, (iii) 그 밖에 대한민국에 거소가 있는 자이다. 다만, 1999년 협정이 적용되는 경우에는 체약당사자의 거주지를 기초로 하여 국제출원을 할 수도 있다. 이러한 경우 그 체약당사자를 출원인의 체약당사자(1999년 협정 적용)라고 한다. 우리나라는 1999년 협정의 체약당사자이므로 위 3가지 조건 중 하나를 만족하는 사람(자연인 또는 법인)이 대한민국을 출원인의 체약당사자로 하여 국제출원을 할 수 있다. 다음 <그림 2>는 헤이그국제출원과 개별국 직접출원의 절차를 비교한 것이다.

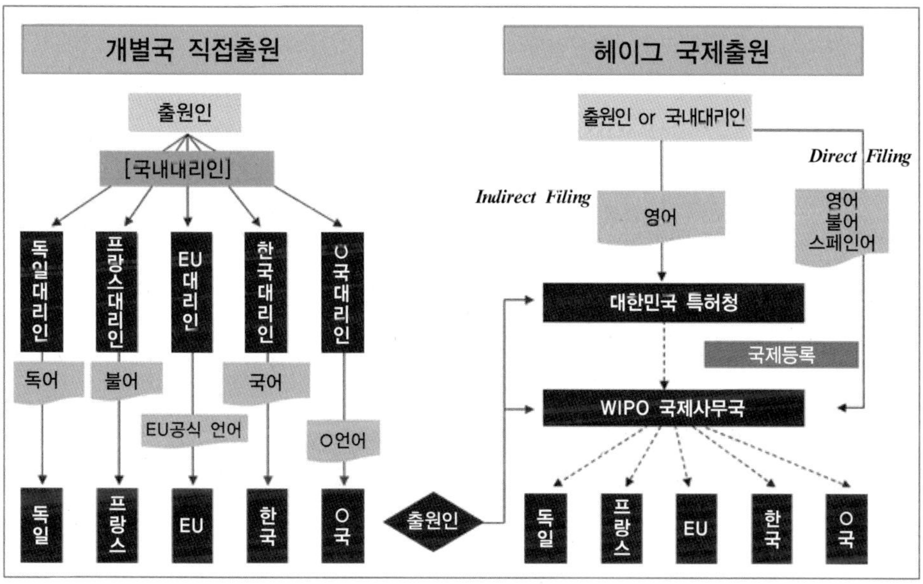

〈그림 2〉 개별국 직접출원과 헤이크 국제디자인출원 비교

Ⅱ. 보호를 받을 수 있는 국가

헤이그 국제출원을 이용한 디자인의 보호는 출원인의 체약당사자에게 적용되는 협정과 같은 협정에 가입한 국가 또는 정부 간 기구의 영역에 한정된다. 대한민국은 1999년 협정의 체약당사자이므로 대한민국을 출원인의 체약당사자로 하여 국제출원을 하는 사람은 1999년 협정에 가입한 체약당사자만을 지정하여 국제출원을 할 수 있다.[3] 따라서 1999년 협정의 체약당사자가 아닌 국가에서 디자인권을 획득

3) 헤이그협정(제네바 개정협정)의 체약당사자: 1999년 제네바 개정협정은 총 47개의 체약당사자가 가입하였다. 아프리카 지식재산권기구(OAPI)와 유럽연합(EU)은 정부 간 기구로서 체약당사자이다. 2016년 12월 현재 헤이그협정에 가입한 국가는 65개국이고, 정부 간 기구를 포함하면 77개국이다.

하고자 하는 경우 출원인은 '파리루트에 의한 개별 출원'을 통해서 획득할 수 있다. 위의 그림은 개별국 직접출원과 헤이그 국제출원에 의한 출원절차를 비교한 것이다.

Ⅲ. 국제출원 방법

1. 국제출원의 절차

최근 국내 또는 해외 기업들은 사업의 영역을 국내 시장에 한정하지 않고, 해외 시장까지 넓히고 있다. 기업들은 디자인의 독점배타권을 해외로 확장하기 위해서 국내뿐만 아니라 해외에서도 디자인권 확보에 총력을 가하고 있다.

디자인권의 효력은 속지주의 원칙상 각 국가별로 효력이 미치고, 각 국가별로 디자인에 관한 법률과 제도가 다양한 방식으로 운영되고 있다.

특허청을 통한 국제출원을 하려는 자는 디자인법 시행규칙 제90조에 따라 작성된 국제출원서 및 그 출원에 필요한 서류를 특허청장에게 제출하여야 한다(제175조 제1항). 헤이그 국제출원을 이용한 국제출원은 선행하는 국내출원이나 등록이 필요하지 않다. 이러한 점은 상표의 국제출원제도인 마드리드시스템과는 차이가 있다. 2015년 개정법에서 디자인의 국제출원 절차를 다음과 같이 보완하였다.

즉 관련디자인등록출원(관련디자인으로 출원하는 국제출원의 경우만 해당한다)의 경우 국제출원서와 관련디자인등록출원 신청서를 제출하고, 신규성 상실 예외를 주장하는 경우에는 국제출원서와 신규성 상실 예외 주장 증명서류(신규성 상실의 예외를 주장하는 국제출원의 경우만 해당한다)를 제출하여야 한다(시행규칙 제90조 제2항).

2. 복수디자인 출원

헤이그 국제출원을 이용한 국제출원은 하나의 국제출원에 최대 100개까지 다른 디자인을 포함할 수 있다(복수디자인 출원). 다만 하나의 출원에 포함되는 모든 디자인은 로카르노분류의 같은 류에 속해야 하므로 모든 국제출원은 단일류에 대한 출원이 된다. 출원인이 국제분류의 예시 명칭을 사용하지 않는 물품을 출원할 때에는 로카르노분류의 같은 류에 속하는 명칭인지에 대하여 확인하여야 한다. 같은 류에 속하지 않는 복수디자인출원일 경우 국제사무국 방식심사의 보정통지 대상이 된다.

3. 국제출원의 내용 및 언어

출원인은 공식서식 또는 국제사무국이 제공하는 전자출원 인터페이스(E-Filing

Portfolio Manager)를 이용하여 국제출원서를 제출하여야 하여야 하며, 보호를 구하는 체약당사자를 지정하고 관련디자인의 도면을 포함하여야 한다. 국제출원서는 출원인의 선택에 따라 영어, 프랑스어, 스페인어 중 하나로 작성하여 제출할 수 있다.

다만, 출원인의 체약당사자를 통하여 국제출원서를 제출할 때에는 관청에서 사용 가능한 언어를 제한할 수 있으며 대한민국은 국제출원서의 등의 작성에 영어만을 사용하도록 제한하고 있다.

4. 공개연기 신청

출원인은 출원일(또는 우선일)로부터 30개월을 넘지 않는 기간 내에서 공개연기를 신청할 수 있다. 국제출원의 공개연기는 출원서 제출과 동시에 신청하여야 하는 것으로 공개연기를 신청하면 공개연기 기간 만료 진까시 국제등록부가 공개되지 않고 지정관청의 심사도 진행되지 않는 점에서 국내법에 따라 등록료 납부 전에 신청하고 디자인등록원부에 등록되는 디자인보호법상의 비밀디자인 제도와는 그 취지가 다르다.

5. 국제출원의 수수료

출원인이 국제출원서를 제출할 때 국제사무국에 내야 할 수수료는 총 3가지이다. 기본료, 공개료와 지정 체약당사자의 심사와 관련된 표준(또는 개별) 지정수수료이다. 다만 지정 체약당사자의 심사와 관련하여 국내 절차에서 필요한 수수료는 개별 국가의 국내법에 따라 해당 국가에 직접 납부한다.

국제사무국에 납부하는 수수료는 스위스 통화(프랑)로만, 개별 국가에 납부하는 수수료는 개별 국가에서 정한 통화로만 납부할 수 있다.

6. 국제출원서의 제출 방법

(1) 국제사무국에 직접 제출 출원인이 국제사무국에 국제출원서를 직접 제출하는 것이 일반적인 방법이다. 국제사무국에 제출할 때는 국제사무국에서 제공하는 E-filing Portfolio Manager를 이용하거나 서면출원 양식을 다운받아 작성하여 우편 또는 팩스로 제출할 수 있다. E-Filing Portfolio Manager는 국제사무국에 출원을 위한 사용자 계정을 만든 이후 사용할 수 있다.

(2) 대한민국 특허청을 경유한 출원 대한민국을 출원인의 체약당사자로 지정할 수 있는 경우, 대한민국 특허청을 통하여 국제출원서를 제출할 수 있다. 이 경우 출원인은 출원서를 영어로만 작성할 수 있으며 국내법에 정한 수수료를 추가로 납

부하여야 한다. 이러한 방식의 국제출원은 다음 2가지 사항을 주의하여야 한다.

첫째, 특허청이 국제출원서를 접수한 날로부터 1개월 이내에 국제사무국에 도착하여야 출원일을 인정받을 수 있으므로 특허청 수수료 또는 대리인의 위임장 등 형식 요건의 미비로 인하여 보정이 필요한 경우 최대한 빠른 시일 내에 보정이 이루어져야 한다. 둘째, 국내법에서 정한 수수료를 제외한 국제출원 수수료(기본료, 공개료, 지정수수료)는 국제사무국으로 직접 납부하여야 한다.

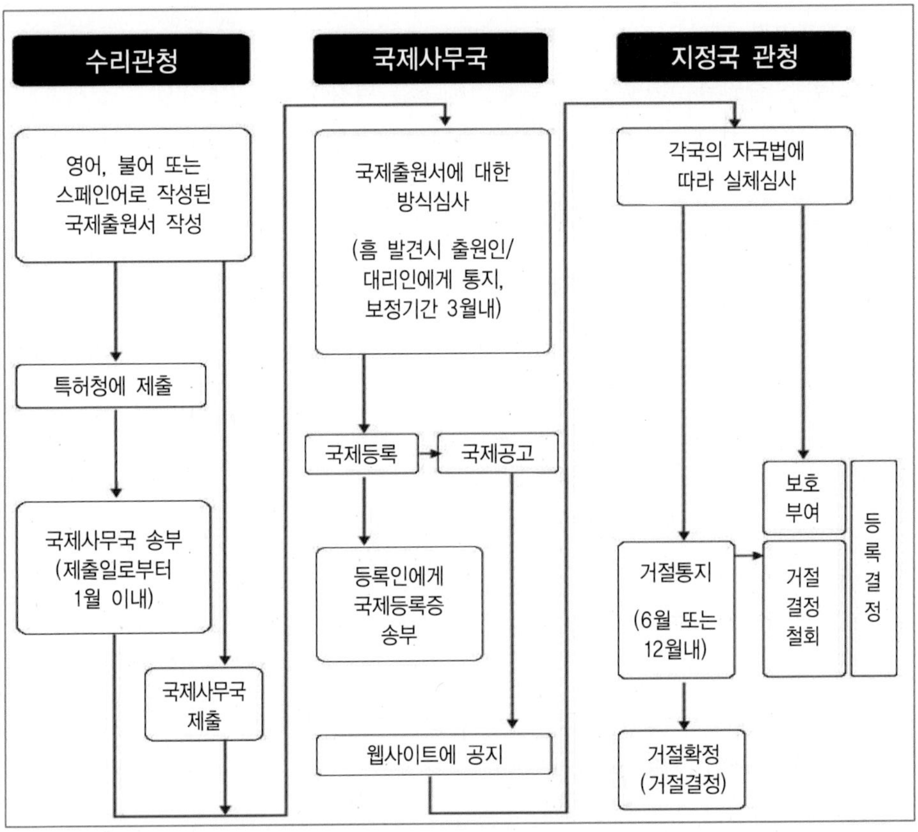

〈그림 3〉 헤이그 국제디자인출원절차

7. 국제사무국의 방식심사

국제사무국이 국제출원서를 접수하면 협정 등에서 정한 형식요건을 따르고 있는지 심사하고 그 결과에 따라 국제등록 또는 보정통지의 대상이 된다. 국제사무국은 오직 형식요건만을 심사하고 디자인의 신규성 또는 다른 실체적 요건을 이유로 국제등록을 거절하지 못한다.

8. 국제등록 및 국제등록의 공개

형식요건을 만족하는 국제출원은 국제등록부에 기록되고 공개연기가 신청된 출원이 아니라면 국제디자인공보에 공개된다. 이러한 공개는 WIPO 웹사이트를 통해 이루어지고 도면 등 국제등록과 관련된 모든 데이터를 포함한다.

Ⅳ. 지정국관청에서 실체심사

1. 국제등록에 대한 심사

국제등록이 국제디자인공보에 공개되면 지정국관청은 자국법에 따른 실체심사를 진행한다. 이러한 심사 결과에 따라 해당 관청은 그 국제등록에 대한 보호거절 여부를 국제사무국에 통지할 수 있다. 다만, 지정국관청은 국제등록의 형식요건에 관한 이유로 국제등록의 보호를 거절할 수 없다. 지정국관청 절차 중 다음의 경우는 국내 디자인 심사절차와 동일하다. 거절결정이유가 없거나 거절이유가 해소된 경우에는 등록공고 후 이의신청(일부심사 물품)이 있다. 심사관이 거절결정하는 경우 거절결정불복심판을 청구할 수 있다.

2. 심사결과의 통지

일반적으로 보호거절 여부는 국제등록이 공개된 날로부터 6개월 이내에 통지되어야 한다. 다만, 심사관청이거나 보호부여에 대한 이의신청 기회를 부여하는 체약당사자 관청은 6개월의 거절통지기간을 12개월의 거절통지기간으로 대체한다는 선언을 할 수 있다.

3. 거절통지에 대한 대응

심사관의 거절통지가 있는 경우 출원인은 그 관청에 직접 출원을 제출한 것과 동일한 구제수단을 가진다. 권리자가 거절을 다투는 경우 후속절차는 그 국내법령에 규정된 요건과 절차에 따라야 하므로 불복청구 등은 해당 체약당사자의 법령에 정한 조건과 기한 내에 관할 관청에 직접 제출하여야 한다.

4. 등록결정서

지정관청에 의한 실체심사 결과에 따라 관청은 보호가 부여된다는 내용의 통지를 국제사무국에 할 수도 있다. 다만, 해당 관청이 그러한 통보를 하지 않았더라도 거절통지 기간 이내에 보호거절의 통지가 없을 때에는 국제등록의 대상인 디자인은 당연히 보호된다.

5. 디자인보호의 존속기간

국제등록은 최초 5년의 기간 동안 유효하고 5년 단위로 2회 연장이 가능하다(총 보호기간은 15년). 다만 체약당사자의 국내 법률이 허용하는 총 보호기간이 15년을 초과하는 경우 그 이상 횟수의 갱신도 가능하다. 각 체약당사자의 최장 보호기간은 국제사무국 홈페이지에서 확인할 수 있다.

Ⅴ. 외국에서 디자인을 등록받는 방법

디자인에 관한 독점배타적 사업화를 자국에 한정하지 않고 해외로 확장하기 위해서는 국내뿐만 아니라 해외 각 국가별 디자인에 관한 권리확보가 반드시 필요하다. 디자인의 효력은 파리협약에 따라 속지주의 원칙이 적용되기 때문에 각 국가별로 효력이 발생하고 소멸된다. 외국에서 디자인을 등록을 받는 것은 디자인을 출원하고 등록받고자 하는 국가가 어디인가에 따라 방법이 달라진다. 외국에 디자인을 출원하는 방법은 3가지 방법이 있다.

1. 파리협정을 이용(Paris route)

파리협약에 따라 디자인 등록을 받기를 원하는 국가에 직접 출원하는 방법이다. 일반적으로 파리협약에 의한 우선권을 주장하면서 출원하므로 '파리루트에 의한 디자인 출원'이라고도 표현하며 출원하는 국가의 법과 절차에 따라야 한다.

다만, 우선권을 주장하기 위해서는 선출원의 출원일로부터 6개월 이내에 해당 국가에 출원해야 한다.

2. OHIM 등에 국제출원

국가 간 조약에 의하여 공동으로 하나의 지식재산권기구를 가진 국가인 경우 이들 기구에 출원하는 방법이다. 가입 국가가 독자적인 디자인권기구나 제도를 운영하는 유럽상표디자인청(OHIM)[4], 아프리카지역산업재산권기구(ARIPO)와 가입 국

4) OHIM is the European Union agency responsible for managing two important vehicles for the protection of creativity and innovation - the Community trade mark and the registered Community design. A design is the appearance of a product: its shape, patterns and colours. At OHIM we

가가 독자적인 디자인권기구나 제도를 운영하지 않는 베네룩스지식재산권기구(BOIP), 아프리카지식재산권기구(OAPI)가 있다. 일반적으로 OHIM을 통하여 국제출원을 하는 방법이 대부분이다.

3. 헤이그 국제출원의 이용(Hague route)

헤이그협정에 따라 헤이그 국제출원을 이용하여 하나의 출원서로 협정 가입 국가 중 하나 또는 여러 국가에 동시에 디자인 출원을 할 수 있다.

헤이그 국제출원의 특징은 국가 간 공동체지식재산권기구인 유럽상표디자인청(OHIM)과 아프리카지식재산권기구(OAPI)도 헤이그협정의 당사자라는 점이다. 앞에서 설명한 국제출원의 절차에 따라 국제디자인출원 절차를 밟을 수 있다.

Ⅵ. 로카르노 국제분류

디자인에 관한 통일적인 국제분류의 확립을 목적으로 하는 「디자인의 국제분류의 설정에 관한 로카르노협정」(The Locarno Agreement Establishing an International Classification for Industrial Design, 1968)은 1971년 4월 27일 발효되었다. 우리나라는 2014년 7월 1일부터 국제디자인등록출원제도가 시행됨에 따라 산업디자인의 국제분류(로카르노분류 제10판)를 사용하고 있다.

로카르노분류 제10판은 2013년 6월 발행된 가장 최근판으로 32개류 219개군에 7,157개의 물품목록을 포함하고 있다. 출원인은 디자인등록출원시 출원서의 [물품류] 기재란에 로카르노분류의 류(Class)를 기재하여야 한다.

---

register around 80,000 designs a year. A registered Community design is valid in all countries of the European Union. 유럽연합(EU) 회원국은 1958년의 유럽경제공동체(EEC)를 시초로 하여 유럽연합에 가입한 28개 국가들을 의미한다. EU 공동체상표디자인청(OHIM)에서 유럽공동체디자인을 등록하고 있다.

제5편

상 표 법

제1장 상표법 개관

Ⅰ. 서설

상표란 자기의 상품과 타인의 상품을 식별하기 위하여 사용하는 표장(標章)을 말한다. 상표는 시장에서 거래되는 독립적인 상품에 부착된 등록상표(trademark)이다.

상표를 '상품의 얼굴'이라고도 한다. 등록상표를 포함하는 브랜드(brand)란 수요자들의 마음에 가장 먼저 떠오를 수 있는 특정 상품이나 서비스의 가치를 말한다. 브랜드는 좁은 의미로 어떤 상품이나 서비스, 회사 등을 나타내는 상표를 의미하고, 넓은 의미로 브랜드는 자사(自社)의 상품이나 서비스를 타사(他社)의 상품과 서비스와 차별화하고 자사의 정체성을 담을 수 있는 명칭, 용어, 기호, 상징, 디자인 또는 이러한 요소들의 결합된 표장이다.

수요자들이 그 브랜드의 존재를 인지하지 못하면 그 브랜드의 상품을 구입하지 않는 경향이 있다. 등록상표의 브랜드 가치(brand value)는 브랜드가 가지고 있는 무형의 자산(資産)이다.[1] 기업의 경영자와 브랜드 담당자가 상품이나 서비스를 브랜딩(branding)할 때 수요자에게 브랜드를 광고하고, 브랜드의 인지도를 높이는 전략이 바로 성공의 열쇠라 할 수 있다. 브랜드 관리자는 브랜드 인지도를 높이는 전략으로 고객들의 마음에 좋은 이미지를 각인(deposition)시키는 작업을 병행한다.

상표권은 상표에 내재된 해당 상품에 관한 상표권자의 영업상의 신용 내지 고객흡인력을 보호법익으로 한다. 상표는 생산업자나 유통업자 등이 자기가 생산하고, 유통하는 상품을 타인의 상품과 구별되도록 하기 위해서 사용되는 식별표지이므로 상표는 거래사회에서 자기의 상품과 타인의 상품을 구별할 수 있는 힘(식별력 또는 특별 현저성)을 지니고 있어야 한다. 상표권의 금지적 효력은 제3자가 상표권자의 등록상표와 동일 또는 유사한 상표를 지정상품과 동일 또는 유사한 상품에 사용하는 것

1) 스포츠 의류 중에는 많은 상표가 있지만 그 중에서 우리에게 가장 많이 알려진 나이키(NIKE)는 그리스 신화에 나오는 승리의 여신 니케(NIKE)의 날개를 상징한 것으로 열정적인 스포츠의 정신과 승리의 의지를 표현한 상표이다. 나이키 회사 창립 당시 회사를 상징할 수 있는 브랜드를 공모한 결과 포틀랜드 주립대학교의 한 여대생이 창작한 상표인 NIKE가 선정되었다. 나이키사는 골프선수 타이거 우즈와 같은 스포츠 스타에게 NIKE 로고가 새겨진 모자나 의류를 입히는 광고를 하면서 브랜드 파워(brand power)를 구축하고 있다. 미국 경제저널 포브스(Forbes)가 2016년 5월에 발표한 'The World's Most Brands 2016'에 의하면, NIKE의 브랜드 가치는 18위로 275억 달러이다. NIKE는 브랜드를 창작한 사람에게 40만 달러 상당의 주식을 제공했다.

을 금지할 수 있는 권리를 말한다.

상표권의 보호는 유사상표에 관한 금지적 효력이 미치는 범위로서 상표의 유사 여부 판단이 실체적인 판단이라 할 수 있다. 등록된 상표권이라 하더라도 일정기간 사용하지 않거나, 상표권자가 고의로 지정상품에 등록상표와 유사한 상표를 사용하여 수요자로 하여금 오인·혼동하게 하는 경우에는 상표등록을 취소하는 취소심판제도가 있다. 등록상표의 취소심판제도는 등록주의의 폐단을 줄이고 타인이 상표를 선택할 수 있는 기회를 확대하기 위한 것이다.

최근 상표법의 국제적인 변화는 상표법의 통일화(Harmonization), 상표범위의 확대, 보호내용의 확정이라 할 수 있다. 특히 상품 거래의 국제화(Globalization)가 활발해짐에 따라 상표제도 역시 국제화가 진전되고 있는 경향이다.

Ⅱ. 상표제도의 목적

상표법은 상표를 보호함으로써 상표 사용자의 업무상 신용유지를 도모하여 산업발전에 이바지하고 수요자의 이익을 보호함을 목적으로 한다(제1조). 상표법의 목적은 상표권자의 입장에서는 상표에 내재된 상표권자의 신용을 보호·유지하게 하고, 일반 수요자의 입장에서는 상표의 차별성을 이용하여 자기가 원하는 품질의 상품을 선택할 수 있게 하며, 국가적 측면에서는 건전한 상품 거래의 활성화를 통하여 산업발전에 도움이 되도록 하는 데에 있다.

1. 산업발전에 이바지

상표권은 경제거래의 수단으로서 산업의 발전을 도모하기 위하여 인정된 권리이다. 상표의 보호를 통하여 상표사용자의 신용을 보호하고 타인에 의한 부정경쟁행위가 방지되고, 수요자가 안심하고 상품거래를 하게 되면 국가 전체적으로는 시장에서 건전한 상거래질서가 확립되므로 이를 통해서 궁극적으로 국가의 산업발전에 이바지하게 된다.

2. 수요자의 이익보호

상표를 보호하면 상표의 본래의 기능인 상품 출처와 상품 품질의 보증 기능이 발휘될 수 있도록 함으로써 수요자와 거래자의 신뢰이익을 보장하고 상표사용자로 하여금 계속적인 상품품질의 향상에 노력하도록 함으로써 결과적으로 수요자의 이익을 보호한다. 상표침해행위나 기타 부정한 수단에 의한 상표의 사용행위는 수요자에게 상품의 출처 및 품질에 관하여 오인·혼동을 일으키게 하여 수요자의 신뢰이익을 해치고 경제적 손실을 초래하므로 이를 방지하여 수요자의 이익을 보호하는 공익적인 목적을 가지고 있다.

3. 부정경쟁방지

상표제도의 목적은 상표의 오인 내지는 상품의 혼동으로 인하여 발생될 부정경쟁을 방지하고 그 혼동으로 피해를 입은 상표권자의 영업상의 신용을 보전함과 아울러 거래자 및 수요자를 보호하려는 데에 있다. 부정경쟁이란 산업상 또는 영업상 공정한 관행에 반하는 경쟁행위를 의미한다. 상표법은 그 기능이나 목적의 면에서 보면 부정경쟁을 방지하고 건전한 상거래 질서의 확립을 목적으로 한다. 판례는 등록상표권의 행사가 상표사용자의 업무상 신용유지와 공정한 경쟁질서와 상거래질서를 어지럽히는 경우에는 비록 권리행사의 외형을 갖추었다 하더라도 등록상표에 관한 권리를 남용하는 것으로서 허용될 수 없다고 한다.[2)]

상표법은 부정경쟁방지법과 함께 영업상 공정하고 투명한 경쟁질서와 상거래질서를 위한 경쟁법의 일부를 구성한다. 또한 무역 관련 지식재산권 협정(TRIPs)에서 규정하는 상표의 보호를 목적으로 하며, 수요자의 보호에도 기여할 수 있어야 한다.

Ⅲ. 상표의 종류

1. 상표

(1) 의의　　상표란 자타상품을 식별하기 위하여 사용하는 일체의 감각적인 표현수단을 의미한다. 상표는 상품의 표장(mark)이다. 넓은 의미의 상표개념으로는 상표 외에 서비스표, 단체표장 및 업무표장을 포함한다. 2016년 개정법에서는 상표와 서비스표를 구분하지 않고 상표로 통일한 것이 특징이다.

상표는 상품의 표장(sign, mark)이며, 구상표법에서는 표장은 기호·문자·도형·입체적 형상 또는 이들을 결합한 것과 이들 각각에 색채를 결합한 것, 색채 또는 색채의 조합만으로 된 상표·홀로그램상표·동작상표 및 그 밖에 시각적으로 인식할 수 있는 모든 유형의 표장이 상표법으로 보호받을 수 있었다. 우리나라는 1997년에 입체상표제도를, 2007년에 색채상표, 홀로그램상표 및 동작상표제도를 도입했다. 또한 2012년 3월 15일 발효된 한미 FTA를 이행하기 위하여 소리상표와 냄새상표가 도입되었다.

---

2) 대법원 2008.7.24. 선고 2006다40461, 40478 판결.

(2) 상표의 정의 상표란 자기의 상품과 타인의 상품을 식별하기 위하여 사용하는 표장(標章)을 말한다(제2조 제1항 제1호). 자기의 상품과 타인의 상품을 식별하기 위하여 사용되지 않는 표장은 상표로 볼 수 없다. 상표는 생산업자나 유통업자 등이 자기가 생산하거나 취급하는 상품을 타인의 상품과 구별되도록 하기 위하여 사용하는 식별표지이므로, 상표는 자기의 상품과 타인의 상품을 구별할 수 있는 힘인 '식별력(distinctiveness)'을 갖추어야 한다.

상품은 지리적 표시가 사용되는 상품의 경우를 제외하고는 서비스 또는 서비스의 제공에 관련된 물건을 포함한다. 상품은 거래사회에서 상품의 생산자와 소비자를 연결하여 주는 도구로서 시장에서 유통을 위한 산물이라 할 수 있다.

2. 표장

표장(symbol mark)이란 기호, 문자, 도형, 소리, 냄새, 입체적 형상, 홀로그램·동작 또는 색채 등으로서 그 구성이나 표현방식에 상관없이 상품의 출처(出處)를 나타내기 위하여 사용하는 모든 표시를 말한다(제2조 제1항 제2호). 2015년 개정법에서 표장(標章)을 기호, 문자, 도형, 소리, 냄새, 입체적 형상 또는 색채 등으로서 그 구성이나 표현방식에 상관없이 상품의 출처를 나타내기 위하여 사용하는 모든 표시로 정의하여, 상품의 식별력과 출처 표시 등 그 핵심적인 의미와 대표적인 표현방식 위주로 간결하게 정의하고 있다.

상표법상 상표는 기호, 문자, 도형, 소리, 냄새, 입체적 형상, 홀로그램·동작 또는 색채를 구성요소로 하며 그것은 시각을 통하여 인식할 수 있는 표지(visible signs) 또는 시각을 통하여 인식할 수 없는 표지를 모두 포함한다.

3. 단체표장

단체표장(collective mark)이란 상품을 생산·가공·판매하거나 서비스를 제공하는 자기 공동으로 설립한 법인이 직접 사용하거나 그 소속 단체원에게 사용하게 하기 위한 표장을 말한다(제2조 제1항 제3호). 상표는 생산·가공·판매·증명하는 것을 업(業)으로 영위하는 자가 자기의 상품에 사용하는 표장이다. 여기서 '업으로 영위한다.'함은 일정한 목적으로 계속 반복하여 영업을 한다는 의미이다.

영리목적의 유무는 묻지 아니하므로 협동조합이나 자선단체 등에서 상표표식으로 사용하는 것도 상표라 할 수 있다. 단체표장의 예로 지리적 표시 단체표장, 로터리 클럽의 로고, 코파스(서울시 가구공업협동조합의 단체표장) 등이 있다. 파리협약 제7조의2에서 단체표장을 보호하도록 규정하고 있으나, 보호요건은 동맹국의 법령에 위임하고 있다.

4. 업무표장

업무표장(business emblem)이란 영리를 목적으로 하지 아니하는 업무를 하는 자가 그 업무를 나타내기 위하여 사용하는 표장을 말한다(제2조 제1항 제9호). 업무표장에 관하여 상표법에 특별히 규정한 것을 제외하고는 상표에 관한 규정이 그대로 적용된다. 대한적십자사, 청년회의소, YMCA, 보이스카우트, YWCA, 한국소비자원 등이 업무표장의 사례이다.

5. 지리적 표시 단체표장

지리적 표시 단체표장이란 지리적 표시를 사용할 수 있는 상품을 생산·제조 또는 가공하는 자가 공동으로 설립한 법인이 직접 사용하거나 그 소속 단체원에게 사용하게 하기 위한 표장을 말한다(제2조 제1항 제6호). 지리적 표시란 상품의 특정 품질·명성 또는 그 밖의 특성이 본질적으로 특정지역에서 비롯된 경우에 그 지역에서 생산·제조 또는 가공된 상품임을 나타내는 표시를 말한다.

지리적 표시 단체표장의 예로 상주군의 상주곶감, 공주군의 정안밤, 영암군의 영암무화과, 진천군의 생거진천쌀, 고흥군의 해맞이쌀 등이 있다.

6. 증명표장

증명표장(certification mark)이란 상품의 품질, 원산지, 생산방법 또는 그 밖의 특성을 증명하고 관리하는 것을 업(業)으로 하는 자가 타인의 상품에 대하여 그 상품이 품질, 원산지, 생산방법 또는 그 밖의 특성을 충족한다는 것을 증명하는 데 사용하는 표장을 말한다(제2조 제1항 제7호). 상표의 기능은 자기의 업무와 관련된 상품을 다른 사람의 상품과 식별하도록 하는 데 중점을 두고 있어 품질인증 기능이 제한적이기 때문에, 상표의 품질보증기능을 강화하여 소비자에게 올바른 상품의 정보를 제공하여 최적의 선택과 소비를 할 수 있도록 하는 데에 그 의의가 있다.

Ⅳ. 상표 구성상의 분류

1. 기호상표

기호상표는 문자나 부호 등을 간략히 도안화하거나 Ω·Σ·Ψ 등의 기호를 이용하여 만든 상표를 말한다. 기호상표의 예로 오메가 시계의 상표 "Ω+OMEGA(지정상품: 시계)"는 기호와 문자가 결합된 표장이다. 보통 상품에 기호가 사용되는 경우에는 사표(社標, house mark)로서 문자 등과 결합되어 쓰인다.

2. 문자상표

문자상표란 한글·한자·외국어·로마자·숫자 등의 문자로 구성된 상표이다. 문자상표의 예로 PRADA, VERSACE, CHANNEL N° 5, Google, SONATA, 모나미(Monami) 등이 있다. 문자상표를 식별력이 있는 순서로 구분하면, Kodak과 같은 조어(造語)상표, Apple과 같은 임의 선택적 상표, Microsoft와 같은 암시적 상표가 있다. 기술적 상표(descriptive mark)는 그 지정상품의 성질을 직접적으로 설명하고 있는 상표이므로 식별력을 인정할 수 없어 상표등록을 받을 수 없다(제33조 제1항 제3호).

3. 도형상표

도형상표는 동물·식물·풍경 등의 자연물이나 인공물·추상물 또는 기하학적인 도형을 근거하여 만든 로고(logo)를 도형상표라 한다. 도형상표의 예로는 벤츠의 로고, 현대자동차의 로고, LG의 로고, NIKE의 로고, Apple의 로고 등이 있다.

4. 결합상표

결합상표는 기호·문자·도형 등이 결합된 상표 또는 입체적 형상 중 둘 이상이 하나로 결합되거나 이들 각각에 색채를 결합하여 구성된 상표를 말한다. 회사의 표장(社標)으로 기호나 도형과 상품표시로서의 문자상표가 결합되어 하나의 상표를 구성한다. 예를 들면, BMW, Audi, Microsoft, Starbucks, 삼성전자, 아시아나 항공, 대한항공 등의 상표가 결합상표에 해당한다.

5. 입체상표

입체상표는 상품 또는 용기의 외형을 입체적 형상으로 도안화하여 구성된 상표다. 입체상표라는 그것이 상품의 기능성을 갖지 않고 자타상품의 식별력을 가질 경우 상표등록을 받을 수 있다. 입체상표의 예로 미키마우스의 형상, KFC의 할아버지 형상, 맥도날드 햄버거 광대(clown), 바나나우유의 병모양 등이 있다.

6. 색채상표

색채상표는 기호·문자·도형 또는 입체적 형상 등에 채색을 하여 구성된 상표를 말한다. 색채는 그 자체로서는 상표의 구성요소가 될 수 없지만, 기호·문자·도형 또는 입체적 형상 등에 색채가 결합되면 색채상표가 된다. LG전자의 상표, 코카콜라의 상표, 맥도날드 햄버거의 상표, 피자헛의 모자 형상에 채색된 빨간색 상표 등이 색채상표에 속한다. 1995년 개정법에서 색채상표를 등록한 상표권자가 등록상표와 색채를 다르게 사용하는 경우 등록상표의 불사용 또는 부정사용 등으로 인해 여러 가지 불이익을 받을 우려가 있으므로 이를 해소하기 위하여 색채상표제도를 도입하였다.

7. 홀로그램상표

미국 콜롬비아 트라이스타 영화사의 홀로그램상표는 움직이는 로고다. 하늘과 구름을 배경으로 한 줄기의 빛이 나오고, 그 빛은 횃불을 들고 있는 한 여인을 향해 나아가는 모습이다. 이 홀로그램은 1996년 6월 미국특허청에 상표로 등록되었다. 홀로그램은 각도에 따라 보이는 화상이 다르기 때문에 상품의 위조 방지 수단으로 이용되는 경우가 많다.

8. 동작상표

동작상표의 대표적인 예로 미국 MGM 영화사의 수사자가 세 번 울음소리를 내면서 움직이는 상표는 동작상표이자 소리상표로 1986년 7월 미국특허청에 등록되었다. 또한 람보르기니(Lamborghini) 사의 '자동차 문이 수직으로 열리는 방법'이 미국특허청에 등록되었다. 동작상표에서 제일 중요한 것은 동작상표의 특정 문제이다.

9. 소리상표

소리상표를 출원할 경우, 사실적 표현 요건을 충족하기 위해서 소리표장이 음악 또는 언어가 수반되는 음악인 경우에는 반드시 악보를 제출하여야 한다. 소리표장이 비음악적 소리인 경우에는 오실로그램, 스펙트럼, 소노그램 등으로 소리를 시각적으로 표현하거나 전자파일을 제출하여야 한다.

소리상표의 예로 미국 NBC의 3화음 차임벨 소리, 펩시콜라의 병따는 소리, MGM 영화의 첫 장면에 등장하는 사자(獅子) 레오(Leo)의 울음소리, SK 텔레콤의 '띵띵띠딩띵' 또는 KT의 '두두두 올레'와 같은 소리가 소리상표에 해당된다.

10. 냄새상표

냄새상표를 최초로 인정한 사례로는 1990년 미국에서 자수용실 및 바느질용실이 지닌 특징적 냄새에 대하여도 출처를 구별하는 상표로서 다른 요소와 달리 취급할 아무런 이유가 없다고 하여, 냄새상표의 사용에 대하여 식별력을 인정하였다.

이후 레이저프린트의 토너에 대한 레몬향, 차량용 윤활유에 대한 아몬드향 등이 등록결정을 받았다. 종래에 미국 특허청은 냄새상표가 시각적으로 인식이 불가능하므로 상표를 자세하게 설명한 서면 제출을 요구하였으나, 상표심사기준에서는 문지르기나 긁어서 냄새를 맡을 수 있는 스티커를 상표의 견본으로서 설명서와 함께 제출할 것을 요구하고 있다.

유럽공동체상표청(OHIM)은 1999년 테니스공의 신선한 풀 냄새를 최초로 냄새상표로 인정하였다. 냄새상표의 등록여부를 연상 작용과 결부시켜 냄새를 통해 우리가 잘 알고 있는 어떤 이미지를 연상할 수 있으면 냄새상표로 등록할 수 있도록 하고 있다. 이후 장미향 나는 타이어, 맥주 냄새가 나는 다트의 화살 날개가 냄새상표로 등록되었나. 상표심사기준 제4조 제2항에 의하면 소리·냄새 상표는 원칙적으로 식별력을 인정받을 수 없고 사용에 의한 식별력을 인정받아야 한다고 한다.

Ⅴ. 상표의 기능

1. 자타상품의 식별기능

상표가 상품의 출처를 표시하거나 상품의 품질을 보증하는 기능을 발휘하기 위해서는 그 전체로서 자기의 상품과 타인의 상품을 구별할 수 있는 능력인 '자타상품의 식별기능(function of discrimination)'을 가지고 있어야 한다. 상표란 자기의 상품과 타인의 상품을 식별하기 위하여 사용하는 표장이기 때문에 식별기능을 가진다. 상표는 자타상품을 식별하기 위하여 상품과 관련해서 사용하는 표지이다. 따라서 상품은 거래사회에서 유통되는 유체물이므로 자기의 상품과 타인의 상품을 구별할 수 있어서 상품으로서 그 의의가 있다.

예를 들면, 'Galaxy 6'라는 삼성이 제조한 스마트폰과 'iPhone 7'이라는 애플이 제조한 스마트폰에 대하여 수요자는 상표를 통해서 스마트폰이 어느 회사의 제품인지를 판단한 후 상품을 선택한다. 따라서 상표는 상품의 출처를 나타내는 자타상품의 식별표지이므로 자기의 상품과 다른 사람의 상품과 구별할 수 있는 '식별력(識別力)'을 갖추어야 등록을 받을 수 있다(제33조).

상표의 자타상품 식별기능은 상표권자의 상품을 같은 종류의 타인의 상품과 구별시켜 주는 기능으로서 상표의 기본적이고 가장 중요한 기능이라고 할 수 있다.

2. 출처표시 기능

상표의 출처표시 기능이란 동일한 상표를 표시한 상품은 동일한 출처(제조사)에서 생산되거나 판매된다는 것을 수요자에게 나타내는 기능을 말한다. 출처표시의 기능은 주로 상표사용자 측면에서 본 상표의 기능이라 할 수 있다. 특히 유명상표가 부착된 상품에 대해서 소비자는 그 상품의 실제 제조업자가 누구인가에 대해서는 별로 관심이 없고 상표만으로 상품의 품질을 믿고 구입하는 것이 통례이다.

예를 들면, 'SONATA' 라는 상표가 부착된 자동차를 구입한 경우, 수요자는 자동차의 제조회사가 H사임을 알 수 있다. 판례에 의하면 특정인의 출처로 인식된다고 하는 것은 기존의 상표에 관한 권리자의 명칭이 구체적으로 알려져야 하는 것은 아니며, 누구인지 알 수 없다고 하더라도 동일하고 일관된 출처로 인식될 수 있으면 충분하다고 한다.[3)]

3. 품질보증 기능

품질보증 기능이란 동일한 상표가 부착된 상품은 통상 동일한 특성과 품질을 가지고 있다고 수요자로 하여금 기억하게 하는 기능을 말한다. 품질보증 기능은 상품의 품질의 동일성을 보증하는 기능이다. 이러한 품질보증 기능은 주로 소비자 측면에서 본 상표의 기능이라 할 수 있고, 일반 수요자를 위한 공익상 필요에 의하여 인정된다고 할 수 있다. 예를 들면, 2000년에 K사가 판매한 세탁기를 사용한 소비자는 K사가 2016년 10월에 세탁기 신제품을 시장에 내놓으면, K사의 세탁기 품질을 믿고 K사의 상표가 부착된 세탁기를 다시 구입하게 된다. 소비자는 일반적으로 K사의 전자 제품의 품질을 인정하기 때문에 다시 동일한 상표가 부착된 제품을 믿고 선호하는 경향이 있다.

4. 광고선전 기능

역사적으로 볼 때 출처표시 기능만을 상표의 본래 기능이라고 생각하였으나, 경제 발전과 상품거래의 발전에 따라서 광고선전 기능의 비중이 점차 커지고 있다.

상표의 상품에 대한 심리적인 연상작용을 동적인 측면에서 파악한 것으로 상표를 수단으로 하여 거래사회에서 상품의 구매의욕을 일으키는 판매촉진수단으로서의 상표의 기능을 말한다. 이러한 측면에서 상표를 '말없는 판매원(silent salesman)'이라고

---

3) 대법원 2007.6.28. 선고 2006후3113 판결.

도 한다. 광고적 사용행위는 상표의 사용에 해당한다. 디자이너는 방송, 영화 등에서 대중의 인지도가 높은 연예인을 내세워 잡지나 TV 광고 등을 통해서 브랜드의 이미지를 높이는 전략(image making)을 구사한다.

영화 <7년만의 외출>(the Seven Year Itch)에서 지하철 통풍구를 통해 치맛자락을 날린 마릴린 먼로(Marilyn Monroe)의 섹시한 구두는 디자이너 페레가모의 작품이다.

페레가모 구두는 당대 스타인 오드리 헵번, 그레타 가르보, 소피아 로렌 등에게 할리우드 영화 소품으로 쓰이게 하여 유명세를 탔다. 오드리 헵번이 주연한 영화 <티파니에서 아침을>(Breakfast at Tiffany's)을 통해 뉴욕 맨해튼에 있는 보석거리인 티파니(TIFFANY)를 전 세계에 알렸다. 1960년대 스타인 마릴린 먼로에게 잠잘 때 무엇을 입고 자느냐고 묻는 기자의 질문에 먼로는 "넘버파이브 몇 방울" 이라고 말하여 사넬 N° 5 향수가 세상에 널리 알려지게 되었다.[4] 가브리엘 샤넬은 유명한 영화배우 마릴린 먼로를 모델로 하여 N° 5 향수를 브랜드 마케팅한 것이다.[5]

5. 재산적 기능

상표는 상표사용자가 자기의 상표를 오랜 기간 계속 반복적으로 사용함으로써 그 상표에 대한 신용이 화체되어 주지·저명한 상표가 되면 그 상표는 무형재산(invisible asset)으로서의 가치인 영업상의 고객흡인력을 창출하게 된다.[6] 상표의 재산적 기능은 상표권의 자유양도 및 사용권 설정을 통해 구현되고, 기업의 M&A 등에서 상표권의 양도 및 상표의 사용권 설정을 통해서도 구현된다. 상표의 출처표시 기능을 통하여 상표사용자의 신용이 상표에 그대로 반영되기 때문에, 상표의 재산적 가치는 여타 동산, 부동산 등과 비교가 안 될 정도로 그 가치가 높이 평가된다.

또한 상표는 상표법에 의하여 독점배타적인 권리로 보호를 받기 때문에 시장에서 유리한 위치에서 독점권을 행사할 수 있는 재산권이라 할 수 있다.

4) What do I wear in bed? Just a few drops of N° 5.

5) 가브리엘 샤넬(Gabrielle Chanel)은 20세기 패션계에 혁신을 몰고 오면서 세계적인 명품을 디자인했다. 1920년 프랑스의 패션의 혁명가, 가브리엘 샤넬이 자신의 이름을 딴 향수를 만들고 다섯 번째로 개발하였으므로 숫자 5를 넣어서 1921년에 내놓은 향수가 바로 '샤넬 넘버 파이브'다. 브랜드 마케팅 결과 CHANEL N° 5는 전 세계에서 잘 팔리는 향수가 되었다.

6) 미국 경제 잡지인 포브스(Forbes)가 2016년 5월 11일자로 발표한 2016년 세계 100대 브랜드(The World's Most Brands 2016) 가치 평가에 의하면, 1위 Apple($ 154.3B), 2위 Google, 3위 Microsoft, 4위 CocaCola, 5위 Face book, 6위 Toyaota, 7위 IBM, 8위 Disney, 9위 MacDonald's, 10위 GE, 11위 Samsung($ 36.1B), 18위 Nike, 71위 Hyundai이다.

Ⅵ. 상표의 사용

1. 상표사용의 행위

상표는 상품에 사용되는 것이다. 상표보호에 관하여 종래에는 영미계법상의 사용주의와 대륙계법상의 등록주의가 대립되었으나, 상품경제사회의 발전과 더불어 사용주의 국가는 등록주의를, 등록주의 국가는 사용주의를 가미하는 경향이다.

상표법상 상표의 사용이란 상품의 동일성을 나타내기 위한 모든 이용을 말한다. 상품 자체 또는 상품의 포장 등에 붙여서 사용되는 경우가 대분이고 상품의 동일성을 나타내기 위하여 사용되는 경우도 포함한다.

상표법상 상표의 사용은 다음과 같은 행위 중 어느 하나를 말한다. (i) 상품 또는 상품의 포장에 상표를 표시하는 행위, (ii) 상품 또는 상품의 포장에 상표를 표시한 것을 양도 또는 인도하거나 인도할 목적으로 전시·수출 또는 수입하는 행위, (iii) 상품에 관한 광고·정가표·거래서류, 그 밖의 수단에 상표를 표시하고 전시하거나 널리 알리는 행위(제2조 제1항 제11호). 상표를 표시하는 행위에는 표장의 형상이나 소리 또는 냄새로 상표를 표시하는 행위와 전기통신회선을 통하여 제공되는 정보에 전자적 방법으로 표시하는 행위가 포함된다(제2조 제2항).

상표사용에 대한 유형으로는 상표법 제2조 제1항 제11호 및 제2항에서 일정한 표시행위, 유통행위, 광고행위를 열거하고 있다. 이러한 상표사용 행위 중 어느 하나에 해당되면 상표법상의 상표의 사용이라 할 수 있다.

2. 상표사용의 유형

상표사용의 유형은 (i) 표시행위: 상품 또는 상품의 포장에 상표를 표시하는 행위, (ii) 유통행위: 상품 또는 상품의 포장에 상표를 표시한 것을 양도 또는 인도하거나 인도할 목적으로 전시·수출 또는 수입하는 행위, (iii) 광고행위: 상품에 관한 광고·정가표·거래서류, 그 밖의 수단에 상표를 표시하고, 전시하거나 널리 알리는 행위로 구분할 수 있다.

3. 상표가 비교광고로서만 사용된 경우

타인의 등록상표와 동일 또는 유사한 표장을 사용하였으나, 상품에 관한 출처표시로 사용하지 않고 비교광고로서만 사용한 경우에 단순히 비교광고로서 사용한 것에 지나지 아니할 뿐, 표장 자체를 자신의 서비스업에 대한 출처표시로 사용한 것이 아닌 경우에는 상표의 사용에 해당되지 않는다. 법원은 "신청인은 제25류 수영복, 티셔츠 등을 지정상품으로 하는 등록상표 CASS의 상표권자이고, 피신청인은 제32류 맥주, 청주 등을 지정삼품으로 하는 등록상표 CASS 상표권자이다.

피신청인이 그 상품인 CASS 상표가 부착된 맥주의 제품출시를 기념하고 그 선전광고를 위하여 피신청인회사의 직원 및 피신청인회사의 제품을 취급하는 주류도매점의 직원들에게 CASS 상표가 부착된 티셔츠 등을 무료로 배포하였다. 피신청인이 배포한 위 티셔츠 등은 피신청인이 그의 상품인 카스맥주의 선전광고 또는 판매촉진의 목적으로 피신청인의 상품을 취급하는 자 또는 그에 관련되는 자에 한정하여 무상으로 배포한 것이라고 할 것이므로, 위 티셔츠 등은 그 자체가 독립된 상거래의 목적물인 상품이 아니라 피신청인의 상품인 카스맥주의 단순한 광고매체에 지나지 아니한다고 보아야 한다. 따라서 피신청인의 위와 같은 경위로 CASS 상표가 부착된 티셔츠 등을 배포한 행위는 신청인의 상표의 사용에 해당하지 아니하여 이는 신청인의 상표를 침해하는 것이라고 할 수 없다."고 판시하였다.[7]

또한 인터넷 검색사이트의 광고 관련 사건에서 대법원은 "인터넷 검색결과 화면에 스폰서링크로 표시되는 확인대상표장 'VSP 엔티씨'가 갑 주식회사의 등록상표 'VSP'의 권리범위에 속하지 아니한다는 이유로 확인대상표장 사용자 을이 소극적 권리범위확인심판을 청구한 사안에서, 위 표장이 표시된 인터넷 키워드 검색결과 화면의 내용과 을이 운영하는 회사 홈페이지로 연결되는 전체적인 화면 구조 등을 살펴보면, 인터넷 키워드 검색결과 화면은 위 표장을 붙여 상품에 관한 정보를 일반 소비자에게 시각적으로 알림으로써 광고한 것으로 보기에 충분하므로, 을이 인터넷 키워드 검색결과 화면에 위 표장을 표시하여 한 광고행위는 상표법 제2조 제1항 제11호 (다)목이 정한 상품에 관한 광고에 상표를 표시하고 전시하는 행위에 해당한다."고 판시하였다.[8]

4. 광고매제가 되는 물품에 대한 상표의 사용

상표법상 상표의 사용이란 또는 상품의 포장에 상표를 표시하는 행위 등을 의미하고, 여기에서 말하는 상품은 그 자체가 교환가치를 가지고 독립된 상거래의 목적물이 되는 물품을 의미한다. 대법원은 "상품의 선전광고나 판매촉진 또는 고객에 대한 서비스 제공 등의 목적으로 그 상품과 함께 또는 이와 별도로 고객에게 무상으로 배부되어 거래시장에서 유통될 가능성이 없는 이른바 광고매체가 되는 물품은 비록 그 물품에 상표가

7) 서울지방법원 1995. 10. 24. 선고 95카합3529 판결.

8) 대법원 2012. 5. 24. 선고 2010후3073 판결.

표시되어 있다고 하더라도, 물품에 표시된 상표 이외의 다른 문자나 도형 등에 의하여 광고하고자 하는 상품의 출처표시로 사용된 것으로 인식할 수 있는 등의 특별한 사정이 없는 한, 그 자체가 교환가치를 가지고 독립된 상거래의 목적물이 되는 물품이라고 볼 수 없고, 이러한 물품에 상표를 표시한 것은 상표의 사용이라고 할 수 없다.

타인의 등록상표를 그 지정상품과 동일 또는 유사한 상품에 사용하면 타인의 상표권을 침해하는 행위가 되나, 타인의 등록상표를 이용한 경우라고 하더라도 그것이 상표의 본질적인 기능이라고 할 수 있는 출처표시를 위한 것이 아니어서 상표의 사용으로 인식될 수 없는 경우에는 등록상표의 상표권을 침해한 행위로 볼 수 없고, 그것이 상표로서 사용되고 있는지는 상품과 관계, 해당 표장의 사용 태양(즉 상품 등에 표시된 위치, 크기 등), 등록상표의 주지저명성 그리고 사용자의 의도와 사용 경위 등을 종합하여 실제 거래계에서 표시된 표장이 상품의 식별표지로서 사용되고 있는지에 의하여 판단하여야 한다."고 판시하였다.[9)]

【디자인의 형상이나 모양이 상표로서 사용된 것으로 본 경우】

<대법원 2013. 3. 28. 선고 2010다58261 판결>

디자인과 상표는 배타적·선택적인 관계에 있는 것이 아니므로 디자인이 될 수 있는 형상이나 모양이라고 하더라도 그것이 상표의 본질적인 기능이라고 할 수 있는 자타상품의 출처표시를 위하여 사용되는 것으로 볼 수 있는 경우에는 위 사용은 상표로서의 사용이라고 보아야 할 것이다. 그것이 상표로서 사용되고 있는지는 상품과의 관계, 해당 표장의 사용 태양(즉 상품 등에 표시된 위치, 크기 등), 등록상표의 주지저명성 그리고 사용자의 의도와 사용 경위 등을 종합하여 실제 거래계에서 표시된 표장이 상품의 식별표지로서 사용되고 있는지에 의하여 판단하여야 한다.

Ⅶ. 상표법의 기본원칙

상표법은 상표의 등록요건 및 상표권 등의 실체적 규정을 두고 있는 실체법의 성격을 갖고 있는 한편, 상표등록출원에서부터 심사, 등록, 심판 및 소송 등의 절차를 규율하기 때문에 절차법으로서의 성격도 가지고 있다. 상표법은 상표제도의 원활한 운영을 위하여 사용주의 요소를 가미하고 있다.

상표법의 기본원칙으로서 등록주의, 선원주의, 1상표 1출원주의, 심사주의[10)], 출

9) 대법원 2012. 3. 29. 선고 2010다20044 판결.

10) 심사주의란 상표로서 등록받기 위한 법정요건을 갖추었는지 여부에 관하여 특허청 심사관이 심

원공고주의, 직권주의, 권리주의[11] 등을 채택하고 있다. 상표법은 형식적 의미에서 상표법이라고 불리는 법전(法典)을 가리키지만, 실질적으로는 상표제도를 규율하는 법률을 말한다.

상표법은 형식적으로는 지식재산권법의 범주에 속하는 법률이지만, 목적이나 기능의 측면에서 보면 부정경쟁을 방지하고 건전한 상거래질서 확립을 목적으로 하는 일종의 경쟁법 또는 경업질서법으로 부정경쟁방지법과 유사한 법률이라고 말할 수 있다. 상표법 체계를 거시적으로 분석하여 보면, 권리발생, 권리행사, 권리분쟁 및 상표제도의 경제적인 기여로 구분할 수 있다. 상표법은 기본 법률이고, 하위 법령으로 상표법 시행령과 상표법 시행규칙이 있다.

Ⅷ. 상표법과 관련되는 법률

1. 특허법

특허나 실용신안은 기술적 아이디어를 보호하고, 상표는 사업자가 상품에 대하여 경쟁업체의 상품과 구별하기 위하여 사용하는 기호, 문자, 도형 등의 일정한 표장을 보호하는 것이 특징이다. 특허는 특허권자나 전용실시권자가 업으로서 특허발명을 독점하여 실시하도록 하여 권리자의 경제적 이익을 보호하면서 제3자가 이를 이용할 수 있다. 반면에 상표는 생산자나 영업자의 신용을 보호하고 나아가서 이에 의지하여 상품이나 서비스를 선택, 구매하는 수요자의 심리적 기능을 보호한다. 상표의 사용은 상품에 관한 사용으로 상품 자체 또는 상품의 포장 등에 붙여서 사용된다.

2. 상법

상호(trade name)는 상법에 의하여 보호되고 상표는 상표법으로 보호된다. 상표는 자타상품을 식별하기 위하여 상품의 자타상품의 식별기능을 가지는 것이나, 상호는 상인이 영업상 자기를 표시하는 명칭으로서 영업의 동일성을 표시하는 기능이 있다. 상호는 상인이 영업에 관하여 자기를 표시하는 명칭, 즉 상인의 영업상 명칭이라고 할 수 있는 상호를 사용하는 것이다. 상호를 등기하면 동일한 특별시·광역시·시·군에서 동일한 상호를 동종입의 상호로 등기하지 못한다(상법 제22조).

상호가 상품표지로 사용되고 상표로서 등록요건을 갖추어 등록된 경우에는 법률

사하는 원칙이다.

11) 권리주의란 상표를 자타 상품식별표지로서 사용하고자 하는 자는 누구라도 국가(특허청)에 등록을 요구할 수 있고, 출원상표가 법정요건을 갖추고 있는 한 국가는 이를 거절할 수 없다는 원칙이다.

상 상표가 된다. 예를 들면, 진로(소주), 이브자리(이불, 요 등), 모나미(볼펜, 문방구 등) 등과 같이 주식회사라는 법인격을 나타내는 문자를 제외한 부분으로 된 상표가 상호의 약칭인 경우가 대부분이지만 상호가 그대로 상표로 등록된 경우도 있다. 특정의 제품을 주력상품으로 하는 유명메이커가 상호상표를 선정하여 사용하는 예가 많다.

상표는 상인이 제조·판매하는 상품의 동일성을 표시하고, 상호는 상인의 영업상 명칭을 표시한다. 예를 들면, 휴대폰 기기에 붙어 있는 'Galaxy 5'라는 표장은 그 휴대폰의 상표이고, 그 제품을 생산하는 '삼성전자'는 상호 또는 서비스표이다. 상호는 오랜 기간 동안 영업과 일체로 사용되면서 그 기업의 제품, 서비스의 가치나 상인의 대외적 명성 등이 축적되기 때문에 상호권은 상표권처럼 재산적 가치를 갖게 된다.

3. 저작권법

상표법과 저작권법은 모두 지식재산권법의 일종이라는 점에서는 유사하지만, 저작권법은 인간의 지적창작물인 문학·예술·미술 및 음악 등 저작물을 보호하는 법률이다. 반면 상표법은 상표사용자의 단순한 선택에 의한 식별표지를 보호하는 법이라는 점에서 본질적인 차이가 있다. 아울러 정보의 측면에서 보면 저작권법은 저작물의 표현을 보호하는 법이고, 상표법은 상징정보인 상표를 보호하는 법이다. 책의 제호(題號)의 경우 저작권법으로 보호받지 못하나 이를 상표로 출원하면 상표등록을 받을 수 있다. 식별력이 있는 책의 제목은 상표등록이 가능하다. 예를 들면, 태백산맥(조정래), 멀리가는 향기(정채봉), 클래식의 사생활(유정아), 너희와 모든 이를 위하여(김수환) 등은 식별력이 있다.

4. 부정경쟁방지법

상표법은 그 기능이나 목적에서 보면 부정경쟁을 방지하고 건전한 상거래 질서의 확립을 목적으로 한다는 점에서 부정경쟁방지법과 유사한 측면이 있다. 부정경쟁방지법은 국내에 널리 알려진 타인의 상표·상호(商號) 등을 부정하게 사용하는 등의 부정경쟁행위와 타인의 영업비밀을 침해하는 행위를 방지하여 건전한 거래질서를 유지하기 위한 경업질서법에 해당한다. 상표법은 상표등록을 통하여 형식적·획일적으로 보호하는 것에 반하여 부정경쟁방지법은 국내 널리 인식되었음을 요건으로 하여 이른바 '주지상표'를 구체적·개별적으로 보호하는 법률에 해당한다.

따라서 비록 타인의 상표가 국내에서 등록되지 않은 경우에는 이러한 상표를 모방하여 사용하여도 상표법상 전혀 문제가 되지 않으나, 그 타인의 상표가 국내 널리 인식된 주지상표인 경우에는 이를 모방하여 사용하면 부정경쟁방지법상의 부정경쟁행위에 해당하게 되어 법적 제재를 받을 수 있다.

부정경쟁방지법의 특징으로 타인의 상품이나 서비스로 혼동할 가능성이 있도록 자신의 상품이나 서비스를 표출할 때 적용된다는 점, 산업재산권법에 의해서 보호받을 수 없는 경우에 적용된다는 점, 타인의 영업비밀을 침해하는 경우에 적용된다는 점을 들 수 있다. 부정경쟁방지법에서 보호의 대상은 상품 출처를 표시하는 모든 표지이고, 보호조건은 국내에서 주지성을 획득하였는지 여부이다. 부정경쟁방지법상의 부정경쟁행위 관련 규정이 상표법과 충돌할 경우는 상표법에 따른다(부정경쟁방지법 제15조). 따라서 부정경쟁방지법은 영업상 표지보호의 부정경쟁에 관하여는 상표법의 특별법의 관계에 있다고 볼 수 있다.

Ⅸ. 상표의 인접한 제도

1. 상호

(1) 의의 상표는 자타상품을 식별하기 위하여 사용하는 표장이다. 상호(trade name)란 상인이 영업에 관하여 자기를 표시하는 명칭이다. 상호는 인적 표시인 동시에 영업의 동일성을 나타내는 영업표지이다. 상호는 상법에 의하여 보호될 뿐만 아니라 부정경쟁방지법에 의하여도 보호된다. 상호등기의 효력은 타인이 등기한 상호는 동일한 특별시·광역시·시·군에서 동종영업의 상호로 등기하지 못한다(상법 제22조). 회사 기업이 영업상 거래활동을 하는 경우에는 법인인 회사의 상호 이외에 달리 기업을 나타내는 방법이 없으므로 상호의 사용은 강제적이라 할 수 있다.

상호는 등기하면 그 지자체에서만 보호되나, 상표는 특허청에 등록하면 전국적으로 독점권을 갖는다. 상호는 문자로만 구성되지만, 상표는 도형 등이 결합될 수 있다. 실제로 상호가 영업의 동일성과 신용을 나타내는 표시로 관념되는 경우가 많아 상표와 상호는 사실상으로나 법률상으로 교차되는 경우가 적지 않다.

(2) 상호의 특징 첫째, 상호는 명칭이기 때문에 문자로 표시되고 호칭될 수 있어야 한다. 따라서 문자로 표시할 수 없는 기호나 도형 등은 상호로 사용될 수 없다. 둘째, 상호는 상인의 명칭이다. 따라서 상인이 아닌 자, 예를 들어 소상인, 상호보험회사 또는 협동조합의 명칭은 상호가 아니다. 셋째, 상호는 상인의 영업상 명칭이다. 회사의 경우에는 회사의 명칭이 상호이고, 개인상인(자연인)의 경우에는 자신의 성명 이외에 영업활동에서 사용하는 명칭이 상호이다. 그리고 영업활동에 사용

하지 않는 아호 또는 예명 등은 상호가 아니다. 넷째, 상호는 상인이 영업에서 '자기'를 표시한 명칭이다. 상인이 자신의 상품을 표시하기 위한 상표나 영업을 표시하는 영업표는 영업주체인 상인을 표시하는 명칭이 아니므로 상호가 아니다. 상호가 상품표지로 사용되고 상표로서 등록요건을 갖추어 등록된 경우에는 법률상 상표이다. 예를 들어 샘표(간장), 태평양(화장품), 금강(구두), 샤넬(의류) 등과 같이 주식회사라는 법인격을 나타내는 문자를 제외한 부분으로 된 상표가 상호의 약칭인 경우가 대부분이지만 상호가 그대로 상표로 등록된 경우(full name의 상호상표)도 있다. 특정의 제품을 주력상품으로 하는 유명메이커가 상호상표를 선정하여 사용하는 예가 많다.

(3) 상표와 상호의 차이점 상표는 상인이 제조·판매하는 상품의 동일성을 표시하고, 상호는 상인의 영업상 명칭을 표시한다. 상호에 관한 권리는 상인이 어느 명칭을 상호로 선정·사용함에 따라 발생한다는 점에서 특허청에 등록하여 권리가 설정되는 상표와는 다르다. 예를 들어, 'SONATA'(지정상품 : 제9류, 12류, 39류, 41류)는 상표이고, 상표권자는 현대자동차 주식회사이다. 소나타 자동차에 부착된 상표는 "SONATA"이고, '현대자동차 주식회사'는 상호이다. 모나미볼펜에 부착되어 있는 '모나미 153(Monami 153)'이라는 표장은 그 볼펜의 상표이고, 그 볼펜을 생산하여 판매하는 회사인 '모나미 주식회사'가 상호이다.

상호는 오랜 기간 동안 영업과 일체로 사용되면서 그 기업의 제품, 서비스의 가치나 상인의 대외적 명성 등이 축적되기 때문에 상호권은 상표권처럼 재산적 가치를 갖게 된다. 상호가 상품표지로 사용되고 상표로서 등록요건을 갖추어 등록된 경우에는 법률상 상표이다. 예를 들면, 진로(소주), 한샘(부엌가구), 오뚜기(식품), 농심(라면), LG(가전제품), PRADA(의류), 이랜드(캐주얼의류) 등이 있다.

2. 도메인이름

(1) 의의 도메인이름(domain name)은 인터넷상 호스트컴퓨터의 주소에 해당하는 숫자로 된 주소(IP Address)에 해당하는 알파벳 및 숫자의 일련의 결합을 의미한다. 상표가 도메인이름으로 흔히 사용되는 것은 도메인이름이 주소이고 이 주소를 가장 쉽게 인식시킬 수 있는 도구 중의 하나가 상표이기 때문이다.

문자상표의 경우 그 구성이 도메인이름과 유사하며 양자는 모두 선전하는 상품이나 서비스의 출처표시 기능을 할 수 있다는 점이 유사하다. 여기서 도메인 이름과 상호 또는 상표의 충돌문제가 발생된다.

(2) 도메인이름 사용에 대한 침해판단 등록상표와 동일·유사한 도메인이름을

보유하고 있다는 사실만으로는 상표권의 침해가 되지 않는다. 도메인이름의 사용이 등록상표의 침해로 인정되기 위해서는 (i) 도메인이름이 등록상표와 동일·유사하고, (ii) 그 사용대상이 등록상표의 지정상품과 동일·유사한 것이어서 일반수요자로 하여금 출처의 혼동을 초래할 우려가 있어야 하며, (iii) 그 사용이 상표적 사용에 해당하여야 한다.

전자상거래의 활성화로 도메인이름 그 자체가 상품이나 서비스업의 출처표시로서의 기능을 하게 되었다. 타인의 상표를 부정한 목적으로 등록하여 정당한 상표권자에게 비싼 값에 되팔려는 사이버스쿼팅(Cybersquatting) 행위가 증가함에 따라 상표와 도메인이름 간의 분쟁이 증가하고 있다. 예들 들면, 자기 상호나 상표를 다른 기업이나 개인이 도메인이름으로 선점하여 사용하게 되면 기업경영에 여러 가지 어려움이 발생한다. 소비자 또한 상표와 도메인이름을 오인·혼동하게 되어 자주 피해를 입게 되면서 1999년부터 도메인 이름과 상표권의 분쟁에 관한 판결이 다수 내려지고 있다. 대법원 2008. 9. 25 선고 2006다51577 판결은 "상표법 제66조 제1항 제1호에 정한 상표권 침해가 인정될 수 있으려면 상표의 사용이 전제되어야 한다. 도메인이름의 등록사용의 경우에는 도메인이름의 사용태양 및 그 도메인이름으로 연결되는 웹사이트화면의 표시 내용 등을 전체적으로 고려하여 거래통념상 상품의 출처를 표시하고 자기의 업무에 관계되는 상품과 타인의 업무에 관계된 상품을 구별하는 식별표기로 기능하고 있을 때에는 상표의 사용으로 볼 수 있다. 상표법 제65조 제2항의 '침해의 예방에 필요한 조치'에 상표권을 침해하는 도메인이름의 사용금지 또는 말소등록 등의 범위를 넘어서 도메인이름의 이전등록까지 포함된다고 볼 수 없다."고 판시하였다.

(3) 판례 도메인이름이 타인의 등록상표권의 침해로 인정되기 위해서는 도메인이름의 사용이 등록상표의 지정상품과 동일·유사하고, 상표적 사용에 해당하여야 한다. 도메인이름 chanel.co.kr 사건[12]에서 프랑스 샤넬(chanel)이라는 저명 상호 또는 상표와 동일한 'chanel'을 'chanel.co.kr'이라는 인터넷 도메인이름으로 등록한 다음 그 홈페이지 여러 곳에 'Chanel International' 또는 '샤넬인터내셔널'이라는 상호를 표시하고, 거래 상품도 샤넬이라는 상호 내지는 상표를 들으면 소비자의 머릿속에 연상되는 상품 또는 그와 유사한 상품을 전자거래에서 취급한 경우이다. 이 판결은 도메인이름과 관련된 우리나라 최초의 판결로서, 저명상표와 동일 유사한 명칭이 포함된 도메인이름을 사용하는 것은 부정경쟁방지법 위반이라고 판단하였다.

12) 서울지방법원 1999. 10. 8. 선고 99가합41812 판결.

법원은 "피고가 원고의 등록상표와 동일한 도메인이름의 웹사이트에서 그 등록상표의 지정상품과 유사한 상품을 전시, 광고하고 이를 판매하는 행위는 상표를 간판에 표시하고 이를 반포하는 행위이므로 상표의 사용에 해당하므로 상표권을 침해한다."고 판시하였다.[13]

비아그라 사건[14]은 위 샤넬 판결의 경우와 달리 상호는 아니며 저명한 상표와 관련된 것이다. 피고들은 'vigara.co.kr'이라는 인터넷 도메인이름의 홈페이지를 개설·운영하면서 인터넷 통신망으로 생칡즙·칡수 등의 건강식품을 판매하고 있었다. 법원의 상표권 침해행위 해당여부에 대하여 "원고들은 피고들이 위와 같이 원고들의 상표인 'Viagra', '비아그라'와 동일한 것을 이 사건 도메인이름 홈페이지에 사용하여 생칡즙 등의 건강식품을 판매하는 행위는 원고들 상품권을 침해하거나 침해할 우려가 있는 행위로서 상품권 침해행위에 해당하므로, 이러한 상표권 침해행위는 금지 또는 예방되어야 한다고 주장하였다. 이에 대해 1심 법원은 상표법상 상표권을 침해하는 행위로 인정되기 위해서는 상표사용자가 타인의 등록상표와 동일한 상표를 그 지정상품과 유사한 상품에 사용하거나 타인의 등록상표와 동일 또는 유사한 상표를 그 지정상품과 동일 또는 유사한 상품에 사용하여야 하므로 상표사용자가 타인의 등록상표를 사용하였더라도 그것이 타인등록상표의 지정상품과 유사하지 않는 상품의 판매를 위하여 사용된 것이라 이를 가리켜 상표권 침해행위라고 할 수 없다."고 판단하였다. 또한 1심 법원은 피고들의 행위로 인하여 원고들이 영업상의 이익을 침해받을 우려가 있으므로, 이러한 부정경쟁행위는 금지 또는 예방되어야 한다고 주장하는 원고의 청구를 기각하였다. 그러나 이 사건은 고등법원에서는 부정경쟁방지법 위반으로 인정되었다.[15] 대법원에서도 고등법원의 판결이 그대로 유지되었다.[16] 대법원은 "저명상 표인 'Viagra'와 유사한 'viagra.co.kr' 이라는 도메인 이름의 사용이 부정경쟁방지 및 영업비밀보호에 관한 법률 제2조 제1호 (가)목의 부정경쟁행위(상품주체혼동행위)에는 해당하지 아니하나, 같은 호 (다)목의 부정경쟁행위(식별력 손상행위)에 해당하므로 도메인 이름 일부로 사용된 'Viagra' 상표 보유자는 자신의 명의로 '.kr' 도메인 이름을 등록할 적격이 있는지 여부와 관계없이 그 도메인 이름의 등록말소를 청구할 수 있다."고 판단하였다. 한편, rolls-royce.co.kr 사건에서 판례는 등록한 도메인이름으로 웹사이트를 개설하였지만 타인의 등록상표의 지정상

13) 서울고등법원 2000. 11. 15. 선고 99나61196 판결.
14) 서울동부지원 1999. 11.18. 선고 99가합8863 판결.
15) 서울고등법원 2001. 12. 11. 선고 99나66719 판결.
16) 대법원 2004. 5. 14. 선고 2002다13782 판결.

품과 무관하게 비영리적으로 운영하는 경우로 상표권을 침해하지 않는다고 판단하였다.[17)]

3. 디자인

디자인은 물품의 외관에 표현된 미적인 창작물로서 상품의 식별표지인 상표와는 구별된다. 상품이나 상품의 포장의 디자인 속에 상표가 함께 포함되어 있는 경우가 있고, 상품의 외관 디자인이 특정 출처표시의 기능을 한다면, 디자인이 상표가 될 수도 있다. 이것을 디자인의 상표화라고 부르기도 한다. 디자인의 구성요소인 모양과 색채는 상표의 구성요소인 도형 및 색채와 공통적이기 때문에 이용·저촉관계가 발생할 수 있어서 조정규정이 필요하다. 디자인의 경우에는 언제나 물품과 결합되어 있다. 따라서 지정상품 중 선디자인권과 저촉하는 부분에 관한 상표사용만이 금지된다. 이에 반하여 저작물은 물품과의 결합이 없기 때문에 등록상표의 지정상품 또는 사용태양과는 관계없이 저작권에 저촉하는 사용은 언제나 금지된다. 즉 등록상표가 타인의 저작권에 저촉하는 때에는 그 사용은 금지된다.

따라서 상표법 제92조(타인의 디자인권 등과의 관계)와 디자인법 제95조(타인의 등록 등과의 관계)에서 양자 간 이용·저촉 관계가 발생하면, 실시권자는 타권리자의 허락을 받도록 하고 있다. 판례에 의하면 'Louis Vuitton'이라는 브랜드로 가방과 의류 등을 생산·판매하는 갑 외국회사가 을 등을 상대로 상표권침해금지 및 손해배상 등을 구한 사안에서, 을 등이 갑 회사의 등록상표 '▩'와 유사한 문양인 '◆' 또는 '■'을 사용하여 가방 제품을 생산·판매하는 행위는 갑 회사의 등록상표권을 침해한다고 한다.[18)]

X. 상표법 개정 동향

1949년 법률 제71호로 상표법이 제정·공포되었다. 1963년 3월 5일 상표법을 일부개정하여 단일법으로 법체계를 갖추게 되었다. 상표법은 1974년과 1990년에 전부개정이 있었고, 28차례의 일부개정이 있었다. 2016년 상표법 전부개정법(제14033호)이 2016년 9월 1일부터 시행되었다.

---

17) 대법원 2004. 2. 13. 선고 2001다57709 판결.

18) 서울중앙지방법원 2012. 7. 13. 선고 2011가합132628 판결.

1. 2012년 개정(시행 2012. 3. 15. 법률 제11113호, 일부개정)

2012년 개정은 「대한민국과 미합중국 간의 자유무역협정 및 대한민국과 미합중국 간의 자유무역협정에 관한 서한교환」의 합의사항에 따라 소리·냄새를 상표의 범위에 포함하고, 상품에 대한 정확한 품질정보를 제공할 수 있도록 증명표장제도를 도입하며, 전용상표사용권 등록제도를 폐지하여 등록하지 아니한 전용사용권도 그 효력이 발생하도록 하였다. 또한 이 법에서 준용하던 특허법의 관련 조문들을 직접 이 법에 규정하여 국민들이 쉽게 이해할 수 있도록 하는 등 현행 제도의 운영상 나타난 일부 미비점을 개선·보완하는 한편, 여러 가지 내용이 한 문장 속에 뒤섞여 있어 내용을 파악하기 어렵거나 너무 길고 복잡한 문장을 간소화하거나 문장을 나누는 등 체계를 정비하여 명확하게 하였다.

(1) 비시각적인 표장인 소리·냄새를 상표의 범위에 추가 　소리·냄새 등 비시각적인 표장이라 하더라도 기호·문자·도형 또는 그 밖의 방법으로 시각적으로 인식할 수 있도록 표현한 것은 상표의 범위에 추가하여 상표법에 따라 등록되고 보호될 수 있도록 하였다. 구상표법은 상표를 시각을 통해 인식될 수 있는 표장으로 한정하고 있으므로 소리·냄새 등 비시각적인 상표는 보호대상이 아니었다. 그러나 소리·냄새상표는 미국뿐만 아니라 유럽·호주 등에서도 인정하고 있어서 이를 도입하였다.

(2) 상품 및 서비스업에 대한 증명표장 신설 　상품이나 서비스업의 품질, 원산지, 생산방법 등의 특성을 증명하는 증명표장제도를 도입하여 상표의 품질 보증기능을 강화하고, 소비자에게 상품이나 서비스업에 대한 올바른 정보를 제공하도록 하였다. 증명표장은 우리의 단체표장과 유사하며 상품이나 서비스업의 품질을 증명하기 위하여 사용하는 표장이다. 이 제도의 도입으로 정부·지자체·민간단체 등에서 시행하고 있는 인증 마크제를 활성화시키고 소비 촉진에 기여할 것으로 보인다.

또한 지리적표시 단체표장권자 및 상표권자에게 선출원주의에 근거한 배타적 권리를 부여하였다.

(3) 특허법 준용규정의 해소 　그동안 특허법에서 준용하였던 조문의 내용을 상표법에 직접 규정하여 국민들이 상표법만으로도 상표제도를 쉽게 이해할 수 있도록 하였다. 상표법은 비로소 독립된 법체계를 가질 수 있게 되었다.

(4) 전용사용권의 등록 의무제도 폐지 　그동안 상표사용권 중 전용사용권은 등록을 효력발생요건으로 하고 있어 등록하지 않는 경우 그 효력이 발생하지 않았다. 전용사용권을 등록하지 않더라도 그 효력이 발생하도록 하고, 등록을 제3자 대항요

건으로 변경하여 상표사용권자의 보호를 강화하였다.

(5) 법정손해배상제도 도입　상표권 침해에 따른 손해배상소송에서 손해의 입증이나 손해액을 추정하기 곤란한 경우 상표권자 등의 권리 보호가 어려운 경우가 있어 5천만원 이하의 손해액에 대하여는 상표권자 등의 입증책임을 완화하는 법정손해배상제도를 신설하여 상표권자 등이 실손해액과 법정손해액 중 선택하여 청구할 수 있도록 하였다.

(6) 비밀유지명령제도 도입　상표권의 침해에 관한 소송에서 당사자가 보유한 영업비밀에 대한 비밀유지명령제도를 도입하였다.

2. 2013년 개정(시행 2013. 10. 6. 법률 제11747호, 일부개정)

2013년 개정은 출원인이 타인의 선등록 상표에 대하여 불사용을 이유로 취소심판을 청구한 경우 그 심판결과를 반영하여 상표심사를 진행하도록 함으로써 상표권 취득기간을 단축하고, 상표등록출원인이 심사관의 거절이유 통지에 대한 의견서를 제출기간에 내지 못한 경우에도 일정 기간 이내에 절차의 계속을 신청하여 의견서를 제출할 수 있도록 함으로써 출원인의 편의를 증진하였다.

또한 부정경쟁의 목적 없이 성명·상호 등을 상표로 사용한 경우에는 그 상표를 계속 사용할 수 있도록 함으로써 선사용 상표를 보호하도록 하는 한편, 그 밖에 현행 제도의 운영상 나타난 일부 미비점을 개선하였다.

(1) 상표 불사용 취소심판제도의 개선　출원인이 타인의 선등록 상표에 대하여 불사용을 이유로 취소심판을 청구한 경우에는 출원상표와 타인의 선등록 상표의 동일·유사 여부 판단시점을 현행 출원 시에서 상표등록여부 결정 시로 변경함으로써 출원인의 상표권 취득기간을 단축하였다. 또한 선등록 상표의 불사용을 이유로 취소심판을 청구한 자에 대한 6개월의 우선출원기간을 폐지하여 취소심판청구보다 상표등록출원을 먼저 하도록 함으로써 취소심판청구의 남용 및 취소심판 청구인들 간의 출원경합을 방지하였다.

(2) 기간 미준수에 대한 권리구제수단 마련　출원인 등이 상표등록거절이유 등에 대한 의견서를 해당 기간 내에 제출하지 아니한 경우 바로 거절결정을 하지 아니하고, 그 기간의 만료 후 2개월 이내에 그 절차의 계속을 신청하여 의견서를 제출할 수 있도록 함으로써 상표등록출원인의 편의를 도모하였다.

(3) 선사용에 따른 상표사용권의 인정　자기의 성명·상호 등 인격의 동일성을

표시하는 수단을 상표로 사용하는 자가 부정경쟁의 목적 없이 타인의 상표등록출원 전부터 국내에서 해당 상표를 사용하여 온 경우에는 그 상표를 계속 사용할 수 있도록 함으로써 선의의 상표 사용자가 부당하게 상표권 분쟁에 휘말리지 않도록 하였다.

3. 2014년 개정(시행 2014. 6. 11. 법률 제12751호, 일부개정)

2014년 개정은 방송프로그램, 연예인 명칭 등을 무단으로 등록하여 정당한 권리자의 권리행사를 침해하는 등 신의칙에 반하는 상표를 거절할 수 있는 근거 조항을 신설하였다. 또한 개인과 기업의 노력으로 저명해진 상표의 식별력을 약화시키는 유사상표등록을 방지하는 한편, 상표의 사용에 의한 식별력 인정요건을 완화하여 개인과 기업이 실제로 사용하고 있는 상표가 간단하거나 성질표시적인 상표라도 등록을 받을 수 있도록 함으로써 개인과 기업의 브랜드 관리활동을 적극 지원하도록 하였다.

(1) 상표의 사용에 의한 식별력 인정요건 완화 상표등록출원 전부터 그 상표를 사용한 결과 수요자 간에 특정인의 상품에 관한 출처를 표시하는 것으로 식별할 수 있는 경우에는 상표를 사용한 상품에 한하여 상표등록을 할 수 있다.

(2) 수요자 간에 현저하게 인식되어 있는 상표 희석화 방지조항 마련 수요자 간에 현저하게 인식되어 있는 타인의 상품이나 영업과 혼동을 일으키게 하거나 식별력이나 명성을 손상시킬 염려가 있는 상표에 대하여는 그 등록을 방지할 수 있도록 근거 규정을 마련하였다.

(3) 신의칙에 반하는 출원의 상표등록 방지 및 사용권 제한 규정 신설 계약 및 업무상 관계 등으로 타인이 상표를 사용하거나 상표사용을 준비 중임을 알고 있는 자가 정당한 권원 없이 같은 상표를 먼저 출원한 경우 부등록사유에 포함하고, 상표권의 사용이 부정경쟁행위에 해당하게 될 경우 사용권을 제한하는 규정을 신설하였다.

4. 2016년 개정(시행 2016. 9. 1. 법률 제14033호, 전부개정)

2016년 개정법은 상표에 대한 국민들의 이해를 돕기 위하여, 지나치게 복잡하고 제한적으로 규정되어 있는 상표의 정의(定義) 규정을 상표의 핵심적 의미와 그 대표적인 표현방식 위주로 간결하게 정비하였다. 또한 상표를 먼저 사용한 상표등록 출원인에 대한 권리를 보호하기 위하여 상표의 선사용(先使用)에 따른 우선등록 관련 규정을 신설하고, 상표의 불사용에 대한 사후관리를 강화하기 위하여 상표등록의 취소심판제도를 정비하였다. 법 문장은 원칙적으로 한글로 적고, 어려운 용어를 쉬운 용어로 바꾸며, 길고 복잡한 문장을 간결하게 하는 등 국민이 법 문장을 알기 쉽게 이해할 수 있도록 정비하였다.

(1) 상표 등의 정의 규정 개선 　상표를 자기의 상품 또는 서비스 등과 타인의 상품 또는 서비스 등을 식별하기 위하여 사용하는 표장(標章)으로 정의하고, 표장을 기호, 문자, 도형, 소리, 냄새, 입체적 형상 또는 색채 등으로서 그 구성이나 표현방식에 상관없이 상품의 출처를 나타내기 위하여 사용하는 모든 표시로 정의하여, 상품의 식별력과 출처 표시 등 그 핵심적인 의미와 대표적인 표현방식 위주로 간결하게 정비하였다.

(2) 상표등록의 출원공고에 대한 이의신청 이유의 보정기간 등의 연장 근거 마련 　특허청장 또는 특허심판원장은 상표등록의 출원공고에 대한 이의신청 이유 등의 보정기간 및 보정각하결정에 대한 심판의 청구기간 등을 당사자의 청구 또는 직권으로 30일 이내에서 한 차례 연장할 수 있도록 하였다.

(3) 상표권 소멸 후 1년간 상표등록 제한 규정의 삭제 　먼저 출원하여 등록한 상표에 대한 상표권이 소멸한 후 그 상표와 동일·유사한 상표를 타인이 상표등록 하려는 경우 지금까지는 그 상표권이 소멸한 날부터 1년이 지나지 아니하면 상표등록을 받을 수 없도록 하여 왔으나, 앞으로는 1년이 지나지 아니하여도 상표등록을 받을 수 있도록 하였다.

(4) 상표등록을 받을 수 없는 상표 여부 판단시점의 변경 　상표등록을 받을 수 없는 상표인지를 판단하는 시점을 지금까지는 상표등록을 출원하는 때를 기준으로 하여 왔으나, 앞으로는 상표등록거절결정 또는 상표등록결정의 때를 기준으로 하도록 하되, 특정인에게 손해를 입히려고 하는 등 부정한 목적을 가지고 사용하는 상표의 경우 등은 종전과 같이 상표등록을 출원하는 때를 기준으로 하도록 하였다.

(5) 상표의 선사용(先使用)에 따른 우선등록 규정의 신설 　동일·유사한 상품에 사용할 동일·유사한 상표에 대하여 같은 날에 둘 이상의 상표등록출원이 경합하는 경우에는 상표등록출원일 전에 그 상표를 먼저 사용한 출원인이 그 상표를 등록받을 수 있도록 하였다.

(6) 선출원(先出願)의 예외 규정의 신설 　먼저 출원한 타인의 등록상표와 동일·유사한 상표로서 그 지정상품과 동일·유사한 상품에 사용하는 상표의 경우 지금까지는 상표등록을 받을 수 없도록 하여 왔으나, 앞으로는 먼저 출원하여 등록한 상표권자 등으로부터 상표등록의 동의를 받은 경우에는 상표의 출처 오인 등의 우려가 있는 경우 등을 제외하고는 상표등록을 받을 수 있도록 하였다.

(7) 상표등록에 대한 심판 취하시 수수료 반환 근거의 신설 상표등록에 대한 심판청구 후 1개월 이내에 그 심판을 취하한 경우에 이미 납부한 수수료는 납부한 자의 청구에 의하여 반환되도록 하여 수수료 반환 대상의 범위를 확대하였다.

(8) 상표등록 취소심판제도의 정비

1) 상표의 정당한 사용 부인(否認) 규정의 신설 상표권자 등이 정당한 이유 없이 등록상표를 3년 이상 국내에서 사용하고 있지 아니한 경우 타인은 그 상표에 대한 상표등록의 취소심판을 청구할 수 있도록 하고 있다. 취소심판의 청구일 전 3개월 이내에 심판청구가 있을 것을 알고서 상표를 사용한 경우는 상표의 정당한 사용에 해당하지 아니한 사용으로 추정하도록 하였다.

2) 청구인 적격 인정범위의 확대 상표등록의 취소심판은 지금까지 이해관계인만 청구할 수 있도록 하여 왔으나, 앞으로는 누구든지 청구할 수 있도록 청구인 적격의 인정범위를 확대하되, 단체표장 등에 대한 취소심판 청구의 경우에는 이해관계인만 청구할 수 있도록 하였다.

3) 상표등록의 취소심결의 확정시 상표권 소멸시점의 변경 상표 불사용에 따른 취소심판의 심결이 확정되었을 경우 지금까지는 그 취소심판의 심결이 확정되었을 경우에는 그 상표권은 그때부터 소멸된다. 2016년 개정법에 따르면, 불사용취소심판에 해당하는 것을 사유로 취소한다는 심결이 확정되는 경우에는 그 심판청구일에 상표권이 소멸되는 것으로 본다.

제2장 절차의 총칙

상표에 관한 절차에 관련되는 서류의 송달, 대리인, 대리인의 선임절차, 기간의 계산, 기간의 연장 및 단축, 전자문서에 의한 상표에 관한 절차의 수행, 절차의 중단, 중단된 절차의 수계, 절차의 중지 등의 절차는 특허에 관한 절차와 동일하기 때문에 특허법의 절차와 중복되는 부분은 생략한다. 상표등록출원절차에 관련되는 권리능력과 행위능력, 절차의 보완과 절차의 무효 등을 설명하기로 한다.

Ⅰ. 상표등록을 받을 수 있는 자

1. 상표등록의 의사적인 요건

국내에서 상표를 사용하는 자 또는 사용하고자 하는 자는 자기의 상표를 등록받을 수 있다. 다만 특허청 직원 및 특허심판원 직원은 상속 또는 유증의 경우를 제외하고는 재직 중 상표를 등록받을 수 없다(제3조 제1항). 상표를 출원하여 등록받으려는 자는 국내에서 출원된 상표를 사용하고 있거나, 적어도 그 상표를 사용할 의사가 있어야 한다. 상표법 제3조를 위반하면 거절이유가 되고 무효사유가 된다. 심사관은 상표를 상표출원인(이하 "출원인"이라 한다)에게 사용할 의사가 없다고 판단한 경우에는 상표법 제3조 위반을 이유로 의견제출통지를 해야 한다(상표심사기준 제5조).

2. 취지

우리나라에서 상표등록을 받을 수 있는 자는 첫째, 국내에서 상표를 사용하는 자 또는 사용하고자 하는 자이어야 하고, 둘째, 자기의 상표를 등록하는 자이어야 한다. 외국에서 상표를 사용하고자 하거나 사용하지도 않고 방어적인 목적만으로 상표를 등록받고자 하거나 타인을 위한 상표등록은 인정되지 않는다. 이는 상표제도의 속지성과 상표의 사용에 의한 축적된 신용을 보호하려는 취지 때문이다.

단서규정은 공무원이라는 신분상의 윤리적인 측면에서 특허청 직원 및 특허심판원 직원에 대하여 상표등록을 받을 수 있는 권리를 제한한 것이다. 상표를 등록받을 수 있는 자가 되기 위해서는 민법상 권리를 향유할 수 있는 권리능력을 가져야 한다. 출원인은 자연인과 법인으로 모두 권리능력이 인정된다.

Ⅱ. 권리능력

1. 자연인의 권리능력

권리능력이란 인간(자연인)이라면 누구나 갖고 있는 사법상의 권리와 의무의 주체가 될 수 있는 지위 또는 자격을 말한다. 사람은 생존하는 동안 권리와 의무의 주체가 된다(민법 제3조). 따라서 자연인은 출생에서 사망까지 당연히 권리능력을 가지기 때문에 상표에 관하여도 권리 및 의무의 주체가 될 수 있다.

2. 법인의 권리능력

법인은 법률에 의해 법인격을 얻은 주체로서 설립등기를 한 때부터 해산등기를 할 때까지 법적 인격을 가지므로 정관으로 정한 목적의 범위에서 권리와 의무의 주체가 된다(민법 제34조). 따라서 법인은 상표에 관하여도 자기의 이름으로 권리 및 의무의 주체가 될 수 있다. 국가는 주권을 가진 주체로서 법인격이 있는 것으로 간주되므로 상표에 관하여 대한민국의 이름으로 권리 및 의무의 주체가 될 수 있고, 지방자치단체는 지방자치법 제3조에 의해 법인격이 인정되므로 상표에 관하여도 권리 및 의무의 주체가 될 수 있다.

3. 외국인의 권리능력

최근 교통과 통신의 발전으로 인하여 국가 간 인적·물적 교류가 활발하게 증가함에 따라 많은 나라가 내외국인 평등의 원칙을 채택하고 있다. 우리나라에서도 외국인은 국제법과 조약이 정하는 바에 의하여 그 지위를 보장하고 있다(헌법 제6조 제2항). 상표법상 재외자 중 외국인의 권리능력을 인정하는 경우는 (ⅰ) 그 자가 속하는 국가에서 대한민국 국민에 대하여 그 국민과 같은 조건으로 상표권 또는 상표에 관한 권리의 향유를 인정하는 경우(평등주의), (ⅱ) 대한민국이 그 외국인에 대하여 상표권 또는 상표에 관한 권리의 향유를 인정하는 경우에는 그 자가 속하는 국가에서 대한민국 국민에 대하여 그 국민과 같은 조건으로 상표권 또는 상표에 관한 권리의 향유를 인정하는 경우(상호주의), (ⅲ) 조약 및 이에 준하는 것에 따라 상표권 또는 상표에 관한 권리의 향유를 인정하는 경우이다(제27조).

우리나라가 외교적으로 승인하지 않는 국가라 할지라도 파리협약의 동맹국이거나 상호주의를 채택하고 있는 등 외국인의 권리능력을 인정받는 국가의 국민은 상표에 관한 권리를 향유할 수 있다. 만일 권리능력이 없는 외국인이 한 상표등록출원이 등록된 경우에는 상표등록의 무효사유가 된다(제117조 제1항 제5호).

Ⅲ. 행위능력

1. 당사자

민사소송에서 당사자란 자기의 이름으로 국가의 권리보호(재판이나 강제집행)를 요구하는 사람과 그 상대방을 말한다. 당사자의 호칭은 각 절차에 따라 다르다. 판결절차에서 당사자는 자기의 이름으로 판결요구를 하는 사람 및 그 상대방이다.

미성년자의 친권자·법인의 대표이사 등의 법정대리인이나 소송대리인은 다른 사람의 이름으로 판결요구나 요구받는 사람이기 때문에 당사자가 아니다.[1)]

2. 미성년자 등의 행위능력

행위능력이란 단독으로 유효한 법률행위를 할 수 있는 능력을 말한다. 우리 민법은 행위무능력자를 보호하므로 상표법은 민법의 취지와 동일한 관점에서 행위무능력자를 규정하고 있다. 미성년자·피한정후견인(상표권 또는 상표에 관한 권리와 관련된 법정대리인이 있는 경우만 해당한다) 또는 피성년후견인은 법정대리인에 의해서만 상표등록에 관한 출원·청구, 그 밖의 절차(이하 "상표에 관한 절차"라 한다)를 밟을 수 있다. 다만 미성년자 또는 피한정후견인이 독립하여 법률행위를 할 수 있는 경우에는 그러하지 아니하다(제4조 제1항).

미성년자, 사무처리능력이 부족한 장애인, 노약자와 같은 피한정후견인 또는 피성년후견인이 법정대리인을 선임하면 상표에 관한 절차를 밟을 수 있다. 상표법 제4조 제1항 단서에서 "미성년자와 피한정후견인이 독립하여 법률행위를 할 수 있는 경우에는 그러하지 아니하다."고 하여 미성년자 또는 피한정후견인이 법정대리인에 의하지 아니하고 상표에 관한 절차를 밟을 수 있도록 예외 규정을 두고 있다.

상표에 관한 절차에서 미성년자와 피한정후견인이 독립하여 법률행위를 한 경우는 미성년자가 권리만을 얻거나 의무만을 면하는 행위(민법 제5조 제1항)[2)], 법정대리인으로부터 영업이 허락된 영업에 관한 행위(민법 제8조 제1항), 미성년자가 혼인을 하여 성년으로 의제된 경우이다(민법 제826조의2).

1) 이시윤, 127면.

2) 부담 없는 증여를 받는 행위, 채무면제의 청약에 대한 승낙, 친권자에 대한 부양료 청구가 이에 해당한다. 법은 부담 없이 증여를 받는 행위 또는 경제적으로 유리한 매매계약 체결 등은 이익을 얻기도 하지만 의무를 부담하는 것이어서 단독으로 하지 못하는 것으로 본다.

(1) 성년후견인제도　2013년 7월 1일부터 시행된 민법에서 부정적 인식이 강한 금치산·한정치산제도를 폐지하고 성년후견제를 도입하였으므로 상표법에서 성년후견인제도를 시행하고 있다. 성년후견제도란 질병 등의 사유로 인한 정신적 제약으로 사무를 처리할 능력이 지속적으로 결여된 사람에 대하여 본인, 배우자 등 청구권자의 청구에 의해 가정법원이 심판하여 법률행위와 재산관리 등의 후견임무를 수행할 후견인을 선임하고 후견감독인을 두는 제도이다. 성년후견인은 본인, 친족, 검사 등의 청구에 의해 후견인을 선임하는데 선정된 후견인은 피후견인의 법률행위를 대신하고 재산관리뿐만 아니라 신상보호를 할 수 있다.

이러한 권한은 법원의 재판에 의하여 부여받는다. 새로운 성년후견제도는 후견인의 법정순위(최근친, 연장자 순) 폐지, 복수후견인과 법인후견인제도의 도입, 대리권과 동의권의 범위를 탄력적으로 결정, 신상보호의 개념 도입, 친족회의 폐지와 후견감독인제도의 도입, 법원의 감독기능 강화, 후견계약제도의 도입, 가족관계등록부에서 후견등기로 공시방법의 전환 등이 구제도와 다른 특징이 있다.[3)]

(2) 후견감독인　법정대리인은 후견감독인의 동의 없이 상대방이 청구한 상표등록 이의신청이나 심판 또는 재심에 대한 절차를 밟을 수 있다(제4조 제2항). 후견감독은 종전에는 친족회가 형식적으로 감독하였으나, 개정법에서는 후견감독인이 실질적으로 감독한다. 상표법에서 상대방이 청구한 심판 또는 재심에 관한 절차를 후견감독인의 동의 없이도 수행할 수 있도록 하는 것은 이들 행위는 소극적 행위로서 미성년자 또는 피한정후견인의 권리를 해칠 우려가 적기 때문이다.

(3) 미성년자의 법정대리인　미성년자의 법정대리인은 제1차로 친권을 행사하는 부 또는 모가 된다(민법 제911조). 제2차로는 미성년후견인이고, 미성년자에게 친권자가 없거나 친권자가 법률행위의 대리권과 재산관리권을 행사할 수 없는 경우에는 미성년후견인이 법정대리인이 된다(민법 제928조).

3. 법인이 아닌 사단 등의 행위능력

법인이 아닌 사단 또는 재단으로서 대표자 또는 관리인이 정해져 있는 경우에는 그 사단이나 재단의 이름으로 상표등록의 이의신청인이나 심판 또는 재심의 당사자가 될 수 있다(제5조). 민법의 권리주체에는 자연인과 법인이 있다. 민법은 법인으로서 재단법인과 사단법인을 규정하고 있다. 재단법인은 항상 비영리법인이며, 사단법

---

3) 김태봉, 67면.

인은 영리법인 또는 비영리법인이 될 수 있다.

4. 재외자의 상표관리인

국내에 주소 또는 영업소를 가지는 자를 '재내자'라 하고, 국내에 주소 또는 영업소가 없는 자는 '재외자'라 한다. 재외자는 재외자(법인인 경우에는 그 대표자)가 국내에 체재하는 경우를 제외하고는 그 재외자의 상표에 관한 대리인으로서 국내에 주소 또는 영업소가 있는 자(이하 "상표관리인"이라 한다)에 의해서만 상표에 관한 절차를 밟거나 이 법 또는 이 법에 따른 명령에 따라 행정청이 한 처분에 대하여 소를 제기할 수 있다(제6조 제1항).

재외자가 상표관리인을 선임하지 않거나 국내에 체재하지 않은 채로 상표에 관한 절차를 밟기 위하여 서류를 제출한 경우에는 적법한 출원서류로 인정하지 아니한다. 상표관리인은 위임된 권한의 범위에서 상표에 관한 절차 및 이 법 또는 이 법에 따른 명령에 따라 행정청이 한 처분에 관한 소송에 대하여 본인을 대리한다(제6조 제2항).

Ⅳ. 절차의 보정과 무효처분 등

1. 절차의 보정

특허청장 또는 특허심판원장은 상표에 관한 절차가 (ⅰ) 미성년자 등의 행위능력(제4조) 또는 대리권의 범위(제7조)를 넘어서는 경우, (ⅱ) 이 법 또는 이 법에 의한 명령에서 정한 방식에 위반된 경우, (ⅲ) 수수료를 내지 아니한 경우(제78조) 중 어느 하나에 해당하는 경우에는 기간을 정하여 보정을 명하여야 한다(제39조).

절차의 보정이란 상표등록출원의 절차적 사항에 관한 형식적 요건에 흠결이 있는 경우 이를 보충하거나 정정하는 것을 말한다. 절차에 관한 보정은 특허청장이나 특허심판원장에 의한 보정이 일반적이지만, 출원인이 해당 절차에 흠을 자진하여 보정할 수도 있다. 특허청장은 지정기간 내에 보완을 하지 않은 상표등록출원을 부적법한 것으로 보아 반려할 수 있다.

2. 무효처분

특허청장 또는 특허심판원장은 상표법 제39조에 따른 보정명령을 받은 자가 지정된 기간 내에 그 보정을 하지 아니하면 상표에 관한 절차를 무효로 할 수 있다(제18조 제1항). 특허청장 또는 특허심판원장은 상표에 관한 절차를 무효로 하였더라도 지정된 기간을 지키지 못한 것이 보정명령을 받은 자가 책임질 수 없는 사유에 의한 것으로 인정되는 경우에는 그 사유가 소멸한 날부터 2개월 이내에 보정명령을 받은 자의 청구에 따라 그 무효처분을 취소할 수 있다. 다만, 지정된 기간의 만료일부터 1년이 지났을 경우에는 그러하지 아니하다(제18조 제2항). 대법원은 "책임을 질 수 없는 사유는 민사소송법 제173조 제1항[4]이 규정하는 소송행위의 추후보완은 당사자가 그 책임을 질 수 없는 사유로 인하여 불변기간을 준수할 수 없었던 경우에 비로소 가능한 것이고, 여기서 당사자가 책임질 수 없는 사유란 당사자가 그 소송행위를 하기 위하여 일반적으로 하여야 할 주의를 다하였음에도 불구하고 그 기간을 준수할 수 없었던 경우를 가리키는 것이다."라고 판시하였다.[5]

3. 절차의 추후 보완

상표에 관한 절차를 밟은 자가 책임질 수 없는 사유로 인하여 거절결정에 대한 심판의 청구기간 또는 보정각하결정에 대한 심판의 청구기간, 재심의 청구기간을 지키지 못한 경우에는 그 사유가 소멸한 날부터 2개월 내에 지키지 못한 절차를 추후 보완할 수 있다. 다만, 그 기간 만료일부터 1년이 지났을 경우에는 그러하지 아니하다(제19조).

4. 절차의 효력 승계

상표권 또는 상표에 관한 권리에 관하여 밟은 절차의 효력은 그 상표권 또는 상표에 관한 권리의 승계인에게 미친다(제20조). 상표등록출원의 승계는 상속이나 그 밖의 일반승계의 경우를 제외하고는 출원인 변경신고를 하지 아니하면 그 효력이 발생하지 아니한다(제48조 제1항). 상표등록출원의 상속이나 그 밖의 일반승계가 있는 경우에는 승계인은 지체 없이 그 취지를 특허청장에게 신고하여야 한다(제48조 제3항).

Ⅴ. 서류의 열람·송달

1. 서류의 열람

상표등록출원 및 심판에 관한 증명, 서류의 등본 또는 초본의 발급, 상표원부 및 서류의 열람 또는 복사를 원하는 자는 특허청장 또는 특허심판원장에게 서류의 열람

4) 민사소송법 제173조 제1항: 당사자가 책임질 수 없는 사유로 말미암아 불변기간을 지킬 수 없었던 경우에는 그 사유가 없어진 날부터 2주 이내에 게을리 한 소송행위를 보완할 수 있다. 다만, 그 사유가 없어질 당시 외국에 있던 당사자에 대하여는 이 기간을 30일로 한다.

5) 대법원 2009. 9. 24. 선고 2009다44679 판결.

등의 허가를 신청할 수 있다(제215조). 상표권이 발생된 후 상표권의 심판 또는 소송이 제기되면, 이해관계인 또는 대리인은 특허청에서 발생된 서류를 열람하여 출원경과를 파악할 필요가 있다.

2. 서류의 반출과 공개금지

(1) 서류의 반출 금지 상표등록출원·심사·상표등록이의신청·심판 또는 재심에 관한 서류나 상표원부는 (ⅰ) 상표검색 등을 위하여 상표등록출원, 지리적 표시 단체표장등록출원, 심사 또는 이의신청에 관한 서류를 반출하는 경우, (ⅱ) 상표문서 전자화업무의 위탁을 위하여 상표등록출원, 심사, 이의신청, 심판 또는 재심에 관한 서류나 상표원부를 반출하는 경우, (ⅲ) 온라인 원격근무를 위하여 상표등록출원, 심사, 이의신청, 심판 또는 재심에 관한 서류나 상표원부를 반출하는 경우 중 어느 하나에 해당하는 경우를 제외하고는 이를 외부로 반출할 수 없다(제216조 제1항).

상표에 관한 절차에서 발생된 서류는 외부로 반출할 수 없고 비밀로 유지하여야 한다. 다만, 상표문서전자화 업무의 위탁을 위하여 전문기관에 서류를 반출하는 경우와 심사관이 원격근무에 필요한 경우에 예외적으로 외부로 반출이 허용된다.

(2) 서류의 공개금지 상표등록출원, 심사, 이의신청, 심판 또는 재심으로 계속 중인 사건의 내용이나 상표등록여부결정, 심결 또는 결정의 내용에 관하여는 감정·증언을 하거나 질의에 응답할 수 없다(제216조 제2항). 심사관 또는 심판관은 해당 업무에 대하여 독립하여 심사 또는 심판하여야 한다. 심사관 또는 심판관이 판단한 사항은 상표권의 대세적 효력과 직접 관련되므로 상표법 제216조 제2항에 따라 감사원 또는 법원 등에서 담당한 사건의 증언이나 질의에 응답할 의무가 없다.

3. 서류의 송달

(1) 재외자에 대한 서류의 송달 재외자로서 상표관리인이 있으면 그 재외자에게 송달할 서류는 상표관리인에게 송달하여야 한다. 다만, 심사관이 국제사무국을 통하여 국제상표출원인에게 거절이유를 통지하는 경우에는 그러하지 아니하다(제220조).

(2) 공시송달 송달을 받을 자의 주소나 영업소가 불분명하여 송달할 수 없는 때에는 공시송달을 하여야 한다(제219조 제1항). 공시송달은 송달할 서류를 받을 자에게 어느 때라도 교부한다는 뜻을 상표공보에 게재함으로써 행한다. 최초의 공시송달은 상표공보에 게재한 날부터 2주일이 지나면 그 효력이 발생한다(제219조 제3항).

제3장 상표등록의 요건

상표법은 등록주의, 심사주의, 선출원주의를 원칙으로 하고 있다. 출원상표가 상표등록을 받기 위해서는 다음 요건들을 모두 충족해야 한다. 즉 (i) 상표법상의 상표에 해당하여야 하고, (ii) 출원상표와 동일한 선등록상표가 없어야 하며, (iii) 상표에 대한 사용사실의 유무와 관계없이 상표로서의 구성요건을 갖추어 상표로서의 식별력[1]이 있어야 하고, (iv) 부등록 사유에 해당하지 않아야 하며, (v) 출원상표와 유사한 선등록상표가 존재할 경우 상표가 유사하지 않아야 한다.

제1절 식별력의 요건

Ⅰ. 등록요건의 종류

1. 주체적 요건

주체적 요건이란 상표권자가 될 수 있는 자격을 말한다. 국내에서 상표를 사용하는 자 또는 사용하고자 하는 자는 상표법이 정하는 바에 의하여 자기의 상표를 등록받을 수 있다(제3조). 상표법상 출원인은 자연인 또는 법인이며, 외국인은 평등주의 · 상호주의 원칙과 조약에 따라 그 자격이 결정된다. 상표사용에 합리적인 의심이 있는 경우, 심사관의 판단에 따라 사용의사를 확인할 수 있다.

외국에서 상표를 사용하고자 하거나 사용하지도 않고 방어적인 목적만으로 상표를 등록받고자 하거나 타인을 위한 상표등록은 인정되지 않는다. 이는 상표제도의 속지성과 상표의 사용에 의한 축적된 신용을 보호하려는 상표법의 취지 때문이다. 주체적 요건을 위반하면 거절이유(제55조), 이의신청이유(제60조 제1항)와 무효사유(제117조 제1항)가 된다.

2. 실체적 요건

상표법 제33조에서 상표등록의 요건을 규정하고 있다. 상표의 등록요건은 출원의

1) 상표법상 식별력(distinctiveness)이란 거래자나 일반 수요자로 하여금 상표를 표시한 상품이 누구의 상품인가를 알 수 있도록 인식시켜 주는 능력을 말한다. 식별력을 '특별 현저성'이라고도 한다.

형식 등 절차적 요건과 상표의 구성자체가 자타상품의 식별력을 가진 것인지, 부등록 사유에 해당되지 않는지에 관한 실체적 요건이 있다. 이 중에서 실체적 요건은 적극적 요건과 소극적 요건으로 구분한다. 적극적 요건은 상표등록을 받을 수 있는 요건(제33조)을, 소극적 요건은 상표등록을 받을 수 없는 상표(제34조)를 말한다.

3. 적극적 요건

상표의 가장 중요한 기능은 자타상품 식별기능이기 때문에, 출원상표가 등록받기 위해서는 식별력을 가져야 한다. 상표법 제33조 제1항 제1호 내지 제7호에서는 자타상품의 식별력이 없는 상표를 열거하고 있다. 일반적으로 식별력 유무의 판단은 지정상품과 관련하여 판단한다. 식별력이 없는 상표라 하더라도, 상표등록출원일 전부터 그 상표를 사용한 결과 수요자 간에 특정인의 상표로 현저하게 인식된 경우에는 예외적으로 등록이 가능한 경우가 있다(제33조 제2항).

주체적 판단기준은 해당 지정상품에 관한 거래사회에서의 일반 수요자 및 거래자의 평균적 인식을 기준으로 식별력 유무를 판단한다. 식별력 유무의 판단기준시점에 대하여 대법원은 "출원된 상표가 상표법 제33조 제1항 각 호의 식별력 요건을 갖추고 있는지 여부에 관한 판단의 기준 시점은 원칙적으로 등록결정 시 또는 거절결정 시이고 거절결정에 대한 불복심판에 의하여 등록 여부가 결정되는 경우에는 그 심결 시라고 할 것이다."고 판시하였다.[2)]

Ⅱ. 자타상품의 식별력이 없는 상표

1. 보통명칭상표

(1) 의의 그 상품의 보통명칭을 보통으로 사용하는 방법으로 표시한 표장만으로 된 상표는 상표등록을 받을 수 없다(제33조 제1항 제1호). 보통명칭이란 그 상품을 취급하는 거래사회에서 통상의 기술자 및 일반수요자 사이에 그 상품을 일반적으로 지칭하는 것으로 사용되고 인식되어 있는 명칭을 말한다. 따라서 보통명칭상표는 상품의 식별력이 없을 뿐만 아니라, 누구나 자유롭게 사용할 필요가 있는 것이므로 특정인에게 독점배타권을 인정하는 것은 공익에 반하기 때문에 등록을 받을 수 없다.

(2) '~ 만으로 된'의 해석 상표법상 상표등록이 거절되기 위해서는 보통명칭을 보통으로 사용하는 방법으로 표시한 표장만을 사용하는 경우로 한정하고 있다.

2) 대법원 2012. 4. 13. 선고 2011후1142 판결; 대법원 2014. 10. 15. 선고 2013후1146 판결.

따라서 보통명칭이 포함된 상표로서 그 보통명칭이 다른 식별력이 있는 표장의 부기적인 부분이나 식별력이 있는 표장(예: 도형)과 결합되어 불가분의 일체를 구성하고 있는 때에는 식별력이 있는 것으로 본다(상표심사기준 제6조 해석참고자료 제6호). 상표법 제33조 제1항 제1호, 제3호, 제4호, 제5호, 제6호에서 규정하는 "~ 표장(또는 지도)만으로 된 상표"의 해석은 동일하게 적용한다.

(3) 보통으로 사용하는 방법으로 표시한 표장의 해석 상표법 제33조 제1항 제1호, 제3호 및 제5호에서 '보통으로 사용하는 방법으로 표시한 표장'이란 상표의 외관, 칭호 또는 관념을 통하여 상품의 보통명칭, 성질 또는 성이나 명칭을 직감할 수 있도록 표시된 표장을 말한다. 상품의 보통명칭, 흔히 있는 명칭 등을 한글, 영어, 한자 또는 로마 문자로 표시한 것을 말한다.

(4) 보통명칭화된 보통명칭상표 보통명칭에는 처음부터 상품의 일반적 명칭(예: 두부, 화장품, 자동차, 소주)인 것과, 당초에는 상표로 등록되었으나 그 상품이 유명하게 되고 상표권자가 상표관리를 허술하게 하여 보통명칭화된 것이 있다.

보통명칭화된 예로 Xerox(지정상품, 복사기), YOGURT(유산균 발효유), 호두과자(옥수수 건과자), ASPIRIN(해열진통제), Cafe Latte(커피), SPRINTER(자동차) 등이 있다.

2. 관용상표

(1) 의의 그 상품에 대하여 관용하는 상표는 상표등록을 받을 수 없다(제33조 제1항 제2호). 관용상표는 특정종류의 상품에 관하여 동업자들에 의하여 관용적으로 사용되는 상표를 말한다. 관용상표의 요건은 (i) 그 상표가 특정상품에 대하여 그 상품의 제조업자나 판매업자 등 불특정 다수인이 일반적으로 자유롭게 사용한 것일 것, (ii) 그 사용결과 그 상표가 출처표시기능 또는 식별력을 상실하였을 것, (iii) 상표권자가 해당 상표의 보호를 위하여 필요한 조치를 취하지 아니할 것 등이다.

(2) 보통명칭과 차이점 보통명칭상표는 거래자 및 일반소비자에게 상품의 일반명칭으로 인식되고 현실로 사용될 것을 요하나, 관용상표는 동종업자에게 인식되어 사용되면 충분하다. 관용표장은 문자 이외에 도형, 입체적 형상 등 모든 구성요소를 포함할 수 있지만, 상품의 보통명칭인 상표는 문자로만 구성된다.

(3) 관용상표의 식별력 판단 관용상표와 유사한 상표는 관용상표로 보지 아니한다. 관용상표가 다른 식별력이 있는 표장의 부기적 부분이거나 식별력이 있는 표장에 흡수되어 있는 경우에는 전체적으로 식별력이 있는 것으로 본다. 관용상표는

특정 상품에 대하여 관용적으로 사용하는 상표이므로 당연히 지정상품과의 관계를 고려하여 판단한다. 정종(청주), 나폴레온(코냑), 깡(과자), VASELINE(콜드크림), cyber·web·net·com·net(통신업), MICOM(컴퓨터), 가든·장(요식업), 데코시트(장식용 시트) 등은 식별력이 없는 관용상표의 사례이다.

3. 성질표시 상표

(1) 의의 그 상품의 산지·품질·원재료·효능·용도·수량·형상(포장의 형상을 포함한다)·가격·생산방법·가공방법·사용방법 또는 시기를 보통으로 사용하는 방법으로 표시한 표장만으로 된 상표는 상표등록을 받을 수 없다(제33조 제1항 제3호). 상표법 제33조 제1항 제3호는 기술적 상표(descriptive mark)에 관한 규정으로 상품의 성질을 직접적으로 기술(記述)하는 것을 내용으로 하는 상표로 '성질표시 상표'라고도 한다.

상품의 산지·품질·원재료 등은 성질표시 상표에 관한 예시에 불과하므로 이러한 예시에 해당하지 않는 표장이라도 상품의 성질이나 품질을 표시한 것이라면 성질표시 상표로 등록받을 수 없다.

(2) 판단기준 상표심사기준에 의하면, 상표법 제33조 제1항 제3호는 상표의 외관·칭호·관념을 종합으로 고려하여 해당 상품의 수요자나 거래자가 산지, 품질, 원재료 등 본 호에서 규정하고 있는 상품의 성질을 직감할 수 있어 상품의 출처표시로 인식될 수 없거나 특정인에게 독점시킬 경우 당업계의 경쟁을 제한할 우려가 있는 경우에 적용한다. 다만, 단순히 상품의 성질을 간접적·암시적으로 표시하는 것에 지나지 않는 경우에는 본 호를 적용하지 아니한다.[3)]

본 호는 특수하게 사용하는 방법으로 표시한 표장이거나 다른 식별력 있는 부분과 결합하여 상표체로서 자타상품의 식별력이 인정되는 경우에는 적용하지 아니한다. 다만 특수하게 사용하는 방법으로 표시한 표장이라도 일반인이 보통의 주의력을 가지고 있는 경우 전체적으로 보아 그 도형화된 정도가 일반인의 특별한 주의를 끌 정도에 이르러 문자의 기술적 또는 설명적인 의미를 직감할 수 없을 만큼 문자인식력을 압도할 정도에 해당되지 않는 경우와 다른 식별력 있는 문자·기호·도형 등이 결합되어 있다고 하더라도 그 결합된 부분들이 상표전체 구성에 있어서 부수적 또는 보조적인 것에 불과하다거나 그 자체적으로 볼 때 품질 등 성질표시 상표로 인식되는 경우에는 본 호를 적용한다.

이 경우 부수적, 보조적이란 성질표시 부분 이외의 구성요소가 상표전체에서 차

3) 상표심사기준, 133면.

지하는 크기의 크고 작음이 아니라 수요자에게 상표의 핵심 요소로 인식되는지 여부로 판단하며, 상표전체의 구성상 도형 등 다른 식별력 있는 부분이 성질표시 부분을 압도하지 못하는 경우를 포함한다.

(3) 자타상품 식별력이 없는 성질표시 상표의 유형

1) 산지표시 상품의 산지표시란 해당지역의 기후, 토양 등의 지리 조건 등과 관련하여 해당상품의 특성을 직감할 수 있는 지역을 표시하는 것에 불과하고 해당상품이 해당지방에서 과거에 생산되었거나 현실적으로 생산되고 있는 경우는 물론 그 지방에서 생산되고 있는 것으로 일반수요자에게 인식될 수 있는 경우에도 이에 해당하는 것으로 본다. 상품의 산지 표시는 통상 상품의 유통과정에서 필요한 표시이므로 누구라도 이를 사용할 필요가 있으므로 특정인에게 독점배타적으로 사용하게 할 수 없으므로 이를 허용하고 있지 않다. 산지표시로 인정되는 예로는 금산(인삼), 대구(사과), 한산(모시), 울릉도(오징어), 영광(굴비), VIENNA(안경), 청진동(해장국), 마산(아귀찜), 일동(막걸리) 등이다.

2) 품질표시 상품의 품질표시란 해당 지정상품과의 관계에서 그 상품 품질의 상태 또는 우수성을 직접적으로 표시하는 것이라고 인정되는 경우에 이에 해당하는 것으로 본다. 품질보증, 일품, 특선, 으뜸, 원조, 특급, 특별, 명품, STANDARD, KS, NEW, DELUXE, GENUINE, SUPER, SPECIAL, ULTRA, NICE, SUPER, No. 1 등은 품질표시상표에 해당한다.

특허법원은 갑 주식회사가 지정상품을 '사탕수수의 지방성 알코올 성분을 추출하여 가공한 건강보조식품' 등으로 하는 등록상표  의 권리자 을을 상대로 등록상표가 상표법 제33조 제1항 제3호에 해당한다며 등록무효심판을 청구하였으나 특허심판원이 기각하는 심결을 한 사안에서, "화살표 모양은 일반적인 형태가 아닌 리본 형태로 도형화되어 있고, 화살표 내의 녹색 역시 일반적으로 사용되는 색으로 볼 수 없으며, 화살표 도형 내부에 'HDL+', '-LDL'을 배치하여 구성상의 독창성이 있는 점 등을 종합하면, 등록상표는 상표를 구성하는 외관에 있어서 도형, 영문자, 수학적 기호 및 색채를 결합한 독창적인 형태로 구성되어 있어서 전체적으로 지정상품 중 '사탕수수의 지방성 알코올 성분을 추출하여 가공한 건강보조식품'의 품질·효능·용도 등을 보통으로 사용하는 방법으로 표시한 표장만으로 된 상표라고 볼 수 없어, 전체적으로 식별력을 갖춘 표장으로 일반 수요자나 거래자가 지정상품의 단순한 품질·효능·용도 등을 표시하는 것으로 인식하기 어려우므로, 상표법 제33조 제1

항 제3호에 해당하지 않는다."고 판시하였다.[4)]

3) 원재료표시　　상품의 원재료표시란 해당 원재료(주요부품을 포함한다)가 지정상품에 현실적으로 사용되고 있거나 사용될 수 있다고 인정되는 경우에 이에 해당하는 것으로 본다. 예를 들면, WOOL(양복), STEEL(금고), SILK(블라우스), KERATIN(화장품) 등이다.

【상품의 원재료를 보통으로 사용하는 방법으로 표시한 표장】

<대법원 2012. 4. 13. 선고 2011후1142 판결>

> 멕시코음식 전문레스토랑업(멕시코식 TACO 요리를 주 메뉴로 하는 업종에 한함) 등을 지정서비스업으로 하는 갑의 출원서비스표 “ ”에 대해 특허청이 상표법 제33조 제1항 제3호에 해당한다는 이유로 등록거절결정을 하자 이에 갑이 거절결정에 대한 불복심판을 청구하였으나 특허심판원도 같은 이유로 이를 기각하는 심결을 한 사안에서, 출원서비스표는 'TOMATILLO'로 인식될 수 있는데, 심결 시 국내의 사전 등에 '토마틸로(Tomatillo)'가 '주로 멕시코와 미국 남부가 원산지인 가지과(과) 꽈리속(속)의 1년 초(초)로서 자주색 열매가 식용으로 사용되는 식물이고 멕시코요리에 즐겨 사용되는 식재료'라는 점이 나타나 있었고, 이 외에도 인터넷이나 국내에 시판된 서적 등을 통해 '토마틸로가 식용 열매로서 식재료로 사용된다'는 점이 국내에도 알려져 있었던 사정 등을 보면, 적어도 지정서비스업의 거래자들이 출원서비스표를 지정서비스업에서 제공되는 멕시코음식의 원재료를 뜻하는 'TOMATILLO'로 인식하고 있다고 봄이 타당하다.

4) 효능표시　　상품의 효능표시란 해당 지정상품과의 관계에서 물품의 성능과 효과를 직접적으로 표시하는 것이라고 인정되는 경우에 이에 해당하는 것으로 본다. 생명물(차류), SPEEDY(자동차수선업), SOFTLIPS(입술연고), GOLD BLEND(커피), 우아미(가구), Quick copy(복사기), 보들보들(화장품), 원터치(전자레인지) 등이 효능표시 상표에 해당한다.

5) 용도표시　　상품의 용도표시란 해당 지정상품의 사용목적, 사용처, 수요계층 또는 수요자, 다용도, 전천후, 필수품, 레저용, 기타 용도에 관한 설명적인 표시를 말한다. 예를 들면, 베이비(의류), 프로용(운동용품), 원예(비료), Body Makeup(화장품), DIET COLA(콜라), KICKERS(축구화) 등이다.

6) 수량표시　　상품의 수량표시란 해당 지정상품과의 관계에서 거래사회에서

---

4) 특허법원 2016. 5. 27. 선고 2016허816 판결.

사용되고 있는 수량과 수량표시로 인식되고 있는 단위 및 그 단위의 기호 등을 표시하는 것이라고 인정되는 경우에 이에 해당하는 것으로 본다. 예를 들면, 일반상품의 2짝, 100, 1000봉지, L-830(비디오테이프) 등이다.

7) 형상표시 상품 또는 포장의 형상표시란 해당 지정상품과의 관계에서 그 상품 포장의 외형, 모양, 규격 등을 직접적으로 표시하는 것이라고 인정되는 경우에 이에 해당하는 것으로 본다. 특히 입체상표의 경우 그 상품 포장의 외형이 해당 물품의 일반 형태를 나타내는 것이라고 인식될 때에는 이에 해당하는 것으로 본다. 소형, 대형, 캡슐, SLIM, 4각품(연필), POP MODE(의류) 등이 형상표시에 해당한다. 지정상품 또는 그 포장의 입체적 형상으로 된 상표의 경우, 그 입체적 형상이 상표법 제33조 제1항 제3호의 상품 등의 형상을 보통으로 사용하는 방법으로 표시한 표장만으로 된 상표에 해당한다고 하기 위한 요건에 대하여 대법원은 "상품 등의 입체적 형상으로 된 이른바 입체상표의 경우, 그 입체적 형상이 해당 지정상품이 거래되는 시장에서 그 상품 등의 통상적·기본적인 형태에 해당하거나, 거래사회에서 채용할 수 있는 범위 내에서 이를 변형한 형태에 불과하거나, 또는 해당 상품 유형에 일반적으로 잘 알려진 장식적 형태를 단순히 도입하여 이루어진 형상으로서 그 상품의 장식 또는 외장으로만 인식되는 데에 그칠 뿐 이례적이거나 독특한 형태상의 특징을 가지고 있는 등으로 수요자가 상품의 출처 표시로 인식할 수 있는 정도의 것이 아니라면, 위 규정에서 말하는 상품 등의 형상을 보통으로 사용하는 방법으로 표시한 표장만으로 된 상표에 해당한다고 보아야 한다."고 판시하였다.[5)]

8) 가격표시 상품의 가격표시란 해당 거래사회에서 현실적으로 사용되고 있는 가격과 가격표시로 인식되고 있는 단위 및 그 단위의 기호 등을 표시하는 것이라고 인정되는 경우에 이에 해당하는 것으로 본다. 예를 들면, 100$, 100¥, ₩500, 100원, 10Dollar 등이다.

9) 생산방법·가공방법·사용방법의 표시 상품의 생산방법·가공방법·사용방법의 표시란 해당 지정상품의 생산방법, 가공방법, 사용방법을 직접적으로 표시하는 것이라고 인정되는 경우에 이에 해당하는 것으로 본다. 예를 들면, 수제(구두), 자연농법(농산물), 조립(책상), 훈제(햄), 정밀가공(시계), 멕시칸(치킨전문점) 등이다.

(4) 시기표시 상품의 시기표시란 해당 지정상품과의 관계에서 그 상품의 판매 또는 사용의 계절, 시기, 시간 등을 직접적으로 표시하는 것이라고 인정되는 경우에 이에 해당하는 것으로 본다. 예를 들면, Summer Shirt(의류), 전천후(타이어), Four

5) 대법원 2014. 10. 15. 선고 2013후1146 판결.

Season(타이어), 크리스마스 케이크(일반상품), 식전・식후(약품) 등이다.

(5) 서적의 제호(題號) 서적의 제호(제목)가 직접 서적의 내용을 표시하는 경우에는 식별력이 없는 것으로 본다. 저작물의 제호는 저작물의 일부가 아니고 그 저작물의 내용을 나타내는 것이다. 따라서 저작권법으로 보호되지 않지만 상표법에서 보호받을 수 있다. 단행본 서적의 제호가 직접 서적의 내용을 나타내는 경우에는 식별력이 없다. 예를 들면, 민법총칙, 지식재산권법, 경제학, 영한사전, 민법총칙 등이다. 그러나 서적이나 영화 제목인 빙점, 토지, 태백산맥, 태극기 휘날리며는 등록받을 수 있다. 단행본의 제호와 달리 시리즈물의 경우에는 일정한 경우 상표등록이 가능하다. 예를 들면, 월간 뿌리 깊은 나무, 정글만리 등은 식별력이 있다.

(6) 소리·냄새의 성질표시 시각적 표현을 통하여 특정되는 소리 또는 냄새가 지정상품의 용도, 목적 등의 성질표시를 직접적으로 나타낸다고 인정되는 경우에는 본 호가 적용된다. 소리·냄새 등은 수요자들에게 상품의 출처표시로 인식되지 않고, 소리(음향), 냄새(향기) 등으로 인식되는 것이 일반적이라 할 것이므로, 자타 상품을 구별하는 식별력이 없는 것으로 본다. 예를 들면, 체인 톱소리(벌목서비스업), 현금출납기 소리(각종 소매업), 자동차 시동소리(자동차 수리업), 나무냄새(목재가공업), 바닐라향기·허브향(향수) 등이 이에 해당한다. 소리·냄새 등 시각적으로 인식할 수 없는 것은 원칙적으로 식별력을 인정을 받을 수 없고 사용에 의한 식별력을 인정받아야 한다(상표심사기준 제4조 제2항). 클래식 음악, 동요, 자장가, 레몬향기 등과 같은 비시각적인 상표는 상표법 제33조 제2항에 따른 사용에 의한 식별력을 취득하지 않는 한, 식별력이 없는 것으로 본다.

4. 현저한 지리적 명칭

(1) 의의 현저한 지리적 명칭이나 그 약어 또는 지도만으로 된 상표는 상표등록을 받을 수 없다(제33조 제1항 제4호). 현저한 지리적 명칭은 자타상품 식별력이 약할 뿐만 아니라, 이를 어느 한 사람에게만 독점시키는 것은 타당하지 않기 때문이다.

(2) 현저한 지리적 명칭의 식별력 판단 현저한 지리적 명칭에 해당한다고 하려면 상표에 표시된 지명이 국내의 일반 수요자나 거래자들에게 널리 알려진 저명한 지명으로서 일반 수요자들에게 즉각적인 지리적 감각을 전달할 수 있는 표장을 말한다. 현저한 지리적 명칭인지의 여부의 판단은 일반수요자 또는 거래업계에서 널리 인식될 수 있는 정도가 기준이 되어야 하며 사전류에 게재되는 것을 기준으로 할 것은 아니다(상표심사기준 제9조 해석참고자료 제3호). 현저한 지리적 명칭은 국가명, 국내의 서

울특별시, 광역시 또는 도의 명칭, 시 또는 서울특별시의 구, 광역시의 구, 군의 명칭, 저명한 외국의 수도명, 대도시명, 주 이름, 유명한 국내외 고적지, 관광지, 번화가의 명칭과 이들의 약칭을 말한다. 예를 들면, 금강산, 백두산, 한라산, 뉴욕, 상제리제, 아비뇽, 종로학원, 장충동왕족발, 핀란디아, GEORGIA, OXFORD, HEIDELBERG 등의 상표는 일반 수요자에게 현저하게 인식된 지리적인 명칭에 해당된다. 지리적 표시 단체표장등록출원 및 지리적 표시 증명표장등록출원은 본 호를 적용하지 아니한다. 현저한 지리적 명칭에 업종 명칭이 단순히 결합된 표장은 식별력이 없는 것으로 본다(예: 천진함흥냉면(식당체인업), 경남대학교(교육지도업)).

【출원상표가 현저한 지리적 명칭만으로 된 표장인지 여부】

<대법원 2012. 12. 13. 선고 2011후958 판결>

> 갑 외국회사가 출원상표 “ ”를 출원하였으나 특허청이 출원상표가 상표법 제33조 제1항 제4호에 해당한다는 이유로 등록거절결정을 한 사안에서, 위 표장 중 문자부분 ‘GEORGIA’는 아시아 북서부에 있는 국가인 그루지야의 영문 명칭 또는 미국 남동부 주의 명칭으로서 일반 수요자들에게 널리 알려져 있으므로 현저한 지리적 명칭에 해당하고, 커피 원두 도형은 커피 원두의 형상과 모양을 그대로 표시한 것에 불과하며, 찻잔 도형은 다소 도안화가 되어 있으나 찻잔 형상의 기본적인 형태를 유지하고 있어 일반 수요자들이 이를 출원상표의 지정상품 중 커피의 원두와 그 음용의 용도에 쓰이는 찻잔의 형상으로 직감할 수 있으므로 이들 도형부분은 커피와 관련하여 볼 때 식별력이 없고, 위 문자부분과 도형부분의 결합에 의하여 출원상표가 본래의 현저한 지리적 명칭이나 기술적 의미를 떠나 새로운 관념을 낳는다거나 새로운 식별력을 형성하는 것도 아니므로, 위 출원상표는 전체적으로 보아 일반 수요자들 사이에 주로 현저한 지리적 명칭인 ‘GEORGIA’로 인식될 것이어서 현저한 지리적 명칭만으로 된 표장에 해당된다.

5. 흔히 있는 성 또는 명칭

(1) 의의　　흔히 있는 성 또는 명칭을 보통으로 사용하는 방법으로 표시한 표장만으로 된 상표는 상표등록을 받을 수 없다(제33조 제1항 제5호). 본 호에서 규정하는 흔한 성 또는 명칭은 자타상품식별력이 약하고, 이를 어느 한 사람에게만 독점시키는 것은 타당하지 않기 때문이다. 다만 일반 수요자가 직관적으로 흔한 성 또는 명칭으로 인식할 수 있도록 표시된 것을 말하므로 표장이 도형화, 도안화되어 새로운 식별력을 갖는 경우와 흔한 성 또는 명칭이 다른 식별력 있는 부분과 결합함으로

서 전체로서 자타상품 식별력을 가지는 경우에는 등록이 가능하다.

(2) 흔한 성 또는 명칭의 식별력 판단　　흔한 성 또는 명칭인지의 여부의 판단은 전화번호부 또는 인명록 등에 상당수가 있는지를 참고로 하여, 특정인에게 독점시킬 때 거래상의 혼란을 가져올 우려가 있거나 같은 성이나 명칭을 가진 자에게 불측의 피해를 줄 우려가 있다고 인정되는지 여부를 기준으로 한다. 여기서 명칭에는 법인명, 단체명, 법인격이 없는 단체명, 상호, 아호, 예명, 필명 또는 그 약칭 등을 포함한다. 외국에서만 흔한 성이고 국내에서 흔하지 않는 것은 상표등록을 받을 수 있다. 흔한 성인 경우의 예는 윤씨 농방, 직위를 나타내는 사장, 조합, 총장, PRESIDENT 등은 흔한 명칭으로 본다.

6. 간단하고 흔히 있는 표장으로 된 상표

(1) 의의　　간단하고 흔히 있는 표장만으로 된 상표는 상표등록을 받을 수 없다(제33조 제1항 제6호). 본 호에서 규정하는 간단하고 흔히 있는 표장은 자타상품식별력이 약할 뿐만 아니라, 이를 어느 한 사람에게만 독점시키는 것은 타당하지 않기 때문이다. 간단할 뿐만 아니라 흔하기도 한 표장이어야 상기 규정이 적용되고, 간단하지만 흔하지 않거나, 흔하기는 하지만 간단하지 않은 표장으로 된 상표는 등록이 가능하다. 또한 간단하고 흔한 표장만으로 된 상표이어야 하므로 간단하고 흔한 표장에 다른 식별력 있는 요소가 결합되어 상표 전체로서 자타상품 식별력이 인정되는 경우에는 등록이 가능하다.

(2) 간단하고 흔한 표장의 식별력 판단기준

1) 특정인의 출처표시로 직감되는 사례　　문자상표가 거래사회에서 사물의 관념으로 직감될 수 있는 경우에는 식별력을 인정한다. 여기에서 사물의 관념은 특정인의 출처표시로 직감되는 경우를 포함한다. 특정인의 출처표시로 직감되는 경우란 실제 사용에 의하여 특정인의 상표라는 것이 일반수요자에게 널리 알려져 있어 특별히 증명할 필요가 없는 경우를 말한다. 예를 들면, NH, KT, LG, CJ, GS, SK, HP 등이 여기에 해당한다. 2자로 구성된 외국문자가 사물의 관념으로 직감될 수 있게 표시한 경우에는 식별력이 있는 것으로 본다. 다만, 거래사회(일반수요자나 거래업계)에서 이해할 수 없는 외국어인 경우에는 그러하지 아니하다.[6]

2) 1자의 한글 또는 2자 이내의 외국문자　　1자의 한글 또는 2자 이내의 외국문

---

6) 상표심사기준, 158면.

자가 기타 식별력이 없는 문자와 결합한 때에는 식별력이 없는 것으로 본다. 다만, 외국문자 2자를 '&'로 연결한 것은 식별력이 있다고 본다. 식별력이 없는 표장의 예로 OMEGA(Ω), ALPHA(α), Beta(β), MT, Ltd, E PRINT. K-Y, OZ, PB-1 등이 있다. 식별력이 있는 표장의 예로 A&Z, AC-BC, AB55, 선AC, ACF가 있다. 한글 1자 또는 외국어 2자를 도형화 또는 모노그램(monogram)으로 나타낸 것은 원칙적으로 식별력이 인정된다. 그러나 하이픈으로 연결한 것, Co. Ltd 등의 문자를 결합한 것은 식별력이 없는 것으로 취급된다.

3) 100 이상의 숫자로 흔히 있는 표장 100 이상의 숫자라 하더라도 1 2 3 4 5 등은 흔히 있는 표장으로서 식별력이 없는 것으로 본다. 다만, 1 2 3 & 4 5 등은 식별력이 있는 것으로 한다. 식별력이 없는 표장의 예로 123, 345, One Two Three 등이 있고, 777, 888, One five Three, FIVE ONE THREE는 식별력이 인정된다.

4) 2개의 숫자를 결합하여 표시한 표장 2개의 숫자를 결합하여 표시한 것, 1자의 외국문자와 1자의 숫자를 결합한 것 또는 숫자를 순위의 문자로 표시한 경우에는 식별력이 없는 것으로 본다. 예를 들면, 57, A1, 원 쓰리, ninety-nine, 제2, second는 식별력이 없는 표장이다.

5) 1음 또는 2음으로 구성된 소리상표 소리상표를 구성하는 소리가 1음 또는 2음으로 구성되는 경우는 간단하고 흔히 있는 표장에 해당하는 것으로 보아 본 호가 적용된다. 아무런 장식이 없는 둥근 원, 삼각형, 십자가 모양 등과 같이 간단하고 흔히 있는 표장은 식별력이 없는 것으로 본다.

7. 기타 상품의 식별력이 없는 상표

(1) 의의 상표법 제33조 제1항 내지 제6호까지에 해당하는 상표 외에 수요자가 누구의 업무에 관련된 상품을 표시하는 것인가를 식별할 수 없는 상표는 상표등록을 받을 수 없다(제33조 제1항 제7호). 본 호는 상표법 제33조의 취지상 외관상 식별력을 인정하기 곤란하거나 다수인이 현재 사용하고 있어서 식별력이 인정되지 않는 경우와 같이 자타상품의 식별력이 없거나 설사 식별력이 인정된다고 할지라도 공익상 특정인에게 독점시키는 것이 적당하지 않다고 인정되는 상표를 포함하는 것으로 넓게 해석하는 경향이다.

(2) 구체적인 적용 사례

1) 외관상으로 보아 사회통념상 식별력을 인정하기 곤란한 경우 사람, 동식물,

자연물 또는 문화재를 사진·인쇄 또는 복사하는 등의 형태로 구성된 표장, 단순한 색채만으로 구성된 표장, 단기 또는 서기로 연도를 나타내거나 연도표시로 인식될 수 있는 표장 등으로 사회통념상 식별력을 인정하기 곤란한 경우로는 http://www, @, 서식의 한 면을 그대로 복사한 경우이다.

2) 다수인이 현실적으로 사용하고 있어 식별력이 인정되지 않는 경우 일반적으로 쓰이는 구호, 짧은 문장, 표어, 슬로건, 인사말이나 인칭대명사 또는 유행어로 표시한 표장, 다수인이 현실적으로 사용하고 있어서 식별력이 없는 사례는 CYBER · NET · COM · TEL · WEB(통신) · CASH · CARD · PASS(금융) 등이다. 일반적으로 쓰이는 구호·표어·인사말의 예로 'Believe it or not, I can do', '인류를 아름답게 사회를 아름답게', 'hi', 'Good morning' 등은 식별력이 없다.

3) 공익상 특정인에게 독점시키는 것이 적합하지 않다고 인정되는 표장 예를 들어, 조계종(업무표장), 114(컴퓨터통신업)이다. 기타 수요자가 누구의 업무와 관련된 상품을 표시하는가를 식별할 수 없는 표장도 본 호를 적용한다.

특허법원은 갑 주식회사가 지정서비스업을 의류 판매대행업 등으로 하는 을의 출원서비스표 '**군대리아**'에 대하여 서비스표등록 이의신청을 하자 특허청 심사관이 이를 받아들여 등록거절결정을 하였고, 이에 을이 거절결정 취소심판을 청구하자 특허심판원이 기각하는 심결을 한 사안에서, "출원서비스표가 지정서비스업에 관하여 상표법 제33조 제1항 제7호에서 정한 '수요자가 누구의 업무에 관련된 상품을 표시하는 것인가를 식별할 수 없는 상표'에 해당한다고 할 수 없고, '군대리아'는 '군대에서 일주일에 한두 번 특식으로 나오는 버거류 또는 그 조리법에 따라 조리한 버거류'를 나타내는 단어로 널리 사용되고 있으나, 나아가 심결 시에 군대에서 사용하는 물품 전체를 의미하는 용어로 사용되고 있지는 않고, 출원서비스표가 버거류와 관계없는 지정서비스업에 사용될 경우에도 지정서비스업의 소비자들이 '군대에서 제공하는 물품'을 판매하는 것으로 품질을 오인할 염려가 있다거나 소비자에게 출처의 혼동을 초래할 염려가 있다고 볼 수 없으므로, 출원서비스표는 상표법 제34조 제1항 제11호의 '상품의 품질을 오인하게 할 염려가 있는 상표 또는 수요자를 기만할 염려가 있는 상표'에 해당하지 않아, 심결이 위법하다."고 판시하였다.[7)]

4) 상품의 판매나 서비스 제공의 장소적 의미로 사용되는 경우 어떠한 표장이 상품의 집합, 판매, 제조장소 또는 서비스 제공의 장소적 의미로 사용되는 경우에는 일반적으로 식별력이 없는 것으로 본다. 다만 결합하여 새로운 관념을 형성하는 경우

---

7) 특허법원 2016. 6. 2. 선고 2015허6619 판결.

에는 그러하지 아니하다. 장소적 의미가 있는 표장으로 식별력이 없는 표장의 예로 LAND, MART, CLUB, PLAZA, WORLD, OUTLET, TOWN, PARK, HOUSE, CITY, DEPOT, 나라, 마을, 마당, 촌, BANK, VILLAGE 등이 있다.

【간단하고 흔히 있는 표장의 식별력】

<대법원 2014. 2. 27. 선고 2013후2230 판결>

침구 판매대행업, 침구 도매업, 이불 도매업, 인터넷을 이용한 이불 판매대행업을 지정서비스업으로 한 이 사건 출원서비스표 “evezAry 이브자리”는 영문자 ‘evezary’와 한글 ‘이브자리’가 결합된 형태로 구성되어 있다. 우리나라 영어보급 수준과 함께 그 우측 하단에 ‘이브자리’가 기재되어 있고, 이브자리는 일반 수요자들에게 사람이 잠잘 때 쓰는 이불과 요를 가리키는 이브자리로 인식할 것으로 보인다. 이 사건 출원서비스표는 그 품질, 효능, 용도 등을 보통으로 사용하는 방법으로 표시한 기술적 표장에 해당하여 식별력이 없고, 제33조 제1항 제7호의 수요자가 누구의 업무에 관련된 서비스업을 표시하는 것인가를 식별할 수 없는 서비스표에 해당한다.

Ⅲ. 상표 사용에 의한 식별력의 취득

1. 의의

상표법 제33조 제1항 제3호부터 제6호까지에 해당하는 상표라도 상표등록출원 전부터 그 상표를 사용한 결과 수요자 간에 특정인의 상품에 관한 출처를 표시하는 것으로 식별할 수 있게 된 경우에는 그 상표를 사용한 상품에 한정하여 상표등록을 받을 수 있다(제33조 제2항). 사용에 의한 식별력을 인정하는 제도의 취지는 원래 식별력이 없는 상표라도 특정인이 일정기간 계속하여 사용한 결과 식별력을 획득한 경우 이미 상표로서 기능할 뿐만 아니라, 더 이상 경쟁업자 간의 자유사용을 보장할 공익상의 필요성이 없어졌다고 볼 수 있으며, 상표등록을 허용함으로써 제3자의 부정경쟁 목적의 사용을 방지하여 상표사용자의 신용을 보호하고, 일반수요자로 하여금 상품의 품질 오인이나 출처 혼동을 방지하는 것이 상표법의 본래 목적에 부합하기 때문에 사후적으로 식별력을 인정하는 것이 타당하기 때문이다.

식별력을 취득하여 등록을 받을 수 있는 대상은 성질표시 표장(제3호), 현저한 지리적 명칭(제4호), 흔히 있는 성 또는 명칭(제5호), 간단하고 흔히 있는 표장(제6호)이다.

사용에 의한 식별력을 가지는 상표의 등록은 원칙적으로 그 상표 및 그 상표를 사용하고 있던 상품에 한하여 인정한다. 대법원은 "수요자 간에 그 상표·서비스표가 누구의 상표·서비스표인지 현저하게 인식되었다는 사실은 그 상표·서비스표가 어느 정도 선전 광고된 사실이 있다거나 또는 외국에서 등록된 사실이 있다는 것만으로는 이를 추정할 수 없고 구체적으로 그 상표·서비스표 자체가 수요자 간에 현저하게 인식되었다는 것이 증거에 의하여 명확하게 되어야 할 것이다.

출원상표나 서비스표가 상표법 제33조 제2항의 사용에 의한 식별력을 취득하였는지 여부에 관한 판단의 기준시점은 원칙적으로 등록결정시 또는 거절결정시이고 거절결정에 대한 불복심판에 의하여 등록 허부가 결정되는 경우에는 그 심결시라고 할 것이다."고 판시하였다.[8)]

2. 식별력의 인정기준

사용에 의한 식별력은 원칙적으로 실제로 사용한 상표와 동일한 상표를 사용한 상품과 동일한 상품에 출원한 경우에 한하여 인정할 수 있으며, 유사한 상표나 상품에 대하여는 인정할 수 없다. 이 경우 상표와 상품이 동일한지 여부는 물리적 동일성을 의미하는 것이 아니라 실질적 동일성을 의미하는 것으로 거래사회의 통념상 일반수요자나 거래자가 동일하다고 인식할 수 있는 상표 및 상품을 말한다. 사용에 의하여 식별력을 갖는 상표의 입증은 사용한 결과 수요자들이 그 상표 및 상품의 출처를 인식할 수 있다고 인정할 수 있는 정도면 되고 주지상표 이상이나 저명상표 정도의 인식력을 요구하는 것은 아니다.

3. 상표의 사용에 의한 식별력 인정요건 완화

2014년 개정법에서 상표등록출원 전부터 그 상표를 사용한 결과 수요자간에 특정인의 상품에 관한 출처를 표시하는 것으로 식별될 수 있게 되면, 그 상표를 사용한 상품에 한하여 등록이 가능하도록 개정하였다. 상표법 제33조 제1항 제3호부터 제6호까지에 해당하는 상표라도 상표등록출원 전부터 그 상표를 사용한 결과 수요자 간에 특정인의 상품에 관한 출처를 표시하는 것으로 식별할 수 있게 된 경우에는 그 상표를 사용한 상품에 한정하여 상표등록을 받을 수 있다.

사용에 의한 식별력의 인정기준을 완화하여 해당 상표가 사용된 상품에 대한 거래자 및 수요자 대다수에게 특정인의 상품을 표시하는 것으로 인식하는 정도는 주지상표 이상이나 저명상표 정도의 인식력을 요구하지 않고, 실질적인 동일성이 있으

8) 대법원 2003. 5. 16. 선고 2002후1768 판결; 대법원 2014. 10. 15. 선고 2013후1146 판결.

면 인정받을 수 있다. 실질적 동일성은 거래사회의 통념상 일반수요자나 거래자가 동일하다고 인식할 수 있는 상표 및 상품을 의미한다. 주지상표 이상이나 저명상표 정도의 인식력을 요구하는 것은 아니다.

4. 상표의 사용에 의한 식별력 판단기준

상표등록출원 전부터 그 상표를 사용한 결과 수요자 간에 사용하여 널리 인식되어 있는지의 판단기준은 (i) 인적 범위는 해당 상품의 거래자나 수요자를 기준으로 하고, (ii) 지역적 범위는 원칙적으로는 전국적으로 알려져 있는 경우를 말하지만 지정상품의 특성상 일정한 지역에서 널리 알려져 있는 경우도 포함하되 그 범위는 최소한 기초자치단체(시, 군, 구) 이상이어야 하며, (iii) 사용에 의한 식별력 인정 여부 판단시점은 상표등록여부결정시로 한다.[9] 다만, 사용상표를 상표등록출원 전부터 등록여부결정시까지 계속하여 사용하여야 한다.

지정상품과 관련하여 그 상품의 성질로 직감되지 않거나 단순히 암시 또는 강조하는 데 지나지 않는 경우 및 성질표시상표에 다른 식별력 있는 요소가 결합되어 상표 전체로서도 식별력을 가지는 경우에는 등록이 가능하다. 암시적 상표는 상품의 성질 등을 직감시키는 정도가 아니라 단지 상품의 성질 등을 암시하거나 시사하는 정도의 상표를 말하며, 이러한 암시적 상표는 상표로서의 자타상품 식별력이 인정되어 등록이 가능하다.

대법원은 "사용에 의한 식별력을 취득하는 상표는 실제로 사용한 상표 그 자체에 한하고 그와 유사한 상표에 대해서까지 식별력 취득을 인정할 수는 없지만, 그와 동일성이 인정되는 상표의 장기간의 사용은 식별력 취득에 도움이 되는 요소이다. '**K2**' 상표와 동일성이 인정되는 'K_2 , ***K2***, K2' 등의 상표들을 장기간 사용하고 그 후 **K2** 상표를 계속적 · 중점적으로 사용한 경우, **K2** 상표가 사용에 의한 식별력을 취득하였다."고 판시하였다.[10]

5. 식별력의 입증 자료

사용에 의한 식별력을 인정받기 위해서는 그 상표가 어느 정도 선전광고된 사실이 있다거나 그 상표와 유사한 상표가 등록된 사실이 있다는 것만으로는 이를 추정할 수 없고, 구체적으로 해당 상품의 거래자나 수요자 간에 어느 정도 널리 인식되

9) 상표심사기준, 37면.
10) 대법원 2008. 9. 25. 선고 2006후2288 판결.

어 있다는 입증자료가 있어야 한다. 사용에 의한 식별력을 입증하기 위해서는 출원인이 적절한 입증자료를 제출해야 한다. 출원인은 다음 사항과 그 사항을 증명하는 서류 및 증거물 각 1통을 특허청장에게 제출할 수 있다(시행규칙 제28조 제7항).

즉 (ⅰ) 사용한 상표, (ⅱ) 사용기간, (ⅲ) 사용지역, (ⅳ) 지정상품의 생산·가공·증명 또는 판매량 등, (ⅴ) 사용방법 및 횟수, (ⅵ) 등록출원한 상표에 대한 소비자 인식도 조사 결과, (ⅶ) 사용사실을 증명하는 사항에 대한 서류 및 증거물을 특허청장에게 제출할 수 있다. 사용에 의한 식별력을 주장하는 자는 상기 제출자료 이외에 추가로 지정상품의 시장점유율, 광고선전 방법·횟수·내용·기간, 상품품질이나 명성을 입증할 수 있는 자료, 사용상표를 독점배타적으로 사용하고 있다는 자료를 특허청장에게 제출할 수 있다.

사용에 의하여 식별력을 갖는 상표의 입증은 사용한 결과 수요자들이 그 상표 및 상품의 출처를 인지할 수 있다고 인정할 수 있는 정도면 된다. 증거 방법은 국가 또는 시, 도, 기타 공공단체의 증명서, 상공회의소의 증명서, 동업조합의 증명서, 상품거래선 또는 대리점 등 충분히 입증할 수 있는 다수의 증명서(이 경우는 상품거래선 또는 대리점 등의 사업자 등록증을 첨부할 것), 신문·잡지·라디오·텔레비전 등에 선전·광고한 기간 및 횟수 등에 관한 사실증명서에 해당하는 경우로 한다. 대법원이 사용에 의한 식별력을 인정한 사례로 K2(등산화), 하이포크(돼지고지) 등이 있다.

【취득한 식별력이 감쇄되지 않는 경우 식별력 유무 판단】

<대법원 2012. 11. 15. 선고 2011후1982 판결>

등록상표의 구성 중 식별력이 없거나 미약한 부분과 동일한 표장이 거래사회에서 오랜 기간 사용된 결과 상표의 등록 전부터 수요자 간에 누구의 업무에 관련된 상품을 표시하는 것인가 현저하게 인식되어 있는 경우에는 그 부분은 사용된 상품에 관하여 식별력을 가지게 되므로, 위와 같이 식별력을 취득한 부분을 그대로 포함함으로써 그 이외의 구성 부분과의 결합으로 인하여 이미 취득한 식별력이 감쇄되지 않는 경우에는 그 등록상표는 전체적으로 볼 때에도 그 사용된 상품에 관하여는 자타상품의 식별력이 없다고 할 수 없다.

대학교산학협력단이 등록서비스표 "경남대학교 KYUNGNAM UNIVERSITY 慶南大學校"의 등록권리자 을 학교법인을 상대로 등록서비스표가 상표법 제33조 제1항 제4호, 제7호 등에 해당한다는 이유로 등록무효심판청구를 한 사안에서, 등록서비스표의 구성 중 '**경남대학교**' 부분은 그 자체로는 현저한 지리적 명칭인 '경상남도'의 약어인 '경남'과 보통명칭인 '대학교'를 표시한 것에 지나지 않아 식별력이 있다고 할 수 없으나, 오랜 기간 지정서비스업에 사용된 결과 등록결정일 무렵에는 수요자 사이에 그 표장이 을 학교법인의 업무에 관련된 서비스업을 표시하는 것으로 현저하게 인식되기에 이르렀으므로 그 표장이 사용된 지정서비스업에 관하여 식별력을 가지게 되었고, 위와 같이 식별력을 취득한 '**경남대학교**' 부분을 그대로 포함한 등록서비스표는 영문자 부분인 'KYUNGNAM UNIVERSITY' 및 한자 부분인 '**慶南大學校**'와의 결합으로 이미 취득한 식별력이 감쇄된다고 볼 수 없어 전체적으로 볼 때에도 지정서비스업에 대해서 자타서비스업의 식별력이 없다고 할 수 없다.

Ⅳ. 지리적 표시 단체표장등록출원

1. 의의

상표법 제33조 제1항 제3호(산지로 한정한다) 또는 제4호에 해당하는 표장이라도 그 표장이 특정 상품에 대한 지리적 표시인 경우에는 그 지리적 표시를 사용한 상품을 지정상품으로 하여 지리적 표시 단체표장등록을 받을 수 있다(제33조 제3항).

상표법 제33조 제3항이 규정하는 산지의 범위는 해당 상품이 그 곳에서 현실적으로 생산되었거나 생산되고 있는 경우는 물론 일반수요자는 거래자가 그 곳에서 생산되는 것으로 인식하고 있는 경우를 포함한다.

2. 지리적 표시

지리적 표시란 상품의 특정 품질·명성 또는 그 밖의 특성이 본질적으로 특정 지역에서 비롯된 경우에 그 지역에서 생산·제조 또는 가공된 상품임을 나타내는 표시를 말한다(제2조 제1항 제4호). 영업출처가 아니라 지리적 출처를 표시한다는 점에서 상표와 다르지만, 특정 지역에서 생산되는 상품의 출처와 품질을 표시하는 기능을 수행한다는 점에서 상표와 공통점이 있다.

원칙적으로 지리적 표시는 산지표시(제33조 제1항 제3호) 또는 현저한 지리적 명칭(제33조 제1항 제4호)에 해당한다는 것 등을 이유로 상표등록을 받을 수 없다. 이 경우에는 예외적으로 산지표시나 현저한 지리적 명칭 등이 특정 상품의 지리적 표시인 경우에는 해당 상품을 지정상품으로 하여 지리적 표시 단체표장등록이나 지리적 표시 증명표장등록을 받을 수 있다(제33조 제3항).[11]

---

11) 지리적 표시 단체표장이란 지리적 표시를 사용할 수 있는 상품을 생산·제조 또는 가공하는 자가 공동으로 설립한 법인이 직접 사용하거나 그 소속 단체원에게 사용하게 하기 위한 표장을 말한다(제2조 제1항 제6호). 지리적 표시 증명표장이란 지리적 표시를 증명하는 것을 업으로 하는 자가

3. 상표법상 지리적 표시의 보호

2004년 개정법에서 지리적 표시를 단체표장제도를 통하여 보호하도록 하였다. 지리적 표시 단체표장등록출원 또는 지리적 표시 증명표장등록출원의 경우에는 산지표시에 해당하는 경우인 상표법 제33조 제1항 제3호를 적용하지 않는다.

포도주 증류주의 산지에 관한 지리적 표시에 해당하는 상표등록출원을 한 경우(제34조 제1항 제16호의 단서규정에 해당하는 경우를 제외한다)에는 상표법 제34조 제1항 제16호[12]를 적용한다.

제2절 등록을 받을 수 없는 상표

출원상표가 자타상품의 식별력을 가지고 있다 하더라도 독점배타적 성질의 상표권을 부여하는 경우 공익상 또는 타인의 이익을 침해하는 경우에는 해당 상표등록을 배제할 필요가 있다. 상표법 제34조 제1항에서는 출원상표가 상표법상 상표의 구성요건을 갖추고, 상표법 제33조에 의하여 적극적 등록요건을 갖추었다고 하더라도 공익상의 이유와 사익 간의 조정을 위하여 일정한 경우 등록을 받을 수 없는 부등록사유를 열거하고 있다.

Ⅰ. 국기 등과 동일·유사한 상표

1. 서설

대한민국의 국기, 국장, 파리협약 동맹국, 세계무역기구 회원국 또는 상표법조약 체약국의 훈장, 포상, 국제적십자, 올림픽 등의 공공미그와 동일 또는 유사한 상표는 상표등록을 받을 수 없다(제34조 제1항 제1호). 본 호의 취지는 국기, 국장 등이 상징하는 국가, 훈공자의 존엄성을 유지하고 국제적인 신의를 보호하는 한편 상표의 사용자가 이들 기관과 특수한 관계에 있는 것처럼 오인·혼동할 우려가 있기 때문에 이를

타인의 상품에 대하여 그 상품이 정해진 지리적 특성을 충족한다는 것을 증명하는 데 사용하는 표장을 말한다(제2조 제1항 제8호).

12) 상표법 제34조 제1항 제16호: 세계무역기구(WTO) 회원국 내의 포도주 또는 증류주의 산지에 관한 지리적 표시로서 구성되거나 그 지리적 표시를 포함하는 상표로서 포도주 또는 증류주에 사용하려는 상표는 상표등록을 받을 수 없다. 다만 지리적 표시의 정당한 사용자가 해당 상품을 지정상품으로 하여 지리적 표시 단체표장등록출원을 한 경우에는 상표등록을 받을 수 있다.

방지하기 위해서이다.

2. 판단

본 호의 규정은 상표등록여부 결정시를 기준으로 하여 판단하고, 현존하는 것에 한하여 본 호를 적용한다. 상표의 일부에 본 호가 규정하는 표장을 결합하였을 때에도 본 호에 해당하는 것으로 보며 국기 또는 외국 국기의 존엄을 해할 우려가 있다고 인정되는 상표는 설사 그것이 본 호의 표장과 유사하지 않는 경우에도 상표법 제34조 제1항 제2호 및 제4호를 적용한다. 무궁화 도형, IMF, WTO, NATO, OPEC, IAEA, 올림픽, 적십자 로고, 태극문양 로고 등이 본 호에 해당한다.

판례는 출원서비스표 'OLYMPIC'이 상표법 제34조 제1항 제1호에서 규정하고 있는 올림픽 대회, 올림픽 경기, 국제올림픽 경기대회를 의미하는 올림픽(OLYMPIC)과 동일하므로, 그 출원인이 비록 국제올림픽 경기대회를 운영·주관하는 국제올림픽조직위원회(IOC)라 하더라도 등록을 받을 수 없다고 한다.[13)]

Ⅱ. 국가, 민족 등과의 관계를 모욕하는 상표

1. 서설

국가·민족·공공단체·종교 또는 저명한 고인과의 관계를 허위로 표시하거나 이들을 비방 또는 모욕하거나 이들에 대하여 나쁜 평판을 받게 할 우려가 있는 상표는 상표등록을 받을 수 없다(제34조 제1항 제2호). 본 호의 취지는 국가, 인종 등에 대한 권위와 존엄을 인정하여 국제적 신의를 보호하고 저명한 고인 등의 명예와 인격을 보호하기 위함이다.

2. 판단

본 호에서 국가란 대한민국은 물론 외국을 포함한다. 본 호의 규정은 원칙적으로 상표등록여부 결정시를 기준으로 하여 판단한다. 본 호에 해당하는지의 여부를 판단함에 있어서는 해당 국가, 인종, 민족, 공공단체, 종교의 신도, 고인의 유족의 입장과 감정을 충분히 고려하여야 한다. 본 호에 해당하는 것은 양키, 로스케, Nigger (Negro), Darkie이다. 본 호에 해당하지 않는 사례는 인디안, MOZART(지정상품: 가죽신, 농구화)[14)], 박통(지정상품: 김밥, 국수), JAMES DEAN, 카디날이다. 판례는 출원상표

---

13) 대법원 1997. 6. 13. 선고 96후1774 판결.

"JAMES DEAN"은 단순히 고인의 성명 그 자체를 상표로 사용한 것에 지나지 아니할 뿐 고인과의 관련성에 관한 아무런 표시가 없어 상표법 제34조 제1항 제2호 소정의 고인과의 관계를 허위로 표시한 상표에 해당하지 않는다고 한다.[15]

Ⅲ. 공공단체 등의 저명한 업무표장과 동일·유사한 상표

1. 서설

국가 ·공공단체 또는 이들의 기관과 공익법인의 비영리 업무나 공익사업을 표시하는 표장으로서 저명한 것과 동일·유사한 상표는 상표등록을 받을 수 없다. 다만, 그 국가 등이 자기의 표장을 상표등록출원한 경우에는 상표등록을 받을 수 있다(제34조 제1항 제3호). 본 호의 취지는 저명한 업무표장을 가진 공익단체의 업무상의 신용과 권위를 보호함과 동시에 그것이 상품에 사용되면 수요자 · 거래자에게 상품의 출처에 관한 혼동을 생기게 할 염려가 있으므로 일반 공중을 보호하는 데에 있다.

2. 판단

본 호에서 규정하는 '저명한 것과 동일·유사한 상표'란 사회통념상 또는 거래사회에서 일반적으로 널리 인지되고 있는 표장 또는 단체명을 말한다. 여기서 공익법인은 비영리법인(사단 또는 재단법인) 중 공익을 주목적으로 하는 법인을 말한다. 예를 들면, YMCA, 보이스카웃, YWCA 등이다. 공공단체는 지방자치단체, 공공조합, 공법상 영조물법인과 그 대표기관 및 산하기관을 포함한다. 저명한 업무표장으로 예로는 KBS, JCI, 적십자, 농업협동조합, 축산업협동조합중앙회 등이 있다.

Ⅳ. 공서양속에 어긋나는 상표

1. 서설

상표 그 자체 또는 상표가 상품에 사용되는 경우 수요자에게 주는 의미와 내용 등이 일반인의 통상적인 도덕관념인 선량한 풍속에 어긋나는 등 공공의 질서를 해

---

14) 대법원 1998. 2. 13. 선고 97후938 판결: 출원상표는 검은 색 바탕에 흰 오선을 긋고 그 위에 단순히 'MOZART'라는 고인의 성명 자체를 기재하여 상표로 사용한 것에 지나지 아니할 뿐, 고인과의 관련성에 관한 아무런 표시가 없어 상표법 제34조 제1항 제2호 소정의 고인과의 관계를 허위로 표시한 상표에 해당한다고 볼 수 없다.

15) 대법원 1997. 7. 11. 선고 96후2173 판결.

칠 우려가 있는 상표는 상표등록을 받을 수 없다(제34조 제1항 제4호). 주지·저명한 상표의 모방행위는 공서양속에 위반된다. 저명한 예술가의 명성에 편승하여 수요자의 구매를 불공정하게 흡인하고자 하는 상표는 공정한 상품유통이나 상도덕 등 선량한 풍속을 문란하게 할 염려가 있다. 공공의 질서 또는 선량한 풍속을 문란하게 할 염려가 있는 상표란 상표의 구성 자체 또는 그 상표가 지정상품에 사용되는 경우 수요자에게 주는 의미나 내용이 사회공공의 질서에 위반하거나 사회 일반인의 통상적인 도덕관념인 선량한 풍속에 반하는 경우를 말한다.

2. 판단

본 호에 해당하는지 여부는 상표등록결정시를 기준으로 판단한다. 상표의 구성 자체가 공공의 질서 또는 선량한 풍속에 반하는 경우가 아닌 상표의 출원과 등록이 위 규정에 해당하기 위해서는 상표의 출원·등록절차에 사회적 타당성이 현저히 결여되어 그 등록을 인정하는 것이 상표법의 질서에 반하는 것으로서 도저히 용인할 수 없다고 보이는 경우에 한한다. 고의로 저명한 타인의 상표·서비스표나 상호 등의 명성에 편승하기 위하여 무단으로 타인의 표장을 모방한 상표를 등록하여 사용하는 것이 아닌 이상, 주지·저명하지 아니한 타인의 상표를 모방하여 출원·등록한다거나 또는 상표를 등록하여 사용하는 행위가 특정 당사자 사이에 이루어진 계약을 위반하거나 특정인에 대한 관계에서 신의성실의 원칙에 위배된 것으로 보인다고 하더라도 그러한 사정만을 들어 곧바로 위 규정에 해당한다고 할 수 없다.[16)]

예를 들면, 사기꾼, 소매치기, 뇌물, Smuggler(밀수출업자) 등 형사상 범죄에 해당하는 용어나 공중도덕 감정을 저해하는 상표는 공서양속에 반하는 상표로 본다. 사이비 종교, 부적 등 미신, 국민 간의 불신과 지역감정을 조장하는 문자나 도형, 선량한 풍속에 어긋나는 외설적인 도형이나 문자는 공서양속에 반하는 상표로 본다. 대법원은 JAMES DEAN 사건에서 "단순히 고인의 실명 그 자체를 상표로 사용하는 경우 선량한 풍속에 반하는 상표라고 보기 어렵다."고 판시하였다.[17)]

---

16) 대법원 2006. 7. 13. 선고 2005후70 판결.

17) 대법원 1997. 7.11. 선고 96후2173 판결: JAMES DEAN(본원상표)을 상표법 제34조 제1항 제4호 소정의 공공의 질서 또는 선량한 풍속을 문란하게 할 염려가 있는 상표라거나 상표법 제34조 제1항 제11호 소정의 수요자를 기만할 염려가 있는 상표라고도 볼 수 없다.

【혼란을 주는 용어의 사용으로 공공의 질서를 위반한 서비스표】

<대법원 2009. 5. 28. 선고 2007후3325 판결>

> 이 사건 등록서비스표의 문자 부분인 '우리은행'(서비스표 은행)은 자신과 관련이 있는 은행을 나타내는 일상적인 용어인 '우리은행'(일상용어 은행)과 외관이 거의 동일하여 그 자체만으로는 구별이 어렵고 그 용법 또한 유사한 상황에서 사용되는 경우가 많아, 위 두 용어가 혼용될 경우 그 언급되고 있는 용어가 서비스표 은행과 일상용어 은행 중 어느 쪽을 의미하는 것인지에 관한 혼란을 피할 수 없다. 그러한 혼란을 주지 않으려면 별도의 부가적인 설명을 덧붙이거나 '우리'라는 용어를 대체할 수 있는 적절한 단어를 찾아 사용하는 번거로움을 겪어야 할 것이다. 특히 동일한 업종에 종사하는 사람에게는 그러한 불편과 제약이 가중되어 그 업무수행에도 상당한 지장을 받게 될 것으로 보인다. 이러한 결과는 '우리'라는 단어에 대한 일반인의 자유로운 사용을 방해하는 것이어서 '우리은행'을 포함하는 이 사건 등록서비스표의 사용은 위에서 본 사회 일반의 공익을 해하여 공공의 질서를 위반하는 것이라 하겠다. 나아가 그와 같은 서비스표의 등록을 허용한다면 지정된 업종에 관련된 사람이 모두 누려야 할 '우리'라는 용어에 대한 이익을 그 등록권자에게 독점시키거나 특별한 혜택을 줌으로써 공정한 서비스업의 유통질서에도 반하는 것으로 판단된다. 따라서 이 사건 등록서비스표는 상표법 제34조 제1항 제4호에 해당하는 것으로서 등록을 받을 수 없는 서비스표에 해당한다.

Ⅴ. 박람회의 상장 등과 동일·유사한 상표

1. 서설

정부가 개최하거나 정부의 승인을 얻어 개최하는 박람회 또는 외국정부가 개최하거나 외국정부의 승인을 얻어 개최하는 박람회의 상패·상장 또는 포장과 동일·유사한 표장이 있는 상표는 상표등록을 받을 수 없다. 다만, 그 박람회에서 수상한 자가 그 수상한 상품에 관하여 상표의 일부로서 그 표장을 사용하는 경우에는 상표등록을 받을 수 있다(제34조 제1항 제5호).

본 호는 박람회에서 시상한 상의 권위를 보호하는 한편 상품의 출처나 오인 · 혼동을 방지하여 일반 수요자의 이익을 보호하기 위한 것이다.

2. 판단

정부 또는 외국정부의 승인이란 정부 또는 외국정부의 인가, 허가, 면허, 인정, 공인, 허락 등 그 용어를 불문하고 정부가 권위를 부여하거나 이를 허용하는 일체의 행위를 말한다. 본 호에서 규정하는 그 상을 받은 자의 범위에는 그 사람의 영업을 승계한 자도 포함하는 것으로 본다. 상패·상장 또는 포장을 받은 자가 해당 박람회에서 수상한 상품에 관하여 상표의 일부로서 그 표장을 사용한 때에는 예외적으로 상표등록이 허용된다.

Ⅵ. 저명한 타인의 성명 등을 포함한 상표

1. 서설

저명한 타인의 성명·명칭 또는 상호·초상·서명·인장·아호·예명·필명 또는 이들의 약칭을 포함하는 상표는 상표등록을 받을 수 없다. 다만, 그 타인의 승낙을 얻은 경우에는 상표등록을 받을 수 있다(제34조 제1항 제6호). 저명성 판단 시기는 출원시를 기준으로 한다. 저명한 타인의 승낙을 얻어 일단 등록된 경우에는 유효한 상표권이 발생한다. 본 호에서 규정하는 약칭이란 그 약칭에 관한 그 타인의 결정여부를 불문하고 국내 일반수요자 또는 거래업계에서 그 타인으로 약칭되고 있으면 족하다.

예를 들면, 한국전력주식회사의 약칭은 한전, 한국은행의 약칭은 한은, 한국주택공사의 약칭은 주공이다.

2. 판단

'저명'이란 사회통념상 국내 일반수요자 또는 관련 거래업계에서 일반적으로 널리 인지될 수 있는 정도를 말한다. 다만, 저명성 요건은 널리 알려진 연예인이나 스포츠선수 이름, 국내외 유명인사 등의 이름으로 직감할 수 있으면 충분한 것으로 본다. '타인'이란 현존하는 자연인은 물론 법인이나 외국인도 포함된다.

대법원은 "상표법 제34조 제1항 제6호는 저명한 타인의 성명·명칭 또는 상호·초상·서명·인장·아호·예명·필명 또는 이들의 약칭을 포함하는 상표는 등록을 받을 수 없다고 규정하고 있다. 여기서 타인의 명칭 등이 저명한지는 그 사용기간, 방법, 태양, 사용량 및 거래의 범위와 상품거래의 실정 등을 고려하여 사회통념상 또는 지정상품과 관련한 거래사회에서 타인의 명칭 등이 널리 인식될 수 있는 정도에 이르렀는지 여부에 따라 판단해야 한다."고 판시하였다.[18]

상표심사기준에 의하면 저명한 연예인 이름, 연예인그룹 명칭, 스포츠선수 이름, 기타 국내외 유명 인사 등의 이름이나 이들의 약칭을 포함하는 상표는 본 호에

18) 대법원 2013. 10. 31. 선고 2012후1033 판결.

해당하는 것으로 본다고 한다.[19] 저명한 타인의 명칭에 해당한다고 판시한 사례는 황영조 면옥, 거산(김영삼 대통령의 아호), 경희스포츠아카데미, Sharp(샤프) 등이 이에 해당한다. 대법원은 TIFFANY 대 FIFFANY & CO 사건에서 'TIFFANY'가 객관적으로 국내의 수요자 간에 현저하게 인식되었다고 볼 수 없어서 저명한 타인의 명칭에 해당하지 않는다."고 판시하였다.[20]

'약칭'은 그 타인 스스로 약칭을 정하지 않았다고 하더라도 국내 일반 수용자 또는 관련거래업계에서 그 타인으로 약칭되고 있으면 족하다고 본다. 예를 들면, 국립과학수사연구원은 '국과수', 한국은행은 '한은' 등이다.

3. 저명한 상호 관련 대법원 판례

대법원은 "상표법 제34조 제1항 제6호는 지명한 타인의 성명·명칭 또는 상호·초상·서명·인장·아호·예명·필명 또는 이들의 약칭을 포함하는 상표는 등록을 받을 수 없다고 규정하고 있다. 여기서 타인의 명칭 등이 저명한지는 그 사용기간, 방법, 태양, 사용량 및 거래의 범위와 상품거래의 실정 등을 고려하여 사회통념상 또는 지정상품과 관련한 거래사회에서 타인의 명칭 등이 널리 인식될 수 있는 정도에 이르렀는지 여부에 따라 판단해야 한다. 지정상품을 '눈썹용 연필, 립스틱, 매니큐어, 아이섀도, 마스카라' 등으로 하는 갑 외국회사의 출원상표 '**2NE1**'에 대하여 상표법 제34조 제1항 제6호에 해당한다는 이유로 특허청장이 거절결정을 한 사안에서, 출원상표인 '2NE1'은 음반업계에서 유명한 연예기획사인 을 주식회사 소속 여성 아이돌 그룹 가수의 명칭으로, 그와 동일한 표장을 갖는 출원상표의 등록을 허용할 경우에는 지정상품과 관련하여 그 수요자나 거래자들이 위 여성 그룹 가수와 관련 있는 것으로 오인·혼동할 우려가 상당하여 타인의 인격권을 침해할 염려가 있는 점 등의 사정을 종합해 보면, 출원상표는 출원일 무렵에 저명한 타인의 명칭에 해당하고, 여러 사정에 비추어 위 여성 그룹 가수는 국내의 유명한 여성 4인조 아이돌 그룹으로서 출원상표의 출원일 무렵 국내의 수요자 사이에 널리 알려져 저명성을 획득하였다."고 판시하였다.[21]

---

19) 상표심사기준, 206면.

20) 대법원 2000. 6. 9. 선고 98후1198 판결.

21) 대법원 2013. 10. 31. 선고 2012후1033 판결.

Ⅶ. 타인의 선등록상표와 동일·유사한 상표

1. 서설

선출원(先出願)에 의한 타인의 등록상표(등록된 지리적 표시 단체표장은 제외한다)와 동일·유사한 상표로서 그 지정상품과 동일·유사한 상품에 사용하는 상표는 상표등록을 받을 수 없다(제34조 제1항 제7호). 본 호에서 규정하는 타인이란 법률상 다른 주체를 의미하므로 동일한 기업그룹 내에 속한다 할지라도 권리주체가 다른 계열회사는 타인에 해당된다. 인용표장의 권리자가 2인 이상일 경우에는 그 구성원의 전부가 일치하지 아니하는 한 타인에 해당하는 것으로 본다.

상표의 동일이란 구성요소가 문자 그대로 동일한 경우를 말하는 물리적 동일 뿐만 아니라 거래사회 통념상 동일한 상표라고 인식할 수 있는 실질적 동일까지 포함하는 개념으로 본다. 동일성이 인정되는 경우는 상표의 부기적인 부분을 제외한 요부가 동일한 상표, 문자 등의 크기나 색채를 달리하는 상표 등을 들 수 있다.

상표의 유사란 2개의 상표가 완전히 동일하지도 않고 거래사회 통념상 동일한 것으로 인식되지도 않으나 양 상표가 외관, 칭호, 관념 중 어느 한 가지 이상의 점에서 유사하여 그들 상표가 동일 또는 유사한 상품에 사용될 경우 거래자나 일반수요자들이 그 상품의 출처에 오인·혼동을 일으킬 우려가 있는 경우를 말한다.[22)]

타인의 등록상표란 타인의 선출원에 의한 선등록상표를 말하며, 후출원에 의한 선등록상표는 이에 포함되지 아니한다. 등록상표와 동일한 상표란 등록상표를 확대 또는 축소한 상표는 물론 사회통념상 거래사회에서 일치하는 것으로 인식되는 정도의 상표를 포함한다.

또한 '지정상품과 동일 또는 유사'할 것이란 지정상품이 동일 또는 유사한 경우를 말한다. 심사에서 상품의 동일·유사여부는 일반적으로 유사군코드를 통해 판단하나, 같은 유사군코드 내의 상품이라 하더라도 개별·구체적으로 심사하면 다르게 판단할 수 있다.

2. 유사판단의 원칙

출원상표의 등록여부를 판단하는 과정에서 동일 또는 유사한 타인의 선등록상표가 존재할 경우에 현실적으로 등록결정을 할 것인지 거절결정을 할 것인지 여부를 판단하는 문제이므로, 상표의 유사판단이 선행되어야 한다. 상표의 유사판단은

---

22) 상표심사기준, 216면.

원칙으로 상표의 칭호, 외관, 관념 어느 하나가 유사하여 거래상 상품출처의 오인, 혼동의 우려가 있는 상표는 유사한 것으로 본다. 다만, 칭호, 외관, 관념 어느 하나가 유사하더라도 전체적으로 현격한 차이가 있어 거래상 상품출처의 오인·혼동을 일으킬 염려가 없는 때에는 그러하지 아니하다.

(1) 칭호가 유사한 표장 예시 마르샤 대 마르셀, Leeman 대 Riman, 千年 대 天然, REVILON 대 REVLON, TVC 대 TBC 등이다. 그러나 칭호가 유사하지 아니한 표장의 예로는 Solar 대 Polar, TBC 대 CBC, 삼정 대 미쯔이, MITSUI.

(2) 외관이 유사한 표장 예시 HOP 대 HCP, 다이소 대 다사소 등이 있다.

(3) 관념이 유사한 표장 예시 임금 · 王 · KING, 平和 대 PEACE 등이 있고, 화니핀 장미 대 화이트 로즈, SUNSHINE 대 일광, Golden Spike 대 Golden Spur(지정상품: 골프화)는 관념이 유사하지 아니한 표장이다.

상표의 유사판단은 그 상표가 사용될 상품의 주된 수요계층과 기타 상품의 거래실정을 고려하여 평균수요자의 주의력을 기준으로 판단하여야 한다. 상표의 유사판단은 상표출원, 심사, 심판 및 소송에서 매우 중요한 실체적 판단사항이기 때문에 구체적인 것은 제8장에서 상세히 후술한다.

【선출원에 의한 타인의 등록상표와 동일 또는 유사한 상표】

<대법원 2012. 7. 26. 선고 2012후702 판결>

잠바, 신사복 등을 지정상품으로 하는 선등록상표 '**M I N E**'의 등록권리자 갑 주식회사가 신사복, 남성정장 등을 지정상품으로 하는 등록상표 'MINE HOMME 마인옴므'의 등록권리자 을을 상대로 등록상표가 상표법 제34조 제1항 제7호에 해당한다는 이유로 등록무효심판을 청구한 사안에서, 등록상표를 분리관찰하면 등록상표와 선등록상표를 동일 또는 유사한 상품에 사용하는 경우 일반 수요자나 거래자로 하여금 상품출처에 오인·혼동을 일으키게 할 염려가 있어 이들 상표는 서로 유사하다.

Ⅷ. 주지상표와 동일·유사한 상표

1. 서설

타인의 상품을 표시하는 것이라고 수요자들에게 널리 인식되어 있는 상표(지리적 표시를 제외한다)와 동일 또는 유사한 상표로서 그 타인의 상품과 동일 또는 유사한 상품에 사용하는 상표는 등록을 받을 수 없다(제34조 제1항 제9호). 본 호는 선출원주의의 예외이자 사용주의적인 성격을 가진 규정이라 할 수 있고, 그 취지는 주지상표에 축적된 사실상의 법적 이익을 보호하는 데에 있다.

해당 상품의 거래자 및 수요자의 인식의 정도를 기준으로 주지성을 판단한다. 여기서 수요자란 최종소비자는 물론 중간 수요자, 즉 제품의 생산을 위한 원료 또는 기계, 부품 등 중간재의 소비자 또는 그 상품의 판매를 위한 도매상 또는 소매상을 포함한다. 수요자들에게 널리 인식되어 있는 상표란 수요자들에게 누구의 상품을 표시하는 상표라고 널리 인식되고 있는 상표를 말한다.

2. 판단

심사실무상 주지상표인지 여부 판단은 그 상표의 사용기간, 사용방법 또는 형태, 사용량, 거래범위 등 제반 사정을 고려하여 수요자에게 일반적으로 인식되고 있다고 객관적으로 인정되는지의 여부를 기준으로 한다. 심사관은 정보제공절차에 따라 제출된 정보 및 증거뿐만 아니라 직권으로 인터넷 검색 등을 통해 출원상표가 본 호에 해당하는지 여부를 조사하여 그 결과를 근거로 의견제출통지를 할 수 있다.

이 경우 통지에서 주지상표인지 여부를 판단하는 데 활용할 근거자료 및 출처를 기재하여 통지하여야 한다. 본 호의 적용요건은 첫째, 타인의 상품을 표시하는 것이라고 수요자 간에 현저하게 인식되어 있는 상표(주지상표)가 존재하여야 한다. 널리 인식되어 있는 상표는 수요자 간에 누구의 상품을 표시하는 상표라고 널리 인식되어 있는 상표를 말한다. 수요자란 소비자나 거래자 등 거래관계자를 의미한다. 둘째, 상표 및 상품이 동일·유사하여야 한다.

3. 주지상표와 저명상표의 차이점

(1) 주지상표　　상표법 제34조 제1항 제9호에서 '현저하게 인식되어 있는 상표'란 수요자들에게 누구의 상품을 표시하는 상표라고 널리 인식되어 있는 상표를 말한다. 본 호의 규정을 적용하기 위해서는 인용된 상표가 상표등록출원시에 수요자들에게 널리 인식되어 있어야 한다. 주지상표로 되기 위해서는 해당 상품에 관하여 수요자의 대다수가 해당 상표를 특정 출처의 상품표지로 인식하고 있어야 한다.

저명하고, 현저하게 알려진 주지상표(상호)인지 여부는 그 사용의 기간, 방법, 태양, 사용량, 거래범위 등과 상품거래의 실정 및 사회통념상 객관적으로 널리 알려졌느냐의 여부가 일응의 기준이 된다. 주지·저명한 외국상표라도 국내에서 주지성을 획득하지 아니하면 주지상표라 할 수 없다.

(2) 저명상표　　저명상표가 붙어 있는 상품이나 신용 있고 명성이 높은 저명회사의 제품은 일반소비자 대중에게 절대적 신뢰와 양질의 이미지를 획득하고 있다. 저명상표는 거래관계자들뿐만 아니라 일반의 소비자 대중에게 널리 알려지고 또한 양질감으로 인한 유일한 지위(Alleinstellung)를 가지는 점에서 단순히 거래관계자들 사이에 널리 알려진 주지상표와 질적으로 다르다고 할 수 있다.[23)]

상표법 제34조 제1항 제11호는 저명상표 영업주를 보호함과 동시에 저명한 상품 또는 영업과 오인·혼동으로 인한 부정경쟁의 방지도 목적으로 한다. 저명한 상품 또는 영업의 주체인 타인의 범위는 상표 또는 서비스표의 주체는 물론 업무표장의 주체도 포함한다. 저명상표의 출처혼동을 일으키는 지역적 범위는 전국적이든 일정한 지역이든 불문한다.

Ⅸ. 저명상품이나 영업과 혼동을 일으키는 상표

1. 서설

수요자들에게 현저하게 인식되어 있는 타인의 상품이나 영업과 혼동을 일으키게 하거나 그 식별력 또는 명성을 손상시킬 염려가 있는 상표는 상표등록을 받을 수 없다(제34조 제1항 제11호). 저명상표란 상표가 해당 상품에 관한 수요자 및 거래자 등 거래관계자 중의 압도적 다수 부분에 해당 상표의 존재가 인식되었을 뿐만 아니라 해당 상품의 품질이나 서비스의 우수성이 인정되어 일반 공중에게 널리 알려진 상표를 말한다. 본 호에 해당하는 상표는 저명상표와 동일 또는 유사여부를 불문하며 저명상표가 상표의 일부로서 부기적으로 포함되어 있는 경우에도 출처의 오인 또는 혼동을 유발하는 때에는 본 호를 적용한다. 대법원 판례에서 저명상표로 인정받은 상표는 CHANEL, POLO, NIKE, MICKEY MOUSE, Canon, Hennessy, OLYMPUS, 아가방, 백설표, 맥도날드, TOM&JERRY 등이다.

2. 타인의 상품이나 영업과 혼동을 일으키는 상표

타인의 상품이나 영업과 혼동을 일으키게 할 염려가 있는 상표란 수요자들에게 상품의 출처나 영업(서비스업을 포함한다)의 혼동을 가져올 염려가 있는 경우를 말하며

---

23) 송영식 외 2인, 157면.

이 경우 혼동의 범위는 동일 또는 유사한 상품뿐만 아니라 상표의 저명도로 인하여 다른 계통의 상품 또는 영업과 관련성이 있는 것으로 오해를 유발할 우려가 있는 경우를 포함한다. 특히 타인 표장의 주지도(광고 선전의 정도 또는 보급도, 연도별 매출액 또는 시장점유율), 표장의 창조성, 상호표장인지 여부, 기업의 업종범위 등을 종합적으로 고려하여야 한다.

상표법 제34조 제1항 제11호에 따른 부등록사유에 대하여 대법원은 "타인의 선사용상표 또는 서비스표의 저명 정도, 해당 상표와 타인의 선사용상표 또는 서비스표의 각 구성, 상품 혹은 영업의 유사 내지 밀접성 정도, 선사용상표 또는 서비스표 권리자의 사업다각화 정도, 이들 수요자 층의 중복 정도 등을 비교·종합한 결과, 해당 상표의 수요자가 그 상표로부터 타인의 저명한 상표 또는 서비스표나 그 상품 또는 영업 등을 쉽게 연상하여 출처에 혼동을 일으키게 할 염려가 있는 경우를 의미한다."고 판시하였다.[24)]

3. 식별력 또는 명성을 손상시킬 염려가 있는 상표

영업상 신용이 화체되어 저명해진 상표를 상표권자 이외의 자가 다른 상품에 사용함으로써 상표의 명성이 손상되거나 식별력이 약화되는 것은 상표권자의 재산적 이익의 손실뿐만 아니라, 수요자도 출처의 혼동으로 인한 손해를 입을 수 있으므로 이에 대한 상표법적 보호가 필요하였다. 2014년 개정법에서 수요자들에게 현저하게 인식되어 있는 상표의 희석화를 방지하기 위하여 수요자들에게 현저하게 인식되어 있는 타인의 상품이나 영업과 혼동을 일으키게 할 염려가 있는 상표에 '식별력이나 명성을 손상시킬 염려가 있는 상표'를 추가해서 근거 규정을 마련하였다. 상표법에서는 혼동가능성(Likelihood of confusion) 있는 상표의 등록을 금지하고, 상표의 식별력이나 명성의 보호는 부정경쟁방지법에서 담당하고 있다.

그러나 부정경쟁방지법은 상표의 사용행위에 대해서만 제재할 수 있기 때문에 상표법에 의한 등록 후 부정경쟁방지법에 의한 제재라는 모순이 발생할 수 있으므로, '식별력이나 명성을 손상시킬 염려가 있는 상표'에 대하여는 그 등록을 방지할 수 있도록 상표법과 부정경쟁방지법의 희석화 방지의 역할분담이 필요하다. 이번 법개정으로 저명상표의 소유자가 희석화 방지를 위해 사용하지 않을 상표까지 방어적으로 출원·등록하는 행위를 감소시킬 수 있고, 타인의 신용을 무단으로 이용하는 행위를 근절하여 거래계에서 공정한 상표사용질서를 확립할 수 있는 근거규정이 마련되었다고 할 수 있다.

---

24) 대법원 2010. 5. 27. 선고 2008후2510 판결.

4. 희석화 이론

상표권의 침해의 한 유형인 희석(dilution)은 타인이 동일·유사하지 않는 상품에 상표권자의 허락 없이 해당 상표를 사용함으로써 저명상표의 상표권자와 다른 당사자들 간의 경쟁관계가 약화되거나 혼동, 실수, 기망의 우려가 존재하는지 여부에 관계없이 상품이나 서비스를 구분할 수 있는 저명상표의 식별력을 손상시키는 것을 말하며, 이러한 이론을 '희석이론(dilution theory)'이라고 부른다.

상표의 희석화는 상표 자체에 대한 직접적인 공격이 아니므로 전통적인 상표침해이론, 즉 혼동이론에 의하여 구제받을 수 없는 영역에 속한다. 따라서 각국에서는 상표의 희석화를 방지하는 노력을 기울이고 있다. 1894년 영국서 카메라에 대한 저명상표인 Kodak을 자전거에 사용하는 것을 타인의 영업상의 신용을 부적법하게 이용하는 것이므로 passing off[25]라 하여 사용금지를 명하였나. 프랑스에서도 Omega(시계의 저명상표), Waterman(만년필의 저명상표)을 면도날에 사용하는 것을 부정경쟁방지의 입장에서 사용금지를 명하였다.[26]

미국의 경우 유명상표와 혼동가능성이 있는 상표의 등록을 배제함으로써 저명상표 또는 유명상표를 상표법상 보호하고 있다. 1995년에 제정된 「The Federal Trademark Dilution Act of 1995: 연방상표희석화방지법」에 의하여 비록 경업관계나 혼동가능성이 없다고 하더라도 유명상표의 식별력이나 명성을 손상 또는 약화시키는 상표의 무단사용을 방지할 수 있는 금지권을 부여하는 규정을 마련하였다. 따라서 유명한 상표가 갖는 사회적 신용이나 명성을 불법적으로 이용하는 행위는 이 법의 규제를 받게 되었다.

5. 상표관리의 중요성

상표의 유형은 식별력의 정도에 따라 일반명칭표장, 기술적 표장, 암시적 표장, 임의선택표장, 조어표장으로 구분할 수 있다. 여기서 암시적 표장, 임의선택표장, 조어표장은 고유의 식별력에 의하여 상표등록을 받을 수 있으나, 일반명칭표장과 기술적 표장은 고유의 식별력이 인정되지 않으므로 상표등록을 받을 수 없다. 다만 기술적 표장의 경우 사용에 의한 식별력을 취득한 경우에는 예외적으로 상표등록을 받을 수 있다.

---

25) passing off(사칭통용행위)란 일반적인 출처의 오인·혼동을 말한다. 수요자를 오인·혼동하게 하는 수요자를 기만하는 상표에 대한 규제를 하기 위해서 우리 상표법 제34조 제1항 제11호에 규정이 마련되어 있다.

26) 송영식외 2인, 288면.

상표관리의 소홀로 인하여 상표가 보통명칭화되거나 관용표장화되면 상표법상 보호되지 못하고, 등록상표인 경우에도 무효심판청구의 대상이 된다. 따라서 적극적인 상표관리가 필요하다. 적극적인 상표관리를 위해서 공정한 이용을 위하여 비교를 하는 상업광고를 하거나 희석화 방지를 위하여 TV 등 매스 미디어를 통하여 지속적으로 상표를 광고할 필요가 있다. 초코파이 사건에서 대법원은 "인용상표권자가 상표관리를 소홀히 하여 일반수요자나 거래자 사이에서는 인용상표 "오리온 초코파이" 중 '초코파이'부분이 상표로서 인식되기보다는 원형의 작은 빵 과자에 마시멜로를 넣고 초콜릿을 바른 과자류를 지칭하는 명칭으로 인식되고 있고, 그것이 인용상표권자가 창작한 조어임에 상관 없이 희석화되어 해당 상품의 보통명칭 내지 관용표장이 되어 식별력을 상실하였다."고 판시하였다.[27]

【상품 출처에 관한 일반 수요자의 오인·혼동이 있는지 여부】

<대법원 2015. 1. 29. 선고 2012후3657 판결>

상품의 출처 등에 관한 일반 수요자의 오인·혼동이 있는지 여부는 타인의 선사용표장의 저명 정도, 등록상표와 타인의 선사용표장의 각 구성, 상품 혹은 영업의 유사성 또는 밀접성 정도, 선사용표장 권리자의 사업다각화 정도, 이들 수요자 층의 중복 정도 등을 비교·종합하여 판단하여야 한다. 원심 판시 선사용표장 "현대"는 1998년부터 2002년까지 대규모로 계열분리가 이루어지기 이전에는 국내의 대표적인 기업그룹이었던 구(舊) 현대그룹 및 그 계열사들이 상표 또는 서비스표 등으로 사용해 온 저명한 표장이었다.

갑 주식회사 등이 '컴퓨터주변기기' 등을 지정상품으로 하고 "현 대"와 같이 구성된 등록상표의 등록권자 을 주식회사를 상대로 추가등록 지정상품이 선사용표장 '현대' 등과 관계에서 상표법 제34조 제1항 제11호 등에 해당한다는 이유로 등록무효심판을 청구하였으나 특허심판원이 기각한 사안에서, 을 회사는 일반 수요자들 사이에 선사용표장에 화체된 신용의 주체로 인식된다거나 선사용표장을 승계하였다고 볼 수 없어 선사용표장의 권리자가 될 수 없고, 위 지정상품 추가등록은 일반 수요자로 하여금 그 추가 지정상품이 범 현대그룹을 이루는 개별그룹들이나 그와 특수한 관계에 있는 자에 의하여 생산 또는 판매되는 것으로 그 출처에 혼동을 일으키게 할 염려가 있다.

27) 대법원 2001. 6. 2. 선고 99후2310 및 2317 판결.

X. 상품의 품질오인 또는 수요자 기만 상표

1. 서설

상품의 품질을 오인하게 하거나 수요자를 기만할 염려가 있는 상표는 상표등록을 받을 수 없다(제34조 제1항 제12호). 상품의 품질이란 어떤 물품이 본래적으로 갖추고 있는 성질을 뜻한다. 구체적인 사례로 국가명이나 지명 등이 포함된 상표의 경우 그 상표가 해당 국가 또는 산지 이외에서 생산·판매되는 상품에 사용될 경우에는 본 호를 적용한다. 상표가 '상품의 품질을 오인하게 하는' 것은 상품의 품질 자체의 오인은 물론 상품자체를 오인케 하는 경우를 포함한다. 상표가 '수요자를 기만하는' 것은 그 상품 또는 상표가 수요자로 하여금 외국 또는 다른 기업의 상품 또는 상표로 오인을 유발할 우려가 있는 경우를 말하며 출원인의 기만의 의사 유무를 불문한다.

2. 상표법 제34조 제1항 제11호와의 관계

상표법 제34조 제1항 제11호는 주로 저명상품, 영업과의 출처에 관한 오인·혼동행위를 방지하기 위하여 부등록사유로 규정한 것이다. 반면에 동법 제12호는 상품성질(품질)의 오인·기만 표시로서 식별력의 훼손을 방지하는 규정이 아니다. 그러나 출원상표가 제34조 제1항 제11호의 저명상표와 상품의 출처 또는 영업의 혼동을 일으키고, 그 결과 상품의 품질의 오인 또는 수요자의 기만을 유발하는 경우에는 동법 제11호의 규정의 적용과 아울러 동법 제12호의 규정을 적용한다.

선사용상표가 사용상품에 대한 관계거래자 이외에 일반공중의 대부분에까지 널리 알려지게 됨으로써 저명성을 획득하게 되면, 그 상표를 주지시킨 상품 또는 그와 유사한 상품뿐만 아니라 이와 다른 종류의 상품이라고 할지라도 상품의 용도 및 판매거래의 상황 등에 따라 저명상표권자나 그와 특수한 관계에 있는 자에 의하여 생산 또는 판매되는 것으로 인식될 수 있고 그 경우에는 어떤 상표가 선사용상표의 사용상품과 다른 상품에 사용되더라도 수요자로 하여금 상품의 출처를 오인·혼동하게 하여 수요자를 기만할 염려가 있다. 여기서 선사용상표가 저명상표인가는 상표의 사용, 공급, 영업활동의 기간·방법·태양 및 거래범위 등을 고려하여 거래실정 또는 사회통념상 객관적으로 널리 알려졌느냐를 기준으로 판단하여야 한다. 이러한 법리는 서비스표에 대하여도 마찬가지로 적용된다.

대법원은 "선사용상표 '**소녀시대**'와 선사용서비스표 '**소녀시대**'를 사용한 갑 주식회사가 등록상표서비스표의 등록권리자 을을 상대로 등록상표서비스표가 상표법 제34조 제1항 제11호에 해당한다는 이유로 등록무효심판을 청구하였는데 특허심판원이 인용하는 심결을 한 사안에서, 갑 회사 소속 9인조 여성그룹 가수의 명칭 '소녀시대'와 같은 구성의 선사용상표 및 선사용서비스표는 갑 회사의 '음반, 음원' 등의 사용상품 및 '가수공연업, 음악공연업, 방송출연업, 광고모델업' 등의 사용서비스업에 대하여 관계거래자 이외에 일반공중의 대부분에까지 널리 알려지게 됨으로써 저명성을 획득하였으므로, 그와 유사한 등록상표서비스표가 위 사용상품·서비스업과 다른 '면제코트' 등의 지정상품이나 '화장서비스업' 등의 지정서비스업에 사용되더라도 그러한 상품이나 서비스업이 갑 회사나 그와 특수한 관계에 있는 자에 의하여 생산·판매되거나 제공되는 것으로 인식됨으로써 상품·서비스업의 출처를 오인·혼동하게 하여 수요자를 기만할 염려가 있는데도 등록상표서비스표가 수요자를 기만할 염려가 있는 상품·서비스표에 해당하지 않는다고 한 원심판결에 법리오해의 잘못이 있다."고 판시하였다.[28)]

3. 판단

품질의 오인을 일으키는지 여부는 상표자체의 구성에 의하여 판단하되 상표를 전체적으로 관찰하여 결정하여야 한다. 다만, 품질의 오인을 유발하는 부분이 해당 상표의 요부이든 아니든 여부를 불문한다. 상품의 명칭과 지정상품의 내용이 수요자로 하여금 상품에 대한 품질의 오인·혼동을 가져올 우려가 있을 때 또는 상품의 품질보증표시와 결합한 상표는 본 호를 적용한다.

국내 일반 수요자나 거래자에게 특정 연예인이나 연예인그룹 명칭 또는 특정 방송프로그램, 영화, 노래 등의 제명으로 인식되어 있는 명칭과 동일 또는 유사한 상표를 정당한 권원을 가진 자가 아닌 타인이 출원한 경우 상품출처의 혼동이나 품질의 오인을 일으킬 염려가 있는 것으로 보고 본 호를 적용한다.

등록상표가 상표법 제34조 제1항 제12호에서 규정하고 있는 수요자를 기만할 염려가 있는 상표에 해당하려면, (ⅰ) 그 등록상표나 지정상품과 대비되는 선사용상표나 그 사용상품이 반드시 저명하여야 할 필요까지는 없고, (ⅱ) 국내 수요자나 거래자에게 그 상표나 상품이라고 하면 곧 특정인의 상표나 상품이라고 인식될 수 있을 정도로 알려져 있으면 된다. 이러한 경우 그 선사용상표와 동일·유사한 상표가 그 사용상품과 동일·유사한 상품에 사용되고 있거나, 또는 어떤 상표가 선사용상표와 동일·유사하고, 선사용상표의 구체적인 사용실태나 양 상표가 사용되는 상품 사이의 경제적인 견련의 정도와 기타 일반적인 거래 실정 등에 비추어, 그 상표가 선

28) 대법원 2015. 10. 15. 선고 2013후1207 판결.

사용상표의 사용상품과 동일·유사한 상품에 사용된 경우에 못지않을 정도로 선사용상표의 권리자에 의하여 사용되고 있다고 오인될 만한 특별한 사정이 있으면 수요자로 하여금 출처의 오인·혼동을 일으켜 수요자를 기만할 염려가 있다.

【수요자를 기만할 염려가 있는 상표】

<대법원 2010. 1. 28. 선고 2009후3268 판결>

선사용상표 "**A | S | K**", "**ask**", "**ASK JEANS**"는 등록상표 "A S K"의 등록결정일 무렵 국내의 수요자나 거래자에게 최소한 특정인의 상표로 인식될 수 있을 정도로 알려져 있었다고 봄이 상당하고, 등록상표와 선사용상표들의 표장은 그 외관 호칭 및 관념이 동일 또는 유사하여 전체적으로 유사한 상표이며, 등록상표의 지정상품 중 '선글라스, 스포츠용 고글'은 선사용상표들의 사용상품인 의류와 상품류 구분이 다르기는 하나 등록상표가 위 지정상품들에 사용된다면 의류와 유사한 상품에 사용된 경우에 못지않을 정도로 그것이 선사용상표권자에 의하여 사용되는 것이라고 오인될 소지가 있으므로, 등록상표는 선사용상표들과 출처의 오인·혼동을 불러 일으켜 수요자를 기만할 염려가 있다.

XI. 부정한 목적으로 사용하는 상표

1. 서설

국내 또는 외국의 수요자들에게 특정인의 상품을 표시하는 것이라고 인식되어 있는 상표(지리적 표시는 제외한다)와 동일·유사한 상표로서 부당한 이익을 얻으려 하거나 그 특정인에게 손해를 입히려고 하는 등 부정한 목적으로 사용하는 상표는 상표등록을 받을 수 없다(제34조 제1항 제13호). 상표가 '국내 또는 외국의 수요자들에게 특정인의 상품을 표시하는 것이라고 인식되어 있는 상표'란 인용상표가 반드시 주지·저명하여야 하는 것은 아니지만, 적어도 국내외의 일반거래에 있어서 수요자나 거래자에게 그 상표라 하면 특정인의 것이라고 알려져 있는 정도를 말한다.

본 호의 취지는 정당한 상표권자가 아닌 제3자가 부정한 방법으로 상표등록을 받아 정당한 상표권자의 상표사용을 배척하거나 부당하게 고액의 상표권 이전료를 요구할 뿐만 아니라 모방상표의 사용으로 일반소비자들로 하여금 상품출처를 오인 혼동하게 할 우려가 발생하는 등 폐해가 속출하고 있어서 이를 방지하기 위하여 상표심사기준을 개정하여 1996년 3월 1일부터 적용하여 오던 것을 1997년 개정법에 명시적으로 반영한 것이다.[29]

2. 부정한 목적을 가지고 사용하는 상표

본 호에서 규정하는 '부당한 이익을 얻으려 하거나 그 특정인에게 손해를 가하려고 하는 등 부정한 목적을 가지고 사용하는 상표'란 (ⅰ) 상표사용자가 국내시장에 진입하는 것을 저지하거나 또는 대리점 계약체결을 강제할 목적으로 상표권자가 미처 등록하지 않은 상표와 동일 또는 유사한 상표를 출원하는 경우, (ⅱ) 저명상표와 동일 또는 유사한 상표로서 타인의 상품이나 영업과 혼동을 일으킬 염려가 없다 하더라도 저명상표의 출처표시기능을 희석화시키기 위한 목적으로 출원한 경우, (ⅲ) 창작성이 인정되는 타인의 상표를 동일 또는 극히 유사하게 모방하여 출원하는 경우 중 어느 하나를 말한다.[30]

3. 판단

등록상표가 상표법 제34조 제1항 제13호에 해당하려면 그 출원 당시에 등록상표와 대비되는 선사용상표가 국내 또는 외국의 수요자들에게 특정인의 상표로 인식되어 있어야 하고, 등록상표의 출원인이 선사용상표와 동일 또는 유사한 상표를 부정한 목적을 가지고 사용하여야 한다. 여기서 선사용상표가 국내 또는 외국의 수요자들에게 특정인의 상표로 인식되어 있는지는 그 상표의 사용기간, 방법, 태양 및 이용범위 등과 거래실정 또는 사회통념상 객관적으로 상당한 정도로 알려졌는지 등을 기준으로 판단하여야 한다. 부정한 목적이 있는지 여부는 특정인의 상표의 주지·저명 또는 창작성의 정도, 특정인의 상표와 출원인의 상표의 동일·유사성의 정도, 출원인과 특정인 사이의 상표를 둘러싼 교섭의 유무와 그 내용, 기타 양 당사자의 관계, 출원인이 등록상표를 이용한 사업을 구체적으로 준비하였는지의 여부, 상품의 동일·유사성 내지는 경제적 견련관계, 거래 실정 등을 종합적으로 고려하여야 한다.

국내 또는 외국의 수요자들에게 특정인의 상표로 인식된 상표에 해당하는지 여부의 판단기준에 대하여 대법원은 "영문자 'LOUIS CASTEL'이나 도형 ' '로 이루어진 원심판시 선사용상표들이 사용된 '골프의류, 가방 및 액세서리' 등 제품(이하 "선사용상표 제품"이라고 한다)은 2007. 9. 시장에 출시되었다. 그 이전부터 선사용상표들을 선전·광고하는 기사가 국내 패션잡지 또는 온라인 패션정보지인 '패션채널', '패션비즈', '어패럴뉴스' 등에 실리고, 그 출시 후에도 선전·광고 기사가 계속된 점, 선사용상표 제품은 명품 이미지와 합리적인 가격대를 지향하는 제품으로서

29) 문삼섭, 466면.
30) 특허청, 앞의 상표심사기준, 69면.

2007. 9.부터 2008. 1.까지 KBS, MBC, SBS 등 방송 3사가 아침, 저녁의 황금시간대에 방영한 드라마나 시사교양프로 등에 소품으로 협찬된 점, 선사용상표 제품의 2007. 9.부터 2007. 12.까지의 매출액은 약 63억 원으로서 우리나라 골프의류 시장의 규모나 다른 골프의류 업체의 매출액을 고려하여 볼 때 상당한 정도에 이르는 금액인 점, 2007년 말을 기준으로 선사용상표 제품의 대리점 수가 20여 개에 이르고 전국의 주요 상권에 개설된 점 등을 알 수 있다. 이러한 점들을 앞서 본 법리에 비추어 살펴보면, 선사용상표들은 그 지정상품을 '안경, 안경알, 콘택트렌즈' 등으로 하는 이 사건 등록상표 'LOUIS CASTEL'의 출원일인 2008. 1. 22. 무렵에는 골프의류 등과 관련하여 국내의 수요자들에게 특정인의 상표로 인식되었다."고 판시하였다.[31] 대법원은 'LOUIS CASTEL'상표는 국내 수요자들에게 특정인의 상표로 인식된 저명한 상표라고 판단하였다.

XII. 상품의 기능을 확보하는 데 불가결한 입체적 상표

1. 서설

상표등록을 받으려는 상품 또는 그 상품의 포장의 기능을 확보하는 데 꼭 필요한(서비스의 경우에는 그 이용과 목적에 꼭 필요한 경우를 말한다) 입체적 형상, 색채, 색채의 조합, 소리 또는 냄새만으로 된 상표는 상표등록을 받을 수 없다(제34조 제1항 제15호).

일반적으로 상품이나 포장의 형상, 특정 색채나 소리, 냄새 등은 어떤 실용적인 목적을 갖고 그 형상 등이 만들어졌으며, 그 목적을 달성하기 위한 기능을 가지고 있는 경우가 많다. 이러한 형상 등이 다른 경쟁업자들도 그 업계에서 생존하기 위하여 꼭 필요한 것이라면 그러한 형상 등을 독점적 권리를 인정해 주는 것은 산업발전을 저해하고 자유로운 경쟁을 제한하는 결과가 된다. 즉 '기능성'이란 상품 또는 포장의 형상 등이 그 기능을 구현하는 데 필수적이고 긴요한 것이어서 특정인에게 독점적 권리를 주면 정상적인 경쟁원리가 저해되는 그러한 기능을 말한다.

2. 기능성이 있는지 여부 판단

기능성이 있는지는 다음 사항을 고려하여 판단한다. 즉 (i) 대체성: 다른 대체할 수 있는 형상 등이 존재하지 않는다면 그 형상 등은 기능성이 있는 것으로 본다. (ii)

31) 대법원 2014. 3. 13. 선고 2013후2859 판결.

제조비용의 저렴성: 출원상표의 형상 등의 제조비용이 다른 것에 비해 상당히 낮거나 제조공정이 단순하면 그 입체적 형상 등은 가능성이 있는 것으로 본다. (iii) 유통과정의 편의성 및 사용의 효율성에 관한 광고 선전: 상품의 유통에 있어 보관, 운송 및 취급상 상당한 편이성이 그 상품 또는 포장의 형상 등에서 기인하는 하는 경우 기능성이 있는 것으로 본다. (iv) 특허권이나 디자인권의 존재 여부: 실용적인 형상 등은 특허로 보호될 수 있다는 점에서 입체적 형상 등에 특허가 존재할 경우 그 형상 등은 기능성이 있는 것으로 판단할 수 있다. 다만, 디자인권에 있어서 그 디자인권이 장식적·비기능적 형상 등을 보호대상으로 하는 경우 가능성이 없는 것으로 볼 수 있다.[32)]

3. 판단

본 호는 상품 또는 그 상품의 포장의 기능을 확보하는 데 불가결한 입체적 형상 등에 적용되므로, 기능성을 판단함에 있어서는 상품 자체가 기능적인지 여부가 아니라, 상품 또는 그 포장의 입체적 형상 등이 기능적인지 여부를 기준으로 판단한다.

또한 상품 또는 그 상품의 기능을 확보하는 데 불가결한 입체적 형상이나 색채, 색채의 조합, 소리, 냄새만으로 된 상표는 비록 식별력이 인정(사용에 의한 식별력이 인정되는 경우에도 또한 같다)되더라도 본 호에 해당하여 등록을 받을 수 없는 것으로 본다.[33)] 입체적 형상이 기능적인 경우의 예로는 액체가 새는 것을 방지하기 위하여 용기의 마게 부분을 나선형으로 만든 경우이다. 색채 또는 색채의 조합이 기능적인 경우의 예로는 안전표시판에 쓰이는 노랑색, 소화기에 쓰이는 빨강색, 빙과류에 쓰이는 파랑색이다. 소리가 기능적인 경우의 예로는 자동차 수리업에 사용하는 자동차 엔진소리, 맥주병에 사용하는 맥주병의 병뚜껑 따는 소리다. 냄새가 기능적인 경우의 예로는 타이어에 사용하는 타이어의 고무향, 조경업에 사용하는 아카시아향이다.

소리 또는 냄새가 사용에 의한 식별력을 획득한 경우에도 해당 상품의 기능 확보에 불가결한 소리 또는 냄새는 본 호가 적용된다. 그 예로서는 맥주병의 병뚜껑을 따는 소리, 오토바이 엔진소리, 타이어 고무향을 들 수 있다.

미국 법원의 판례에서 기능적이라고 판단한 사례는 소금 및 후추용 소포포장, 전화번호 색인 파일카드, 프렌치프라이 감자의 나선모양, 유아용 수유병 등이다.

32) 상표심사기준, 260-261면.

33) 상표심사기준, 261면.

XIII. 포도주 등의 산지에 관한 지리적 표시

1. 서설

세계무역기구 회원국 내의 포도주 또는 증류주의 산지에 관한 지리적 표시로서 구성되거나 그 지리적 표시를 포함하는 상표로서 포도주 또는 증류주에 사용하려는 상표에 해당하는 경우에는 상표등록을 받을 수 없다. 다만, 지리적 표시의 정당한 사용자가 해당 상품을 지정상품으로 하여 지리적 표시 단체표장등록출원을 한 경우에는 상표등록을 받을 수 있다(제34조 제1항 제16호). 본 호는 특정 장소에서 생산되지 않은 포도주나 증류주가 해당 장소에서 생산된 것으로 인식될 수 있는 지리적 표시에 사용되고, 특정장소에서 생산된 포도주나 증류주로 인식될지라도 정당한 사용자가 출원하지 않은 지리적 표시인 경우에는 수비자의 혼동은 요건으로 하지 않는다.

2. 판단

본 호는 포도주 · 증류주 또는 이와 유사한 상품에 사용하려는 경우에 한하여 적용한다. 포도주 및 증류주의 산지에 관한 지리적 표시가 상표의 부기적인 부분으로 포함되어 있는 경우에도 본 호를 적용한다. 문자상으로는 진정한 원산지 표시가 되어 있다 하더라도 수요자가 다른 영토나 지역에서 생산된 것으로 오인 · 혼동하게 할 경우, 예를 들면, 켈리포니아주에서 생산하는 보르도 포도주에 미국산이라고 표기하는 경우에도 상표법 제34조 제1항 제12호와 별도로 본 호를 적용하는 것으로 한다.[34] 한편, TRIPs 제22조 제3항에 따라 포도주와 증류주의 지리적 표시를 구성요소로 하는 상표는 일반 공중의 혼동이 없는 경우에도 직권으로 또는 이해관계인의 청구에 의하여 거절 또는 무효화한다고 규정하고 있다.

XIV. 동업·고용 등 계약관계의 상표

농업·고용 등 계약관계나 업무상 거래관계 또는 그 밖의 관계를 통하여 타인이 사용하거나 사용을 준비 중인 상표임을 알면서 그 상표와 동일·유사한 상표를 동일·유사한 상품에 등록출원한 상표는 등록을 받을 수 없다(제34조 제1항 제20호).

2014년 개정법에서 계약 및 업무상 관계 등으로 타인이 상표를 사용하거나 상표사용을 준비 중임을 알고 있는 자가 정당한 권원 없이 같은 상표를 먼저 출원한

34) 상표심사기준, 267면.

경우는 상표등록을 받을 수 없도록 부등록사유에 포함시켰다.

따라서 이러한 상표권의 사용이 부정경쟁방지법 제2조 제1호 차목에 따른 부정경쟁행위에 해당하게 될 경우 사용권을 제한하는 규정이 신설되었다(제92조 제2항).[35]

XV. 외국상표권자의 승낙 없이 대리인이 출원한 상표

조약당사국에 등록된 상표와 동일·유사한 상표로서 그 등록된 상표에 관한 권리를 가진 자와의 동업·고용 등 계약관계 또는 대리·대표 등 업무상 거래관계가 있거나 있었던 자가 그 상표에 관한 권리를 가진 자의 동의를 받지 아니하고 그 상표의 지정상품과 동일·유사한 상품을 지정상품으로 하여 등록출원한 상표는 등록을 받을 수 없다(제34조 제1항 제21호).

본 호는 종전의 상표법에서 거절이유(구 상표법 제23조 제1항 제3호 본문)이고, 등록상표의 취소심판에서 취소사유(구 상표법 제73조 제1항 제7호)로 규정되었다. 2016년 개정법에서 본 호는 거절이유와 취소사유에서 삭제되었다. 그 대신 상표법 제34조 제1항의 부등록사유에 본 호가 포함되었다.

판례에 의하면 대리인이나 대표자란 대리점, 특약점, 위탁판매업자, 총대리점 등 널리 해외에 있는 수입선인 상표소유권자의 상품을 수입하여 판매, 광고하는 자를 가리킨다고 한다.[36]

제3절 부등록사유 판단시점 등

I. 부등록사유의 판단시점

1. 상표등록여부결정시를 기준한 경우

상표등록출원이 상표부등록사유에 해당하는지 여부의 판단시점은 상표등록거절결정 또는 상표등록결정의 어느 하나에 해당하는 결정(이하 “상표등록여부결정”이라 한다)을 할 때를 기준으로 하여 결정한다(제34조 제2항). 상표등록을 받을 수 없는 상표인

35) 상표법 제92조 제2항: 상표권자·전용사용권자 또는 통상사용권자는 그 등록상표의 사용이 부정경쟁방지법 제2조 제1호 차목에 따른 부정경쟁행위에 해당할 경우에는 같은 목에 따른 타인의 동의를 받지 아니하고는 그 등록상표를 사용할 수 없다.

36) 대법원 2013. 2. 28. 선고 2011후1289 판결.

지 여부에 대한 판단시점을 공익·사익의 구별 없이 등록여부결정시로 한다.

이는 미국·EU·일본 등도 상표부등록사유의 존재에 관하여 등록여부결정시에 판단하고 있으므로 국제적 조화를 할 수 있고, 상표등록출원의 불합리 제거 및 출원인의 편의도 제고할 수 있는 장점이 있다.

2. 상표등록출원시를 기준한 경우

예외적으로 상표법 제34조 제1항 제11호·제13호·제14호·제20호 및 제21호의 경우는 상표등록출원을 한 때를 기준으로 하여 결정한다(제34조 제2항 단서). 상표법 제34조 제2항 단서에서 특정인에게 손해를 입히려고 하는 등 부정한 목적으로 출원하거나, 동업·고용 등 계약관계나 업무상 거래관계 또는 그 밖의 관계를 통하여 타인이 사용하거나 사용을 준비 중인 상표임을 알면서 그 상표와 동일·유사한 상표를 동일·유사한 상품에 등록출원하는 경우 등 상표등록출원이 공정한 상표질서유지를 위반하는지 여부의 판단은 출원시에 판단하는 것으로 명확히 규정하고 있다.

판례는 등록상표가 상표법 제34조 제1항 제13호에 해당하기 위해서는 그 비교대상이 되는 선사용상표가 국내 또는 외국의 수요자들에게 특정인의 상표라고 현저하게 인식되어 있는 주지상표이어야 하고, 선사용상표가 주지상표인가의 여부는 그 등록상표의 출원 당시를 기준으로 판단하여야 한다고 한다.[37]

Ⅱ. 상표권이 소멸된 경우 권리자의 상표등록출원

1. 의의

상표권자 또는 그 상표권자의 상표를 사용하는 자는 상표등록의 취소심판이 청구되고 그 청구일 이후에 (i) 존속기간만료로 상표권이 소멸한 경우, (ii) 상표권자가 상표권 또는 지정상품의 일부를 포기한 경우, (iii) 상표등록의 취소심결이 확정된 경우 중 어느 하나에 해당하게 된 경우 그 상표와 동일·유사한 상표를 그 지정상품과 동일 또는 유사한 상품에 대하여 그 해당하게 된 날부터 3년이 지난 후에 출원해야만 상표등록을 받을 수 있다(제34조 제3항).

상표등록을 취소한다는 심결이 확정되었을 경우에는 그 상표권은 그때부터 소멸된다. 다만, 불사용취소심판에 해당하는 것을 사유로 취소한다는 심결이 확정된

37) 대법원 2007. 3. 16. 선고 2006후268 판결.

경우에는 그 심판청구일에 소멸하는 것으로 본다(제119조 제6항).

2. 취지

상표권의 부정사용, 등록상표의 취소심판청구일 전 3년 이상 불사용 등을 이유로 이해관계인 또는 제3자가 상표등록의 취소심판을 청구함으로써 취소심판에서 취소될 가능성이 있는 경우 상표권자가 곧바로 동일 또는 유사한 상표를 출원하여 등록을 받는다면 취소심결 확정된다고 하더라도 취소심판제도에 의하여 이미 확정된 취소심결이 유명무실해질 우려가 있다. 따라서 본 조는 이러한 탈법적인 상표등록출원을 방지하여 취소심판제도의 실효성을 확보하는 데에 그 취지가 있다.

제4장 상표등록출원

제1절 상표출원절차

Ⅰ. 상표등록출원

1. 출원인

상표를 출원할 수 있는 권리를 가진 출원인은 민법상 권리능력과 상표법상 권리적격을 갖춘 사람으로 국내에서 상표를 사용하는 자 또는 사용하고자 하는 자가 상표등록을 받을 수 있다. 상표법상 출원인은 자연인 또는 법인이다. 권리능력과 권리적격 등과 관련하여 법인이 아닌 사단 또는 재단, 외국인 및 상표사용의사의 유무 등이 문제가 될 수 있다.

2. 출원서류

상표등록출원에는 서면주의와 국어주의가 채택되고 있기 때문에 상표등록을 받고자 하는 자는 소정의 출원서에 상표견본을 첨부하여 특허청장에게 제출하여야 한다. 종래에는 종이에 의해서 출원되었지만, 현재는 대부분 출원이 온라인에 의한 전자출원을 하고 있다. 상표등록을 받고자 하는 자는 다음 사항을 기재한 상표등록출원서를 특허청장에게 제출하여야 한다(제36조 제1항). (i) 출원인의 성명 및 주소(법인인 경우에는 그 명칭 및 영업소의 소재지), (ii) 출원인의 대리인이 있는 경우에는 그 대리인의 성명 및 주소나 영업소의 소재지(대리인이 특허법인·특허법인(유한)인 경우에는 그 명칭, 사무소의 소재지 및 지정된 변리사의 성명), (iii) 상표, (iv) 지정상품 및 상품류, (v) 우선권주장을 하는 경우 그 취지, 최초로 출원한 국명 및 출원의 연월일, (vi) 기타 상표법 시행규칙 제28조에서 정하는 사항을 적어야 한다. 특허청장은 상표등록출원서를 수리한 경우에는 그 상표등록출원번호 및 상표등록출원일사를 적은 상표등록출원번호통지서를 출원인에게 송부하여야 한다(시행규칙 제30조).

3. 첨부서류

상표등록출원을 하려는 자는 별지 제3호서식의 상표등록출원서에 다음 사항의 서류, 파일 또는 견본 등을 첨부하여 특허청장에게 제출하여야 한다(시행규칙 제28조 제

2항). 즉 (ⅰ) 상표견본(소리상표, 냄새상표, 그 밖에 시각적으로 인식할 수 없는 상표의 경우는 제외한다), (ⅱ) 상표에 대한 설명서, (iii) 단체표장 또는 증명표장의 경우 정관 또는 규약의 요약서, (iv) 단체표장 또는 증명표장의 사용에 관한 사항을 적은 그 정관 또는 규약의 요약서, (ⅴ) 소리 표장의 경우 시각적 표현에 합치하는 소리파일, (vi) 냄새상표의 경우 시각적 표현에 합치하는 냄새견본으로 냄새를 담은 밀폐용기 3통 또는 냄새가 첨가된 패치 30장, (vii) 동작의 특징을 나타내는 영상을 수록한 전자적 기록매체, (viii) 대리인이 절차를 밟는 경우에는 그 대리권을 증명하는 서류를 첨부해야 한다. 출원인은 상기 서류 외에 다음 사항의 서류 또는 물건을 특허청장에게 제출할 수 있다(시행규칙 제28조 제5항). 즉 (ⅰ) 입체상표에 대한 설명서, (ⅱ) 지정상품에 대한 설명서, (iii) 등록하려는 상표를 한글로 번역하거나 발음을 한글로 표기한 설명서, (iv) 견본의 특징을 나타내는 영상을 수록한 전자적 기록매체, (ⅴ) 소리상표의 악보 등이다.

4. 수정정관 등의 제출

단체표장등록을 받으려는 자는 단체표장의 사용에 관한 사항을 정한 정관을 첨부한 단체표장등록출원서를 제출하여야 한다(제36조 제3항). 증명표장등록을 받으려는 자는 증명표장의 사용에 관한 사항을 정한 서류(정관 또는 규약)를 첨부한 증명등록출원서를 제출하여야 한다(제36조 제4항). 단체표장등록출원인은 정관을 수정한 경우에는 출원공고결정 전의 보정기간까지 또는 출원공고결정 후의 보정기간 이내에 특허청장에게 수정정관을 제출하여야 한다(제43조 제1항). 증명표장등록출원인은 정관 또는 규약을 수정한 경우에는 출원공고결정 전의 보정기간까지 또는 출원공고결정 후의 보정기간 이내에 특허청장에게 수정정관 또는 수정규약을 제출하여야 한다(제43조 제2항).

Ⅱ. 1상표 1출원주의

1. 의의

상표등록출원을 하려는 자는 상품류의 구분에 따라 1류 이상의 상품을 지정하여 1상표마다 1출원을 하여야 한다(제38조 제1항). 상표등록출원은 상품류의 구분에 따라 상표를 사용할 하나 이상의 상품을 지정하여 상표마다 출원하여야 한다.

이를 '1상표 1출원의 원칙'이라고 한다. 이는 하나의 출원으로 둘 이상의 상표를 출원하는 것이 허용되지 않는다는 원칙이다. 상품류의 구분은 상품의 유사범위를 정하는 것은 아니다(제38조 제3항). 상품류에 속하는 구체적인 상품은 특허청장이 정하여 고시한다(제38조 제2항).

2. 취지

1상표 1출원의 원칙은 신규 상표등록출원, 지정상품의 추가등록출원, 상표권의 존속기간갱신등록신청에도 적용되는 기본 원칙이다. 이 제도의 취지는 상표심사, 상표등록절차상의 업무의 편의 및 선행상표의 검색을 쉽게 하고, 상표권이 설정된 이후 상표분쟁의 해결과 상표권의 사용을 용이하게 할 수 있도록 하는 데에 있다.

출원서에 첨부된 상표가 둘 이상의 요부로 구성되어 있다고 하더라도 일반수요자가 하나의 상표로 인식할 수 있다면 1상표로 본다. 1상표 1출원에 대한 요건의 판단은 상표등록여부결정시를 기준으로 판단한다.

Ⅲ. 상품의 지정

1. 의의

상표는 자타상품의 식별표지로서 기능을 갖고 있기 때문에 출원인은 반드시 상표등록출원서에 해당 상표가 사용될 상품을 지정하여야 한다. 상표법 제36조 제1항 제4호에 '산업통상자원부령으로 정하는 상품류'란 별표 1에 따른 상품류를 말한다(시행규칙 제28조 제1항). 니스분류는 제1류부터 제34류까지의 상품류와 제35류부터 제45류까지 서비스업류로 구성되어 있다.

이는 1상표 1출원의 원칙에 따라 하나의 상표에 하나의 상품을 지정하여야 한다는 의미는 아니므로 상품에 복수의 상품류, 또는 상품류 구분상의 상품과 서비스업류 구분상의 서비스업을 동시에 지정할 수도 있나. 하나의 출원서에 상품과 서비스업을 동시에 지정하려는 자는 상표등록출원시에 해당 상품과 서비스업을 모두 적어 특허청장에게 제출하여야 한다.

2. 니스분류

니스협정(Nice Agreement)[1]은 상표나 서비스표의 등록을 위한 상품 및 서비스업을

---

1) The Nice Classification(NCL), established by the Nice Agreement(1957), is an international classification of goods and services applied for the registration of marks. The 2015 version of the tenth edition of the NCL came into force on January 1, 2015.

국제적으로 통일된 기준에 의해 분류하기 위한 조약이다. 각 회원국은 상표공보 및 등록원부 등의 공식문서 및 발행문서에 해당 지정상품이 속하는 상품분류의 번호(니스협정에서 정하고 있는 분류번호)를 기재하여야 한다.

니스협정의 회원국인 우리나라는 표장의 등록을 위한 상품 및 서비스업에 관한 국제분류인 니스협정에 의한 국제상품분류를 채택하여 사용하고 있다. 니스분류는 모든 회원국으로 구성된 전문가위원회에서 5년마다 개정되고 있으며, 제10판이 2012년 1월부터 사용되었고 2015년 1월부터는 2015년판이 사용되고 있다.

Ⅳ. 상표등록출원일의 인정

1. 서설

상표등록출원일은 상표등록출원에 관한 출원서가 특허청장에게 도달한 날로 한다. 다만 상표등록출원이 다음 어느 하나에 해당하는 경우에는 예외로 한다(제37조 제1항). 여기서 예외에 해당하는 경우는 (ⅰ) 상표등록을 받으려는 취지가 명확하게 표시되지 아니한 경우, (ⅱ) 출원인의 성명이나 명칭이 적혀 있지 아니하거나 명확하게 적혀 있지 아니하여 출원인을 특정할 수 없는 경우, (ⅲ) 상표등록출원서에 상표등록을 받으려는 상표가 적혀 있지 아니하거나 적힌 사항이 선명하지 아니하여 상표로 인식할 수 없는 경우, (ⅳ) 지정상품이 적혀 있지 아니한 경우, (ⅴ) 한글로 적혀 있지 아니한 경우이다. 상표법은 특허청장 또는 특허심판원장에게 서류를 제출하는 경우 그 효력발생시기를 특허청장 또는 특허심판원장에게 도달한 날부터로 인정하는 도달주의를 원칙으로 하고 있다(제28조 제1항).

2. 보완명령

특허청장은 상표등록출원이 상표법 제37조 제1항의 예외 중 어느 하나에 해당되는 경우에는 상표등록을 받으려는 자에게 적절한 기간을 정하여 보완할 것을 명하여야 한다(제37조 제2항). 보완제도란 상표등록출원에 있어서 출원일의 인정과 관련하여 중대한 흠이 있는 경우 특허청장이 해당 출원을 반려하지 않고 보완명령을 통지하여 출원인으로 하여금 흠이 있는 서류만을 보완하도록 하는 제도를 말한다.

3. 절차보완서

보완명령을 받은 자가 상표등록출원을 보완하는 경우에는 절차보완에 관한 서면(이하 "절차보완서"라 한다)을 제출하여야 한다. 특허청장은 보완명령을 받은 자가 지정된 기간 내에 상표등록출원을 보완한 경우에는 그 절차보완서가 특허청에 도달한 날을 상표등록출원일로 본다(제37조 제4항). 특허청장은 보완명령을 받은 자가 지정된 기간 내에 보완을 하지 아니한 경우에는 그 상표등록출원을 부적합한 출원으로 보아 반려할 수 있다.

Ⅴ. 지정상품 추가등록출원

1. 서설

상표권자 또는 출원인은 등록상표 또는 상표등록출원의 지정상품을 추가하여 지정상품의 추가등록을 받을 수 있다. 이 경우 추가등록된 지정상품에 대한 상표권의 존속기간 만료일은 그 등록상표권의 존속기간 만료일로 한다(제86조 제1항). 출원인은 상표등록출원시에 하나 이상의 상품을 일시에 지정할 수 있으나, 상표등록출원 후 또는 상표등록 후에 지정상품을 추가할 필요가 있을 경우 지정할 상품과 그 상품류를 적어서 별도로 지정상품의 추가등록출원서를 특허청에 제출하여야 한다.

2. 지정상품의 추가등록거절결정

심사관은 지정상품의 추가등록출원이 다음 어느 하나에 해당하는 경우에는 그 지정상품의 추가등록출원에 대하여 지정상품의 추가등록거절결정을 하여야 한다(제87조 제1항). (i) 상표등록거절이유(제54조 각 호의 어느 하나)에 해당할 경우, (ii) 지정상품의 추가등록출원인이 해당 상표권자 또는 출원인이 아닌 경우, (iii) 등록상표의 상표권이 소멸하거나 상표등록출원이 포기, 취하 또는 무효되거나 상표등록출원에 대한 상표등록거절결정이 확정된 경우에는 등록거절결정을 하여야 한다.

심사관은 지정상품의 추가등록거절결정을 하려는 경우에는 출원인에게 거절이유를 통지하여야 한다. 이 경우 출원인은 지정기간(2개월) 이내에 거절이유에 대한 의견서를 제출할 수 있다.

3. 지정상품의 추가등록의 요건

지정상품의 추가등록의 요건은 (i) 원상표권 또는 원상표등록출원이 존재하여야 하고, (ii) 추가등록출원의 출원인은 등록상표의 상표권자 또는 상표등록출원의 출원인과 동일인이어야 하며, (iii) 지정상품의 추가등록의 상표는 해당 등록상표 또는 상표등록출원의 상표와 동일하여야 하고, (iv) 통상의 상표등록출원에 관한 거절이유에 해당하지 않아야 한다.

4. 법적효과

지정상품의 추가등록이 있으면 그 추가등록된 지정상품은 원상표권에 합체되어 일체를 이루므로, 상표권의 존속기간이 함께 진행되고 원상표권이 소멸되면 추가등록도 함께 소멸된다. 그러나 무효사유의 존재여부나 상표권 침해여부의 판단에 있어서는 당초에 등록된 것과 독립적으로 판단한다.

Ⅵ. 출원의 승계 및 분할이전

1. 출원의 승계

상표등록출원의 승계는 상속이나 그 밖의 일반승계의 경우를 제외하고는 출원인 변경신고를 하지 아니하면 그 효력이 발생하지 아니한다(제48조 제1항). 상표등록출원의 상속이나 그 밖의 일반승계가 있는 경우에는 승계인은 지체 없이 그 취지를 특허청장에게 신고하여야 한다(제48조 제3항).

2. 분할이전

상표등록출원은 그 지정상품마다 분할하여 이전할 수 있다. 이 경우 유사한 지정상품은 함께 이전하여야 한다(제48조 제2항). 상표등록출원이 공유인 경우에는 각 공유자는 다른 공유자 전원의 동의를 얻지 아니하면 그 지분을 양도할 수 없다(제48조 제4항). 분할하여 이전된 상표등록출원은 최초의 상표등록출원을 한 때에 출원한 것으로 본다(제48조 제5항). 다만 우선권 주장(제46조 제1항)이 있거나 출원시의 특례(제47조 제1항)를 적용하는 경우에는 출원일 소급효를 인정하지 않는다.

3. 양도할 수 없는 등록출원

등록출원이 국내에서 영리를 목적으로 하지 않는 업무표장등록출원을 하거나(제3조 제6항), 국가 등이 자기의 표장을 상표등록출원한 경우(제34조 제1항 제1호 다목 단서) 중 어느 하나에 해당하는 등록출원은 양도할 수 없다. 다만 업무와 함께 양도하는 경우에는 양도할 수 있다(제48조 제6항).

4. 이전할 수 없는 등록출원

단체표장등록출원은 이전할 수 없다. 다만 법인이 합병하는 경우에는 특허청장의 허가를 받아 이전할 수 있다(제48조 제7항). 증명표장등록출원은 이전할 수 없다. 다만 해당 증명표장에 대하여 증명표장의 등록을 받을 수 있는 자에게 그 업무와 함께 이전하는 경우에는 특허청장의 허가를 받아 이전할 수 있다(제48조 제8항).

Ⅶ. 존속기간갱신등록신청

1. 신청서의 제출

상표권의 존속기간은 존속기간갱신등록신청에 의하여 10년씩 갱신할 수 있다(제83조 제2항). 존속기간갱신등록을 받으려는 자는 등록상표의 등록번호 등을 적은 존속기간갱신등록신청서를 특허청장에게 제출하여야 한다(제84조 제1항). 존속기간갱신등록신청서는 상표권의 존속기간 만료 전 1년 이내에 제출하여야 한다. 다만 이 기간에 존속기간갱신등록신청을 하지 아니한 자는 상표권의 존속기간이 끝난 후 6개월 이내에 할 수 있다(제84조 제2항). 상표권이 공유인 경우에는 공유자 모두가 공동으로 존속기간갱신등록신청을 하여야 한다(제84조 제3항).

2. 법적효력

법정기간에 존속기간갱신등록신청을 하면 상표권의 존속기간이 갱신된 것으로 본다. 존속기간갱신등록은 원등록(原登錄)의 효력이 끝나는 날의 다음 날부터 효력이 발생한다. 따라서 존속기간갱신등록된 상표권의 효력은 중단되지 아니하고 연장된다.[2] 상표권의 존속기간갱신등록을 무효로 한다는 심결이 확정된 경우에는 상표권의 존속기간갱신등록은 처음부터 없었던 것으로 본다. 상표법은 상표권의 존속기간을 10년으로 하고, 10년마다 갱신할 수 있도록 하여 상표권을 반영구적인 재산권으로 향유할 수 있도록 하고 있다.

---

2) 예를 들면, A사의 "갤럭시"(지정상품, 신사복)라는 상표를 2010년 6월 15일 등록을 받았다고 하면, 이 경우 상표권의 존속기간은 2020년 6월 15일까지이다. 만약 A사가 2020년 3월 15일 존속기간갱신등록신청을 하여 2020년 3월 30일에 갱신등록을 하였다면, 갱신된 상표권의 존속기간은 2030년 6월 15일까지이다.

제2절 주요제도

Ⅰ. 보정제도

1. 출원보정

상표등록출원의 보정이란 출원의 절차상 또는 내용상의 흠결을 특허청장 또는 특허심판원장의 명령에 의하여 보정하거나, 출원인이 자진하여 보정할 수 있는 제도를 말한다.

우리나라는 상표등록출원시 선출원주의를 택하고 있으므로, 선출원일을 인정받기 위하여 출원인이 출원을 급하게 서두르다 보면 절차나 내용에 있어서 일부 흠이 있는 경우가 종종 발생하게 된다. 출원의 보정은 그 대상을 기준으로 절차보정과 실체보정으로 구분할 수 있으며, 형식을 기준으로 보정명령에 의한 보정과 출원인이 자진해서 하는 자진보정으로 구분할 수 있다. 출원인은 최초 상표등록출원의 요지를 변경하지 아니하는 범위 안에서 상표등록여부결정의 통지서가 송달되기 전에 출원상표 및 그 지정상품을 보정할 수 있다.

2. 절차보정

절차보정이란 상표등록출원의 절차적 사항에 관한 형식적 요건에 흠이 있는 경우 이를 보충하거나 정정하는 것을 말한다. 이러한 절차보정은 특허청장 또는 특허심판원장의 보정명령에 의한 보정과 출원인의 자진보정이 있다.

특허청장 또는 특허심판원장은 상표에 관한 절차가 (ⅰ) 미성년자 등의 행위능력 또는 대리권의 범위가 위반된 경우, (ii) 이 법 또는 이 법에 의한 명령이 정하는 방식에 위반된 경우, (iii) 납부하여야 할 수수료를 납부하지 아니한 경우 중 어느 하나에 해당하는 경우에는 기간을 정하여 상표에 관한 절차를 밟는 자에게 보정을 명하여야 한다(제39조). 절차보정에 있어서, 출원인이 그 보정을 하지 아니하면 특허청장 또는 특허심판원장이 상표에 관한 절차를 무효로 할 수 있다(제18조 제1항).

출원인은 특허청장 또는 특허심판원장의 보정명령 이전이라도 해당 절차에 흠이 있는 경우에는 자진해서 보정할 수 있다.

3. 실체보정

실체보정이란 상표등록출원의 보호대상[3)]인 상표와 지정상품을 보정하는 것을 말한다. 실체보정은 특허청장 또는 특허심판원장의 보정명령의 대상이 아니다. 실체보정이 적법한 보정으로 인정되면 최초에 출원한 것과 동일하게 출원일의 소급효가 인정된다. 그러나 실체보정으로서 보정서가 보정기간을 경과하여 제출된 경우에는 해당 보정서는 부적합한 보정으로 보아 출원인에게 반려하고(시행규칙 제25조 제1항 제6호), 원출원일을 기준으로 심사한다.

(1) 출원공고결정 전의 보정 출원인은 다음 각 호의 구분에 따른 때까지는 최초의 상표등록출원의 요지를 변경하지 아니하는 범위에서 상표등록출원서의 기재사항, 상표등록출원에 관한 지정상품 및 상표를 보정할 수 있다(제40조 제1항).

여기서 '다음 각 호의 구분에 따른 때까지'란 (ⅰ) 출원공고의 결정이 있는 경우에는 출원공고의 때까지, (ⅱ) 출원공고의 결정이 없는 경우에 상표등록거절결정의 때까지, (ⅲ) 거절결정에 대한 심판을 청구하는 경우에는 그 청구일부터 30일 이내, (ⅳ) 거절결정에 대한 심판에서 심사규정이 준용되는 경우 의견서 제출기간 중 어느 하나를 말한다. 여기서 요지가 변경되지 않는 범위에서 보정이란 지정상품의 범위의 감축, 오기의 정정, 불명료한 기재를 명확하게 하는 것, 상표의 부기적인 부분의 삭제, 그 밖에 표장에 관한 설명 등이다(제40조 제2항).

(2) 출원공고결정 후의 보정 출원인은 출원공고결정의 등본의 송달 후에 다음 어느 하나에 해당하면 해당 호에서 정하는 기간 이내에 최초의 상표등록출원의 요지를 변경하지 아니하는 범위에서 지정상품 및 상표를 보정할 수 있다(제41조 제1항). 상기 "해당 호에서 정하는 기간"이란 (ⅰ) 상표등록거절결정 또는 지정상품의 추가등록거절결정의 거절이유에 나타난 사항에 대하여 거절결정에 대한 심판을 청구한 경우 심판청구일부터 30일 이내, (ⅱ) 거절이유의 통지를 받고 그 거절이유에 나타난 사항에 대하여 보정하려는 경우에 해당 거절이유에 대한 의견서 제출기간, (ⅲ) 이의신청이 있는 경우에 그 이의신청의 이유에 나타난 사항에 대하여 보정하려는 경우에 답변서 제출기간을 의미한다.

4. 출원의 요지변경

(1) 출원의 요지 출원의 요지란 출원서에 적은 상표와 지정상품을 의미한다. 따라서 출원의 요지변경이란 출원의 보정이 지정상품의 범위를 확대하거나 변경한

---

3) 상표법 제91조(등록상표 등의 보호범위) ① 등록상표의 보호범위는 상표등록출원서에 적은 상표 및 기재사항에 따라 정해진다. ② 지정상품의 보호범위는 상표등록출원서 또는 상품분류전환등록신청서에 기재된 상품에 따라 정해진다.

경우, 상표를 변경하여 최초의 상표등록출원에 의하여 발생된 권리를 실질적으로 확장하거나 변경하는 것을 말한다.

(2) 요지변경이 되지 아니한 경우 상표법 제40조 제1항에 따른 보정이 (ⅰ) 지정상품의 범위의 감축, (ⅱ) 오기의 정정, (ⅲ) 불명료한 기재의 석명, (ⅳ) 상표의 부기적인 부분의 삭제, (ⅴ) 그 밖에 표장에 관한 설명 중 어느 하나에 해당하는 경우에는 상표등록출원의 요지를 변경하지 아니하는 것으로 본다(제40조 제2항).

5. 법적효력

(1) 출원공고결정등본 송달 전의 보정 상표권의 설정등록이 있은 후에 출원공고결정등본 송달 전에 한 상표등록출원에 관한 보정이 요지변경으로 인정되지 아니한 때에는 그 상표등록출원은 그 보정서를 제출한 때에 상표등록출원한 것으로 본다(제40조 제3항).

(2) 출원공고결정등본 송달 후의 보정 상표권의 설정등록이 있은 후에 출원공고결정등본 송달 후에 한 상표등록출원에 관한 보정이 요지변경에 해당하지 아니하는 것으로 인정된 경우에는 그 상표등록출원은 그 보정을 하지 아니하였던 상표등록출원에 관하여 상표권이 설정등록된 것으로 본다(제41조 제3항).

6. 보정각하

(1) 각하결정 심사관은 상표등록출원에 관하여 출원공고결정 전 또는 출원공고결정 후의 보정이 출원의 요지를 변경하는 것인 때에는 결정으로 그 보정을 각하하여야 한다(제42조 제1항). 각하결정은 서면으로 하여야 하며 그 이유를 붙여야 한다.

(2) 법적효과 심사관은 각하결정을 한 경우에는 그 결정 등본을 출원인에게 송달한 날부터 30일이 지나기 전까지는 그 상표등록출원에 대한 상표등록여부결정을 해서는 아니 되며, 출원공고할 것을 결정하기 전에 각하결정을 한 경우에는 출원공고결정도 해서는 아니 된다(제42조 제2항).

심사관은 출원인이 각하결정에 대하여 보정각하결정에 대한 심판을 청구한 경우에는 그 심판의 심결이 확정될 때까지 그 상표등록출원의 심사를 중지하여야 한다(제42조 제3항). 심사관의 각하결정에 대하여는 불복할 수 없다. 다만 거절결정에 대한 심판을 청구하는 경우에는 그러하지 아니하다(제42조 제5항).

Ⅱ. 출원의 분할

1. 서설

출원인은 둘 이상의 상품을 지정상품으로 하여 상표등록출원을 한 경우에는 보정할 수 있는 기간(제40조 제1항 각 호 및 제41조 제1항 각 호에서 정한 기간) 내에 둘 이상의 상표등록출원으로 분할할 수 있다(제45조 제1항). 상표등록출원의 분할은 단순한 지정상품별 분할만을 의미하며, 상표를 분할하는 것은 아니다. 하나 이상의 상품류 구분 내의 상품을 지정상품으로 하여 상표출원한 경우에는 이를 상품마다 또는 상품류 구분별로 출원을 분할할 수 있다. 분할대상이 되는 것은 상표등록출원서에 기재된 지정상품의 범위 내로 한정된다.

2. 법적효과

분할하는 상표등록출원(이하 "분할출원"이라 한다)이 있는 경우 그 분할출원은 최초에 상표등록출원을 한 때에 출원한 것으로 본다. 다만 우선권주장이 있거나 출원 시의 특례를 적용하는 경우에는 원출원일로 소급효는 인정되지 않는다(제45조 제2항).

Ⅲ. 출원의 변경

1. 의의

상표등록출원, 단체표장등록출원(지리적 표시 단체표장등록출원은 제외한다), 증명표장등록출원(지리적 표시 증명표장등록출원은 제외한다)의 어느 하나에 해당하는 출원을 한 출원인은 그 출원을 상호 다른 출원으로 변경할 수 있다(제44조 제1항). 지정상품추가등록출원을 한 출원인은 상표등록출원으로 변경할 수 있다. 다만 지정상품추가등록출원의 기초가 된 등록상표에 대하여 무효심판 또는 취소심판이 청구되거나 그 등록상표가 무효심판 또는 취소심판 등으로 소멸된 경우에는 그러하지 아니하다(제44조 제2항).

출원의 변경이란 출원의 주체나 내용의 동일성을 유지하면서 상표법 내에서 출원의 형식만을 변경하는 것을 의미한다. 출원인이 상표법에 대한 지식의 부족으로 상표의 종류를 잘못 기재한 경우 출원의 변경을 통하여 이를 바로잡게 함으로써 출원인이 선출원의 이익을 계속 향유할 수 있도록 하고, 또한 출원의 변경은 출원인의 재출원으로 인한 절차의 중복을 방지하는 한편 비용의 절감을 도모하기 위한 것이다.[4]

---

4) 문삼섭, 763면.

2. 법적효과

변경된 출원(이하 "변경출원"이라 한다)은 최초의 출원을 한 때에 출원한 것으로 본다. 다만 우선권주장을 하거나 출원 시의 특례를 적용하는 경우에는 소급효를 인정하지 않는다. 출원의 변경은 최초의 출원에 대한 등록여부결정 또는 심결이 확정된 후에는 할 수 없다. 변경출원의 경우 최초의 출원은 취하된 것으로 본다(제44조 제5항).

Ⅳ. 절차계속제도

거절이유통지서를 받은 출원인이 지정기간(2개월) 내에 의견서를 제출하지 못한 경우에는 그 기간의 만료일부터 2개월 내에 상표에 관한 절차를 계속 진행할 것을 신청하고, 거절이유에 대한 의견서를 제출할 수 있다(제55조 제3항).

상표등록거절결정에 대한 의견서 제출기간을 사소한 실수로 놓친 경우에 이를 구제하기 위한 수단을 마련하기 위해서 상표법 시행규칙 제32조(절차보완명령 등)를 신설하였다.

Ⅴ. 조약에 의한 우선권주장

1. 의의

조약에 따라 대한민국 국민에게 상표등록출원에 대한 우선권을 인정하는 당사국의 국민이 그 당사국 또는 다른 당사국에 상표등록출원을 한 후 같은 상표를 대한민국에 상표등록출원하여 우선권을 주장하는 경우에는 상표법 제35조(선출원)를 적용할 때 그 당사국에 출원한 날을 대한민국에 상표등록출원한 날로 본다.

대한민국 국민이 조약에 따라 대한민국 국민에게 상표등록출원에 대한 우선권을 인정하는 당사국에 상표등록출원한 후 같은 상표를 대한민국에 상표등록출원한 경우에도 또한 같다(제46조 제1항). 조약에 의한 우선권주장은 상품과 무역의 국제간 거래의 활성화로 인하여 상표를 여러 국가에 등록받고자 하는 경우 출원인이 제1국(미국)에 출원한 후 제2국(한국)에 상표를 출원할 경우 제2국에서 심사관이 제1국의 출원일을 기준으로 선출원을 심사할 수 있도록 하는 데 그 취지가 있다.

조약에 의한 우선권제도는 파리협약에 근거한 제도로서 속지주의 원칙에 대한 절차적인 예외로, 상표의 국제적 보호를 도모하기 위한 제도이다.

2. 우선권주장 및 증명서류의 제출

우선권을 주장하려는 자는 우선권주장의 기초가 되는 최초의 출원일부터 6개월 이내에 출원하지 아니하면 우선권을 주장할 수 없다(제46조 제2항). 우선권을 주장하고자 하는 자는 상표등록출원시 상표등록출원서에 그 취지, 최초로 출원한 국가명 및 출원 연월일을 적어야 한다(제46조 제3항). 우선권을 주장한 자는 최초로 출원한 국가의 정부가 인정하는 상표등록출원의 연월일을 적은 서면, 상표 및 지정상품의 등본을 상표등록출원일부터 3개월 이내에 특허청장에게 제출하여야 한다(제46조 제4항).

3. 법적효과

상표법 제35조(선출원)의 규정을 적용함에 있어 제1국 출원일을 우리나라에 출원한 것으로 간주한다(제46조 제1항). 그러나 출원일의 소급효는 인정하지 아니한다. 우선권을 주장한 자가 우선권 주장서류를 상표등록출원일부터 3개월 이내에 특허청장에게 제출하지 아니한 경우에는 그 우선권주장은 효력을 상실한다(제46조 제5항).

Ⅵ. 출원시의 특례제도

1. 의의

상표등록을 받을 수 있는 자가 다음 어느 하나에 해당하는 박람회에 출품한 상품에 사용한 상표를 그 출품일부터 6개월 이내에 그 상품을 지정상품으로 하여 상표등록출원을 한 경우에는 그 상표등록출원은 그 출품을 한 때에 출원한 것으로 본다(제47조 제1항). 어느 하나에 해당하는 박람회란 (ⅰ) 정부 또는 지방자치단체가 개최하는 박람회, (ⅱ) 정부 또는 지방자치단체의 승인을 받은 자가 개최하는 박람회, (ⅲ) 정부의 승인을 받아 국외에서 개최하는 박람회, (ⅳ) 조약 당사국의 영역(領域)에서 그 정부나 그 정부로부터 승인을 받은 자가 개최하는 국제박람회를 말한다. 정부의 승인은 박람회 개최 자체의 승인을 의미하며 국제공인기관의 공인을 받은 경우도 이에 포함된다.

출원시의 특례가 인정되는 상표등록출원은 그 출품을 한 때에 출원한 것으로 소급효가 인정된다. 이 제도의 취지는 박람회에 출품한 상품에 사용한 상표에 대해서는 일정기간 동안 선출원주의 예외를 인정함으로써 박람회에 출품한 자를 보호하고, 박람회의 권위를 존중하여 수요자의 품질오인을 방지하는 데에 있고, 박람회에서 상을 받은 사람이 그 권위에 부응할 만한 이익을 향유할 수 있도록 하기 위해서이다.

2. 성립요건

(1) 주체적 요건 박람회에 상표를 사용한 상품을 출품한 자가 한 출원이어야 한다. 박람회 출품자로부터 해당 상표를 적법하게 양수받은 자의 출원도 해당된다.

(2) 객체적 요건

1) 박람회 요건 출원시 특례가 인정되기 위해서는 (i) 정부 또는 지방자치단체가 개최하는 박람회, (ii) 정부 또는 지방자치단체의 승인을 얻은 자가 개최하는 박람회, (iii) 정부의 승인을 얻어 국외에서 개최하는 박람회, (iv) 조약의 당사국 영역 안에서 그 정부나 그 정부로부터 승인을 얻은 자가 개최하는 국제박람회로 한정된다.

2) 상품 및 상표의 동일 박람회에 출품한 상품을 지정상품으로 하여야 하며, 박람회에 출품한 상품에 사용한 상표와 출원상표가 동일하여야 한다. 따라서 박람회에 출품한 상품에 사용한 상표와 유사한 상표를 출원한 경우 출원인의 소급효가 인정되지 않고, 실제의 출원일을 기준으로 선출원의 여부를 판단한다.

3. 출원시 특례의 주장 및 증명서의 제출

(1) 출원시 특례의 주장 출원시의 특례를 적용받으려는 자는 그 취지를 적은 상표등록출원서를 특허청장에게 제출하고, 이를 증명할 수 있는 서류를 상표등록출원일부터 30일 이내에 특허청장에게 제출하여야 한다(제47조 제2항). 출원시 특례는 박람회에 상품을 출품할 때 발생하지만, 특례의 혜택을 받기 위해서는 상표등록출원을 할 때 출원시 특례를 주장하여야 한다.

(2) 증명서류의 제출 상표등록출원시 특례를 주장한 자는 특례를 증명할 수 있는 서류를 상표등록출원일부터 30일 이내에 특허청장에게 제출하여야 한다. 특례를 증명할 수 있는 서류는 해당 상표가 표시된 박람회에 관한 카탈로그, 박람회 출품자 명단이 포함된 박람회 초정 공문서, 박람회 개최일, 개최장소, 주관기관 등이 기재된 서류, 기타 객관적으로 해당 상표가 박람회에 출품된 상품에 사용되었다는 것을 인정할 수 있는 서류를 포함한다.

제5장 상표심사

제1절 거절이유통지 등

Ⅰ. 서설

1. 심사관에 의한 심사

특허청장은 심사관으로 하여금 상표등록출원 및 이의신청을 심사하게 한다(제50조 제1항). 심사관은 (ⅰ) 고위공무원단에 속하는 일반직공무원, (ⅱ) 5급 이상의 일반직 국가공무원, (ⅲ) 6급 일반직 공무원 중 어느 하나에 해당하는 특허청 또는 그 소속기관의 공무원으로서 국제지식재산연수원에서 심사관 연수과정을 수료한 사람으로 한다(시행령 제9조).

2. 전문조사기관에 대한 상표검색 의뢰 등

특허청장은 상표등록출원의 심사에 있어서 필요하다고 인정하면 전문기관을 지정하여 상표검색, 상품분류, 그 밖의 상표의 사용실태 조사의 업무를 의뢰할 수 있다(제51조 제1항). 특허청장은 상표등록출원의 심사에 관하여 필요하다고 인정하는 경우에는 관계 행정기관이나 상표에 관한 지식과 경험이 풍부한 사람 또는 관계인에게 협조를 요청하거나 의견을 들을 수 있다(제51조 제2항). 특허청장은 「농수산물 품질관리법」에 의한 지리적 표시 등록 대상품목에 대하여 지리적 표시 단체표장이 출원된 경우에는 그 단체표장이 지리적 표시에 해당되는지에 관하여 농림축산식품부장관 또는 해양수산부장관이 의견을 들어야 한다(제51조 제3항).

3. 심사순위

상표등록출원에 대한 심사는 출원의 순위에 따른다(제53조 제1항). 그러나 모든 출원에 대해서 예외 없이 이러한 원칙을 적용하다 보면 공익이나 출원인의 권리를 적절하게 보호할 수 없는 면이 있다. 따라서 상표법에서는 일정한 요건을 충족하는 출원에 대해서는 출원순서와 관계 없이 다른 출원보다 먼저 심사할 수 있도록 한 우선심사제도를 마련하고 있다. 다음 <그림 1>은 상표심사절차 흐름도이다.

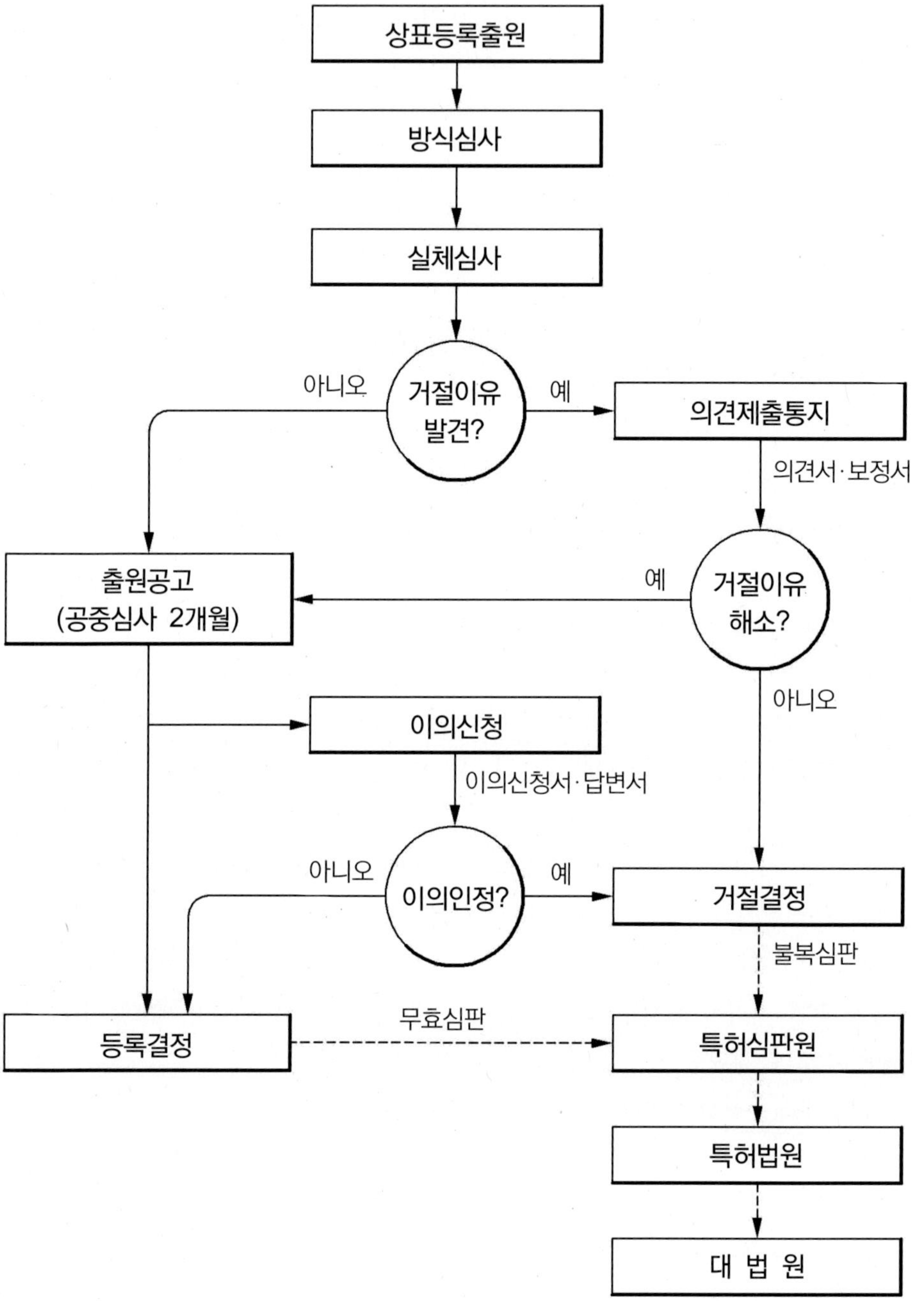

〈그림 1〉 상표심사절차 흐름도

4. 우선심사제도

(1) 의의　　우선심사제도란 일정한 요건을 갖춘 상표등록출원에 대해 다른 출원보다 우선적으로 심사해주는 제도이다. 특허청장은 (ⅰ) 상표등록출원 후 출원인이 아닌 자가 상표등록출원된 상표와 동일·유사한 상표를 동일·유사한 지정상품에 정당한 사유 없이 업으로서 사용하고 있다고 인정되는 경우, (ⅱ) 출원인이 상표등록출원한 상표를 지정상품의 전부에 사용하고 있는 등 상표법 시행령 제12에서 규정하는 상표등록출원으로서 긴급한 처리가 필요하다고 인정되는 경우 중 어느 하나에 해당하는 상표등록출원에 대해서는 심사관으로 하여금 다른 상표등록출원보다 우선하여 심사하게 할 수 있다(제53조 제2항).

(2) 우선심사의 신청대상　　상표등록출원에 대한 우선심사의 신청대상은 (ⅰ) 출원인이 상표등록출원한 상표를 지정상품의 전부에 사용하고 있거나 사용할 준비를 하고 있음이 명백한 경우, (ⅱ) 출원인이 다른 출원인으로부터 서면 경고를 받은 경우 또는 서면 경고를 하는 경우, (ⅲ) 5인 이상 중소기업자가 공동으로 설립한 법인이 낸 단체표장등록출원으로 인정되는 경우, (ⅳ) 마드리드 의정서에 따른 국제출원의 기초가 되는 상표등록출원을 한 경우로서 국제등록일 또는 사후지정일이 국제등록부에 등록된 경우, (ⅴ) 조약에 따른 우선권 주장의 기초가 되는 상표등록출원을 한 경우로서 외국 특허기관에서 우선권 주장을 수반한 출원에 관한 절차가 진행 중인 경우, (ⅵ) 존속기간 만료로 소멸한 등록상표의 상표권자가 상표등록출원을 한 경우로서 그 표장과 지정상품이 존속기간 만료로 소멸한 등록상표의 표장 및 지정상품과 전부 동일한 경우이다(시행령 제12조).

5. 정보의 제공

누구든지 상표등록출원된 상표가 상표법 제54조(상표등록거절결정) 각 호의 어느 하나에 해당되어 상표등록될 수 없다는 취지의 정보를 증거와 함께 특허청장 또는 특허심판원장에게 제공할 수 있다(제49조). 정보제공제도는 상표등록출원에 대하여 그 상표등록출원이 등록결정되어서는 안된다고 주장하는 자가 그러한 취지의 정보를 증거와 함께 특허청에 제출할 경우에 심사관이 상표등록출원 심사 시에 이를 참고하도록 함으로써 상표심사의 내실화를 노모하기 위한 제도이다.

6. 일괄심사제도

일괄심사제도란 스마트폰, 전기자동차 등 하나의 제품에 관련된 복수의 출원을 출원인이 원하는 시기에 일괄하여 심사하는 제도를 말한다. 일괄심사의 신청대상은 사업실시 또는 준비, 해외수출 관련 출원 또는 중소기업 등의 출원이다.

특허청은 2014년 4월 1일부터 일괄심사제도를 실시하였고, 2015년부터 확대하여 시행하고 있다. 예를 들면, 스마트폰 하나의 제품에 안테나 기술과 카메라 기술이 들어 있고, 로고마크와 브랜드명, 외관디자인과 웹디자인이 포함되어 있는 경우에 출원인은 다수의 특허출원, 상표출원 및 디자인출원을 할 수 있다.

출원인은 특허청 홈페이지에 일괄심사신청을 하고, 일괄심사설명회를 통해서 특허·상표·디자인 등 전체 출원 관련 기술을 일관하여 설명한다. 심사관은 기업(출원인)이 원하는 심사착수희망일과 심사종결희망일을 협의하여, 일괄심사 신청일부터 7일 내지 14일 이내에 심사를 착수한다. 일괄심사 대상출원이 접수되면, 특허청 여러 분야의 심사관들이 협력하여 같은 날에 심사착수를 하고 심사를 종결한다.

Ⅱ. 상표등록거절결정

1. 거절이유

심사관은 상표등록출원이 거절이유의 어느 하나에 해당하는 경우에는 그 상표등록출원에 대하여 상표등록거절결정을 하여야 한다(제54조).

상표법 제54조에서 규정하고 있는 거절이유는 다음과 같다. (i) 상표, 단체표장, 지리적 표시, 지리적 표시 단체표장, 증명표장, 지리적 표시 증명표장 또는 업무표장의 정의(제2조 제1항)에 맞지 아니하는 경우, (ii) 조약에 위반된 경우, (iii) 상표등록을 받을 수 있는 자(제3조), 외국인의 권리능력(제27조), 상표등록의 요건(제33조), 상표등록을 받을 수 없는 상표(제34조), 선출원(제35조), 1상표 1출원(제38조 제1항), 유사한 지정상품 이전(제48조 제2항 후단), 출원의 지분 양도 등(제48조 제4항 또는 제6항부터 제8항)에 따라 상표등록을 할 수 없는 경우, (iv) 단체표장, 증명표장 및 업무표장의 등록을 받을 수 있는 자에 해당하지 아니한 경우, (v) 지리적 표시 단체표장등록출원의 경우에 그 소속 단체원의 가입에 관하여 정관에 의하여 단체의 가입을 금지하거나 정관에 충족하기 어려운 가입조건을 규정하는 등 단체의 가입을 실질적으로 허용하지 아니한 경우, (vi) 정관에 대통령령으로 정하는 단체표장의 사용에 관한 사항의 전부 또는 일부를 적지 아니하였거나(제36조 제3항), 정관 또는 규약에 대통령령으로 정하는 증명표장의 사용에 관한 사항의 전부 또는 일부를 적지 아니한 경우(제36조 제4항), (vii) 증명표장등록출원의 경우에 그 증명표장을 사용할 수 있는 자에 대하여 정당한 사유 없이 정관 또는 규약으로 사용을 허락하지 아니하거나 정관 또는 규약에 충족하기 어려운 사용조건을 규정하는 등 실질적으로 사용을 허락하지 아니한 경우이다.

2. 의견서 제출 기회 부여

심사관은 상표등록거절결정을 하려는 경우에는 출원인에게 거절이유를 통지하여야 한다. 이 경우 출원인은 지정기간(2개월) 내에 거절이유에 대한 의견서를 제출할 수 있다(제55조 제1항). 심사관은 거절결정이유를 통지하는 경우에 둘 이상의 지정상품의 일부 또는 전부에 거절이유가 있을 때에는 해당 지정상품별로 거절이유와 근거를 구체적으로 밝혀야 한다. 지정기간 내에 의견서를 제출하지 아니한 출원인은 그 기간의 만료일부터 2개월 이내에 상표에 관한 절차를 계속 진행할 것을 신청하고, 그 기간 내에 거절이유에 대한 의견서를 제출할 수 있다(제55조 제3항).

Ⅲ. 출원공고

1. 출원공고결정

심사관은 상표등록출원에 대하여 거절이유를 발견할 수 없는 경우에는 출원공고결정을 하여야 한다(제57조 제1항). 심사관의 출원공고란 심사관이 출원내용에 대하여 심사한 결과 거절할 만한 이유를 발견할 수 없거나, 의견서 또는 보정서 제출에 의하여 거절이유가 극복된 경우 그 출원내용을 공중에 공표하여 이의신청을 할 수 있도록 함으로써 심사의 협력을 구하도록 제도화한 것을 말한다. 출원공고제도는 심사를 공정하게 하기 위한 특허행정절차로 상표권을 설정등록하기 전에 이를 일반에게 공개하고 공중심사에 회부하여 이의신청할 수 있도록 하는 제도이다.

2. 열람제공

특허청장은 심사관의 출원공고결정이 있을 경우에는 그 결정의 등본을 출원인에게 송달하고 그 상표등록출원에 관하여 상표공보에 게재하여 출원공고를 하여야 한다(제57조 제2항). 특허청장은 출원공고를 한 날부터 2개월간 상표등록출원 서류 및 그 부속서류를 특허청에서 일반인이 열람할 수 있게 하여야 한다(제57조 제3항).

출원공고제도는 심사관이 실체심사를 한 출원의 내용을 일반공중에게 공고하여 이의신청의 기회를 부여함으로써, 공중의 의견을 듣고 심사의 공정성과 정확성을 높임과 동시에 상표등록 후에 발생할 수 있는 상표분쟁을 예방하고 부실권리의 등록을 방지하는 데에 그 취지가 있다.

3. 출원공고의 효과

(1) 서면경고권 출원인은 출원공고 후 해당 상표등록출원에 관한 상표와 동일하거나 이와 유사한 상표를 사용하는 자에게 서면으로 경고할 수 있다. 출원인이 상표등록출원의 사본을 제시하고 경고하는 경우에는 출원공고 전이라도 서면으로 경고할 수 있다(제58조 제1항). 어느 경우에나 경고가 청구권 발생의 필수적인 요건이므로, 설령 상대방이 악의로 상표를 사용하고 있어도 경고를 하지 않으면 손실보상청구권이 발생하지 않는다.

(2) 손실보상청구권 경고를 한 출원인은 경고 후 상표권을 설정등록할 때까지의 기간에 발생하는 해당 상표의 사용에 관한 업무상의 손실에 상당하는 보상금의 지급을 청구할 수 있다(제58조 제2항).

손실보상청구권이란 출원상표와 유사한 상표의 제3자의 사용으로 인하여 상표등록 전에 발생한 출원인의 업무상 손실을 보전하기 위한 금전적 청구권으로, 출원인이 경고한 후 상표권을 설정등록할 때까지의 기간 동안에 발생한 업무상 손실에 상당하는 보상금의 지급을 청구할 수 있는 권리이다.

(3) 공보발행 특허청장은 상표공보를 발행하여야 한다(제221조 제1항). 상표공보는 전자적 매체로 발행할 수 있다. 특허청장은 전자적 매체로 상표공보를 발행하는 경우에는 정보통신망(특허정보검색사이트: www.kipris.or.kr)을 활용하여 상표공보의 발행 사실, 주요 목록 및 공시송달에 관한 사항을 알려야 한다(제221조 제3항).

상표등록출원의 공고일은 해당 상표등록출원이 공고된 취지를 게재한 상표공보가 발행된 날로 한다(시행규칙 제57조).

(4) 이의신청 특허청장은 출원공고를 한 날부터 2개월간 상표등록출원 서류 및 그 부속서류를 특허청에서 일반인이 열람할 수 있게 하여야 한다(제57조 제3항).

출원공고가 있는 경우에는 누구든지 출원공고일부터 2개월 내에 (i) 상표등록거절결정의 거절이유에 해당하거나, (ii) 추가등록거절결정의 거절이유(제87조 제1항)에 해당하는 경우 중 어느 하나에 해당한다는 것을 이유로 특허청장에게 이의신청을 할 수 있다(제60조 제1항).

Ⅳ. 손실보상청구권

1. 의의

경고를 한 출원인은 경고 후 상표권을 설정등록할 때까지의 기간에 발생한 해당 상표의 사용에 관한 업무상 손실에 상당하는 보상금의 지급을 청구할 수 있다(제58조 제2항). 출원인이 서면으로 경고를 한 경우 경고 후 상표권 설정등록을 할 때까지의 기간 동안 발생한 해당 상표의 사용에 관한 업무상 손실에 상당하는 보상금의 지급을 청구할 수 있는데, 이를 소위 '손실보상청구권'이라 한다.

2. 취지

(1) 출원상표의 조기 보호　　출원인은 상표등록출원 후 설정등록을 받을 때까지 법적으로 보호를 받을 수 있는 권리는 없다. 상표공보가 발행된 후 상표등록출원이 공고된 이후에는 상표와 지정상품이 공개되기 때문에 이를 제3자가 무단으로 사용할 가능성이 있다. 제3자가 해당 상표를 지정상품에 대하여 무단으로 사용함으로서 발생하는 출원인의 업무상의 손실을 보전하기 위하여 해당 상표를 사용한 제3자에 대한 금전적인 지불청구권을 인정한 것이다.

(2) 해외출원과의 조화　　마드리드 의정서 제4조(1)(a) 제2문에 의하면, 지정국 관청이 국제사무국에 거절통지가 되지 않거나 거절통지가 사후에 철회된 경우에는 해당 국제등록에 관한 상표는 국제등록일(사후지정일)로부터 소급하여 그 상표가 해당 지정국관청에 등록된 것과 동일한 보호를 받도록 규정되어 있다.

우리나라는 2003년 4월 마드리드 의정서에 가입하면서 국제규범과 조화를 기하고 국제상표등록출원과 국내상표등록출원과의 형평성을 도모하는 차원에서 상표등록출원에 대해서 손실보상청구권을 도입하였다.

3. 손실보상청구권 효력발생

손실보상청구권은 상표권과 달리 출원상표를 무단으로 사용하는 경우 출원인의 업무상 이익이 상실되므로 그 이익을 보호하기 위한 채권적 권리이다. 해당 상표등록출원이 거절결정이 확정되거나 무효로 되는 경우에는 처음부터 소멸하는 '해제조건부 권리'라 할 수 있다.[1] 따라서 손실보상금청구권은 해당 상표등록출원에 대한 상표권의 설정등록 전까지는 행사할 수 없다(제58조 제3항).

---

1) 문삼섭, 862면.

이러한 청구권의 행사는 상표권의 행사에 영향을 미치지 아니한다. 상표권의 효력과 행사는 설정등록시부터 상표권의 존속기간만료일까지 계속되나, 손실보상청구권은 경고시부터 설정등록 전까지의 사용에 대해서만 그 효력이 인정된다.

손실보상액과 관련하여 상표법 제110조(손해액의 추정)는 적용되지 않으므로 출원인이 손해액을 적극적으로 입증하여야 한다.

4. 손실보상청구권이 발생하지 않는 경우

상표등록출원이 다음 어느 하나에 해당하는 때에는 손실보상청구권은 처음부터 발생하지 아니한 것으로 본다(제58조 제6항). (i) 상표등록출원이 포기·취하 또는 무효로 된 경우, (ii) 상표등록출원에 대한 상표등록거절결정이 확정된 경우, (iii) 상표등록의 무효심판에 의하여 상표등록을 무효로 한다는 심결이 확정된 경우이다.

손실보상청구권은 상표권의 설정등록이 있어야 행사할 수 있는 해제조건부의 권리이므로 상기와 같은 사유에 해당하는 경우에는 청구권은 처음부터 발생하지 아니한 것으로 본다.

V. 직권보정

1. 의의

심사관은 상표법 제57조에 따른 출원공고결정을 할 경우에 상표등록출원서에 적힌 사항이 명백히 잘못된 경우에는 직권으로 보정(이하 이 조에서 "직권보정"이라 한다)을 할 수 있다(제59조 제1항). 심사관이 직권보정을 하려면 출원공고결정 등본의 송달과 함께 그 직권보정 사항을 출원인에게 알려야 한다(제59조 제2항).

출원인은 직권보정 사항의 전부 또는 일부를 받아들일 수 없는 경우에는 출원공고를 한 날부터 2개월 내에 그 직권보정 사항에 대한 의견서를 특허청장에게 제출하여야 한다(제59조 제3항).

2. 법적효과

출원인이 의견서를 제출한 경우 해당 직권보정 사항의 전부 또는 일부는 처음부터 없었던 것으로 본다. 이 경우 그 출원공고결정도 함께 취소된 것으로 본다(제59조 제4항).

Ⅵ. 상표등록결정

1. 의의

심사관은 상표등록출원에 대하여 거절이유를 발견할 수 없는 경우에는 상표등록결정을 하여야 한다(제68조). 상표등록결정은 서면으로 하여야 하며, 그 이유를 붙어야 한다(제69조 제1항). 특허청장은 상표등록결정이 있는 경우에는 그 결정등본을 출원인에게 송달하여야 한다(제69조 제2항).

2. 불복의 제한

보정각하결정, 상표등록여부결정, 심결, 심판청구서나 재심청구서의 각하결정에 대하여는 다른 법률에 따른 불복을 할 수 없으며, 이 법에 따라 불복할 수 없도록 규정되어 있는 처분에 대하여는 다른 법률에 따른 불복을 할 수 없다(제226조 제1항).

Ⅶ. 심사 또는 소송절차의 중지

상표등록출원의 심사에 있어서 필요한 경우 심결이 확정될 때까지 또는 소송절차가 완결될 때까지 그 상표등록출원의 심사절차를 중지할 수 있다(제70조 제1항). 법원은 소송에 있어서 필요한 경우에는 상표등록여부결정이 확정될 때까지 그 소송절차를 중지할 수 있다(제70조 제2항). 심사, 소송에 있어서 필요한 경우에는 관련 있는 다른 절차가 완결될 때까지 그 심사 또는 소송절차를 중지할 수 있다.

상표법 제70조의 규정은 심사관, 심판관 또는 판사가 재량에 의하여 직권으로 정할 수 있는 임의규정으로 해석한다는 것이 대법원의 일관된 입장이다.

제2절 이의신청제도

Ⅰ. 이의신청 절차

1. 취지

상표제도의 목적이 상표가 상품에 부착되어 유통되므로 부정경쟁을 방지하고 상표권자의 영업상의 신용과 수요자를 보호하려는 데에 있으므로 심사관은 상표등록결정을 신중하게 판단하여야 한다. 출원공고된 상표에 대하여 이의가 있을 경우에는 누구나 출원공고일로부터 2월 이내에 상표등록 이의신청을 할 수 있다(제60조 제1항). 이의신청제도는 심사관의 주관적 판단에 따른 부실권리의 발생을 방지하고 심사의 객관성 및 공정성을 제고하며 상표분쟁을 사전에 예방하는 데에 그 취지가 있다.

2. 이의신청서

이의신청제도는 출원공고제도와 병존하는 제도로서 공중이 심사관의 심사를 보조해주는 일종의 공중심사이다. 상표등록의 이의신청인(이하 "이의신청인"이라 한다)은 이의신청서에 필요한 증거를 첨부하여 특허청장에게 제출하여야 한다(제60조 제2항).

이의신청인은 이의신청서에 (i) 신청인의 성명 및 주소(법인인 경우에는 그 명칭 및 영업소의 소재지), (ii) 대리인이 있는 경우에는 그 대리인의 성명 및 주소나 영업소의 소재지, (iii) 이의신청의 대상, (iv) 이의신청사항, (v) 이의신청의 이유 및 필요한 증거의 표시를 적어야 한다.

3. 이의신청이유의 보정

이의신청인은 이의신청 기간이 지난 후 30일 이내에 그 이의신청서에 적은 이유 및 증거를 보정할 수 있다(제61조). 본 조의 취지는 이의신청의 이유 및 증거는 이의신청의 결정을 좌우하는 중요한 요소이므로 일정 기간 동안 증거자료를 조사하여 이를 보정할 수 있는 기회를 제공하는 데에 있다.

4. 이의신청 심사

이의신청에 관한 심사를 할 경우에는 출원인이나 이의신청인이 주장하지 아니한 이유에 대해서도 심사할 수 있다. 이 경우 출원인이나 이의신청인에게 기간을 정하여 그 이유에 관하여 의견을 진술할 수 있는 기회를 주어야 한다(제63조).

심사관합의체는 둘 이상의 이의신청을 병합하거나 분리하여 심사·결정할 수 있다(제64조). 심사관합의체는 둘 이상의 이의신청이 있는 경우에 그 중 어느 하나의 이의신청에 대하여 심사한 결과 그 이의신청이 이유가 있다고 인정할 때에는 다른 이의신청에 대해서는 결정을 하지 아니할 수 있다(제65조 제1항).

5. 이의신청에 대한 결정

심사관은 이의신청이 있는 경우에는 이의신청서 부본을 출원인에게 송달하고 기간을 정하여 답변서 제출의 기회를 주어야 한다(제66조 제1항). 심사관합의체는 이의

신청기간이 지난 후에 이의신청에 대한 결정을 하여야 한다(제66조 제2항). 이의신청에 대한 결정은 서면으로 하여야 하며, 그 이유를 붙여야 한다.

이 경우 둘 이상의 지정상품에 대한 결정이유가 다른 경우에는 지정상품마다 그 이유를 붙여야 한다(제66조 제3항). 이의신청인이 그 이유나 증거를 제출하지 아니한 경우에는 이의신청 기간이 지난 후 30일이 지난 후 결정으로 이의신청을 각하할 수 있다(제66조 제4항). 특허청장은 심사관합의체가 이의신청에 대한 결정을 하지 아니한 이의신청인에게도 상표등록거절결정 등본을 송달하여야 한다.

6. 이의신청에 대한 결정에 대한 불복

특허청장은 이의신청에 관한 결정이 있는 경우에는 그 결정의 등본을 출원인 및 이의신청인에게 송달하여야 한다(제66조 제5항). 출원인 및 이의신청인은 이의신청에 대한 결정과 이의신청에 대한 각하결정에 대하여 (ⅰ) 출원인은 거절결정에 대한 심판을 청구할 수 있고, (ⅱ) 이의신청인은 상표등록 무효심판을 청구할 수 있다(제66조 제6항). 즉 이의신청이 이유가 있다고 결정되면 거절결정 불복심판으로, 이의신청의 이유가 없다고 결정되면 상표등록 무효심판의 절차에서 이의신청결정에 따른 적법성 내지 유효성 여부를 다툴 수 있다. 그러나 심사절차의 신속을 기하기 위하여 이의신청결정 자체에 대하여는 독립된 불복을 금지하고 있다.

Ⅱ. 직권에 의한 상표등록거절결정

심사관은 출원공고 후 거절이유를 발견한 경우에는 직권으로 상표등록거절결정을 할 수 있다(제67조 제1항). 상표등록거절결정을 할 경우에는 이의신청이 있더라도 그 이의신청에 대하여는 결정을 하지 아니한다(제67조 제2항).

본 조의 취지는 부실권리의 등록을 사전에 방지하기 위해서 심사관이 이의신청인이 신청한 이유에 구애받지 않고 이의신청인이 주장하지 않은 이유에 대해서도 직권으로 거절결정할 수 있도록 하려는 데에 있다. 특허청장은 심사관이 직권으로 상표등록거절결정을 한 경우에는 이의신청인에게 상표등록거절결정등본을 송달하여야 한다(제67조 제3항).

제6장 상표등록절차

Ⅰ. 서설

상표권 취득을 위한 절차를 상표등록절차라 한다. 등록이란 특허청장이 특허청에 비치한 등록원부에 상표권 및 그 밖의 상표에 관한 권리의 발생과 변동 등을 기재하는 일련의 행정행위를 말한다. 상표법상 등록의 효력은 상표권의 발생력, 효력발생요건으로서의 효력, 제3자에 대한 대항력, 등록의 추정력 및 형식적 확정력 등의 효력이 있다. 상표권은 설정등록에 의하여 발생한다(제82조 제1항).

상표권의 발생력에는 상표권의 설정등록이 있고, 효력발생요건으로서의 효력에는 상표권의 이전, 전용사용권, 통상사용권 또는 질권의 설정 등이 있다. 상표권의 존부, 내용, 귀속 및 변동에 대하여 이것을 공시할 필요가 있기 때문에 우리나라는 이러한 공시의 원칙에 따라 공시의 방법으로 등록제도를 채택하고 있다.

Ⅱ. 상표등록료

1. 상표등록료 납부대상자

상표권의 설정등록, 지정상품의 추가등록 또는 상표권의 존속기간갱신등록 중 어느 하나에 해당하는 상표권의 설정등록을 받으려는 자는 상표등록료를 내야 한다. 이 경우 상표권의 설정등록 또는 존속기간갱신등록에 해당할 때에는 상표등록료를 2회로 분할하여 낼 수 있다(제72조 제1항).[1] 이해관계인은 상표등록료를 내야 할 자의 의사와 관계없이 상표등록료를 낼 수 있다(제72조 제2항).

2. 납부방법 및 납부기간 연장

상표등록료, 그 납부방법, 납부기간 및 분할납부 등에 관하여 필요한 사항은 「특허료 등의 징수규칙」으로 정한다(제72조 제3항). 등록결정서 송부시 납입고지서 및 영수증을 함께 송부하도록 하여 금융기관에 바로 상표등록료를 납부할 수 있다.

청구에 의하여 특허청장은 상표등록료의 납부기간을 30일을 넘지 아니하는 범위에서 연장할 수 있다(제74조).

---

1) 상표등록료는 우선 5년 치의 1회차 설정등록료를 먼저 납부하고, 5년이 끝나기 전에 나머지 5년 치의 설정등록료를 추가적으로 분할납부할 수 있다.

3. 상표등록료의 보전

특허청장은 상표권의 설정등록, 지정상품의 추가등록, 존속기간갱신등록을 받으려는 자 또는 상표권자가 납부기간에 상표등록료의 일부를 납부하지 아니한 경우에 상표등록료의 보전(補塡)을 명하여야 한다(제76조 제1항). 보전명령을 받은 자는 그 보전명령을 받은 날부터 1월 이내(이하 "보전기간"이라 한다)에 상표등록료를 보전할 수 있다(제76조 제2항). 납부기간을 경과하여 상표등록료를 보전하는 경우에 납부하지 아니한 금액의 2배의 범위에서 금액을 납부하여야 한다(제76조 제3항).

4. 상표등록료의 미납으로 인한 포기

납부기간에 해당 상표등록료를 내지 아니한 경우, 납부기간이 만료되더라도 보전을 명한 경우로서 그 보전기간 이내에 보전하지 아니한 경우, 상표등록료 납부 또는 보전에 의한 상표등록출원의 회복에 해당하는 경우로서 그 해당 기간 내에 내지 아니한 경우 중 어느 하나에 해당하는 경우에는 상표등록출원, 지정상품추가등록출원 또는 존속기간갱신등록신청을 포기한 것으로 본다(제75조 제1항).

5. 상표등록료 납부 또는 보전에 의한 상표등록출원의 회복 등

상표등록출원의 출원인, 지정상품추가등록출원의 출원인, 존속기간갱신등록신청의 신청인 또는 상표권자가 책임질 수 없는 사유로 납부기간 내에 상표등록료를 내지 아니하였거나 보전기간 이내에 보전하지 아니한 경우에는 그 사유가 소멸한 날부터 2개월 이내에 그 상표등록료를 내거나 보전할 수 있다. 다만, 납부기간의 만료일 또는 보전기간의 만료일 중 늦은 날부터 1년이 지났을 경우에는 상표등록료를 내거나 보전할 수 없다(제77조 제1항). 상표등록료를 내거나 보전한 자(분할납부하는 경우에는 1회차 상표등록료를 납부하거나 보전한 자를 말한다)는 그 상표등록출원, 지정상품추가등록출원 또는 존속기간갱신등록신청을 포기하지 아니한 것으로 본다(제77조 제2항).

6. 상표등록료 등의 반환

납부된 상표등록료와 수수료가 다음 각 호의 어느 하나에 해당하는 경우에는 상표등록료와 수수료는 납부한 자의 청구에 의하여 반환한다(제79조 제1항). 반환하는 대상은 (ⅰ) 상표등록료와 수수료가 잘못 납부된 경우에는 그 잘못 납부된 상표등록료 및 수수료, (ⅱ) 상표등록출원 후 1개월 이내에 그 상표등록출원을 취하하거나 포기한 경우에 이미 낸 수수료 중 상표등록출원료 및 상표등록출원의 우선권 주장 신청료(다만, 분할출원, 변경출원, 분할출원 또는 변경출원의 기초가 된 상표등록출원, 우선심사의 신청이 있는 출원 및 상표등록출원으로 보는 국제상표등록출원은 제외한다), (iii) 보정각하결정 또는 거절결정이 취소된 경우에 이미 낸 수수료 중 심판청구료, (iv) 심판청구가 결정으로 각하되고 그 결정이 확정된 경우에 이미 맨 수수료 중 심판청구료의 2분의 1에 해당하는 금액, (v) 심리의 종결을 통지받기 전까지 참가신청을 취하한 경우에 이미 낸 수수료 중 참가신청료의 2분의 1에 해당하는 금액을 반환한다.

Ⅲ. 수수료

상표에 관한 절차를 밟는 자는 수수료를 내야 한다. 다만, 심사관이 상표등록의 무효심판 또는 존속기간갱신등록의 무효심판을 청구하는 경우에는 수수료를 면제한다(제78조 제1항). 수수료, 그 납부방법, 납부기간 등에 관하여 필요한 사항은 「특허료 등의 징수규칙」으로 정한다(제78조 제2항). 수수료란 상표에 관한 출원·청구 기타 절차를 밟는 자로부터 징수하는 것으로 국가의 역무제공에 대한 반대급부 또는 보수를 말하며, 개개의 특정의 이용자로부터 징수하는 것이 일반 조세와 다른 점이다.

상표법상 수수료에는 출원료, 심판청구료, 이의신청료, 보정료 등이 있다. 심사관에 의해 청구되는 무효심판에 관한 심판청구료는 면제된다. 상표권의 존속기간만료 후 6월 이내에 상표권의 존속기간갱신등록신청을 하려는 자는 정상적인 수수료에 특허료 등의 징수규칙으로 정하는 금액을 더하여 납부하여야 한다(제78조 제3항).

Ⅳ. 상표권의 설정등록

1. 의의

상표권은 상표의 창작, 특허청에 상표등록출원, 심사관의 상표심사, 등록결정, 등록료의 납부, 설정등록 등의 절차를 거쳐서 발생된다. 상표등록출원에 대한 심사가 등록결정으로 종료되면 출원인은 소정의 등록료를 납부하고 특허청장이 특허청에 비치하는 상표등록원부에 소정사항을 기재하는 절차를 마침으로써 상표권을 취득한다.

2. 설정등록사항

상표권의 설정등록을 할 경우에는 상표등록번호, 상표등록출원번호 및 연월일,

출원공고의 번호 및 연월일, 등록결정 또는 심결의 연월일, 지정상품 및 상품류의 구분을 기재한 다음 상표권자의 주소, 성명 및 주민등록번호를 기재하여야 한다.

3. 상표원부

특허청장은 특허청에 상표원부를 비치하고 (ⅰ) 상표권의 설정·이전·변경·소멸·회복·존속기간의 갱신·상품분류전환·지정상품의 추가 또는 처분의 제한, (ⅱ) 전용사용권 또는 통상사용권의 설정·보존·이전·변경·소멸 또는 처분의 제한, (ⅲ) 상표권·전용사용권 또는 통상사용권을 목적으로 하는 질권의 설정·이전·변경·소멸 또는 처분의 제한의 사항을 등록한다(제80조 제1항).

원부란 산업재산권 또는 그에 관한 권리관계 등 법령에 정해진 소정의 등록사항을 기재하기 위해 특허청에 비치한 공적 장부인 공부(公簿)를 말하며, 상표원부란 상표에 관한 권리의 설정·변경·소멸 기타 상표권에 관련된 권리관계를 등재하는 공부로서 공시효과가 있다. 상표원부의 유형으로는 상표등록원부, 상표관계거절심결재심청구원부 및 상표신탁원부가 있다. 상표원부는 전부 또는 일부를 자기테이프 등으로 작성할 수 있다.

4. 법적효과

상표권은 설정등록에 의하여 발생하므로 상표권의 설정등록은 권리의 발생, 존속요건임과 동시에 대항요건이다. 상표권의 존속기간은 상표권의 설정등록이 있는 날부터 10년으로 한다(제83조 제1항). 상표권의 설정등록일이 상표권의 존속기간의 기산점이 된다.

5. 상표등록증

특허청장은 상표권의 설정등록을 하였을 경우에는 상표권자에게 상표등록증을 발급하여야 한다(제81조 제1항). 특허청장은 상표등록증이 상표원부나 그 밖의 서류와 맞지 아니할 경우에는 신청에 의하여 또는 직권으로 상표등록증을 회수하여 정정발급하거나 새로운 상표등록증을 발급하여야 한다(제81조 제2항).

상표등록증은 그 자체가 권리증이라고는 할 수 없으므로, 상표등록권자가 설정등록을 하였다는 것을 인정하는 증표로서 특허청장이 발급하는 일종의 공적증서라 할 수 있다.

제7장 상표권

제1절 상표권의 특징

Ⅰ. 상표권의 특징

상표권은 특허권, 실용신안권, 디자인권과 마찬가지로 궁극적으로 국가발전을 목적으로 하는 산업재산권이라는 점에서 공통점을 갖고 있다. 상표는 상품을 식별하기 위하여 사용하는 표장이다. 상표권은 다른 산업재산권에서는 찾아볼 수 없는 몇가지 고유한 특징을 가지고 있다.

1. 신규성이나 창작성을 요하지 않는 권리

상표란 창작보다는 표장의 선택이므로, 해당 상표가 대상물을 다른 상품으로부터 구별할 수 있는 식별력만 갖고 있다면 공익상 또는 사익상의 장애사유가 없는 한 그 자체로서는 창작성이나 신규성이 결여되더라도 권리로서 보호받을 수 있다.

2. 반영구적인 권리

발명, 고안, 저작물의 경우에는 일정한 존속기간을 제한하여 해당 기간이 종료하면 일반 공중이 자유로이 사용할 수 있게 하고 있다. 그러나 상표는 사용하면 할수록 식별력과 고객흡인력이 증가되므로 존속기간이 만료된 이후라도 갱신에 의하여 반영구적인 권리로서 향유할 수 있는 재산권이다.

3. 상품에 관한 권리

상표는 주로 상품에 부착하기 때문에 상품을 떠나서는 생각할 수 없다. 상표권은 기본적으로는 상표에 화체된 해당 상품에 관한 상표권자의 영업상의 신용이나 고객흡인력을 보호법익으로 하고 있다. 따라서 상표의 등록요건 및 상표권의 효력은 상품과 관련하여 결정되도록 규정하고 있다. 상표법상의 성명·상호·영업 등의 표지에 관한 권리는 저작권법상의 성명권, 상법상의 상호권과 성격이 다른 권리이다.

4. 공익적 권리

상표는 개성화된 상품의 동일성을 표시하며(상품식별기능), 다른 상품과의 출처의 혼동을 방지하기 위하여 사용되는(출처표시기능) 측면에서 상표권자의 이익을 보호하는 것을 목적으로 하는 권리이다. 그러나 상표는 수요자나 거래자를 위하여 상품의 품질을 보증하는 기능(품질보증기능)을 갖기 때문에 이를 보호하지 않을 경우 해당 상표를 신뢰한 일반 수요자의 이익이 침해를 받게 되고 상거래질서가 문란해지게 된다. 따라서 상표권자에게 해당 등록된 상표를 정당하게 사용하도록 의무화하는 한편, 일반수요자나 거래자의 보호를 위하여 상품의 품질을 오인시키는 상표는 공익에 위반되므로 그 등록을 배제하거나 그 등록을 취소하도록 규정하고 있다.

특허권이나 디자인권 등에 대한 침해는 원칙적으로 권리자의 이익만을 해치는 것이므로 권리자의 고소에 의해서만 논할 수 있다. 반면에 상표권의 침해는 상품출처의 오인·혼동을 초래함으로써 권리자는 물론 일반 수요자에게도 손해를 미치므로 권리자 개인의 재산권뿐만 아니라 공익으로서의 수요자의 이익도 포함된다.

5. 상품거래 수단으로서 상표를 보호하는 권리

상표권은 상품에 대한 상표권자의 시장에서의 지위와 신용을 유지시키고 영업활동을 원활하게 하여 상표권자를 보호하고 경업자 간의 불공정한 거래활동을 봉쇄함으로써 공정한 경업질서를 도모한다. 상표권은 상품의 거래자와 수요자에 대하여 기대하는 품질의 특징을 가진 상품을 상품출처의 오인 또는 품질의 혼동 없이 쉽게 구분할 수 있도록 하여 소비자를 보호하는 경제적 효과의 측면에서 상품거래의 수단으로 보호하는 권리라 할 수 있다.

Ⅱ. 상표권의 존속기간

상표권의 존속기간은 상표권의 설정등록이 있는 날부터 10년이다(제83조 제1항). 상표권의 존속기간은 상표권의 존속기간갱신등록신청으로 10년씩 갱신할 수 있다(제83조 제2항). 상표권의 존속기간갱신등록신청에 의하여 10년마다 존속기간을 갱신할 수 있으므로 계속 사용할 수 있는 반영구적인 효력을 갖는다. 상표권의 존속기간을 갱신하고자 할 경우에는 상표권의 존속기간갱신등록신청서는 상표권의 존속기간 만료 전 1년 이내에 제출하여야 한다. 이 기간에 상표권의 존속기간갱신등록신청을 하지 아니한 때는 상표권의 존속기간이 끝난 후 6개월 이내에 상표권의 존속기간갱신등록신청을 할 수 있다(제84조 제2항). 상표권이 공유인 경우에는 공유자 전원이 공동으로 상표권의 존속기간갱신등록신청을 하여야 한다(제84조 제3항).

제2절 상표권의 이전 등

Ⅰ. 상표권의 이전 제한

1. 지정상품마다 분할 이전

상표권은 그 지정상품마다 분할하여 이전할 수 있다. 이 경우 유사한 지정상품은 함께 이전하여야 한다(제93조 제1항). 상표권의 이전이란 상표권의 내용의 동일성을 유지하면서 등록권자만을 교체하는 것이다. 상표권도 무체재산권의 일종으로 일반재산권과 마찬가지로 자유로운 이전이 허용되는 것이지만, 상표법의 목적에 비추어 수요자 이익 보호 등을 위해 필요한 경우에 일정한 제한이 가해지고 있다.

일반적으로 상표권은 그 자체만을 특정하여 영업과 함께하지 아니하고도 매매·증여 등에 의하여 자유롭게 양도될 수 있다. 상표권의 이전이 상표법 제93조(상표권 등의 이전)를 위반하여 이전된 경우에는 상표등록의 취소심판의 대상이 된다(상표법 제119조 제1항 제5호).[1)]

2. 유사한 지정상품의 이전

상표권은 자유로운 처분이 가능하지만 공익적인 측면에서 일정한 제한이 가해진다. 유사한 지정상품의 경우 함께 이전하도록 한 것은(제93조 제1항의 후단) 유사한 지정상품에 대한 상표권이 각기 다른 주체에게 이전되어 상품출처의 혼동이 발생하지 않도록 하기 위해서 유사한 지정상품은 함께 이전하도록 규정하고 있다.

3. 단체표장권 등 이전 제한

단체표장권은 이전할 수 없다. 법인의 합병의 경우에는 특허청장의 허가를 받아 이전할 수 있다(제93조 제6항). 증명표장권은 이전할 수 없다. 해당 증명표장에 대하여 등록받을 수 있는 자에게 그 업무와 함께 이전할 경우에는 특허청장의 허가를 받아 이전할 수 있다(제93조 제7항). 업무표장권은 양도할 수 없다. 그 업무와 함께 양도하는 경우에는 그러하지 아니하다(제93조 제4항).

---

1) 상표법 제119조 제1항 제5호: 상표권의 이전으로 유사한 등록상표가 각각 다른 상표권자에게 속하게 되고 그 중 1인이 자기의 등록상표의 지정상품과 동일·유사한 상품에 부정경쟁을 목적으로 자기의 등록상표를 사용함으로써 수요자에게 상품의 품질을 오인하게 하거나 타인의 업무와 관련된 상품과 혼동을 불러일으키게 한 경우에는 그 상표등록의 취소심판을 청구할 수 있다.

Ⅱ. 공유상표권의 제한

1. 지분 양도 또는 질권 설정 제한

상표권이 공유인 경우에는 각 공유자는 다른 공유자 전원의 동의를 받지 아니하면 그 지분을 양도하거나 그 지분을 목적으로 하는 질권을 설정할 수 없다(제93조 제2항). 상표권의 공유관계는 민법 제273조에 규정된 합유에 준하는 성질을 갖는 것이고, 상표법이 공유지분의 자유로운 양도 등을 금지하는 것은 다른 공유자의 이익을 보호하려는 데 그 목적이 있다.[2)]

2. 사용권 설정 제한

상표권이 공유인 경우에는 각 공유자는 다른 공유자 모두의 동의를 받지 아니하면 그 상표권에 대하여 전용사용권이나 통상사용권을 설정할 수 없다(제93조 제3항). 전용실시권자 또는 통상실시권자의 자본 및 기술력 여하에 따라 다른 공유자의 권리가 유명무실하게 될 수 있으므로, 상표법 제93조 제3항은 동법 제2항의 경우와 같이 다른 공유자의 동의를 얻도록 한 것이다. 이는 공유자간의 신뢰관계, 자본능력 또는 경영능력 등이 다른 공유자의 상표권 실시에 영향을 미치기 때문이다.

Ⅲ. 사용권의 종류

1. 전용사용권

(1) 의의 상표권자는 그 상표권에 관하여 타인에게 전용사용권을 설정할 수 있다(제95조 제1항). 전용사용권의 설정을 받은 전용사용권자는 그 설정행위로 정한 범위 내에서 지정상품에 관한 등록상표를 사용할 권리를 독점한다(제95조 제3항).

따라서 전용사용권자는 상표권자와 마찬가지로 타인이 등록상표와 동일하거나 이와 유사한 상표를 그 지정상품과 동일하거나 이와 유사한 상품에 사용하는 등의 권리침해에 대하여 금지 또는 예방을 청구할 수 있다(제107조).

(2) 법적효력 전용사용권자는 상속이나 그 밖의 일반승계의 경우를 제외하고는 상표권자의 동의를 받지 아니하면 그 전용사용권을 이전할 수 없다(제95조 제5항). 전용사용권자는 상표권자의 동의를 받지 아니하면 그 전용사용권을 목적으로 하는

2) 대법원 1999. 3. 26. 선고 97다41295 판결; 대법원 2012. 4. 16. 자 2011마2412 결정.

질권을 설정하거나 통상사용권을 설정할 수 없다(제95조 제6항). 전용사용권의 설정에 관한 효력발생요건 제3자에 대한 대항요건이다. (i) 전용사용권의 설정·이전(상속이나 그 밖의 일반승계에 의한 경우는 제외한다)·변경·포기에 의한 소멸 또는 처분의 제한, (ii) 전용사용권을 목적으로 하는 질권의 설정·이전(상속, 그 밖의 일반승계에 의한 경우는 제외한다)·변경·포기에 의한 소멸 또는 처분의 제한을 등록하지 아니하면 제3자에게 대항할 수 없다(제100조 제1항).

전용사용권을 등록한 경우에는 그 등록 후에 상표권 또는 전용사용권을 취득한 자에 대하여도 그 효력이 발생한다(제100조 제2항).

2. 통상사용권

(1) 의의 상표권자 또는 전용사용권자는 그 상표권에 관하여 타인에게 통상사용권을 설정할 수 있다(제97조 제1항). 통상사용권자는 설정행위로 정한 범위 내에서 지정상품에 관하여 등록상표를 사용할 권리를 가진다. 상표의 통상사용권은 전용사용권과 달리 단순히 상표권자와 사용권자 사이의 합의만에 의하여 발생하고, 통상사용권의 설정등록은 제3자에 대한 대항요건일 뿐이므로, 통상사용권자는 반드시 통사용권을 등록할 필요는 없다.

(2) 법적효력 통상사용권은 상속이나 그 밖의 일반승계의 경우를 제외하고는 상표권자(전용사용권에 관한 통상사용권의 경우에는 상표권자 및 전용사용권자를 말한다)의 동의를 받지 아니하면 이전할 수 없다(제97조 제3항). 통상사용권은 상표권자의 동의를 받지 아니하면 그 통상사용권을 목적으로 하는 질권을 설정할 수 없다(제97조 제4항). 통상사용권의 설정에 관한 효력발생요건은 제3자에 대한 대항요건이다.

즉 (i) 통상사용권의 설정·이전(상속이나 그 밖의 일반승계에 의한 경우는 제외한다)·변경·포기에 의한 소멸 또는 처분의 제한, (ii) 통상사용권을 목적으로 하는 질권의 설정·이전(상속이나 그 밖의 일반승계에 의한 경우는 제외한다)·변경·포기에 의한 소멸 또는 처분의 제한을 등록하지 아니하면 제3자에게 대항할 수 없다(제100조 제1항).

통상사용권을 등록한 경우에는 등록 후에 상표권 또는 전용사용권을 취득한 자에 대하여도 그 효력이 발생한다(제100조 제2항).

제3절 상표권의 효력

Ⅰ. 등록상표의 보호범위

1. 의의

상표권의 보호범위는 상표분쟁 시 해결기준이 되므로 등록상표의 보호범위는 상표등록출원서의 기재사항과 동일한 범위로서 독점적 사용권이다. 따라서 등록상표의 보호범위는 상표심사, 상표심판, 심결취소소송 및 상표권침해금지소송에서 대상물(계쟁물)과 대비하는 기준이 된다. 상표권의 권리범위를 넘어 유사한 범위에 해당하면 침해로 보는 행위는 상표법 제108조(침해로 보는 행위)에서 규정한다.

2. 등록상표의 보호범위

등록상표란 상표등록을 받은 상표를 말한다(제2조 제1항 제10호). 등록상표의 보호범위는 상표등록출원서에 적은 상표 및 기재사항에 따라 정해진다(제91조 제1항). 지정상품의 보호범위는 상표등록출원서 또는 상품분류전환등록신청서에 기재된 상품에 따라 정해진다(제91조 제2항).

등록상표의 보호범위는 상표등록출원서에 기재되어 상표등록을 받은 상표를 말하며, 상표등록출원서의 보정이 있는 경우에는 보정된 출원서에 기재된 상표를 말한다. 여기서 지정상품이란, 지정상품구분 내의 상품세목 중 자기가 등록받고자 하는 상표를 사용할 상품으로 지정한 상품을 말한다. 따라서 등록상표의 보호범위는 상표등록출원서에 적은 상표, 기재사항 및 지정상품에 의해 결정된다.

Ⅱ. 상표권의 효력

상표를 등록할 경우 상표권자는 적극적으로 지정상품에 관하여 그 등록상표를 사용할 권리를 독점하는 독점권과 타인이 등록상표와 동일 또는 유사한 상표를 사용하는 경우 그 사용을 금지할 수 있는 금지권을 행사할 수 있다. 타인이 자기의 등록상표 또는 등록상표와 유사한 상표를 사용하는 등 상표권을 침해하는 경우 상표권자는 그 자를 상대로 하여 민사적 조치로 상표권 침해의 금지 또는 손해배상을 청구할 수 있다. 형사적 조치로 침해죄로 고소할 수 있다.

1. 독점적 효력

상표권자는 지정상품에 관하여 그 등록상표를 사용할 권리를 독점한다(제89조). 사용 중이거나 사용하고자 하는 상표를 특허청에 등록하여 발생하는 상표권은 등록받은 상표를 독점으로 사용할 수 있는 상표법상의 권리이다.

따라서 상표권자는 자신이 지정상품에 대하여 등록상표를 직접 사용할 수 있는 독점적 효력(적극적 효력)을 가지며, 동시에 상표권자는 상표권을 자유롭게 사용·수익·처분할 수 있는 권리를 갖는다.

2. 금지적 효력

정당한 권원이 없는 자가 등록상표와 동일·유사한 상표를 그 지정상품과 동일·유사한 상품에 사용하면 상표권의 침해가 된다. 상표권자 또는 전용사용권자는 자기의 권리를 침해한 자 또는 침해할 우려가 있는 자에 대하여 그 침해의 금지 또는 예방을 청구할 수 있는 금지적 효력(소극적 효력)을 갖는다(제107조 제1항).

Ⅲ. 진정상품 병행수입

1. 의의

상표권은 파리협약의 속지주의 원칙에 따라 우리나라의 영토에서만 그 효력이 미치고, 외국에는 그 효력이 미치지 아니한다. 진정상품의 병행수입(parallel importation)이란 독점수입권자에 의해 해당 외국상품이 수입되는 경우 제3자가 다른 유통경로를 통하여 진정상품을 국내 독점수입권자의 허락 없이 수입하는 것을 말한다. 진정상품의 병행수입에 의하여 상표권의 권리자의 국가 이외의 국가에서 적법하게 제조되거나 복제된 특허제품 또는 정당한 상표를 부착한 제품이 상표권자의 의사에 반하여 수입된 경우, 상표권자는 자신의 상표권에 기하여 그 수입을 저지할 수 있는지가 문제된다. 이에 대해 우리나라, 미국, 일본은 상표권에 관한 속지주의의 예외를 인정하여 일정한 조건하에서 진정상품의 병행수입을 제한적으로 허용하고 있다.

2. 병행수입의 금지론과 허용론

(1) 권리의 소진　　TRIPs 제6조에서는 "이 협정의 어떠한 규정도 지식재산권의 소진문제를 다루기 위하여 사용되지 아니한다."고 규정함으로써 특허권의 소진(exhaustion of patent rights)[3] 문제를 각국이 자유롭게 결정할 수 있도록 위임하고 있다.

국내에서 정당한 권리자에 의하여 제조되고 판매된 상품에 관련된 특허권이나 상표권이 소진되기 때문에 그 상품의 구입자가 정당하게 사용할 경우 권리 침해 문제가 발생하지 않는다는 것이 일반적 해석이다. 그러나 국내에서는 전혀 제조가 되지 않고 수입만 있다거나, 국내에서 적법한 권리자에 의한 생산이 있고 이와 병행하여 제3자에 의한 수입이 있을 경우에는 이론적, 법적인 검토뿐만 아니라 산업발전에 대한 고려도 필요하기 때문에 논란이 있다.

(2) 병행수입의 금지론 병행수입의 금지론은 파리협약에 의하여 일국에서 정당하게 등록된 상표는 다른 국가에서 등록된 상표와 독립적인 것으로 간주되므로, 수입국의 독점적 상표사용권자의 허락 없이 동일한 상표가 부착된 상품을 수입하는 것은 상표권의 침해라고 본다. 또한 병행수입자는 상표사용권자의 광고, 투자 및 서비스 체제에 편승함으로써 부당한 이득을 취할 수 있게 되므로, 상표사용권제도가 무의미해진다고 주장한다.

(3) 병행수입의 허용론 병행수입의 허용론은 권리소진의 범위를 국제적으로 확대하여 일단 적법하게 유통된 상품은 국내외를 막론하고 상표권이 소진되었다고 보며, 상표의 출처표시기능을 해치지 않고 공중에게 오인·혼동을 생기게 할 위험성이 없어 이를 금지시킬 이유가 없다고 본다. 또한 외국기업의 독점이윤 창출을 위한 시장통제에 대항하여 가격경쟁을 유발할 수 있고, 소비자 선택의 폭을 넓혀 소비자의 이익을 증대시킬 수 있다고 주장한다. 우리나라 상표법 등 산업재산권법에는 진정상품의 병행수입에 관한 규정은 두지 않고 「관세법 및 통관규칙」과 공정거래위원회의 「병행수입에 있어서의 불공정거래행위의 유형고시」에서 병행수입 허용요건 등을 규제하고 있다.

3. 관세청과 공정거래위원회의 고시

관세청의 「지식재산권 보호를 위한 수출입통관사무처리에 관한 고시」(2010. 4. 1. 관세청고시 제2010-33호)에 따르면, 국내외 상표권자가 동일인이거나 계열회사 관계(주식의 30%) 이상을 소유하면서 최다 출자자인 경우, 수입대리점 관계 등 동일인으로 볼 수 있는 관계가 있는 경우와 외국의 상표권자와 동일한 관계에 있는 국내 상표권자로부터 전용사용권을 설정받은 경우에는 제3자에 의한 진정상품의 병행수입은 상표

3) 소진론(exhaustion doctrine)은 특허권자 또는 실시권자에 의해 특정 제품이 합법적으로 최초 판매되면, 그 제품에 대한 독점적 특허권이 소진되므로 특허권자는 그 제품에 대해서는 더 이상의 권리행사를 할 수 없다는 원칙이다. 권리가 소진되면, 이후에 그 물건을 사고파는 것은 특허침해행위를 구성하지 않는다.

권을 침해하지 않는 것으로 본다.

다만, 후자의 경우에 국내 전용사용권자가 해당 상표가 부착된 지정상품을 제조·판매만 하는 경우에는 국내전용 사용권자가 외국의 상표권자와 동일한 관계에 있는 경우에 한한다. 공정거래위원회의 「병행수입에 있어서의 불공정거래행위의 유형고시」(2012. 8. 20. 제2012-17호)에서는 진정상품의 구입방해, 병형수입품의 취급 제한 등 불공정거래의 유형을 규정하고 있다.

4. 대법원 판례

(1) BURBERRYS 사건 대법원은 "병행수입 그 자체는 위법성이 없는 정당한 행위로서 상표권 침해 등을 구성하지 아니하므로 병행수입업자가 상표권자의 상표가 부착된 상태에서 상품을 판매하는 행위는 당연히 허용될 것인바, 상표제도는 상표를 보호함으로써 상표 사용자의 업무상의 신용유지를 도모하여 산업발전에 이바지함과 아울러 수요자의 이익을 보호함을 목적으로 하고, 상표는 기본적으로 해당 상표가 부착된 상품의 출처가 특정한 영업주체임을 나타내는 상품출처표시기능과 이에 수반되는 품질보증기능이 주된 기능이라는 점 등에 비추어 볼 때, 병행수입업자가 위와 같이 소극적으로 상표를 사용하는 것에 그치지 아니하고 나아가 적극적으로 상표권자의 상표를 사용하여 광고·선전행위를 하더라도 그로 인하여 위와 같은 상표의 기능을 훼손할 우려가 없고 국내 일반 수요자들에게 상품의 출처나 품질에 관하여 오인·혼동을 불러일으킬 가능성도 없다면, 이러한 행위는 실질적으로 상표권 침해의 위법성이 있다고 볼 수 없을 것이므로, 상표권자는 상표권에 기하여 그 침해의 금지나 침해행위를 조성한 물건의 폐기 등을 청구할 수 없다고 봄이 상당하다.

또한 병행수입업자가 적극적으로 상표권자의 상표를 사용하여 광고·선전행위를 한 것이 실질적으로 상표권 침해의 위법성이 있다고 볼 수 없어 상표권 침해가 성립하지 아니한다고 하더라도, 그 사용태양 등에 비추어 영업표지로서의 기능을 갖는 경우에는 일반 수요자들로 하여금 병행수입업자가 외국 본사의 국내 공인 대리점 등으로 오인하게 할 우려가 있으므로, 이러한 사용행위는 부정경쟁방지법 제2조 제1호 (나)목 소정의 영업주체혼동행위에 해당되어 허용될 수 없다."고 판시하였다.[4)]

(2) K·SWISS 사건 K·SWISS가 표시된 슬리퍼를 수입하여 상표법 위반으로 기소된 사건에서, 대법원은 "국내에 등록된 상표와 동일·유사한 상표가 부착된 그 지

4) 대법원 2002. 9. 24. 선고 99다42322 판결.

정상품과 동일·유사한 상품을 수입하는 행위가 그 등록상표권의 침해 등을 구성하지 않는다고 하기 위해서는 외국의 상표권자 내지 정당한 사용권자가 그 수입된 상품에 상표를 부착하였어야 하고, 그 외국 상표권자와 우리나라의 등록상표권자가 법적 또는 경제적으로 밀접한 관계에 있거나 그 밖의 사정에 의하여 위와 같은 수입상품에 부착된 상표가 우리나라의 등록상표와 동일한 출처를 표시하는 것으로 볼 수 있는 경우이어야 하며, 아울러 그 수입된 상품과 우리나라의 상표권자가 등록상표를 부착한 상품 사이에 품질에 있어 실질적인 차이가 없어야 할 것이다. 국내에 등록된 상표의 상표권자인 외국 회사와 국내 전용사용권자가 어떠한 법적·경제적인 관계가 있다거나 그 밖의 다른 사정에 의하여 위 수입상품의 출처가 실질적으로 동일하다고 볼 수 없어, 이는 국내 전용사용권자의 전용사용권을 침해하는 행위이다."고 판시하였다.[5)]

제4절 상표권 효력의 제한

Ⅰ. 상표권의 효력이 미치지 않는 범위

1. 의의

상표권도 재산권의 일종이므로 다른 권리와 마찬가지로 여러 가지 이유에서 제한을 받는다. 자기의 성명·명칭 또는 상호 등과 이들의 저명한 약칭을 상거래 관행에 따라 사용하는 상표에 대해서는 상표권의 효력이 미치지 않는다. 상표권은 상표권자가 상표의 사용에 있어서 독점권을 갖는 것이 원칙이지만, 상표출원 전부터 이미 사용되고 있는 상호, 품질이나 효능을 보통으로 사용하는 방법으로 표시하는 상표 등 일정한 경우에는 등록상표권의 금지적 효력을 제한하여 그 자유로운 사용을 보장할 필요가 있다. 특히 상표권에 대하여 전용사용권이 설정되어 있는 경우, 저촉관계에 있는 타인의 선출원 특허권, 디자인권이 등이 있는 경우 상표권의 효력이 제한된다. 상표권의 효력이 미치지 아니하는 범위에 속하는 경우, 상표권의 행사가 권리남용 또는 부정경쟁에 해당하는 경우, 지정상품을 병행수입하는 경우에도 상표권이 소극적으로 제한된다.

---

5) 대법원 2010. 5. 27. 선고 2010도790 판결.

2. 상표권 효력이 미치지 아니하는 범위

상표권의 효력이 미치지 아니하는 범위에 대해서 상표법 제90조 제1항에서 열거하고 있다. 본 조는 상표 보호의 목적 및 공익적인 견지에 비추어 특정인에게 독점적 사용을 허용하기에 적합하지 아니한 상표에 대하여 상표권의 금지적 효력을 제한하기 위한 것이다. 상표권의 효력이 미치지 않는 범위를 규정하는 상표법 제90조 제1항 각 호는 자타상품의 식별력이 없는 상표를 규정하고 있는 동법 제33조 제1호 내지 제4호, 제34조 제1항 제6호·제15호와 직접 관련되어 있다.

이들 상표는 생산자, 판매자는 물론 널리 일반인의 자유로운 사용이 보장되어야 할 상표이므로 부등록사유로 삼는 것이나 잘못하여 상표등록이 허용되었다 하더라도 이러한 표지를 사용하는 자는 해당 등록상표에 대한 무효심판을 청구할 것도 없이 그 금지권을 배제할 수 있는 점에 실익이 있다. 상표권의 효력이 미치지 아니하는 범위에 해당하는 상표는 다음과 같은 경우이다.

(1) 자기의 성명 등을 상거래 관행에 따라 사용하는 상표 자기의 성명·명칭 또는 상호·초상·서명·인장 또는 저명한 아호·예명·필명과 이들의 저명한 약칭을 상거래 관행에 따라 사용하는 상표에는 상표권의 효력이 미치지 아니한다(제90조 제1항 제1호). 2016년 개정법은 자기의 성명·상호 등을 타인이 상표로 등록한 경우 본인이 타인의 상표권을 침해하지 않고 자기의 성명 등을 상표로 사용할 수 있는 범위를 '보통으로 사용하는 방법으로 표시하는 상표'에서 '상거래 관행에 따라 사용하는 상표'로 변경하였다. 상거래 관행에 따라 사용하는 상표의 경우에도 상표권에 대한 침해가 아니라고 규정하려는 것으로, 그 내용은 역시 판례를 통하여 구체화될 수밖에 없으나 상거래 관행과 그 변화에 따라 폭이 확대될 가능성이 매우 높다고 할 수 있다. 이와 같은 취지는 자기의 성명·상호 등 인격의 동일성을 표시하는 경우 상표권 침해 여부를 더욱 신중하게 판단할 필요가 있다는 점에서 타당성이 인정될 수 있다. 보통으로 사용하는 방법으로 표시하는 상표와 상거래 관행에 따라 사용하는 상표는 모두 불확실한 개념으로 구체적인 내용은 결국 법원의 판례를 통하여 확실한 개념이 정립될 것으로 보인다.

(2) 식별력을 인정할 수 없는 성질표시 상표 등록상표의 지정상품과 동일·유사한 상품의 보통명칭·산지·품질·원재료·효능·용도·수량·형상·가격 또는 생산방법·가공방법·사용방법 및 시기를 보통으로 사용하는 방법으로 표시하는 상표에는 상표권의 효력이 미치지 아니한다(제90조 제1항 제2호).

보통명칭은 특정종류의 상품의 명칭으로서 일반적으로 사용되는 것이므로 본질적으로 자타 상품의 식별력이 없어 특정인에게 이를 독점하게 하는 것은 부적당하고, 상품의 품질 또는 산지 등의 표시와 같은 성질표시 상표는 식별력이 없어서 누구라도 자유롭게 사용할 수 있으므로 상표권의 효력이 미치지 않도록 한 것이다.

예를 들면, '국어사전'이라는 표장은 서적의 내용이 국어사전이라는 의미가 직감되어 이른바 상품의 성질을 직접적으로 나타내는 성질표시에 해당하므로 등록상표와의 유사여부를 떠나 상표법 제90조 제1항 제2호에 따라 자유롭게 사용할 수 있는 표장에 해당한다. 이러한 경우에는 상표권의 침해가 성립되지 않는다.

【사용상품의 품질 등을 나타내는 상표의 효력】

<대법원 2011. 5. 26. 선고 2009후3572 판결>

> 확인대상표장 " "은 우리나라의 국어교육 수준을 참작할 때 'ᄎᆞᆷ'은 '참'의 고어로 일반인들에게 어렵지 않게 인식될 것으로 보이고, 전체적으로 볼 때 위와 같은 도안화의 정도만으로는 일반인의 특별한 주의를 끌어 문자의 기술적 또는 설명적인 의미를 직감할 수 없는 등 새로운 식별력을 가질 정도에 이르렀다고 할 수는 없으므로 일반 수요자나 거래자들에게 '참 맑은'이라는 문자로서 인식된다고 할 것이고, '참 맑은'은 확인대상표장의 사용상품인 '녹차(캔음료), 우롱차(캔음료), 둥글레차(캔음료), 홍차(캔음료), 옥수수수염차(캔음료), 배 및 복숭아 과실음료(캔음료), 식혜(캔음료)' 등에 사용될 경우에 일반 수요자나 거래자들에게 '매우 깨끗한, 잡스럽거나 더러운 것이 전혀 섞이지 않은'과 같이 사용상품의 품질 등을 나타내는 의미로 직감될 것으로 보이므로 위 확인대상표장은 상표법 제90조 제1항 제2호의 상표에 해당하여 지정상품이 '과일주스, 비알콜성 음료' 인 등록상표 " "와의 동일·유사 여부를 대비할 필요 없이 그 권리범위에 속하지 아니한다.

(3) 입체저 형상으로 된 등록상표 　입체적 형상으로 된 등록상표의 경우에는 그 입체적 형상이 누구의 업무에 관련된 상품을 표시하는 것인지 식별할 수 없는 경우에 등록상표의 지정상품과 동일·유사한 상품에 사용하는 등록상표의 입체적 형상과 동일·유사한 형상으로 된 상표에는 상표권의 효력이 미치지 아니한다(제90조 제1항 제3호).

본 호는 상품의 기술적·기능적 특징을 포함하는 입체적 상표가 다른 문자·도형 등과 결합하여 식별력이 인정되었거나 또는 사용에 의한 식별력의 취득으로 등록이 되었다고 하더라도 그 상표권의 보호는 입체적 형상의 비기술적·비기능적 특징에 한정된다. 따라서 입체적 형상 자체만으로는 식별력이 없는 등록상표인 경우에는 상표권의 효력이 미치지 않도록 한 것이다.

(4) 관용하는 상표, 현저한 지리적 명칭으로 된 상표 등록상표의 지정상품과 동일·유사한 상품에 대하여 관용하는 상표와 현저한 지리적 명칭 및 그 약어 또는 지도로 된 상표에는 상표권의 효력이 미치지 아니한다(제90조 제1항 제4호). 관용표장 또는 현저한 지리적 명칭은 식별력이 인정되지 아니하는 표장이다.

지리적 명칭이나 관용표장 또는 그 결합표장에 흡수되어 불가분의 일체를 구성하고 있다면, 상품에 대한 관용상표 또는 현저한 지리적 명칭으로 된 상표는 공익적 차원에서 그 등록여부를 떠나 누구나 자유롭게 사용할 필요가 있기 때문에 상표권의 효력이 미치지 않는다.

(5) 형상, 색채 또는 색채의 조합, 소리 또는 냄새로 된 상표 등록상표의 지정상품 또는 그 지정상품 포장의 기능을 확보하는 데 불가결한 형상, 색채, 색채의 조합, 소리 또는 냄새로 된 상표에는 상표권의 효력이 미치지 아니한다(제90조 제1항 제5호). 특정한 입체적 형상이 상품 또는 그 상품의 표장의 기능을 확보하는 데 불가결한 기능성을 가진다고 판단될 경우에는 이에 대한 독점을 허용할 경우 관련 산업의 발전이 저해될 수 있으므로 이를 예방하고 다른 경업자의 자유로운 사용을 보장하기 위하여 공익적 차원에서 특정인에 의한 상표등록을 배제하고 있다.

본 호에서 형상, 색채, 색채의 조합, 소리 또는 냄새로 된 상표는 공익적 차원에서 그 등록여부를 떠나 누구나 자유롭게 사용할 필요가 있기 때문에 상표권의 효력이 미치지 않도록 한 것이다.

3. 부정경쟁의 목적

상표법 제90조 제1항 제1호는 상표권의 설정등록이 있은 후에 부정경쟁의 목적으로 자기의 성명·명칭 또는 상호·초상·서명·인장 또는 저명한 아호·예명·필명과 이들의 저명한 약칭을 사용하는 경우에는 적용하지 아니한다(제90조 제3항). 부정경쟁의 목적이란 등록된 상표권자의 신용을 이용하여 부당한 이익을 얻을 목적을 말한다.

판례에 의하면 부정경쟁의 목적은 상표권 침해자 측의 상표 선정의 동기, 피침해상표를 알고 있었는지 등 주관적 사정과 상표의 유사성과 피침해상표의 신용상태, 영업목적의 유사성 및 영업활동의 지역적 인접성, 상표권 침해자 측의 현실적인 사용상태 등의 객관적 사정을 고려하여 판단하여야 한다고 한다.[6)]

대법원은 "확인대상표장은 피고의 상호인 '유화정철학원'을 세로로 표기한 문자표장으로서 다른 문구나 도형과 결합 없이 오직 상호만을 평이한 서체로 표시하고

---

6) 대법원 2011. 7. 28. 선고 2011후538 판결.

있어 인터넷 포털사이트 내 개별 정보사이트에서의 사용태양을 감안하더라도 일반 수요자가 이를 보고 상호임을 인식할 수 있을 것으로 보이므로 확인대상표장은 거래통념상 자기의 상호를 보통으로 사용하는 방법으로 표시하는 서비스표에 해당하고, 피고가 자기의 상호를 사용하기 시작할 당시 또는 등록서비스표의 설정등록이 있은 후 등록서비스표권자 원고의 아명·상호 또는 등록서비스표인 '유화정'이 일반 수요자들이나 관련업계에 널리 인식되어 있었다고 보기 어려우며, 피고의 영업소가 위치한 서울 영등포구와 갑의 영업소가 위치한 안양시가 지역적으로 인접하여 있지도 않은 이상, 피고가 등록서비스표의 신용을 이용하여 부당한 이익을 얻을 목적으로 확인대상표장을 사용한 것이 아니다."라고 판시하였다.[7)]

4. 지리적 표시 단체표장권의 효력이 미치지 아니하는 경우

지리적 표시 단체표장권의 효력이 미치지 아니하는 경우는 (i) 상표법 제90조 제1항 제1호·제2호(산지에 해당하는 경우를 제외한다) 또는 제5호에 해당하는 상표, (ii) 지리적 표시 등록단체표장의 지정상품과 동일한 상품에 대하여 관용하는 상표, (iii) 지리적 표시 등록단체표장의 지정상품과 동일한 상품에 사용하는 지리적 표시로서 해당 지역에서 그 상품을 생산·제조 또는 가공하는 것을 업으로 영위하는 자가 사용하는 지리적 표시 또는 동음이의어 지리적 표시, (iv) 선출원에 의한 등록상표가 지리적 표시 등록단체표장과 동일 또는 유사한 지리적 표시를 포함하고 있는 경우에 상표권자·전용사용권자 또는 통상사용권자가 지정상품에 사용하는 등록상표이다(제90조 제2항).

5. 서적류에 사용된 제호에 대하여도 상표권의 효력이 미치는 경우

서적류의 제호는 특별한 사정이 없는 한 해당 저작물로서의 명칭 내지는 그 내용을 함축적으로 나타내는 것이며 그러한 창작물을 출판하고 제조·판매하고자 하는 자는 저작권법에 저촉되지 않는 한은 누구든지 사용할 수 있는 것으로서 품질을 나타내는 보통명칭 또는 관용상표와 같은 성격을 가지는 것이므로 제호로서의 사용에 대하여는 상표법 제90조에 의하여 상표권의 효력이 미치지 않는 것이 원칙이다.

판례에 의하면 다인의 등록상표를 정기간행물이나 시리즈물의 제호로 사용하는 등 특별한 경우에는 사용 태양, 사용자의 의도, 사용 경위 등 구체적인 사정에 따라 실제 거래계에서 제호의 사용이 서적의 출처를 표시하는 식별표지로서 인식될 수도 있으므로 그러한 경우에까지 상표권의 효력이 미치지 않는 것으로 볼 수는 없다고 한다.[8)]

---

7) 대법원 2012. 5. 10. 선고 2010후3387 판결.

Ⅱ. 다른 권리와 이용저촉관계

1. 상표권의 저촉관계

상표권자·전용사용권자 또는 통상사용권자는 그 등록상표를 사용할 경우에 그 사용상태에 따라 그 상표등록출원일 전에 출원된 타인의 특허권·실용신안권·디자인권 또는 그 상표등록출원일 전에 발생한 타인의 저작권과 저촉되는 경우에는 지정상품 중 저촉되는 지정상품에 대한 상표의 사용은 특허권자·실용신안권자·디자인권자 또는 저작권자의 동의를 받지 아니하고는 그 등록상표를 사용할 수 없다(제92조 제1항). 상표는 상품의 식별표지이므로 특허나 실용신안과 저촉관계가 있을 수 없다. 다만 입체상표의 도입으로 실제 상표의 사용에 있어서 특허권 또는 실용신안권을 구체화한 상품과 동일·유사하여 저촉관계가 발생할 가능성이 있다.

또한 디자인권의 특성상 상표권과 서로 저촉되는 경우가 발생된다. 본 조는 상표법과 특허법, 실용신안법, 디자인보호법 및 저작권법의 보호 법익이 서로 다른 관계로 각각의 법률에 의한 별개의 권리가 발생하지만, 보호하고자 하는 권리의 내용이 공통되어 권리 간의 저촉 또는 충돌이 생길 수 있으므로 이를 조정하기 위한 것이다.

2. 상표권의 사용이 부정경쟁행위에 해당하게 될 경우

2014년 개정법에서 상표권의 사용이 부정경쟁행위에 해당하게 될 경우 사용권을 제한하는 규정을 신설하였다. 상표권자·전용사용권자 또는 통상사용권자는 그 등록상표의 사용이 부정경쟁방지법 제2조 제1호 차목에 따른 부정경쟁행위에 해당할 경우에는 같은 목에 따른 타인의 동의를 받지 아니하고는 그 등록상표를 사용할 수 없다(제92조 제2항).

Ⅲ. 권리남용의 제한

1. 의의

상표법은 상표의 보호에 관하여 선등록주의를 채택하고 있어서 타인이 국내외에서 먼저 사용하고 있는 상표라도 이를 등록하지 않으면 보호를 받을 수 없다. 상표권자는 상표권을 행사하는 과정에서 이를 정당하게 행사하여야 한다. 상표권을 남용(濫用)할 경우에는 공정거래법 제23조에 따라 거래처의 제한 등 불공정거래행위의

---

8) 대법원 2005. 8. 25. 선고 2005다22770 판결.

금지 제재를 받게 된다.

2. 상표권 행사가 권리남용에 해당하기 위한 요건

상표권자가 해당 상표를 출원·등록하게 된 목적과 경위, 상표권을 행사하기에 이른 구체적·개별적 사정 등에 비추어, 상대방에 대한 상표권의 행사가 상표사용자의 업무상의 신용유지와 수요자의 이익보호를 목적으로 하는 상표제도의 목적이나 기능을 일탈하여 공정한 경쟁질서와 상거래질서를 어지럽히고 수요자 사이에 혼동을 초래하거나 상대방에 대한 관계에서 신의성실의 원칙에 위배되는 등 법적으로 보호받을 만한 가치가 없다고 인정되는 경우에는, 그 상표권의 행사는 비록 권리행사의 외형을 갖추었다 하더라도 등록상표에 관한 권리를 남용하는 것으로서 허용될 수 없다. 판례는 상표권의 행사를 제한하는 근거에 비추어 볼 때, 상표권 행사의 목적이 오직 상대방에게 고통을 주고 손해를 입히려는 데 있을 뿐 이를 행사하는 사람에게는 아무런 이익이 없어야 한다는 주관적 요건을 반드시 필요로 하는 것은 아니라고 한다.[9)]

【무효로 될 것임이 명백한 상표권 침해금지청구의 경우】

<대법원 2012. 10. 18. 선고 2010다103000 전원합의체 판결>

“HI WOOD”, “HI WOOD 하이우드”, “하이우드”와 같이 구성된 등록상표 또는 등록서비스표의 상표권자인 갑 주식회사가 을 주식회사를 상대로 상표권 등 침해금지 및 손해배상 등을 구한 사안에서, 위 상표 또는 서비스표가 일반 수요자나 거래자들에게 ‘고급 목재, 좋은 목재’ 등의 의미로 직감되므로, 그 지정상품 또는 지정서비스업 중 ‘목재’로 되어 있는 상품 또는 이러한 상품의 판매대행업, 판매알선업에 사용될 경우에는 지정상품 또는 지정서비스업의 품질·효능·용도 등을 보통으로 사용하는 방법으로 표시한 표장만으로 된 상표법 제33조 제1항 제3호의 기술적 표장에 해당하고, ‘목재’로 되어 있지 아니한 상품 또는 이러한 상품의 판매대행업, 판매알선업에 사용될 경우에는 지정상품이 ‘목재’로 되어 있거나 지정서비스업이 그러한 상품의 판매대행업, 판매알선업인 것으로 수요자를 오인하게 할 염려가 있는 상표법 제34조 제1항 제12호의 품질오인표장에 해당하여 그 등록이 무효로 될 것임이 명백하므로, 위 상표권 등에 기초한 갑 회사의 침해금지, 침해제품의 폐기 및 손해배상 청구는 권리남용에 해당하여 허용되지 않는다.

---

9) 대법원 2008. 7. 24. 선고 2006다40461 판결.

Ⅳ. 선사용에 대한 상표사용권의 인정

1. 취지

특정한 상표를 사용하던 중 타인이 먼저 그 상표와 동일하거나 유사한 상표를 등록한 경우 그 상표를 먼저 사용하던 자에 대하여는 일정한 범위 안에서 그 상표를 계속하여 사용할 권리를 인정할 필요가 있다. 부정경쟁의 목적 없이 타인의 상표등록출원 전부터 국내에서 계속하여 사용하고 있고, 타인의 상표등록출원시에 국내 수요자 간에 그 상표가 자기의 상품을 표시하는 것으로 인식되어 있을 경우에는 타인의 등록상표와 동일하거나 유사한 상표를 먼저 사용하는 자에게 자기의 상표를 계속하여 사용할 수 있는 선사용권을 인정한다.

2. 선사용에 따른 상표를 계속 사용할 권리

타인의 등록상표와 동일·유사한 상표를 그 지정상품과 동일·유사한 상품에 사용하는 자로서 (ⅰ) 부정경쟁의 목적 없이 타인의 상표등록출원 전부터 국내에서 계속하여 사용하고 있을 것, (ⅱ) 상표를 사용한 결과 타인의 상표등록출원시 국내 수요자 간에 그 상표가 특정인의 상품을 표시하는 것이라고 인식되어 있을 것의 요건을 모두 갖춘 자(그 지위를 승계한 자를 포함한다)는 해당 상표를 그 사용하는 상품에 대하여 계속하여 사용할 권리를 가진다(제99조 제1항).

본 조의 취지는 특정한 상표를 사용하던 중 타인이 먼저 그 상표를 등록받은 경우 그 상표의 선사용자에게 계속하여 사용할 수 있는 권리를 인정함으로써 상표의 미등록에 따른 과도한 피해를 줄이고, 상표의 선사용자와 상표등록을 한 자 사이에 권리보호의 균형을 도모하기 위한 것이다.

3. 자기의 성명 등을 상거래 관행에 따라 상표로 사용하는 경우

자기의 성명·상호 등 인격의 동일성을 표시하는 수단을 상거래 관행에 따라 상표로 사용하는 자로서 상표법 제99조 제1항 제1호의 요건을 갖춘 자는 해당 상표를 그 사용하는 상품에 대하여 계속 사용할 권리를 가진다(제99조 제2항).

본 조의 취지는 자기의 성명·상호 등 인격의 동일성을 표시하는 수단을 상표로 사용하는 자가 부정경쟁의 목적 없이 타인의 상표등록출원 전부터 국내에서 해당 상표를 사용하여 온 경우에는 그 상표를 계속 사용할 수 있도록 함으로써 선의의 상표 사용자가 부당하게 상표권 분쟁에 휘말리지 않도록 하는 데에 있다.

4. 혼동방지 표시 청구권

상표권자나 전용사용권자는 상표법 제99조 제1항에 따라 상표를 사용할 권리를 가지는 자에게 그 자의 상품과 자기의 상품 간에 출처의 오인이나 혼동을 방지하는 데 필요한 표시를 할 것을 청구할 수 있다(제99조 제3항).

상표권자나 전용사용권자는 선사용자에게 서로의 업무에 관한 상품 간에 혼동을 방지하는 데 필요한 표시를 청구할 수 있다. 이는 상표권자나 전용사용권자의 상표와 선사용자의 상표와의 혼동으로 인하여 발생할 수 있는 상표사용자의 업무상 신용과 수요자의 신뢰이익이 침해되는 것을 방지하기 위한 것이다.

Ⅴ. 상표권자의 의무

1. 의의

상표권자는 아무런 사용실적이 없이도 상표법상 등록이라는 행정처분에 의하여 독점배타적인 싱표권을 취득할 수 있고 높은 재산석 가치를 지니므로 부정한 목적의 상표등록 또는 상표권의 부정한 이용이나 남용의 가능성이 높다. 따라서 상표법은 상표권자의 상표의 부정한 이용이나 남용을 막고 상표가 거래상 상품식별표지로서 정상적인 기능을 발휘할 수 있도록 상표권자에게 사용의무, 정당사용 의무, 감독의무, 등록료 납부의무, 공시의무를 부과하고 있다. 이러한 의무사항은 임의규정으로 강제력은 없다.

2. 등록상표의 사용의무

등록상표의 사용의무란 상표권자 또는 사용권자가 등록상표를 지정상품에 대해서 적절히게 사용해야 하는 의무를 말한다. 상표법은 국내에서 상표를 사용하는 자 또는 사용하고자 하는 자는 상표등록을 받을 수 있다고 규정함으로써 등록주의를 채택하고 있다. 그러나 상표법의 보호대상인 업무상의 신용은 상표의 현실적인 사용에 의해 비로소 화체되는 것이므로 등록상표가 일정기간 사용되지 않는 경우에는 보호해야 할 신용이 발생되지 않고 오히려 제3자의 상표선택의 자유만을 제한하게 된다. 따라서 상표법은 일정기간 등록상표를 불사용하는 경우에 그 제재로서 취소심판을 청구할 수 있도록 하고(제119조), 취소심판의 심결이 확정된 후에 일정기간 동안 상표권자가 다시 출원하는 것을 금지하여 취소심판 청구인의 독점적인 출원권을 인정하고 있다.

3. 상표권의 소멸

(1) 상표권자가 사망한 경우 상표권자가 사망한 날부터 3년 이내에 상속인이 그 상표권의 이전등록을 하지 아니한 경우에는 상표권자가 사망한 날부터 3년이 되는 날의 다음 날에 상표권이 소멸된다(제106조 제1항).

민법은 상속이 없는 경우 상속재산의 국가귀속을 규정하고 있다(민법 제1058호). 상표권의 경우 특허권과 마찬가지로 그 예외를 인정하여 상속인이 그 상표권의 이전등록을 하지 아니한 경우에는 상표권자가 사망한 날부터 3년이 되는 날의 다음 날에 상표권이 소멸하도록 규정하고 있다.

(2) 청산되는 법인의 상표권 청산절차가 진행 중인 법인의 상표권은 법인의 청산종결등기일(청산종결등기가 되었더라도 청산사무가 사실상 끝나지 아니한 경우에는 청산사무가 사실상 끝난 날과 청산종결등기일부터 6개월이 지난 날 중 빠른 날로 한다)까지 그 상표권의 이전등록을 하지 아니한 경우에는 청산종결등기일의 다음 날에 소멸된다(제106조 제2항). 상표법 제106조 제2항은 청산종결에 다른 법인의 소멸시에 상표권의 소멸을 명확하게 하기 위하여 신설한 조항이다. 청산절차가 진행 중인 법인의 상표권은 자연인의 사망의 경우와 동일한 취지로 법인의 소멸시에 상표권이 소멸한다.

제8장 상표의 유사판단

Ⅰ. 서설

상표(서비스표)의 유사란 동종의 상품에 사용되는 두 개의 상표(서비스표)를 외관·칭호·관념 등을 전체적·객관적으로 관찰할 경우 거래사회에서 일반 수요자나 거래자가 상표에 대하여 느끼는 객관적 인식을 기준으로, 그 상품의 출처에 대한 오인·혼동의 우려가 있을 정도로 유사한 것을 의미한다. 상표의 유사여부는 상품출처의 혼동 여부를 기준으로 판단해야 한다는 것이 대법원의 확립된 입장이다. 상표심사, 상표심판, 심결취소소송, 침해소송에서 실체적 판단은 상표의 유사 판단이 핵심이다. 상표는 상품을 식별하기 위하여 사용하는 표장이므로 상표(서비스표)의 동일·유사의 문제는 반드시 지정상품의 동일·유사와 결부시켜서 판단하여야 한다.

【서비스표의 유사판단과 서비스업의 출처 오인·혼동 여부】

<대법원 2015. 10. 15. 선고 2014다216522 판결>

지정서비스업을 문구판매대행업 등으로 하는 '다이소' 서비스표권 침해사건에서, 등록서비스인 "다이소, DAISO"와 피고들 각 서비스표 중 "다사소, 'DASASO"를 대비하면, 중간 음절은 부각되지 않은 채 첫째 음절과 셋째 음절만으로도 일반 수요자에게 등록서비스표를 연상시킬 수 있는 점, 양 회사의 서비스업이 생활용품 등 판매점으로 일치하고, 취급하는 상품의 품목과 전시 및 판매 방식 등까지 흡사하여 일반 수요자가 양자를 혼동할 가능성은 더욱 높아지는 점 등에 비추어, 피고들이 서비스표를 생활용품 등 판매점 운영을 위하여 사용한 행위는 거래자나 일반 수요자에게 서비스업의 출처에 대하여 오인·혼동을 일으키게 할 우려가 있어 유사상표를 동일한 서비스업에 사용한 행위에 해당하므로 등록서비스표권에 대한 침해행위가 된다.

Ⅱ. 상표의 유사판단

1. 의의

상표의 유사판단은 혼동 여부를 상위개념으로 하여 판단하고, 유사판단의 수단으로 관념·칭호·외관의 세 가지 요소를 하위개념으로 하여 상표를 대비·판단한다.

상품의 출처에 대하여 혼동을 일으킬 우려가 있는 경우 원칙적으로 이들 요소 중 하나만 유사하여도 양 상표는 유사한 것으로 본다. 다만 외관·칭호·관념 중 어느 하나가 유사하더라도 전체로서 출처의 혼동이 없는 경우에는 비유사한 것으로 판단한다. 상표가 식별력 있는 부분과 식별력 없는 요소로 결합되어 있는 경우에는 식별력 있는 부분만이 상표의 요부에 해당하므로, 식별력 있는 요부만을 대비하여 유사 여부를 판단한다.

2. 유사판단의 3요소

(1) 외관유사 외관유사란 대비되는 상표가 그 구성이 유사하기 때문에 상품 출처의 오인·혼동을 일으키게 하는 시각적 요인의 유사를 말한다. 외관의 유사성 판단은 주로 기호, 도형, 입체적 형상 또는 이들과 색채를 결합한 상표 간에 적용되며, 문자상표 간에도 문자의 구성과 형태를 감안하여 외관의 유사성도 고려하여야 한다. 예를 들면, HOP 대 HCP, 百花 대 白花는 외관이 유사하다.

(2) 칭호유사 칭호유사란 상표를 호칭하는 발음이 유사한 청감을 가지고 있어 상품출처의 오인·혼동을 일으키게 하는 청각적 요인의 유사를 말한다. 칭호의 유사여부의 판단은 문자상표 또는 도형, 기호상표 간에 적용된다.

외국문자 상표에 관한 칭호 유사여부의 판단은 내국인 관례상의 칭호는 물론 해당 외국인의 대표적인 칭호도 함께 고려하여야 한다.[1] 오늘날 광고 선전 매체의 비약적 발전에 따라 상품이 상표의 호칭에 의해 식별되는 경향이 강화되고 있어 상표의 유사여부 판단에서 칭호의 유사가 가장 중요한 요소라 할 수 있다.

칭호가 유사하다고 본 예로 千年 대 天然, 삼성 대 SAMSUNG, INTERCEPTOR 대 인터셉터, Leeman 대 Riman, Revillon 대 Revlon, TVC 대 TBC, TOBY 대 TOPY 등이 있다. 유사하지 않다고 본 예로는 Solar 대 Polar, 삼정 대 미쯔이(MITSUI), 송하 대 마쓰시다, 휴마쎈 대 HUMATIN, TBC 대 CBC 등이 있다.

(3) 관념유사 관념유사란 상표의 의미 또는 관념이 서로 유사하기 때문에 상품 출처의 오인·혼동을 일으키는 지각적 요인의 유사를 말한다. 관념의 유사성 판단은 문자, 도형상표들 간에 주로 적용한다. 관념이 유사하다고 본 예로는 삼진수랏상 대 수라, 다이아몬드 도형 대 Diamond, 임금 대 King, 平和 대 Peace, COACH 대 금마차, Golden Spike 대 Golden Spur 등이 있다. 관념이 비유사한 표장의 예로 SUNSHINE 대 일광, 동백표와 Camellia 등이 있다.

---

1) 대법원 2006. 9. 8. 선고 2006후954 판결: 출원상표 "**ELOCOM**"은 선등록상표 "**엘레콤**"과 그 호칭이 유사하므로, 두 상표가 동일·유사한 지정상품에 사용될 경우 거래자나 일반수요자로 하여금 출처의 오인·혼동을 일으키게 할 염려가 있다.

3. 유사판단 시기

상표법 제34조 제1항 제7호에 따라 선등록상표와 출원상표 간의 유사판단에 해당하는지의 판단은 상표등록여부결정시를 기준으로 하여 결정한다(제34조 제2항).

상표등록출원시에는 거절이유로 인용한 상표의 상표권자와 출원인이 서로 타인이었으나 출원일 이후에 주로 심사관의 의견제출통지서를 받은 때에 출원인이 위 인용상표를 인수하여 양 상표권자가 동일인이 된다면 자타상품의 혼동가능성이 없어지므로 상표의 유사판단은 등록결정시를 기준으로 판단한다.

Ⅲ. 관찰방법

1. 기본원칙

상표의 유사여부 판단은 그 상표가 사용될 상품의 주된 수요계층과 기타 상품의 거래실정을 고려하여 평균수요자의 주의력을 기준으로 판단하여야 한다. 상표의 유사여부의 관찰방법은 전체적, 객관적, 이격적 관찰을 원칙으로 하되 상표 구성 중 인상적인 부분(요부)을 중점적으로 비교한다. 이 경우 소리·냄새 등과 같은 유형의 상표는 시각적 표현을 기준으로 유사여부를 비교하여 판단한다.

2. 전체적 관찰

전체적 관찰이란 상표의 유사여부를 판단함에 있어서 주요 부분과 부기적 부분을 구분하여 관찰하는 것이 아니라, 상표 전체에 대해서 비교관찰하는 것을 말한다. 다만, 적절한 전체관찰의 결론을 유도하기 위해서 식별력이 없는 윤곽이나 부기적 사항을 제외하고 식별력이 있는 요부만을 비교·대비하는 요부관찰을 병행한다.

식별기능면에서 보아 외관, 칭호, 관념 중 어느 하나가 동일 또는 유사하여 일반수요자로 하여금 상품 출처의 혼동을 일으키는지 여부를 고려하여야 한다.

전체관찰은 상표의 유사여부 판단에 있어서 원칙적인 관찰방법이다. 실무에서 전체관찰과 함께 보충적으로 요부관찰과 분리관찰을 병행할 수 있다.

【전체관찰에 의한 유사판단 사례】

<대법원 2010. 12. 9. 선고 2009후4186 판결>

상표의 유사여부는 그 외관, 호칭 및 관념을 객관적, 전체적, 이격적으로 관찰하여 그 지정상품의 거래에서 일반 수요자나 거래자가 상표에 대하여 느끼는 직관적 인식을

기준으로 하여 그 상품의 출처에 관하여 오인·혼동을 일으키게 할 우려가 있는지 여부에 따라 판단하여야 하므로, 대비되는 상표 사이에 유사한 부분이 있다고 하더라도 그 부분만으로 분리인식될 가능성이 희박하거나 전체적으로 관찰할 때 출처의 혼동을 명확히 피할 수 있는 경우에는 유사상표라고 할 수 없다. 위 법리와 기록에 비추어 '과자, 캔디, 비스킷, 비의료용 추잉껌, 아이스크림, 초콜릿' 등 187종의 상품을 지정상품으로 하고 "**좋은엄마되기프로젝트**"로 구성된 이 사건 등록상표와 '비의료용 추잉껌, 식용캔디, 비스킷, 초콜릿, 아이스크림'등을 지정상품으로 하고 "**PROJECT**"로 구성된 선등록상표가 유사한지 여부를 살펴본다. 이 사건 등록상표는 '좋은엄마되기프로젝트'라는 한글 10글자로 구성되어 있음에 비하여 선등록상표는 'PROJECT'라는 영문 7글자로 구성되어 있으므로 그 외관이 현저하게 다르다. 나아가 이 사건 등록상표는 '프로젝트'라는 외래어와 그 앞의 '좋은엄마되기'란 어구가 결합하여 이루어진 것이기는 하나, 우리나라의 언어관습과 영어교육수준을 고려할 때 '프로젝트'라는 단어는 일반 수요자나 거래자에게 통상 그 앞에 나오는 단어나 어구와 결합하여 '○계획', '○과제'라는 일체화되고 한정적인 의미가 있는 하나의 단어로 인식될 것이고, 지정상품과의 관계에서 '프로젝트' 부분이 '좋은엄마되기' 부분에 비하여 특별히 식별력이 강한 것도 아니므로, 그 뒷부분에 있는 '프로젝트'만에 의하여 호칭·관념된다기보다는 '좋은엄마되기프로젝트'와 같이 전체적으로 호칭·관념된다고 봄이 자연스럽다. 그런데 선등록상표는 '프로젝트'라고 호칭되므로 이 사건 등록상표는 선등록상표와 그 호칭이 다르고, 관념에서도 이 사건 등록상표는 '좋은 엄마가 되도록 하는 계획', '좋은 엄마가 되기 위한 과제' 등과 같이 구체화된 계획 또는 과제로 관념되나 선등록상표는 구체화되지 않은 일반적이고 포괄적인 의미의 '계획', '과제' 등으로 관념되므로 서로 다르다. 따라서 이 사건 등록상표와 선등록상표를 동일 또는 유사한 상품에 사용한다고 하더라도 일반 수요자나 거래자로 하여금 상품출처에 관하여 오인·혼동을 일으키게 할 염려가 없으므로, 이들 상표는 서로 유사하지 않다.

3. 요부관찰

요부관찰이란 전체관찰과 병행하여 상표를 기능적으로 관찰하여 그 중심적인 식별력을 가진 부분, 즉 요부를 추출하여 요부를 중심으로 유사여부를 판단하는 관찰방법을 말한다. 요부관찰은 전체관찰의 보충적 수단이므로 요부의 선정은 상표를 전체적으로 관찰했을 경우에 식별기능을 가진 부분으로 하여 결정하여야 한다.

상표의 요부 즉 인상적인 부분, 일반적으로 친숙해지기 쉬운 부분, 특히 주의를 끌기 쉬운 부분 또는 특별한 의미를 가진 부분이라 하더라도 수요자에게 주는 식별력 또는 인상의 강약에 따라 요부의 강약이 인정되며 유사여부 판단에 있어서도 이를 배려하여야 한다.

대법원은 "지정상품을 고양이과 동물용 백신(feline vaccines)으로 하고 "FEL-O-VAX"로 구성된 이 사건 출원상표의 'VAX' 부분은 그 한글음역인 '박스'와 더불어 의약업계 분야에서 백신제품 이름의 말미에 덧붙여져 백신을 나타내는 뜻으로 널리 사용되는 관용어라고 볼 소지가 충분히 있고, 그 지정상품과 관련하여 보더라도 일반 수요자 및 거래자들이 백신(vaccine)을 나타내는 약어 내지는 이와 관련 있는 표시라고 쉽게 인식할 수 있다고 보이므로, 이 사건 출원상표 중 'VAX' 부분은 식별력이 없거나 미약하여 요부가 될 수 없고, 'FEL-O-' 부분만이 요부가 된다. 그렇다면 이 사건 출원상표의 'FEL-O-' 부분은 지정상품을 혈압강하제, 순환기용약제 등으로 하고 "펠 로 **Fello**"로 구성된 선출원상표와 그 호칭이 유사하여 양 상표가 동일 또는 유사한 지정상품에 함께 사용되는 경우 일반 수요자나 거래자로 하여금 상품출처에 관하여 오인·혼동을 일으키게 할 염려가 있다고 할 것이므로, 이 사건 출원상표는 선출원상표와 유사하다고 보아야 한다."고 판시하였다.[2)]

4. 객관적 관찰

객관적 관찰이란 상표자체의 구성을 기초로 하여 객관적으로 판단하는 것을 말한다. 즉 인용상표 또는 출원상표의 서체나 그 밖의 표시가 변경되어 사용된 경우 또는 특수한 방법으로 사용된 경우, 부정하게 사용할 의사가 있는지 여부는 상표의 유사여부 판단에 있어서 고려대상이 아니다. 다만, 상표에 따라 그 사용형태가 상품과의 관계에서 분명한 때에는 거래상 혼동될 염려의 유무라는 관점에서 사용형태를 감안하여 유사여부를 판단하여야 한다.

5. 분리관찰

분리관찰이란 결합상표의 경우에 전체관찰에 대한 수정으로서 각 구성부분을 분리하여 상표의 유사여부를 판단하는 관찰방법이다. 분리관찰이 필요한 경우는 (i) 문자와 문자의 결합상표에 있어서 결합이 부자연스럽고 사회통념상 불가분적으로 결합되어 있지 아니한 경우, (ii) 문자와 도형의 결합상표에 있어서 그들 사이에 경중의 차이가 없는 경우, (iii) 하나의 상표에서 두 개 이상의 칭호나 관념을 생각할 수 있는 경우에 그 중 하나의 호칭 관념이 타인의 상표와 동일 또는 유사하다고 인

2) 대법원 2006. 6. 27. 선고 2004후2895 판결.

정될 경우에 분리하여 각 구성부분을 대비하여 상표의 유사를 판단하는 분리관찰을 하여야 한다. 다음은 결합상표에 대한 분리관찰로 유사여부를 판단한 사례이다.

【분리관찰에 의한 유사판단 사례】

<대법원 2012. 7. 26. 선고 2012후702 판결>

이 사건 등록상표 "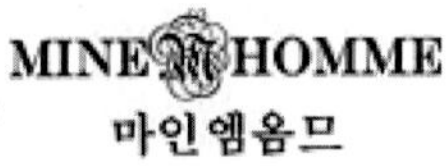

"는 상단에 영문자 'MINE'과 'HOMME'가 영문자 'M'을 도안화한 ''을 중심으로 좌우로 외관상 명확하게 구분하여 표기되어 있고 하단에 상단 영문자의 한글발음인 '마인엠옴므'가 표기된 형태로 구성되어 있다. 그런데 '나의 것'이라는 등의 뜻을 가진 영어 단어와 그 한글발음인 'MINE'과 '마인'이 이 사건 등록상표의 지정상품과 같은 의류 상품에 관하여 사용되는 경우 일반 수요자나 거래자들은 위 영어 단어의 뜻을 좇아 그 상품의 소유관계를 나타내는 것으로 인식하기보다는 소유관계를 포함한 상품에 관한 설명, 묘사나 그 품질·효능·용도 등의 성질에 대한 표시와는 아무런 관련이 없는 임의적인 것으로 인식한다고 봄이 거래사회의 실정 등에 비추어 타당하므로, 'MINE'이나 '마인'은 이 사건 등록상표의 지정상품과의 관계에서 충분한 식별력을 가진다. 반면 'HOMME'와 '옴므'는 '남성'이라는 뜻을 가진 프랑스어 단어 및 그 한글발음으로서 의류 상품과 관련하여 '남성용'을 의미하는 용어로 일반적으로 사용되는 단어이고, ''이나 '엠'은 간단하고 흔한 영문 알파벳 한 글자 또는 그 한글발음으로서 새로운 관념이나 식별력을 가질 정도로 특별하게 구성되어 있지 아니하므로, 이 사건 등록상표의 지정상품과 관련하여 각기 식별력이 없거나 미약한 부분에 해당한다.

따라서 이 사건 등록상표에서 '독립하여 자타 상품을 식별할 수 있는 구성 부분', 즉 요부는 'MINE' 및 '마인' 부분이므로, 이 사건 등록상표는 'MINE' 또는 '마인'만으로 간략하게 호칭·관념될 수 있고, 이 경우 선등록상표 "**M I N E**"과 호칭·관념이 동일하여, 이 사건 등록상표와 선등록상표를 동일 또는 유사한 상품에 사용하는 경우 일반 수요자나 거래자로 하여금 상품출처에 관하여 오인·혼동을 일으키게 할 염려가 있다. 결국 이들 상표는 서로 유사하다고 할 것이다.

Ⅳ. 상품의 동일·유사

1. 상표의 동일·유사 판단

상표는 상품을 식별하기 위하여 사용하는 표지이므로 상표의 동일·유사 판단은 언제나 상품의 동일·유사와 결부시켜서 판단한다. 선등록상표와 출원상표가 동일 또는 유사한지 여부의 판단은 양 상표의 지정상품이 동일·유사하지 아니한 이상 등록이 거절되지 아니하고, 상표권의 금지적 효력은 동일·유사한 상표를 그 지정상품과 동일·유사한 상품에 사용하는 경우에 한하여 미친다. 또한 상표의 동일·유사는 대비되는 상표를 동일하거나 유사한 상품에 사용하는 경우에 수요자에게 출처의 오인이나 혼동을 일으킬 염려가 있는지 여부를 판단하는 것이다.

2. 상품의 유사와 상품류 구분

상표등록출원시 상품 또는 서비스업의 지정은 상표법 제38조 제1항 및 동법 시행규칙 제28조 제1항에서 규정하는 상품류 구분과 특허청의 「유사상품·서비스업심사지침서」를 기준으로 한다. 상품류 구분은 상품의 유사범위를 정하는 것은 아니다(제38조 제3항). 판례에서도 상품류 구분은 상품의 동일·유사여부를 판정하는 절대적인 기준이 될 수 없음을 분명히 하고 있다.

상품의 유사범위를 정하는 기준과 관련하여 대법원은 "상표법 제38조 제1항 및 상표법 시행규칙 제28조 제1항에 의한 상품류 구분은 상표등록사무의 편의를 위하여 구분한 것으로서 상품의 유사범위를 정한 것은 아니므로, 상품구분표의 같은 유별에 속한다고 하여 바로 동일 또는 유사상품이라고 단정할 수 없다. 지정상품의 유사여부는 대비되는 상품에 동일 또는 유사한 상표를 사용할 경우 동일 업체에 의하여 제조 또는 판매되는 상품으로 오인될 우려가 있는가의 여부를 기준으로 하여 판단하되, 상품 자체의 속성인 품질, 형상, 용도와 생산 부문, 판매 부문, 수요자의 범위 등 거래의 실정 등을 종합적으로 고려하여 일반 거래의 통념에 따라 판단하여야 한다.

출원상표 "ACTIV.A.C."의 지정상품인 '가정용 감압 성서 치료기기'와 선등록상표 1 ""의 지정상품 중 '의료용 온도계', 선등록상표 2 "ACTIVE LIFE"의 지정상품인 '인공항문환자/요실금환자용 웨이퍼 부착 플랜지, 인공항문환자요실금환자용 클립 등'은 품질, 형상, 용도와 생산 부문, 수요자의 범위 등에서 상이하므로, 출원상표는 상표법 제34조 제1항 제7호에서 정한 '상표등록을 받을 수 없는 상표에 해당하지 않는다."고 판시하였다.[3]

3. 결합상표의 유사판단

결합상표란 문자, 기호, 도형, 입체적 형상과 이들에 색채를 결합한 표장이 각각 또는 복합적으로 서로 결합하여 구성된 상표를 말한다. 결합상표의 유사여부는 그 결합의 강약 정도를 고려하여 다음과 같이 판단한다. 다만 상표를 이루는 각 구성부분 간의 결합으로 인하여 현저하게 다른 외관, 칭호 또는 관념을 낳는 것이 명백할 때에는 그러하지 아니하다.

(1) 형용사적 문자와 결합하여 유사한 상표 형용사 문자와 결합하여 구성된 상표는 원칙으로 그 형용사 문자가 결합하지 아니한 상표와 유사한 것으로 본다. 형용사적 요소는 원칙적으로 비교대상에서 제외한다. 예를 들면, 얼굴 대 새얼굴, STAR 대 SUPER STAR, 동아 대 신동아, 모란 대 금모란, DIAMOND 대 BLUE DIAMOND, MAGIC SALON 대 SALON은 서로 유사하다.

(2) 2개의 어구가 결합되어 유사한 상표 결합상표는 거래상 분리하여 관찰이 자연스러울 경우 각각의 부분만으로 된 상표와 유사한 것으로 보며, 결합된 어구가 일련 불가분적으로 호칭되거나 새로운 개념을 형성할 경우에는 그러하지 아니하다. 2개의 단어가 결합된 상표는 원칙적으로 각각 부분만으로 된 상표와 유사한 것으로 판단한다. 다만 결합된 어구가 일련 불가분적으로 호칭되거나 새로운 관념을 형성할 경우에는 표장 전체를 비교하여 판단한다.

1) 2개의 어구로 결합되어 유사한 표장 VOLCAN DAMEO 대 VOLCAN 또는 DAMEO, ALCOS-ANAL 대 아날, GS Shopping 대 G. S 지에스, 동방플라자 대 PLAZA, ROSEFANFAN와 ROSE 대 FANFAN, 雪花 대 韓雪花, TREND AURORA 대 AURORA, BOSS + AUDIO SYSTEMS 대 HUGO+HUGO BOSS, QUADRA-TRAC 대 QUADRA, 25시 대 LG 25시, DICKSON 대 ARTHUR DIXON, MARCIANOA 대 GEORGE MARCIANO, GIANNI VERSACE 대 ALFREDO VERSACE.

2) 2개의 어구로 결합되어 유사하지 아니한 표장 SANOMY 대 SAN 또는 NOMY, WORLD CUP 대 WORLD, SUNSTAR 대 SUNMOON, Morning Glory(나팔꽃) 대 Morning 또는 Glory, HOMEPLUS 대 HOME, FREEPORT 대 OLDPORT.

(3) 긴 호칭 또는 결합상표 중의 요부가 유사한 상표 긴 칭호로 인하여 어느 일부분만으로 간략하게 인식될 가능성이 있는 상표는 원칙적으로 그 어느 일부분만으로 구성된 상표와 유사한 것으로 본다. 예를 들면, Cherry blossom boy 대

---

3) 대법원 2005. 8. 19. 선고 2003후1086 판결; 대법원 2009. 7. 9. 선고 2008후5045 판결.

Cherry blossom, Chrysanthemumblesky 대 Chrysanthemum은 유사하다.

(4) 관용문자와 다른 문자가 결합하여 유사한 상표 지정상품과의 관계에서 관용문자와 다른 문자가 결합하여 구성된 상표는 관용문자를 제외한 부분만으로 된 상표와 유사한 것으로 본다. 예를 들면, 직물이 지정상품인 경우 KINGTEX 대 KING, 견직물이 지정상품인 경우 ACELAN 대 ACE는 유사한 것으로 본다.

(5) 단순히 둘 이상의 기술적 표장을 결합한 경우 단순히 둘 이상의 기술적 표장을 결합한 경우는 식별력이 없다. 예를 들면, 도메인 이름의 형태로 구성된 상표의 유사성 판단은 도메인 이름에 공통적으로 쓰이는 부분(www.com)을 포함하여 도메인 이름 전체로 판단을 하여야 한다. 이와 같은 부분은 식별력이 없는 부분이기 때문에 상표의 유사여부 판단에서 제외하고 나머지 부분을 대비하여 판단한다. 예를 들면, @, com, go, edu, org, net, kr 등은 식별력이 없는 표장이다.

(6) 상호상표의 유사판단 상호상표(상호의 약칭으로 된 상표를 포함한다)에 대해서는 상호의 일부분으로서 통상 사용하는 주식회사, 상사, 회사, CO., LTD., 사, 조합, 협동조합 등의 문자(이들의 용어를 외국어로 번역한 문자도 포함한다)가 상호의 요부에 해당하는 문자의 접두어나 혹은 어느 부분에 구성되어 있든 간에 원칙으로 이를 제외하고 상표의 유사여부를 판단한다. 다만 그 판단에 있어서는 그 상호의 저명도와 거래상 적용되는 약칭의 저명도 및 어조를 감안하여 판단한다.

(7) 지리적 명칭이 결합한 상호상표로서 유사한 상표 지리적 명칭과 업종명이 결합한 상호상표는 동일한 지리적 명칭이 결합되어 있는 때에도 업종이 다른 경우에는 원칙적으로 유사하지 아니한 것으로 본다. 예를 들면, 대한방직(주) 대 대한모직(주)(업종이 유사한 경우), 서울전선(주) 대 서울전기(주)(업종이 유사한 경우)는 지리적 명칭이 결합된 상호상표로서 유사한 표장이나. 그러나 대한모직(주) 대 대한철강(주)(업종이 다른 경우), 서울제과공업(주) 대 서울전기공업(주)은 비유사한 표장이다.

(8) 주지 또는 저명한 상표와 다른 문자가 결합된 상표 지정상품과의 관계에 있어서 주지 또는 저명한 상표와 다른 문자가 결합된 상표는 원칙적으로 그 주지 또는 저명한 상표와 유사한 것으로 본다.

(9) 문자, 입체 형상으로 각기 구성된 상표와 이들을 결합한 상표 기호, 문자, 도형, 입체 형상으로 각기 구성된 상표와 (이들과 색채를 결합한 상표를 포함한다) 이들을 결합한 상표 간의 대비 또는 이들을 결합한 상표들 간에 대비를 할 때 유사판단은 기호, 도형 및 입체적 형상은 외관, 칭호, 관념에, 문자는 칭호와 관념에 중점을 두되

이들 표장 간의 전체적 결합상태, 표장의 구성, 형태 등 전체적 외관도 부수적으로 고려하여야 한다.

다만 도형화된 문자 상표는 외관·칭호 및 관념을 함께 고려하여 판단하나, 식별력이 없는 문자상표가 문자인식력을 압도할 정도로 도안화하여 등록받은 경우에는 해당 표장의 외관과 동일·유사한지의 여부를 중심으로 판단한다.

【도형상표의 유사여부를 판단하는 기준】

<대법원 2013. 7. 25. 선고 2011후1548 판결>

상표의 유사여부는 대비되는 상표를 외관, 호칭, 관념의 세 측면에서 객관적, 전체적, 이격적으로 관찰하여 거래상 오인·혼동의 염려가 있는지의 여부에 의하여 판단하여야 하는바, 특히 도형상표들에 있어서는 그 외관이 주는 지배적 인상이 동일·유사하여 두 상표를 동일·유사한 상품에 다 같이 사용하는 경우 일반 수요자나 거래자로 하여금 상품의 출처에 관하여 오인·혼동을 일으킬 염려가 있다면 두 상표는 유사하다고 보아야 할 것이다.

티셔츠 등 의류를 사용상품으로 하는 확인대상표장 “”의 사용자 갑 주식회사가 ‘티셔츠, 스포츠셔츠, 폴로셔츠, 운동용 유니폼’ 등을 지정상품으로 하는 등록상표 “”의 상표권자 을을 상대로 소극적 권리범위 확인심판을 청구한 사안에서, 두 표장은 유사하다.

(10) 성명상표의 유사여부 판단 성명상표의 유사여부 판단은 (i) 거래사회에서 성명 전체로 사용되는 경우, (ii) 국내 수요자에게 성명전체로 어느 정도 인식된 경우, (iii) 외국에서 흔한 이름에 성이 결합된 경우, (iv) 상표의 구성 형태로 보아 전체로 인식될 수 있는 경우에 대하여 전체관찰에 의하여 판단한다. 예를 들면,(i) 성명 전체로 사용된 경우: Calvin Klein, YvesSaintLaurent, Arnold Palmer, (ii) 성명 전체로 어느 정도 알려진 경우: Michael Jackson, NINA RICCI, Kurt Geiger, (iii) 흔한 이름에 성이 결합한 경우(비유사): steven BY STEVE MADDEN 대 steven ALAN, Smith Apple 대 SMITH&WOLLENSKY 등은 전체관찰로 판단한다.

【성명상표의 유사여부 판단 사례】

<대법원 2003. 1. 10. 선고 2001후2986 판결>

상표권 침해여부를 판단함에 있어서, 대법원은 인용상표 "NINA RICCI"는 NINA와 RICCI 부분이 일련 불가분적으로 결합되어 있는 것은 아니지만 그 지정상품과 관련하여 국내 수요자간에 널리 인식되어 있는 상표로서 실세 거래사회에서 항상 전체로서만 사용되고 인식되어져 왔을 뿐 RICCI만으로 분리 약칭되어 사용된 예를 찾아보기 어렵고, RICCI가 특별히 식별력이 강한 부분도 아니어서 보통의 주의력을 가진 국내의 일반 수요자나 거래자들이 거래상황에서 상표를 보고 받는 직관적 인식을 기준으로 인용상표를 RICCI만으로 약칭하여 호칭한다고 보는 것은 매우 부자연스럽다고 할 것이므로 이러한 구체적 거래실정을 감안하면 인용상표는 RICCI만으로 약칭된다고 보기 어려워 등록상표 "RobertoRicci"와 유사하지 않다고 판단하였다.

이와 반대로 대법원 판례 가운데 외국인의 성명을 분리관찰하여 판단한 사례들이 다수 있다. 판례에 의하면 등록상표 "**GEORGES MARCIANO**"와 선출원상표 "GUESS BY MARCIANO"가 동일·유사한 지정상품에 함께 사용되는 경우 양 상표는 요부인 'MARCIANO' 부분을 모두 포함하고 있어 그 출처에 오인·혼동이 발생할 가능성이 있으므로 서로 유사하다고 한다.[4] 대법원은 "채무자가 사용하는 "ALFREDO VERSACE" 상표는 그 구성 부분인 ALFREDO와 VERSACE가 분리관찰되면 거래상 자연스럽지 못하다고 여겨질 정도로 불가분적으로 결합되어 있다고 할 수 없으므로 ALFREDO 또는 VERSACE만으로 간략하게 호칭, 관념될 수 있고, 그 한글표기인 "알프레도 베르사체" 상표도 마찬가지이다. 이들 채무자 상표들이 베르사체만으로 호칭, 관념되는 경우 채권자의 등록상표 Versace 상표와 호칭 및 관념이 동일하고, 베르사체만으로 약칭될 수 있는 채권자의 나머지 등록상표들인 "GIANNI VERSACE", "VERSUS GIANNI VERSACE"는 호칭 및 관념이 동일하므로 채권자 상표들과 채무자 상표들을 전체적, 객관적, 이격적으로 관찰할 때 서로 유사한 상표다."고 판시하였다.[5]

---

4) 대법원 2008. 11. 27. 선고 2008후101 판결.

5) 대법원 2002. 4. 26. 선고 2001다4057 판결.

제9장 상표심판 및 재심

Ⅰ. 서설

상표심판이란 이미 설정등록되어 있는 상표권을 둘러싼 분쟁이나 상표등록출원에 대한 거절결정과 같은 심사관의 처분에 대하여 불복이 있을 경우, 특허심판원에서 분쟁해결절차로서 행하는 행정심판의 일종이다. 상표심판은 특허심판과 절차가 거의 동일할 뿐만 아니라 그 심리방식도 동일하고, 3인 또는 5인의 심판의 합의체가 준사법적인 절차에 따라 상표권의 분쟁을 해결하는 것도 동일하다. 상표심판에는 결정계 심판과 당사자계 심판이 있다.

결정계 심판은 특허청 심사관의 처분에 불복하는 심판으로 주로 상표등록출원의 거절결정에 대하여 출원인이 특허청의 처분을 다투는 것으로서 행정쟁송의 한 유형이다. 결정계 심판은 당사자의 대립구조를 취하지 않고, 피청구인이 없고 단지 청구인만 존재한다. 당사자계 심판은 이미 설정된 권리 또는 사실관계에 관한 분쟁을 다루며, 당사자는 청구인과 피청구인이 대립되는 구조를 갖는 심판이다. 상표법에 규정된 심판에는 거절결정에 대한 심판, 보정각하결정에 대한 심판, 상표등록의 무효심판, 존속기간갱신등록의 무효심판, 지정상품 추가등록 무효심판, 상표등록의 취소심판, 권리범위 확인심판이 있다.

Ⅱ. 결정계 심판

1. 보정각하결정에 대한 심판

보정각하결정을 받은 자가 그 결정에 불복할 경우에는 그 결정등본을 송달받은 날부터 30일 이내에 심판을 청구할 수 있다(제115조). 보정각하결정에 대한 심판은 상표등록출원에 관하여 상표 또는 지정상품을 출원공고결정 전에 보정을 하였으나 그 보정의 요지가 변경되었다고 하여 심사관이 보정각하결정(제42조)을 한 경우에 불복을 할 수 있는 심판제도이다.

2. 거절결정에 대한 심판

상표등록거절결정, 지정상품추가등록 거절결정 또는 상품분류전환등록 거절결정을 받은 자가 불복하는 경우에는 그 거절결정의 등본을 송달받은 날부터 30일 이내에 심판을 청구할 수 있다(제116조). 상표등록 거절결정심판은 특허청 행정처분의 취소 및 상표등록출원의 거절결정에 대해서 출원인에게 불복의 수단을 제공하고 심사의 적정을 기하기 위한 행정절차이다.

Ⅲ. 당사자계 심판

1. 상표등록의 무효심판

(1) 의의 이해관계인 또는 심사관은 상표등록 또는 지정상품의 추가등록이 다음 각 호의 어느 하나에 해당하는 경우에는 무효심판을 청구할 수 있다. 이 경우 등록상표의 지정상품이 둘 이상인 경우에는 지정상품마다 청구할 수 있다(제117조 제1항 후단).

상표등록의 무효심판이란 이해관계인이 설정등록된 상표권이 일정한 무효사유가 있다는 것을 이유로 하여 특허심판원에 심판을 청구한 경우에, 심판의 합의체가 이를 심판하는 특별한 행정절차를 말한다. 상표등록의 무효심판청구는 언제나 가능하며, 상표권이 소멸된 후에도 이를 청구할 수 있다(제117조 제2항).

(2) 이해관계인 무효심판의 청구인 적격은 이해관계인과 심사관에 한한다. 이해관계인이란 상표권이 유효하게 존속함으로 말미암아 직접 또는 간접으로 불이익을 받을 염려가 있는 자를 말하므로 동종업계 종사자를 포함하여 상표권자로부터 권리의 대항을 받을 염려가 있음으로 인하여 현재 손해를 받고 있거나 장래 손해를 받을 염려가 있는 자는 모두 이해관계인에 속한다.

(3) 무효사유 상표등록의 무효심판에 적용되는 무효사유는 다음과 같이 해당 조문을 위반한 경우이다. (ⅰ) 상표등록 또는 지정상품이 추가등록이 상표등록을 받을 수 있는 자(제3조), 외국인의 권리능력(제27조), 상표등록의 요건(제33조), 상표등록을 받을 수 없는 상표(제34조), 선출원(제35조), 유사한 지정상품 이전(제48조 제2항 후단), 출원의 지분 양도 등(제48조 제4항 또는 제6항부터 제8항까지), 상표거절결정(제54조 제1호, 제2호 및 제4호부터 제7호까지의 규정)을 위반한 경우, (ⅱ) 상표등록 또는 지정상품의 추가등록이 그 상표등록출원에 의하여 발생한 권리를 승계하지 아니한 자가 한 것인 경우, (ⅲ) 지정상품의 추가등록이 제87조 제1항 제3호에 위반된 경우, (ⅳ) 상표등록 또는 지정상품의 추가등록이 조약에 위반된 경우, (ⅴ) 상표등록된 후 그 상표권자가 제27조(외국인의 권리능력)에 따라 상표권을 누릴 수 없는 자로 되거나 그 등록상표가 조약

에 위반된 경우, (vi) 상표등록 후 그 등록상표가 제33조 제1항 각 호의 어느 하나(식별력이 없는 상표)에 해당하게 된 경우, (vii) 지리적 표시 단체표장등록이 된 후 그 등록단체표장을 구성하는 지리적 표시가 원산지 국가에서 보호가 중단되거나 사용되지 아니하게 된 경우이다. 상기 (i)의 무효사유는 상표법 제54조 제1항 각 호(거절이유)와 거의 동일하다.

1상표 1출원(제38조 제1항)을 위반한 경우 거절이유 등에는 해당되나 미미한 절차상 흠이기 때문에 이미 등록된 상표권에 있어서는 무효사유로 규정하고 있지 않다.

특히 사용에 의한 식별력을 인정하는 상표법 제33조 제2항은 무효사유에서 제외된다는 점에 유의해야 한다(제117조 제1항 제6호). 또한 등록상표라 하더라도 후발적인 이유로 식별력을 잃거나 조약에 위반된 경우는 무효사유로 제재하고 있어 이런 점들은 거절이유 등과 차이가 있다.

(4) 법적효력 상표등록을 무효로 한다는 심결이 확정된 경우에는 그 상표권은 처음부터 없었던 것으로 본다. 다만, 상표법 제117조 제1항 제6호부터 제7호까지[앞에서 열거한 무효사유 (v)부터 (vii)까지]의 규정에 따라 상표등록을 무효로 한다는 심결이 확정된 경우에는 상표권은 그 등록상표가 같은 호에 해당하게 된 때부터 없었던 것으로 본다(제117조 제3항).

상표법 제117조 제3항 단서를 적용하는 경우에 등록상표가 제1항 제5호부터 제7호까지[(v)부터 (vii)까지]의 규정에 해당하게 된 때를 특정할 수 없는 경우에는 해당 상표권은 상표법 제117조 제1항에 따른 무효심판이 청구되어 그 청구내용이 등록원부에 공시(公示)된 때부터 없었던 것으로 본다. 심판장은 상표법 제117조 제1항의 무효심판이 청구된 경우에는 그 취지를 해당 상표권의 전용사용권자와 그 밖의 상표에 관한 권리를 등록한 자에게 통지하여야 한다.

2. 권리범위 확인심판

(1) 의의 상표권자, 전용사용권자 또는 이해관계인은 등록상표의 권리범위를 확인하기 위하여 상표권의 권리범위 확인심판을 청구할 수 있다. 이 경우 등록상표의 지정상품이 둘 이상 있는 경우에는 지정상품마다 청구할 수 있다(제121조). 권리범위 확인심판이란 특정대상물인 소위 확인대상상표와 대비하여 상표권의 권리범위에 속하는지의 여부를 판단하는 심판이다. 상표권자는 제3자가 특정한 상품(사용상품)에 대하여 사용하는 상표(사용상표)가 등록상표와 동일·유사하고 제3자의 사용상품과 상표권자의 등록상표의 지정상품이 동일·유사할 경우, 상표권자는 특허심판원에 상표

권의 효력범위를 확인하는 심판을 청구할 수 있다.

(2) 판단기준 등록상표의 구성 중 등록결정 당시 식별력이 없던 부분이 권리범위 확인심판의 심결 당시 사용에 의한 식별력을 취득한 경우, 상표의 유사여부 판단시 위 부분을 등록상표에서 중심적 식별력을 가지는 부분으로 간주한다.

상표의 유사여부는 그 외관, 호칭 및 관념을 객관적, 전체적, 이격적으로 관찰하여 그 지정상품의 거래에서 일반 수요자들이 상표에 대하여 느끼는 직관적 인식을 기준으로 그 상품의 출처에 관하여 오인·혼동을 일으키게 할 우려가 있는지에 따라 판단하여야 한다. 그리고 그 판단에서는 자타상품을 구별할 수 있게 하는 식별력의 유무와 강약이 주요한 고려요소가 된다. 상표의 식별력은 그 상표가 가지고 있는 관념, 상품과의 관계, 해당 상품이 거래되는 시장의 성질, 거래 실태 및 거래 방법, 상품의 속성, 수요자의 구성, 상표 사용의 정도 등에 따라 달라질 수 있는 상대적 또는 유동적인 것이므로, 이는 상표의 유사여부와 동일한 시점을 기준으로 그 유무와 강약을 판단하여야 한다.

(3) 유사판단의 판단시점 권리범위 확인심판 사건에서 등록상표와 확인대상표장의 상표권의 유사여부를 판단하기 위한 요소가 되는 등록상표의 식별력은 상표의 유사여부를 판단하는 기준시인 심결시를 기준으로 판단하여야 한다. 대법원은 "등록상표의 전부 또는 일부 구성이 등록결정 당시에는 식별력이 없거나 미약하였다고 하더라도 그 등록상표를 전체로서 또는 일부 구성 부분을 분리하여 사용함으로써 권리범위 확인심판의 심결 시점에 이르러서는 수요자들에게 누구의 상품을 표시하는 것인지 현저하게 인식될 정도가 되어 중심적 식별력을 가지게 된 경우에는 이를 기초로 상표의 유사여부를 판단하여야 한다."고 판시하였다.[1)]

Ⅳ. 상표등록의 취소심판 일반

1. 의의

상표등록의 취소심판이란 일단 유효하게 상표등록이 된 후에 상표법 제119조(상표등록의 취소심판) 제1항에 열거된 취소의 사유에 해당됨을 이유로, 그 등록의 효력을 장래에 향하여 소멸시키는 심판이다. 상표등록을 취소한다는 심결이 확정되었을 경우에는 그 상표권은 그때부터 소멸된다. 다만, 불사용취소심판(제119조 제1항 제3호)에

1) 대법원 2014. 3. 20. 선고 2011후3698 판결.

해당하는 것을 사유로 취소한다는 심결이 확정된 경우에는 그 심판청구일에 소멸하는 것으로 한다(제119조 제6항). 따라서 상표등록의 취소심판의 법적 성격은 심판절차에 의하여 취소심결이 확정된 때 또는 심판청구일에 상표권의 효력이 소멸된다는 점에서 형성적 성질을 가진 준사법적 행정행위라 할 수 있다.

2. 취지

상표등록의 취소심판은 등록상표가 등록 후 정당한 이유 없이 사용되지 아니할 경우에는 상표의 본래적 기능을 수행하지 못할 뿐만 아니라 제3자의 상표선택의 자유를 부당하게 제한하는 한편 시장진입을 어렵게 만들어 산업발전에도 아무런 도움이 되지 않으며 출원건수의 급증, 상표등록원부에 수많은 공권 설정에 의한 폐단이 초래되기 때문에 이러한 폐해를 해소하려는 것이 제도의 취지이다.

특허법이나 실용신안법은 그 권리자가 정당한 이유 없이 국내에서 3년 이상 그 발명이나 실용신안을 불실시할 경우 이해관계인의 신청에 의해 재정에 의한 강제실시권(특허법 제107조)의 설정에 따라서 특허권의 실시를 제한할 수 있는 제도를 두고 있으나, 상표법에서는 상표권의 실시를 강제하는 강제실시제도가 없다.

3. 상표등록의 취소심판 사유

상표등록의 취소심판 사유는 상표법 제119조 제1항에서, 전용사용권 및 통상사용권의 등록의 취소심판은 동법 제120조에 규정되어 있다. 상표등록의 취소심판 사유는 다음과 같다. 즉 (i) 상표권자의 부정사용으로 인한 상표등록의 취소, (ii) 사용권자의 오인·혼동행위로 인한 상표등록의 취소, (iii) 등록상표의 불사용으로 인한 상표등록의 취소, (iv) 상표권의 이전에 관한 요건을 위반한 경우, (v) 유사한 등록상표의 이전의 결과 오인·혼동을 초래하게 하는 경우, (vi) 등록상표의 사용이 부정경쟁행위에 해당하는 경우, (vii) 단체표장의 사용과 관련된 고유의 취소사유, 단체표장 정관변경 위법행위로 수요자에게 상품 품질의 오인·혼동을 불러일으키게 한 경우, (viii) 지리적 표시 단체표장의 사용과 관련하여 위법행위로 수요자에게 상품 품질의 오인·혼동을 불러일으키게 한 경우, (ix) 증명표장과 관련하여 위법행위로 수요자에게 상품의 품질 등의 오인·혼동을 불러일으키게 한 경우, (x) 상표사용권 등록의 취소가 있다. 본 장에서는 실무에서 자주 다루어지는 상표권자의 부정사용으로 인한 상표등록의 취소, 등록상표의 불사용으로 인한 상표등록의 취소 및 상표사용권 등록의 취소에 대해서만 해설한다.

4. 청구인

상표등록의 취소심판은 누구든지 청구할 수 있다. 다만, 상표권의 이전에 관한 요건을 위반한 경우(제119조 제1항 제4호) 및 등록상표의 사용이 부정경쟁행위에 해당하는 경우(제119조 제1항 제6호)에 해당하는 것을 사유로 하는 심판은 이해관계인만이 청구할 수 있다(제119조 제5항). 상표등록의 취소심판을 청구하고자 하는 자는 심판청구서를 특허심판원장에게 제출하여야 한다.

5. 취소심판의 심결확정의 효과

(1) 심결확정일 또는 심판청구일부터 소멸 상표등록을 취소한다는 심결이 확정되었을 경우에는 그 상표권은 그때부터 소멸된다. 다만, 상표등록의 불사용에 해당하는 것을 사유로 취소한다는 심결이 확정된 경우에는 그 심판청구일에 소멸하는 것으로 본다(제119조 제6항).

(2) 지정상품의 취소 불사용취소심판에 해당하는 것을 사유로 하여 취소심판을 청구하는 경우 등록상표의 지정상품이 둘 이상 있는 경우에는 일부 지정상품에 관하여 취소심판을 청구할 수 있다(제119조 제2항). 그러나 부정사용에 의한 취소심판(제119조 제1항 제1호)의 경우에는 상표권 전부를 취소한다. 즉 지정상품 일부에 관하여 부정사용 사실이 있으면 지정상품 전부에 관한 상표권을 취소한다.

(3) 심결이 확정된 날로부터 3년이 경과한 후 재출원 가능 상표등록취소심판이 청구되고 그 청구일 이후에 (ⅰ) 존속기간의 만료로 인한 상표권의 소멸, (ⅱ) 상표권의 전부 또는 일부의 포기, (ⅲ) 상표등록 취소심결의 확정 중 어느 하나에 해당하게 된 경우에는 상표권자 또는 그 상표를 사용한 자는 포기한 날, 소멸한 날 또는 그 심결이 확정된 날로부터 3년이 경과한 후에 소멸된 등록상표와 동일 또는 유사한 상표를 그 지정상품과 동일 또는 유사한 상품에 대하여 출원해야만 상표등록을 받을 수 있다(제34조 제3항).

(4) 일시부재리의 적용여부 상표법 제119조 제1항 제3호가 적용되기 위해서는 '취소심판청구일 전 계속하여 3년 이상 국내에서 불사용이' 충족되어야 하므로 그 성질상 일시부재리가 적용될 여지가 없다. 특히 지정상품 전부에 대하여 취소심판이 청구되었으나, 그 중 1개의 지정상품 사용사실이 인정되어 심판청구에 대한 기각심결이 확정된 경우 그 후 다시 그 사용사실이 입증된 지정상품을 제외한 나머지 상품에 대하여 본 호의 취소심판을 청구한 경우에도 양 사건이 청구원인이 동일하여 동일사

실에 기초한 것이라고 보기는 어려우므로 일사부재리 효력에 반하지 않는다.

6. 2016년 개정법의 상표등록 취소심판제도의 내용

(1) 상표권 소멸 후 1년간 상표등록 제한 규정의 삭제 먼저 출원하여 등록한 상표에 대한 상표권이 소멸한 후 그 상표와 동일·유사한 상표를 타인이 상표등록 하려는 경우, 지금까지는 그 상표권이 소멸한 날부터 1년이 지나지 아니하면 상표등록을 받을 수 없도록 하는 규정인 구 상표법 제7조 제1항 제8호를 삭제하였다. 출원인은 1년이 지나지 아니하여도 소멸된 상표를 등록받을 수 있어서 새로 출원함에 따라 발생하는 시간과 비용을 절감하고, 신속한 권리화를 할 수 있다.

(2) 불사용 취소심판의 심결 효력 상표등록을 취소한다는 심결이 확정되었을 경우에는 그 상표권은 그때부터 소멸된다. 다만, 불사용 취소심판에 해당하는 것을 사유로 심결이 확정된 경우에는 그 심판청구일에 소멸하는 것으로 본다(제119조 제6항).

이는 불사용 취소심판의 심결이 확정되면 그 심판청구일에 소급하여 상표권이 소멸되도록 함으로써, 등록만 받아두고 실제로 사용하지 않아 타인의 상표선택권과 기업의 영업활동을 제한하는 문제를 해소할 수 있도록 하는 데에 취지가 있다.

(3) 청구인 범위의 확대 사용하지 않은 상표에 대한 상표등록의 취소심판을 종전에는 이해관계인만 청구할 수 있도록 하여 왔으나, 2016년 개정법에서 누구든지 청구할 수 있도록 청구인의 범위를 확대하였다. 다만, 상표법 제1항 제4호 및 제6호에 대한 취소심판 청구의 경우)에 해당하는 것을 사유로 하는 심판은 이해관계인만 청구할 수 있다(제119조 제5항).

Ⅴ. 부정사용 취소심판

1. 취지

상표권자가 고의로 지정상품에 등록상표와 유사한 상표를 사용하거나 지정상품과 유사한 상품에 등록상표 또는 이와 유사한 상표를 사용함으로써 수요자에게 상품의 품질을 오인하게 하거나 타인의 업무와 관련된 상품과 혼동을 불러일으키게 한 경우 그 상표등록의 취소심판을 청구할 수 있다(제119조 제1항 제1호).

상표권자가 고의로 지정상품에 등록상표와 유사한 상표를 사용하거나 지정상품과 유사한 상품에 등록상표 또는 이와 유사한 상표를 사용함으로써 수요자에게 상품 품질을 오인하게 하거나 타인의 업무에 관련된 상품과의 혼동을 불러일으키게 한 경우에 그 상표등록을 취소할 수 있도록 한 취지는 상표권자가 상표제도의 본래 목적에 반하여 자신의 등록상표를 그 사용권 범위를 넘어 부정하게 사용하지 못하도록 규제함으로써 상품 거래의 안전을 도모하고, 타인의 상표의 신용이나 명성에 편승하려는 행위를 방지하여 거래자와 수요자의 이익보호는 물론 다른 상표를 사용하는 사람의 영업상 신용과 권익도 아울러 보호하려는 데에 있다.[2)]

2. 성립요건

상표권자의 부정사용으로 인한 상표등록 취소심판은 (i) 상표권자의 사용일 것, (ii) 등록상표의 동일성을 벗어난 유사범위 내의 사용일 것, (iii) 수요자로 하여금 상품의 품질의 오인 또는 출처의 혼동을 생기게 하였을 것, (iv) 대상상표를 고의로 사용하였을 것을 모두 충족한 경우에 성립된다.

상표권자가 자신의 등록상표가 타인의 상표와 동일·유사하게 변형 사용되는 것을 적극적으로 희망하여 의도적으로 그 변형이 용이하도록 상표를 제작·부착하고, 그 상표가 부착된 상품의 판매자나 수요자에게 그 상표의 변형 방법을 주지시키고, 이로 말미암아 실제로 등록상표가 상표권자의 의도대로 상품의 판매자나 수요자들에 의하여 인용상표들과 동일·유사하게 변형되어 유통·사용되었다면, 이는 상표권자가 직접 등록상표에 변형을 가한 경우와 마찬가지로 타인의 상표의 신용이나 명성에 편승하려는 부정경쟁의 목적으로 등록상표의 사용권의 범위를 넘어 등록상표를 부정하게 사용한 경우로서 이는 상표법 제119조 제1항 제1호의 상표권자가 고의로 지정상품에 등록상표와 유사한 상표를 사용함으로써 수요자에게 상품 품질을 오인하게 하거나 타인의 업무에 관련된 상품과의 혼동을 불러일으키게 하는 경우에 해당한다.

3. 대상상표

상표권자가 사용하는 실사용 상표와 타인의 상표(대상상표) 사이의 혼동 유무는 해당 실사용 상표의 사용으로 인하여 수요자로 하여금 그 타인의 상표의 상품과의 사이에 상품의 품질의 오인이나 출처의 혼동을 생기게 할 우려가 객관적으로 존재하는가의 여부에 따라 결정하면 충분하므로, 그 타인의 상표가 해당 등록상표의 권리범위에 속하거나 상표법상의 등록상표가 아니라고 하더라도 그 혼동의 대상이 되는 상표로 삼을 수 있다. 대상상표는 주로 주지·저명한 상표이다.

---

2) 대법원 2013. 12 .26. 선고 2012후1521 판결.

4. 고의의 추정

상표권자가 오인·혼동을 일으킬 만한 대상상표의 존재를 알면서 그 대상상표와 동일·유사한 실사용 상표를 사용하는 한 상표의 부정사용의 고의가 있다 할 것이고, 특히 그 대상상표가 주지·저명 상표인 경우에는 그 대상상표나 그 표장상품의 존재를 인식하지 못하는 등의 특단의 사정이 없는 한 고의로 추정된다(제112조).[3]

【부정사용으로 인하여 상표등록이 취소된 사례】

<대법원 2005. 6. 16. 선고 2002후1225 전원합의체 판결>

> 상표권자가 실제로 사용한 상표인 "ROOT SPORT"(이하 " 이 사건 실사용 상표"라 한다)와 이 사건 대상상표 사이의 혼동 여부에 관하여, 수요자들이 이 사건 실사용 상표를 보고 'ROOTS'와 'SPORT'가 축약된 것이라는 인식을 가지기 매우 쉬운 점과 이 사건 실사용 상표를 사용할 당시 국내에서 이 사건 대상상표가 알려진 정도에 비하여 이 사건 등록상표에 대한 인식은 미미하였던 점 등을 고려하면, 피고 등이 사용하는 상표 "**ROOTS**"(이하 "이 사건 대상상표"라 한다)는 국내에서 상표등록을 받지 아니한 저명한 상표로서 이 사건 등록상표 "ROOT"의 권리범위에 속한다고 할 수 있고, 상표권자가 실제로 사용하는 상표와의 혼동의 대상이 되는 상표로 삼을 수 있다. 따라서 상표법 제119조 제1항 제1호를 위배한 이 사건 등록상표는 취소되어야 한다.

Ⅵ. 불사용 취소심판

1. 취지

상표권자·전용사용권자 또는 통상사용권자 중 어느 누구도 정당한 이유 없이 등록상표를 그 지정상품에 대하여 취소심판청구일 전 계속하여 3년 이상 국내에서 사용하지 있지 아니한 경우에 그 상표등록의 취소심판을 청구할 수 있다(제119조 제1항 제3호). 본 조의 취지는 일정한 요건만 구비하면 사용 여부와 관계없이 상표를 등록받을 수 있도록 하는 등록주의를 채택함으로써 발생할 수 있는 폐해를 시정하고 타인의 상표 선택의 기회를 확대하기 위하여, 상표권자 또는 사용권자에게 등록상표를 지정상품에 사용할 의무를 부과하고 일정기간 상표를 사용하지 않은 경우 그에 대

---

3) 제112조(고의의 추정): 등록상표임을 표시한 타인의 상표권 또는 전용사용권을 침해한 자는 그 침해행위에 대하여 그 상표가 이미 등록된 사실을 알았던 것으로 추정한다.

한 제재로 상표등록을 취소할 수 있도록 하는 데에 있다.

2. 성립요건

상표등록의 불사용취소심판은 (ⅰ) 상표권자 및 상표사용권자의 불사용일 것, (ⅱ) 사용하지 아니한 데 대한 정당한 이유가 없을 것, (ⅲ) 심판청구일 전 계속하여 3년 이상 국내에서 불사용하였을 것, (ⅳ) 등록상표를 그 지정상품에 사용하지 않을 것을 충족해야 성립된다. 상표등록의 불사용취소심판이 청구된 경우에는 피청구인이 해당 등록상표를 취소심판청구에 관계되는 지정상품 중 하나 이상에 대하여 그 심판청구일 전 3년 이내에 국내에서 정당하게 사용하였음을 증명하지 아니하면 상표권자는 취소심판청구와 관계되는 지정상품에 관한 상표등록의 취소를 면할 수 없다. 다만, 피청구인이 사용하지 아니한 것에 대한 정당한 이유를 증명한 경우에는 그러하지 아니하다(제119조 제3항).

3. 동일한 범위 내의 사용

등록상표를 사용한다고 함은 등록상표와 동일한 상표를 사용한 경우를 말하고, 유사상표를 사용한 경우는 포함되지 않는다. 동일한 상표에는 등록상표 그 자체뿐만 아니라 거래통념상 등록상표와 동일하게 볼 수 있는 형태의 상표도 포함된다. 불사용으로 인한 등록취소심판 사건에서 지정서비스업의 해석·판단 시 등록서비스표가 상표법 제119조 제1항 제3호에 해당하지 않기 위해서는 소정 기간 내 국내에서 등록서비스표와 동일한 표장을 사용하여야 한다.

본 호에서 규정하는 등록상표의 사용이란 등록상표와 동일한 상표를 사용한 경우를 말하고, 등록상표가 결합상표이고 결합상표를 이루는 기호나 문자 또는 도형들이 각기 상표의 요부를 구성하고 있는 경우에는 그 중 어느 한 부분만을 상표로 사용하였다 하더라도 이를 들어 등록상표를 정당하게 사용한 것이라고 할 수 없다.

판례는 "GUESS BY MAURICE MARCIANO"로 구성된 등록상표는 그 구성 중 'MAURICE MARCIANO' 또는 'MAURICE'와 'MARCIANO' 각각이 'GUESS'와 동등하게 그 요부를 구성한다고 보아야 하므로, 그 구성 중 하나의 요부에 해당하는 'MAURICE'가 생략된 표장인 "GUESS BY MARCIANO"를 사용한 것이 등록상표와 동일한 상표를 그 지정상품에 정당하게 사용한 것으로 볼 수 없다고 한다.[4)]

---

4) 대법원 2005. 7. 15. 선고 2004후1588 판결.

【영문자와 한글 결합상표에서 한 부분만 사용한 경우 동일성 판단】

<대법원 2013. 9. 26. 선고 2012후2463 전원합의체 판결>

> 영문자와 이를 단순히 음역한 한글이 결합된 등록상표 중에서 영문자 부분 또는 한글 음역 부분만으로 구성된 상표를 사용하는 것이 거래통념상 등록상표와 동일하게 볼 수 있는 형태의 상표를 사용하는 것에 해당하는지 여부에 대하여 영문자와 이를 단순히 음역한 한글이 결합된 등록상표(CONTINENTAL/콘티넨탈)에서, 실사용 상표 "CONTINENTAL"은 그 영문 단어 자체의 의미로부터 인식되는 관념 외에 그 결합으로 말미암아 새로운 관념이 생겨나지 않고, 영문자 부분과 한글 음역 부분 중 어느 한 부분(콘티넨탈)이 생략된 채 사용된다고 하더라도 일반 수요자나 거래자에게 통상적으로 등록상표 그 자체와 동일하게 호칭될 것으로 보이는 한, 그 등록상표 중에서 영문자 부분 또는 한글 음역 부분만으로 구성된 상표를 사용하는 것은 거래통념상 등록상표와 동일하게 볼 수 있는 형태의 상표를 사용하는 것에 해당한다.

판례에 의하면, 자신의 상표가 아니라 주문자가 요구하는 상표로 상품을 생산하여 주는 주문자상표부착생산 방식(이른바 OEM 방식)에 의한 수출의 경우 상품제조에 대한 품질관리 등 실질적인 통제가 주문자에 의하여 유지되고 있고 수출업자의 생산은 오직 주문자의 주문에만 의존하며 생산된 제품 전량이 주문자에게 인도되는 것이 보통이므로, 상표법 제119조 제1항 제3호에 의한 상표등록취소심판에서 누가 상표를 사용한 것인지를 판단하면서는 특별한 사정이 없는 한 주문자인 상표권자나 사용권자가 상표를 사용한 것으로 보아야 한다고 한다.[5)]

4. 등록상표를 그 지정상품에 사용하는 경우

상표법 제119조 제1항 제3호에서 '등록상표를 그 지정상품에 사용하는 경우'란 등록상표와 동일한 상표를 사용한 경우를 말하고, 등록된 상표와 동일한 상표를 사용하는 경우는 물론 거래통념상 식별표지로서 상표의 동일성 해치지 않을 정도로 변형하여 사용하는 경우도 포함된다. 그러나 유사상표를 사용한 경우는 동일한 상표의 사용으로 간주하지 않는다. 등록상표가 반드시 독자적으로만 사용되어야 할 이유는 없으므로 다른 표장과 함께 등록상표가 표시되었다고 하더라도 등록상표가 상표로서의 동일성과 독립성을 지니고 있어 다른 표장과 구별되는 식별력이 있는 경우에는 등록상표의 사용이라고 할 수 있다.

판례에 의하면, '새나라'와 'SAE NA RA'가 상하 2단으로 병기된 등록서비스표

---

5) 대법원 2012. 7. 12. 선고 2012후740 판결.

의 전용사용권자가 포장상자에 “새나라치킨”과 “SAE NA RA/CHICKEN”의 두 표장을 사용한 것은 그 배열위치와 글자체의 차이에도 불구하고 거래통념상 등록서비스표 전체와 동일성이 있는 서비스표를 사용한 것으로 볼 수 있다고 판시하였다.[6)]

Ⅶ. 상표사용권 등록의 취소심판

1. 의의

전용사용권 또는 통상사용권(이하 “상표사용권”이라 한다) 등록의 취소심판이란 상표권자와의 계약에 의하여 유효하게 설정등록된 상표사용권이 일정한 법정사유에 해당하여, 이를 특허심판원 심판관합의체가 심판절차에 의하여 장래를 향하여 소멸시키는 심판이다. 전용사용권자 또는 통상사용권자가 상표법 제119조 제1항 제2호[7)]에 해당하는 행위를 한 경우에는 그 상표사용권 등록의 취소심판을 청구할 수 있다(제120조 제1항). 이 심판은 상표사용권의 등록만을 취소시킨다는 점에서 상표법 제119조 제1항 제2호에서 규정한 상표등록의 취소심판과 구별된다.

상표사용권 등록의 취소심판은 사용권자에게도 상표권자와 마찬가지로 등록상표의 정당사용을 강제함으로써 건전한 상거래질서를 확립하기 위한 취지에서 마련된 제도이다.[8)]

2. 취소심판의 청구

(1) 청구인 상표사용권의 취소심판은 누구든지 청구할 수 있다(제120조 제3항). 심판장은 심판의 청구가 있는 경우에는 그 취지를 해당 전용사용권의 통상사용권자와 그 밖에 전용사용권에 관하여 등록을 한 권리자 또는 해당 통상사용권에 관하여 등록을 한 권리자에게 알려야 한다(제120조 제5항).

(2) 취소사유 전용사용권자 또는 통상사용권자가 지정상품 또는 이와 유사한 상품에 등록상표 또는 이와 유사한 상표를 사용함으로써 수요자에게 상품의 품질을 오인하게 하거나 타인의 업무에 관련된 상품과의 혼동을 불러일으키게 한 경우에

---

6) 대법원 2005. 9. 29. 선고 2004후622 판결.

7) 상표법 제119조 제1항 제2호: 전용사용권자 또는 통상사용권자가 지정상품 또는 이와 유사한 상품에 등록상표 또는 이와 유사한 상표를 사용함으로써 수요자에게 상품의 품질의 오인하게 하거나 타인의 업무에 관련된 상품과의 혼동을 불러일으키게 한 경우 그 상표등록의 취소심판을 청구할 수 있다. 다만 상표권자가 상당한 주의를 한 경우에는 그러하지 아니하다.

8) 문삼섭, 1008면.

취소심판의 대상이 된다(제119조 제1항 제2호).

상표등록취소에 관한 그 요건들 중의 하나인, '상품의 품질의 오인을 생기게 한 경우'란 전용사용권자 또는 통상사용권자가 실제로 사용하는 상표로 인하여 혼동의 대상이 되는 상표를 부착한 타인의 상품의 품질과 오인을 생기게 하는 경우 외에도 그 실사용 상표의 구성 등으로부터 그 지정상품이 본래적으로 가지고 있는 성질과 다른 성질을 갖는 것으로 수요자를 오인하게 할 염려가 있는 경우도 포함되고, 여기에는 상품의 품질, 원재료, 효능, 용도 등의 오인뿐만 아니라 상품의 산지의 오인도 포함된다.[9)]

(3) 입증책임 취소사유에 해당하는지의 여부에 대한 입증책임은 청구인에게 있다. 따라서 상표사용권 등록의 취소를 청구하는 자가 해당 취소사유를 입증해야 한다.

(4) 심판청구사유 해당사실의 소멸 상표사용권 등록의 취소심판을 청구한 후 그 심판청구사유에 해당하는 사실이 없어진 경우에도 취소사유에 영향이 미치지 아니한다(제120조 제2항).

(5) 제척기간 상표사용권 등록의 취소심판은 취소사유에 해당하는 사실이 없어진 날부터 3년이 경과한 후에는 이를 청구할 수 없다(제122조 제2항).

3. 법적효력

상표사용권 등록을 취소한다는 심결이 확정되었을 경우에는 그 전용사용권 또는 통상사용권은 그때부터 소멸된다(제120조 제4항). 심결이 확정되면 상표사용권 등록의 효력이 상실되고, 동시에 일사부재리의 효력이 발생한다.

Ⅷ. 제척기간

1. 의의

제척기간(除斥期間)은 일정한 권리에 관하여 법률이 미리 정하고 있는 그 권리의 행사가능기간(존속기간)을 말하며, 그 기간 내에 권리를 행사하지 않으면 그 권리는 당연히 소멸된다. 소멸시효는 일정한 기간의 경과라는 사건을 법률사실로 하는 법률요건이다. 시효가 완성되면 법률상 당연히 권리를 취득하거나 권리가 소멸된다. 제

9) 대법원 2003. 7. 11. 선고 2002후2457 판결: 등록상표의 통상사용권자가 등록상표에 '포천' 및 '막걸리' 등의 문자를 병기한 실사용 상표를 등록상표의 지정상품과 유사한 상품인 막걸리 제품에 사용함으로써 일반 수요자나 거래자는 실사용상표가 사용된 그 막걸리 제품이 경기 포천군 일동면 지역에서 생산되는 것으로 상품의 산지 등 품질을 오인하였거나 오인할 염려가 있다.

척기간에 의한 권리의 소멸은 장래를 향하여 소멸할 뿐이고 소급효가 없다. 소멸시효는 권리 불행사와 기간의 경과를 법률요건으로 하는 권리소멸사유인 반면, 제척기간은 권리에 내재하는 권리존속기간이라는 본질적인 차이가 있다.[10)]

상표법에서 제척기간을 규정하고 있는 이유는 과오로 등록된 상표권이나 취소사유가 있는 상표권이라고 하더라도 일정기간 경과한 후에는 무효심판이나 취소심판이 청구되지 않도록 하는 것이 기존의 법률 상태를 존중하면서 법적 안정성을 유지할 수 있기 때문이다.

2. 무효심판 등의 제척기간

상표등록의 무효심판, 존속기간갱신등록의 무효심판 또는 상품분류전환등록의 무효심판은 상표등록일, 존속기간갱신등록일 또는 상품분류전환등록일부터 5년이 지난 후에는 청구할 수 없다(제122조 제1항). 본 조의 취지는 상표의 사용에 의하여 축적된 상표사용자의 업무상 신용을 보호하기 위한 관점에서 등록상표를 무효로 하는 것보다 등록상표를 사용하여 형성한 상표권자의 권리를 보호할 필요가 있기 때문에 무효심판의 제척기간을 법률로 정하여 권리의 불안정성을 제거하는 데에 있다.

3. 취소심판의 제척기간

상표법 제119조 제1항 제1호(상표권자의 부정사용)·제2호(사용권자의 오인·혼동행위)·제5호(유사상표의 이전으로 오인·혼동을 초래한 경우), 제7호부터 제9호까지(단체표장, 지리적 표시 단체표장, 증명표장의 사용으로 수요자에게 오인·혼동을 일으킨 경우) 및 제120조 제1항(사용권 등록의 최소심판)에 해당하는 것을 사유로 하는 상표등록의 취소심판 및 전용사용권 또는 통상사용권 등록의 취소심판은 취소사유에 해당하는 사실이 없어진 날부터 3년이 지난 후에는 청구할 수 없다(제122조 제2항).

본 조의 취지는 등록상표를 사용하여 형성한 상표권자의 권리보호를 위하여, 상등록의 취소심판의 제척기간을 법률로 정함으로써 권리의 불안정성을 제거하는 데에 있다.

---

10) 김태봉, 408-409면.

Ⅸ. 재심

1. 의의

재심(再審)이란 확정된 심결에 대하여 특별한 재심사유가 있을 경우, 다시 심판하게 하는 제도이다. 재심은 재심사유의 유무를 판단하고, 그것이 인정되면 심결을 취소시킨다. 당사자는 확정된 심결에 대하여 재심을 청구할 수 있다(제157조 제1항).

재심청구에 관하여는 「민사소송법」 제451조, 제453조 및 제459조 제1항을 준용한다(제157조 제2항). 상표법상의 재심제도는 민사소송법상의 재심제도와 유사하므로 재심의 사유 및 심리절차 등과 관련해서는 민사소송법상의 재심 관련 규정을 준용한다.

2. 재심사유

재심사유는 민사소송법 제451조 제1항에 규정된 재심사유를 준용하고 있다. 상표법에서 준용하는 민사소송법상의 재심사유는 다음과 같다. (ⅰ) 법률에 따라 판결법원을 구성하지 아니한 때, (ⅱ) 법률상 그 재판에 관여할 수 없는 법관이 관여한 때, (ⅲ) 법정대리권·소송대리권 또는 대리인이 소송행위를 하는 데에 필요한 권한의 수여에 흠이 있는 때, (ⅳ) 재판에 관여한 법관이 그 사건에 관하여 직무에 관한 죄를 범한 때, (ⅴ) 형사상 처벌을 받을 다른 사람의 행위로 말미암아 자백을 하였거나 판결에 영향을 미칠 공격 또는 방어방법의 제출에 방해를 받은 때, (ⅵ) 판결의 증거가 된 문서, 그 밖의 물건이 위조되거나 변조된 것인 때, (ⅶ) 증인·감정인·통역인의 거짓 진술 또는 당사자신문에 따른 당사자나 법정대리인의 거짓 진술이 판결의 증거가 된 때, (ⅷ) 판결의 기초가 된 민사나 형사의 판결, 그 밖의 재판 또는 행정처분이 다른 재판이나 행정처분에 따라 바뀐 때, (ⅸ) 판결에 영향을 미칠 중요한 사항에 관하여 판단을 누락한 때,[11] (ⅹ) 재심을 제기할 판결이 전에 선고한 확정판결에 어긋나는 때, (ⅹⅰ) 당사자가 상대방의 주소 또는 거소를 알고 있었음에도 있는 곳을 잘 모른다고 하거나 주소나 거소를 거짓으로 하여 소를 제기한 때이다. 상기 11가지의 재심사유 중에서 상표사건과 관련되는 재심사유는 주로 '(ⅷ) 판결의 기초가 된 민사나 형사의 판결, 그 밖의 재판 또는 행정처분이 다른 재판이나 행정처분에 따라 바뀐 때'이다.

---

11) 특허법원 2011. 6. 10. 선고 2011허26 판결: 재심대상 심결의 판단이 잘못되었음을 탓하는 것은 민사소송법 제451조 제1항 제9호에서 규정하고 있는 재심사유인 '판결에 영향을 미칠 중요한 사항에 관하여 판단을 누락한 때'에 해당한다고 보기 어렵다.

3. 사해심결에 대한 불복청구

심판의 당사자가 공모하여 제3자의 권리 또는 이익을 사해할 목적으로 심결을 하게 한 때에는 제3자는 그 확정된 심결에 대하여 재심을 청구할 수 있다(제158조 제1항). 사해심결에 대한 재심청구의 경우에 심판의 당사자를 공동피청구인으로 한다(제158조 제2항).

4. 재심의 청구기간

당사자는 심결 확정 후 재심의 사유를 안 날부터 30일 이내에 재심을 청구하여야 한다(제159조 제1항). 대리권의 흠결을 이유로 하여 재심을 청구하는 경우에 재심의 청구기간은 청구인 또는 법정대리인이 심결등본의 송달에 의하여 심결이 있는 것을 안 날의 다음 날부터 기산한다(제159조 제2항). 심결 확정 후 3년을 지난 때에는 재심을 청구할 수 없다(제159조 제3항). 재심 사유가 심결 확정 후에 생겼을 경우에는 청구기간 3년은 그 사유가 발생한 날의 다음 날부터 기산한다(제159조 제4항).

재심은 재심을 제기할 판결을 한 법원의 전속관할로 한다(민사소송법 제453조). 따라서 상표심판의 확정 심결에 대한 재심의 청구는 특허심판원이 전속관할이므로 특허심판원에 재심을 청구하여야 한다.

5. 재심에서 심판 절차 규정의 준용

심판에 대한 재심의 절차에 관하여는 그 성질에 반하지 아니하는 범위에서 심판의 절차에 관한 규정을 준용한다(제161조).

6. 법적효력

재심은 확정된 심결의 취소를 전제로 하여 확정된 심결과 다른 새로운 심판을 구함으로써 기존의 권리관계의 변화를 초래한다는 점에서 소송상의 형성의 소와 같으며, 원심판결이 종결된 후 동일사건에 대한 심리가 다시 이루어진다는 면에서 부수적 심판으로서 성질을 갖는다. 재심의 심결이 확정되면 형식적 확정력과 실체적 확정력이 발생하고 일사부재리의 원칙이 적용되는 점은 일반심판에서 심결이 확정된 경우와 같다. 재심의 심결에 대하여 불복이 있는 경우 다시 그 심급에 따라 항소, 상고가 허용된다. 다만 ,상고심 심결에 대한 재심의 소를 제기한 경우 이에 따른 판결에 대하여는 불복할 수 없다. 재심청구서의 각하결정에 대하여는 다른 법률에 따른 불복을 할 수 없다(제226조 제1항).

7. 재심에 의하여 회복한 상표권의 효력의 제한

(i) 상표등록 또는 상표권의 존속기간갱신등록이 무효로 된 후 재심에 의하여 그 효력이 회복된 경우, (ii) 상표등록이 취소된 후 재심에 의하여 그 효력이 회복된 경우, (iii) 상표권의 권리범위에 속하지 아니한다는 심결이 확정된 후 재심에 의하여 이와 상반되는 심결이 확정된 경우 중 어느 하나에 해당하는 경우 상표권의 효력은 해당 심결이 확정된 후 그 회복된 상표권의 등록 전에 선의로 해당 등록상표와 같은 상표를 그 지정상품과 같은 상품에 사용한 행위, 침해로 보는 행위(제108조 제1항 및 제2항의 각호의 1)의 어느 하나에 해당하는 행위에는 미치지 아니한다(제160조).

본 조의 취지는 상표권이 소멸된 것으로 믿고 해당 등록상표를 선의로 사용한 제3자를 보호하기 위해서이다. 여기서 '그 회복된 상표권의 등록 전에' 로 기준 시점을 한정한 것은 재심청구가 있을 경우에는 제3자에게 공시하기 위한 목적으로 상표등록원부에 예고등록을 하고 있으므로 그 예고등록 이후의 상표권 사용자는 재심에 의하여 회복될 수도 있다는 것을 이미 알고 있는 것으로 보기 때문이다.

제10장 상표쟁송

Ⅰ. 서설

특허청 또는 특허심판원에서 절차를 밟는 당사자는 특허청장, 심사관 또는 심판의 합의체가 행한 처분에 대하여 법원에 소송을 제기함으로써 불복을 청구할 수 있다. 상표권에 관한 분쟁을 해결하기 위한 상표쟁송에는 심결취소소송, 행정소송, 상표침해소송이 있다. 상표에 관한 소송의 절차나 심리 및 판결 등은 특허에 관한 소송과 거의 동일하므로 상표에 관한 소송의 절차나 심리방식에 대한 구체적인 설명은 생략하기로 한다.

1. 심결취소소송

심결취소소송은 특허심판원의 심결 등에 대하여 불복하고자 하는 자가 특허법원에 제기하는 소송을 말한다(이하 "상표소송"이라 한다). 심결에 대한 소, 보정각하결정 및 심판청구서 또는 재심청구서의 각하결정에 대한 소는 특허법원의 전속관할로 한다(제162조 제1항).

심결취소소송을 당사자, 참가인 또는 해당 심판이나 재심에 참가신청을 하였으나 그 신청이 거부된 자만 제기할 수 있다(제162조 제2항). 심결취소소송은 특허심판원의 심결 또는 결정의 등본을 송달받은 날부터 30일 이내에 제기하여야 한다(제162조 제3항). 심판을 청구할 수 있는 사항에 관한 소는 심결에 대한 것이 아니면 이를 제기할 수 없다(제162조 제5항).

2. 상표 관련 행정소송

상표 관련 행정소송은 특허청장이나 특허심판원장이 행한 상표등록출원 및 등록절차에 대한 무효처분, 부적법한 출원서류 등의 반려처분이나 심판청구절차에 대한 무효처분 등의 행정처분에 불복하는 경우 제기하는 소송이다. 특허청장 등의 처분에 대한 불복신청은 행정심판법에 의한 행정심판을 청구하거나 행정소송을 제기하여 구제를 받을 수 있다. 행정소송사건의 심급은 행정법원, 고등법원, 대법원으로 이어지는 심급의 구조를 갖는다. 행정적 구제방법으로는 위조 상품의 단속, 세관에 의한 국경조치, 산업재산권 분쟁조정제도 등이 있다.

3. 상표권 침해소송

(1) 의의 상표권은 상표사용자의 업무상 신용유지를 도모하고 아울러 일반 수요자의 이익을 보호하기 위하여 설정된 권리이다. 상표권 또는 전용사용권 침해로 인한 구제방법으로는 민사상 금지청구, 손해배상청구, 신용회복청구 등이 있다. 형사상 구제방법으로 침해죄를 비롯하여 거짓 표시의 죄, 위증죄, 거짓 행위의 죄, 양벌 규정, 과태료가 벌칙으로 규정되어 있다. 상표권 침해에 대한 민사상의 유효한 구제방법으로 상표권침해금지청구, 손해배상청구 등이 있다.

(2) 직접침해 타인의 등록상표를 그 지정상품과 동일 또는 유사한 상품에 사용하면 타인의 상표권을 침해하는 행위가 된다. 상표침해 판단에 있어서의 실체적 판단은 상표 유사판단이다. 타인의 등록상표를 이용한 경우라고 하더라도 그것이 상표의 본질적인 기능이라고 할 수 있는 출처표시를 위한 것이 아니어서 상표의 사용으로 인식될 수 없는 경우에는 등록상표의 상표권을 침해한 행위로 인정하지 않는다. 상표권의 침해 여부는 상품과 관계, 해당 표장의 사용 태양(즉 상품 등에 표시된 위치, 크기 등), 등록상표의 주지저명성 그리고 사용자의 의도와 사용 경위 등을 종합하여 실제 거래계에서 표시된 표장이 상품의 식별표지로서 사용되고 있는지에 의하여 판단하여야 한다.

(3) 간접침해 상표법은 상표권에 대한 직접침해에 해당하지 않는다 하여도 상표권자의 실효적 보호를 위하여 침해의 개연성이 높은 침해의 예비적 행위는 상표권(지리적 표시 단체표장권은 제외) 또는 전용사용권을 침해한 것으로 본다(제108조).

상표법 제108조 제1항에서 규정하고 있는 침해로 보는 행위는 다음과 같다. (i) 타인의 등록상표와 동일한 상표를 그 지정상품과 유사한 상품에 사용하거나 타인의 등록상표와 유사한 상표를 그 지정상품과 동일·유사한 상품에 사용하는 행위, (ii) 타인의 등록상표와 동일·유사한 상표를 그 지정상품과 동일·유사한 상품에 사용하거나 사용하게 할 목적으로 교부·판매·위조·모조 또는 소지하는 행위, (iii) 타인의 등록상표를 위조 또는 모조하거나 위조 또는 모조하게 할 목적으로 그 용구를 제작·교부·판매 또는 소지하는 행위, (iv) 타인의 등록상표 또는 이와 유사한 상표가 표시된 지정상품과 동일·유사한 상품을 양도 또는 인도하기 위하여 소지하는 행위 등이 이에 해당한다.

Ⅱ. 상표권침해소송 관련 판례

1. 대법원 2013. 1. 24. 선고 2011다76778 판결

대비되는 상표 사이에 유사한 부분이 있으나 해당 상품의 일반적인 거래실정 등에 비추어 그 부분만으로 분리인 식될 가능성이 희박하거나 명확히 출처의 혼동을 피할 수 있는 경우, 두 상표를 유사상표라 할 수 없다. 대법원은 "서적, 학습지 등을 지정상품으로 하는 등록상표 " "의 상표권자 갑 주식회사가 어린이용 과학그림책 "The Magic School Bus" 시리즈의 저작권자인 을 외국법인과 위 시리즈를 "신기한 스쿨버스"라는 제호로 국내에서 번역·출판한 병 주식회사 등을 상대로 상표권침해금지 등을 구한 사안에서, 을 법인 등의 사용표장이 등록상표와 명확히 출처의 혼동을 피할 수 있어 유사하지 않다."고 판시하였다.

2. 대법원 2013. 1. 24. 선고 2011다18802 판결

타인의 등록상표와 동일 또는 유사한 표장을 순전히 디자인적으로만 사용하여 상표의 사용으로 인식될 수 없는 경우 상표권 침해로 볼 수 있는지 여부 및 그것이 상표로서 사용되고 있는지 판단하는 기준에 대하여, 대법원은 "지정상품을 귀금속제 목걸이 등으로 하는 등록상표 " "의 상표권자인 갑 외국법인이 " " 형상을 사용하여 목걸이용 펜던트를 판매하는 을 주식회사를 상대로 상표권 침해중지 등을 구한 사안에서, 갑 법인의 등록상표와 을 회사 제품의 형상은 모두 강아지를 형상화한 도형으로서 '강아지'로 관념되고 '강아지 표'로 호칭될 수 있으나, 위 등록상표의 지정상품과 동일·유사한 상품에 관하여 강아지를 주제로 한 다양한 모양의 도형상표가 다수 등록되어 있는데, 수많은 종류의 유사 또는 상이한 형상을 통칭하는 용어에 의하여 호칭되고 관념되는 도형상표의 경우에 그 외관의 유사에 관계없이 호칭과 관념이 유사하다는 이유만으로 대비되는 양 상표가 전체적으로 유사한 상표라고 한다면 상표의 유사 범위가 지나치게 확대되어 제3자의 상표선택의 자유를 부당하게 제한하는 불합리한 결과를 가져오는 점 등에 비추어 볼 때, 통칭적인 호칭 및 관념이 유사하다는 점만으로 서로 유사하다고 단정할 수는 없으므로, 갑 법인의 등록상표와 을 회사 제품의 형상은 전체적으로 상품출처의 오인·혼동을 피할 수 있는 것이어서 유사하지 않고, 한편 목걸이용 펜던트의 특성 및 위 상품을 둘러싼 거래실정, 갑 법인의 등록상표와 을 회사 등록상표의 주지저명의 정도, 을 회사의 의도와 을 회사 제품의 제조·판매 형태 및 경위 등을 종합하여 살펴보면, 을 회사

제품의 형상은 디자인으로만 사용된 것일 뿐 상품의 식별표지로 사용된 것이라고는 볼 수 없다."고 판시하였다.

3. 대법원 2011. 1. 13. 선고 2010도5994 판결

타인의 등록상표를 출처표시 외에 서적의 내용 등을 안내·설명하기 위하여 사용한 경우 상표권 침해로 볼 수 있는지 여부 및 그것이 상표로서 사용되고 있는지 여부의 판단 기준에 대하여, 대법원은 "타인의 등록상표를 그 지정상품과 동일 또는 유사한 상품에 사용하면 타인의 상표권을 침해하는 행위가 되나, 타인의 등록상표를 이용한 경우라고 하더라도 그것이 상표의 본질적인 기능이라고 할 수 있는 출처표시를 위한 것이 아니라 서적의 내용 등을 안내·설명하기 위하여 사용되는 등으로 상표의 사용으로 인식될 수 없는 경우에는 등록상표의 상표권을 침해한 행위로 볼 수 없고, 그것이 상표로서 사용되고 있는지 여부를 판단하기 위해서 상품과의 관계, 해당 표장의 사용 태양(즉 상품 등에 표시된 위치, 크기 등), 등록상표의 주지저명성 그리고 사용자의 의도와 사용경위 등을 종합하여 실제 거래계에서 그 표시된 표장이 상품의 식별표지로서 사용되고 있는지 여부를 종합하여 판단해야 한다.

피고인이 한국교육개발원의 'EBS'등록상표를 정당한 권한 없이 임의로 자신이 발행한 '빈틈없는 쓰기·어휘·어법Ⅰ' 교재 표지에 부착하고 약 150부를 논술학원 수강생들에게 배포함으로써 타인의 상표권을 침해하였다는 내용으로 기소된 사안에서, 위 학원 교재의 앞표지와 세로표지에 위 등록상표와 동일한 'EBS' 표장이 그 지정상품과 동일한 상품에 표시되어 있으나 그와 함께 피고인이 운영하는 학원 이름과 학원의 주소, 인터넷 주소, 전화번호 등도 기재되어 있어서 그 출처가 피고인 또는 피고인이 운영하는 학원으로 명확히 인식되는 점, 교재의 내용을 이루는 쓰기·어휘·어법 문제와 해설은 피고인이 EBS에서 방송강의를 하면서 제작·사용한 것들로서 교재의 첫 페이지에 이를 명시하고 있는 점, 피고인도 위 교재가 EBS 방송강의 교재로 사용되었음을 나타내어 자신이 운영하는 학원 수강생들에게만 배포할 의도로 "EBS" 표장을 사용한 점 등 제반 사정들을 고려할 때, "EBS" 표장은 EBS 방송강의 교재로 사용되었다는 교재의 내용 또는 용도를 안내·설명하기 위한 것일 뿐 그 출처를 표시하는 상표로 사용된 것이라고 할 수 없어 위 등록상표에 관한 상표권을 침해하였다고 할 수 없다."고 판시하였다.

Ⅲ. 상고

1. 의의

특허법원의 판결에 대하여는 대법원에 상고할 수 있다(제162조 제7항). 상고장은 원심법원인 특허법원에 제출한다. 상고절차에 관하여는 상표법에 특별한 규정을 두고 있지 않기 때문에 일반 민사소송의 상고절차가 준용된다. 상고기간은 특허법원 판결 송달일로부터 2주 이내고, 상고장은 원심법원인 특허법원에 제출하여야 한다.

2. 상고이유

상고의 남발을 제한하기 위하여 입법된 「상고심절차에 관한 특례법」이 허용하는 사항에 한하여 제기할 수 있으므로 특허법원의 판결에 대하여 상고할 경우에는 상기의 특례법의 적용을 받게 된다. 대법원은 상고이유에 관한 주장이 다음 각 호의 어느 하나의 사유를 포함하지 아니한다고 인정하면 더 나아가 심리(審理)를 하지 아니하고 판결로 상고를 기각(棄却)한다(상고심절차에 관한 특례법 제4조 제1항).

(ⅰ) 원심판결(原審判決)이 헌법에 위반되거나, 헌법을 부당하게 해석한 경우, (ⅱ) 원심판결이 명령·규칙 또는 처분의 법률위반 여부에 대하여 부당하게 판단한 경우, (iii). 원심판결이 법률·명령·규칙 또는 처분에 대하여 대법원 판례와 상반되게 해석한 경우, (iv) 법률·명령·규칙 또는 처분에 대한 해석에 관하여 대법원 판례가 없거나 대법원 판례를 변경할 필요가 있는 경우, (ⅴ) 제1호부터 제4호까지의 규정 외에 중대한 법령위반에 관한 사항이 있는 경우, (vi) 민사소송법 제424조 제1항 제1호부터 제5호까지에 규정된 사유가 있는 경우이다.

3. 싱고심 판결

대법원은 상고권이 없거나 방식을 위반하여 부적법한 경우에는 상고각하판결을 하며, 상고가 이유 없다고 인정될 때 또는 상고인이 기간 내에 상고이유서를 제출하지 아니한 경우에는 상고기각판결을 한다. 또한 상고가 이유가 있다고 인정된 경우에는 원판결을 파기하고 사건을 특허법원에 환송하는 판결을 한다.

제11장 상표권자의 보호

제1절 민사적 구제

Ⅰ. 침해금지청구권

1. 의의

상표권은 물권적인 독점·배타권이지만 그 대상물을 물리적으로 사실상 지배할 수 없으므로 타인에 의해 쉽게 침해될 소지가 많다. 상표권자 등은 자기의 권리를 침해한 자 또는 침해할 우려가 있는 자에 대하여 그 침해의 금지 또는 예방을 청구할 수 있다(제107조 제1항). 상표권의 침해금지청구 또는 예방청구는 상표권자와 전용사용권자(이하 "상표권자 등"이라 한다)만이 청구권을 행사할 수 있고 채권적인 지위에 있는 통상사용권자는 청구할 수 없다. 금지청구권은 현실적으로 권리침해가 발생하고 있는 경우는 물론 발생할 우려가 있는 경우에도 행사할 수 있다.

상표권에 전용사용권을 설정한 경우 상표권자는 그 설정범위 내에서 전용사용권자와는 별도로 금지청구권을 행사할 수 있다. 상표권자 등은 공유인 경우 각 공유자는 공유자의 동의 없이 보존행위로서 금지청구권을 행사할 수 있다.

2. 청구요건

침해금지청구권이 인정되기 위해서는 상표권 또는 전용사용권이 침해되고 있거나 침해될 우려가 있을 것, 침해자가 제조·판매하는 특정상품에 상표를 부착하거나 이를 판매하는 행위, 용기·포장·광고에 상표를 사용하는 행위(확인대상상표)가 있어야 한다. 다만, 침해자의 고의나 과실을 전제로 하지 않는다. 그러나 손해배상청구에서는 침해자의 고의나 과실을 요건으로 한다.

3. 부대청구

상표권자 등이 상표법 제107조 제1항에 따른 금지청구를 할 때에는 침해행위를 조성한 물건의 폐기, 침해행위에 제공된 설비의 제거나 그 밖에 필요한 조치를 청구할 수 있다(제107조 제2항). 상표법은 침해금지 및 예방청구권의 실효성을 확보하기 위하여 침해자에 대하여 침해행위를 조성한 물건 또는 침해행위에 제공된 설비의 폐기·제거 등 침해예방에 필요한 조치를 청구할 수 있도록 하고 있다. 여기서 침해행위를 조성한 물건이란 침해행위의 내용을 이루는 상표가 표시된 용기나 라벨 등을 의미하며, 침해행위에 제공된 설비란 침해행위에 제공된 상표의 위조용구를 말한다.

Ⅱ. 손해배상청구권

1. 서설

상표권 또는 전용사용권(이하 "상표권 등"이라 한다)을 고의나 과실로 침해한 자는 그에 의하여 발생할 손해를 권리자에 대하여 배상할 책임이 있다. 손해배상에는 민법의 일반 규정이 적용되는 것이 원칙이다. 불법행위가 성립하면 그 효과로서 가해자는 손해배상책임을 부담하며, 피해자는 손해배상청구권을 가진다(민법 제750조).[1)]

상표법은 상표권자의 입증의 편의를 위하여 일정한 실시 행위의 유형을 상표권 침해로 규정하고(제108조), 손해배상의 청구(제109조), 손해액의 추정에 관한 규정(제110조) 및 고의의 추정에 관한 규정(제112조)을 두고 있다.

2. 불법행위의 요건

민법 제750조에서 규정하는 불법행위의 요건은 (i) 고의·과실: 고의란 자기의 행위가 타인에게 손해를 가할 것을 알고, 일부러 이것을 한다고 하는 심리상태를 말한다. 과실이란 주의가 부족함을 말한다. 다만, 불법행위의 성립요건으로서는 원칙적으로 선량한 관리자의 주의를 결하는 과실(추상적 경과실)을 말한다. 상표권의 특성상 상표법 제112조에서 "고의의 추정"에 관한 규정을 두고 있다. (ii) 책임능력: 정상적인 의사활동을 할 능력이 없는 자는 자기의 행위에 책임을 지지 않는다고 하는 취지이다. (iii) 위법성: 불법행위의 요건 중 실제로 가장 중요한 것이다. 침해행위의 태양과 침해이익의 종류를 상관적으로 고찰하고, 법률의 취지에 비추어 위법성의 유무를 결정해야 한다. 상표권을 침해하는 행위가 위법한 것이어야 한다. (iv) 손해의 발생과 인과관계: 가해자의 행위와 손해와의 사이에 인과관계가 있어야 한다. 이 인과관계의 범위는 채무불이행에서와 같이 상당인과관계(相當因果關係)에서 고려되어야 한다.

---

1) 민법 제750조(불법행위의 내용): 고의 또는 과실로 인한 위법행위로 타인에게 손해를 가한 자는 그 손해를 배상할 책임이 있다.

3. 손해배상의 청구

불법행위의 효과로서 가해자는 손해를 배상할 책임이 있다(민법 제750조). 민법의 특별법인 상표법은 민법 제750조에 기하여 "상표권자 등은 자기의 상표권 등을 고의 또는 과실로 침해한 자에 대하여 그 침해에 의하여 자기가 받은 손해의 배상을 청구할 수 있다(제109조)"고 규정하고 있다. 이는 상표권 침해시 상표권자 등이 손해배상을 청구할 수 있는 일반조항이라 할 수 있다.

4. 손해액의 산정

(1) 침해자의 상품 양도수량과 권리자의 손해액 산정 상표법 제109조에 따른 손해배상을 청구하는 경우 침해한 자가 그 침해행위를 하게 한 상품을 양도한 경우에는 그 상품의 양도수량에 상표권자 등이 그 침해행위가 없었다면 판매할 수 있었던 상품의 단위수량당 이익액을 곱한 금액을 상표권자 또는 전용사용권자의 손해액으로 할 수 있다(제110조 제1항). 제1항에 따른 손해액은 상표권자 등이 생산할 수 있었던 상품의 수량에서 실제 판매한 상품의 수량을 뺀 수량에 단위수량당 이익액을 곱한 금액을 한도로 한다. 다만, 상표권자 등이 해당 침해행위 외의 사유로 판매할 수 없었던 사정이 있는 경우에는 해당 침해행위 외의 사유로 판매할 수 없었던 수량에 따른 금액을 빼야 한다(제110조 제2항).

일실이익은 침해가 없었더라면 얻을 수 있었던 이익액을 말한다. 민법의 일반원칙에 의한 손해배상액은 차액설에 의하여 산정한다. 본 조의 취지는 침해자의 판매수량만 확인하면 권리자의 원가계산에 의하여 손해액을 적정하게 산정할 수 있도록 하고 침해자가 이를 부인할 경우에는 입증책임을 지게 함으로써 상표권자의 입증책임을 경감하는 데에 있다.

(2) 침해자의 이익을 통한 권리자의 손해액 추정 상표권자가 자기의 손해액을 입증하는 것보다 침해자가 받은 이익액을 입증하는 것이 용이할 수 있다. 상표법 제109조에 따른 손해배상을 청구하는 경우 권리를 침해한 자가 그 침해행위에 의하여 이익을 받은 경우에는 그 이익의 액을 상표권자 또는 전용사용권자가 받은 손해의 액으로 추정한다(제110조 제3항). 본 조에 따르면, 상표권자가 자신에게 발생된 인과관계에 있는 손해를 입증하는 것이 용이하지 않으므로 침해자가 받은 이익액을 손해액으로 추정하도록 하는 데에 그 취지가 있다.

따라서 상표권자가 스스로 실시를 하고 있지 아니한 경우에는 얻을 수 있는 이익상실은 있을 수 없으므로 본 조는 적용되지 아니한다. 해당 상품에 관한 일반적인 이익률이 있을 경우에는 침해자의 판매액에 이익률을 곱하여 이익액을 산출한다. 침해행위로 인한 이익액을 추정할 때 제품납품총액(침해자)에 국세청 소득표준율을 곱한 금액을 이익으로 판단한 하급심 판례가 있다.[2)]

(3) 실시료 상당액으로 손해액 추정 손해배상을 청구하는 경우 그 등록상표의 사용에 대하여 통상 받을 수 있는 금액에 상당하는 액을 상표권자 등이 받은 손해의 액으로 하여 그 손해배상을 청구할 수 있다(제110조 제4항). 여기서 사용에 대하여 통상 받을 수 있는 이익에 상당하는 금액이란 통상사용권을 설정할 경우 받을 수 있는 사용료(로열티)에 상당하는 금액을 말한다.

현실적으로 통상사용권이 설정되어 있지 않을 경우에는 그 상표권에 대하여 침해 시 통상사용권이 설정되어 있다면 받을 수 있는 사용료에 상당한 액이다. 객관적으로 사용료의 평가가 곤란한 경우에는 법원이 감정, 기타의 방법에 의하여 정할 수 밖에 없다. 대법원은 "상표법 제110조 제4항은 상표권자 등이 상표권 등의 침해로 인하여 입은 손해의 배상을 청구하는 경우에 손해에 관한 상표권자 등의 주장·증명 책임을 경감하는 취지의 규정이고, 손해의 발생이 없는 것이 분명한 경우까지 침해자에게 손해배상의무를 인정하는 취지는 아니라고 할 것이다. 본 조의 취지에 비추어 보면, 손해의 발생에 관한 주장·증명의 정도는 손해 발생의 염려 내지 개연성의 존재를 주장·증명하는 것으로 족하다고 보아야 하고, 따라서 상표권자가 침해자와 동종의 영업을 하고 있는 것을 증명한 경우라면 특별한 사정이 없는 한 상표권 침해에 의하여 영업상의 손해를 입었음이 사실상 추정된다."고 판시하였다.[3)]

(4) 손해배상액의 경감 입증된 손해액이 등록상표의 사용에 대하여 통상 받을 수 있는 금액에 상당하는 금액을 초과하는 경우에는 그 초과액에 대해서도 손해배상을 청구할 수 있다. 이 경우 상표권 등을 침해한 자에게 고의 또는 중대한 과실이 없을 때에는 법원은 손해배상액을 산정할 때 그 사실을 고려할 수 있다(제110조 제5항). 본 조의 취지는 손해액이 입증되면 이를 모두 침해자가 배상하는 것이 원칙이지만 손해액이 극히 큰 경우에는 경과실 밖에 없는 침해자에게 이를 모두 배상하게 하는 것은 가혹하므로 침해자가 적극적으로 고의나 중과실이 없다는 것을 입증한 경우에는 통상 사용료를 초과한 금액에 대해서 법원은 경과실의 사실을 고려하여 손해배상액을 감액할 수 있도록 한 것이다.[4)]

---

2) 서울민사지방법원 1990. 8. 16. 선고 89가합39582 판결.
3) 대법원 2013. 7. 25. 선고 2013다21666 판결.
4) 사법연수원, 274면.

여기서 '참작할 수 있다.'라는 것은 입증된 실제 손해액보다 경감하여 손해배상을 정할 수 있다는 것이고 경감의 여부 및 경감의 정도는 법원의 재량에 속한다. 다만 법원은 상표법 제110조 제4항의 통상사용료의 초과액에 대해서만 경감할 수 있을 뿐이므로 손배배상액을 통상사용료 이하로 경감할 수 없다.

(5) 법원의 재량에 의한 손해액 산정 법원은 상표권 등의 침해행위에 관한 소송에 있어서 손해가 발생된 것은 인정되나 그 손해액을 입증하기 위하여 필요한 사실을 입증하는 것이 해당 사실의 성질상 극히 곤란한 경우에는 제1항 내지 제5항의 규정에 불구하고 변론전체의 취지와 증거조사의 결과에 기초하여 상당한 손해액을 인정할 수 있다(제110조 제6항).

상표권 침해소송에 있어서 침해자의 상표권 침해사실과 상표권자의 손해발생사실은 입증되었으나, 침해자가 매입·매출관계 서류를 전형 작성하지 않았거나 폐기하는 등으로 손해액의 입증이 극히 곤란 경우가 있다. 이처럼 손해액 입증을 위하여 필요한 사실의 입증이 대단히 곤란한 경우에, 법원은 손해액의 입증이 없다고 하여 청구를 배척할 것이 아니고 변론전체의 취지와 증거조사의 결과에 의해 재량으로 상당한 손해액을 산정할 수 있다.

5. 법정손해배상의 청구

(1) 의의 2012년 개정법은 한미 FTA 협정문 제18.2조 제6항을 국내법에 반영하여 법정손해배상제도를 도입하였다. 법정손해배상제도는 민사소송에서 원고가 실제 손해를 입증하지 않은 경우에도 사전에 법령에서 정한 일정한 금액(또는 일정한 범위의 금액)을 원고의 선택에 따라 법원이 손해액으로 인정할 수 있는 제도이다. 상표권자 등이 자기가 사용하고 있는 등록상표와 같거나 동일성이 있는 상표를 그 지정상품과 같거나 동일성이 있는 상품에 사용하여 자기의 상표권 등을 고의나 과실로 침해한 자에 대하여 상표법 제109조에 따른 손해배상을 청구하는 대신 5천만원 이하의 범위에서 상당한 금액을 손해액으로 하여 배상을 청구할 수 있다.

이 경우 법원은 변론 전체의 취지와 증거조사의 결과를 고려하여 상당한 손해액을 인정할 수 있다(제111조 제1항).

(2) 적용요건 침해자가 등록상표와 동일성이 있는 상표를 사용하여 침해행위를 한 경우 상표법 제109조에 따라 손해배상을 청구한 상표권자 또는 전용사용권자는 법원이 변론을 종결할 때까지 그 청구를 법정손해배상의 청구로 변경할 수 있다(제111조 제2항). 본 조는 상표위조와 같은 침해행위를 상정하여 입법된 규정이기 때문

에 그 적용요건은 '등록상표와 같거나 동일성이 있는 상표를 그 지정상품과 같거나 동일성이 있는 상품에 사용'하는 경우로 한정하고 있다.

권리자는 손해배상을 청구하면서 그 손해액의 산정방법을 선택하여 주장할 수 있으므로, 이를 고려하여 법정손해배상을 선택할 수 있는 시점은 '법원이 변론을 종결할 때까지' 손해배상청구를 변경할 수 있도록 하고 있다.

6. 고의(故意)의 추정

등록상표임을 표시한 타인의 상표권 등을 침해한 자는 그 침해행위에 대하여 그 상표가 이미 등록된 사실을 알았던 것으로 추정한다(제112조). 민법의 일반 규정에서 고의·과실의 입증책임은 불법행위의 성립을 주장하는 피해자가 가해자의 고의 혹은 과실을 입증하여야 한다. 그러나 상표권 침해에 대한 손해배상청구에 있어 침해자의 고의·과실의 입증책임은 상표권자에 있지만 이를 입증하기는 매우 어렵다. 침해자는 그 상표가 등록된 사실을 알지 못한다고 주장하더라도 상표권의 존재에 대하여는 공시제도인 등록원부와 상표등록공보에 공고되었으므로 공중은 이를 이미 알고 있다고 보기 때문이다.

입증책임을 침해자에게로 전환한 것은 상표권자로 하여금 등록상표에 대한 표시를 유도하여 상표권 침해시 피해의 구제를 쉽게 하고, 경쟁업자가 타인의 상표권을 침해하는 것을 예방함으로써 상표 관련 분쟁을 방지하려는 데에 있다.

【과실추정 여부 및 추정을 벗어나기 위하여 주장할 사항】

<대법원 2013. 7. 25. 선고 2013다21666 판결>

> 타인의 상표권을 침해한 자는 침해행위에 대하여 과실이 있는 것으로 추정되는지 여부 및 추정을 벗어나기 위하여 주장·증명하여야 할 사항에 대하여 대법원은 상표권의 존재 및 그 내용은 상표공보 또는 상표등록원부 등에 의하여 공시되어 일반 공중도 통상의 주의를 기울이면 이를 알 수 있고, 업으로서 상표를 사용하는 사업자에게 해당 사업 분야에서 상표권의 침해에 대한 주의의무를 부과하는 것이 부당하다고 할 수 없으며, 또한 타인의 특허권, 실용신안권, 디자인권을 침해한 자는 그 침해행위에 대하여 과실이 있는 것으로 추정되는데도(특허법 제130조, 실용신안법 제30조, 디자인보호법 제116조), 상표권을 침해한 자에 대하여만 이와 달리 보아야 할 합리적인 이유가 없으므로, 타인의 상표권을 침해한 자는 그 침해행위에 대하여 과실이 있는 것으로 추정되고, 그럼에도 타인의 상표권을 침해한 자에게 과실이 없다고 하기 위해서는 상표권의 존재를 알지 못하였다는 점을 정당화할 수 있는 사정이 있다거나 자신이 사용하는 상표가 등록상표의 권리범위에 속하지 아니한다고 믿은 점을 정당화할 수 있는 사정이 있다는 것을 주장·증명하여야 한다.

Ⅲ. 신용회복청구권

법원은 고의나 과실로 상표권 등을 침해함으로써 상표권자 등의 업무상의 신용을 떨어뜨린 자에 대해서는 상표권자 등의 청구에 의하여 손해배상에 갈음하거나 손해배상과 함께 상표권자 등의 업무상의 신용회복을 위하여 필요한 조치를 명할 수 있다(제113조). 대법원은 "상표권 또는 전용사용권의 침해행위에서 상품주체의 혼동행위가 있었다고 하여도 그것만으로 상표권자 또는 전용사용권자나 상품주체의 영업상의 신용이 당연히 침해되었다고 단언하기 어려우므로, 그와 같은 경우 상표법 제113조 또는 부정경쟁방지법 제6조에 정한 신용회복을 위해 필요한 조치를 명하기 위해서는 상표권 또는 전용사용권의 침해행위나 상품주체혼동행위가 있었다는 것 외에 그와 같은 행위에 의하여 상표권자 또는 전용사용권자나 상품주체의 영업상의 신용이 실추되었음이 인정되어야만 한다."고 판시하였다.[5)]

Ⅳ. 서류제출명령

1. 법원 절차에서 서류의 제출

(1) 의의 법원은 상표권 등의 침해에 관한 소송에서 당사자의 신청에 의하여 다른 당사자에 대하여 해당 침해행위로 인한 손해를 계산하는 데에 필요한 서류의 제출을 명할 수 있다. 다만 그 서류의 소지자가 그 서류의 제출을 거절할 정당한 이유가 있는 경우에는 그러하지 아니하다(제114조).

본 조는 상표권이 침해된 경우에 침해자가 해당 상표를 사용해서 거래한 상품의 수량이나 금액 등이 명백히 밝혀지지 않으면 손해액의 산정이 곤란하기 때문에 서류제출 명령제도를 마련한 절차이다. 그러나 법원의 서류제출 명령이 있더라도 그 서류의 소지자가 그 서류의 제출을 거절할 정당한 이유가 있는 경우에는 서류제출을 거부할 수 있다.

(2) 서류의 내용 손해의 계산에 필요한 서류란 대차대조표, 손익계산서, 납품서, 매상장부, 경비지출장부, 수출관계 서류 등 침해상표를 부착하여 거래한 상품의 수량이나 금액 등을 알 수 있는 관계서류를 포함한다.

법원은 피고의 청구에 의하여 필요하면 국세청, 관세청, 세관 등에 공문을 보내서 서류제출을 명령할 수 있다. 만일 법원의 서류제출명령이 있음에도 당사자가 정

---

5) 대법원 2008. 11. 13. 선고 2006다22722 판결.

당한 이유 없이 제출을 거부하거나 상대방의 사용을 방해할 목적으로 서류를 훼손한 경우 법원은 민사소송법 제349조(당사자가 문서를 제출하지 아니한 때의 효과)를 적용하여 서류에 관한 상대방의 주장사실을 진실한 것으로 인정할 수 있다.

Ⅴ. 비밀유지명령제도

1. 의의

상표법은 한미 FTA 합의사항에서 법원으로 하여금 상표권의 침해에 관한 소송에서 당사자가 제출한 준비서면 등에 영업비밀이 포함되어 있고, 그 영업비밀이 공개되면 당사자의 영업에 지장을 줄 우려가 있는 경우 등에는 당사자의 신청에 따라 결정으로 해당 영업비밀을 알게 된 자에게 소송 수행 외의 목적으로 영업비밀을 사용하는 행위 등을 하지 아니할 것을 명할 수 있는 비밀유지명령제도를 도입하였다.

2. 비밀유지명령

(1) 영업비밀 　법원은 상표권 등의 침해에 관한 소송에 있어서 어느 한쪽 당사자가 보유한 영업비밀에 대하여 다음 각 호의 사유[6]를 모두 소명한 경우에는 그 당사자의 신청에 의하여 결정으로 다른 당사자(법인인 경우에는 그 대표자), 당사자를 위하여 소송을 대리하는 자, 그 밖에 그 소송으로 인하여 영업비밀을 알게 된 자에게 그 영업비밀을 해당 소송의 계속적인 수행 외의 목적으로 사용하거나 그 영업비밀에 관계된 이 항에 따른 명령을 받은 자 외의 자에게 공개하지 아니할 것을 명할 수 있다. 다만 그 신청시점까지 다른 당사자(법인인 경우에는 그 대표자), 당사자를 위하여 소송을 대리하는 자, 그 밖에 해당 소송으로 인하여 영업비밀을 알게 된 자가 준비서면의 열람이나 증거 조사 외의 방법으로 그 영업비밀을 이미 취득하고 있는 경우에는 비밀유지명령을 내리지 않을 수 있다(제227조 제1항).

(2) 비밀유지명령 절차 　비밀유지명령은 다음 사항을 서면으로 적어서 신청하여야 한다(제227조 제2항). (ⅰ) 비밀유지명령을 받을 자, (ⅱ) 비밀유지명령의 대상이 될 영업비밀을 특정하기에 충분한 사실, (ⅲ) 제1항 각 호의 사유에 해당하는 사실의 시면을 적어야 한다. 법원은 비밀유지명령이 결정된 경우에는 그 결정서를 비밀유지명령을

---

6) 제1호: 이미 제출하였거나 제출하여야 할 준비서면 또는 이미 조사하였거나 조사하여야 할 증거에 영업비밀이 포함되어 있다는 것, 제2호: 제1호의 영업비밀이 해당 소송 수행 외의 목적으로 사용되거나 공개되면 당사자의 영업에 지장을 줄 우려가 있어 이를 방지하기 위하여 영업비밀의 사용 또는 공개를 제한할 필요가 있다는 것.

받은 자에게 송달하여야 한다(제227조 제3항). 비밀유지명령은 제3항의 결정서가 비밀유지명령을 받은 자에게 송달된 때부터 효력이 발생한다(제227조 제4항). 비밀유지명령의 신청을 기각 또는 각하한 재판에 대하여는 즉시항고를 할 수 있다(제227조 제5항).

3. 비밀유지명령의 취소

비밀유지명령을 신청한 자 또는 비밀유지명령을 받은 자는 상표법 제227조 제1항에 따른 요건을 갖추지 못하였거나 갖추지 못하게 된 경우 소송기록을 보관하고 있는 법원(소송기록을 보관하고 있는 법원이 없는 경우에는 비밀유지명령을 내린 법원)에 비밀유지명령의 취소를 신청할 수 있다(제228조 제1항).

법원은 비밀유지명령의 취소 신청에 대한 재판이 있는 경우에는 그 결정서를 그 신청을 한 자 및 상대방에게 송달하여야 한다. 비밀유지명령의 취소 신청에 대한 재판에 대하여는 즉시항고를 할 수 있다. 비밀유지명령을 취소하는 재판은 확정되어야 그 효력이 발생한다. 비밀유지명령을 취소하는 재판을 한 법원은 비밀유지명령의 취소 신청을 한 자 또는 상대방 외에 해당 영업비밀에 관한 비밀유지명령을 받은 자가 있는 경우에는 그 자에게 즉시 비밀유지명령의 취소 재판을 한 사실을 알려야 한다(제228조 제5항).

4. 소송기록 열람 등의 청구 통지 등

비밀유지명령이 내려진 소송에 관한 소송기록에 대하여 민사소송법 제163조 제1항[7]의 결정이 있었던 경우, 당사자가 같은 항에서 규정하는 비밀 기재 부분의 열람 등의 청구를 하였으나 그 청구절차를 해당 소송에서 비밀유지명령을 받지 아니한 자가 밟은 경우에는 법원서기관, 법원사무관, 법원주사 또는 법원주사보(이하 "법원사무관 등"이라 한다)는 민사소송법 제163조 제1항의 신청을 한 당사자에게 그 청구 직후에 그 열람 등의 청구가 있었다는 사실을 알려야 한다(제229조 제1항).

법원사무관 등은 제1항의 청구가 있었던 날부터 2주일이 지날 때까지(그 청구절차를 행한 자에 대한 비밀유지명령 신청이 그 기간 이내에 행하여진 경우에는 그 신청에 대한 재판이 확정되는 시점까지) 그 청구절차를 행한 자에게 비밀 기재 부분의 열람 등을 하게 하여서는 아니 된다(제229조 제2항). 열람 등의 청구를 한 자에게 제1항의 비밀 기재 부분의 열람 등을 하게 하는 것에 대하여 민사소송법 제163조 제1항의 신청을 한 당사자 모두의 동의가 있는 경우에는 적용되지 아니한다(제229조 제3항).

---

7) 민사소송법 제163조(비밀보호를 위한 열람 등의 제한) 제1항: 법원은 당사자의 신청에 따라 결정으로 소송기록 중 비밀이 적혀 있는 부분의 열람·복사, 재판서·조서 중 비밀이 적혀 있는 부분의 정본·등본·초본의 교부를 신청할 수 있는 자를 당사자로 한정할 수 있다.

5. 비밀유지명령 위반죄

국내외에서 정당한 사유 없이 상표법 제227조 제1항에 따른 비밀유지명령을 위반한 자는 5년 이하의 징역 또는 5천만원 이하의 벌금에 처한다(제231조 제1항). 비밀유지명령 위반죄는 비밀유지명령을 신청한 자의 고소가 없으면 공소를 제기할 수 없다. 비밀유지명령 위반죄가 성립하기 위해서는 비밀유지명령을 위반한 사실 또는 최소한의 높은 개연성에 대한 인식이 있어야 한다. 비밀유지명령을 위반한 죄는 친고죄로 규정되어 있어서 피해자의 고소를 전제로 한다.

제2절 형사적 구제

상표법에서 규정하고 있는 상표권에 관한 벌칙으로 상표권 등의 침해죄, 위증죄, 거짓 표시의 죄, 거짓 행위의 죄가 있다. 양벌규정을 두어 행위자 본인을 벌하는 외에 범죄행위의 방지를 강화하기 위해서 그 법인이나 개인을 처벌하고 있다. 행정상의 질서유지를 위하여 그 위반행위를 한 자에 대하여 과태료를 부과한다.

특허법, 실용신안법 및 디자인보호법에서는 벌칙의 한 유형으로 '비밀누설죄'를 규정하고 있으나 상표법에서는 이를 규정하고 있지 않다. 그 이유는 특허법과 디자인보호법에서는 기술이나 디자인의 신규성 요건이 등록요건이기 때문에 출원발명 또는 출원디자인의 비밀보장이 중요하나, 상표법에서는 보호객체인 상표의 경우 신규성은 고려하지 않고, 해당 출원에 대한 비밀유지는 출원인에게 별로 문제가 되지 않기 때문이다.

Ⅰ. 침해죄

1. 의의

상표권 또는 전용사용권의 침해행위를 한 자는 7년 이하의 징역 또는 1억원 이하의 벌금에 처한다(제230조). 상표법은 상표권 및 전용사용권을 침해하거나 특정상의 의무를 위반한 경우에는 형벌의 제재를 가하고 있다. 상표권의 침해는 상표권자의 영업상 신용과 이익을 해칠 뿐만 아니라, 일반 수요자에게 상품출처에 대해 오인·혼동을 초래하여 거래질서를 해치게 되므로 공익에 반하게 된다.

특허권·실용신안권·디자인보호권에 대한 침해죄는 친고죄로 하고 있으나, 상표권에 대한 침해죄에 대하여 공익상의 이유로 친고죄에 관한 규정을 두고 있지 않다.

따라서 상표권의 침해에 대하여는 권리자의 고소가 없더라도 기소할 수 있다.

2. 상표권 침해의 성립요건

상표권은 적극적으로는 지정상품에 대하여 그 등록상표를 독점적으로 사용하는 권리이다. 상표권의 침해를 판단할 경우에는 상표의 사용 여부가 쟁점이 된다. 상표의 사용이란 (i) 상품 또는 상품의 포장에 상표를 표시하는 행위, (ii) 상품 또는 상품의 포장에 상표를 표시한 것을 양도 또는 인도하거나 그 목적으로 전시·수출 또는 수입하는 행위, (iii) 상품에 관한 광고·정가표(定價票)·거래서류, 그 밖의 수단에 상표를 표시하고 전시하거나 널리 알리는 행위를 말한다(제2조 제1항 제11호).

따라서 타인의 등록상표와 동일·유사한 상표를 등록상표의 지정상품과 동일·유사한 상품에 붙이거나 그 상품의 포장에 붙이는 경우에 상표권 침해죄가 성립한다. 그러나 타인의 등록상표와 동일·유사한 상표를 사용하였다 하더라도 그 지정상품과 동일 유사한 상품에 사용하지 않은 경우에는 상표권의 침해죄가 성립하지 않는다.

3. 상표 사용의 고의 요건

상표권자가 오인·혼동을 일으킬 만한 대상상표의 존재를 알면서 그 대상상표와 동일·유사한 실사용 상표를 사용하는 한 상표의 부정사용은 고의가 있다고 할 수 있다. 특히 그 대상상표가 주지·저명 상표인 경우에는 그 대상상표나 그 표장상품의 존재를 인식하지 못하는 등의 특단의 사정이 없는 한 고의가 있는 것으로 본다. 상표사용금지청구소송에서 상표권자가 자신의 등록상표가 타인의 상표와 동일·유사하게 변형·사용되는 것을 적극적으로 희망하여 의도적으로 그 변형이 용이하도록 상표를 제작·부착하고, 그 상표가 부착된 상품의 판매자나 수요자에게 그 상표의 변형방법을 주지시키고, 이로 말미암아 실제로 등록상표가 상표권자의 의도대로 상품의 판매자나 수요자들에 의하여 인용상표들과 동일·유사하게 변형되어 유통·사용되었다면, 이는 상표권자가 직접 등록상표에 변형을 가한 경우와 마찬가지로 타인의 상표의 신용이나 명성에 편승하려는 부정경쟁의 목적으로 등록상표의 사용권의 범위를 넘어 등록상표를 부정하게 사용한 경우에 해당한다.

4. 형사재판에서 증거의 증명력 정도

형사소송법상 피고인의 가벌성 요건에 대해서는 검사가 입증책임을 부담한다. 또한 형사재판에 있어 유죄의 인정은 법관으로 하여금 합리적인 의심을 할 여지가 없을 정도로 공소사실이 진실한 것이라는 확신을 가지게 할 수 있는 증명력을 가진 증거에 의하여야 하고, 이러한 정도의 심증을 형성하는 증거가 없다면 피고인이 유죄라는 의심이 간다 하더라도 피고인의 이익으로 판단할 수밖에 없다.

그와 같은 심증이 반드시 직접증거에 의하여 형성되어야만 하는 것은 아니고, 경험칙과 논리법칙에 위반되지 아니하는 한 간접증거에 의하여 형성되어도 되는 것이며, 간접증거가 개별적으로는 범죄사실에 대한 완전한 증명력을 가지지 못하더라도 전체 증거를 상호 관련하여 종합적으로 고찰할 경우 그 단독으로는 가지지 못하는 종합적 증명력이 있는 것으로 판단되면 그에 의하여도 범죄사실을 인정할 수 있다.

5. 고소장

고소장이란 범죄의 피해자가 수사기관에 특정인의 범죄사실을 신고하여, 처벌을 요청하는 서류를 말한다. 고소장에는 상표권 침해에 관련하여, (ⅰ) 고소를 하는 사람(고소인)과 고소 상대방(피고소인)의 인적사항, (ⅱ) 범죄사실과 죄명, (ⅲ) 피고소인에 대한 처벌의사, (ⅳ) 고소사실과 관련된 사건의 수사 및 재판 여부 등이 필요적 기재사항이다. 임의적 기재사항은 (ⅰ) 범행 경위 및 정황 등 고소를 하게 된 이유, (ⅱ) 증거자료 유무, (ⅲ) 관련 사건에 대하여 민사소송이 진행 중인지 여부, (ⅳ) 고소사실에 대한 진실 확약 등 범죄사실을 뒷받침하는 사항들이다. 고소인은 증거가 있을 경우 그 내용을 별지에 인적증거, 증거서류 및 증거물을 작성하여야 한다.

대법원은 "고소는 범죄의 피해자 기타 고소권자가 수사기관에 대하여 범죄사실을 신고하여 범인의 소추를 구하는 의사표시를 말하는 것으로서, 단순한 피해사실의 신고는 소추·처벌을 구하는 의사표시가 아니므로 고소가 아니다. 또한, 피해자가 고소장을 제출하여 처벌을 희망하는 의사를 분명히 표시한 후 고소를 취소한 바 없다면 비록 고소 전에 피해자가 처벌을 원치 않았다 하더라도 그 후에 한 피해자의 고소는 유효하다."고 판시하였다.[8)]

6. 형사소송의 진행절차

상표에 대한 형사적 보호수단을 마련하고 있는 국가는 독일, 한국, 일본 등이다. 미국의 경우 상표침해에 대해서 민사적 구제절차만 있고 형사적 구제절차는 없다. 우리나라는 상표 침해소송에 대한 형사적 구제절차가 마련되어 있다.

법원조직법 제32조(합의부의 심판권) 제1항 제3호에 따라 사형, 무기 또는 단기 1

8) 대법원 2008. 11. 27. 선고 2007도4977 판결.

년 이상의 징역 또는 금고에 해당하는 사건은 지방법원과 그 지원의 합의부는 제1심으로 심판한다. 상표권 침해죄는 7년 이하의 징역에 해당하는 사건이므로 일반적으로 지방법원 형사 단독, 지방법원 합의부, 대법원으로 형사소송절차가 진행된다.

Ⅱ. 위증죄

위증죄(僞證罪)란 법의 규정에 의하여 선서한 증인·감정인 또는 통역인이 특허심판원에 대하여 허위의 진술·감정 또는 통역을 한 경우 적용되는 범죄이다. 이와 같은 범죄는 국가의 심판작용 등을 그릇되게 할 위험이 있기 때문에 처벌한다.

이 법에 따라 선서한 증인, 감정인 또는 통역인이 특허심판원에 대하여 거짓의 진술, 감정 또는 통역을 하였을 경우에는 5년 이하의 징역 또는 1천만원 이하의 벌금에 처한다(제232조 제1항). 위증죄를 범한 자가 그 사건의 심결의 확정 전에 자수한 때에는 그 형을 경감 또는 면제받을 수 있다(제232조 제2항). 본 죄는 법률상 감경사유가 있기 때문에 법원은 재량권에 기하여 형(刑)을 경감 또는 면제할 수 있다.

Ⅲ. 거짓 표시의 죄

1. 의의

거짓 표시란 등록을 하지 아니한 상표 또는 상표등록출원을 하지 아니한 상표를 등록상표 또는 등록출원상표인 것같이 상품에 표시하는 행위를 말한다. 이러한 거짓 표시 행위는 상품 등의 선택에 있어 수요자에게 오인·혼동을 일으키게 함으로써 거래의 안정을 해칠 우려가 있어서 이를 금지시켜야 한다.

상품에 거짓 표시를 하여 상거래를 해친 자에 대해 처벌하도록, 상표법 제224조에서 상품에 대하여 거짓 표시를 금지하고 있다. 상표법 제224조를 위반하여 거짓 표시를 한 자는 3년 이하의 징역 또는 2천만 원 이하의 벌금에 처한다(제233조).

2. 등록상표의 표시

상표권자·전용사용권자 또는 통상사용권자는 등록상표를 사용할 때에 해당 상표가 등록상표임을 표시할 수 있다(제222조). 둘 이상의 지리적 표시 등록단체표장이 서로 동음이의어 지리적 표시에 해당하는 경우 각 단체표장권자 및 그 소속 단체원은 지리적 출처에 대하여 수요자가 혼동하지 아니하도록 하는 표시를 등록단체표장과 함께 사용하여야 한다(제223조).

3. 거짓 표시의 금지

누구든지 다음 사항에 해당하는 행위를 하여서는 아니 된다. (ⅰ) 등록을 하지 아니한 상표 또는 상표등록출원을 하지 아니한 상표를 등록상표 또는 등록출원상표인 것같이 상품에 표시하는 행위, (ⅱ) 등록을 하지 아니한 상표 또는 상표등록출원을 하지 아니한 상표를 등록상표 또는 등록출원상표인 것같이 영업용 광고, 간판, 표찰, 상품의 포장 또는 그 밖의 영업용 거래 서류 등에 표시하는 행위, (ⅲ) 지정상품 외의 상품에 대하여 등록상표를 사용하는 경우에 그 상표에 상표등록 표시 또는 이와 혼동하기 쉬운 표시를 하는 행위(제224조 제1항).

특히 상기 (ⅰ)과 (ⅱ)의 규정에 의한 상표를 표시하는 행위에는 상품, 상품의 포장, 광고, 간판 또는 표찰을 표장의 형상으로 하는 것을 포함한다(제224조 제2항).

Ⅳ. 거짓 행위의 죄

거짓이나 그 밖의 부정한 행위를 하여 상표등록, 지정상품의 추가등록, 존속기간갱신등록, 상품분류전환등록 또는 심결을 받은 자는 3년 이하의 징역 또는 2천만 원 이하의 벌금에 처한다(제234조). 본 조의 취지는 심사 또는 심판절차에서 거짓 자료나 위조된 자료를 제출하는 등 심사관 또는 심판관을 부정한 행위로서 착오에 빠뜨려 상표등록요건을 결한 상표등록출원에 대하여 상표등록을 받거나, 자기에게 유리한 심결을 받는 경우 등의 행위는 국가의 권위를 해하게 되므로 이러한 행위를 한 자에 대해 형벌을 가함으로써 국가의 심사권·심판권의 적정한 행사를 보장하도록 하는 데에 있다.

Ⅴ. 양벌규정

상표법은 실효성이 있는 범죄행위의 방지를 위해 법인의 대표자나 법인 또는 개인의 대리인, 사용자 그 밖의 종업원이 그 법인 또는 개인의 업무에 관하여 침해죄(제230조), 거짓 표시의 죄(제233조) 및 거짓 행위의 죄(제234조) 중 어느 하나에 해당하는 위반행위를 하면 그 행위자를 벌하는 외에 그 법인에는 다음 각 호[9]의 구분에 따른 벌금형을, 그 개인에게는 해당 조문의 벌금형을 과(科)한다. 다만 법인 또는 개인이 그 위반행위를 방지하기 위하여 해당 업무에 관하여 상당한 주의와 감독을 게을리하지 아니한 경우에는 그러하지 아니하다(제235조).

---

9) 제1호: 상표법 제230조를 위반한 경우 3억원 이하의 벌금, 제2호 : 제233조 또는 제234조를 위반한 경우에는 6천만원 이하의 벌금.

여기서 상당한 주의란 주로 개인 또는 연구원이 상표를 개발했을 경우, 선등록 상표를 조사하고 유사판단을 검토했다는 것을 입증할 수 있는 자료와 회의자료를 의미한다. 감독을 게을리하지 아니한 경우란 위조 상표를 개발하거나 거짓 표시 행위를 하지 못하도록 직원들을 상대로 교육을 주기적으로 실시한 경우를 말한다. 법인은 이를 입증할 수 있는 서류나 교육자료 등을 비치할 필요가 있다.

Ⅵ. 몰수

상표권 또는 전용사용권의 침해행위에 제공되거나 그 침해행위로 인하여 생긴 상표, 포장 또는 상품(이하 "침해물"이라 한다)과 그 침해물 제작에 주로 사용하기 위하여 제공된 제작 용구 또는 재료는 몰수한다(제236조).

Ⅶ. 과태료

1. 부과대상

과태료란 질서위반자에 대하여 과하는 행정벌의 일종이다. 상표법은 상표에 관한 심판 등의 절차에서 거짓 진술 등을 함으로써 심판절차의 적정을 방해하는 경우 등 일정 행위를 한 자에게 행정상의 질서벌로서 과태료를 부과하도록 하고 있다. 다음 각 호의 어느 하나에 해당하는 자에게는 50만원 이하의 과태료를 부과한다. (i) 민사소송법 제299조 제2항 및 제367조에 따라 선서를 한 자로서 특허심판원에 대하여 거짓 진술을 한 자, (ii) 특허심판원으로부터 증거조사 또는 증거보전에 관하여 서류나 그 밖의 물건 제출 또는 제시의 명령을 받은 자로서 정당한 이유 없이 그 명령에 따르지 아니한 자, (iii) 특허심판원으로부터 증인, 감정인 또는 통역인으로 출석이 요구된 사람으로서 정당한 이유 없이 출석요구에 응하지 아니하거나 선서·진술·증언·감정 또는 통역을 거부한 사람(제237조 제1항).

2. 과태료 부과절차

과태료는 특허청장이 부과·징수한다(제237조 제2항). 특허청장은 10일 이상의 기간을 정하여 과태료 처분대상자에게 구술 또는 서면에 의한 의견진술기회를 주어야 한다.

제12장 마드리드 국제상표출원

Ⅰ. 상표의 해외출원

해외에 상표등록출원을 하는 방법은 파리협약에 의한 절차와 마드리드 시스템에 의한 해외출원절차로 구분할 수 있다. 상표법 제9장은 「표장의 국제등록에 관한 마드리드협정에 대한 의정서(Madrid Protocol)[1](이하 "마드리드 의정서"라 한다)에 따른 국제출원」을 규정하고 있다. 상표의 해외출원은 마드리드 의정서에 의한 국제상표등록시스템에 따라 상표를 해외출원할 수 있고, 파리협약에 의한 해외출원 및 유럽공동체상표제도(CTM)를 이용하여 해외출원을 하는 방법이 있다.

출원인이 파리협약에 의한 절차를 선택하는 경우, 우리나라에 상표등록출원을 하고 6개월 이내에 우리나라의 출원을 기초로 하여 우선권을 주장하면서 외국에 출원하는 경우 출원일의 선후출원판단과 관련하여 6개월 이내의 기간이 소급되는 소급효의 이익을 향유할 수 있다.

최근 미국, 유럽 등 글로벌 기업들은 우리나라에 상표를 직접출원하는 방식에서 마드리드 의정서에 의한 해외출원 방식을 선호하는 경향이다.

마드리드 국제상표제도를 이용하면 상표권 획득과 유지관리가 개별국가들에 대한 직접출원보다 더 유리하다. 마드리드 국제상표출원에서는 국제기구(WIPO)에 하나의 언어(영어, 불어 또는 스페인어)로 출원서를 작성하여 한 번만 출원하면 되고, 명의변경이나 상표권 갱신 등도 국제기구를 통해 일원적으로 할 수 있어서 편리하고 비용이 저렴하다.

Ⅱ. 마드리드 국제상표제도

1. 의의

본국관청에서의 상표등록 또는 상표등록출원을 기초로 하여 해당 표장을 보호받고자 하는 국가를 지정한 국제출원서를 본국관청을 경유하여 국제사무국(International

---

1) 표장의 국제등록에 관한 마드리드협정에 대한 의정서(Protocol Relating to the Madrid Agreement Concerning the International Registration of Marks): 상표의 국제등록에 관한 마드리드 의정서는 1996년 12월 1일 발효되었다. 우리나라에는 2003년 4월 10일 마드리드 의정서에 가입하였다. 마드리드 의정서의 회원국은 2016년 12월 현재 98개국이다.

Bureau: WIPO)에 제출하면 국제사무국은 국제출원에 대하여 방식심사를 한 후 이를 국제등록부에 등재하고 국제공보에 공고한 다음 지정국관청에 통지한다.

지정국관청에서는 국제출원을 심사하고, 심사한 결과 거절이유를 발견한 경우에는 국제등록일부터 12개월(18개월까지 연장 선언 가능) 이내에 국제사무국에 거절통지를 하여야 한다. 만약 지정국관청이 국제사무국에 대하여 거절통지를 하지 않았을 때에는 지정국은 그 지정국에 등록된 것과 동일한 효력을 해당 표장에 부여하여야 한다.

2. 특징

마드리드 의정서에 따른 국제상표출원제도는 '다국가 1출원 시스템'이다. 동시에 마드리드 의정서는 'User-Friendly System'으로 절차의 간소화 및 비용절감으로 상표제도의 최종 수요자인 출원인의 편익을 제고시키는 제도이다. 본국관청을 통한 국제출원은 본국관청을 통해서만 출원서를 제출하여야 하고 국제사무국에 직접 제출할 수는 없다.

3. 국제상표출원제도의 장점

마드리드 의정서에 따른 국제상표출원제도의 장점은 상표출원절차가 간편하고, 비용 절감 및 권리취득 여부가 명확하며, 지정국을 추가할 수 있기 때문에 상표권 관리를 일원화 할 수 있다.

4. 국제출원

국제출원을 하기 위해서는 본국관청에 기초등록(basic registration) 또는 기초출원(basic application)이 존재하여야 한다. 마드리드 의정서에 따른 국제등록을 받으려는 자는 (i) 본인의 상표등록출원, (ii) 본인의 상표등록, (iii) 본인의 상표등록출원 및 본인의 상표등록 중 어느 하나에 해당하는 상표등록출원 또는 상표등록을 기초로 하여 특허청장에게 국제출원을 하여야 한다(제167조).

국제출원의 지정상품은 기초출원이나 기초등록상의 지정상품과 동일하거나 그 범위가 작아야 한다.

5. 국제출원인의 자격

특허청장에게 국제출원을 할 수 있는 자는 대한민국 국민 또는 대한민국 안에 주소(법인인 경우에는 영업소)를 가진 자로 한다(제168조 제1항). 여기서 국제출원을 할 수 있는 자는 국제출원을 하는 본국관청(대한민국)이 소속된 국가의 국민이거나 해당 국가에 주소를 두고 있거나 해당 국가에 진정(가공의 영업소 배제)하고 실효적(단순한 창고 등 배제)인 산업상 또는 상업상의 영업소(주된 영업소일 필요는 없음)를 두고 있는 자이어야 한다.

6. 사용언어

국제출원에 사용하는 언어는 영어, 불어 또는 스페인어 중 소속관청(본국관청: Office of Origin)이 선택하도록 되어 있으며, 우리나라는 영어만을 사용하도록 하고 있다.

7. 지정국의 지정

국제출원을 하는 자는 상표를 보호받고자 하는 지정국을 지정하여야 하며, 동일한 조약(협정 또는 의정서)의 당사자인 국가 또는 정부 간 기구만을 지정할 수 있다. 다음 <그림 2>는 마드리드 의정서에 의한 국제상표출원과 통상의 국제상표출원을 비교한 것이다.

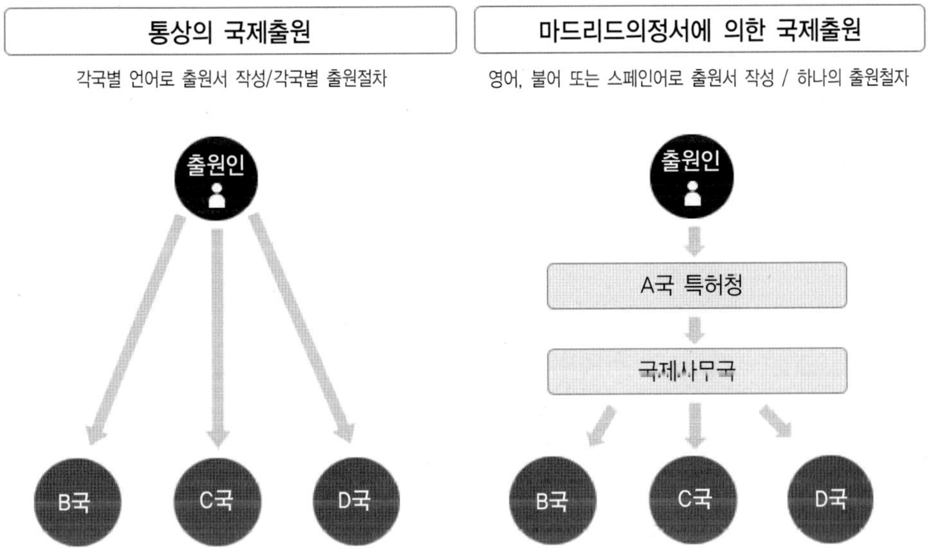

〈그림 2〉 마드리드 의정서에 의한 국제상표출원 절차와 통상의 국제상표출원 절차 비교

8. 흠이 있는 국제출원

국제사무국은 본국관청으로부터 송부받은 국제출원서에 흠이 있다고 판단될 때에는 그 사실을 본국관청 및 출원인에게 통지하여야 한다.

Ⅲ. 국제사무국에서 절차

1. 서설

국제사무국에서의 절차는 특허청과 국제출원인 간의 문제가 아니므로 상표법에는 규정되어 있지 않다. 대신 주로 마드리드 의정서 및 공동규칙에서 정하고 있다. 국제출원이 요건을 충족하는 경우, 국제사무국은 방식심사를 거쳐 국제등록부에 이를 등록하고 WIPO 공보에 게재하여 공고한다. 또한 국제사무국은 지정체약 당사국에게 국제등록정보를 통보하여 해당 지정국에서 실체심사를 착수할 수 있도록 한다.

다음 <그림 3>은 마드리드 국제출원 흐름도이다.

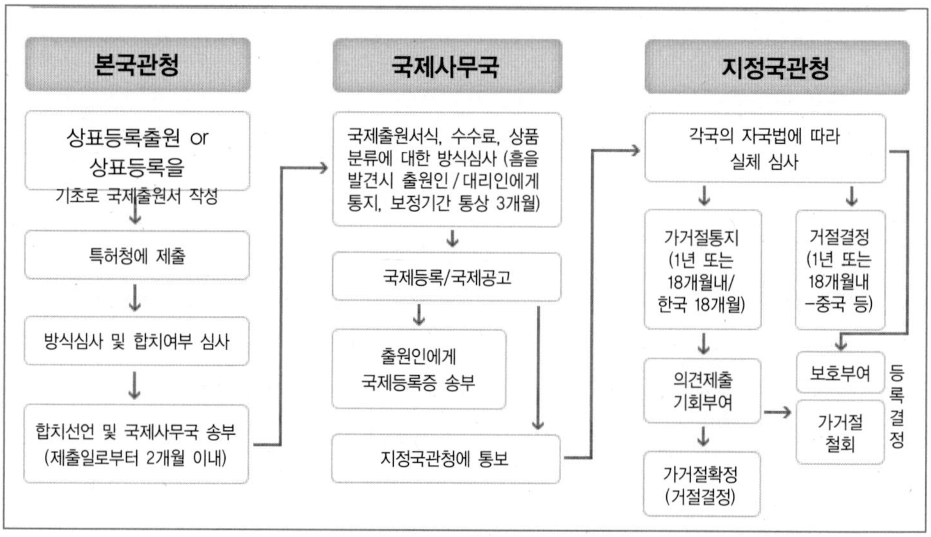

〈그림 3〉 마드리드 국제출원 흐름도

2. 국제등록의 효력

국제사무국에 의한 국제등록이 있는 경우에는 국제등록일로부터 지정체약당사국의 관청에 해당 표장이 직접 출원된 것과 동일한 효과가 주어진다. 지정국관청에 일정기간(1년 또는 1년 6개월: 한국은 1년 6개월) 내에 국제사무국에 거절통지를 하지 않는 경우에는 지정국에서 등록된 것과 동일한 효력을 부여하여야 한다.

3. 국제등록일

국제등록일은 원칙적으로 본국관청이 국제출원서를 접수한 날이지만, 본국관청이 국제출원서를 접수한 날부터 2월 이후에 국제사무국이 국제출원서를 접수하는 경우에는 국제사무국이 실제로 접수한 날을 국제등록일로 한다.

4. 국제등록의 존속기간

국제등록은 국제등록일로부터 10년간 존속한다. 국제등록명의인은 국제등록의 존속기간을 10년간씩 갱신할 수 있다(제173조 제1항). 국제등록의 존속기간을 갱신하고자 하는 자는 특허청장에게 국제등록존속기간의 갱신을 신청할 수 있다(제173조 제2항).

5. 등록사항

국제사무국에 의한 국제등록이 있는 경우에는 국제등록일로부터 지정체약당사국의 관청에 해당 표장이 기탁(출원)된 것과 동일한 효과가 주어지며, 지정국관청에서 국제등록을 심사한 결과 일정기간(1년 또는 1년 6개월) 내에 국제사무국에 거절통지를 하지 않는 경우, 지정국은 자국에 등록된 것과 동일한 효력을 부여하여야 한다.

6. 국제등록의 공고

국제등록은 공보에 공고되며, 표장의 견본은 국제출원서상의 표장을 스캐닝(scanning)하여 게재한다. 등록 및 공고시 사용언어는 영어, 불어 또는 스페인어 등 3개 언어로 등록 및 공고한다. 상품 및 서비스 목록은 국제사무국이 국제출원을 수령한 언어로 처음 기재하고 이탤릭체로 다른 언어로의 번역문을 표시한다.

Ⅳ. 사후지정신청 절차

1. 사후지정신청서

국제등록명의인은 국제등록된 상표를 보호받고자 하는 국가 또는 정부 간 기구를 추가로 지정(이하 "사후지정"이라 한다)하고자 하는 경우에는 특허청장에게 사후지정을 신청할 수 있다(제172조 제1항). 상표법 제172조 제1항의 규정을 적용함에 있어서 국제등록명의인은 국제등록된 지정상품의 전부 또는 일부에 대하여 사후지정을 할 수 있다(제172조 제2항).

사후지정신청서는 권리자가 국제사무국에 직접 제출하거나 권리자의 체약당사자 관청을 경유하여 제출한다.[2] 명의변경이 없었던 경우 본국관청, 명의변경이 있었던 경우 권리자(명의인)의 체약당사자 관청을 경유하여야 한다.

2. 사후지정의 의의

국제등록의 효력이 어느 체약국에 미치지 아니하는 경우, 사후지정을 신청함으로써 그 체약국에 대한 보호를 확장할 수 있다. 국제등록명의인이나 그 승계인은 지정상품 또는 지정국의 전부 또는 일부에 대하여 국제등록의 명의를 변경할 수 있다(제174조 제1항). 마드리드 의정서에 따라 국제등록된 국제출원으로서 대한민국을 지정국으로 지정(사후지정을 포함한다)한 국제출원은 이 법에 따른 상표등록출원으로 본다(제180조 제1항).

3. 사후지정의 필요성

사후지정이 필요한 경우로는 (ⅰ) 국제등록시에 해당 체약국에서의 보호를 신청하지 않았거나, (ⅱ) 거절, 무효 또는 포기에 따라 표장이 그 체약국에서 보호받지 못하였다가 그러한 거절, 무효 또는 포기의 이유가 더 이상 존재하지 아니하는 경우, (ⅲ) 해외출원 제출시에 해당 체약국이 협정 또는 의정서에 대한 당사자가 아니었거나, 국제등록명의인의 체약국으로서 동일한 조약에 기속되지 않았다가 변경된 국제등록명의인의 체약국으로서 동일한 조약에 기속되는 체약국이 된 경우와 (ⅳ) 사후지정은 국제등록부에 등록된 상품 및 서비스의 일부에 대하여만 이루어질 수도 있다. 상품 및 서비스 목록의 감축, 일부 보호거절 또는 일부무효 후에 특정 체약국에서 일부 상품 및 서비스의 보호를 받는 경우, 나머지 상품 및 서비스 전체 또는 일부에 대하여 사후지정을 할 수 있다.

4. 사후지정의 적격

국제등록명의인이 국제등록의 권리자가 될 수 있는 요건을 충족하는 경우에 체약당사자는 사후지정의 대상이 될 수 있다. 우리나라는 의정서에만 가입하였으므로, 의정서에 기속되는 체약당사자만을 사후지정할 수 있다.

---

2) 사후지정신청서 제출(Rule 24(2)): 국제등록권리자는 사후지정신청서를 국제사무국에 직접 제출하거나, 국제등록권리자의 체약당사자 관청을 경유하여 제출할 수 있다.
Rule 24(2)(presentation: Form and Signature): (a) A subsequent designation shall be presented to the International Bureau by the holder or by the Office of the Contracting Party of the holder.

V. 국제상표등록출원에 관한 특례

1. 국제등록일

마드리드 의정서 제3조(4)에 따른 국제등록일(이하 "국제등록일"이라 한다)은 이 법에 따른 상표등록출원일로 본다. 다만 대한민국을 사후지정한 국제출원의 경우에는 그 사후지정이 국제등록부(마드리드 의정서 제2조(1)에 따른 국제등록부를 말하며, 이하 "국제상표등록부"라 한다)에 등록된 날(이하 "사후지정일"이라 한다)을 이 법에 따른 상표등록출원일로 본다(제180조 제2항).

2. 국제상표등록출원

이 법에 따른 상표등록출원으로 보는 국제출원(이하 "국제상표등록출원"이라 한다)에 대해서는 국제상표등록부에 등록된 국제등록명의인의 성명 및 주소(법인인 경우에는 그 명칭 및 영업소의 소재지를 말한다), 상표, 지정상품 및 그 상품류는 이 법에 따른 출원인의 성명 및 주소(법인인 경우에는 그 명칭 및 영업소의 소재지를 말한다), 상표, 지정상품 및 그 상품류로 본다(제180조 제3항).

3. 국제상표등록출원의 특례

국제상표등록출원에 대하여 이 법을 적용할 경우, 국제상표등록부에 등록된 우선권 주장의 취지, 최초로 출원한 국가명 및 출원 연월일은 상표등록출원서에 적힌 상표등록의 취지, 우선권 주장의 취지, 최초로 출원한 국가명 및 출원의 연월일로 본다(제182조 제1항).

국제상표등록출원에 대하여 이 법을 적용할 경우에는 국제등록부에 등록된 상표의 취지는 상표등록출원서에 기재된 해당 상표의 취지로 본다(제182조 제2항).

4. 국제등록 소멸 후의 상표등록출원의 특례

대한민국을 지정(사후지정을 포함한다)한 국제등록의 대상인 상표가 지정상품의 전부 또는 일부에 관하여 의정서 제6조(4)의 규정에 따라 그 국제등록이 소멸된 경우에는 해당 국제등록의 명의인은 해당 상품의 전부 또는 일부에 관하여 특허청장에게 상표등록출원을 할 수 있다(제205조 제1항).

찾아보기

사 항

ㄱ

ㄴ

ㄷ

ㅅ

기타

판 례

김원준

한양대학교 공과대학 졸업
한양대학교 산업대학원 공학석사
University of Missouri-Columbia 대학원 경제학석사
제14회 기술고등고시 합격

전) 특허청 심사 2국 전자과 심사관 · 전기과 심사관
특허청 심판소 심판관
특허청 심사 4국 통신심사담당관 · 전기심사담당관
특허청 심사 4국 국장
외교통상부 주GENEVA대표부 참사관
LEADERS 국제특허법률사무소 대표변리사
연세대학교 법무대학원 초빙교수
한국철도공사 고문변리사

현) 전남대학교 법학전문대학원 교수
변리사시험위원
전남대학교 법학연구소 소장

[주저서] 「특허법원론」, 「로스쿨지적재산권법」, 「지식재산권법」, 「특허판례연구」

[논 문] "특허침해소송에 있어서 무효항변에 관한 고찰"외 다수

산업재산권법(개정판)

1판발행 2015년 8월 20일
2판발행 2017년 1월 31일

지은이 김원준
발행인 이용복
발행처 전남대학교출판부

등 록 1981년 5월 21일 제53호
주 소 61186 광주광역시 북구 용봉로 77
전 화 062-530-0571~2
마케팅 062-530-0573
팩 스 062-530-0579
홈페이지 http://www.cnup.co.kr

가 격 47,000 원

ISBN 978-89-6849-368-3 (93360)

이 도서의 국립중앙도서관 출판시도서목록(CIP)은 서지정보유통지원시스템 홈페이지(http://seoji.nl.go.kr)와 국가자료공동목록시스템(http://www.nl.go.kr/kolisnet)에서 이용하실 수 있습니다. (CIP제어번호: CIP2017000494)